总经理：陈同海

# 中国石油化工集团公司年鉴

# 2005

《中国石油化工集团公司年鉴》编委会　编

中国石化出版社

**图书在版编目(CIP)数据**

中国石油化工集团公司年鉴.2005/《中国石油化工集团公司年鉴》编委会编.
—北京:中国石化出版社,2005
ISBN 7-80164-890-0

Ⅰ.中… Ⅱ.中… Ⅲ.石油化工厂-中国-2005-年鉴
Ⅳ.F426.22-54

中国版本图书馆 CIP 数据核字(2005)第 101314 号

**责任校对:** 张小宏
**封面设计:** 况 晗

**中国石化出版社出版发行**
地址:北京市东城区安定门外大街 58 号
邮编:100011 电话:(010)84271850
读者服务部电话:(010)84289974
http://www.sinopec-press.com
E-mail:press@sinopec.com.cn
北京精美实华图文制作中心排版
北京外文印刷厂印刷
新华书店北京发行所经销
*
787×1092 毫米 16 开本 42.5 印张 144 彩页 1318 千字
2005 年 9 月第 1 版 2005 年 9 月第 1 次印刷
定价:200.00 元

# 《中国石油化工集团公司年鉴》2005 年版

## 编　委　会

# 《中国石油化工集团公司年鉴》2005 年版

## 编　辑　部




地　　址：北京市东城区安外大街 58 号
邮政编码：100011
电　　话：(010)84289951　84289953
传　　真：(010)84289951
电子信箱：jiangq@sinopec.com.cn


The Editorial Department of
《CHINA PETROCHEMICAL CORPORATION YEARBOOK》


Add：58 Anwai Street，Dongcheng District，Beijing China
P.C：100011
Tel：86-010-84289951　84289953
Fax：86-010-84289951
E-mail：jiangq@sinopec.com.cn

# 编 辑 说 明

一、《中国石油化工集团公司年鉴》(简称《年鉴》)是石化集团公司向国内外公开发行的专业性年鉴。《年鉴》从1988年问世至今，已出版10卷，本《年鉴》是第11卷，为2005年版。书中全面、系统地记述了2004年石化集团公司在持续改革重组、改制分流、资本运作等方面取得的成绩和变化，客观反映石化集团公司在油气勘探开发、炼油及化工生产、产品销售、科研开发、工程建设、安全环保、对外贸易以及教育培训等方面的成绩、经验和问题，如实介绍石化集团公司各所属生产企业、石油销售企业和施工企业的生产和经营状况，并发表较为详细的统计数字。《年鉴》中收集的资料全、新、实用，信息量大，既是石化集团公司正式对外公布一定时期生产、经营、财务状况及有关数据资料的惟一渠道，又是一部具有权威性和实用性的工具书。

二、本《年鉴》共设24个栏目，新增“法律事务”栏目。在保持框架与上年基本不变的前提下，根据石化集团公司工作重点，对个别栏目进行了适当调整。为便于读者查阅和检索，书中附有中、英文目录和索引。

三、本《年鉴》所收录的各种资料和数字均截至2004年年底。为保持其内容的连续性和完整性，收编了1999—2004年6年的数据。由于资料来源不同，统计时间也有差异，有些数据可能不尽一致，有些表的“合计”可能与所列各项数据之和不等，读者引用时应以“中国石油化工统计”部分公布的数据为准。表中的空格表示该项统计数据不详，“—”表示无该项统计数据，“...”表示该项数据不足本表最小单位数。

四、本《年鉴》收录的“世界石油化工统计”，均摘译自有关国外资料。为便于读者对比，原则上选取1999—2004年的统计数据。中国的数据未包括中国台湾省。

五、在《年鉴》的编纂和出版过程中，承蒙有关单位领导、专家、管理人员的大力支持和帮助，在此，谨向为《年鉴》提供稿件和资料、审查稿件以及提供各种帮助的人士，致以诚挚的谢意。对《年鉴》存在的缺点和疏漏，诚请广大读者批评指正。

《中国石油化工集团公司年鉴》编辑部

二〇〇五年八月

ارامكو السعودية
Saudi Aramco
Energy to the world

诚挚感谢

社会各界30年来的支持和厚爱

中国石化镇海炼油化工股份有限公司

SINOPEC ZHENHAI REFINING & CHEMICAL COMPANY LIMITED

# 扬子石化-巴斯夫有限责任公司

The inauguration of BASF-YPC Company Limited on December 8th ,2000 marked the beginning of the strategic partnership between BASF and SINOPEC. The foresight, pragmatism and flexibility of the parent companies during the negotiation and preparation phase enabled BASF-YPC Company Limited to be the first joint venture to build an integrated petrochemical site(IPS) based on a steam cracker in China.

Thanks to the excellent leadership of the parent companies and concerted efforts of all professionals involved, BASF-YPC Company Limited announced the commercial operation of IPS Project on 28th June 2005, achieving the ambitious target specified by the parent companies.

The commercial operation was only the first step of the Long March. We must step up our efforts even further to fulfill our tasks. As a strategic investment, BASF-YPC Company Limited shall dutifully implement the strategy of parent companies. Equipped with state-of-the-art technology and BASF's unique "Verbund" concept, we shall generate satisfactory return on investment for parent companies. We shall produce high quality products to help our customers to be more successful. We shall pursue "Sustainable Development" strategy by minimizing the environmental impact and taking corporate social responsibility seriously. We shall form the best cross-cultural team to be a model for the chemical industry.

BASF-YPC Company Limited has gained strong support from state leaders, governments at all levels and all walks of life of both countries in its various stages, which is a decisive factor to the present achievements and will remain crucial for the future. We believe the best way to express our appreciation is to contribute to the development of the national economy with safe and profitable operation. With the expertise and commitment of BASF and SINOPEC, the devotion of the company staff, we are confident to make BASF-YPC Company Limited a greater success.

2000年12月8日,扬子石化-巴斯夫有限责任公司成立，标志着中国石化和巴斯夫正式结成了战略伙伴关系。双方母公司在谈判和准备阶段表现出的远见卓识和务实灵活使得扬子石化-巴斯夫有限责任公司成为国内一家以乙烯装置为核心的特大型、一体化中外合资石化企业。

在母公司的正确领导和所有参建人员的共同努力下，扬子石化-巴斯夫有限责任公司于2005年6月28日投入商业运行，实现了母公司制订的雄心勃勃的目标。

商业运行只是万里长征的第一步。我们必须加倍努力工作，担负起我们的使命。作为一项战略性投资，扬子石化-巴斯夫有限责任公司将忠实地执行母公司的战略。我们将利用先进的技术和巴斯夫的“Verbund”，即一体化网络的理念为母公司创造令人满意的投资回报。我们将用高质量的产品帮助我们的客户更成功。我们将推行可持续发展战略，将对环境的影响最小化并承担起公司的社会责任。我们将建立极佳的跨文化团队并成为化工行业的典范。

扬子石化—巴斯夫有限责任公司在其各个阶段得到了中德两国领导人、各级政府和社会各界的大力支持，这是我们取得目前成绩的关键并将继续成为今后成功的保证。我们认为表达谢意的最好方式是以安全和获利性的运营为国民经济的发展做出贡献。我们坚信：有中国石化和巴斯夫的承诺和专长，有全体员工兢兢业业的工作，扬子石化-巴斯夫有限责任公司将取得更大的成功。

CHINA OCEAN SHIPPING (GROUP) COMPANY

| | |
|---|---|
| 2 | 1 |
| 3 | |
| 4 | |

1、30 万吨超级油轮
2、远明湖－停泊夜景
3、北京远洋大厦
4、中远全球航线图

燕山石化始建于1967年。2004年，包括中国石化集团北京燕山石油化工有限公司、中国石油化工股份有限公司北京燕山分公司、中国石化北京燕化石油化工股份有限公司三个部分。有88套石油化工生产装置，71套辅助生产装置，原油加工能力850万吨／年，乙烯生产能力71万吨／年，可生产94个品种、411个牌号的石油化工产品，是国内著名的石油化工生产企业之一。从1969年建成投产至2004年底，燕山石化已累计生产石化产品2亿吨，累计实现销售收入3322亿元，实现利税521亿元，实现利润229亿元。

....with SK

朗讯科技使您的网络
更稳定
更高效
更可靠
www.lucent.com.cn

# 中国石化集团
# 中石化股份公司

中国石化集团公司总经理助理、胜利石油管理局局长、胜利油田有限公司董事长　曹耀峰

胜利石油管理局党委书记　王立新

胜利油田有限公司总经理　李阳

# 胜利石油管理局
# 胜利油田有限公司

胜利油田是胜利石油管理局、胜利油田有限公司的统称。工作区域主要分布在山东省8个市的28个县（区）内。主体部分在东营市境内，为全国第二大油田。

自1964年正式投入勘探开发建设以来，已累计找到油气田72个，投入开发68个，累计生产原油8.26亿吨，生产天然气367.8亿立方米。累计销售原油7.91亿吨、天然气101.03亿立方米，已累计实现产值4721.86亿元（现价），上缴利税（费）1337.46亿元。截至2004年底，胜利油田已经取得探矿权的勘探面积达17万平方千米，油气资源总量达170亿吨。探明石油地质储量45.24亿吨，探明天然气地质储量2137.4亿立方米。

2004年，油田实现经济总量769.3亿元。实现工业增加值495亿元，实现利润208.45亿元，实现税费171.67亿元。2004年新增探明石油地质储量1.1亿吨，新增可采储量2828万吨，新增原油生产能力322.8万吨。生产原油2674万吨，生产天然气9.0亿立方米。

科技创新能力不断增强。胜利油田拥有科研院（所）7个，各类专业技术人员5.4万人，其中具有高级职称的3500人。有中国工程院院士1人。自1978年以来，胜利油田累计取得各类科研成果4990项，579项获省部级及以上奖励；共取得专利910件。近几年，胜利油田每年科技直接增油量在300万吨左右，科技成果推广率85%以上。

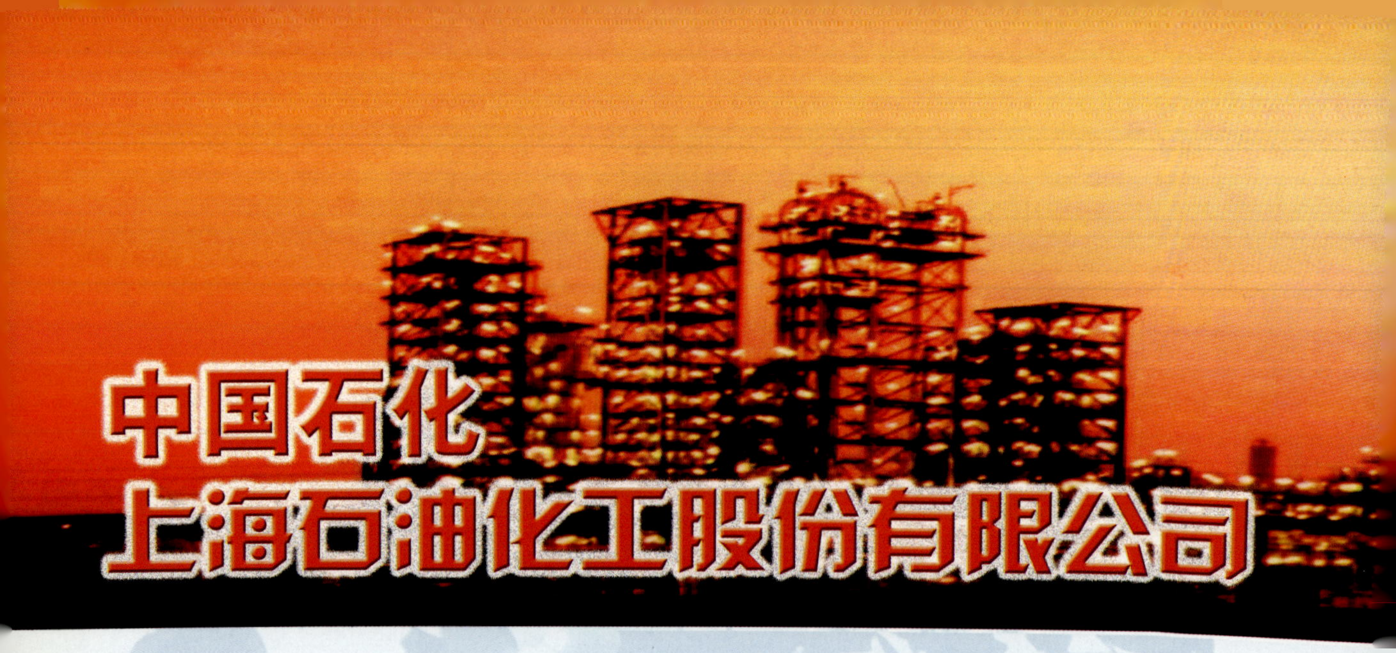

# 中国石化
# 上海石油化工股份有限公司

中国石化上海石油化工股份有限公司（简称上海石化）地处上海西南部的金山区金山卫，是集炼油、化工、塑料和化纤为一体的大型综合性现代化石油化工企业，也是中国较早的股票同时在上海、香港、纽约三地上市的股份有限公司。

截至2004年底，上海石化总资产287.57亿元，全年实现销售收入394.03亿元，净利润39.71亿元，员工总数28451人。现拥有主要生产装置72套，主要生产石油制品、中间化工原料、合成树脂及塑料制品、合纤原料及合成纤维等四大类60多种产品，产品销售覆盖全国各地，多种产品远销海外。“三人牌”商标为上海石化注册的专用商标。

---

地址:上海市金山区金一路48号　邮编:200540

电话:(021)57941941　　传真:(021)57942267

网址:www.spc.com.cn

---

上海石化聚烯烃联合装置

上海石化生态园一景

上海石化丙纶生产线

# 中国石油化工股份有
# 中国石化集团天

中国石化股份有限公司天津分公司和中国石化集团天津石油化工公司(合称天津石化)是隶属于中国石化的国家特大型炼油、乙烯、化工、化纤联合企业。公司成立于1983年12月28日，位于天津市大港区北围堤路(西)160号，东临渤海油田，南靠大港油田，占地面积13.24平方公里，与天津市区和塘沽兴盎由铁路、公路相通，与大港油田和天津港南疆石化码头有输油管线相连，地理位置优越，海陆运输方便。天津石化总资产为138.78亿元，拥有炼油装置13套，化工装置11套，化纤装置5套，原油加工能力500万吨/年，生产能力为乙烯20万吨/年、对二甲苯38万吨/年、PTA30万吨/年、聚酯27万吨/年、涤纶短纤维16万吨/年、涤纶长丝9万吨/年、聚醚7万吨/年；原油储存能力64万立方米，在

大项目环评报告会

码头

加烃裂化装置

# 限公司天津分公司
# 津石油化工公司

天津港石化码头建有原油、成品油库区和接卸设施。

主要产品：车用清洁汽油、煤油、喷气燃料、轻柴油、液化气、燃料重油、船用燃料油、溶剂油、石油焦、对二甲苯、精对苯二甲酸、纯苯、乙烯、聚乙烯、聚丙烯、环氧乙烷、乙二醇、聚醚、聚酯切片、涤纶长丝和短丝等 70 多个规格的产品，在市场上均受到用户的好评。

地址: 天津市大港区北围堤路(西)160 号
邮编: 300271
电话: (022)63804611
传真: (022)25990747

乙烯装置

芳烃装置

SAP商务解决方案
为您的特有需求
度身设计
每个企业都拥有自己的目标和需求。无论您的企业属于何种规模和行业，SAP都能帮助您轻松拥有专为您而设计的世界级商务解决方案。凭借30多年来与全球领先企业的密切合作，SAP在实践中研究、优化出融合了先进管理理念和各行业成功经验的商务解决方案，不但功能强大且实施快捷，当然能全面满足您的每一个特有需求。
就在您看到这则广告的瞬间，全球有26000多家各种规模的企业正在应用SAP商务解决方案，并从中获益。欢迎您加入他们的行列，请即访问www.sap.com/china，或拨打SAP免费咨询热线800-820-0727。
THE BEST-RUN BUSINESSES RUN SAP™
SAP®

石化盈科
PCITC
我们将为您
找到最适合的解决方案

# 国家开发银行
# China Development Bank

国家开发银行是直属国务院领导的开发性金融机构，1994年成立。总行在北京，目前在全国设有32家分行和5家代表处。

作为政府的开发性金融机构，国家开发银行的主要任务是根据政府的发展战略和重点，筹集和引导境内外资金，重点支持基础设施、基础产业、支柱产业以及高新技术等项目及其配套工程建设，在基础设施等长期融资领域发挥主力银行作用，缓解和消除经济社会发展中的瓶颈制约，促进经济社会协调全面可持续发展。

在陈元行长的领导下，国家开发银行把国际先进的金融原理与中国国情相结合，探索开发性金融的实践，发挥建设市场的独特作用和引导社会资金的导向作用，用建设市场的方法实现政府的发展目标，积极主动地为国家实现经济社会发展战略和目标服务。

近年来，国家开发银行全面贯彻国家宏观经济政策，继续大力支持基础设施、基础产业、支柱产业和高新技术产业的发展，确保煤电油运重点项目建设，打通经济社会发展的瓶颈制约。到2004年底，开行累计发放贷款21384亿元，提供了国家重点建设项目近80%的信贷资金、国债项目1/3的配套贷款，累计向西部地区投放贷款5273亿元，累计对东北老工业基地发放贷款2113亿元，贷款余额中煤电油运重点项目约占2/3，对中小企业的贷款余额达45亿元。国家开发银行一直重视对石油石化行业的支持，自1994年成立以来，累计向石油石化行业发放中长期贷款近千亿元，支持了一大批重点油气田勘探开发建设，支持了西气东输工程等一大批国家重点项目建设。国家开发银行积极支持“走出去”战略实施，鼎力支持石油石化“走出去”项目。

国家开发银行以风险控制为核心，建立全面风险管理体系，取得了良好的市场业绩，主要经营指标已经进入国际先进水平，2002年起按五级分类的不良贷款率连续三年保持在2%以下的低位，实现了与国际一流银行的接轨，2004年底不良贷款率为1.21%。

国家开发银行将以科学发展观统领开发性金融的实践和发展，发挥开发性金融在国家经济社会发展战略中的先锋、先导、先进作用，把市场建设向深度和广度推进，进一步完善风险防范机制，大力支持经济社会发展中的瓶颈领域，促进富国和富民相结合，推动经济社会全面协调可持续发展，支持社会主义和谐社会建设。

国家开发银行　China Development Bank

中国　北京市西城区阜成门外大街29号

29,FUCHENGMENWAI STREET,XICHENG DISTRICT,BEIJING,P.R.CHINA

# 目 录

## 特 载



## 总 述



## 财务资产管理



## 改革重组与资本运作

## 人事教育及人力资源管理

## 法律事务



## 油气生产与管理

## 炼油生产与管理



## 化工生产与管理

## 辅助生产与服务

### 油　　田

## 炼化



## 产品销售

## 对外贸易和技术经济合作



## 科研开发与管理

## 安全监督与环保管理



## 固定资产投资

## 物资采购与管理



## 新闻与出版



## 精神文明建设与企业文化



## 审计与监察

### 内部审计

## 纪检监察



## 企事业单位

## 人 物



## 大 事 记



## 统计资料



## 附 录



## 索 引

## CONTENTS

### Important Documents

### Survey



### Finance & Assets Management



### Restructuring & Assets Operation



### Personnel Education & Management



### Legal Affairs

## Oil and Gas Production & Management



## Petroleum Refining & Management



## Petrochemical Production & Management

**Auxiliary Service**

***Oilfield***



***Refining & Petrochemical***



**Marketing**



**International Trade & Techno-Economic Cooperation**

## Scientific Research, Development and Management



## Safety Supervision & Environmental Protection Management



## Investment in Fixed Assets



## Material Purchase & Management



## News & Publishing

**Spiritual Civilization & Corporate Culture**



**Audit & Supervision**

***Internal Audit***



***Discipline Supervision***



**Enterprises & Institutions**

**Personages**

**Chronicle of Events**

**Statistics**



**Appendix**



**Index**

# 企业形象宣传专版单位名单

封二:富通银行

封三:陶氏化学(中国)投资有限公司

封底:珠海振戎公司

## 目录前页

1. 中国银行
2. 康菲石油公司
3. 沙特国家石油公司
4. 中国石化镇海炼油化工股份有限公司
5. 巴斯夫(中国)有限公司
6. 扬子—巴斯夫有限责任公司
7. 东方汇理银行
8. 中国远洋运输(集团)总公司
9. 燕山石化
10. SK(中国)投资公司
11. 朗讯中国公司
12. 胜利油田
13. 上海石化
14. 天津石化
15. 埃克森美孚
16. Univation
17. 林德气体
18. 液化空气
19. 美国空气化工产品和(中国)投资有限公司
20. 德固赛(中国)公司
21. 德希尼布工程公司
22. 阿美科工程公司
23. SAP
24. SABIC
25. 石化盈科信息技术有限责任公司
26. 电讯盈科
27. 国家开发银行
28. 埃森哲

## 前插页

1. 中国石化财务有限责任公司
2. 中国石化集团荆门石化公司
3. 北京银行
4. 交通银行
5. 中国进出口银行
6. 巴黎银行
7. 瑞士银行
8. 德国北方银行
9. 荷兰商业银行
10. 瑞士信贷第一波士顿银行

11. 毕马威会计师事务所
12. 光大银行
13. 中国国际金融公司
14. 瑞士鲁克国际贸易和供应公司
15. 荷兰托克公司
16. 香港富地石油
17. 维多亚洲公司
18. 日本丸红株式会社
19. 嘉吉国际贸易公司
20. 卡特彼勒公司
21. 上海化学工业园
22. 宝钢股份公司
23. 招商局集团
24. 大连远洋运输公司
25. 日照港集团公司
26. 泰山石化
27. 上海高桥石化
28. 西北石油局
29. 中国石化集团国际石油勘探开发有限公司
30. 中国石化集团茂名石油化工公司
31. 中国石化集团金陵石化公司
32. 中国石化仪征化纤股份有限公司
33. 中国石化股份九江分公司
34. 塔河石化公司
35. 中国石化管道储运(分)公司
36. 中国石化工程建设公司
37. 中国石化集团国际石油工程有限公司
38. 中国石化集团宁波工程有限公司
39. 中国石化集团第四建设公司
40. 中国石化集团第五建设公司
41. 中国石化润滑油分公司

## 后 插 页

1. 上海赛科石油化工有限责任公司
2. 中国石化集团扬子石化公司
3. 中国石化股份济南分公司
4. 中国石化集团安庆石化总厂
5. 中国石化集团沧州炼油厂
6. 中国石化股份南方勘探开发分公司
7. 中国石化催化剂分公司
8. 上海海洋石油局
9. 上海石化研究院
10. ABB 鲁玛斯
11. 香港航煤供应公司
12. 中国台湾台聚集团
13. 中国台湾塑胶工业股份有限公司
14. 中国台湾台橡股份有限公司
15. 中国台湾李长荣化学工业股份有限公司
16. 汽巴精化(中国)公司
17. BOC
18. 苏威亚太公司
19. 上海加铝公司
20. 南京化学工业园区
21. 宁波港
22. 中化国际控股公司
23. 中海油中石化联合国际贸易有限责任公司
24. 中国人民财产保险股份有限公司
25. 中国太平洋财产保险股份有限公司
26. 中国石化西部新区勘探指挥部

27. 中原石化
28. 中国石化股份广东石油分公司
29. 郑州正星科技公司
30. 中国石化股份广西石油分公司
31. 维德路特公司
32. 中国石化股份山东石油分公司
33. 北京龙禹石油化工有限公司
34. 中国石化销售西北分公司
35. 上海沥青销售公司
36. 南京长江监理公司
37. 扬子—巴斯夫有限公司
38. 中国石化集团上海培训中心
39. 上海石化物资交易中心
40. 西南石油局
41. 北京世纪天宇广告有限公司
42. 中国石化出版社

# 特　　载

# 总经理(总裁)奖励暂行办法

(二〇〇四年七月二十日 中国石化人[2004]549号文件)

为改革现行单项奖考核办法，实行规范和归口管理，增强工资总额调控办法的科学性、准确性、时效性，根据《2004年经营目标考核及工资总额兑现办法》的规定，制定本办法。

**一、奖励形式**

总经理(总裁)奖励分专项奖励和特殊奖励两种形式。

专项奖励是指对集团公司、股份公司经济效益和长远发展贡献重大，但又难以列入单位年度经营目标量化考核的专项工作的奖励(包括单项竞赛优胜等)。

特殊奖励是指对集团公司、股份公司经营管理、安全生产、科研发展、改革创新等方面作出特殊贡献的单位或个人的即时奖励。

**二、奖励范围**

专项奖励原则上仅限于基层单位，制定和组织实施的总部职能部门和高层管理人员一律不列入奖励范围。

特殊奖励为总经理、总裁批准的范围。

**三、工作程序**

总经理(总裁)奖励的项目和金额由总经理、总裁审定，有关职能部门、事业部具体组织实施。

(一)专项奖励。年初，总部有关职能部门、事业部根据生产经营和管理的需要，提出专项奖励初步方案(包括实施专项奖励的目的、考核评奖办法、奖励标准、奖励总额等)，报总经理、总裁研究审定。各部门根据总经理、总裁研究审定的意见具体组织实施。各专项奖励的评奖结果须报公司主管领导审批后执行，并送人事部门备案。对因特殊情况奖励项目或金额超出总经理、总裁审定范围的，必须事先报经总经理、总裁重新审定。

(二)特殊奖励。由总经理、总裁根据实际需要随时直接确定。

(三)人事部门年终将实际奖励项目的实施结果汇总后，上报总经理、总裁。

**四、资金拨付**

对奖励给单位的金额，由人事部门年终相应核增有关单位年度工资总额，各单位在当年一次性发放。

对直接奖励给职工个人的金额，先由职工所在单位垫付，并将发放结果报总部人事部门；人事部门审核无误后送总部财务部门，由总部财务部门拨付资金。

**五、其他**

实行总经理(总裁)奖励制度后，现行单项奖管理办法同时停止执行。总部有关职能部门、事业部可根据实际，将有关奖项纳入总经理(总裁)奖励项目和奖励金额统一计划，人事部门在总经理(总裁)奖励以外不再另行核增单项奖金总额。

本办法自2004年起执行，由人事教育部、人力资源部负责解释。

# 中国石油化工集团公司账销案存资产管理规定

(二〇〇四年四月二十九日 中国石化财[2004]344号文件)

## 第一章 总 则

**第一条** 为加强对执行《企业会计制度》而申请核销的不良资产的管理，强化对已核销资产处置回收的监管力度，规范资产处置行为，最大限度地降低国有资产损失，根据国资委《国有企业清产核资办法》的有关规定，结合集团公司实际，特制定本规定。

**第二条** 本规定适用于集团公司各企事业单位及其控股子公司。

**第三条** 本规定所称已核销资产是指集团公司为执行《企业会计制度》，报经国资委审核批准核销的不良资产损失部分，包括已核销的不良债权、不良投资，以及报废、毁损的存货、固定资产、在建工程等实物资产，但不包括按《企业会计制度》规定计提的资产减值准备。

**第四条** 账销案存是指对上述已核销的不良资产，企业在会计上作核销处理的同时，在账外设置备查账并实施专项管理的行为。

“账销案存”资产(以下简称“案存资产”)应按资产项目或损失类型以及“一账一案”的原则设置备查账，具体明确资产的名称(科目)、入账时间、核销原值和净值、核销原因和依据、资产(权益)现状等内容，并及时组织有关机构和人员进行清理、追索和最终处理，取得合法的销案依据。

**第五条** 企业管理和处置案存资产，应当遵循及时、规范、市场化和集体决策的原则。

及时是指及时设置备查账，及时清理核实账目，及时处置案存资产并销案。

规范是指建档立案要规范，账实管理和处置程序要规范，销案依据要合规。

市场化是指处置案存资产要按市场规则办事，遵循"公开、公平、透明"的原则，采用竞价和公开信息等手段进行处置。

集体决策是指处置案存资产，凡涉及资产处置方式和价格确定等重大事项，必须由企业管理层集体研究决定。

**第六条** 企业应根据本规定，设立组织机构，明确管理职责，制定处置计划，规范处置程序，加大奖惩力度，力争在 2005 年底前全面完成清理、处置任务。

**第七条** 企业要以执行《企业会计制度》为契机，全面加强内部管理，完善民主决策程序，强化内部控制制度，建立资产损失责任追究制度，以巩固清产核资成果，防止前清后乱和产生新的不良资产。

## 第二章 组 织 分 工

**第八条** 企业法定代表人对本单位案存资产的清理、处置负总责，分管财务的领导具体负责组织实施工作。

**第九条** 企业应根据本单位案存资产的具体情况，设立专门机构或指定专人对案存资产实施专项管理。其主要职责是：制定资产清理、追索和处置计划，落实资产清理、追索和处置责任，保证经批准的资产处置计划及时有效地实施，为案存资产最终销案提供合法依据。

**第十条** 企业财会部门应根据本部门的职责，在依法核销不良资产账项的同时，按要求设置备查账，并与有关管理部门密切配合，定期盘点、核对案存资产，确保资产账目清楚，账实相符，处置及时规范。

**第十一条** 企业纪检监察和审计部门，应按规定围绕案存资产，结合单位实际抓住重点项目开展效能监察和审计，强化纪检监察和审计监督，促使专门机构和人员以及其他有关部门切实做好相关管理工作。

**第十二条** 企业法律事务部门应根据本部门的职责，在参与审核不良资产核销工作的同时，按要求设置不良债权、不良股权投资的备查档案，与有关部门配合，运用法律手段，及时开展已核销不良债权、不良股权投资的追索工作。

**第十三条** 企业物资采购供应、资产占用和管理等其他部门，应加强市场调研和相关信息的收集以及资产保管和处置的配合工作。

## 第三章 处置方式与办法

**第十四条** 企业应当采取各种有效措施，积极清理、追索和处置案存资产。要通过催收、置换、重组、租赁、拍卖、诉讼、清算等多种方式，最大限度地收回资产(或剩余价值)，及时销案。

**第十五条** 企业清理、追索和处置应收债权，应当根据形成不良债权的具体情况，组织专门机构和人员，或委托律师事务所(经法律事务部门审核确认)等中介机构，运用收现、抵债、置换直至向法院提起诉讼等各种手段进行追索，以最大限度地收回债权，或重新确认债权，或取得比较充分的坏账销案依据。

**第十六条** 企业清理、追索和处置股权投资，应当根据被投资单位的现实状况，采取转让、拍卖、置换、清算等各种方式进行处置，以最大限度地收回投资(或剩余权益)，或重新确认应有的权益份额，或取得比较充分的确认投资损失的销案依据。

**第十七条** 企业清理、处置不良存货及固定资产等实物资产，应当根据资产的不同情况，通过利用、调剂、租赁、转让、拍卖等各项手段，积极变现、盘活，及时收回剩余值，以最大限度地发挥资产效用。

**第十八条** 企业对无法收回或无变现价值的案存资产，也要积极组织相关部门进行清理和清算，认真搜集坏账证据，及时依法销案。

## 第四章 处 置 程 序

**第十九条** 企业应认真制定案存资产的清理处置计划。计划应重点明确下列内容：

(一) 清理处置的责任部门和人员；

(二) 清理处置的目标任务和进度；

(三) 清理处置的职责权限和措施；

(四) 清理处置的费用支付方式和标准；

(五) 清理处置的具体奖惩办法。

**第二十条** 案存资产的清理处置计划，须经企业办公会(或董事会)集体研究批准后方可实施。实施过程中如发现有经济案件线索的，应向企业办公会(或董事会)汇报，并责成纪检监察等有关部门彻底查清。

**第二十一条** 对计划采用转让、变现、置换等办法处置资产(权益)的，应尽量通过招标、拍卖等公开竞价方式进行。未采用竞价方式处置的，应在当地媒体上公开披露有关信息，并在 15 个工作日后根据市场情况恰当处置。

**第二十二条** 为提高案存资产清理、追索和处置的工作效率，企业可视情况向有关部门或人员适当授权，但授权必须履行手续，明确具体授权事项和权限范围，自觉接受纪检监察和审计部门的监督。

**第二十三条**　企业采用下列方式处置案存资产，应当履行审计或资产评估程序：

（一）采用债务重组、置换等方式处置应收债权，金额在50万元以上的，应当实施审计程序；

（二）采用置换、转让以及重新确认等方式处置或恢复股权（权益），金额在50万元以上的，应对被投资单位的净资产实施审计程序；

（三）采用置换、协议转让等办法处置存货、固定资产等实物资产，处置金额比账面净值低10%以上的，应对处置资产实施评估程序。

**第二十四条**　置换、协议转让案存资产，应以评估价值（未经评估的以账面净值）为依据。若实际置换、转让价格低于评估价10%以上的，应当报企业办公会（或董事会）核准，并作专项说明。

**第二十五条**　企业案存资产实施清理处置或清算后，应及时作销案处理，并报企业办公会（或董事会）核准。

**第二十六条**　企业应当建立案存资产清理处置档案，将下列资料和依据纳入档案，并按《会计档案管理办法》的规定装订成册，妥善保存。

（一）经批准的清理、追索和处置计划；

（二）案存资产处置的授权书面依据；

（三）企业办公会（或董事会）纪要；

（四）有关协议、合同以及销案处理依据；

（五）案存资产的备查账及审计、评估等资料；

（六）案存资产处置的专项说明。

**第二十七条**　企业应将案存资产的处置情况在年末年度财务决算中专项予以说明。

## 第五章　处置收益处理

**第二十八条**　企业清理处置案存资产，其重新恢复确认或变现的价值，包括通过合法手续重新确认的债权、权益份额和恢复利用的实物资产价值，以及清理回收的应收债权、投资股权或收益、变现的实物资产收入等，均应作为案存资产的清理处置收入。

**第二十九条**　对案存资产的清理处置收入，企业应根据会计的稳健性原则，区分以下两种情况予以处理。

（一）对取得的现金收入或实物抵偿收入，以及恢复利用的实物资产价值，企业列作“营业外收入”处理，同时调增有关资产。

（二）对重新确认或置换的债权、股权价值，企业在未变现前暂不计入财务账，而在备查账中确认处理。待以后该项债（股）权变现后再作入账处理。

**第三十条**　清理处置案存资产所发生的费用，是指专门机构和人员发生的日常费用、委托中介机构费用、资产清理搬运费用、资产处置奖励费用，以及有关收入应缴纳的税金等。

**第三十一条**　企业发生的清理处置费用，属清理处置计划内的，经财务部门审核，分管财务领导签字，可直接列入“营业外支出”处理；属清理处置计划外的，应报企业办公会（或董事会）核准后按上述办法处理。

企业按规定在营业外支出中列支的奖励费用，不计入工资总额，但应按规定申报纳税。

## 第六章　奖惩办法

**第三十二条**　为了促使案存资产管理工作顺利开展，并取得实效，企业应当制定案存资产清理处置奖惩办法，以充分调动有关部门和人员的积极性。

**第三十三条**　企业制定奖惩办法，应根据案存资产清理处置的难易程度，采用年终一次性奖励或单笔分成奖励，或两者结合等办法。

年终一次性奖励是指企业在年度终了后根据案存资产清理处置情况，从清理处置净收益中提取一定比例的奖金，对作出贡献的有关人员给予的奖励。

单笔分成奖励是指企业对应收债权和投资股权，采用单笔与追收成果直接挂钩分成或超基数分成的奖励办法，一般不再支付清理、处置费用。分成比例由企业办公会议根据追索的难易程度研究决定。

对报废、毁损的存货、固定资产等实物资产进行清理和追索，也可采用与回收价值挂钩的办法。挂钩比例由企业办公会研究决定。

**第三十四条**　对由于主观原因（如未及时清理、追索和处置）或失职渎职导致案存资产本来可以收回而未收回，或进一步贬值、毁损而最终形成损失，或长期不能销案的，应当追究有关单位（部门）领导和有关人员的责任，除扣罚责任单位（部门）和责任人员当年一定比例的奖金外，情节严重的还应进行经济赔偿，并追究其行政责任。

**第三十五条**　对利用案存资产核销、处置之机，私分、侵吞、转移、隐瞒国有资产（收入）的，或纪检监察部门在效能监察中查出违法乱纪导致国有资产损失的，给予责任人经济和行政处罚，触犯刑律的移交司法机关处置。

## 第七章　附　　则

**第三十六条**　企业应当根据本规定并结合实际制定实施细则。

**第三十七条**　企业在改制分流中经审计、资产评估机构确认为全额减值的不良资产损失部分，参照本规定进行管理。

**第三十八条** 本规定由集团公司财务计划部负责解释。

**第三十九条** 本规定自发布之日起施行。

# 中国石油化工集团公司法律顾问制度实施办法

(二〇〇四年九月二十日 中国石化法[2004]666号文件)

## 第一章 总 则

**第一条** 为进一步提高中国石油化工集团公司(以下简称集团公司)依法治企水平，加强内部监督，建立健全法律风险防范机制，落实法律顾问制度，根据《全民所有制工业企业法》、《公司法》、《企业国有资产监督管理暂行条例》、《国有企业法律顾问管理办法》以及国家有关法律、法规和政策规定，结合集团公司实际情况，制定本办法。

**第二条** 本办法适用于集团公司及各企事业单位。各企事业单位应当参照本办法，结合其他相关业务规定制定或修订其相应的法律顾问制度，报集团公司法律事务部批准后执行。

**第三条** 集团公司推行法律顾问制度，要紧紧围绕深化国有企业改革和完善国有资产管理体制中心环节，立足于国内国际两个市场和提高企业的核心竞争力，与完善集团公司法人治理结构、建立现代企业制度相结合；与依法履行出资人职责、维护出资人的合法权益相结合；与促进集团公司依法决策、依法经营管理、依法维护集团公司合法权益相结合。

**第四条** 集团公司贯彻实施总法律顾问制度的核心是推行总法律顾问制度，其目标是：在集团公司和各企事业单位设置总法律顾问和法律事务机构，明确集团公司和各企事业单位两个层面开展法律事务工作的侧重与分工，建立全系统法律事务工作总体框架，实现总法律顾问岗位到位、法律事务机构到位、总法律顾问职责到位，完善集团公司法律事务工作职能体系，与集团公司财务、审计、监察等部门协调配合，共同建立健全集团公司内部监督机制。

**第五条** 本办法所称总法律顾问是指具有企业法律顾问执业资格，由集团公司或各企事业单位聘任，全面负责法律事务工作的企业内部高级管理人员。

**第六条** 本办法所称法律事务机构是指企业内部设置的专门承担法律事务工作的职能部门，是企业法律顾问的执业机构。

**第七条** 本办法所称法律顾问，是指取得企业法律顾问执业资格，由集团公司或各企事业单位聘任，专门从事法律事务工作的集团公司或各企事业单位内部专业人员。有关企业法律顾问的具体管理办法另行制定。

**第八条** 集团公司建立法律顾问专业技术等级制度。法律顾问分为一级、二级和三级法律顾问，评定办法另行制定。

未取得企业法律顾问执业资格或律师资格的，可作为法律顾问助理，辅助从事法律事务工作，但应当于具备报考条件之日起2年内考取企业法律顾问执业资格。

## 第二章 集团公司法律事务职能

### 第一节 集团公司总法律顾问

**第九条** 集团公司总法律顾问全面负责集团公司法律事务工作，对集团公司总经理负责。

**第十条** 集团公司总法律顾问应当同时具备下列条件：

(一)拥护、执行党和国家的基本路线、方针、政策，秉公尽责，严守法纪；

(二)熟悉企业经营管理，具有较高的政策水平和较强的组织协调能力；

(三)精通法律业务，具有处理复杂或者疑难法律事务的工作经验和能力；

(四)具有企业法律顾问执业资格或律师资格(法律职业资格)，并有集团公司中层及以上管理岗位的综合管理经验。

**第十一条** 集团公司总法律顾问履行下列职责：

(一)全面负责集团公司法律事务工作，统一协调处理集团公司决策、经营管理中的法律事务；

(二)参与集团公司重大经营决策，保证决策的合法性，并对相关法律风险提出防范意见；

(三)负责组织集团公司重要规章制度的制定和实施；

(四)负责建立全系统法律事务工作总体框架，完善全系统法律事务工作职能体系；具体领导集团公司法律事务部开展工作；

(五)负责集团公司法制宣传教育和培训工作，组织建立集团公司法律顾问业务培训制度；

(六)对集团公司及各企事业单位违反法律、法规的行为提出纠正意见，监督或者协助有关部门予以整改；

（七）指导和监督各企事业单位法律事务工作，对各企事业单位法律事务负责人的任免提出建议；

（八）其他应当由总法律顾问履行的职责。

**第十二条** 集团公司总法律顾问出席或列席有关总经理办公会以及其他涉及重要经济活动的决策会议。

集团公司有关职能部门报送的生产经营建设、发展改革稳定情况应同时抄送总法律顾问。

**第十三条** 集团公司总法律顾问对集团公司法律事务部提出的下列事项进行审核：

（一）涉及集团公司全系统法律事务职能体系建设的方案、计划和工作部署；

（二）法律事务部年度、半年度工作总结、计划和部署；

（三）法律事务部组织或参加的重要立法课题研究、重要制度建设、重大合同谈判及审核、重大法律纠纷处理、内部法律纠纷处理等具有重要影响的法律事务的工作方案以及所提出的法律意见；

（四）重要外部律师的聘请；

（五）集团公司法律事务部向集团公司分管副总经理、总经理报告的事项及需以集团公司名义向国家立法机关、执法机关等发送的法律意见书、建议书或其他重要法律文件。

**第十四条** 集团公司总法律顾问认为必要时可以组织集团公司法律事务部及相关职能部门和各企事业单位就重要和复杂的法律事务工作进行内部协调处理。

## 第二节 集团公司法律事务机构

**第十五条** 集团公司法律事务部是集团公司法律事务的统一归口管理部门。

围绕集团公司是控股公司和国家授权投资机构的定位，负责集团公司外部法律环境分析研究，为集团公司生产经营建设、发展改革稳定的中心工作和重要决策提供法律意见；为集团公司重大投资项目、融资项目、改制分流、资本运作和实施"走出去"战略提供全过程法律服务。

**第十六条** 集团公司法律事务部在集团公司总法律顾问具体领导下，履行下列职责：

（一）协助集团公司领导正确执行国家法律、法规，对集团公司重大决策进行法律论证，提供法律咨询意见，依法维护集团公司合法权益；

（二）负责对口联系国家有关政策法规部门，研究集团公司外部法律环境，组织对石油化工行业涉及的一些重大法律课题进行研究，向国家反映有关立法和执法的意见和建议；

（三）组织或参与起草、审核集团公司有关重要的规章制度，负责制定集团公司法律事务基础管理制度；

（四）负责集团公司合同项目管理，参与集团公司投资、融资、招标投标、知识产权、租赁、担保、资产转让、改制、重组以及合并、分立、解散、破产等涉及集团公司重大权益的合同谈判，并负责合同文本的起草及法律审查；

（五）负责集团公司授权委托、工商登记和商标的统一管理，并办理相关法律事务；

（六）组织、协调、处理集团公司为当事人和各企事业单位特殊、重大的诉讼、仲裁案件，接受集团公司法定代表人委托，代理参加诉讼和非诉讼活动，组织集团公司及各企事业单位之间的法律纠纷调解工作；

（七）负责集团公司外聘律师、法律中介机构的选择、联络，监督和评价其工作质量；

（八）指导和监督各企事业单位推行总法律顾问制度，负责全系统法律顾问的管理、培训及考核工作；

（九）负责为集团公司提供有关法律咨询，配合有关部门对员工进行法制宣传教育；

（十）办理集团公司领导、总法律顾问交办的其他法律事务。

法律事务部设置法规制度、合同项目、工商诉讼、综合管理处室，履行相关职能。

**第十七条** 法律事务部参与组织并会同有关部门做好集团公司全局性、综合性重要规章制度的建设工作，保证集团公司制度体系的合法性、一致性、完整性，包括但不限于下列项目：

（一）参与《集团公司章程》以及《总经理工作细则》的制定和修订；

（二）参与制定集团公司《内部控制制度》，负责权限指引的编制、修订及推行中的有关工作；

（三）组织制定集团公司《规章制度制定管理办法》及相关制度，规范制度制定行为。

法律事务部负责建立健全法律事务管理制度体系，包括但不限于下列制度：

（一）集团公司法律顾问制度实施办法；

（二）合同管理办法及其配套制度；

（三）法律纠纷管理办法及其配套制度；

（四）授权委托管理办法；

（五）商标管理办法及其他有关知识产权保护制度；

（六）工商事务管理办法；

（七）外聘律师管理办法；

（八）其他法律事务管理制度。

**第十八条** 法律事务部组织制定下列工作流程，保证集团公司法律事务工作的规范性、有效性和及时性。

（一）法规制度业务工作流程。包括：制度制定管理业务工作流程；制度审核业务工作流程；立法意见征询业务工作流程；法规制度咨询业务工作流程；

（二）合同项目业务工作流程。包括：集团公司合同审查管理业务工作流程；集团公司重大合同管理业务工作流程；集团公司标准合同文本管理业务工作流程；各企事业单位合同监管业务工作流程；

（三）工商诉讼业务工作流程。包括：法律纠纷案件管理业务工作流程；公司事务管理业务工作流程；授权委托管理业务工作流程；知识产权管理业务工作流程；各企事业单位法律纠纷、公司事务监管业务工作流程；

（四）综合管理业务工作流程。包括：外聘律师管理业务工作流程；基层单位法律事务考评业务工作流程；法律事务人员培训管理业务工作流程；以集团公司名义制发文件业务工作流程；以法律事务部名义制发文件业务工作流程；签报管理业务工作流程；收文管理业务工作流程；可控费用管理业务工作流程；专项费用管理业务工作流程。

**第十九条** 法律事务部对集团公司各部门履行下列服务与监督职能，包括但不限于：

（一）对生产经营建设、发展改革稳定工作中的法律问题，及时进行咨询解答；对重大决策进行法律论证，提出法律意见和防范法律风险方案；

（二）根据各部门制定的制度建设计划，每年11月底前汇总编制集团公司制度建设年度计划，并跟踪落实制度建设项目进度；负责归口审核各有关部门拟订的规章制度；按年度组织编制制度汇编或进行更新；

（三）对合同主办部门的标准合同文本进行审定，对合同管理人员进行法律知识培训和业务指导，统一管理合同专用章，统一编制合同编号，进行合同备案；

（四）参与各职能部门主办的重大合同立项审批，就是否符合法律、集团公司规章制度等情况签署意见，参加重大合同谈判，负责对合同条款进行法律审查、论证，出具法律意见书，或进行会签；

（五）承办集团公司对各职能部门及其负责人授权委托事宜，对其内容进行法律审查，对授权委托执行情况进行检查；

（六）负责受理各部门使用外部律师申请，组织选聘律师的招投标活动，对外聘律师工作质量进行评价，并负责管理聘请费用支付。

**第二十条** 集团公司法律事务部对各企事业单位开展法律事务工作进行指导和监管，包括但不限于：

（一）执行集团公司规章制度情况；

（二）合同项目、法律纠纷、工商事务、授权委托、外聘律师等法律事务管理办法的制定；

（三）开展的各项法律事务管理工作；

（四）法律事务机构的建设和法律顾问的培养。

**第二十一条** 集团公司法律事务部对于各职能部门及各企事业单位提出的法律服务要求实行限时答复：程序性问题当即答复，一般性问题当日答复，较复杂问题一周内答复。集团公司法律事务部对其合法性负责。

## 第三章 各企事业单位法律事务工作职能

### 第一节 各企事业单位总法律顾问

**第二十二条** 各企事业单位总法律顾问全面负责本单位法律事务工作，对本单位主要行政负责人负责。

**第二十三条** 各企事业单位总法律顾问任职条件，比照本办法第十条规定。

各企事业单位总法律顾问人选可以在本单位内部产生，也可在全系统内符合任职条件的法律顾问中竞聘产生。

各企事业单位在确定总法律顾问人选过程中，应当事先征询集团公司总法律顾问的意见，由各企事业单位按照干部任免程序报集团公司备案。

**第二十四条** 各企事业单位总法律顾问应履行下列职责：

（一）全面负责本单位法律事务工作；

（二）参与本单位生产经营决策，保证决策的合法性，并对相关法律风险提出防范意见；

（三）参与或组织集团公司颁布的统一规章制度在本单位的细化和实施；

（四）负责落实本单位法制宣传教育和培训工作；

（五）建立健全本单位法律事务机构；具体领导本单位法律事务机构开展法律事务工作；

（六）对本单位违反法律、法规的行为提出纠正意见，监督或者协助有关部门予以整改。

**第二十五条** 各企事业单位总法律顾问参加或列席有关经理办公会及其他涉及重要经济决策的专题会。

各企事业单位有关职能部门报送的生产、经营情况应同时抄送总法律顾问。

**第二十六条**　各企事业单位应当建立法律事务机构向总法律顾问工作报告的制度。

各企事业单位总法律顾问对本单位法律事务机构提出的重大事项进行审核。

## 第二节　各企事业单位法律事务机构

**第二十七条**　各企事业单位设置专门的法律事务机构，统一归口管理本单位的法律事务。负责处理本单位经营范围或授权范围内相关的法律事务，为日常生产经营活动提供法律保障。

**第二十八条**　各企事业单位法律事务机构在本单位总法律顾问的具体领导下，履行下列职责：

（一）正确贯彻执行国家法律法规和集团公司颁布的统一规章制度，对本单位生产经营决策提供法律咨询意见，依法维护本单位的合法权益；

（二）组织或参与本单位制度建设，起草或参与起草、审核本单位重要规章制度和法律文件；负责集团公司法律事务管理制度在本单位的细化和组织贯彻；

（三）负责本单位合同管理，参加或组织本单位经营范围或授权范围内的重大合同谈判，并负责合同文本的起草或法律审查；

（四）负责本单位授权委托、工商事务和商标使用的统一管理，并办理相关法律事务；

（五）负责处理以本单位为当事人的一般、重要法律纠纷以及集团公司法律事务部授权处理的法律纠纷，调解本单位内部法律纠纷；

（六）负责本单位外聘律师、法律中介机构的管理，监督和评价其工作质量；

（七）负责为本单位提供有关法律咨询，负责或配合有关部门对本单位员工进行法制宣传教育；

（八）办理本单位领导、总法律顾问以及集团公司法律事务部交办的其他法律事务。

在保证履行上述职责的前提下，各企事业单位可根据实际情况对法律事务机构的职责进行充实和调整。

**第二十九条**　各企事业单位法律事务机构应比照本办法第十七条、第十八条、第二十一条的规定，制定法律事务工作制度和工作流程以及法律顾问具体办理法律事务的工作时限，确保企业法律事务工作顺利开展。

**第三十条**　各企事业单位法律事务机构对本单位总法律顾问负责。各企事业单位暂未设置总法律顾问的，法律事务机构直接对本单位主要行政负责人负责。

各企事业单位根据工作需要，可以在法律事务机构内部按照专业要求设立科室、岗位。

各企事业单位暂未设置法律事务机构的，由本单位法律顾问履行法律事务机构职责。

## 第三节　各企事业单位与集团公司的业务联系

**第三十一条**　各企事业单位法律事务机构在业务上接受集团公司法律事务部的指导、检查和监督，就贯彻落实集团公司法律事务工作制度和工作部署、防范和化解法律风险等业务工作对集团公司负责和报告。

**第三十二条**　各企事业单位依据集团公司颁布的《合同管理暂行办法》及实施细则、《法律纠纷管理暂行办法》及实施细则、《授权委托管理办法(试行)》等法律事务管理制度制定本单位相应的实施办法，并报集团公司法律事务部批准后实施。

**第三十三条**　各企事业单位负责人签署的经营范围和授权范围内、经常性发生和采用经集团公司法律事务部统一审定的标准文本的合同(一般合同)，由本单位法律事务机构负责管理。

对于标准合同文本中新增的免除对方责任、加重本单位责任和排除本单位主要权利的条款应及时向集团公司法律事务部报告。

各企事业单位业务范围内应采用的标准合同文本，由各企事业单位负责拟定，报集团公司法律事务部审定。

**第三十四条**　重大合同由集团公司法律事务部组织审查和管理。

重大合同是指涉及的法律关系复杂或对集团公司利益有重大影响的、非经常发生的、未采用标准合同文本，或需要经过集团公司批准的合同。重大合同包括但不限于：涉外合同，尤其是适用境外法律或司法管辖地在境外的合同；长期贷款合同；工程建设合同；融资租赁合同；担保与反担保合同；与专利权、商标权、著作权、商业秘密等知识产权相关的合同；不动产买卖、土地使用权出让和转让合同；资本运作合同，包括发行股票与债券、公司合并或分立等；长期投资合同，包括合资、合作、股权转让等；在证券监管机构已豁免范围之外的关联交易合同；其他重大合同。

**第三十五条**　各企事业单位发生的标的额在100万元以下和100万—500万元之间由日常生产经营引起的常见的普通法律纠纷由各企事业单位法律事务机构负责处理和到总部备案。

各企事业单位发生的以本单位为当事人、标的额在 500 万元以上的重大法律纠纷或涉及法律关系较复杂以及非经常发生的特殊法律纠纷，应按规定报法律事务部审查。各企事业单位处理的法律纠纷应在一个法律阶段结束后，向法律事务部书面报告结案结果，遇重大情况变化或需法律事务部协调的，应及时报告。

各企事业单位发生的重要法律纠纷，应当自发生之日起 5 个工作日以内报集团公司法律事务部备案，并于每年 1 月 15 日及 7 月 15 日前，向集团公司法律事务部报送全年及半年法律纠纷统计汇总情况。

各企事业单位(包括股份公司分、子公司)之间发生的内部法律纠纷，经协商不能解决时，应向集团公司法律事务部申请调处。

**第三十六条**　各企事业单位的设立、变更、注销等事项需要集团公司出具相关前置文件的，由各企事业单位(或设立筹备单位)向集团公司法律事务部提出申请并附相关批准文件，集团公司法律事务部就申请内容的合法性、合规性进行审核，并提出审核意见，报经集团公司总经理批准后，由各企事业单位办理设立、变更、注销登记工作，并将办理结果报集团公司法律事务部备案。

**第三十七条**　各企事业单位应当每年开展制度管理、合同管理、法律纠纷管理、工商事务管理等法律事务工作自查，并向集团公司法律事务部书面报告。

集团公司法律事务部每年开展一次制度管理、合同管理、法律纠纷管理、工商事务管理等法律事务抽查活动，每两年开展一次大检查，检查结束 15 日内向受检单位送达检查意见书，提出评价意见，各企事业单位负责做好整改工作。

**第三十八条**　各企事业单位总法律顾问及法律事务机构对本单位不采纳其依法提出的法律意见和建议，造成重大经济损失，严重损害集团公司合法权益的，可以直接向集团公司反映。

**第三十九条**　各企事业单位法律事务机构应当组织法律顾问参加集团公司统一安排的业务培训、注册管理和业务考核。

## 第四章　监督检查

**第四十条**　各级总法律顾问对其具体领导的法律事务机构日常工作进行检查监督。

**第四十一条**　各企事业单位依照管理目标责任制对法律事务机构的工作绩效、服务质量及综合表现进行考核、评价。

**第四十二条**　集团公司法律事务部定期或不定期组织法律事务检查或抽查活动。

## 第五章　奖励和处罚

**第四十三条**　集团公司及各企事业单位对在促进依法决策、依法经营、依法避免或者挽回重大经济损失，实现资产保值增值等方面作出重大贡献的总法律顾问、法律事务机构和法律顾问给予表彰和奖励。

**第四十四条**　总法律顾问、法律顾问玩忽职守、滥用职权、谋取私利，给集团公司或各企事业单位造成较大损失的，应当追究其责任，严肃处理，同时依照有关规定，暂停执业或者吊销其法律顾问执业资格证书；对触犯刑律的，依法移送司法机关处理。

**第四十五条**　各企事业单位未按照国家和集团公司有关规定建立健全法律监督机制，发生重大经营决策失误的，根据情节轻重，对直接负责的主管人员和其他直接责任人员给予相应的纪律处分；对触犯刑律的，依法移送司法机关处理。

**第四十六条**　各企事业单位有关涉法事项未经法律事务机构出具意见或出具意见未被采纳，导致发生下列情况之一的，依照有关规定追究其有关负责人的经济责任、行政责任和法律责任：

(一) 存在重大制度疏漏或重大合同条款疏漏，造成重大经济损失或重大权益不能实现；

(二) 因失职发生重大法律纠纷败诉，造成重大经济赔偿或罚款，或导致集团公司财产被查封、扣压及承担连带责任；

(三) 发生涉及商标权、专利权、著作权、商业秘密、技术秘密等知识产权纠纷，造成集团公司或本单位重要知识产权受损、灭失；

(四) 本单位发生其他法律纠纷和法律问题，被公开谴责、市场禁入或被责令公开赔礼道歉等，造成重大负面影响、重要市场丢失、竞争地位下降等。

**第四十七条**　各企事业单位有关负责人对法律顾问依法履行职责打击报复的，予以通报批评或者警告；情节严重的，给予行政处分；对触犯刑律的，依法移送司法机关处理。

## 第六章　附　　则

**第四十八条**　本办法由集团公司法律事务部负责解释。

**第四十九条**　本办法自印发之日起施行。

# 中国石化集团公司暨股份公司安全督查员督查制度
## （暂　行）

（二〇〇四年四月二十八日　中国石化安[2004]332号文件）

## 第一章　总　则

**第一条**　为了加强生产企业安全环保的监督检查，集团公司、股份公司决定建立安全环保督查员(以下简称安全督查员)制度，为规范安全督查员工作，特制定本制度。

**第二条**　安全督查员分为“安全督查专员”和“安全督查员”两级(统称安全督查员)，由集团公司安全生产监督委员会聘任，任期1年。安全督查员由总部派出，接受安全环保局领导，代表集团公司、股份公司对企业行使监督检查权力，其工作直接向总部报告，对总部负责。

**第三条**　本制度适用于安全督查员开展监督检查的业务工作，其他事宜另行规定。

## 第二章　组织形式

**第四条**　安全环保局负责安全督查员的组织领导，安全环保局局长为总负责人，各分管领导协助组织安排各项任务。具体业务工作由安全监督处、油田安全处和环境保护处负责，日常事务工作由综合处负责。

**第五条**　安全督查员从中国石化系统内聘任，并应具备以下基本条件：

（一）身体健康、本人同意、能承担经常性出差任务，年龄原则上不大于60岁；

（二）具有中级以上专业职称并具有石油石化相关专业领域20年以上的生产实践经验；

（三）工作责任心强，善于发现问题，敢于坚持原则，有较强的分析问题、解决问题的能力。

**第六条**　退居二线的原直属企业的领导任“安全督查专员”；处级及以下的生产管理人员任“安全督查员”。

**第七条**　安全督查员的专业范围包括：炼化工艺、机械设备、钻井、海上作业、井下作业、采油、物探测井和储运、电气、仪表、安全、职业卫生、消防专业、环境保护。

**第八条**　为方便安全督查员开展工作及对外联系，其所在单位应提供必要的日常工作条件，支持安全督查员开展工作。

**第九条**　安全督查员按板块分组，实行相对固定、定期轮换的督查方式开展工作，每组设正、副组长，人选由安全环保局指定。

**第十条**　安全督查员赴企业履行安全督查职责，由安全环保局具体安排，并通知相关企业。安全督查员原则上不参加本人所在企业的安全督查工作。

## 第三章　职　责

**第十一条**　自觉学习贯彻国家有关安全生产和环境保护法律法规和集团公司有关规章制度，坚持集团公司“安全第一，预防为主，全员动手，综合治理，改善环境，保护健康，科学管理，持续发展”的安全环保工作方针和“全员、全过程、全方位、全天候”的监督管理原则。

**第十二条**　依据《石油和天然气工程设计防火规范》、《石油化工企业设计防火规范》、《石油库设计规范》、《石油化工环境保护设计规范》等国家及行业标准规范，以及集团公司安全环保监督管理制度，开展高水平、高起点、有深度、有力度的监督检查工作。

**第十三条**　集团公司授权安全督查员通过听取汇报、调阅安全生产会议记录、召开座谈会、现场监督检查等方法开展工作。

**第十四条**　对企业进行巡回监督检查，每年工作日不少于120天。对规定检查范围内的企业，每年每个企业检查次数不少于4次。

**第十五条**　监督检查的重点是：

（一）国家安全生产和环保方针政策落实执行情况；

（二）安全环保监督管理制度建立健全与执行情况；

（三）安全环保组织领导机构的设置、人员配备与职责履行情况；

（四）各级安全生产和环保责任制的落实情况；

（五）重大安全和污染隐患及治理情况；

（六）新改扩建工程项目“三同时”制度执行情况；

（七）事故处理“四不放过”执行情况；

（八）各类事故、突发事件应急预案的制定和演练情况；

（九）《HSE管理体系环保内容实施要点》落实情

况，清洁生产工作开展情况，内部排污计费制度落实情况，环保设施运转情况，外排污染物达标情况；

（十）发现企业安全生产和环保工作中出现的带有共性的新情况、新问题，向企业和总部提出解决处理问题的建设性意见；

（十一）受安全环保局委托，受理与安全环保工作有关的群众来信、来访，听取意见，进行必要的调查了解，并向有关企业反馈情况和意见，一般不直接参与具体的处理工作；

（十二）总结安全生产和环保管理的经验、做法与存在的主要问题；

（十三）向安全环保局提出强化与改善安全环保监督管理工作的建议。

**第十六条**　根据需要对重大问题进行专题调研，参加年度安全大检查及集团公司重要的安全生产工作会议。

## 第四章　权利与义务

**第十七条**　有权要求被监督检查的企业及有关部门如实提供与安全环保督查工作有关的文件、文字资料、图像资料和统计资料。

**第十八条**　在安全督查工作中如发现重大安全环保隐患，有权提出限期整改要求，同时向安全环保局报告。对现场作业的“违章指挥、违章作业、违反劳动纪律”的现象，有权立即予以制止。

**第十九条**　对阻挠、妨碍安全督查工作，不如实提供有关资料、拒绝配合安全督查工作的单位和个人，有权向总部提出追究相关单位及当事人责任的建议。

**第二十条**　总部定期向安全督查员传达总部领导有关安全生产工作的讲话和指示，提供总部有关安全生产环境保护工作的文件、规定、安全生产信息，以及有关劳动安全、职业卫生、消防气防、环保等专业期刊。

**第二十一条**　依法履行安全督查职责，严格依照国家法律法规、标准规范，以及集团公司、股份公司的行业标准规范、安全监督和环保管理制度开展工作。

**第二十二条**　开展安全督查工作应坚持原则、秉公办事、客观公正，善于发现问题和分析问题，实事求是地反映被监督检查企业的情况和问题。

**第二十三条**　应严格遵守集团公司、股份公司有关廉洁自律的规定。不得接受被督查企业的馈赠，不得在被督查企业报销任何费用，不得借工作之便为自己、亲友及他人牟取利益，不得介入任何与督查工作无关的商业活动。

**第二十四条**　不得对外披露在督查工作中了解和掌握的企业商业秘密。

**第二十五条**　不断提高自身政策水平和业务素质，不断提高督查工作的质量和效率。

## 第五章　督 查 报 告

**第二十六条**　督查组对每个企业监督检查每个季度不得少于1次，工作结束后，要形成书面检查报告，及时报安全环保局。督查组组长要定期向安全环保局提交工作报告。

书面报告应由安全督查组正、副组长签字，并对报告的真实性负责。

## 第六章　附　　则

**第二十七条**　本制度由安全环保局负责解释。

**第二十八条**　本制度自印发之日起施行。

# 中国石化集团公司事故隐患治理项目管理规定

（二○○四年三月二十九日　中国石化安[2004]166号文件）

## 第一章　总　　则

**第一条**　为规范事故隐患治理项目的管理，根据集团公司《固定资产投资决策程序及管理办法(试行)》(中国石化财[2002]59号)和《固定资产投资项目实施管理办法》(中国石化建[2002]177号)，特制定本规定。

**第二条**　事故隐患治理项目应纳入集团公司年度投资计划进行管理。

**第三条**　本规定适用于集团公司各企事业单位(以下简称企业)的事故隐患治理项目(以下简称隐患项目)。

## 第二章　隐患项目的界定

**第四条**　下列固定资产投资项目，可以界定为隐患项目：

（一）生产设施和公共场所存在的不符合国家和集团公司安全生产法规、标准、规范、规定要求的隐患。

（二）可能直接导致人身伤亡、火灾爆炸事故或造成事故扩大的生产设施、安全设施等存在的隐患。

(三) 可能造成职业病或职业中毒的隐患。

(四) 集团公司下达重大隐患项目整改通知书要求治理的隐患。

(五) 预防可能造成灾害扩大的固定资产投资项目。

(六) 新投产的项目，从项目验收后3年内发现的问题，原则上不作为隐患项目。

(七) 通过设备更新、装置正常检维修能解决的问题，不得列入隐患项目。

## 第三章 隐患项目的决策程序

**第五条** 隐患项目决策程序包括隐患评估、项目申报、项目审批和计划下达。

(一) 隐患评估应由企业主管领导、职能部门和具有实际工作经验的工程技术人员组成评估小组或集团公司认可的有资质的评价机构，以国家和行业安全法规、标准、规范以及集团公司职业安全卫生管理规定为依据，提出评估整改意见或评价报告。

(二) 隐患评估内容应包括现状分析、存在的主要问题、风险及危害和结论性意见等。

(三) 经评估确认的隐患应编报隐患项目可研报告，主要内容包括：不同治理方案的比较和选择、具体治理工程量、治理方案的安全性和可靠性分析、投资概算、治理进度安排等。

(四) 投资概算应按集团公司《石油化工安装工程概算标准》、《石油化工安装工程费用定额》、《石油化工工程建设费用定额》的规定编制。

(五) 在隐患评估、可研报告的基础上，按照集团公司编制年度固定资产投资项目计划的总体要求，结合本企业的实际情况，提出隐患项目治理计划及投资计划，并列入企业下一年度固定资产投资项目计划。企业的隐患项目及投资计划应在每年9月底前，分别报集团公司财务计划部、企业经营管理部和安全环保局。

(六) 隐患项目的审批应按集团公司固定资产投资决策程序及管理办法规定的程序执行。

**第六条** 限额以上(总投资3000万元及以上)的隐患项目，应按有关规定报集团公司安全环保局和企业经营管理部审查后，由财务计划部按固定资产投资决策程序批准项目建议书和可行性研究报告。如需安保基金补助的项目，由财务计划部商安全环保局确定。

**第七条** 限额以下(总投资1000万—3000万元)的隐患项目应同时报企业经营管理部和安全环保局，由企业经营管理部会同安全环保局组织审查，财务计划部会同安全环保局审批投资计划。

**第八条** 总投资500万—1000万元的隐患项目，企业将可行性研究报告报安全环保局，由安全环保局会同企业经营管理部审批，并抄报财务计划部。总投资500万元以下的隐患项目企业直接向安全环保局报批，同时抄报企业经营管理部。

**第九条** 经由上述程序确定的隐患项目，由安全环保局提出年度隐患项目资金补助计划，经集团公司有关部门会签后，以集团公司文件下达。

## 第四章 隐患项目的计划管理

**第十条** 隐患项目都应列入企业当年固定资产投资项目计划，并报集团公司有关部门。

**第十一条** 企业计划部门应严格按集团公司固定资产投资决策程序及管理办法申报隐患项目，不得将隐患项目化整为零，改变审批渠道。隐患项目由企业安全部门对口管理。

**第十二条** 凡集团公司批准列入计划的隐患项目，企业要认真按照《隐患治理项目限期整改责任制》(中国石化安[2002]250号)的要求组织力量抓好实施，做到当年完成不跨年度。确需跨年度实施的，应向安全环保局专题报告。

**第十三条** 在应急状态下必须立即进行整改的隐患项目，各企业可在进行治理的同时申报隐患项目。对不按固定资产投资项目决策程序要求，先开工后报批的隐患项目，集团公司不予补批。

**第十四条** 凡未列入企业固定资产投资项目计划，又未经集团公司有关部门审查的隐患项目，集团公司均不予立项。

## 第五章 隐患项目的分级监管

**第十五条** 根据隐患项目重要程度及投资规模，按照总部监督、分级管理、企业负责的三级监管原则，凡列入集团公司年度投资计划的隐患项目由安全环保局提出总部重点监管项目、总部部门重点监管项目和企业负责监管项目。

**第十六条** 总部重点监管项目负责人为总部领导，主管部门分别为总部相关职能管理部门，督查部门为安全环保局。

**第十七条** 总部部门重点监管项目负责人为项目所在企业一把手，主管部门分别为总部相关职能管理部门，督查部门为安全环保局。

**第十八条** 企业负责监管项目由企业相关部门负责组织实施，企业安全部门监督检查。

**第十九条** 属于企业级隐患治理项目，由各企业自行立项治理。

## 第六章 隐患项目的实施管理

**第二十条** 隐患项目的实施按以下要求进行。

（一）隐患治理项目及资金计划下达后，企业应按照集团公司固定资产投资项目实施管理办法组织实施。

（二）企业应建立隐患治理工作例会制度，定期召开隐患治理项目专题会，施工部门确保施工进度，财务部门确保资金到位，安全管理部门对隐患治理工作进行全过程的监督管理，确保按时完成隐患治理年度计划。

（三）企业对隐患项目的管理，应做到“四定”（定整改方案、定资金来源、定项目负责人、定整改期限）。企业主要领导对隐患项目的整改负主要责任，企业分管领导对隐患项目整改方案负责。

（四）不能及时整改的隐患，企业应采取切实有效的安全措施加以监护。

（五）隐患治理项目及资金计划下达后，企业应按月上报列入集团公司隐患治理计划的隐患项目的实施进度情况。月报表应在次月5日前、年报表应在下年度1月5日前报安全环保局，当年12月5日月报作为年度隐患完成情况预报表。

（六）集团公司下达隐患项目及资金计划后，企业不得擅自变更项目、投资、完成期限或将资金挪作他用。

（七）集团公司安全环保局负责隐患治理项目实施情况的监督检查。

**第二十一条** 隐患项目的验收考核

（一）重大隐患治理项目竣工验收，由集团公司安全环保局组织或委托企业组织验收。

（二）总投资500万元以上的隐患治理项目验收后，企业应将竣工验收报告、竣工验收表连同补助项目的财务决算一并上报集团公司安全环保局。

（三）项目验收合格后，企业生产、设备部门应制定相应的规章制度，组织操作人员学习，纳入正常维护管理。

（四）企业隐患项目完成情况，列入集团公司对企业年终安全评比、考核兑现内容。未能按时完成治理任务的企业将被扣分，因隐患整改不力造成事故的将追究有关人员责任。

## 第七章 隐患项目的安保基金补助

**第二十二条** 列入集团公司投资计划及资金计划的隐患项目，按规定给予安保基金补助。

**第二十三条** 隐患项目的安保基金补助比例，一般按该项目批准投资的40%补助，视年度安保基金收支预算情况，由安全环保局提出具体意见，报集团公司安全生产监督委员会决定。

## 第八章 附 则

**第二十四条** 本规定自印发之日起施行，原《中国石化集团公司事故隐患治理项目管理规定》（中国石化[1999]安字467号）同时废止。

**第二十五条** 本规定由集团公司安全环保局负责解释。

# 中国石油化工集团公司“三废”综合利用管理办法

（二〇〇四年八月二十三日　中国石化安[2004]616号文件）

## 第一章 总 则

**第一条** 为了保证中国石油化工集团公司（以下简称集团公司）在油气勘探开发和石油化工生产、经营、建设和科研等活动中进一步提高资源利用率，减少“三废”排放，保护生态环境和生产环境，实现循环经济的发展模式，根据国务院《关于进一步开展资源综合利用的通知》和国家有关环境保护法律、法规，特制定本办法。

**第二条** “三废”综合利用是指利用废水、废气、废渣、余热、余压等废弃物为主要原料进行生产的过程。

我国现行的“三废”综合利用优惠政策是企业在原设计规定的产品以外，综合利用本企业生产过程中产生的、在《资源综合利用目录》内的资源做主要原料生产的产品所得，自生产经营之日起，免征所得税5年。

**第三条** 各企业必须认真执行国家的法规、政策和石化集团公司关于综合利用的各项制度，必须把“三废”综合利用纳入企业规划、计划和勘探开发、生产、经营、建设、科研的全过程。

**第四条** 集团公司鼓励所属各生产企业开展“三废”综合利用，对各单位“三废”综合利用工作进行监督、指导、检查和考核、奖励。

**第五条** 本办法适用于集团公司所属各生产企业和科研单位。

## 第二章　职　责

**第六条**　集团公司HSE管理委员会是集团公司“三废”资源综合利用重大方针政策的决策机构。负责组织贯彻国家综合利用方面的法律、法规、政策等；制定集团公司“三废”综合利用工作的方针、规定、要求；审定集团公司的资源综合利用规划和有关制度、规定、办法；协调解决集团公司有关综合利用的计划、设计、建设、生产等重大问题；审定“三废”综合利用免税资金的使用等。

**第七条**　集团公司环保主管部门归口管理“三废”资源综合利用工作，负责制定、修订和发布有关“三废”综合利用的管理制度、标准；参与制定集团公司总体发展规划和科技发展规划、计划中的“三废”综合利用内容；监督集团公司所属各企业的“三废”综合利用工作规划、计划的制定和实施；负责与政府部门协调与“三废”综合利用有关的问题；提出集团公司对所属企业“三废”综合利用工作的奖惩意见；参与审查“三废”综合利用项目。

**第八条**　集团公司计划部门在制定中长远发展计划和年度计划时，同时制定适合石油和石化工业发展需要并符合国家要求的“三废”综合利用规划、计划；在审批新、改(扩)建项目时应包括“三废”综合利用项目；在年度投资计划中考虑“三废”综合利用项目。

**第九条**　集团公司财务部门负责对“三废”综合利用有关财务核算方面的工作进行监督管理和指导；负责各单位“三废”综合利用收益实际免交所得税金额的复核、认定；负责与国家有关部门协调“三废”综合利用的税收政策问题；负责对总部“三废”治理及综合利用项目支出的核算及财务监督。

**第十条**　集团公司生产、销售管理部门负责组织所归口管理的企业落实各项“三废”综合利用工作，对“三废”综合利用设施运行和维护进行监督管理，把“三废”综合利用工作落实到生产、销售管理的各个环节。

**第十一条**　集团公司科技开发部门在制定科技发展规划、计划时，要同时制定“三废”综合利用技术攻关规划、计划；组织对新工艺技术应用过程中新产生的“三废”和现有工艺生产过程中未加以利用的“三废”的综合利用技术进行攻关。科研单位要开发适合油气勘探开发和石化生产实际的“三废”综合利用技术并加快科研成果的转化及应用。

**第十二条**　集团公司人事教育部门负责根据环保部门的建议，对各单位“三废”综合利用业绩进行考核；根据各单位“三废”综合利用开展情况和取得的减免税情况，按照一定比例，在工资总额中核增“三废”综合利用奖励额度。

**第十三条**　各企业要认真组织贯彻国家和集团公司“三废”综合利用方面的法规、政策、制度；制定本单位“三废”综合利用规划和“三废”综合利用项目、“三废”综合利用考核奖励办法；协调解决本单位有关综合利用的项目计划、申报、项目建设、生产运行等方面的重大问题。

各企业必须按照国家和集团公司的有关规定，明确适应企业“三废”综合利用工作需要的责任部门，并为其提供人、财、物的支持，确保能够履行以下职责：

(一)贯彻并监督执行国家“三废”综合利用的法律、规定、标准和集团公司的各项要求。

(二)组织、制定本企业“三废”综合利用考核奖励办法，建立、健全本企业“三废”综合利用管理程序，明确各管理层次的职责，分解制定相应的指标。

(三)提出本企业“三废”综合利用长远规划、年度计划。负责制定本企业“三废”综合利用科研计划，确定本企业“三废”综合利用科研课题。为本企业所有可利用的“三废”资源得到充分利用提供保障。

(四)根据国家最新颁布的《资源综合利用目录》提出本企业“三废”综合利用项目，并组织有关部门共同申报。

(五)组织本企业“三废”综合利用的宣传教育工作；监督“三废”综合利用制度的执行情况；提出本企业“三废”综合利用的考核奖励意见。

(六)按规定及时汇总、整理和上报“三废”综合利用情况。

## 第三章　“三废”综合利用管理

**第十四条**　各企业必须认真对照国家新颁布的《资源综合利用目录》，对所有可利用的“三废”进行综合利用，如矿产资源开采过程中的共生、伴生矿和生产过程中产生的废渣、废水(液)、废气、余热、余压等。

新改扩建项目的“三废”综合利用内容要单独立项，与主体生产单元分开建设，做到同时设计、同时建设、同时投产。

原有“三废”综合利用设施要根据生产情况，不断进行扩能和技术改造，确保最大限度地利用“三废”资源，减少“三废”排放量，并符合“三废”综合利用优惠政策的要求。

**第十五条**　各企业要对符合“三废”综合利用政策的所有产品按规定进行单独核算。

**第十六条**　各企业必须把所有符合国家“三废”综合利用减免所得税政策并取得利润的产品，向当地市级以上政府的资源综合利用行政管理部门申报。得到“三废”资源综合利用产品认定后，报同级税务管理部门申请减免相应所得税，做到应免尽免。

**第十七条** 各企业要采取有效措施，保证“三废”综合利用设施完好率达到98%以上，运转率达到95%以上。任何单位和个人不得随意停用“三废”综合利用设施。

**第十八条** 为鼓励引导开展“三废”综合利用，集团公司将根据各企业“三废”综合利用的减免税额，给予一定的鼓励措施：

(一) 企业因“三废”综合利用而减免的税额，全部留在企业，不作为上缴25%净利润的基数。

(二) 根据企业“三废”减免税额情况，在年度投资计划中核增企业“三废”综合利用和环境治理项目，减免税额可用作“三废”综合利用和环境治理项目资金。

(三) 根据企业减免税额，按一定比例核增企业的效益目标考核工资。各单位在核定的工资总额内合理安排使用，对“三废”综合利用有贡献人员进行奖励。

以上费用按照总部有关规定和管理权限审批，并纳入年度计划。

### 第四章 奖 惩

**第十九条** 集团公司对具备下列条件的企业和个人给予表彰和奖励：

(一) “三废”综合利用的各项工作落实，可以利用的“三废”全部得到综合利用，综合利用指标居集团公司先进水平的企业。

(二) 积极申报“三废”综合利用项目，充分享受国家有关“三废”综合利用政策，按照“三废”综合利用利润取得相应的免税额。

(三) 在“三废”综合利用技术和产品开发方面成绩突出。

(四) 积极参与“三废”综合利用工作，为“三废”综合利用献计献策，作出突出贡献的；如实反映“三废”综合利用方面的问题，对违反“三废”综合利用法规、政策的行为提出批评的。

**第二十条** 集团公司对有下列情形的企业提出整改要求，逾期仍没有整改的，进行通报批评和处罚：

(一) 没有落实“三废”综合利用管理责任部门，未建立相应管理制度和激励考核办法的。

(二) 对于可以回收利用的“三废”未加以利用的。

(三) 不积极申请减免所得税，未能做到应免尽免的。

(四) “三废”综合利用设施完好率与运转率达不到要求，不及时对“三废”综合利用设施进行维护改造扩能的。

(五) 符合“三废”综合利用目录要求，没有单独立项，影响“三废”综合利用减免税额的。

### 第五章 附 则

**第二十一条** 各企业根据国家有关“三废”综合利用法规、政策和本规定，制定适合本单位的“三废”综合利用管理实施细则。有关“三废”综合利用项目的财务会计处理与管理办法，由集团公司财务部门另行制定。

**第二十二条** 本办法自印发之日起执行，由集团公司安全环保局负责解释。

## 中国石化网站信息安全管理暂行规定

(二〇〇四年四月八日 中国石化信[2004]208号文件)

### 第一章 总 则

**第一条** 为加强中国石油化工集团公司和中国石油化工股份有限公司(以下统称中国石化)网站信息安全管理工作，保障中国石化各类网站可靠、稳定、连续、高效运行，保证信息内容的可控性、健康性、完整性、可靠性，防止有害信息上网传播，根据《中华人民共和国计算机信息系统安全保护条例》、《互联网信息服务管理办法》、《全国人大常委会关于维护互联网安全的规定》、《中华人民共和国计算机信息网络国际联网管理暂行规定》、《中华人民共和国计算机信息网络国际联网管理暂行规定实施办法》、《互联网电子公告服务管理规定》等有关法律法规，依据《中国石油化工股份有限公司信息资源管理办法》、《中国石化计算机信息系统安全管理暂行规定》，结合中国石化网站运行和管理实际，特制定本规定。

**第二条** “有害信息”是指计算机信息系统、客户端及其存储介质中存在、出现的，以计算机程序、图像、文字、声音等多种形式表示的，含有攻击党和国家，破坏民族团结等危害国家安全的信息；含有宣扬封建迷信、淫秽色情、凶杀、教唆犯罪等危害社会治安秩序内容的信息；恶意损害中国石化形象的信息以及危害计算机信息系统运行和功能发挥，危害应用软件与数据可控性、可靠性、完整性和保密性，用于违法活动的计算机程序(包括计算机病毒和各种恶意代码等)等。

**第三条**　本规定包括中国石化网站信息安全管理有关的组织和任务，管理原则，过程和方法，网站系统安全，网站数据安全，网站病毒防护，网站运行安全，人员安全管理以及安全管理制度等内容。

**第四条**　网站安全包括对外网站安全、内部网站安全和对外访问安全。对外网站主要用于信息披露、对外宣传及开展有关业务工作；内部网站主要提供信息资源共享、信息服务、辅助管理、协同工作和决策支持等。

**第五条**　设置对外网站要严格遵循国家及中国石化的有关规定，不得自行其事。集团公司各企事业单位、股份公司各分(子)公司(以下统称各单位)可设置对外网站，各单位的下属单位原则上均不得设置对外网站；设置中国石化专业网站须报总部主管部门和信息系统管理部审批，重要的专业网站须报集团公司或股份公司，由主管领导审批；除中国石化报社设置的“中国石化新闻网”外，任何单位无权设置新闻网站。

**第六条**　网站信息发布要按照国家和中国石化的有关规定严格审核，防止不宜发布的信息(包括公司涉密信息、有版权问题的信息等)上网，确保信息的合法性、真实性和安全性。

**第七条**　本规定适用于中国石化总部和各单位。

## 第二章　组织与任务

**第八条**　完善的安全管理体系是加强中国石化网站信息安全的组织保证。为保证网站安全运行，保证网站信息安全，防止有害内容传播，防止失密泄密，明确网站信息安全管理体系，相应建立总部、各单位网站安全管理小组，并各司其责。

**第九条**　中国石化网站信息安全管理工作由信息系统管理部归口管理，各单位网站信息安全管理工作由本单位的信息管理部门归口管理。各级信息管理部门要严格执行国家有关互联网信息发布的法律和规定，严格执行中国石化有关制度和规定，并接受各级保密委员会的指导，做好信息安全和保密管理工作。

**第十条**　总部、各单位网站安全管理小组主要根据《中国石油化工股份有限公司信息资源管理办法》第八章、第九章的有关规定，对内外网站实施安全技术建设和安全管理监督。

**第十一条**　总部网站安全管理小组由信息系统管理部、有关部门及石化盈科有关人员组成，主要负责集团公司网站、股份公司网站、电子商务网站、总部信息平台等系统的安全管理。

**第十二条**　各单位网站安全管理小组由本单位的信息管理部门、有关部门的有关人员组成，主要负责本单位对外网站、内部网站等系统的安全管理。各单位网站安全管理小组报信息系统管理部备案。

## 第三章　管理原则

**第十三条**　领导负责、逐级落实。各级领导务必重视网站信息安全工作，加强对有关人员的安全意识教育，建立有关规章制度，配置必要的资源和经费，协调安全管理与各部门工作的关系，抓好网站信息安全建设，确保安全技术措施、管理措施、监督检查措施的有效落实。

**第十四条**　综合防范、技术管理并重。以预防为主、综合治理、人员防范与技术防范相结合，逐级建立网站安全保护技术体系和管理责任制，加强制度建设、安全建设，逐步实现网站信息安全管理工作的科学化、规范化。

**第十五条**　高度重视、实时监管。网站信息安全不仅关系到中国石化的形象，还涉及到国家政治、文化等方面的安全。为此各类网站安全保障工作要按照系统工程的要求，注意各方面、各层次的相互协调、匹配和衔接，根据系统环境的变化以及对系统安全认识的深化，及时复查、修改、调整安全策略。对网站内容，通过技术措施和管理手段，实时进行监控，防止有害信息出现，并对网页内容的所有更新、变动，包括异常的访问，建立审计日志，一旦出现问题，能够迅速定位和纠正。

**第十六条**　以人为本、加强教育。加强对相关人员的信息安全教育、培训和管理，强化安全意识、保密意识和法治观念，提高职业道德，掌握安全技术，做好网站信息安全管理工作。

**第十七条**　最小特权、明确责任。为网站信息资源规定明确的审计权限、发布权限和使用权限，对系统的所有人员，按其职责划定必要的最小授权范围，明确安全责任，通过技术和行政管理等措施有效阻止越权使用行为，并从技术和管理上严格禁止非中国石化人员利用网站发布、粘贴有害信息。网站必须严格控制电子公告板栏目的开设，不具备控制能力的单位一律不许开设。

## 第四章　管理程序

**第十八条**　网站信息安全管理主要包括两个方面，一是网站信息技术系统的安全，二是信息内容的安全。技术系统的安全应根据《中国石化计算机信息系统安全管理暂行规定》的要求，按照规定的程序，建立必要的安全技术体系。信息内容的安全应根据国家和中国石化的有关规定，对信息内容安全建立健全安全管理程序和制度。

**第十九条** 网站信息内容应根据本规定第一条的有关规定建立网站信息内容安全职责体系。对外网站要明确信息内容主管部门(如集团公司网站为办公厅，股份公司网站为董秘局)，主要负责信息内容的组织和审查。内部网站信息内容按照"谁提供、谁负责"的原则，相应建立严密的审核、发布制度。对外、内部网站都要保证信息发布活动过程的可审计性，防止信息内容安全责任不清、信息审查出现漏洞，杜绝有害信息通过网站传播。

**第二十条** 网站信息内容生命周期管理：提交对外网站发布的信息应由主管部门负责内容审查，并出具正式的审查、认可意见或签字，网站信息维护人员在确认主管部门已审查后方可在线发布。发布后应立即进行监视，保证发布内容没有被篡改，确认无误后必须填写信息发布备忘录，保证信息发布过程的证据得到保护。

**第二十一条** 各级网站安全管理小组依据相应技术规范、规定程序，负责对网站安全管理工作进行检查；负责网站主机系统安全管理，制定并落实系统安全操作规程；负责系统日常安全管理和安全审计，对网站使用情况进行登记和监视；每月按信息系统管理部要求报送网站运行情况报表。

**第二十二条** 所有对外、内部网站主机系统必须安装必要的安全设备或软件，没有得到主管领导许可，任何人不得私自终止网站各类防护系统的运行。

**第二十三条** 对外网站须设立运行监控值班人员，监视信息内容的合法性、完整性、可用性和可靠性。每日填写系统运行记录，定期检查系统日志文件，对系统安全进行及时维护，对存在的安全缺陷和漏洞及时控制和消除，对发生的安全事件，按照相应的处置规程和应急计划进行处理。

**第二十四条** 定期检查网站相关备份和备用资源的可用性，保证在系统崩溃等特殊情况下，及时启动备份系统，保证将系统恢复至原始状态或正常状态。

**第二十五条** 制定设备、操作系统、数据库、应用系统、人员、服务、内外风险等变更控制计划，保证变更后的网站系统能满足既定服务要求和安全目标。

**第二十六条** 各级信息管理部门的网络安全管理员，要参与网站安全性设计，并负责监督网站相关安全设备的维护，协助网站安全运行。

## 第五章 技术措施

**第二十七条** 为保证网站可靠、稳定、连续和高效运行以及信息内容的安全，各网站须有专用场地和设施，防止无关人员触及关键主机和系统管理员终端机器。

**第二十八条** 对外网站和内部网站都应按照安全的网络结构部署应用级防火墙、网络与主机入侵检测与防治系统，防止外部非授权用户入侵、修改和破坏网站系统，防止外部访问对内网的渗透。

**第二十九条** 使用网页监控与恢复技术措施、入侵检测、漏洞扫描、权限管理等技术措施，对网站服务器应用软件进行保护。

**第三十条** 总部或各单位重要的对外网站要建立双路由配置、负载均衡和异地镜像系统，保证网站信息服务的高可用性。

**第三十一条** 依据动态与静态备份相结合的原则，采用完全、增量、差分备份等策略，对重要网站所有的(包括台式机、服务器、独立存储设备内)信息数据进行及时备份；核心业务数据要采取软件数据备份和硬件容错双重措施，对关键业务处理设备，必须采用双机热备容错技术。

**第三十二条** 内部网站含有大量生产、经营管理信息，必须与外部网站分开设置，严密隔离，严格访问控制。

**第三十三条** 加强对因特网访问的安全管理，严格设置访问控制规则，对含有非法、不健康信息及存在安全隐患的网站进行过滤。

## 第六章 人员安全要求

**第三十四条** 加强网站工作人员的思想政治教育，提高政治安全意识和认识水平。定期对网站有关工作人员进行安全应用技术培训，确保达到相应的资质要求，对列入关键岗位的人员要按照有关规定签订关键岗位安全管理协议。

**第三十五条** 根据最小特权原则，建立健全网站技术管理、信息管理的岗位责任制度和授权许可制度，明确有关人员安全职责和权限。

**第三十六条** 建立网站人员考核制度，定期从思想政治、业务水平、工作表现、安全意识等方面对有关人员进行考核。

**第三十七条** 关键岗位的工作人员(如网站系统管理员)，一旦辞职或调离，应及时更换系统口令，采取注销有关账号、撤销其出入安全区域、接触敏感信息的权限等措施。

## 第七章 附 则

**第三十八条** 各单位可以根据本规定并结合实际，制定本单位网站信息安全管理实施细则。

**第三十九条** 本规定自发布之日起施行。由中国石油化工股份有限公司信息系统管理部负责解释。

# 中国石油化工集团公司物资采购供应监督管理规定

（二〇〇四年七月二日 中国石化物[2004]515号文件）

## 第一章 总 则

**第一条** 为加强物资采购供应管理，规范采购行为，降低采购成本，建立健全物资采购供应监督制约机制，根据《中国石油化工集团公司物资供应管理规定》，特制定本规定。

**第二条** 各企业要建立健全物资采购供应管理制度，加强物资采购供应事前、事中控制和事后检查，防止暗箱操作，堵塞漏洞。

**第三条** 按照公开、公平、公正和竞争的原则，建立和完善物资采购供应全过程各环节相互监督制约机制，实行计划编制、采购决策、采购实施、价格控制、合同监管、检验验收、资金结算等业务流程分段管理。

**第四条** 各企业要坚持物资供应“归口管理、集中采购、统一储备、统一结算”的管理体制，杜绝多头管理、分散采购、重复储备和分散使用采购资金。企业非上市部分所需物资要坚持委托上市部分物资供应归口管理部门集中采购，上市部分物资集中采购供应部门要主动接受非上市部分的监督。

**第五条** 受集团公司委托，中国石化股份公司物资装备部（以下简称物资装备部）作为集团公司物资供应归口管理部门，要加强对各企业物资采购供应工作的监督、检查和考核，总部集中采购业务要接受各企业的监督。

## 第二章 网上采购管理的监督

**第六条** 加快利用现代信息技术改造、提升和优化现有物资采购业务流程，实现阳光采购。

**第七条** 物资供应部门要建立网上采购情况通报制度。物资装备部和各企业要加强对网上采购规范性、采购率、采购效率的监督检查。

## 第三章 计划管理的监督

**第八条** 生产、技术、工程、机动等部门要严格审核需求计划，并对需求计划提报的准确率、及时性负责。物资供应部门会同企管部门要对计划提报的准确率和及时性加强考核。

**第九条** 企管部门要加强对物资供应部门编制采购计划的依据、物资平衡利库、无计划和超计划采购的监督检查。

**第十条** 物资供应部门要按月、季、年对采购计划执行情况检查汇总与分析，并向有关部门和用户通报。

## 第四章 采购渠道管理的监督

**第十一条** 按照“归口、分级”的管理体制和“优化结构、动态管理、扶优汰劣”的管理原则加强采购渠道管理，提高生产厂家直接订货比率，全面推行供应商资格预审制和目录制管理。

目录制管理是指在审定总部集中采购供应商、一级供应商网络和二级供应商网络成员资格时，明确限定供应商供应的产品目录，物资采购部门对超出限定供应产品目录的，不得进行采购。

**第十二条** 物资装备部每年通报总部集中采购供应商、一级供应商网络成员情况，并定期通报总部集中采购供应商业绩情况。

**第十三条** 各企业每年要将二级供应商网络供应商的考核评审情况报物资装备部备案。

**第十四条** 物资供应部门定期公布主要物资的供应商选择情况。各企业每年要将主要物资在供应商网络内采购情况上报物资装备部，物资装备部将不定期对各企业供应商选择情况进行监督检查。

**第十五条** 物资供应部门要拒绝技术指定、设计指定、使用指定等各种形式的指定供应商行为。监察、审计等部门要加大对指定供应商行为的查处力度。

## 第五章 价格管理的监督

**第十六条** 物资供应部门要建立物资价格数据库，发布物资采购指导价格和参考价格，定期对采购价格控制情况进行总结分析，并向有关部门和用户公开物资采购价格。

**第十七条** 物资装备部、审计部门、监察部门不定期组织检查各企业执行总部发布的采购指导价格和价格管理情况，并对检查结果予以通报。

## 第六章 资金管理的监督

**第十八条** 各企业要加强对采购资金“统一管理、统一使用、统一核销”情况的检查考核。加强对资金计划、支付凭证和过程规范性的检查，确保资金安全、合理使用。

**第十九条** 各企业要加强对超储、积压物资资金占用情况进行分析、检查和考核，建立定期通报制度，对超储和积压现象要分清原因，追究责任。

## 第七章 质量管理的监督

**第二十条** 各企业要加强对物资质量检验验收、质量异议处理过程规范性的监督检查，建立质量分析、质量问题通报和质量责任追究制度，对质量事故、重大质量问题及处理情况及时报物资装备部。

**第二十一条** 重要设备必须按规定委托第三方实施驻厂监造。

## 第八章 合同管理的监督

**第二十二条** 各企业应严格执行公司合同管理的有关规定，除即时清结者外，订立物资采购合同应采用书面形式。签订采购合同，一律使用合同专用章，不得使用行政公章。

**第二十三条** 采购合同签订前应按规定的权限和程序审批，并依照经法律事务部门审定的标准采购合同文本拟订采购合同。对重大和复杂合同，签订前应按合同管理制度的规定执行会签，并按法律事务部门的要求报告合同履行情况。

**第二十四条** 重大和复杂合同结算前，应将《合同履行与结算申请表》报法律事务部门审查。审查合格的，签署同意结算的意见。

## 第九章 废旧、积压物资处理的监督

**第二十五条** 各企业物资供应部门要对废旧、积压物资实行统一管理、统一回收、统一处理，回收资金由财务部门统一管理。

**第二十六条** 物资供应部门处理废旧、积压物资工作要规范、公开、透明，审计、监察部门要对处理工作的规范性进行监督检查。

## 第十章 审计与监察

**第二十七条** 各企业须将贯彻执行国家法律法规、集团公司物资采购管理规章制度和党风廉政建设规定的情况纳入审计和效能监察中。

**第二十八条** 监察部门对供应商、计划、网上采购、招标投标采购、询比价采购、价格、质量、合同、资金、物资储备等管理实施效能监察。

**第二十九条** 重点工程项目物资采购必须进行专项审计和采购过程中的效能监察，并将审计和效能监察结果报审计监察部门及物资装备部。

**第三十条** 物资供应、设计、技术、机动、工程等部门要主动接受和配合审计、监察部门的专项审计和效能监察，积极自查自纠，防止违法违纪问题的发生。

**第三十一条** 职工有权对违反规定损害企业利益的物资采购行为向有关部门举报，有关部门要保护举报人的合法权益，对打击报复的行为严肃处理。

## 第十一章 附 则

**第三十二条** 本规定适用于集团公司各企业。

**第三十三条** 本规定由股份公司物资装备部负责解释。

**第三十四条** 本规定自印发之日起实行，原《中国石化物资供应监督制约机制的规定》(石化股份物[2000]118号)同时废止。

# 中国石油化工集团公司电力可靠性管理规定

(二〇〇四年八月十一日 中国石化炼[2004]592号文件)

## 第一章 总 则

**第一条** 为加强和促进中国石油化工集团公司(以下简称集团公司)电力生产可靠性管理工作，提高电力设备安全运行水平，根据国家相关法规，结合集团公司的实际，特制定本规定。

**第二条** 电力可靠性管理的基本任务是，建立科学完善的可靠性管理网络和评价、指导、分析、预测系统，努力提高电力设备安全、可靠、经济运行水平。

**第三条** 电力可靠性统计评价工作执行以下标准：

(一) 原国家经济贸易委员会发布 DL/T 793—2001《发电设备可靠性评价规程》。

(二) 原国家经济贸易委员会发布 DL/T 837—2003《输变电设施可靠性评价规程》。

(三) 原国家经济贸易委员会发布 DL/T 836—2003《供电系统用户供电可靠性评价规程》。

(四) 中国电力企业联合会电力可靠性管理中心发布《新建发电机组启动试运行阶段可靠性评价办法(暂行)》。

**第四条** 本规定适用于集团公司各企业以及股份公司各分(子)公司和控股子公司。

## 第二章　管理机构与职责

**第五条**　集团公司电力可靠性管理工作由总部统一领导，实行分级管理，总部对电力可靠性管理进行宏观管理与监督，各企业在职责范围内开展本企业电力可靠性管理工作。

**第六条**　炼化企业经营管理部为集团公司热电牵头管理部门，负责归口管理电力可靠性工作；组织贯彻国家及行业有关规范和标准；制定相关规定、制度和统计考核办法；监管企业层面电力可靠性管理工作。

**第七条**　总部电力可靠性管理部门的主要职责是：

（一）贯彻国家和电力行业有关可靠性管理的法规、政策，制定适合于集团公司电力生产特点的可靠性管理规定，配合国家电力可靠性管理专业机构的有关工作。

（二）建立和健全集团公司电力可靠性管理体系，定期收集、汇总各企业的发电及变配电设施可靠性基础数据，并对其进行审查确认。

（三）检查、监督、指导各企业的电力可靠性管理组织机构建立和有关工作的开展情况。

（四）下达可靠性管理考核指标，并将可靠性指标作为评价企业安全生产管理水平的一项重要内容。

（五）定期组织电力可靠性管理分析会，制定年度可靠性管理目标。

（六）组织可靠性管理应用课题研究，开展可靠性管理先进技术、经验的交流与合作，组织有关业务培训。

**第八条**　各企业应明确电力可靠性工作的管理部门；企业电力可靠性管理部门负责组织贯彻集团公司有关规定和制度；分解落实考核指标；对口上报数据统计报表；监管二级单位电力可靠性管理工作。

**第九条**　企业电力可靠性管理部门的主要职责是：

（一）贯彻执行集团公司有关电力可靠性管理规定，制定适合于本企业安全生产特点的电力可靠性管理实施细则和奖惩制度。

（二）分解落实集团公司下达的电力可靠性指标，并实施监督和考核。将可靠性指标作为考评电力生产单位的一个重要依据。

（三）按照电力可靠性管理有关规程及规章制度，统计、分析本企业各类可靠性数据和信息，并按规定上报。

（四）运用可靠性管理方法安排设备检修计划，并将可靠性指标的变化情况作为评估检修质量及技术改造效果的主要依据。

（五）运用可靠性分析评价理论，定期对本企业设备可靠性水平进行评价，提出改善本企业电力设备可靠性的具体措施并组织实施。

（六）定期召开本企业电力可靠性分析会，全面评价设备制造、施工安装、运行检修等因素对设备可靠性的影响，并制定年度可靠性管理的目标和措施。

（七）定期进行可靠性业务培训，确保一线人员能准确判断设备可靠性状况，正确填写可靠性记录。

## 第三章　可靠性统计分析与评价

**第十条**　电力可靠性的设备状态、术语和评价指标的定义按《发电设备可靠性评价规程》、《输变电设施可靠性评价规程》的规定执行。

（一）发电设备

1. 在使用：指机组处于要进行统计评价的状态。

2. 可用：指机组处于能运行的状态，不论其是否在运行，也不论其能够提供多少容量。可用状态还分为运行和备用两种状态。

3. 不可用：指机组因故不能运行的状态，不论其由什么原因造成。不可用状态还可分为计划停运和非计划停运两种状态。

4. 停用机组：指机组经企业批准封存停用或长期改造停用的。处于该状态的机组不参加统计评价。

（二）供电系统

1. 供电状态：用户随时可从供电系统获得所需电能的状态。

2. 停电状态：用户不能从供电系统获得所需电能的状态，包括与供电系统失去电的联系和未失去电的联系。对用户的不拉闸限电，视为等效停电状态。自动重合闸重合成功或备用电源自动投入成功，不能视为对用户停电。

**第十一条**　可靠性统计评价范围包括发电机组、辅助设备、变配电设施。

（一）发电机组的统计范围包括锅炉、汽轮机、发电机和主变压器（包括高压出线套管）及其相应的附属辅助设备、公用系统和设施。

（二）辅助设备的统计范围包括磨煤机、给水泵组、送风机、引风机、高压加热器等。

（三）变配电设施的统计范围包括变压器、电抗器、断路器、电流互感器（不含附设于断路器、变压器内不作独立设施注册的套管型电流互感器）、电压互感器（含电容式电压互感器）、隔离开关、避雷器、耦合电容器、阻波器、架空线路、全封闭组合电器、母线等。

**第十二条**　母管制机组除统计汽轮发电机组外，

锅炉应单独进行统计。锅炉的状态、术语定义和评价指标等除下列相应变动外，其余均与机组的相应规定相同。

（一）将“机组”、“并网”分别改为“锅炉”、“并炉”，“发电量”改为“蒸发量”。

（二）由于锅炉以外设备引起锅炉“停运”，改记为“备用”。

（三）“运行”是指锅炉处于主蒸汽管连通蒸汽母管工作的状态。

**第十三条** 企业按月度、季度、年度统计分析电力可靠性信息，编写分析评价报告。分析评价报告应以统计数据为基础，内容应包括：主要可靠性指标月度和年累计完成情况、与上年同期对比情况、与目标值的偏差分析；对事件类别、原因和损失等的分析，并提出相应的措施和建议。

**第十四条** 对非计划停运、降出力事件必须客观分析原因，并详细记录。对于机组非计划停运时间超过300小时、主要输变电设施非计划停运时间超过1000小时、变电站全站非计划停电、大面积停电等重大事件，应在24小时内上报炼化企业经营管理部。

**第十五条** 企业应将电力生产设备的分析与评价工作列为本单位设备动力管理工作的重点。通过对设备的可靠性分析和评价，发现设备的薄弱环节和安全隐患，对设备的运行方式、检修、技术改造等工作提出指导性意见，超前控制事故的发生，提高设备的可靠性水平。

**第十六条** 可靠性的分析是在可靠性信息的收集统计基础上，通过对以往事件数据的分析，指出设备存在的和不断变化的危险因素及其发生规律。可靠性的评价是通过对危险因素严重程度的分析，对设备的安全情况进行“定性”和“分级”，得出可靠性的结论。

**第十七条** 可靠性管理设备项目应与在役设备一致，基础数据应与实际运行状况一致。新建机组自并网之日起开始进行可靠性统计，其他设备自投入运行之日起开始进行可靠性统计。

**第十八条** 企业应定期统计分析电力可靠性信息，开展设备可靠性分析评价，并按规定时间上报炼化企业经营管理部。对可靠性统计数据、评价报告上报的要求：

（一）每月8日前上报上月发电机组可靠性数据。

（二）每季度第一个月12日前上报上季度辅助设备、变配电设施可靠性数据。

（三）每季度第一个月12日前上报上季度分析评价报告。

（四）每年元月15日前上报上年度分析评价报告。

## 第四章 信息管理

**第十九条** 电力可靠性信息的统计上报工作应严格执行有关规程的规定，维护可靠性指标的公正性、准确性与权威性。禁止任何单位和个人以任何形式对可靠性数据进行不正当的修改。

**第二十条** 可靠性信息的统计和传送要做到及时、准确、完整，能够客观地反映设备健康状况和运行维护水平。

**第二十一条** 电力可靠性管理信息由总部统一管理和发布。

## 第五章 附 则

**第二十二条** 本规定由炼化企业经营管理部负责解释。

**第二十三条** 本规定自发布之日起执行。

# 中国石油化工集团公司电力生产技术监督工作规定

（二〇〇四年八月十一日 中国石化炼[2004]592号文件）

## 第一章 总 则

**第一条** 为加强中国石油化工集团公司（以下简称集团公司）发供电系统的管理，提高发电机组和供电网络的可靠性和经济性，依据国家电力监管委员会《关于发电厂并网运行管理的意见》以及原电力工业部《电力工业技术监督工作规定》，特制定本规定。

**第二条** 本规定所称电力生产技术监督，是指依据国家和电力行业标准，利用检测或试验手段，从电能质量等9个方面，对设备健康状况与安全、稳定、经济运行方面的重要参数与指标进行监督、检查、调整。

**第三条** 电力生产技术监督工作要依靠科技进步，采用和推广成熟、行之有效的设备诊断新技术和仪器设备，不断提高工作水平。

**第四条** 本规定适用于集团公司各企业以及股份公司各分（子）公司和控股子公司。

## 第二章 监督范围及内容

**第五条** 技术监督范围包括电力设施建设和生产

全过程，涉及基建(工程设计、设备选型、监造、调试、验收)、运行、维护、检修、技改等阶段。

**第六条**　技术监督内容包括电能质量、金属、化学、绝缘、热工、电测、环保、继电保护、节能等9项。

(一)电能质量监督。频率偏差，频率合格率，电压偏差、波动和闪变，三相电压不平衡度和正弦波形畸变率。

(二)金属监督。高温高压电厂的高温金属部件、承压容器和管道及部件、蒸汽管道、高速转动部件的金属材质、组织和性能变化、安全寿命评估、焊接材料和焊缝的焊接质量，部件、焊缝和材料的无损检验。

(三)化学监督。水、汽、电力用油(气)和燃料品质，生产用各种药品质量，热力设备的腐蚀、结垢、积盐和停备用保护，在线化学仪表。

(四)绝缘监督。下述电气设备的绝缘强度、过电压保护及接地系统：6kV及以上电压等级的变压器、电抗器、组合电器、断路器、互感器、避雷器、耦合电容器、送电线路、电力电缆、接地装置和穿墙套管，6MW及以上容量发电机以及封闭母线，100kW及以上容量电动机。

(五)热工监督。压力、温度、流量、重量、转速、振动检测装置的检验率、调前合格率，自动调节、控制、显示、保护、联锁设备和系统的投入率、正确动作率。

(六)电测监督。电工测量、电能表(包括最大需量及分时电能表)、互感器、电量变送器、电测量系统的二次回路、电测计量标准装置。

(七)环保监督。污染物(废水、废气、废渣)排放和噪声检测，环保设施效率。

(八)继电保护监督。电力系统继电保护和安全自动装置及其投入率、动作正确率，继电保护分为系统侧和厂内侧。

(九)节能监督。发电设备的效率、能耗，输电线路、变电设备损耗。

## 第三章　职责分工

**第七条**　炼化企业经营管理部为集团公司热电牵头管理部门，负责对电力生产技术监督工作进行管理，监督与指导企业电力技术监督工作，组织定期检查和不定期抽查。

**第八条**　各企业应建立健全覆盖发、供、用电系统的电力技术监督工作机制，根据电力行业和集团公司有关电力技术监督的各项规程、制度、导则和技术措施，制定本企业技术监督实施细则、考核管理办法和技术标准，建立技术监督工作网络。

**第九条**　各企业根据国家有关法规以及《并网调度协议》，配合属地电网公司或电力调度机构开展电能质量、继电保护(系统侧)的技术监督工作。

**第十条**　各企业可委托具备资质的技术支撑单位，承担金属、化学、绝缘、热工、电测、环保、继电保护(厂内侧)、节能等技术服务工作。技术支撑单位负责制定技术监督检查评分标准；每年对机组进行两次技术监督集中检查；进行不定期抽查并以书面形式对存在的问题提出整改建议；向企业提出技术监督异常情况告警建议。

## 第四章　管理要求与程序

**第十一条**　工作报告制度

(一)技术监督项目及指标：拥有火电机组的企业每月按规定格式在规定时间报电力调度机构和技术支撑单位。

(二)专题报告：建设火电机组的企业，在厂用电受电、锅炉打水压、机组168h(或72h)移交等阶段工作完成后的1个月内，向炼化企业经营管理部报告。

(三)技术监督指标季报：企业于每季度后第一个月25日前完成技术监督指标汇总、分析，报炼化企业经营管理部。

(四)年度工作总结和年度工作计划：各企业按要求，在次年1月20日前报炼化企业经营管理部。

(五)重大事件报告：主要设备出现异常或发生事故，应在24h内向炼化企业经营管理部报告。

**第十二条**　定期查评制度

各企业应建立技术监督定期查评制度，根据检查评分标准进行查评，及时发现异常，落实整改措施。企业技术监督查评每季度一次，炼化企业经营管理部定期组织集中检查。

**第十三条**　异常告警制度

当发生下列情况之一时，企业应向所属相关单位下达《技术监督异常情况告警通知单》。

(一)技术监督范围内的设备出现异常已经达到停运条件，但仍强行运行。

(二)技术监督范围内的设备存在重大安全隐患，经技术监督或安全性评价等专业指导后，没有在规定时间内及时解决。

(三)重要设备运行数据、试验数据弄虚作假；技术监督季度报表、技术报告、记录档案、工作总结严重失实。

(四)在大修、小修和临修中安排的技术监督项目漏项，隐瞒不报，并因此造成机组非计划停运、事故等后果。

（五）发生技术监督重大异常事件（被当地电网技术监督告警，引起严重纠纷，受到政府处罚等），不按技术监督规定按时上报；发生附录所列技术监督问题。

**第十四条** 异常告警程序

按照危险程度，异常告警通知单分为两档：二级告警为一般告警，由企业主管部门根据检查结论或技术支撑单位专家意见下达，主管部门负责人签发；一级告警为严重告警，由主管部门提出，企业主管领导签发。一级、二级告警通知需同时抄报炼化企业经营管理部。

**第十五条** 异常整改

对于技术监督发现的异常情况，企业应决定采取适当措施以预防风险，或将风险降低到可接受的水平。若辨识出的风险对成本有重大影响，须报企业主管领导作出适当决策。

**第十六条** 技术服务管理

拥有火电机组的企业可选定一家具有资质的技术支撑单位，委托其进行电力生产技术监督的日常技术服务工作，技术服务合同签订前，应报炼化企业经营管理部审核。技术服务合同应定期修订，技术协议应每年修订1次。

**第十七条** 记录与档案管理

对各个阶段技术监督的进展、完成情况都应有记录；从基建阶段开始建立设备台账，特别是在设计、定货、安装、调试、验收过程中收集技术资料，保证技术档案的完整性和连续性。

**第十八条** 各企业应制定技术监督人员的培训和考核计划，相关人员应按规定要求持证上岗。

## 第五章 附 则

**第十九条** 本规定由炼化企业经营管理部负责解释。

**第二十条** 本规定自发布之日起执行。

附件1：

## 电力生产技术监督告警项目

符合下列任意一条技术监督告警条件，即构成告警1次。

1. 化学监督

1.1 二级告警条件

1.1.1 水汽质量异常，未能在规定时间内使之恢复正常。

1.1.2 水汽监督不到位，延误水汽异常的处理时间。

1.1.3 未按规定购置水处理材料、油品、仪器设备等，造成严重后果，影响安全生产的。

1.1.4 汽轮机油颗粒度检测连续2次不合格，机组检修后油中颗粒度不合格并擅自开车。

1.1.5 不按规定对燃料进行采、制、化。

1.1.6 不按规定对电气设备的绝缘油作采样分析。

1.2 一级告警条件

1.2.1 水汽质量异常，处理不力，使其恢复正常的时限超过规定处理时限1倍。

1.2.2 油中颗粒度检测或抽检连续3次不合格，未采取处理措施。

2. 电测监督

2.1 二级告警条件

2.1.1 违反计量法和监督规定要求，非法开展量值传递工作。

2.1.2 未审批和检定，购置超标计量器具或不合格的标准器具，并投入使用。

2.1.3 贸易结算用标准计量装置的TV二次导线压降大于0.25%，计量仪表不符合规定要求。

2.1.4 计量装置接线不合理，电能计量和保护混用1个电流电路。

2.1.5 标准计量装置、重要计量仪表漏检，或超期、带故障运行1个季度以上。

2.2 一级告警条件

2.2.1 贸易结算用标准计量装置综合误差率大于0.75%，其中电能表大于0.5%，TV二次导线压降大于0.25%，经2次二级告警仍未及时解决。

2.2.2 重要场所不加装电能计量装置，经2次二级告警仍未及时解决。

3. 热工监督

3.1 二级告警条件

3.1.1 热工计量标准器具超过使用有效期1个月未送上级计量部门检定。

3.1.2 热工标准试验室、试验设备及检定人员未经技术考核与认证工作就开展生产标准量值传递工作。

3.1.3 热工自动调节系统的主要系统如温度、压力、给水等，不能投入并随意切除。在大小修期间保护装置没有按规定作传动试验，并由此引起保护装置误动、拒动。

3.2　一级告警条件

监督规定要求的重要保护随意退出、停用。锅炉灭火保护、锅炉火焰电视监视装置、振动保护、汽机超速及轴向位移等主要保护经批准退出，但未在规定时间内恢复正常投运。

4. 绝缘监督

4.1　二级告警条件

4.1.1　12MW及以下发电机、6300kVA及以下容量变压器、10kV及以下电压等级的电抗器、断路器、互感器、避雷器、耦合电容器、送电线路、接地装置、穿墙套管和电力电缆等设备存在重大缺陷未及时消除，或设备预试周期超过规程规定。

4.1.2　交接、预试和检修后的乙类上述设备试验项目出现漏项、对数据不分析、不把关。

4.2　一级告警条件

大于4.1.1条款规定电压等级或容量的设备被发现重大缺陷未及时消除或设备预试周期超过规程规定。

5. 金属监督

5.1　二级告警条件

5.1.1　主要受监金属部件，如主蒸汽管道、再热蒸汽管道、联箱、受热面管等进行重要改造未制定工艺方案和审批即实施。

5.1.2　更换合金钢部件不进行光谱或成分分析或涡流检查，错用钢材和焊接材料或部件有制造缺陷。

5.1.3　金属检验人员和焊工不持证上岗。

5.1.4　大修或大量焊接工作，焊工焊口一次合格率低于85%。

5.2　一级告警条件

5.2.1　重要受监部件，如汽包、汽缸、转子、除氧器等进行重要改造未制定工艺方案和审批即实施。

5.2.2　发生二次告警连续2次仍不采取措施进行解决。

6. 电能监督

6.1　二级告警条件

6.1.1　因设备维护不良，导致1台及以上发电机、调相机无功调节能力达不到设计或要求值，持续时间1个月。

6.1.2　一组及以上电容器、电抗器发现缺陷未及时处理，退出运行时间超过1个月。

6.1.3　一台及以上有载调压器不能按调度指令进行有载调压，持续时间1个月。

6.1.4　调整不当，造成运行电压超出规定允许值。

6.1.5　低频减负荷实测总切除量连续2个月不满足相应年度低频减负荷整定方案要求。

6.2　一级告警条件

6.2.1　因为调整不当，造成运行电压超出规定允许值，被电网处罚2次及以上。

6.2.2　事故时低频减负荷数量严重不足，使频率不能恢复到49.5Hz以上。

7. 继电保护监督

7.1　二级告警条件

7.1.1　继电保护装置不正确动作，不认真分析原因，并采取有效措施。

7.1.2　继电保护整定计算错误，并下达至现场执行。

7.1.3　全年10kV及以上系统继电保护正确动作率低于95%。

7.1.4　继电保护装置的部分校验超过3个月，全部校验超过6个月。

7.1.5　未及时执行继电保护“反措”。

7.1.6　新建、改建、扩建设备投产，继电保护装置不能同期全部投产。

7.1.7　由于本单位原因，未能按计划完成继电保护改造任务。

7.2　一级告警条件

7.2.1　继电保护不正确动作，导致系统事故。

7.2.2　全年10kV及以上系统继电保护正确动作率低于92%。

7.2.3　未吸取事故教训，同类继电保护事故重复发生。

7.2.4　拒不执行继电保护“反措”。

7.2.5　未按有关规定进行保护选型，致使未鉴定或不合格产品入网运行。

7.2.6　二级告警后，未认真按期完成整改任务。

8. 环保监督

8.1　二级告警条件

8.1.1　废水排放中某一项污染物连续两次监测超标(灰水pH值除外)。

8.1.2　烟尘1年内超标1次，二氧化硫(有脱硫设施的机组)1年内超标1次。

8.1.3　噪声半年监测时2个测点超标，或某一测点超出标准3分贝以上。

8.1.4　灰场、煤场扬尘对外环境造成影响，未及时处理投诉。

8.1.5　环保设施(废水处理设施、沉煤池、除尘器等)无故停运，造成超标1次。

8.2　一级告警条件

8.2.1 废水排放中某一项污染物连续3次监测超标。

8.2.2 由于排放超标引起2次及以上投诉或严重污染纠纷。

8.2.3 因为环保不力，机组被环保部门或电网罚停。

# 中国石油化工集团公司动力燃料管理规定

（二〇〇四年八月十一日 中国石化炼[2004]592号文件）

## 第一章 总 则

**第一条** 为加强中国石油化工集团公司(以下简称集团公司)动力燃料管理，规范燃料调运、储存、统计工作，保证发电、供热燃料的稳定供应，提高企业的经济效益，特制定本规定。

**第二条** 本规定所称动力燃料是指企业电站锅炉或动力锅炉所消耗的燃料，包括煤炭、燃料油、石油焦、水煤浆、燃料气等。

**第三条** 各企业应实行燃料全过程管理。从计划安排、采购合同、燃料检验、入炉配比以及消耗计量等方面，建立健全动力燃料管理制度，并将燃料管理作为企业降本增效的重要工作，切实加强领导。

**第四条** 本规定适用于集团公司各企业以及股份公司各分(子)公司和控股子公司。

## 第二章 计划、采购和调运管理

**第五条** 各企业根据发电、供热生产计划，编制年度燃料需求建议计划，经炼化企业经营管理部审查批准后，油、气等内部配置燃料按照集团公司有关规定落实供应计划，煤炭等市场采购燃料按集团公司物资供应管理的有关规定组织采购。

**第六条** 股份公司物资装备部负责煤炭供应管理工作，组织企业签订年度煤炭订货合同。各企业要根据年度合同计划及机组运行、煤场存煤情况，及时调整季度、月度的进煤计划，协调厂、路(铁路、道路、水路)、矿三方关系，保证均衡进厂。

**第七条** 各企业要及时准确掌握每日燃料的“收、耗、存”及燃料入厂、接卸情况，合理落实燃料调运计划，保证机组安全、稳定、经济运行。

**第八条** 各企业要认真落实冬季及汛期的储煤，确保合理库存，保证机组运行需求。当库存燃料出现紧张状况时，企业负责煤炭供应的部门要及时与有关部门联系，组织调运，尽快补足，并严格执行库存警戒线制度，向股份公司物资装备部如实汇报情况。当燃料供应出现危急情况威胁供电、供热安全时，企业应及时向炼化企业经营管理部、股份公司物资装备部、当地政府和用户报告，力争动力燃料供应得到保证，并制定减少发电、供热负荷以及限电限热的预案，如危急情况不能改变，必须实施限电限热方案时，应提前3天报告上述各单位。

## 第三章 接卸、验收管理

**第九条** 煤、油、气等动力燃料必须按规定进行数量和质量验收，入厂检斤率、检质率应达到100%。

**第十条** 各企业所用轨道衡、汽车衡、皮带称等检斤衡器，必须通过国家计量部门定期校验认定，并具有检定合格证书。制样设备每年检定1次或每半年进行1次试验，并具备检定合格证书或试验报告。

**第十一条** 入厂煤炭必须全部过衡，入厂煤车的车皮自重以标记自重为准。如因设备故障或其他原因造成无法过衡的，必须按标准进行检尺，并做好记录。

**第十二条** 企业应加强入厂动力燃料的质量验收工作，采样和制样作业应严格执行GB 475《商品煤样采取方法》、GB 474《煤样的制备方法》等标准，做到车车取样，批批化验，确保煤炭质量验收的标准化。

**第十三条** 燃煤机组容量为50MW以上的企业入厂煤分析室要达到DL/T 520—1993《火力发电厂入厂煤检测试验室技术导则》规定的设施条件。煤中全水分、工业分析、发热量及全硫测定执行GB/T 211—1996、GB/T 212—2001、GB/T 213—2003、GB/T 214—1996等分析标准。需留存样品要严格按样品管理标准进行存放，样品保留时间一般为1个月，在矿方结算无异议后，可销毁；对有争议的样品，应保留至争议消除。

**第十四条** 按照GB/T 18666—2002《商品煤质量抽查和验收方法》规范验收方法，对不同煤种、矿种的来煤煤质情况及时进行分矿、分类统计汇总，对发现质价不符时要及时通知供货单位，督促供方改善燃料质量，并按合同规定标准进行索赔或质量扣款。如与供方化验结果有争议时，可提请相关质量检验中心予以裁定。对于质量未达到最低验收标准的煤炭，企业可以拒绝接收。

**第十五条** 各企业应配备专业技术人员从事煤质化验技术管理工作，采、制、化工作岗位应实行持证上岗，上岗人员须取得国家授权机构颁发的资格证。

**第十六条**　各企业要强化质量监督，落实责任，严格考核。月度入厂煤与入炉煤的热值差应不大于1256kJ/kg，从2006年1月起应不大于502kJ/kg。当热值差超差时要组织分析原因，并进行有针对性的改进。分析报告应在次月分别报送炼化企业经营管理部和股份公司物资装备部。

**第十七条**　企业要每月进行2次入厂煤与入炉煤互换煤样化验；每季度进行1次采制化存样再现性试验、化验存查样与采样存查样对比试验；每半年进行1次采制化总精密度试验。若误差超出国标规定，要分析原因，并对责任部门进行考核。

**第十八条**　企业要安排好燃料计量、检质设施的建设并落实相应的技术改造和更新资金。必须按规定定期校验、检定，无有效合格证的，不得用于商务计量。在资金安排有困难时，经批准后可从亏吨亏卡索赔金额中提取适当的资金，用于燃料基础设施的建设。

## 第四章　储存管理

**第十九条**　煤场存煤执行“定期轮换、烧旧存新、分堆存放、分层碾压、合理混配”的规定。煤场储存量应能满足机组最大负荷并保证安全储煤量，正常储煤量应能保证机组10—15天的耗用量。冬季和汛期实行超储管理，在现场情况允许的条件下尽可能加大储煤量。

**第二十条**　为落实正平衡计算煤耗办法的实施，煤场盘点管理应与入厂、入炉煤计量相协调。一般每月盘点1次，盘点前要完成对煤场的整形，整形后的煤场应有较规则的棱台体，以利于储煤和提高盘煤的准确度。有条件的企业应逐步采用先进仪器进行盘煤，遇有大盈大亏现象发生时应查明原因，并按有关规定处理。

## 第五章　结算管理

**第二十一条**　煤炭订货合同应注明供货时间、数量、质量、价格结算方式以及违约责任等条款。超出合同规定质量标准的到厂煤炭，一般不予接卸和验收，但在资源紧张时，对于能够满足锅炉燃烧的煤炭，在与供应商就价格协商一致的基础上，经企业主管领导批准，可予以验收、结算。

**第二十二条**　企业应对燃料标准煤单价水平进行定期核算和分析，按季度分别报送炼化企业经营管理部和股份公司物资装备部。

## 第六章　燃料统计管理

**第二十三条**　统计工作是燃料管理的重要环节，燃料消耗量按照“正平衡计算、反平衡校核、月末盘点调整”的原则进行统计。

**第二十四条**　月度消耗量在煤场盘点后与反平衡计算情况进行比较，根据机组运行效率对盈亏情况进行调整。

统计月度盈亏煤量＝当月日统计累计消耗量－当月盘点后实耗煤量

其中：当月盘点后实耗煤量＝上月结存＋本月来煤－运损－存损－本月其他消耗－本月结存

如果当月出现盈煤则不再计算存损。

**第二十五条**　各级燃料统计人员要对所填报的各种燃料报表的准确性、真实性负责，报表上报前需经主管部门领导审核、批准方可上报。

**第二十六条**　各级燃料统计人员必须按季、半年、全年做好统计分析工作，有关统计分析的文字材料按规定报送。

**第二十七条**　炼化企业经营管理部会同股份公司物资装备部，定期公布企业燃料折合标准煤单价、煤炭采购价格、入厂入炉煤热值差等数据，对企业比质比价情况进行通报。

## 第七章　附　　则

**第二十八条**　各企业可根据本规定的要求，结合自身实际制定具体的实施细则。

**第二十九条**　本规定由炼化企业经营管理部负责解释。

**第三十条**　本规定自发布之日起执行。

# 总　　述

# 贯彻落实科学发展观
# 继续深化改革　促进有效发展

2004年是石化集团公司各项工作取得重要进展的一年。这一年，世界经济保持较好增长势头，国内经济继续平稳快速发展，国际油价持续震荡攀升，国内成品油市场需求旺盛，全球化工进入新一轮上升周期，为石化集团扩大市场、提高效益提供了有利条件。同时，国家从宏观调控需要出发对成品油价格从紧控制，加大了石化集团公司保市场、增效益的压力。面对复杂的形势，石化集团公司在党中央、国务院的正确领导和有关部门的大力支持下，认真贯彻中央宏观调控各项政策措施，坚持“保安全、保市场、保稳定、增效益”的工作方针，一手抓资源，一手抓市场，生产经营和经济效益呈现良好势头，企业管理、依法治企、企业文化建设和人才队伍建设等进一步加强。

——经济效益大幅提高。石化集团公司全年合并报表实现销售收入6 342.87亿元，同比（下同）增长35.92%；实现利税941.87亿元，增长33.01%；其中实现利润432.30亿元，增长49.23%。石化股份公司经济效益增幅较大，油田、炼化、销售三大盈利支柱初步形成。非上市部分持续减亏增盈，企业层面合并报表首次实现扭亏为盈。

——生产经营创历史新高。石化集团公司全年生产原油3 861.21万吨、天然气58.63亿米$^3$，分别增长1.18%和10.29%；加工原油1.41亿吨，增长13.88%；生产乙烯425.49万吨，增长2.60%；国内销售成品油9 459万吨，增长24.6%，其中零售5 325万吨，增长37.1%。物资供应、辅助生产、公用系统等，克服资源紧缺、运力紧张、价格上涨等困难，为生产建设提供了有力保障。在高负荷情况下，总体保持了安全生产。

——各项改革稳步推进。改制分流有序展开，中小学和公安机构移交基本完成，加上其他减员分流形式，石化集团公司年末职工总数降至77.5万人。石化股份公司重组成立了沥青、催化剂分公司，实施了茂炼转债的回购整合，完成了部分化工、催化剂、加油站等资产的收购和井下作业系统的分离，推进了部分省市石油公司销售体制改革试点，基本完成了炼化企业外贸机构整合。石化集团公司成立了西部石油工程技术服务管理中心，云南等10家销售存续企业基本完成退出任务，通过实施与开行、建行的“股转债”协议，石化集团公司在石化股份公司的持股比例提高到67.92%。社区收费等改革开始起步。

——结构调整取得重要进展。油气储量和产能建设成果显著。齐鲁乙烯等一批炼化改造和甬沪宁原油管线如期投产，金陵石化等炼化改造、扬巴和赛科乙烯建设和若干原油、成品油管线建设进展顺利。年底自有加油站总数达到2.7万座。分别与壳牌、BP的成品油销售合资公司挂牌运营。在香港、澳门的加油站投入运营。“走出去”实现重大突破，在海外获得了一批重大油气资源和工程服务项目。

——科技进步水平不断提升。复杂断块油田提高采收率技术等10个重大项目完成攻关任务，19项技术攻关取得突破性进展，一批先进适用技术得到推广，一批高附加值新产品受到市场欢迎。科技资源整合取得进展，科研机构结构性调整开始起步。全年申请国内专利987项，获得授权759项。信息化建设取得新进展，ERP等信息技术应用成效明显。知识产权保护得到加强，技术流失现象初步扼制。

——领导班子建设和精神文明建设进一步加强。根据需要加大了企业领导班子调整力度，一批中青年干部走上领导岗位。加强了领导人员、重点人才和高技能人才的培训工作。思想政治工作得到改进，党风廉政建设得到加强，企业总体稳定。加强总法律顾问制度建设，依法治企成效明显。借助 F1、北京 2008 奥运合作伙伴等展示了中国石化和国有大企业的良好形象。

取得上述成绩，最重要的原因是党中央、国务院总揽全局，审时度势，适时适度实施宏观调控措施，使经济运行中的突出矛盾和问题有所缓解，不稳定、不健康因素得到一定抑制，保持了我国经济发展的良好势头，为石化集团公司改革发展创造了良好的环境。同时也是全公司上下坚持“改革、调整、创新、发展”的方针，团结一心，把握机遇，正确决策，真抓实干的结果。

回顾 2004 年工作，石化集团积累了以下 5 个方面的认识和体会：

第一，顾大局，保市场，认真履行国有大企业责任。国际油价大幅上涨，虽然有利于油田增收，但由于国内成品油价格从紧调控，也给炼油和销售带来了较大压力。面对困难，石化集团公司认真履行国有大企业责任，坚决执行国家定价，开足马力组织生产，大幅减少汽油、航煤出口，适量组织柴油进口，全力保障市场供应，为减缓国际油价暴涨对国内经济的冲击发挥了重要作用。

第二，适应市场，精心调度，努力把握生产经营主动权。石化集团公司密切跟踪国内外原油、成品油市场变化，及时调整生产经营策略，努力降低市场风险。通过多种措施，精心组织原油进口，降低采购成本；在确保安全的前提下，优化检修，精心组织炼油生产，调整产品结构，全年炼油负荷、柴汽比均创历史最高水平；多方组织资源，合理调配库存，加强运输协调，有效保障了国内成品油市场供应。

第三，积极主动，把握节奏，不失时机地深化改革。石化集团公司坚持以改革统揽全局，既积极主动地推进改革，又充分考虑各方承受力，不断完善政策措施，把握好改革的时机和节奏，抓紧抓实各项改革。注重总结已改制企业经验，组织企业座谈交流，不断提高认识、完善政策，积极推进主辅分离、改制分流工作；积极落实《国务院办公厅关于中央企业分离办社会职能试点工作有关问题的通知》精神，千方百计、锲而不舍、扎实细致地做好中小学和公安机构移交工作；及时出台配套政策，积极稳妥地推进压扁管理层和精简管理人员工作。每项改革政策出台都经过充分调研论证，广泛听取意见，力求规范完善。

第四，抓当前，想长远，研究中长期改革发展战略。石化集团公司按照科学发展观的要求，从持续有效发展出发，在抓好当期工作的同时，深入研究今后一个时期改革发展等重大问题。党组深入分析影响中国石化持续发展的主要矛盾，提出了治“散”的总体要求，专门召开理论学习研讨会，集中研究并提出了中国石化今后一个时期改革发展的框架目标和重大措施，在许多战略问题上统一了思想，形成了共识。

第五，深入学习，优化结构，加强领导班子建设。集团公司党组坚持把思想政治建设放在首位，注重研究改革发展稳定中的突出问题，不断把学习贯彻“三个代表”重要思想引向深入。在领导班子考核调整中，广泛发扬民主，坚持公道正派，培养选拔了一批中青年干部，扩大了干部交流。深入开展效能监察，严查违纪违法案件，取得明显效果。总部和各单位认真配合国家审计署和国务院监事会开展审计和监督检查工作，主动自查，认真整改，促进了经营管理水平的提高。

2005 年是全面完成“十五”计划目标、衔接“十一五”发展的重要一年。国内外市场形势总体比较有利，但仍面临严峻挑战。石化集团公司将继续以邓小平理论和“三个代表”重要思想为指导，认真贯彻党的十六大、十六届三中、四中全会和中央经济工作会议精神，全面贯彻落实科学发展观，坚持以市场为基础、以效益为中心、以改革和科技进步为动力，精心组织生产经营，确保安全，进一步深化改革、调整结构、强化创新、加强管理，切实转变经济增长方式，不断提高国际竞争力，努力实现持续有效发展。

# 财务资产管理

## 综　述

2004年，石化集团公司财务系统广大干部职工认真贯彻落实石化集团公司工作会议和财务工作会议精神，坚持“改革、调整、创新、发展”的工作方针，以经济效益为中心，以财务预算、内部控制和财务巡回稽查为手段，全面加强财务会计基础工作和财务信息系统建设，积极推进企业改革和结构调整，较好地完成了各项财务工作任务。2004年石化集团公司经济效益实现了历史最好水平，全年石化集团公司实现主营业务收入6 342.87亿元(石化股份公司5 906.32亿元)，同比增加1 676.14亿元，增长35.92%；实现利润总额432.30亿元(石化股份公司535.35亿元)，比上年增加142.61亿元，增长49.23%；实现净利润105.03亿元(石化股份公司322.75亿元)，同比增加18.27亿元，增长21.06%；实现利税总额941.87亿元(石化股份公司958.7亿元)，同比增加233.74亿元，增长33.01%。

**一、加强月度预算管理，有效保证年度效益目标的完成**

2004年，面对国际石油市场价格跌宕起伏的市场形势，石化集团公司紧贴市场，细化预算管理，加强月度经济活动分析，实现了效益的应得尽得。油田、炼油、化工、销售和工程设计施工等业务板块分别按专业分工细化预算指标，强化成本、效益等重点指标的分析考评，积极推广先进企业的预算管理办法。各企业大胆探索预算管理的科学方法，实践中涌现了许多值得总结推广的经验。如胜利油田以信息化建设为载体和手段，对预算进行全过程控制；河南油田实行“按月考核、按季兑现，上不封顶、下不保底”的考核办法，加大预算考核兑现力度；金陵分公司用预算指标形式将生产经营信息集成，构建一个先进的在线监控与资源优化系统，达到“预算控制在线化、生产方案最优化、经济效益最大化”的目标；扬子石化股份公司将内部利润等87项考核指标下达到厂(部)和专业部门，做到了“利润考核到装置、费用考核到科室、成本考核到班组”；福建石油对不同的费用项目分别采取弹性预算、零基预算、滚动预算等不同方法编制，使预算更具针对性，扎实推进预算管理。

**二、明确责任、落实措施，努力实现降本减费目标**

石化股份公司在编制2004年度预算时，首先对降本减费目标按总部和企业两个层次进行了分解，使几年来的改革发展、科技进步、原油流向优化等大量降本减费措施落到实处。2004年，油田事业部坚持不定期召开成本完成情况评比会，促进成本指标到位；炼油事业部定期公布炼油加工分项指标排名；化工事业部完善考核办法，推进装置成本管理；销售事业部普遍实施用资金预算控制成本支出的办法，强化了事前控制。各分(子)公司通过加强预算控制，细化考核办法，并按“谁管谁控制”的权责配套原则落实降本减费措施，确保了降本减费目标的实现。

非上市部分在总结管理费用、营业费用、财务费用、修理费用、人工成本和文教卫社区服务费用等6项费用考核办法的基础上，2004年进一步完善了成本费用的约束和激励机制，将营业费用的考核与主营业务收入挂钩，对鼓励企业外拓市场、增加收入起到了积极作用。各企业通过改进和细化成本费用管理，层层分解考核指标，加强对成本费用指标完成情况的跟踪监控，使2004年成本费用总体上得到了较好的控制。

**三、强化资金集中管理，资金使用效率进一步提高**

2004年石化股份公司加强了资金指标管理，对企业应收款项等10项资金管理指标按月分析、监控、协调和指导。各分(子)公司对总部下达的资金指标进行分解落实，采取了专人负责、分析预警、挂钩考核等措施，油品销售事业部还对企业每月的赊销比例排名进行通报。2004年全年3项应收款项余额、财务费用同比都有降低，应收账款周转天数7.89天，同比减少3.24天。项目贷款采用长期合同按年循环的方式，使实际借款利率进一步下降；利用美元低利率的有利时机，总部为管道储运分公司和加工进口原油的炼化企业以及用汇工程项目筹措美元借款，与人民币贷款比节省利息约1亿元。各分(子)公司合理调整贷款和应付票据比例，优化融资结构，降低财务费用。

非上市部分通过财政退税、石化股份公司分红、资产置换、内部委存委贷等措施积极筹措资金，强化资金集中统一管理、从严控制贷款规模、调整债务结构，使经营性债务逐步收敛，资金状况有所改善，扭转了过去资金入不敷出的局面，保证了还贷、生产经营周转、补亏、固定资产投资和海外油气勘探开发的资金需要。另外，2004年进一步完善了境外项目资金集中管理和统一监控制度，既保证了石化集团公司实施“走出去”战略的需要，又有效地规避了境外资金风险。

**四、试行并完善内部控制制度，积极推进财务稽核工作**

为了加强内部管理，满足国内外监管要求，确保资产安全和财务报告真实，2004年石化集团公司开始试行并完善内部控制制度。石化股份公司内部控制制度试行工作全面推进，非上市部分制定了12个方面的内部会计控制制度草案。石化股份公司总部和各单位的内控办公室组织了多次不同层次的内控制度培训，为推行内控制度奠定了基础。各分(子)公司按总部要求，完成了相关流程穿行测试和各项规章制度的修订工作，规范业务处理程序，明确管理职责和权限，分公司和总部职能部门全面制定本单位实施细则，子公司制定既符合要求又适合自身实际的内控手册。根据各分(子)公司试行阶段提出的修改意见和建议，总部又组织对石化股份公司《内部控制手册》(试行本)进行了全面修订。2004年10月31日，经石化股份公司第二届董事会第十二次会议审议通过，石化股份公司成立5年来首部全面系统和操作性较强的、被喻为“家规”和“法典”的《内部控制手册》将于2005年1月1日起正式实施。

为加强财务监督，石化股份公司强化了财务稽核工作力度。2004年总部层面先后组织近400人次，对35家分(子)公司生产经营情况和财务状况进行了稽查，并组织了对38家分(子)公司的全面复查，对问题突出的企业由总部领导带队现场办公。从稽查结果来看，企业在投资、采购、量值传递、人工成本、销售等方面进一步规范，检查发现的问题比以前有所减少。在企业层面，仪征化纤、齐鲁等许多分(子)公司或成立稽核科，或配备了专职的稽查人员，针对本单位不同时期的工作重点开展了不同形式的全面检查或专项检查，加大了内部监管力度。同时，石化集团公司还积极配合国家审计工作，开展了自查自纠，及时整理和提供有关审计证明材料，解释说明有关审计问题，促进了财会工作的进一步规范。

**五、推进财务信息化建设，加强财会基础工作，会计信息质量进一步提高**

2004年石化股份公司ERP推广工作已有24家单位上线运行，实现了对经济业务的全过程监管，有力地推动了企业整体管理水平和会计信息质量的提高。在总结ERP上线企业经验的基础上，启动了ERP中资金管理模块的试点，通过电子银行、头寸预测和基金中心等功能，更及时、有效地控制资金和成本费用，该模块已在燕山石化成功上线。2004年完成了《生产装置名称及编码标准》编制工作，使固定资产从传统的“一物一卡”转变为以生产装置为中心的管理模式，为ERP的实施打好了基础。收入成本(费用)预算信息系统在总部、事业部和各分(子)公司及其基层单位投入应用，促进了年度预算指标向基层单位的分解落实，管理效率进一步提高。在完善年度预算功能的基础上，开发了月度预算功能，为进一步发挥预算的分析和监督控制职能创造了条件，同时为将来通过与资金预算和资金管理模块的衔接、实现以控制资金为手段控制成本费用提供了数据支撑。2004年普遍实施会计一级核算，炼化企业通过体制扁平化，多数油田、销售企业通过集中核算系统实现了一级核算，建立了机构设置、核算口径、操作运行、会计业务流程相统一的核算体系，使会计信息更加及时和准确，促进了财会工作从核算型向管理型的转变。如河南石油每月会计报表比过去提前3天编制完成，会计信息质量也有明显提高，更多的财务人员直接从事财务管理和监督工作，从而使财务管理与监督职能得到加强。在提升上述信息系统的同时，根据财政部颁发的执行企业会计制度和相关会计准则有关问题解答的有关规定，修订完善了石化股份公司内部会计制度(2001年版)。各分(子)公司抓住建立内控手册的契机，规范和完善内部各项财务会计管理制度。同时加大了培训力度，财务人员的素质有了较大提高，会计核算进一步规范，会计报表编制的时间进一步缩短，企业自报和审计结果的差异逐年缩小，会计报表和财务报告质量有了较大提高，较好地满足了石化股份公司对外披露和内部管理的要求。

2004年非上市部分财会基础工作进一步加强。一是规范了会计报表制度。各级财务部门及时准确编制会计月报，努力提高会计信息质量，为经济活动分析和管理决策提供了重要依据。年度财务决算工作进一步加强，各企业全年财务运行情况和财务收支全貌得到比较公允的反映。2004年，财政部、国资委对石化集团公司2003年度财务决算工作进行了通报表扬。二是完善了管理信息系统。财务管理信息系统增加了“固定资产管理子系统”，进一步规范了固定资产会计政策和核算方法；开发了预算管理信息系统，实现了预算数据汇总、查询的自动化。三是加强了财会规章制度建设。研究制定了非上市企业内部会计控制制度草案，出台了《财务管理综合考评暂行办法》、《资金集中统一运作的有关规定》和《账销案存资产管理办法》等管理制度，使财务管理行为进一步规范。四是加强财会业务培训。2004年全年举办各类财会业务培训班11期，培训财会人员近1 000人，进一步提高了财会队伍的素质。

**六、积极推进企业改革和结构调整**

2004年，在积极推进企业改革和结构调整方面主要做了以下工作：

(1) 组织实施了企业中小学、公安机构移交地方政府工作。按照国办22号文件和中央企业分离办社会职能试点工作会议精神，总部和企业都成立了移交工作机构，制定了移交工作程序，召开了两次全系统移交工作会议，组织人员分赴有关省市协调移交工作，认真核对资产、人员和经费补助等基础数据，积极推进移交进程。

(2) 稳步推进改制分流工作。根据国资委的有关要求，在调查研究的基础上，调整了改制分流资产、负债、权益处置相关政策，规范了资产评估报告审核备案工作，支持了辅业改制，推进了整个工作的进展。2004 年全年审核备案改制分流评估报告 271 个；232 个单位完成工商注册登记，涉及净资产账面值 30.49 亿元，分流职工 2.99 万人。

(3) 大力推进销售存续企业有序退出。研究制定了改革期间资金、资产等财务管理的办法与规定，批复了两年改革规划方案，确定了改革目标、任务和措施，强化了减资减债工作的监督管理，落实了土地租金总部集中收取的税收支持政策，有效地推动了销售存续企业改革。

(4) 认真做好资本运作和资产置换有关工作。为增加石化集团公司对石化股份公司的持股比例，石化集团公司与国家开发银行和中国信达资产管理公司实施了“股转债”，收购了开发银行和信达公司持有的石化股份公司的部分股权，使石化集团公司对石化股份公司的持股比例从 55.06% 提高到 67.92%。在化工、催化剂、加油站等主业资产注入石化股份公司，以及石化股份公司井下作业资产转入非上市部分的资产置换中，相关企业财务部门认真做好尽职调查、财务审计、资产及土地评估、交易测算等工作，有力地保证了资本运作工作的顺利进行。

**七、加强价格和税收管理，内外部环境得到改善**

2004 年，通过以下工作，加强价格和税收管理，并改善了内外部环境：

(1) 在国家对国内成品油价格实行宏观调控的背景下，总部及时调整了炼油厂供销售的成品油内部出厂价格，充分发挥了石化股份公司一体化经营机制的作用，有效缓解了炼油企业的生产压力，提高了增产成品油的积极性。

(2) 2004 年总部多次向国家有关部门汇报、沟通，促成国内成品油零售中准价格作了 3 次小幅调整。同时各分(子)公司加强汽柴油、炼油自销产品、化工产品等价格管理，产品销售价格水平均达到历史最好，为完成全年效益目标提供了有力保障。

(3) 经总部多次汇报，2004 年年底财政部、国家税务总局以文件形式明确了企业文教卫及社区服务费用支出可在当期计算应纳税所得额时扣除，使这个争论了几年的问题最终得到解决。同时积极做好所得税缴纳工作，实现了应缴尽缴，确保了顺利完成所得税返还目标。此外，2004 年底北京等 11 家省(市)石油公司实现了省级增值税统一缴纳，为销售企业经营管理体制改革创造了条件。

(4) 根据互供大庆原油挂靠的米纳斯原油与布伦特原油差价变化的情况，及时与石油集团公司补签了完善贴水计算办法的协议，双方共同承担原油价格波动风险。

(周广平　张建华)

# 财务状况

**【概述】** 石化集团公司 2002—2004 年合并会计报表详见表 1 和表 2。

截至 2004 年底，石化集团公司资产总额 6 202.5 亿元(石化股份公司 4 600.8 亿元，非上市部分3 599.1 亿元，内部合并抵消 1 997.4 亿元)；负债总额3 335.8 亿元(石化股份公司 2 425.1 亿元，非上市部分1 632.1 亿元，内部合并抵消 721.4 亿元)；所有者权益 1 910.5亿元，少数股东权益 956.2 亿元。石化集团公司资产负债率为 53.78%(石化股份公司 52.71%、非上市部分 45.34%)，比 2003 年的 52.07%，上升 1.71 个百分点。与 2004 年初数相比，石化集团公司资产总额增加 610.1 亿元，增长 10.9%；负债增加 424.1 亿元，增长 14.56%；所有者权益增加 269.2 亿元，增长 16.4%。

2004 年石化集团公司的资产运营情况有所好转。总资产周转次数为 1.08 次，平均 333 天周转一次，比上年加快 86 天。流动资产周转次数为 3.95 次，约 91 天周转一次，比上年加快 24 天。应收账款周转次数为 34.3 次，约 10 天周转一次，比上年加快 4 天。存货周转次数为 7.16 次，约 50 天周转一次，比上年加快 7 天。

2004 年末石化集团公司国有权益为 1 910.5 亿元，比上年末增加 269.2 亿元，按财政部有关规定，扣除有关客观因素影响，2004 年度石化集团公司的资本保值增值率为 107.58%，比 2003 年增加 2.33 个百分点。

(周广平)

# 重要财税政策

**【企业所得税】** 2004 年 9 月，国家税务总局下发了《关于中国石油化工股份有限公司缴纳企业所得税有关问题的通知》(国税函[2004]1071 号)。其主要内容：①石化股份公司所属的全资控股企业，从 2004 年度起，按照《国家税务总局关于汇总(合并)纳税企业实行统一计算、分级管理、就地预交、集中清算所得税

**表 1**　　石化集团公司合并资产负债表　　百万元

| 资　　产 | 行次 | 2004 年 | 2003 年 | 2002 年 | 负债及所有者权益（或股东权益） | 行次 | 2004 年 | 2003 年 | 2002 年 |
|---|---|---|---|---|---|---|---|---|---|
| 流动资产 | | | | | 流动负债 | | | | |
| 货币资金 | 1 | 37 086.31 | 36 134.23 | 37 828.98 | 短期借款 | 34 | 65 949.27 | 65 176.00 | 70 215.39 |
| 短期投资 | 2 | 2 588.53 | 2 010.17 | 2 639.81 | 应付票据 | 35 | 30 673.93 | 26 317.45 | 31 484.20 |
| 应收票据 | 3 | 7 252.31 | 7 984.36 | 5 722.22 | 应付账款 | 36 | 37 435.06 | 36 673.77 | 34 003.84 |
| 应收股利 | 4 | 62.37 | 101.20 | 1 709.74 | 预收账款 | 37 | 14 975.90 | 11 967.42 | 7 741.19 |
| 应收利息 | 5 | 18.45 | 7.77 | 2.11 | 应付工资 | 38 | 8 684.27 | 6 152.02 | 5 380.50 |
| 应收账款 | 6 | 18 649.63 | 18 327.55 | 20 341.07 | 应付福利费 | 39 | 3 323.06 | 3 372.66 | 3 235.10 |
| 其他应收款 | 7 | 18 021.29 | 14 178.25 | 26 581.13 | 应付股利 | 40 | 40.00 | 172.64 | 2 978.59 |
| 预付账款 | 8 | 8 903.60 | 6 797.90 | 5 951.47 | 应交税金 | 41 | 10 029.56 | 9 552.84 | 6 878.32 |
| 应收补贴款 | 9 | 33.67 | 527.43 | 566.23 | 其他应交款 | 42 | 3 959.33 | 2 986.75 | 2 546.82 |
| 存　货 | 10 | 77 009.00 | 59 562.56 | 59 003.27 | 其他应付款 | 43 | 34 026.88 | 33 331.90 | 28 659.44 |
| 待摊费用 | 11 | 706.41 | 612.27 | 881.40 | 预提费用 | 44 | 889.62 | 514.95 | 819.99 |
| 一年内到期的长期债权投资 | 12 | 5.30 | 4.98 | 35.34 | 预计负债 | 45 | 315.85 | 468.26 | 1.14 |
| 其他流动资产 | 13 | 745.42 | 3 591.93 | 5 649.84 | 一年内到期的长期负债 | 46 | 17 230.70 | 13 448.69 | 13 247.26 |
| 流动资产合计 | 14 | 171 082.28 | 149 840.59 | 166 912.62 | 其他流动负债 | 47 | 3 611.68 | 7 528.07 | 6 673.60 |
| 长期投资 | | | | | 流动负债合计 | 48 | 231 145.10 | 217 663.42 | 213 865.38 |
| 长期股权投资 | 15 | 25 436.10 | 21 986.31 | 23 488.02 | 长期负债 | | | | |
| 长期债权投资 | 16 | 1 904.21 | 1 365.04 | 616.26 | 长期借款 | 49 | 88 037.00 | 64 240.05 | 67 778.20 |
| 长期投资合计 | 17 | 27 340.31 | 23 351.36 | 24 104.28 | 应付债券 | 50 | 3 500.00 | 0.00 | 1 518.55 |

| | | | | | | | | | |
|---|---|---|---|---|---|---|---|---|---|
| * 其中:合并价差(贷差“-”) | 18 | 1 847.53 | 594.58 | 695.69 | 长期应付款 | 51 | 2 189.84 | 1 886.71 | 1 934.45 |
| 固定资产 | | | | | 专项应付款 | 52 | 7 690.65 | 6 727.55 | 6 946.01 |
| 固定资产原值 | 19 | 645 207.32 | 608 764.92 | 609 178.68 | 其他长期负债 | 53 | 767.88 | 360.97 | 368.31 |
| 减:累计折旧 | 20 | 293 147.38 | 271 685.90 | 278 854.98 | 长期负债合计 | 54 | 102 185.38 | 73 215.28 | 78 545.52 |
| 固定资产净值 | 21 | 352 059.93 | 337 079.02 | 330 323.70 | 递延税款 | | | | |
| 减:固定资产减值准备 | 22 | 10 321.72 | 9 824.31 | 372.37 | 递延税款贷项 | 55 | 247.80 | 289.56 | 654.59 |
| 固定资产净额 | 23 | 341 738.21 | 327 254.71 | 329 951.33 | 负债合计 | 56 | 333 578.28 | 291 168.26 | 293 065.49 |
| 工程物资 | 24 | 1 360.71 | 1 447.07 | 1 744.67 | * 少数股东权益 | 57 | 95 622.98 | 103 939.31 | 94 438.19 |
| 在建工程 | 25 | 57 698.04 | 38 664.59 | 32 422.80 | 所有者权益(或股东权益) | | | | |
| 固定资产清理 | 26 | 288.87 | 290.60 | 98.77 | 实收资本(或股本) | 58 | 104 942.78 | 104 942.78 | 104 942.78 |
| 固定资产合计 | 27 | 401 085.83 | 367 656.96 | 364 217.56 | 减:已归还投资(外商合作企业填) | 59 | | | |
| 无形资产及其他资产 | | | | | 实收资本(或股本)净额 | 60 | 104 942.78 | 104 942.78 | 104 942.78 |
| 无形资产 | 28 | 9 561.00 | 9 250.69 | 10 466.53 | 资本公积 | 61 | 53 484.35 | 55 134.93 | 68 024.53 |
| 长期待摊费用 | 29 | 6 608.68 | 6 587.55 | 9 995.57 | 盈余公积 | 62 | 42 052.88 | 34 515.92 | 16 404.06 |
| 其他长期资产 | 30 | 396.73 | 784.79 | 707.19 | * 未确认投资损失 | 63 | | | |
| 无形资产及其他资产合计 | 31 | 16 566.40 | 16 623.03 | 21 169.28 | 未分配利润 | 64 | －9 430.35 | －30 463.95 | |
| | | | | | 外币报表折算差额 | 65 | | | |
| 递延税款 | | | | | | | | | |
| 递延税款借项 | 32 | 4 176.10 | 1 765.30 | 471.32 | 所有者权益(或股东权益)合计 | 66 | 191 049.66 | 164 129.68 | 189 371.38 |
| 资产总计 | 33 | 620 250.92 | 559 237.25 | 576 875.06 | 负债及所有者权益(或股东权益)总计 | 67 | 620 250.92 | 559 237.25 | 576 875.06 |

问题的通知》(国税发[2001]13号)的有关规定，由石化股份公司合并缴纳企业所得税。②胜利油田有限公司按年度应纳税额40%的比例就地预交企业所得税。③石化股份公司新成立的上海腈纶销售分公司、西安石化分公司、塔河分公司，从2004年开始作为石化股份公司的合并纳税成员企业，按规定预交企业所得税。④石化股份公司所属东北、西北、川渝大区销售公司及所属全资单位，暂不实行就地预交所得税办法，统一由中国石化销售有限公司在北京市合并缴纳。⑤石化股份公司润滑油分公司所属单位，2004年度不在当地预交所得税，由石化股份公司润滑油分公司统一在北京合并缴纳；其所属单位2003年度在当地预交中超交的所得税，统一由石化股份公司润滑油分公司抵减2004年度应预交的所得税。⑥石化股份公司合并纳税的其他企业，仍按照《国家税务总局关于中国石油化工股份有限公司2003年度缴纳企业所得税问题的通知》(国税函[2003]1312号)的规定执行。⑦经批准享受西部地区优惠政策的成员企业，由石化股份公司按照《国家税务总局关于落实西部大开发有关税收政策具体实施意见的通知》(国税发[2002]47号)的有关规定，单独合并申报缴纳企业所得税。⑧石化股份公司下属的联合石化公司2003年度退还给炼化企业的原油采购款属于联合石化公司正常的经营支出，允许在企业所得税前扣除；炼化企业应将从联合石化公司得到退还的原油采购款调增应纳税所得额并缴纳企业所得税。

2004年12月，财政部、国家税务总局下发了《关于石油石化企业办社会有关企业所得税问题的通知》(财税[2004]207号)。其主要内容：①石油集团公司、石化集团公司所属企业通过关联交易形式从其对应的石油股份公司、石化股份公司所属分公司取得的用于企业矿区所在地市政、公交、环卫、教育、公检法、医疗和消防等社会性支出资金，应作为企业的收入计入当期应纳税所得额；石油股份公司、石化股份公司所属分公司以关联交易形式支付给其对应的石油集团公司、石化集团公司所属企业的上述社会公共支出，在不高于其设立时关联交易协议规定限额内的部分，可以在当期计算应纳税所得额时扣除，超过部分不得扣除。②石油集团公司、石化集团公司所属企业发生的用于企业矿区所在地市政、公交、环卫、教育、公检法、医疗和消防等社会性支出，可以在当期计算应纳税所得额时据实扣除。③石油集团公司、石化集团公司、石油股份公司、石化股份公司及其所属企业为职工提供的供暖、物业管理费等补助性支出，可以按实际发生全额列为企业管理费用，在当期企业所得税税前扣除。该通知规定上述政策执行期限为石油集团公司、石化集团公司重组改制之日至2008年底。

（周广平　张建华）

**表2　　石化集团公司合并损益表**

百万元

| 项　　目 | 行次 | 2004年 | 2003年 | 2002年 |
|---|---|---|---|---|
| 一、主营业务收入 | 1 | 634 287.09 | 466 673.11 | 378 004.01 |
| 减：主营业务成本 | 2 | 488 657.72 | 359 773.80 | 293 679.69 |
| 主营业务税金及附加 | 3 | 18 819.93 | 15 710.71 | 13 876.43 |
| 二、主营业务利润（亏损以“-”号填列） | 4 | 126 809.45 | 91 192.69 | 70 447.89 |
| 加：其他业务利润(亏损以“-”号填列) | 5 | 1 602.56 | 1 431.13 | 1 174.62 |
| 减：营业费用 | 6 | 21 546.20 | 16 649.80 | 15 209.11 |
| 管理费用 | 7 | 38 574.32 | 33 667.15 | 29 554.04 |
| 财务费用 | 8 | 8 046.19 | 7 404.98 | 8 348.11 |
| 勘探费用 | 9 | 6 536.27 | 6 241.26 | 4 436.42 |
| 三、营业利润（亏损以“-”号填列） | 10 | 53 709.02 | 28 660.63 | 14 074.82 |
| 加：投资收益(亏损以“-”号填列) | 11 | 1 387.42 | 1 428.27 | 759.38 |
| 补贴收入 | 12 | 335.33 | 6 464.44 | 5 731.08 |
| 营业外收入 | 13 | 1 407.95 | 1 453.57 | 1 110.97 |
| 减：营业外支出 | 14 | 13 609.72 | 9 038.10 | 3 432.16 |
| 加：以前年度损益调整 | 15 | | 0.00 | 0.00 |
| 四、利润总额(亏损以“-”号填列) | 16 | 43 230.00 | 28 968.82 | 18 244.09 |
| 减：所得税 | 17 | 17 121.64 | 9 978.42 | 7 093.60 |
| *少数股东收益 | 18 | 16 545.57 | 10 813.55 | 7 735.01 |
| *加：未确认投资损失 | 19 | 939.75 | 498.70 | 274.53 |
| 五、净利润(亏损以“-”号填列) | 20 | 10 502.55 | 8 675.55 | 3 690.00 |

# 改革重组与资本运作

# 综　述

2004年，石化集团公司继续遵循“改革、调整、创新、发展”的指导方针，全面推进和深化改革，进一步突出主业和提高核心竞争力，逐步完善精干、高效的国家控股公司管理体制。

**一、重组改革方面**

全面推进主辅分离改制分流。2004年，继续以改制分流为重要手段促进产业结构调整和人员分流工作，年内向国家上报了第2批、第3批改制分流实施方案，涉及改制单位583家、人员约7.54万人；年内实施并完成工商登记232个单位，分流职工2.99万人。自国家859号文件颁布以来，石化集团公司已累计向国家上报了3批改制分流方案，涉及改制单位811家、人员约12.04万人，已累计完成工商登记310个单位、分流人员3.65万人。同时，积极推进退出宾馆、电信等非核心业务的改革。

继续推动专业化重组和压扁管理层改革。压扁管理层和精简管理人员初见成效，与2003年底同口径相比，全年多渠道精简中层管理人员约18%。在上游业务领域，积极探索组建集团公司层面的专业化服务公司，以及实施“油公司”管理模式。按照“整体分离、强化管理、积极稳妥、精干高效”的基本原则，在胜利油田试点的基础上，整体实现了上游井下作业系统的重组分离。在中游业务领域，启动了南京化工公司与南京化工厂的重组改革，以及组建炼化国际工程公司等工作；继续推动化工产品和炼油小产品营销体制改革，石化股份公司重组设立了沥青分公司、催化剂分公司。在下游业务领域，推进了部分省市石油公司销售体制改革试点，云南等10家销售存续企业基本完成退出任务。同时，基本完成了炼化企业外贸机构初步整合工作。

进一步深化社区服务系统改革。在对社区服务系统情况、收费管理及物业管理进行全面调查研究的基础上，2004年5月形成并下发了《关于社区服务收费管理暂行办法》，对收费范围、收费计量、收费标准、收费管理等进行了明确界定，在全系统范围内进一步加大了社区服务收费力度。同时对全系统普遍推行物业公司管理体制提出了明确要求。2004年11月份起，组织对全系统社区服务业务有关数据分类进行整理和深入分析，初步界定出社区服务系统通过移交、社会化或改制分流等途径退出的业务范围，力争2005年在进一步深入统计的基础上，提出深化改革的分析报告。

移交办社会职能取得实质进展。根据《国务院办公厅关于中央企业分离办社会职能试点工作有关问题的通知》(国办发[2004]22号)，为进一步推进系统内部中小学及公安机构等企业办社会职能移交地方政府管理工作，2004年5月16日召开了全系统分离办社会职能试点工作会议。5月20日下发了《中国石油化工集团公司分离办社会职能试点工作实施细则》，就移交工作内容、工作步骤及有关政策等进行了统一部署。在各地方政府的密切配合下，从5月26日与重庆市政府签署移交协议起，至12月8日与河南省签署移交协议止，石化集团公司先后与17个省市政府签署了移交协议，移交学校261所、公安机构90个，基本完成了全系统中小学和公安机构移交工作。

**二、资本运作方面**

根据总体战略部署，以“股转债”的方式，石化集团公司完成了对国家开发银行和中国信达资产管理公司持有石化股份公司部分股权的收购，共收购股份111.43亿股，涉及金额200.57亿元，收购后石化集团公司持有石化股份公司的股份比例由55.06%提高到67.92%。

在整合上市子公司方面，启动了对北京燕化股份公司、北京燕化高新技术股份公司的整合工作。

在资产置换方面，完成了石化股份公司收购石化集团公司天津乙烯、天津聚酯、中原乙烯、洛阳聚酯、广石化动力、茂名公司2套炼油装置、8家主要催化剂资产或股权及下游存续企业的1 000多座加油站和油库资产，以及石化股份公司上游的井下作业资产置换到石化集团公司存续部分工作。上述资产置换中，石化集团公司协议出让资产总额约170.54亿元，受让资产总额约21.47亿元，交易净值约28.30亿元。同时，还完成了石化股份公司对天津、上海、济南等石化企业中润滑油业务的集中整合。

在筹融资方面，完成了石化股份公司35亿元10年期固定利率企业债券的发行及上市工作，以及完成了茂炼可转债的回购整合。

在对外战略性股权投资方面，石化集团公司投资5.49亿人民币与招商局集团公司共同发起设立招商局能源运输股份有限公司，占发起人总股份16%的份额。石化股份公司投资1.28亿港元参股中国燃气控股有限公司，占该公司扩股后总股份10.61%的份额；并分步实施了收购香港华润石化持有的齐润公司股权等。

**三、战略管理方面**

2004年8月，石化集团公司党组召开了理论学习研讨会，在深入分析影响中国石化持续发展的主要矛盾的基础上，集中研究并提出了今后一个时期改革发展的战略框架思路，确定了改革发展的框架目标和重大措施。在许多战略问题上统一了思想，形成了共识。

按照石化集团公司党组确定的改革发展框架目标，研究提出了"十一五"改革发展规划中的"体制机制改革规划"和"资产资本运作规划"两个专题部分的建议稿，进一步明确了石化集团公司中长期体制机制改革发展方向。

汇总并向国务院国有资产监督管理委员会上报了实施大集团、大公司有关战略的基本情况，并参加了"国有资产授权管理办法"的调查研究和起草、修改完善工作等。

**四、企业管理创新方面**

以石化集团企业管理协会为载体，继续抓好管理现代化创新成果、企业新纪录评审和申报组织工作。共有11家企业申报了26项"中国企业新纪录"。推荐6项成果参加第十一届全国企业管理现代化创新成果评审，其中1项获得国家级管理现代化创新成果一等奖，5项获得国家级管理现代化创新成果二等奖。

（马延辉）

## 体制改革

**【主辅分离改制分流工作得到国家肯定】** 自2002年初开展改制分流试点工作以来，截至2004年底，已累计完成了310个单位的改制分流工作，整体工作进展有序，走在中央企业的前列，得到了国家的充分肯定。2004年9月召开的全国再就业工作表彰大会上，石化集团公司被评为全国再就业工作先进企业。2004年11月，在国资委、劳动和社会保障部、国家财政部、国家税务总局联合召开的全国国有大中型企业主辅分离改制分流工作经验交流会上，石化集团公司作了大会发言，介绍了经验和体会。

（马延辉）

**【不断完善主辅分离改制分流政策】** 2004年1月14日，石化集团公司转发《国务院办公厅转发国务院国有资产监督管理委员会关于规范国有企业改制工作意见的通知》，对石化集团公司的改制分流政策进行了补充要求。2004年1月29日，石化集团公司下发《关于进一步做好改制分流工作的通知》，要求各企事业单位、各分(子)公司要对改制企业给予必要的扶持，在坚持市场化原则的前提下，对改制分流的单位在业务、内部市场、原料供应、公用工程、提供劳务等方面坚持同等优先并签订规范的协议，以保持改制企业生产经营的连续性，实现平稳转换。2004年5月，石化集团公司下发《关于在资产重组结构调整中分流安置富余人员的补充规定》，明确了国有单位改制分流、关停并撤中对混岗集体工协议解除劳动合同的有关政策；下发了《关于贯彻落实国资委国资发产权[2004]9号文件的意见》，对改制分流中有关净资产预留和支付事宜进行了规定。

（马延辉）

**【向国家上报主辅分离改制分流总体方案】** 2004年5月20日，石化集团公司向国家上报了《关于报批〈中国石油化工集团公司主辅分离改制分流第二批实施方案〉的请示》，2004年6月30日获得国家有关部委的批准。第二批改制单位是按照国家已批复的《中国石油化工集团公司改制分流总体方案》确定的原则及标准，由所属企业根据石化集团公司"十五"改革发展计划和各企业的改革发展计划，对产业结构进行深入分析后提出的。石化集团公司和石化股份公司第二批改制单位共434个，全部为中小型企业，涉及净资产总额48.92亿元，职工44 083人。434个改制单位均采取非国有法人控股形式实施改制分流，其中采取国有法人不参股的改制单位399个，涉及净资产总额38.49亿元，职工38 232人；采取国有法人参股不超过20%的改制单位35个，涉及净资产总额10.43亿元，职工5 851人。

2004年12月27日，石化集团公司向国家上报了《关于报批〈中国石油化工集团公司主辅分离改制分流第三批实施方案〉的请示》。

（马延辉）

**【移交办社会职能取得实质进展】** 根据《国务院办公厅关于中央企业分离办社会职能试点工作有关问题的通知》(国办发[2004]22号)，2004年5月16日，石化集团公司召开了全系统分离办社会职能试点工作动员会议，为全面推进移交试点工作作好了思想准备和政策要求准备。5月20日下发了《中国石油化工集团公司分离办社会职能试点工作实施细则》，就移交工作内容、工作步骤及有关政策等进行了统一部署。5月26日，与重庆市政府签署了四川维尼纶厂中小学移交协议，成为第一批中央企业移交工作签署的第一份移交协议，为带动其他企业的移交工作起到了较好的示范作用。7月18日，石化集团公司召开分离办社会职能试点工作第二次会议，进一步统一思想，提高认识，落实责任，对加快推进移交工作起到了重要作用。9月底与江西、天津等13个省市签署了移交协议。10月19日，召开分离企业办社会职能试点工作第三次会议，至此移交办社会职能工作重心转移到交接手续办理及做好配合工作上来。2004年12月底基本完成了全系统中小学、公安机构移交地方政府管理工作。

（马延辉）

**【石化集团公司社区服务收费管理暂行办法出台】** 为进一步加强和规范企业社区服务收费，根据《中华人民共和国价格法》、国务院颁布的《物业管理条例》、国家发改委和建设部发布的《物业服务收费管理办法》、建设部财政部等8部委发布的《关于城镇供热体制改革试点工作的指导意见》以及《石化集团公司深化社区服务系统改革指导意见》，2004年5月20日，石化集团公司下发《中国石油化工集团公司社区服务收费管理暂行办法》（以下简称《暂行办法》）。《暂行办法》对社区、物业管理、社区服务收费、收费范围、收费计量、收费标准、收费管理等进行了明确界定和要求。

（马延辉）

**【组建中国石化油气勘探开发工程监督中心】** 为适应中国石化油气勘探开发发展的要求，加强油气勘探开发工程监督工作，循序渐进地构建中国石化的勘探开发工程监督、监理体系，2004年4月2日，石化集团公司下发文件决定在现西部新区油气勘探工程监理中心的基础上，组建中国石化油气勘探开发工程监督中心（以下简称监督中心）。监督中心为中国石化授权的油气勘探开发监督机构。其业务范围包括物探、钻井、地质录井、测井、试油、井下作业、油田地面建设等工程项目的监督。监督中心的主要职责是：贯彻执行国家及中国石化颁发的有关油气勘探开发工程质量监督工作的法规、规定、规范和质量、安全、环保等技术标准；受石化股份公司委托，负责对油气勘探开发项目的工程质量、进度、成本及工程全过程等行使监督职能；负责建立油气勘探开发工程监督人才库及监督人员的动态管理，组织推荐、选拔和培训勘探开发工程技术监督人员；负责向勘探开发工程项目选派监督机构并督导其工作；及时发布勘探开发项目监督情况公报，负责收集、汇总、上报监督报表；参与对勘探开发项目质量事故的调查和处理方案的审定；负责编制工程质量监督报告，参加油气勘探工程项目竣工验收。

（马延辉）

**【油气勘探开发工程监督中心的运行机制】** 监督中心行政上暂委托西部新区勘探指挥部管理。技术上接受石化股份公司油田勘探开发事业部和石化集团公司油田企业经营管理部的指导。油田勘探开发事业部和油田企业经营管理部参与制定有关油气勘探开发工程监督标准、规范，参与制定监督人员的资格标准、管理办法以及培训大纲和教材等。石化集团公司工程建设管理部依据国家有关规定对监督中心给予行业上的指导。监督中心随着油气勘探开发工程市场化的进展，改革管理体制，具备条件时，组建为专业监理公司，独立经营。

（马延辉）

**【成立西部石油工程技术服务管理中心筹备领导小组】**
为充分发挥石化集团公司石油工程队伍整体技术优势，提高西部和南方石油工程技术和服务水平，加快西部石油工程管理机构的筹建工作，2004年7月8日，石化集团公司决定成立西部石油工程技术服务管理中心筹备领导小组。

（马延辉）

**【设立石化股份公司塔河分公司】** 2004年4月30日，石化股份公司正式批复设立中国石油化工股份有限公司塔河分公司。塔河分公司经营范围为：柴油、汽油、沥青、石蜡、润滑油、石脑油、溶剂油、化工轻油、燃料油、石油焦炭、硫磺、石油液化气、石油苯的生产和销售。塔河分公司设在新疆库车县天山路东573号。

（马延辉）

**【设立石化股份公司西安石化分公司】** 2004年4月16日，石化股份公司下发文件决定将西安石化厂设立为中国石油化工股份有限公司西安石化分公司。西安石化分公司经营范围为：石油炼制；汽油、柴油、煤油的生产；液化石油气、化工轻油、溶剂油、沥青、硫磺、燃料油、丙烯、聚丙烯等石化产品的生产、销售；防水材料、合成制动液、乳化剂、不冻液、过氧乙酸、缓蚀剂、油田化学助剂、纺织印染助剂、机械加工助剂等化工产品的生产、销售。

（马延辉）

**【设立石化股份公司催化剂分公司】** 为适应催化剂行业市场竞争的需要，提高石化股份公司催化剂产品集成度和核心竞争力，2004年12月17日，石化股份公司按照“统一安排工业放大、统一生产计划、统一组织营销、统一发展规划、统一实施管理”的原则，决定对催化剂业务实施专业化重组，成立中国石油化工股份有限公司催化剂分公司。经营范围为：催化剂生产、销售；油田化学试剂、助剂、添加剂、吸附剂等其他产品的生产、销售；相关"四技"业务。催化剂分公司注册地为：北京市东城区安外大街58号。

（马延辉）

**【调整理顺茂名石化管理体制】** 为加强统筹协调，提高管理效率，促进茂名石化主业发展，2004年8月10日石化股份公司下发《关于进一步调整理顺茂名石化上市部分管理体制的通知》，决定进一步调整理顺茂名石化上市部分管理体制。

茂名石化上市部分实行分公司统一管理模式，在茂名分公司内部设立炼油、化工两个分部。茂名炼化股份公司按期完成股权重组和债权处置后即予以注销，将其原有业务与茂名分公司现有的炼油业务重组，合并成立茂名分公司炼油分部；将原有的分公司化工事业部更名为茂名分公司化工分部。

（马延辉）

**【推进南京化工公司与南京化工厂重组合并】** 2004年10月7日与10月25日，石化集团公司先后召开办公会议，决定启动并积极稳妥地推进南京化工公司与南京化工厂的重组合并。南京化工厂搬迁及与南京化工公司重组合并，是石化集团公司优化南京地区资源配置，调整企业及产品结构，实现南京化工公司扭亏脱困、振兴发展的一项重要举措，是石化集团公司、地方政府、企业和职工"多赢"的一件好事。重组整合的要点如下：调整合并两个企业的领导班子，形成一个领导集体；重组合并采取以南京化工公司吸收合并南京化工厂的合并方式；南京化工厂在管理体制上实行灵活过渡，即暂时保留南京化工厂法人资格的"壳"，并将其设置为合并后新公司的二级单位，待基本完成搬迁后再予注销；合并两个企业相应的经营管理及党群机构，形成新的统一的经营管理体系。

（马延辉）

**【重组设立石化股份公司沥青销售分公司】** 为发挥中国石化整体优势，提高中国石化沥青产品市场竞争力，扩大市场占有率和控制力，实现效益最大化的目标，石化股份公司决定按照统一市场销售、统一对外招标、统一售后服务、统一产品品牌、统一对外合作的"五统一"原则设立中国石油化工股份有限公司沥青销售分公司。2004年9月22日，沥青销售分公司挂牌成立。沥青销售分公司设在上海浦东新区浦东大道1525号5楼48席。

（马延辉）

**【调整深圳石油分公司管理体制】** 为进一步增强中国石化在广东珠三角地区成品油市场的竞争能力和扩大市场占有率，提高企业经济效益，2004年3月15日，石化股份公司下发文件决定调整深圳石油分公司管理体制。自2004年4月1日起，撤销石化股份公司深圳石油分公司独立建制，深圳石油分公司不再作为石化股份公司的直属单位，而作为石化股份公司广东石油分公司的所属单位，由广东石油分公司直接管理。

（马延辉）

**【洛阳石化工程公司职工医院移交】** 2004年9月29日，石化集团公司正式批复了洛阳石化工程公司《关于洛阳石油化工工程公司职工医院移交洛阳市第四人民医院方案的请示》。移交基准日为2004年9月30日；移交资产不进行评估，以划拨方式进入洛阳市第四人民医院；医院职工整体成建制移交洛阳市第四人民医院；移交过渡期资金支持260万元。

（马延辉）

## 管理创新

**【管理创新成果评选】** 2004年在石化集团企业管理协会组织的第十三届管理现代化创新成果评审中，共有156项成果被评定为"中国石化集团公司级别成果"。其中一等奖21项，二等奖57项，三等奖78项。推荐参加第十一届全国企业管理现代化创新成果评审6项。经全国企业管理现代化创新成果审定委员会审定，石化集团公司6项成果全部被评定为"国家级企业管理现代化创新成果"。其中，茂名分公司的"提升市场竞争力的现代基础管理"获一等奖；胜利油田有限公司的"适应油田体制变革的生产运营优化管理"、中原石油勘探局的"国际石油工程服务市场的开拓与项目管理"、胜利油田胜利石油化工建设有限责任公司的"长输管道施工的风险管理"、齐鲁股份公司物流分公司的"物流企业学习型组织的创建与管理变革"、河南石油分公司的"基于网络平台的石油销售企业资金集中管理"分获二等奖。

（马延辉）

**【参与中国企业海外上市10周年活动】** 2004年，为全面展示中国企业海外上市10周年取得的辉煌成就，中国投资者关系研究中心等机构组织了中国企业海外上市10周年系列活动。石化股份公司及相关下属企业参与了此次活动。在CCTV第二套《中国证券》栏目、CCTV第九套《财经中国》栏目及财经专著《中国企业走向海外》书籍中，宣传了中国石化改革发展的总体风貌及取得的成绩。

（马延辉）

**【石化股份公司率先进入世界未来500强行列】** 在2004年10月21—22日召开的“攀登世界未来500强中国论坛”上，石化股份公司和国电南京自动化股份有限公司通过“世界未来500强”标准的评测，成为率先进入世界未来500强的中国企业。“世界未来500强”组织是一个绿色经济的企业组织，以塑造未来企业为宗旨，遵照17个国际通用标准，树立履行三重责任(经济效益、社会道德和环境责任)的企业为未来企业的榜样，在世界范围内通过责任差距的检查，指导和帮助众多企业实现向新经济时代的跨越和过渡。石化股份公司凭借自身实力获得上述殊荣，从另一个方面也反映了中国石化在软实力方面的水准。

（马延辉）

## 资本运作

**【中国石化公司债券成功发行并上市】** 2004年2月9—12日，石化股份公司就发行35亿元企业债券进行路演及簿记建档，在北京和上海召开2次推介会，与8家机构进行了会谈。2004年2月23日，国家发展和改革委员会和中国人民银行批准本期债券的票面利率为4.61%，采用实名制记账式平价发行。2004年3月8日，债券发行成功。2004年9月6日，中国证监会及上海证券交易所批准债券上市文件。2004年9月21日，发布《2004中国石油化工股份有限公司公司债券上市公告书》。9月28日，“04中石化”公司债券在上海证券交易所正式上市流通。

（马延辉）

**【收购国家开发银行和中国信达资产管理公司持有石化股份公司的部分股份】** 为贯彻中央“发展具有国际竞争力的大公司大企业集团”的方针，保持国有资本控制力和拓展石化股份公司融资空间，经国家批准，石化集团公司以“股转债”的方式，完成了对国家开发银行和中国信达资产管理公司持有石化股份公司部分股权的收购。2004年10月13日，石化集团公司与国家开发银行签署《股权转让协议》，双方同意以1.80元/股价格转让61.43亿股，转让价款总金额为110.57亿元。2004年8月2日，石化集团公司与中国信达资产管理公司签署《股权转让协议》，双方同意以1.80元/股价格转让50亿股，转让价款总金额为90亿元。2004年7月22日，国务院国有资产监督管理委员会批准同意。2004年9月2日，国家财政部批准同意。2004年11月10日，中国证券监督管理委员会批准同意要约收购豁免。石化集团公司收购上述股权后，石化集团公司在石化股份公司的持股比例为67.92%，国家开发银行的持股比例为3.04%，中国信达资产管理公司的持股比例为4.29%。

（马延辉）

**【启动实施对北京燕化股份公司的整合工作】** 2004年12月3日，石化股份公司开始实施对北京燕化股份公司的整合工作。整合采取吸收合并方式，在北京设立了北京飞天石化有限公司，根据《公司法》对北京燕化股份公司进行吸收合并。对境外流通股以3.80港元/股价格现金收购；对石化股份公司持有的法人股，以北京燕化股份公司2003年12月31日经审计的净资产值，对北京飞天石化有限公司进行增资。2004年12月29日，北京燕化股份公司和北京飞天石化有限公司分别召开董事会批准了该项合并。

（马延辉）

**【启动实施对北京燕化高新技术股份有限公司的整合工作】** 2004年12月22日，北京燕化高新技术股份有限公司分别与天华国际投资服务公司和呼和浩特北能能源科技有限责任公司签署了《股权转让协议》，将燕山石化公司持有的40.01%的国有法人股权分别转让给两家公司。2004年12月30日，北京燕化高新技术股份有限公司董事会通过决议，将催化剂为主体的石化主营业务成立催化剂子公司，以实现石化股份公司对石化主业资产的回购。

（马延辉）

**【注销茂名炼化股份公司】** 石化股份公司控股的茂名炼化股份公司，是1999年4月经原国家经贸委批准设立的股份有限公司。1999年6月，为解决茂名乙烯巨额债务问题，茂名炼化股份公司发行15亿元可转债。截至2003年12月31日，茂名炼化股份公司总股本10.64亿股，石化股份公司持股10.62亿股，占总股本的99.81%，为第一大股东。其他股东为：茂名石化建设公司、中国石化销售有限公司、中国石化国际事业茂名公司、茂名石化外贸公司分别持有50万股，各占总股本的0.05%。2004年7月28日，由于茂名炼化股份公司未能在茂炼转债存续期内发行A股股票，经茂名炼化股份公司董事会和股东大会讨论决定，该公司已全部赎回发行并交易的茂炼转债，并于同日停止交易作摘牌处理。2004年8月26日，为实施茂名地区炼油化工一体化战略，加强炼油化工主业资产的统一管理，石化股份公司正式批复茂名炼化股份公司《关于解散茂名炼化股份公司并进行炼油化工资产整合问题的请示》，同意其注销解散，注销后将石化股份公司分配所得的资产全部注入茂名分公司。2004年9月29日，茂名炼化股份公司召开临时股东大会，通过公司解散并进行清算注销的决议。

（马延辉）

**【石化集团公司向石化股份公司出让天津润滑油脂有限公司股权】** 为进一步增强石化股份公司核心业务能力，理顺润滑油管理体制，避免同业竞争和减少关联交易，2004年3月10日和2004年3月29日，石化集团公司下发文件决定将燕山石化公司所属天津润滑油脂有限公司(以下简称津脂公司)的股权转让给石化股份公司。出让方式为石化股份公司按评估确认的净资产值以现金方式进行整体收购，相关负债一并承接。本次资产出让定价为人民币2.3亿元，承债13 396.46万元。津脂公司2003年底在册的正式职工，按人随资产走的原则，由石化股份公司接收安置。注销津脂公司原企业法人资格，设立为石化股份公司润滑油分公司天津公司，由石化股份公司润滑油分公司负责经营管理。从2004年4月1日起，津脂公司生产经营纳入石化股份公司统一管理。

（马延辉）

**【石化集团公司向石化股份公司出让上海润滑油厂股权】** 2004年5月10日，石化集团公司下发356号文件，决定将所属上海石油有限责任公司上海润滑油厂，按评估确认的净资产值出让给石化股份公司，石化股份公司以现金方式进行整体收购，相关负债一并承接。上海石油有限责任公司上海润滑油厂2004年3月31日在册的正式职工，由石化股份公司接收安置。

（马延辉）

**【收购山东环球润滑油公司股权】** 2004年9月24日，石化股份公司批复润滑油分公司按账面资产收购山东环球润滑油公司集体法人股1 400万股、职工股239.7万股。收购完成后，注销山东环球润滑油股份有限公司原企业法人资格，并设立石化股份公司润滑油济南分公司。

（马延辉）

**【收购华润石化(集团)公司在青岛齐润石化公司40.5%的股权】** 青岛齐润石化公司(以下简称齐润公司)是石化股份公司(股权比例59.5%)与华润石化(集团)公司(股权比例40.5%)的合资公司，主要经营原油、成品油及石油化工产品的储运、中转、进出口等业务。为使由石化股份公司、山东省和青岛市共同投资设立的青岛大炼油项目尽快建成投产，并取得最佳投资效益，石化股份公司决定收购华润石化(集团)公司在齐润公司40.5%的股权，以将齐润公司油品存储、输转设施和土地等资产投入青岛大炼油。2004年11月17日，石化股份公司与华润石化(集团)公司签署《股权转让协议》，确定华润石化(集团)公司在齐润公司40.5%的股权以4.8亿元人民币的价格转让给石化股份公司。股权转让分两次进行，第一次转让30%，转让价格为35 555.56万元人民币；第二次转让10.5%，转让价格为12 444.44万元人民币。

（马延辉）

**【投资中国燃气控股有限公司】** 2004年9月6日，中国燃气控股有限公司(以下简称中国燃气公司)商请石化股份公司成为其重要策略股东，以改善其股东结构，加速发展中国天然气供应业务。2004年10月31日，石化股份公司与中国燃气公司在北京签署认购协议，由石化股份公司以每股0.61港元的价格，认购中国燃气公司2.1亿股股权，合计1.28亿港元，占认购后总股本的10.61%。2004年11月1日双方在北京签署了战略合作协议。

（马延辉）

**【参股发起设立招商局能源运输股份有限公司】** 为保障进口原油安全稳定运输供应及从国家经济安全考虑，在香港招商局集团有限公司的邀请下，石化集团公司决定适度介入原油海运业务，进行战略性投资。2004年11月5日，石化集团公司与招商局集团有限公司签署《合作意向书》，同意与香港招商局集团有限公司之全资子公司——招商局轮船股份有限公司等作为发起人，共同发起设立招商局能源运输股份有限公司(以下简称能源运输股份公司)并上市。2004年11月30日和12月22日，招商局轮船股份有限公司、石化集团公司、中化集团公司、中国远洋运输公司和中国海洋石油渤海公司5家企业签署《发起人协议》和《发起人协议补充协议》，决定共同发起设立能源运输股份公司。能源运输股份公司的注册资本为人民币2 233 397 679元，股份总额为2 233 397 679股。其中，招商局轮船股份有限公司以实物资产出资，持股比例为83.3%；石化集团公司以现金人民币549 759 428.57元作为出资，持股比例为16.00%；其他3家公司均以现金方式出资人民币10 000 000.00元，持股比例均为0.29%。2004年12月27日，能源运输股份公司召开创立大会。预计2005年上半年能源运输股份公司发行股票并上市。

（马延辉）

## 大规模资产置换

**【概述】** 根据党中央提出的深化国有企业改革、发展具有国际竞争力的大公司大企业集团的指导方针，履行上市时对投资者的承诺，支持石化股份公司调整产业结构、提高主要化工产品产能及市场占有率、强化核心业务能力、理顺管理体制、扩大和完善成品油销售网络，实现有效发展的战略目标，石化集团公司先后下发中国石化企623、626、655号文件，决定将拥有的化工类资产和业务(天津乙烯和聚酯、洛阳聚酯、中原乙烯以及茂名石化三催化四蒸馏装置、广州石化动力厂)、催化剂资产和业务(长岭炼化公司催化剂厂等8家催化剂企业)、加油站资产和业务(1 023座加油站及54座油库)转让给石化股份公司。同时，为改善石化股份公司上游主业资产结构，逐步向国际"油公司"管理模式过渡，石化集团公司决定受让石化股份公司8家油田企业井下作业资产和业务。2004年10月31日石化股份公司董事会和12月21日石化股份公司临时股东会审议通过了资产置换决议。根据国家有关国有资产处置的规定，以及中介机构对转让资产进行的财务审计、资产评估和企业估值的专业意见，经石化集团公司与石化股份公司协商，按资产评估的净资产为依据，石化集团公司以现金45.78亿元对价向石化股份公司协议转让化工、催化剂和加油站资产，与上述资产相应连带的127.34亿元债务由石化股份公司承接。石化集团公司以现金17.48亿元对价协议受让石化股份公司油田井下作业资产，并同时承接3.99亿元债务。石化集团公司转让与受让资产相互支付的现金相抵后，石化集团公司可获得石化股份公司支付的现金28.3亿元。

（马延辉）

**【19.77亿元人民币转让化工类资产及业务并连带116.99亿元债务】** 2004年12月31日，石化集团公司下发中国石化企943、944、945、946、947号文件，决定转让相关企业化工类资产及业务。

(1) 天津石化公司的20万吨/年乙烯、6万吨/年乙二醇、12万吨/年聚乙烯、6万吨/聚丙烯、21万吨/年聚酯(PET)、25万吨/年对二甲苯(PX)、30万吨/年精对苯二甲酸(PTA)、10万吨/年短丝、9万吨/年长丝，及其配套公用工程设施。

(2) 洛阳石化总厂的26万吨/年芳烃抽提、32.5万吨/年PTA、16万吨/年PX、24万吨/年PET、10万吨/年直接纺涤纶短纤维、9万吨/年直接纺涤纶长丝、7 500吨/年中空纤维等装置。

(3) 石化集团公司持有的中原石化公司93.51%的股权，其化工生产装置主要包括18万吨/年乙烯、20万吨/年聚乙烯、6万吨/年聚丙烯及辅助设施。

(4) 广州石化总厂的9.9万千瓦/时4台发电机组、年产除盐水量大于300万吨的水处理系统。

(5) 茂名石化公司的第4套500万吨/年常减压蒸馏装置和第3套140万吨/年催化装置。

至基准日(2004年6月30日)，经审计和评估，化工类总资产为139.04亿元，总负债为116.99亿元，扣除少数股东权益0.42亿元后，净资产21.63亿元。

（马延辉）

**【7.2亿元人民币转让催化剂及业务并连带10.24亿元债务】** 2004年12月31日，石化集团公司下发中国石化企956、957、958、959、960、961、962、963、964、965号文件，决定转让相关企业催化剂资产及业务。包括：石油化工科学研究院持有的湖南建长石化股份公司20%的权益资产、洛阳石化总厂集体企业金达实业公司持有的湖南建长石化股份公司1%的权益资产、岳阳兴长石化股份公司持有的湖南建长石化股份公司10%的权益资产、长岭炼化公司持有的湖南建长石化股份公司50%的权益资产，茂名石化公司持有的上海立得催化剂有限公司20%的权益资产，上海石油化工研究院及其实验厂、齐鲁石化公司催化剂厂、长岭炼化公司催化剂厂、金陵石化公司南京南炼催化剂公司、北京市奥达石化技术开发中心、中国石化科技开发公司等相关催化剂资产和业务。石化集团公司转让8家炼油化工催化剂生产企业相关资产，转让范围的催化剂生产能力约8万吨/年，主要催化剂产品包括催化裂化、加氢精制、重整、加氢、基本有机化工原料以及聚烯烃等石油化工主要催化剂。至基准日(2004年6月30日)，经审计和评估，总资产为18.85亿元，总负债为10.24亿元，扣除少数股东权益1.63亿元后，净资产6.98亿元。

（马延辉）

**【18.81亿元人民币转让加油站和油库资产及业务并连带0.11亿元债务】** 石化集团公司协议转让加油站共计1 023座、油库54座，分布在全国9个省、区、市。至基准日(2004年5月31日)，经审计和评估，转让的加油站和油库按重置成本法评估，总资产13.64亿元，总负债为0.11亿元，净资产13.54亿元。按收益现值法评估，净资产18.81亿元。

（马延辉）

**【17.48 亿元人民币受让油田井下作业资产及业务并承接 3.99 亿元债务】** 2004 年 12 月 31 日，石化集团公司下发中国石化企 948、949、950、951、952、953、954、955 文件，决定收购石化股份公司相关企业的油田井下作业资产和业务，包括胜利油田有限公司、江汉油田分公司、中原油田分公司、华北分公司、河南油田分公司、西南分公司、江苏油田分公司、华东分公司等 8 个油田企业的井下作业资产，涉及的业务主要为从事油田试油、试气、油水井大修、压裂、酸化、措施作业和维护性作业，是完善油水井生产能力的工程服务业务。至基准日(2004 年 7 月 31 日)，经审计和评估的总资产为 21.47 亿元，总负债为 3.99 亿元，净资产 17.48 亿元。

（马延辉）

**【转让和受让资产对石化集团公司和石化股份公司的影响】** 2000 年石化集团公司重组上市时承诺，要进一步重组整合核心业务，将经过改造和调整达到上市条件的主业资产继续注入石化股份公司，同时石化股份公司根据结构调整的需要，适时退出部分业务。本次转让和受让资产有利于石化股份公司。

(1) 抓住化工周期仍处于上升阶段的有利时机，扩大化工生产能力。转让完成后，石化股份公司的乙烯、合成树脂及合成纤维单体及聚合物的生产经营规模将进一步扩大，增强盈利能力。

(2) 强化炼油化工催化剂研发与生产的管理，提高石化股份公司核心技术实力。转让 8 家催化剂生产和研发企业，有利于理顺催化剂研发和生产关系，实现对全系统催化剂科技资源的整合，可初步形成炼油化工催化剂产品研发、生产和营销一体化，增强了石化股份公司核心技术实力，使石化股份公司拥有对催化裂化、加氢、重整、基本有机原料、聚烯烃等主要石油化工催化剂生产和研发的控制权。

(3) 理顺油品销售体制，为进一步扩大市场占有率、完善成品油销售网络创造有利条件。大力发展成品油零售业务是石化股份公司经营战略的重要组成部分，本次重组不仅可以扩大市场占有率，更重要是通过加油站统一经营，进一步完善和发挥石化股份公司成品油销售网络的优势，提升资源配置，降本增效，巩固在零售领域的主导地位。

本次资产转让对石化集团公司也有积极的影响。石化集团公司从转让中获得 28.3 亿元现金，将全部用于加快存续企业调整主业结构，促进存续企业深化改革，提高市场竞争能力和自主生存能力；同时由于减少债务 127.34 亿元，将有效改善石化集团公司财务状况。

（马延辉）

# 人事教育及人力资源管理

## 综　述

2004年人事教育及人力资源管理工作紧紧围绕石化集团公司、石化股份公司全年的目标任务，按照党组提出的中国石化改革发展的基础在人才和建设好三支队伍的要求，加大改革力度，加强经营管理人才、专业技术人才、技能人才队伍建设。以思想政治建设和能力建设为重点，大力建设“负责任、有能力”的领导班子；继续推进改制分流，深化分配制度改革；开展大规模培训工作，突出直属领导人员、国际化经营人才和技能人才的培养，较好地完成了领导班子建设、减员分流、分配制度改革、大规模人才培养等目标任务。

（任　实）

## 领导人员管理

**【领导班子思想政治建设】** 2004年，石化集团公司坚持以科学的发展观和人才观为指导，按照党组建设“负责任、有能力”领导班子的要求，把思想政治建设放在首位。以思想理论建设为重点，针对领导人员队伍存在的突出问题，以正职领导和中青年领导人员为主要对象，强化了对领导人员以十六届四中全会精神和思想作风建设为主要内容的教育。对近3年新进班子的领导人员加大了培训力度，特别是对全系统各单位主要领导进行以四中全会精神为主要内容的集中学习培训，全年共培训领导人员461名，约占领导人员总数的一半。通过学习培训，领导人员加强了党性锻炼，增强了自律意识，理清了改革发展的思路，增强了搞好国有企业的信心和决心。

加大了监督约束力度。建立了“述学述职述廉”制度，直属主要领导向石化集团公司党组呈报了“三述”报告。建立了跟踪回访制度。对作了较大调整，特别是主要领导作了调整的班子，在调整后进行跟踪回访。加大对领导班子自身建设检查通报的力度，对各单位中心组学习、民主生活会、职代会民主评议等情况在全系统进行了通报，并提出了改进和完善的要求。

（任　实）

**【领导班子考察调整】** 2004年领导班子考察调整面广量大，通过采取提高领导班子考察效率、加快征求协管地方党委意见、规范和做好调整前领导人员的谈话工作等措施，较好地完成了领导班子考察调整任务。全年调整94个领导班子。通过考察调整，领导班子的专业和能力结构得到了进一步优化，整体素质得到了进一步提升。根据“减官增效、瘦身强体”的要求，通过整合工作分工、加大兼职等措施，精简领导人员职数，截至2004年底，党组管理的现职领导人员精简了8.6%，超额完成了全年精简8%的目标。

（任　实）

**【领导人员交流】** 2004年石化集团公司加大了领导人员交流力度，优化领导人才资源配置。着眼于从全局优化人才资源配置，全面锻炼领导人员能力，提升领导人员素质，将加大领导人员交流力度作为班子建设的重要措施，加强了总部与企业之间、上中下游板块之间领导人员的交流，特别是加大了主要领导的交流力度，异地交流的领导人员总数达50人。

（任　实）

**【建立正常退出和新老交替机制】** 2004年石化集团公司制定了《领导人员退休及返聘管理规定》，规范退出机制，增强执行退休和退二线制度的严肃性，一批领导人员按规定退出了领导班子。坚持以能力、业绩为导向，推进能上能下，按照“四不唯”要求，不拘一格、大胆起用了一批在实践中锻炼成长起来的优秀人才。

（任　实）

**【精简分流中层管理人员】** 全面开展中层管理人员精简分流工作。2004年印发《中层管理人员精简分流工作指导意见》，召开专门会议进行动员部署，开展政策调研，加强工作推动。截至年底，中层管理人员精简分流2 500余人，同口径精简分流比例达到17.8%。选择胜利油田等8家单位开展中层管理人员定岗定编试点工作，探索建立长效机制。

（任　实）

**【加强三支人才队伍建设的政策研究和制度建设】** 根据十六届四中全会精神、《中共中央、国务院关于进一步加强人才工作的决定》和石化集团公司党组关于实施人才强企战略、加快建设三支人才队伍的指示精神，2004年集中时间力量，深入调查研究，广泛征求意见，反复修改完善，初步拟定了石化集团公司人才工作的有关文件，为全面加强三支人才队伍建设奠定了基础。在加强宏观政策研究的同时，加强了内部制度建设。

（任　实）

【深化拓展树组织人事干部形象活动】 按照中组部“集中学习教育活动必须扎扎实实地再抓一年”的部署安排，以深化拓展树组织人事干部形象集中学习教育活动为载体，进一步加强组织人事队伍自身建设。2004年召开全系统动员大会，对上年学习教育活动进行了总结，对当年深化拓展集中学习教育活动进行了深入动员部署。分2批对187名组织人事部门负责人进行了轮训，强化了对特大型等重点企业的检查督导。各单位普遍成立了由党政一把手任组长的集中学习教育活动领导小组，认真制定活动方案，层层抓好集中学习教育活动的落实。各级组织人事部门深入学习，认真查摆，加强整改，建章立制，集中学习教育活动取得较好成效。

（任 实）

## 专业技术人员管理

【专家评选推荐和管理服务】 2004年，石化集团公司组织开展享受政府特殊津贴人选推荐及中国石化有突出贡献的科技和管理专家、中国石化优秀青年知识分子的评选工作。开展了孙越崎基金奖人选推荐等工作。做好参加博士服务团人选的推荐和跟踪考核工作。组织中国石化、中国石油系统院士在福建休假活动。结合承担中国工程院委托的“高层次工程技术人才成长规律研究（石化部分）”课题，对科学设置专业和技术岗位、加快培养造就学术技术带头人和高级专门人才进行研究探讨。

（任 实）

【专业技术职务任职资格评审】 2004年组织完成了6 190人参加的教授级和高级职称外语考试。经过基层单位推荐、公示，专业组评审、答辩，评委会评审等环节，组织完成工程、政工、经会统、教育、卫生等5个系列教授级和高级职称评审工作，共评审1 318人，其中，231人获得教授级任职资格，951人获得高级任职资格。进一步对具备条件的单位下放工程等系列高级评审权，对26个放权单位、41个高级评委会的换届进行审核批复。完成办理委托评审、执业资格考核认定的审核推荐等工作。

（任 实）

【人才引进工作】 2004年，石化集团公司继续坚持“控制总量、优化结构、提高素质”的原则，认真做好人才引进招聘工作。根据企业需求重点，加强与高校的联系沟通，加强宣传组织，在清华大学、北京大学、石油大学、中国地质大学、辽宁石油化工大学等近20所重点名校和石油石化院校举办中国石化专场招聘活动。加强业务指导和审核把关，督促和引导企业提高招聘质量。继续在16所高校做好中国石化奖（贷）学金的选拔表彰工作。重视发挥毕业生指导委员会的作用。通过为毕业生提供实习机会等途径，拓宽校企合作渠道，为引进人才创造有利条件。全年引进毕业生5 815人，本科以上学历毕业生占引进总数的92%。坚持“引进毕业生为主，引进社会人才为辅”的方针，努力拓宽招聘渠道，从社会上引进各类急需的骨干人才。组织参加国家人事部、国资委等部门举办的全国大型人才招聘会和海外留学人才招聘活动，引进高层次人才。

（任 实）

【博士后工作】 2004年组织9个新批准设站单位抓紧建站挂牌，招收首批博士后研究人员进站开展科研工作。各设站单位在确立科研课题、招收博士后、加强中期和出站考核、规范签订工作协议、做好知识产权保护等方面加强了管理工作，24个设站单位在站博士后总人数增加到90人。通过开展博士后科研工作，取得了一批科研成果，培养了科研骨干。

（任 实）

## 技能操作人员管理

【技能人才队伍建设规划和部署】 针对高技能人才总量不足、技能操作队伍建设相对薄弱的问题，以加快培养和造就高技能人才为重点，加强了制度建设和工作指导。2004年石化集团公司组织贯彻落实《关于加强技能操作队伍建设的实施意见》、《开展高技能人才队伍建设试点工作实施方案》和《关于实施职工素质工程的若干意见》，抓好部署安排、指导督促、检查落实等工作环节，指导各企业将加强技能操作队伍建设的各项政策措施落到实处，技能人才队伍建设迈出了新步伐。

（任 实）

【全面开展职业技能鉴定】 2004年石化集团公司加大技能鉴定考评工作力度，印发《集团公司职业技能鉴定实施办法》、《高级技师、技师管理规定》等制度规定，使技能鉴定工作经常化、规范化。全年实施了32个石油石化主体职业、99个工种的鉴定题库开发建设，全面开展职业技能鉴定工作；通过考评，240人获得高级技师职业资格。2004年末高级工达8万余人，技师达8 000余人，高级技师达1 000余人，技能人才队伍结构进一步改善。

（任 实）

【开展技能竞赛】 广泛开展技能竞赛活动。2004年组织参加国资委和劳动保障部举办的中央企业职工技能大赛，代表石化集团公司参赛的8位选手夺得4金3银和团体第一的优异成绩。组织承办第三次全国石油石化行业职业技能大赛，大赛分2个赛区4个工种，共有44家企业377名选手参加决赛。石化集团公司有18名选手进入各工种的前10名，其中胜利油田2名选手夺得上游2个工种的第一名。为选拔竞赛选手，所属企业共组织技能竞赛5 400次，共有2.28万人次参加。广泛性的技能竞赛活动进一步促进了技能人才队伍素质的提高。

（任 实）

【技术能手评选表彰和观摩考察】 完成石化集团公司技术能手的评选表彰和全国技术能手候选人的推荐工作。2004年评选和竞赛产生石化集团公司技术能手182名，1人获得中华技能大奖称号，14人获得全国技术能手称号。首次组织2批获全国技术能手称号的技能人才（共19人）到韩国、日本进行观摩学习，开阔了视野。

（任 实）

## 劳动与薪酬管理

【改制分流】 认真做好改制分流方案的审批，积极推进改制分流工作。2004年实施了235个改制分流方案，分流职工2.99万人。在改制分流以及结构调整过程中，按照少量多批方式，适量开展协议解除劳动合同。以改制分流为主，通过移交办社会职能（共分流正式职工2.6万人、移交离退休人员0.87万人）、适度开展协议解除劳动合同、继续严把人员入口等措施，全年实现减员7.99万人，截至2004年底，职工总数由上年底的85.47万人减少到77.48万人。

（任 实）

【颁布劳动定员标准】 继续开展制定石化集团公司暨石化股份公司劳动定员标准工作。2004年相继完成了石油主业、炼油主业、化工主业、石化辅助生产、油品销售主业、施工管理人员和社区服务系统七大部分176项劳动定员标准的制定、审查和颁布工作，分20个分册颁布实施。基本完成了石化集团公司成立以来第一次全面系统编制劳动定员标准工作。这次编制的劳动定员标准，基本上覆盖了石化集团公司、石化股份公司主营业务的主要领域；定员水平比原定员标准和企业现用工水平均有较大幅度的提高，其中石油主业比企业现用工水平平均提高8.3%，炼油和化工主业生产装置比原石化总公司1998年定员标准水平提高11.1%，比企业现用工水平提高24.1%，油品销售主业比企业现用工水平提高18%；首次划分岗位类别，并将技能素质要求纳入标准内容，实现了由单一的数量定员向数量和素质相结合定员的转变，为进一步推进用工方式的多元化创造了有利条件。

修改完善并贯彻执行《关于控制用工总量、规范用工管理的试行办法》，加强对用工总量的控制和管理。

（任 实）

【推进和完善内部分配制度改革】 为适应加强三支人才队伍建设的要求，在深入调研、模拟试点的基础上，2004年研究制定了深化内部分配制度改革的框架思路和原则意见，具备了择机部署实施的条件。进一步改进党组管理的高层管理人员薪酬管理办法。

（任 实）

【规范离退休人员企业补贴】 在深入调研、反复测算的基础上，2004年按照“适度增加、逐步规范、体现效益、分层实施”的原则，制定印发了规范离退休人员企业补贴方案，并进行了布置实施。

（任 实）

【工资总量和人工成本的宏观调控】 加强严格管理，2004年石化集团公司工资总量和人工成本得到有效控制。做好石化集团公司整体对国家工效挂钩工作，研究制定《2004年经营目标考核及工资总额兑现办法》、《总经理（总裁）奖励暂行办法》，完善目标考核和激励办法，布置实施了年终考核预兑现工作。对石化集团公司2001—2003年减员降本和人工成本增长情况进行专项分析，加强人工成本分析监控和全口径管理，全年同口径人工成本控制在年初下达的目标以内。

（任 实）

## 教育培训管理

【领导人员及后备人员的培训】 石化集团公司以思想政治建设和经营管理能力为重点，抓好领导人员及后备人员的培训。2004年共举办9期领导人员集中学习研讨班，培训 461 人。研究提出了到 2010 年的高层管理人员培训目标和任务，并做好第一批赴国外培训的选拔和有关准备，已确定了培训人选。举办 5 期高级管理人才培训班，2 期中英 MBA 班和 1 期人大 MBA 班，培训后备人才 188 人。为提高培训质量和效果，初步理顺和规范了国内外培训渠道。

（任　实）

**【国际化经营人才培训】** 以强化外语和国际化业务知识为内容，抓紧培训国际化经营人才。2004 年开办勘探开发、石油工程、石化工程等国际化经营项目管理 3 个培训班及配套专业 6 个培训班，共培训 274 人，其中 217 人赴国外进行 3—6 个月专业培训。培训国际贸易、中外合资合作企业中方管理人才 52 人。举办油藏技术、地面工程、HSE 技术、涉外审计等培训班 4 期，培训 133 人。组织项目融资、法律法规、经济评价、招投标等专题短期培训 6 期，培训 624 人。组织 379 人参加英语、俄语培训。

（任　实）

**【高级专业技术人才培训】** 以提高技术创新能力为重点，开展高级专业技术人员培训。2004 年选派 17 名油气勘探开发学术技术带头人赴加拿大进行技术管理培训，组织 43 名学术技术带头人参加外语强化培训。举办原油集输、录井、安全环保、高含硫原油加工、化工产品营销等高级研修班 10 期，培训 221 人。与高校联合培养物流、地质工程、高分子材料等专业的工程硕士，招收 135 人。

（任　实）

**【高技能人才培训】** 以提高实际操作技能和理论知识水平为重点，大力开展高技能人才培训。坚持培训与鉴定考核相结合，做好培训的需求分析、教学设计与实施、质量评估等工作，2004 年举办高级技师、技师资格培训班 27 期，培训 586 人，鉴定考核合格率达 90%以上。建立高技能人才轮训制度，组织 595 名高级技师和技师参加轮训。组织编写和印制 22 个职业(工种)5 个等级的培训考核大纲。

（任　实）

**【大规模的人才培训工作成效明显】** 以能力建设为核心，以高素质、高层次、国际化经营人才培养为重点的大规模人才培训工作取得了明显成绩，2004 年石化集团公司总部直接组织培训重点人才 3 708 人，其中领导人员及其后备人员 649 人、国际化经营人才 1 462 人、高层次专业技术人才 416 人、高级技师和技师 1 181 人。领导人员、国际化人才、高技能人才的培训量均创历史新高。

（任　实）

## 总部机关人事管理

**【处室领导人员选拔聘任】** 2004 年处级人员的考核聘任共涉及 22 个部门(或单位)115 人。完成了 10 人到企业挂职的选派、考核工作。经过推荐考核，选拔 4 人到对口扶贫县担任科技副县长。

（任　实）

**【日常人事管理】** 做好编制定员调整、流动调配、薪酬保险等工作。2004 年根据总部部门工作需要，研究办理部门机构编制调整工作，新增对外合作办公室等机构，做好有关处室、定员的调整工作。做好人员流动调配和退休返聘等工作。对机关员工的培训需求进行调查分析，选送骨干参加石化集团公司统一举办的培训班，开办 1 期业余英语培训班。做好深化分配制度改革有关测算准备工作，完成工资核定调整、缴费基数调整、年终奖金的测算和审核发放等工作。

（任　实）

## 综合与信息管理

**【人力资源信息系统建设】** 2004 年统一标准，制定了包含 723 个信息项及 1.2 万条信息值的《中国石化人力资源管理信息结构标准体系》。完成系统推广实施版本的开发和试点，在组织专题梳理和多次对接的基础上，编制了《需求分析说明书》，完成了软件性能测试，先后在中原油田、齐鲁石化、燕山石化、河北石油等单位进行应用软件系统的安装、培训和使用，试点企业已全面投人运行。根据试点应用上线情况，进一步完善应用软件。

2004 年组织完成了员工 29 项基本信息的填写审核工作，分 4 批先后对 108 个单位的信息模板进行检查验收，对发现的问题督促整改。完成全系统 6.9 万个机构信息收集和赋码工作。组织编印《采集实施工作指南》、《常用信息项手册》、《应用系统实施工作指南》等 21 万字的培训资料。通过 4 期推广实施培训班和现场安装培训，共培训企业业务和技术骨干 2 300 人次。在集中培训的基础上，组织实施小组赴企业安装服务器 110 台，基本完成了机构、人员、薪酬等初始数据的采集和迁移，累计采集、迁移了近 80 万人的基础数据。加强实施管理和技术支持，开通实施网站。

（任　实）

**【统计分析和人力资源信息披露】** 2004 年按期完成中组部、人事部、劳动和社会保障部和国家统计局布置的上报劳动工资、人事统计报表工作。完成了劳动工资统计年报联审及定期报表的汇总分析工作，开展了三支人才队伍情况调查摸底。组织完成石化集团公司年报、年鉴，石化股份公司年报和公司网页有关人力资源部分的编撰工作。组织完成外派监事会、国家审计署有关劳动人事工作材料的汇总、审核和报送工作。

（任　实）

**【干部人事档案管理】** 进一步做好干部人事档案的宏观指导和日常管理工作。2004 年按照中组部的要求，继续做好干部人事档案目标管理工作，加强对全系统干部人事档案目标管理工作的指导，对有关企业进行了人事档案目标管理检查验收。进一步做好总部机关人事档案的接收、归档、转出、查阅等工作。

（任　实）

## 离退休人员管理

**【概述】** 截至 2004 年底，石化集团公司共有离退休人员 323 626 人，其中离休干部 8 928 人、退休干部 109 051 人、退休工人 205 647 人；内退人员 70 600 人。离退休职工党员 109 666 人，内退职工党员23 936 人，设有离退休职工党委 74 个，总支 215 个，支部 2 728 个。老年活动中心(站)1 575 个，老年大学(分校)111 所。离退休专职工作人员 4 040 人。

2004 年，石化集团公司离退休工作在党组领导下，在上级有关部门大力支持下，紧紧围绕石化集团公司改革、发展、稳定的工作大局，认真贯彻落实党和国家有关离退休工作的方针政策，结合实际，抓好“六个老有”，落实“两项待遇”，充分发挥老同志在“三个文明”建设中的作用，积极做好离退休管理服务工作，取得显著成绩。

（崔文生）

**【稳步推进退休人员社会化管理服务】** 为贯彻落实中办发 16 号文件精神，在调研的基础上，石化集团公司制定了《关于退休人员社会化管理服务试点工作指导意见》，并召开有 17 个单位参加的研讨会，分析企业实际，提出试点工作意见。目前，10 家试点单位正在组织实施。

（崔文生）

**【评选先进个人和先进党支部】** 2004 年，石化集团公司在全系统开展评选离退休先进个人和先进离退休职工党支部活动。经过评选，党组表彰了 72 名离退休先进个人和 60 个先进离退休职工党支部，其中金陵石化公司机关老干部党支部和中原石油勘探局离休干部胡乃泽，还受到中央组织部的表彰，对全系统离退休职工党建工作起到了推动作用。

（崔文生）

**【首次举办离退休人员文艺比赛】** 以庆祝建国 55 周年为契机，石化集团公司组织了首次全系统离退休人员文艺比赛，共有 39 个单位参加，参赛节目 124 个，经专家评选，共评选了 7 个优秀组织奖，77 个节目获奖。在此基础上，分两个片区在济南和南京举办了部分获奖节目汇演，共有 20 个单位的 33 个获奖节目，620 多名演职人员参加了演出，充分展示了石化老年风采。

（崔文生）

# 法律事务

## 综　　述

2004年是中国石化法制建设取得突出进展的一年。按照年初确立的“全面推行法律顾问制度，服务把关抓三基，守法维权上台阶”的工作总体思路和目标，一年来，法律事务系统全体人员团结配合，立足当前，着眼长远，以全面推行法律顾问制度为主线，全力推动全系统法律工作职能体系建设，狠抓基础管理、基层建设和基本功训练，围绕中心工作，服务和服从于改革发展稳定，公司外部法律环境研究、制度建设、合同项目、工商诉讼、系统管理和资源整合等各项工作都取得了积极进展，上了一个新台阶。

（尹晓珺）

## 法规制度

**【概述】** 2004年，按照全年工作的系统部署和安排，石化集团公司法规制度工作着重做好全系统法律顾问制度的全面推行、公司整体制度的建设、立法研究和动态跟踪，完成了一系列法规制度咨询项目，一些阶段性工作取得积极进展。

（王振明　张志军）

**【中国石化第一次法制工作会议召开】** 2004年8月12日，石化集团公司暨石化股份公司第一次法制工作会议召开。会上，王基铭总裁作了“认真落实《国有企业法律顾问管理办法》，进一步提高中国石化依法治企水平”的报告，全面总结了中国石化20年来的企业法制建设工作，深入分析了当前加强法制建设的必要性和紧迫性，确立了中国石化法制建设的目标和任务，向中国石化各基层企业发出了全面推行总法律顾问制度的明确要求。会后石化集团公司下发了《关于加快推进企业总法律顾问制度建设的通知》（中国石化法[2004]594号），为全面推行总法律顾问制度，创造了良好的思想基础、理论指导和工作保障。

（王振明　张志军）

**【企业总法律顾问制度建设】** 根据国资委《关于在国有重点企业加快推进企业总法律顾问制度建设的通知》（国资发法规[2004]225号）文件精神和中国石化第一次法制工作会议精神，2004年9月20日石化集团公司和石化股份公司分别下发了《中国石油化工集团公司法律顾问制度实施办法》和《中国石油化工股份有限公司法律顾问制度实施办法》，并分6个板块选择了江汉油田、齐鲁石化、福建石油、宁波工程公司、石油勘探开发研究院、国际石油勘探公司等16家单位作为带动油田、炼化、销售、工程建设、科研院所、专业公司推进总法律顾问制度建设的样板单位。石化集团公司于11、12月份分别召开了6个板块的分片座谈会，通过样板单位介绍经验和互动交流，以点带面推动工作的开展。

截至2004年底，全系统已有41家单位配备了总法律顾问，其中11家单位已率先配备专职总法律顾问；有79家单位采取了调整机构、整合职能、增设岗位、增加人员等加强法律事务工作的积极措施，其中20家单位已设立专门的法律事务机构。中国石化法律事务工作职能体系已初步建立。

（王振明　张志军）

**【政策法规跟踪研究】** 2004年，石化集团公司制定了公司外部法律环境立法研究框架，根据原油、天然气、成品油、化工产品四大业务板块不同法律环境、市场环境，分别确立了开展前瞻性立法研究的重点项目。对国务院及国资委、发改委、商务部、国务院法制办等部门的年度立法计划及实施进度安排进行了重点跟踪，编制了年度立法跟踪项目清单，密切掌握最新情况，每月编发一期《政策法规动态》。开展了《行政许可法》实施后对中国石化影响的专题研究。参加相关立法意见征询活动，全年共参与立法意见征询26件次，对《公司法（修订）》、《反垄断法》、《中华人民共和国海洋工程环境保护条例》、《中华人民解放军参加抢险救灾条例》、《中华人民共和国铁路运输安全保护条例》、《中华人民共和国海上交通安全法》、《黄河口管理办法》等项法律、法规草案，从企业角度提出了有针对性的意见和建议。

（王振明　张志军）

**【公司制度建设】** 2004年，石化股份公司对总部规章制度进行了全面清理，废止7份制度，审定确认现行有效制度118件，编印了石化股份公司《内部控制手册配套规章制度汇编》。从合法性、规范性、一致性方面对总部规章制度进行归口审核，全年共审核新出台及修订制度61件。石化股份公司内控制度建设得到推进，完成82家分、子公司内控实施细则权限指引部分的审核批复，完成总部机关部门213个业务流程和相关权限指引的审核批复，全年组织了3场内控制度集中讲解培训并提供咨询指导。做好《石化股份公司内控手册（试行本）》的修订、完善工作，该《内控手册》经石化股份公司第二届董事会第十二次会议审议通过并于2005年1月1日起正式实施。

（王振明　张志军）

## 合同项目

【概述】 2004年，石化集团公司全面推行"决策咨询、事前防范、分担责任、规范合同"的工作理念，以决策咨询为职责，以事前防范为原则，把事前防范控制风险作为合同项目管理工作的基本工作原则和方法；以分担责任为使命，以规范合同为基础，所有一切工作都以规范、系统的合同管理为基础，全面推进合同项目管理各项工作。

（陈佳园）

【合同管理】 2004年，石化集团企业层面全年新签订和往年结转的合同共计38.07万份，合同审查率达89.94%，出具法律意见书67 225份，同比分别提高33%、12.5%、58%个百分点。石化股份公司油田板块、炼化板块、销售板块和科研板块分别对外签署（含上年结转）合同12.28万件、16.95万件、8.57万件和0.30万件。石化股份公司总部共对外签署5 648份合同。

在合同管理制度建设方面，制定了石化股份公司《合同事务管理办法》和《合同管理员管理办法》，形成了从《合同管理暂行办法》到《合同管理实施细则》、《合同事务管理办法》、《合同管理员管理办法》的系列制度，标志着石化股份公司的合同管理制度体系基本构建完毕。同时，配合内控制度建设，拟订了系列合同管理工作流程。根据"统一制度、分级管理"的要求，对全系统的合同管理制度进行了梳理和修订。

（陈佳园）

【为重大项目提供法律服务】 2004年，法律事务工作人员参与了中国石化F1中国大奖赛、2008年奥运会石化合作伙伴、朝阳广场新办公大楼、福建一体化合资、青岛大炼油合资、南化碱厂与比利时苏威合资、仪化五厂与美国Unifi合资、金玉项目、股转债、茂炼转债停止增发等重大合同项目，提供法律服务。

（陈佳园）

## 工商诉讼

【概述】 2004年，石化集团公司通过加强法律纠纷管理，通过重大诉讼仲裁案件及时申报制度、总部直接介入制度，提高了纠纷处理管理水平和直接干预能力。建立内部纠纷调处机制，对一些多年积案进行了内部调处。参与改制分流方案审核，积极防范法律风险。

（肖　雄）

【纠纷管理】 2004年，石化集团公司暨石化股份公司共发生法律纠纷1 635件，涉案金额17.09亿元。根据已结案件统计，因法律纠纷导致经济损失1.66亿元，挽回和避免损失4.75亿元。2004年，石化集团公司暨石化股份公司劳动争议案件、环境污染损害赔偿案件数量明显增加。

2004年，石化集团公司、石化股份公司印发《关于加强内部法律纠纷调解处理工作的通知》，成立了内部法律纠纷调解委员会。根据该通知，石化集团公司暨石化股份公司法律事务部是该委员会的办事机构，负责内部法律纠纷调处的具体组织工作。2004年，法律事务部印发《内部法律纠纷调解处理流程》，有序地开展了内部法律纠纷调解处理工作，全年共立案内部法律纠纷19起，涉案金额越5 000万元。通过内部法律纠纷调处机制解决内部纠纷，既提高了效率、节约了诉讼成本，也维护了公司的整体利益。

（肖　雄）

## 法律资源

【概述】 2004年，石化集团公司围绕法律事务工作队伍建设、外部律师管理，系统法律资源管理工作在探索中起步，稳步开展。在系统法律事务工作队伍建设方面，从无到有，取得较大进展；在外聘律师管理方面，从建立外部律师网络、制定外聘业务流程及实践律师竞聘程序三方面着手，工作取得了进展。

（尹晓珺）

【外聘律师管理】 2004年，石化集团公司与境内外多个律师事务所建立联系，初步构建起了外部律师联系网络；制定了《外聘律师管理业务流程》，为规范外聘律师管理提供了操作规范和制度保证。在朝阳广场项目、中原胡状集、武汉石油整合、金玉项目、青岛大炼油等项目以及海南琼湘诉讼案中，形成了从项目律师选择到对项目过程中律师服务监管，再到项目完成后工作评价和支付律师服务费的完整过程；外部律师竞聘工作步入正轨，全年共降低律师费用人民币202万元、美元92万元，外聘律师服务质量得到保证。同时，各直属单位逐步强化律师资源市场的理念，健全聘用机制，完善相关制度，加强外聘律师监管，并通过加强自身法制力量，尽可能减少外委项目，降低成本。

（尹晓珺）

【法律事务工作队伍建设】 总部机关及各直属单位普遍加强法制工作力量，通过多种方式招聘法律事务人员，充实法律事务工作队伍。截至2004年底，全系统共有法律事务从业人员1 850人，其中具备企业法律顾问资格的467人，具备律师（法律职业）资格的230人，同时具备以上两个资格的171人。

（尹晓珺）

# 油气生产与管理

# 综　　述

2004年，石化集团公司油田企业，紧紧围绕利润、储量、产量、成本等工作目标，进一步解放思想，转变观念，按照“储量、产量、投资、效益”四统一的原则，以效益为中心，努力实践“稳定东部，加快西部，准备南方，油气并重，开拓国际，依靠科技，降本增效”的发展战略，抓住高油价的大好机遇，努力克服水灾和电力紧张的影响，团结一心，奋力拼搏，在油气勘探开发和生产经营上取得了丰硕成果。

全年共完成投资275.8亿元(含损益)；完成二维地震31 750千米，三维地震7 030(千米)$^2$；完成探井590口、进尺141.72万米。新增探明石油地质储量3.95亿吨，新增石油可采储量5 242万吨；新增探明天然气地质储量2 961亿米$^3$，新增天然气可采储量1 665亿米$^3$。生产原油3 861.21万吨，天然气58.63亿米$^3$。新建原油生产能力609万吨/年，新建天然气生产能力10.24亿米$^3$/年。

油气勘探取得一批重大发现。2004年取得了4个战略性突破、8个重大发现、7项重要进展和一批油气勘探好苗头。一是塔河南部盐下奥陶系油藏勘探、川东北海相天然气勘探、济阳深层勘探和准噶尔盆地腹部油气勘探取得4个战略性突破，展现了“十一五”资源战略接替的良好前景。二是塔河油田主体及北部油气勘探、塔巴庙区块勘探、东部济阳探区煤成气、井楼西—唐河低凸起新区带等新层系、新类型勘探、长岭凹陷腰英台油田勘探、鄂尔多斯南部石油勘探、川西坳陷新都地区勘探、陈家庄北坡东段地层超覆油藏勘探、宣汉—达县外围双庙1井区域甩开勘探获得8个重大发现，明确了2005年的储量增长阵地。三是桩海地区潜山勘探、埕东北坡极浅海地区浅层馆陶组勘探、川西深层须家河组勘探、博兴洼陷深层勘探、焉耆盆地油气勘探、二连盆地二干地区勘探、东部老区滚动勘探取得7项新进展，保证了近期储量目标的顺利完成。四是西部新区一批重点探井、南方新区、东部外围新区以及海上勘探发现了一批好苗头，为新区勘探的展开指明了突破方向。

油田开发东部老油田实现储采平衡、西部塔河油田实现上产。通过进一步加大滚动勘探开发、难采储量动用、“双低”单元治理、控水稳油、“三次”采油等老油田综合治理力度，积极应用新工艺、新技术，不断精细油藏经营管理，加大技术改造力度，老油田综合调整见到好的效果，老油田稳产基础得到进一步加强，油田开发呈现出产油量上升，综合含水、自然递减、综合递减基本稳定的良好态势。全年生产原油3 861.21万吨，其中西部358万吨，均创新高。东部老油田开发连续8年实现储采平衡，西部塔河油田开发连续2年实现了上产。2004年油田自然递减为16.1%，综合递减为7.6%，综合含水为88.2%，保持稳定。

天然气开发管理工作得到加强。按照“资源、管网、市场、效益”相统一的原则，不断加快西南、中原地区、鄂尔多斯、东海和塔里木天然气五大基地的建设步伐，天然气建设得到快速发展。2004年共生产天然气58.63亿米$^3$，其中川西地区天然气产量达到19亿米$^3$，东部天然气生产基地保持了稳产。鄂尔多斯天然气开发准备工作进展顺利；川渝鄂地区天然气资源前期开发准备工作得到加强；塔里木气区雅克拉—大涝坝气田开发方案得到实施；管网建设与市场开发和气田开发紧密结合，统筹规划，协调发展，先后组织实施了鄂尔多斯—济南、中原—曲阜—济南等天然气管道建设等有关工作；东海春晓气田群的开发建设工作正在积极推进。

科技进步和技术创新取得新进展。结合油田生产实际，从技术创新入手，重点开展了降低无效注水、降低无效作业工作量、提高系统效率、套损井防治等“四大示范工程”，逐步探索能够适合油藏开发特点的有效的运行机制和管理模式。另外，抓住2004年高油价的有利时机，及时开展了长停油井恢复治理工作，取得了较好效果。油田科研硕果累累。其中陆相断陷盆地隐蔽油气藏形成机制与勘探获国家科技进步一等奖，欠平衡压力钻井技术研究获国家科技进步二等奖；中国东部陆相盆地高精度层序地层与岩性油藏勘探等6项科研成果获石化集团公司科技进步一等奖，中国南方海相油气成藏理论研究等12项科研成果获石化集团公司科技进步二等奖，低渗复杂断块油藏精细油藏模型的建立与应用等26项科研成果获石化集团公司科技进步三等奖，套管减磨装置研制与应用获石化集团公司技术发明三等奖。

油田整体管理水平又有新的提高。坚持以经济效益为中心，全方位强化各项经营管理工作，特别是通过积极开展“降本增效管理年”活动，油藏经营管理进一步细化，成本管理、投资管理得到加强，油田勘探开发施工市场管理和工程监督管理逐步规范，油田基层建设进一步提升，油田整体管理水平又有新的提高。

重组改制工作稳步推进。为加强石化集团公司东北地区勘探工作，新组建成立了东北新区勘探项目经理部；为提高石化集团公司在天然气市场上的竞争力，组建了天然气分公司。与此同时，还完成了井下作业队伍的重组分离工作，辅助单位分离、压扁管理层、物探系统重组等工作也都在有条不紊地进行。

(赵方红)

## 油 气 勘 探

**【概述】** 据新一轮油气资源评价结果，石化股份公司在所属勘探区块上石油总资源量为石油 274 亿吨，天然气 17 万亿米$^3$。截至 2004 年底，共探明石油储量 63.86 亿吨，天然气储量 11 029.46 亿米$^3$。

(何 斌)

**【勘探工作量】** 2004 年共完成二维地震 31 751 千米，三维地震 7 030(千米)$^2$；完成各类探井 449 口，进尺 113 万米(不含滚动探井)；探井试油 355 口，新获工业油气流井 199 口，试油成功率 56.1%，探井成功率 42.3%。此外，完成滚动探井 141 口，进尺 35 万米，获工业油气流井 100 口。

(何 斌)

**【勘探成果】** 1. 探明 3 个亿吨级油气储量区块，为石化股份公司“十一五”及长远战略发展打下坚实基础

(1) 西北分公司塔河油田勘探取得重大进展，16 口探井获工业油流。其中塔河外围南坡、西南坡地区 4 口探井在盐下奥陶系中统获日产油 80—290 米$^3$、天然气 2.5 万—5 万米$^3$ 的高产油气流，塔河以北于奇地区的于奇 4 井，在三叠系日产油 83 米$^3$、天然气 3.4 万米$^3$，为西北分公司开拓储量接替新领域打下良好基础。2004 年，塔河油田新增探明石油储量 2.14 亿吨，天然气储量 183.98 亿米$^3$，是石化股份公司第一个年新增探明储量达 2 亿吨的探区。

(2) 华北分公司塔巴庙地区大牛地气田天然气勘探继续取得重大进展，2004 年共有 24 口探井获日产气 0.5 万—2 万米$^3$ 的工业气流，最高无阻流量可达 10 万米$^3$，新增天然气探明储量达 1 429.59 亿米$^3$，累计探明储量 2 549 亿米$^3$，形成一个大型天然气田。

(3) 南方海相新区勘探获重大突破，部署在川东北地区普光飞仙关—长兴组构造岩性气藏的普光 2 井，测得稳定天然气产量 58.88 万米$^3$/日。经评审验收普光构造 2004 年新增探明天然气地质储量 1 143.63 亿米$^3$，开创了南方海相油气勘探新局面。

2. 胜利油田成果丰硕，在老区挖潜和新领域勘探两方面继续取得突破性进展

(1) 沾化凹陷孤北地区上古生界煤成气勘探取得突破性进展，孤北古 1 井在二叠系采用液态二氧化碳增能压裂后，6 毫米油嘴日产天然气 10.77 万米$^3$，打破了胜利油田深层天然气勘探多年停滞不前的局面，控制天然气储量 68 亿米$^3$，初步展示了胜利探区煤成气勘探的巨大潜力。

(2) 桩海地区潜山复式油藏勘探取得重大新进展，4 口探井获高产油流：桩海 103 井在下古生界获日产油 97.1 米$^3$、天然气 2.73 万米$^3$；桩海 104 井对奥陶系潜山酸化后，日产油 136.5 吨，天然气 1.6 万米$^3$；埕北 39 井下古生界日产油 165 米$^3$、天然气 4.3 万米$^3$；埕北 352 井在东营组日产油 63.11 吨。进一步扩大了桩海地区潜山复式油藏含油面积，预计可新增探明储量 4 000 万吨。

(3) 埕东北坡极浅海地区 2 口探井在浅层馆陶组接连获得高产油流，日产油 30—62 吨，进一步扩大了馆陶组含油面积，新增控制储量 2 170 万吨。

(4) 东营博兴洼陷深层勘探不断取得新进展，2004 年有高 89、高 891 等 3 口探井在沙四段获日产油 11—21.57 吨，新增预测储量 4 196 万吨，为博兴洼陷扩大勘探领域打下良好基础。

(5) 东营凹陷东辛地区浅层勘探取得新进展，4 口探井在馆陶组、东营组获 4.3—10.8 吨的工业油流，说明该区浅层油气十分富集，2004 年新增探明石油储量 1 500 万吨。

(6) 东营凹陷牛庄油田饱和探区 3 口探井获日产 14.1—53.4 吨的工业油流，新增探明石油储量 945 万吨，证明了老油区饱和勘探思路的科学性。

3. 老区各油田在老区挖潜和开拓新领域方面均取得新进展，探明油气储量继续稳步增长

(1) 中原油田东濮凹陷一批探井获高产油气流，北部郎中集构造刘 37 井在沙二下段获日产油 30.58 米$^3$、天然气 8.2 万米$^3$ 的高产油气流；文留复杂构造带西侧文 297 井对沙三上 2 砂组日产油 21.1 吨；文 299 井对沙二下段压裂后日产油 24.5 米$^3$，天然气 0.86 万米$^3$；柳屯环洼带胡 125 井在沙三中段日产油 25.4 吨；文 405 井在沙三上段日产油 6.4 米$^3$、天然气 4.96 万米$^3$。

(2) 中原油田开辟油气勘探新领域取得重要进展，在内蒙白音查干和陕北地区获得一批工业油流井，其中内蒙古白音查干凹陷 5 口，常规测试日产油 3.48—20.45 米$^3$，新增探明石油储量 276 万吨，进一步展示了白音查干凹陷良好的勘探前景；陕北富县地区 7 口，压裂后日产油 0.42—2.18 米$^3$，初步打开了陕北富县地区勘探停滞不前的局面。

(3) 河南油田泌阳凹陷北斜坡浅层勘探继续取得新进展，2004 年完成探井 28 口，14 口井钻遇油层，发现 7 个新的含油断块，新增探明石油储量 1 280 万吨，为河南油田可持续发展作出重要贡献。

(4) 江苏油田高邮凹陷及外围勘探进一步扩展并

取得新发现，一批探井获工业油流，沙X40井位于北斜坡外坡沙埝构造，获日产油29.4吨的高产油流；瓦X6井位于高邮凹陷北斜坡瓦庄东构造瓦6块高部位，对白垩系泰州组一段抽汲求产，日产油14.6吨，在高邮凹陷北斜坡勘探历程中是一突破性进展；海安凹陷台7井对泰州组抽汲求产，日产油21.8吨。2004年，江苏油田新增探明石油地质储量1 129万吨，实现多年稳定的持续发展。

(5) 江汉油田八面河地区继续保持储量稳步增长的良好势头，有5口探井获工业油流，其中角15－X6井获日产油47.7吨、角12－X80井获日产油32.9吨的高产工业油流，在前3年累计探明储量3 055万吨的基础上，2004年新增探明石油地质储量1 114万吨，为江汉油田完成储量任务奠定了坚实基础。

(6) 贵州赤水地区官渡构造带陆相勘探取得重大新进展，3口探井获高产油气流：官8井对须四段进行完井测试，日产天然气9.67万米$^3$；官9井对侏罗系下沙溪庙组进行完井试油，日产油90.6米$^3$，首次在赤水地区获得高产油流；官10井对三叠系陆相地层进行测试，获日产天然气8.82万米$^3$。这些成果对进一步展开赤水地区陆相天然气及石油勘探有突破性重要意义。

(7) 西南分公司川西坳陷7口探井获工业气流，其中深层新853井在须二段进行输气求产，在油、套压有所上升的条件下日输气产量由4.5万米$^3$逐渐上升至7万米$^3$左右，展现了较好的前景；川罗562井在须五段中途测试，获7.5万米$^3$/日的工业气流，从而发现了须五气藏；孝泉地区川孝565井对须家河组进行中途测试，获天然气25.7万米$^3$/日的高产气流。2004年川西地区新增探明天然气储量151.14亿米$^3$。

(8) 东北分公司4口探井获工业油气流，SN139井日产天然气2.9万米$^3$；SN203井加砂压裂后日产油20.3米$^3$；SN311井上白垩统日产油6米$^3$；DB6井日产油8.9米$^3$。2004年东北分公司新增探明石油地质储量76万吨、天然气地质储量23.82亿米$^3$。

(9) 华东分公司东北区块腰英台油田展开勘探取得新进展，4口探井获得日产3.1—7.13吨工业油流，新增探明石油地质储量509万吨。

(10) 中南分公司在江陵凹陷南部取得新进展，鄂深14井获日产16米$^3$的工业油流，新增探明石油地质储量123万吨。

4. 西部新区勘探不断取得新进展

2004年有6口探井获工业油气流，其中准噶尔盆地永1井对侏罗系进行中途完井测试，日产油72.07米$^3$，天然气1.06万米$^3$，取得重大突破。准噶尔盆地中部莫西庄地区勘探进展顺利，10口探井基本控制了三工河组油藏的含油范围，新增探明石油地质储量2 059万吨。

（何　斌）

**【勘探效益】** 2003年共预探圈闭217个，新获工业油气流圈闭74个，圈闭预探成功率34.1%。

平均每口探井(包括滚动井)探明油气地质储量为117.75万吨，每米进尺探明油气地质储量468.2吨；每口探井(包括滚动井)探明油气可采储量为37.25万吨，每米进尺探明油气可采储量148.13吨。探明每吨油气地质储量直接成本12.24元，探明每吨油气可采储量直接成本38.69元。探明每桶可采油气储量当量直接成本为0.756美元。

（何　斌）

## 油田开发

**【概述】** 2004年，油田开发战线广大干部职工，认真贯彻石化集团公司暨石化股份公司工作会议精神，按照稳定东部、加快西部的工作思路，紧紧围绕利润、储量、产量、成本的工作目标，很好地完成了年度开发各项生产任务，实现了原油产量的稳步增长，为上游板块完成生产经营目标作出了突出贡献，也为全面完成“十五”油气田开发工作目标奠定了坚实的基础。石化股份公司全年生产原油3 861.21万吨，油田开发水平进一步提高，取得了可喜的成绩。

油气田开发资源动用情况。截至2004年底，石化股份公司所属油田企业投入开发油田183个，动用石油地质储量49.6亿吨，动用已探明石油地质储量的77.9%，目前井网、工艺条件下标定可采储量14.2亿吨，采收率28.6%，已动用部分剩余可采储量为3.49亿吨，核定原油生产能力为3 836万吨/年。未动用储量14.07亿吨，其中近期可动用储量2.75亿吨。

油田开发现状。截至2004年12月，石化股份公司共有采油井27 278口，开井21 579口，油井开井率79.1%，日产油水平10.65万吨，单井日产油水平4.9吨，累积产油10.71亿吨，地质储量采油速度0.81%，采出程度22.4%，可采储量采出程度78.0%，剩余可采储量采油速度11.3%。综合含水88.6%。共有注水井10 055口，开井7 709口，注水井开井率76.7%，年注水量2.80亿米$^3$，平均单井日注水98.9米$^3$，累积注水量54.74亿米$^3$，累计注采比0.83。

（罗　伟　郭万松）

**【原油产量变化趋势】** 2004 年石化股份公司原油继续保持恢复性增长，同比增产 44.9 万吨，增产油田 3 个(西北、江苏、东北)，同比增产 61 万吨，稳产油田 7 个(胜利、河南、江汉、南方、华东、西南、中南)，减产油田 3 个(中原、华北、上海)，同比减产 29.9 万吨。各油田原油产量见表 1。

表 1　　**1999—2004 年石化集团公司各油田原油产量表**　　万吨

| 油田 \ 年份 | 2004 | 2003 | 2002 | 2001 | 2000 | 1999 |
|---|---|---|---|---|---|---|
| 石化集团公司合计 | 3 861.21 | 3 816.29 | 3 800.11 | 3 791.04 | 3 724.35 | 3 611.27 |
| 石化股份公司小计 | 3 861.21 | 3 816.29 | 3 800.11 | 3 489.71 | 3 483.81 | 3 456.5 |
| 胜利油田 | 2 674.30 | 2 665.51 | 2 671.51 | 2 668.01 | 2 675.7 | 2 665.2 |
| 中原油田 | 335.11 | 361.57 | 380.04 | 380.17 | 377.1 | 375.4 |
| 河南油田 | 188.31 | 186.00 | 188.02 | 186.0 | 185.1 | 183.0 |
| 江苏油田 | 161.21 | 158.24 | 157.00 | 157.02 | 155.0 | 145.3 |
| 江汉油田 | 96.00 | 95.12 | 96.54 | 95.21 | 87.5 | 84.11 |
| 南方分公司 | 2.88 | 2.70 | 3.00 | 3.3 | 3.4 | 3.44 |
| 上海分公司 | 9.63 | 11.51 | 14.53 | 18.2 | | |
| 西北分公司 | 358.17 | 300.86 | | | | |
| 华东分公司 | 17.51 | 17.04 | | | | |
| 东北分公司 | 5.15 | 4.42 | | | | |
| 西南分公司 | 1.09 | 0.93 | | | | |
| 中南分公司 | 0.85 | 0.71 | | | | |
| 华北石油局 | 10.18 | 11.69 | | | | |

(李春华　罗　伟)

**【产能建设】** 2004 年石化股份公司新、老区产能建设投资 114.52 亿元。经全年实施，新、老区产能建设共完钻新井 1 936 口、进尺 413.13 万米，新、老区合计新建、新增原油生产能力 609 万吨/年。其中新建产能区块 96 个，动用地质储量 1.87 亿吨，钻井 918 口、进尺 177.85 万米，累计投产油井数 732 口，新建产能 324 万吨/年。其中胜利油田 2004 年新区产能建设区块 60 个，动用地质储量 9 766 万吨，完钻新井 405 口，进尺 84.46 万米。投产新井 350 口，12 月开井 327 口，日产油能力 2 680 吨，平均单井日产油 8.2 吨。西北分公司 2004 年新建产能区块 6 个，动用地质储量 6293 万吨，新区累计新钻油井数 54 口，新建产能 114.5 万吨/年。

老区产能建设方面，2004 年钻井 1 018 口、进尺 235.28 万米，新增(恢复)产能 285 万吨/年，年增油 181.65 万吨，单井年增油 1 209 吨。

(黄石岩　罗　伟)

**【油田开发挖潜】** 第一，滚动勘探开发。遵照石化股份公司增储上产的资源战略，近年来加大了井间地震技术、高精度三维地震技术、低序级断层识别技术、相控储层预测技术等新方法、新技术的应用力度，加大了老油田周边滚动勘探力度，努力寻找优质储量，滚动勘探取得了很好的效果。2004 年石化集团公司全年滚动新增探明石油地质储量 3 660 万吨，平均单井新增探明储量 26.0 万吨。“九五”期间平均每年滚动勘探新增探明石油地质储量 3 314 万吨，2004 年比“九五”期间年新增探明储量增加 346 万吨。

第二，以补充完善注采井网为主，老油田整体调整效果显著。在开发调整前加强了以饱和度测井为主的动态监测，对调整方案进行了充分地优化论证，在调整过程中，强调了地面与地下、地质与工艺的结合与统一。对于整装老油田，通过精细研究剩余油分布规律，找准挖潜方向，适当调整注采关系，增加油井多向受效，提高高含水油藏水驱采收率。对于断块油田，通过精细构造、储层研究，在重新落实构造储层和确定流动单元的基础上，通过钻新井、老井转注和老井补孔改层等措施完善注采井网，增加和恢复注水储量，提高储量动用程度，取得了较好的效果。老区采收率比上年提高了 0.36 个百分点。

第三，技术改造专项。老油田技术改造是加强老油田稳产基础，提高采收率，提高油田生产运行质量的重大举措。自 2000 年起，石化股份公司连续每年拿出 20 亿元专项资金用于老油田技术改造，2004 年仍安排了 10 亿元专项资金。2004 年老油田技术改造工作继续贯彻执行中国石化老油田三年技术改造总结交流会的精神，狠抓“三个加强”，实现“三个超平衡”。继续抓好油藏研究与工艺配套、恢复生产能力与增强稳产基础、地下与地面三个结合，确保治理一块、见效一块，改善老区效果，夯实稳产基础。

（王建勇　罗　伟）

**【三次采油技术推广应用】** 2004 年三次采油重点加强了以下 5 个方面的工作：一是加强了后续注水项目的跟踪分析和注采调整工作；二是加强了正注聚单元的跟踪数模和综合分析，对平面上注采不均衡等问题进行综合调整治理，同时在经济有效的前提下，对一些区块编制了以追加干粉注入量、提高油井见效率为主的调整方案，进一步扩大了区块的降水增油效果，延长了高峰增油期；三是加强了扩大注聚项目的方案优化和前期综合治理工作，确保注水向注聚的顺利过渡；四是加强了Ⅱ类油藏聚合物驱试验管理，油井见效率稳步提高；五是加强了三次采油先导试验现场实施管理，确保了三次采油实施效果的实现。三次采油规模稳步扩大，增油效果显著，增油量稳步增长，为东部油田的产量稳定作出重要贡献。

2004 年胜利、河南油田累计实施聚合物驱项目 38 个，覆盖储量 3.2 亿吨。已转后续注水项目 19 个，正注入项目 18 个，已结束项目 1 个。正注聚井 417 口，年注聚合物干粉 4.15 万吨，年增油 167 万吨，累计注干粉 25.4 万吨，增油 1 010 万吨。2004 年新增聚合物驱项目 4 个，覆盖地质储量 2 123 万吨。

（赵冬梅　罗　伟）

**【油田开发工作】** 为全面提升油田管理水平，建立完善的、科学的油藏经营管理体制、管理模式、经营管理指标体系和考核办法，使油藏经营管理更加科学、高效，使科学管理成为推动油田可持续发展的有效手段和保障，2004 年 8 月，油田部、财务部联合研究，形成了《关于石化股份公司推行油藏经营管理的思路和办法的初步建议》。2004 年 11 月初启动了石化股份公司油藏经营管理实施细则研究及编制工作，成立了领导小组和办公室，草拟了《石化股份公司油藏经营管理实施细则编写提纲》，2005 年元月中旬召开了“油藏经营管理专题座谈会”，油藏经营管理工作正紧锣密鼓地进行。

探索难采储量合作开发新模式：2004 年 4 月份制定了《中国石油化工集团公司、中国石油化工股份有限公司合作开采未动用石油储量管理办法(试行)》；2004 年底起草、制定、下发了《合作开采未动用(难采)石油储量管理实施细则(试行)》，对合作开发工作中的一些具体问题作了明确规定。

2004 年油田开发工作具有 5 个特点，取得了 8 项成果，管理工作得到进一步提高。5 个特点：①油田开发理论创新、基础研究得到加强，取得了新进展；②针对不同油藏类型和开发阶段，注重方向性、主导性潜力区的描述研究和挖潜；③油田开发主导技术进一步完善提高；④油藏工程、钻采工程和地面工程紧密结合，突出经济效益；⑤技术改造成果显著，老区油田稳产基础得到加强。8 项成果：①发展应用滚动勘探新技术，滚动增储成效显著；②强化前期研究与跟踪调整，依靠新工艺、新技术，不断提高新区产能建设水平；③以提高油田采收率为核心，加大老区综合调整的力度，充分挖掘了老区剩余油潜力；④强化老油田技术改造工作，增强了油田稳产基础；⑤进一步拓宽三次采油、稠油热采领域；⑥利用水平井、定向井技术改善老油田储量动用状况；⑦加强科技攻关，裂缝溶洞储层特殊类型油藏开发有了新进展；⑧开展油藏开发单元分类管理，提高油藏经营管理水平。

加快基础管理工作建设，制定、规范管理工作条例，强化基础和技术培训，提升油田开发管理水平。①组织了断块油藏、非构造油藏、低渗透油藏提高采收率技术座谈会和缝洞型油藏开发技术国际研讨会；②制定、出台了《开发管理单元油藏分类指标体系》；③全面启动“十一五”油田开发规划的编制工作；④开发数据分类上报系统和年末水平标定工作得到进一步规范；⑤组织注水大调查工作，编写了《石化股份公司油田注水大调查提纲》；⑥组织了开发方案、中长远规划编制开发管理第二期培训班，组织了开发部署图册和软件培训班，组织了产能建设方案管理系统培训班。

（罗　伟　赵冬梅　王建勇）

**【油田总体开发形势】** 油田总体开发形势向好的方向发展，产油量继续保持恢复性增长。具体表现在以下几个方面：

第一，石化股份公司连续 9 年实现储采平衡。2004 年度新增可采储量 4 702 万吨，年产油 3861.21 万吨，年度储采平衡系数 1.22，其中胜利、江苏、西北、华东、东北均实现了年度储采平衡的良性循环。第二，深化老区剩余油研究，调整治理与技术改造并重，油田开发基础得到恢复，由于东部老油田稳产基础工作的加强，2004年油田自然递减、综合递减在近年来下降的基础上，与上年相比继续保持稳定。第三，综合含水率得到有效控制，石化集团公司油田年综合含水88.6%，比上年只上升了0.16个百分点，含水上升率0.2。

（周吉敏　罗　伟）

## 天然气管理

**【概述】** 截至2004年底，石化股份公司累计探明天然气地质储量11 029.46亿米$^3$，标定采收率47.2%，可采储量5 209.52亿米$^3$。其中2004年当年新增探明储量2 961亿米$^3$，可采储量1 665亿米$^3$。

石化股份公司累计动用天然气地质储量4 015.27亿米$^3$，储量动用率36.4%，标定采收率38.4%，可采储量1 540.28亿米$^3$。其中2004年当年新增动用储量314.16亿米$^3$，新增可采储量85.5亿米$^3$。

累计探明未动用天然气地质储量7 014.2亿米$^3$，占总探明储量的63.6%，标定采收率52.2%，可采储量3 573.92亿米$^3$。

已开发储量新增可采储量85.49亿米$^3$，实现了年度储采超平衡，年度储采平衡系数达到1.4。

（李广月　周德华）

**【生产能力现状】** 2004年底核定天然气产能61.2亿米$^3$/年，比上年产能净增3.45亿米$^3$/年。

核定气层气产能44.35亿米$^3$/年，其中2004年新建(增)8.24亿米$^3$/年，核减4.65亿米$^3$/年，比上年气层气产能净增3.6亿米$^3$/年。西南、中原分公司年末核定气层气产能分别为20.41亿米$^3$/年、12.21亿米$^3$/年，分别占石化股份公司年末核定气层气产能的46%、28%。

核定溶解气产能16.85亿米$^3$/年。2004年新建(增)产能1.99亿米$^3$/年，核减产能2.14亿米$^3$/年。其中胜利、中原、西北分公司年末核定溶解气产能分别为7.41亿米$^3$/年、4.81亿米$^3$/年、2.92亿米$^3$/年，分别占石化股份公司年末核定溶解气产能的44.5%、29%、18%。

（李广月　周德华）

**【产量】** 2004年底，动用天然气地质储量4 015.27亿米$^3$，井口年产气59.36亿米$^3$，工业年产气58.63亿米$^3$，采气速度为1.5%，累产气1 063亿米$^3$，采出程度26.5%，剩余可采储量477.34亿米$^3$。

（李广月　周德华）

**【生产经营指标完成情况】** 2004年石化股份公司计划产气量58.0亿米$^3$，实际年产气量58.63亿米$^3$，完成年度计划的101.1%。2004年计划商品气量41.97亿米$^3$，实际商品气量42.36亿米$^3$，商品率达到72.25%，完成年度计划的100.1%，比上年商品气量增加4.3亿米$^3$，同比增长11.3%。

（李广月　周德华）

**【产能建设完成情况】** 2004年石化股份公司计划动用天然气地质储量344.2亿米$^3$，新钻井192口，进尺43.27万米，新建（增）产能12.43亿米$^3$/年，投资17.02亿元。实际动用地质储量166.17亿米$^3$，实施新钻井158口，侧钻井12口，利用改采井43口，新建(增)产能8.01亿米$^3$/年，投资16.10亿元。新钻井完成年度计划的82.3%，新建(增)产能完成年度计划的64.5%。

（李广月　周德华）

**【措施增产情况】** 2004年在低渗储层改造技术、排液采气技术、增压开采工艺技术等方面取得了新的进展，共实施措施1.12万井次，有效1.08万井次，日增气层气产量73.32万米$^3$，年增气层气产量2.43亿米$^3$。

（李广月　周德华）

**【开发形势】** 石化股份公司及时提出发展和培育“五大生产基地、四大消费市场”的战略构想，天然气勘探开发进入一个快速发展时期。随着鄂尔多斯和川东两大探区勘探取得突破性进展，五大天然气基地(东部陆上、鄂尔多斯、川渝鄂、东海海域、塔里木)已现雏形，四大消费市场(山东、川渝鄂、长江三角洲、中西部地区)格局正在形成。

一是石公化股份公司2004年在天然气勘探开发方面出现了好的形势，天然气总体进入快速发展阶段。鄂尔多斯大牛地气田新增探明储量1 429.59亿米$^3$，为占领山东市场提供了坚实的资源基础；川东北普光气田新增探明储量均超1 143.63亿米$^3$，为进一步扩大重庆和四川天然气市场奠定基础；塔里木气区雅克拉—大涝坝气田开始产能建设，为中国石化天然气进入西气东输管线作好准备。

二是形成新的经济增长点，提高整体效益的需要。2004年石化股份公司天然气成本只有637元/1 000米$^3$，是同等当量油气综合成本的72%。大力开采天然气增加上游企业效益，进而提高石化股份公司的整体效益。同时，石化集团公司大量的炼油制氢和化工企业需要天然气作原料，对天然气的需求量很大，也是实现中国石化上下游一体化的需要。

三是抢占市场，满足市场需求快速发展的需要。2004年，天然气市场竞争十分激烈，尤其是在占领山东市场方面焦点更加突出。石化股份公司利用地缘优势，通过艰苦努力，在占领山东市场上处于比较有利的地位，中原油田已经开始向济南、淄博等主要城市供气。但总的供气量满足不了市场的需求，如果不加快天然气发展，已经占领的市场也可能丢掉。因此，要从战略的高度认识快速发展天然气的重要意义。

（李广月　周德华）

## 勘探工程技术

**【概述】** 2004年，勘探技术管理工作，在深化、细化技术管理上狠下功夫。认真研究当前形势下勘探工程技术管理的新特点，着手进行物探、测井、录井、试油工程管理规定的编写。在技术进步方面，结合不同探区的地质特点，推广应用先进、适用的石油工程技术，勘探工程技术水平得到进一步提高。

（张金强）

**【试油、测试】** 2004年石化股份公司完成试油、测试工作量628口井、1 298层次。其中试油263口井，670层次；试气290口井，593层次；中途测试101层次，完井测试501层次，TCP-MFE联作74层次；其他(潜油电泵排液等)13层次。试获油层286层，试获气层226层；新发现油层74层，新发现气层32层；完成试油测试报告1 053份；动用队伍117个。开展局级以上科研项目25项。实现货币工作量3.58亿元。完成勘探井(评价井)压裂工作量231井次(其中酸化22井次)，压裂货币工作量8 826万元。

与上年相比，试油、测试总井数增加了51口、总工作量增加了112层次。其中试油井数减少了24口，试气井数增加了31口；试获油层减少7层，试获气层增加39层；新发现油层增加24层，新发现气层增加1层；动用队伍增加13个；货币工作量减少2 100万元；勘探井(评价井)压裂(酸压)工作量增加52井次，压裂(酸压)货币工作量增加2 210万元。

（余刘应）

**【录井】** 2004年，石化股份公司共动用录井队伍490个；录井总井数为3 396口，其中探井493口、评价井107口、开发井2 797口。完成录井进尺541.98万米，其中地质录井453.45万米、气测录井74.80万米、综合录井164.70万米、地化录井302.85万米、其他录井8.51万米。通过录井检测节约钻井进尺2.64万米；加深钻井进尺1.45万米，通过加深钻井进尺发现油气层602地质层。工程事故预报1 363次，避免工程事故1 167次，事故预报准确率95.6%。完成井位测量2 015口、地质设计2 425口；编写、提交完井报告2 877份。资料合格率100%、平均剖面符合率93.66%、平均油层符合率97.14%、取心层位符合率98.45%。完成货币工作量4.88亿元。开展局级以上科研项目24项。

与上年相比，录井井数增加529口，增长18.45%；其中录井探井数增加40口、评价井减少51口、开发井增加528口。录井进尺增加24.88万米，增加4.8%；节约钻井进尺增加7 324.5米，增长38.4%。加深钻井进尺增加831米，增长6.1%；加深钻井进尺后发现油气层增加195地质层，增长47.9%。质量指标方面，资料合格率保持100%，平均剖面符合率上升了8.88个百分点，平均油层符合率上升了0.1个百分点，取心层位符合率上升了0.79个百分点，平均数据差错率下降了0.07个千分点。动用队伍数保持不变，货币工作量增加了1.13亿元。

（余刘应）

**【技术进步】** 1. 针对不同工区地震勘探特点，总结、完善成熟地震技术，攻关前缘地震勘探技术，取得了丰硕的技术成果

河南油田通过泌阳凹陷北部斜坡浅层三维地震勘探攻关项目的实施，研究总结了针对浅层油气勘探的采集技术方法、浅层精细地震处理技术和高精度的解释技术，采用了4小技术(小道距、小线距、小组合基距、小药量)。通过对资料进行高分辨精细处理，剖面主频达到了100赫兹以上，能分辨厚度小于10米的地层，查清了小幅度、小构造、小断层和地层不整合接触关系，新发现和落实了一批圈闭，能控制面积小于0.1(千米)$^2$的圈闭，根据精细解释成果，首批部署预探井21口，新增控制含油区块18个，圈闭面积3.1(千米)$^2$，新增探明石油地质储量1 060万吨，还在该区的北部首次发现地层不整合油气藏，扩大了泌阳凹陷的勘探领域。华北分公司通过在塔巴庙区块进行了100(千米)$^2$的宽方位角三维地震勘探攻关。形成了以反射结构研究、地震属性分析、中子孔隙度反演、波阻抗反演、储层特征重构地震反演为主要技术的二维、三维储层预测技术，利用该项技术成果，先后提交了30口井的井位建议。从实施的16口钻井钻后分析，砂体预测达到了预期效果，成果较为突出。大52井盒2+盒3段井口产量达到3万米$^3$/日，DK26井盒2+盒3段井口产量达到3.5万米$^3$/日，DK27井盒2+盒3段无阻流量达到33万米$^3$/日，DK30井盒2段无阻流量达到5.9万米$^3$/日。

胜利油田在垦 71 地区进行了二维多波设计及野外采集工作。与国外公司合作，掌握了数字三分量检波器的使用方法，完成测线长度 5 千米高密度高精度采集，相当于 50 千米标准。室内进行了资料处理，获得了纵波和转换波叠加剖面和偏移剖面。

2. 钻井工程技术水平进一步提升，有力地支撑了勘探工作的正常开展

在胜利油田、西部新区、西北分公司探区加强欠平衡压力钻井技术的应用力度，取得了良好的应用效果。胜利油田在渤深 6－3 井的钻井施工中，采用欠平衡压力钻井技术及无固相钻井液技术，钻至 4 478 米时发现良好的油气显示，用 6 毫米油嘴试油获日产油 85.7 吨。河南油田通过攻关，浅井钻井速度显著提高。2004 年泌阳凹陷北部斜坡带探井进尺占探井的 53.46%，通过北部斜坡带配套钻井技术研究与应用项目攻关，进一步提高了浅井钻井速度，与上年同期相比机械钻速提高 40%，平均建井周期缩短 4.5 天。南方新区勘探的钻井技术水平有所提高。南方分公司全年共完成进尺 3.13 万米，平均机械钻速 1.26 米/时，较上年有较大幅度的提高。全年生产时效为：生产时效 75.29%、纯钻时效 35.81%、事故时效 12.56%、复杂时效 7.64%。事故和复杂时间较长，说明川东探井的钻探工作还不成熟，须进一步改进方法和技术。但与上年比较，纯钻时效的提高和事故、复杂时效的降低，说明新区勘探通过加强管理，优化生产组织协调，优化施工参数，钻井周期会进一步缩短。针对南方海相地层普遍存在着地层倾角大(30°—65°)，局部小褶皱多，自然造斜率较强(自然造斜率大于 1°/100 米)等特点，南方分公司引进了斯伦贝谢垂直导向钻井(PowerV)系统在黑池 1 井现场试验。采用垂直导向钻井(PowerV)系统钻井与常规方法钻井相比，机械钻速提高 29.45%，井身质量也得到了极大的改善。

（张金强）

## 采油工程

**【概述】** 1. 油气生产队伍

2004 年底，石化股份公司采油工程系统共有采油(气)队 496 个，注水队 34 个，注聚队 11 个，注汽队 26 个，修井队 347 个，大修队 92 个，试井队 33 个，试油(气)队 75 个，测试队 16 个，输油(气)队 43 个，其他队伍 931 个。采油工程队伍总人数 93 139 人。

2. 油气生产

全系统油井开井率 80.14%，生产时率 94.97%，平均单井日产液 43.06 吨，平均单井日产油 4.92 吨，综合含水 88.73%。与上年相比，开井率提高 6.72 个百分点，其中江汉油田提高 10.9 个百分点，胜利油田提高 7.52 个百分点；生产时率提高了 0.79 个百分点，其中中原油田提高 2.11 个百分点，胜利油田提高 0.98 个百分点。

油井中，自喷井 572 口，占总井数的 2.18%，产油量占 10.21%；抽油机井约 2.29 万口，占总井数的 87.23%，产量占 68.79%；电泵井 1 716 口，占总井数的 6.54%，产量占 17.71%；气举井 112 口，占总井数的 0.43%，产量占 0.43%；其他井 950 口，占总井数的 3.62%，产量占 2.85%。

天然气井 1 727 口，开井 1 277 口，开井率 73.94%，生产时率 81.36%，平均单井日产气 1.01 万米$^3$。

3. 油田注水

有注水井 9 984 口、开井 7 665 口，开井率 76.77%，注水时率 94.87%，年累计注水约 2.79 亿米$^3$，平均单井日注 99.28 米$^3$。其中方案分注井 4 993 口、实际分注井 4 538 口，方案分注率 90.89%，实际分注率 45.45%。与上年相比，注水井开井率提高 5.67 个百分点，方案分注率降低 3.01 个百分点，实际分注率提高 2.60 个百分点。实际分注率河南油田最高，为 72.43%，较上年提高 4.4 个百分点；其次是胜利油田，为 45.61%。

4. 井下作业

(1) 油气水井作业工作量及效果。2004 年共完成井下作业总工作量 4.95 万井次，其中，维护作业 2.04 万井次，措施作业 2.29 万井次，动态监测作业(指配合动态监测的作业工作量，以下同)3 224 井次，新投产油气井 2 234 口，投转注井 780 口。措施工作量占井下作业总工作量的比例为 46.22%，维护工作量占井下作业总工作量的比例为 41.16%。

油井作业 3.65 万井次，其中维护作业 1.70 万井次，措施作业 1.48 万井次，动态监测作业 2 668 井次，新投产井 2 083 口。与上年相比，油井作业总工作量减少 63 井次，其中维护作业增加 334 井次、措施作业降低 1 866 井次、动态监测作业增加 1 417 井次，新投产井增加 52 口。

气井作业 5 333 井次，其中维护作业 451 井次、措施作业 4 731 井，新投产井 151 口。

水井作业 7 627 井次，其中维护作业 2 921 井次、措施作业 3 370 井次、动态监测作业 556 井次，投转注井 780 口。与上年相比，水井作业总工作量增加 26 井次、维护作业降低 251 井次、措施作业增加 60 井次、动态监测作业增加 355 井次，投转注井

减少138口。

统计油气水井措施2.29万井次，有效率81.25%，增油553.80万吨，增产天然气3.72亿米$^3$，增注1 574.72万米$^3$。其中油井措施1.48万井次、有效井1.17万井次，有效率79.11%，增油496.2万吨；气井措施4 731井次、有效井3 928井次，有效率83.03%，增产天然气3.72亿米$^3$；注水井措施3 370井次、有效井2 970井次，有效率88.13%，增注1 574.72万米$^3$，对应油井增油57.68万吨。措施增油量占年产油的比例为14.94%，措施增油量在年产油量中占比例较大的是西北分公司、中原油田，分别为24.13%、21.09%；江汉油田最小，为10.14%。与上年相比，措施增油量占年产油量的比例上升2.8个百分点。

(2) 重点措施工作量及效果。补孔改层：油井补孔改层4 223井次、有效3 143井次，当年累计增油107.09万吨；气井补孔改层82井次，有效56井次，当年累计增产天然气2 803万米$^3$。

压裂：油井压裂769井次，有效629井次，当年累计增油70.93万吨。注水井压裂14井次，有效11井次，当年累计增注水5.12万米$^3$。2004年石化股份公司油井压裂平均单井直接成本为68.59万元，单井次施工成本最高的是西北分公司，为177万元。与上年相比油井压裂减少94井次，当年增油量减少7.55万吨；注水井压裂减少11井次。

酸化：油井酸化779井次，有效597井次，当年累计增油21.55万吨。注水井酸化651井次，有效568井次，当年累计增注403.6万米$^3$。2004年油井酸化平均单井次直接成本为13.2万元，其中成本最高的是西北分公司，为105万元，成本最低的是中原油田，为6.37万元。与上年相比油井酸化增加158井次，当年增油量减少2 138吨；注水井酸化减少8井次，当年增注量减少96万米$^3$。

防砂：油井防砂2 163井次，有效1 711井次，当年累计增油32.7万吨。注水井防砂430井次，有效373井次，当年累计增注114.78万米$^3$，油井防砂平均单井次直接成本为10.96万元。与上年相比，防砂减少1 244井次。防砂工作量主要集中在胜利油田，全年油水井防砂达2 114井次。

大修：油井大修732口，当年累计增油20.10万吨，恢复可采储量1 041.21万吨；气井大修13口，当年累计增产天然气1 265.8万米$^3$，恢复天然气可采储量3.02亿米$^3$；注水井大修292口，当年累计增注263.48万米$^3$，恢复水驱可采储量1 127.06万米$^3$。平均修井周期26.73天，油井大修作业平均单井次直接成本为32.52万元。与上年相比，大修增加272井次，其中油井增加249井次，气井增加3井次，水井增加20井次。大修井次增加最多的是胜利油田。

侧钻：油井侧钻166口，气井6口，当年累计增油15.86万吨，当年累计增产天然气306万米$^3$。2004年侧钻平均单井直接成本为178.52万元，其中成本最高的是西北分公司，为820万元；成本最低的是胜利油田，为113万元。

堵水：机械卡堵水595井次，成功584井次，成功率98.15%，当年累计增油9.85万吨，降水45.74万米$^3$；化学堵水341井次，成功315井次，成功率92.38%，当年累计增油9.46万吨，降水44.45万米。与上年相比，机械卡堵水减少374井次，当年增油量减少13.8万吨；化学堵水增加15井次，年增油与上年基本持平。

注水井调剖552井次，成功544井次，成功率98.55%，对应油井增油13.17万吨，降水35.81万米$^3$。

水平井总井数501口，开井419口，开井率83.63%，较石化股份公司油井平均开井率高出2.71个百分点，生产时率82.85%。水平井段平均长度218.63米，平均单井日产液83.82吨，平均单井日产油16.15吨，是石化股份公司油井平均单井日产油的3.3倍。

稠油热采总井数2 448口，开井1 584口，注蒸汽1 185井次，当年累计注汽326.31万吨，注汽干度67.17%，热采汽油比1.52。

三次采油：注聚合物井685口，年累计注聚合物干粉4.17万吨，年累计增油169.9万吨，吨聚合物增油量40.79吨，增加可采储量213.35万吨；注微生物22井次，有效14井次，当年累计增油1.05万吨；二氧化碳吞吐29井次，有效20井次，当年累计增油0.781万吨；氮气驱4井次，有效4井次，当年累计增油0.056万吨。

(3) 井下作业装备状况。井下作业及配套设备共有1 346台(套)，其中履带通井机865台，轮式通井机157台，车载修井机323台；压裂车组89台(套)，其中1000型压裂组32台(套)、1400型压裂车组8台(套)、2000型压裂车组26台(套)；压裂酸化配套液罐车173台，酸罐车37台，运砂罐车53台；水泥泵车431台，其中300型26台、400型303台、700型102台；试井车192台。与上年相比，压裂车组增加25台(套)，水泥泵车增加60台。

(4) 管、杆、泵使用情况。油管在用5 643.29万米，新管投用量1 097.91万米，更新率11.92%；修复投用量1 677.10万米，当年修复在用率32.50%；报废量466.83万米，报废率8.27%。与上年相比，油管新投用增加 298.61 万米，更新率提高了 4.32 个百分点；修复投用量减少 123.00 万米，当年修复在用率提高了 1.40 个百分点；报废量增加 36.63 万米，报废率提高了 0.87 个百分点。

抽油杆在用 3 022.19 万米，新杆投用量 729.84 万米，更新率 16.91%；修复投用量 500.57 万米，当年修复在用率 18.14%；报废量 363.37 万米，报废率 12.02%。与上年相比，抽油杆新投用量增加 151.94 万米，更新率提高了 4.21 个百分点；修复投用量减少 40.73 万米，当年修复在用率降低了 0.86 个百分点；报废量增加 16.87 万米，报废率降低了 0.18 个百分点。

抽油泵在用 23 071 台，新泵投用量 15 842 台，更新率为 65.52%；修复投用量 6 909 台，当年修复在用率 32.96%；报废量 10 203 台，报废率 44.22%。与上年相比，抽油泵新投用量增加 536 台，更新率提高了 1.42 个百分点；修复投用量减少 1 764 台，当年修复在用率降低了 5.04 个百分点；报废量减少了 2 509 台，报废率降低了 11.48 个百分点。

(5) 技术经济指标。共统计抽油机井 18 021 口井，平均动液面 899.7 米，泵挂深度 1 302.9 米，沉没度 403.1 米，泵效 49.78%，检泵周期 532.2 天。与上年相比，平均动液面升高了 68.4 米，平均泵挂深度减少了 84.54 米，平均沉没度减少了 16 米，平均泵效降低了 5.1 个百分点，检泵周期延长了 25.5 天。

电泵井统计 1 308 口井，平均动液面 801.7 米，平均泵挂深度 1 432.6 米，沉没度 630.8 米，泵效 96.43%，检泵周期 548 天。与上年相比，检泵周期延长了 117 天。

全系统平均机采系统效率 24.33%，注水系统效率 53.3%，注水用电平均单耗 6.39 千瓦·时/米$^3$，水质达标率 71.46%。原油集输密闭率 83.12%，加热炉平均运行效率 75.63%，输油泵平均运行效率 56.92%，注水泵平均运行效率 77.22%。与上年相比，注水系统效率提高了 2.9 个百分点，水质达标率提高了 5.14 个百分点，输油泵平均运行效率下降了 6.07 个百分点。

（余刘应　曾庆坤）

**【综合管理】** 1. 召开石油工程技术与管理会议，积极推进石油工程系统建设，稳步提高工程技术管理水平

2004 年 4 月在杭州召开了石化集团公司暨石化股份公司石油工程技术与管理会议。会议系统总结了 5 年来中国石化上游石油工程技术取得的成果，全面分析了面临的问题，指明了石油工程技术今后的发展方向。会议明确提出了今后石油工程技术组织管理体系的建设方向，即建立健全油公司模式下的石油工程技术组织管理体系，健全总工程师负责制的技术管理体系，完善石油工程监督管理体系等。

杭州会议是中国石化重组以来规模最大的一次石油工程技术与管理会议。会议的成功召开，增进了大家在新形势下对加强石油工程技术管理、加快重组改革工作重要性、紧迫性的认识，统一了思想，达成了共识，推进了石化股份公司工程技术与管理组织体系建设。按照会议的精神和要求，胜利、江苏等油田建立了总工程师工作例会制度，每季度对工程技术与管理工作进行总结，对存在的问题进行分析，并部署下步工作，提高了工作效率；中原油田在原有采油工程事业部的基础上组建了油气技术管理部，使油气工程技术归口管理，加强了油气工程技术的统一管理；河南、江汉等油田充实了分公司职能处室的采油工程管理人员，加大了工程技术的管理力度。

2. 完善规章制度，加快信息化建设，不断提高管理水平

为了提高工程技术水平和综合效益，抓住工程设计这个关键环节，逐步推行甲方设计或甲方委托设计制度，2004 年 3 月石化股份公司出台了《油气勘探开发工程设计管理办法》，指导各油田分(子)公司根据自身特点制定相应的实施细则，规范设计单位资质和准入管理，同时建立了甲方委托设计的审查与审批制度，为提高设计水平和投资效益奠定了基础。

为了做好井下作业队伍分离后的作业工程管理工作，规范井下作业市场，保证石化股份公司油气生产的正常运行，2004 年 10 月出台了井下作业类别划分、工程设计管理、市场管理、工程监督管理和工程质量验收等 5 个井下作业管理规定。

为了在高油价情况下增加石化股份公司上游企业油气产量，充分利用各类停产井多产油气，增强稳产基础，提高整体效益，2004 年 12 月出台了《修复停产井增产油气管理办法》。

在石油工程技术管理信息化建设方面，2004 年重点组织完成了采油工程报表软件的编制和推广应用工作。利用该系统汇总生成了 2004 年采油工程年报数据。这套系统综合了采油、注水、集输、井下作业、海洋工程等方面的信息，对工程系统的规范化管理有很大的帮助。

3. 以“四大示范工程”为载体，提高油田开发整体效益

(1) 实施降低无效注水示范工程。做好注水工作是实现东部老油田稳产的重要基础。按照石化股份公

司的统一部署，胜利、中原等9个油田分(子)公司积极实施了降低无效注水示范工程。各油田以降低无效注水为目标，以水质达标为前提，分层注水为关键，注采调整为手段，地面系统为支撑，强化管理作保障，加大了注水结构调整力度，提高了措施优化和方案设计水平，有针对性地实施了一批技术攻关和推广项目，达到了提高注水开发效果、实现降本增效的目标。2004年增加有效注水量321万米$^3$，降低无效注水量430.5万米$^3$，多项注水生产技术指标得到了提高。与上年相比，注水井开井率提高了5.67个百分点，实际分注率提高了2.6个百分点，水质达标率提高了5.16个百分点，注水井措施有效率在措施难度明显加大的情况下提高了0.6个百分点。同时，注水开发管理制度在不断完善，一套高效能的注水开发管理模式正逐步形成。

(2) 实施降低无效作业工作量示范工程。井下作业措施中无效工作量的大量存在，严重影响了油田的作业措施效果和整体效益。开展降低无效作业工作量示范工程就是通过提高作业施工质量，降低无效工作量，提高措施效果，降低开发成本。各油田在作业现状调查的基础上，分析了造成低效、无效作业工作量的主要原因。通过优化措施结构，提高作业设计水平，精心组织施工，推行作业风险费用结算机制，实施三级质量监督机制等措施，提高了作业质量和措施效果。2004年，石化股份公司井下作业施工有效率为96.68%，施工质量全优率为96.56%，分别比上年提高了0.88和1.06个百分点；油井维护性作业1.70万井次，其中多轮次作业2 002井次，与上年相比，多轮次作业下降了1 240井次，多轮次作业占总维护作业总井次比例降低了3.5个百分点；抽油机井检泵周期532天，比上年延长了25天；电泵井检泵周期548天，比上年延长了117天。

(3) 实施提高系统效率示范工程。2004年石化股份公司油田注采输系统的主要经济技术指标和国内外先进水平相比还有一定的差距。提高注水、机采、集输三大系统效率，是实现开发系统节能降耗、降本增效的重要手段。实施提高系统效率示范工程，就是通过集中区域、集中项目、集中资金优选实施一批技术改造工程，集成应用节能降耗工艺技术，体现出规模效益，在实现降本增效目的的同时，起到良好的示范作用。2004年，按照潜力大、效益好、系统集中、能独立评价和措施切实可行的原则，石化股份公司审查批准了东二联区域、孤二区、永安油田3个重点提高系统效率工程方案。在实施过程中，应用了一批技术含量高、工艺成熟、对今后工艺发展有导向性的技术，突出高含水期节能降耗技术的集成应用，强化工艺过程、运行参数的优化调整和设备设施的优化整合。实施后3个示范区块年可节电1 255.4万千瓦·时，效益显著。胜利油田共优选了12个示范区，改造投入3.11亿元，实施后可年创效益9 461万元。中原油田针对集输、注水系统中存在的突出问题，编制了提高系统效率实施方案，共投资3 907.8万元，有重点地对集输、注水等系统进行了改造，更换了腐蚀严重、穿孔频繁的管线，更新改造了存在重大安全隐患的容器及高耗低效设备。

(4) 实施套损井防治示范工程。截至2004年底，石化股份公司共有待大修的套损井2 344口。套损井的大量存在，不仅造成固定资产闲置浪费，更重要的是造成油田的储量损失。套损井防治示范工程是提高油田开发效果、夯实油田稳产基础的一项重要举措。2004年，各油田加大了对潜力大、效益好、技术可行，特别是对区块或单元完善注采关系起重要作用的套损井进行重点治理。同时，积极探索和实践促进套损井治理工作有效开展的管理机制和运作模式，完善了油田套损防治技术管理体系，取得了良好的效果。与上年相比，石化股份公司待大修的套损井数量减少了234口，超额完成了2004年初制定的"两个持平"目标(当年新增加套损井数与修复的套损井数基本持平、当年修复套损井新增的油水总量与套损井减少的油水总量基本持平)。2004年胜利油田投入套损井预防与治理专项资金1.8亿元，修复油水井210口，累增油3.13万吨，累增注23.3万米$^3$。中原油田在开展油水井套管损坏机理研究的基础上，有针对性地开展了钻井、完井、固井及生产过程中套损预防与保护措施的研究，加强了对套管的保护措施，应用取换套、特种化学剂堵漏、套管复位整形加固等大修配套技术提高了修复成功率，有效控制了套损井不断增长的势头。

(5) 开展修复停产井增产高成本油工作。2004年专门组织开展了恢复停产井增产高成本油工作。为了做好这项工作，制定了《修复停产井增产油气管理办法》，对修复井的条件、增加的产量、投资以及修复停产井的管理作了明确的规定。各油田分(子)公司积极做好措施方案和作业设计的优化，组织协调好生产运行，确保了施工质量和措施效果。2004年完成油气井大修745口，恢复投产735口，增产油量20.1万吨，增产天然气1 265.8万米$^3$，恢复原油可采储量1 041万吨，恢复天然气储量3.02亿米$^3$。修复停产井工作取得了显著的成绩，圆满完成了既定的工作目标。

(曾庆坤　余刘应)

【技术进步】 1．2004年加强了理论研究和技术攻关，力争突破油田发展技术瓶颈

(1) 基础研究方面取得一批新成果：

稠油蒸汽辅助重力泄油(SAGD)室内试验研究。利用相似理论，开展了室内三维稠油蒸汽辅助重力泄油(SAGD)的机理研究，模型具备多种井网、井型注采组合及压力、温度监测手段，能模拟各种布井模式、完井方式、注采工艺下的SAGD实验过程，可为矿场试验、开发优化设计提供支持。

深部调剖多级段塞组合模式研究。建立了利用动态生产数据描述当前油藏渗透率场的方法，用来优选堵调井点、优化深部调剖多级段塞施工方案。同时，进行了复合段塞调剖方式研究，调剖时采用前置段塞—主体段塞—后续段塞的三段结构。

泡沫复合驱数值模拟研究。建立了泡沫渗流数学模型、高温多效泡沫驱油技术数学模型，研究了高温多效泡沫驱数学模型求解方法，建立高温泡沫总量平衡模型，全面描述了泡沫驱的机理，如泡沫的生成、聚并、运移等，可更精确地描述泡沫在地层条件下的运移规律。

有杆泵井管杆偏磨腐蚀机理研究。根据变形力学屈曲理论、运动学理论、振动理论和流体力学理论，确定了抽油杆在油井中的中和点位置，分别建立了油管和抽油杆在垂直井、斜直井中的三维屈曲力学模型，得到了三维屈曲力学方程。结合常用管杆材料的常规腐蚀实验、温度腐蚀实验和预应力腐蚀实验，研究发现：腐蚀介质的矿化度越大，管杆腐蚀速率就越快，并且管杆腐蚀速率随着介质温度的升高而加快，随着管杆材料预应力的增大而增大。

(2) 提高采收率配套技术攻关方面取得新进展：

潜山油藏选择性注水泥完井技术。该技术可以实现任意井段选择性注水泥固井，既可以保证固井质量，又可以避免泥浆污染油层，实现只固夹层、不固油层，提高井底完善程度，满足潜山油藏精细高效开发的需要。车古204－3井选择性注水泥完井现场试验取得成功，为潜山油藏实施分段酸压、堵水、分段采油、分段测试等工艺措施奠定基础。

潜山油藏酸压工艺。开发了反相乳液聚合的胶凝酸体系，在室内合成出了新型的抗高温胶凝酸体系，能够解决高温油藏酸压过程中酸液胶凝剂降解变稀的问题；完成了富台油田酸岩反应动力学和酸蚀裂缝导流能力试验研究；研究开发了低伤害、低摩阻、低滤失的高温压裂液及高强度支撑剂，可以满足复合酸压的要求。

高温多效泡沫驱油技术。研制的高效复合泡沫体系FCY体系，高温条件下具有显著的选择封堵性，可有效提高高残余油饱和度地带的渗流能力，进一步优化了FCY体系现场实施工艺；在草20稠油区块进行了单井注蒸汽泡沫封堵调剖先导试验，取得明显效果。

黏弹性表面活性剂(VES)压裂液研制。完成了VES压裂液表面活性剂的室内研制，并对配方进行了优化。利用合成的样品进行了95℃条件下的抗温能力测试，在95℃和170秒$^{-1}$的剪切下黏度大于200米帕·秒。这种新型VES压裂液，可大大提高压裂液的返排率，减少因储层敏感性造成的颗粒沉淀堵塞，减少黏土成分的膨胀运移，施工有效率可提高到80%以上。

浅海油田分层注水工艺技术。在大通道分层防砂、注水一体化的基础上，设计的自升式分层防砂分层注水工艺管柱使分层可靠性更好，洗井操作简便，具备防停注反吐功能，并增强了其防腐效果。已完成分注施工60井次，提高了埕岛油田注水开发水平。

分层挤压砾石充填技术。研究开发了分层挤压砾石充填工艺管柱，该管柱适合2—4层油层跨度大、非均质严重的疏松砂岩油藏的防砂，并对防砂施工参数进行了优化研究，现场实施10口井。海上分层防砂后平均单井日产液50米$^3$，平均单井日产油40吨；陆上平均单井日产液17米$^3$，平均单井日产油12吨。该技术为海上疏松砂岩油藏长井段油井合采开发提供了技术支撑。

稠油热采复合催化降黏技术。针对河南油田超稠油储量有效动用的难题，研究了稠油热采地下复合催化降黏技术。该技术可以使原油在裂解降黏和乳化降黏的协同作用下，黏度大幅度降低，有利于在地层流动、举升和输送。2004年在现场实施2口井，效果正在观察。

深层低渗油藏压裂工艺技术。研究配套了系列压裂液、支撑剂、卡封分层压裂、重复压裂、区块整体压裂、大位移井压裂、储层保护等技术，成功应用了二氧化碳压裂技术。

(3) 工程技术导向方面见到明显成效。以提高老油田采收率和难动用储量开发为目标，2003—2004年度共开展工程技术导向项目26项，取得了一些新的进展和突破，促进了不同类型油藏采油工艺技术水平的提高和配套技术的完善。其中胜利油田坨一站通过应用生物制剂型的油水复合处理剂，将原油脱水与污水除油过程合二为一，原油外输含水稳定在0.5%以下，污水外输含油稳定在50毫克/升以下；中原油田文东、胡状区块应用大斜度井分层注水工艺技术11口井，封隔器耐温可达130℃，耐压差35兆帕，有效期达到360天，下入最大深度3 349米，最大斜度

49.5°，累计增油超过 3 000 吨，降水超过 9 000 米$^3$，增加水驱动用储量 1.2 万吨；江汉油田面 120 区块采用压裂防砂一步法，取得了压裂和防砂双重功效；膨胀管技术在钻井完井和老井修复中得到了初步应用，并呈现出良好的应用前景。

2. 围绕油田开发矛盾，采油工艺技术在应用中不断创新发展

(1) 分层注水技术。2004 年，为进一步改善油田注水开发效果，夯实稳产基础，各油田加强了分层注水工艺技术的配套与实施，发展了适合不同油藏特点的分层注水管柱及测试调配技术，提高了分注效果。

中原油田针对文东区块高压低渗特点，研究应用了超高压分注管柱和下放式分注管柱，突破了文东分注的禁区。工具和管柱耐压差 45 兆帕、耐温 135℃、有效期一年以上。现场应用 93 井次，工艺成功率 100%，见效油井共计增油 2.64 万吨、降水 18 万米$^3$。

江苏油田开展了同心集成分层注水井下工具和管柱结构的研究应用，完善了同心集成分注配套技术，使同心集成分层注水技术能应用于大斜度井和直井，同时具备同位素测试功能，减少了投捞工作量，提高了投捞测试成功率。2004 年首次在沙 20－2 和陈 2－13 井实施三级四段分注试验，为下步开展多级分注工艺积累了经验。

(2) 水力压裂技术。2004 年，在压裂技术方面进一步优化压裂设计，继续推广应用了高砂比压裂技术、裂缝强制闭合与快速排液技术、完善压裂液体系、优选压裂支撑剂等多项配套技术，特别是卡双封分层压裂工艺技术和大斜度井压裂技术再上新台阶。同时，进一步扩大了二氧化碳泡沫压裂应用规模。

西南分公司针对川西气藏岩石致密、渗透率低的特点，推广应用了低砂比压裂技术，在新场川孝 480 井进行了现场试验，测试获天然气 26.53 万米$^3$/日，实现了新场 $JS_2^1$ 勘探开发的重大突破。

江汉油田在王广、黄场等低渗透薄油层油藏采用小排量加砂压裂技术，在拖市等低渗透油田采用 0.3—0.6 毫米小粒径支撑剂、段塞加砂压裂技术，在盐间非砂岩低渗透地层推广清水无支撑剂压裂技术。现场试验 13 口井，日产油由措施前 4.2 吨增加到措施后 37 吨，累计增油 1 276 吨。

(3) 大修、侧钻工艺技术。2004 年围绕套损井、停产井的治理及老油田挖潜，应用与发展了套管加固技术、套管补贴技术、取套换套技术、套管内爆炸修井技术、水泥封堵技术、小套管固井技术等修井工艺技术，在治理和修复套管破裂、缩径、弯曲、错断、脱扣、窜槽等方面有了较大进步。

中原油田研究开发了新型侧钻工具“开窗侧钻导斜封隔器”，只下一趟钻就可将封隔器、斜向器和开窗钻头送入设计深度，完成座封、定向和开窗，比以往少下 3 趟钻，大大降低了侧钻成本，减少了注灰造成的污染。该技术填补了国内开窗侧钻工艺的一项技术空白。

(4) 污水处理技术。在近几年水质治理的基础上，继续扩大应用原油预脱水技术、定量絮凝剂、精细过滤等污水处理技术，组织开展了污水处理新技术的研究攻关，满足不同类型油藏注水开发的需要。

中原油田对预氧化技术进一步完善，开展了低污泥污水处理技术研究，利用产出的污泥进行油田污水处理，在处理工艺、运行成本基本不变的情况下，实现了降低污泥量和水质稳定达标的目标。该技术是降污泥最好的一种水处理技术，降污泥量可达到 70% 以上。

江苏油田针对污水不能达标回注的问题，在陈堡油田通过污水改性处理和两级精滤，基本满足了中低渗油藏对注入水的水质要求，陈堡油田已全部实现以污代清目标，实现了污水有效回注。

(5) 三次采油技术。为了解决东部老油田进入高含水开发后期进一步提高采收率和开发效益的问题，2004 年加大了三次采油技术的研究与应用，全年实施三次采油技术 923 井次，年累计增油 174.13 万吨。

2004 年，胜利油田投入注聚储量 1 822 万吨，三次采油化学驱项目达到 27 个，覆盖储量 2.83 亿吨，年增油 160 万吨，比上年多增油 15 万吨。同时，研究开发了适用于温度 90℃、矿化度 0.25 的预凝胶体系；评价了降低化学剂用量、增强聚合物适应性的微凝胶调驱技术；优选出多个耐温抗盐高分子改性聚合物产品，积极探索高温高盐油藏、聚合物驱后进一步提高采收率的新途径、新方法。

河南油田在泌 125 区主力层系组织开展了表面活性剂驱试验，预计可以使该区块的采油速度由 0.8% 提高到 1.0%。

(6) 采气配套技术。西南分公司研究试验了自生热、生气新型泡排药剂，在川孝 218、金蓬 2、都蓬 2 井应用获得成功。药剂入井后能依靠自身产生的气体迅速使井筒积液产生搅动，使泡沫剂发生作用，井筒压力升高，推动泡沫液上返，对于井筒数十米积液有明显效果，适合在低压低产积液井使用。针对低压低产且产水量大(大于 10 米$^3$/日)的上沙溪庙组气井，积极开展了机械排水采气工艺技术试验，取代了对泡沫药剂的依赖，是在川西致密低渗气藏摸索出的一种新型排水采气技术。

中原油田针对不同类型气藏生产特点，推广适应性排液采气工艺技术，初步形成具有中原气田开发特

色的配套排液采气技术系列，应用于小油管 11 井次、复线气举 20 井次、撬装式气举 61 井次、柱塞式气举 7 井次、机抽 17 井次、泡排 198 井次、下气举阀 26 井次、激动式 479 井次，年累计增气 6 230 万米$^3$。

(7) 稠油开采技术。为了提高稠油区块的采收率，河南油田进一步发展了稠油开采配套工艺技术。2004 年完善了稠油注蒸汽热采增效技术、浅薄层稠油高周期吞吐配套技术、浅层厚油层稠油二次吞吐配套技术等 3 项技术。在现场实施后，排水期明显降低，年增油 2 100 吨，取得了较好的效果。另外，还配套应用了稠油注蒸汽隔热注采工艺管柱，实现了 139.7 毫米套管不动管柱注汽采油。

江汉油田加强了 M138 稠油区块的前期研究和工艺配套工作，有效保证了产能建设的顺利进行。一是钻井过程中搞好油层保护，采用低密度泥浆，防止泥浆漏失，减少油层污染；二是做好完井和投产工作，采用套管完井，油井用高压充填防砂工艺进行防砂；三是油井采用套装式抽稠泵冷采；四是地面系统采用井台拉油短流程加热集输进罐工艺，确保系统正常运行；五是建立了完善的动态监测系统，取全取准各项资料，做到及时跟踪分析和调整。

3. 加快技术集成，实现效益最大化

2004 年，各油田在取得基础理论研究和应用技术突破的同时，加强了工艺技术综合集成配套应用工作，充分发挥技术集成作用，将技术进步转化为生产力，解决生产难题，实现油田整体开发效益最大化目标。

中原油田在全油田范围内开展了技术集成示范区块工作。通过详细论证和优化，在 2004 年开展了文 90、卫 22、文 72 沙三中、胡 5、徐集、马 11 等 6 个技术集成示范区工作，专门成立技术集成示范区块领导小组，从工程方案编制到实施，充分体现采油工艺技术的优化，立足采油工艺技术的创新，突出成熟工艺技术的推广，强化技术的综合集成与整体实施，进一步提高了工艺技术的适应性与配套能力，取得良好的效果。6 个示范区方案内共实施各种技术措施 246 井次，增油 1.73 万吨，增气 211 万米$^3$，增注 18.1 万米$^3$。

王庄郑 36－41 区块是胜利油田陆上规模最大的产能建设区块，预计建产能 26.5 万吨。由于该区块为强水敏、普通—特超稠油油藏，对油层保护提出了更高的要求，同时还有 90% 以上的新井为大斜度定向井，钻井、注汽、防砂、采油等工艺技术配套的难度很大。胜利油田针对新建区块的油藏特点，强化了工程系统技术的综合集成与整体实施。通过室内筛选评价和现场应用试验，对冷热采开发的完井、防砂、举升、降黏等工艺技术进行了优化和集成，实施了固井、射孔、注汽、作业等各环节的油层保护措施，有针对性地配套完善了工艺技术系列，保证了产能建设的顺利进行。到 2004 年底，89 口新井全部完钻，投产 47 口，平均单井日产油能力 9.6 吨；百万吨产能建设投资由原计划的 27 亿元下降到 21.5 亿元。

（曾庆坤　余刘应）

## 海洋工程

【概述】 截至 2004 年底，石化股份公司海上油田共有各类采油平台 89 座，海底输油管线 401.6 千米，海底输气管线 410.4 千米，海底注水管线 42 千米，海底电缆 163.3 千米，油井 245 口，开井 214 口，气井 10 口，开井 8 口。年产原油 223.13 万吨(其中上海海洋油气分公司合作区块分成 9.63 万吨)、天然气 3.60 亿米$^3$(其中上海海洋油气分公司分成合作区块分成 1.72 亿米$^3$)；注水井 58 口，开井 57 口，总注水量 156.1 万米$^3$。

2004 年胜利油田有限公司埕岛油田探井开钻 13 口，交井 10 口；开发井开钻 15 口，交井 15 口；新投产油井 25 口，投转注井 6 口，老井作业 80 井次。上海海洋油气分公司新投产油井 2 口，老井维护作业 8 井次。

（李孟杰）

【海洋工程建设】 2004 年胜利油田浅海建成投产了 ZH102、CB271、CB306 单井平台 3 座；CB30A、CB30B、CB25E、CB251E、CB246 井组平台 5 座；海底输油管道 19.2 千米，海底电缆 30.4 千米。春晓气田群一期开发工程中的天外天井口平台(TWT)、春晓井口平台(CHX)和中心处理平台(CEP)的导管架已在海上就位，并完成了 36 根桩的打桩工作、18 根桩的灌浆以及上部组块的陆上建造和调试；生活模块、钻机模块的设备进入调试阶段；敷设海底管线 100 千米；终端处理厂主要工艺系统设备全部就位；春晓气田群一期开发工程计划 2005 年 6 月投产。

（李孟杰）

【技术进步】 埕岛油田海水基堵水调剖技术。胜利油田完成了海水基堵调剂选型和室内试验工作，研制的油井堵剂适用温度 50—85℃，成胶时间 5—16 小时，岩心突破压力大于等于 1.0 兆帕，完成了 CB20B－1、CB251A－6 两个井组的调剖方案。开展了乳液聚合物的筛选、评价工作，完成了乳液聚合物流变、黏弹、适用性、乳液调剖体系研究；设计了可安装在平台上的小型在线配注流程，可进一步提高海上堵调工艺水平。

浅海油田分层注水工艺技术。胜利油田在大通道分层防砂、注水一体化的基础上，设计的自升式分层防砂分层注水工艺管柱完成分注施工 60 井次，分层可靠、洗井操作简便，具备防停注反吐功能，并增强了防腐效果。

（李孟杰）

## 油气集输

**【概述】** 截至 2004 年底，油田原油集输处理系统共建有联合站 93 座，油库 16 座，接转站 176 座，原油稳定装置 39 套，原油储罐库容 228.7 万米$^3$，原油外输(含输油干线)管道 1 959 千米。原油脱水能力 1.52 亿吨/年，原油稳定能力 4 171 万吨/年，原油外输能力 6 414 万吨/年。2004 年稳定原油 1 866 万吨。

油田采出水处理系统建有污水处理站 118 座，含油污水处理能力 134.6 万米$^3$/日。2004 年处理含油污水 2.47 亿米$^3$。

注水系统共有各类注水站 480 座，注水泵 2 343 台，注水能力 123.3 万米$^3$/日，实际注水量 79.8 万米$^3$/日。

原油外输含水率 0.53%，油气集输密闭率 83%，加热炉平均效率 75.63%，输油泵平均运行效率 56.93%，注水泵平均运行效率 76.83%。

（王立坤）

**【胜利原油分储分输工程投产】** 胜利含硫原油分储分输改造工程于 2004 年 3 月投产。胜利油田每年通过孤—东—辛管道向齐鲁输送含硫原油 400 万吨，工程投资 1 820 万元。

分储分输后，孤岛、河口的部分含硫原油由孤岛原油库经孤—罗—东管道和东—辛管道直接输送齐鲁，中间加入草桥和清河原油，管道长度 146 千米，管道输油能力 400 万吨/年。

（王立坤）

## 设备管理

**【概述】** 截至 2004 年底，石化股份公司油田设备固定资产原值 140.98 亿元，净值 64.05 亿元；设备新度系数为 0.45。设备管理人员 2 869 人，设备维修人员 8 928 人。共有主要专业设备 71 665 台。其中注采设备 30 174 台、天然气处理与集输设备 1 991 台、起重搬运机械 901 台、运输车辆 10 006 台。综合完好率为 98.63%，主要设备利用率 77.97%。

（王　飞）

**【油田设备状况】** 2004 年石化股份公司各油田设备平均新度系数见表 2。

表 2　**2004 年石化股份公司各油田设备平均新度系数**

| 单　位 | 钻采特车 | 注采设备 | 天然气处理设备 | 运输车辆 | 动力设备 | 合　计 |
|---|---|---|---|---|---|---|
| 胜利油田有限公司 | 0.53 | 0.43 | 0.42 | 0.35 | 0.59 | 0.44 |
| 中原油田分公司 | 0.4 | 0.42 | 0.38 | 0.34 | 0.38 | 0.43 |
| 中原油气股份公司 | 0.54 | 0.45 | 0.39 | 0.46 | 0.6 | 0.44 |
| 河南油田分公司 | 0.43 | 0.29 | 0.18 | 0.44 | 0.31 | 0.39 |
| 江苏油田分公司 | 0.5 | 0.53 | 0.5 | 0.43 | 0.29 | 0.37 |
| 江汉油田分公司 | 0.48 | 0.46 | 0.42 | 0.51 | 0.56 | 0.44 |
| 东北分公司 | 0.49 | 0.68 | | 0.56 | 0.77 | 0.61 |
| 华北分公司 | 0.85 | | | 0.82 | 0.33 | 0.78 |
| 西北分公司 | 0.49 | 0.85 | 0.74 | 0.46 | 0.66 | 0.71 |
| 西南分公司 | 0.68 | 0.04 | 0.67 | 0.59 | 0.58 | 0.52 |
| 华东分公司 | 0.85 | 0.66 | | 0.71 | 0.55 | 0.71 |
| 中南分公司 | 0.45 | 0.79 | | 0.71 | 0.77 | 0.74 |
| 上海分公司 | | | | 0.61 | 0.72 | 0.62 |
| 南方勘探开发分公司 | 0.31 | 0.82 | 0.7 | 0.72 | 0.71 | 0.63 |

（王　飞）

**【油田设备技术数据库系统推广应用】** 油田设备技术数据库系统建设项目，在边开发边测试的基础上程序编制和试运行工作于2004年完成。该系统推广应用分3个阶段进行：第一阶段在江汉油田试运行已完成；第二阶段在江苏油田运行考核已完成；第三阶段在各油田全面推广应用，整个项目按照要求正在顺利进行。

（王　飞）

## 质量技术监督

**【概述】** 2004年，油田企业紧紧围绕油气勘探开发生产和产量、储量、投资、效益四统一的原则，积极开展质量、计量、标准化、勘探开发工程质量监督等各项工作和活动。先后下发了《油田企业标准实施与监督管理规定》、《油田企业质量管理与监督办法》等文件和办法，确保油田企业的质量技术监督工作更加规范化、制度化、科学化。质量管理工作和质量水平得到加强和提高，实验室国家计量认证和中国实验室认可工作热情踊跃，标准制修订工作量大、效果好。工程施工作业质量和物资采购质量合格率稳中有升，原油、天然气贸易计量交接误差率低，纠纷越来越少，完全避免了重大工程和作业质量事故的发生。

（姚　江）

**【质量管理】** 2004年，油田企业又有16家单位通过ISO 9001质量体系认证，总数已达187家。其中胜利油田78家、中原油田23家、河南油田39家，江汉油田21家、江苏油田21家。ISO 9001质量管理体系认证是企业提高管理水平和提升企业价值的有效手段，是参与市场竞争的重要砝码。通过贯标与认证，能够使员工提高质量意识，树立质量第一的观念，更好地规范工作行为和准则。

实施产品质量认可证制度和开展产品质量监督抽查活动。胜利、中原、河南、江汉油田实行油田采购物资的产品质量认可证制度，作用大、效果好。一是规范了油田物资供应市场的阳光操作；二是扼制了假冒伪劣产品造成油田生产的损失；三是体现了公平竞争的市场法则在油田的落实。胜利油田涉及产品质量认可证的设备和物资上千种，发证和年审几百个单位和上千种产品。企业综合效益和经济效益明显。

2004年，获得美国API认证通过的产品和设备34项，中原油田17项、河南油田7项、江汉油田10项。

2004年石化股份公司开展了产品质量监督抽查活动，共抽查油田企业采购物资213个样品，包含的产品物资种类有六大类14种。主要产品有抽油泵、封隔器、配水器、油套管、降滤失剂、增黏剂、降黏剂、页岩抑制剂、土粉、油管、套管、采油助剂、电线电缆、橡胶制品等，抽查检测合格样品181个，抽检合格率为84.98%，比上年提高了11.02个百分点。采购物资的质量把关和抽检力度得到加强。

油田企业产品质量监督工作在完成好日常工作的同时，不断加大产品质量抽检力度。胜利、中原、河南、江汉、江苏、南方、西北等油田利用本企业的技术检测机构或实行委托检测，重点对抽油机、油套管、井下工具、采油树、橡胶制品、油田化学剂等几大类产品实施质量抽查，产品覆盖面广，范围宽，抽检率达到72.81%，抽检产品质量合格率93.74%。

（姚　江）

**【勘探开发工程监督】** 2004年制定下发了《中石化勘探开发工程监督管理办法》（石化股份油企[2004]203号）。为勘探开发工程监督管理工作走上制度化、规范化、科学化奠定了基础。

继续坚持“按计划，高标准、严要求”的原则，开展勘探开发工程监督人员培训工作，油田事业部和人教部以文件的形式联合下发了勘探开发工程监督人员培训计划，各油田企业积极响应广泛参与，在胜利高培中心成功地举办了钻井、物探、地质、测井、试油、井下作业等11个班的监督培训，培训320人次。经石化股份公司各专业评审组对培训合格的学员资质审查，305人获得相应专业三级工程监督资质。

组织编写了勘探开发工程监督系列培训讲义，开发了物探、钻井、测井监督培训、学习教材，并通过石油工业出版社正式出版发行。

勘探开发工程监督工作有了长足的发展。胜利油田有限公司进一步加强了勘探项目监督部的人员力量，加大了对石油勘探项目施工现场进行监督、管理的力度。中原油田分公司设立了工程监督中心，主要职能按设计、合同及规范要求对勘探开发工程进行监督。专业涵盖物探、钻井、固井、泥浆、地质、试油、测井等专业。西北分公司设有工程监督中心，采取的是独立甲方监督模式，主要任务是对西北分公司的油气勘探、开发的各项施工进行全过程的质量监控。西部勘探指挥部、江汉油田分公司、西南分公司、华北分公司、华东分公司、东北分公司、南方勘探开发分公司、上海海洋油气分公司、中南分公司也设立了相对独立的工程质量监督中心，河南油田分公司、江苏油田分公司也不同程度地开展了勘探开发工程监督工作。

经过近几年对勘探开发工程监督工作的探索和实践，各油田对工程作业监督的重要性有了正确认识；

对甲方监督的定位普遍有了共识，监督模式更加明确、清晰，勘探开发工程监督工作的效果越来越明显，为石化股份公司上游企业勘探开发质量和效益的提高发挥了应有的作用。

（新 辛）

**【计量管理】** 油田企业十分重视计量器具的管理，坚持精确计量和做好计量器具量值溯源和量值传递工作。新建企业最高计量标准 197 项，企业次级计量标准 659 项，用于油气贸易交接计量器具强检率 100%，合格率 100%，其他计量器具检定率 95.8%，油田专用计量器具检测校准率 89.5%，计量检定、检测、操作人员持证率 97.25%，有 7 家单位通过 GB/T 19022.1(idt ISO 10012.1) 完善计量检测体系确认。

油田企业积极开展产品质量检验技术机构计量认证和实验室认证、认可工作，确保出具数据的准确、无误和公正。2004 年，有 59 个质量检验机构或油田实验室通过了省或国家的实验室计量认证评审或复查，有 10 个机构或实验室通过中国实验室认可。

（姚 江）

**【标准化工作】** 2004 年，完成石油工业天然气行业标准制定任务 10 项，修订任务 12 项。承担了石化股份公司提出立项的中国石化企业标准上游部分的标准体系研究项目，为建立中国石化企业标准体系表和今后制定标准奠定基础。

为强化管理，全面实现标准化生产，油田企业在认真执行国家标准、行业标准，吸收和采用国际标准和国外先进标准的同时，大量制定结合本企业特点的技术标准和管理标准，有力地指导企业的生产。截至 2004 年 10 月，油田企业制定本企业标准 1 497 个，修订 272 个、复审 1 381 个。

（姚 江）

## 节能管理

**【概述】** 2004 年，油田企业的节能工作坚持全面协调可持续的科学发展观，以努力实现能源开发与节约并重，把节约放在优先地位为目标，积极开展节能降耗、降低成本、合理利用资源的节能管理工作和活动，取得显著成绩。

一是注重强化组织机构和制度建设，形成较为完善的节能工作激励机制、约束机制和运作机制。节能工作朝着精细化、系统化方向发展；二是依靠科技进步，把握主攻方向，加大投入，大力开展节能技术改造。着力提高主要耗能系统效率，油田整体用能水平有了明显提高；三是针对节能降耗薄弱环节，大力开展节能科技创新和先导性试验，系统节能科研及创新取得突破性进展；四是管理创新与规范管理并重，节能技术改造项目管理取得新的进展；五是大力开展节能监测和能耗定额监督管理，促进了油田企业节能工作的纵向发展；六是坚持节能宣传和培训，职工的节能意识有了明显提高。节能宣传培训教育是提高油田职工节能意识一项不可缺少的工作；七是坚持开展能耗统计与分析，实现节能用能的网络化管理，为领导决策提供科学依据。

（姚 江）

**【开展节能工作大调查活动】** 截至 2004 年底，油田企业有各类在用主要耗能设备 60 430 台(件)，新度系数 0.43，容量 580 万千瓦，年耗能 674 万吨标煤。其中耗电 79.80 亿千瓦·时；耗原油 133 万吨；耗天然气 8.43 亿米$^3$；耗成品油 36 万吨；耗原煤 33.3 万吨。

油田机采系统 2004 年有在用油井 19 676 口，总装机容量 68.05 万千瓦，全年用电量达 33.65 亿千瓦·时。其中机械采油井 18 545 口，容量 59.76 万千瓦，潜油电泵井 1 131 口，容量 8.29 万千瓦。

油田注水系统拥有在用注水泵 2 030 台，总装机容量为 66.27 万千瓦，全年用电量达 26.05 亿千瓦·时，其中高压离心泵 322 台，装机功率为 47.29 万千瓦，高压柱塞泵 1 708 台，装机功率为 18.98 万千瓦。拥有注水井 7 112 口，年注水总量达 2.68 亿米$^3$，共有配水间 1 377 座，油田注水管网总长度达 4 373.08 千米，其中注水干线和支干线管网总长度为 1 517.6 千米，单井注水管线总长度为 2 855.48 千米。全油田注水系统平均注水泵效为 79.1%，平均管网效率为 66.61%，平均注水电机效率为 92.55%，平均注水系统效率为 52.97%，平均注水单耗为 6.3 千瓦·时/米$^3$，油田注水系统年总耗电达 16.75 亿千瓦·时，设备平均使用时间为 8.09 年，平均设备新度系数为 0.49。

油田集输系统共有各类在用输油泵 2 148 台，总装机功率 3.86 万千瓦，年耗电 4.5 亿千瓦·时。拥有 580 千瓦以上加热炉 1 454 台，总装机容量 133 万千瓦，年耗燃油 14 万吨、天然气 3 亿米$^3$。

油田企业有 6 千伏—220 千伏输配电线路约 1 400 条，总长 15 798.49 千米。油田配电线路负荷率基本在 0.5 左右，明显偏低，并且受变电站分布的影响，线路负荷严重不均衡，有的线路电流达到 220 安培以上，有的则长期运行在 10 安培电流左右。有 86% 左右的线路在合理供电半径之内，个别线路长度超过 21 千米，自身损耗较大。20.3% 的线路在经济区域运行，接近80%的线路处在非经济区域运行。

油田企业有配电变压器30 820台，配变容量460.75万千伏·安。其中S7系列占主变总台数的54.7%。S9系列以上的占主变总台数27.9%。配电变压器普遍存在“大马拉小车”现象，平均负荷率仅为0.45。（姚　江）

**【节能项目】** 一批节能技措项目和节能示范项目为油田稳产增产、降本增效、降低能耗发挥重要作用。胜利油田投资近1亿元，推广机械采油系统应用的节能系列电机、节电器、变压器、抽油机冲程改造、变频调速、参数优化等技术措施，实现节电1.26亿千瓦·时。中原油田针对农村窃电现象，实施油、农网用电分离工程，年减少电费损失4 500万元，相当于少流失电量9 000万千瓦·时。西北分公司在新上产能建设项目中，注重节能工作，强调合理用能和降低能耗，从而节约投资、降低了生产成本。河南油田在注汽锅炉上利用渣油替代原油，开展烟气余热技术再利用研究和实施以煤代油工程，减少烧掉原油近5万吨，为稳定油田生产作出贡献。江苏油田积极推广节能“四新”技术，改造燃油、燃煤锅炉、提高燃烧效率11.16%，年节标煤能力1 040万吨，节约成本64.20万元。

（姚　江）

# 市场管理

**【概述】** 2004年，石化股份公司油田勘探开发工程技术服务市场管理工作进一步规范完善。各油田分(子)公司按照石化股份公司的要求，根据各自生产经营特点，加强市场管理，规范市场运作程序，引入竞争机制，有效地促进了生产经营的持续发展。

（马文庚）

**【管理工作】** 2004年3月，在胜利油田组织召开了石化股份公司工程服务市场暨定额管理工作会议。各油田分公司主管领导及有关部门负责人共110多人参加会议。会议达到了“统一思想、理清思路、明确目标、加强管理”的目的。

5月份，将石化股份公司油田勘探开发工程技术服务市场管理工作归属到油田事业部企业管理处。

8月份，油田事业部组织、历时15天、分3路对各油田分(子)公司12个企业的勘探开发工程技术服务市场管理工作进行了检查，检查结果以部文(石化股份油企[2004]181号)下发各油田分(子)公司。

11月份，在成都举办了为期一周的市场管理研讨培训班，各油田分(子)公司市场管理主管人员56人参加。

（马文庚）

**【队伍准入】** 坚持“一级准入、两级管理”的工作思路。即各油田公司负责受理服务队伍的准入申请和初审，负责上报经初审合格的队伍，负责对施工队伍准入证的收存管理和业绩考核；石化股份公司负责对各油田公司上报的准入队伍的审查、批准和发证。

4月份油田事业部下发了石化股份油技[2004]34号文《关于公布第二批油田勘探开发工程技术服务市场准入队伍名单的通知》，第二批市场准入队伍审查批准了石化集团公司内部的335支市场准入队伍，本次准入的队伍范围包括物化探队伍、钻井队伍、录井队伍、测井队伍和井下作业队伍。其中，物化探队伍46个，钻井队伍129个，录井队伍55个，测井队伍39个，井下作业队伍86个。为这些队伍颁发了《中国石油化工股份有限公司油田勘探开发工程技术服务市场准入证》。根据部分油田分公司的招标需求，审查批准了34个施工队伍的临时准入证。在油田事业部网页上设立了“油田勘探开发工程技术服务队伍基本信息查询”专栏，便于油田分公司选择施工队伍。

（马文庚）

**【工程招标】** 石化股份公司油田勘探开发工程技术服务项目招投标管理目标是依据招投标法，建立公开、公平、公正、有序、规范的招投标管理机制，确保招投标工作实现公平竞争、优胜劣汰，确保能够提高工程质量，降低勘探开发工程投资和成本。2004年市场管理工作指导思想是：认真贯彻落实石化股份公司市场管理工作的方针政策，坚持“储量、产量、投资、效益”四统一的原则，引入竞争机制，扩大市场开放，完善管理制度，规范市场行为，提高工程质量，降低工程投资，努力提高油田勘探开发综合效益。市场开放的项目：石化股份公司计划安排的所有物化探项目、西部新区和南方海相勘探项目、部分勘探开发项目及新老区产能建设项目中的钻井工程和油建工程、属边际油气田开发产能建设项目，全部应组织招标工作(指税前内部收益率小于20%的项目)。

年初下发了2004年勘探开发工程项目招标计划(第一批)，涉及投资金额50亿元。

胜利油田有限公司勘探开发工程技术服务市场招议标合同额达8.80亿元，其中对外招议标2.18亿元，占24.73%。其中钻井招议标井数200口，合同额8.39亿元，占全部招议标额的95.26%。

中原油田分公司全年共对钻井工程、油水井措施、机器设备修理等3 462个项目，组织了416次招议标，标底金额9.12亿元，中标金额8.81亿元(其中对1 576个项目，组织了96次招标，标底金额4.31亿元，中标金额4.16亿元)。

南方勘探开发分公司进行公开招(议)标的重大项目有42个，招标率100%，地震采集项目7 854万元、非地震勘探440万元、钻井工程(含测录井、钻前)3.66亿元，合计招标签订合同金额4.49亿元。

西部新区勘探指挥部共招(议)标275个项目，招标率100%，合同金额16.36亿元。

(马文庚)

# 炼油生产与管理

# 综　述

2004年是石化集团公司炼油生产经营形势较为严峻、保市场增效益任务最为艰巨的一年。这一年，国民经济快速增长，油品消费持续旺盛，为炼油做大做强、增加效益创造了难得的机遇。但原油价格持续在高位震荡，成品油出厂价格受宏观调控长时间在低位徘徊，加上炼油生产装置持续在高负荷状态下运行，加大了炼油企业保安全、保市场、保稳定、增效益的压力。对此，炼油企业全体干部职工坚定不移地贯彻执行石化集团公司党组和总裁班子的工作部署，以大局为重，从整体效益最大化出发，坚持安稳长、高负荷、深加工、调结构、增资源、保市场，抓住机遇，苦练内功，圆满完成了各项生产经营任务。

**一、经济效益持续稳步增长**

2004年，炼油企业主要生产经营指标实现了历史性突破。原油加工量、成品油产量大幅增加，全年石化集团公司加工原油1.41亿吨，同比增长13.88%，生产成品油8 609万吨，同比增长16.73%；经济效益稳步增长，考虑预算外支出因素，实际完成利润同比增长43%；成本费用得到有效控制，单位完全费用比年度调整后指标低4.51元/吨，同比降低1.99元/吨；单位现金操作成本同比降低0.02美元/桶。炼油业务持续盈利能力进一步增强，沿海企业继续保持了较高的盈利水平，沿江企业全部扭亏为盈，实现了2003年炼油工作会上提出的“沿江企业要全部扭亏为盈”的奋斗目标。

**二、基本实现了炼油装置的安全稳定高负荷运行**

炼油企业认真总结装置高负荷长周期运行的经验教训，着力解决安稳长生产中具有共性的难点和热点问题。炼油装置的高负荷运行水平不断提高，生产负荷连创历史新高，最高月度日均加工量达到了39.90万吨，主要炼油装置基本上都满负荷运行。检修质量不断提高，炼油装置长周期运行水平有较大进步。32套主要生产装置实现了“三年一修”，2套常减压装置实现了“四年一修”，5家炼油企业已向全厂性的3年运行周期迈进。安全生产管理工作再上新台阶，全年炼油板块安全生产总体平稳。

**三、保障资源供应，较好地满足了油品市场的需求**

坚持以市场为基础，以整体效益最大化为中心，克服局部原油资源和油品运输紧张、国内成品油价格机制执行不到位等不利因素，紧紧围绕成品油市场和化工轻油供需变化，精心组织生产调度，千方百计增加炼油有效加工能力。通过优化调整检修安排，提高装置检修质量，全年列入检修计划的83套主要生产装置中，11家企业25套装置的检修时间提前了1—3天，5家企业8套装置的检修时间推迟，为保障国内成品油资源的供需平衡创造了有利条件。技改技措项目投产，新增加工能力得到了较好发挥。西安石化清洁燃料工程、塔化稠油技改项目，实现一次竣工投产；5家炼油企业常减压装置扩能改造，提高原油一次加工能力1 040万吨/年；新建和扩建加氢裂化装置，提高加氢裂化能力140万吨/年；新建和改造延迟焦化装置，提高焦化能力550万吨/年。努力扩大原油资源来源，增加中东、非洲及俄罗斯原油采购量，确保资源供应；充分发挥管道输送优势，提高管输数量；加强协调与中转卸油，三程水运量同比增加452万吨，增长29%。坚持深加工、调结构，提高重油加工深度，努力增产成品油资源，全年成品油(汽煤柴)收率达到60.88%，同比提高了1.48个百分点。优化生产方案，柴汽比同比提高0.22；灵活调整化工轻油收率，优化资源流向和调配，较好解决化工原料阶段性需求不平衡的矛盾；调控成品油资源安排，适时调整成品油出口数量和品种，在国内成品油供应紧张、国内外油品价格倒挂的情况下，同比减少成品油出口258万吨，保持了华南、华东地区市场资源的基本平衡。

**四、降本减费取得了较大成效**

原油采购和运输成本得到了有效控制。炼油企业把握国际市场高低硫原油、轻重质原油差价大幅上升的有利时机，优化进口原油采购品种，增加含硫、重质原油采购量，全年进口原油平均硫含量达到0.96%，同比上升0.05个百分点，进口原油平均API为32.99，同比下降0.46。优化运输方案，降低空载率、一程途耗率，降低运输成本1.5亿元。优化原油国内运输，增加管输数量，原油一次管输量同比增加1 313万吨，增长34%。原油国内运杂费同比下降1.6元/吨。完善全面预算管理体系，积极推行费用“零基预算”管理，全年炼油板块实现降本减费12亿元以上。

**五、向市场要效益，炼油自销产品销售取得可喜突破**

不断完善营销策略，炼油自销产品销售实现了量价齐升。充分发挥总部、协调组和企业3个层面的积极性，炼油自销产品销售价格实现了8个月连续上涨。加强市场分析与预测，优化生产方案，调整产品结构，全年增产、增销高附加值产品672万吨。加强专业协调，合理平衡区域资源，积极联手推价保价。加强广告宣传，提升了中国石化的品牌知名度，2004年2月镇海道路沥青成功中标上海F1赛道，实现了国产沥青产品的历史性突破，全面提升了中国石化的形象。

**六、强化达标管理，技术经济指标创历史最好水平**

各炼油企业以调整结构、消除瓶颈、节能降耗和优化装置运行为重点，大力推广实施"短平快"实用技术，技术经济指标同比大幅提升。充分发挥新建、扩建二次加工装置特别是延迟焦化装置的作用，重油收率在加工量大幅提高的情况下进一步降低。积极投用装置热联合、低温热利用和换热网络夹点优化技术，综合能耗明显降低。实施制氢原料气体化和氢气资源优化项目，改善制氢原料的结构，回收尾氢，降低了制氢能耗和损失。通过实施催化裂化、气体分馏和炼油聚丙烯装置的配套改造，多产丙烯、聚丙烯，提高了经济效益。全年石化集团公司轻质油收率同比提高0.22个百分点，综合商品率同比提高0.46个百分点，加工损失率同比下降0.06个百分点，综合能耗同比降低2.56千克标油/吨，原油储运损失同比降低0.06个百分点，炼油专业连续第二年实现了全部达标。

**七、产品质量升级准备工作进展顺利**

为确保2005年7月1日起全国车用汽油产品质量执行欧Ⅱ排放标准、部分车用柴油产品质量执行欧Ⅱ排放标准以及北京市车用汽柴油产品质量执行欧Ⅲ排放标准的目标，各企业周密组织、制定方案、落实措施、按时推进，充分发挥现有装置潜力，应用自有实用技术，优化资源配置和加工方案，努力实现了少投入、低成本地从欧Ⅰ到欧Ⅱ排放标准升级的总体要求，产品质量升级的各项准备工作进展顺利。有关道路沥青生产企业还针对交通部施工规范对沥青产品质量的新要求，积极开展技术攻关，主要高等级道路沥青生产企业已经具备了生产新规范A级、B级道路沥青的能力。

**八、强化内部管理，推进改革改制，管理水平有所提高**

坚持工作重点放在基层，深入开展现场管理达标活动。严格规章制度的执行，大力整治工作中的低标准、老毛病、坏习惯。积极开展以"思想政治教育、职业技能教育、岗位培训和作风建设"为主要内容的基本功训练，炼油三基管理有所加强。"一对一"帮促工作顺利启动，对口帮促初见成效。ERP(企业资源计划)项目推广建设进展良好，4家炼油企业的ERP项目已正式上线单轨运行，5家炼油企业顺利实现了上线试运行。4家炼油企业的MES(生产执行系统)建设全部启动。制定细则、完善内容，炼油企业的内部控制制度穿行测试工作圆满完成。推进改革改制，对机构和人员进一步精简、整合和优化，定岗定编，竞争上岗，理顺流程，完善制度，扁平化改革初见成效。贯彻执行石化集团公司党组关于大力推进主辅分离改制分流工作的精神，制定目标和计划，2004年完成改制单位2个，分流富余人员417人。继续深化炼油营销体制改革，通过实施专业化重组，全面完成了润滑油品牌和销售渠道的整合；依据"六统一"原则，发挥中国石化沥青资源、技术、质量、品牌和规模的整体优势，整合销售网络，组建了沥青销售分公司。

（任家军）

## 原油资源及储运

**【概述】** 2004年石化集团公司共采购原油资源1.43亿吨，其中，石化集团公司油田自供2 923万吨，石油集团公司供1 067万吨，海洋石油总公司供889万吨，采购进口原油9 406万吨。

截至2004年底，石化集团公司共有原油长输管道5 145千米，原油储罐1 992万米$^3$，原油自备码头43座。其中20万吨级以上码头2座，10万—15万吨级2座，5万吨级5座，5万吨级以下34座。

（程　勇）

**【储运设备】** 1. 管道

截至2004年底，石化集团公司所属企业共建成原油输送管道5 145千米，设计输油能力21 998万吨/年。2004年实际输送原油8 890万吨，完成原油周转量258.3亿吨·千米。

石化股份公司所属分(子)公司共建成原油长输管道4 781千米，设计输油能力1.45亿吨/年，2004年实际输送原油6 384万吨，完成原油周转量245.4亿吨·千米。其中，管道储运分公司管理的管道总长3 308千米，设计输油能力6 815万吨/年，2004年实际输送原油3 934万吨，完成原油周转量219.40亿吨·千米。油田企业管理的管道总长615.09千米，设计输油能力2 919万吨/年，2004年实际输送原油1 442.9万吨，完成原油周转量7.47亿吨·千米。炼化企业管理的管道总长857千米，设计输油能力3 930万吨/年，2004年实际输送原油1 006.8万吨，完成原油周转量18.3亿吨·千米。

2. 油罐

2004年末，石化集团公司共有金属原油储罐1 700座，合计1 992万米$^3$。石化股份公司共有金属原油储罐1 936座，1 651万米$^3$。

3. 码头

2004年底，石化集团公司共有原油自备码头43

座，靠泊能力为150万吨。石化股份公司共有原油自备码头26座，靠泊能力为140万吨。

石化集团公司主要的原油码头泊位有：

(1) 镇海炼化股份公司算山码头最大的25万吨级泊位，可靠泊30万吨油轮。

(2) 茂名石化公司水东单点系泊由单点浮筒和直径为863毫米、长15千米的海底管道以及北山岭原油库、北山岭原油库至厂区管道组成，最大可靠泊30万吨油轮。

(3) 广州石化总厂惠州大亚湾马鞭洲码头，拥有17万吨泊位一个，5万米³原油储罐12座。

(4) 中国石化与宁波港务局合资建设的大榭岛原油码头，拥有2个原油泊位，靠泊能力30万吨；1#泊位为25万吨级，2#泊位为5万吨级。大榭岛油库有11座共83万米³原油储罐。

4. 铁路专用线

截至2004年底，石化集团公司所属企业共有铁路专用线426.6千米，其中石化股份公司308.02千米。 （程　勇）

**【原油资源完成】** 2004年石化集团公司共采购原油资源1.43亿吨，其中，石化集团公司油田自供2 923万吨，石油集团公司供1 067万吨，海洋石油总公司889万吨，采购进口原油完成9 406万吨。

石化股份公司共采购原油资源1.34亿吨，其中，自产原油资源2 814万吨，石油集团公司供1 031万吨，海洋石油总公司供669万吨，采购进口原油资源8 903万吨。

石化集团公司及石化股份公司1999—2004年原油资源完成情况见表1。

表1　**1999—2004年石化集团公司及石化股份公司原油资源完成情况统计**　万吨

| 项目＼年份 | 2004 | 2003 | 2002 | 2001 | 2000 | 1999 |
|---|---|---|---|---|---|---|
| 石化集团公司 | 14 285 | 12 597 | 11 176 | 10 370 | 11 370 | 9 103 |
| 自产原油 | 2 923 | 2 937 | 3 029 | 3 151 | 2 984 | 2 824 |
| 石油集团公司供 | 1 067 | 1 382 | 1 554 | 1 546 | 1 802 | 2 155 |
| 进口原油 | 9 406 | 7 597 | 5 856 | 4 960 | 5 956 | 3 415 |
| 海洋石油总公司供 | 889 | 681 | 756 | 713 | 628 | 789 |
| 石化股份公司 | 13 417 | 11 799 | 10 637 | 9 886 | 10 821 | |
| 自产原油 | 2 814 | 2 820 | 2 890 | 2 942 | 2 755 | |
| 石油集团公司供 | 1 031 | 1 308 | 1 487 | 1 446 | 1 618 | |
| 进口原油 | 8 903 | 7 114 | 5 668 | 4 879 | 5 931 | |
| 海洋石油总公司供 | 669 | 557 | 622 | 619 | 517 | |

（程　勇）

**【自产原油销售流向】** 2004年石化集团公司油田商品原油配置量共完成3 650万吨，其配置流向见表2。

表2　**1999—2004年石化集团公司油田商品原油配置流向统计**　万吨

| 项目＼年份 | 2004 | 2003 | 2002 | 2001 | 2000 | 1999 |
|---|---|---|---|---|---|---|
| 商品原油配置量 | 3 650 | 3 605 | 3 587 | 3 598 | 3 503 | 3 245 |
| 石化企业 | 2 923 | 2 937 | 3 028 | 3 151 | 2 984 | 2 823 |
| 石油集团公司 | 143 | 129 | 102 | 82 | 165 | 62 |
| 地方企业 | 307 | 303 | 295 | 295 | 281 | 277 |
| 其　他 | 261 | 241 | 150 | 76 | 42 | 60 |
| 管道损耗及自用 | 16 | 11 | 13 | 11 | 13 | 15 |
| 库存(存油)增减 | 0 | －16 | －1 | －17 | 18 | －5 |

（程　勇）

**【甬沪宁原油管网顺利投产运行】** 甬沪宁原油管网工程是石化集团公司的重点项目。甬沪宁原油管网于2004年3月20日开始试投产大榭至岚山段，至6月29日21:00整个管网全线贯通。甬沪宁原油管网运行是一个复杂的系统工程，不仅要确保按各家生产企业所需要的油种和数量及时顺序输送到厂，还要根据油轮的到港情况，合理安排输送方案，以缓解港口的中转压力。通过半年的不断摸索，优化运行，至2004年底，甬沪宁原油管网管输进口原油846万吨，其中在管网末站向甬沪宁地区石化企业交油798万吨，超过2004年确定的600万吨管输目标。

（孙　鸽）

**【原油流向调整】** 为进一步优化原油资源配置，2004年石化集团公司对内部原油资源安排进行分析，重点对华北企业原油运输流向进行了以下调整：

（1）开通天津至燕山分公司原油运输管线，对天津港口储运设施进行整合。为解决燕山分公司原油资源不足的矛盾，对天津至燕山分公司输油管线及配套设施进行改造，输送进口原油。经过各项准备工作的落实，6月20日，天津至燕山分公司管线开始正式投产输送进口原油，至7月2日，油头抵达燕山分公司牛口峪油库。全年共管输进口原油35万吨，保证了燕山分公司的生产需要。

为充分发挥现有储运设施的作用，实现中国石化整体利益最大化，总部决定对津燕线及中国石化在天津南疆码头地区原油、成品油储运设施进行整合，通过多次实地调研，提出了整合方案。

（2）开通沧河线，完成河石线接收工作，输送胜利和进口混合油。为解决石家庄炼化股份公司原油资源不足的矛盾，5月22日开通沧河线，通过河石线输送胜利和进口混合油，缓解石家庄炼化股份公司资源紧张的局面。与此同时，组织石家庄炼化股份公司和管道储运分公司与中国石油华北油田进行河石线管理权的回收谈判工作。通过各方共同努力，最终达成协议，并于12月份收回了河石线管理权，由管道储运分公司负责管理，为石家庄炼化股份公司提高原油加工量奠定了基础。

（孙　鸽）

**【加强原油运输协调】** （1）积极协调原油铁路运输，保证西部原油运输畅通。根据石化企业原油资源的铁路运输情况，2004年石化集团公司有重点地加强西部原油铁路运输的协调力度，与铁道部运输局罐车调度建立了定期的联系制度，及时通报中国石化的铁路运力需求，掌握整个铁路罐车运力的安排情况，并根据铁道部的要求，督促石化企业加快罐车的卸车速度，减少到站压车现象。6月份，因部分企业欠接塔河原油，加上原油铁路运力紧张，造成西北分公司塔河原油库存居高不下。为尽快解决塔河原油的外销问题，石化集团公司派人到新疆与乌鲁木齐铁路局进行紧急协调，在铁道部运输局支持下，通过临时增加铁路运力，解决了塔河原油的外运压力。

（2）加强各原油中转港的协调，确保原油及时中转。2004年由于进口原油采购量大幅增加，其中通过宁波、青岛、舟山三大原油中转港口中转的原油较2003年增加1 266万吨，在国内中转港口能力没有提高的情况下，石化集团公司一方面立足于现有港口能力，加强对一程油轮装、到港时间的协调和跟踪，合理安排油轮到港日期，及时组织进口原油到港的中转运输，尽可能降低油轮滞期，保证企业生产需求；另一方面从中国石化长远发展考虑，结合石化企业发展规划，对国内原油中转港口设施进行了分析，提出加大部分原油中转港口建设力度的建议。

（3）加强沿江企业原油三程运输协调，保证沿江石化企业原油正常供应。从2003年底枯水期开始，受自然条件及国内原油三程运力不足的影响，沿江企业原油三程运输工作面临严峻的形势。为此，石化集团公司一方面加强与长江航运集团南京油运公司的积极协调，使其尽最大可能再增加一部分拖轮和油驳运力，另一方面通过加强跟踪力度，及时掌握二、三程运输动态，定期检查和通报各沿江企业三程船运输及卸油情况，督促沿江企业加快原油卸油速度，提高油驳周转效率。2004年，共组织了4次不同形式的现场会，解决原油卸船工作中存在的问题。通过这些努力，2004年沿江原油三程运输总量达到2 003万吨，月平均167万吨，创下历史最好水平，确保了沿江石化企业原油资源的稳定供应。

（孙　鸽）

**【进口原油采购降低成本】** 2004年，国际原油市场受多种因素影响，油价连创新高，一程运费大幅上涨；同时，在国内经济持续快速增长的情况下，国内成品油需求激增，对进口原油的需求远超过年初预测水平，原油资源、运输矛盾十分突出。在总部统一部署和安排下，各生产企业和外贸代理单位密切合作，努力优化原油资源结构，优化原油运输，降低采购成本，取得了较好的成绩。

一是确保资源供应，保证生产需要。2004年石化集团公司在长期合同和现货采购方面都采取了积极策略，对扩大资源来源、分散资源风险、提高原油资源保障度等方面起到了积极作用，全年进口原油达到

9 406万吨，比 2003 年增加 1 808 万吨。长期合同方面，增加了沙特原油、伊朗原油、利比亚原油、俄罗斯乌拉尔原油和西伯利亚轻油等长期合同油源。现货采购方面，在稳定基准原油价格和贴水的前提下，增加了阿曼原油、西非原油、伊拉克原油等油种的采购量，稳定远东原油、哈萨克斯坦等原油采购量。新油种方面，增加了罕戈、赛卡巴、恩科萨、阿姆那、埃斯锡德尔、萨里尔、撒哈拉、比祖等新油种采购。

二是优化原油资源结构，降低采购成本。受国际市场原油资源与需求变化影响，2004 年高低硫原油、轻重质原油差价大幅上升，生产企业进一步优化原油品种，高硫油采购加工超年计划，重质、劣质原油采购有所增加，有效降低了采购成本。全年在高低硫差价达到 2.4 美元/桶的情况下，采购高硫进口原油2 764万吨，比年计划增加 164 万吨，比 2003 年全年增加 294万吨；含硫原油采购量达到 2 976 万吨，同比增加 883万吨，增长 42%；进口原油平均硫含量达到 0.96%，比 2003 年全年上升 0.05 个百分点，API 重度平均达到 32.99，比 2003 年全年下降 0.46 个单位。

三是优化原油运输，主要指标均好于 2003 年水平。其中，VLCC 承运比例达到 73.94%，同比上升 6.3 个百分点；空载率 -0.07%，同比下降 0.33 个百分点；10 年以上旧船比例达到 47.13%，同比提高 3.44 个百分点。

（任家军）

【原油资源优化项目应用】 2004 年，原油资源优化项目在炼油企业的开发应用进一步深入。在年、季计划排产中，利用 PIMS 优化生产方案，辅助制定生产计划，利用 PIMS 模型进行排产；利用 PIMS 模型对 2005—2006 年化工轻油平衡进行优化方案测算；对 2005 年成品油质量升级进行 PIMS 模拟核算，为制定下一步质量升级措施提供参考；利用 PIMS 模型对 2010 年炼油企业生产方案进行初步估算，为制定“十一五”规划提供参考；利用 PIMS 模型测算生产企业原油加工潜力、高硫油加工潜力，为安排好高硫原油资源和加工、降低成本提供参考；开发、利用总部 MPIMS 模型优化石化股份公司供应链，为提高整体效益提供参考；测算原油品质差价，为优化原油品种提供指导；广州石化、镇海炼化、高桥石化等 3 家企业利用多周期精确 PIMS 模型帮助解决企业生产经营中存在的问题；长岭石化、安庆石化、福建炼化、广州石化等企业利用 PIMS 优化测算结果，指导本企业原油采购优化方案，取得了较好的效果；充分利用信息平台，加强信息交流，使之成为提高计划管理水平的有力工具。

（魏 杰）

# 石油炼制

【概述】 2004 年，石化集团公司炼油企业以稳定和保证市场供应为前提，以强化原油采购协调、降低运输费用为重点，以深化改革、强化内部管理为基础，精心组织安排生产，灵活调整生产负荷和检修安排，努力捕捉市场机遇，积极开拓市场，优化资源配置，调整产品结构，达标创优，大力降本减费，加大技术投入，实现低成本质量升级和整体优化等，在做大炼油总量的基础上，圆满完成了各项生产经营任务。

2004 年，在国民经济和油品市场需求持续增高的拉动下，石化集团公司炼油一次加工能力增加 1 040万吨/年。新建和扩能改造并投入运行的炼油生产装置主要有：燕山新建 80 万吨/年航煤加氢精制装置；天津石化催化重整装置由 60 万吨/年扩能为 80 万吨/年；石家庄 300 万吨/年常减压装置扩能改造为 400 万吨/年，80 万吨/年催化裂化装置恢复生产，新建 100 万吨/年柴油加氢装置；齐鲁新建 140 万吨/年延迟焦化装置；胜利油田有限公司石化厂新建 15 万吨/年催化重整装置；武汉 1# 250 万吨/年常减压装置扩能为 350 万吨/年；荆门 70 万吨/年延迟焦化装置扩能为 100 万吨/年；金陵 3# 常减压装置由 500 万吨/年扩能至 800 万吨/年；高桥新建 140 万吨/年加氢裂化装置，新建 30 万吨/年润滑油加氢异构化装置；镇海 2# 常减压装置由 300 万吨/年扩能至 600 万吨/年；茂名 90 万吨/年加氢裂化装置扩能为 110 万吨/年，新建 100 万吨/年延迟焦化装置；西安新建 50 万吨/年催化裂化装置和 30 万吨/年加氢精制装置；塔河新建 120 万吨/年延迟焦化装置，100 万吨/年加氢精制装置和 15 万吨/年催化重整装置。据统计，2004 年石化集团公司常减压装置增能 1 040 万吨/年，催化裂化增能 56 万吨/年，催化重整装置增能 25 万吨/年，加氢裂化装置增能 140 万吨/年，加氢精制装置新增能力 430 万吨/年，延迟焦化装置新增能力 550 万吨/年。

（曹东学）

【原油加工量和产品产量】 截至 2004 年底，石化集团公司原油一次加工能力为 1.64 亿吨/年，2004 年实际加工原油 1.41 亿吨/年，比 2003 年增加 1 723.8 万吨/年，增长 13.88%，一次加工装置负荷率为 86%。2004 年进口原油 9 406 万吨，同比增加 1 808 万吨；加工高硫原油 2 737 万吨，同比增加 330 万吨；含硫原油采购量达到 2 764 万吨，同比增加 294 万吨，增长11.9%。石化集团公司加工的几种主要原油常减压收率见表3。

2004年石化集团公司汽、煤、柴、润四大类产品产量8 746万吨，占原油加工总量的61.85%。其中汽油产量为2 577万吨，占原油加工量的比例18.22%，同比下降1.00个百分点；煤油产量为636.67万吨，占原油加工量的比例4.50%，同比提高0.22个百分点；柴油产量为5 395万吨，占原油加工量的比例38.15%，同比提高2.26个百分点；柴汽比为2.09:1；润滑油产量为137.46万吨，占原油加工量的比例0.97%，同比提高0.13个百分点；燃料油产量为907.84万吨，占原油加工量的比例6.42%，同比减少0.69个百分点。可见，随着原油加工深度的增加，重油产率逐年降低。石化集团公司近年石油产品产量和收率情况见表4和表5。

（曹东学）

**表3　石化集团公司加工的几种原油常减压收率**

%

| 原油种类 / 项目 | 陆上原油 | | | 海洋原油 | | | 进口原油 | |
|---|---|---|---|---|---|---|---|---|
| | 大庆混合 | 胜利混合 | 鲁宁管输 | 惠　州 | 西　江 | 阿　曼 | 伊朗轻 | 沙特轻 |
| 初　顶 | 2.26 | | | 5.92 | 0.14 | 8.98 | 0.42 | 3.30 |
| 常　顶 | 2.80 | 2.61 | 4.04 | 11.18 | 5.33 | 5.59 | 20.75 | 16.70 |
| 常一线 | 8.38 | 4.27 | 9.93 | 4.91 | 6.80 | 9.09 | 9.19 | 14.30 |
| 常二线 | 9.91 | 5.56 | 6.92 | 11.35 | 5.84 | 19.93 | 11.28 | 15.82 |
| 常三线 | 6.69 | 7.36 | 9.02 | 10.00 | 10.47 | 20.30 | 10.96 | 8.51 |
| 常四线 | | | | | 6.75 | | 2.82 | |
| 减顶(减一线) | 5.26 | 4.11 | 2.60 | | 4.67 | 2.01 | 6.81 | |
| 蜡　油 | 20.76 | 26.30 | 22.00 | | 30.09 | 29.48 | 17.57 | 27.40 |
| 渣　油 | 37.29 | 49.11 | 44.79 | | 29.79 | 25.08 | 20.00 | 19.30 |
| 轻油收率 | 30.04 | 19.80 | 29.91 | 43.36 | 28.58 | 63.89 | 52.60 | 58.63 |
| 总拔出率 | 62.16 | 50.21 | 54.91 | | 70.11 | 72.47 | 79.80 | 80.70 |

**表4　1999—2004年石化集团公司主要石油产品产量①**

万吨

| 年份 / 产品名称 | 2004 | 2003 | 2002 | 2001 | 2000 | 1999 |
|---|---|---|---|---|---|---|
| 原油加工量 | 14 140.80 | 12 416.95 | 11 219.09 | 10 759.07 | 11 177.21 | 9 136.21 |
| 汽、煤、柴、润合计 | 8 746.06 | 7 479.40 | 6 817.15 | 6 600.07 | 6 677.18 | 5 541.89 |
| 汽　油 | 2 576.91 | 2 386.76 | 2 151.22 | 2 029.95 | 2 137.88 | 1 785.77 |
| 煤　油 | 636.67 | 531.49 | 506.13 | 450.10 | 499.42 | 444.81 |
| 柴　油 | 5 395.02 | 4 456.52 | 4 063.35 | 4 029.27 | 3 944.97 | 3 205.61 |
| 润滑油 | 137.46 | 104.63 | 96.46 | 90.75 | 94.91 | 105.70 |
| 溶剂油 | 122.88 | 154.24 | 121.58 | 97.93 | 109.96 | 75.90 |
| 化工轻油 | 1 810.36 | 1 696.77 | 1 557.32 | 1 331.58 | 1 376.12 | 1 166.03 |
| 出口石脑油 | | | | 5.35 | 0.25 | 0.74 |
| 燃料油 | 907.84 | 882.67 | 748.60 | 770.62 | 979.89 | 837.58 |
| 石油沥青 | 311.19 | 285.27 | 219.59 | 161.92 | 170.91 | 153.81 |
| 石油焦 | 498.05 | 413.42 | 348.64 | 325.51 | 300.21 | 242.75 |
| 石　蜡 | 53.06 | 49.43 | 45.81 | 48.99 | 43.42 | 47.35 |
| 洗涤剂原料 | 17.47 | 13.13 | 15.20 | 17.05 | 13.57 | 13.16 |

① 2001年前数据中不含湛江东兴石油化工有限公司。

表 5　1999—2004 年石化集团公司主要石油产品收率　%

| 产品名称＼年份 | 2004 | 2003 | 2002 | 2001 | 2000 | 1999 |
|---|---|---|---|---|---|---|
| 原油加工量 | 100 | 100 | 100 | 100 | 100 | 100 |
| 汽、煤、柴、润合计 | 61.85 | 60.23 | 60.76 | 61.08 | 59.74 | 60.66 |
| 汽　油 | 18.22 | 19.22 | 19.17 | 18.67 | 19.13 | 19.55 |
| 煤　油 | 4.50 | 4.28 | 4.51 | 4.24 | 4.47 | 4.87 |
| 柴　油 | 38.15 | 35.89 | 36.22 | 37.31 | 35.29 | 35.09 |
| 润滑油 | 0.97 | 0.84 | 0.86 | 0.85 | 0.85 | 1.16 |
| 溶剂油 | 0.87 | 1.24 | 1.08 | 0.92 | 0.98 | 0.83 |
| 化工轻油 | 12.80 | 13.66 | 13.88 | 11.97 | 12.31 | 12.76 |
| 出口石脑油 | | 0.00 | 0.00 | 0.05 | 0.00 | 0.01 |
| 燃料油 | 6.42 | 7.11 | 6.68 | 7.21 | 8.77 | 9.17 |
| 石油沥青 | 2.20 | 2.30 | 1.96 | 1.53 | 1.53 | 1.68 |
| 石油焦 | 3.52 | 3.33 | 3.11 | 3.07 | 2.69 | 2.66 |
| 石　蜡 | 0.38 | 0.40 | 0.41 | 0.46 | 0.39 | 0.52 |

（曹东学）

**【主要技术经济指标】** 2004 年，炼油主要技术经济指标较 2003 年又有较大幅度提高，连续第二年实现了全部达标，其中石化股份公司综合商品率、轻油收率双双提前完成了“十五”达标规划值。石化集团公司轻质油收率同比提高 0.22 个百分点；综合商品率同比提高 0.46 个百分点；加工损失率同比降低 0.06 个百分点；综合能耗同比降低 2.56 千克标油/吨；原油途耗及储存损耗同比降低 0.06 个百分点；吨油完全费用同比下降 9.25 元/吨。

（曹东学）

**【常减压蒸馏技术进展】** 常减压蒸馏工艺比较成熟，技术改进大多集中在优化流程、设备结构改进等方面，通过技术进步，在满足产品质量的前提下，获得高拔出率、低能耗的效果。其技术进展主要是：

(1) 高效电脱盐技术。该技术脱盐效率高(单级脱盐率可达 95%)，单罐处理能力大、电耗低。其中从美国 Petrolite 公司引进的双电场高速电脱盐技术，采用专门设计的进油分配器，原油由喷嘴直接进入电脱盐罐电场内，进油方式为油相进油，缩短原油在电场和电脱盐罐内停留时间，提高处理能力 75%—100%。国内长江电脱盐设备公司和工程建设公司联合开发的交直流电脱盐技术，投资仅为进口的 50%—60%，利用交流电场利于大水滴聚集和直流电场利于细小水滴聚集的特点，采用正负垂挂式电极板沿罐体轴线方向依次排列，自下而上形成交流弱电场、直流弱电场、直流强电场，脱盐效果也很好。该技术在镇海炼化、上海石化、齐鲁石化等企业得到了工业应用。

(2) 新增一级减压塔的“四塔流程”。该流程是在传统的初馏塔、常压塔、减压塔三塔流程的基础上，通过新增一级减压炉和一级减压塔，前后分别转移部分常压负荷和减压负荷至一级减压塔，即采用初馏塔—常压炉—常压塔——级减压炉——级减压塔—二级减压炉—二级减压塔的三炉、四塔四级蒸馏新工艺，达到扩大加工能力的目的。该技术在金陵 3# 常减压(500 万—800 万吨/年)、扬子 2# 常减压(250 万—450 万吨/年)、广州 1# 常减压(250 万—500 万吨/年)等扩能改造中得到了较好的应用。

(3) 加热炉强化燃烧技术，喷嘴进风为多级进风，燃气、燃油喷枪均采用多级强化雾化结构，实现了燃料在燃烧室内的快速完全燃烧。高温烟气以高速度从喉口喷出，在炉膛内起到射流作用，使炉膛烟气流动更加均匀，提高了炉管表面平均热强度，从而提高加热炉总热负荷，提高加热炉处理能力。该技术在扬子 1# 常减压和济南常减压扩能改造中得到了应用。

(4) 换热网络夹点优化技术。该技术是常减压装置提高换热终温，降低燃料消耗的必要措施，可避免冷热公用工程的双份损失，提高能量回收中热流的能质品位，减少过程㶲损，保证了最高的热回收率和最低的冷热公用工程消耗，最大限度地回收热量，热量回收率可以达到 86%以上。如对于一个 500 万吨/年的常减压装置来说，换热终温每提高 10℃，相当于节约燃料 4 000 吨/年，少用循环水 200 万吨/年，装置能耗下降 0.8 千克标油/吨。该技术在武汉石化、齐鲁石化、济南炼厂等企业得到了较好的应用。

（周建华）

**【催化裂化技术发展】** 在中国，催化裂化作为生产交通运输燃料和提供部分低碳烯烃的主要工艺装置，加工能力高居世界第二位，是中国炼油工业中最主要的原油二次转化和深度加工装置。由于其汽油所占成品汽油中比例高达 75%左右，且燃料清洁化进程趋紧，近年来，石化集团公司围绕低成本降硫降烯烃工艺技术、催化剂、助剂等方面开发力度很大，一批实用催化裂化新工艺技术得到广泛应用。2004 年主要技术进展如下：

(1) 最大量生产异构烷烃催化裂化新工艺（MIP）的推广。该工艺可降低产物中烯烃含量，增加异构烷烃和芳烃含量，提高汽油辛烷值（MON），产品分布也有所改善，继高桥、安庆成功应用后，镇海、沧州、西安等催化裂化装置推广应用效果良好。

(2) 多产丙烯和清洁汽油的催化裂化 MIP－CGP 工艺工业试验。该技术已在九江 2# 催化装置成功应用。在同比可降低催化剂和助剂费用 400 万元/年的情况下，汽油烯烃含量降至 20%（体积）以下，液化气产率增加到 25.4%（质量），丙烯产率增加到 9%（质量），提高了约 2—3 个百分点，年增产丙烯 2 万—3 万吨，为增产高附加值产品和增效创造了有利条件。

(3) 灵活多效催化裂化技术（FDFCC）通过技术鉴定。

(4) 扬子催化装置采用密相环流汽提式粗旋（CSC）快分技术，油浆固含量由 10 克/毫升下降到 3.5 克/毫升，产品分布改善。

(5) 成功开发并应用新型高效汽提器。该技术着眼于提高气固接触效率，对内外环挡板作了较大改进，设置了催化剂导流结构，汽提段内固相催化剂的填充率由普通盘环型挡板的 58%提高到 95%—98%，加大了气固接触面积；裙体及内外环挡板倾角的改进，使催化剂在汽提器内停留时间增长 10%—30%，从而进一步提高了油气置换率，减轻了再生器负荷。两段汽提工艺则注重汽提蒸汽在汽提段内上、下区域的流向及分配，汽提蒸汽有效利用率提高 15%以上，总汽提效率提高到 98%，提高了 30%。荆门和金陵应用情况良好，汽提蒸汽量降低 20%，焦炭氢含量降为 6%—7%，焦炭产率降低 1 个百分点，装置处理量可提高 3%—5%。

2004 年，西安石化新建 50 万吨/年催化裂化装置开工投产，石家庄 80 万吨/年催化裂化进行恢复性改造后也于 10 月份重新投产。

（曹东学）

**【中国石化、中国石油催化裂化协作组第十届年会召开】** 中国石化、中国石油催化裂化协作组第十届年会于 2004 年 8 月 3—5 日在新疆乌鲁木齐召开，来自 75 个单位的 194 位专家和代表参会，该届年会共征集到 49 个单位提交的报告和论文 245 篇。会议由石化股份公司炼油事业部王树德副主任主持开幕式并致开幕辞，石化集团公司科技委副主任、催化裂化协作组秘书长张德义作了题为“坚持创新和发展、不断提高催化裂化工艺技术水平”的大会主题报告，石油天然气股份公司炼油与销售分公司副总经理戴鉴作了题为“充分发挥催化裂化在重油深加工中的作用、把清洁汽油生产提高到一个新的水平”的大会报告，中国科学院院士陈俊武作了题为“催化裂化工艺的前景展望”的技术报告，中国工程院院士、催化裂化协作组顾问专家组组长侯芙生作了题为“优化生产、创新技术、继续发挥催化裂化在中国炼油工业中的重要作用”的总结报告，石化股份公司科技开发部副主任徐惠出席会议。此外，大会听取了催化裂化协作组第九届年会的承办单位——石化股份公司广州分公司代表催化裂化协作组所作的题为“催化裂化协作组 2002—2004 年度工作总结”，回顾了催化裂化协作组 2002—2004 年所做的主要工作，对上届年会以来催化裂化协作组的工作给予了充分肯定。接纳西安石化分公司、山东石大科技有限公司为协作组新成员。会议还宣读了“国内外催化裂化技术发展近况”等 13 篇文章，部分论文和经验在分组会上得到充分交流和学习。该届年会以“催化裂化技术的创新和发展”为主题，与会专家和代表深入地进行了相关交流和讨论，明确了加快催化裂化工艺和技术发展仍是今后一个时期内中国炼油工业重点的发展方向之一。当前及今后一个时期催化裂化工艺技术和催化剂的发展方向为：调整产品结构、增产低碳烯烃；提高产品质量、加快清洁燃料生产技术的开发和应用；提高装置负荷率、延长开工周期；改善装置进料质量、提高三废治理水平；降低装置能耗等。最后，会议对下一年度的工作作出了初步安排，并对催化裂化协作组秘书处人员进行了相应调整，催化裂化第十届年会达到了预期的目的。

（曹东学）

**【加氢技术发展】** 随着中国炼化企业加工含硫原油比例不断增加、加工深度不断提高、清洁燃料质量要求逐级提高，加快中国加氢工艺技术发展，搞好现有加氢装置的平稳运行，最大限度生产交通运输燃料和化工轻油，满足成品油市场和化工、化纤工业发展以及环保要求，是当前中国炼化企业加氢技术发展面临的一项重要课题。近年来，加氢技术围绕降低催化汽油硫和烯烃含量，降低柴油硫含量，提高柴油十六烷值以及改善3#直馏喷气燃料质量，满足国家汽、柴油新标准要求等方面，在新工艺、新技术、新材料和新催化剂的应用及装置运行管理方面均取得了长足的进步，加氢工艺技术及催化剂已达到或接近国外先进水平。

(1) 在改善催化汽油质量方面，主要有：①石油化工科学研究院开发的催化重汽油选择性加氢脱硫(RSDS)技术。该技术已在上海石化完成工业试验，并通过技术鉴定，催化重汽油中硫含量可由$400\times10^{-6}$—$900\times10^{-6}$降至$200\times10^{-6}$以下，碳五以上液收不小于98%(质量)。②抚顺石油化工研究院开发的催化重汽油选择性加氢脱硫(OCT－M)技术。该技术已在广州完成工业试验，并通过技术鉴定，全馏分汽油总硫可由$500\times10^{-6}$降至$100\times10^{-6}$以下，烯烃含量降低7.8个百分点，液收达到99%。③石油化工科学研究院开发的催化裂化汽油加氢异构脱硫降烯烃(RIDOS)技术。该技术已在燕山完成工业试验，并通过技术鉴定，催化汽油硫含量可由$182\times10^{-6}$降至$13\times10^{-6}$以下，烯烃含量从49.5%(体积)下降到18.9%(体积)，汽油抗爆指数下降1.55个单位，汽油收率达90.52%。④全馏分催化裂化汽油芳构化降烯烃(OTA)技术，已在金陵进行工业试验，并通过技术鉴定，当控制产品烯烃含量不大于25%(体积)时，OTA汽油较原料汽油抗爆指数损失0.8个单位，碳五以上液收95.4%(质量)，氢耗0.58%；当控制产品烯烃含量不大于18%(体积)时，OTA汽油较原料汽油抗爆指数损失1.2个单位，碳五以上液收95.02%(质量)，氢耗0.59%(质量)。

(2) 在改善柴油、航煤质量方面，加氢精制技术有：①石油化工科学研究院开发的催化柴油深度加氢处理(RICH)技术、柴油单段加氢处理脱硫脱芳烃技术(SSHT)和抚顺石油化工研究院开发的最大量提高劣质柴油十六烷值(MCI)二代技术。有些技术已在洛阳(RICH)和广州(MCI)得到了较好的工业应用。②石油化工科学研究院开发的喷气燃料临氢脱硫醇(RHSS)技术，继镇海炼化、上海石化、高桥石化等企业应用后，进一步工业化推广应用，如燕山石化采用该技术新建80万吨/年航煤加氢装置。③一系列实用催化剂得到开发和应用，如石油化工科学研究院开发的RN－10催化剂在近20套装置上应用，可生产硫含量小于$300\times10^{-6}$，芳烃小于25%，满足欧Ⅱ排放标准的柴油；在RN－10基础上开发的RN－10B，可生产硫含量小于$150\times10^{-6}$的低硫柴油，该催化剂在石家庄新建100万吨/年柴油加氢精制装置上得到了较好的应用。在加氢裂化，重质馏分油预加氢，润滑油加氢处理、加氢降凝、补充精制，提高柴油十六烷值方面，成功开发了RN－2、RN－20、RT－1、RT－5、RT－25、RL－1、RDW－1、RJW－2、RIC－1等牌号催化剂。抚顺石油化工研究院开发的FH－98催化剂已在20多套加氢装置上应用，产品硫含量可降至$500\times10^{-6}$以下；在FH－98基础上开发的FH－DS，其脱硫活性为FH－98的120%—140%；新一代加氢改质催化剂FC－18(MCI专用催化剂)，与原FH－98/3936相比，柴油十六烷值又提高2个单位，芳烃脱除率提高了15%，脱硫脱氮活性明显改善；加氢脱硫高活性催化剂FDS－4用作加氢裂化后精制催化剂，可有效脱除喷气燃料馏分中的硫醇硫。

(3) 加氢裂化技术有石油化工科学研究院开发的中压加氢裂化技术(RMC)，在燕山100万吨/年加氢改质装置改造为130万吨/年中压加氢裂化装置中得到了较好的应用。抚顺石油化工研究院开发的FDC单段两剂全循环加氢裂化工艺技术，既保留了传统单段加氢裂化技术体积空速大、工艺流程简单等优点，又克服了传统单段加氢裂化技术起始反应温度高，对原料油适应性差、催化剂运转周期短等不足，具有中馏分油收率高、化学氢耗低、产品质量好、催化剂和设备费用低等特点。在催化剂开发应用方面，有最大量生产化工石脑油的轻油型催化剂FC－24，最大量生产中馏分油的高中油型催化剂FC－16、FC－20、FC26、FC－28，单段加氢裂化工艺催化剂FC－14、FC－28，一段串联加氢裂化配套精制催化剂FF－16、FF－26等。此外，柴油深度脱硫脱芳烃(FDAS)技术、高压加氢裂化技术、中压加氢改质技术(MHUG)、柴油加氢改质异构降凝技术(FHI)、渣油加氢处理成套技术(RHT)及配套系列催化剂等都已得到了推广应用。

2004年新增加氢能力共计570万吨/年，其中加氢裂化能力新增140万吨/年，加氢精制能力增加430万吨/年。

(周建华)

**【催化重整技术】** 中国石化催化重整工业已有长足的进步，在装置能力、管理和工艺技术、操作水平以及催化剂的生产等方面均超过了全国平均水平。其中半再生和连续重整催化剂已实现国产化，并达到国际水平；半再生重整的工程设计全部国产化；连续重整仅购买专利使用权，全部工艺和工程设计实现国产化，并且开发了以“逆流移动床”为代表的具有自主知识产权的连续重整专利技术。

2004年半再生重整技术的进展主要是：①PRT系列半再生重整催化剂进一步推广应用，继武汉新建30万吨/年重整装置于2002年底成功应用PRT－A/B重整催化剂、茂名40万吨/年重整装置于2003年初成功应用PRT－C/D重整催化剂后，该系列重整剂(PRT－C/D)又在塔河分公司2004年四季度投产的15万吨/年重整装置上成功应用。从标定结果来看，PRT系列重整催化剂性能及两段装填工艺效果达到了或超过了各项设计指标要求。②继续进行低压半再生重整催化剂、非铼半再生重整催化剂、半再生重整催化剂生产工艺改进等工艺技术研究和开发工作。

石油化工科学研究院与工程建设公司合作，共同开发了逆流移动床连续重整工艺，取得了一定进展。

2004年，胜利和塔河分别新建15万吨/年重整装置，天津60万吨/年已扩能为80万吨/年，新增重整能力50万吨/年。

（曹东学）

【**延迟焦化技术进展**】 由于延迟焦化工艺具有流程简单，对原料的适应性强，技术成熟可靠，投资和操作费用较低等特点，并且随着国内原油重质化、劣质化，以及油品轻质化的要求，延迟焦化装置在原油深加工方面发挥了越来越重要的作用。

2004年延迟焦化技术的主要进展是：

(1) 设备大型化纪录刷新。继2002年9月在上海高桥建成投产中国当时最大的一炉两塔140万吨/年延迟焦化装置，加热炉和焦炭塔等设备大型化的设计有了新的突破，基本达到了国外20世纪90年代初、中期水平后，扬子又投产160万吨/年一炉两塔延迟焦化装置，刷新了焦化设备大型化的纪录。

(2) 在总结经验的基础上，开发了塔河稠油大循环比延迟焦化技术，并在塔河分公司120万吨/年延迟焦化装置上一次应用成功。

(3) 继续应用焦化炉扩能、节能及提高装置液体收率实用技术。由石油大学(华东)设计开发，在焦化炉总体结构不变的前提下，通过充分利用炉膛空间适当增加辐射炉管根数、中间桥墙及加热流程的优化设计、换热网络优化设计、多点注气优化设计等技改措施以降低炉管表面特别是易结焦炉管表面局部热强度，适当提高辐射进料温度进而达到消除焦化炉瓶颈制约、减少焦化炉燃料消耗的目的。该焦化炉模拟软件已在石家庄炼厂、沧州炼厂、镇海炼化等企业使用，焦化炉扩能、节能效果十分明显，可比原设计焦化炉处理能力增加30%—50%；装置运行周期延长；加热炉排烟温度明显降低，提高加热炉热效率近10个百分点。

(4) 石油焦和焦化干气综合利用。继镇海炼化从美国引进高硫石油焦循环流化床(CFB)锅炉技术后，荆门石化建成CFB锅炉并投入使用，齐鲁石化、长岭石化等企业也在建或拟建设石油焦循环流化床CFB锅炉，对“焦代油”汽电联产等方面探索了新途径；金陵石化、胜利油田有限公司石油化工总厂、长岭石化等企业推广应用了焦化干气制氢原料的工艺技术。

2004年新建4套、扩能1套焦化装置，这5套装置均已投产，为齐鲁140万吨/年焦化、茂名100万吨/年焦化、塔河120万吨/年焦化、扬子160万吨/年焦化，荆门焦化装置的产能由70万吨/年扩能至100万吨/年，新增焦化能力共550万吨/年。

（曹东学）

【**润滑油生产情况及技术发展**】 2004年，石化股份公司基础油产量比2003年增加11.90%，基础油综合收率44.37%，基础油综合能耗217.54千克标油/吨，基础油综合物耗3.28千克/吨。

高桥分公司全套引进雪佛龙技术润滑油加氢异构化装置于11月底开车成功，提高了石化股份公司基础油，特别是高品质基础油的生产能力；燕山分公司利用两段抽提技术完成了2#糠醛装置的改造，在保证基础油质量的前提下，提高了处理能力，可停运能、物耗较高的1#糠醛装置；荆门分公司加氢改质装置进行了光亮油的试生产。

2004年，润滑油分公司共有39个新产品批量生产，涉及内燃机油、齿轮油、液压油、金属加工用油、润滑脂等多个品种。主要有10W/40SG风神四冲程摩托车油、高原型推土机专用油、钢带防锈油、环保型车用空调冷冻机油等，共计5 849吨；另外，有上海通用汽车公司(SGM)配套机油(SM/GF－4汽油机油)、上海大众发动机专用机油D4(5W/40)、徐州重工专用液压油等多个产品获得了原始设备制造(OEM)厂商认可。

（朱永进）

【**炼油生产装置及专业达标**】 2004年安排达标的装置共计25套，其中，1套常减压装置、14套催化裂化装置、4套加氢裂化装置、4套延迟焦化装置、2套连续重整装置；在25套计划达标的装置中，有9套装置实现达标，计划内达标率36%。2004年常减压装置共有39套达到达标考核指标(其中保标39套),催化裂化装置有24套达到达标考核指标(其中达标5套、保标19套),加氢裂化装置有7套达到达标考核指标(其中达标1套、保标6套),延迟焦化装置有14套达到达标考核指标(其中达标2套、保标12套),连续重整装置有8套达到达标考核指标(其中达标1套、保标7套)。

在计划达标的14套催化裂化装置中,实现达标的有:洛阳1#、九江1#、荆门2#、高桥2#、巴陵ARGG5套,金陵1#、2#,镇海炼化等19套装置实现了保标,保标率69%。在保标的19套催化裂化同类装置竞赛中,初评获得前5名的是:金陵1#、茂名3#、镇海2#、广州1#、金陵2#。

2004年计划安排上海石化1#、2#,齐鲁石化、燕山石化4套加氢裂化装置达标。在这4套装置中,燕山石化装置实现达标,其余3套均因为能耗超标未能实现达标。茂名加氢裂化、茂名S-RHT、天津石化、扬子石化、金陵石化、镇海炼化等6套装置实现了保标,保标率85%。在保标的6套加氢裂化同类装置竞赛中,初评获得前3名的是:镇海炼化、茂名S-RHT、金陵石化。

2004年计划安排济南炼厂、胜利油田有限公司石化厂、金陵2#、安庆石化4套延迟焦化装置达标。这4套装置中,济南炼厂、安庆石化实现达标,计划内达标率50%。胜利油田有限公司石化厂与金陵2#由于能耗超标未能实现达标。天津石化、石家庄炼厂等12套延迟焦化装置实现了保标,保标率80%。在保标的12套焦化同类装置竞赛中,初评获得前3名的是:镇海炼化、广州石化、石家庄炼厂。

2004年计划安排2套连续重整装置达标,其中有齐鲁石化、镇海4#。镇海4#实现达标,齐鲁石化由于非计划停工次数超标未能实现达标。燕山石化等7套装置实现了保标,保标率100%。在保标的7套连续重整同类装置竞赛中,初评获得前3名的是:广州石化、燕山石化、高桥石化、镇海2#(高桥石化、镇海2#并列第三)。

(李 鹏)

## 炼油设备管理

**【概述】** 2004年,石化集团公司炼油企业固定资产原值1 197亿元,固定资产净值642亿元;其中设备固定资产原值983亿元,固定资产净值506亿元,设备新度系数0.51。

石化集团公司炼油企业有设备68.67万台,其中完好设备68.24万台,完好率99.37%;主要设备3.82万台,其中完好设备3.78万台,完好率99.04%;静密封点数2 071.48万个,泄漏点数4 000个,泄漏率0.19‰。

设备分类:炉类1 127台,塔类3 875台,反应设备类1 374台,储罐类33 385台,换热设备类23 661台,石化设备类4 268台,通用设备类42 373台,动力设备类45 140台,仪器仪表类508 182台,机修设备类6 019台,起重运输和施工机械类5 155台,其他22 709台。

关键转动设备1 110台,其中,各类气体压缩机(250千瓦及以上)946台,133.11万千瓦;冷冻机(200千瓦及以上)73台,5.67万千瓦;发电机(3 000千瓦及以上)55台,39.77万千瓦;烟气轮机40台,31.82万千瓦。

在用压力容器3.56万台(其中球罐751台),取证率99.5%;GC1、GC2、GC3类工业管道1 085.73万米(另有管道储运公司360万米)。

发电机(含烟机配发电机、余热发电机)70台、34.89万千瓦,发电量18.05亿千瓦·时;动力锅炉113台、6 030吨/时,产热量55 790.1万亿焦。全年用电量87.86亿千瓦·时。

循环冷却水场85个、773间,全年取水量1.60亿米$^3$,工业水重复利用率95.26%。

2004年更新设备10 491台,设备更新费4.76亿元。检修装置215套,其中主要生产装置71套。实际列支修理费30.06亿元(其中管道储运公司5 500万元),加工吨原油修理费21.27元。

2004年继续对生产装置的长周期运行情况进行考核,在参加考核的133套主要生产装置中,有125套实现了"两年一修",其中实现"三年一修"的32套,还有6套装置未实现"两年一修"。截至2004年底,济南分公司已实现了全厂性的"三年一修";燕山分公司、天津分公司、广州分公司、福建炼化有限公司、镇海炼化股份公司、石家庄炼化股份公司等15家企业的主要生产装置已全部实现了"两年一修"。8家企业因装置实现长周期运行增加经济效益3.65亿元,其中因增加有效生产时间产生的经济效益1.92亿元,节约大修费用1.55亿元,减少大修停开工的损失1 920万元。

(吴俊良)

**【组织设备大检查】** 为加强设备管理,提高设备的完好水平和可靠度,确保生产装置安全、稳定、长周期运行,为企业降本增效提供良好的设备物质基础,2004年4—5月石化集团公司开展了一次设备大检查。这次检查共分8个组,先后对42家炼化企业进行了检查。

设备大检查的内容分为设备的基础管理和专业管理两大部分。基础管理部分重点检查各企业设备管理机构、部门是否健全，管理工作是否有效，各项规章制度是否齐全，设备的档案资料是否完整；企业改制分流后，设备的巡检、特护、监测工作能否坚持进行，设备的日常维护、保养工作是否正常；同时检查装置的现场管理状况、设备的完好状况以及检修质量管理、修理费使用管理等方面的工作。专业管理部分重点检查压力容器和工业管道、工业锅炉、大型机组、电气设备、仪表和自动控制设备、加热炉、循环水和供水系统等七大项。

检查分3个阶段进行。第一阶段为企业自查整改阶段，由各企业按总部统一制定的检查内容，在4月份进行自查和整改；第二阶段从5月10日开始到5月底，由总部组织检查组对各企业进行检查；第三阶段为总部组织进行大检查的总结。

在总部领导的高度重视和亲自组织下，本次大检查准备工作比较充分，检查目的和重点明确，检查中坚持高标准，严要求，求真务实，收到了预期的效果。对促进企业重视设备管理工作，促进企业间设备管理经验的交流、学习，加强设备隐患整改的力度，全面提高企业设备管理水平，确保生产经营任务的完成起到了良好的作用。

（吴俊良）

**【编写修订设备管理制度】** 石化集团公司和石化股份公司成立以后，炼化企业一直延续执行原中国石化总公司于1989年颁布的《石油化工企业设备管理制度》。随着石油、石化企业的重组改制，原设备管理制度已不能满足新体制和新机制下设备管理工作的需要。为此总部决定组织编制石化集团公司上中下游统一的设备管理办法，同时对各种专业管理制度、标准、规定进行统一修改完善，形成一个完整的具有现代化理念、适应企业现状、符合发展方向的具有中国石化特色的设备管理制度体系，以规范企业的设备管理工作，提高设备管理的整体水平，增强企业的可持续发展能力，为实现“安稳长满优”生产，提高经济效益奠定坚实基础。

根据总部的统一安排，整个编修工作从2004年7月份开始启动，2005年3月底前完成（其中石化集团公司及石化股份公司设备管理办法于2004年底前完成），由石化股份公司生产经营管理部设备管理办公室负责组织、协调，各事业部和油田、炼化企业经营管理部分工负责各类专业管理制度的编修工作。炼油事业部具体负责了《大型机组管理制度》、《设备润滑管理制度》、《加热炉管理制度》、《设备防腐蚀管理制度》、《修理费使用管理制度》、《设备更新管理制度》和《电梯、起重机械、厂（场）内机动车辆管理制度》等7个专业管理制度的编写、修订工作。

（吴俊良）

**【组织调研和开展技术服务活动】** 根据实际工作需要和企业的要求，2004年石化集团公司先后多次组织设备专家深入企业进行调研和开展技术服务活动。一方面帮助企业解决实际问题，同时根据共性问题制定要求，指导其他企业工作，收到了比较好的效果。据统计，2004年组织专家进行过调研或技术服务的企业有高桥石化、洛阳石化、金陵石化、齐鲁石化、青岛石化、镇海炼化、天津石化、荆门石化、燕山石化等，专业涉及到设备防腐、压力容器、电气、大机组（烟机）、加热炉、工业水等各方面。

（吴俊良）

**【组织MAN透平轴流风机叶片断裂原因的分析研究】** 自1988年以来，中国石化所属企业在催化裂化装置中先后引进了6套MAN透平公司生产的轴流式主风机，该机组属于催化裂化装置的心脏设备。从1996年开始，该类型机组在运行中陆续出现了9台次转子叶片断裂事故，给企业正常生产带来很大影响，并造成重大经济损失。

2003年9月石化集团公司成立了MAN透平轴流主风机叶片断裂原因研究课题组，对这一问题进行分析研究。课题组由知名专家钟群鹏院士为组长，成员包括北京航天航空大学、西安交通大学、有关设计院以及石化企业的机械失效分析专家、流体力学分析专家、设计专家、机组运行专家等。

课题组成立后，在一年多时间内先后分3个研究阶段对MAN透平轴流主风机叶片的断裂原因进行了系统的分析研究，最终确定了MAN透平轴流主风机的叶片断裂原因，并提出了相应的改进措施。为防止叶片断裂，提高在用MAN透平轴流主风机的运行可靠性，课题组建议有关企业采取以下措施：一是改变主风机一、二级叶片的形状，使用抗腐蚀高强度材质，提高叶片的安全裕度；二是要加强对操作工况的管理，防止机组在静叶小角度附近运行，避免旋转失速、逆流、喘振和阻塞等危险工况发生。

（吴俊良）

**【召开冷换设备选材和防腐蚀技术研讨会】** 冷换设备是炼油生产装置中的重要设备。近几年来随着炼油企业加工含酸、含硫、高硫原油数量的不断增加，设备管道腐蚀加剧，部分冷换设备由于腐蚀损坏严重，使用寿命很短，不仅对炼油生产装置的安全、稳定、长周期运行造成严重影响，而且也使修理费用相应上升。为认真解决这一问题，石化集团公司于2004年12月15—16日在茂名分公司组织召开了“炼油装置冷换设备选材及防腐蚀技术研讨会”，总部机关有关部门和企业、协作单位的76名代表参加了会议。会议主要围绕当前炼油生产装置冷换设备在设计选材以及防腐蚀工作方面存在的问题，交流研讨了合理、经济用材，延长使用寿命，降低修理费用的成功经验以及应采取的对策措施等。会上镇海炼化、茂名石化、齐鲁石化、金陵石化、扬子石化、广州石化、福建石化、安庆石化、长岭石化、沧州石化等10个企业的代表作了交流发言，部分协作单位介绍了他们的产品和技术，进行了防腐蚀新材料和表面改性技术的交流，使大家受到了很好的启发。会议达到了总结交流经验和相互学习借鉴的预期目的，对进一步抓好含硫原油加工，抓好冷换设备的选材和防腐蚀管理，延长冷换设备的使用寿命，降低检维修费用，保证安全生产起到了良好的促进作用。

（吴俊良）

## 炼油质量管理

**【概述】** 2004年石化集团公司继续坚持“质量第一、用户至上”的宗旨，认真贯彻落实“做大炼油总量、调整产品结构、降低成本费用、提升产品质量”等方面的工作目标和任务，实施名牌战略，开展全员、全过程的全面质量管理活动，大力推进产品质量升级和质量管理信息化建设，提高质量管理体系运行的有效性和产品检验的分析水平，炼油企业质量管理工作得到了全面加强，管理水平不断提高。2004年炼油产品质量总体保持稳定，产品出厂合格率100%。国家及各级政府部门、石化集团公司对炼油企业产品质量监督抽查，合格率均达到了100%。

（王新军）

**【产品实物质量】** 继2003年4月1日石化集团公司车用汽油实施《车用无铅汽油》新标准后，2004年初又开始组织新一轮车用汽油产品质量升级工作，10月1日向北京市供应地方标准(欧Ⅱ)的车用汽油和车用柴油产品。根据国家推广车用乙醇汽油的总体安排，向河南省供应了车用乙醇汽油调合组分油，满足了当地市场消费的需求。同时，部分车用汽油出口到韩国、澳大利亚、新加坡、美国、菲律宾、越南等国家，达到当地对产品质量的技术要求；轻柴油稳定生产和供应，根据部分中心城市的需要，生产供应达到国家《车用柴油》标准的柴油产品；3#喷气燃料严格管理，保证了军队、民航的供给，供应香港航煤的4家企业均通过了香港机场年度质量保证能力检验；高等级道路石油沥青生产、质量、销售和应用取得了新的突破，石化集团公司“东海”F1赛道专用沥青在上海国际赛车场成功应用，标志着中国石化道路沥青产品质量达到了国际先进水平；润滑油基础油加氢装置的投产和API Ⅱ、API Ⅱ+和API Ⅲ3类产品的供应，使基础油质量档次有了新的提高，其中API Ⅲ类基础油填补了石化集团公司润滑油基础油的空白，为润滑油产品质量升级工作奠定了基础。

(1) 车用汽油。2004年石化集团公司按国家《车用汽油》标准、企业《车用乙醇汽油调合组分油》标准、北京市地方《车用汽油》标准和出口汽油协议标准4个产品标准系列出厂，共计生产车用汽油2 577万吨。供应部分中心城市的车用汽油产品质量有了新的提高，从10月1日起，供应北京市的车用汽油达到了欧Ⅱ排放标准的要求，即车用汽油烯烃含量不大于30%、硫含量不大于0.05%。产品结构得到了优化，高标号车用汽油产品比例有较大幅度提高，93#以上高标号车用汽油比例达到了51%，成功组织98#车用汽油生产并推向市场，使石化集团公司在北京市场上占领先机。为降低车用汽油质量升级成本的压力，石化集团公司所属各企业依靠技术进步，加强生产管理，在优化生产方案，调整产品结构，降低化工原材料消耗等诸多方面做了大量的工作，使降低车用汽油生产成本取得了显著的成效。

(2) 轻柴油。2004年石化集团公司按国家《轻柴油》、《车用柴油》、《军用柴油》标准，北京市地方《车用柴油》标准和出口柴油协议标准5个产品标准系列出厂，共计生产柴油5 395万吨，生产专用柴油27.12万吨。供应部分中心城市的车用柴油产品质量有了新的提高，从10月1日起，供应北京市的车用柴油达到了欧Ⅱ排放标准的要求，即车用柴油硫含量不大于0.05%、十六烷值不小于49，增加了柴油润滑性、密度等控制指标。向广州市供应了质量达到国家《车用柴油》标准的产品，满足了国内部分城市的需要。

(3) 道路石油沥青。2004年石化集团公司继续加大高等级道路石油沥青、改性沥青的质量提升和新产品开发的力度。按交通部《公路沥青路面施工技术规范》中沥青材料的技术要求实施了产品质量升级工作，为用户提供新标准产品奠定了基础。同时，开发了F1赛道专用沥青产品，继2003年“东海”重交沥青成功中标上海国际赛车场赛道中层、底层供应后，2004年2月13日开发的赛道专用SBS改性沥青又一举中标赛道磨耗层用改性沥青的供应，产品质量得到了国际汽联的认可，并纳入国际汽联今后赛道建设沥青产品合格供货方。

（王新军）

【产品质量管理】 2004 年石化集团公司以落实《炼油企业产品质量管理办法》和《炼油企业质量检验机构管理办法》两个管理办法为重点，加强了炼油企业质量管理体系运行有效性工作，不断提高企业质量管理水平。6—7 月石化集团公司组织开展了重组改制以来第三次炼油企业质量管理大检查工作，从原材料进厂管理、过程质量控制、检验分析管理、成品出厂管理、内控标准及保留项目制定、二级企业标准修订以及全员质量意识提高等方面的工作入手，深入细致地进行了检查，对存在的问题进行跟踪整改和通报讲评，提高了全员质量意识，促进了质量管理水平的不断提高，形成了全员、全过程的全面质量管理机制。建立并运行石化集团公司炼油产品质量统计软件系统，开展月度产品质量统计分析活动，实行月度产品质量通报，产品质量管理的控制力度和手段得到了加强。

（王新军）

【质量管理体系】 2004 年石化集团公司所属各企业按照总部关于开展质量管理体系认证的统一要求，组织开展了质量管理体系内审、管理评审和第三方年度监督审核工作，规范和提高质量管理体系运行的有效性。2004 年部分炼油企业从整合管理体系入手，开展质量、安全、环保和健康管理体系整体认证工作，石家庄炼化股份公司、河南油田分公司石蜡精细化工厂两家企业管理体系整体通过了认证，为石化集团公司炼油企业管理体系的整合提供了典范。见表 6。

（王新军）

【质量检验机构】 2004 年石化集团公司继续加大实验室认可工作的推广力度，截至年底已有扬子石化公司、上海石化股份公司、金陵分公司、福建炼化有限公司、润滑油分公司、河南油田分公司精蜡厂、九江分公司、镇海炼化股份公司等企业通过了国家实验室的认可；齐鲁分公司、泰州石化厂等企业也正开展实验室认可工作。加强实验室信息化管理系统建设，2004 年安庆分公司、齐鲁分公司、济南分公司、九江分公司、茂名分公司等企业开展实验室信息化管理系统建立，截至年底已有 14 家企业建成或正在建设实验室信息化管理系统。组织开展沥青实验室比对试验工作，并结合交通部新修订标准中的技术要求对沥青生产企业检验分析人员进行了培训，规范了质量检验机构的管理，提高了产品质量检验水平。

（王新军）

表 6 **石化集团公司炼油企业质量体系认证情况**

| 企业名称 | 质量管理体系认证情况 | | 实验室认可情况 | 实验室信息化建设情况 |
|---|---|---|---|---|
| | 认证时间 | 换版时间 | | |
| 胜利油田有限公司石化厂 | 1998 | | | |
| 中原油田分公司石化厂 | 1998 | 2001 | | |
| 河南油田分公司精蜡厂 | 1999 | 2002 | 2003 | |
| 江苏油田分公司扬州石化厂 | 1998 | 2002 | | |
| 北海分公司 | 2000 | | | |
| 北京燕山分公司炼油事业部 | 1999 | 2002 | | 已建 |
| 天津分公司炼油厂 | 1999 | 2003 | | 已建 |
| 济南分公司 | 1999 | | | 2004(正建) |
| 齐鲁分公司炼油厂 | 1999 | 2001 | | 2004(正建) |
| 沧州分公司 | 1999 | 2001 | | 已建 |
| 九江分公司 | 1999 | 2003 | 2004 | 2004(正建) |
| 安庆分公司炼油厂 | 1999 | | | 2004(正建) |
| 荆门分公司 | 2000 | | | 已建 |
| 扬子石化股份公司炼油厂 | 1999 | 2001 | 2003 | |
| 巴陵石化公司烯烃厂 | 1999 | 2003 | | |
| 上海高桥分公司上海炼油厂 | 1995 | 2003 | 2004 | |
| 上海石化股份公司炼油事业部 | 1998 | 2001 | 2003 | 已建 |

续表

| 企业名称 | 质量管理体系认证情况 | | 实验室认可情况 | 实验室信息化建设情况 |
|---|---|---|---|---|
| | 认证时间 | 换版时间 | | |
| 茂名分公司炼油厂 | 1999 | | | 已建 |
| 润滑油茂名分公司 | 1996 | | | 2004(正建) |
| 福建炼化有限公司 | 1999 | | 2003 | |
| 镇海炼化股份公司 | 1999 | 2002 | 2004 | 已建 |
| 泰州石化总厂 | 1999 | 2002 | 2004 | 已建 |
| 润滑油长城分公司 | 1998 | 2002 | 2003 | |
| 长岭分公司 | 2002 | 2002 | | |
| 西安石化分公司 | 2002 | 2002 | | 已建 |
| 洛阳分公司 | 2003 | 2003 | | |
| 石家庄炼化股份公司 | 2003 | 2003 | | |
| 清江石化厂 | 2003 | 2003 | | |

## 炼油计量管理

**【概述】** 2004年，在石化集团公司“优化、做大、降本、提升、安全”的生产经营方针下，企业更加重视计量管理工作，尤其是ERP项目在更多企业上线，以实现“信息流、物流、资金流”三流合一的现代化管理目标，企业的计量管理水平不断提升，计量器具精确度和计量数据的准确性提高，“计量就是计钱”、“向计量要效益”已是炼油企业广大计量工作者的共识，计量管理工作已成为企业现代化管理的技术基础之一。炼油企业的计量员工，认真贯彻国家计量法律、法规，狠抓计量器具管理，强化计量数据管理，搞好人员培训，不断完善计量监测体系，同时狠抓进厂原油途耗、原油储存损耗、进厂大宗物料、出厂产品、关联交易以及能耗、物耗的准确计量，取得了显著效益。

2004年，石化集团公司重点加强了原油运储的降耗管理工作，原油的途耗和储耗有了较大程度的降低，是近几年原油储运损耗下降幅度最大的一年，取得了良好的经济效益。2004年石化集团公司炼油企业平均原油储运损失率为0.43%，与2003年相比下降0.04个百分点，减少原油损失5.6万吨，节约原油产生的经济效益为1.12亿元。

（任　刚）

**【计量管理机构】** 石化股份公司炼油企业的计量管理工作由炼油事业部设备处负责。石化集团公司级的技术管理机构见表7。

由原国家质量技术监督局考核并批准，在石化集团公司设立的国家级计量检定机构截至2004年有5个，见表8。

（任　刚）

**【计量体系确认】** 截至2004年，石化股份公司的炼化企业已有7个分公司、8个分厂通过了国家质量监督检验检疫总局关于ISO 10012计量检测体系确认的评审。这些企业依照ISO 10012标准，剖析本企业计量管理的各个环节，制定了企业的质量计量方针，建立了程序文件，使计量器具、数据、人员等方面都在受控状态下运行。完善的计量检测体系，有力地促进了企业计量管理水平的提高。

（任　刚）

表7　计量检定技术管理机构表

| 序号 | 名　称 | 设立地点 |
|---|---|---|
| 1 | 中国石化集团公司工业计量站 | 天津石化公司① |
| 2 | 中国石化集团公司工业大流量检定站 | 燕山石化公司 |

① 石化集团公司工业计量站在企业改制后，已归口存续部分管理，原中国石化集团大容器检定站已撤销。

表 8　　国家级计量检定机构表

| 序　号 | 名　　称 | 设　立　地　点 |
|---|---|---|
| 1 | 国家铁路罐车容积计量站齐鲁分站 | 齐鲁石化公司 |
| 2 | 国家铁路罐车容积计量站茂名分站 | 茂名石化公司 |
| 3 | 国家铁路罐车容积计量站南京分站 | 南化集团公司 |
| 4 | 国家铁路罐车容积计量站燕山检定室 | 燕山石化公司 |
| 5 | 国家大容量第一计量站第一检定室 | 燕山石化公司 |

## 炼油节能管理

【概述】 2004 年，石化集团公司炼油企业炼油能耗平均为 73.50 千克标油/吨原料油，比 2004 年能耗达标指标 76.50 千克标油/吨低 3.00 个单位，比 2003 年下降 2.56 千克标油/吨。2004 年石化集团公司炼油企业平均电单耗为 48.75 千瓦·时/吨，同比下降 0.56 个单位；催化烧焦为 23.77 千克/吨，同比下降 1.54 个单位；燃料单耗为 25.09 千克/吨，同比下降 0.07 个单位；外输热量为 1.18 千克标油/吨，同比少外输热量 0.17 个单位；新鲜水单耗为 1.13 吨/吨，同口径相比下降 0.06 个单位；蒸汽单耗为 0.12 吨/吨，同比下降 0.01 吨/吨。

2004 年石化股份公司炼油企业能耗平均为 73.68 千克标油/吨，比 2004 年达标指标 76.50 千克标油/吨低 2.82 个单位；比 2003 年 76.76 千克标油/吨下降 3.08 千克标油/吨。2004 年石化股份公司炼油企业平均电单耗为 49.02 千瓦·时/吨，同比降低 0.98 个单位；催化烧焦为 23.16 千克/吨，同比下降 1.79 个单位；燃料单耗为 25.72 千克/吨，同比下降 0.32 个单位；外输热量为 1.25 千克标油/吨，同比减少 0.19 个单位；新鲜水单耗为 1.14 吨/吨，同口径相比下降 0.13 个单位；蒸汽单耗为 0.12 吨/吨，同比下降 0.01 吨/吨。按石化股份公司 2004 年重油价格 1 536 元/吨，加工量 1.38 亿吨计，节能效益为 6.53 亿元。

在考核的 26 家石化股份公司企业中，扬子石化股份公司(炼油能耗 50.69 千克标油/吨)、上海石化股份公司(炼油能耗 54.82 千克标油/吨)两家炼油化工型企业能耗仍然处于较先进水平外，其他炼油企业中综合能耗较低的企业有广州分公司(能耗为 61.73 千克标油/吨)、天津分公司(能耗为 65.04 千克标油/吨)、镇海炼化股份公司(能耗为 66.90 千克标油/吨)。全年炼油综合能耗同比下降的有 23 家，降幅较大的有中原油田分公司(－9.23 千克标油/吨)、安庆分公司(－7.89 千克标油/吨)、洛阳分公司(－5.94 千克标油/吨)、沧州分公司(－3.93 千克标油/吨)、北京燕山分公司(－3.72 千克标油/吨)、河南精蜡厂(－3.48 千克标油/吨)、武汉分公司(－3.34 千克标油/吨)等 7 家企业。

石化集团公司 1999—2004 年炼油能耗见表 9。

(许金林)

表 9　　1999 — 2004 年石化集团公司炼油能耗一览表　　万吨

| 项　目<br>年　份 | 综合能耗/<br>千克标油·吨$^{-1}$ | 单因能耗/<br>千克标油·吨$^{-1}$ | 能量因数 |
|---|---|---|---|
| 1999 | 85.40 | 14.42 | 5.92 |
| 2000 | 79.34 | 14.10 | 5.63 |
| 2001 | 78.25 | 13.10 | 5.97 |
| 2002 | 78.32 | 12.97 | 6.04 |
| 2003 | 76.06 | 12.64 | 6.02 |
| 2004 | 73.50 | 12.30 | 5.98 |

【试行能耗评价体系，开发能耗分析软件】 由于新方法刚制定，炼油企业在 2004 年实行新、老两套能耗评价体系。按照原有工作计划，从 2005 年起使用专家评审鉴定过的新的评价方法，使炼油能源消耗的数据更能反应实际情况。同时为了提高工作效率，开发了能耗分析软件，增加分析系统，将石化集团公司、

石化股份公司以及各企业的能耗数据按照指定的时间段将加工负荷、期间能耗、累计能耗进行曲线关联，并分析变化原因，可以很快地查找能耗的问题所在。

（许金林）

**【充分发挥节能技术中心作用】** 2004年石化集团公司节能技术中心，积极开展节能服务指导工作，提升技术经济指标；先后组织对长岭、武汉、九江、安庆、齐鲁、济南、荆门、福建等多家企业的节能潜力分析；组织编写了《2003年炼油能源消耗年报》，并发到各炼油企业，要求各企业挖掘潜力，参照其他企业好的节能经验，指导并开展行之有效的节能工作。

（许金林）

**【推广应用节能实用技术，加大对炼油节能的投入】** 2004年，石化集团公司成功推广应用了一批实用节能技术，如常减压、催化、焦化等装置的低温热利用与装置间的热联合技术；用热夹点技术诊断常减压装置；通过分析变频器的安装环境，提高投用率，从客观具体情况出发，有效地投用变频器；在蒸汽利用方面，合理逐级地利用好蒸汽，在原有蒸汽平衡监测的基础上，开展蒸汽系统优化方面的信息系统开发和应用；强化全厂的用能优化，在单装置用能优化的基础上，综合考虑炼厂的公用工程用能以及装置之间的热联合技术，装置间的物流尽量避免冷却后重新加热，降低输转能耗等。另外，在总部领导的重视和支持下，2004年石化股份公司加大了对节能工作的投入，共安排炼油节能项目43项，安排投资3.35亿元，节能项目已全部实施，完成投资3.35亿元，占全年“短、平、快”投资项目的39%。其中，4月济南常减压装置换热流程的优化调整改造及常减压装置减压部分节能改造两个项目分别投资2 899万元和2 690万元，年节能效益分别为1 000万元和500万元；2月武汉常减压装置节能改造共投资2 590万元，年节能效益770万元；9月燕山污水回用除盐项目共投资2 500万元，年节能效益386万元；9月齐鲁3#常减压装置节能技术改造投资2 097万元，年节能效益959万元；7月燕山2#糠醛装置技术改造项目投资2 082万元，年节能效益600万元；5月荆门炼油节能改造投资1 930万元，年节能效益200万元；4月九江1#催化装置气压机节能改造投资1 850万元，年节能效益289万元；12月安庆催化裂解装置节能及配套蒸汽系统改造投资1 068万元，年节能效益512万元；其他节能项目的投入也取得了较好回报。

（许金林）

**【用能优化方案初显成效】** 2004年，石化股份公司重点组织对济南分公司、荆门分公司、安庆分公司、齐鲁分公司等企业分步实施用能优化方案。济南分公司的低温热节能项目投入后，蒸汽、循环水、电力消耗均明显下降，项目总投资为1 996万元，年节能效益为2 729万元，9个月即可回收投资，按原油加工量400万吨/年计，可降低炼油能耗5.97千克标油/吨；荆门分公司6月份完成了节能项目的施工，并且投入运行，2004年炼油能耗为99.93千克标油/吨，比2003年104.77千克标油/吨降低约5个单位；安庆分公司全厂的用能优化方案已完成，确定了企业节能的重点工作为低温热利用、建立热水站、投用变频设备及全厂蒸汽管网的优化，3个项目的投资预计5 000万元左右，用能优化后能耗可从88.4千克标油降到79.21千克标油，下降9.2个单位；齐鲁分公司已有全厂的用能优化方案，待审定。

（许金林）

**【彻底熄灭火炬，减少瓦斯损失】** 继上海石化火炬气回收系统投用后，沧州分公司在原油品种的选择、加工深度及加工量的安排上做了许多优化工作，2004年10月份投用了新气柜，熄灭了燃烧多年的火炬。只有塔河分公司因新增装置规模、投用新炼油设备后，气体回收设施没有跟上，又产生了新的未熄灭的火炬。

（许金林）

**【应用水夹点技术，开展节水减排工作】** 随着节能工作的开展及国家水资源短缺的需要，节水工作已成为节能工作的重点之一。2004年6月石化集团公司首先确定了天津石化、高桥石化、上海石化、广州石化4家试点企业开展节水培训，中国石化节水减排技术小组在各企业现场调研的基础上提出了节水减排方案，经专家评审节水方案切实可行、经济效益和社会效益显著。11月份又进行了第二批10家炼油企业的节水工作；第三批的20家企业已完成现场调研。节水减排工作应用了国外先进的夹点技术与数学优化技术，并与国内较先进的节水成功经验相结合，研究炼油厂节水减排方案，建立切实可行的节水减排方案。已确立的14家试点企业节水减排方案实施后，加工吨原油耗用新鲜水及加工吨原油排污水均接近或达到国际先进水平0.5吨和0.2吨。14家企业共需投资5.85亿元，年节水减排效益4.10亿元，回收年限1.37年。水夹点节水技术已在中国石化的所有企业内推广应用。

（许金林）

**【组织炼油节能技术培训和技术交流，建立炼油节能专家库】** 随着企业扁平化工作的开展，各部门人员的流动大，负责节能工作的人员变化更大。为了提高各炼油企业节能管理水平，降低能源消耗和加工成本、提升企业竞争力，迫切需要组织对主要节能管理和技术人员的培训。2004年在扬州组织了节能技术培训，邀请了国内知名的节能专家编写节能培训教材并给企业的节能技术人员讲课，培训结束后还进行了一次节能培训测试。培训内容主要包括炼油装置节能技术、炼厂公用工程节能技术、节能评价体系与节能原理，国外炼油节能技术等。

2004年在青岛组织了节能技术交流会，编制《2004年炼油节能技术交流会报告论文集》，征集炼油节能论文180篇。对总结炼油节能经验、提高炼油企业节能管理技术水平、降低能源消耗成本、提升企业竞争力，起到了很好的推动作用。

各炼油企业、相关的设计院、高等院校、国内外知名节能公司都推荐了有关炼油节能方面的专家，形成了炼油节能专家库。专家们在企业节能问题的诊断、节能技术的交流、节能技术的推广、企业用能优化方案的评审、《炼油厂能量消耗计算与评价方法》的修订、《主要炼油装置的基准能耗》的制定等方面已经发挥了重要作用。

（许金林）

**【加强与国外公司进行炼油节能方面的交流】** 2004年8月石化集团公司组织镇海炼化、高桥石化、齐鲁石化、金陵石化、扬子石化、广州石化、上海石化、安庆石化、洛阳石化等9家企业形成14人的炼油节能技术考察团赴KBC公司、Aspen公司、阿姆斯特朗公司、索罗门公司考察炼油节能技术。期间考察了采用Aspen节能技术的芬兰FORTUM炼油厂、采用阿姆斯特朗公司节能技术的比利时的炼油厂。考察发现，国外看某一个炼油企业能源利用水平先进与否，是根据其实际能耗费用占可变操作费用的比例、占加工成本的比例、占原油总加工量的比例，分析产品产率变化、炼油厂加工流程复杂程度、原油加工深度等各方面因素对能耗的影响，最终看企业的利润是否增加。这与中国石化较多地看炼油厂实际能耗排序不同，值得借鉴。2004年大力开展了与国外大公司在炼油节能技术与炼油能耗评价方法方面的接触与交流，主要有索罗门、霍尼韦尔、Aspen、SK、日本节能中心、日本科斯莫公司、美国阿姆斯特朗公司、英国KBC公司等。

（许金林）

# 化工生产与管理

# 综　述

2004年，石化集团公司各化工企业在党组正确决策和领导下，认真实践“三个代表”重要思想，深入贯彻落实党的十六大、十六届三中和四中全会精神及中央宏观调控政策，认真落实科学发展观，面对国际油价持续高位震荡、全球化工产品市场进入新一轮上升周期，国内国民经济快速发展、化工产品市场需求旺盛的形势，坚持“保安全、保市场、保稳定、增效益”的工作方针，抓住市场机遇，求真务实，灵活应对，克服了乙烯产能没有大幅增长、化工轻油资源紧缺、运输能力紧张等困难，落实“安全、优化、做大、降本、提升”的生产经营方针。通过强化基层建设、基础工作、基本功训练的“三基”管理工作和优化原料供应，确保化工装置安全平稳高负荷运行，做大了化工产品总量；通过调整产品结构和加快推进改革，提高了化工产品市场占有率，充分把握和利用化工产品市场处于新一轮上升周期的有利时机，密切跟踪市场变化，确保化工产品全产全销，化工板块各项工作都取得了石化股份公司成立以来的最好成绩。

**一、经济效益大幅度提高**

2004年，在消化处置固定资产等特殊处理事项(42亿元)后，化工板块实现利润152.6亿元，为调整后利润指标的126.12%，经济效益创石化股份公司成立以来的历史最好水平。

**二、坚持安全生产，化工产品产量创历史最高水平**

2004年，化工板块狠抓安全生产，努力做大产品总量，取得明显成效。石化集团公司生产乙烯425.49万吨，达到历史最高水平，完成年度计划的102.53%，同比增加10.8万吨、增长2.6%；其中石化股份公司生产乙烯363.72万吨，完成年度计划的102.17%，同比增加7.56万吨、增长2.12%。其他主要化工产品也都基本完成年度计划，同比均有所增长或持平。

**三、化工产品销售继续保持全产全销**

2004年，各化工企业继续贯彻石化集团公司“紧贴市场，全产全销，卖出当期最好价格”的营销策略，抓住了全球化工业全面进入景气周期这一难得的市场机遇，密切跟踪市场变化，全年化工产品实现全产全销，石化集团公司五大类化工产品(不含尿素)产销率达到99.9%，石化股份公司达到99.9%，实现了规避市场风险的目标。

**四、技术经济指标水平进一步提升**

2004年，通过狠抓达标工作，强化现场和设备管理，努力减少和杜绝非计划停工，上海2#、扬子、燕山和广州等乙烯装置实现扩能改造后达标，扬子、燕山、茂名、中原、上海1#和2#6套乙烯装置全年没有发生非计划停工，茂名乙烯实现了6年长周期运行，创下国内乙烯装置长周期运行的最好纪录，带动了石化集团公司乙烯装置各项技术经济指标的进一步提高。全年乙烯收率达到30.88%，比年度目标30.7%提高0.18个百分点，同比提高0.2个百分点；乙烯装置损失率为0.59%，比年度目标0.60%降低0.01个百分点；综合能耗为688.33千克标油/吨，比年度目标690千克标油/吨降低1.67千克标油/吨，同比下降4.48千克标油/吨；其他主要化工装置的物耗、能耗等技术经济指标同比也均有所降低。

**五、产品结构调整任务完成较好**

2004年，石化集团公司生产合成树脂专用料308.76万吨(石化股份公司289.39万吨)，为年度计划的109.1%(石化股份公司为年度计划的107.62%)，同比增长11.89%(石化股份公司同比增长11.27%)；专用料比例51.39%(石化股份公司56.43%)，比年度计划提高2.71个百分点(石化股份公司比年度计划提高2.02个百分点)，同比提高3.01个百分点(石化股份公司同比提高1.95个百分点)。生产差别化纤维76.33万吨(石化股份公司58.93万吨)，完成年度计划的118.25%(石化股份公司为年度计划的120.26%)，同比增长15.16%(石化股份公司同比增长23.44%)；差别化率44.81%(石化股份公司45.52%)，比年度计划提高6.96个百分点(石化股份公司比年度计划提高7.17个百分点)，同比提高7.69个百分点(石化股份公司同比提高8.7个百分点)。

**六、改革发展取得新进展**

2004年，齐鲁乙烯二轮改造完成并实现一次开车成功，九江化肥装置原料路线改造、齐鲁和天津2套芳烃装置更换吸附剂、上海15万吨/年聚酯和仪征20万吨/年瓶级聚酯切片等项目顺利完成；扬巴一体化石化基地和上海BP合资乙烯工程实现机械竣工；巴陵、金陵、湖北和安庆等4套化肥装置原料路线改造进入施工安装高峰；茂名乙烯改造项目已顺利开工。这些项目的顺利完成和推进，均为化工板块实现持续有效发展、确保持续盈利能力奠定了坚实的基础。2004年1月1日，根据中国石化销售体制改革的总体安排，中国石化上海腈纶销售分公司正式投入运转。一年来，腈纶产品集中销售取得显著成效，不仅增强了中国石化在腈纶市场上的竞争能力和抗风险能力，提高了腈纶生产企业的经济效益，同时也为2005年化工产品营销体制改革的深化提供了有益的经验。2004年年底，天津石化公司乙烯和化纤、中原石化公司乙烯、洛阳石化总厂化纤等企业通过资本运作顺利合并进入石化股份公司，主辅分离、改制分流工作正在企业中逐步推进，化工板块的改革工作取得初步进展。

（时　光）

## 有机原料

【概述】　石化集团公司有机原料主要品种有乙烯、丙烯、丁二烯、苯、甲苯、二甲苯、甲醇、丁醇、辛醇、环氧乙烷、环氧丙烷、环氧氯丙烷、乙醛、醋酸、苯酚、丙酮、乙苯、苯乙烯和苯酐等。

乙烯、丙烯、丁二烯、苯、甲苯、二甲苯为基础有机原料，其余为主要中间原料。

石化集团公司主要有机原料生产能力见表1。由表1可见，2004年石化集团公司乙烯、丙烯和丁二烯等产品的生产能力有较大幅度增加。

石化集团公司主要有机原料产品产量见表2。由表2可见，2004年石化集团公司除苯酐、丁醇、环氧丙烷等少数产品的产量略有下降或持平外，其他各主要品种的产量均有不同程度的提高，乙烯等产品产量在全国继续占据主导地位。

（郭　新）

【乙烯】　乙烯、丙烯和丁二烯等低级烯烃分子中具有双键，化学性质活泼，能自聚或与许多物质发生加成、共聚等反应，生成一系列重要的产物，是基本有机化学工业的重要原料。工业上获取低级烯烃的主要方法是通过将石油烃类热裂解，在生产乙烯的同时，副产丙烯和丁二烯等低级烯烃。乙烯的产量及技术经济指标常作为衡量一个国家石油化学工业发展水平的重要标志。

齐鲁乙烯从2004年7月16日开始按计划停工，实施72万吨/年扩能改造，9月23日工程中间交接，10月5日10时36分投油，7日7时36分产出合格乙烯，停工改造(检修)仅用83天，实现一次开车成功。

2004年1月1日，原茂名石化公司乙烯工业公司进入石化股份公司，成为茂名分公司化工事业部。

截至2004年末，石化集团公司拥有9家乙烯企业，共10套乙烯装置，乙烯生产能力达到404.5万吨/年。各企业乙烯生产能力分别为：北京燕化股份公司71万吨/年、上海石化股份公司70万吨/年+14.5万吨/年、齐鲁股份公司72万吨/年、扬子石化股份公司65万吨/年、广州分公司21万吨/年、茂名分公司38万吨/年、天津石化公司20万吨/年、中原石化公司18万吨/年、燕山石化公司(兼并原北京东方石油化工有限公司)15万吨/年。其中，石化股份公司6家乙烯企业，7套乙烯装置，乙烯生产能力合计为351.5万吨/年。

2004年，石化集团公司全年乙烯产量425.49万吨，同比增长2.60%，占全国总产量(626.60万吨)的67.90%。其中，石化股份公司完成363.72万吨。详见表3。

茂名分公司乙烯装置自1999年2月完成大修后，截至2004年末，连续运行70个月，创造国内乙烯装置运行周期的新纪录。

（郭　新）

【丙烯】　丙烯除裂解生产乙烯联产得到外，还由炼厂催化裂化气体经气体分离后获取。丙烯是三大合成材料的重要原料。

石化集团公司生产丙烯的企业有北京燕化股份公司、石家庄炼化股份公司、上海石化股份公司、扬子石化股份公司、镇海炼化股份公司、福建炼化有限公司、齐鲁股份公司、武汉凤凰股份有限公司、湖北兴化股份公司、河南油田分公司、北京燕山分公司、天津分公司、沧州分公司、上海高桥分公司、金陵分公司、安庆分公司、九江分公司、济南分公司、齐鲁分公司、洛阳分公司、荆门分公司、长岭分公司、广州分公司、江苏石油勘探局、天津石化公司、青岛石化厂、中原石化公司、巴陵石化公司、长岭炼化公司、茂名石化公司、洛阳石化总厂和燕山石化公司。齐鲁股份公司完成72万吨/年乙烯改造后，新增丙烯生产能力13.40万吨/年；此外，九江分公司、荆门分公司和长岭分公司分别新增丙烯生产能力3.00万吨/年、1.00万吨/年和3.00万吨/年。截至2004年末，石化集团公司丙烯生产能力达到382.41万吨/年，2004年实际生产丙烯414.26万吨，同比增长7.32%。

（郭　新）

【丁二烯】　丁二烯主要由裂解生产乙烯的副产品裂解碳四中抽提得到，是合成橡胶的重要原料。

石化集团公司生产丁二烯的企业有北京燕化股份公司、上海石化股份公司、扬子石化股份公司、齐鲁股份公司、上海高桥分公司、广州分公司和茂名石化公司、燕山石化公司。齐鲁股份公司完成72万吨/年乙烯改造后，新增丁二烯生产能力2.80万吨/年。截至2004年末，石化集团公司丁二烯生产能力为74.59万吨/年，2004年实际生产丁二烯76.00万吨，同比增长21.85%。

（郭　新）

**表 1　1999—2004 年石化集团公司主要有机原料生产能力**　万吨/年

| 产品名称 \ 年份 | 2004 | 2003 | 2002 | 2001 | 2000 | 1999 |
|---|---|---|---|---|---|---|
| 乙烯 | 404.50 | 377.62 | 355.50 | 295.50 | 268.50 | 264.50 |
| 丙烯 | 382.41 | 346.51 | 346.24 | 310.85 | 298.82 | 241.77 |
| 丁二烯 | 74.59 | 71.79 | 67.43 | 62.03 | 53.34 | 46.54 |
| 苯 | 125.95 | 124.02 | 125.02 | 125.02 | 117.92 | 100.68 |
| 甲苯 | 47.88 | 44.60 | 44.60 | 44.60 | 44.28 | 35.75 |
| 混二甲苯 | 82.49 | 81.29 | 81.29 | 81.29 | 75.83 | 52.69 |
| 甲醇 | 48.50 | 38.22 | 35.82 | 35.82 | 37.25 | 40.10 |
| 丁醇 | 5.00 | 5.00 | 5.00 | 5.00 | 5.00 | 5.00 |
| 辛醇 | 30.50 | 13.50 | 8.50 | 8.50 | 8.50 | 8.50 |
| 环氧丙烷 | 8.70 | 10.60 | 10.60 | 10.20 | 8.90 | 8.40 |
| 环氧氯丙烷 | 5.60 | 5.60 | 5.60 | 4.20 | 4.20 | 4.20 |
| 乙醛 | 11.20 | 11.20 | 11.20 | 11.20 | 11.20 | 11.20 |
| 醋酸 | 28.00 | 28.00 | 28.00 | 28.00 | 28.00 | 28.00 |
| 苯酚 | 35.00 | 22.50 | 19.00 | 19.00 | 17.75 | 15.05 |
| 丙酮 | 21.00 | 13.50 | 11.40 | 11.40 | 10.65 | 9.05 |
| 苯乙烯 | 59.20 | 45.20 | 45.20 | 46.00 | 43.60 | 43.60 |
| 苯酐 | 12.00 | 13.30 | 13.30 | 13.30 | 13.30 | 13.30 |

**表 2　1999—2004 年石化集团公司主要有机原料产品产量**　万吨

| 产品名称 \ 年份 | 2004 | 2003 | 2002 | 2001 | 2000 | 1999 |
|---|---|---|---|---|---|---|
| 乙烯 | 425.49 | 414.69 | 350.93 | 291.35 | 287.16 | 269.62 |
| 丙烯 | 414.26 | 385.99 | 346.20 | 294.58 | 292.68 | 245.82 |
| 丁二烯 | 76.00 | 62.37 | 50.74 | 42.02 | 44.83 | 34.61 |
| 苯 | 142.23 | 136.03 | 123.02 | 108.79 | 102.96 | 93.99 |
| 甲苯 | 57.14 | 51.07 | 43.52 | 41.34 | 37.64 | 29.13 |
| 混二甲苯 | 55.07 | 54.69 | 56.36 | 58.15 | 54.56 | 34.25 |
| 甲醇 | 38.85 | 33.67 | 28.07 | 30.39 | 30.86 | 27.37 |
| 丁醇 | 3.81 | 6.04 | 5.28 | 4.96 | 4.42 | 4.62 |
| 辛醇 | 15.03 | 14.30 | 8.80 | 8.44 | 8.18 | 8.79 |
| 环氧丙烷 | 10.67 | 11.70 | 11.58 | 11.59 | 9.69 | 9.41 |
| 环氧氯丙烷 | 4.41 | 4.53 | 2.96 | 2.62 | 2.88 | 2.18 |
| 乙醛 | 12.14 | 12.36 | 11.46 | 9.95 | 10.93 | 9.68 |
| 醋酸 | 31.99 | 30.88 | 27.77 | 26.88 | 29.90 | 25.75 |
| 苯酚 | 24.74 | 18.69 | 19.52 | 16.61 | 17.64 | 13.45 |
| 丙酮 | 15.61 | 11.61 | 11.95 | 10.62 | 10.98 | 8.46 |
| 苯乙烯 | 46.78 | 45.26 | 46.95 | 42.15 | 42.53 | 35.85 |
| 苯酐 | 8.82 | 13.11 | 13.16 | 12.65 | 13.40 | 9.48 |

表 3　**1999 — 2004 年石化集团公司乙烯分企业产量**

万吨

| 企业名称 \ 年份 | 2004 | 2003 | 2002 | 2001 | 2000 | 1999 |
|---|---|---|---|---|---|---|
| 北京燕化股份公司 | 80.13 | 72.22 | 74.41 | 39.00 | 48.67 | 53.07 |
| 上海石化股份公司 | 95.60 | 94.83 | 80.00 | 63.10 | 59.05 | 59.26 |
| 2# 乙烯 | 78.79 | 80.13 | 64.23 | 47.13 | 43.00 | 44.91 |
| 1# 乙烯 | 16.80 | 14.70 | 15.77 | 15.97 | 16.05 | 14.35 |
| 齐鲁股份公司 | 45.65 | 56.32 | 52.27 | 55.52 | 50.05 | 49.54 |
| 扬子石化股份公司 | 81.25 | 76.53 | 48.08 | 40.55 | 43.43 | 39.60 |
| 广州分公司 | 21.73 | 17.01 | 16.86 | 17.17 | 15.31 | 3.38 |
| 茂名分公司① | 39.37 | | | | | |
| 石化股份公司合计 | 363.72 | 316.91 | 271.64 | 215.33 | | |
| 茂名石化公司 | | 39.24 | 39.38 | 39.24 | 39.54 | 33.92 |
| 天津石化公司 | 22.79 | 23.00 | 21.28 | 18.15 | 17.10 | 16.82 |
| 中原石化公司 | 20.92 | 19.00 | 18.64 | 18.63 | 14.01 | 14.03 |
| 燕山石化公司② | 18.06 | 16.53 | | | | |
| 石化集团公司合计 | 425.49 | 414.69 | 350.93 | 291.35 | 287.16 | 269.62 |

① 2004 年 1 月 1 日，原茂名石化公司乙烯工业公司进入石化股份公司，成为茂名分公司化工事业部。

② 2003 年原北京东方石油化工有限公司并入燕山石化公司，其乙烯产量列入石化集团公司统计。

**【苯】** 苯是重要的石油化工基本原料之一，用途极为广泛，其主要用途是作为合成一系列化工产品的原料，直接用途可作为溶剂、燃料；主要来源于煤焦油、重整生成油和裂解汽油；主要生产方法有芳烃抽提法和甲苯歧化法等。

石化集团公司生产苯的企业有北京燕化股份公司、石家庄炼化股份公司、上海石化股份公司、扬子石化股份公司、镇海炼化股份公司、齐鲁股份公司、塔河分公司、北京燕山分公司、天津分公司、上海高桥分公司、金陵分公司、九江分公司、齐鲁分公司、长岭分公司、广州分公司、茂名分公司、天津石化公司和洛阳石化总厂。

截至 2004 年末，石化集团公司纯苯生产能力为 125.95 万吨/年，2004 年实际生产纯苯 142.23 万吨，比 2003 年增加 4.56%。

（余富海）

**【甲苯】** 甲苯也是重要的石油化工基本原料之一，主要用途是作为汽油调和组分、化工原料和溶剂等；主要来源于煤焦油、重整生成油和裂解汽油；主要生产方法有芳烃抽提法等。

石化集团公司生产甲苯的企业有石家庄炼化股份公司、镇海炼化股份公司、北京燕化股份公司、金陵分公司、九江分公司、长岭分公司、广州分公司、茂名分公司和洛阳石化总厂。

截至 2004 年末，石化集团公司甲苯生产能力为 47.88 万吨/年，2004 年实际生产甲苯 57.14 万吨，比 2003 年增加 11.88%。2004 年，长岭分公司新增生产能力 5.5 万吨/年。

（余富海）

**【对二甲苯】** 对二甲苯的主要用途是作为生产精对苯二甲酸(PTA)和对苯二甲酸二甲酯(DMT)的原料，PTA 和 DMT 都是生产聚酯的原料，主要生产方法有吸附分离法和结晶分离法等。对二甲苯直接来源于混合二甲苯，混合二甲苯是乙苯和 3 种二甲苯异构体(邻二甲苯、间二甲苯和对二甲苯)组成的混合物。混合二甲苯的主要用途是用来生产对二甲苯、邻二甲苯和间二甲苯等。

石化集团公司生产对二甲苯的企业有上海石化股份公司、扬子石化股份公司、镇海炼化股份公司、齐鲁股份公司、天津分公司、天津石化公司和洛阳石化总厂。

截至 2004 年末，石化集团公司对二甲苯生产能力为 176.31 万吨/年，2004 年实际生产对二甲苯 156.84 万吨，比 2003 年增加 19.21%。

镇海炼化股份公司对二甲苯吸附分离装置采用法国石油科学研究院(IFP)的工艺技术，其他装置均采用美国环球油品公司(UOP)的工艺技术。

2004年由石油化工科学研究院研制的国产吸附剂取得了突破性进展，于2004年7月在齐鲁股份公司首次工业应用，10月21日生产出合格的对二甲苯产品，成功替代了进口吸附剂。

（余富海）

**【邻二甲苯】** 邻二甲苯的主要用途是作为增塑剂的原料，主要生产方法是精馏分离法。

石化集团公司生产邻二甲苯的企业有扬子石化股份公司、镇海炼化股份公司、齐鲁股份公司和金陵分公司。

截至2004年末，石化集团公司邻二甲苯生产能力为14.48万吨/年，2004年实际生产邻二甲苯29.98万吨，比2003年增加7.92%。

（余富海）

**【间二甲苯】** 间二甲苯的主要用途是作为不饱和聚酯、耐热塑料等的原料；主要生产方法有吸附分离法和精馏分离法等。

石化集团公司生产间二甲苯的企业只有北京燕化股份公司。

截至2004年末，石化集团公司间二甲苯生产能力为3.56万吨/年，2004年实际生产间二甲苯2.82万吨，比2003年增加60.23%。

（余富海）

**【甲醇】** 甲醇，或称木精，是最简单的饱和脂肪醇，重要的有机化工原料和溶剂；主要用来生产甲醛、甲基叔丁基醚(MTBE)、醋酸、丙烯酸甲酯、二甲醚等有机化工产品；主要生产方法是一氧化碳合成法。

石化集团公司生产甲醇的企业有齐鲁分公司、南京化工公司、长岭炼化公司和四川维尼纶厂。

截至2004年末，石化集团公司甲醇生产能力为48.50万吨/年，2004年实际生产甲醇38.85万吨，比2003年增加15.42%。

2004年，四川维尼纶厂新增生产能力10.50万吨/年，齐鲁石化公司其他非上市企业的0.22万吨/年装置停产。

（余富海）

**【丁醇】** 丁醇的主要用途是用作溶剂和合成羧酸的酯类；主要生产方法有发酵法、羰基合成法等。

石化集团公司生产丁醇的企业只有齐鲁分公司。

截至2004年末，石化集团公司丁醇生产能力为5.00万吨/年，2004年实际生产丁醇3.81万吨，比2003年减少34.54%。

（余富海）

**【辛醇】** 辛醇，特指2－乙基己醇，主要用途是增塑剂原料和溶剂；主要生产方法只有丁醛缩合一种。

石化集团公司生产辛醇的企业有燕山石化公司和齐鲁分公司。

截至2004年末，石化集团公司辛醇生产能力为30.50万吨/年，2004年实际生产辛醇15.03万吨，比2003年增加5.10%。

2004年，齐鲁分公司新增生产能力17.00万吨/年。

（余富海）

**【环氧乙烷】** 环氧乙烷主要用作有机合成的中间体和原料，主要生产方法是乙烯直接氧化法。

石化集团公司生产环氧乙烷的企业有北京燕化股份公司、扬子石化股份公司、上海石化股份公司、茂名分公司、燕山石化公司和天津石化公司。

截至2004年末，石化集团公司环氧乙烷生产能力为23.56万吨/年，2004年实际生产环氧乙烷24.96万吨，比2003年增加14.23%。

（余富海）

**【环氧丙烷】** 环氧丙烷，又名氧化丙烯和甲基环氧乙烷，主要用途是利用它制造不饱和树脂、聚氨酯和表面活性剂等；主要生产方法有氯醇法和间接氧化法。

石化集团公司生产环氧丙烷的企业有高桥石化公司、金陵石化公司和巴陵石化公司。截至2004年末，石化集团公司环氧丙烷生产能力为8.70万吨/年，2004年实际生产环氧丙烷10.67万吨，比2003年减少8.72%。

2004年，高桥石化公司新增生产能力2.00万吨/年，巴陵石化公司新增生产能力0.10万吨/年，金陵石化公司4.00万吨/年的装置停产。

（余富海）

**【环氧氯丙烷】** 石化集团公司生产环氧氯丙烷的企业有齐鲁股份公司和巴陵石化公司。

截至2004年末，石化集团公司环氧氯丙烷生产能力为5.6万吨/年，2004年实际生产环氧氯丙烷4.41万吨，比2003年减少2.65%。

（余富海）

【醋酸】 醋酸，又名乙酸，主要用于生产乙烯单体、醋酸纤维素、醋酸酯类等；主要生产方法有甲醇羰基合成法、乙醛氧化法和丁烷液相氧化法。

石化集团公司生产醋酸的企业有上海石化股份公司、扬子石化股份公司和四川维尼纶厂。

截至2004年末，石化集团公司醋酸生产能力为28.00万吨/年，2004年实际生产醋酸31.99万吨，比2003年增加3.59%。

（余富海）

【苯酚】 苯酚，又名石碳酸，主要用途是制造酚醛树脂、双酚A、己内酰胺和精细化学品的原料等；主要生产方法有甲苯氧化法和异丙苯法等。

石化集团公司生产苯酚的企业有北京燕化股份公司和上海高桥分公司。

截至2004年末，石化集团公司苯酚生产能力为35.00万吨/年，2004年实际生产苯酚24.74万吨，比2003年增加32.44%。

2004年，上海高桥分公司新增生产能力12.50万吨/年。

（余富海）

【丙酮】 丙酮，主要用途是溶剂和制造甲基丙烯酸甲酯、双酚A等的原料；主要生产方法有丙烯直接氧化法和异丙苯法等。

石化集团公司生产丙酮的企业有北京燕化股份公司和上海高桥分公司。

截至2004年末，石化集团公司丙酮生产能力为21.00万吨/年，2004年实际生产丙酮15.61万吨，比2003年增加34.45%。

2004年，上海高桥分公司新增生产能力7.5万吨/年。 （余富海）

【苯乙烯】 苯乙烯，主要用途是生产塑料和合成橡胶的原料；主要生产方法有环氧丙烷联产苯乙烯法、乙苯催化脱氢法和裂解汽油萃取分离法等。

石化集团公司生产苯乙烯的企业有北京燕化股份公司、齐鲁股份公司、广州分公司、茂名分公司、巴陵石化公司和扬子石化股份公司。

截至2004年末，石化集团公司苯乙烯生产能力为59.20万吨/年，2004年实际生产苯乙烯46.78万吨，比2003年增加3.27%。

2004年，齐鲁股份公司新增生产能力14.00万吨/年。

（余富海）

【苯酐】 苯酐，学名为邻苯二甲酸酐，主要用途是生产增塑剂、不饱和聚酯和醇酸树脂等；主要生产方法有萘固定床氧化法和邻二甲苯固定床氧化法等。

石化集团公司生产苯酐的企业有齐鲁股份公司和金陵石化公司。

截至2004年末，石化集团公司苯酐生产能力为12.00万吨/年，2004年实际生产苯酐8.82万吨，比2003年减少32.72%。

2004年，巴陵石化公司1.3万吨/年的装置停产。

（余富海）

## 合成树脂

【概述】 合成树脂产品广泛应用于工农业、国防和人民生活各个领域，在国民经济中具有举足轻重的地位和作用。随着中国国民经济和石化工业的发展，合成树脂工业每年都有不同程度的发展。2004年，由于原料价格的持续高价位，中国合成树脂生产的特点是生产开工负荷提高，产品产量同比增量明显。

合成树脂产品是石化集团公司的主营产品，主要包括聚乙烯(PE)、聚丙烯(PP)、聚苯乙烯(PS)、聚氯乙烯(PVC)树脂，此外还生产环氧树脂、聚醚树脂、聚氨酯树脂、不饱和树脂等。

2004年石化集团公司部分合成树脂装置实施挖潜扩能，使总生产能力保持一定幅度的增长。截至2004年末，石化集团公司合成树脂总生产能力为701.60万吨/年(其中石化股份公司为558.40万吨/年)，同比增加69.23万吨/年，增长10.95%。其中，石化集团公司聚乙烯生产能力为268.30万吨/年(其中石化股份公司为234.30万吨/年)，同比增加11万吨/年，增长4.28%；石化集团公司聚丙烯生产能力为285.5万吨/年(其中石化股份公司为242万吨/年)，同比增加21.4万吨/年，增长8.10%；石化集团公司聚氯乙烯生产能力为77.00万吨/年；石化集团公司聚苯乙烯生产能力为37.60万吨/年(其中石化股份公司为21.6万吨/年)。石化集团公司各合成树脂品种的生产能力见表4。

2004年合成树脂装置运行的特点是满负荷、高负荷，再加镇海炼化股份公司新建装置开工和部分装置的扩建完成，石化集团公司合成树脂产量保持了继续增长态势。按原茂名石化公司乙烯工业公司进入石化股份公司后统一口径计算，2004年石化集团公司合成树脂产量为711.86万吨(其中石化股份公司为553.39万吨)，同比增加29.77万吨，增长4.36%。其中，石化集团公司聚乙烯产量为287.43万吨(其中石化股份公司为248.94万吨)，同比增加7.87万吨，增长

2.82%；石化集团公司聚丙烯产量为313.34万吨(其中石化股份公司为263.86万吨)，同比增加22.15万吨，增长7.61%；石化集团公司聚氯乙烯产量为38.94万吨(其中石化股份公司为23.00万吨)，同比基本持平；石化集团公司聚苯乙烯产量为35.69万吨(其中石化股份公司为15.49万吨)，同比减少2.83万吨。石化集团公司各合成树脂品种的产量见表5。

在合成树脂中聚乙烯、聚丙烯两大品种仍占主导地位，2004年末聚乙烯、聚丙烯两大品种生产能力之和为553.8万吨/年，占石化集团公司合成树脂生产能力的78.93 %。聚乙烯、聚丙烯产量之和为600.77万吨，占石化集团公司合成树脂产量的84.39%。

2004年全国合成树脂产量为1791万吨，同比增加164.3万吨；石化集团公司合成树脂产量占全国总产量的39.75%。

2002年和2003年两年间，燕山、扬子、上海及广州等企业相继完成乙烯及下游配套装置的改造，新建、改造了一批合成树脂装置，这些新增能力为企业合理布局产品结构起到了显著作用，效果在2004年的生产中明显地体现出来。

2004年石化集团公司累计生产合成树脂专用料308.76万吨(其中石化股份公司为289.39万吨)，同比增长10.62%，专用料比例为51.39%，同比提高3.01个百分点。 （蔡志强）

表4 **1999 — 2004年石化集团公司合成树脂分品种生产能力**[①] 万吨/年

| 年份<br>产品名称 | 2004 | 2003 | 2002 | 2001 | 2000 | 1999 |
|---|---|---|---|---|---|---|
| 石化集团公司合计 | 701.60 | 632.37 | 603.19 | 504.99 | 467.72 | 448.97 |
| 石化股份公司合计 | 558.40 | 428.40 | 412.15 | 323.65 | 300.15 | — |
| PE | 268.30 | 257.30 | 245.30 | 200.30 | 170.80 | 162.80 |
| LDPE | 78.80 | 78.80 | 78.80 | 78.80 | 58.80 | 58.80 |
| HDPE | 90.50 | 83.50 | 81.50 | 56.50 | 53.00 | 53.00 |
| LLDPE | 99.00 | 95.00 | 85.00 | 65.00 | 59.00 | 51.00 |
| PP | 285.50 | 264.10 | 265.15 | 214.70 | 208.70 | 204.50 |
| PVC | 77.00 | 37.85 | 23.00 | 23.00 | 23.00 | 20.00 |
| PS | 37.60 | 37.60 | 40.10 | 40.10 | 40.10 | 40.19 |
| AS | 0.50 | 0.50 | 0.50 | 0.50 | 0.50 | 0.50 |
| 其他树脂 | 32.70 | 35.02 | 29.14 | 26.39 | 24.62 | 20.98 |

① 原茂名石化公司乙烯工业公司2004年1月1日进入石化股份公司，统计口径发生变化，2003年石化股份公司不作修正。

表5 **1999 — 2004年石化集团公司合成树脂分品种产量**[①] 万吨

| 年份<br>产品名称 | 2004 | 2003 | 2002 | 2001 | 2000 | 1999 |
|---|---|---|---|---|---|---|
| 石化集团公司合计 | 711.86 | 682.09 | 594.57 | 503.51 | 488.83 | 433.03 |
| 石化股份公司合计 | 553.39 | 469.10 | 400.48 | 320.42 | 318.30 | — |
| PE | 287.43 | 279.56 | 239.12 | 191.72 | 187.78 | 173.59 |
| LDPE | 90.78 | 90.05 | 89.23 | 63.12 | 66.75 | 64.34 |
| HDPE | 91.09 | 91.30 | 74.12 | 59.89 | 60.60 | 61.89 |
| LLDPE | 105.56 | 98.21 | 75.77 | 68.71 | 60.07 | 47.35 |
| PP | 313.34 | 291.19 | 270.29 | 228.68 | 226.19 | 193.39 |
| PS | 35.68 | 38.51 | 35.81 | 36.69 | 35.47 | 30.23 |
| PVC | 38.94 | 38.96 | 23.58 | 23.38 | 20.29 | 20.84 |
| AS | 0.40 | 0.46 | 0.51 | 0.41 | 0.51 | 0.51 |
| 其他树脂 | 36.01 | 33.41 | 25.26 | 22.63 | 18.59 | 14.47 |

① 原茂名石化公司乙烯工业公司2004年1月1日进入石化股份公司，统计口径发生变化，2003年石化股份公司数据不作修正。

【聚乙烯】 聚乙烯是以乙烯为原料经聚合制得的一种高分子化合物。聚乙烯具有优异的电绝缘性、良好的耐化学性，很低的吸水性和突出的耐寒性。主要用以制造塑料制品，如包装薄膜、容器、管道、日用品、电绝缘材料，也可用于抽丝成纤维，以及用作金属、材料和织物的涂层等。聚乙烯的3个主要品种为：低密度聚乙烯(LDPE)、高密度聚乙烯(HDPE)和线性低密度聚乙烯(LLDPE)。

2004年末石化集团公司有18套聚乙烯装置，其中石化股份公司有15套聚乙烯装置。在现有聚乙烯装置中，单线能力最大的是上海石化股份公司2002年投产的采用双峰技术的聚乙烯装置，生产能力为25万吨/年。

石化集团公司现有的18套聚乙烯装置中，LDPE装置有釜式法工艺1套、管式法工艺5套；HDPE装置有淤浆法工艺4套、气相法工艺1套、环管加气相法工艺1套；LLDPE装置共有6套，全部是气相法工艺。从2004年的装置数量和产能上看，石化集团公司现有的18套聚乙烯装置以气相法生产工艺为主。

(蔡志强)

【低密度聚乙烯】 低密度聚乙烯是聚乙烯树脂的一种，由乙烯经高压法聚合制得，又称高压聚乙烯；广泛用于工农业及生活领域，可加工成膜、塑料袋、玩具、医用品、家庭用品以及电线电缆产品的绝缘护套等。

2004年末石化集团公司LDPE生产装置数量，仍为6套。其中，北京燕化股份公司、上海石化股份公司各2套，齐鲁股份公司、茂名分公司各1套。北京燕化股份公司1套为日本住友化学釜式法工艺、1套为美国埃克森管式法工艺；上海石化股份公司2套都为日本三菱油化管式法工艺；齐鲁股份公司为荷兰DSM公司管式法工艺；茂名分公司为美国匡藤公司管式法工艺。2004年，原茂名石化公司乙烯工业公司进入石化股份公司，年末石化集团公司LDPE生产能力为78.80万吨/年。

2004年石化集团公司LDPE产量为90.78万吨，同比增加0.73万吨。LDPE产量见表6。北京燕化股份公司2套LDPE装置产量同比增量较大，1#LDPE装置通过采用优化工艺运行、加强关键设备监控等手段，克服了装置老化、设备故障率高等困难，全年产量达到22.31万吨，同比增产18.8万吨；2#LDPE装置度过了新装置不稳定期，全年负荷较高，产量达到22.76万吨，同比增加2.18万吨。

(蔡志强)

【高密度聚乙烯】 高密度聚乙烯是聚乙烯树脂的一种，是以乙烯为原料、1－丁烯等低碳α－烯烃为共聚单体经低压聚合生成，又称低压聚乙烯。高密度聚乙烯可用吹塑、注塑及挤压法制成瓶罐盆桶等容器及绳缆、鱼网、电线电缆覆层、管材、板材和异型材料等；广泛应用于农业、交通、建筑、轻工、重工、国防及人民生活的各个领域。

2004年末石化集团公司有6套HDPE装置。北京燕化股份公司、扬子石化股份公司、齐鲁股份公司、燕山石化公司各1套，上海石化股份公司2套。北京燕化股份公司、扬子石化股份公司装置均采用日本三井油化淤浆法工艺；燕山石化公司装置(原隶属于北京东方石油化工有限公司的北京助剂二厂)采用国内淤浆法工艺；齐鲁股份公司装置采用美国UCC公司气相流化床工艺；上海石化股份公司1套装置(合资企业)采用菲利浦环管淤浆法工艺，1套装置采用北欧化工环管加气相反应器工艺技术。

2004年末石化集团公司HDPE装置生产能力为90.50万吨/年(其中石化股份公司为88.50万吨/年)，同比增加7万吨/年。扬子石化股份公司HDPE装置实施了浆液外循环技术改造，以较少投入提高了产能。

2004年石化集团公司HDPE产量为91.09万吨(其中石化股份公司为88.86万吨)，同比减少了0.21万吨，详见表7。齐鲁股份公司装置因乙烯装置改扩建工程停工检修时间较长，同比减少产量5.78万吨。

表6　**1999—2004年石化集团公司LDPE分企业产量**　万吨

| 企业名称 \ 年份 | 2004 | 2003 | 2002 | 2001 | 2000 | 1999 |
|---|---|---|---|---|---|---|
| 石化集团公司合计 | 90.78 | 90.05 | 89.23 | 63.13 | 66.75 | 64.35 |
| 石化股份公司合计 | 90.78 | 77.71 | 76.78 | 51.15 | 54.25 | — |
| 北京燕化股份公司 | 45.07 | 41.01 | 41.20 | 14.90 | 19.26 | 21.59 |
| 上海石化股份公司 | 20.18 | 19.69 | 19.97 | 19.46 | 19.75 | 18.88 |
| 齐鲁股份公司 | 13.14 | 17.00 | 15.61 | 16.78 | 15.24 | 13.01 |
| 茂名分公司 | 12.39 | 12.34 | 12.45 | 11.98 | 12.50 | 10.87 |

表 7　　1999 — 2004 年石化集团公司 HDPE 分企业产量　　万吨

| 企业名称＼年份 | 2004 | 2003 | 2002 | 2001 | 2000 | 1999 |
|---|---|---|---|---|---|---|
| 石化集团公司合计 | 91.09 | 91.30 | 74.12 | 59.89 | 60.96 | 61.89 |
| 石化股份公司合计 | 88.86 | 89.46 | 74.12 | 59.89 | 60.96 | — |
| 北京燕化股份公司 | 17.31 | 15.90 | 16.46 | 12.43 | 15.68 | 17.33 |
| 上海石化股份公司 | 37.14 | 37.96 | 23.93 | 14.60 | 12.89 | 11.42 |
| 扬子石化股份公司 | 21.78 | 17.20 | 16.98 | 15.94 | 16.74 | 16.72 |
| 齐鲁股份公司 | 12.63 | 18.41 | 16.75 | 16.91 | 15.66 | 16.42 |
| 燕山石化公司 | 2.23 | 1.84 | — | — | — | — |

（蔡志强）

**【线性低密度聚乙烯】** 线性低密度聚乙烯是聚乙烯树脂的一种，由乙烯和共聚单体在一定聚合条件下聚合而制得。产品经注塑、吹塑和滚塑可加工成薄膜、管材、片材、板材和容器等，广泛用于生产农膜、工业膜、日用品、管材、电缆绝缘料、各种瓶和罐等。

2004 年末石化集团公司有 6 套 LLDPE 装置。天津石化公司、齐鲁股份公司、中原石化公司、茂名分公司、广州分公司、扬子石化股份公司各 1 套。全部采用美国 UCC 公司气相流化床工艺。

2004 年末石化集团公司 LLDPE 装置生产能力 99 万吨/年(其中石化股份公司为 67 万吨/年)，同比增加 4 万吨/年。随着齐鲁股份公司 45 万吨/年乙烯装置的改造，聚乙烯装置也进行了扩能改造，生产能力由原设计的 6 万吨/年提高到 10 万吨/年，改造于 2004 年 9 月完成。

2004 年石化集团公司 LLDPE 产量为 105.56 万吨(其中石化股份公司为 69.30 万吨)，同比增加 7.35 万吨，增长 7.49%，详见表 8。扬子石化股份公司的聚乙烯装置高负荷生产，2004 年产量达到 28.24 万吨，又创历史新高，同比增加 2.04 万吨，比设计产能多生产 8.24 万吨，超设计能力 41%。同时，广州分公司 LLDPE 装置扩能改造后运行稳定，产量同比增加 5.18 万吨。

（蔡志强）

表 8　　1999 — 2004 年石化集团公司 LLDPE 分企业产量　　万吨

| 企业名称＼年份 | 2004 | 2003 | 2002 | 2001 | 2000 | 1999 |
|---|---|---|---|---|---|---|
| 石化集团公司合计 | 105.56 | 98.21 | 75.77 | 68.71 | 60.07 | 47.35 |
| 石化股份公司合计 | 69.30 | 47.74 | 26.16 | 21.83 | 19.50 | — |
| 扬子石化股份公司 | 28.24 | 26.20 | 5.92 | — | — | — |
| 齐鲁股份公司 | 4.59 | 6.58 | 6.24 | 7.17 | 6.59 | 7.18 |
| 广州分公司 | 20.14 | 14.96 | 14.00 | 14.66 | 12.91 | 2.64 |
| 茂名分公司 | 16.34 | 16.10 | 17.00 | 17.09 | 17.20 | 14.72 |
| 天津石化公司 | 14.29 | 14.35 | 13.04 | 10.67 | 9.56 | 9.08 |
| 中原石化公司 | 21.97 | 20.02 | 19.57 | 19.12 | 13.82 | 13.73 |

**【聚丙烯】** 聚丙烯由丙烯在催化剂作用下聚合而制得。聚丙烯可分均聚聚丙烯和共聚聚丙烯两大类。其生产工艺主要有浆液法、气相法和液相本体—气相法。聚丙烯生产方法按生产方式可分为连续法和间歇法。聚丙烯可通过挤塑、拉丝、吹塑等加工工艺制得各类塑料制品。由于其综合性能优良和容易加工成型，被广泛应用于农业、汽车制造、家电、包装材料、纺织、医疗卫生、日常生活用品等领域。

2004 年末石化集团公司聚丙烯生产能力为 285.50 万吨/年(其中石化股份公司为 242.00 万吨/年)。其中，连续法聚丙烯装置生产能力为 245.50 万吨/年(石化股份公司为 226.50 万吨/年)。2004 年末石化集团公司连续法聚丙烯装置生产能力占聚丙烯总生产能力的 85.99%。

2004年末石化集团公司间歇法聚丙烯装置生产能力为40万吨/年(其中石化股份公司为15.50万吨/年),同比减少7.60万吨/年(实际增加生产能力0.60万吨/年,但由于部分装置改制分流,所有权转移或停产核减能力8.20万吨/年)。2004年末石化集团公司间歇法聚丙烯装置生产能力占石化集团公司聚丙烯总生产能力的14.01%。

2004年末石化集团公司有22套连续法聚丙烯装置。石化集团公司聚丙烯生产工艺以环管法工艺为主,有14套环管法聚丙烯装置,占聚丙烯装置的63.64%。其中,6套为引进海蒙特环管技术,单线能力最大的为茂名分公司17万吨/年聚丙烯装置;8套为国产化环管技术,单线能力最大的为上海石化股份公司和镇海炼化股份公司的20万吨/年聚丙烯装置。其他8套装置中,5套为三井油化釜式法聚丙烯工艺;1套为三井油化溶剂法工艺;还有2套为bp(原阿莫科)气相法聚丙烯工艺,生产能力均为20万吨/年。

2004年末石化集团公司聚丙烯产量为313.34万吨(其中石化股份公司为263.86万吨),同比增加22.15万吨,详见表9。其中,石化集团公司连续法聚丙烯产量为273.61万吨,同比增加29.52万吨;石化股份公司为248.93万吨,同比增加21.26万吨。石化集团公司间歇法聚丙烯装置产量为39.73万吨(其中石化股份公司为15.45万吨),同比减少7.85万吨(石化股份公司同比增加2.43万吨),主要由于金陵石化公司等间歇法聚丙烯装置所有权转移。

2004年石化集团公司有1套新的连续法聚丙烯装置建成投产、3套连续法聚丙烯装置进行了扩能改造,共增加生产能力29万吨/年。

镇海炼化股份公司新建的1套能力为20万吨/年聚丙烯装置,采用国产化第二代环管技术,由工程建设公司(SEI)设计,于2003年末建成,2004年1月14日投产。

**表9　1999—2004年石化集团公司PP分企业产量①**

万吨

| 企业名称＼年份 | 2004 | 2003 | 2002 | 2001 | 2000 | 1999 |
|---|---|---|---|---|---|---|
| 石化集团公司合计 | 313.34 | 291.19 | 270.29 | 228.68 | 226.19 | 193.39 |
| 石化股份公司合计 | 263.86 | 16.70 | 186.75 | 150.44 | 151.32 | — |
| 1. 连续法PP | 273.61 | 244.09 | 216.15 | 178.12 | 173.02 | 149.92 |
| 北京燕化股份公司 | 41.25 | 37.06 | 40.15 | 22.84 | 27.80 | 30.28 |
| 上海石化股份公司 | 46.87 | 47.23 | 36.38 | 24.73 | 24.27 | 21.50 |
| 扬子石化股份公司 | 43.12 | 40.02 | 25.63 | 20.32 | 21.57 | 17.88 |
| 福建炼化有限公司 | 9.58 | 9.05 | 7.67 | 7.88 | 5.79 | 5.95 |
| 齐鲁股份公司 | 6.37 | 8.77 | 7.99 | 8.65 | 7.82 | 8.30 |
| 武汉分公司 | 12.10 | 9.01 | 9.03 | 8.67 | 7.33 | 7.01 |
| 九江分公司 | 11.55 | 10.87 | 10.36 | 9.72 | 8.57 | 6.55 |
| 济南分公司 | 8.61 | 7.10 | 7.66 | 7.19 | 6.62 | 4.90 |
| 荆门分公司 | 11.81 | 10.05 | 8.59 | 7.85 | 7.53 | 1.58 |
| 长岭分公司 | 12.40 | 10.08 | 9.64 | 7.32 | 7.60 | 7.67 |
| 广州分公司 | 17.37 | 14.88 | 14.96 | 15.52 | 13.63 | 6.84 |
| 天津石化公司 | 6.66 | 6.84 | 6.61 | 5.75 | 6.16 | 5.49 |
| 茂名分公司 | 17.07 | 17.31 | 17.37 | 17.77 | 17.35 | 14.97 |
| 洛阳石化总厂 | 10.46 | 8.80 | 7.40 | 7.03 | 5.91 | 5.90 |
| 中原石化公司 | 7.83 | 7.02 | 6.71 | 6.88 | 5.07 | 5.10 |
| 镇海炼化股份公司 | 15.98 | — | — | — | — | — |
| 2. 间歇式PP(总量) | 39.73 | 47.10 | 54.14 | 50.56 | 53.17 | 43.47 |

① 表中所列出的企业均为连续法聚丙烯生产企业。

武汉分公司、济南分公司和荆门分公司的聚丙烯装置相继在2004年1月、4月、5月停工进行扩能改造，各增加生产能力3万吨/年，装置生产能力均由原设计7万吨/年提高到10万吨/年。

2004年石化集团公司聚丙烯装置总体上运行稳定。2002年投产的大型聚丙烯装置不断优化工艺运行参数，实现了高负荷生产；部分聚丙烯装置进行了扩能改造，使聚丙烯产量继续增长。

扬子石化股份公司1#聚丙烯装置，2004年克服了仪表与设备等方面的问题，保持高负荷运行，全年产量达22.19万吨，超设计能力2.19万吨。2004年九江分公司聚丙烯产量较2003年又增产0.68万吨，产量达到11.55万吨，创新的历史最好水平。2004年北京燕化股份公司3#聚丙烯装置、长岭分公司和中原石化公司聚丙烯装置的产量也分别创历史最好水平。北京燕化股份公司3#聚丙烯装置产量达到24.16万吨、长岭分公司聚丙烯产量达12.4万吨、中原石化公司聚丙烯产量达7.83万吨，分别同比增加2.92万吨、2.32万吨、0.81万吨。广州分公司1#聚丙烯装置自2003年完成扩能改造后一直保持较高运行负荷，2004年产量达到了11.11万吨，超过设计能力1.11万吨。

2004年石化集团公司对间歇法聚丙烯产能又进行了较大幅度核减，主要有金陵石化公司聚丙烯装置通过改制分流核减产能6.5万吨/年、齐鲁石化公司核减1.45万吨/年、齐鲁石化公司其他企业核减0.25万吨/年，累计核减产能8.2万吨/年。2004年末石化集团公司聚丙烯间歇法装置产能为40吨/年，在石化集团公司聚丙烯总生产能力中所占比例已从2001年的23%降到了14.01%。

（蔡志强）

**【聚苯乙烯】** 聚苯乙烯树脂是以苯乙烯为单体经聚合而得到的聚合物，是最早实现工业化的合成树脂品种之一。聚苯乙烯品种主要有通用聚苯乙烯(GPPS)、高抗冲聚苯乙烯(HIPS)和发泡聚苯乙烯(EPS)3种。聚苯乙烯广泛用于生产日用品及工业用品，主要用于包装、玩具、建筑、电子和电器设备、汽车零件等。

石化集团公司原有7套聚苯乙烯生产装置，因金陵石化公司1套EPS装置已停产，2004年末石化集团公司只有6套聚苯乙烯生产装置。这些装置都采用连续本体法工艺。其中，北京燕化股份公司、齐鲁股份公司、广州分公司、茂名分公司(原湛江中美化工有限公司聚苯乙烯装置)各1套，扬—巴公司2套。2004年末石化集团公司聚苯乙烯生产能力为37.60万吨/年，同比持平；其中石化股份公司聚苯乙烯生产能力为21.60万吨/年(包括因原茂名石化公司乙烯工业公司转入股份公司而增加的生产能力)，按同口径对比，同比持平。

2004年石化集团公司聚苯乙烯产量为35.68万吨(其中石化股份公司为15.49万吨)，同比减少2.83万吨，详见表10。聚苯乙烯减产的主要原因是苯乙烯单体与聚苯乙烯产品出现价格倒挂，各相关企业相应增加了单体的外销量。

（蔡志强）

**【聚氯乙烯】** 聚氯乙烯树脂由氯乙烯单体聚合而成。生产方法主要有悬浮法、本体法、乳液法等，其中间歇悬浮法是生产聚氯乙烯主要方法。聚氯乙烯可以通过挤出、吹塑、注塑、滚塑、模塑、涂塑等成型工艺制成各种制品，广泛应用于工业、农业、国防及人民生活各个方面，如建筑业的管材、片材、异型材，薄膜、人造革、电线电缆护套、发泡制品等。

**表10　1999—2004年石化集团公司PS分企业产量**　万吨

| 企业名称＼年份 | 2004 | 2003 | 2002 | 2001 | 2000 | 1999 |
|---|---|---|---|---|---|---|
| 石化集团公司合计 | 35.68 | 38.51 | 35.81 | 36.69 | 35.47 | 30.23 |
| 石化股份公司合计 | 15.49 | 11.06 | 11.13 | 12.33 | 10.93 | — |
| 北京燕化股份公司 | 5.23 | 4.89 | 5.14 | 3.51 | 4.52 | 5.02 |
| 齐鲁股份公司 | 0.00 | 0.70 | — | 1.56 | 1.22 | 2.52 |
| 广州分公司 | 4.76 | 4.92 | 5.02 | 6.05 | 3.92 | 0.55 |
| 茂名分公司 | 5.50 | 7.85 | 5.60 | — | — | — |
| 上海高桥分公司 | 0.00 | 0.54 | 0.96 | 8.04 | 8.12 | 7.79 |
| 金陵石化公司 | 0.00 | — | — | — | — | 0.25 |
| 扬—巴公司 | 20.19 | 19.61 | 19.06 | 17.53 | 17.69 | 14.10 |

2004年石化集团公司聚氯乙烯生产企业有齐鲁股份公司和燕山石化公司2家。2004年末石化集团公司PVC生产能力为77万吨/年(其中石化股份公司为60万吨/年),同比增加37万吨/年。齐鲁股份公司乙烯改扩建时配套新建一套37万吨/年PVC生产装置,采用西方化学悬浮法工艺。2004年石化集团公司PVC产量为39.00万吨(其中石化股份公司为23.00万吨),同比持平。

(蔡志强)

**【其他树脂】** 石化集团公司还生产AS树脂、环氧树脂、聚醚树脂、聚氨酯树脂、不饱和树脂等合成树脂。从2004年起,石化集团公司开始以改制分流的方式开始对非主营产品进行整合,部分小品种树脂的生产能力和产量有所变化。2004年石化集团公司其他树脂生产能力为32.7万吨/年,产量为36.01万吨,分品种产量见表11。

石化集团公司生产AS树脂的企业只有上海高桥分公司1家,2004年末产能为5000吨/年,产量为4000吨。

石化集团公司生产环氧树脂的企业只有巴陵石化公司1家,2004年末生产能力为2.50万吨/年,产量为2.32万吨。

石化集团公司生产聚醚树脂的企业3家,生产聚对苯二甲酸丁二酯(PBT)树脂的企业1家,2004年总生产能力为23.20万吨/年,同比减少2.20万吨/年;产量为24.75万吨,同比增加1.56万吨。2004年天津石化公司、上海高桥石化公司、金陵石化公司聚醚树脂产量分别为7.51万吨、13.00万吨和2.41万吨,仪化集团公司PBT树脂产量为1.83万吨。

生产聚氨酯树脂的企业只有金陵石化公司1家,2004年生产能力1200吨/年,产量仅为160吨。

生产不饱和树脂的企业只有金陵石化公司1家,2004年生产能力为3.00万吨/年,同比持平;产量为2.69万吨,同比增加0.23万吨。

(蔡志强)

**表11　1999—2004年石化集团公司其他树脂产量**

万吨

| 年份 / 产品名称 | 2004 | 2003 | 2002 | 2001 | 2000 | 1999 |
|---|---|---|---|---|---|---|
| 石化集团公司合计 | 36.01 | 33.41 | 25.26 | 22.63 | 18.59 | 14.47 |
| 石化股份公司合计 | 0.40 | 1.48 | 1.45 | 1.00 | — | — |
| AS树脂 | 0.40 | 0.46 | — | — | — | — |
| 环氧树脂 | 2.32 | 2.09 | 1.51 | 1.68 | 1.18 | 0.90 |
| 聚醚、PBT树脂 | 24.75 | 23.19 | 19.71 | 18.35 | 15.45 | 12.67 |
| 聚氨酯树脂 | 0.016 | 0.077 | 0.55 | 0.06 | 0.06 | 0.18 |
| 不饱和树脂 | 2.69 | 2.46 | 2.04 | 1.54 | 1.35 | 0.72 |
| 其　他 | 6.23 | 5.73 | — | — | — | — |

## 合成橡胶

**【概述】** 合成橡胶是国民经济和人民生活不可缺少的重要原材料,也是重要的战略物资。随着石化工业和橡胶制品工业的迅速发展,中国合成橡胶(SR)工业也得到迅速发展,国有技术日趋成熟,形成了一定的规模和实力。截至2004年底,除异戊橡胶(IR)外,中国已能生产丁苯橡胶、顺丁橡胶、氯丁橡胶、丁腈橡胶、乙丙橡胶、SBS热塑性弹性体及丁基橡胶等胶种。

截至2004年末石化集团公司合成橡胶生产能力达69.58万吨/年(其中石化股份公司为50.63万吨/年),同比增长0.06%。分胶种统计,丁苯橡胶生产能力(不含胶乳)19万吨/年,与2003年持平;丁苯胶乳生产能力5.95万吨/年,同比减少1.82%;顺丁橡胶生产能力24.18万吨/年,与2003年持平;SBS热塑性弹性体生产能力17.45万吨/年,同比增长0.87%,依然是产能增幅最大的品种。1999—2004年石化集团公司合成橡胶分品种装置生产能力见表12。

2004年全国合成橡胶的产量达到了147.8万吨,同比增长幅度为11.7%。石化集团公司产量为78.09万吨(其中石化股份公司产量为56.12万吨),同比增长2.90%。分胶种统计,顺丁橡胶为29.83万吨,丁苯橡胶为19.75万吨(包括丁苯胶乳),SBS热塑性弹性体为24.28万吨,丁基橡胶为3.76万吨,SIS橡胶为4 501吨。1999—2004年石化集团公司合成橡胶各品种产量见表13。

(楼峥芳)

表 12　1999 — 2004 年石化集团公司合成橡胶分品种装置生产能力　万吨/年

| 产品名称＼年份 | 2004 | 2003 | 2002 | 2001 | 2000 | 1999 |
|---|---|---|---|---|---|---|
| 石化集团公司合计 | 69.58 | 69.54 | 69.35 | 68.46 | 61.49 | 52.89 |
| 石化股份公司合计 | 50.63 | 45.52 | 45.38 | 44.38 | 42.24 | — |
| 丁苯橡胶 | 24.95 | 25.06 | 25.27 | 25.38 | 25.41 | 21.81 |
| 胶乳 | 5.95 | 6.06 | 6.27 | 6.38 | 6.41 | 2.81 |
| 充油胶 | 6.00 | 6.00 | 6.00 | 6.00 | 6.00 | 6.00 |
| 软胶 | 13.00 | 13.00 | 13.00 | 13.00 | 13.00 | 13.00 |
| 顺丁橡胶 | 24.18 | 24.18 | 24.08 | 24.08 | 24.08 | 22.08 |
| 丁基橡胶 | 3.00 | 3.00 | 3.00 | 3.00 | 3.00 | — |
| SBS 热塑性弹性体 | 17.45 | 17.30 | 17.00 | 16.00 | 9.00 | 9.0 |

表 13　1999 — 2004 年石化集团公司合成橡胶分品种产量　万吨

| 产品名称＼年份 | 2004 | 2003 | 2002 | 2001 | 2000 | 1999 |
|---|---|---|---|---|---|---|
| 石化集团公司合计 | 78.09 | 75.89 | 69.34 | 60.86 | 49.84 | 45.33 |
| 石化股份公司合计 | 56.12 | 50.19 | 45.77 | 39.79 | 31.70 | — |
| 丁苯橡胶 | 19.75 | 21.71 | 19.45 | 18.62 | 12.15 | 12.23 |
| 胶乳 | 6.22 | 6.17 | 6.00 | 4.92 | 3.97 | 2.64 |
| 充油胶 | 6.68 | 6.34 | 3.72 | 3.49 | 2.01 | 2.09 |
| 软胶 | 6.84 | 9.20 | 9.73 | 10.21 | 6.17 | 7.50 |
| 顺丁橡胶 | 29.83 | 28.14 | 25.77 | 25.25 | 23.85 | 24.33 |
| 丁基橡胶 | 3.76 | 2.70 | 2.15 | 0.42 | 0.41 | — |
| SBS 热塑性弹性体 | 24.28 | 23.00 | 21.68 | 16.46 | 13.36 | 8.77 |
| SIS 橡胶 | 0.45 | 0.31 | 0.29 | 0.11 | 0.07 | — |

**【顺丁橡胶】** 顺丁橡胶是丁二烯在镍、钴、锂等不同催化剂存在下进行溶液聚合制得的，其特点是弹性高、耐磨性好，缺点是抗湿滑性较差，适于作轮胎胎面，也可用于其他橡胶制品以及塑料改性。中国可以生产镍系顺丁橡胶和锂系顺丁橡胶，工业生产的镍系顺丁橡胶产品质量与性能已达到国际同类产品的先进水平。

2004 年末石化集团公司顺丁橡胶生产能力为 24.18 万吨/年，其中石化股份公司为 21.18 万吨/年。生产企业有北京燕化股份公司、上海高桥分公司、齐鲁股份公司、巴陵石化公司、茂名分公司 5 家，除茂名分公司为锂系顺丁橡胶外均为镍系顺丁橡胶。2004 年石化集团公司共生产顺丁橡胶 29.83 万吨，其中石化股份公司产量为 27.04 万吨，各企业产量见表 14。

表 14　1999 — 2004 年石化集团公司顺丁橡胶分企业产量　万吨

| 企业名称＼年份 | 2004 | 2003 | 2002 | 2001 | 2000 | 1999 |
|---|---|---|---|---|---|---|
| 石化集团公司合计 | 29.83 | 28.14 | 25.77 | 25.25 | 23.85 | 24.33 |
| 石化股份公司合计 | 27.04 | 26.29 | 24.68 | 22.29 | 21.00 | — |
| 北京燕化股份公司 | 13.25 | 12.22 | 12.03 | 9.1 | 9.54 | 10.42 |
| 上海高桥分公司 | 10.2 | 9.27 | 8.46 | 8.57 | 7.77 | 7.34 |
| 齐鲁股份公司 | 3.59 | 4.80 | 4.19 | 4.62 | 3.69 | 3.91 |
| 巴陵石化公司 | 2.79 | 1.85 | 1.04 | 2.96 | 2.72 | 2.66 |
| 茂名分公司 | 0 | 0.00 | 0 | 0.13 | — | — |

（楼峥芳）

【丁苯橡胶】 丁苯橡胶(SBR)是1,3-丁二烯和苯乙烯的共聚物，按聚合体系又可分为乳液聚合丁苯橡胶(ESBR)和溶液聚合丁苯橡胶(SSBR)两类，其中ESBR约占80%。ESBR由丁二烯和苯乙烯进行乳液聚合制备，其耐热、耐磨和耐老化等性能比天然橡胶好，广泛用于制造轮胎和各种橡胶制品。自1937年ESBR实现工业化以来，由于产品综合性能良好，ESBR已成为合成橡胶中品种牌号最多(共有9个系列，常用的牌号有上百种)、产量最大(约占合成橡胶总产量的1/3)、用途最广的胶种。ESBR一半以上用于制造轮胎。

SSBR是一种具有广泛应用前景的新型胶种，由丁二烯和苯乙烯在锂系催化剂存在下经溶液聚合法制备。其滚动阻力优于ESBR和天然橡胶，抗湿滑性优于顺丁橡胶，耐磨性也很好，可以满足轮胎高速、安全、节能、舒适的要求，用其制造轮胎可比ESBR节油3%—5%。

充油丁苯橡胶是按产品牌号的不同，每100份聚合物中填充15—50份高芳烃油或环烷油(近年来有的产品充油量甚至达到62.5份)。充油丁苯橡胶具有加工性能好、生热低、低温挠屈性好等特点，尤其是用于胎面胶时具有优异的牵引性能和耐磨耗性，大量应用于轻便客车、轿车的轮胎胎面和胎侧及轮胎修配料中，此外还广泛用于输送带、胶管、鞋类以及电线电缆等工业制品。

2004年末石化集团公司丁苯橡胶生产能力为24.95万吨/年，其中石化股份公司为19.45万吨/年。丁苯橡胶生产能力增加的企业有上海高桥分公司，燕山石化公司及齐鲁石化公司非上市部分的丁苯胶乳装置由于改制分流，不再属于石化集团公司。2004年石化集团公司共生产丁苯橡胶19.75万吨，其中石化股份公司产量为13.95万吨，各企业产量见表15。

表15　**1999—2004年石化集团公司丁苯橡胶分企业产量**

万吨

| 企业名称 \ 年份 | 2004 | 2003 | 2002 | 2001 | 2000 | 1999 |
|---|---|---|---|---|---|---|
| 石化集团公司合计 | 19.75 | 21.71 | 19.45 | 18.62 | 12.15 | 12.23 |
| 石化股份公司合计 | 13.95 | 14.94 | 13.13 | 13.31 | 7.47 | — |
| 北京燕化股份公司 | — | — | — | 0.06 | — | 0.22 |
| 齐鲁股份公司 | 12.73 | 14.60 | 12.82 | 13.02 | 7.27 | 8.13 |
| 上海高桥分公司 | 0.43 | 0.34 | 0.31 | 0.23 | 0.20 | 2.53 |
| 高桥控股公司 | 5.79 | 5.59 | 5.46 | 4.26 | 3.23 | — |
| 茂名分公司 | 0.79 | 0.94 | 0.63 | 0.62 | 0.91 | 1.35 |
| **胶乳** | | | | | | |
| 石化集团公司小计 | 6.22 | 6.17 | 6.00 | 4.92 | 3.97 | 2.64 |
| 石化股份公司小计 | 0.43 | 0.34 | 0.31 | 0.23 | 0.20 | — |
| 燕山石化公司 | — | — | 0.01 | 0.10 | — | 0.11 |
| 上海高桥分公司 | 0.43 | 0.34 | 0.31 | 0.23 | 0.20 | 2.53 |
| 高桥控股公司 | 5.79 | 5.59 | 5.46 | 4.26 | 3.23 | — |
| **充油胶** | | | | | | |
| 石化集团公司小计 | 6.68 | 6.34 | 3.72 | 3.49 | 2.01 | 2.09 |
| 石化股份公司小计 | 6.68 | 5.40 | 3.09 | 2.87 | — | — |
| 齐鲁股份公司 | 5.89 | 5.40 | 3.09 | 2.87 | 1.10 | 0.74 |
| 茂名分公司 | 0.79 | 0.94 | 0.63 | 0.62 | 0.91 | 1.35 |
| **软胶** | | | | | | |
| 石化集团公司小计 | 6.84 | 9.20 | 9.73 | 10.21 | 6.17 | 7.50 |
| 石化股份公司小计 | 6.84 | 9.20 | 9.73 | 10.21 | 6.17 | — |
| 北京燕化股份公司 | — | — | — | 0.06 | — | 0.11 |
| 齐鲁股份公司 | 6.84 | 9.20 | 9.73 | 10.15 | 6.17 | 7.39 |

(楼峥芳)

**【SBS热塑性弹性体】** SBS热塑性弹性体是苯乙烯和丁二烯的嵌段共聚物，兼有橡胶和塑料的性能，可直接注塑或挤压成型，能节省可观的加工费用。因其具有高弹性、高强度、耐低温、抗湿滑的优良性能，一般用于制作鞋底和粘合剂，以及用作塑料和沥青的改性剂。

2004年末石化集团公司SBS热塑性弹性体生产能力为17.45万吨/年，其中石化股份公司为7.0万吨/年。2004年石化集团公司SBS热塑性弹性体产量为24.28万吨，其中石化股份公司为11.36万吨，各企业产量见表16。

（楼峥芳）

表16 **1999—2004年石化集团公司SBS热塑性弹性体分企业产量** 万吨

| 企业名称 \ 年份 | 2004 | 2003 | 2002 | 2001 | 2000 | 1999 |
|---|---|---|---|---|---|---|
| 石化集团公司合计 | 24.28 | 23.00 | 21.68 | 16.46 | 13.36 | 8.77 |
| 石化股份公司合计 | 11.36 | 6.26 | 5.81 | 3.77 | 2.82 | — |
| 北京燕化股份公司 | 7.11 | 6.26 | 5.81 | 3.77 | 2.82 | 1.54 |
| 巴陵石化公司 | 12.85 | 12.51 | 11.12 | 8.10 | 7.05 | 5.07 |
| 茂名分公司 | 4.24 | 4.19 | 4.73 | 4.59 | 3.49 | 2.16 |
| 金陵石化控股合资公司 | 0.07 | 0.04 | 0.02 | — | — | — |

**【丁基橡胶】** 丁基橡胶(IIR)是以高纯度异丁烯、异戊二烯为原料，三氯化铝加微量水为催化剂，氯甲烷为稀释剂，在−100℃左右进行阳离子共聚反应而制得。丁基橡胶属非极性饱和碳链橡胶，具有优良的化学稳定性、高绝缘性、低弹性、优异的阻隔性和气密性，特别适于制作气密性产品，在包括电子、机械、医疗和食品等行业中有着非常广泛的用途。

截至2004年底国内只有北京燕化股份公司拥有3万吨/年的生产装置，采用意大利PI公司技术，于1999年底建成投产。可生产的主要牌号有IIR1751(轮胎内胎级)、IIR0745(电绝缘材料、密封材料、薄膜级)、IIR1751F(食品级、医药级)。2004年通过技术攻关及优化工艺条件使装置的产量有了较大幅度提高，产量达到了3.76万吨，首次突破装置设计能力(见表17)。

表17 **2000—2004年石化集团公司丁基橡胶产量** 万吨

| 企业名称 \ 年份 | 2004 | 2003 | 2002 | 2001 | 2000 |
|---|---|---|---|---|---|
| 石化集团公司合计 | 3.76 | 2.70 | 2.15 | 0.42 | 0.41 |
| 石化股份公司合计 | 3.76 | 2.70 | 2.15 | 0.42 | 0.41 |
| 北京燕化股份公司 | 3.76 | 2.70 | 2.15 | 0.42 | 0.41 |

（楼峥芳）

**【SIS橡胶】** SIS橡胶是苯乙烯和异戊二烯的嵌段共聚物，兼有橡胶和塑料的性能，是新型胶种。因其具有高弹性、高强度、耐低温、抗湿滑的优良性能，一般用于制造粘合剂和不干胶。

石化集团公司只有巴陵石化公司生产SIS橡胶。由于合成工艺与SBS热塑性弹性体类似，巴陵石化公司根据市场需要利用SBS装置的一条生产线开发生产SIS橡胶。自2000年起产量逐年增加，2004年产量达到了4 501吨，详见表18。

（楼峥芳）

表18 **2000—2004年石化集团公司SIS橡胶产量** 万吨

| 企业名称 \ 年份 | 2004 | 2003 | 2002 | 2001 | 2000 |
|---|---|---|---|---|---|
| 石化集团公司合计 | 0.45 | 0.31 | 0.29 | 0.11 | 0.07 |
| 巴陵石化公司 | 0.45 | 0.31 | 0.29 | 0.11 | 0.07 |

## 合成纤维

【概述】 合成纤维是化学纤维的一部分，是使用化学合成方法制得的以纺织、服装为主要用途的纤维材料，主要原料来自石油和天然气。随着科学的进步和生活水平的提高，合成纤维及合成纤维聚合物在非纺织领域的应用也不断增加。合成纤维及其原料工业是中国石油化学工业的重要组成部分，是石化集团公司的主业之一。2004年中国化学纤维总产量达1424.54万吨，比2003年增加240.29万吨，增长20.29%，其中合成纤维总产量为1313.96万吨，比2003年增加226.44万吨，增长20.82%。2004年全国合成纤维产量增长速度迅猛。

石化集团公司的合成纤维生产企业包括生产合成纤维原料、合成纤维聚合物、合成纤维以及合成纤维加工产品的企业。石化集团公司所属合成纤维及原料生产企业和主要合成纤维及原料生产装置的生产能力见表19。

2004年石化集团公司合成纤维原料生产能力为351.76万吨/年，比2003年减少1.2万吨/年；合成纤维聚合物生产能力为279.49万吨/年，比2003年增加32.85万吨/年；合成纤维生产能力为187.13万吨/年，比2003年减少2.32万吨/年。

2004年石化集团公司生产合成纤维原料362.15万吨，比2003年增加26.08万吨；生产合成纤维聚合物252.10万吨，比2003年增加12.42万吨；生产合成纤维170.34万吨，比2003年减少0.88万吨。2004年石化集团公司生产差别化合成纤维76.33万吨，比2003年增加12.71万吨；合成纤维差别化率达到44.81%，比2003年提高7.7个百分点。

2004年1月1日，茂名石化公司原乙烯工业公司改制进入石化股份公司，成为茂名分公司化工事业部，其乙二醇装置产能、产量纳入石化股份公司统计口径。

2004年上海高桥分公司0.8万吨/年丙烯腈装置全部报废，产能核销；齐鲁石化公司0.4万吨/年丙烯腈装置全部改制，产能核销；北京燕化股份公司4万吨/年聚酯装置全部报废，产能核销。以上企业均从相关产业中退出，产量按照原口径统计到2004年底。

（周向进）

【合成纤维原料】 石化集团公司生产的合成纤维原料有精对苯二甲酸（PTA）、丙烯腈（AN）、己内酰胺（CPL）、乙二醇（EG）4个品种。2004年末石化集团公司合成纤维原料的生产能力为351.76万吨/年（其中石化股份公司为279.00万吨/年），比2003年减少1.20万吨/年，降低3.40%。

2004年石化集团公司生产合成纤维原料362.15万吨（其中石化股份公司289.54万吨），比2003年增加26.08万吨，增长7.76%。石化集团公司1999—2004年合成纤维原料产量见表20。

1. 精对苯二甲酸（PTA）

PTA是生产聚酯的主要原料。

石化集团公司生产PTA的企业有天津石化公司、上海石化股份公司、扬子石化股份公司、仪征化纤股份公司和洛阳石化总厂5家。扬子石化股份公司、仪征化纤股份公司（第一套PTA装置）和洛阳石化总厂的PTA装置采用原美国阿莫科化学品公司的专利技术，上海石化股份公司采用日本三井石油化学株式会社的“三井—阿莫科”专利技术，天津石化公司采用日本三井石油化学株式会社的专利技术，仪征化纤股份公司第二套PTA装置采用“杜邦—ICI”专利技术。

北京燕化股份公司是石化集团公司最早生产PTA的企业，采用的也是原美国阿莫科化学品公司的专利技术。从1999年起，北京燕化股份公司根据市场的需要和装置的实际状况，将PTA装置改产间苯二甲酸（PIA）。PIA在聚酯工业中，主要用作第三单体，是瓶用聚酯切片的主要原料之一。

2004年石化集团公司PTA产量为257.17万吨（其中石化股份公司产量为194.63万吨），比2003年增加21.80万吨，同比增长9.26%。石化集团公司1999—2004年PTA产量见表21。

2004年仪征化纤股份公司PTA产量为93.34万吨，比2003年增加21.35万吨，同比增长29.66%；洛阳石化总厂PTA装置扩能技术改造项目发挥效能，产量比2003年增加4.47万吨，同比增长15.91%。

2. 丙烯腈（AN）

丙烯腈是生产聚丙烯腈的单体，是制造腈纶纤维的主要单体原料。丙烯腈也是工程塑料ABS和AS的原料之一。丙烯腈为无色透明液体，有刺激性气味和毒性。

2004年石化集团公司生产丙烯腈的企业有上海石化股份公司、安庆分公司和齐鲁分公司3家。上海石化股份公司和安庆分公司均采用美国标准石油公司专利技术，齐鲁分公司采用国内技术。

2004年上海高桥分公司0.8万吨/年丙烯腈装置全部报废，产能核销；齐鲁石化公司0.4万吨/年丙烯腈装置改制，产能核销。

2004年石化集团公司生产丙烯腈25.84万吨，比2003年增加1.46万吨，增长5.99%。石化集团公司1999—2004年丙烯腈产量见表22。

**表 19　2004 年石化集团公司主要合成纤维及原料分企业装置生产能力**

万吨/年

| 企业名称 | 合纤原料 | PTA | 己内酰胺 | 丙烯腈 | 乙二醇 | 合纤聚合物 | 聚酯 | PVA | 聚酰胺 | 合成纤维 | 涤纶 | 锦纶 | 腈纶 | 维纶 | 丙纶 |
|---|---|---|---|---|---|---|---|---|---|---|---|---|---|---|---|
| 北京燕化股份公司 | 8.00 | — | — | — | 8.00 | — | — | — | — | — | — | — | — | — | — |
| 天津分公司 | | — | — | — | — | 7.00 | 7.00 | — | — | 6.39 | 6.39 | — | — | — | — |
| 石家庄炼化股份公司 | 6.50 | — | 6.50 | — | — | 2.50 | — | — | 2.50 | 0.50 | — | 0.50 | — | — | — |
| 上海石化股份公司 | 64.00 | 28.00 | — | 13.00 | 23.00 | 58.83 | 55.00 | 3.83 | — | 42.43 | 21.65 | — | 19.08 | — | 1.70 |
| 上海高桥分公司 | — | — | — | 0.80① | — | — | — | — | — | — | — | — | — | — | — |
| 扬子石化股份公司 | 86.00 | 60.00 | — | — | 26.00 | — | — | — | — | — | — | — | — | — | — |
| 仪征化纤股份公司 | 85.50 | 85.50 | — | — | — | 153.86 | 153.86 | — | — | 78.10 | 78.10 | — | — | — | — |
| 安庆分公司 | 8.00 | — | — | 8.00 | — | — | — | — | — | 7.00 | — | — | 7.00 | — | — |
| 齐鲁分公司 | 4.00 | — | — | 4.00 | — | — | — | — | — | 5.40 | — | — | 5.40 | — | — |
| 巴陵分公司 | 7.00 | — | 7.00 | — | — | 3.70 | — | — | 3.70 | 1.33 | — | 1.33 | — | — | — |
| 燕山石化公司 | 4.00 | — | — | — | 4.00 | 2.80 | — | 2.80 | — | — | — | — | — | — | — |
| 天津石化公司 | 36.26 | 30.00 | — | — | 6.26 | 20.80 | 20.80 | — | — | 19.00 | 19.00 | — | — | — | — |
| 洛阳石化总厂 | 32.50 | 32.50 | — | — | — | 24.00 | 24.00 | — | — | 20.10 | 19.70 | — | — | — | 0.40 |
| 仪化集团公司 | — | — | — | — | — | — | — | — | — | 4.18 | 4.18 | — | — | — | — |
| 四川维尼纶厂 | — | — | — | — | — | 6.00 | — | 6.00 | — | 2.10 | — | — | — | 2.10 | — |
| 齐鲁石化公司 | — | — | — | 0.40① | — | — | — | — | — | — | — | — | — | — | — |
| 茂名分公司 | 10.00 | — | — | — | 10.00 | — | — | — | — | — | — | — | — | — | — |
| 江苏石油勘探局 | — | — | — | — | — | — | — | — | — | 0.60 | — | — | — | — | 0.60 |
| 合　计 | 351.76 | 236.00 | 13.50 | 25.00 | 77.26 | 279.49 | 260.66 | 12.63 | 6.20 | 187.13 | 149.02 | 1.83 | 31.48 | 2.10 | 2.70 |

① 2004 年丙烯腈装置改制，产能核销。

表 20 1999 — 2004 年石化集团公司合成纤维原料分品种产量 万吨

| 产品名称＼年份 | 2004 | 2003 | 2002 | 2001 | 2000 | 1999 |
|---|---|---|---|---|---|---|
| 石化集团公司合计 | 362.15 | 336.07 | 287.05 | 266.64 | 264.48 | 215.20 |
| 石化股份公司合计 | 289.54 | 257.18 | 213.31 | 198.27 | 219.29 | — |
| PTA | 257.17 | 235.37 | 191.21 | 177.01 | 158.26 | 122.19 |
| DMT | — | — | — | 5.72 | 12.53 | 12.28 |
| 丙烯腈 | 25.84 | 24.38 | 20.47 | 18.10 | 18.54 | 15.20 |
| 己内酰胺 | 14.40 | 12.46 | 16.78 | 14.93 | 15.99 | 10.94 |
| 乙二醇 | 64.74 | 58.60 | 58.60 | 50.87 | 59.16 | 54.59 |

表 21 1999 — 2004 年石化集团公司 PTA 分企业产量 万吨

| 企业名称＼年份 | 2004 | 2003 | 2002 | 2001 | 2000 | 1999 |
|---|---|---|---|---|---|---|
| 石化集团公司合计 | 257.17 | 235.37 | 191.21 | 177.01 | 158.26 | 122.19 |
| 石化股份公司合计 | 194.63 | 175.60 | 137.56 | 128.93 | 134.24 | — |
| 北京燕化股份公司 | 2.12① | 1.67① | 1.30① | 0.44① | 0.46① | 0.59① |
| 天津石化公司 | 29.98 | 31.68 | 29.00 | 23.80 | 11.47 | — |
| 上海石化股份公司 | 29.27 | 31.31 | 30.75 | 29.02 | 28.00 | 27.09 |
| 扬子石化股份公司 | 72.02 | 72.30 | 72.55 | 67.30 | 72.22 | 66.05 |
| 仪征化纤股份公司 | 93.34 | 71.99 | 34.26 | 32.61 | 34.02 | 29.05 |
| 洛阳石化总厂 | 32.56 | 28.09 | 24.65 | 24.28 | 12.55 | — |

① PIA 产量未作为合纤原料加以统计。

表 22 1999 — 2004 年石化集团公司丙烯腈分企业产量 万吨

| 企业名称＼年份 | 2004 | 2003 | 2002 | 2001 | 2000 | 1999 |
|---|---|---|---|---|---|---|
| 石化集团公司合计 | 25.84 | 24.38 | 20.47 | 18.10 | 18.54 | 15.20 |
| 石化股份公司合计 | 25.69 | 24.08 | 20.34 | 18.10 | 18.54 | — |
| 上海石化股份公司 | 12.51 | 10.82 | 7.30 | 6.75 | 7.29 | 5.99 |
| 上海高桥分公司 | 0.63 | 0.88 | 0.84 | 0.90 | 0.87 | 0.80 |
| 安庆分公司 | 8.31 | 8.23 | 8.01 | 6.44 | 6.62 | 5.38 |
| 齐鲁分公司 | 4.24 | 4.15 | 4.19 | 4.01 | 3.76 | 3.03 |

3. 己内酰胺(CPL)

己内酰胺是合成聚己内酰胺树脂(尼龙－6)的单体，主要用于生产锦纶纤维。聚己内酰胺树脂也是工程塑料的一个种类。使用聚己内酰胺树脂工程塑料制造的齿轮具有自润滑特性，适用于仪器仪表的传动器件。

2004 年石化集团公司生产己内酰胺的企业有巴陵分公司和石家庄炼化股份公司 2 家，初始设计生产能力均为 5 万吨/年。巴陵分公司采用荷兰国家矿业公司专利技术，石家庄炼化股份公司采用意大利SNIA公司的专利技术。

巴陵分公司和石家庄炼化股份公司先后采用国内技术对己内酰胺装置进行扩能技术改造，2004 年装置产能分别为 7 万吨/年和 6.5 万吨/年。

2004 年石化集团公司生产己内酰胺 14.40 万吨(即石化股份公司产量)。石化集团公司 1999—2004 年己内酰胺产量见表 23。

表 23 1999 — 2004 年石化集团公司己内酰胺分企业产量 万吨

| 企业名称 \ 年份 | 2004 | 2003 | 2002 | 2001 | 2000 | 1999 |
|---|---|---|---|---|---|---|
| 石化集团公司合计 | 14.40 | 12.46 | 16.78 | 14.93 | 15.99 | 10.94 |
| 石化股份公司合计 | 14.40 | 12.46 | 10.28 | 8.87 | 10.28 | — |
| 石家庄炼化股份公司 | 6.92 | 5.74 | 3.04 | 1.61 | 3.44 | 0.06 |
| 南京化工公司 | — | — | 6.50① | 6.07 | 5.71 | 4.91 |
| 巴陵分公司 | 7.48 | 6.72 | 7.24 | 7.25 | 6.84 | 5.96 |

① 己内酰胺装置与荷兰 DSM 公司合资，产量最后一次纳入石化集团公司统计。

4. 乙二醇(EG)

乙二醇主要用于生产聚酯，还用于生产防冻液等。乙二醇的生产工艺通常由环氧乙烷水合反应生成，所以当环氧乙烷市场紧俏的时候，企业经常通过减少乙二醇的产量来平衡市场对环氧乙烷的需求。

2004 年石化集团公司生产乙二醇的企业有北京燕化股份公司、燕山石化公司(原北京东方石油化工有限公司)、天津石化公司、上海石化股份公司、扬子石化股份公司、茂名分公司 6 家企业。北京燕化股份公司、燕山石化公司、扬子石化股份公司、上海石化股份公司采用美国科学设计公司专利技术，天津石化公司、茂名分公司采用荷兰壳牌公司专利技术。

2004 年茂名石化公司原乙烯工业公司改制进入石化股份公司，成为茂名分公司化工事业部，其乙二醇装置产能、产量纳入石化股份公司统计口径。

2004 年石化集团公司生产乙二醇 64.74 万吨(其中石化股份公司 54.82 万吨)。石化集团公司 1999—2004 年乙二醇产量见表 24。

表 24 1999 — 2004 年石化集团公司乙二醇分企业产量 万吨

| 企业名称 \ 年份 | 2004 | 2003 | 2002 | 2001 | 2000 | 1999 |
|---|---|---|---|---|---|---|
| 石化集团公司合计 | 64.74 | 63.86 | 58.60 | 50.87 | 59.16 | 54.59 |
| 石化股份公司合计 | 54.82 | 45.06 | 45.13 | 36.65 | 43.69 | — |
| 北京燕化股份公司 | 7.28 | 7.68 | 8.08 | 5.63 | 7.19 | 7.71 |
| 上海石化股份公司 | 19.64 | 19.34 | 17.42 | 11.48 | 13.11 | 14.01 |
| 扬子石化股份公司 | 18.66 | 18.02 | 19.63 | 19.55 | 23.39 | 18.91 |
| 燕山石化公司① | 4.87 | 4.31 | — | — | — | — |
| 天津石化公司② | 5.05 | 4.90 | 3.94 | 3.99 | 4.51 | 4.56 |
| 茂名分公司 | 9.24 | 9.61 | 9.53 | 10.24 | 10.96 | 9.40 |

① 燕山石化公司的乙二醇装置 2003 年前属原北京东方石油化工有限公司。

② 2001 年以前乙二醇装置属天津联合石化公司。

(周向进)

**【合成纤维聚合物】** 石化集团公司生产的合成纤维聚合物主要品种有聚酯(PET)、聚乙烯醇(PVA)、聚己内酰胺(PA6)、纤维级聚丙烯(纤维级 PP)。2004 年石化集团公司合成纤维聚合物的生产能力为 279.49 万吨/年，扣除产能核减的因素，实际比 2003 年增加 32.85 万吨/年，增长 13.32%。其中，新增产能 39.35 万吨/年，核减产能 6.5 万吨/年。

2004 年石化集团公司生产合成纤维聚合物 252.10 万吨(其中石化股份公司 200.54 万吨)，比 2003 增产 12.42 万吨，增长 5.18%。石化集团公司 1999—2004 年合成纤维聚合物产量见表 25。

1. 聚酯(PET)

这里的聚酯是对聚对苯二甲酸乙二酯(PET)的简称。PET 的主要生产工艺是以精对苯二甲酸(PTA)和乙二醇(EG)为原料，经过酯化反应生成对苯二甲酸乙二酯(BHET)，再经过缩聚反应而成。

聚酯主要用作涤纶纤维的原料。聚酯熔体直接纺丝或者制成聚酯切片后再熔融纺丝，然后经过适当的

表 25　　**1999 — 2004 年石化集团公司合成纤维聚合物分品种产量**　　万吨

| 产品名称＼年份 | 2004 | 2003 | 2002 | 2001 | 2000 | 1999 |
|---|---|---|---|---|---|---|
| 石化集团公司合计 | 252.10 | 239.68 | 223.35 | 216.06 | 186.84 | 156.25 |
| 石化股份公司合计 | 200.54 | 184.56 | 170.04 | 161.57 | 160.16 | — |
| 聚酯 | 234.97 | 221.95 | 209.25 | 202.85 | 174.05 | 143.82 |
| 聚乙烯醇 | 11.81 | 11.70 | 9.35 | 9.05 | 8.96 | 9.44 |
| 聚己内酰胺 | 5.33 | 6.03 | 4.76 | 4.16 | 3.83 | 2.99 |

后加工，可以制得涤纶长丝、涤纶短纤维及其他规格的涤纶制品。聚酯树脂还可以经过增黏或直接制造各种规格的薄膜、容器，如包装膜、X 光片片基、照相胶卷、饮料瓶等，也可以与玻璃纤维等材料复合制成工程塑料。纤维用聚酯(聚酯切片)一般有半消光、有光、大有光、超有光等规格，特性黏度一般在 0.645 左右。特种用途的聚酯树脂还需要添加第三单体或者其他改性剂。

2004 年石化集团公司生产聚酯的企业有天津石化公司、天津分公司、上海石化股份公司、仪征化纤股份公司和洛阳石化总厂 5 家。仪征化纤股份公司主装置和天津石化公司聚酯装置采用德国吉玛公司的专利技术，天津分公司 7 万吨/年聚酯装置采用日本帝人公司的专利技术，上海石化股份公司 26 万吨/年装置采用日本钟纺公司技术、5 万吨/年装置采用杜邦公司专利技术，洛阳石化总厂 20 万吨/年聚酯装置采用杜邦公司专利技术。仪征化纤股份公司近两年新建成的聚酯装置均采用国内技术。

2004 年仪征化纤股份公司新建成一条生产能力 21 万吨/年的瓶级聚酯生产线，另外通过技术改造增加聚酯生产能力 1.85 万吨/年，总生产能力达到 153.86 万吨/年。2004 年仪征化纤股份公司实际生产聚酯 135.66 万吨，是石化集团公司聚酯生产能力最大的企业。

2004 年上海石化股份公司采用自有技术新建一套生产能力 15 万吨/年的聚酯生产线。

2004 年北京燕化股份公司核销全部聚酯生产能力 4.0 万吨/年；上海石化股份公司 2.5 万吨/年装置报废，产能核销。

2004 年石化集团公司生产聚酯 234.97 万吨(其中石化股份公司 190.55 万吨)，比 2003 年增加 13.02 万吨，增长 5.87%。石化集团公司 1999—2004 年聚酯产量见表 26。

2. 聚乙烯醇(PVA)

聚乙烯醇主要用于制造维纶纤维和粘合剂。

2004 年石化集团公司生产聚乙烯醇的企业有上海石化股份公司、四川维尼纶厂和燕山石化公司(PVA 装置 2003 年前属于原北京东方石油化工有限公司)3 家。上海石化股份公司和四川维尼纶厂采用日本东丽公司专利技术。燕山石化公司采用日本可乐丽公司专利技术，后采用国产技术进行技术改造。上海石化股份公司和燕山石化公司 PVA 装置以乙烯为原料，四川维尼纶厂以乙炔为原料。四川维尼纶厂以天然气为原料生产乙炔，是石化集团公司惟一使用天然气作原料生产合成纤维的企业。

2004 年四川维尼纶厂增加聚乙烯醇生产能力 1.5 万吨/年。

2004 年石化集团公司生产聚乙烯醇 11.80 万吨(其中石化股份公司 4.66 万吨)。石化集团公司 1999—2004 年聚乙烯醇产量见表 27。

表 26　　**1999 — 2004 年石化集团公司聚酯分企业产量**　　万吨

| 企业名称＼年份 | 2004 | 2003 | 2002 | 2001 | 2000 | 1999 |
|---|---|---|---|---|---|---|
| 石化集团公司合计 | 234.97 | 221.95 | 209.25 | 202.85 | 174.05 | 143.82 |
| 石化股份公司合计 | 190.55 | 174.30 | 162.39 | 155.20 | 154.36 | — |
| 北京燕化股份公司 | — | — | 0.45 | 1.63 | 4.01 | 4.09 |
| 天津石化公司 | 22.69 | 25.02 | 21.19 | 21.77 | 5.33 | 10.98 |
| 天津分公司 | 6.84 | 6.92 | 3.79 | 4.37 | 11.48 | — |
| 上海石化股份公司 | 48.06 | 46.37 | 42.75 | 38.35 | 36.46 | 32.81 |
| 仪征化纤股份公司 | 135.65 | 121.01 | 115.41 | 110.85 | 102.41 | 93.76 |
| 仪化集团公司① | — | 0.43 | 2.60 | 3.11 | 1.59 | 1.24 |
| 洛阳石化总厂 | 21.73 | 22.20 | 22.99 | 22.38 | 11.11 | — |

① 2003 年仪化集团公司核销全部聚酯生产能力，产量统计到 2003 年。

表 27　1999 — 2004 年石化集团公司聚乙烯醇分企业产量　万吨

| 企业名称 ＼ 年份 | 2004 | 2003 | 2002 | 2001 | 2000 | 1999 |
|---|---|---|---|---|---|---|
| 石化集团公司合计 | 11.80 | 11.70 | 9.35 | 9.05 | 8.96 | 9.44 |
| 石化股份公司合计 | 4.66 | 4.38 | 4.69 | 4.54 | 4.39 | — |
| 上海石化股份公司 | 4.66 | 4.38 | 4.69 | 4.54 | 4.39 | 4.64 |
| 燕山石化公司① | 1.44 | 2.30 | — | — | — | — |
| 四川维尼纶厂 | 5.70 | 5.02 | 4.66 | 4.51 | 4.57 | 4.80 |

① 燕山石化公司的聚乙烯醇装置 2003 年前属原北京东方石油化工有限公司。

3. 聚己内酰胺(PA6)

聚己内酰胺主要用于生产锦纶纤维(尼龙纤维)，也可以作为工程塑料。聚己内酰胺具有良好的耐磨性，作为工程塑料制成的齿轮，具有自润滑的特性。

2004 年石化集团公司生产聚己内酰胺的企业有石家庄炼化股份公司和巴陵分公司 2 家。巴陵分公司的 1.46 万吨/年 PA6 装置是引进德国吉玛公司的技术和设备，2.0 万吨/年 PA6 装置采用国内技术。石家庄炼化股份公司 0.5 万吨/年 PA6 装置采用意大利 SNIA 公司技术、2 万吨/年装置采用国内技术。

2004 年石化集团公司生产聚己内酰胺 5.33 万吨(即石化股份公司产量)。其中，石家庄炼化股份公司生产聚己内酰胺 2.48 万吨，巴陵分公司生产 2.85 万吨。

4. 纤维级聚丙烯(PP)

纤维级聚丙烯是生产丙纶的原料。石化集团公司连续法聚丙烯装置均能生产纤维级聚丙烯，企业根据市场需求组织纤维级牌号的生产。1998 年后石化集团公司纤维级聚丙烯生产能力、产量均在合成树脂的聚丙烯中统计。

(周向进)

**【合成纤维】**　合成纤维的五大品种是：涤纶、锦纶、腈纶、维纶、丙纶，俗称“五大纶”。合成纤维的主要用途是民用服饰和装饰材料，部分涤纶、丙纶和少量维纶用作工业品，如土工布及土工复合材料等。其他合成纤维还有氨纶、芳纶、碳纤维、聚 2,6－萘二甲酸乙二酯(PEN)纤维、高强高模聚乙烯纤维等高性能纤维。氨纶是拉伸伸长大于 300% 的弹性纤维，一般作为民用产品。芳纶和碳纤维是具有高强度、高模量、耐高温特性的产品，一般用于工业、军事和航天航空事业。石化集团公司生产的合成纤维产品主要为“五大纶”。

2004 年石化集团公司合成纤维的生产能力为 187.13 万吨/年(其中石化股份公司 141.15 万吨/年)，比 2003 年减少 2.32 万吨/年。其中新增加产能 0.77 万吨/年，核减产能 3.09 万吨/年。

2004 年洛阳石化总厂并入一条差别化涤纶短纤维生产线，增加涤纶短纤维产能 0.7 万吨/年；上海石化股份公司核减涤纶长丝产能 1.54 万吨/年；四川维尼纶厂核减涤纶长丝产能 1.1 万吨/年。

2004 年石化集团公司生产合成纤维 170.34 万吨(其中石化股份公司 129.47 万吨)，比 2003 年减少 0.88 万吨。石化集团公司 1999—2004 年合成纤维产量见表 28。

表 28　1999 — 2004 年石化集团公司合成纤维分品种产量　万吨

| 产品名称 ＼ 年份 | 2004 | 2003 | 2002 | 2001 | 2000 | 1999 |
|---|---|---|---|---|---|---|
| 石化集团公司合计 | 170.34 | 171.22 | 157.32 | 144.21 | 121.64 | 105.15 |
| 石化股份公司合计 | 129.47 | 127.94 | 115.30 | 102.79 | 106.75 | — |
| 涤　纶 | 130.19 | 130.66 | 118.47 | 112.45 | 89.82 | 77.50 |
| 锦　纶 | 0.72 | 1.30 | 1.71 | 2.11 | 2.51 | 1.87 |
| 腈　纶 | 35.81 | 35.27 | 33.09 | 25.90 | 25.09 | 22.21 |
| 维　纶 | 1.30 | 1.17 | 1.11 | 1.10 | 1.16 | 1.14 |
| 丙　纶 | 2.28 | 2.82 | 2.91 | 2.62 | 3.04 | 2.42 |
| PBT 纤维 | 0.06 | 0.03 | 0.02 | 0.03 | 0.03 | — |

1. 涤纶

涤纶是用聚酯为原料熔融纺丝并经过后加工制得的合成纤维。涤纶短纤维可以仿棉、麻、毛纤维的质地，也可以与棉、麻、毛纤维混纺。涤纶长丝与涤纶短纤维相比，织造工艺比较简单，织物可以仿真丝面料的质地。随着纺织及后加工工艺的发展，涤纶长丝织物也可以仿棉、麻、毛织物的风格。涤纶的强度较高、稳定性较好，染色性和吸湿性较差，但可以通过改性加以改善。

涤纶短纤维常见的规格是1.56分特×38毫米和1.33分特×38毫米棉型短纤维，也有纤度在1分特以下的细旦短纤维和纤度在2.5分特以上、长度在70毫米左右的中长仿毛型短纤维。此外短纤维还有高强低伸缝纫线用纤维以及有色、中空、多孔中空等差别化规格的纤维品种。

涤纶长丝产品主要分为全牵伸丝(FDY)、牵伸丝(DT)和低弹丝(DTY)。全牵伸丝由一步法工艺制得，牵伸丝由两步法工艺制得。低弹丝一般由中间产品预取向丝(POY)经拉伸和假捻加工制得。低弹丝的织物面料手感比较丰满，柔软性和弹性都比较好。全牵伸丝的规格主要有：56分特/24f、76分特/24f、111分特/48f、167分特/48f、167分特/96f、222分特/96f、333分特/96f等。低弹丝的规格与全牵伸丝的规格大致相似。此外涤纶长丝还有中空、有色、异纤度、异形截面、异收缩、异伸长等具有各自特性的差别化规格品种，也有少量空气变形丝(ATY)等使用特殊加工方法制得的特殊品种。

2004年石化集团公司涤纶纤维生产能力为149.02万吨/年(其中石化股份公司106.14万吨/年)，比2003年减少2.07万吨/年。其中涤纶长丝的生产能力为56.46万吨/年，比2003年减少2.64万吨/年。

2004年石化集团公司生产涤纶纤维130.19万吨(其中石化股份公司91.58万吨)，比2003年减少0.47万吨。其中涤纶长丝产量为41.04万吨(其中石化股份公司23.95万吨)。石化集团公司1999—2004年涤纶产量见表29。

**表 29　　1999 — 2004年石化集团公司涤纶分企业产量**　　万吨

| 企业名称 \ 年份 | 2004 | 2003 | 2002 | 2001 | 2000 | 1999 |
|---|---|---|---|---|---|---|
| 石化集团公司合计 | 130.19 | 130.66 | 118.47 | 112.45 | 89.82 | 77.50 |
| 石化股份公司合计 | 91.58 | 89.37 | 79.15 | 73.91 | 77.82 | — |
| 天津石化公司 | 16.95 | 18.80 | 15.31 | 16.73 | 2.71 | 8.40 |
| 天津分公司 | 6.71 | 6.80 | 3.62 | 3.53 | 7.60 | — |
| 上海石化股份公司 | 12.31 | 13.91 | 12.46 | 13.33 | 14.52 | 12.37 |
| 仪征化纤股份公司 | 72.56 | 68.66 | 63.06 | 57.05 | 55.70 | 51.50 |
| 仪化集团公司 | 3.34 | 3.80 | 3.85 | 4.08 | 4.11 | 3.61 |
| 四川维尼纶厂 | — | 0.05 | 0.39 | 0.37 | 1.18 | 1.35 |
| 洛阳石化总厂 | 18.33 | 18.64 | 19.72 | 17.22 | 3.75 | — |

2. 锦纶

锦纶是合成纤维中的第二大品种。锦纶的吸湿性和染色性都比较好，耐磨性也好，但生产成本较高。锦纶产品的规格和用途大致与涤纶产品相似，但是长丝的比例高于短纤维。常见的尼龙袜、女士用长筒袜等，多采用锦纶长丝制造。

2004年石化集团公司生产锦纶的企业有巴陵分公司和石家庄炼化股份公司2家，均以己内酰胺为原料，其中巴陵分公司生产能力为1.33万吨/年，石家庄炼化股份公司生产能力为0.5万吨/年。两家企业的长丝纺丝设备和技术均为引进。

巴陵分公司的1.33万吨/年锦纶长丝装置，主要生产锦纶轮胎帘子线。该厂同时拥有相应规模的帘子线捻线、帘子布织造和浸胶设备，产品有锦纶轮胎帘子布和锦纶轻帆布。石家庄炼化股份公司的0.5万吨/年锦纶长丝装置，主要生产适用于牛津布织物的产品。

2004年石化集团公司生产锦纶纤维0.70万吨(即石化股份公司产量)，比2003年减少0.60万吨。石化集团公司1999—2004年锦纶产量见表30。

3. 腈纶

腈纶产品主要有短纤维和毛条两种，主要用于制作毛线、毛毯，与棉花混纺制作面料等。

2004年石化集团公司生产腈纶的企业有上海石化股份公司、安庆分公司和齐鲁分公司3家。安庆分公司腈纶装置采用美国氰胺公司两步法湿法纺丝专利技术。上海石化股份公司老腈纶装置采用国内技术，上海石化股份公司所属金甬腈纶公司和齐鲁分公司均采用康泰斯—杜邦的干法纺丝专利技术，上海石化股份公司所属金阳腈纶公司的设备从日本川崎公司引进，工艺技术由金阳和川崎共同开发。上海石化股份公司的年产6.6万吨腈纶装置采用自有技术。

2004年石化集团公司生产腈纶35.81万吨，比2003年增加0.54万吨。石化集团公司1999—2004年腈纶产量见表31。

表30　　1999—2004年石化集团公司锦纶分企业产量　　万吨

| 企业名称＼年份 | 2004 | 2003 | 2002 | 2001 | 2000 | 1999 |
|---|---|---|---|---|---|---|
| 石化集团公司合计 | 0.70 | 1.30 | 1.71 | 2.11 | 2.51 | 1.87 |
| 石化股份公司合计 | 0.70 | 1.30 | 1.20 | 1.13 | 1.03 | — |
| 巴陵分公司 | 0.70 | 1.30 | 1.20 | 1.13 | 1.03 | — |
| 石家庄炼化股份公司 | … | … | … | … | … | 0.07 |
| 巴陵石化公司① | — | … | 0.51 | 0.98 | 1.47 | 1.80 |

① 2003年巴陵石化公司化纤厂整体改制脱离石化集团公司，产量统计到2003年。

表31　　1999—2004年石化集团公司腈纶分企业产量　　万吨

| 企业名称＼年份 | 2004 | 2003 | 2002 | 2001 | 2000 | 1999 |
|---|---|---|---|---|---|---|
| 石化集团公司合计 | 35.81 | 35.27 | 33.09 | 25.90 | 25.09 | 22.21 |
| 石化股份公司合计 | 35.81 | 35.27 | 33.09 | 25.90 | 25.09 | — |
| 上海石化股份公司 | 22.33 | 21.77 | 20.04 | 14.06 | 13.24 | 12.17 |
| 安庆分公司 | 7.58 | 7.46 | 6.83 | 6.70 | 7.01 | 5.79 |
| 齐鲁分公司 | 5.88 | 6.04 | 6.23 | 5.15 | 4.84 | 4.25 |

4. 维纶

维纶是以聚乙烯醇为原料经过湿法纺丝和缩甲醛处理制得的纤维。维纶纤维具有较高的强度和良好的吸湿性，同时具有良好的抗水解和耐酸碱腐蚀性。中等强度的维纶纤维强度可达6厘牛/分特，高强高模维纶纤维产品强度可达10厘牛/分特以上。使用维纶纤维制得的土工布材料尤其适用于水利和隧道工程。使用维纶纤维制作的轮胎帘子线具有强度高、弹性好、与橡胶粘合牢度高的优点。采用特殊工艺可以制得在不同温度条件下溶解于水的特种规格的维纶纤维产品，如90℃水溶性维纶、70℃水溶性维纶，以及常温水溶性维纶。水溶性维纶可应用于多种特殊场合。

2004年石化集团公司生产维纶纤维的企业只有四川维尼纶厂1家，采用国内技术。四川维尼纶厂生产能力为2.1万吨/年。

2004年石化集团公司生产维纶纤维1.30万吨，比2003年增加0.13万吨。石化集团公司1999—2004年维纶产量见表32。

四川维尼纶厂的维纶产品有水溶性维纶纤维、高强高模维纶纤维和维纶纤维制造的土工布产品。

表32　　1999—2004年石化集团公司维纶分企业产量　　万吨

| 企业名称＼年份 | 2004 | 2003 | 2002 | 2001 | 2000 | 1999 |
|---|---|---|---|---|---|---|
| 石化集团公司合计 | 1.30 | 1.17 | 1.11 | 1.10 | 1.16 | 1.14 |
| 石化股份公司合计 | — | — | — | 0.07 | 0.39 | — |
| 上海石化股份公司 | — | — | — | 0.07 | 0.39 | 0.51 |
| 四川维尼纶厂 | 1.30 | 1.17 | 1.11 | 1.03 | 0.77 | 0.63 |

5. 丙纶

丙纶是采用纤维级牌号的聚丙烯树脂经熔融纺丝而制得的合成纤维。丙纶纤维的吸湿性差，受紫外光照射易降解。丙纶纤维通过改性可以弥补以上不足。丙纶纤维广泛应用于工业，如编织袋、土工布等。机织丙纶土工布广泛应用于建筑、道路、铁路和水利工程。超细丙纶纤维的开发和应用已有所突破，超细丙纶纤维的良好服用性能正在受到广泛关注。丙纶纤维还广泛应用于卫生材料和医疗领域。丙纶纤维的最大优点是生产成本低廉。

2004 年石化集团公司生产丙纶的企业有上海石化股份公司、洛阳石化总厂和江苏石油勘探局 3 家。2004 年石化集团公司丙纶生产能力为 2.70 万吨/年，其中上海石化股份公司为 1.7 万吨/年，洛阳石化总厂为 0.40 万吨/年(2004 年企业改制，核减了 0.25 万吨/年产能)，江苏石油勘探局为 0.6 万吨/年。

2004 年石化集团公司生产丙纶 2.28 万吨(其中石化股份公司 1.33 万吨)，比 2003 年减少 0.54 万吨。石化集团公司 1999—2004 年丙纶产量见表 33。

上海石化股份公司拥有超细丙纶纤维产品。仪征化纤股份公司拥有机织丙纶土工布产品。

6. PBT 纤维

PBT 纤维是以聚对苯二甲酸丁二酯切片为原料，通过熔融纺丝和后加工处理制成的合成纤维。PBT 纤维与 PET 纤维相比，聚合物大分子链中的乙二醇由 1,4-丁二醇取代，聚合物易于结晶，其纤维的部分物理力学性能，如弹性，优于 PET 纤维。PBT 弹力丝可以部分替代氨纶的用途。目前 PBT 纤维产量不高的主要原因是市场认同程度不够。

2004 年石化集团公司生产 PBT 纤维 586 吨，由上海石化股份公司采用上海石油化工研究院的试验设备生产，产量比 2003 年增长 81.99%。

表 33　**1999 — 2004 年石化集团公司丙纶分企业产量①**　万吨

| 企业名称 \ 年份 | 2004 | 2003 | 2002 | 2001 | 2000 | 1999 |
|---|---|---|---|---|---|---|
| 石化集团公司合计 | 2.28 | 2.82 | 2.91 | 2.62 | 3.04 | 2.42 |
| 石化股份公司合计 | 1.33 | 2.00 | 1.83 | 1.75 | 2.39 | — |
| 燕山石化公司② | — | 0.04 | 0.19 | 0.27 | 0.21 | 0.17 |
| 上海石化股份公司 | 1.33 | 2.00 | 1.83 | 1.75 | 2.40 | 2.14 |
| 洛阳石化总厂 | 0.63 | 0.51 | 0.56 | 0.56 | 0.43 | 0.12 |
| 江苏石油勘探局 | 0.32 | 0.27 | 0.32 | 0.03 | — | — |

① 用作编织袋和土工布的丙纶纤维产量没有列入表格。

② 2003 年燕山石化公司丙纶装置整体改制脱离石化集团公司，产量统计到 2003 年。

(周向进)

## 精细化工

【概述】 精细化工门类繁多，品种复杂，技术难度高，加上应用研究与市场开发方面的问题，在一定程度上制约了精细化工的发展。从“九五”开始，石化集团公司就重视资源优化和深度加工，从而推动了精细化工的发展。无论是精细化工项目的研究开发，还是精细化工产品的生产，都有了较大的进展。石化集团公司炼油与石油化工“三剂”产品的国产化率已达到 85%以上。

石化集团公司发展精细化工有着资源、市场、技术、人才等多方面的优势，但精细化工种类繁多，所以要遵照“有所为，有所不为”的原则，有重点有步骤地发展石化集团公司的精细化工。

1999—2004 年石化集团公司主要精细化工产品产量见表 34。

表 34　**1999 — 2004 年石化集团公司主要精细化工产品产量**　吨

| 产品名称 \ 年份 | 2004 | 2003 | 2002 | 2001 | 2000 | 1999 |
|---|---|---|---|---|---|---|
| 催化剂 | | | | | | |
| 炼油催化剂 | 76 636 | 60 014 | 50 268 | 54 412 | 45 513 | 41 272 |
| 化工催化剂 | 1 516 | 1 297 | 955 | 1 090 | 850 | 700 |
| 合成氨用催化剂 | 3 813 | 3 337 | 2 071 | 3 306 | 3 750 | 3 915 |

续表

| 产品名称 \ 年份 | 2004 | 2003 | 2002 | 2001 | 2000 | 1999 |
|---|---|---|---|---|---|---|
| 炼油添加剂 | 12 331.6 | 8 322 | 9 480 | 17 858 | 1 326 | 1 568 |
| 塑料添加剂 | | | | | | |
| 塑料增塑剂 | 29 601 | 74 370 | 77 231 | 77 540 | 67 623 | 53 625 |
| 塑料发泡剂 | 16 809 | 14 968 | 8 829 | 6 084 | 4 705 | 3 664 |
| 橡胶助剂 | | | | | | |
| 橡胶促进剂 | 3 318 | 2 646 | 2 124 | 1 603 | 1 970 | 2 177 |
| 橡胶防老剂 | 22 665 | 19 430 | 15 046 | 11 837 | 9 574 | 9 713 |
| 表面活性剂 | | | | | | |
| 破乳剂 | 340 | 613 | 1 167 | 1 646 | 2 023 | 2 118 |
| 乳化剂 | — | 430 | 517 | 639 | 1 369 | 4 896 |
| 石油酸 | 10 409 | 7 658 | 7 011 | 10 521 | 8 288 | 9 230 |
| 微晶蜡 | 9 255 | 5 802 | 1 720 | 4 058 | 1 637 | 4 869 |
| 专用蜡 | 7 548 | 3 118 | 1 612 | 5 431 | 3 959 | 3 536 |
| 凡士林 | 6 339 | 6 542 | 4 016 | 7 605 | 13 599 | 9 059 |

（刘银乾）

**【催化剂】** 2004年，石化集团公司在催化剂开发、生产和推广应用方面有新的突破。柴油深度加氢脱硫催化剂 FH-DS、加氢裂化催化剂 FC-26 和加氢裂化预处理催化剂 FF-16 研制成功并完成工业试验；淤浆加料气相聚乙烯催化剂 BCS 01 和 SLC-S 分别在广州石化和扬子石化成功完成工业应用试验；裂解汽油一段加氢催化剂 SHP-01 在中原石化工业应用成功，填补了石化集团公司化工催化剂生产的空白。催化剂生产技术水平又有很大提高，进一步降低了催化剂的生产成本。催化裂化催化剂、催化重整催化剂、加氢催化剂、基本有机原料催化剂、聚烯烃催化剂、化肥催化剂等六大类炼油和石油化工用催化剂的国产化率超过85%。

1．炼油催化剂

1999—2004年石化集团公司炼油催化剂的生产量见表35。

**表35　1999—2004年石化集团公司炼油催化剂分品种产量**　吨

| 产品名称 \ 年份 | 2004 | 2003 | 2002 | 2001 | 2000 | 1999 |
|---|---|---|---|---|---|---|
| 催化裂化催化剂 | 73 281 | 57 367 | 48 388 | 52 342 | 44 061 | 39 344 |
| 催化重整催化剂 | 321 | 170 | 181 | 115 | 201 | 41 |
| 加氢催化剂 | 2 810 | 2 355 | 1 367 | 1 745 | 953 | 1 867 |
| 制氢催化剂 | 224 | 122 | 110 | 210 | 298 | 20 |
| 合　计 | 76 636 | 60 014 | 50 046 | 54 412 | 45 513 | 41 292 |

齐鲁石化公司催化剂厂是催化裂化催化剂的专业生产厂，建有3套分子筛和2套催化剂生产装置，催化剂装置生产能力达到5万吨/年。2004年，齐鲁石化公司催化剂厂与石油化工科学研究院合作开发 MIP-CGP 工艺专用催化剂 CGP-1 和第三代降低催化汽油烯烃含量催化剂 GOR-Ⅲ并完成工业化生产。2004年，齐鲁石化公司催化剂厂进一步加大技术改造力度，催化剂生产装置的改造主要是增加焙烧炉及物料输送系统，使催化剂的强度、活性和粒度分布有所提高；分子筛生产装置的改造主要是采用旋转闪蒸干燥和新型焙烧炉密封，使装置降低能耗和增加生产能力。2004年齐鲁石化公司催化剂厂共生产催化裂

化催化剂 3.85 万吨。

长岭炼化公司催化剂厂可生产催化裂化、加氢、催化重整等各类炼油催化剂，其中催化裂化催化剂装置能力为 4 万吨/年、加氢催化剂装置生产能力为 2 000吨/年、重整催化剂装置生产能力为 300 吨/年、吸附剂装置生产能力为 1 500 吨/年。2004 年，长岭炼化公司催化剂厂建成分离对二甲苯吸附剂的生产装置并产出合格产品(187.68 吨)应用于齐鲁石化，同时进一步加大技术改造力度，微球装置从 KB 胶制备、连续成胶、喷雾干燥、焙烧、洗涤过滤、气流干燥等 6 个方面进行改造，达到节能降耗的目的；第三套加氢催化剂装置从挤条、焙烧和浸渍 3 个工序进行优化技术改造，提高了催化剂的产品质量。2004 年，长岭炼化公司催化剂厂共生产炼油催化剂 3.57 万吨，其中催化裂化催化剂 3.48 万吨，加氢催化剂 822.6 吨，重整催化剂 116.6 吨。

抚顺石油化工研究院开发和生产加氢催化剂，现有催化剂生产装置 3 套，氧化铝合成装置 1 套，分子筛合成、改性装置 1 套，形成催化剂生产能力 3 000 吨/年。2004 年，抚顺石油化工研究院开发了 FF－16 高活性加氢裂化预处理催化剂、FH－DS 柴油深度加氢脱硫催化剂和 FC－26 高中油型加氢裂化催化剂并成功完成工业应用试验。2004 年，抚顺石油化工研究院共生产渣油加氢处理催化剂 145 吨，加氢保护剂 82 吨，加氢精制催化剂 530 吨，加氢裂化催化剂287 吨。

湖南建长石化股份有限公司建有 300 吨/年的连续重整催化剂装置、700 吨/年特种分子筛装置、100 吨/年非晶态合金催化剂装置、100 吨/年苯和乙烯液相烷基化催化剂装置。2004 年，该公司生产连续重整催化剂 204 吨，特种分子筛 670 吨，非晶态合金加氢催化剂 18 吨，钛硅分子筛 12.5 吨，AEB－2 苯和乙烯液相烷基化催化剂 36.7 吨。

山东公泉化工股份有限公司主要生产三大系列催化剂：渣油加氢处理催化剂，生产能力 3 000 吨/年；烃类转化制氢催化剂，生产能力 500 吨/年；加氢裂化与加氢精制催化剂，生产能力 3 000 吨/年。2004 年生产各种催化剂 749 吨。

淄博市临淄齐茂化工有限公司主要生产渣油加氢系列催化剂、柴油加氢改质催化剂和加氢精制催化剂。2004 年生产各种催化剂 293 吨。

山东齐鲁科力化工研究院有限公司生产烃类蒸汽转化制氢、耐硫变换、硫磺回收、加氢等四大类催化剂，生产能力共为 500 吨/年。2004 年生产制氢催化剂 125 吨。

2. 化工催化剂

1999—2004 年石化集团公司主要化工催化剂生产情况如表 36。

北京化工研究院开发和生产化工催化剂，主要生产碳二、碳三加氢催化剂，苯氧化制顺酐催化剂，聚丙烯络合Ⅱ型催化剂等，生产能力共为 500 吨/年。2004 年生产碳二加氢催化剂 97 吨，碳三加氢催化剂 25.8 吨，聚丙烯络合Ⅱ型催化剂 23.4 吨。

北京市奥达石化新技术开发中心主要生产聚烯烃催化剂，现有 4 套生产装置，2 套聚丙烯催化剂装置的生产能力为 140 吨/年，2 套聚乙烯催化剂的生产装置为 130 吨/年。2004 年，北京市奥达石化新技术开发中心依托北京化工研究院开发的淤浆加料气相聚乙烯 BCS 01 催化剂，在广州石化 20 万吨/年聚乙烯装置上工业应用成功。2004 年，该中心共生产聚丙烯催化剂 117.32 吨，聚乙烯催化剂 44 吨。

表 36 **1999 — 2004 年石化集团公司主要化工催化剂分品种产量** 吨

| 产品名称 \ 年份 | 2004 | 2003 | 2002 | 2001 | 2000 | 1999 |
|---|---|---|---|---|---|---|
| 环氧乙烷银催化剂 | 139.6 | 110.9 | 19 | 200 | 44 | 105 |
| 丙烯腈催化剂 | 312 | 576 | 107 | 316 | 366 | 347 |
| 甲苯歧化催化剂 | 165 | 136 | 127 | 145 | 122 | 48 |
| 乙苯脱氢催化剂 | 380 | 158 | 81 | 200 | 130 | 81 |
| 聚乙烯淤浆法催化剂 | 43.97 | 50.3 | 30 | 20 | 25 | 40 |
| 聚乙烯气相法催化剂 | 101.9 | 79.6 | 47 | 57 | — | — |
| 聚丙烯催化剂 | 155.07 | 145.9 | 100 | 52 | 62.6 | 35 |
| 碳二、碳三加氢催化剂 | 122.82 | 16.7 | 90 | 100 | 110 | 44 |
| 裂解汽油一段加氢催化剂 | 4.21 | — | — | — | | |
| 合　计 | 1 424.57 | 1 273.4 | 601 | 1 090 | 849.6 | 700 |

北京燕化高新技术股份有限公司主要生产聚乙烯催化剂和聚丙烯催化剂，2004 年共生产聚烯烃催化剂 47.5 吨。

上海立得催化剂有限公司主要生产气相法聚乙烯催化剂，2004 年催化剂生产总量达到 68.7 吨。

上海石油化工研究院主要从事基本有机原料催化剂的研制和生产，丙烯腈催化剂装置生产能力 1 400 吨/年，甲苯歧化催化剂装置生产能力 200 吨/年，苯乙烯催化剂装置生产能力 500 吨/年，钯碳催化剂装置生产能力为 200 吨/年。2004 年，上海石油化工研究院开发成功裂解汽油一段加氢催化剂 SHP－01，在中原石化 8 万吨/年裂解汽油加氢装置成功实现了工业化应用，并在广州石化进行推广应用。2004 年共生产丙烯腈催化剂 312 吨，HAT 系列甲苯歧化催化剂 165 吨，CS 系列苯乙烯催化剂 380 吨，钯碳催化剂13 吨。

3. 合成氨用催化剂

合成氨用催化剂主要包括合成氨催化剂、高(中)温变换催化剂、低温变换催化剂、甲烷化催化剂及脱硫剂等，也是石化集团公司催化剂生产中品种较多、生产量较大的一类催化剂。1999—2004 年石化集团公司合成氨用催化剂生产情况如表 37 所示。

表 37 **1999 — 2004 年石化集团公司合成氨用催化剂分品种产量** 吨

| 年份<br>产品名称 | 2004 | 2003 | 2002 | 2001 | 2000 | 1999 |
|---|---|---|---|---|---|---|
| 合成氨催化剂 | 2 130 | 2 000 | 716 | 1 909 | 2 032 | 1 885 |
| 高温变换催化剂 | 492 | 500 | 418 | 690 | 970 | 1 190 |
| 低温变换催化剂 | 510 | 487 | 505 | 430 | 443 | 585 |
| 甲烷变换催化剂 | 150 | 150 | 135 | 130 | 116 | 125 |
| 脱硫剂 | 181 | 120 | 118 | 147 | 189 | 110 |
| 合　计 | 3 463 | 3 257 | 1 892 | 3 306 | 3 750 | 3 915 |

石化集团公司拥有各类化肥催化剂的制备技术和生产优势，产量占全国化肥催化剂市场总量的 1/3。南京化学工业公司催化剂厂现有 19 条生产线，能常规批量生产 28 个品种 54 个型号的化肥、有机化工和石油化工催化剂，设计生产能力为 10 350 吨/年。2004 年该公司生产催化剂 5 980 吨。

南京化学工业公司研究院开发和生产低温变换、高温变换、合成甲醇、联醇和脱硫剂等催化剂，催化剂总生产能力为 1 500 吨/年。2004 年共生产各类催化剂 1 320.8 吨。

山东齐鲁科力化工研究院有限公司 2004 年生产耐硫变换催化剂 350 吨。

2004 年齐鲁石化公司催化剂厂、长岭炼化公司催化剂厂、湖南建长石化股份有限公司、北京市奥达石化新技术开发中心、上海立得催化剂有限公司、南京南炼催化剂厂等催化剂生产单位重组整合为石化股份公司催化剂分公司，并于 2004 年 12 月 29 日挂牌成立。

（顾培蕾）

**【表面活性剂】** 石化集团公司研究开发和生产的表面活性剂的企业主要是金陵石化公司、天津石化公司、高桥石化公司等。

1. 表面活性剂及中间体原料

石化集团公司生产的表面活性剂及中间体原料主要有烷基苯、石油磺酸盐、环氧丙烷、脂肪醇和脂肪胺等。

直链烷基苯的生产主要在金陵石化公司。2004 年共生产烷基苯 30.73 万吨，其中金陵石化烷基苯厂 11.21 万吨，南京金桐 8.48 万吨，江苏金桐 11.03 万吨。另外金陵石化烷基苯厂生产重烷基苯 6 455 吨，重蜡 2.06 万吨，轻蜡 11.70 万吨。烷基苯磺酸生产企业已改制为民营。

2. 新型表面活性剂

石化集团公司开发和生产的新型表面活性剂有磺基甜菜碱、烷基糖苷、醇醚羧酸盐等。2004 年金陵石化生产新型表面活性剂烷基葡萄糖苷 1 100 吨，其中碳八—碳十烷基糖苷 950 吨，碳十二—碳十四烷基糖苷 150 吨；生产两性表面活性剂磺基甜菜碱产品 240 吨；表面活性剂复配产品 2 081 吨，其中草甘膦水剂农药乳化剂系列 1 928 吨，新型洗涤用品 153 吨。

3. 聚醚多元醇

2004 年，石化集团公司聚醚多元醇生产能力为 19 万吨/年，可生产出适用于软泡系列、硬泡系列、半硬泡系列、高回弹泡沫、弹性体、涂料、粘合剂、皮革涂饰、化学灌浆材料用聚醚系列 100 多个品种，主要有低不饱和度高分子量聚醚、高承载高活性聚醚、软质泡沫用硅油、化纤油剂用特种聚醚、低黏度高固含量聚醚、无氟环保聚醚等。2004 年石化集团公司聚醚产量为 19.3 万吨，其中高桥石化公司聚氨酯事业部为 13 万吨，天津石化公司第三石油化工厂为 6.3 万吨。聚醚品种按用途主要分为四大类，即软泡聚醚、硬泡聚醚及弹性体聚醚和 POP 接枝聚醚。其品种结构如表 38。

**表 38　　2004 年石化集团公司聚醚品种结构**

| 企业名称 | 总产量/吨 | 软泡聚醚 | | 硬泡聚醚 | | 弹性体聚醚 | | POP 接枝聚醚 | | 净利润/万元 |
|---|---|---|---|---|---|---|---|---|---|---|
| | | 产量/吨 | 占总量比例/% | 产量/吨 | 占总量比例/% | 产量/吨 | 占总量比例/% | 产量/吨 | 占总量比例/% | |
| 高桥石化公司 | 130 021 | 75 637 | 58.17 | 17 610 | 13.54 | 10 092 | 7.76 | 26 682 | 20.52 | 6 600 |
| 天津石化公司 | 63 261 | 38 002 | 60.07 | 6 756 | 10.68 | 3 183 | 5.03 | 15 320 | 24.21 | 1 300 |

近 10 年来，石化集团公司不断开发聚醚新产品，截至 2004 年共有 100 个以上牌号的聚醚投入生产，品种涉及四大类聚醚，特别是 POP 接枝聚醚连续工艺技术开发已获得国家专利。

高桥石化公司聚氨酯事业部担任中国聚氨酯工业协会的副理事长单位，特别是在聚醚专业委员会中起到领导作用。

存在问题：①中国聚醚行业资源(特别是环氧丙烷)比较短缺，自产环氧丙烷均用氯醇法生产工艺，环保压力大，没有直接氧化法生产技术；②聚醚开发及深加工研究很不够，同跨国公司相比根本不在同一层次竞争。

4. 油田专用化学品

金陵石化公司、天津石化公司和高桥石化公司生产的原油破乳剂主要品种有 TA 301、AE 169752、BP 2040(65%)、AE 1910、HD－3、AE 8031 等；开发的油田专用化学品有新型油田杀菌剂、高效酸化液、石油磺酸盐、三次采油驱油剂等，已在油田进行现场应用。

（刘银乾）

**【合成胶粘剂】** 石化集团公司主要生产三类胶粘剂原料：环氧树脂、苯乙烯共聚物及醋酸乙烯聚合物。

1. 环氧树脂类

巴陵石化是国内最大的环氧树脂产、销、研基地之一，共拥有 2.6 万吨/年的生产能力，是国内环氧树脂生产能力最大、品种牌号最多的厂家。生产销售的环氧树脂品种主要有 E 型、CYD 型、EYD 型，具体牌号有 E－44，E－42，CYD－011，CYD－127，CYD－128，CYD－128Y，CYD－144，EYD－011，EYD－012，EYD－013，EYD－014 等，2004 年共生产各种牌号的环氧树脂 2.32 万吨。1999—2004 年石化集团公司环氧树脂生产量见表 39。

**表 39　　1999 — 2004 年石化集团公司环氧树脂分品种产量**　　吨

| 品种＼年份 | 2004 | 2003 | 2002 | 2001 | 2000 | 1999 |
|---|---|---|---|---|---|---|
| E 型 | 1 976 | 2 221 | 4 333 | 7 003 | 5 182 | 4 691 |
| CYD 型 | 14 132 | 11 826 | 5 841 | 4 981 | 3 699 | 2 302 |
| EYD 型 | 6 824 | 6 692 | 4 914 | 4 843 | 2 951 | 2 035 |
| 合　计 | 23 152 | 20 739 | 15 088 | 16 828 | 11 838 | 9 028 |

巴陵石化重视新产品新技术开发，自 1989 年组建特种树脂研究室以来，先后研制开发了 $SF_6$ 高压开关用环氧树脂、A80 溴化环氧树脂、酚醛环氧树脂、邻甲酚醛环氧树脂、天然气瓶专用环氧树脂、中温固化单组分环氧树脂胶、双酚 A 酚醛环氧树脂、光固化环氧树脂以及多种配套的固化剂、稀释剂、增韧剂等。并建有 500 吨/年特种树脂中试装置，生产出的 CYDCN－200 邻甲酚醛环氧树脂接近国外进口的同类产品水平，得到了用户的认可；2004 年产销突破 150 吨，打破该产品国外公司的垄断地位，同时为环氧树脂向特种化结构转变走出了坚实的一步。为提高树脂的耐热性、韧性等，巴陵石化还分别与清华大学、北京化工研究院合作开发无机纳米材料 $SiO_2$ 和碳纳米管改性环氧树脂和超细

全硫化粉末橡胶增韧环氧树脂。

2. 苯乙烯共聚物

苯乙烯类热塑性弹性主要品种是 SBS、SIS、SEBS 等，按结构可分为线型和星型。根据分子量、共聚单体及充油量的不同分成不同的品种与牌号，现在巴陵石化公司有 26 种 SBS 牌号，6 种 SIS 牌号，6 种 SEBS 牌号；燕山石化公司有 11 种 SBS 牌号，茂名石化有 5 种 SBS 牌号。用于胶粘剂的 SBS 主要是线型 SBS，SIS 主要用于胶粘剂。

2004 年石化集团公司 SBS 产量超过 24.2 万吨，其中巴陵石化生产 SBS 12.85 万吨，SIS 4 501 吨，SEBS 260 多吨；燕山石化生产 SBS 7.11 万吨多，茂名石化生产 SBS 4.24 万吨。表 40 为用于胶粘剂的苯乙烯类热塑性弹性体生产情况。

**表 40　2004 年石化集团公司用于胶粘剂的苯乙烯类热塑性弹体生产情况**　吨

| 牌号 | 产量 | 主要应用领域 |
|---|---|---|
| SBS YH-791 | 4 294 | 胶粘剂 |
| SBS YH-792 | 20 030 | 胶粘剂、制鞋 |
| SBS YH-796 | 6 302 | 胶粘剂 |
| SBS YH-768 | 1 137 | 胶粘剂 |
| SBS YH-791H | 14 755 | 沥青改性、胶粘剂 |
| SIS | 4 501 | 胶粘剂，主要是热熔胶、压敏胶 |

巴陵石化和燕山石化利用中国石化自主开发的技术进行了装置的扩能，2004 年巴陵石化的生产能力达 10 万吨/年，燕山石化生产能力为 9 万吨/年。不仅产能扩大，技术进步也取得了巨大成绩。2004 年巴陵石化引进了国外先进的抗粘技术，将单釜凝聚工艺改为双釜凝聚工艺；燕山石化也开发不少新牌号，并且开发了节约蒸汽的热泵技术。通过一系列的技术开发，国内 SBS 生产技术达到国际先进水平，单体消耗为 1 011 千克/吨，蒸汽消耗达 5 吨/吨以下。

国内苯乙烯类热塑性弹性体已实现了 SBS、SIS 大规模化生产，但 SBS 的产量仅能满足国内需求的 1/2 左右，SIS 仅能满足部分需求，SEBS 还在中试阶段。

3. 醋酸乙烯聚合物

四川维尼纶厂是全国惟一以天然气为主要原料生产醋酸乙烯聚合物的企业。醋酸乙烯产能 19 万吨/年、聚乙烯醇(PVA)6 万吨/年，醋酸乙烯—乙烯共聚乳液(VAE)3 万吨/年。

2004 年，四川维尼纶厂 PVA 装置在成功扩容以后，能生产聚合度 400—2 600、醇解度 80%(摩尔)—100%(摩尔)的 PVA 40 余种，PVA 产量 6 万吨/年。用于胶粘剂的 PVA 品种主要有 1797、1788、0588、1097、2488、1799、2092、1792 等。2004 年，开发了 0498、1780 两个新牌号 PVA；开发了低残余醋酸乙烯单体(VAC)卷烟用 VAE，尚未正式命名及生产；开发了 8 个聚醋酸乙烯乳液(PVAC)新品种。

受生产工艺限制，2004 年 PVA 装置还不能生产醇解度低于 80%，聚合度高于 2 800 的 PVA，是新品开发的一个瓶颈。另外 PVAC、VAE 品种比同行业少，生产规模也比同行业小，有待今后解决。

（刘银乾）

【生物化工】 20 世纪 90 年代初原石化总公司开始在生物化工领域进行技术研究开发工作，先后进行了长链正构烷烃生物发酵制长链二元酸、丙烯腈生物法制丙烯酰胺等项目的科研开发。对微生物法石油脱硫技术、生物发酵法制取 1,3-丙二醇、生物发酵制 L-乳酸等技术也正在进行研究开发，为生物化工技术在石化集团公司内的发展打下了基础。

自参加“九五”国家攻关以来，建立了 100 吨/年长链二元酸(DCA)工业试验装置(20 米$^3$ 发酵罐)和 30 吨/年的麝香-T 生产装置，各种 DCA 发酵水平在 140—160 克/升。

2004 年又进行了 DCA 的下游产品高档服装热熔胶合成等产品开发，获石化集团公司科技进步三等奖。还开发了利用抑制剂提高油酸转化率的新发酵工艺，进一步降低了生产成本；开发出一条 DCA 纯度大于 99%，产品收率大于 94%，烷烃回收率大于 94%的二元酸提取工艺。已申报 2 项相关发明专利。

抚顺石油化工研究院在完成烷烃发酵制取 DCA 技术开发以后，又开发了发酵法生产 L-乳酸、甘油发酵制取 1,3-丙二醇以及化学法生产生物柴油等技术，都取得一定进展。

“发酵法生产 L-乳酸中试研究”于 2003 年在石化集团公司立项，2004 年进行中试试验，以乳酸杆菌为生产菌种，以淀粉为原料，采用并行发酵生产工艺。

该工艺生产成本低，产品纯度高，2004 年在 3 米$^3$ 发酵装置上生产 L－乳酸，产酸周期小于 70 小时，平均产酸量 150 克/升，最高产酸量 190 克/升，L－乳酸光学纯度大于 97%。技术水平处于国内外领先。

3 米$^3$ 中试结果表明以玉米淀粉为原料发酵生产 L－乳酸工艺可行，且具有产酸率高，发酵转化率高，产品纯度高等特点，每吨玉米粉所需发酵辅料价格为 350—500 元(不包含中和剂和酶)，生产成本也较低。

抚顺石油化工研究院与清华大学和北京化工大学分别就发酵法生产 1,3－丙二醇(PDO)发酵工艺和产品分离进行合作。2004 年，在筛选获得高产优良菌株和培养基优化的基础上，确立了流加甘油的间歇厌氧发酵工艺。发酵水平达到在 15 升发酵罐上，发酵时间 30 小时左右，最终 PDO 浓度为 60—75 克/升，PDO 产率(对消耗甘油的产率)50%—55%，发酵的总体水平国内先进。为降低发酵成本，正在进行以下两方面研究：①用粗甘油为底物发酵制取 PDO 打通了发酵流程；②发酵工艺优化和代谢调控研究。

丙二醇发酵液成分复杂，不仅含各种小分子有机酸盐，还有许多无机盐类，产品分离难度大。2004 年采用的工艺步骤为：①酵液酸化破乳，脱色，絮凝过滤除菌得到澄清的发酵液；②离子交换除去有机酸盐；③蒸发浓缩除水；④过滤除去无机盐；⑤减压精馏得到 PDO 产品。2004 年已打通工艺流程，产品收率 82.2%。

生物柴油技术，2004 年已打通工艺流程，油脂转化率大于 95%，粗产品中脂肪酸甲酯含量大于 94%，粗甘油含量大于 80%。此工艺已申请国家发明专利。

(刘银乾)

**【石油化工溶剂及助剂】** 南京化工厂是生产橡胶助剂的主要企业，生产的主要品种有防老剂 4020、防老剂 4010NA、防老剂 RD、防老剂甲、促进剂 CBS 等。其中开发的硝基苯催化加氢合成苯胺、防老剂 4020 合成工艺、防老剂 4010NA 合成工艺，曾先后获国家级、省部级科技进步奖，国家发明奖。连续精馏精制 4－氨基二苯胺的办法、无溶剂一步法合成 2,2,4－三甲基－1,2－二氢化喹啉聚合体合成方法及制备对乙酰氨基苯酚的方法分别于 2004 年获国家发明专利授权。2004 年橡胶助剂产品品种、产量、质量、技术经济指标见表 41。

表 41　　2004 年石化集团公司橡胶助剂品种、产量、质量、技术经济指标一览表

| 产品名称 | 产量/吨 | 质量 | | | 主要经济指标 | | | | |
|---|---|---|---|---|---|---|---|---|---|
| | | 纯度/≥% | 凝固点/≥℃ | 优级品率/≥% | 物耗/千克·吨$^{-1}$ | 能耗 | | | |
| | | | | | | 汽(中/低)/吨·吨$^{-1}$ | 电/千瓦时·吨$^{-1}$ | 水/吨·吨$^{-1}$ | 综合能耗/吨标煤·吨$^{-1}$ |
| 防老剂 RD | 9 051 | | 86.67 | 100 | 苯胺 546<br>丙酮 740 | 1.4/2.42 | 165 | 5 | 0.462 |
| 防老剂 4020 | 4 597 | | 47.62 | 100 | RT 707<br>甲酮 468 | 2.7/1.3 | 268 | 43 | 0.487 |
| 防老剂 4010NA | 7 109 | | 70.1 | 98.27 | RT 836<br>丙酮 295 | 2.216/0 | 167 | 73 | 0.286 |
| 防老剂甲 | 954 | | 52.56 | | 甲萘胺 736<br>苯胺 437 | 3 | 85 | 304 | 1.145 |
| 防老剂丁 | 525 | | 104.28 | | 2－萘酚 666<br>苯胺 429 | 2.3 | 78 | 208 | 0.605 |
| 促进剂 CBS | 1 865 | | 98.19 | 100 | 促进剂 M 781 | 14.23 | 444 | 88 | 1.488 |
| 粗品促进剂 M | 1 425 | 91.07 | | | 二硫化碳 592<br>苯胺 501<br>硝基苯 128 | 0.707/0.744 | 412 | 57 | 0.307 |

近两年来，新产品开发研究项目有：催化加氢法合成3,3′-二氯联苯胺、硝基苯法合成4-氨基二苯胺中试、新型防老剂44PD的合成、间二异丙苯法制间苯二酚、对硝基酚一步法合成对乙酰氨基酚、新型催化剂合成防老剂4020中试、混酸体系中氯苯的定位硝化技术硝基苯法合成RT等。同时，以现有产品提质降耗为重心，进行了几十项小试项目开发工作，不少技术已成功应用于生产中，为产品提高质量、降低消耗作出了贡献。

过氧化二异丙苯(DCP)、α,α-双(叔丁过氧基)二异丙苯(BIPB)主要用作橡胶、塑料、电缆料的交联剂，是高附加价值的精细化工产品。高桥石化公司拥有生产能力为1.8万吨/年的DCP装置和一套生产能力为300吨/年的BIPB中试装置。2004年生产DCP 1.48万吨，其中内销7 511吨，外销6 889吨。生产BIPB 240.5吨，其中内销62吨，外销173吨。

石化集团公司还正在组织研制开发其他型号的抗氧剂、成核剂、光稳剂、防老剂、促进剂等橡塑助剂。

（刘银乾）

## 化　肥

**【概述】** 截至2004年底，石化集团公司实际有7家化肥企业生产，其中石化股份公司的6家企业是金陵分公司、安庆分公司、巴陵分公司、湖北化肥分公司、镇海炼化股份公司和九江分公司，主要产品有合成氨和尿素，主要原料为石脑油、重油、脱油沥青和炼厂干气；石化集团公司存续部分的1家企业是南京化工公司，主要化肥产品有合成氨、硝铵(工业)、碳铵、普钙、复合肥。

2004年末石化集团公司合成氨生产能力为238.50万吨/年，其中石化股份公司223.50万吨/年；尿素生产能力为373.00万吨/年，其中石化股份公司373.00万吨/年。其他化肥产品能力较小，分别为硫酸铵40.35万吨/年(其中石化股份公司40.35万吨/年)，硝酸铵11.60万吨/年，碳酸氢铵1.20万吨/年，普钙50.00万吨/年，合成复合肥68.00万吨/年(其中石化股份公司10.00万吨/年)。

2004年石化集团公司认真贯彻落实中央、国务院2004年1号文件精神，根据国家发改委关于增产尿素支援农业生产的要求，一切从大局出发，克服原料和燃料资源紧张、能源价格上涨、产品限价、亏损增加等不利因素，延长了装置生产周期，增加了尿素产量。全年合成氨、尿素装置运转率分别为77.20%和74.56%，同比分别提高16.40和16.63个百分点，尿素产品产量、销量均比同期增加约30%。特别是金陵分公司、巴陵分公司、湖北化肥分公司3套化肥装置2004年生产周期比2003年延长了3—5个月，尿素产量增产幅度分别为140.85%、116.22%和58.84%。

2004年石化集团公司化肥企业通过优化工艺运行，抓好原料、燃料和产品结构调整，实现有效控亏减亏。一是通过原料和燃料的多元化、劣质化，有效降低原料、燃料成本。镇海炼化股份公司全年累计使用脱油沥青原料26.78万吨，两台新建CFB煤锅炉已经实现替代油锅炉向化肥装置供汽，同时向炼油装置供部分中压蒸汽，达到了煤代油项目降本增效的目标；九江分公司于2004年7月完成脱油沥青代替渣油作气化原料技术改造，全年累计使用脱油沥青原料9.56万吨；安庆分公司、金陵分公司充分利用干气资源，全年用量分别为8.35万吨和4.02万吨；湖北化肥分公司、巴陵分公司通过优化工艺操作，一段转化炉掺烧重油比例分别达到20%—50%。二是加强技术攻关，优化运行，实现节能降耗。镇海炼化股份公司针对气化炉原料DOA不稳定，原料指标不可控对工况调整的影响，通过控制DOA品质、优化工况，实现装置平稳运行，使气化炉不清渣运行周期有明显提高，其中2#气化炉达到了280天以上；同时针对CFB锅炉投入生产后的主要问题进行了一系列的攻关和改进，平均连续运行周期达到60天以上，实现了原料、燃料劣质化，总体消耗不上升的目标。三是充分发挥炼化一体化企业资源互供优势，发挥装置整体效益。镇海炼化股份公司化肥装置全年累计向炼油装置供氢7 360吨、供工厂压缩空气4 305万米$^3$(标准)、供氮2 124万米$^3$(标准)。安庆分公司化肥装置全年累计向炼油装置供氢5634吨，向丙烯腈装置供液氨3.98万吨。巴陵分公司化肥装置阶段性生产期间向己内酰胺装置供氢、空气和液氨，累计供液氨1.84万吨。

2004年石化集团公司严格执行国家对化肥限价规定，尿素出厂价格均控制在国家规定的中准价浮动上限以内，全年累计销售尿素263.46万吨，产销率为100%，尿素平均销售价格同比提高了213元/吨；货款回笼率为100%，实现了全年产销平衡、无欠款。

2004年通过落实各项降本减费措施，优化生产工艺、合理组织生产，石化集团公司化肥板块在增产尿素的同时也较好地完成了全年限亏任务，其中镇海炼化股份公司化肥利润同比有较大幅度增加，九江分公司化肥实现大幅度减亏。

（孙宝慈）

【化肥煤代油改造工程进展顺利】 2004 年石化集团公司 5 套化肥煤代油改造工程已完成详细设计、设备订货、现场土建施工和启动生产准备等相关工作；2 套以渣油为原料的化肥装置原料、燃料结构改造工作已经完成，并已成为 2004 年新的经济增长点。

金陵分公司化肥原料技改工程进展最快，基本按统筹计划进度进行。截至 2004 年 12 月 20 日，工程总进度完成 67.55%；施工图设计除现场变更外全部完成；采购总体工作(含采买、催交、检验、运输)进度完成 92%，采购采买投资进度完成 93.37%，其中设备采买投资进度完成总设备投资的 94.58%；现场施工总进度累计完成 48.28%。

巴陵分公司煤代油改造工程分为煤气化和配套 2 个部分。煤气化工程为与壳牌合资项目，截至 2004 年底，合资部分完成项目总体进度 48.4%，其中，设计完成 94%，采购完成 71.8%，施工完成 40.2%；配套部分完成项目总体进度 67.6%，其中，设计进度为 98%，采购完成 82%，土建施工完成 88%，安装施工完成 11%。

截至 2004 年底，湖北化肥分公司煤代油改造工程煤气化部分工程总进度完成 41.7%，配套部分工程总进度完成 61.1%，基本在项目计划控制的范围之内。其中，煤气化部分设计进度完成 88.1%，采购进度完成 70%，现场施工进度完成 28.1%；配套部分设计进度完成 99.9%，采购进度完成 76.0%，现场施工进度完成 60.7%。

安庆分公司化肥煤代油改造工程总体统筹计划于 2004 年 2 月 27 日完成审查。截至 2004 年底，煤气化部分工程总进度累计完成 38.2%，配套部分累计完成 40.5%，其中，煤气化部分设计进度完成 91.7%，采购进度完成 74.7%，现场施工进度完成 21.5%。

南京化工公司大化肥原料路线改造工程于 2003 年 4 月份正式启动，2004 年 1 月完成初步设计优化调整，2004 年 9 月完成最终设计审查；截至 2004 年底，设备订货进度完成 90%，现场施工进度完成 70%。

5 套化肥煤代油改造工程的生产准备工作已全面展开，生产准备工作纲要已经编制完成，生产准备组织机构已经落实，生产人员培训和技术资料准备工作从 2004 年下半年开始启动，涉及专业有工艺、设备、仪表、电器、分析。金陵分公司化肥原料技改工程总体试车方案审查于 2004 年 11 月底完成。

镇海炼化股份公司 2 台 CFB 锅炉项目(2 台 410 吨/时 CFB 锅炉和 2 台 60 兆瓦发电机组)于 2003 年 12 月 18 日正式竣工投产后，原有重油锅炉已全部停运，改造装置的效益得到充分发挥。九江分公司也已完成脱油沥青代替渣油作气化原料技术改造，2004 年 7 月 15 日进行脱油沥青投料试车一次成功，实现了原料劣质化，降低了原料成本。

(孙宝慈)

【化肥产量有所提高】 2004 年石化集团公司生产合成氨 174.75 万吨，其中石化股份公司生产 157.99 万吨；生产尿素 263.19 万吨，为 2003 年的 129.54%，其中石化股份公司生产 263.19 万吨，为 2003 年的 129.80%。详见表 42、表 43。

表 42　**1999 — 2004 年石化集团公司合成氨分企业产量**　万吨

| 企业名称 | 设计能力/万吨·年$^{-1}$ | 2004 | 2003 | 2002 | 2001 | 2000 | 1999 |
|---|---|---|---|---|---|---|---|
| 石化集团公司合计 | 238.50 | 174.75 | 138.17 | 194.01 | 167.65 | 189.90 | 273.24 |
| 石化股份公司合计 | 223.50 | 157.99 | 121.02 | 160.86 | 141.20 | 175.26 | |
| 齐鲁分公司第二化肥厂 | 30.00 | 0.00 | 0.00 | 0.00 | 4.23 | 25.32 | 28.14 |
| 金陵分公司 | 34.00 | 24.92 | 10.40 | 26.36 | 28.09 | 20.37 | 35.74 |
| 安庆分公司 | 32.00 | 27.67 | 26.97 | 30.75 | 26.73 | 29.62 | 31.01 |
| 广州分公司 | — | — | — | — | 0.00 | 16.33 | 24.29 |
| 巴陵分公司 | 33.00 | 18.00 | 7.24 | 20.05 | 11.56 | 19.31 | 35.94 |
| 湖北化肥分公司 | 30.00 | 18.04 | 11.51 | 15.66 | 10.17 | 13.41 | 32.36 |
| 镇海炼化股份公司 | 34.50 | 34.95 | 32.13 | 33.56 | 32.87 | 30.25 | 36.04 |
| 九江分公司 | 30.00 | 34.41 | 32.76 | 33.55 | 23.67 | 18.10 | 29.45 |
| 齐鲁分公司第一化肥厂 | — | — | — | 0.92 | 3.87 | 2.56 | 6.79 |
| 南京化工公司(中) | 15.00 | 16.76 | 17.15 | 16.67 | 16.46 | 14.64 | 13.48 |
| 新星石油公司(小) | — | — | — | 12.04 | 9.99 | — | — |
| 南京化工公司(大) | — | — | — | 4.44 | — | — | — |

**表 43　1999 — 2004 年石化集团公司尿素分企业产量**　万吨

| 企业名称 | 设计能力/万吨·年⁻¹ | 2004 | 2003 | 2002 | 2001 | 2000 | 1999 |
|---|---|---|---|---|---|---|---|
| 石化集团公司合计 | 373.00 | 263.19 | 203.17 | 291.69 | 248.36 | 292.25 | 443.60 |
| 石化股份公司合计 | 373.00 | 263.19 | 202.76 | 266.63 | 234.15 | 292.25 | |
| 齐鲁分公司第二化肥厂 | 48.00 | 0.00 | 0.00 | 0.00 | 6.25 | 39.73 | 47.43 |
| 金陵分公司 | 52.00 | 43.59 | 18.10 | 45.91 | 49.07 | 35.31 | 61.54 |
| 安庆分公司 | 52.00 | 40.73 | 39.44 | 46.15 | 42.49 | 48.48 | 52.57 |
| 广州分公司 | — | — | — | — | 0.00 | 26.50 | 40.20 |
| 巴陵分公司 | 61.00 | 27.35 | 12.65 | 31.46 | 17.11 | 31.39 | 61.12 |
| 湖北化肥分公司 | 48.00 | 31.13 | 19.60 | 27.06 | 17.58 | 23.11 | 56.18 |
| 镇海炼化股份公司 | 60.00 | 60.37 | 55.70 | 58.03 | 56.88 | 52.79 | 62.66 |
| 九江分公司 | 52.00 | 60.02 | 57.27 | 58.01 | 40.50 | 30.69 | 50.55 |
| 齐鲁分公司第一化肥厂 | — | — | — | 0.00 | 4.29 | 4.22 | 11.35 |
| 新星石油公司 | — | — | — | 19.54 | 14.20 | — | — |
| 南京化工公司(大) | — | — | — | 5.52 | — | — | — |

2004 年全国合成氨产量为 4 222.20 万吨，同比增长 11.40%，尿素产量为 4 127.68 万吨，同比增长 10.80%。石化集团公司合成氨和尿素产量分别占全国总产量的 4.14% 和 6.38%，比 2003 年分别上升 0.50 和 0.72 个百分点。

2004 年由于化肥市场需求增加，石化集团公司其他化肥产品(如：硫铵、高浓度合成复合肥)产量同比有所上升，硝铵、碳铵和普钙产量与 2003 年基本持平。石化集团公司全年生产硫铵 37.56 万吨(其中石化股份公司 37.56 万吨)，为 2003 年的 113.85%；合成复合肥 42.86 万吨(其中石化股份公司 0.13 万吨)，为 2003 年的 116.03%；碳铵 1.03 万吨，为 2003 年的 97.17%；普钙 40.61 万吨，为 2003 年的 100.07%；硝铵(工业用)11.78 万吨，为 2003 年的 102.70%。

(孙宝慈)

**【主要技术经济指标总体完成较好】** 2004 年，合成氨综合能耗为 39.71 吉焦/吨，与上年同期基本持平；纯氮综合能耗为 65.03 吉焦/吨，同比上升 1.36 吉焦/吨，主要是受原料、燃料进一步劣质化的影响；尿素耗氨为 574.18 千克/吨，同比下降 0.17 千克/吨。

2004 年在尿素市场供不应求的情况下，各企业不忘加强质量管理，尿素产品优等品率平均为 99.22%，与上年同期基本持平，其中镇海炼化股份公司和安庆分公司尿素优等品率达到 100%。

2004 年环保工作继续保持较好水平，化肥装置外排废水综合合格率平均为 95% 以上，优于达标考核要求，镇海炼化股份公司和金陵分公司化肥装置外排废水综合合格率达到 100%。

(孙宝慈)

**【化肥相关政策】** 2004 年是国家针对化肥行业出台政策较多的一年，有关化肥行业国家出台的政策主要有：2004 年 1 月 5 日国家发改委、农业部、商务部、铁道部、工商总局、供销总社联合发出紧急通知，要求做好化肥生产供应工作、稳定化肥价格；2004 年 1 月 7 日国家发改委发出通知，决定从 2 月 15 日—4 月 15 日在全国开展农资价格和涉农收费专项检查；2004 年 2 月 27 日国家发改委发出《关于对化肥等农业生产资料价格过快上涨实行干预的紧急通知》；2004 年 3 月 15 日财政部、国家税务总局发出暂停尿素出口退税一年的通知；2004 年 3 月 25 日国家发改委、铁道部联合发出通知，要求各地加强粮食、化肥铁路运输价格监管；2004 年 4 月国家发改委以发改价格[2004]773 号文的形式发出关于化肥企业生产用电价格继续实行优惠政策的通知；2004 年 6 月 30 日国家发改委、铁道部发出进一步明确农用化肥铁路运输优惠政策的通知；2004 年 7 月 12 日国家发改委、财政部、铁道部、交通部联合发出“关于进一步做好化肥供应工作，稳定化肥价格的紧急通知”；2004 年 11 月 17 日国家发改委、财政部、农业部、商务部、国家税务总局等五部委发出做好化肥生产供应工作，加强价格监管的通知。

（孙宝慈）

**【化肥行业会议】** 2004 年 2 月 8—11 日雪佛龙德士古公司第 13 届气化技术会议在美国得克萨斯州加文斯顿市举行。会议由雪佛龙德士古全球气化技术公司主持，有 30 多家采用德士古气化技术专利的用户参加了会议，中国有 7 家企业参加会议。会议主要交流了近年来雪佛龙德士古和专利用户在气化烧嘴使用、气化炉热电偶、耐火材料等方面的改进与发展，以及工厂安全操作和提高气化装置运行水平等方面的经验。中国石化的镇海炼化股份公司和南京化工公司分别就气化原料劣质化使用和开工经验进行了专题发言，特别是镇海炼化股份公司化肥装置通过适当的技术改造，在原设计用渣油的气化炉上实现了以脱油沥青为气化进料的经验受到专利公司和与会同行的关注。

2004 年 4 月 20—22 日 2004 年国际化肥生产技术大会在北京举行。大会由国际化肥工业协会(IFA)、中国石油和化学工业协会、中国化工建设总公司共同主办。会议就最新节能生产工艺、新型环保技术、化肥厂改扩建方案、产品质量改进的新方法、提高工厂运行效率等方面进行了交流。会议对提高中国化肥生产的技术水平、促进化肥工业技术进步、调整产品结构、采用节能和环保新技术、提高企业运行效率、加强国际交流、参与国际竞争等方面起着积极的推动作用。

2004 年 5 月 10—13 日第十届斯塔米卡邦尿素年会在荷兰海牙召开。来自世界各地的 210 多人参加了会议，中国有 7 家企业参加年会。会议就世界尿素生产和需求前景、尿素工艺最新技术进展、开发及应用和现实尿素装置工艺操作、设备及控制仪表方面等十几个专题进行了广泛深入的交流。

2004 年 5 月 11—15 日在江西省九江市召开了全国大氮肥企业工业水处理技术交流会。会议由《大氮肥》编辑部主办，中国石化九江分公司承办。会议总结交流了各企业近年来在水处理工作方面的做法、经验和教训、存在的问题和今后的打算，包括预处理、除盐、循环冷却水及污水处理系统的工艺技术、管理及改造，循环冷却水的化学处理、水质稳定剂配方、微生物控制，水处理工作对保证工艺系统高效长周期运行的作用等；并对近年来水处理药剂的发展现状、最新研究成果和在企业的实际应用情况，反渗透等脱盐技术的最新进展和企业的应用成果等进行了交流。

2004 年 11 月 2—5 日在海南省三亚市召开了第 13 届全国大型尿素装置技术年会。会议由《大氮肥》编辑部主办，海洋富岛股份有限公司承办。年会就生态平衡施肥技术、尿素装置 50% 扩能改造、高压设备检测及安全运行、提高尿素产品质量、拓宽产品营销渠道以及尿素生产过程中的环保治理等方面进行了广泛和深入的交流。

2004 年 11 月 15 日在成都市召开了 2004 年度全国大化肥企业质量联络网年会。会议重点就各企业在质量管理、质量检查、体系认证、提高产品质量和顾客满意度等方面的工作进行了交流，还沟通了企业生产经营、技术改造、新产品开发等方面的情况。

（孙宝慈）

## 无机原料

**【概述】** 2004 年石化集团公司生产无机原料的企业有南京化工公司、巴陵石化公司、齐鲁股份公司、石家庄炼化股份公司、南京化工厂、燕山石化公司和江汉油田分公司等。主要无机原料为“三酸两碱”。2004 年末石化集团公司具有硫酸生产能力 78.00 万吨/年(其中石化股份公司 28.00 万吨/年)，烧碱生产能力 84.30 万吨/年(其中石化股份公司 52.30 万吨/年)，纯碱生产能力 100.25 万吨/年，盐酸生产能力 33.53 万吨/年(其中石化股份公司 6.93 万吨/年)，硝酸生产能力 6.30 万吨/年。2004 年石化集团公司生产硫酸 73.89 万吨(其中石化股份公司 21.56 万吨)，烧碱 61.05 万吨(其中石化股份公司 30.34 万吨)，纯碱 93.00 万吨，盐酸(折 31%)30.98 万吨(其中石化股份公司 5.69 万吨)，硝酸 7.60 万吨。主要无机原料生产能力见表 44，产量见表 45。

**表 44　1999 — 2004 年石化集团公司主要无机原料生产能力**　万吨/年

| 年份<br>产品名称 | 2004 | 2003 | 2002 | 2001 | 2000 | 1999 |
|---|---|---|---|---|---|---|
| 硫　酸 | 78.00 | 67.00 | 54.00 | 54.00 | 32.00 | 32.00 |
| 硝　酸 | 6.30 | 6.30 | 6.30 | 5.30 | 5.30 | 5.30 |
| 盐　酸 | 33.53 | 23.83 | 20.43 | 16.43 | 12.03 | 12.03 |
| 烧　碱 | 84.30 | 61.30 | 44.80 | 37.80 | 37.80 | 37.80 |
| 纯　碱 | 100.25 | 90.25 | 80.25 | 80.25 | 80.00 | 60.25 |

表 45 1999—2004 年石化集团公司主要无机原料产品产量 万吨

| 产品名称 \ 年份 | 2004 | 2003 | 2002 | 2001 | 2000 | 1999 |
|---|---|---|---|---|---|---|
| 硫酸 | 73.89 | 60.88 | 50.75 | 36.54 | 34.43 | 32.86 |
| 硝酸 | 7.60 | 7.58 | 6.97 | 6.24 | 5.72 | 4.03 |
| 盐酸 | 30.98 | 29.34 | 22.43 | 18.77 | 11.58 | 15.62 |
| 烧碱 | 61.05 | 59.07 | 39.99 | 37.33 | 35.26 | 33.71 |
| 纯碱 | 93.00 | 92.04 | 90.01 | 88.10 | 85.61 | 83.64 |

（孙宝慈）

【硫酸】 硫酸是由硫铁矿焙烧或硫磺氧化生成二氧化硫，再经催化转化为三氧化硫结合水而成。工业硫酸用于制造无机肥料和其他无机盐类，南京化工公司生产的硫酸主要用于生产己内酰胺、普钙、磷酸、S-NPK 高浓度复合肥等产品。

2004 年石化集团公司生产硫酸的企业主要有南京化工公司、石家庄炼化股份公司，2004 年又将长岭分公司、荆门分公司统计入内。南京化工公司和石家庄炼化股份公司硫酸装置均采用硫磺作原料。

2004 年末石化集团公司硫酸生产能力为 78.00 万吨/年（其中石化股份公司 28.00 万吨/年），比 2003 年增加能力 11.00 万吨/年，其中长岭分公司硫酸能力 6.00 万吨/年，荆门分公司 5.00 万吨/年。2004 年石化集团公司实际生产硫酸 73.89 万吨（其中石化股份公司 21.56 万吨），比 2003 年增加 13.01 万吨。

（孙宝慈）

【硝酸】 硝酸由氨氧化合成而得。浓硝酸是重要的基本无机化工原料，可用于生产化肥、炸药、无机盐、基本有机合成产品、染料、医药等，还可用于冶金、电镀、有机合成等领域。

2004 年石化集团公司仅有南京化工公司建有间接浓缩法和直接合成法 2 套浓硝酸装置。2004 年末石化集团公司浓硝酸生产能力为 6.30 万吨/年，全年实际生产浓硝酸 7.60 万吨，比 2003 年增产 0.02 万吨。

（孙宝慈）

【盐酸】 又名氢氯酸，是氯碱工业的重要产品，由电解食盐水生产烧碱副产氯气加工制得。盐酸广泛用于化工、轻工、纺织、冶金等行业，可制取氯化物，用于漂白酸洗、碱性中和等。

2004 年石化集团公司生产盐酸的企业有齐鲁股份公司、江汉油田分公司、南京化工公司、南京化工厂、巴陵石化公司、燕山石化公司 6 家，均为副产盐酸。2004 年末石化集团公司盐酸生产能力 33.53 万吨/年，比 2003 年增加 9.70 万吨/年；全年实际生产盐酸 30.98 万吨，比 2003 年同期增加 1.64 万吨。

2004 年计入燕山石化公司盐酸生产能力 13.10 万吨/年（原有能力 6.00 万吨/年，新增能力 7.10 万吨/年），江汉油田分公司新增盐酸能力 1.00 万吨/年；核减齐鲁石化公司其他非上市企业盐酸生产能力 4.40 万吨/年。

（孙宝慈）

【烧碱】 又名氢氧化钠，主要原料为工业原盐，经盐水精制、电解、蒸发浓缩而制得。烧碱是重要的基本无机化工原料，尤其在造纸、合成洗涤剂、纺织、玻璃、印染等轻纺工业，在农药、塑料、橡胶、合成纤维、油脂工业以及国防、冶金、医药、肥皂等行业都是不可缺少的化工原料。

2004 年石化集团公司生产烧碱的企业有齐鲁股份公司、巴陵石化公司、南京化工厂、江汉油田分公司和燕山石化公司 5 家。

2004 年末石化集团公司烧碱生产能力 84.30 万吨/年，比 2003 年增加 23.00 万吨/年；2004 年实际生产烧碱 61.05 万吨，比 2003 年增产 1.98 万吨。

2004 年齐鲁股份公司新增烧碱能力 20 万吨/年；江汉油田分公司 2 万吨/年离子膜烧碱装置于 2004 年 6 月 19 日建成投产，新增烧碱能力 2.00 万吨/年。

（孙宝慈）

【纯碱】 又名碳酸钠，主要原料为原盐和石灰石，采用氨碱法工艺制得。纯碱也是重要的基本无机化工原料，应用范围较广，主要用作玻璃、造纸、洗涤剂制造、纺织、制革等行业的工业原料，其中玻璃工业是纯碱的最大应用领域。

2004 年石化集团公司生产纯碱的企业有南京化工公司连云港碱厂，装置生产能力通过扩产技术改造已达到100.00万吨/年。2004年石化集团公司实际生产纯碱93.00万吨，比2003年增产0.96万吨。2004年石化集团公司累计销售纯碱92.85万吨，比2003年多销1.01万吨，其中出口纯碱总量为10.5万吨，比2003年减少10万吨。

2004年全国纯碱产量为1250.00万吨，同比增长12.87%，石化集团公司产量占全国总量的7.44%，比2003年减少0.87个百分点。2004年石化集团公司纯碱出口量占全国总量143万吨的7.34%，同比减少8.99个百分点。

（孙宝慈）

## 化工设备管理

**【概述】** 2004年石化集团公司21家化工企业固定资产原值为1 876.97亿元(其中石化股份公司为1 361.13亿元)，净值为918.67亿元(其中石化股份公司为631.42亿元)，其中设备固定资产原值为1 434.04亿元(其中石化股份公司为1 092.61亿元)，净值为732.88亿元(其中石化股份公司为555.42亿元)，设备新度系数为0.49(其中石化股份公司为0.46)。

21家化工企业共有设备925 917台，完好设备919 277台，完好率99.28%；其中主要设备90 103台，完好设备89 492台，主要设备完好率99.32%。设备静密封点数24 790 645个，泄漏点数3 462个，泄漏率为0.14‰。

设备分类情况：塔类4 020台，反应器类2 616台，储罐类32 319台，炉类971台，换热设备类20 398台，石油化工机械类9 768台，通用机械类51 619台，动力设备类90 436台，仪器仪表类658 434台，机修设备类6 246台，化纤设备类7 802台，起重运输和施工机械类9 897台，其他31 086台。关键机组775台，其中各类气体压缩机(250千瓦以上)533台(电机驱动的389台，蒸汽透平驱动的144台)；冷冻机(200千瓦以上)151台(电机驱动的137台，蒸汽透平驱动的14台)；发电机(3 000千瓦以上)89台(蒸汽透平驱动的89台)；烟汽轮机(500千瓦以上)2台(电机驱动的1台，蒸汽透平驱动的1台)；在用压力容器27 273台。GC1、GC2、GC3类工业管道689.79万米，总共119套主要生产装置，2004年检修生产装置34套。

21家化工企业，全年消耗新鲜水5.8亿吨，全年循环水供水总量116.8亿吨。

（孙新文）

**【召开设备动力管理会议】** 为了加强设备动力管理工作，2004年石化集团公司召开了以下有关设备动力管理会议：

2004年2月，召开了UPS专业技术研讨会。会上交流了近几年来UPS管理的经验，有关专家和知名厂家的专业技术人员介绍了新技术、新设备情况；研讨了UPS管理如何适应生产装置长周期运行的需要，吸取出现过的UPS事故和故障教训，进一步提高使用UPS的可靠性。

2004年7月，召开了设备风险评估技术(RBI)研讨会。会上就RBI技术的发展及其对石化装置长周期安全运行的影响和适用性进行了分析；了解了RCM、RBM技术的原理，探讨了RCM、RBM在石化装置上的应用前景；对常用RBI软件、其分析过程情况和在石化装置上的应用案例进行了介绍。

2004年10月，召开了大机组状态监测和自动化仪表技术交流会。会上交流了近几年来大机组状态监测和故障诊断技术管理经验，有关专家和知名厂家的专业技术人员对状态监测和自动化仪表方面作专题演讲，介绍了新技术、新设备和技术发展趋向；讨论了大机组状态监测和故障诊断技术如何适应生产装置长周期运行的需要，如何进行管理；对建立远程故障诊断信息网提出了具体的想法和建议。

2004年11月，召开了电气设备管理技术交流会。会上和各化工部分上市企业对接了今后3年电气设备更新计划；交流了近两年的电气设备管理的经验和教训，讨论了搞好电气运行管理的办法和措施，以适应生产装置长周期运行的需要；有关专业技术人员交流了新技术、新设备、新的管理理念。

（孙新文）

**【组织长周期生产】** 2004年石化集团公司考核的15类、119套主要化工生产装置中有36套再次实现了长周期运行。

2004年化工企业因装置实现长周期运行创造的经济效益为6.65亿元，其中增加有效生产时间增产而增加利税4.52亿元，减少修理费支出1.65亿元，减少开停工损失0.48亿元。

（孙新文）

## 化工质量管理

**【概述】** 2004年石化集团公司化工产品质量管理工作取得显著成效，主要石化产品质量处于国内领先水平，部分产品质量达到国际水平，多次获得省部级嘉奖。石化集团公司依照《中国石化化工质量管理办法》开展相关工作，进一步完善质量数据统计手段，积极引进世界先进质量管理方法，通过新一轮达标和开展同类装置竞赛活动，努力实现对石化产品的质量控制。同时，配合腈纶产品统一销售，为统一产品品牌和标准作好准备，开展了腈纶产品标准调研工作。各化工企业在原料供应、产品生产及销售各环节严把质量关，并不断提高石化产品售后服务水平，全年未发生重大质量事故。

（王立东）

**【化工产品等级品率完成情况】** 2004年，石化集团公司合成树脂一级品以上比例为91.84%，与2003年同期基本持平，其中石化股份公司为91.02%，存续部分为95.56%。分品种来看，聚氯乙烯一级品以上比例为90.06%，同比降低8.75个百分点，主要原因是新装置投产使统计口径发生变化；高压聚乙烯为87.84%，同比提高17.4个百分点，主要原因是燕山2#高压聚乙烯自2004年4月开始按新标准判定，而原标准中只有合格品一个等级；低压聚乙烯83.6%，同比降低3.93个百分点，主要原因是燕山石化公司新开管材料6380M和6360M标准中只有合格品一个等级，而2004年这两个牌号产量同比增长了1.5万吨，在高压聚乙烯中比重进一步增加，从而造成一级品以上比例下降；线性聚乙烯96.12%，同比提高4.21个百分点，其中提高最多的是广州分公司聚乙烯，同比提高11.62个百分点；连续法聚丙烯93.86%，同比提高0.65个百分点。

2004年，石化集团公司合成纤维一级品以上比例为95.08%，同比提高0.14个百分点，其中石化股份公司为95.11%，存续部分为94.98%。分品种来看，涤纶一级品以上比例为95.66%，同比降低0.34个百分点，主要原因是2004年仪征化纤股份公司中空纤维产量同比增长1.04万吨，而中空纤维标准只有合格品，因此造成涤纶一级品以上比例略有下降；腈纶97.06%，同比提高0.95个百分点。

2004年，石化集团公司合成橡胶一级品以上比例为92.61%，同比提高21.85个百分点，其中石化股份公司为96.27%。分品种来看，丁苯橡胶一级品以上比例为99.48%，同比提高0.2个百分点；顺丁橡胶95.89%，同比提高0.58个百分点。

2004年，尿素质量继续保持稳定，石化集团公司全年累计优级品率99.22%，与2003年同期基本持平。

（王立东）

**【产品质量监督抽查情况】** 为提高石化产品质量，树立石化集团公司企业与石化产品的良好形象，石化集团公司在国家及各地方产品质量监督抽查的基础上，每年拿出专项资金，委托国家有关石化产品质量监督检验中心对石化集团公司石化产品进行监督抽检，并通报抽检结果，对抽检出现的问题责令企业限期整改，并及时申请复检，直至检验合格。同时，为提高产品质量监督的有效性，石化集团公司定期组织对各石化产品质量监督检验中心进行抽查，要求各质检中心按照国际管理模式运行，保证质检中心的"公正性、科学性及权威性"。

2004年石化集团公司进一步加大产销量大、影响面广的重点产品的抽查力度。石化产品质量监督体系的不断完善，使石化集团公司石化产品质量得到了有效监督，促进了石化产品质量的提高，维护了石化集团公司石化产品的良好信誉。2001—2004年石化集团公司石化产品质量监督抽查情况详见表46。

（王立东）

**【化工产品质量标准制修订情况】** 化工产品和检验方法标准是质量管理的基础，化工事业部积极配合科技开发部做好化工产品标准制修订工作，2004年参与了《工业用乙二醇》国家标准和《工业用精对苯二甲酸》行业标准的制修订工作，同时协助归口单位做好化工产品企业标准备案工作。

（王立东）

## 化工计量管理

**【液体化工产品计量标准】** 截至2004年底，中国尚没有制定适用于液体化工产品计量交接的类似于《石油计量表》(GB/T 1885—1998)、能够给出密度温度系数表和体积温度系数表的国家标准或行业标准，国内石化企业之间、企业和经贸单位之间对铁路罐车、汽车罐车和船罐装液体化工产品在进行贸易计量交接时，也没有统一规范的标准可循，计量交接的不规范极易导致相关贸易纠纷。为进一步规范石化集团公司所属企业间液体化工产品计量交接，并为系统外计量纠纷提供技术依据，科技开发部、化工事业部委托北京化工研究院和齐鲁分公司共同制定中国石化企业标准《液体化工产品数量计算方法》，该项目于2003年3月正式启动。此项标准的主要技术内容是提出中国石化生产销售的液体化工产品的密度温度系数、体积温度系数，给出利用系数计算数量的计算公式。截至2004年10月已完成第一阶段工业苯乙烯、石油对二甲苯、工业甲醇、工业辛醇等9个产品的标准制定工作。

（王立东）

表 46 2001—2004 年石化集团公司石化产品质量监督抽查情况

| 承检单位 | 产品名称 | 抽检类别 | 2004 年 | | | | 2003 年 | | | | 2002 年 | | | | 2001 年 | | | |
|---|---|---|---|---|---|---|---|---|---|---|---|---|---|---|---|---|---|---|
| | | | 企业数 | 样品数 | 不合格数 | 合格率/% | 企业数 | 样品数 | 不合格数 | 合格率/% | 企业数 | 样品数 | 不合格数 | 合格率/% | 企业数 | 样品数 | 不合格数 | 合格率/% |
| 国家石油有机原料、合成树脂质检中心 | 石化有机原料 | 集团公司抽查 | 6 | 10 | 0 | 100 | 7 | 17 | 0 | 100 | 7 | 14 | 0 | 100 | 8 | 14 | 0 | 100 |
| | 聚丙烯 | 国家抽查 | | | | | | | | | | | | | | | | |
| | | 集团公司抽查 | 26 | 26 | 2 | 92.30 | 28 | 28 | 0 | 100 | 30 | 30 | 2 | 93.30 | 21 | 30 | 1 | 96.67 |
| | | 合　计 | 26 | 26 | 2 | 92.30 | 28 | 28 | 0 | 100 | 30 | 30 | 2 | 93.30 | 21 | 30 | 1 | 96.67 |
| | 低密度聚乙烯 | 集团公司抽查 | 3 | 3 | 0 | 100 | 4 | 4 | 0 | 100 | 3 | 3 | 0 | 100 | 3 | 3 | 0 | 100 |
| | 高密度聚乙烯 | 集团公司抽查 | 3 | 3 | 0 | 100 | 3 | 3 | 0 | 100 | 3 | 3 | 0 | 100 | 3 | 3 | 0 | 100 |
| | 线型低密度聚乙烯 | 集团公司抽查 | 5 | 5 | 0 | 100 | 6 | 6 | 0 | 100 | 6 | 6 | 0 | 100 | 3 | 3 | 0 | 100 |
| | 聚苯乙烯 | 集团公司抽查 | 3 | 5 | 0 | 100 | 4 | 4 | 0 | 100 | | | | | 3 | 3 | 1 | 66.67 |
| | 聚酯切片 | 集团公司抽查 | 4 | 5 | 1 | 80.00 | 4 | 5 | 0 | 100 | | | | | 4 | 4 | 1 | 75.00 |
| 国家合成橡胶产品质检中心 | 丁二烯橡胶 | 国家统检 | | | | | | | | | | | | | | | | |
| | | 集团公司抽查 | 3 | 3 | 0 | 100 | 4 | 4 | 0 | 100 | | | | | | | | |
| | | 合　计 | 3 | 3 | 0 | 100 | 4 | 4 | 0 | 100 | | | | | | | | |
| | 丁苯橡胶 | 集团公司抽查 | | | | | 1 | 1 | 0 | 100 | | | | | | | | |
| | 热塑性弹性体 SBS | 集团公司抽查 | 3 | 3 | 0 | 100 | 2 | 2 | 0 | 100 | | | | | | | | |
| | 丁腈橡胶 | 集团公司抽查 | | | | | | | | | | | | | | | | |
| 石油集团化纤质检中心 | 涤　纶 | 集团公司抽查 | 4 | 32 | 0 | 100 | 5 | 37 | 1 | 97.30 | | | | | | | | |
| | 腈　纶 | 集团公司抽查 | 3 | 9 | 0 | 100 | 3 | 8 | 0 | 100 | | | | | | | | |
| | 丙　纶 | 集团公司抽查 | | | | | | | | | | | | | | | | |
| | 维　纶 | 集团公司抽查 | | | | | | | | | | | | | | | | |
| | 锦　纶 | 集团公司抽查 | | | | | | | | | | | | | | | | |
| | 粘胶纤维 | 集团公司抽查 | | | | | | | | | | | | | | | | |
| 合　计 | | | 25 | 105 | 3 | 97.14 | 28 | 120 | 1 | 99.20 | 30 | 56 | 2 | 96.43 | 44 | 62 | 1 | 98.36 |

## 化工节能管理

【概述】 2004年石化集团公司继续开展化工装置达标、同类装置竞赛以及乙烯装置高负荷专项劳动竞赛等活动，有效地促进了化工装置高负荷生产。在此基础上，重点抓了熄火化工火炬和节能技术推广工作，使主要化工装置能耗普遍有所降低。

多年来，熄灭火炬工作一直在不断进行，2003年石化集团公司化工板块共有火炬61支，熄灭37支；经过2004年的工作，又熄灭了8支。截至2004年底还有8家企业的火炬仍未熄灭，这些企业将继续下大功夫做好熄灭火炬工作。

2004年10月，石化集团公司召开了“化工企业节能技术专题会”。会议回顾了2000年以来化工板块节能工作进展情况，重点交流了节能管理经验和节能新技术。会议要求各企业在近年来能源供应日趋紧张的情况下，一定要高度重视节能工作，进一步更新观念，加强和完善节能机构建设，做好全面统筹安排，扎实抓好计量、统计等节能基础建设工作，积极推广和应用以乙烯裂解炉空气预热节能技术、蒸汽和凝液回收系统优化技术等为代表的一批节能实用技术。

（张　炜）

【乙烯能耗】 2004年石化集团公司乙烯及下游主要化工装置保持了高负荷平稳运行，促进了化工装置能耗的进一步降低。在增加了燕山石化公司(原北京东方化工股份有限公司)乙烯装置(能耗749.43千克标油/吨)的情况下，2004年石化集团公司乙烯装置能耗为688.33千克标油/吨，较2003年(不含东方乙烯)下降4.48千克标油/吨，比年计划低1.67千克标油/吨。

1999—2004年石化集团公司乙烯能耗统计数据见表47。

（张　炜）

**表47　1999—2004年石化集团公司乙烯能耗统计数据**　千克标油/吨

| 项目<br>年份 | 乙烯综合能耗 | |
|---|---|---|
| | 石化集团公司 | 石化股份公司 |
| 2004 | 688.33 | 692.15 |
| 2003 | 692.81 | 707.68 |
| 2002 | 704.56 | 719.62 |
| 2001 | 725.67 | 748.13 |
| 2000 | 742.94 | 768.24 |
| 1999 | 750.40 | |

## 化工达标管理

【概述】 2004年石化集团公司化工达标工作主要抓了以下几方面的工作，取得了一定的成效。

按极限组织生产，努力做大总量。以乙烯为“龙头”的各主要化工装置在没有明显新增装置产能的情况下，依靠抓稳定、长周期运行，实现开足马力生产，努力做大总量，取得明显成效。石化集团公司2004年全年绝大部分时间日均乙烯产量超过1.2万吨，装置负荷率达到102.96%，产量同比保持一定增量。

调整产品结构与市场需求紧密结合。2004年，石化集团公司在产品结构调整工作中，各企业更加注重品种与市场需求相结合，坚持总体效益最大化的原则，强化装置间的统筹兼顾，北京燕化股份公司及时调整生产负荷优化运行。北京燕化股份公司根据装置配置优势，调整2套高压聚乙烯装置之间的牌号布局，在新装置上侧重生产市场紧缺、经济效益好的电缆料LD100BW、高透明膜料LD104、重包装料与收缩膜LD165、热收缩膜专用料LD163等新产品，在老装置上生产市场成熟的涂敷料和农膜料；广州分公司根据树脂产品价格处于历史高位的情况，及时调整了新产品开发计划，择机进行了聚乙烯己烯牌号、聚丙烯均聚透明料的开发与生产，全年专用料产量达到15.93万吨，比2003年增加3.07万吨；齐鲁股份公司根据树脂市场变化，对高压、低压和全密度聚乙烯装置的产品结构进行统筹调整，采取了提高LDPE装置生产负荷，将全密度聚乙烯装置作为原料与产品的调节装置，一方面确保了原料乙烯资源的有效利用，另一方面实现各装置间产品结构的优化调整，实现了经济效益和满足市场需求的双赢。

优化配置化工原料，改善原料结构。2004年石化集团公司在优化配置化工原料方面做了以下工作：一是对炼化一体的乙烯企业，坚持以整体效益最大化为目标，按照“宜烯则烯，宜芳则芳、宜油则油”的原则，在原油加工量安排和油种结构配置上进行优化和适当倾斜，努力增产化工轻油，提高化工轻油质量，满足乙烯生产需要；同时，优化安排炼油加工方案，适时组织进口凝析油、轻烃等资源，提高化工轻油自供率。二是部分有条件企业适时进口部分化工轻油，不仅解决了化工轻油资源严重不足的矛盾，也抓住了价格低廉适于乙烯裂解原料的商机，为企业增加了经济效益。三是重视季度、月度平衡协调和区域优化，努力做好化工轻油互供工作，尽可能满足不同企业的不同需求。四是企业层面资源优化意识明显加强，资源优化成为企业实现效益最大化的有效手段。2004年，各企业结合自身装置特点，努力做到资源尽其用，装置尽其能。

大力组织技术攻关，实现安稳长满优运行。2004年，石化股份公司化工板块各专业积极组织开展与稳定、优化运行关系密切的专题技术攻关，针对性地解决影响装置安稳长运行的主要问题，取得了良好效果，实现了提高装置运行水平的目标。

乙烯专业：扬子乙烯积极开展技术攻关，通过加注结焦抑制剂，使乙烷炉运行周期由原来的40天延长到100天，取得明显效果；燕山、广州等乙烯装置在加注结焦抑制剂延长裂解炉运行周期方面也取得一定进展。

继续开展乙烯装置减黏抑制剂应用的指导工作，进一步改善乙烯装置急冷油减黏系统的运行状况。天津乙烯通过改进投用操作方法，使其减黏系统投用后收到初步的效果，汽油分馏塔釜温提高3℃—4℃，稀释蒸汽产汽量有所增加，乙烯综合能耗进一步降低。

合成树脂与橡胶专业：扬子石化股份公司线性全密度聚乙烯装置2003年虽实现产量26.20万吨，但因物耗指标未达标而未能实现装置全面达标，2004年针对物耗居高不下的难题，对系统流程进行了分析与研究，从工艺过程控制入手，对工艺条件控制和操作进行了相应改进，2004年产量达到新高，实际生产28.4万吨，远远越过设计能力，同时物耗也有一定程度的降低，实现了装置全面达标。

天津分公司线性低密度聚乙烯装置进一步探索在冷凝态下多品种专用料的开发与切换，同时优化挤压造粒生产线的运行方式，既保证了产品的多样化、专用化，又保持了技术经济指标的可控，能耗指标始终保持在同类装置前列。

北京燕化股份公司采取与高校及研究院所联合的方式，对丁基橡胶工艺技术进行深入攻关，先后解决了产品门尼黏度波动大、降解、变色和不饱和度低等质量问题，同时通过提高反应混合进料量及单体浓度、聚合釜洗釜采用长短洗结合等措施大大提高了装置产能。2004年1—12月份丁基橡胶产量达到了3.76万吨，产品合格率达到97.43%，装置产量、物耗、综合能耗等均优于设计指标，反应器的平均运转周期达到80小时，达到国际先进水平，2004年顺利实现了装置全面达标。

合纤专业：上海石化股份公司针对短纤维装置熔体单耗居高不下的问题，从优化工艺条件、加强基础管理等多方面入手，重新制定卷绕工序管理工作流程，杜绝因吸丝口管理不严而造成的物耗增加；同时对蒸汽系统进行了梯级利用，对改造线的用能进行了优化，使物耗与能耗有了较大幅度下降。2004年短纤维装置PET单耗为1 020.59千克/吨，比2003年的1 033.34千克/吨下降了12.75千克/吨，综合能耗为190.39千克标油/吨，比2003年的196千克标油/吨又有了较大幅度的下降。

仪征化纤股份公司的45万吨/年PTA装置开车后暴露了许多工艺方面的问题，使得物耗与能耗均较高。2004年通过对系统流程进行一系列的改造，并对工艺过程进行优化调整，相继解决了母固回收系统经常出现的跑酸现象和催化剂回收率低、溶剂回收过程中共沸剂消耗高等问题，使该套装置顺利实现了技术经济指标全面达标。

化肥专业：镇海炼化股份公司针对CFB锅炉投用后产生的冷渣器底渣结块堵塞、燃料输送系统故障率高、飞灰输送系统负荷偏高、电除尘系统仓泵工作不正常、石灰石系统输送管线堵塞严重、配焦比例控制困难等问题，通过一系列的攻关和改进，问题逐步得到解决，使平均连续运行周期达到60天以上。装置的长周期优化运行对降低能耗起到了实质性的作用，实现了原料、燃料劣质化而总体消耗不增加的目标。

依靠科学，创新管理，乙烯长周期运行取得新进展。2004年，石化集团公司积极推行乙烯装置长周期运行。一方面，组织系统内的技术力量，通过科学论证和技术攻关，扩大茂名乙烯长周期运行成果，采取在线处理等办法，解决冷箱系统倒淋腐蚀泄漏、裂解气干燥器阀门内漏、裂解气压缩机段间冷却器压差大等问题，截至2004年底连续运行70个月，继续向“六年一修”迈进。另一方面，继续开展茂名乙烯长周期运行的经验推广工作，各乙烯企业解放思想，依靠科学，开展扎实有效的工作，将长周期运行工作计划落到实处，取得初步成效。燕山乙烯创造性地采取裂解气升温加热冷箱的办法，仅用39小时完成冷箱解冻，并通过在线串联一台旧干燥器，改善裂解气干燥效果，避免了装置长时间停工处理；通过带压开孔，解决冷却水地下管线泄漏问题，有效避免了停车抢修。扬子乙烯新线裂解气干燥器的再生气加热器2004年8月份出现内漏，装置被迫降负荷运行，通过采取临时措施，由老线引入高温甲烷，使装置恢复正常运行负荷，避免了新线停车处理。天津乙烯在线处理稀释蒸汽发生系统换热器内漏问题，对TLE排污线实施带压堵漏，保持了装置的连续高负荷运行。广州乙烯裂解气压缩机透平带病运行，不允许系统出现大的波动或停车，采取带压开孔接管排液的措施，解决了裂解气压缩机二段吸入罐捕沫网破损造成的裂解气带液、低压缸轴振动大的问题。

（蔡志强）

【装置达标】 2004年石化集团公司化工板块列入达

标计划的装置有13套，补充列入一套，共计14套，结果12套实现达标，占计划达标装置数的85.71%。其中化工专业列入达标计划的装置有9套，实现达标8套，达标率为88.88%，实现达标的分别是北京燕化股份公司的乙烯装置和丁基橡胶装置，扬子石化股份公司的2#PE装置，上海石化股份公司、广州分公司、中原石化公司及燕山石化公司的乙烯装置，燕山石化公司的EO/EG装置；化纤专业列入达标计划的装置有5套，实现达标4套，达标率80%，实现达标的分别是仪征化纤股份公司的2#PTA、12#聚酯和9万吨/年涤纶短纤维装置，上海石化股份公司的2#涤纶短纤维装置。上海石化股份公司4#聚乙烯和丙烯腈装置未实现达标。

其中视同达标的装置有3套，分别是北京燕化股份公司和广州分公司的乙烯装置和上海石化股份公司的2#涤纶短纤维装置。主要原因是因乙烯装置所需资源优化配置进行调整，裂解原料的质量变化较大影响了乙烯的收率等技术经济指标；涤纶短纤维装置主要是因产品受市场价格影响较大而进行阶段性限产，产量略受影响。按照企业效益最大化的原则，将上述装置视同达标。

（蔡志强）

**【专业达标】** 2004年石化集团公司列入专业达标计划的有5个企业的专业，实现达标的有3个，达标率为60%。实现达标的是北京燕化股份公司化工专业、广州分公司化工专业、燕山石化公司化工专业，未实现达标的是上海石化股份公司化工专业和中原石化公司乙烯化工专业。

（蔡志强）

**【同类装置竞赛】** 2004年石化集团公司开展了“乙烯装置安全、平稳、高负荷运行专项竞赛”，每季对装置运行综合水平进行评比。这一竞赛取得了良好效果，乙烯产量创出历史新高，主要技术经济指标同比有所提高，达到了确保化工装置安全、稳定、高负荷运行的预期目的。茂名分公司乙烯装置长周期运行即将进入第六个年头，获得乙烯装置长周期运行特别奖。

参加化工同类装置竞赛的企业共13家，装置覆盖乙烯、乙二醇、苯乙烯、高压聚乙烯、低压聚乙烯、线性低密度聚乙烯、连续法聚丙烯、顺丁橡胶、PTA、聚酯、涤纶短丝、腈纶十二大类共93套装置，评出第一、二、三名优胜装置29套。

获奖企业分别是：乙烯装置：茂名分公司、中原石化公司、扬子石化股份公司；乙二醇装置：上海石化股份公司、茂名分公司；苯乙烯装置：茂名分公司、北京燕化股份公司；LDPE装置：北京燕化股份公司2#装置、齐鲁股份公司；HDPE装置：北京燕化股份公司、齐鲁股份公司；LLDPE装置：天津石化公司、广州分公司、中原石化公司；连续法聚丙烯装置（化工）：齐鲁股份公司、北京燕化股份公司2#装置、天津石化公司、上海石化股份公司3#装置；连续法聚丙烯装置（炼油）：福建炼化有限公司、济南分公司、长岭分公司；顺丁橡胶装置：北京燕化股份公司；PTA装置：仪征化纤股份公司1#装置、扬子石化股份公司；聚酯装置：上海石化股份公司3#装置、仪征化纤股份公司涤纶四厂、天津石化公司新聚酯；涤纶短纤装置：天津石化公司、仪征化纤股份公司涤纶二厂、洛阳石化公司；腈纶装置：上海石化股份公司（北装置）、安庆分公司。

（蔡志强）

# 辅助生产与服务

# 油田

## 综述

截至2004年底，石化集团公司有15家非上市油田企业，从业人员共24.62万人，内退职工2.13万人，离退休职工9.04万人；拥有总资产624.19亿元（其中固定资产净值299.14亿元），总负债为407.43亿元，资产负债率为65.2%，同比上升2.7%。

2004年，非上市油田企业积极落实石化集团公司工作部署，结合非上市油田企业当年生产经营目标任务，紧紧围绕改革发展这一中心环节，突出了为上市企业提供石油工程技术支撑和后勤服务保障这一重中之重的工作，克服了办社会负担沉重、石油工程作业区域越来越困难和复杂、工农关系日趋紧张、原材料价格上涨、人员费用上升等多种困难，生产经营主要目标全面实现，改革重组工作稳步推进。

**一、效益明显**

2004年非上市油田企业限亏指标为13.2亿元，按预算口径实际亏损10.3亿元，比预算减亏2.9亿元。2004年非上市油田企业共上缴税费33.6亿元。全年实现经营收入470.96亿元（其中主营业务收入462.62亿元），同比增加8.2%。其中，石油开发和炼化板块实现收入44.83亿元，同比增加26.9%；石油工程建设板块实现收入243.32亿元，同比增加18%；石油公用工程板块实现收入83.55亿元，同比增加0.7%。发生营业总成本489.70亿元（其中主营业务成本432.19亿元）。

**二、成本费用指标得到控制**

2004年非上市油田企业“六项费用”（管理费用、财务费用、修理费用、营业费用、人工成本、文教卫社区补贴）考核指标同口径基本在有效控制范围之内。

**三、主要生产指标完成较好**

2004年非上市油田企业原油产量99.37万吨、同比增加10.6%，完成年度计划的107.2%；全年完成原油加工量74.13万吨，同比增加16.8%，完成年计划的106%；物探、钻井、测井、录井、井下作业、供水与供电、机械仪表制造、工程建设施工等工作量或产值除机械仪表制造外均有增加。

**四、企业改革与资本运作取得积极进展**

1. 改制分流

2004年批复了57家企业的改制方案，其中53家已经完成工商注册。涉及改制的净资产共为7.07亿元，参加改制的正式职工5 944人、集体职工3 434人。

2. 移交办社会

2004年移交办社会机构209个（含公安机关57个），共移交人员21 177人（含离退休4 836人），其中中小学19 175人（含离退休4 836人）、公安2 002人。移交资产84.59亿元，其中中小学80.10亿元、公安4 464万元。转移经费12.23亿元，其中中小学10.27亿元、公安1.95亿元。

3. 推进了专业化重组和资本运作

一是积极推进、完成了西部石油工程技术服务管理中心的组建工作。

二是根据石化集团公司党组关于抓紧做好石化集团公司层面专业化重组试点工作的要求，在深入调查研究的基础上，提出了物探专业公司的重组框架思路。

三是通过资本运作，8家油田企业的井下作业系统从股份划转到存续部分，划转正式职工24 159人，划转资产总额20.92亿元，其中固定资产原值33.42亿元，固定资产净值17.15亿元，划转负债3.83亿元。

**五、企业办社会负担仍然沉重**

2004年，非上市油田企业文教卫生和社区服务板块全年实现收入37.44亿元，虽然与上年相比经营收入增加10.7%，但是发生营业总成本70.69亿元，实际亏损33.25亿元（其中文化教育亏损8.49亿元，医疗卫生亏损2.22亿元，社区服务亏损15.38亿元，公共服务亏损7.15亿元）。办社会包袱沉重等矛盾和问题仍然是制约油田存续企业今后生存和发展的关键因素。

（李林新）

## 石油地球物理勘探

【概述】 2004年，石化集团公司物探（采集）系统有11个单位，具有同时年生产二维地震5.5万千米以上、三维地震7 800（千米）$^2$以上的野外采集施工能力。

截至2004年底，石化集团公司物探采集系统从业人员14 461人，在册职工9 630人。其中教授级高工5人，高级和中级职称1 778人；硕士、博士、研究生102人，大学本科1 390人。

有在编陆上物探队伍98个，在用物探作业队伍62个（甲级队伍34个，乙级队伍28个）。其中陆上地震队59个、滩浅海地震队3个；另有VSP队6个，重、磁、电法队6个，上海第一海洋地质调查大队有深海拖缆地震队2个（发现号和奋斗七号）、海洋地质工程队和海洋导航测绘队各1个。

石化集团公司物探采集系统共配备各类先进数字地震仪 74 台(套)，接收道数 9.84 万道，平均 1 366 道/套，测量设备 257 台(套)。资产总额 24.85 亿元。

全年完成二维地震 51 196 千米，同比增加 33%；三维地震 7 568(千米)$^2$，同比增加 3%；地震生产记录合格率达到 100%；2004 年物探采集部分实现收入 23.36亿元(含国际市场收入)，同比增加 9%。

2004 年，石化集团公司有 16 个物探队伍走出国门，同比增加 8 个队伍；完成二维地震采集 24 122 千米，同比增加 127%；三维地震采集 478(千米)$^2$，同比减少 37%；共实现收入 2.90 亿元，同比增加 51%。

(李林新)

**【主要技术进步】** 高精度三维地震技术全面推广。形成了包括高精度三维地震采集、处理、解释技术系列。利用高分辨率的三维地震资料，可以分辨埋深 3 000米、0.1(千米)$^2$ 左右的小断块。

复杂地表三维地震技术日臻完善。开发应用了一批有效的噪声去除、静校正与表层速度分析、走时层析反演和波动方程基准面延拓等技术，勘探不断突破“禁区”。

叠前地震成像技术应用效果明显。叠前偏移技术正在各油田和探区逐步普及，从而提高了东部复杂断块区、复杂地质构造、特殊岩体的成像精度。

精细油气藏描述和三维可视化技术提高了钻探成功率。应用精细地质预测、属性分析、多井约束反演技术对储层进行综合岩性解释，达到精细刻划复杂油气藏、提高钻探成功率的目的。

井间地震技术得到应用。井间地震技术正在走向实用化，为储层静态精细描述、油藏动态监测、剩余油区划定提供有效手段。

综合地球物理技术有较大进展。利用岩石物理、测井资料、VSP、地震及井间地震以及地质资料联合反演，使储层构造描述进一步精细，储层参数预测更加精确，并已初步应用到了精细油藏建模中。

(李林新)

## 钻井工程

**【概述】** 石化集团公司钻井系统主要包括钻井工程施工、钻井技术服务(定向井钻井、水平井钻井、固井、泥浆、欠平衡等技术服务及管具、机修等施工配套)和钻井科研等方面。

钻井施工及服务单位主要分布在非上市的 11 个油田企业中，共有钻井工程施工、钻井技术服务等处级公司 28 个；钻井科研支撑单位主要有非上市油田企业的胜利石油管理局钻井工艺研究院、中原石油勘探局等各油田存续企业钻井工程技术研究院(所)和石化股份公司石油勘探开发研究院德州钻井研究所等。

石化集团公司钻井处级单位在岗正式职工共有 36 474 人。中级职称以上 4 922 人，占 13.49%，其中教授级职称 21 人、高级职称 979 人、中级职称 3 922 人；大专以上学历 8 452 人，占 23.17%，其中本科学历 3 906 人，硕士研究生 84 人，博士研究生 6 人。

(孙丙向)

**【组建中国石化钻井承包商协会】** 为了适应石化集团公司深化改革和重组改制的需要，保持中国石化钻井系统的技术发展优势，推动钻井行业持续稳定健康发展，提高油田勘探开发的质量和效益，并逐步实现石油工程队伍行业管理的国际接轨。2004 年 9 月 9 日，石化集团公司成立了中国石化钻井承包商协会。协会秘书处在河南省郑州市设立办事机构，办事机构由油田企业的有关人员参加工作，负责钻井协会的日常工作。

(孙丙向)

**【钻井装备情况】** 石化集团公司 2004 年实有 4 000 米以上各类深井钻机 285 台，其中陆上深井钻机 184 台，海洋钻井平台 11 台；按承载负荷划分，7 000 米以上钻机 76 台，6 000 米钻机 31 台，5 000 米钻机 48 台，4 000—5 000 米钻机 129 台。其中电动钻机 71 台，占深井钻机数量的 25%。各类防喷器 907 台，节流压井管汇 350 套，远程控制台 443 套。其中单闸板防喷器 178 台，双闸板防喷器 462 台，环形防喷器 267 台。2004 年加大了高压力等级防喷器的配置，更新 105 兆帕闸板防喷器 4 套。从 30 兆帕到 100 兆帕各类不同压力级别的固井车 157 套，自动混浆撬 19 台。胜利、中原、河南、华北、上海等单位配备 250—500 吨顶驱共 27 台。各类定向测量仪器 285 台(套)，其中无线随钻测量仪 45 套，有线随钻测量仪 152 台，其他测斜仪 88 套。欠平衡压力钻井装置 17 套。

(孙丙向)

**【钻井生产情况】** 2004 年，石化集团公司钻井工程施工市场主要分布在石化股份公司关联交易市场、国内石化集团外部市场和国际市场三大领域。其中关联交易市场具体分布在石化股份公司油田各分(子)公司工区；国内石化集团外部市场具体分布在中国石油、海洋石油总公司油气钻井市场及国内其他系统如煤层气、地热、盐卤等非油气矿种钻井市场；国际市场分布在沙特、卡塔尔、苏丹、伊朗、也门、厄瓜多尔、阿联酋、吉尔吉斯斯坦、哈萨克斯坦等10多个国家及国内反承包项目钻井市场。

全年共完井3 977口，钻井进尺844万米。其中，石化股份公司关联交易市场完井2 922口，钻井进尺640万米；国内石化集团外部市场完井891口，钻井进尺168万米；国外市场完井164口，钻井进尺36万米。

（孙丙向）

【钻井科研成果】 2004年，钻井科技战线共开展科技攻关项目41项，其中国家科技攻关和国家"863"项目2项，"十条龙"项目1项。

(1) 跟踪研究了代表国际先进水平的钻井技术。在地质导向钻井技术上，研制出了正脉冲MWD、随钻自然伽玛测量仪和LWD，并可完全满足现场应用要求。在引进和国产化研制的LWD现场应用过程中，形成了一套随钻地质测量参数的对比分析、预处理与标准化、地层界面的识别、储层参数解释和流体性质判别等比较成熟的LWD实时综合解释技术。国家科技部863课题"旋转导向钻井技术研究"已基本完成测量系统、双向通讯系统、地面监控系统的研究开发；井下工具系统也已初步加工出一套地面功能性样机。在实体管膨胀技术上首先与Enventure全球技术公司合作在胜利油田完成2口试验井，并在引进技术的基础上进行了国产化研究，设计了膨胀锥的几何模型，对可膨胀管的膨胀过程进行了仿真模拟，分析了膨胀套管内的等效应力和残余应力。

(2) 在复杂条件油气藏钻井技术上，开展了国家科技攻关项目"复杂油气藏配套钻井技术及关键装备研究"，全面启动地质—钻井设计施工一体式三维可视化软件的开发工作，完成了总体方案设计，初步构建了三维可视化系统平台。设计加工了JK系列机械式随钻扩眼器样机2套，YK系列液压扩眼器样机8套，完成了河坝1井及孤东8—平3井NBR近钻头扩眼器的现场试验工作。为适应川西地区深井不同复杂地质条件的需要，确定了川西地区岩石力学性质，建立了3条压力曲线的计算方法，确定出8个不同压力变化层段，进行了井身结构优化设计研究，并在联150井和川罗562井中取消了26″井眼，缩短了17½″井眼长度，既避免了复杂问题的发生，又满足了油气开发阶段储层改造的要求，缩短建井周期30%。

(3) 在深井、超深井钻井方面，建立了塔河油田巨厚盐膏层蠕动压力模型和预测方法，利用现场岩样，通过三轴应力试验，计算分析了三维条件下盐膏层蠕变产生非均匀外载的影响规律，绘制了套管强度设计图版，编制了特殊条件下套管设计程序，现场应用表明理论与现场施工比较符合，蠕动压力预测精度和蠕动速度预测精度达到95%以上。在准噶尔腹地建立了岩石力学及可钻性参数与测井资料之间的关系模型，建立了连续的、由主要岩石类型组成的可钻性剖面，牙轮钻头可钻性理论计算与实验测试结果基本相符。针对塔河油田深井低压易漏地层、高压气井防气窜、深井长封固段和小间隙固井问题开展了高强低密度、高压防气窜水泥浆体系的室内研究，优选出高强低密度水泥浆体系、高压防气窜水泥浆体系，开发了性能良好的高温抗盐降失水剂RD221。开展了脉冲振动对水泥浆综合性能影响规律及各种性能对比的室内实验研究。

(4) 在钻井、完井油气层保护技术方面，研究了复合正电纳米钻井液抑制黏土分散、稳定井壁和保护油气层机理；进行了处理剂的粒度分布与电性等一系列实验研究，优选出钻井液配方体系。并对纳米乳化剂和正电纳米材料的生产方法和制备工艺进行了研究，中试产品10吨。对中试样品测试和现场应用证明，新体系钻井液具有正电性强、抗温、抗盐、抗钙、抗搬土污染能力较强等特点，技术指标国内领先。胜利油田深化了特殊工艺完井技术研究，形成了酸溶渗透水泥固井技术，完善了泡沫水泥浆体系、漂珠水泥浆体系、低密高强水泥浆体系3种低密水泥浆体系的研究，对内插管水泥浆胀封多管外封隔器及分段固井工艺技术进行研究，现场试验抗脆性具柔性水泥体系7口、水泥充填管外封隔器完井2口、筛管完井7口、低密度高强度水泥浆固井完井7口，成功率100%。形成了一整套水泥充填管外封隔器衬管完井施工工艺，填补了国内空白。

（王锡洲）

【钻井新技术应用】 围绕石化集团公司的油气发展战略实施，适应油气勘探开发生产对钻井技术的要求，钻井系统加大了钻井新技术的推广应用力度，取得明显成效。

1. 套管钻井技术

胜利石油管理海洋钻井公司胜利五号钻井平台在埕北油田垦东341井应用了套管钻井技术。该井设计井深2 350米，在一开井段采用套管钻井技术，用直径410毫米钻鞋+直径339.7毫米套管钻具组合进行钻进，成功钻至设计井深459.62米，进尺375.45米，纯钻时间13.20小时，机械钻速28.44米/时，井径扩大率7.07%，井底最大井斜0.2度，较常规一开作业时间缩短45%，并且实现了套管钻井国产化。这也是中国石化套管钻井技术的首次应用，填补了中国石化在该项技术上的空白。

2. 科学探井钻探技术

由中原石油勘探局70118ZY钻井队承钻中国地质科学研究院的中国"入地"工程——大陆科探1井，从2001年6月25日开钻以来，经过3年多的努力，克服一系列困难和风险，于2004年12月26日钻达原5 000米的设计井深，并创造了多项钻探纪录，为中国科学钻探井的施工，积累了宝贵的施工经验。该井在钻探施工中大胆创新，借鉴地矿钻探经验，尝试先进钻井技术，成功应用了螺杆马达+液动锤+金刚石单动双管组合取心钻进工艺、绳索取心钻探工艺、科探井先导孔防斜技术、科探井防斜技术、扩孔技术、硬岩纠斜技术等国内外先进工艺和技术。先后取心1 200多回(次)，尝试了常规取心、绳索取心、金刚石取心等多种取心工艺，成功地探索出了一套科学钻探的取心方法。在超高压变质岩地层取心中，于4 732米深处一次连续取出直径95毫米，长3.68米的长英质片麻岩岩心，创造了国际科学钻探施工中此类地层取心最长、最完整的纪录。

3. 塔河油田快速钻井技术见到明显成效，盐膏层钻进技术取得新进展

塔河油田简化开发井井身结构设计，推广应用非常规井身结构，节约钻井成本，钻井效率大大提高。与传统井身结构的井相比，采用简化井身结构的井钻井周期缩短率约52%，单井节约套管17.6吨。该工艺已在开发井中广泛地推广使用，加快了2004年开发井的产能建设步伐。

盐膏层井钻井配套技术逐步走向完善，取得了新的进展。进一步优化了盐层井的井身结构，提高岩层段套管抗挤能力。RWD随钻扩孔工具、NBR1200型液压式同心扩眼等工具的应用，一定程度上解决了盐层井段钻进由于盐层蠕动给继续钻进等工艺带来的技术问题。推广应用了先期承压堵漏工艺，克服了钻穿盐膏层时需使用高密度钻井液压漏上部地层的问题。在固井方面，使用将复合技术套管采用先悬挂后回接固井方式，既降低了扩孔难度，又缩短了下套管的时间，保证了技术套管顺利到位。水泥浆选用双密度两凝体系，保证盐层段的固井质量，解决上部裸眼易漏地层的漏失问题，该工艺技术在多口井的技术套管固井施工中取得成功，盐岩层段固井质量良好。

4. 自动垂直钻井技术应用效果显著

在西部新区山前构造带、川东北海相地区重点探井、钻井施工中，通过应用垂直钻井系统，在井斜控制和提高钻井速度方面见到明显成效。该技术的应用解决了地质情况复杂，地层倾角大，易发生井斜、钻速缓慢等现象，较好地解决了快速钻进和井身质量保证的矛盾。

(孙丙向)

**【刷新多项钻井技术最高指标】** 2004年石化集团公司钻井系统发挥技术创新优势，再次刷新石化集团公司多项钻井技术最高指标。

华北石油局西部公司60819HB钻井队在塔河油田勘探开发中，2004年全年在T752井、TK233X井、TK479井和YK9井(平均井深5 650.25米)的施工中，完成钻井进尺2.07万米，创造了石化集团公司5 501—6 000米井深范围的队年进尺最高纪录。

华北石油局西部公司70850HB钻井队连续创造了石化集团公司完钻井深5 001—5 500米井和井深大于6 000米井的2项钻井周期最短纪录。TK238H井完钻井深5 177米，钻井周期49.75天；T809井完钻井深6 300米，钻井周期76.88天。

华东石油局第六普查勘探大队60827HD钻井队创造了石化集团公司完钻井深5 500—6 000米井的钻井周期最短纪录。TK745井完钻井深5 650米，钻井周期60.25天。

胜利石油管理局70125钻井队在庄2井钻井施工中，创造了直径177.8毫米技术套管下入最深的纪录。该井技术套管下入深度6 099米。

华北石油局70851HB和90152HB钻井队分别创造了直径177.8毫米和直径139.7毫米尾管下入深度的纪录。S112-2井直径177.8毫米尾管下入深度为6 291米，S114井直径139.7毫米尾管下入深度为6 395米。

胜利石油管理局32552钻井队在史3-斜40井施工中创造了单只牙轮钻头进尺最多的纪录，直径311.5毫米钻头进尺4 301米。

华北石油局70850HB钻井队在TK238H井施工中，创造了石化集团公司单只直径311.5毫米PDC钻头钻井进尺最高指标，进尺3 317.12米。

上海海洋石油局勘探三号钻井平台在承担海洋石油总公司南海西部公司文昌10-3-1井的施工中，创造了石化集团公司海上钻井水深的最高纪录，施工水域水深141.4米。

(孙丙向)

## 石油地球物理测井

**【概述】** 石化集团公司测井系统共有11个单位，截至2004年底，有从业人员6 479人，技术干部队伍2 656人占职工总数的41%；有测井、射孔等作业队伍278个，其中具有资质的测井、射孔队151支。

石化集团公司测井系统可以根据不同地质条件，针对各种类型的油气藏开展电磁、声波、核放射性、成像测井以及井壁取心、射孔、固井质量评价等测井工程作业。通过不同的测井组合系列采集的数据、信息经计算机测井软件解释处理，满足地质工程应用和对油气藏进行评价、描述的需求。

测井下井工具和地面仪器装备以数控测井系统为主，占设备总数的45%；具有国际先进水平的高分辨率成像测井系统有20多台(套)，占设备总数的12%；其余为国内生产的其他数控测井设备。

在测井资料解释上，配备了大型SUN5500服务器和以SUN60为主的工作站数十套，以及上百套PC机等为测井资料解释运行提供硬件保障。测井资料解释软件主要采用自行研制的SWAWS工作站系统和Geologist微机解释系统。还拥有包括GeoFrame、eXpress、DPP、Petrosite等国际三大石油测井公司解释软件系统，承担成像测井资料的数据处理和交互解释。

全年测井曲线合格率达到100%，射孔合格率达到100%，测井曲线优等率在85%以上，探井测井解释符合率在80%以上。

2004年，石化集团公司开展施工作业的278支队伍累计测井共计1.05万井次，完成年度计划的102.9%。

(李一超)

**【技术进步】** 2004年，石化集团公司测井系统的主要技术进步有8个方面：

(1) 胜利测井公司对自主研发的SL-6000型高分辨率多任务测井系统的处理软件进行了升级完善；研制配套了LDT系列常规下井仪、强聚焦双侧向测井仪、数字声波测井仪、数字微球测井仪等。在胜利油田推广应用2套，完成50多口井的现场测井，取得合格测井资料。

(2) 胜利油田测井公司完成了高温高压条件下提高射孔效能研究实验室建设，并进行了部分打靶实验。为增强石油地球物理测井仪器设备研发能力，打下了坚实基础。

(3) 中原油田测井公司电缆地层压力测试技术及资料应用研究项目获得石化集团公司科技进步三等奖。该项目是在引进、消化、吸收原有技术的基础上，对地面引仪器、下井仪器、解释软件进行改造和升级，实现了国产化，并在勘探开发中得到推广和应用。截至2004年国内各油田的电缆地层压力测试技术服务有70%以上的工作量由中原油田测井公司承担。

(4) 开窗侧钻小井眼水平井测井获得成功。中原油田测井公司针对开窗侧钻小井眼水平井测井技术需要，在原有水平井测井工艺的基础上进行改造，研制出湿接头方式的适合于4½″井眼的工具，于2004年6月5日在中原油田濮6侧平65井施工获得成功。该井深2 930米、测量井段420米、井斜76度。2004年中原油田测井公司共完成开窗侧钻小井眼水平井测井施工7口，开窗侧钻小井眼水平井测井技术达到国内领先水平。

(5) 超深井测井获得突破。2004年中原油田测井公司完成了顺2井的测井施工任务。顺2井位于新疆塔克拉玛干沙漠腹地，设计井深6 900米，井底温度150℃以上，井况复杂，施工过程中进行了2次穿心打捞，其中一次是在6 712米中完测井井底进行的，打捞获得成功，创造了国内穿心打捞深度纪录。

(6) 2004年河南油田测井公司重点科研项目攻关取得新进展，偶极子声波、高分辨率阵列感应等测井技术应用研究，逐步消化、吸收、掌握5 700测井新技术，为解决油田勘探开发技术难题提供了新手段。

(7) 测井动态监测水平有了新提高，河南油田测井公司开展了高含水期剩余油动态监测技术研究，先后引进了取样式含水仪、氧活化、套管井中子伽马等测井技术及装备，提高了测井资料的解释精度和符合率，增强了测试问题井和疑难井的能力，测井一次成功率和资料质量明显提高，创收416万元。

(8) 老井复查和二次处理评价工作取得新成果，河南油田测井公司2004年共复查老井资料1 000余口，二次处理解释出图376口，完成老井复查成果22份，发现新油层36层，新增地质储量65万吨。

(李一超)

## 地质录井

**【概述】** 截至2004年底，石化集团公司录井系统有11个单位，从业人员4 608人。其中高级职称243人，中级职称761人，初级职称1 025人。共有录井队伍339个(甲级队79个，乙级队108个)。

石化集团公司录井系统有配套录井仪300多台(套)，综合录井仪167台(其中国际先进水平的有42台，占综合录井仪总量的25%)，其余为小型录井仪、卫星数传系统和其他录井设备。

石化集团公司录井系统2004年累计录井3 012口，完成年度计划的112.9%，录井资料质量合格率100%。地质剖面符合率92%，探井资料一类率95%。

2004年，石化集团公司的339支录井队在现场施工作业，其中金牌测井队有7支，银牌测井队有16支。

(李一超)

**【录井主要技术进步】** 2004 年，石化集团公司录井系统的主要技术进步有 8 个方面：

(1) 由胜利油田录井公司完成的录井信息评价技术及仪器国产化配套技术研究获石化集团公司科技进步二等奖。

(2) 精细地质设计为钻探提供有力技术保障。胜利油田等地质录井公司具有设计资格资质，能承担国内外各类型井的设计任务，每年完成 1 200 多口开发井、120 多口探井地质设计任务。

(3) 录井岩屑显微图像分析处理技术。中原油田录井公司开发的此项成果克服了因 PDC 钻头钻井岩屑非常细小、稀少，岩性、含油性鉴定困难，岩屑的原始地质特征，尤其是含油性特征无法长期存储，岩屑岩性、含油性定量化、智能化分析、评价、应用等难题。该技术是集岩屑图像采集技术、数字成像技术、计算机智能分析技术于一体的地质录井新技术，实现了岩屑实物的图像化采集、数字化存储，岩屑岩性、含油性智能化识别、分析和成果的图像化应用，具有较好的现场实用性和市场潜力。

(4) 自主研发的录井仪设备投产使用。胜利油田录井公司完成了 30 台 SLXL－2 小型录井仪研制任务并全部投产使用，其他 3 种型号录井仪也研制完成，已基本形成高、中、低 3 个档次按比例配置，各种辅助设备齐全配套的装备结构。装备更新，提升了队伍的资质水平和竞争能力。

中原油田录井公司在引进、消化、吸收进口设备的基础上，利用多年积累的技术、人才优势，成功研制出 NLS 型综合录井仪。截至 2004 年底已制造出 2 台，其中 1 台在南方海相进行服务，1 台在苏丹服务。

河南石油勘探局研制的 SMY－2 岩屑描述仪，通过了河南省信息产业厅组织的产品技术鉴定，该技术达到国际水平，国内领先。

(5) 快速色谱录井技术得到普遍应用。该技术基本工作原理与常规色谱录井技术原理相似，但其核心色谱部分发生了根本性改进，这一新技术分析周期短，能分析以碳 1—碳 5 的烃组分，分辨率高，有利于薄油层的发现和评价。

(6) 录井信息化技术得到迅速发展。以远程传输为主的信息化技术得到迅速发展，实现了部分数据采集的微机化、定量化，并且通过 Inter 网可以传输到办公室。

胜利油田录井公司数据远程无线传输系统自 2003 年 5 月实施以来，在市场边应用边完善，截至 2004 年底，已在胜利油田、新疆西部新区指挥部、南方分公司、西北分公司等中国石化 100 多口探井和 400 多口开发井上应用。

中原油田录井公司数据远程通讯与网络发布技术，在传输手段上，实现了无线扩频、GPRS、卫星电话、无线电台传输，具备了探井、开发井实时数据信息传输能力，先后在中原探区、中国石化西部新区指挥部等区域得到了应用。

2004 年华北石油局录井公司自筹资金在施工现场试验运行井场录井信息实时传输系统，为华北分公司一线现场各类生产信息(包括钻井、测井等数据)的实时远程传输打下了良好基础。

(7) 录井综合应用技术显著提高。胜利油田录井公司的三维可视化技术在录井地质设计、综合解释评价及地质研究中的应用取得了新进展。

江汉石油管理局测井工程处全面推广综合录井仪的现场录井技术、资料整理技术和仪修技术，提高了碳酸盐岩分析、全脱分析和泥页岩分析技术水平，为广平 2 井、广平 4 井、金 1 井和庄 107 井等一批高产井和重要发现井的成功钻探提供了准确数据。

中南石油局测录井公司完成了定量荧光录井方法及其改进措施项目和钻井过程中油气层判别方法项目的研究工作，研究成果的应用进一步提高了公司在各工区的综合录井质量，为塔河油田和松滋油田的建设作出贡献。

河南石油勘探局地质录井公司在 YKR－1 岩石快速热解仪研制、地化录井技术在水淹层解释中的评价研究和赵凹地区寻找新储量综合地质研究取得可喜成果。

(8) 岩心扫描技术应用于各录井公司。岩心扫描技术的应用为建立数字岩心库和岩心的专家分析研究创造了条件，提高了岩心资源的利用效率。

(李一超)

## 井下作业

**【概述】** 截至 2004 年底，胜利、中原、河南、江汉、江苏、西南、华北、华东等 8 个单位共有井下作业公司(处、大队)13 个；有在岗正式职工 24 159 人，其中教授级高工 2 人，高级职称 303 人，中级职称 1 684 人；博士 1 人，硕士 28 人，本科学历 1 418 人，大专学历 2 616 人。井下作业系统的总资产 20.92 亿元，固定资产原值 33.42 亿元，固定资产净值 17.15 亿元。拥有压裂车泵组 304 套，其中 2000 型压裂车组 10 套，1400 型压裂车组 6 套，1000 型压裂车组 9 套，其他泵车 279 套；修井机 300 台，其中 40 吨以上 145 台；通井机 947 台，其中轮式通井机 197 台，履带式通井机 750 台。

2004年12月底，井下作业系统正式从石化股份公司分离到石化集团公司存续部分。经过重组整合，各有关单位对采油厂的作业大队、准备大队、特车大队完成了内部整合，各井下作业公司及采油厂井下作业系统的三级单位由原来的111个整合为90个；基层队由1 085个调整为905个，基本达到了精干施工队伍、优化资源配置、提高全员劳动生产率的目的。2004年，石化集团公司井下作业系统总体年施工作业能力在4.5万井次以上。

（李林新）

【井下作业主要技术进步】 2004年，井下作业系统针对中国石化系统复杂、难度极高的油气藏勘探开发，积极探索开发和应用新技术、新方法和新工艺，取得了丰富的成果。

(1) 强化分层注水工作，扩大注水波及体积，实现了油藏精细开采。

(2) 大力发展加酸压裂和酸压工艺技术，压裂措施效果显著提高。如胜利渤古401井采用360米$^3$酸进行大型酸压施工后采用直径8毫米油嘴放喷求产，日产油从0.75吨增至177.9吨，同时产气16.30万米$^3$。又如中原油田采用复合压裂技术压后平均单井日产油6.9吨；2004年复合压裂气井6口，压后初期采用直径4毫米气嘴获日产气7万米$^3$/日，采用5毫米气嘴日产气仍高达3.3万米$^3$/日，凝淅油2.8吨/日，井口压力保持在15兆帕以上。

(3) 加强油水井大修和侧钻，油田稳产基础进一步增强。如胜利油田在套损井综合治理方面的套管悬挂加固、裸眼换套以及打通道下小套管加固等技术摸索出成功之路；同时，套管内定向侧钻水平进一步提高。如胜利油田侧周32－1井裸眼段达到778米；河76－侧10井双靶点最大井斜达到60.7度；梁43－侧9井最大完钻井深3 242.5米、最大施工垂深3 180米、最大开窗深度2 850米。

(4) 疏松砂岩油藏高含水开发期防砂、固砂技术进一步提高。

(5) 推广应用中途测试试油、APR测试—射孔联作、高能复合弹射孔和水平井试油—测井配合试油等多项工艺技术。

(6) 中高渗透油藏高含水开发期堵水调剖工艺技术得到进一步加强。

（李林新）

## 水、电、信

【概述】 截至2004年底，石化集团公司油田企业水、电、信系统共有14个单位。

供水用工总量3 796人，其中管理、专业技术人员760人(具有高级职称的93人、中级职称294人、初级职称373人)。

供电全部用工总量为9 002人。其中高级职称209人、中级职称833人、初级职称682人。发电方面工作的从业人员1 472人，其中技术干部671人(教授级高工3人、高级248人、中级162人)。

通信方面工作的从业人员3 593人，其中技术干部901人(高级75人、中级310人、助级481人、工人技师35人)。

全年完成供水量2.21亿米$^3$。其中，胜利油田1.43亿米$^3$、中原油田2 200万米$^3$、河南油田2 380万米$^3$、江苏油田717万米$^3$、江汉油田2 428万米$^3$。实现水费总收入3.74亿元。

2004年实现供电量85.33亿千瓦·时，发电量56.30亿千瓦·时，销售电量79.36亿千瓦·时，总收入40.8亿元，满足了油田生产、生活需求。

截至2004年底，石化集团公司油田企业拥有23个独立局，72个模块局全部实现了交换程控化、传输数字化。拥有交换机容量51.07万线，实装用户约37万户；拥有数字微波线路1 788千米，光缆线路1 853千米(多芯)。宽带用户1.7万多个，IC卡和有人值守公用电话2 900部。油田通讯网与电信公网长途出口数十个。

（王伟君）

【供电装备情况】 共有变电所254座，主变台数430台，主变容量501.65万千伏·安。其中220千伏的变电所3座，主变台数6台，主变容量66万千伏·安。110千伏的变电所49座，主变台数93台，主变容量257.56万千伏·安。35千伏及以下变电所202座，主变台数331台，主变容量178.1万千伏·安。整个油田管辖着供电线路1 637条，其中110千伏及以上的输电线路94条，总长1 959.87千米，35千伏输配电线路365条，总长3 834.59千米。6千伏—10千伏线路1 178条，总长9 955.69千米。

（王伟君）

【供电工作量完成情况】 在油气当量比上年增加99.59万吨的情况下，2004年油田供用电系统通过严细管理、科技进步和用电综合治理，在确保油田电网安全可靠运行前提下，有效地控制了电量和电费支出的增长，为油田降本增效和完成企业利润作出了贡献。主要指标完成情况如下：

(1) 油田企业全年共用电100.83亿千瓦·时，与上年同比增加 0.89 亿千瓦·时，年平均增加 0.98%；全年累计自发电 56.3 亿千瓦·时，占总用电量的 55.83%。2004 年油田企业用电最高负荷为 144.17 万千瓦，同比增加 0.27 万千瓦，增加了 0.2%；2004 年实际用电量比年计划节约 3.18 亿千瓦·时，实现了年初石化股份公司下达的节电指标。

(2) 2004 年油田企业共支付电费 42.97 亿元，同比增加 0.42 亿元。其中油气生产吨油电费成本为 65.79 元/吨，占其完全成本的 6.35%；吨油电费成本同比增加了 0.41 元/吨，增加了 0.63 个百分点。

(3) 2004 年石化股份公司油气生产累计用电 68.65 亿千瓦·时，占油田企业总用电量的 67.97%，同比增加 1.01 亿千瓦·时，增加了 1.5%。

(4) 2004 年石化股份公司油气生产单耗为 156(千瓦·时)/吨，同比增加 0.7(千瓦·时)/吨，增加了 0.45 个百分点；机械采液单耗为 12.27(千瓦·时)/米$^3$，同比减少 0.28(千瓦·时)/米$^3$，减少了 2.23 个百分点；注水单耗为 7.66(千瓦·时)/米$^3$，同比增加 0.13(千瓦·时)/米$^3$，增加了 1.73 个百分点。

(5) 2004 年油田企业电网运行基本平稳，事故率比上年有所下降；35 千伏电网功率因数最高为 0.98，最低点为 0.90；电网负荷率最高为 91.00%，最低为 60.00%。

（王伟君）

**【通信服务】** 油田专网为广大油田用户提供多种图像、数据、语音服务，建成了油田信息平台并开展了 ADSL、VDSL 等宽带业务。2004 年完成较大的网络改造项目数十个，大大改善和提高了固话网络、宽带网络的承载能力和运行质量。2004 年各油田加快建设宽带以太网小区步伐，开发了娱乐、网上教育、网络电视、视频点播等多种高质量网络承载业务，使互联网的收入成为新的效益增长点。经过不断完善的网络改造，提高了油田通信抗风险的能力。为防汛、防凌、防风暴潮等抢险工作提供了可靠及时的应急通讯保障，这是其他通信网提供不了的服务。

油田专业通信网已基本形成了有线无线相配套，地面空中相结合，多种技术手段互相补充的通信网络，既满足了油田用户各种不同层次的需求，又为油田的勘探开发、生产建设和广大职工文化生活提供了强有力的支持和服务。

（王伟君）

## 油田地面建设与运输

**【概述】** 截至 2004 年底，油田企业地面建设系统主要基建单位有 9 家，地面建设系统有在岗职工总计 14 677 人。主要运输单位有 5 家，运输系统有在岗职工总计 6 987 人。

截至 2004 年底，油田企业地面建设系统全年实现产值 58.67 亿元；运输系统全年货运周转量 8.39 亿吨·千米。

（张　滨）

**【生产经营】** 2004 年，胜利油田基建系统全年共完成施工产值 47 亿元，完成主体施工企业 29.75 亿元，实体施工企业完成 17.25 亿元。中原油田完成油建施工产值 7.96 亿元。江汉石油管理局油田建设工程公司承建的苏丹原油外输管道工程管线焊接无损检测合格率等项指标均创佳绩。管道储运公司各项重点工程建设进展顺利，取得了突出成绩。甬沪宁原油管道工程实现全线贯通并投产成功；仪征至长岭原油管道工程，顺利完成了洪湖长江主管线与光缆管和杭州湾海底等管道穿越工程。江苏油田油建加快管道穿越等技术装备的投入和推广应用，建成了淮安输卤工程无溶剂环氧内防腐生产线；不断开拓海外市场，实现了施工总值和对外创收的新突破。

（张　滨）

## 油气(储运)管道勘察设计

**【概述】** 石化集团公司油田企业所属主要勘察设计单位有 6 家，截至 2004 年底，有从业人员 2 244 人。

（张　滨）

**【市场开发】** 石化集团公司油田企业所属勘察设计单位以经济效益为中心，以改革创新为动力，抓住机遇、创新发展，保持了油田市场、国内和国外市场竞相发展的良好态势。胜利工程设计咨询公司在油田内部，承担了郑王庄产能建设、101 油库迁建工程等一批油田重点工程设计项目，满足了油田三次采油、海上工程等油田产能建设工程的需要；在国内，先后承担了鲁皖成品油管道工程项目管理及勘察设计、广东 LNG 站线工程监理和项目管理、外钓岛—册子岛—镇海海底管线穿越工程总承包及雅克拉气田开发地面建设工程等一批重点工程；国外市场完成了利比亚原油输送管线 EPC 项目等 4 个国外项目的投标，承揽了阿尔及利亚扎尔则油田地面工程初步设计和印尼天然气处理厂 EPC 总承包项目。中原勘察设计研究院实现年营业收入 4 359 万元。河南设计院完成设计项目 449 项，完成图纸 6 171 标准张，完成前期项目 217 项，完成监理项目 145 项。江汉石油管理局勘察设计研究院全年完成油田主要工程设计80项，勘察、设计、方案、可研、规划和投标等项目108项，完成建筑面积约4万米$^2$，测量面积80.63米$^2$，工程地质钻探969.7标准米。华东管道设计研究院完成仪征—长岭原油管道工程项目的初步设计、甬沪宁原油管道工程等重大项目工程的施工图设计。江苏油田设计院累计完成项目198项，施工图预算投资3.79亿元，编制概念设计和方案40多项，共承揽监理工程48项，总投资6.8亿元。

（张　滨）

## 多种经营

【概述】 截至2004年末，油田纳入财务合并报表的多种经营企业143家(油田独资、控股)，经营范围涉及石油化工产品的综合利用和延伸加工、农业、建筑材料、机械电子等多个行业，从业人员2.55万人，其中正式职工1.45万人，占用资产总额171.7亿元，净资产76.9亿元，全年实现利润总额14.6亿元。集体企业90家，从业人员2.82万人，其中正式职工1.17万人，占用资产总额76.6亿元，净资产20.7亿元，全年实现利润总额1 461万元。

2004年，是非上市油田多元经济企业深化改革，加快主辅分离的一年，以多元经济企业为主的改制分流工作积极推进，成为石化集团公司减员增效、进行战略结构调整的重要一环。

（胡　涛）

## 文教卫生和社区服务

【概述】 2004年，油田企业文化教育系统共有各类机构203所，其中幼儿园161所，职工培训中心27个，广播电视机构7家，报刊杂志机构6家，各类艺术团体2个，年末在职职工9 496人，资产总额9.68亿元。

医疗卫生机构(医院、卫生所、防疫站)97家，其中医院42个，卫生所39个，防疫机构16个，年末在职职工11 384人，资产总额14.2亿元。

截至2004年底，油田企业共计有社区及公共服务机构561个，在职职工2.9万人，年末资产总额52.70亿元。其中社区服务机构317个，在职职工2.2万人，年末资产总额42.19亿元；公共服务机构244个，在职职工0.7万人，年末资产总额9.51亿元。

截至2004年末，油田企业文化教育系统年末资产总额9.68亿元，收入5.24亿元，支出7.76亿元，补贴2.52亿元；医疗卫生系统年末资产总额14.2亿元，收入13.3亿元，支出15.5亿元，补贴2.2亿元。

2004年，油田板块社区系统(不包括教育、卫生)共计实现收入17.24亿元，支出35.37亿元，亏损补贴18.13亿元。其中社区服务实现收入13.17亿元，支出25.71亿元，亏损补贴12.54亿元；公共服务实现收入4.07亿元，支出9.66亿元，亏损补贴5.59亿元。

（魏学津　王旭东　胡　涛）

【移交办社会职能】 2004年，通过财政转移支付方式移交油田企业办社会机构209个，其中中小学152所，公安机构57个；移交人员21 177人，其中在职职工16 341人，离退休教师4 836人；移交资产8.46亿元，转移日常经费补助12.23亿元。

（胡　涛）

【社区改革】 2004年，油田企业按照石化集团公司有关部署，积极深化社区内部改革，在社区水、电、气等职能移交，物业机构改制分流等方面取得了一定成效。

东北石油局将二次供水和供暖锅炉房全部移交给地方政府，实现了水、电、气、暖的社会化；上海海洋局将海华物业公司成功改制分流，取得了较好的经济效益。

胜利油田将纯梁社区的一家多种经营单位成功改制分流，161名职工与油田解除了劳动合同；河南油田也将社区的3家多种经营单位实行了改制分流。

西南石油局贵州八普基地、成都基地、重庆基地、绵阳基地等社区，采取企业和个人共同出资方式改造计量设施，实现了水、电、气设施一次性移交社会管理。华北石油局不仅社区收费工作搞得好，采暖收费平均已达市场价的50%以上，而且已与地方签订协议，将山西榆次九普基地的供暖设施移交给地方管理。

（魏学津　王旭东）

【社区收费】 2004年，油田企业社区水、电、气收费按当地政府定价基本到位，部分企业在向居民个人收取采暖费和物业管理费方面有了明显进展。全年社区水、电、气、暖及物业累计收费达7.4亿元。其中水、电、气、暖收费金额5.01亿元；物业管理收费金额2.36亿元。

（魏学津　王旭东）

# 炼 化

## 综 述

2004 年，石化集团公司非上市炼化企业的广大干部职工在党组的正确决策和领导下，以“三个代表”重要思想为指导，认真贯彻党的十六大、十六届三中和四中全会精神，继续坚持“改革、调整、创新、发展”的方针，抓住机遇，深化改革，调整结构，降本增效，在生产经营和改革等方面取得了较好成绩。

**一、加强精细管理，确保炼油化工装置安稳长运行，水电热产量再创新高**

2004 年，石化集团公司非上市炼化企业辅助生产和公用工程系统遵照做强做精的战略，积极拓展市场，扩大对外交流合作，努力构建科学高效的管理体系，进一步加强精细管理，及时治理隐患，强化生产过程控制，在安全生产、降本增效、热电专业竞赛、建章建制组织等方面做了大量扎实细致的工作，确保了炼油化工装置长周期、安全、稳定运行，较好地完成了发电、供电、供汽任务。2004 年累计发（购）电量 162.6 亿千瓦·时，同比增长 0.91%；供热量 1.51 亿吉焦，同比增长 1.34%。全年供蒸汽量 4 871.8 万吨；供新鲜水量 7.90 亿吨，同比增长 0.64%。全年完成供氮量 3.26 亿米$^3$（标准），同比下降 17.05%；完成供氧量 2.51 亿米$^3$（标准），同比下降 14.63%。

**二、进一步加强“三基”管理，建立并完善各项规章制度**

为加强热电系统基层建设、基础工作和基本功训练（“三基”）工作，2004 年石化集团公司起草并发布了《电力可靠性管理规定》、《电力生产技术监督工作规定》和《动力燃料管理规定》等电力生产的 3 项专业管理制度，为进一步加强热电系统可靠性运行水平，提高热电供应保障能力和经济运行水平，规范内部管理打下了坚实的基础。此外在 2003 年开展热电厂（站）竞赛活动的基础上，为不断提升热电专业经济运行质量，进一步规范和量化考核标准，促进专业竞赛工作持续健康地开展，稳步提高管理水平和市场竞争力，加快实现做精做强战略目标，对 2003 年发布的“热电专业竞赛办法”进行了修订，并将修订后的《中国石油化工集团公司热电专业竞赛办法》印发企业执行。由于新办法较好地体现了公平、公正和公开的原则，加之准备充分，有效地推动了各企业热电厂（站）“比学赶帮超”活动的深入开展。2004 年石化集团公司非上市部分 17 家热电厂（站）供电标煤耗累计达到 371.53 克/（千瓦·时），比 2003 年下降 2.44 克/（千瓦·时），比 2002 年下降 10.1 克/（千瓦·时），取得了明显的经济效益。

**三、扩大对外经济技术交流与合作，着力提升竞争能力**

为开阔眼界，更好地实现做精做强的战略目标，提升竞争能力，2004 年石化集团公司组织了对法国威立雅水务集团的考察，在社区服务收费、污水处理和环境保护等方面与该公司进行了交流。此外，在系统内部，利用 3 项制度的宣传贯彻和修定热电专业竞赛办法等机会，组织有关单位进行相互交流、互相学习，在管理上、收费上、运行上、计量上，相互借鉴，有效地提升了石化集团公司热电企业的竞争能力。

**四、继续稳步推进改制分流和专业化重组工作**

2004 年，石化集团公司在改制分流、社会服务系统改革和专业化重组等方面做了大量的工作。

改制分流方面：重点抓好 2003 年已批复方案的实施及列入 2004 年改制分流计划单位的方案报批工作。炼化板块和工程建设板块的医院全部退出。随着体制机制的转变，已改制企业普遍运行良好，改制医院和改制机械企业已经分别成立了协会，建立了自己的交流平台。

社会服务系统改革方面：石化集团公司炼化板块有社区的 25 家企业的水、电、燃气价格已经全部到位，水、电、燃气的收费率分别为 85.71%、85.57% 和 96.99%。

专业化重组和关停并撤方面：基本完成企业层面的公用工程和检维修建筑安装业务的专业化重组工作；以社区、后勤服务、多种经营为重点启动了新一轮重组工作；中南和华北两个检维修联合体分别在各自地区的炼油企业检修中显现出协作优势；全年关停生产装置和非生产单位 65 套（个），完成年计划的 125%。

（田 竞）

## 公用工程

**【概述】** 面对 2004 年煤、电、油、运全面紧张的不利局面，以及国际油价持续大幅上涨、国内成品油与化工产品需求迅猛增长的新挑战，石化集团公司非上市炼化企业公用工程系统冷静分析、沉着应对、克服困难，以降本增效工作为中心，进一步深化热电厂（站）技术经济指标考核竞赛，建立健全专业管理制度，及时治理隐患，强化生产过程控制，狠抓内部管理，优化装置运行，大力压缩各项支出，努力开拓内外两个市场，确保装置安全、稳定和长周期运行，在进一步为主业做好服务、完成“保驾护航”使命的同时，较好地完成了水、电、汽、氧、氮的生产与供应任务，较好地发挥了装置产能，取得了良好的成绩。

2004年石化集团公司非上市炼化企业全年累计发(购)电量162.6亿千瓦·时，同比增长0.91%，其中，自产电量118亿千瓦·时，外购电量44.35亿千瓦·时。全年累计供电量145.66亿千瓦·时，同比降低0.93%，其中，供非上市公司电量37.95亿千瓦·时，供石化股份公司电量74.31亿千瓦·时，其他外供电量32.05亿千瓦·时，损耗量1.35亿千瓦·时。

2004年石化集团公司自产热量2.37亿吉焦，同比下降1.66%；供热量1.51亿吉焦，同比增长1.34%。其中，供给非上市公司热量5 794.1万吉焦，供石化股份司热量8 139.2万吉焦，其他外供热量823.5万吉焦，损耗量387.5万吉焦。全年供蒸汽量4871.8万吨，其中，供高压蒸汽量742.0万吨、中压蒸汽量2002.6万吨、低压蒸汽量2127.2万吨。

2004年供新鲜水量7.90亿吨，同比增长0.64%。

2004年完成供氮量3.26亿米$^3$(标准)，同比下降17.05%；完成供氧量2.51亿米$^3$(标准)，同比下降14.63%。

（田　竞）

**【热电工作会议在北京召开】**　为认真贯彻石化集团公司暨石化股份公司工作会议精神，总结2003年的热电系统生产经营工作和热电专业竞赛活动，交流经验，表彰先进，研究确定下一阶段热电系统工作目标和重点任务，推动热电厂(站)进一步加强管理，提高安全可靠性，落实降本增效措施，提升技术经济指标水平，2004年3月27日在北京召开了石化集团公司2004年热电工作会议。会议总结了2003年度石化集团公司的热电工作；分析了2003年度热电系统存在的差距和不足；表彰了2003年度热电专业竞赛优胜单位；同时下达了2004年度各竞赛指标的考核目标值，安排部署了2004年的工作。会上石化集团公司领导对2004年石化集团公司热电工作提出了要求：一是要求热电板块在2003年成绩的基础上，充分考虑到煤、电、油、运全面紧张的市场因素，抓住发展机遇，通过实施一些短平快的小技术改造，严格内部管理，实现应收尽收，使热电板块长期具备一定的竞争力；二是在保证主业板块安稳长运行的条件下，从体制、经济成本、调度联络等方面做好充分的准备工作，积极开拓外部市场，克服以汽定电的影响，积极向社会用户供热，做好地方政府的工作，进一步争取上网电价和电量上的政策支持，同时建立对外供热、供电的收费机制，避免形成新的应收账款，实现外供量和效益的统一；三是要克服观念和认识上的各种障碍，坚持扩大对外开放的政策，积极推进热电专业的对外合资合作；四是要以坚持抓好热电专业竞赛工作为切入点，构建高效的管理体系，要抓好环保、降本和经济运行，建立管理程序系统，要用好工资总额，开展小指标竞赛，引进市场劳动力价位，按劳取酬，促进人才队伍的建设；五是要抓好反腐倡廉工作。

（田　竞）

**【发布电力生产3项专业管理制度】**　热电系统是石化集团公司主业生产装置重要的保障系统，其可靠性运行水平直接关系到主业生产的安稳长运行。石化集团公司为了实现科学、合理、有效、规范的热电管理，根据国家有关法律法规和行业技术标准，结合石化集团公司电力业务管理实际情况，由炼化管理部组织力量利用3个多月的时间，在2004年6月上旬初步完成了《电力可靠性管理规定》、《电力生产技术监督工作规定》和《动力燃料管理规定》3项制度初稿的起草工作。在充分征求意见并修改后，2004年8月石化集团公司以中国石化炼[2004]592号文件正式发布了电力生产3项专业管理制度。

（田　竞）

**【开展热电专家咨询工作】**　2004年石化集团公司组织热电专业专家咨询组，对一些重点企业开展现场咨询工作。4月26—30日，在荆门石化总厂进行热电专家咨询活动，专家详细了解荆门石化总厂CFB机组工程建设、生产准备工作，查找和分析存在的主要问题。咨询组根据现场试车情况，对今后的生产运行提出了10项安全、经济运行改进措施，特别要求荆门石化总厂增强安全意识，确保施工和试车安全，对现场查出的盖板活动、施工脚手架直接固定在运转设备上等安全隐患，要求立即整改。

5月26—28日专家咨询组对湖北化肥厂进行了热电专业咨询。专家详细了解湖北化肥厂热电装置管理状况，并针对当前存在的问题和不足，从安全生产、工艺管理、成本核算、技术监督等方面提出了改进建议，并对企业提出的23项技术问题进行了专门解答。

9月20—23日专家咨询组对安庆石化总厂进行了热电专业现场咨询暨竞赛管理评价工作。咨询组专家详细了解了安庆石化总厂热电装置管理状况，总结了安庆石化总厂热电厂1—8月份在专业管理工作中好的经验与做法，针对安庆石化热电专业管理存在的问题和不足，特别是影响技术经济指标及效益的主要原因，提出了改进建议。

（田　竞）

【开展热电专业年度管理现场评价工作】 为加强热电专业竞赛考核工作，督促企业改进热电装置现场管理，2004 年 10 月 25 日—11 月 10 日，石化集团公司组织人员赴金陵分公司、扬子石化公司、仪征化纤股份公司、南京化工公司、南京化工厂、高桥石化公司、上海石化股份公司、镇海炼化股份公司 8 家华东地区企业，进行热电专业年度管理现场评价，并就评价情况进行现场讲评(见表 1)。

表 1　2004 年石化集团公司热电专业年度管理现场评分表

| 序号 | 单位名称 | 总评分 | 分项得分 | | | | |
|---|---|---|---|---|---|---|---|
| | | | 安全工作（15 分） | 文明生产（10 分） | 设备运行（30 分） | 专业管理（30 分） | 经营管理（15 分） |
| 1 | 仪征化纤股份公司热电中心 | 80.5 | 10 | 9 | 22 | 24.5 | 15 |
| 2 | 镇海炼化股份公司公用工程部 | 79.5 | 8 | 7 | 23 | 26.5 | 15 |
| 3 | 南京化工公司动力厂 | 74.5 | 9 | 5 | 25.5 | 20 | 15 |
| 4 | 扬子石化公司热电厂 | 74 | 10 | 7 | 20 | 26 | 11 |
| 5 | 高桥石化公司热电事业部 | 73.5 | 9 | 3 | 20 | 26.5 | 15 |
| 6 | 金陵分公司热电车间 | 68 | 7 | 3 | 15 | 28 | 15 |
| 7 | 安庆石化总厂热电厂 | 66 | 14 | 3 | 20 | 20 | 9 |
| 8 | 上海石化股份公司热电总厂 | 61 | 7 | 1 | 18 | 24 | 11 |
| 9 | 南京化工厂热电车间 | 50 | 7 | 1 | 15 | 21 | 6 |

从总体水平看，石化集团公司华东地区企业热电机组规模较大，运行负荷高，较好地发挥装置能力，发电设备年利用时数大都在 7000 小时以上，热电装置负荷率和现场文明整洁水平比 2003 年上了一个台阶。

从现场管理水平看，热电现场管理基础扎实。计量器具配备基本齐全，煤炭、水、油、电、汽等主要消耗数据准确，统计核算过程规范，上报数据真实。热电专业技术管理制度体系比较健全，九大技术监督体系基本建立。上海石化股份公司、扬子石化公司、仪征化纤股份公司等热电厂还开展危害识别等安全评价工作，有力促进热电安全稳定生产。

通过开展现场评价工作发现的主要问题有：①热电安全生产工作还存在漏洞。如电气设备老化，联锁保护设施不健全，误操作事故时有发生，检修环节安全防范措施不到位，特别在检维修业务剥离后，检修与运行沟通协调不到位，现场直接作业安全监护存在疏漏。②机炉非计划停运次数多，统计分析和考核控制不规范。③煤炭入厂把关控制管理不够严格，多数企业煤炭入厂入炉煤热值差在 125 万焦/千克(300 大卡/千克)以上，超出石化集团公司考核标准。

此次评价工作提出的有针对性的意见是：①按照计划安排，继续完成好其他两个片区的热电现场管理评价工作。②建立健全电力可靠性管理体系，统计分析并严格考核控制非计划停车。③采取措施，切实加强煤炭入厂环节管理，堵掉亏吨亏卡的漏洞。

（田　竞）

## 检维修建筑安装

【概述】 2004 年石化集团公司非上市炼化企业检维修作业价值为 13.48 亿元，同比下降 25.12%；其中，石化股份公司为 8.53 亿元，同比下降 22.42%；存续公司为 4.38 亿元，同比下降 29.69%；实现施工产值 26.88 亿元，同比上升 2.54%；其中建筑产值 10.14 亿元，同比上升 0.64%；安装产值 15.90 亿元，同比上升 9.60%。

（田　竞）

【在用国家明令淘汰电气设备调查】 按照石化集团公司的统一要求，石化集团公司于 2004 年 7 月 15 日，分别对 31 家直属非上市炼化企业和 29 家热电厂(站)进行了调查。调查发现，非上市炼化企业共有在用国家明令淘汰电气设备(如变压器、高压开关柜、低压开关柜、电机等)9 912 台，电缆约 430.9 千米。按照轻重缓急、分步实施原则，2005 年、2006 年、2007 年分别需用更新资金约 3.64 亿元、3.29 亿元和 2.46 亿元，总共需用更新资金约 9.38 亿元。其中包括炼化存续部分热电厂(站)国家明令淘汰电气设备 2 216 台，电缆约 154.6 千米，需用更新资金约 3.10 亿元。石化集团公司热电厂(站)共有在用国家明令淘汰电气设备 3 420 台，电缆约 165 千米，按照轻重缓急、分步实施原则，2005 年、2006 年、2007 年分别需用更新资金 3.27 亿元、2.67 亿元和 2.31 亿元，总共需用更新资金约 8.25 亿元。其中油田企业所属热电站 12 台在用国家明令淘汰电气设备需用更新资金 200 万元、炼化企业所属热电站 1 192 台在用国家明令淘汰电气设备及电缆 10.65 千米，需用更新资金 5.14 亿元。

（田　竞）

## 机械制造

【概述】 2004 年石化集团公司非上市炼化企业有 5 家独立建制的机械制造厂(公司)，全年实现营业总收入约 9.11 亿元，同比增长 29.94%；累计亏损 5 595 万元，同比增亏 2 968 万元。亏损较大的是上海石化机械制造公司和茂名石化公司机械厂，分别亏损 4 005 万元和 2 172 万元。各企业机械厂(公司)经营情况见表 2。

（田　竞）

表 2　**2004 年石化集团公司非上市炼化企业机械厂经营情况表**　万元

| 项　目 | 营业总收入 | | 利润总额 | |
|---|---|---|---|---|
| | 2004 年累计 | 2003 年累计 | 2004 年累计 | 2003 年累计 |
| 上海石化机械制造公司 | 21 341 | 21 208 | －4 005 | －1 581 |
| 南京化工公司化工机械厂 | 38 108 | 27 148 | 1 707 | 503 |
| 齐鲁石化公司机械厂 | 19 098 | 9 682 | －1 143 | －1 623 |
| 荆门石化总厂机械厂 | 1 743 | 1 681 | 18 | 2 |
| 茂名石化公司机械厂 | 10 771 | 10 358 | －2 172 | 72 |
| 合　计 | 91 061 | 70 077 | －5 595 | －2 627 |

## 主要技术经济指标考核

【概述】 2004 年石化集团公司热电板块生产经营形势严峻，一方面煤炭供应持续紧张，质次价高，运营成本大幅上升；另一方面蒸汽和电价格倒挂，减利因素增加。通过开展热电厂(站)技术经济指标竞赛活动，加强管理，降本增效，石化集团公司非上市部分 17 家热电厂(站)2004 年供电标煤耗累计达到 371.53 克/(千瓦·时)，同比下降 0.68%；供热标煤耗累计达到 38.76 千克/吉焦，同比大体持平；供电现金操作费用累计为 46.29 元/(兆瓦·时)，同比下降 6.26%；供热现金操作费用累计为 4.85 元/吉焦，同比下降 4.34%；发电厂用电率累计为 7.14%，同比下降 0.03%；供热厂用电率累计为 6.01(千瓦·时)/吉焦，同比上升 1.97(千瓦·时)/吉焦。2004 年非上市炼化企业供电标煤耗完成情况见表 3。

表 3　**2004 年石化集团公司非上市炼化企业供电标煤耗完成情况**　克/(千瓦·时)

| 序　号 | 单 位 名 称 | 2004 年累计 | 2003 年累计 | 同比增减/% |
|---|---|---|---|---|
| 1 | 燕山石化公司动力事业部 | 259.04 | 248.93 | 4.06 |
| 2 | 天津石化公司热电厂 | 374.53 | 384.96 | －2.71 |
| 3 | 高桥石化公司热电事业部 | 339.87 | 323.91 | 4.93 |
| 4 | 扬子石化公司热电厂 | 391.67 | 392.68 | －0.26 |
| 5 | 南京化工公司动力厂 | 409.55 | 409.55 | 0.00 |
| 6 | 南京化工公司碱厂动力车间 | — | — | — |
| 7 | 齐鲁石化公司热电厂 | 371.70 | 375.19 | －0.93 |
| 8 | 安庆石化总厂热电厂 | 395.45 | 396.06 | －0.15 |

续表

| 序 号 | 单位名称 | 2004 年累计 | 2003 年累计 | 同比增减/% |
|---|---|---|---|---|
| 9 | 广州石化总厂动力事业部 | 362.09 | 350.88 | 3.19 |
| 10 | 荆门石化总厂动力厂 | 193.93 | 182.31 | 6.37 |
| 11 | 四川维尼纶厂热电厂 | 379.66 | 472.06 | -19.57 |
| 12 | 武汉石化厂热电车间 | 566.77 | 561.66 | 0.91 |
| 13 | 巴陵石化公司热电事业部 | 373.00 | 355.09 | 5.04 |
| 14 | 巴陵石化公司动力事业部 | 381.62 | 383.39 | -0.46 |
| 15 | 茂名石化公司乙烯工业公司热电车间 | 316.40 | 264.90 | 19.44 |
| 16 | 湖北化肥厂动力分厂 | 391.83 | 484.00 | -19.04 |
| 17 | 南京化工厂热电车间 | 450.75 | 480.00 | -6.09 |
| 合 计 | | 371.53 | 374.07 | -0.68 |

2004 年石化集团公司非上市炼化企业供水电耗累计为 415.80(千瓦·时)/千吨，累计同比下降 3.38%；供水现金操作费用累计为 362.81 元/千吨，累计同比下降 1.31%。

2004 年石化集团公司非上市炼化企业检维修建筑安装全年人均营业收入累计完成 16.87 万元/人，同比提高 3.05 万元/人；社会市场收入比率累计为 40.73%，同比上升 13.31%。2004 年非上市炼化企业检维修建筑安装指标完成情况见表 4。

2004 年石化集团公司非上市炼化企业机械厂人均产值累计完成 20.28 万元/人，同比提高 11.60 万元/人；社会市场销售产值比率累计完成 65.46%，同比上升 14.84%。2004 年非上市炼化企业机械厂指标完成情况见表 5。

（田 竞）

**表 4　2004 年石化集团公司非上市炼化企业检维修建筑安装指标完成情况**

| 序号 | 单位名称 | 人均营业收入/万元 | | | 社会市场收入比率/% | | |
|---|---|---|---|---|---|---|---|
| | | 2004 年累计 | 2003 年累计 | 同比增减/% | 2004 年累计 | 2003 年累计 | 同比增减/% |
| 1 | 燕山石化公司 | 18.95 | 13.14 | 44.22 | 98.66 | 69.97 | 28.69 |
| 2 | 天津石化公司 | 12.03 | 8.26 | 45.64 | 8.27 | 9.26 | -0.99 |
| 3 | 金陵石化公司 | 1.81 | 10.65 | -83.00 | 3.95 | 3.89 | 0.06 |
| 4 | 扬子石化公司 | 24.35 | 13.56 | 79.57 | 14.52 | 17.22 | -2.70 |
| 5 | 仪化集团公司 | — | 12.88 | — | — | 16.33 | — |
| 6 | 南京化工公司 | 12.39 | 23.36 | -46.96 | 93.62 | 93.62 | 0 |
| 7 | 齐鲁石化公司 | 14.00 | 8.98 | 55.90 | 1.30 | 6.70 | -5.40 |
| 8 | 巴陵石化公司 | 3.39 | 5.17 | -34.43 | — | — | — |
| 9 | 长岭炼化公司 | — | 11.00 | — | — | 5.94 | — |
| 10 | 茂名石化公司 | 25.55 | 16.58 | 54.10 | 22.98 | 0.14 | 22.84 |
| 11 | 安庆石化总厂 | 9.14 | 7.10 | 28.73 | 21.13 | 1.97 | 19.16 |
| 12 | 广州石化总厂 | | 26.04 | | | 0.04 | — |
| 13 | 荆门石化总厂 | 13.57 | 9.40 | 44.36 | 3.45 | 4.96 | -1.51 |
| 14 | 四川维尼纶厂 | — | 6.15 | — | — | 2.43 | — |
| 15 | 洛阳石化总厂 | 17.16 | 26.17 | -34.43 | 0.73 | 9.20 | -8.47 |
| 16 | 九江石化总厂 | 10.70 | 9.09 | 17.71 | 0.40 | 0.04 | 0.36 |
| 17 | 石家庄炼油厂 | 9.92 | 7.66 | 29.50 | — | — | — |
| 18 | 武汉石化厂 | 9.14 | 4.63 | 97.41 | — | — | — |
| 19 | 湖北化肥厂 | 16.28 | 9.92 | 64.11 | 7.86 | 43.00 | -35.14 |
| 20 | 沧州炼油厂 | 10.50 | 9.66 | 8.70 | 4.42 | 10.27 | -5.85 |
| 21 | 上海石化股份公司① | 70.92 | 53.90 | 31.58 | 38.86 | 45.94 | -7.08 |
| 合 计 | | 16.87 | 13.82 | 22.07 | 40.73 | 27.42 | 13.31 |

① 指上海石化股份公司托管单位。

表 5 2004 年石化集团公司非上市炼化企业机械厂指标完成情况

| 序号 | 单位名称 | 人均产值/万元 | | | 社会市场销售产值比率/% | | |
|---|---|---|---|---|---|---|---|
| | | 2004 年累计 | 2003 年累计 | 同比增减/% | 2004 年累计 | 2003 年累计 | 同比增减/% |
| 1 | 南京化工公司 | 21.51 | 12.75 | 68.71 | 100.00 | 97.90 | 2.10 |
| 2 | 齐鲁石化公司 | 21.57 | 9.60 | 124.69 | 7.33 | 23.04 | -15.71 |
| 3 | 茂名石化公司 | 38.47 | 20.30 | 89.51 | 77.71 | 0.80 | 76.91 |
| 4 | 荆门石化总厂 | 12.11 | 11.51 | 5.21 | 45.88 | 55.68 | -9.80 |
| 5 | 上海石化股份公司① | 15.10 | 12.15 | 24.28 | 55.11 | 51.29 | 3.82 |
| 合计 | | 20.28 | 8.68 | 133.64 | 65.46 | 57.00 | 8.46 |

① 指上海石化股份公司托管单位。

【热电专业竞赛办法修订】 按照石化集团公司 2004 年度热电工作会议要求，经过广泛听取意见，石化集团公司对 2003 年颁发的“热电竞赛办法”进行了修订，并将修订后的《中国石油化工集团公司热电专业竞赛办法》印发企业执行。

修订后的办法规定：热电专业竞赛活动设竞赛评审委员会，评审委员会由石化集团公司总部有关部门负责人组成。竞赛活动由石化集团公司油田管理部、炼化管理部和炼油事业部共同组成的“石化热电专业竞赛活动办公室”负责组织，办事机构设在炼化管理部。参加竞赛的单位为石化集团公司所属以煤、石油焦、燃气、油、水煤浆等为燃料的热电厂(站)，包括非上市部分油田热电厂 1 家、非上市炼化企业热电厂(站)17 家和上市部分热电厂(站)13 家。办法将分散在石化股份公司和存续部分的电厂均纳入了统一的考核体系中。

修订后的办法规定：竞赛项目由技术经济指标考核、基础管理评价和专家评议三部分综合评价组成，每一部分的满分均为 100 分。综合评价按照技术经济指标考核占 40%、基础管理评价占 40%、专家评议占 20%的权重考评，综合评价满分为 100 分。竞赛特设安全、环保、管理、业绩等指标作为当年的优胜评选资格的否决指标。

竞赛指标根据可量化、易考核、易对比、通过加强管理可以见到成效和直接表现经济效益提高 5 项原则设置。竞赛指标主要包括供电标准煤耗、供热标准煤耗、供电现金操作费用、供热现金操作费用、发电厂用电率和供热厂用电率。修订后的办法规定：各企业要建立健全竞赛管理体系和管理制度，落实责任单位和责任人，按时上报竞赛考核报表。竞赛考核由月度评比排序和年底考核表彰两部分组成。

根据修订后的办法，热电专业竞赛设一、二、三等奖，其中一等奖 1 名，二等奖 3 名，三等奖 6 名。对未获得一、二、三等奖的规模以下热电厂(站)前 3 名设单项奖予以表彰。

(田　竞)

【热电专业竞赛结果】 经竞赛评审委员会审定批准，2004 年度石化集团公司热电专业竞赛的获奖企业分别为：一等奖：胜利石油管理局发电厂；二等奖：仪征化纤股份公司热电生产中心、齐鲁石化公司热电厂和镇海炼化股份公司公用工程部；三等奖：广州分公司动力事业部、高桥石化公司热电事业部、巴陵石化公司热电事业部、金陵分公司热电联合车间、天津分公司热电部和巴陵石化公司动力事业部。规模以下电站单项奖：茂名石化公司乙烯工业公司热电车间、南京化工公司碱厂动力车间和石家庄炼油厂动力站。

(田　竞)

## 多种经营

【概述】 2004 年，石化集团公司炼化企业拥有多种经营企业 220 个，其中一级法人为 160 个；职工总数为 46 496 人，资产总额 192.76 亿元，年经营销售收入 292.15 亿元，利润总额 1.76 亿元。

2004 年石化集团公司炼化企业多种经营企业中包括：国有并表企业 59 个，其中一级法人为 46 个；职工总数为 12 331 人，其中正式职工 5 941 人，资产总额 108.30 亿元，年经营销售收入 184.94 亿元，利润总额 9 491 万元。国有非并表企业 17 个，其中一级法人为 17 个；职工总数为 1 375 人，其中正式职工 1 207 人，资产总额 7.19 亿元，年经营销售收入 2.99 亿元，利润总额 9 万元。合资联营企业 13 个，其中一级法人为 13 个；职工总数为 1 548 人，其中正式职工 333 人，资产总额 15.00 亿元，年经营销售收入

36.07亿元，利润总额7 426万元。集体企业131个，其中一级法人为84个；职工总数为31 242人，其中正式职工6 548，资产总额62.27亿元，年经营销售收入58.14亿元，利润总额679万元。

与2003年同期比较，2004年石化集团公司炼化企业多种经营企业总数由340个减到220个，减少35.3%；其中一级法人262个减少到160个，减少38.9%；职工总数由51 375人减到46 496人，减少9.5%，降低了人工成本。

（贺　民）

## 文教卫生和社区服务

**【概述】** 根据石化集团公司关于社区板块要加强管理、规范收费、积极推进改革的指示精神，2004年石化集团公司炼化管理部将积极推进社区改革列为当年深化改革的主要内容。2004年炼化企业社区改革改制取得了很大的成绩，特别是在加强能源收费管理、促进社会职能移交方面都有较大的突破，炼化企业已顺利地把中小学移交地方政府，并退出医疗卫生领域。

2004年认真贯彻执行石化集团公司党组关于社区管理要按照“企业化经营、社会化服务、市场化运作”的指示，炼化企业社区管理体制和运行机制不断完善，社区降本减费工作取得明显成效。2004年社区净支出为10.68亿元，同比减少1.77亿元，下降14.2%，较好地完成了年初石化集团公司总部下达的社区净支出10.97亿元的考核指标。

（贺　民）

**【移交社会职能取得新突破】** 按照国办22号文件和中央企业分离办社会职能试点工作会议精神，各直属炼化企业在石化集团公司总体安排和部署下，积极主动地与地方政府核对资产、人员和经费补助等基础数据，协商移交方式，推进移交进程。虽然期间遇到很多困难和阻力，有来自地方政府的，也有来自企业内部、教师内部的，但总体上移交工作是平稳的。到2004年末石化集团公司炼化企业移交中小学、公安机构工作已基本完成。炼化企业共移交中小学99所、教职工7 626人、离退休教职工3 321人；移交公安机构13个、人员1 251人。通过移交中小学和公安机构，大大减轻了企业负担，炼化企业每年可减少补贴3.50亿元。

2004年石化集团公司炼化企业实现了医疗机构整体退出。炼化企业所办的33所医院曾是企业补贴的大户之一。刘根元副总经理在2002年就提出医院补贴每年减少30%，3年实现自立生存的要求。截至2004年底，石化集团公司炼化企业医院实现了整体退出，其中移交4所，关停7所，改制21所，进入合资合作范围1所。炼化企业医院的整体退出在石化集团公司内起到了很好的示范作用。

（贺　民）

**【加强社区能源计量和收费管理】** 陈同海总经理在石化集团公司工作会议上曾指出：“分析非上市部分的亏损结构，社区补贴是最大因素。2004年要通过提高水、电、气、热和物业费的收缴率，拿回一部分效益。”

2004年石化集团公司将解决水、电、气收费价格不到位的问题作为社区工作的重点。2004年初，25家炼化企业办社区，其中4家企业水、电、气收费已经由社会收取，占企业总数的16%；6家企业收费价格已基本与市场接轨，占企业总数的24%；其余15家企业不同程度存在收费价格不到位的问题（其中4家企业的5项收费还实行包费制），占企业总数的60%。2004年2月石化集团公司在扬子召开工作会议，进行逐个企业对接，与企业进一步达成共识，并在6月份的安庆会议上进行年中检查，推广先进经验。各企业对收费工作高度重视，针对存在的问题，专题召开领导班子会研究整改措施。到10月1日，炼化企业社区居民用水、电、液化气收费价格均与当地市场接轨，原实行包费制的4家企业也完成了整改，较彻底地解决了水、电、燃气多年存在的价格不到位和包费制等问题。

在提高收费率、降低能源损耗等方面，各企业也纷纷加大工作力度，从转变收费管理体制机制入手，认真学习推广齐鲁动力管理中心收费经验，建立职工收入与收费紧密挂钩的分配机制。炼化企业大部分社区能源管网设施陈旧长年失修，漏损相当严重，是当前效益流失的主要原因之一。部分企业领导高度重视这个问题，他们想方设法挤出资金投入社区能源系统改造，减少了损失，并在较短的时间内就收回了投资。

根据刘根元副总经理的要求：“要加强水、电、气、暖等费用的收缴管理，职工住宅水、电、气费应做到全额收取，采暖费收取20%—30%（其中江南企业全额收取）”，炼化管理部于10月份在北京召开会议，专项布置采暖收费工作。各企业按照石化集团公司总部的要求认真核定供暖成本，研究制定收费标准。通过广泛深入的舆论宣传，引导社区居民转变福利供热观念，取得了广大职工群众对供热体制改革的理解和支持，实现了采暖收费的平稳启动。

（贺　民）

**【重组改制，深化社区改革】** 随着各项改革政策的出台，改制分流逐步深化，社区要从企业退出已成为炼化企业广大干部职工的共识。但是，社区存在服务性资产多、经营性资产少；靠补贴生存的资产多、可经营赢利的资产少；从业人员数量多、队伍素质偏低，走向社会自立生存难度大的问题。针对这些问题，部分炼化企业积极探索社区改制之路。继2002年四川维尼纶厂从事社区服务业务的维丰公司改制以后，2004年又有茂名石化公司华达公司、南京化工公司的永元公司、济南炼油厂的华鲁公司完成了改制。仪化集团公司的华远公司、扬子石化公司的金扬公司、武汉石化厂的隆兴公司、沧州炼油厂的嘉和公司也都上报了改制的初步方案。此外还有8家企业的幼儿园、5家企业的商贸公司完成了改制。齐鲁石化公司所属的腈纶厂、丙烯腈厂3个社区和金陵石化公司的化工厂社区随二级单位一同改制。从总体看，石化集团公司炼化企业2004年社区改制平稳启动。

（贺　民）

# 产 品 销 售

# 综 述

2004年，石化销售企业面对国际油价持续攀升、国内经济快速发展、成品油市场需求旺盛等市场环境，顾大局、保供应、扩市场、增效益、抢机遇、抓网建、推改革、促管理，实现了跨越式发展，为全面增强销售企业的市场竞争力、实现持续稳定发展奠定了新的基础，取得了历史性的突破。

2004年，销售企业完成成品油经营总量9 459万吨，同比增量1 867万吨，增长24.60%，高于国内市场消费增幅5.6个百分点。国内市场占有率60.2%，同比提高2.7个百分点。经营结构继续优化，全年实现零售5 325万吨，同比增长1 440万吨，增幅37.1%；直销1 965万吨，同比增长433万吨，增幅28.20%；省市公司终端比重达到89.9%，同比提高4.7个百分点，经营量的增长全部实现在终端环节。全年完成高标号汽油销售1 285万吨，同比增长57.17%。燃料油、润滑油经营也取得可喜进步，燃料油经营1 083万吨，同比增长60.80%，润滑油经营189.90万吨，同比增长34.87%。全年实现销售收入3 424亿元，全系统占用资本回报率（ROCE）达27.96%，同比提高10个百分点，投资回报、资产质量和运营效率进一步提高。

2004年，销售企业抓住国内成品油零售市场放开前的最后历史机遇，成品油销售网络发展成效显著。一是网络建设继续完善，市场竞争实力进一步增强，全年新增加油站3 064座，其中市区和高速公路等加油站2 040座。二是在香港特别行政区中标5座加油站，实现了成品油零售业务的新突破。到2004年底，中国石化拥有、控制加油站总数达到2.7万座，市场控制力进一步增强。三是成品油管线建设取得重大进展，西南管道、珠三角和鲁皖管道相继开工建设，北京环城管道和洛郑驻管道进入开工准备阶段，金嘉湖等5条管道均已报审。截至2004年底，销售企业已建成投产管道343千米，在建管道3 545千米。

销售企业信息化建设全面推进。一是2004年销售企业ERP系统有5家公司成功上线，到2004年底，销售企业中已有9家公司完成了ERP系统的上线工作。二是IC卡建设方面，19个省市公司新增IC卡联网加油站1.3万座，建设发卡网点3 198个，累计发行用户卡197万张，已有1 783万吨成品油通过中国石化IC卡销售。三是北京、上海、山东、浙江、广东等公司成品油二次物流优化项目通过了验收，为二次物流优化项目的全面推广和应用，积累了经验。

2004年，销售企业确立了经营管理体制改革的总体思路和目标，力争用2—3年时间，按照区域化、专业化、扁平化的原则，以强化市场营销和优化物流为重点，实行资源配送与市场营销分开，使全系统管理层次简捷、业务专业垂直、岗位权责清晰、市场反应灵敏。2004年，销售企业积极施行改革试点，北京等8家试点省市公司分别按照确定的3种模式进行改革，福建、安徽等11家省区公司进一步完善市县公司一体化管理，改革工作整体进展顺利，稳步有序。通过实行专业化改革，管理层次进一步精简，决策更加高效，经营管理水平不断提高，管理更加富有成效，机制建设逐步完善，充分调动了员工积极性，基本上实现了集中统一管理的要求。

2004年，销售企业管理水平得到全面提升。在财务方面，销售企业通过严格监管，强化内控，财务运作更加规范。省市公司已经全部实现省级会计集中核算，建立了统一的核算模式和信息平台，会计核算质量明显提高；财务管理和监督职能不断拓展，财务管理工作逐步实现由传统核算型向现代管理型的转变；费用预算控制成效显著，在经营总量持续增长、经营结构不断改善、资产规模日益扩大情况下，全系统实现降本减费9亿元，吨油完全费用188元，吨油现金费用148元，均控制在考核目标之内；资金运营、质量效率和资产管理质量也有了明显提高。

在零售管理方面，为进一步改善加油站管理中存在的问题，提升管理水平，销售企业组织开展了加油站规范化管理百日竞赛，通过组织全员管理的培训、进一步强化“顾客至上”理念、加油站形象改造，使加油站的基础管理得到了进一步加强。

在市场运行方面，销售企业精心组织资源，强化调度运行，保证了市场供需的基本平衡，市场认知能力、资源组织和平衡能力、低库存条件下安全运行能力得到进一步增强。 （路宇歆）

# 市场供需及营销

**【市场走势】** 2004年，国内成品油价格呈现了上涨趋势。一季度受国际油价回落的影响，国内价格出现了小幅下跌，并在3月份出现全年价格最低点。二季度开始，国际油价出现上涨走势，上涨趋势持续到11月初，并在11月初形成全年价格最高点。11月中旬开始，在国际油价下跌的影响下，价格出现了小幅下跌，但总体价格较为平稳。 （路宇歆）

【成品油价格情况】 2004 年，汽油零售中准价共调整 2 次，12 月末的价格比年初上涨 547 元/吨；柴油零售中准价调整 2 次，12 月末的价格比年初上涨 504 元/吨。2004 年成品油平均销售价格为 3 939 元/吨(含税)。其中，汽油批发 4 094 元/吨，零售 4 575 元/吨，直销 4 006 元/吨；柴油批发 3 615 元/吨，零售 921 元/吨，直销 3 608 元/吨；煤油批发 3 855 元/吨，零售 4 157 元/吨，直销 3 401 元/吨，其他石化产品 2 552 元/吨。

(路宇歆)

【启动市场预测体系的建设】 2004 年，石化集团公司启动了市场预测体系的建设。一是完成了指标、体系的设定，主要包括成品油产销存、进出口量、消费量、GDP、各种投资、相关产品进出口、居民消费价格指数、城乡居民收入、机动车产销量、客货运周转量、发电量、公路里程、机动车保有量等。二是完成了市场运行监测网络的监测点甄别工作，监测网络涵盖了 200 多个监测点，国道、省道、城镇加油站 100 余座，农业、渔业网点 40 座，直销客户 90 多座。

(路宇歆)

【资源管理】 针对国际油价持续震荡攀升、变化难测，国内资源供应整体偏紧的状况，石化集团公司采取一系列有效措施，保证了市场需求的基本平衡。一是调控国内资源安排，及时调整成品油进出口数量和品种，为保障国内市场资源基本平衡创造了条件。全年同比减少出口 257 万吨，增加进口 110 万吨。特别是在第四季度资源异常偏紧、国内外价格倒挂的情况下，为保障市场供应，从讲政治、讲大局的高度，紧急组织进口柴油 41.5 万吨。二是积极发挥产销一体化优势，密切产销衔接。生产企业为增加资源供应，克服各种困难满负荷生产，在国际原油价格持续高位运行、出厂价格调整不到位的情况下，坚持扩大产量，提供资源，为销售企业稳定市场供应作出了巨大贡献。全年共组织石化资源 8 199 万吨，同比增加 1 447万吨。三是加强资源平衡，积极收购地方炼油资源，调整专项用油，合理摆布区域资源，维护了市场供需的基本平衡。

(路宇歆)

【高标号汽油销售】 2004 年，根据国家环保有关规定，进一步降低大气污染、保护环境，销售企业抓住车辆普及和成品油消费升级换代的契机，积极开展形式多样的高标号汽油文化促销活动，有效促进和扩大了高标号汽油的销售，北京、广州、上海等公司先后推出了 98# 汽油，其中北京石油分公司还开始供应符合欧Ⅱ排放标准的柴油，进一步凸现了中国石化的品牌形象。同时，销售企业还加大了清净剂推广工作力度，真正实现了“奉献清洁能源，共创世纪蓝天”。

(路宇歆)

【燃料油、润滑油销售】 2004 年，销售企业加强了燃料油基础管理工作和营销网络的建设，积极推广“客户经理制”，并积极创造条件多渠道解决燃料油经营资源不足的问题。全年销售燃料油 1 083 万吨，同比增长 60.80%。在润滑油方面，石化集团公司积极配合品牌整合，狠抓经营质量管理，努力开拓市场，销量持续增长，并完成了渠道整合工作，润滑油经营完成 189.90 万吨，同比增长 34.87%。

(路宇歆)

【直销经营】 2004 年，销售企业面对新的市场形势，树立先进营销理念，继续转变经营方式，变“坐商”为“行商”，不断强化直销业务管理，全面推行客户经理制，强化客户档案管理，规范服务，使直销工作步入了规范化轨道。2004 年，成品油直销 1 965 万吨，同比增长 433 万吨，增幅 28.2%，取得了较好的成绩，成品油经营结构进一步优化。

(路宇歆)

## 销售体制改革

【体制改革】 石化集团公司在 2004 年初对销售企业经营管理体制改革作了总体部署。一年来，确立北京等 8 家试点省市公司分别按照确定的 3 种模式进行改革，安徽、福建等 11 家省区公司进一步完善市县公司一体化管理，积极探索专业化改革实践，改革工作整体进展顺利，稳步有序。通过实行专业化改革，管理层次进一步精简，决策更加高效，经营管理水平不断提高，管理更加富有成效，机制建设逐步完善，充分调动了员工积极性，城市型石油公司实现一级管理和专业化经营，零售中心、商业客户中心和物流中心直接面对操作一线，指令传递更加顺畅，管理效率大大提高，避免了过去“两级管理”模式下指令信号层层衰减甚至扭曲的现象。同时获取市场信息更加快捷，由片区经理、客户经理将一线信息直接反馈到专业中心，为及时决策、赢得市场先机创造了条件。通过体制改革，专业中心实现了经营管理的有机结合，体现

了集中统一管理的要求。（路宇歆）

【减少用工总量】 2004年，各单位定编定额，根据加油站实际经营量确定每个加油站所需经营人员，控制人员编制和人工成本，调整了用工结构，通过各种形式进行改制分流，人工效率持续提高。全年销售企业正式工减员20 403人，其中，上市7 428人，非上市12 975人。（路宇歆）

【成立合资公司】 按照2000年中国石化上市时对投资者的承诺，2004年，中国石化先后与壳牌、BP公司在江苏、浙江成立了中石化壳牌（江苏）石油有限公司和中石化碧辟（浙江）石油有限公司两家合资公司，并开始正式运营。（路宇歆）

# 销售网络

【销售网络】 中国石化成品油销售网络主要由五大部分构成。一是中国石化全资子公司——中国石化销售有限公司及在主要市场内的下属4个大区分公司，承担着中国石化成品油资源的统一平衡、运输协调和直属销售企业以及专项用户的成品油供应任务；二是主要市场内的直属19个省级石油分公司及所属的190个区域公司组成的销售网络；三是中国石化销售有限公司在东北、西北、川渝等地区的35个分公司；四是在香港特区的零售网络；五是中国石化在全国范围内与其他成品油经营单位合资组建以及采取特许加盟方式建立的销售网络。（路宇歆）

**中国石化销售网络**

| 序号 | 单位 | 地址 | 邮编 | 区号 | 电话 | 传真 |
|---|---|---|---|---|---|---|
| 1 | 中国石化销售有限公司 | 北京市朝阳区惠新东街甲6号 | 100029 | 010 | 64998879 | 64941014 |
| 2 | 中国石化销售有限公司华北分公司 | 天津市和平区建设路2号 | 300040 | 022 | 27120719 | 27124891 |
| 3 | 中国石化销售有限公司华东分公司 | 上海市愚园路819号 | 200050 | 021 | 62119326 | 62119327 |
| 4 | 中国石化销售有限公司中南分公司 | 湖北省武汉市汉口精武路39号 | 430022 | 027 | 65798010 | 85772810 |
| 5 | 中国石化销售有限公司西南分公司 | 广东省茂名市官山东路83号 | 525000 | 0668 | 2868292 | 2868278 |
| 6 | 中国石化销售有限公司川渝分公司 | 成都市人民南部一段86号城市之心7楼 | 610041 | 028 | 86203125 | 86203122 |
| 7 | 中国石化销售有限公司东北分公司 | 辽宁省沈阳市于洪崇山东路51号 | 110032 | 024 | 86860285 | 86860772 |
| 8 | 中国石化销售有限公司西北分公司 | 西安市北大街29号中天国际大厦 | 710003 | 029 | 87257390 | 87257202 |
| 9 | 北京石油有限责任公司 | 北京市朝阳区静安里12号楼 | 100028 | 010 | 64654127 | 64626877 |
| 10 | 天津石油有限责任公司 | 天津市南开区南京路308号天津石油大厦 | 300040 | 022 | 24134086 | 23397099 |
| 11 | 河北石油有限责任公司 | 河北省石家庄市槐南西路8号 | 050021 | 0311 | 5816881 | 5813737 |
| 12 | 山西省石油总公司 | 山西省太原万柏林区大王路28号 | 030024 | 0351 | 6197617 | 6197620 |
| 13 | 上海石油有限责任公司 | 上海市中山东一路24号甲 | 200002 | 021 | 63219490 | 63390244 |
| 14 | 江苏石油有限责任公司 | 江苏省南京市中山北路395号 | 210003 | 025 | 8808888 | 8803729 |
| 15 | 浙江省石油总公司 | 浙江省杭州市河坊街58号 | 310009 | 0571 | 8718833 | 8718822 |
| 16 | 安徽省石油总公司 | 安徽省合肥市芜湖路391号 | 230061 | 0551 | 2860455 | 2869024 |
| 17 | 福建省石油总公司 | 福建省福州市六一北路92号实发大厦23层 | 350003 | 0591 | 7599832 | 7837153 |
| 18 | 江西石油总公司 | 江西省南昌市洪都北大道102号 | 330046 | 0791 | 8512247 | 8511107 |
| 19 | 山东省石油集团总公司 | 山东省济南市历山路73号 | 250013 | 0531 | 6620422 | 6947784 |
| 20 | 河南省石油总公司 | 河南省郑州市卫生路10号 | 450053 | 0371 | 3827097 | 3827047 |
| 21 | 湖北石油总公司 | 湖北省武汉市汉口宝丰路103号 | 430030 | 027 | 83601160 | 83642924 |
| 22 | 湖南省石油总公司 | 湖南省长沙市湘春路113号 | 410005 | 0731 | 4340130 | 4326659 |
| 23 | 广东省石油企业集团公司 | 广东省广州市中山七路81号 | 510145 | 020 | 81297780 | 81297207 |
| 24 | 广西石油总公司 | 广西省南宁市桃源路67号 | 530021 | 0771 | 5335823 | 5323338 |
| 25 | 海南省石油总公司 | 海南省海口市龙舌路16号石油大厦 | 570203 | 0898 | 65346762 | 65324481 |
| 26 | 贵州省石油总公司 | 贵州省贵阳市解放路21号 | 550002 | 0851 | 5947391 | 5985902 |
| 27 | 云南省石油总公司 | 云南省昆明市拓东路45号世博大厦 | 650011 | 0871 | 3115301 | 3115230 |

## 销 售 管 理

【加油站百日竞赛活动】 2004年，为彻底改变加油站管理中存在的问题，提升管理水平，塑造中国石化良好的品牌形象，石化集团公司在全系统组织开展了加油站规范化管理百日竞赛活动，历时半年，成效显著，受到社会各界及地方政府的一致好评。活动期间，加油站员工作为这次百日竞赛活动的主体，接受了一次系统的规范化管理大培训、大检验。为抓好百日竞赛活动，各单位党委书记亲自挂帅，分管领导具体组织，各个部门分工负责，齐抓共管。总部各检查组严格执行8条禁令，对照评比标准，客观公正进行评比验收。这次活动为打造企业品牌形象，加强窗口建设创造了良好的条件，收到了良好的效果。通过百日竞赛活动，加油站外表更加美观，经营管理更加规范，人员素质、服务水平得到提高，中国石化形象进一步提升。

（路宇歆）

【改造加油站基础设施】 2004年，全系统投入大量资金，完成加油站形象改造1.45万座，新建、改造加油站厕所近1.46万个，使中国石化加油站从基础设施上彻底改观。罩棚、招牌面貌焕然一新，环境卫生、厕所管理明显改善，营业场所整洁明亮，配套设施齐全，物品摆放有序，给顾客提供了一个舒适方便的消费环境。

（路宇歆）

【加油站基础管理】 2004年，各省市石油公司集中整改了一批安全隐患，配备和检定了计量器具，强化了账表册的统一，使加油站安全、数质量、资金及账表册的管理更加规范，进一步堵塞了经营管理中的漏洞。同时"顾客至上"理念也得到了进一步强化。通过示范、比武、考评、督查等形式，细化服务流程和标准，加油站员工服务态度明显改善，服务程序更加规范，"八步法"已成为中国石化加油站的服务特色。进站率、回头率、加满率上升。在营加油站单站销量达到2 038吨，同比增加358吨。

（路宇歆）

【内控制度建设】 为全面贯彻总部《内部控制手册》，2004年油品销售事业部制定了《销售企业内部控制手册实施细则》，强化了依法办事、按章办事的自觉性，推进了企业内部管理的制度化。

（路宇歆）

【企业审计】 2004年，销售系统以国家审计为契机，全面开展企业内部审计，组织开展了直属企业经济效益、专项建设资金、长期股权投资、工程建设项目、库存商品、"小金库"、领导干部经济责任等专项审计工作，有效地堵塞了漏洞，为企业挽回直接经济损失2.6亿元。

（路宇歆）

【加强财务管理】 2004年，销售系统财务管理继续全面强化。一是财务管理体制改革逐步深化。省市公司已经全部实现了省级会计集中核算，建立了统一的核算模式和信息平台，基本解决了会计信息失真、监督弱化、控制不力等问题，会计核算质量明显提高。二是财务管理和监督职能不断拓展。财务管理工作逐步实现了由传统核算型向现代管理型的转变，管理范畴从传统的收入、成本(费用)、利润不断拓展细化到资金、资产、价格、税收等全部会计要素。各级财务部门主动参与经营活动，参与投资发展，完善投资程序，监控投资过程，控制资本性支出，较好地发挥了财务监督职能。三是费用预算控制成效显著。坚持全面预算管理，完善费用考核体系。加大了费用考核的权重，从单一的年度考核转变为月度和年度双重考核，从单纯的吨油费用考核，转变为吨油和绝对额双重考核。以年度预算为基础，实行分级管理、部门负责，将费用控制落实到各基层单位和归口的职能部门，增强了各单位、各部门的责任意识。四是资金运营效率明显提高。紧紧抓住加油站货款回笼这一主线，初步构建了上下贯通、联络顺畅的资金监控组织体系。充分利用网上银行系统，对收入户资金实行在线实时监控，加快了资金上划速度。省市公司加大货款回笼力度，赊销比例由年初的平均10.93%下降到年末的4.49%。五是资产管理质量进一步提高。建立和完善了加油站、油库、在建工程等多种资产管理台账，推行了加油站登记证管理制度。通过开展销售企业固定资产投资清查工作，摸清资产底数。

（路宇歆）

【信息化建设全面推进】 2004年，销售企业ERP系统有5家公司成功上线，到2004年底，销售系统中已有9家公司完成了ERP系统的上线工作，其中云南石油公司信息化整合试点方案已形成并批复，为销售企业实现全面信息化管理提供了经验。2004年，19个省市公司新增IC卡联网加油站1.3万座，建设发卡网点3 198个，累计发行用户卡197万张，已有1 783万吨成品油通过中国石化IC卡加油销售。上海、广东、浙江、江苏、北京、福建等石油公司发卡量位居前列。二次物流优化项目有6家公司进行了先期试点推广，完成上线运行，其余13个省公司也已分两批启动了实施项目，物流信息化水平再上新台阶。

（路宇歆）

【加强油品计量与质量管理】 2004年，销售企业不断加强计量管理工作，完善健全计量机构，建立完善计量管理制度，通过对《中国石化集团公司销售企业计量管理办法（试行）》等各项计量管理制度进行补充和修订，形成了一整套适合销售企业新的机构改革机制的计量管理保障体系，为销售系统的计量管理规范化、制度化、科学化奠定了基础，同时还加强了成品油的损溢管理，加大计量管理监督力度，降低了油品损耗，数质量管理意识和工作水平有了显著提高并取得了长足的发展。

（路宇歆）

【安全管理】 2004年，销售系统从坚持“安全第一、预防为主、全员动手、综合治理”的安全工作方针入手，认真贯彻国家有关安全生产的法律法规，抓好安全生产责任制的落实与考核，强化设备安全管理，落实隐患整改治理，加快油库设备设施改造，加强直接作业环节、现场作业安全管理和消防安全管理，开展各种形式的安全活动和监督检查，加强安全教育培训，推进了企业安全生产形势总体平稳的局面。但是在安全工作取得一定成绩的同时，也出现了山西运城半坡油库火灾事故，销售企业及时从中吸取了教训，查找了油库和加油站事故预案的漏洞，迅速调整和补充了预案内容，同时完善健全了紧急情况上报的信息渠道，安全基础工作进一步加强。

（路宇歆）

【加大培训力度】 2004年，石化集团公司构建了销售企业人才培训体系，统一了培训大纲、教材、师资，制定了各类人员的培训标准。全年举办培训班28个，培训ME493人，加油站经理210人，直销中心经理219人，客户经理363人，安全管理人员65人。省市公司全年组织各级各类培训班1 276个，培训人员达11.8万人次。继第一期63名销售企业学员全部取得结业证书之后，总部又选送20名学员参加清华大学企业管理硕士研究生进修班的学习。通过培训，员工队伍综合素质与能力明显提高，企业的管理能力得到了显著增强。

（路宇歆）

## 产品储运

【加油站建设】 销售企业抓住零售市场放开前的最后历史机遇，“扎紧篱笆打好桩”，2004年发展加油站3 064座，大大超过年初发展1 500座的目标，其中市区和高速公路等重要部位2 040座，占新增加油站总数的67%。新增加油站选址好、运作规范，投资回报较高，吨油投资1 485元。浙江、广东、福建、湖北、湖南、安徽、江西、山西、河南、广西等石油公司做到了高速公路加油站“一个不丢”。北京等石油公司在抢抓中心城市加油站上成效明显。区外石油公司在外部环境十分不利的情况下，奋发有为，新增加油站266座。销售西北分公司克服重重困难，不仅在一年内抢抓26座高速公路服务区加油站，而且在乌鲁木齐、西安、呼和浩特等省会城市加大了拓展力度。另外，中标5座香港特区加油站，实现了境外成品油零售业务的历史性突破。截至2004年底，全系统加油站总数达到2.7万座，市场控制力进一步增强。在抓好当期建设的同时，还抓住土地管理的政策性机遇，抢抓了1 000多个加油站储备项目，为后续发展奠定了基础。

（路宇歆）

【成品油管道建设】 2004年是销售企业管线建设全面提速的一年。横跨四省、全国最长、工况最复杂的西南管道的柳州以南段已投油试车，其配套设施改造已基本完成，具备验收条件。珠三角管道全线11个市已全面开工，鲁—皖管道除济南市外也已全线开工。此外，安庆—合肥管道与沿江原油管道同沟铺设段已实际开工，洛—郑—驻管道和北京环城管道进入开工准备阶段，金嘉湖等5条管道均已报审。截至2004年底，销售企业已建成投产管道343千米，在建管道3 545千米。

（路宇歆）

【优化物流】 2004年，在全国运能、运力紧张，经营量增幅较大的背景下，大区销售分公司加强与铁路、交通等有关部门的沟通，强化调度指挥，密切与炼化企业的联系，依据成品油产销存动态组织运行，运用DPO系统优化一次物流，加强资源调运组织，较好地解决了山东资源外运，西南、华北、两湖、广东等重点地区供应紧张以及北京地区符合欧Ⅱ排放标准资源调入等困难。省市石油公司在库存较低的情况下，合理摆布资源，优化二次物流，加快库存周转，保证了市场供应。同时把握销售节奏，坚持优先零售、保证直销、控制批发，加强对重点用户的资源供应。在经营规模迅速扩大的情况下，通过内外衔接，上下配合，实现了低库存条件下的安全稳定运行，为保障国民经济平稳运行作出了贡献，受到了各级政府的肯定和嘉许。

（路宇歆）

**【油库调整】** 2004 年，销售企业关闭了 70 座低效油库，使在营油库减少为 528 座，库容减少到 1 300 万米$^3$，布局得到进一步优化。同时对一些位于重要地区的中心油库进行了标准化改造，使之功能更加完善，运行更加高效。随着管道的发展，一批与之相配套的油库相继进行改造。区外新建的 5 座油库已投入使用。经过结构调整，油库布局日趋合理。

（路宇歆）

## 炼油自销产品销售

**【概况】** 2004 年石化股份公司销售炼油自销产品 3 410万吨，平均价格 3 108 元/吨。与 2003 年相比，炼油自销产品的价格涨幅很大，成为炼油板块效益的重要支撑。其中液化气上涨 677 元/吨，炼油苯类上涨2 327 元/吨，溶剂油上涨 674 元/吨，丙烯上涨 2 244元/吨，聚丙烯上涨 2 246 元/吨，润滑油上涨 676 元/吨，沥青上涨 55 元/吨，液化气、炼油苯类、溶剂油达到了历史高价位。炼油自销产品与原油进厂价差 395 元/吨，同口径相比上涨 8 元/吨。炼油自销产品盈利系数 0.91，上涨 0.07。

（房海峰）

**【市场走势】** 2004 年国民经济持续、稳步增长，国内石油产品市场需求呈现整体增长态势。受需求增长的拉动，炼油自销产品的价格、销量稳步上升。液化气、重油、炼油苯类、丙烯、聚丙烯的价格基本呈现一路攀升趋势，年末略有下滑；重油、沥青销售受季节性影响较大；石油焦销量增加，但价格较年初下滑；化工类自销产品市场价格高，是近年涨幅较大的一年。

（房海峰）

**【销售管理】** 按照 3 级销售管理模式，充分调动总部、协调组、企业 3 个层面的积极性，各协调组按照信息互通、资源互补、价格互动、策略统一的协调原则，定期召开市场分析会，讨论制定区域销售政策。总部继续“末位推价法”等行之有效的工作方法，重点抓产、销、存、价 4 个方面的关联。2004 年组织市场协调会 20 次，组织推价 50 次，炼油产品销售工作有序进行。

（房海峰）

**【品牌宣传】** 2004 年，国际三大赛事之一的 F1 首次进入中国，中国石化“东海牌”高等级道路沥青凭借质量、服务优势，击败国外著名石油公司，中标面层、中层、底层全部赛道，实现了中国沥青的历史性突破，举行赛道中标、成功举办新闻发布会，制作广告宣传片在中央电视台播放；2008 年北京奥运宣传陆续展开，“长城牌”润滑油成为“2008 年奥运会正式用油”；成功组织了“中国石化”丝绸之路国际汽车露营文化交流活动，宣传中国石化整体形象和产品品牌，收到了良好社会效果。

（房海峰）

**【销售体制改革】** 经过市场调研、论证方案、人员选拔、业务交接等工作，2004 年 9 月 22 日新成立了中国石化上海沥青销售分公司，进一步发挥中国石化的规模优势、品牌优势。年内完成了中国石化润滑油品牌整合为“长城牌”、天津润滑脂公司的资产划转、销售渠道的整合等工作。

（房海峰）

**【信息化建设】** 进一步完善了炼油自销产品信息管理系统，增加了分析功能模块，总部及时了解企业当日销售情况，企业通过网络获得市场信息，实现了信息渠道双向沟通。每周通过炼油自销产品信息管理系统发布周市场分析和月度企业价格，形成并完善了日跟踪、周分析、月评价的管理模式。

（房海峰）

**【营业费用管理】** 营业费用的管理逐步规范，制定了单位营业费、营业费率 2 项考核指标，对 8 项可控营业费用重点管理，每月跟踪分析，2004 年营业费用总额同口径减少 1 200 万元。

（房海峰）

## 化工产品销售

**【概述】** 2004 年石化集团公司认真落实“紧贴市场，全产全销，卖出当期最好价格”的营销策略，努力开拓市场，抓住全球石油化工进入景气周期高峰阶段的机遇，在产量与 2003 年同比大幅度增加的情况下实现产销平衡，增产增效，巩固并扩大了市场占有率。2004年通过优化营销网络、加强客户关系管理、改善客户结构，主要产品直销率进一步提高，增强了对市场的控制力和影响力，提高了企业的综合竞争能力。2004年腈纶营销体制改革取得成效，并在此基础上为深化石化产品营销体制改革做好准备工作。通过建立市场预测体系，提高市场分析预测水平，为企业经营决策提供了依据。

（周　濛　呆明智）

**【产销情况】** 2004年石化集团公司生产合成树脂711.86万吨，年末库存8.3万吨，产销率99.9%；生产合成橡胶78.09万吨，年末库存1.39万吨，产销率99.2%；生产合成纤维170.34万吨，年末库存3.02万吨，产销率100.5%；生产主要合纤原料(PTA、乙二醇、己内酰胺等)362.15万吨，年末库存2.5万吨，产销率100%；生产合纤聚合物252.10万吨，年末库存2.51万吨，产销率99.8%；生产尿素263.00万吨，年末库存2.33万吨，产销率99.8%。

石化股份公司2004年生产合成树脂553.39万吨，年末库存7万吨，产销率99.8%；生产合成橡胶56.12万吨，年末库存0.64万吨，产销率99.6%；生产合成纤维129.47万吨，年末库存1.92万吨，产销率100.3%；生产主要合纤原料(PTA、乙二醇、己内酰胺等)289.54万吨，年末库存2.11万吨，产销率99.9%；生产合纤聚合物200.54万吨，年末库存1.5万吨，产销率99.9%；生产尿素263万吨，年末库存2.33万吨，产销率99.6%。

（周　濛　呆明智）

**【价格走势】** 2004年石化产品市场呈现近年来少有的火爆局面，各产品平均价格较2003年上涨幅度较大，其中合成树脂价格平均上涨37.9%；合成橡胶平均上涨20%；合成纤维平均上涨20%；合纤原料及聚合物平均上涨33.4%。

1. 合成树脂

2004年初在国际市场价格上涨、市场资源总量变化不大的情况下，国内合成树脂价格呈现稳中有升的走势。进入2月份因高价位、社会库存偏高以及下游制品价格未能与合成树脂产品价格同步上涨，再加上华东、华南地区的电力紧张，使有效需求减弱，合成树脂市场呈回落之势。3月中旬后由于下游加工企业库存消耗和社会库存减少以及国际市场价格小幅回升的影响，合成树脂市场价格开始略有上涨。到4月下旬因加工业集中地区电力仍然紧张，并且塑料制品价格没有明显上涨，下游企业受原料成本较高的影响开工不足，成交放缓。“五一”节后乙烯和丙烯等原料价格平稳上涨，国际市场合成树脂产品价格较高，进口资源不足，国内大庆等企业陆续检修，供应量进一步减少，导致价格上涨幅度较大。8月底因下游加工企业对过高的原料成本承受能力有限，并且对后市价位回调抱有希望，市场成交低迷，价格大幅下挫。9月底合成树脂市场随着原油价格冲高逐步上扬。11月份以后原油价格逐渐走低，国际市场合成树脂价格下降，下游企业进入加工淡季，需求量相对前两个月有所下降，加上临近年底，贷款企业面临还款压力，影响购货量，市场开始回落。

2. 合成橡胶

2004年1月份国际市场苯乙烯、丁二烯价格大幅攀升，合成橡胶市场整体保持旺盛态势。进入2月份，由于苯乙烯价格大幅下挫，再加上下游企业受持续高成本和限电的制约，导致市场需求出现了明显萎缩，用户观望气氛浓厚，丁苯橡胶和顺丁橡胶市场价格自中旬开始均出现不同程度的下滑。3月中旬后由于前期社会库存已被消化，国内合成橡胶社会资源逐渐偏紧，同时受国际市场原料和成品价格的支撑，国内合成橡胶市场开始趋稳，部分品种和牌号的价格出现了一定程度的回升。4月份丁二烯、苯乙烯价格坚挺，供应紧张，对合成橡胶价格支撑作用明显，但是下游企业对长时间的高价位原料承受能力不足，抑制合成橡胶价格进一步上涨，市场成交量仍未有突破性放大。5月份受到天然胶期货价格以及运输因素的影响，顺丁胶市场低迷，需求不振，丁苯橡胶、SBS市场则保持稳定。到6月底由于丁二烯价格仍没有回调迹象，加上受齐鲁石化装置即将停车检修影响，价格上涨速度加快。7月份以后国际、国内苯乙烯价格大幅上涨，丁二烯价格坚挺，并且货源有限，主要生产企业停车检修，再加上轮胎、制鞋等下游企业需求比较旺盛，合成橡胶市场有较大幅度上涨。一直到11月底因合成橡胶价格高于天然橡胶价格，影响下游企业对合成橡胶的需求，橡胶类产品出口贸易摩擦加剧，生产企业进入季节性淡季等因素影响，价格快速下降。经生产企业采取多种措施，12月下旬合成橡胶市场开始稳定。

3. 合成纤维

2004年1月份国际市场合纤单体和聚合物上涨幅度较大，国内外资源紧张。棉价上涨，关税进一步降低，也使得下游企业和贸易商对后市看好，提前备料，化纤产品价格上涨。到了2月份以后，前阶段上涨很快的原料价格因下游承受能力有限出现回调，江浙地区限电，严重影响了纺织行业的开工率，化纤产品价格下降。3月下旬开始受原料价格上涨支撑和下游库存下降影响，价格开始上涨并趋于稳定。“五一”节后因下游需求有些疲软，使得实际成交价格有小幅阴跌，江浙地区的供电情况也随着夏季临近形势日趋严峻，资金紧缩又使得加工企业进货量不大，有效需求量难以有很大的提高而出现小幅下跌行情。6月份后半月由于国际、国内市场PTA、乙二醇价格开始稳定，并略有回升，涤纶市场止跌。腈纶下游纱价稳中有升，与腈纶产品价差趋于合理，国内腈纶市场稳步上扬。7月份后，由于国际、国内市场PTA、乙二醇价格开始上涨，涤纶市场出现小幅度上涨。但由于棉花价格下滑，聚酯原料价格又居高不下，下游需求不能充分体现，到10月末涤纶短纤价格下跌幅度平均在200元/吨左右。腈纶市场则在8月份后随着丙烯腈价格大幅上扬，且因吉林奇峰、安庆相继停车检修，导致腈纶货源偏紧，供不应求，腈纶价格稳步上扬。11月以后纺织加工业开始进入淡季，需求有所减弱；合纤原料价格又长时间居高不下，下游企业亏损严重，开工率逐渐降低，使得化纤产品价格回落。到年底随着聚酯原料价格趋稳，涤纶市场止跌，腈纶因下游企业外贸订单有所缩减，腈纶的需求量有所减弱而使市场进入下滑区间。

4. 合纤原料及聚合物

2004年1月份PTA、乙二醇市场价格快速上扬。2月份因下游聚酯和纺织企业开工不足，导致需求下降，PTA、乙二醇市场在月初达到高点后，全月呈下调行情。在经历3月初盘整后，由于乙烯和PX等原料价格坚挺，对合纤原料价格支撑作用明显，价格开始上扬。到4月中下旬，因下游不能承受过高的原料价格，开始缓慢回落。5月初PTA、乙二醇市场趋于稳定，但是由于资金因素以及下游聚酯企业对原料成本的承受能力限制，中旬后PTA出现下滑，乙二醇市场价格也向下微调。6月份由于下游聚酯切片行情不景气，聚酯原料市场率先出现疲软态势。7月、8月份受原料市场价格上扬支撑，国际、国内PTA和乙二醇均呈现平稳上扬态势。经过9月份波动走势后，10月份受原油价格上涨影响，国际、国内PTA和乙二醇均呈现上涨走势，到月底受下游需求不旺影响，价格有所回落。11月底受下游需求不旺影响，价格回落加快，直到年底市场又逐渐稳定。

已内酰胺市场2004年走出多年少有的上扬行情。1月份春节期间，下游企业需求因长假有所减少，价格略有下降。春节过后，受资源紧张和相关产品价格上涨影响，价格开始大幅上涨。2月份市场略有回落，其后在国际市场保持高价位和国内供应量偏紧的有利因素下，市场价格维持在较高水平。已内酰胺市场受国际市场价格持续上扬带动和国内供应量偏紧的影响，并且原料纯苯价格一再上扬，二、三季度价格一直处于上升通道，已内酰胺价格涨幅居各化工产品前列，直到11月下旬因纯苯价格下滑，从年初开始的上涨趋势停止，出现下跌。

年初聚酯切片受原料PTA、乙二醇价格大幅上涨影响，价格一路上扬，春节后因涤纶产品需求不足和PTA、乙二醇价格下行的影响，价格在2月初达到9 500—9 700元/吨后一路缓步下滑。3月中旬后在原料成本支撑和下游企业需求回升影响下，开始有所上涨。4月、5月份价格在上涨中趋于稳定。6月、7月聚酯切片下游需求明显不足，市场成交不旺，一直处于低迷态势，到7月下旬由于原料价格上涨的拉动，市场开始上扬。10月底开始因供应充足，棉花价格低迷等因素影响出现回落，直到12月底随着原料价格趋稳，市场才止跌回稳。

（周　濛　杲明智）

**【销售网络】** 2004年石化集团公司继续加强石化产品营销网络建设，理顺销售渠道，努力扩大产品直销率。2004年主要化工产品直销率为62.7%，同比提高2.7个百分点。其中合成树脂直销率为58.6%，同比提高5.6个百分点，合成树脂专用料直销率为68.3%，同比提高5.3个百分点；合成纤维直销率为56.4%，同比降低1.6个百分点，合成纤维中差别化纤维直销率为63.2%，同比提高10.2个百分点；合成橡胶直销率达到54%，同比提高11个百分点；合纤单体及聚合物直销率达到86.1%，同比提高1.1个百分点。

2004年实现网上交易量205.86万吨，交易金额191.11亿元，完成计划155亿元的123.3%。

（周　濛　杲明智）

# 对外贸易和技术经济合作

# 综　述

作为已经进入国际资本市场、逐步向国际化方向发展的中国石化，其对外贸易与对外技术经济合作发展的步伐正在不断加快，围绕建设具有国际竞争力的世界级一体化能源化工公司的发展目标，2004年中国石化的对外工作呈现出以下几个特点：

(1) 按照"集中管理，统一经营"的原则，对石化集团公司、石化股份公司及所属企事业单位的外贸体制进行改革。通过外贸体制改革实现统一外贸业务，统一外贸机构设置，统一资源配置，统一外贸队伍管理，统一营销和市场规划。

(2) 对外合资合作继续向全方位、宽领域、多层次展开。大型石化合资合作项目进展顺利、与战略投资者的合作全面展开、境内油气勘探开发和提高采收率的合作项目稳步推进、单项石油化工合资项目不断增加。

(3) 对外交往与交流、国际间高层互访等外事活动显著增加，进出口贸易额大幅增长，中国石化在国际、国内市场上的形象和影响力进一步提高。

# 对外贸易

**【经营业绩】** 2004年，石化集团公司对外贸易取得较大增长，实现外贸进出口总额252.99亿美元，同比增长53%。其中，进口总额235.90亿美元，同比增长70.77%；出口总额17.09亿美元，同比减少17.55%。

（陈大年）

**【外贸体制改革】** 2004年8月，石化集团公司党组决定，按照"集中管理，统一经营"的原则，对石化集团公司、石化股份公司及所属企事业单位外贸体制进行改革。通过外贸体制改革实现统一外贸业务，统一外贸机构设置，统一资源配置，统一外贸队伍管理，统一营销和市场规划。

外贸体制改革的主要内容是：取消炼化企业、销售企业、科研院所、设计工程建设单位及总部各专业公司、各部门代管的各类公司的外贸经营权，并撤销其外贸机构；各单位除原油和汽油、柴油、煤油以外的石油石化产品、燃料油、技术、设备材料、仪器仪表、"三剂"及备品配件等所有外贸业务全部由国际事业公司经营；油田企业的外贸体制暂不涉及；将现有的部分企业外贸机构改组成国际事业公司的办事处，由国际事业公司持有上海石化在金山联贸公司、燕山石化在燕山联贸公司的全部股权。

根据上述原则和主要内容，改革中涉及到的外贸业务必须由国际事业公司统一经营；涉及到的人员由国际事业公司负责接收；涉及到的资产(属石化股份公司分公司的外贸资产)划转国际事业公司，国际事业公司收购两家联贸公司的股权，其他与外贸业务密切相关的资产根据需要按资产性质，依照石化集团公司、石化股份公司相关规定收购或划转给国际事业公司。

根据外贸业务的需要，国际事业公司设置了扬子、金陵、南化、高桥、广州、茂名、齐鲁、仪征、南化厂、天津、重庆、中南、镇海、福建、江苏化工等办事处，收购燕山联贸公司、金山联贸公司的股权，接收人员约500多人。

（陈大年）

**【原油进口】** 2004年，石化集团公司进口原油7 338万吨，其中国营贸易6 883万吨，非国营贸易455万吨。

（陈大年）

**【成品油出口】** 2004年，石化集团公司完成成品油出口336万吨，其中汽油211万吨，航煤84万吨，柴油35万吨，润滑油等其他油品8万吨。中国石化已成为亚洲最大的成品油贸易商之一，成为香港机场航空煤油第二大供应商。此外，参与香港特区成品油零售(加油站)的投标工作，一举中标加油站5个，已正式投入运行2个，实现中国石化在境外开展成品油零售业务的历史性突破。

（陈大年）

**【先进技术和设备进口】** 2004年，石化集团公司以乙烯改造为重点进行技术引进和重大设备进口。石化集团公司坚持引进与消化、吸收、创新相结合，在引进先进技术的同时，努力减少投资，提高效益。确保了齐鲁乙烯、茂名乙烯、上海赛科乙烯、福建炼化一体化、海南炼油、西南成品油和甬沪宁原油管线等一批重大基建、技改项目顺利推进。国际事业公司经过两年多跟踪获得的巴西天然气长输管线项目，总投资10亿美元，是中国截至2004年底利用出口买方信贷获得的最大的EPC项目。在引进工作中，严格执行国家有关招投标的法律和法规，全年招标127项，中标金额3.69亿美元，同比增长1.9倍，节约费用6.7%。

2004年引进的主要技术和关键设备见表1。

（陈大年）

表 1 **2004 年中国石化引进的主要技术和关键设备**

| 项目名称 | 引进单位 | 引进内容 | 专利商/制造商 | 签约日期 |
|---|---|---|---|---|
| 福建炼化一体化 | 福建炼化股份公司 | 乙烯裂解、乙烯分离、聚乙烯、芳烃、POX 等 | 美国、英国、荷兰等公司 | 2004 年 10—12 月 |
| 乙烯改造 | 齐鲁股份公司 | 泵、压缩机、阀门、软件等 | 美国、日本、加拿大等公司 | 2004 年 1—8 月 |
| 炼油改造 | 湛江东兴公司 | DCS、ESD、阀门、分析仪器等 | 美国、日本、德国、法国等公司 | 2004 年 1—4 月 |
| 炼油改造 | 扬子石化股份公司 | 泵、DCS、分析仪器、流量计等 | 日本、美国、英国等公司 | 2004 年 2—3 月 |
| PTA、PX | 扬子石化股份公司 | 专利设备、反应器、离心机、加热器、泵软件等 | 美国、德国、韩国、日本、意大利等公司 | 2004 年 5—10 月 |
| 乙烯改造 | 茂名分公司 | 阀、挤压机、泵、反应器、软件等 | 美国、加拿大、德国、意大利等公司 | 2004 年 9—11 月 |
| 炼油改造 | 广州分公司 | 压缩机、泵、燃烧器、阀等 | 美国、加拿大、德国、日本、香港等公司 | 2004 年 4—12 月 |
| 炼油建设 | 青岛炼化公司 | CRCS、软件等 | 美国、荷兰等公司 | 2004 年 11—12 月 |
| 30 万吨 PP | 茂名分公司 | 泵、压缩机等 | 瑞士、西班牙 | 2004 年 12 月 |
| 化肥改造 | 湖北化肥分公司 | 过滤器、换热器、泵、阀、测量仪等 | 德国、美国、法国等公司 | 2004 年 3—9 月 |
| 化肥改造 | 安庆分公司 | 过滤器、换热器、泵、阀、测量仪等 | 德国、美国、法国等公司 | 2004 年 3—9 月 |
| 化肥改造 | 洞氮分公司 | 过滤器、换热器、泵、阀、测量仪等 | 德国、美国、法国等公司 | 2004 年 3—9 月 |
| 炼油加氢 | 金陵分公司 | 阀等 | 英国、意大利、日本等公司 | 2004 年 1—2 月 |
| PP1 | 北京燕山分公司 | 泵、减速机、阀、ESD 等 | 德国、法国、美国、加拿大、英国、荷兰等公司 | 2004 年 4—9 月 |

**【石化产品出口】** 2004 年，石化集团公司石化产品出口额 17.09 亿美元，同比下降 17.55%，主要是减少了成品油的出口数量。但其他产品出口均比 2003 年有不同程度的增长。其中，石蜡 19.2 万吨、化肥 2.96 万吨、催化剂 1 447 吨。

（陈大年）

**【单机与备品配件及材料进口】** 2004 年，石化集团公司进口单机、设备、机械、电器、仪表、备品配件、钢材、木材等合计金额 5.9 亿美元。化工品经营数量 31 万吨，合同金额 3.74 亿美元。按照外贸体制改革的要求，实现了化工品的集中统一对外。外贸体制改革后新增业务量 10.3 万吨、金额 1.04 亿美元。

（陈大年）

## 对外经济合作

**【境内油气勘探开发】** 2004 年，石化集团公司重点组织实施了与美国能源开发公司(EDC)合作的渤海湾埕岛西区块石油勘探、开发和生产项目，与马来西亚云顶石油公司合作的胜利桩西古潜山油田提高采收率项目，与美国BJ公司合作的胜利油田单井改造增产项目。埕岛西区块开发项目和桩西古潜山油田可采储量均有不同程度的增加，埕岛西生产平台被国家海洋局北海分局授予"北海区海洋石油勘探井发环境保护先进单位"荣誉称号。9月，壳牌、优尼科公司根据合同行使最终投资决定权利，退出了东海西湖天然气合作项目5个合同。

在境外，2004年已经实施、签署协议或中标的海外油气资源勘探开发投资项目总计30多个，获得权益油20多万吨。此外还有一批重点跟踪项目，为形成比较合理的勘探开发序列，保证"十一五"期间海外油气资源投资持续快速发展奠定了基础。

（邓瀚深）

**【天然气和液化天然气(LNG)】** 2004年，石化集团公司与中国燃气控股有限公司在天然气领域开展全面合作与技术交流，认购了中国燃气2.1亿股新股，占已发行总股本的11.87%，扩充后总股本的10.61%。9月，山东LNG项目正式获得国家发展改革委立项批复，相关的资源、项目建设前期工作已经展开。

（邓瀚深）

**【炼油化工】** 2004年，洞氮煤气化等合资项目工程建设施工进展顺利，齐鲁伊斯曼羰基合成衍生物、南化DSM已内酰胺等合资项目建成投产。设立了中国石化青岛炼油化工有限责任公司，目前正在进行合资合作洽谈的前期准备工作。上海赛科和扬巴两个大乙烯项目已经机械竣工。福建炼化一体化项目合资合同等商务谈判基本收口，正全面展开建设前期准备工作。天津大乙烯项目建议书已经获得国家正式批准。2004年还新设立了与韩国SK公司合资的上海高桥—SK溶剂有限公司等一批中外合资公司，一批新的炼油化工合资合作项目前期工作进展顺利。

2004年新设立合资公司见表2。

（邓瀚深）

**表2** **2004年新设立合资公司一览表**

| 合资企业名称 | 中外投资方 | 投资总额/亿元人民币 | 中外各方投资股比 | 投资方式 | 设立时间 |
|---|---|---|---|---|---|
| 中国石化壳牌(江苏)石油销售有限公司 | 中国石化、荷兰壳牌中国控股有限公司、壳牌(中国)有限公司 | 15.50 | 60:30:10 | 资　金 | 2004年7月 |
| 中国石化碧辟(浙江)石油有限公司 | 中国石化、BP环球投资有限公司 | 21.88 | 60:40 | 资　金 | 2004年9月 |
| 上海高桥—SK溶剂有限公司 | 中国石化、韩国SK株式会社 | 2.10 | 50:50 | 资　金 | 2004年7月 |

**【成品油零售】** 2004年，在国内设立了中国石化壳牌(江苏)石油销售有限公司、中国石化碧辟(浙江)石油有限公司，相关加油站纳入合资公司的工作正在进行。福建—埃克森美孚/沙特阿美成品油销售合资项目联合可行性研究报告已正式上报国家发展改革委核准，正在进行合资合同谈判。

境外成品油零售投资取得进展，2004年中标了香港政府招标的5座加油站用地项目，2座加油站已投入运营，其余3座加油站正在建设之中。

（邓瀚深）

**【海外工程技术服务】** 2004年，石化集团公司在海外从事石油石化工程技术服务的队伍达到100支，当年新签海外石油石化工程服务合同额4.3亿美元，完成2.5亿美元。业务主要涉及陆上和海上钻井工程、井下作业、地震资料采集处理、采油工程、炼厂改造工程、管道储运和工程设计施工。业务区域包括非洲、中东、中亚、南美、南亚和东南亚。

（邓瀚深）

**【海外油气勘探开发】** 2004年，石化集团公司加大了海外油气勘探开发工作力度，新项目开发取得了突破性进展。跟踪评价各类项目89个，在中东、非洲、中亚、南美和澳大利亚等地区和国家新开发成功了包括沙特 B 区块天然气风险勘探项目、苏丹 3/7 区块勘探开发项目部分权益转让、收购哈萨克斯坦 FIOC 公司(6 个区块)和中亚公司(2 个区块)的石油勘探开发项目等 21 个新项目，其中，已经进入实施阶段的项目 10 个，已签约即将进入实施阶段的项目 11 个。这些项目既有陆地项目也有海洋项目，既有风险勘探项目也有油田开发项目，既有担任独立作业者的项目，也有联合作业或参股项目。海外油气勘探开发项目的实施逐步展开，至 2004 年底，正在实施的项目 21 个，拥有权益石油剩余可采储量 2 993 万吨，当年获得权益油 21.66 万吨。特别是当年接手的哈萨克斯坦 FIOC 公司之 Sazankurak 油田生产运行平稳，原油日产量稳定在 470 吨左右，当年累计生产原油 19.09 万吨；在伊朗卡山实施的第一口预探井 Arn – 1 井于 2004 年 1 月 28 日测试获得了高产工业油气流，是继 20 世纪 50 年代中伊朗盆地发现萨拉金气田、阿尔布兹油田之后，40 多年来的首次突破性新发现，打破了卡山区块及整个伊朗盆地油气勘探多年徘徊不前的局面，展现了该区良好的油气勘探开发前景。

（丛培信）

## 国际科技交流与合作

**【国际科技合作】** 2004 年，在上游领域，与法国 Beicip-Franlab 公司合作开展碳酸盐岩缝洞型油藏地质模型和开发研究；与美国怀俄明大学能源研究所合作开展的尤因塔(Uinta)盆地野外露头研究与储层建模项目，合同按照计划执行；与美国科罗拉多矿业学院和得克萨斯农机大学等就油藏表征项目和数模项目的合作进展顺利，并探讨与得克萨斯农机大学成立联合中心；与英国帝国理工大学的合作，继合作出版英文期刊《地球物理与工程》(Journal of Geophysics and Engineering)之后，正在探讨共同成立油藏综合研究中心。

在炼油领域，与康菲公司合作推广 S – Zorb 技术取得重要进展；与 UOP 公司签订了对二甲苯吸附剂合作协议，采用中国石化自主开发的对二甲苯吸附剂在齐鲁分公司装置上应用成功；与 UOP 在芳烃技术上进行合作，向福建炼化一体化项目提供了联合技术；与润英联公司的润滑油及油田添加剂的科技合作项目，成立了 4 个小组，各小组提出了项目计划；与日本国际石油交流中心(JCCP)和新日本石油公司(NOC)就燕山糠醛精制先进控制可行性研究合作，开始进行优化方案研究。

在石化领域，与 ABB 鲁姆斯公司合作开发的大型 SL 裂解炉和乙烯分离工艺在茂名乙烯改造和福建一体化项目中得到采用。用 SL 型炉在齐鲁石化建设的 2 台裂解炉已经开车成功。与 ABB 鲁姆斯合作开发的新乙烯回收技术在天津建设的中试装置按照计划进行试验，装置所生产的 1 – 已烯产品纯度达到聚合级；与雪佛龙菲利普斯合作开发聚烯烃催化剂的项目继续推进。与安格公司签订了聚丙烯 N/LYNX 催化剂交叉营销协议。

（张宝幸　张宏炎）

**【技术出口】** 2004 年，技术出口、承担外方委托试验和催化剂、添加剂高技术产品出口共 10 多项，金额约为 1 835 万美元。

（张宝幸　张宏炎）

## 外事管理

**【世界 500 强排名】** 2004 年，外事局会同相关部门，及时提交《财富》世界 500 强企业的排名申报材料及数据。石化集团公司在美国《财富》杂志 2003 年度世界 500 强排名中位列第 54 位，为中国石化树立了世界级一体化能源化工公司的良好形象提高了影响力。

（宋尚涛）

**【高层国际间互访】** 2004 年，组织安排高层领导境外访问团组 46 个，出访 38 个国家和地区。如，为拓展非洲石油资源，陈同海总经理陪同胡锦涛主席出访加蓬共和国，签署了多项合同和协议；王基铭出访沙特阿拉伯，签署了《沙特鲁卜哈里盆地 B 区块天然气勘探开发项目中标协议》，意义重大，在世界能源领域引起了极大的反响。

精心安排组织接待好国外政府、跨国大公司高级代表团来访，2004 年共组织重大外事活动 360 场次。其中庆典活动、签字仪式共 15 场次；高层领导出席国际会议、国际展览 41 场次。接待国外政府、跨国公司高级代表团来访共计 108 场次，包括陈同海总经理会见沙特石油部长纳伊米先生、国际能源署署长克劳德·曼蒂尔先生、美国微软公司董事长比尔·盖茨先生，王基铭总裁会见埃尼集团董事长波利先生等。

（宋尚涛）

**【出国(境)团组的管理和服务】** 2004 年，全系统外事管理工作更趋规范、严谨，较好地保证了因公团组的派遣和出访任务的完成。全年共受理各类出国(境)团 1 808 个，9 765 人次；批准派出团组 1 800 个，9 747 人次，派出团组涉及 89 个国家和地区。

为全面实行出国(境)事务专办员制度，提高办理出国(境)事务效率，分5期对全系统各单位外事管理干部和出国(境)事务专办员190余人进行了培训。

(宋尚涛)

**【处理境外突发事件应急机制】** 面对近年来日趋严峻的国际安全形势，认真落实石化集团公司党组对外派人员安全要求的指示，做好外派人员管理和安全保障工作。2004年6月，下发建立处理境外突发事件应急机制的通知，并成立处理境外突发事件应急机制领导小组。外事局认真履行领导小组办公室职责，初步建立起石化集团公司总部与各派出单位、境外机构(队伍)，以及我驻外使领馆的通讯联络系统。

(宋尚涛)

**【境外机构的管理】** 根据石化集团公司党组要求及认真规划和加强境外机构建设的指示，外事局严格执行《境外机构管理暂行办法》，制定《关于石化集团公司、石化股份公司境外代表处整体规划布点方案》和《石化集团公司境外代表处财务管理规定》，16个境外代表处的布点方案将逐步实施。在已设立的中国石化香港、美国代表处基础上，2004年在阿联酋迪拜和伊朗德黑兰分别设立了中国石化中东代表处和伊朗代表处。并将依托国际事业公司和联合石化公司在德国、日本、新加坡和英国设立的公司申报并相应设立中国石化代表处事宜。

为储备和考核外派人才，会同石化集团公司人教部建立境外机构储备人才机制。按期完成2004年度境外投资联合年检和综合绩效评价工作，并受到商务部的肯定。随着“走出去”工作的开展，企业境外设立公司和项目部不断增加，全年审查并报批所属企业设立境外机构8个。

石化集团公司所属境外机构见表3。

(宋尚涛)

**【国际会议和国际展览】** 中国石化依靠自己的努力和自身的实力，有选择地积极参加国际能源领域一些重要的活动。2004年，承办和组织参加国际会议29个、国际展览9个，分别比2003年增加了123%和350%。

重要国际会议有：第八届国际过程系统工程会议、企业社会责任论坛、中国—蒙特尔能源圆桌会议、中国—也门油气与矿产资源合作专题交流研讨会、2004中国国际石油石化企业高峰论坛、世界石油大会首届青年论坛、第19届世界能源大会、博鳌亚洲能源论坛(伊朗)等重要国际会议。

重要国际展览有：2004中国(上海)加油加气新技术新设备国际展览会、中国国际石油石化展览会、世界石油大会青年论坛科技成果创新展示会、第六届化学工程和生物技术国际展览、哈萨克斯坦国际石油天然气展览会等。

(宋尚涛)

**【国外培训和外国专家管理】** 国外培训:为适应石化集团公司、石化股份公司国际化经营战略的发展需要,2004年共组织各类出国(境)培训团组54个,901人次,到国外企业、高校和科研院所进行各项专业技术培训和研修。

外国专家管理：2004年邀请来自美、德、日、英、意等22个国家和地区的544位专家，以及6名实习留学生，分别到石化集团公司所属企业从事技术交流、讲学、服务和工作，转办Z签证235人次。为做好“请进来”工作，组织邀请外国专家来中国石化进行“国际质量认证过程、组织机构及认证程序”等专题技术交流活动。

(宋尚涛)

**表3** 石化集团公司驻外机构

| 序号 | 名　称 | 地　址 | 电　话 | 传　真 |
|---|---|---|---|---|
| 1 | 中国石油化工集团公司驻迪拜代表处 | LOB 10，ROOM 113，JEBEL ALI FREE ZONE，DUBAI | 00971-4-8871158 | 00971-4-8871159 |
| 2 | 中国石油化工集团公司驻伊朗代表处 | 10TH FLOOR，BUKHAREST TOWER，9TH ST.，NO.30 AHMAD GHASIR AVE. TEHRAN 15137，THE ISLAMIC REPUBLIC OF IRAN | 0098-21-8729890-3 | 0098-21-8729901 |
| 3 | 中国石油化工股份有限公司驻香港代表处 | 香港湾仔港湾道一号会展广场办公大楼十二层 | 00852-28242638 | 00852-28243669 |

续表

| 序号 | 名　称 | 地　址 | 电　话 | 传　真 |
|---|---|---|---|---|
| 4 | 中国石油化工股份有限公司驻美国代表处 | 150 EAST 52ND ST，28TH FLOOR，NEWYORK，NY10022 | 001 – 212 – 759 – 5088 | 001 – 212 – 759 – 6882 |
| 5 | 中国石化国际事业有限公司驻日本国代表事务所 | 8F，MOTOMIYA BLDG，17HIGASHIMATSNSHITACHO KANDA，CHYODA – kuTOKYO JAPAN，101 – 0042 | 0081 – 3 – 3258 – 1836 | 0081 – 3 – 3258 – 1837 |
| 6 | 中国石化国际事业有限公司驻西欧代表处 | LYONERSTR 15 60528 FRANKFURT/M GERMANY | 0049 – 69 – 6690940 | 0049 – 69 – 66909422 |
| 7 | 实华(日本)株式会社 | 8F，MOTOMIYA BLDG，17HIGASHIMATSNSHITACHO KANDA，CHYODA – kuTOKYO JAPAN，101 – 0042 | 0081 – 3 – 3258 – 1836 | 0081 – 3 – 3258 – 1837 |
| 8 | 实华欧洲商业有限公司 | LYONERSTR 15 60528 FRANKFURT/M GERMANY | 0049 – 69 – 6690940 | 0049 69 – 66909422 |
| 9 | 中石化(香港)有限公司 | 香港湾仔港湾道一号会展广场办公大楼十二层 | 00852 – 28242638 | 00852 – 28243669 |
| 10 | 香港中石航有限公司 | 香港湾仔港湾道一号会展广场办公大楼十二层 | 00852 – 28242638 | 00852 – 28272885 |
| 11 | 中石化(美国)有限公司 | 150 EAST 52ND ST，28TH FLOOR，NEWYORK，NY10022 | 001 – 212 – 759 – 5085 | 001 – 212 – 759 – 6882 |
| 12 | 中石化(新加坡)有限公司 | 16 RAFFLES QUAY # 39 – 01 HONG LEONG BUILDING SINGAPORE 048581 | 0065 – 62203400 | 0065 – 62206711 |
| 13 | 实华(厄瓜多尔)有限公司 | TOMAS MARTINEZ 415 Y CORDOVA GUAYAQUIL – ECUADOR | 00593 – 42562866 | 00593 – 42566820 |
| 14 | 中石化冠德控股有限公司 | 香港铜锣湾威菲路 18 号万国宝通中心 1608 室 | 00852 – 25080228 | 00852 – 25086019 |

# 科研开发与管理

# 综　述

2004年，科技系统认真贯彻党的十六大精神，落实科学发展观，按照中国石化党组"要把科技创新作为结构调整的支撑和发展的动力"的总体要求，重点围绕构筑主业发展技术平台、深化科技体制改革和依法保护知识产权等工作，狠抓了落实，取得了良好的进展。

**一、10个"十条龙"项目完成攻关目标"出龙"，再创一个丰收年**

2004年共有10个"十条龙"项目完成攻关任务，获得工业化成果。其中，复杂断块油田提高采收率技术，形成了剩余油定量描述、复杂结构井挖潜和细分开采等配套技术，在胜利油田59个区块工业试验，覆盖地质储量3.8亿吨，提高采收率3.7个百分点，增加可采储量1 400万吨。塔河油田碳酸盐岩储层预测技术，建立了奥陶系碳酸盐岩缝洞型储层的定性识别方法，实现了对塔河油田4区奥陶系油藏缝洞单元的三维描述。溶脱组合工艺技术，装置实现了长周期运转，形成了一条新的重油加工技术路线，脱沥青油在缓和的条件下加氢处理，成为优质的催化裂化原料；脱油沥青造气和制氢，分别大幅度降低了化肥和制氢成本。灵活多效催化裂化(FDFCC)技术完成了工业试验，汽油烯烃降到27%(体积)，辛烷值(RON)提高2个单位，丙烯产率提高4.8个百分点。三釜流程聚酯技术，建成了15万吨/年装置，一次开车成功，各项技术指标达到设计要求。炼油厂节水减排技术开发成功，镇海炼化股份公司吨油耗新鲜水降为0.52吨(不含发电为0.37吨)，实现节水46%，吨油外排污水降至0.13吨，减少65%。

**二、19个技术攻关项目取得突破性进展**

2004年重大技术攻关项目进展顺利，有19个项目取得突破性进展。其中东部隐蔽油气藏勘探技术研究，总结出"相一势控藏"规律，实现了隐蔽油气藏的规律性勘探，2004年在济阳、惠民、东辛等新增探明储量4 300万吨。东部深层地质研究，在东营南坡深层首次发现孔店组烃源岩，开辟了新的勘探层系。塔河油田碳酸盐岩岩溶研究，深化了对加里东期、海西期岩溶作用的认识，指导塔河油区的勘探，新增含油面积380(千米)$^2$、探明加控制储量4亿吨，使塔河成为目前国内最大的海相油田。南方海相勘探研究，明确了古隆起控制油气运移指向、鲕滩和生物滩是天然气富集的有利场所，在川东北普光、毛坝构造带，取得重大勘探突破，探明天然气储量1 144亿米$^3$，成为目前国内最大的海相气田。复杂地表、复杂地质条件地震技术，开发了波动方程叠前偏移处理软件系统，成功应用于530(千米)$^2$以上三维资料的试处理，改善了成像精度。地质导向钻井技术，研制出正脉冲随钻测量技术(MWD)、自然伽玛和电阻率随钻测量仪器，形成了比较成熟的随钻测井综合解释技术。深井超深井钻井技术，建立了塔河油田厚盐膏层蠕动压力模型和预测方法，现场应用表明，蠕动速度预测精度达到95%以上。高温高盐油藏化学驱提高采收率技术，研制了新型聚合物交联剂，形成耐温抗盐性能好的驱油配方体系，在胜一区矿场实施，动用地质储量2.7亿吨，累计增油20万吨。

自主开发的对二甲苯(PX)吸附剂首次工业试验获得成功，产品的收率和纯度分别为96%和99.6%，达到世界先进水平。FH－DS柴油深度加氢脱硫催化剂在60万吨/年装置上成功应用，脱硫率99%以上，可生产含硫小于$10\times10^{-6}$的超低硫柴油，达到国际先进水平。乙烯成套技术，与鲁姆斯(Lummus)合作开发的10万吨/年SL－Ⅰ型裂解炉通过了国家验收。聚乙烯技术，开发出新的气相法淤浆进料催化剂，工业应用成功，性能达到引进催化剂的水平；完成了500吨/年1－己烯中试技术开发和5万吨/年1－己烯工艺包开发。聚丙烯技术，制备了新型聚丙烯催化剂，技术指标达到世界先进水平，已成功进行了工业试验；完成了首套30万吨/年聚丙烯装置工艺包开发。丁基橡胶技术，通过技术攻关，反应器的平均运转周期由原20多小时延长至80小时，达到国际先进水平，全年产量达3.76万吨，为设计值的125%以上。乙苯/苯乙烯技术，首套20万吨/年装置建成投产，装置运行平稳。己内酰胺成套技术，7万吨/年环己烷仿生催化氧化技术、7万吨/年环己酮氨肟化技术工业试验成功，甲苯法己内酰胺组合工艺技术攻关也取得突破性进展，可为装置扩能改造提供国产化先进技术。精对苯二甲酸(PTA)成套技术，80万吨/年工艺包已通过专家评审，技术经济指标达到国际先进水平，具备建设百万吨级大型工业装置的条件。

**三、组织技术推广，提升企业技术水平取得新成效**

2004年在科技成果推广应用、解决企业技术问题方面，取得了较好效果。

地球物理精细描述技术在鄂尔多斯北部气藏勘探中成功应用。结合鄂北地区的地质特点，应用和发展了地震属性提取、多参数储层反演、叠前叠后综合反演等技术，提高了隐蔽性气藏描述精度和勘探成功率，对砂体的识别精度由原来的20米提高至10米，在大牛地部署的11口探井有9口获工业气流。

多产异构烃的催化裂化新工艺(MIP)在多家企业成功推广应用。其中镇海炼化股份公司和九江分公司通过应用MIP技术,降低了汽油烯烃,将原调合汽油用的重整生成油用于生产高附加值的芳烃,加上增产的丙烯,为企业综合经济效益提高作出了贡献。

5项自主开发技术和2项合作开发技术中标福建炼化一体化合资项目。在与雪佛龙、IFP等国际著名公司的技术竞标中,中国石化自主开发的5项技术分别在400万吨/年加氢裂化—蜡油加氢、120万吨/年航煤加氢、280万吨/年柴油加氢、46万吨/年裂解汽油加氢和7万吨/年MTBE等装置中中标。与鲁姆斯合作开发的乙烯裂解炉技术中标80万吨/年乙烯装置、与UOP公司联手形成的组合芳烃技术中标70万吨/年PX装置。这些技术的中标,反映了一批自主开发技术的水平不断提高,已得到国外大公司的认可。

乙烯及聚烯烃技术在企业技术改造中推广应用,降低了投资。10万吨/年大型乙烯裂解炉又一次成功应用到齐鲁石化。冷凝技术成功应用于齐鲁石化聚乙烯装置扩能改造,生产能力由6万吨/年增加到10万吨/年。环管法聚丙烯技术应用于镇海炼化股份公司20万吨/年装置建设,一次开车成功。

积极解决生产技术问题,确保"安稳长满优"运转。针对镇海炼化股份公司PX联合装置抽余液塔因设计缺陷造成装置负荷仅为设计负荷的60%—70%,以及洛阳石化PTA装置扩能改造后醋酸回收塔能力不足、操作恶化、醋酸损失大等生产装置存在的重大问题,通过优选技术实施改造,圆满解决。如镇海PX装置进料负荷提高到110%,产品质量显著提高,效益明显。

**四、新产品开发和产品结构调整取得新进展**

成功开发出满足上海F1赛道用改性沥青,打破了壳牌和埃索沥青在该领域的垄断地位,使中国石化沥青品牌在市场上的知名度明显提高。开发了标致307轿车装车油、帕萨特轿车服务站用油、双峰PE 80级聚乙烯管材专用料、建筑用聚丙烯管材专用料、全消光聚酯切片等新产品。

2004年,石化集团公司聚乙烯、聚丙烯树脂专用料比例达到51.4%,同比增长3个百分点;合成纤维差别化率为44.8%,同比增长7.7个百分点。生产合成橡胶新产品28.5万吨,同比增长12.4%。生产高等级道路沥青185.8万吨,同比增长12.6%。生产高档润滑油49.2万吨,同比增长32.3%。新产品产量和所占比例均有较大幅度的增长。

**五、以ERP为主线的信息化建设呈现新亮点**

2004年企业资源计划(ERP)建设取得了较大进展,又有12家企业上线运行,在线企业已达23家。甬沪宁管输系统建成投用,开始利用信息系统编制原油管输计划。IC卡系统运行稳定,已有1.3万多座加油站完成改造,实现IC卡加油。二次物流优化系统在北京、上海等6省市上线运行,规范了成品油二次物流管理业务流程,优化了油品运力调配,实现了加油站自动补库,取得了明显的经济效益。MPIMS模型扩展应用于化工板块,实现了企业级炼化一体化资源优化,为总部原油资源的选择和优化配置提供了基础依据。油田高性能计算机扩充了神威64 P机群,发展了"网格存储"技术和虚拟现实系统。高桥分公司水星项目先进过程控制器投用率达到95%,产生了较好的经济效益。炼化企业生产调度优化(ORION)系统在长岭分公司试点成功,提高了生产方案安排的预见性。

**六、质量、标准化和计量工作进一步加强**

根据国家标准化委员会的授权,牵头完成了"全国石油产品和润滑剂标准化技术委员会"主要筹建工作。完成了《天然气工程安全技术规范》和《油田企业安全标准体系》的制修订工作,完成了汽油清净剂国家标准的起草和报批。全年抽检油田企业采购物资12类213个样品,合格率为85%,较上年提高11个百分点;抽检石油与石化产品9类261个样品,合格率为97%,较上年提高1个百分点。完成了科技信息系统炼化企业质量管理子系统的建设,实现了46家炼化企业从总部、企业到生产三级层面的质量统计、分析联网。

**七、科技体制改革工作深入进行**

按照《2004年深化科技体制改革工作要点》,又有天津石化等炼化企业进行了研究机构改革,到2004年底累计撤并了38个企业研究院所,被撤院所的职能转变、人员转岗工作已经到位。直属研究院全部退出与主业发展无关的研究领域。上海石油化工研究院与上海石化科技公司相关科技资源整合工作已经完成。催化剂业务重组及集中生产、销售经营管理的改革进展顺利,催化剂分公司已在2004年底揭牌,开始正式运行。

**八、知识产权保护工作得到初步加强**

为加强知识产权保护,于2004年3月下发了《关于规范对外技术转让行为加强知识产权保护的通知》,采取9项措施堵塞漏洞。制定并下发了《知识产权保护规定》、《技术涉密人员划级及补偿费发放管理办法》与《违反知识产权保护规定的处罚办法》。开展了依法查办知识产权流失事件工作,知识产权流失的问题得到初步遏制。

2004年度共申请国内专利987项,获得授权759

项，申请国外专利 111 项，获得授权 48 项，继续保持国内领先地位。同时，获 2004 年度国家科技进步一等奖 1 项、国家发明二等奖 1 项、国家科技进步二等奖 5 项。

2004 年的科技进步工作为东部隐蔽与深层油气田勘探、西部大型海相油气田勘探突破、油田采收率提高、自然递减和综合递减率降低、产量稳中有升提供了有力的技术支持；为炼化技术改造、结构调整、质量升级、产品附加值提高、降低成本、装置长周期满负荷运转提供了系列先进适用技术。

（卢衍波）

# 科技成果

**【概述】** 2004 年石化集团公司和石化股份公司共取得重大科技成果 364 项。授予石化集团公司科技进步奖的科技成果 121 项，其中一等奖 17 项、二等奖 30 项、三等奖 74 项；授予石化集团公司发明奖的科技成果 5 项，其中一等奖 1 项、二等奖 1 项、三等奖 3 项。这些获奖项目为石化集团公司和石化股份公司的技术进步、增加经济效益、提高市场竞争力作出了重要贡献。科技成果获奖名单见附录 1。

（马　燕）

**【宣汉—达县地区石炭系—三叠系油气地质综合研究与勘探目标优选】** 中国石化南方海相探区逐渐成为油气勘探重点区域。本项目对宣汉—达县地区石炭系—三叠系开展了油气地质综合研究与勘探目标优选，查明了宣汉—达县地区地腹构造以黄金口复背斜带为主体的 5 隆 5 凹北东(NE)向构造和以宣汉复向斜带为主体的 2 隆 2 凹北西(NW)向构造格局；落实和发现构造圈闭 38 个，其中发现飞仙关组构造—岩性复合圈闭 4 个。通过对石炭系黄龙组、二叠系长兴组生物礁、三叠系飞仙关组鲕滩气藏储层的成岩作用与孔隙演化的研究，总结了各层系储层岩性、物性及其分布特征，建立了三叠系飞仙关组及石炭系黄龙组的储层地质模式及地震识别模式。研究了本区石炭系黄龙组(C2hl)、二叠系长兴组(P2ch)、三叠系飞仙关组(T1f)的沉积相、成岩作用，探索了各储层发育的地质控制因素，确定了研究区边缘相带的分布范围，指出了台地边缘相区是上二叠统长兴组—下三叠统飞仙关组礁、滩储层发育的利相区。在地质研究基础上充分应用测井资料，对研究区上二叠统长兴组—下三叠统飞仙关组礁、滩储层，以及石炭系黄龙组储层进行了岩性识别。通过地震正、反演研究，在飞仙关组建立了渡口河型、铁山坡型和毛坝型 3 种储层类型，并进行了储层展布及分级预测评价。综合评价研究认为，宣汉—达县区块的东北部毛坝场—东岳寨北—清溪场一线以北是勘探构造—岩性复合圈闭气藏的重要地区。对区内 19 个重点圈闭进行了综合评价，提出了普光 1 井、毛坝 1 井、清溪 1 井、老君 1 井和大湾 1 井 5 个建议井位，并对勘探风险进行了分析。该项目获 2004 年度石化集团公司科技进步一等奖。

（王锡洲）

**【中国东部陆相盆地高精度层序地层与岩性油藏勘探】** 本项目从中国东部陆相盆地的具体特点出发，深入解剖了不同基于海相盆地层序地层学的理论基础，提出并实践了陆相断陷盆地高精度层序地层学的“V－C”分析方法；在沉积体系和可容空间分析的基础上，提出了“双面控砂”机理，建立了古地貌为基础的砂体预测模型；通过深入分析控制因素，提出了岩性油藏发育和分布的三元控制观点及相似性原理。形成和建立了基于高精度层序地层学的岩性油藏勘探工作方法和基本流程，优化和完善了岩性油藏勘探的地球物理技术序列，对岩性油藏的勘探工作具有明显的可操作性和指导作用，并通过实践见到了明显的成效。

研究成果及时地运用到了岩性油藏的勘探部署之中，有效地指导了研究地区的岩性油藏勘探工作，在中国石化东部主要油区设计和钻探下第三系隐蔽油藏为主的探井 163 口。探井成功率达 72.2%，比立项以前提高了近 10 个百分点。同时，研究期间发现岩性圈闭 350 余个，累计申报三级石油地质储量 1.6 亿吨；在惠民凹陷发现和建成了江家店油田，取得了惠民凹陷基山砂岩、东营凹陷牛庄洼陷、泌阳凹陷安棚地区、高邮凹陷联盟庄等地区岩性油藏的重大发现和重要进展；发现并落实了博兴洼陷大芦湖地区沙三段等 23 个千万吨级的岩性油藏重点勘探区带，预测岩性型资源量超过 12 亿吨，近期可以发现的资源量在 2.5 亿吨以上。该项目获 2004 年度石化集团公司科技进步一等奖。

（王锡洲）

**【正电钻井液体系研究及在保护油气层中的应用】** 本项目成功研制了可应用于油气田钻井和完井施工作业中的新型的钻井液体系，具有极好的应用性能和油气层保护效果。完成了“正电钻井液体系研究及在保护油气层中的应用”成果报告；完成了“正电钻井液体系研究及在保护油气层中的应用”现场施工规范和作业指导书；完成了“阳离子降滤失剂研究”成果报告；获国家发明专利 2 项和国际发明专利 1 项；完成了 15

口井现场试验并取得良好的试验效果。该项目获2004年度石化集团公司科技进步一等奖。

（王锡洲）

**【胜利油田高含水复杂非均质油藏剩余油富集区精细描述方法研究】** 本项目主要研究油藏精细地质模型建立和剩余油富集区定量描述。提出了复杂非均质油藏高含水阶段剩余油富集区受油藏分割性控制，建立了断层、夹层、物性、水动力等4种油藏分割模式，并通过对各种技术的集成揭示了油藏分割性与剩余油富集区的关系，形成了低级序断层识别、夹层预测等油藏分割性预测技术。提出了储层优势通道概念，揭示了储层优势通道的宏观动态、静态及微观特征，阐明了优势通道形成机理，应用渗流力学理论及试井、油藏工程等方法综合描述和预测储层优势通道，初步形成储层优势通道预测技术；提出了分割性模型约束的油藏数值模拟方法，形成了计算机一体化、定量化、动态化的剩余油富集区精细描述技术。针对断层分割、夹层分割、物性分割、水动力分割等4种油藏分割模式形成了不同剩余油富集区情况，形成了复杂结构井技术、细分开发技术、堵驱优化技术等不同的剩余油挖潜配套技术。利用新技术在孤东、孤岛等5个采油厂30个开发单元开展了大规模推广应用，覆盖地质储量4.68亿吨，目前已累计增油248万吨，增加可采储量1 195万吨，提高采收率2.55%。该项目获2004年度石化集团公司科技进步一等奖。

（王锡洲）

**【胜利中高渗整装油田韵律层挖潜技术研究与应用】** 本项目形成了厚油层内韵律层细分及夹层精细描述技术，并阐明了整装油田夹层分布特征及对剩余油分布的影响；形成了韵律层细分描述技术；开展了剩余油分布规律研究，提出了整装油田特高含水期剩余油潜力在韵律层、非主力层和小砂体薄油层；建立了正韵律厚油层水平井挖潜的技术政策界限，形成了正韵律厚油层顶部剩余油挖潜的主导技术；确立了以韵律层细分调整挖潜为主的技术对策，建立了韵律层细分调整技术政策，形成了厚油层细分韵律层挖潜剩余油的主导技术；开展了多层砂岩油藏井网重组技术的研究与应用，提出了多层砂岩油藏井网重组的概念及开发技术政策，指出了特高含水期多层砂岩油藏剩余油挖潜的方向。该项目获2004年度石化集团公司科技进步一等奖。

（王锡洲）

**【溶剂脱沥青—脱油沥青气化—脱沥青油加氢进催化组合工艺】** 该项目是由镇海炼化股份公司、石油化工科学研究院、抚顺石油化工研究院共同承担的。该组合工艺包括：溶剂脱沥青装置以减压渣油为原料，产出的脱油沥青(DOA)作化肥气化炉原料，脱沥青油作蜡油加氢原料，精制后进催化装置加工。技术特点是通过优选溶剂形成低成本溶剂脱沥青技术；通过添加廉价调合物、改进气化炉喷嘴、优化气化工艺等措施解决了高黏度脱油沥青输送及在低于280℃下进气化炉雾化等关键技术；通过添加廉价物实现炭黑低能耗脱水并进循环流化床(CFB)锅炉利用；通过催化剂改进及装填级配技术及工艺条件优化，形成了含硫蜡油、焦化蜡油和脱沥青油混合油加氢精制技术。该组合工艺属国内首创。在镇海炼化股份公司的工业应用结果表明，溶剂脱沥青装置脱沥青油收率达54%，金属脱除率达到90%以上；气化炉原料改用DOA后，气化炉可正常运行。通过气化炉原料劣质化，有效降低了化肥生产成本，并提供了廉价的氢气，从而为企业创造了显著的经济效益。该项目获2004年度石化集团公司科技进步一等奖。

（杨　哲）

**【渣油加氢处理(RHT)技术的开发与应用】** 由石油化工科学研究院开发的RHT技术系列专用催化剂选择了合适的载体及金属组元，主剂采用了独特的蝶形设计，催化剂具有扩散距离短、强度好、床层空隙率高等优点。催化剂之间级配合理，脱硫、脱金属活性高，容金属能力强，稳定性好，保证了装置长周期稳定运转。在齐鲁分公司150万吨/年UFR－VRDS装置的运行结果表明，末期标定脱硫率为69%、脱氮率为35%、脱残炭率为35%、脱金属率为59%，加氢后渣油满足重油催化进料要求。该项目获2004年度石化集团公司科技进步一等奖。

（郭　群）

**【FF－16高活性加氢裂化预处理催化剂的开发和工业应用】** 由抚顺石油化工研究院开发的FF－16高活性加氢裂化预处理催化剂，通过采用性能优异的氧化铝载体，添加有效助剂，优化制备工艺等手段，大大提高了催化剂的活性和稳定性。在上海石化股份公司150万吨/年加氢裂化装置精制段上的工业应用结果表明：在高分压力14.0兆帕、体积空速1.14时$^{-1}$、平均反应温度353℃等条件下，加工减压瓦斯油(VGO)与焦化瓦斯油(CGO)混合原料(硫含量1.49%、氮含量$705\times10^{-6}$、终馏点529℃)，生成油氮含量$7.1\times10^{-6}$(脱氮率99.25%)，其脱氮活性明显高于装置上原使用的3996催化剂，达到国际领先水平。该项目获2004年度石化集团公司科技进步一等奖。

（刘冀一）

**【FH-DS柴油深度加氢脱硫催化剂的研制及工业应用】** 由抚顺石油化工研究院开发的FH-DS柴油深度加氢脱硫催化剂，以硫酸铝—偏铝酸钠法制备的改性氧化铝为载体，采用浸渍法负载W-Mo-Ni-Co活性组分。通过在氧化铝制备中添加助剂调节载体表面酸性、活性组元合理匹配等措施，使催化剂具有加氢脱硫和加氢脱氮活性高、精制油品安定性好等特点。采用FH-DS催化剂，在高分压力6.5兆帕、体积空速1.7时$^{-1}$、平均反应温度355℃等条件下，加工催化柴油与焦化柴油混合原料（硫含量2.38%、95%点360℃），可以生产硫含量小于$300\times10^{-6}$的清洁柴油（脱硫率98.7%）；在高分压力6.5兆帕、体积空速1.2时$^{-1}$、平均反应温度355℃等条件下，加工直馏柴油（硫含量0.98%、95%点344℃），可以生产硫含量$5\times10^{-6}$左右的超低硫柴油。该项目获2004年度石化集团公司科技进步一等奖。

（郭　群）

**【灵活多效催化裂化工艺技术开发和工业应用】** 由洛阳工程公司等单位开发的灵活多效催化裂化工艺（FDFCC），技术特点是在催化裂化装置设重油和汽油两根提升管反应器，分别处理劣质重油和汽油，使之在各自最优化的条件下进行单独加工改质，在降低汽油烯烃的同时可以提高丙烯的产率，不会对重油催化裂化反应器带来任何不利影响。在长岭分公司105万吨/年催化裂化装置上的应用结果表明，使用FDFCC工艺技术后，汽油提升管出口汽油烯烃降低至16%以下，辛烷值提高了2—3个单位，丙烯产率8.16%，提高了4.81个百分点。该项目获2004年度石化集团公司科技进步一等奖。

（杨　哲）

**【20万吨/年第二代环管聚丙烯成套技术开发】** 本项目开发了具有自主知识产权的新一代聚丙烯催化剂，完成了20万吨/年具有高聚合温度和聚合压力的第二代环管聚丙烯装置成套技术工艺包的开发，首次开发了大型化的气相共聚合技术，完成了工业示范装置的成套工程设计。

本项目在新型催化剂开发、聚合反应工艺、氢气分离系统的设计和预聚合工艺方面均有所创新。催化剂技术开发方面，形成系列化高性能催化剂，可用于各种牌号的生产。完成了新型内给电子体聚丙烯催化剂小试和中试技术研究，并进行了应用试验。催化剂主要性能属国际先进水平，已申请了多项国内外发明专利。产品牌号开发方面，中试装置已经开发出一系列新产品，完成了8个特殊性能聚丙烯牌号的小试和中试技术开发，其中2个牌号进行了工业化生产，产品的各项性能指标与国际同类产品相当。设计方面，首次成功解决了串联双环管反应器和气相流化床组合的工艺设计和设备设计，自主开发了气相共聚聚合釜设计技术，经过工业示范装置的检验，证明所有计算和设计很成功。

工艺技术与国内同类装置相比，有很多重大改进和创新，主要包括改进催化剂配制及预聚合技术、提高环管反应器的操作和设计条件、开发独特的氢气分离和循环系统、开发设计气相共聚反应系统、设计纯添加剂加入技术等。以上改进和创新的应用，使本成套技术能够生产很宽分子量分布的双峰产品、高熔融指数产品、高刚性产品、抗冲击性和刚性综合性能优异的抗冲共聚物。

采用该成套技术建成的上海石化20万吨/年聚丙烯工业化生产装置，于2002年2月开车一次成功，并实现了长周期稳定运行。考核结果表明，装置的生产能力、能耗、物耗和产品质量等技术指标全部达到设计要求。镇海炼化20万吨/年聚丙烯装置也采用本成套技术，于2004年1月投料开车。在此基础上，开发了30万吨/年聚丙烯技术，即将在茂名石化乙烯改造项目中应用。

该成套技术单线生产能力大、操作弹性大、设备国产化率高，有利于降低投资，采用国产催化剂有利于降低成本。经济效益和社会效益显著，市场推广前景广阔。该项目获2004年度石化集团公司科技进步一等奖。

（王玉庆）

**【乙烯装置长周期运行技术】** 为实现乙烯装置的长周期稳定运行，茂名石化组织了专题技术攻关，主要采用了在线反吹、“波动”除垢、高效阻垢剂、在线检测与专家诊断和带压接管等多项先进技术，解决了裂解炉对流段超温、急冷油塔和裂解气压缩机结垢、碳二加氢反应器稳定性等影响长周期运行的多个技术难题，取得非常显著的效果。茂名乙烯装置从1999年2月以来，已连续平稳运行近70个月，并继续保持高负荷稳定运转。装置连续运行周期属国内领先，达到国际先进水平，各项技术经济指标处于同行业先进水平。

采用自有技术改造了燃烧器和保安系统，采用先进技术很好地解决了裂解气压缩机结垢问题，采用新型阻垢剂并使用"在线反吹技术"和"淹塔法"等技术解决了碱洗塔、脱丙烷塔等主要塔器的结垢问题，对裂解气干燥器系统进行技术改造、应用在线监测和专家诊断系统等。其中，多项技术在国内为首次应用。按国内乙烯装置平均运行 24 个月、检修周期平均 35 天计算，茂名石化乙烯已连续运行了 70 个月，节约检修费用约 6 亿元，增加效益 3.2 亿元。该项目获 2004 年度石化集团公司科技进步一等奖。

（王玉庆）

**【燕山石化丁基橡胶装置技术攻关】** 本项目针对燕山石化 3 万吨/年丁基橡胶装置存在的问题，开展了一系列的技术攻关。经过小试、模试和工业试验，找出了聚合釜中胶团产生的原因，开发出了具有自主知识产权的丁基橡胶聚合新工艺，解决了产生胶团的问题，大幅度延长了反应器的运转周期；在大量条件试验的基础上，优化了氯甲烷精制工艺、引发体系配制工艺、聚合工艺及产品后处理工艺，解决了产品门尼黏度波动大、降解、变色和不饱和度低等质量问题。形成了多项具有创新性的专有技术；研究并改进了不饱和度的分析方法；优化了氯甲烷干燥塔干燥流程，从根本上解决了干燥塔切换带来的氯甲烷水值波动问题；优化了反应器清洗工艺，提高了清洗质量，减少了因挂胶严重造成的反应器停车现象；优化了聚合反应引发方式和引发条件，解决了聚合反应引发期间超温问题；优化了引发剂进料工艺，解决了引发剂进料口堵塞问题；优化了聚合反应工艺条件，大幅度提高了装置的生产能力。

通过技术攻关，解决了产品降解及变色、溢流管堵塞、反应器连续运转周期短等问题，大幅度提升了丁基橡胶装置的生产技术水平，提高了该装置生产运行的稳定性，产品的全项合格率达到 98%，优于设计指标；综合能耗优于设计指标；反应器连续运转周期从攻关前的 30 小时提高到攻关后的 82 小时，远大于 60 小时的设计值；丁基橡胶产量得到大幅度提高，年产量从 2000 年的 6 649 吨提高到 2004 年的 3.76 万吨，2004 年 9 月底，该装置已通过达标评定。

丁基橡胶装置在攻关前处于亏损状态，2002 年亏损 4 709.33 万元；攻关后实现盈利，2004 年利润超过 6 000 万元。该项目获 2004 年度石化集团公司科技进步一等奖。

（王玉庆）

**【抽提蒸馏分离芳烃新工艺的开发及工业应用】** 本项目通过系统的相平衡研究、流程设计、中型试验、工艺包开发、工程设计等一系列研究工作，开发成功了 N－甲酰基吗啉（NFM）抽提蒸馏分离苯和甲苯成套新工艺。该工艺具有产品回收率高、能耗低、无设备腐蚀等显著优点，特别适合加氢裂解汽油的苯/甲苯抽提。该工艺在燕山石化化工一厂芳烃抽提装置 10 万吨/年扩建至 20 万吨/年改造项目中首次工业应用，装置开车一次成功，各项技术指标均达到或超过国外同类技术。

NFM 抽提蒸馏分离芳烃相平衡数据包及全流程模拟系统，从热力学相平衡研究入手，通过系统的实验测定和模型筛选，建立了可靠的相平衡数据包及全流程模拟系统。工艺流程方面，采用过程模拟系统对工艺进行了深入研究，提出了新的工艺流程，并获得一项中国专利；提出了抽提蒸馏（ED）塔灵敏板温度控制方法，确定了灵敏板的部位和温度值，保证了芳烃的质量和高回收率。

本项目的应用，节约一次性投资 1 200 万元，增加效益达 1 606 万元/年。2002—2003 年合计新增苯产量 4.65 万吨，新增利润合计 4 549 万元，总的效益超过 6 000 万元。装置无水操作，无污水排放，避免了腐蚀，对环保有利。该项目获 2004 年度石化集团公司科技进步一等奖。

（王玉庆）

**【万吨级树脂法双酚 A 成套技术】** 1991 年，中国石化组织天津石化技术开发中心承担国家"八五"重点攻关项目"聚碳级双酚 A 技术开发"。1993 年完成 10 吨/年模试，并通过鉴定验收。

1994 年，天津大学在中试技术的基础上，建成了万吨级双酚 A 生产装置，但在开车后未能打通流程，暴露出一系列严重的工艺、工程问题。1996 年，中国石化科技开发部成立了技术攻关领导小组，组织天津大学、北京燕山石化设计开发公司和双孚公司进行联合攻关。经过 6 次技术改进后实现了装置满负荷长期连续稳定运行，截至 2004 年底，已生产双酚 A 产品近 2 万吨，产品质量稳定，产品纯度 99.95%，色度 10APHA，酚含量低于 $20 \times 10^{-6}$，各项工艺指标、物耗指标达到设计值，产品指标达到聚碳级。

中国石化双酚 A 技术创新点，一是催化气提反应工艺，缩合反应丙酮的单程转化率高，生成双酚 A 的选择性好；二是采用独特的工艺流程，主流程只需进行一级加合物结晶即可获得高品质双酚 A 所需要的加合物晶体，母液回收单元进行的加合物结晶，其负荷仅为主流程的 40%；三是液相脱酚技术，流程易于操作，关键设备造价低，运转可靠，保证装置能生产出高品质的双酚 A 产品；四是独特的母液回收流程，有效地降低了装置的焦油排放量，物料消耗指标达到国际先进水平；五是采用自主开发的强酸性阳离子交换树脂催化剂。

2003年9月29日，万吨级树脂法双酚A成套技术通过了中国石化组织的技术鉴定。该项目获国内外授权专利14项，国外授权专利5项，覆盖了整个工艺，并具有多项专有技术，形成了具有完全自主知识产权的成套双酚A生产新技术。该项目获2004年度石化集团公司科技进步一等奖。

（王玉庆）

**【中国石化成品油销售业务管理信息系统的开发】** 该系统主要包括业务子系统和统计子系统，涉及省公司业务管理、地市公司进货管理、销售管理、油库验票、油库实物保管、零售管理、综合查询分析、系统维护、业务统计、语音报数等10个功能模块。

该系统围绕着成品油销售整个业务环节的各个过程，集商流、物流、资金流、信息流服务为一体，设计思想先进，功能全面，实现了成品油购进、销售、库存、价格的统一和规范管理，实现了价量控制，堵塞了管理漏洞，防止了效益流失；同时为各级管理部门提供了及时、准确的进、销、存、价等业务信息，提高了成品油销售企业的经营管理水平。

该系统采用中国石化标准代码、数据集中的设计方案、VPN通讯技术、EXCEL兼容报表控件、代码下载、软件自动在线升级、网络断线重联、按人员岗位的权限控制、电话语音报数技术、票据灵活打印、标准数据接口等先进技术手段，保证了数据的一致性和及时性，保障了系统的安全与稳定运行。

目前，成品油销售业务管理信息系统的业务子系统已经在山西、山东、上海、浙江、福建、河南、安徽、江西、湖南、广东、云南、贵州、海南、深圳等石油分公司以及龙禹公司等15个单位全面推广，系统覆盖范围有15个省市、205个地市、1 290个县、424座油库、736个开票点、万余座加油站，提高了各级单位经营管理水平。统计子系统在油品销售事业部、4个大区、20个省市、3个区外公司以及龙禹、中国石化长江燃料有限公司全面使用，为各级领导经营决策提供依据。系统的运行已经取得了良好的经济效益和社会效益。该项目获2004年度石化集团公司科技进步一等奖。

（徐　青）

**【新型催化氧化材料钛硅分子筛（HTS）的研制开发】** 该项目属催化新材料领域，为1996年石化集团公司科技开发项目，由石油化工科学研究院和湖南建长石化股份有限公司共同承担，于2002年6月4日通过石化股份公司的技术鉴定。研究采用均匀实验设计理论和状态函数概念，构造配方模型，用于HTS合成；采用分步法水解硅钛酯，控制晶核形成速度，增加活性中心；采用重排工艺减少硅钛羟基，增多四配位钛，并产生空心结构，加快了反应的内扩散速度，形成新型物性结构钛硅分子筛HTS。并解决了分子筛活性低和重复性差的问题，使产品在具有良好催化氧化性能的同时兼具优异择形效果。这种空心结构钛硅分子筛催化剂属世界首创，处于国际先进水平，具有自主知识产权，已申请7项中国发明专利（6项授权，1项公开），申请3项国外产品发明专利（1项美国授权，欧洲和日本各公开1项）。

HTS的工业制备过程无特殊环保要求，产品活性高，质量稳定，适宜多种有机物采用低浓度双氧水作氧化剂，在温和条件下（常压、95℃以下）进行催化氧化，极大地简化了传统氧化工艺过程，目的产物收率高，选择性好，环境友好无污染，可实现绿色化学工业生产。

工业生产的HTS，苯酚羟基化活性比常规钛硅分子筛TS-1高2—4倍，反应诱导期短50%；苯乙烯氧化转化率大于90%，选择性大于98%；丙烯环氧化转化率大于98.2%，选择性大于90%；在巴陵分公司鹰山石化7万吨/年工业装置进行环己酮氨氧化，连续运行6 000小时，转化率大于99.5%，选择性大于99.5%，为开发催化氧化绿色生产成套技术奠定了基础。2004年生产9.8吨HTS，产值755万元，具有良好的经济效益和社会效益。该项目获2004年度石化集团公司技术发明一等奖。

（原　玲）

**【纳米级橡胶颗粒/聚酰胺超韧合金的制备技术】** 本项目的技术创新点，一是采用新型增韧剂和复合改性技术，得到了综合性能良好的增韧尼龙，研究成果具有重大的理论创新性；二是采用具有自主知识产权的纳米级粉末橡胶新型增韧剂对尼龙进行改性，取得了很好的增韧效果，所研制的增韧尼龙在韧性大大提高的同时，刚性和耐热性变化较小，此技术具有原创性，不同于国内常用的接枝弹性体增韧技术；三是采用纳米级粉末橡胶和弹性体复合改性技术，使增韧尼龙在性能提高的同时，其制备成本有所降低。本项目所研制的产品同时具有高水平的韧性、刚性和耐热性，其性能指标已达到国际领先水平，具有重大的创新性，已申请了6项发明专利，有3项授权，其中有一项美国发明专利获得授权。

本项目产品生产工艺简单，综合性能优良，生产成本低，初步的工业化应用已产生了1 000余万元的经济效益，并且逐步得到高端产品客户的认可，在汽车、电器、运动器材、办公设备等领域具有广阔的应用前景。该项目获 2004 年度石化集团公司技术发明二等奖。

（王玉庆）

## 新产品开发和产品结构调整

【概述】 2004 年石化集团公司三大合成材料、高等级道路沥青及高档润滑油等新产品开发、生产和销售都取得了显著的成绩，超额完成了产品结构调整计划，新产品开发和产品结构调整工作又跨上了一个新台阶。

1. 圆满完成了 2004 年产品结构调整计划

石化集团公司 2004 年所属企业共完成总量为 648.6 万吨的新产品。生产合成树脂（聚乙烯、聚丙烯）专用料 308.8 万吨，同比增长 32.9 万吨，增幅 11.9%，完成了专用料年计划产量的 109.1%，专用料比例为 51.4%，同比提高 3 个百分点（其中石化股份公司 289.4 万吨，专用料比例为 56.4%）；差别化纤维 76.3 万吨，同比增长 10 万吨，增幅 15.1%，合成纤维的差别化率为 44.8%，同比增长 7.7 个百分点；合成橡胶新产品 28.5 万吨，新产品比例为 36.5%，完成年度计划产量的 114.2%；高等级道路沥青总产量为 185.8 万吨，同比增长 20.8 万吨，增幅 12.6%；高档润滑油产量 49.2 万吨，同比增长 12 万吨，增幅 32.3%。

2. 三大合成材料的新产品开发取得显著进展

2004 年石化集团公司在三大合成材料的开发与推广方面取得了显著成绩，其中管材专用料、水刺专用涤纶短纤维等新产品开发工作成效尤为突出。

合成树脂专用料开发方面，石化集团公司重点加大了管材专用料的开发生产工作力度，并取得了优异成绩。如燕山石化的燃气管专用料 6380 M 的研制与开发工作进展顺利，通过了聚乙烯（PE）管材的耐慢速裂纹增长试验、PE 管材的耐快速裂纹扩展（RCP）试验和耐气体组分试验等。2004 年产量达到 1.04 万吨，较普通高密度聚乙烯（HDPE）燃气管材料多创利润近 400 多万元。聚丙烯（PP）管材专用料 PPR 4220 通过了 GB/T 18252 规定的 4 个温度下长期静液压强度试验，是国内第一个通过国家建材测试中心认证的产品。2004 年生产 3.1 万吨，较普通 PP 管材料增效 3 400 万元，已成为继洗衣机专用料、高速双向拉伸聚丙烯（BOPP）专用料之后的又一主要专用料产品。

扬子石化 2004 年在合成树脂专用料开发推广上下了较大功夫，取得了突破性的进展，合成树脂专用料生产总量和比例均有大幅度提高。在产品结构调整方面，加大了自主开发专用料新牌号的力度，提升了合成树脂产品的档次。2004 年共开发生产了 29 个牌号的专用料 38.1 万吨，比 2003 年增产 13.9 万吨，专用料比例达 41%，同比提高了 12 个百分点。在新产品开发方面，通过研产销之间的良好互动，全年顺利完成 10 个专用料新产品的开发工作，比 2003 年增加了 6 个新牌号。聚乙烯专用料方面，开发了中空容器料 5301B、注塑料 5306J、管材料 YEM 4803T、中密度滚塑料 YLM 3405、包装膜料 YLF 1801、微地膜料 YLF 1802 等；聚丙烯专用料方面，开发了管材料 R－180、高融熔指数无纺布专用料 S 2040、新型抗黄变抗老化牌号 YPJD 803、汽车保险杠高档专用料 K 9015 等。依据试产销售，R 180 比普通料每吨价格高出近 1 000 元，2004 年累计新增利润达 4 000 多万元。

齐鲁石化针对市场需求，主打开发推广了 5 个牌号的专用料新产品，包括低密度聚乙烯（LDPE）动力电缆料 QLT 17、大口径双壁波纹管料 QHE 16、透明注塑料 EP2X32G 等。为使新产品迅速占领市场，齐鲁石化针对生产装置专门开展了专用料新产品市场调研工作，如针对高流动性抗冲共聚聚丙烯专用料、透明聚丙烯专用料、高密度聚乙烯燃气管料、给水管料、大口径波纹管料、低密度聚乙烯电力电缆料、高性能拉伸缠绕膜料等 10 余个品种专用料分别进行了调研。齐鲁石化根据调研所获的市场信息，结合装置特点制定出新牌号专用料的开发生产计划，从而适应了下游制品多样化、高档化发展的趋势，使 2004 年新推出的产品性能更具竞争力，并实现批量化生产。例如开发的动力电缆专用料基本性能达到了国内外同类名牌树脂的水平，为此齐鲁石化专门对装置进行了技术改造，包括脱气风机的入口过滤器、包装料仓的反吹风管及包装线等。2004 年动力电缆专用料累计已生产一千余吨，增效 230 万元。

差别化纤维开发生产方面，2004 年石化集团公司针对市场需求重点开发了 60 个规格品种的差别化纤维，获得市场的认可，取得了较好的经济效益。

2004 年仪征化纤股份公司面对严峻的市场形势，利用自身技术优势，加强科研与产品开发力度，扩大差别化产品生产，规避常规产品风险，取得了一定的成绩。全年开发新产品 14 个，生产销售近 3.3 万吨，获毛利 3 600 万元。其中已成功开发的替代进口膜级切片 FG 601、FG 602 系列产品，其拉膜速度可以由 260 米/分提高到 350 米/分以上，全年累计生产销售膜级切片近 6 000 吨，获毛利 960 万元；强度高、伸长大、干热收缩率低的油毡基布专用聚酯中长纤维，全年累计生产销售 1.29 万吨，获毛利 1 830 万元；

1.56分特(dtex)水刺专用涤纶短纤维产品已经成为国内水刺生产公认的最好原料，绝大多数生产聚氨酯(PU)基布的企业均使用此种专用纤维，仪征化纤股份公司全年累计已生产销售近万吨，获毛利1 133万元。

2004年洛阳石化总厂积极开发适销对路的高附加价值差别化纤维，成功开发出POY 170分特/144f、129分特/144f、83分特/96f等新品种，并迅速形成生产规模，同时对4条全拉伸丝(FDY)生产线进行16头纺技术改造，生产出68分特/24f、83分特/72f、55分特/24f等细旦FDY新产品，实现了粗旦丝产量、细旦丝价格，这些新产品全年增效2 000万元以上；还充分利用现有装置开发了超细仿羽绒细旦含硅纤维0.89分特短丝、聚对苯二甲酸丙二醇酯(PTT)短丝、扁十字导湿排汗短丝等高附加价值的产品，提高了装置的赢利水平。

上海石化开发了0.89分特×38毫米短纤维工业化生产技术和产品，产品质量优于国内同类产品，与进口产品相当，整体技术水平和产品质量指标均达到国内领先水平，2004年试生产销售近400吨；生产的造纸用和沥青路面用聚酯超短纤维质量达到和超过国外同类产品，产品已打入国际市场。

3. 炼油新产品开发取得可喜进展

2004年中国石化重点在F1赛道专用沥青与高档润滑油新产品方面取得可喜进展。高档润滑油新产品开发方面，如“用加氢基础油研制高档润滑油”、“帕萨特B5装车机油的研制和行车试验”等一批新产品开发项目的工作取得良好进展。

2004年高档润滑油品的产量继续快速增长，全年共生产高档润滑油49.2万吨，其中原设备制造商(OEM)用油增长尤其明显，累计实现销量6.9万吨，完成全年计划的144%。从OEM用油产品结构情况来看，SG级别以上的高档汽油机油占24.4%，其中SJ级别以上的高档汽油机油占19.2%；CD及以上级别的柴油机油占13.7%；车用润滑油、脂的比例占OEM总销量的70%；润滑脂产品占OEM总销量的7.9%。

在保证现有客户基础上，各企业积极开展OEM新客户的开发和OEM产品的推介工作，为20多家新客户实现供货，并取得数十项产品认证/认可证书，中国石化的产品写入了10余家OEM厂商产品说明书。

2004年，镇海炼化股份公司、石油化工科学研究院等单位联合完成了上海F1赛道专用沥青国产化应用开发工作，生产F1赛道承重层和粘结层用重交沥青2 673吨，面层SBS改性沥青1 512吨，打破了壳牌和埃索沥青在该领域的垄断地位，使中国石化沥青品牌在市场上的知名度明显提高。

西安石化开发了塔河稠油生产重交通道路沥青的新技术，采取在塔河渣油中加入增延剂的办法有效提升沥青膜后延度，成功生产出符合中国石化1号高等级道路沥青要求的道路沥青产品。

（王　乐）

【合成树脂新产品】 2004年合成树脂主要专用料生产情况见表1。

表1　2004年石化集团公司合成树脂主要专用料生产情况

| 品　　种 | 牌　　号 | 产量/吨 |
|---|---|---|
| 高强度薄膜专用料 | TR 140、TR 144、TR 168、DBDG 6098、7000F | 108 201 |
| 管材专用料 | 8101、4220、DGDA 2480、6100M、6380M等 | 135 587 |
| 电缆专用料 | DJ 200A、DJ 210、DJ 200、NC 901等 | 37 838 |
| 中空容器专用料 | DMDY 1158、5200B、6500B、5502、5202等 | 103 291 |
| 农棚膜、重包装膜专用料 | 2100系列、N120、N150、951-050、154-050、143-063、LD 165、DFDA-7085、DFDA-7047、7066、9906 | 324 563 |
| 涂层专用料 | 1C7A等 | 132 944 |
| BOPP专用料 | T36F、T38F、T46F、F280S、2400、F1002B、F400等 | 626 152 |
| 洗衣机专用料 | 1637、1937、HHP3等 | 112 617 |
| 流延膜专用料 | F800E等 | 75 034 |
| 纤维专用料 | Y3500、Y2600、H30S、Z30S、S700、S900、S800等 | 272 452 |
| 聚丙烯共聚专用料 | PPK 8000、EPC 30R、M150R、M700R、J340、J640等 | 245 425 |
| 己烯共聚产品 | DMDB-8910H、MLPE-2010H | 46 536 |
| 烟用丝束专用料 | Y2600T、YS 830等 | 59 623 |

2004 年开发的合成树脂新产品品种主要有：

1. PPR 管材专用树脂

无规共聚聚丙烯(PPR)管道具有加工方便、连接可靠、卫生性好、寿命长以及突出的抗蠕变性能(尤其在较高温度下)等特点，因此发展迅速，广泛应用于地板采暖、冷热水用管、散热器连接管等。在国内，PPR 管道自 1998 年开始引进，近几年发展十分迅速，但其所用的专用无规共聚聚丙烯树脂由于生产难度大，且需通过专业的认证，多年来一直靠进口。燕山石化经过 5 年的攻关，成功开发了 PPR 专用树脂工业化生产技术，并在 4 万吨/年聚丙烯装置上成功地生产出 PPR 管道用专用树脂(PPR 4220)。2002 年 11 月通过了 8 760 小时热稳定性(110℃，环应力 1.9 兆帕)试验。2004 年 5 月，通过了 GB/T 18252 规定的 4 个温度下(20℃、70℃、95℃、110℃)的长期静液压强度试验，给出了预期强度参考曲线，并且是国内第一个通过国家建材测试中心认证的产品。PPR 4220 管材专用料经浙江临海伟星新型建材有限公司、武汉金牛经济发展有限公司等 100 多家用户使用，均获得好评。用户认为该专用料性能指标及其挤出的管材均符合国家标准，且挤出表面光滑，工艺稳定，完全满足管材使用要求。2004 年共计生产 PPR 管材专用料 3 万多吨。

2. 气相法花料专用树脂

塑料花(包括各种人造植物)用专用树脂是低密度聚乙烯(LDPE)注塑料中一个特殊的品种，由于最终产品的特殊性，如要求很高的加工流动性、较好的柔韧性、较好的低温脆性以及较好的着色性，因此生产有一定难度。以前该专用树脂只能采用釜式法工艺生产(燕山石化有一定的产量)，而中国是世界上塑料花和各种人造植物最大的生产国，远远无法满足要求。经过攻关，茂名石化调整生产工艺条件，成功开发了气相法花料专用树脂工业化生产技术。并在 10 万吨/年管式法聚乙烯装置上，成功地生产出塑料花用专用树脂。所生产的塑料花用专用树脂经多家用户使用，均得到好评。2004 年生产塑料花用专用树脂共计 7 000多吨。

(赵　红)

**【合成纤维新产品】**　2004 年石化集团公司全年生产合成纤维 170.34 万吨(其中石化股份公司 129.49 万吨)，同比减少 0.88 万吨；生产差别化合成纤维 76.33 万吨(其中石化股份公司 58.93 万吨)，同比增加 10.03 万吨，增幅 15.13%；合成纤维差别化率达到 44.81%(其中石化股份公司差别化率为 45.5%)，同比增长 7.69 个百分点。其中生产差别化涤纶 62.36 万吨，同比增加 12.36 万吨，差别化率 47.89%，同比增长 9.69 个百分点；生产差别化腈纶 10.96 万吨，同比增加 0.76 万吨，差别化率 30.62%，同比增长 1.52 个百分点；生产差别化锦纶 0.70 万吨，同比减少 5 980 吨，差别化率 100%；生产差别化维纶 8 793 吨，同比增加 1 603 吨，差别化率 68.52%，同比增长 7.20 个百分点；生产差别化丙纶 1.42 万吨，差别化率 62.36%。石化集团公司 2004 年开发生产合成纤维新品种近 60 个。

2004 年开发的主要合成纤维品种有：

1. 0.89 分特×38 毫米涤纶棉型短纤维

细旦纤维和常规纤维比，不仅更柔软蓬松，而且比表面积增加，吸附性加大，皮芯差异减少，在服饰面料和高科技领域有极大的应用价值，如衣用面料市场大量需求的 0.89 分特涤纶棉型短纤维。由于只需直接纺丝就能制取，细旦纤维已成为几年来国际涤纶短纤维产品发展的趋势和引领市场的主导产品，市场前景极为看好。

上海石化股份公司通过对聚酯切片干燥工艺、喷丝板设计、纺速、冷却条件、牵伸定型等技术工艺条件的优化，确定了质量控制要点，开发了 0.89 分特×38 毫米短纤维工业化生产技术和产品。生产的产品质量优于国内同类产品并与进口产品相当，整体技术水平和产品质量指标均达到国内领先水平，2004 年试生产销售 406 吨，销售产值 399 万元；洛阳分公司在 7 500 吨/年切片纺短纤维生产装置上，利用现有的主体工艺和设备也开发了 0.89 分特细旦涤纶短纤维新产品，共生产 2 100 吨，与生产常规产品相比，生产 0.89 分特的细旦涤纶短纤维，每吨可增效 1 000 元左右。

2. 聚酯/聚丙烯超短纤维

为开拓合成纤维新的应用领域，使产品能顺利应用于非纺织业，满足不同应用领域的特殊要求，上海石化股份公司研究开发了聚酯、聚丙烯超短纤维生产工艺和设备，并实施工业化生产，建立了产品性能的测试方法，形成的具有中国石化自主知识产权的聚酯、聚丙烯超短纤维生产技术属国内首创，总体达到国际先进水平。生产的造纸用和沥青路面用聚酯超短纤维质量达到和超过国外同类产品，产品已进入国际市场。用于建筑水泥的聚丙烯超短纤维产品也与国外同类产品相当，可满足用户要求。2004 年共试生产 1 367吨，销售 691 吨，销售产值 889 万元。

3. 产业用高强腈纶

产业用高强腈纶是上海石化股份公司腈纶事业部 2004 年末研制开发的新型产品，具有耐高温(160℃—170℃)、耐酸碱性、耐日晒性优良等优点，与涤纶、丙纶、维纶等纤维相比，在水泥和混凝土纤维应用中有独一无二的优势，特别适用于一些特种混凝土，如高温管桩混凝土构件。高强腈纶作为增强材料混入水泥混凝土、沥青中，可以有效提高水泥混凝土、沥青的抗张强度、抗冲击力、抗挠曲性，控制或减少水泥凝固过程中裂纹的产生和扩展，防止气体的渗入，延缓构件的腐蚀。更有质轻、耐化学腐蚀、使用方便安全的优点。同时也可作为增强材料掺入纸浆、涂料中使用。

上海石化腈纶事业部通过调整生产工艺和研制设备，生产的产业用高强腈纶与常规腈纶相比具有高强度、高模量、分散效果好等特点。产品强度大于等于4.0厘牛/分特，弹性模量大于等于60厘牛/分特，产品纤度范围在1.67—13.32分特之间。2004年已实现销售500余吨，为企业增加利润50万元以上。

4. 有硅细旦仿羽绒短纤维

该产品为洛阳分公司开发。有硅细旦仿羽绒短纤维产品主要用于超轻超薄的运动服、羽绒服、羽绒被生产，其手感柔软、蓬松性好、保暖效果强，是羽绒产品的替代品。它具有羽绒产品软、轻、薄、防寒效果强的优点，但没有羽绒产品过于蓬松、不服贴的缺点，又比羽绒产品好洗、耐用、无异味，是生产高档防寒服的填充物。2004年共生产该产品500吨，已销售200吨，与常规产品相比每吨可增效2 000元左右。产品质量良好，市场需求旺盛，市场前景广阔，填补了国内产品的空白，打破了目前国内仿羽绒短纤维产品市场国外产品一统天下的局面。

5. FDY双头纺55分特/24f涤纶细旦纤维

该产品为洛阳分公司开发。55分特/24f规格产品的性能与蚕丝比较接近，特别是混纤后可优于真丝，主要用于仿真丝织物，可做成轻薄型，也可做成中厚型。其织物具有高雅艳丽的外观和滑爽的手感、良好的缝纫性和穿着舒适等优点。洛阳分公司已形成年产该产品2 500吨规模，生产平稳，产品质量优良，可全产全销，市场需求旺盛。与原产的110分特/48f规格品种相比，在产量基本不变的情况下，该产品每吨可增效2 000元左右。

6. ECDP涤纶短纤维

ECDP涤纶短纤维是能在常压下采用阳离子染料进行深染的涤纶短纤维。ECDP在染色过程中，染色牢度高，染料吸尽率好，色谱齐全，色泽艳丽，手感丰满。ECDP用于取代部分腈纶，已成为近年来毛线毛毯行业的发展趋势。天津分公司2004年3月首次在连续直纺生产线(产能50吨/日)上开发ECDP涤纶短纤维，专门进行了特殊添加剂三单体调配系统的扩容改造，满足了连续大量添加过程的稳定性与均一性，通过调整各项聚酯合成工艺，生产出合格的ECDP聚酯熔体；经调整多项纺丝及后加工工艺参数，成功开发出了ECDP涤纶短纤维。与切片纺丝法相比，熔体直纺ECDP质量更加稳定优良。2004年中空截面ECDP短纤维、实心圆形3.33分特×102毫米规格ECDP短纤维开发，产量达3 823吨，每吨产品比常规产品增效1 500元以上。

7. 高吸热瓶级切片

聚酯瓶的成型方法有一步法和两步法之分，其中两步法采用挤出或注塑成型坯，然后再将型坯用红外线灯管加热并在拉伸吹塑机中加工成瓶体，如果原料瓶片中添加微量的能吸收红外线的添加剂，则在用红外线二次加热时可以有效改善瓶坯的加热性能，降低能耗，提高吹瓶速度。仪征化纤股份公司通过研制专用配方、优化相配套的熔融聚合及固相聚合生产工艺，成功地在固相缩聚大装置上开发了高吸热用瓶片专用料BG 80H、BG 85H。与普通瓶级切片相比，使用该产品生产的瓶坯吹瓶时，在同等的加工温度下，加热功率降低10%—15%，同等加热功率下，加工温度上升10℃，吸热效果明显，有效降低两步法吹瓶的能耗，提高了生产效率，降低用户的生产成本。2004年生产并销往国外1 209吨，获经济效益238万元。

8. 油毡基布专用中长纤维

仪征化纤股份公司通过工艺技术攻关和设备改造，成功地在原纺织用短纤维生产装置上开发出了油毡基布专用涤纶中长纤维。该产品强度高、伸长大、干热收缩率低，更能适合油毡基布的生产特点，纤维缠结效果好，基布强度高，从而有效地提高了防水卷材油毡的强度和使用寿命，比原使用棉纤维和玻璃纤维生产的防水卷材油毡性能更优异，现已成为防水卷材油毡基布原料的更新换代产品，产品质量得到了用户的肯定。2004年生产销售了12 788吨，获毛利1 827万元。

9. 水刺专用涤纶短纤维

仪征化纤股份公司通过与东华大学合作，全面掌握了水刺无纺布的生产特点和特殊要求，并在现有设备上开发出了水刺专用涤纶短纤。该产品疵点含量低，伸长率高，使用了适合水刺无纺布生产的专用油剂，用户生产过程中开松、梳理、铺网、水刺等工序比原使用棉型纤维更流畅，原料消耗低、现场泡沫少，水刺过程中纤维的相互缠结更紧密，强度大大提高。国内绝大多数生产聚氨酯基布的企业已全部使用仪征化纤股份公司的专用料，该产品已经成为国内水刺生产公认的最好原料。2004年生产销售了9 755吨，获毛利1 133万元。

（刘洪斌）

## 技术市场

【概述】 为了促进石化科技进步，加速科技成果转化，规范中国石化的技术许可，尤其有效规范中国石化对外技术许可项目的管理，2004年石化集团公司和石化股份公司制定并分别下发了石化集团公司(石化股份公司)知识产权保护规定，全面加强了中国石化对外技术许可的管理工作，强化了对外技术许可转让的监管力度。

2004年石化集团公司内、外部新技术推广和许可转让有序、活跃，共有405个项目列入了中国石化年度可内部许可目录，其中石油勘探开发92项、石油炼制149项，石油化工105项，设备、储运、环保、仪表及计算机应用59项，方便了企业了解新技术、采用新技术。2004年企业积极推广、采用各类新技术，有力促进了企业降本增效，产品适销对路，大大提高了企业的市场竞争力和经济效益；科研开发单位注重积极推广新技术，提高技术服务的水平和质量，并通过技术的推广应用和许可贸易，了解企业对新技术、新产品的市场需求，促进科研开发工作；科研开发单位、工程设计单位和技术应用单位在技术许可活动中，更加注重发挥各自优势，重视保护中国石化的知识产权，自觉执行中国石化对外技术许可的报批管理规定，严谨许可合同约定，技术许可贸易管理水平和技术贸易过程中的知识产权保护水平有较大幅度提高。

为了促进技术的推广、转化，展示中国石化的科技实力，中国石化的一批实用性科技成果参加了北京地球物理国际展览、第六届国际化学工程和生物技术展览、第七届亚太国际橡塑工业展览会、第四届中国国际轮胎和橡胶技术展览会、第六届深圳国际高新技术成果交易会、世界石油大会首届青年论坛科技与创新成果展、2004中国国际专利技术与产品交易会，有效促进了新技术、新产品的推广和应用。

(马　燕)

## 石化知识产权

【概述】 中国石化的各级领导和科技队伍的技术创新和知识产权意识进一步提高，知识产权保护工作进一步加强，以技术创新为基础的专利申请、专利保护和实施得到了进一步的发展。

为了切实加强中国石化知识产权保护工作，2004年定为中国石化加强知识产权保护年，石化集团公司和石化股份公司制定并下发了石化集团公司(石化股份公司)知识产权保护规定，以及与之相配套的石化集团公司(石化股份公司)技术涉密人员划级及补偿费发放管理办法和违反石化集团公司(石化股份公司)知识产权保护规定的处罚办法，大大提高了中国石化知识产权保护工作的管理水平。2004年首批改制分流单位和原隶属单位签署了保护知识产权协议书，中国石化内部3.8万科技人员和所在单位签署了保密承诺书，下属研究院、工程设计单位和企业从人员、数据资料以及数据与资料的产生、保存、流动环节多方面入手，切实加强了知识产权的管理、保护。上述相关管理规定在中国石化系统内开始全面实施，一些单位还制定了本单位的管理办法和实施细则，有力加强了知识产权的保护。

中国石化技术创新实力稳步提高。2004年度(2003.11.1—2004.10.31)，石化集团公司共申请中国专利987件，其中发明专利709件，实用新型专利272件，外观设计专利6件，发明专利申请量占总申请量的72%；获授权专利759项，其中发明专利586项，占总申请量的77%，大大高于国内平均水平。中国石化已累计申请了中国专利8 467件，其中发明专利5 106件，获中国授权专利4 905件。2004年度中国石化向国外申请专利111件，获48件国外专利授权。累计已向32个国家申请了830件专利，在18个国家和地区拥有授权专利293件。

在对创新技术实施知识产权保护的工作中，研究院、设计院、企业注重围绕提升中国石化的核心竞争力研究市场和竞争对手，注重提高知识产权保护的水平，注重将专利技术推向工业化，2004年中国石化又一批专利技术成功地工业化应用。

2004年石化股份公司继续将技术创新和专利保护作为对直属研究院创新能力的考核内容，促进了研究单位的技术创新工作。加大了知识产权市场监督和依法维权的力度。知识产权保护和有关基础知识继续作为中国石化企业技术干部培训班的内容。为了迎接中国加入WTO后对中国企业市场竞争力的挑战，企业继续加强了专利战略研究，围绕企业发展以及研发、经营和市场战略确定相关的专利战略。2004年中国石化在重视保护自身创新的同时，继续重视尊重他人知识产权，继续坚持在开发项目工业试验或投产前进行专利法律分析，避免侵犯他人的专利权。

2004年中国石化组织了赴欧洲和美国知识产权考察团，学习了国外知识产权管理的有益经验，多次组织美国、欧洲知识产权专家讲学，促进了中国石化提高知识产权的管理和运用水平。

(马　燕)

**【2003—2004年度授权专利】**

## 发 明 专 利

1. 一种聚氯乙烯用高抗冲型改性剂的合成方法 97109846.8
2. 常减压装置汽液负荷转移技术 98101068.7
3. 动物标本保存液 98108129.0
4. 一种抑制和减缓烃类高温裂解中焦炭形成与沉积的方法 98109171.7
5. 提高液体石油产品安定性的方法 98110443.6
6. 聚合物型两性杀菌剂及其制备 99100352.7
7. 一种聚合物型两性杀菌剂及其制备 99100353.5
8. 一种烯烃聚合用固体催化剂及其制备方法 99100360.8
9. 一种烯烃聚合催化剂载体的制备方法 99100847.2
10. 一种芳烃抽提工艺 99101697.1
11. 一种八面沸石的制备方法 99102961.5
12. 用于烯烃聚合的高效球形钛系催化剂及其制法和该催化剂的应用 99103280.2
13. 烯烃聚合用高活性催化剂及其制备方法和该催化剂的应用 99103281.0
14. 一种烃类脱砷催化剂及其制备方法 99103763.4
15. 一种吸附剂用于脱除气体中的羰基金属化合物 99105256
16. 一种己内酰胺加氢精制方法 99106165.9
17. 乙烯聚合固体催化剂组分、制备方法和应用及固体催化剂 99107762.8
18. 一种ZSM-5沸石与多孔金属复合材料及其制备方法 99109197.3
19. 一种含ZSM-5沸石的脱氮氧化物催化剂及其制备方法 99109301.1
20. 一种超稳Y型分子筛的制备 99109303.8
21. 一种用于循环水系统的杀菌方法 99110817.5
22. 一种改进的稀土Y型沸石及其制备 99110996.1
23. 1,4-丁二醇脱水环化制备四氢呋喃的方法 99111312.8
24. $C_2$—$C_7$馏分的选择加氢催化剂 99112544.4
25. 一种对叔丁基苯胺的合成方法 99113285.8
26. 丙烯环氧化催化剂 99113568.7
27. 烷基芳烃催化脱氢催化剂 99113572.5
28. 含有机铵β沸石的快速脱胺活化方法 99113577.6
29. 提高β沸石合成硅铝比的方法 99113581.4
30. 制备间甲基苯甲胺的方法 99113809
31. 甲苯与碳九及其以上重质芳烃歧化和烷基转移催化剂 99113812
32. 间规聚苯乙烯制备的催化剂 99113995
33. 一种聚合物—沥青组合物的制备方法 99119742.9
34. 丙烯氨氧化流化床催化剂 99119953.7
35. 苯乙烯—马来酸酐无规共聚物的制备方法 99119956.1
36. 一种烃类蒸汽预转化催化剂 99120474.3
37. 用于双烯烃选择性加氢的非晶态合金催化剂 99120660.6
38. 催化裂化重油裂化助剂及其制备方法 99121917.1
39. 一种复合催化材料及其制备方法 99122122.2
40. 一种多产轻质油的催化裂化催化剂及其制备 99123717
41. 聚氯乙烯发泡材料的制备方法 99123813.3
42. 充油对苯二甲酸丁二醇酯材料及其制造方法和应用 99123814.1
43. 一种硫转移催化剂的制备方法 99123821.4
44. 一种提高液体产品收率的渣油加工方法 99125284.5
45. 一种脱油沥青的延迟焦化方法 99125286.1
46. 一种脱除催化裂化油浆中催化剂粉末的方法 99125287
47. 用于烯烃聚合或共聚合的催化剂体系 99125566.6
48. 用于烯烃聚合的催化剂组分、烯烃聚合催化剂及其用途 99125567.4
49. 一种石油烃类裂化催化剂及其制备方法 99125942.4
50. 一种含磷和沸石的催化裂化催化剂及其制备方法 99126287.5
51. 一种钛硅分子筛及其制备方法 99126289.1
52. 一种高压静电破乳的方法及其专用设备 99126365.0
53. 一种用于处理循环冷却水的复合缓蚀阻垢剂 00100399.2
54. 一种石油催化裂化催化剂 00100664.9
55. 一种稠油乳化降黏的方法 00102722
56. 茂金属化合物、其制备方法及其在烯烃聚合中的应用 00102830.8
57. 一种从常压渣油生产针状石油焦的方法 00103286
58. 含异构烯烃的轻烃催化醚化方法 00103383.2
59. 一种催化剂脱气塔和脱除催化剂携带气体的方法 00103384
60. 一种再生催化剂汽提塔和汽提再生催化剂的方法 00103385.9
61. 一种用于气液传质的塔板 00105275.6
62. 用多螯型引发剂制备共轭二烯类和单乙烯基芳类二嵌段溶聚橡胶 00105313.2

63. 一种电加热裂解炉及其保温材料在该裂解炉中的应用 00105479.1
64. 水不溶性杀菌剂及其制备方法 00105685.9
65. 配体中含吡咯环的聚烯烃催化剂及其制法与应用 00105805.3
66. 一种高抗湿滑性与低滚动阻力均衡性能改进的共轭二烯烃和单乙烯基芳烃二嵌段溶聚橡胶 00106458.4
67. 利用低压瓦斯制取芳烃和氢气的方法 00107228.5
68. 一种烷基转移催化剂及其制备方法 00107413
69. 一种半茂金属聚烯烃催化剂及其制法与应用 00107483
70. 二硫代氨基甲酸酯衍生物、其制备方法及应用 00107809.7
71. 用于烯烃聚合或共聚合的球形催化剂组分及其催化剂 00109216.2
72. 一种催化裂化汽油改质的方法 00109374.6
73. 重质石油烃的催化裂化方法 00109376.2
74. 一种含磷的烃类裂化催化剂及制备 00109377
75. 一种处理中高硬度循环水的复合缓蚀阻垢剂 00109589.7
76. 一种固体酸催化的异构烷烃与烯烃的烷基化方法 00109591.9
77. 一种含金属的β沸石的制备方法 00109620.6
78. 螺环桥连茂金属化合物与合成方法及其应用 00109695.8
79. 锗桥连茂金属化合物与合成方法及其应用 00109698.2
80. 含磷Y型沸石及其制备方法 00109745.8
81. 一种缓释氮肥组合物及其制备方法 00110382.2
82. 一种同时生产合格煤、柴油产品的方法 00110442
83. 一种合成二异丙胺的方法 00110467.5
84. 一种合成二异丙胺的催化剂及其制备 00110470.5
85. 丙酮合成甲基异丁基酮反应产物的分离方法 00110591.4
86. 一种由丙酮合成甲基异丁基酮的方法 00110592.2
87. 一种酸渣、碱渣综合处理方法 00110593.0
88. 一种燃油乳化剂及其制备方法 00110694.5
89. 一种胶体柴油及其制备方法 00110695.3
90. 酸渣、碱渣综合处理方法 00110701.1
91. 一种碱渣废水的处理方法 00110702
92. 含硫及可燃性组分废气的净化方法 00110703.8
93. 一种复合型含油废水絮凝剂 00110705.4
94. 一种生产高熔点石油蜡的方法 00110708.9
95. 固、液两相全混反应方法 00110712.7
96. 重、渣油加工方法 00110717.8
97. 一种重质烃进料加氢处理方法 00110720.8
98. 重、渣油加氢改质组合方法 00110721.6
99. 顺丁橡胶装置脱重塔短期停止运行连续聚合反应的工艺 00111048.9
100. 制备高顺式1,4-聚丁二烯橡胶微量水的加入工艺 00111052.7
101. 高温掺合阀 00111165.5
102. 合成甲醇催化剂的制备方法 00111187.6
103. 一种羰基硫化水解催化剂的再生方法 00111192.2
104. 一种烃和二氧化碳蒸汽转化制备羰基合成气的方法 00111252
105. 一种制备高一氧化碳含量气体的方法 00111253.8
106. 一种双功能硫磺回收催化剂及其制备方法 00111280.5
107. 丙烯氨氧化生产丙烯腈的流化床催化剂 00111715.7
108. 提高生产乙苯的沸石催化剂选择性和稳定性的方法 00111721.1
109. 烷基芳烃脱氢催化剂 00116523.2
110. 用于烯烃齐聚或烃化的固体磷酸催化剂的制备方法 00116526.7
111. 苯酚氧化制备苯二酚的催化剂 00116532.1
112. 苯酚直接氧化制备苯二酚的催化剂 00116537.0
113. 高纯度双烷基磷酸酯的制备方法 00119538.7
114. 甲苯歧化与重芳烃烷基转移方法 00119767.3
115. 用于生产对二甲苯的方法 00119768.1
116. 用于生产对二甲苯的选择性歧化和烷基转移方法 00119769
117. 选择性甲苯歧化催化剂的制备方法 00119771.1
118. 一种在三相淤浆床综合二甲醚的方法 00119799.1
119. 从有机混合物中提纯2-辛醇和2-辛酮的方法 00120744
120. 一种硫转移催化剂及其制备方法 00120745.8
121. 一种含镁铝尖晶石的组合物及其制备方法 00120746.6
122. 一种废塑料浮选分离装置 00120768.7
123. 一种制备高纯度环戊二烯的方法及其专用设备 00120769.5
124. 重整催化剂连续两段轴流组合床再生工艺方法和设备 00121153.6

125. 重整催化剂连续轴、径流组合床再生工艺方法和设备 00121154.4
126. 一种聚丙烯复合材料 00121409.8
127. 一种抑制循环冷却水腐蚀性的方法 00121541.8
128. 用于制取二甲醚的催化剂及制备 00121542.6
129. 一种制取二甲醚的催化剂 00121547.7
130. 一种处理含硫化物的循环冷却水的方法 00121548.5
131. 一种处理循环冷却水的方法 00121549.3
132. 一种处理循环水系统生物黏泥的方法 00121551.5
133. 含氮杂质甲苯的精制方法 00121552.3
134. 一种催化裂化油剂接触方法 00122836.6
135. 一种含超稳 Y 沸石的催化裂化催化剂及其制备方法 00122837.4
136. 一种含稀土超稳 Y 沸石的制备方法 00122838.2
137. 一种同时处理多种石油烃的催化裂化方法 00122839
138. 一种苯与烯烃的烷基化方法 00122840.4
139. 一种稠油乳化降黏剂及其制备方法 00122841.2
140. 一种催化裂化烃油进料方法 00122842
141. 烃油的两段催化裂化方法 00122845.5
142. 一种加氢精制催化剂 00122920.6
143. 一种大孔二氧化硅载体及其制备方法 00122921.4
144. 一种重、渣油加工组合工艺 00123129.4
145. 一种渣油精制与转化方法 00123135.9
146. 一种用于馏分油芳烃饱和的负载型贵金属催化剂及其制备方法 00123136.7
147. 排水性路面沥青胶结料及其制备方法 00123145.6
148. 一种煤焦油加氢生产柴油的方法 00123146.4
149. 燃料油乳化剂及燃料油组合物 00123150.2
150. 一种酸性气体吸附脱除的净化方法 00123152.9
151. 一种含硫原油的加工流程 00123155.3
152. 一种温控开关用蜡质感温介质 00123218.5
153. 由溶剂精制油生产白油的方法 00123219.3
154. 一种加盖密闭装置 00123220.7
155. 一种高韧性塑料及其制备方法 00123559.1
156. 一种催化反应蒸馏设备 00123906.6
157. 丙烯水合醚化制取醚和醇的催化剂及其应用 00123948.1
158. 一种裂解碳五综合利用的组合工艺 00123954.6
159. 一种粉体料仓消静电的方法 00123987.2
160. 制备聚醚—聚烯属不饱和化合物嵌段共聚物的方法 00124035.8
161. 一种催化裂化助剂及其制备方法 00124216.4
162. 一种处理含硫循环冷却水的方法 00124448.5
163. 一种抗钒的烃类裂化催化剂及制备 00124451.5
164. 通过苯环上取代烷基位置重排制备烷基苯的方法 00124664
165. 调节催化转化工艺反应的再生系统热平衡的方法 00124665.8
166. 负载半茂金属的聚乙烯催化剂及其制备方法 00124667.4
167. 一种高韧性聚甲醛组合物及其制备方法 00124702.6
168. 一种生产喷气燃料和/或柴油、尾油的方法 00124806.5
169. 一种化学交联聚乙烯微孔材料及其制备方法 00124843
170. 一种辐照交联聚乙烯微孔材料及其制备方法 00124868.5
171. 浅度溶剂脱沥青与延迟焦化的组合方法 00124904.5
172. 一种使用助滤剂的溶剂脱蜡脱油方法 00124905.3
173. 贵金属催化剂抗一氧化碳中毒的方法 00124906.1
174. 加氢催化剂载体及其制备方法和用途 00124995.9
175. 一种季铵盐阳离子表面活性剂及其制备方法 00124997.5
176. 用于循环冷却水系统的多功能水处理剂 00124998.3
177. 正丁烷氧化制顺酐用催化剂及其制备方法 00124999.1
178. 由丙烯醛水合制 3-羟基丙醛的方法 00125396.4
179. 一种丙烯醛水合制 3-羟基丙醛的催化剂 00125397.2
180. 一种解决 3-氯丙烯存放过程中变色的方法 00126643.8
181. 固定床催化反应器的放料装置 00127440.6
182. 色谱进样器 00127442.2
183. 一种适用于大容量高速纺丝的涤纶短纤维油剂 00127997.1
184. 适用于高速纺丝的涤纶短纤维油 00127999.8
185. 一种结焦积垢抑制剂及其制备方法和应用 00128078.3
186. 用于烯烃聚合或共聚合的催化剂组分及其催化剂和应用 00128268.9

187. 利用含硫碳四馏分生产高纯度1-丁烯的方法 00129353.2
188. 二(甲基)丙烯酸多元醇酯的制造方法 00129354
189. 一种SAPO-11分子筛的制备方法 00129373.7
190. 换层生产方法及工艺管柱 00129407.5
191. 一种劣质中馏分油加氢改质催化剂及其制备方法 00129421
192. 脱盐水处理硫酸分步再生工艺 00129467.9
193. 双室“浮动—满室床” 00129468.7
194. 一种热水管用聚丙烯组合物 00129469.5
195. 苯酚羟基化制备苯二酚的集成工艺 00129478.4
196. 一种辐照交联发泡聚丙烯材料及其制备方法 00129762.7
197. 丁二烯、异戊二烯、苯乙烯星型嵌段共聚物及其制备方法 00130182.9
198. 共轭二烯烃、苯乙烯星型嵌段共聚物及其制备方法 00130183.7
199. 苯乙烯、共轭二烯烃星型嵌段共聚物及其制备方法 00130184.5
200. 一种降低白油紫外吸光度的方法 00130258.2
201. 一种烃类裂化助催化剂 00130259
202. 半茂金属烯烃聚合催化剂及其制法与应用 00130260.4
203. 一种增韧塑料及其制备方法 00130385.6
204. 一种交联型粉末橡胶及其制备方法和用途 00130386.4
205. 一种高刚高韧性塑料及其制备方法 00130387.2
206. 乙烯聚合或共聚合用茂金属催化剂及其制备方法和应用 00130388.0
207. 一种丙烯聚合催化剂载体的制备方法 00132120
208. 一种含有4-甲基-1-戊烯与4-甲基-2-戊烯的混合物的分离方法 00132161.7
209. 生产富含异构烷烃汽油的催化裂化催化剂 00132747
210. 1,3-丁二烯的聚合方法 00134073.5
211. 异烯烃和/或叔烷基醚的生产工艺 00134090.5
212. 异烯烃和/或叔烷基醚的生产工艺 00134091.3
213. 异烯烃和/或叔烷基醚的生产工艺 00134092.1
214. 利用溶剂抽提脱除汽油馏分中硫化物的方法 00134115.4
215. 水合氧化铝的制备方法 00134116.2
216. 一种重质油加氢精制催化剂 00134118.9
217. 一种降低汽油烯烃含量的催化裂化方法 00134119.7
218. 一种气体分离用吸附剂及其制备 00134120
219. 负载型茂金属催化剂及其制备 00134121.9
220. 一种过滤装置 00134145.6
221. 一种过滤方法 00134146.4
222. 对苯二甲酸母液闪蒸罐并联工艺 00134396.3
223. 一种甲酸乙酸含水混合物回收利用方法 00134398
224. 聚酯热管纺丝装置的热管设备 00135179.6
225. 一种制备梯度共聚物的方法 00136085
226. 制环氧乙烷用催化剂载体、其制法和由其制得的催化剂 00136494.4
227. 用于烯烃聚合或共聚合的催化剂及其制法和应用 00136872.9
228. 选择加氢催化剂载体及其制备方法和用途 00136874.5
229. γ-氧化铝的制备方法 00212077.2
230. 井下管柱检查试压装置 00225535.5
231. 一种气液并流反应器内的气液分配器 00236968.9
232. 全硫化可控粒径粉末橡胶及其制法和用途 00816450.9
233. 催化剂循环的己内酰胺加氢精制方法 01100018
234. 一种催化裂化催化剂的制备方法 01100019.8
235. 双室“浮动—满室床”脱盐水处理工艺 01101720.7
236. 一种高极压的混合稠化剂润滑脂 01102234.5
237. 润滑油清净分散剂 01102235.3
238. 卤化镁/二氧化硅负载的半茂金属催化剂及其制备与应用 01102236.1
239. 二烷基二硫代氨基甲酸酯的制备 01102237
240. 一种元素分析仪用燃烧管 01102238.8
241. 羟苯基羧酸酯的制备方法 01102239.6
242. 生产低烯烃汽油和多产柴油的催化转化方法 01102240
243. 一种改进的催化裂化反应器 01102241.8
244. 甲醇催化脱水制备二甲醚的方法 01103219.7
245. 有机硅丙烯酸乳液 01105008
246. 有机硅改性丙烯酸乳液 01105009.8
247. 有机硅改性丙烯酸酯乳液 01105010.1
248. 有机硅接枝改性丙烯酸乳液 01105011
249. 有机硅接枝改性丙烯酸酯共聚乳液 01105012.8
250. 接枝有机硅改性丙烯酸乳液 01105013.6
251. 接枝有机硅改性丙烯酸酯共聚乳液 01105014.4
252. 由甲基叔戊基醚制备高含量2-甲基-2-丁烯的异戊烯方法 01105415.8
253. 提高异戊烯中2-甲基-2-丁烯含量的方法 01105416.6

254. 脱硫剂溶液泡沫性能的测试方法 01105506.5
255. 乙烯环氧化反应的银催化剂 01105841.2
256. 乙苯催化脱氢生产苯乙烯的方法 01105850.1
257. β沸石的制备方法 01105851
258. 一种催化剂的分级装填方法 01106004.2
259. 橡胶防护蜡 01106005.0
260. 一种加氢法生产食品级白油的方法 01106008.5
261. 一种加氢催化剂的预硫化方法 01106009.3
262. 一种用于石油烃类加氢处理的催化剂 01106010.7
263. 一种重、渣油掺炼废油的悬浮床加氢工艺 01106011.5
264. 一种回收废油的方法 01106012.3
265. 一种油溶性悬浮床加氢裂化催化剂及其制备 01106013.1
266. 用于烃类加氢处理的催化剂及其制备方法 01106014
267. 一种催化脱蜡催化剂及其制备方法 01106015.8
268. 一种渣油加氢处理方法 01106016.6
269. 一种重质烃类进料加氢改质的方法 01106017.4
270. 一种选择性加氢催化剂 01106018.2
271. 一种改性含有贵金属的Y沸石及其制备方法 01106019.0
272. 一种用于加氢的贵金属催化剂及其制备方法 01106020.4
273. 一种固体超强酸及其制备方法 01106021.2
274. 一种重质油加氢处理催化剂的硫化方法 01106022.0
275. 合成丙二醇醚的方法及所用的催化剂 01106023.9
276. 一种重、劣质原料油的加氢改质方法 01106024.7
277. 一种重质烃类加氢处理工艺 01106025.5
278. 一种烃类加氢处理工艺 01106026.3
279. Y沸石用稀土离子改性的方法及其产品 01106027.1
280. 一种加氢精制催化剂及其制备方法 01106028
281. 一种金属加工用乳化油乳化剂及乳化油组合物 01106029.8
282. 一种含油污水的处理方法 01106030.1
283. 一种难燃液压油 01106031
284. 一种乳化炸药 01106032.8
285. 一种磨削—防锈两用油组合物 01106033.6
286. 聚酰胺热熔胶及其制备方法 01106034.4
287. 一种润滑油添加剂 01106035.2
288. 一种渣油加氢处理催化剂及其制备方法 01106036.0
289. 聚酰胺热熔胶 01106037.9
290. β沸石及其制备方法 01106040.9
291. 馏分油加氢精制催化剂及其制备方法 01106041.7
292. 用于烷基化的固体超强酸催化剂 01106043.3
293. 含ZSM分子筛的催化剂及其制备方法 01106044.1
294. 浸渍溶液及其制备方法 01106045
295. 一种水果上光保鲜处理剂 01106046.8
296. 一种蜡膏脱油制取蜡产品的方法 01106047.6
297. 悬浮床加氢裂化催化剂及工艺 01106048.4
298. 一种功能型聚酰胺聚丙烯复合超细纤维的制造方法 01106855.8
299. 一种乙烯低压尾气利用方法 01107580.5
300. 燃气管网计算机管理系统 01107761.1
301. 急冷废热锅炉集流管的加工工艺 01107794.8
302. 一种调制偏置导向工具 01107825.1
303. 聚合反应不相容催化剂之间的切换方法 01107940.1
304. 快速测定乙烯丙烯共聚聚丙烯中乙丙胶含量的方法 01108267.4
305. 一种环已烷二甲酸二甲酯的制备方法 01108270.4
306. 油田固井用共聚物胶乳及其制备方法 01108322.0
307. 异烯烃和/或叔烷基醚的生产工艺 01109209.2
308. 一种塑料制品用激冷式挤出定型装置及其应用 01109914.3
309. 一种塑料制品用直冷式挤出定型装置及其应用 01109915.1
310. 一种塑料制品用复合式挤出定型装置及其应用 01109916
311. 从苯二酚混合物料中脱除酚焦油的方法 01110264.0
312. 一种增韧聚苯乙烯及其制备方法 01110731.6
313. 一种全硫化丁腈橡胶/聚丙烯热塑性弹性体及其制备方法 01110732.4
314. 一种使用纳米材料(炭黑)的废水生化处理方法 01110733.2
315. 一种全硫化聚烯烃热塑性弹性体及其制备方法 01110734.0
316. 一种全硫化聚酰胺热塑性弹性体及其制备方法 01110735.9
317. 一种全硫化聚苯乙烯热塑性弹性体及其制备方法 01110736.7
318. 一种增韧聚丙烯及其制备方法 01110737.5

319. 环己醇脱氢制环己酮的方法 01112657.4
320. 用于环己醇液相脱氢的催化剂 01112658.2
321. 用于丙烯齐聚固体磷酸催化剂的制备方法 01112659.0
322. 高韧性高流动性改性聚丙烯母粒的制备方法 01112979.4
323. 高韧性高流动性改性聚丙烯的制备方法 01112980.8
324. 一种用于调聚反应制备香叶基胺的催化剂 01112981.6
325. 一种香叶基胺的制备方法 01112982.4
326. 一种氨氧化催化剂的制备方法 01113192.6
327. 一种制备聚对苯二甲酸乙二酯的方法 01113440.2
328. 乙烯装置中裂解炉的智能控制方法 01113516.6
329. 对二甲苯氧化反应产品中对羧基苯甲醛含量的软测量方法 01113517.4
330. 用于轻质或中间馏分油脱臭用催化剂 01113736.3
331. 对苯二甲酸废料的分离提纯方法 01113738
332. 聚酯/层状硅酸盐纳米复合材料及其制造方法 01113754.1
333. 防止聚丙烯嵌段共聚物生产中下料管线堵塞的方法 01113756.8
334. 一种加氢催化剂的制备方法 01114162
335. 一种净化回收氨气的方法 01114164.6
336. 一种渣油加氢处理方法 01114166.2
337. 一种加氢处理催化剂的级配方案 01114167.0
338. 一种重烃类原料加氢处理方法及其反应器 01114168.9
339. 一种重、渣油轻质化方法 01114169.7
340. 一种石油蜡加氢精制催化剂及其制备方法 01114171.9
341. 一种中油型加氢裂化催化剂及其制备方法 01114173.5
342. 一种 γ－氧化铝载体及其制备方法 01114174.3
343. 一种多产喷气燃料和柴油的加氢裂化催化剂 01114175.1
344. 一种改性聚酰胺热熔胶 01114176
345. 由 $C_4$ 馏分制备液化石油气的催化剂及其制备方法 01114177.8
346. 蜡料加氢精制催化剂及其制备方法 01114183.2
347. 一种原油采出水的处理方法 01114184.0
348. 重、渣油加氢转化催化剂及其制备方法 01114185.9
349. 从环己烷制备环己酮、环己醇的方法 01114586.2
350. 一种双功能硫磺回收催化剂及其制备方法 01114905.1
351. 一种反应蒸馏设备 01114953.1
352. 水中氨氮电位滴定监测分析方法 01114963.9
353. 水中氨氮蒸馏试剂 01114964.7
354. 渣油加氢处理与重油催化裂化联合的方法 01115496.9
355. 一种轻质油品选择性脱硫醇的方法 01115499.3
356. 一种轻质油品选择性脱硫醇的方法 01115500
357. 一种用于燃气管道阀门的润滑脂 01115610.4
358. 一种稀土 Y 型沸石 01115613.9
359. 一种农用棚膜 01115615.5
360. 一种小晶粒 Y 型沸石及其制备方法 01115622.8
361. 丙烯腈、腈纶废水处理方法 01115864.6
362. 用于脱除 $C_{10}$—$C_{16}$ 直链二烯烃的选择性加氢方法 01116584.7
363. 一种催化剂连续再生方法 01118424.8
364. 一种催化剂连续再生方法 01118425.6
365. 一种催化剂连续再生方法 01118426.4
366. 一种催化剂连续再生方法 01118427.2
367. 一种无磷缓蚀剂及其制备 01118429.9
368. 一种制取气体烯烃和低烯烃含量汽油的催化转化方法 01118431
369. 一种制取丙烯、丁烯及低烯烃含量汽油的催化转化方法 01118432.9
370. 利用供氢组分降低汽油烯烃含量的催化转化方法 01118434.5
371. 一种降低汽油烯烃含量的催化裂化助剂 01118435.3
372. 一种环己烷氧化液的催化分解方法 01118438.8
373. 一种 AFI 结构铬磷铝分子筛的制备方法 01118439.6
374. MFI 晶体结构铬硅分子筛的合成方法 01118440
375. 催化分解环己烷氧化液的方法 01118441.8
376. 一种含有液体酸的固体催化剂及其制备方法 01118442.6
377. 一种固体形式的酸催化剂及其制备方法 01118443.4
378. 一种包装袋及其在催化剂包装中的应用 01118445
379. 一种高硅 Y 沸石的制备方法 01118446.9
380. 高交换容量大孔阳离子交换树脂催化剂的制备方法 01119482
381. 一种增产柴油和低碳烯烃的催化转化方法 01119806

382. 一种高硫高金属渣油转化方法 01119808.7
383. 二元羧酸酯加氢催化剂及其制备和应用 01119809.5
384. 可生物降解的润滑脂 01119810.9
385. 一种聚合物型杀菌剂及其制备 01119814.1
386. 采用液相本体聚合制备高密度间规聚丙烯的方法 01119815
387. 含黏土的烯烃聚合固体催化剂组分及其制备方法 01119816.8
388. 一种抽提蒸馏分离芳烃的方法及使用的复合溶剂 01119818.4
389. 一种汽油脱硫方法 01119820.6
390. 一种八面沸石分子筛组合物及其制备方法 01119821.4
391. 茂稀土金属化合物及其制备方法和应用 01119822.2
392. 二氧化碳与α-烯烃共聚物及其制备方法 01123407.5
393. 聚酰胺超细纤维及其制备方法 01123513.6
394. 氯化镁/高岭土双载体负载的聚乙烯催化剂及其制备方法 01123758.9
395. 一种负载半茂金属的聚乙烯催化剂 01123759.7
396. 一种测定重整催化剂中铂、铕、铈元素含量的方法 01123762.7
397. 1,3-丙二醇的制备方法 01123763.5
398. 聚硅铝絮凝剂的制备方法 01123764.3
399. 一种含稀土加氢裂化催化剂的制备方法 01123766
400. 含稀土加氢裂化催化剂的制备 01123767.8
401. 一种降低汽油中烯烃及硫、氮含量的催化转化方法 01123768.6
402. 一种利用催化裂化再生烟气制氢的方法 01123770.8
403. 丙烯齐聚固体磷酸催化剂的制备方法 01126284.2
404. 低碳烯烃齐聚或叠合的固体磷酸催化剂 01126285.0
405. 低碳烯烃齐聚或叠合生产碳六以上烯烃的方法 01126286.9
406. 制备乙胺的方法 01126287.7
407. 用于制备乙胺的催化剂 01126288.5
408. 乙腈液相加氢制备乙胺的方法 01126289.3
409. 低浓度乙腈液相加氢制乙胺的催化剂 01126291.5
410. 用于制备亚氨基二乙酸盐的催化剂 01126292.3
411. 氨氧化制备2-氰基吡嗪的方法 01126294
412. 用于制备苯二酚的方法 01126296.6
413. 用于制备苯乙烯的脱氢催化剂 01126342.3
414. 制备烷烯基芳烃的脱氢催化剂 01126343.1
415. 用于生产环氧乙烷的银催化剂 01126345.8
416. 含金属镍银催化剂的制备方法 01126346.6
417. 负载型银催化剂的制备方法 01126347.4
418. 聚碳酸酯、橡胶和苯乙烯类共聚物合金 01126348.2
419. 抑制二甲基甲酰胺水解的方法 01126746.1
420. 一种原液着色法制备有色腈纶的方法 01126748.8
421. 改善共聚聚丙烯粉料流动性能的聚合方法 01127003.9
422. 空气污染自动监测装置 01127078
423. 双向椭圆弯头的制造方法 01127409.3
424. 利用废腈纶生产高吸水性、高吸盐性树脂的工艺 01127434.4
425. 一种加氢催化剂及其制备方法 01127448.4
426. 利用混合 $C_4$ 生产二异丁烯的方法 01127509
427. 平式防堵锁及钥匙 01127592.8
428. 一种聚丙烯丝束成型胶粘剂 01127596.0
429. 一种便携式现场动火分析装置 01127597.9
430. 一种由偶联法制备的含共轭二烯烃的苯乙烯类嵌段聚合物的选择氢化方法 01128518.4
431. 聚烯烃用无卤膨胀型阻燃剂组合物 01128575.3
432. 球扫线管线焊接法 01129361.6
433. 一种聚酰胺/硅酸盐纳米复合材料及其制备方法 01129634.8
434. 一种聚酰胺/硅酸盐纳米复合材料及其制备方法 01129635.6
435. 一种间甲酚生产排放废水的处理方法 01130846
436. 一种间甲酚生产排放废水的预处理方法 01130847.8
437. 一种制备X型沸石的方法 01130974.1
438. 含杂原子的分子筛及其合成 01130975
439. 苯甲酸加氢制六氢苯甲酸的催化剂 01130977.6
440. 一种Y型沸石的制备方法 01130981.4
441. 一种制取乙烯和丙烯的催化转化方法 01130984.9
442. 有机型发动机冷却液 01131412.5
443. 共聚尼龙613或1013的制备方法 01131592
444. 一种制备有机土的方法 01131620.9
445. 一种自伸长涤纶的制造方法 01131621.7
446. 丙烯腈流化床催化剂 01131943.7
447. 用碳四及其以上烯烃生产丙烯的

方法 01131946.1
448. 碳四及其以上烯烃催化裂解生产丙烯的方法 01131947
449. 用于生产己内酰胺催化剂的制备方法 01131950
450. 取代茚基金属钛化合物及其制备方法和用途 01131951.8
451. 氨选择性还原氮氧化物的催化剂 01131952.6
452. 由石油裂解乙烯副产碳五馏分制取高纯度间戊二烯的方法 01132138.5
453. 制造聚对苯二甲酸丙二醇酯的方法 01132140.7
454. 海水脱除烟气中二氧化硫的方法 01132142.3
455. 环戊二烯加氢制备环戊烷的方法 01132143.1
456. 用强碱性阴离子交换树脂精制提纯 1,3 - 丙二醇的方法 01132145.8
457. 丙烯氨氧化制丙烯腈流化床催化剂 01132190.3
458. 制备丙烯腈流化床催化剂 01132191.1
459. 用于制备丙烯腈的流化床催化剂 01132192
460. 丙烯氨氧化制备丙烯腈的流化床催化剂 01132194.6
461. 制备间二甲氨基苯甲酸的催化剂 01132195.4
462. 控制聚酰胺热熔胶熔融指数的方法 01133360
463. 一种醇类脱氢的工艺方法 01133361.8
464. 一种由馏分油增产优质柴油的方法 01133362.6
465. 一种制备聚酰胺热熔胶的方法 01133363.4
466. 一种大环内酯化合物的生产工艺 01133365.0
467. 一种含硫化氢和有机硫废气的脱硫方法 01133366.9
468. 一种贵金属加氢裂化催化剂及其制备方法 01133368.5
469. 异丙胺合成二异丙胺、三异丙胺的催化剂及工艺 01133371.5
470. 纳米镍加氢催化剂及其制备方法 01133372.3
471. 一种含有阳离子乳化剂的燃料油组合物 01133373.1
472. 一种催化燃烧催化剂及其制备方法 01133374
473. 污水用于冷却系统补充水的处理方法 01133377.4
474. 一种烃油精制方法 01133689.7
475. 一种生产柴油低温流动添加剂的方法 01133690.0
476. 一种柴油低温流动添加剂 01133691.9
477. 空气压缩机卸荷控制方法 01134115.7
478. 长链烷基苯磺酰氯的制备方法 01134121.1
479. 甲叉型膦羧酸、其制备方法及其在水处理中的应用 01134201.3
480. 含磺酸基的甲叉型膦酸的制备方法 01134202.1
481. 用于乳化炸药的乳化剂及其制备方法 01134266.8
482. 一种己内酰胺的合成方法 01134270.6
483. 一种生产高十六烷值、低凝柴油的加氢组合方法 01134271.4
484. 一种柴油深度脱硫脱芳烃的方法 01134272.2
485. 一种分子筛的稀土离子交换方法 01134276.5
486. 一种氧化铝载体及其制备方法 01134279
487. 聚氯乙烯生产中聚合用助剂的加入方法 01135175.6
488. DCS 数据实时采集入计算机网的方法 01135243.4
489. 降低聚丁二烯橡胶装置回收系统物料中氧含量的方法 01135284.1
490. 一种机械零部件清洗废水的处理方法 01136036.4
491. 苯二酚的制备方法 01136042.9
492. 一种复合型粉末橡胶及其制备方法和用途 01136382.7
493. 一种裂解碳五馏分的分离方法 01136383.5
494. 苯催化加氢制环己烷的反应精馏外耦合装置及合成工艺方法 01136733.4
495. 一种共聚酯的制备方法 01137343.1
496. 一种从原油馏分油中脱除镍钒的工艺方法 01138212.0
497. 一种用于生产醋酸乙烯酯的催化剂 01139237.1
498. 生产醋酸乙烯酯的方法 01139238
499. 一种阴离子型腈纶纤维油剂 01139241
500. 丙烯聚合或共聚合的方法 01140162.1
501. 一种固体超强酸催化剂的制备方法 01140180
502. 一种合成 ZSM - 5 分子筛的方法 01140181.8
503. 一种钛硅分子筛的改性方法 01140182.6
504. 油浆炭化灼烧装置及其方法 01141469.3
505. 含双席夫碱配体的烯烃聚合催化剂及制备方法与应用 01141472.3
506. 含单席夫碱配体的催化剂及制备与用于烯烃聚合的方法 01141474
507. 外观透明的聚脲润滑脂的制备方法 01141475.8
508. 用于丙烯二聚制 4 - 甲基 - 1 - 戊烯的催化剂及其制备方法 01141770.6
509. 一种煤液化油的稳定加氢方法 01144958.6
510. 一种固体超强酸催化剂及其制备方法 01144961.6
511. 固体超强酸催化剂及其制备方法 01144962.4
512. 一种双核茂金属化合物及其制备与在烯烃聚合中的应用 01144963.2
513. 凝结水二次蒸汽用作水溶液回收

塔汽提蒸汽 01252798
514. 全开式井口保护箱 01269290.5
515. 钻井屏蔽暂堵剂及其应用 02100055.7
516. 飞机机轮润滑脂及其制备方法 02100232
517. 一种负载型杂多酸及其盐的制备方法 02100237.1
518. 异构烷烃的自烷基化反应方法 02100239.8
519. 一种从煤液化油最大量生产优质柴油或喷气燃料的方法 02100594
520. 生产装置停运期间抑制冷却水系统腐蚀的方法 02100596.6
521. 一种汽车尾气净化催化剂的涂覆方法 02100598.2
522. 用于烯烃聚合的固体催化剂组分和含该催化剂组分的催化剂及其应用 02100900.7
523. 一种氧氯化反应催化剂及其制备方法和应用 02103774.4
524. 一种涂覆汽车尾气净化催化剂的方法 02103901.1
525. 一种汽车尾气净化催化剂的制备方法 02103902
526. 一种含氟氧化铝载体及其制备方法 02109396.2
527. 一种渣油深度加工的组合工艺 02109405.5
528. 提高石油蜡类加氢精制催化剂活性的方法 02109407.1
529. 一种异构脱蜡催化剂及其制备方法 02109409.8
530. 石蜡加氢精制催化剂及其制备方法 02109411
531. 一种植物纤维生物填料的制备方法 02109417.9
532. 一种含硅氢氧化铝及其制备方法 02109423.3
533. 一种微晶蜡的生产方法 02109672.4
534. 一种间戊二烯提纯精制的方法 02111085.9
535. 一种聚丙烯成核剂及其制备方法 02112551.1
536. 裂解炉在线清焦过程的自动控制方法 02112751.4
537. 对二甲苯液相氧化反应器中反应温度的智能控制方法 02112752.2
538. 废 TA 高压转化制取 DMT 工艺 02112817.0
539. 一种纳米级羧基丁苯胶增韧尼龙的制备方法 02114049.9
540. 一种微胶囊化氮—磷膨胀型阻燃剂的生产方法 02114073.1
541. 一种苯乙烯类热塑性弹性体的制备方法 02114148.7
542. 一种聚合釜 02114251.3
543. 一种炼油碱性废水脱酚的方法 02114790.6
544. 一种劣质汽油精制方法 02115610.7
545. 桥联杂环类茂金属烯烃聚合催化剂及其制备方法 02116912.8
546. Y 型分子筛交换洗涤水循环利用方法 02116924.1
547. 用于烯烃聚合反应的固体催化剂组分和含该催化剂组分的催化剂 02116981.0
548. 裂解聚四氟乙烯单体的装置及方法 02130436
549. 聚全氟异丙醚油的连续光氧化制备方法及装置 02130437.8
550. 聚全氟甲乙醚油的连续光氧化制备方法及装置 02130438.6
551. 一种降低汽油烯烃的方法及其装置 02139065.7
552. 流化催化裂化催化剂再生设备 02139284
553. 一种螺旋折流管壳式换热器 200310106763.1
554. 弹力支撑式油井防偏磨扶正杆 200410023700.9

## 实用新型专利

1. 偏心保径器 02207115.6
2. 井口配水器 02243147.0
3. 从粗对苯二甲酸到聚对苯二甲酸乙二醇酯连续化生产装置 02245568
4. 抽油泵沉砂防埋固定阀 02251590.9
5. 一种利用加油鹤管限制避免静电放电的装置 02255733.4
6. 一种防雷引下线断接卡 02255734.2
7. 海底管道固定装置 02255892.6
8. 悬绳断后停机装置 02255979.5
9. 柱塞泵曲轴轴承压套安装定位器 02255980.9
10. 抽油机简易卸载装置 02255981.7
11. 抽油机平衡块牵引装置 02255982.5
12. 井下管柱伸缩平衡装置 02256070
13. 电潜泵防堵单流阀 02256071.8
14. 一种油水井可试压检查传压筒 02256072.6
15. 液压驱动井下作业增压装置 02256328.8
16. 一种固定式减磨接头 02269789.6
17. 流线型双机芯水陆两用检波器 02270414.0
18. 一种调制式旋转导向盘阀控制机构 02270415.9
19. 一种熔融纺丝组件 02283643.8
20. 一种用于处理污水的斜管沉淀池 02283644.6
21. 带压管道疏通器 02287663.4
22. 一种耐腐蚀空冷器 02290369.0
23. 新型载体颗粒强度选分机 02291240.1
24. 冷却水动态模拟试验的加热装置 02291968.6
25. 一种粉状物料输送装置 02293729.3
26. 石油钻井用隔音板 02295203.9
27. 套管短节装卸器 02295400.7

28. 一种用于制造复合纤维的复合纺丝组件 02295647.6
29. 循环水系统自动在线监测控制系统 03201343.4
30. 公网数据交互通用接续器 03202068.6
31. 复合式单向投球限位器 03203052.5
32. 带导轮的摩擦换向抽油机 03206196
33. 一种螺旋带式搅拌器 03206722.4
34. 均热式渣油悬浮床加氢反应器 03211821
35. 催化剂性质重量吸附测量装置 03211822.8
36. 一种用于制备氢氧化铝的反应器 03211823.6
37. 一种多管旋流过滤塔 03211824.4
38. 一种异柱形颗粒 03213520.3
39. 一种连续运行式过滤器 03213521.1
40. 一种反应器 03213816.4
41. 点火电炉 03214644.2
42. 抽油杆柔性连接装置 03215613.8
43. 旋转导向钻井 PDC 钻头 03215800.9
44. 一种抽油井口光杆密封器 03215805
45. 抽油机电机底座调位装置 03215806.8
46. 液压钳快速连接头 03216198.0
47. 一种在井底产生水力脉动的钻头短节 03216214.6
48. 注射式加固桩 03216215.4
49. 一种用高压水和压缩空气来消除水下泥沙的装置 03216216.2
50. 海上正压冲固平台 03216217.0
51. 液压动力钳防挤手装置 03216556.0
52. 液压全自动电缆排放装置 03216558.7
53. 一种采油井井口防盗丝堵 03216653.2
54. 一种电动机顶丝 03216654.0
55. 加热炉烟管清灰装置 03216729.6
56. 水力喷射泵泵芯打捞矛 03216775
57. 注蒸汽测试井口防喷装置 03216862.4
58. 抽油井口光杆滚动扶正储压密封器 03217248.6
59. 抽油杆减震防脱器 03217333.4
60. PDC 扩眼钻头 03217543.4
61. 一种井下内管注水泥用分级箍 03217819.0
62. 阻尼式微流量井口分配装置 03217842.5
63. 微流量液体自动分配装置 03217843.3
64. 一种固井用碰压座 03217997.9
65. 一种井下内管分级注水泥装置 03217998.7
66. 一种水力扩张式 PDC 扩眼器 03218329.1
67. 桩土作用室内试验装置 03218330.5
68. 自动适应潮汐的泥沙起动装置 03218331.3
69. 防腐蚀、防冻压力表接管和弹簧 03219115.4
70. 塔 03220316.0
71. 异型孔喷丝板 03220317.9
72. 石油管柱气动卡瓦 03221040
73. 颗粒状物料在线自动取样器 03221180.5
74. 液压悬绳器 03221295
75. 用于向密闭容器内喷淋液相介质的球阀结构喷头装置 03229810.2
76. 一种用于化纤熔融纺丝设备中喷丝头废熔体或废丝的承接装置 03229811.0
77. 一种化纤纺丝设备中牵伸、定型辊表面结垢物的在线清除装置 03229812.9
79. 一种丙烯氯醇化管式反应装置 03231853.3
80. 一种处理含油污水的装置 03232159.7
81. 一种气液混合射流器 03232330.1
82. 一种烃转化反应器内的急冷混合器 03236967
83. 射流冲砂器 03239280
84. 输气管线测听仪 03239281.8
85. 一种打捞工具 03239282.6
86. 井下管柱机械校深装置 03242544.9
87. 一种抽子 03242871.5
88. 聚合物井下配注器 03242874
89. 可泄压丝堵 03243557.6
90. 一种光杆密封保护装置 03243558.4
91. 投捞式固定凡尔 03245706.5
92. 一种棘轮扳手 03245707.3
93. 泥浆排量测量装置 03245811.8
94. 酸化反排保护封隔器 03246083
95. 多级分层注水投球限位器 03246084.8
96. 套进式单向投球限位器 03246085.6
97. 电潜泵叶轮打捞筒 03246232.8
98. 一种抽油杆打捞器 03246233.6
99. 采油配气自动控制装置 03250839.5
100. 防盗丝堵 03251095.0
101. 油管清蜡器 03251096.9
102. 抽油井防盗盘根盒 03251097.7
103. 油井自动调控电加热水套炉 03252305
104. 活动式偏心水力声波发生器 03253033.1
105. 泥浆回收型钻杆盒 03253239.3
106. 更换双翼盘根盒的专用工具 03253633
107. 稠油热采防砂一次充填工具 03253634.8
108. 防卡水力锚 03253690.9
109. 用于对二甲苯经氧化制备对苯二甲酸的氧化反应装置 03256279.9
110. 原油储罐防腐在线遥控及寿命预测的装置 03259244.2
111. 油井作业提抽杆防污染装置 03259628.6
112. 锥齿轮夹具 03264508.2
113. 石油钻井和修井用井架 03264513.9

114. 一种故障补相组合变压器 03264514.7
115. 一种奥氏气体分析横管 03266233.5
116. 并车分动装置 03266447.8
117. 井下蒸汽流量、干度测量装置 03268514.9
118. 带有内冷搅拌器的聚合釜 03268795.8
119. 堵漏专用胶垫 03269003.7
120. 快速带压堵漏弓形卡紧器 03269004.5
121. 快速带压堵漏活页卡 03269005.3
122. 快速带压堵漏卡钳 03269006.1
123. 机械防砂注水井反洗井装置 03269308.7
124. 一种在井底产生水力增压脉动的钻头短节 03269456.3
125. 一种钻头水力脉动喷嘴 03269457.1
126. 含油污砂分离清洗悬流器 03269593.4
127. 抽油杆整体淬火冷却喷水器 03270854
128. 抽油杆表面淬火冷却喷水器 03270855.6
129. 游梁式抽油机调平衡工具 03271363.0
130. 抽油机井井口密封盒加盘根装置 03271365.7
131. 潜油电泵采油井防逆流油嘴 03271417.3
132. 一种采油井井口单向阀 03271418.1
133. 一种轻烃气化装置 03272082.3
134. 真空系统液封除渣装置 03278466
135. 一种周期制动异步电动机节能装置 03284037.3
136. 一种新型刨床 03284067.5
137. 井下高压防喷机械开关 03284068.3
138. 导流式气举阀 03284069.1
139. 一种不对称异柱形颗粒 03284728.9
140. 快接绳帽 200320010493.5
141. 含油污砂分离清洗及污油回收装置 200320106259.1
142. 可冲砂滤砂管打捞器 200320106275.0
143. 水平井防砂封隔器 200320106682.1
144. 分层防砂开采工艺管柱 200320106694.4
145. 钢制环形密封槽的抛光装置 200320106762.7
146. 一种航空煤油罐车 200320106764.6
147. 补偿式热采封隔器 200320106777.3
148. 分层防砂滤砂管悬挂封隔器 200320106780.5
149. 一种分层采油装置 200320106781.6
150. 大通径丢手封隔器 200320106787.7
151. 电动机皮带轮拔出器 200320106958.6
152. 一种双重控制恒压差调压阀 200320107145.9
153. 一种高压旋转密封装置 200320107146.3
154. 一种重载自润滑铰链 200320107148.2
155. 旋进旋退式抽油机皮带更换装置 200320113025
156. 一种新型井下泄油装置 200320113136.0
157. 物探钻机动力头卸口套自动进给装置 200320116024
158. 外搓洗式过滤器 200320116025
159. 液力平衡式抽油泵 200420039614.2
160. 弹力支撑式油井防偏磨扶正杆 200420041070.3
161. 流向指示止回阀 200420051809.9

### 外观设计专利

1. 塑料包装桶 A(2L 黄—防冻液) 03340445.3
2. 塑料包装桶 B(4L 兰—马自达) 03340446.1
3. 桶(C)(1L－C 型力速、飞速摩托车机油) 200430003449.0
4. 桶(D)(1L－D 型风驰、风神、风度摩托车机油) 200430003450.3
5. 桶(E)(4L－B 型雪铁龙、神龙专用机油) 200430003451.8
6. 瓶(G)(1L PET 汽车化学品) 200430004259.0

（马　燕）

## 技术监督

**【概述】** 2004 年，中国石化以面向市场、加强监管服务和提高质量管理水平为重点，开展质量、标准化、计量工作。

石化集团公司归口管理 9 个石油和石油化工标准化技术归口单位和分技术委员会，具体组织本专业的国家标准、国家军用标准、石油化工行业标准的制定、修订以及国家标准样品的研复制工作。

截至 2004 年 12 月，石化集团公司归口管理制定的石油和石油化工标准共 1 096 项，其中国家标准 361 项，石油化工行业标准 681 项，国家军用标准 47 项、国家实物标准 5 项。

在 361 项国家标准中，石油和石油化工产品标准 82 项，试验方法标准 236 项，基础标准 37 项，其他标准 6 项；强制性国家标准 59 项，推荐性国家标准 302 项。国家标准的采标率为 85%。

在 681 项石油化工行业标准中，石油和石油化工产品标准 133 项，试验方法标准 548 项；强制性石油化工行业标准 20 项，推荐性石油化工行业标准 661 项。石油化工行业标准的采标率为 63%。

2004 年石化集团公司完成制定、修订并报批的国家标准 2 项(见表 2)，完成制定、修订并报批的石油化工行业标准 28 项(见表 3)。公布废止了 8 项石油化工行业标准(见表 4)。

（张益民　刘惠敏）

表 2　　2004 年石化集团公司制定、修订并报批的国家标准

| 序　号 | 标准编号 | 标准名称 | 实施日期 |
|---|---|---|---|
| 1 | GB 18351—2004 | 车用乙醇汽油 | 2004 年 4 月 3 日 |
| 2 | GB 19592—2004 | 车用汽油清净剂 | 2005 年 5 月 1 日 |

表 3　　2004 年石化集团公司制定、修订并报批的石化行业标准

| 序　号 | 标准编号 | 标准名称 | 实施日期 |
|---|---|---|---|
| 1 | SH/T 0741—2004 | 汽油中烃族组成测定法(多维气相色谱法) | 2004 年 4 月 30 日 |
| 2 | SH/T 0742—2004 | 汽油中硫含量测定法(能量色散 X 射线荧光光谱法) | 2004 年 4 月 30 日 |
| 3 | SH/T 0414—2004 | 石油蜡嗅味试验法 | 2004 年 9 月 1 日 |
| 4 | SH/T 1743—2004 | 乙烯—丙烯–二烯烃橡胶(EPDM)评价方法 | 2004 年 9 月 1 日 |
| 5 | SH/T 1744—2004 | 工业用异丙苯 | 2004 年 9 月 1 日 |
| 6 | SH/T 1745—2004 | 工业用异丙苯纯度及杂质的测定　气相色谱法 | 2004 年 9 月 1 日 |
| 7 | SH/T 1746—2004 | 工业用异丙苯中过氧化物含量的测定　分光光度法 | 2004 年 9 月 1 日 |
| 8 | SH/T 1747—2004 | 工业用异丙苯中苯酚含量的测定　分光光度法 | 2004 年 9 月 1 日 |
| 9 | SH/T 1748—2004 | 工业用异丙苯中酚类化合物和过氧化氢异丙苯含量的测定　高效液相色谱法 | 2004 年 9 月 1 日 |
| 10 | SH/T 1492—2004 | 工业用 1–丁烯纯度及烃类杂质的测定　气相色谱法 | 2004 年 9 月 1 日 |
| 11 | SH/T 1548—2004 | 工业用 1–丁烯中微量丙二烯和丙炔的测定　气相色谱法 | 2004 年 9 月 1 日 |
| 12 | SH/T 1547—2004 | 工业用 1–丁烯中微量甲醇和甲基叔丁基醚的测定　气相色谱法 | 2004 年 9 月 1 日 |
| 13 | SH/T 0749—2004 | 润滑油及添加剂中添加元素含量测定法(电感耦合等离子体发射光谱法) | 2004 年 9 月 1 日 |
| 14 | SH/T 1726—2004 | 工业用异丁烯 | 2004 年 9 月 1 日 |
| 15 | SH/T 1482—2004 | 工业用异丁烯纯度及烃类杂质的测定　气相色谱法 | 2004 年 9 月 1 日 |
| 16 | SH/T 1483—2004 | 工业用异丁烯中含氧化合物的测定　气相色谱法 | 2004 年 9 月 1 日 |
| 17 | SH/T 1484—2004 | 工业用异丁烯中异丁烯二聚物的测定　气相色谱法 | 2004 年 9 月 1 日 |
| 18 | SH/T 1611—2004 | 丙烯腈—丁二烯橡胶(NBR)评价方法 | 2004 年 9 月 1 日 |
| 19 | SH/T 1727—2004 | 丁二烯橡胶微观结构的测定　红外光谱法 | 2004 年 9 月 1 日 |
| 20 | SH/T 0728—2004 | 石蜡嗅味稳定性试验法 | 2004 年 9 月 1 日 |
| 21 | SH/T 0556—2004 | 石油蜡含油量测定法(丁酮—甲苯法) | 2004 年 9 月 1 日 |
| 22 | SH/T 0175—2004 | 馏分燃料油氧化安定性测定法(加速法) | 2004 年 9 月 1 日 |
| 23 | SH/T 0729—2004 | 石油馏分的碳分布和结构族组成计算方法(n–d–M 法) | 2004 年 9 月 1 日 |
| 24 | SH/T 0730—2004 | 石油馏分分子量估算法(黏度测量法) | 2004 年 9 月 1 日 |
| 25 | SH/T 0731—2004 | 润滑油蒸发损失测定法(热重诺亚克法) | 2004 年 9 月 1 日 |
| 26 | SH/T 0732—2004 | 润滑油低温低剪切速率下黏度与温度关系测定法(温度扫描法) | 2004 年 9 月 1 日 |
| 27 | SH/T 0733—2004 | 闪点测定法(泰克闭口杯法) | 2004 年 9 月 1 日 |
| 28 | SH/T 0109—2004 | 润滑脂抗水淋性能测定法 | 2004 年 9 月 1 日 |

表 4　国家发展和改革委员会公告自 2004 年 10 月 1 日起废止的 8 项石化行业标准

| 序号 | 标准编号 | 标准名称 |
|---|---|---|
| 1 | SH/T 1158—92 | 丁腈橡胶中防老剂丁含量测定方法 |
| 2 | SH/T 1612.6—95 | 工业用精对苯二甲酸中对羧基苯甲醛含量的测定　极谱法 |
| 3 | SH/T 0198—92 | 润滑油中酚含量测定法(紫外吸收法) |
| 4 | SH/T 0213—92 | 防锈油胶状物试验法 |
| 5 | SH/T 0235—92 | 液体燃料蒸发损失测定法 |
| 6 | SH/T 0240—92 | 重整原料油中烷烃、环烷烃含量测定法(色谱法) |
| 7 | SH/T 0244—92 | 标准正庚烷和标准异辛烷的沸点测定法 |
| 8 | SH/T 0247—92 | 柴油凝点测定法(自动测定法) |

【质量计量监督管理】　2004 年初下发了石化集团公司暨石化股份公司 2004 年质量、标准化、计量工作要点，确定从健全质量体系、依靠技术进步、加强质量监管、规划制定汽柴油产品质量发展纲要、创名牌产品、开展标准体系研究、建立企业计量管理体系、组织质量计量工作检查、提高人员素质、开展质协工作等 10 个方面 31 项任务入手，抓好石化集团公司的技术监督工作。

2004 年，组织 13 家质检中心对石油与石油化工产品和油田企业的物资进行了监督抽检。全年共抽检油田企业采购物资 12 类 213 个样品，合格率为 85%，较 2003 年提高 11 个百分点；抽检石油与石化产品 9 类 261 个样品，合格率为 97%，较 2003 年提高 1 个百分点。

旨在规范上市与非上市企业关联交易而开展的液体化工产品计量标准的研究工作，已完成了 9 种化工液体产品标准文本，其余 15 种化工产品的实验工作正在进行中。组织中国石化所属胜利石油管理局、茂名分公司、广州分公司、扬子石化股份公司 4 家单位的代表参加了“5·20 世界计量日—全国能源计量工作研讨会”，并在会上作了经验交流。中国石化的能源计量工作得到了国家质检总局领导的表扬。

为提高企业质量、计量处长的业务素质和管理能力，适应市场经济与知识经济的需要，根据人教部的安排，于 2004 年 10—11 月分别在上海石化培训中心和北京燕化教培中心举办了质量处长和计量处长岗位资格培训班，参加培训的 24 名质量处长、26 名计量处长均通过了岗位资格考试，取得了岗位资格证。

组织中国石化所属企业的 25 名计量管理和计量技术人员参加了中国计量科学研究院在广西桂林举办的“流量测量不确定度评定培训”及“ISO 5167 最新国际标准大型讲座”，以提高中国石化所属企业流量实验室管理水平，使计量管理和计量技术人员及时了解和掌握 ISO 5167：2003(E)的内容。为贯彻落实石化集团公司安全大检查总结会议精神，加强对可燃及有毒气体检测报警器的管理，举办了可燃及有毒气体检测报警器计量检定培训班。从事企业报警器检定工作的计量检定员及现场维护人员共 105 人参加了培训。

质协石油化工分会秘书处组织了优秀质量管理(QC)小组的评审工作。2004 年度 52 个会员单位推荐了优秀 QC 成果 278 篇，其中，一等奖成果 56 篇，二等奖成果 222 篇。经过评审组评审，评出了一等奖成果 15 篇，对其余 222 篇二等奖成果也进行了审查。同时，向中国质协申报了全国优秀 QC 小组及全国质量信得过班组。

(张益民　刘惠敏)

## 电子信息技术应用与管理

【概述】　2004 年，中国石化重点推进以 ERP 为主线的信息化建设，开展 ERP、供应链、电子商务、地震资料处理、油藏描述、生产执行系统(MES)、先进控制、加油 IC 卡等信息系统的推广应用，深化企业信息技术应用，加强网络、标准化等信息基础设施建设，全系统信息化管理工作得到了显著加强。

2004 年又有 12 家企业 ERP 系统成功上线运行，实现了部分炼油企业、销售大区和省市石油公司之间的系统集成和信息共享，并且扩展了新的功能。开展了成品油一次物流优化、二次物流优化和甬沪宁原油管输配送管理信息系统等项目的推广应用，初步建成了中国石化供应链优化系统的基础框架。2004 年进行 19 个省(市)石油公司的加油 IC 卡工程推广实施工作，目前已累计完成 1.3 万多座加油站的卡机联动改造。中国石化电子商务网站于 2000 年 8 月正式开通运行以来，上网交易额逐年攀升。企业信息化建设取得重要进展，信息技术已融入到油田企业勘探开发、生产运行、经营管理的各个环节，成为提升油田管理、技术创新和决策的支撑；炼化企业大力推广应用先进过程控制、计划调度、实验室信息管理系统等技术，炼油企业生产执行系统 MES 开发与试点项目进展顺利。中国石化计算机网络经过系统的提升和完善，建立了连接 110 多个下属企业的中国石化广域网以及各企业的局域网，链路带宽提升到 2 兆比特/秒(Mbps)，卫星专用网已建成 70 个地面站，满足了应用系统和视频会议的需要。

2004 年，中国石化颁布实施了一系列信息系统管理办法和制度，中国石化所属油田、炼化、销售、科研等 82 家单位根据中国石化《内控手册》，编制了各自的“信息系统管理业务流程”和“信息资源管理业务流程”，信息化管理得到进一步加强。

（赵建华　彭松涛　宫向阳）

**【ERP 项目建设】** 2004 年，中国石化又有 12 家企业 ERP 系统成功上线运行。中国石化组织技术攻关，利用信息交换平台(XI)实现了炼油企业、销售大区和省市石油公司之间的业务集成和信息共享；扩展新的功能，在济南分公司完成人力资源(HR)模块试点，在上海石化完成项目系统(PS)模块试点，在燕山石化、胜利油田、北京石油分公司进行了资金管理(TR)模块试点。

已上线 11 家企业的 ERP 应用进一步深化。借助于 ERP 系统对物资采购过程的严格监控和与总部物资采购电子商务系统的全面集成，2004 年将总部集中采购率提高到 55%，同比增加了 8%；进行 ERP 运行标准制定和管理制度建设，健全从总部到企业的 ERP 运行支持体系，加强安全意识和风险防范，初步建立了中国石化 ERP 整体支持体系，并通过 SAP 公司的认证。2004 年 5 月，11 家企业 ERP 系统全部实现了单轨运行，并通过了专家验收。

（罗　莉）

**【甬沪宁原油管输配送管理信息系统】** 2004 年 3 月，甬沪宁原油管输配送管理信息系统建设项目与管道工程同步投用。中国石化总部原油调度控制中心通过管理信息系统实现了对甬沪宁地区原油输送过程的动态跟踪。生产经营管理部利用信息系统提供的视频会议功能，每周组织一次甬沪宁管线相关企业的原油调度工作例会。同时利用信息系统的原油管输计划和调度优化功能，为安排管线原油输送和二程船计划提供了决策辅助信息。信息系统提供的生产实时运行监控功能，为原油调度业务人员及时掌握管线原油资源分布，了解甬沪宁管网和企业原油库存情况提供了重要手段；工业电视功能为总部及时掌握油轮码头接卸情况提供了实时视频图像信息。甬沪宁信息系统的投用，为甬沪宁地区炼化企业原油管输调度指挥提供了有效支撑。

（吴永久　张　捷）

**【供应链优化】** 炼油化工一体化企业 MPIMS 模型应用项目通过了鉴定验收，实现了企业级炼油化工一体化资源优化，并为总部原油资源的选择和优化配置提供了基础依据。企业级 PPIMS 试点项目已投入运行，完成了试点企业 PPIMS 模型调试、原油切割工具的开发、企业原油数据库的建立、报表开发等工作。总部供应链优化模型开发项目采用 MPIMS 技术，将 35 家炼化企业的 PIMS 模型进行集成，并为 MPIMS 模型运行和业务应用提供一个信息平台，实现了数据管理、模型管理、模型运行、结果分析和计划发布等功能。成品油一次物流优化项目按计划实施，将分销计划优化(DPO)全面转入模型的推广、应用阶段。二次物流优化推广项目通过验收鉴定。截至 2004 年底，二次物流优化系统已在 10 家石油分公司全面上线运行。

（吴永久　苗占东　张　悦）

**【石化企业(炼油)MES 系统开发与试点】** 2004 年，MES 系统在茂名分公司、安庆分公司、荆门分公司进行试点，结合生产过程基础数据采集和企业 ERP 系统对生产过程管理所需的信息，重点解决物料、公用工程等炼油企业的平衡难题。已完成可行性研究报告、需求分析、总体设计、详细设计、程序代码开发及系统单元和集成测试，初步形成了中国石化 MES 软件版本，并具备了试运行条件。

（张朝俊）

**【上海高桥分公司“水星项目”(一期)】** 2004 年，上海高桥分公司“水星项目”的 3 套催化、2 套常减压、1 套重整装置、1 套焦化装置先进过程控制器已全部投用。将 3 套催化裂化、1 套延迟焦化装置纳入区域优化，建成了国内第一个区域优化体系；在常减压装置引入了 GCC 技术，解决了原油性质变化对装置控制器投用的影响，进一步提高了装置的稳定性和原油利用率。

（王　燕）

**【先进过程控制(APC)项目】** 2004 年，信息系统管理部对已有先进控制项目的实施、应用情况进行了调研，召开了先进控制推广应用会议，确定了2004年6家企业6套装置的APC维护工作，已完成5套装置的维护。新开APC项目7套，分别为齐鲁石化塑料厂线性低密度聚乙烯装置、中原石化聚丙烯、长岭重整和催化裂化、沧州重油催化裂化、广州重整和镇海重整。对齐鲁石化胜利炼厂联合装置的3套先进控制投用后效益进行了评估。

（张朝俊）

**【电子商务系统】** 物资采购电子商务系统实现了网上动态竞价采购和价格数据库功能，并开发了自助培训系统；同时完成了物资采购电子商务在SAP公司SRM(供应链关系管理)新平台上运行的总体设计。截至2004年底，物资采购网上成交额累计967.73亿元，节约采购金额46.83亿元(其中2004年网上成交额516.15亿元，节约采购金额37.21亿元)。化工产品销售网上成交合同累计8 808笔，签订购销合同1 034.7万吨，成交金额达713.36亿元(其中2004年网上签订购销合同211万吨，成交金额达196.24亿元)。腈纶分公司电子商务系统正式投入运行，实现了电子商务系统和腈纶销售业务系统的在线数据交换和操作互动，实现了在线交易。

（苗占东　孙丽华）

**【高性能计算机应用和油田综合业务管理信息系统】** 高性能计算机应用项目在软件商品化与应用方面取得重要进展。其中，Stseis地震成像软件系统，按照软件工程(CMM4)进行了标准功能模块的模块化设计和数据的结构设计，完成了速度编辑和模型建立交互处理子系统的开发，对该系统进行了技术提升；油藏数值模拟系统，完成了三维三相黑油模型软件整体方法和并行化算法、数据结构设计、功能结构设计等关键技术的研究、编码工作；高性能计算机技术应用中心，扩充了神威64P机群系统，发展了“网格存储”技术和虚拟现实系统。油田综合业务管理信息系统12个应用项目已通过油田事业部组织的专家验收，其中，油田生产调度管理信息系统在上游企业全部投入应用，油田部综合业务信息集成系统在油田事业部正式投入运行，油田钻井管理信息系统在多个油田进行了推广应用，其他系统也在一二个油田进行了试运行。初步形成了勘探、开发专业总库和二级分库的两级数据管理体系。

（肖　波　郭　江）

**【总部信息平台和信息门户建设】** 2004年，总部信息平台系统软件进行了整体升级，增加了用户管理、资源管理、个性化服务、安全管理等功能；建成了炼油事业部、董秘局、总裁办、外事部、审计部、物资装备部及市场预测等信息门户，初步实现了部门内生产经营信息和管理信息的整合，实现了相关市场信息的整合，基本实现了部门级用户、授权、信息资源的统一管理。总部信息平台和信息门户建设已初见成效，销售公司将信息门户的使用延伸到了下属企业，使信息门户成了总部和销售企业实时交流销售信息、实时调整销售策略的平台。

（姜　林　董　良）

**【信息标准化工作】** 为满足ERP等系统的需求，重新核定了组织机构代码，增加了三级单位和部门代码；制定了润滑油产品代码的命名及分类规则，并按规则对1.7万余条数据进行了整理；制定了HR模块、PS模块等一系列ERP相关标准和规则，有力地支持了ERP的实施；完成了“油田勘探开发数据库信息标准代码”的编制工作；完成了装置名称命名和编码规则，对2.8万多条生产装置条目进行了整理；完成了腈纶销售客户代码的编制。目前总部已编制完成了12大类，32万多条信息代码并在代码网站上发布。

（苗占东）

**【其他应用系统建设】** 润滑油信息系统项目全面投入运行，为润滑油统一资源配置、统一品牌、统一销售政策、统一价格以及原设备制造商(OEM)的管理提供了信息支撑。人力资源管理信息系统项目完成了系统软件试点版本的试用。经过上、中、下游企业试点和对软件优化，完成推广实施版本的开发定型，完成了企业的数据采集工作。科技开发管理信息系统项目各子系统全部投入运行并通过验收。技术经济指标统计系统全面投入使用，实现了企业与总部统计信息的统一和数据共享，并在部分炼化企业与ERP系统集成，为ERP系统生产计划(PP)模块提供生产过程管理所需数据。加油卡工程在19个省(市)石油分公司进行推广与实施，截至2004年底，共完成卡机联动改造加油站1.3万多座，实现了成品油零售系统的信息化管理和交易数据的自动采集。实验室信息管理系统(LIMS)项目在茂名分公司、广州分公司、安庆分公司、九江分公司、济南分公司和齐鲁分公司等6家企业进行试点。炼化企业生产调度优化(ORION)系统在长岭分公司试点，并通过了验收，提高了生产计划作业人员对生产方案安排等工作的预见性，为生产调度作业计划的安排提供了科学的工具。茂名采用ORION软件，开发炼油调度优化系统，为炼油企业的生产调度提供技术支持，茂名分公司调度优化系统已进入验收阶段。广州 ORION 项目正在进行详细设计。国际石油市场及油价预测系统具有全球石油需求预测、供应预测、油价预测三大功能，已投入试运行。

(姜　林　董　良　苗占东　王　燕)

**【信息基础建设和信息服务】** 配合中国石化 ERP 系统建设，完成了 14 家企业基础设施建设，包括网络改造和提升、企业虚拟专用网(VPN)系统建设、个人计算机和打印机配置、相关基础环境建设等。根据网络管理系统总体建设规划，为所有已实施 ERP 的共 26 家企业部署和建立了企业的网络管理系统。

完成了 23 家销售企业主干网改造和提升，将原来 512k 带宽提升到 2M，并更新了相应企业的远端路由器。通过实施企业网络提升一期工程和企业网络安全建设一期工程，改善和提升了网络设施比较薄弱的 16 家企业的网络性能，加强了 32 家企业的网络边界安全和重点区域的防护。

对中国石化核心网络结构进行了初步调整和改造，强化了服务器区、因特网、核心网络的安全防护。对路由器、交换机实施统一的安全策略，结合防火墙等安全设备，整体进行网络安全防护。

2004 年，中国石化对卫星和视频会议系统进行了扩容和改造。总部视频会议中心由原来只支持卫星视频会议改造为同时支持卫星和地面网络视频会议、电话会议等多种会议形式的会议中心，新的视频会议中心能够将卫星和地面视频会议会场统一为完整的系统，实现了多种会议方式的整合。为在京部分企业建立了基于地面数据网的视频会议系统，建立了 28 个基于地面网络的视频会议会场。基于卫星网的视频会议系统也由 69 个企业会场扩展到 74 个企业会场。截至 2004 年底，中国石化卫星和视频会议系统会场总数达到 102 个。

(孙　维　许　基)

**【管理办法和制度】** 编制了“股份公司《内控手册》信息系统管理部工作流程”；颁布了《2004—2006 年中国石化股份公司信息化发展计划纲要》、《中国石化 ERP 项目实施策略》、《中国石化电子商务建设与应用策略》、《中国石化供应链优化系统建设与应用策略》、《中国石化信息系统安全建设策略》等实施策略。颁布了《中国石化信息系统关键岗位安全管理办法》及信息系统关键岗位安全责任书的模板，制定了《中国石化网站信息安全管理暂行规定》，建立了企业网站运行月报制度和企业对外网站信息安全监测系统。编制下发了《中国石化站港信息代码标准》、《中国石化生产装置名称及编码标准》、《中国石化 ERP 运行标准(试行)》、《中国石化 ERP 运行管理制度汇编》等管理办法和制度。

(宫向阳)

# 安全监督与环保管理

## 综　述

2004年安全工作思路是：认真学习贯彻党的十六大和十六届三中全会精神，从实践“三个代表”重要思想的高度，坚持“安全第一、预防为主、全员动手、综合治理”的方针，层层落实安全生产责任制，加大隐患治理力度，全面推行健康、安全、环境（HSE）管理体系，狠抓“三基”工作，严格事故责任追究，杜绝重、特大事故，努力减少人员伤亡和一般事故，争创安全生产新水平。

2004年企业安全生产的外部监管环境更加严格，国家进一步加大了安全生产监督力度。年初国务院召开了全国的安全生产工作会议，下发了《国务院关于进一步加强安全生产工作的决定》（国发[2004]2号），对全国的安全生产工作进行了总体部署。为加强中央企业的安全生产工作，国务院办公厅下发了《关于加强中央企业安全生产工作的通知》，召开了中央企业安全生产工作会议，进一步明确了中央企业安全生产的主体责任，按照分级、属地管理的原则加强对中央企业安全生产的监督管理。

石化集团公司、石化股份公司认真贯彻落实党中央、国务院关于加强安全生产工作的指示精神，采取一系列强有力的安全措施，加强安全生产工作。各企业按照石化集团公司党组的统一部署和要求，以学习贯彻《国务院关于进一步加强安全生产工作的决定》为主线，认真落实安全工作会议精神，加大安全监管力度。2004年开始实施安全督查制度和季度电视电话会议制度，全面修订完善了石化集团公司安全生产监督管理制度，促进了各级安全责任制的层层落实。继续加强安全隐患治理工作，实施隐患治理项目分级监管制度，确保了重点项目的顺利完成。全面推行HSE管理体系，认真开展危害识别和风险评估，严格执行作业票制度，落实各项防范措施，强化了现场的安全监督管理，逐步建立起安全生产工作的长效机制。进一步加强设备安全监督管理力度，明确了设备管理职责，加快设备更新力度，促进了装置的本质安全。认真组织开展了防硫化氢、氯气等专项检查、井控专项检查，进行了年度安全大检查，对企业存在的问题和隐患迅速进行了整改。严格坚持事故处理“四不放过”原则，切实做到举一反三，防止类似事故的重复发生。各企业做了大量、富有成效的工作，实现了安全生产总体平稳，主要考核指标都控制在年度目标内，保持了生产稳定，企业稳定，职工稳定，为石化集团公司各项目标的实现创造了条件。

2004年石化集团公司进一步严格新建项目的环保管理；制定并颁布了《“三废”综合利用管理办法》，鼓励企业积极开展废弃物综合利用；在清洁生产示范工作的基础上，制定并颁布实施了《清洁生产企业标准》；在生产总量大幅增长的情况下，工业取水量和主要外排污染物量持续减少，继续保持总体上稳定达标排放。2004年5月石化集团公司召开了全系统的环保工作会议，部署了今后两年的工作，提出“超标排放就是违法，保护环境是企业领导的职业道德”，要求所属企业领导干部强化守法意识，积极开展污染治理，保护周边环境。2004年对2家炼化企业和3家油田企业的清洁生产工作进行指导审核，被审的5家企业在清洁生产方面取得了明显的成效，特别是首次开展清洁生产审核工作的油田企业，为全面推动油田专业的清洁生产起到了良好的示范作用。2004年继续把环保和节水指标纳入企业生产经营目标之中，同时增加了清洁生产、“三同时”、内部排污计费、HSE等管理指标，与企业工资总额和企业负责人的承包奖金挂钩。2004年总部继续加强环保监督检查，对存在问题的企业，实施重点跟踪检查，督促企业完成年度指标。经过各级的共同努力，石化集团公司总体污染物排放量同比持续减少，与2003年相比，外排废水中污染物总量减少2%，工业用新鲜水量减少6%。

（杜红岩　刘春平）

## 安全监督与管理

**【各类事故同比下降】** 2004年石化集团公司职工全员重伤率为0.027‰，事故死亡率为0.032‰；石化股份公司职工全员重伤率为0.025‰，事故死亡率为0.023‰，均低于年初下达的考核指标。石化集团公司全年累计发生上报事故54起，死亡26人，重伤22人，企外死亡5人；与2003年同期相比，各项指标均下降。其中，石化股份公司发生上报事故25起，死亡9人，重伤10人，企外死亡3人；与2003年同期相比，死亡人数与企外死亡人数上升，上报事故数和重伤人数下降。

（杜红岩）

**【安全大检查】** 2004年组织开展了防硫化氢、氯气等专项检查、井控专项检查、节日安全检查；开展了公用工程、电气隐患专项调查；组织了2次综合性安全检查。

为认真贯彻落实国务院办公厅《关于加强安全工作的紧急通知》精神，2004年2月在全系统开展了一次以企业自查自改为主的安全检查。在企业自查自改的基础上，总部组成6个检查组，分别由总部机关部分负责人带队，对胜利油田、齐鲁石化、巴陵石化、江苏石油公司等企业和西安石化总厂清洁燃料工程、上海赛科乙烯工程等施工现场进行了安全检查，共查出各类问题255项。8月下旬，安环局会同油田管理部、炼化管理部、炼油事业部、化工事业部、油品销售事业部和工程部，组织了134人，分成15个检查组，历时1个月，对所属油田、炼化、销售企业和工程建设公司进行了全面安全大检查。

检查组按照国家有关法律法规、行业标准及石化集团公司的规范、制度，采取闭卷考试、召开座谈会、查看资料、现场提问、现场检查、实战演习、夜间查岗等方式，深入井队、装置、油库、加油站等生产一线进行检查。共检查了77家企业及其下属的581个二级单位、986个车间(装置、作业队)、277座油库(加油站)；对2 542名干部进行了安全考试，对1 580名职工进行了现场安全知识和防护器材使用考核；进行了165次消防演习、40次事故应急预案演练、34次夜间查岗；召开了165次座谈会；对2个问题突出的基层井队责令进行停产整顿。共查出各类问题4 343项。针对检查出的问题，深究问题根源，从企业管理、制度修订、责任制考核等方面查找管理上的原因，指导企业有针对性地制定整改措施，采取专人跟踪落实、限期整改等措施，确保问题得到及时整改。

（杜红岩）

**【建立安全督查制度并组建第一支安全督查队伍】** 为贯彻落实党中央、国务院关于加强安全生产工作的指示精神，探索有效的安全监督工作新模式，建立确保安全的长效机制，按照石化集团公司2004年度安全工作会议精神，建立了石化集团公司安全督查制度，制定完善了安全督查工作的有关管理规定。坚持企业推荐、总部审核的原则，从企业抽调具有丰富石油石化企业安全生产管理经验、热爱石油石化安全工作，责任心强、敢于坚持原则、善于发现并解决问题的80名退居二线的处级以上干部，组成了石化集团公司第一支安全督查队伍。安全督察员分成10个组，长期深入生产一线，帮助企业查找安全生产中存在的问题，指导督促企业做好安全生产工作。安环局及时作好安全督查总结，针对集中存在的突出问题，研究制定解决方法和措施，督促企业进行整改，促进了企业的安全生产。

（杜红岩）

**【安全“三同时”监督管理】** 2004年中国石化继续严格贯彻落实国家有关建设项目“三同时”监督管理的法律、法规和政策，对所有新改扩建项目从可研评估、安全预评价、设计审查、总体开工方案审查、投料试车条件检查到竣工验收全过程实施“三同时”监督管理，对重点建设项目的投料试车现场实施现场安全监督。全年对福建炼油化工一体化项目等25个炼化企业的重点建设项目组织进行了安全预评价工作，对西安石化总厂清洁燃料技术改造等7个重点工程专门组织了投料试车前安全条件检查和开工现场的安全监督，确保重点建设项目的一次投料试车成功，为中国石化建设项目“三同时”把好安全关。

（张志刚）

**【安全教育培训】** 2004年石化集团公司除先后举办了安全处(科)长岗位资格培训班、安全工程师培训班、安全管理干部培训班、消防干部培训班多期外，还举办了炼化企业安全处长《石油化工企业设计防火规范》学习班。各企业按照石化集团公司的教育培训计划，举办了各类培训班，开展了事故、消防演练等，取得了良好的效果。

（杜红岩）

**【安全先进单位和先进个人】** 胜利石油管理局、中原石油勘探局、扬子石化公司、仪化集团公司、浙江石油公司、第五建设公司等29家企业被评为石化集团公司2004年度安全生产先进单位。其中扬子石化公司实现了安全生产“七连冠”。

河南石油勘探局消防支队、燕山石化公司消防支队、天津石化公司消防支队、扬子石化公司消防支队、洛阳石化总厂消防支队被评为石化集团公司优秀消防队。

戴厚良、田以民、张文标等65人被评为石化集团公司安全生产先进管理者，吴雪平等7人被评为石化集团公司安全生产突出贡献者，刘洋明等315人被评为石化集团公司安全生产先进职工。

（杜红岩）

**【健康管理】** 2004年，中国石化以继续贯彻落实《职业病防治法》为主线，在坚持对新改扩建工程建设项目严格执行职业卫生“三同时”监督管理程序的同时，按照新修订的《中国石化职业卫生技术规范》的要求，重点强化了职业卫生现场管理，加大了有毒有害岗位检测和监管力度。在全系统大力推进HSE一体化管理体系的同时，根据石油石化行业特点，继续坚持“预防为主、防治结合、分级管理、综合治理”的职业卫生工作方针，严格按照“总部监督、企业负责、分级管理、定期考核”的管理体制执行，进一步规范职业卫生工作管理，以“抓四率，建四档”为切入点，进一步夯实职业卫生基础工作。全年有毒有害岗位检测覆盖率达98.1%，检测点合格率达95.8%，职业健康体检率达95.1%，建设项目职业卫生“三同时”审查验收率100%，在岗职工职业病发病率控制在了0.1‰以下，杜绝了一次3人以上急性职业中毒事故的发生。全年职业卫生主要目标和指标均好于2003年，保障了中国石化职工的健康，为中国石化的生产经营起到了积极作用。

（张志刚）

## 隐患治理工作

**【概述】** 2004年石化集团公司暨石化股份公司分别重新修订了《事故隐患治理项目管理规定》，全年共安排事故隐患治理项目513项，总投资11.03亿元。为确保事故隐患得到及时治理，继续实行了事故隐患治理项目分级监管制度，每月进行督促检查。把“胜利油田内港池综合治理”等6项严重影响安全生产的项目确定为总部领导重点监管项目，“燕山石化化工一厂消防水隐患治理”等34个项目确定为总部部门重点监管项目，其余作为企业主要领导监管项目，重点督办，这种三级监管的体制确保了隐患治理工作的落实。513项事故隐患除个别项目需跨年度完成外，其余已基本完成。

（张晓鹏）

## 安全科技

**【概述】** 2004年安全科技工作结合中国石化安全生产工作的实际需要，确定了一批安全科研项目，在安全工程研究院和直属企业两个层面展开安全科技攻关，取得了一批新的安全科技成果。“化学品紧急救援系统”科研项目获得了2004年度石化集团公司科技进步二等奖，“轻柴油闪点降低后的危险性研究”、“石油化工毒物分布与防护措施研究”2个项目获得了2004年度石化集团公司科技进步三等奖。“液化石油气泄漏扩散规律与泄漏监控”等4个项目获得国家安全生产监督管理局2004年度第二届安全生产科技成果二等奖，“油田钻井、修井超限安全保护装置的开发与应用”等8个项目获得国家安全生产监督管理局2004年度第二届安全生产科技成果三等奖。

（张晓鹏）

## 环保监督管理

**【概述】** 2004年石化集团公司认真执行国家的有关环保法规标准，继续实行企业第一负责人环保责任制，在年内召开的环保工作会上提出“保护环境不仅仅是意识问题，更是企业的行为规范和守法经营问题，也是企业自身发展的要求，各职能部门应该对自己管辖范围内的环保负责”的要求，加强环保考核，进一步强化了企业各级的环保职责。2004年石化集团公司制定并发布了《“三废”综合利用管理办法》和《清洁生产企业标准》，鼓励并督促企业积极开展清洁生产和“三废”综合利用，按照循环经济的模式开展生产经营活动，取得了初步成效。

各企业认真贯彻石化集团公司第三次环保工作会议的要求，加强环保管理和污染治理，认真开展环保检查，对检查出的问题督促整改，实行闭环管理。建立了有效的环保监测和管理网络，定期召开各级会议，研究环保工作，积极推行清洁生产，对污染源实行全过程的监控，大部分企业实施了内部排污计费制度。

（刘春平）

**【石化集团公司第三次环保工作会】** 2004年5月30—31日，石化集团公司召开了第三次环保工作会议，本次会议分为两个阶段，首次召开了全系统的电视电话会议，各直属单位主要领导和相关部门负责人都在分会场听取了领导讲话，主管副经理（厂长）和环保部门负责人在北京参加了两天会议。会上，王天普高级副总裁作了环保工作报告，石化集团公司党组书记、总经理，石化股份公司董事长陈同海就如何做好今明两年的环保工作作了重要讲话。通过这次会议的学习、讨论和交流，进一步统一了思想，提高了认识，增强了信心。陈同海总经理的讲话，以科学的发展观为指导，体现了与时俱进，求真务实，以人为本的精神，更要求我们扎实地做好环保工作，必须要适应新形势的要求，要以新的理念，新的工作，实现国家对环保工作的新要求。特别指出，中国石化是一个重诚信、负责任的公司，环保工作的好坏，不仅直接影响到我们的社会形象，在很大程度上，已经成为我们赖以生存和发展的立身之本。

（刘春平）

**【HSE与ISO 14000环境管理体系】** 在建立运行HSE管理体系的同时，有的企业根据企业发展的需要，建立了ISO 14000（GB/T 24000）环境管理体系。截至2004年底，石化集团公司又有上海高桥分公司化工厂，镇海炼化股份公司等企业通过环境管理体系（ISO 14000）认证。

（刘春平）

【建设项目环保“三同时”】 2004 年组织抚顺石油化工研究院、工程建设公司、上海石化环保技术中心、燕山石化环保技术中心、洛阳工程公司等单位配合石化集团公司近期和长远生产发展需要完成了对海南实华炼油、青岛大炼油、镇海 100 万吨/年乙烯、天津 100 万吨/年乙烯、山东等 4 个 LNG 项目、沿江原油管道、西南成品油管道等新建项目和武汉分公司、荆门分公司等改扩建项目的环境影响评价工作；对有关重点项目的环保“三同时”进行验收；对建设项目环保管理存在问题的企业进行了检查通报。

（刘春平）

## 污染综合治理

【清洁生产】 2004 年，石化集团公司在炼化企业清洁生产示范的基础上，开始全面推行清洁生产，组织召开了各企业清洁生产办公室主任会议，全面部署了清洁生产工作。组织专家编制了石化集团公司炼化企业《清洁生产企业标准》，并发布实施。组织专家分别对燕山石化炼油厂、九江石化总厂、江苏油田试采一厂和二厂、江汉油田物探处、胜利油田河口采油厂和胜利采油厂等石油勘探开发单位进行了现场清洁生产核查并提出了整改意见。

（刘春平）

【综合利用】 2004 年，石化集团公司为鼓励所属企业开展“三废”综合利用，下发了《“三废”综合利用管理办法》，对取得免税的单位给予奖励和支持，对不认真开展“三废”综合利用工作的企业进行考核。全系统“三废”综合利用产品产量达到 537 万吨，产值 40 亿元，利润约 18 亿元，同比分别提高 11%、28% 和 100%。

（刘春平）

【达标节水竞赛】 2004 年，石化集团公司继续在达标竞赛中开展节水专项竞赛。通过对各炼化企业工业取水量、工业水重复利用率以及外供水收费率、水平衡测试情况进行总体评价和排队，镇海炼化股份公司、燕山石化、洛阳分公司、济南分公司、沧州分公司、齐鲁石化、仪征化纤股份公司、福建炼化有限公司等企业分获第一至八名，激发了全系统开展节水工作的积极性。与 2003 年相比，石化集团公司工业取水量减少 2 800 万吨。

（刘春平）

【环保和节水专项治理】 2004 年，石化集团公司开始在建设项目环保“三同时”、生产能力配套改造环保设施和实施节水项目的基础上，安排专项资金用于污染治理和实施节水项目，重点做好不能稳定达标企业的污染治理、恶臭治理、清洁生产中高费方案、“三废”综合利用项目和节水措施等工作。年底下达了第一批环保和节水专项治理项目，总投资 1.2 亿元。

（刘春平）

## 环保科研攻关

【炼油企业节水减排成套技术】 由镇海炼化股份公司、燕山石化、抚顺石油化工研究院、石油化工科学研究院、洛阳工程公司、工程建设公司等单位共同承担的石化集团公司“十条龙”科技攻关项目“炼油企业节水减排成套技术”2004 年进入实施阶段。在石化集团公司主管部门的协调指导和各承担单位密切合作下，燕山石化已经投用了 450 吨/时的污水处理回用工程，镇海炼化股份公司投用了 300 吨/时的污水回用工程，最终燕山石化污水回用的能力将达到 1 500 吨/时，镇海炼化股份公司污水回用的能力将达到 600 吨/时。镇海炼化股份公司通过污水回用，2004 年加工吨原油取水达到 0.53 吨，加工吨原油排水量 0.20 吨。另外，通过各有关单位的努力，在炼油工艺节水、一水多用、清污分流、污污分治、达标废水适度和深度处理、废水处理药剂、达标废水回用等关键技术环节上已经取得阶段性成果。

（韩建华）

【炼油废碱液湿式氧化技术的推广应用】 由抚顺石油化工研究院开发的炼油废碱液湿式空气氧化脱臭处理技术在石化集团公司各部门的支持和配合下应用于洛阳分公司、荆门分公司、镇海炼化股份公司、海南炼油化工公司和湛江东兴公司 5 家企业。较大幅度减少了企业的恶臭污染物排放，显著改善了厂区及附近居民区的空气质量。（韩建华）

【企业环保数据管理通讯软件编制完成】 抚顺石油化工研究院与辽宁石油化工大学合作编制了石化集团公司内部企业环保数据管理通讯软件。石化集团公司环保数据汇总软件经过局部测试后，对上岗人员进行了培训，为正式投用作好一切准备。该软件的使用将缩短企业与总部的信息交流时间，规范各企业的上报数据。 （韩建华）

**【石化集团公司有毒有害气体排放状况调查】** 2004年由抚顺石油化工研究院牵头、各企业配合对石化集团公司8种特征大气污染物：挥发性有机硫化物(VOSC)、挥发性有机化合物(VOC)、二氧化碳、甲烷、二氧化硫、颗粒物等的排放状况进行了调查。通过调查，初步掌握了石化集团公司有毒、有害气体，温室气体和常规大气污染物的总体排放状况，为今后石化集团公司大气污染物的防治提供了决策依据。

(韩建华)

**【环氧化物污水达标回用技术】** 由北京化工研究院与高桥石化公司共同承担的科技开发项目"污水达标回用工业化试验"于2004年全面完成。项目针对环氧化物高钙废水的特殊性质，采取高pH(11.5)直接进水生化，同时控制曝气池中高污泥浓度(30克/升)的手段，减少了中和酸用量，提高了污水处理效果，生化处理稀释水量与原废水量相比减少45%；同时生化处理后达标的含盐污水既可返回厂区代替部分清洁用水，也可返回调节池代替部分稀释用水，达到了污水回用的目的。项目的实施取得了良好的经济效益和环境效益。

(栾金义)

**【精对苯二甲酸精制废水回用技术】** 由北京化工研究院与洛阳石化总厂合作完成的"精对苯二甲酸(PTA)精制废水回用技术"项目于2004年11月通过了中国石化科技开发部组织的中试技术评议。项目针对PTA生产过程中产生的精制废水，在对其组分全面剖析的基础上，研究开发了预处理—膜分离技术组合的精制废水回用工艺路线，改变了传统的PTA废水生化处理后回用的工艺路线，出水各项指标优于二级除盐水的标准，并且水的总回收率达到70%。本工艺路线处理效果好、成本低、水的回收率高，具有良好的经济效益和环境效益。

(栾金义)

**【工业水管理与统计系统建成】** 2004年，石化集团公司委托镇海炼化股份公司编制了石化集团公司工业水管理与统计系统软件，该系统包括石化集团公司工业水管理网站和企业用水情况统计报表系统。12月对各企业负责用水统计人员进行了培训，发放并安装调试了系统软件，计划2005年全面启用该系统。

(刘春平)

# 固定资产投资

# 综　述

2004年，石化集团公司紧紧围绕发展战略和核心业务，调整、优化投资结构，严格执行投资决策程序及管理办法，加强对重点工程建设的领导，项目建设进度加快。全年完成固定资产投资822.89亿元。

油气增储上产布局和油气结构得到优化调整，三级储量序列结构进一步改善；胜利油田油气当量重上3 000万吨工作有序展开，东部老区、西部新区、南方海相等一批重点勘探开发项目进展良好。

炼油化工技术改造项目进度加快，重点新建项目抓紧启动。齐鲁乙烯二轮改造完成并实现一次投料成功，西安、塔化、高桥炼油改造相继建成投产，胜利电厂二期工程投用，扬巴一体化、上海赛科乙烯工程实现机械竣工，扬子、金陵、湛江东兴等炼油改造工程基本建成，巴陵、湖北、安庆、金陵4套化肥改造进入施工安装高峰，上海、广州、燕山炼油改造和茂名乙烯改造等重点工程开工建设，青岛炼油总体设计即将完成，福建一体化项目抓紧基础设计。

物流建设步伐全面加快，甬沪宁原油管道全线投产，杭州湾海底原油管道复线全面建成，天津—燕山原油管道改造后投入运行，西南成品油管线柳州以南段建成，沿江原油管道及珠江三角洲、鲁皖成品油管线相继开工建设，山东天然气管道济南—德州段开工建设，册子岛码头及配套油库、管线建设积极推进。

着眼于中国石化整体发展战略布局，一批“走出去”拿资源项目、青岛等LNG项目、湛江东海岛等大型原油码头、加工高硫原油技术改造项目、原油和成品油管网项目、天然气管网建设项目、大型乙烯及芳烃项目等相继开展前期工作，为中国石化“十一五”的可持续发展储备了战略性项目。

进一步加大对工程建设的管理、协调力度。为确保重点工程项目按期建成，总部大大加强了对项目所在省市、合资方及参建各方的协调工作，深入重点工程现场，有针对性地及时解决项目建设中出现的问题，大力推动了项目建设进展。在海南、青岛等新建大型工程项目中采用设计、采购、施工(EPC)建设管理模式；组织对海南炼油、安庆化肥、珠江三角洲成品油管道等项目的总体统筹控制计划审查；组织对扬巴一体化、上海赛科、齐鲁石化乙烯和西安、塔化炼油改造项目及西南成品油管道等项目的工程质量检查；组织对扬巴一体化、上海赛科等重大项目的投料试车方案审查；向齐鲁石化乙烯改造等项目派出试车服务组，为上海赛科项目及西安、塔化、湛江东兴炼油改造等项目组织开工队。通过以上措施有力地促进了重点工程建设的进展，全面完成了全年工程建设任务。

工程建设监管不断深化。工程招投标继续坚持“规范市场秩序、维护集团利益、保证项目实施、强化管理与协调”的工作方针；完善石化集团公司招标投标管理规定，完善招标投标企业资源库和专家资源库；加强招标监管，对投资1 000万元以上项目做到全部实行施工招标；中国石化集团招标有限公司建立健全管理制度，组织开展招标代理业务。石油化工行业工程标准体系和工程定额体系进一步完善，全年发布行业标准37项，《石油化工行业生产装置维护维修费用定额》于2004年5月1日起在中国石化正式施行。《中国石化对外工程标准》编制工作启动。加强工程质量监督，石油化工工程质量监督总站适时组织重点项目的工程质量大检查，对查出的各类问题认真组织整改，并针对典型问题组织举一反三的检查，有力地促进了工程质量的提高。在扬巴一体化、上海赛科项目的质量监督中，通过规范质量监督行为，提高了质量监督水平，为项目的一次投料试车成功奠定了基础。抓紧抓好监督分站规范化建设，扬子石化分站等8个单位经中央机构编制委员会办公室批准为事业单位法人。受国家有关部委委托，完成33个勘察设计企业的资质转正、增项、升级审核，完成石化集团公司管理的31个建筑业企业资质年检，完成37个监理企业资质年检，完成13个甲级工程造价咨询单位网上年检材料申报和审核；考核认定石化集团公司326人申报国家一级建造师执业资格。

积极落实“走出去”战略，对外工程承包和劳务合作取得新成绩。获得叙利亚电站改造项目EPC总承包及印度埃萨集团炼油厂恢复建设一期工程技术服务项目合同。直属工程建设企业的对外合资合作进一步展开。加强了赴国外工程公司的中、短期培训及交流。

推进结构调整着力精干主业，直属工程公司分离了辅业和多种经营，以EPC总承包和项目管理承包商(PMC)项目管理为核心对业务结构和队伍结构进行调整；直属施工企业将经营领域集中于施工管理(CM)、施工总承包、大型吊装、大型机组安装、大型储罐施工、大型集散型控制系统(DCS)和紧急停车系统(ESD)调试以及特种材料焊接；原劳务公司按专业特点重组为实体型专业公司，初步建立起施工—管理型的企业组织结构。各企业按照扁平化、效能化的要求，进一步大幅压缩机关、后线人员。直属工程公司在前两年进行了较大规模重组改革的基础上，2004

年进一步理顺企业管理，加快内部融合，显现改革成效。全年设计合同额、建筑业总产值均超额完成计划指标，实现利润有较大幅度增长，“六费”控制在年度目标内。1999—2004 年石化集团公司固定资产投资完成情况见表 1。

（张虹薇）

表 1　**1999—2004 年石化集团公司固定资产投资完成情况①**　亿元

| 项目 \ 年份 | 2004 | 2003 | 2002 | 2001 | 2000 | 1999 |
|---|---|---|---|---|---|---|
| 完成投资 | 822.89 | 503.79 | 431.66 | 595.83 | 614.64 | 375.81 |
| 新增固定资产 | 601.01 | 270.41 | 259.10 | 347.36 | 506.24 | 275.56 |
| 固定资产交付使用率/% | 73.04 | 53.68 | 60.02 | 58.30 | 82.36 | 73.32 |

① 2004 年“完成投资”为“资本支出”口径；2004 年“新增固定资产”中含石化股份公司收购非上市资产 12.08 亿元。

## 油田项目

**【概述】** 2004 年油田及储运工程按计划顺利实施。重点产能建设项目西北分公司塔河油田 141 万吨/年产能建设工程顺利投产；华北分公司鄂尔多斯大牛地气田开发准备工程顺利建成，为 2005 年大牛地气田 10 亿米$^3$/年产能建设工程奠定了基础。胜利发电厂二期工程全面建成并投入商业运行。

（郭　丽）

**【胜利油田王庄郑 36、41 区块产能建设地面工程建成投用】** 胜利油田郑 36、41 区块位于山东省东营市利津县王庄乡。产能地面工程包括注汽站 1 座，配水间 1 座，注水泵 4 台，35 千伏变电所 1 座及亚临界注汽锅炉 2 台，污水泵房及管线等。工程于 2004 年 4 月 16 日开工，12 月 25 日完工投产。55 口油井全部完钻，投产 34 口，建成产能 16.5 万吨/年，完成投资 3.15 亿元(含钻井、作业、地面)。

（郭　丽）

**【塔河油田 8 区奥陶系产能建设地面工程建成投用】** 该工程是为塔河油田 8 区及外围原油、天然气密闭集输建设的。工程位于库车县境内塔河油田二号联合站西南侧。工程总投资 3.27 亿元，包括 5 座计转站，5 000 米$^2$ 倒班公寓 1 栋，35/10 千伏变电所 1 座，62 口油井的油气集输、天然气处理及配套的电力、通讯、土建、自控及各站井场路及配套公用工程等。工程于 2004 年 9 月开工建设，12 月 9 日投产一次成功。

（郭　丽）

**【塔河油田 2 区奥陶系产能建设地面工程建成投用】** 该工程是为塔河油田 2 区原油集输、储运及天然气集中脱硫、脱水及外输等建设的。工程位于塔河油田 3、4、7 区南部。工程总投资 1.34 亿元，包括 44 口油井的集输管网，井口加热炉的供气管网，2 座计转站及其原油、伴生气外输管线、供气管线，外部供电，油田道路及配套等工程。工程于 2004 年 9 月开工建设，11 月 18 日投产一次成功。

（郭　丽）

**【胜利油田电厂二期工程 4# 机组并网发电】** 胜利电厂二期工程于 2001 年 6 月开工建设，3# 机组于 2003 年 9 月实现总启动，11 月投入商业运行。2004 年 3 月 12 日 4# 机组实现总启动，3 月 14 日实现并网发电，10 月投入商业运行。

（郭　丽）

**【淄博—青岛天然气管道工程竣工验收】** 该工程于 2004 年 12 月 28 日通过竣工验收。

（郭　丽）

**【江汉油田沙市钢管厂直缝生产线技术改造项目竣工验收】** 该工程于 2004 年 10 月 10 日通过竣工验收。

（郭　丽）

## 炼油项目

**【概述】** 2004 年，炼油板块共有 22 套生产装置投料试车，各项重点工程按计划顺利实施。镇海 800 万吨/年炼油扩建工程(第二步)通过竣工验收；西安清洁燃料技改项目、塔河稠油处理技改项目分别于 6 月和 11 月实现投料试车；扬子炼油工程和金陵炼油工程基本建成，部分装置陆续投料试车；湛江东兴炼油改扩建项目部分装置建成中交；广州生产清洁燃料改造项目桩基工程开工。

（刘美娟）

【西安石化总厂清洁燃料技术改造项目建成投用】 该项目各装置于2004年5月15日建成中交，6月18日进油，6月21日连续稳定地产出合格的石脑油和柴油。

（郭 丽）

【西北石油局塔河稠油处理技术改造项目建成投用】 该项目各装置于2004年9月30日建成中交，12月7日生产出合格的汽油和柴油。

（郭 丽）

【上海石化加工含硫原油改造工程继续试生产】 该工程各装置继续试生产。

（刘美娟）

【金陵炼油改造工程基本建成】 常减压装置改造完成并于2004年7月投料试车；延迟焦化装置建设规模从80万吨/年调整到160万吨/年，于2004年4月土建开工，12月投料试车；加氢裂化、硫磺回收装置于2004年4月土建开工，设备安装基本完成，并进行仪表安装、调试。

主要施工单位：中建二局二公司、金陵检安公司和第二建设公司。监理单位：南京金陵石化工程监理有限公司和中国石化金陵工程监理公司。

（刘美娟）

【扬子炼油厂800万吨/年含硫原油改扩建工程基本建成】 酸性水汽提装置2004年1月投料试车；硫磺回收装置2004年9月建成中交，12月投料试车；延迟焦化和气体脱硫联合装置2004年10月建成中交，12月投料试车；加氢精制和中压加氢裂化联合装置2004年12月建成中交。

（刘美娟）

【湛江东兴炼油改扩建项目基本建成】 总变电站和各配电室、动力站、循环水场2004年9月开始相继中交并陆续投用；常减压、连续重整、氢提浓、硫磺回收装置及循环水场12月20日开始中交，进入联动试车阶段。

（谢国学）

【广州生产清洁燃料改造工程开工建设】 该工程是为优化广州石化原油配置，提高进口含硫原油加工能力和成品油质量，缓解广东省及周边地区成品油市场短缺并为乙烯发展提供原料而建设的。国家发改委批复可行性研究报告（发改工业[2003]计字1452号），石化股份公司批复总体设计（石化股份计[2003]438号），概算总投资30.13亿元（其中含外汇3 962万美元）。

该工程建在广州分公司界区内，主要建设内容：常减压蒸馏（二）装置从250万吨/年改扩建到800万吨/年，改造脱硫（一）和脱硫（二）装置，制氢装置改扩建到10万米$^3$（标准）/时，焦化装置从100万吨/年改扩建到120万吨/年，新建150万吨/年加氢裂化、210万吨/年加氢处理、200万吨/年柴油加氢精制、100万吨/年航煤加氢精制、2×7万吨/年硫磺回收装置。

工艺总流程中，加氢裂化装置采用全循环操作，最大量生产中馏分（多产柴油）；加氢处理装置加工焦化蜡油、脱沥青油和部分沙特及阿曼直馏蜡油，加氢尾油作为催化裂化原料；由于进料经过加氢处理，硫含量只有0.05%左右，催化汽油及烟气不需处理；重油催化装置的原料为低硫常压渣油和蜡油，含硫小于0.2%；柴油加氢装置处理沙特原油的直馏柴油；航煤加氢装置处理沙特和阿曼原油的直馏航煤。

2004年3月工程中的拆迁还建项目开工，常减压蒸馏（二）装置8月30日开始打桩且年内进入土建施工，其他主体装置年内陆续开始桩基工程。

主要设计单位：洛阳工程公司、南化公司设计院、东华工程科技股份有限公司。主要施工单位：第四建设公司、深圳市建安集团股份有限公司、广州石化建安公司。监理单位为广州石化建设监理公司。

（刘美娟）

【镇海炼化800万吨/年炼油扩建工程（第二步）竣工验收】 2000年9月—2003年8月各生产装置建成并投料试车成功，2004年11月29日工程竣工验收。

（刘美娟）

## 化工项目

【概述】 2004年，化工板块共有15套装置投料试车，重点工程按计划顺利实施。上海赛科90万吨/年乙烯工程顺利实现全面机械竣工的目标，扬巴一体化石化基地项目各主体装置除碳一化学装置外实现机械竣工的目标；齐鲁石化乙烯二轮改造工程各主体装置投料试车一次成功，镇海炼化股份公司20万吨/年聚丙烯装置提前建成并产出合格产品，上海高桥分公司20万吨/年苯酚丙酮装置顺利建成投产；金陵化肥项目安装施工处于高峰，巴陵、湖北、安庆3套化肥改造的设计和采购订货基本完成，进入安装施工阶段；川维天然气乙炔工程竣工验收。

（谢国学）

**【齐鲁石化乙烯二轮改造工程建成投产】** 该工程于2004年7月15日开始停车改造。氯乙烯、聚氯乙烯、离子膜烧碱装置8月15日中交；丁辛醇装置（可研报告中未含）8月20日中交；裂解汽油加氢、线性低密度聚乙烯、苯乙烯装置8月25日中交；乙烯装置9月23日中交。10月7日乙烯装置产出合格产品，10月10日其余各装置相继开车成功并打通全流程，12月31日实现各装置产量达标。

主要设计单位：工程建设公司、上海工程公司、山东齐鲁石化工程有限公司、中国成达化学工程公司。主要施工单位：第一、第二、第十建设公司，山东齐鲁石化建设有限公司。工程监理单位：山东齐鲁石化工程有限公司。

（刘晓林）

**【上海赛科90万吨/年乙烯工程机械完工】** 2004年3月28日220千伏变电站受电一次成功；7月空压站、第二循环水场、厂区主管廊等机械完工；8月23日动力中心第一台开工锅炉投入生产试运行；10月30日化工罐区机械完工；11月11日地面火炬点火成功；11月12日压力丙烯进入球罐和低温丙烯罐；11月底所有公用工程全部机械完工，部分公用工程投入生产试运行。

9套主体生产装置，2月地下管线基本完成，4月土建施工基本完成，6月钢结构和设备安装基本完成，9月工艺管线安装基本完成，10月电气、仪表设备安装及系统试压基本完成。7月开始电气回路调试，至11月基本完成；8月开始仪表回路调试，至12月初基本完成；9月开始单机试车，至11月底基本完成。10月6日乙烯裂解气压缩机投入试运行；11月8日聚丙烯装置机械完工；12月10—24日其余8套生产装置相继机械完工；12月30日举行赛科项目整体机械完工签字仪式。

从2002年3月28日开工建设到2004年12月30日机械完工，赛科项目实际完成的实物量为：地下雨水管敷设44.9千米，混凝土总量35.33万米$^3$，打桩2.71万套，地下管线敷设88.5千米，钢结构安装4.59万吨，设备安装4 027台（套），工艺管线安装851千米，电气设备安装2 709台（套），仪表设备安装3.29万台（套），电气电缆安装2 543.3千米，仪表电缆安装2 899千米，保温3.43万米$^3$，系统试压2 445处。在此期间，赛科HSE管理工作取得良好业绩，整个现场未发生一起重大伤亡事故，连续安全人工时最高达到1 700多万，累计安全人工时达到4 870万。

截至2004年底，累计完成固定资产投资164.75亿元。

（谢国学）

**【扬—巴一体化石化基地项目基本建成】** 该项目（除碳一化学装置）施工已经基本结束，水、电、气（汽）、风和储运、消防系统等公用工程已逐步移交生产并稳定运行，生产装置单机和联动试车工作全面展开，乙烯裂解气压缩机开始吹扫，开车物料引入生产区，2004年12月22日，丙烯酸甲酯装置开车成功，基本实现了董事会确定的“2004年底项目全面机械竣工”的建设目标。

2004年完成固定资产投资52.49亿元；自开工至2004年底累计完成固定资产投资174.12亿元，为项目建设投资195.83亿元的88.91%。

（郭森荣）

**【巴陵洞氮煤代油改造工程安装施工】** 截至2004年底，合资部分（煤气化部分）完成总体进度48.4%，其中设计完成94%、采购完成71.8%、施工完成40.2%。气化框架的35米层浇筑完成，35—57米钢结构安装16%；磨煤框架的35米以下钢结构斜撑安装52%，35—57米钢结构安装27%。配套部分完成总体进度67.6%，其中设计完成98%，采购完成82%，土建施工完成88%，安装施工完成11%。

（谢国学）

**【湖北化肥煤代油改造工程安装施工】** 截至2004年底，煤气化部分完成总体进度41.7%，其中设计完成88.1%，采购完成70%，施工完成28.1%，气化、磨煤框架均完成一层钢结构安装。配套部分完成总体进度61.1%，主要装置土建交安，煤库安装完成，110千伏总变进行电缆敷设及二次线路安装。

（谢国学）

**【安庆化肥原料油改煤工程安装施工】** 石化股份公司2004年1月15日批复基础设计（石化股份计项[2004]6号），概算投资12.67亿元。

截至2004年底，煤气化部分设计完成91.7%，采购完成74.70%，施工完成21.50%；气化、磨煤框架35米层浇筑完成，冷箱基础浇筑完成。配套部分设计完成81%，采购完成85%，施工完成24.50%，现场土建施工。

（谢国学）

**【金陵化肥煤/焦代油改造工程安装施工】** 截至2004

年底，工程总进度完成67.55%。施工图设计除现场变更外全部完成，采购完成92%，施工完成48.28%。

（谢国学）

**【茂名80万吨/年乙烯改扩建工程开工建设】** 该项目是中国石化乙烯、合成树脂工业发展规划的重要组成部分，是以“质量、品种、效益、替代进口”为目标，通过对现有乙烯生产设施的挖潜改造，大幅提高装置技术水平和生产能力。国家发改委2003年10月13日批复可行性研究报告（发改工业[2003]1453号），石化股份公司2004年12月29日批复总体设计（石化股份计[2004]430号），概算投资74.94亿元（含外汇2.55亿美元）。

工程主要内容包括：新建64万吨/年乙烯、35万吨/年高密度聚乙烯、30万吨/年聚丙烯和25万吨/年高压聚乙烯等4套装置；改造4套生产装置，即裂解汽油加氢装置从25万吨/年改造到64万吨/年、丁二烯抽提装置从5万吨/年改造到15万吨/年、芳烃抽提装置从16万吨/年改造到46万吨/年、全密度聚乙烯装置从17万吨/年改造到22万吨/年；辅助生产设施及公用工程24项，厂外设施4项。

2003年12月31日，乙烯和全密度聚乙烯装置引进合同签字并生效。2004年10月乙烯裂解炉打桩，12月15日举行工程开工典礼。

工程建设采用业主+监理+承包商的管理模式。总体设计单位为工程建设公司，设计单位有茂名石化工程公司、中国联合工程公司。主要施工单位有第四、第五、第十建设公司，茂名石化建设公司等。

（姚 舜）

**【广州20万吨/年乙烯技术改造工程试生产】** 2002—2003年各装置相继建成投产后，2004年各装置继续试生产。

（刘美娟）

**【燕山乙烯二轮改造工程竣工验收】** 该工程2000年4月土建开工，2000年7月—2001年9月各装置陆续建成中交，2000年9月—2001年12月各装置相继投料试车。2004年4月12日工程竣工验收。

（刘晓林）

**【上海石化70万吨/年乙烯改造工程竣工验收】** 该工程各装置2000年6月陆续打桩，2002年2—4月相继投料试车，产出合格产品。2004年11月26日工程竣工验收。

（刘晓林）

**【扬子石化65万吨/年乙烯改造工程竣工验收】** 该工程2000年11月土建开工，2002年7月各装置陆续建成中交，2002年9月各装置先后投料试车成功。低温丙烯储存装置2003年9月建成投用；其他完善及配套项目2004年9月陆续建成投用。2004年12月17日工程竣工验收。

（刘美娟）

**【川维天然气乙炔工程竣工验收】** 该工程2001年11月土建开工，2003年9月中交，2003年11月投料试车成功。2004年12月10日工程竣工验收。

（刘晓林）

**【仪征化纤45万吨/年PTA项目竣工验收】** 该项目2001年9月开工建设，2002年2月土建交安，2003年2月中交、4月投料试车一次成功。2004年12月工程竣工验收。

（刘美娟）

## 物流储运项目

**【概述】** 2004年中国石化加大长输管道建设投资力度，原油、成品油、天然气管道工程相继开工建设。甬沪宁原油管道工程建成投产；仪征—长岭原油管道工程10月打火开焊；西南成品油管道工程柳州以南段达到投油试运条件；珠江三角洲和鲁皖成品油管道工程6月相继开工建设；中原油田分公司安平—济南、华北分公司榆林—塔巴庙天然气管道工程按计划开工。为甬沪宁原油管道配套的册子岛码头及油库工程顺利推进；仪征2台15万米$^3$原油储罐4月桩基工程开工。

（李长印）

**【甬沪宁原油管道工程建成投产】** 杭州湾海底穿越工程的直径711毫米管线2004年5月19日投用，直径762毫米和直径273毫米管线12月6日完成并交付。

（刘晓林）

**【仪征—长岭原油管道工程开工建设】** 仪征—长岭原油管道的建设是为了提高中国石化长江中上游石化企业的竞争能力。国家发改委2004年2月20日批复项目建议书（发改能源[2004]294号文），批准项目总投资 39.93 亿元。

管道设计输量 2 100 万吨/年，设计压力 10 兆帕。线路全长 996 千米，其中干线 773 千米，支线(6 条) 223 千米。干线起点是江苏省仪征市鲁宁线仪征末站，途经江苏省、安徽省、湖北省和湖南省所辖地区，终点为湖南省岳阳市长岭炼化公司。干线采用变径方案，最大管径 762 毫米，需 3 次穿越长江。全线设 12 座输油站场及一座控制中心。管线输油采用先炉后泵密闭加热工艺，数据采集采用 SCADA 系统，实现全线集中控制，站场无人值守。

工程于 2004 年 10 月 16 日开工。至 2004 年底，线路工程累计完成设计交桩 498 千米，扫线 83 千米，布管 38.3 千米，组焊 28.89 千米，补口 10.99 千米，洪湖长江穿越工程光缆套管(直径 121 毫米)穿越完成，长度为 1 719.13 米。累计完成投资 8.93 亿元。

建设单位：管道储运公司。设计单位：华东管道设计研究院。施工单位：胜利油田、中原油田、江汉油田的油建公司，第二、第十建设公司等。监理单位：新乡方圆建设监理有限公司、南京长江建设监理有限公司、洛阳炼化建设监理有限公司等。质量监督单位：石油化工工程质量监督总站管道储运公司分站。

（李长印　郭　丽）

**【西南成品油管道工程续建】** 截至 2004 年底，全线直管道焊接完成 1667.48 千米，柳州以南线路焊接、回填工程全部完成，柳州以北累计完成直管道焊接 1 099.05千米；茂名首站工艺设备及配管安装。工程累计完成投资 27.18 亿元。

（李长印）

**【珠江三角洲成品油管道工程开工建设】** 珠江三角洲成品油管道是为稳定珠江三角洲成品油市场供应，补充西南成品油管道输送量不足，并为沿线 3 家石化厂提供畅通的成品油输出通道而建设的。石化股份公司 2004 年 2 月 13 日批复项目可研报告(石化股份计[2004]41 号)；2004 年 10 月 13 日批复油库配套设施初步设计(石化股份计项[2004]109 号)，概算投资 4.04 亿元；2004 年 12 月 1 日批复管道工程初步设计(石化股份计项[2004]120 号)，概算投资 25.43 亿元。

工程包括：珠三角成品油管道、油库配套、小虎岛油库和大鹏湾油库码头等 4 个部分。管道设计输量 1 200 万吨/年，线路全长 1 127 千米。管道工程西起湛江市东兴炼厂，途经茂名、阳江、江门、佛山、中山、珠海、广州、东莞、深圳及惠州等 11 个地市，沿线共设 20 座站场、2 座分输阀室、2 座调控中心及 2 个抢维修中心；配套油库工程涉及油库 19 座，新增库容 33 万米$^3$；小虎岛油库工程新建 50 万米$^3$ 库容、3 座油码头及配套工程；大鹏湾码头主要扩建一个 5 万吨级泊位及配套工程。采用高度自动化的单管顺序密闭输送成品油方式，输送介质为 90$^\#$、93$^\#$、97$^\#$ 汽油、0$^\#$ 柴油及石脑油三大类 5 个品种。

工程于 2004 年 6 月 18 日开工。至 2004 年底，完成扫线 352.72 千米，布管 331.14 千米，焊接 324.79 千米，补口 302.83 千米，管沟开挖 282.79 千米，管道下沟 251.69 千米。工程累计完成投资 7.65 亿元。

建设单位：中国石化销售有限公司。设计单位：洛阳工程公司、天津中德工程设计有限公司、华东管道设计研究院等。施工单位：胜利油田、中原油田、江汉油田、江苏油田、河南油田的油建公司，中原油田建安公司，第二、第五、第十建设公司，茂名石化建设公司及武警水电部队等。监理单位：新乡方圆、洛阳炼化、徐州天正、南京长江、胜利监理、中原监理、北京金海湾、北京毕派克。质量监督单位：石油化工工程质量监督总站江汉分站。

（郭　丽）

**【鲁皖成品油管道工程开工建设】** 鲁皖成品油管道工程是为保证鲁苏皖地区成品油市场稳定而建设的。石化股份公司 2003 年 8 月 21 日批复项目可研报告(石化股份计[2003]324 号)，2004 年 8 月 3 日批复该项目初步设计(石化股份计项[2004]89 号)，概算投资 12.32 亿元。

管道设计输量 655 万吨/年，线路全长 740 千米。管道主干线起点为齐鲁首站，终点为安徽宿州末站，沿途经山东淄博、济南、泰安、曲阜、滕州、枣庄、江苏徐州，止于安徽宿州油库。两条支线，一条由曲阜结点站至济宁末站，另一条由枣庄结点站至临沂末站。全线设站场 11 座。管道全线采用 SCADA 控制系统，输送介质为汽油(90$^\#$、93$^\#$)、柴油(0$^\#$、-10$^\#$)两大类 4 个品种。

工程于 2004 年 6 月 28 日开工。至 2004 年底，累计完成测量放线 362.16 千米，扫线 145.64 千米，布管 86.18 千米，焊接 76.74 千米。累计完成投资 4 亿元。

建设单位：中国石化销售有限公司，设计单位：华东管道设计研究院、胜利工程设计咨询有限责任公司。施工单位：胜利油田、中原油田、江汉油田、河南油田的油建公司，第二、第十建设公司，武警水电部队等。监理单位：胜利建设监理公司、新乡方圆监理公司。质量监督单位：石油化工工程质量监督总站胜利石油分站。

（李长印　郭　丽）

# 建设监管

【概述】 2004年建设监管工作继续得到加强，工作内容不断深化。在工程建设招标投标监管方面，重点完善了招标投标程序，进一步规范了招标投标监管。在标准定额管理方面，石油化工行业工程标准体系和工程定额体系得到进一步完善，积极推动中国石化自有工程标准体系的建立，“中国石化对外工程标准”编制工作正式启动。在工程质量监督方面，从提高质量监督人员自身素质入手不断规范质量监督行为，在组织好工程质量监督的基础上将质量监督范围进一步延伸到对压力管道安装质量及安全的监督和检验。在企业资质管理方面，设计协会、施工协会、监理协会和造价协会及时完成企业资质的转正、增项、升级、年检等的审核、申报工作，组织多期针对企业资质和个人资格的各类培训，并积极热情地为改制企业服务。

（张虹薇）

【招标投标管理】 2004年继续围绕“规范市场秩序、维护集团利益、保证项目实施、强化管理与协调”的工作方针，以强化工程建设市场管理为中心，以建立适应市场运行程序、规范市场行为的管理制度为重点，加强招标工作监管与协调，为工程建设项目的顺利实施提供有力保障。

严格招标申请制度、市场准入制度和投标资格审查制度，对总投资1 000万元以上项目招标工作进行监督和管理，对重点项目招标工作进行全方位、全过程的跟踪和监管，保证了工程建设项目顺利实施，维护了石化集团公司整体利益。其中施工招标34项，共96个标段，包括金陵石化150万吨/年加氢裂化装置、安庆石化煤代油改造工程、广州石化千万吨炼油改造项目、鲁皖成品油管道工程、珠三角成品油管道工程、西南成品油管道工程、茂名乙烯锅炉煤代油技改工程等。

依据国家相关法律法规，针对石化集团公司工程建设市场及招标投标活动存在的管理制度不完善、监管范围不清晰、执行程序不严格、组织机构不落实等问题，对石化集团公司《建设工程招标投标管理规定》和《建设工程招标投标实施细则》进行了修改、补充和完善，制定并下发了《建设工程招标投标管理补充规定》。为了规范工程建设市场秩序，健全管理制度，制定了《工程建设市场资源库管理办法(试行)》和《建设工程评标专家库管理办法(试行)》。对参与石化集团公司内工程建设的单位加强管理，使其规范地参与招标投标活动；健全评标专家库管理制度，为发挥石化集团公司人才优势建立平台，保证招标投标的公平、公正和招标工作的质量。

下发《工程建设市场资源库管理办法(试行)》，将长期在石化集团公司进行工程建设，业绩良好的设计、施工、监理单位纳入工程建设市场资源库进行管理，入库企业分门别类建立数据库，对其基本情况和业绩资料实施动态管理，保证高质量的队伍参与竞争，形成规范的工程建设市场。下发《建设工程评标专家库管理办法(试行)》，在原有914名专家的评标专家库基础上，经企业推荐、总部审核后，形成约1 500人的评标专家库。

6月组织召开了石化集团公司建设工程招标投标工作会议，油田、炼化、销售和工程建设等75家直属企业的163名代表参加了会议。在石化集团公司工程建设项目中推行招标代理，中国石化集团招标有限公司年内完成了中国石化科研和办公用房项目的国内配合设计、详勘及机电顾问服务等招标工作。

（曹 森）

【工程质量监督】 2004年，石化工程质量监督系统加大对石化建设工程项目的监督管理力度，加强压力管道安装安全质量监督检验工作，继续规范分站的机构建设，不断提高监督人员监督工作水平。

石油化工工程质量监督总站及各监督分站对列入石化集团公司和石化股份公司投资计划的项目均实施了工程质量监督。根据项目成立相应的监督组织机构，针对项目特点，编制工程质量监督计划书，设置工程质量停监点和巡检点，对停监和巡检过程中发现的问题，及时下发工程质量问题通知单，督促责任单位及时进行整改。重点对参建单位的质量行为、进场材料设备、工程实体质量进行监督检查。全年石化建设工程项目未出现重大安全质量事故，工程质量处于受控状态。石油化工工程质量监督总站受国家发改委委托，对神华煤液化项目开展工程质量监督工作。

根据国家《特种设备安全监察条例》，石油化工工程质量监督总站6月发布实施《石油化工建设工程压力管道安全质量监督检验暂行规定(修订版)》，明确了压力管道安全质量监督的工作范围、内容和程序等，要求各监督分站认真开展压力管道安全质量监督检验工作，提高压力管道的安装质量。

燕山石化监督分站等7家单位10月份完成事业单位法人登记。至此，共有12家监督分站已完成了事业单位法人登记工作。石油化工工程质量监督总站于5月和10月，分别组织有26个监督分站352人次参加的石化监督人员业务考试，极大地激发了监督人员努力学习业务知识的自觉性，对提高监督人员的业务水平起到了促进作用。

（周　国）

【标准管理】 石油化工工程建设标准化工作认真落实2004年标准定额工作会议确定的工作目标和任务，突出重点，开展了“中国石化对外工程标准”编制的前期调研和方案论证工作，注重国家标准、行业标准制修订质量和计划完成率，较好地完成了全年各项工作任务。

2004年国家发改委批准立项石化行业工程建设标准33项，其中制定23项，修订10项。国家建设部批准立项编制国家标准《钢制石油储罐防腐蚀技术规范》。年内完成报批稿审查并发布18项，完成报批稿审查待2005年发布16项，完成送审稿审查15项，参与国标审查1项，完成征求意见稿15项(含制定国标1项和局部修订1项)。

2004年国家发改委批准发布的石化行业工程建设标准，见表2。

表2　**2004年完成编制并上报发布的石油化工行业工程建设标准**

| 序号 | 标准编号 | 标准名称 | 英文名称 | 适用范围 | 主编单位 |
|---|---|---|---|---|---|
| 1 | SH/T 3044—2004 | 石油化工精密仪器抗震鉴定标准 | Standard of aseismic evaluation for petrochemical precision instrument | 抗震设防烈度为6—9度地区石油化工企业在役精密仪器及配套仪器的抗震鉴定和加固。抗震设防烈度大于9度地区的上述设备，其抗震鉴定应按有关专门规定执行 | 石油化工科学研究院 |
| 2 | SH/T 3051—2004 | 石油化工配管工程术语 | Terms of piping engineering in petrochemical industry | 石油化工配管工程，其他配管工程可参照使用 | 洛阳工程公司 |
| 3 | SH/T 3052—2004 | 石油化工配管工程设计图例 | Legend of piping engineering in petrochemical industry | 石油化工工艺装置(单元)配管基础工程设计及详细工程设计，其他配管工程可参照执行 | 洛阳工程公司 |
| 4 | SH/T 3073—2004 | 石油化工管道支吊架设计规范 | Design specification for piping support and hanger in petrochemical industry | 石油化工钢制管道支吊架的设计，有色金属管道支吊架的设计可参照使用 | 洛阳工程公司 |
| 5 | SH/T 3139—2004 | 石油化工重载荷离心泵工程技术规定 | Engineering specification of centrifugal pumps for heavy duty services in petrochemical industry | 石油化工行业重载荷离心泵的工程设计及设备采购，其他行业可参照执行 | 上海工程公司 |
| 6 | SH/T 3140—2004 | 石油化工中、轻载荷离心泵工程技术规定 | Engineering specification of centrifugal pumps for medium and light duty services in petrochemical industry | 石油化工中、轻载荷离心泵的工程设计及设备采购，其他行业可参照执行。超出中、轻载荷参数范围的离心泵也可参照本标准执行。本标准不适用于无密封离心泵 | 上海工程公司 |
| 7 | SH/T 3141—2004 | 石油化工往复泵工程技术规定 | Engineering specification of reciprocating pumps in petrochemical industry | 石油化工往复泵的工程设计及设备采购，其他行业可参照执行 | 上海工程公司 |
| 8 | SH/T 3142—2004 | 石油化工计量泵工程技术规定 | Engineering specification of controlled volume pumps in petrochemical industry | 石油化工行业计量泵的工程设计及设备采购，其他行业可参照执行 | 上海工程公司 |

续表

| 序号 | 标准编号 | 标准名称 | 英文名称 | 适用范围 | 主编单位 |
|---|---|---|---|---|---|
| 9 | SH/T 3143—2004 | 石油化工往复压缩机工程技术规定 | Engineering specification of reciprocating compressor in petrochemical Industry | 石油化工往复压缩机的工程设计及设备采购 | 洛阳工程公司 |
| 10 | SH/T 3144—2004 | 石油化工离心压缩机工程技术规定 | Engineering specification of centrifugal compressor in petrochemical industry | 石油化工行业离心压缩机的工程设计及设备采购，其他行业可参照执行 | 工程建设公司 |
| 11 | SH/T 3145—2004 | 石油化工特殊用途汽轮机工程技术规定 | Engineering specification of special purpose steam turbines in petrochemical industry | 石油化工行业特殊用途汽轮机的工程设计及设备采购，其他行业可参照执行 | 宁波工程公司 |
| 12 | SH/T 3146—2004 | 石油化工噪声控制设计规范 | Design specification for noise control in petrochemical industry | 规定了石油化工总体设计的噪声控制原则、噪声控制限值和隔声、吸声、消声、隔振的设计规定。适用于石油化工企业中新建、改建、扩建工程的噪声控制设计。已建生产装置的噪声控制改造工程可参照执行 | 洛阳工程公司 |
| 13 | SH/T 3147—2004 | 石油化工构筑物抗震设计规范 | Code for aseismic design of special structures in petrochemical industry | 抗震设防烈度为6—9度地区的石油化工构筑物抗震设计。设防烈度大于9度地区的石油化工构筑物抗震设计，应进行专门研究并应按有关规定执行 | 工程建设公司等 |
| 14 | SH/T 3520—2004 | 石油化工工程铬钼耐热钢焊接技术规程 | Welding specification of chrome-molybdenum refractory steel in petrochemical industry | 规定了铬钼耐热钢的焊接工艺评定、焊工考试、焊接工艺、焊接检验及焊后热处理的要求。适用于石油化工铬钼耐热钢管道(包括工业炉管)和设备的焊接施工 | 北京燕化建筑安装工程公司 |
| 15 | SH/T 3525—2004 | 石油化工低温钢焊接规程 | Welding specification of low temperature steel in petrochemical industry | 规定了无镍和含镍低温合金钢及奥氏体不锈钢焊接的工艺评定、焊工考试、焊接工艺、焊接检验及焊后热处理的要求。适用于石油化工工程建设中，采用焊条电弧焊、埋弧焊及气体保护焊等方法进行的低温钢焊接 | 第十建设公司 |
| 16 | SH/T 3526—2004 | 石油化工异种钢焊接规程 | Welding specification of different steels in petrochemical industry | 规定了异种钢的焊接工艺评定、焊工考试、焊接工艺、焊接检验及焊后热处理的要求。适用于石油化工设备和管道的异种钢焊接接头的焊条电弧焊、气体保护焊和埋弧焊的焊接。钢结构异种钢焊接可参照执行 | 第四建设公司 |

续表

| 序号 | 标准编号 | 标准名称 | 英文名称 | 适用范围 | 主编单位 |
|---|---|---|---|---|---|
| 17 | SH/T 3902—2004 | 石油化工企业配管工程缩写词 | Abbreviation of piping engineering in petrochemical industry | 石油化工工艺装置(单元)配管工程，其他配管工程可参照使用 | 洛阳工程公司 |
| 18 | SH/T 3903—2004 | 石油化工建设监理规范 | The code of petrochemical construction project management | 新建、改建、扩建的石油化工建设项目实施各阶段的监理工作，包括勘察、设计、设备采购、设备监造、施工招标、工程施工和项目保修阶段等监理工作 | 南京扬子石化工程监理有限责任公司 |

1. 中国石化对外工程标准编制工作正式启动

为贯彻实施石化集团公司党组提出的国际化经营发展战略，适应中国石化工程建设队伍对外工程承包和劳务输出的需要，决定编制中国石化对外工程标准。通过召开中国石化对外工程标准编制工作研讨会，确定了“以国外工程市场为服务对象，以国际标准为技术基础，以国际惯例为基本模式，以国外工程公司为样板”和以中英文两种语言编写的编制原则。开展编制前期调研、资料收集和方案论证。交流从事国外工程或国内合资石化建设工程标准化工作经验，研讨对外工程标准编制的技术方案和组织方案，明确各工程公司在编制对外工程标准工作中承担的责任。成立了编制委员会和编制工作组，确定了编制工作的总体安排和各阶段的主要任务。以国内中外合资大型石化项目标准和原工程建设公司(SEI)对外工程标准的框架目录以及有关国外标准资料为参考，提出编制对外工程标准的方案建议。召开编制策划阶段专题会议，组织各直属工程公司、建设公司的技术人员研究对外工程标准的编制方案，取得了阶段性成果。进一步明确了对外工程标准的定位，制定了对外工程标准体系框架(草案)，估算编制工作经费。

2. 标准化综合管理工作

积极组织标准规范的贯彻实施，开展技术研讨和交流，加强专业基础建设，提高标准化管理水平。按照建设部《关于开展工程建设标准规范清理和研究工作的意见》，清理了现行石化行业工程建设标准规范并提交了近5年的修订计划(共计136项)。按照建设部要求上报了《工程建设标准强制性条文》(石油和化工建设工程部分)咨询委员会推荐名单，共8个专业144人。成立中国石化集团粉体工程设计技术中心站。石化行业从事工程建设标准化工作的28人获得国家标准化管理委员会颁发的标准化荣誉工作者称号。

(周家祥)

**【定额管理】** 以大力推行和进一步补充、完善《石油化工行业生产装置维护维修费用定额》为重点，贯彻贴近生产、贴近实际、贴近市场的原则，面向企业做好工程造价管理与服务工作；紧跟建设部组织修订《全国统一安装工程基础定额》的步伐，积极参与编制工作，兼顾石化行业工程量清单计价办法方案研究，抓住时机，全面完善石化行业工程造价体系。

1.《石油化工行业生产装置维护维修费用定额》修订完善和发布施行

对定额试行一年来的情况进行了深入研究，全面开展修订。一是从科学、合理界定维护与维修的工作范围入手，力求客观、准确地反映维护维修工作的实际情况，取消中修，扩大了维护工作的范围，补充编制了《石油化工行业生产装置维护维修费用定额——化纤部分》、《石油化工行业自备热电厂(站)维护维修费用定额》和《石油化工行业自备码头维护维修费用定额》；二是把工作的重点放在核定工料机消耗量和确定故障发生的频率上，使定额更加合理，水平进一步提高，同比测算，相应费用降低了12.21%；三是在定额的深化、细化上下功夫，使定额更加科学，如炼化部分设备维护维修费用定额的子目由原来的65个增加到463个，是原来的7培多；四是更加注重定额的实用性，在人工工日单价上，只列科目，不定价，由企业甲乙双方结合实际情况自主定价。

定额经石化集团公司批准于2004年5月1日正式施行。选择重点试点单位进行推行。召开宣贯发布会，对重点试点企业进行调研，现场协调解决执行中有关定额核算问题并进行咨询。

2. 开展石化行业《建设工程工程量清单计价办法》的编制

为贯彻实施国标《建设工程工程量清单计价规范》，根据建设部的要求和石化行业的实际需要，开展石化行业《建设工程工程量清单计价办法》的编制研究工作，讨论确立了编制工作基本思路。

3. 启动《生产装置检修与技术改造工程预算定额》的修订

完成修订大纲和细则。一是与《全国统一安装工程基础定额》、石化行业相关定额和检维修规程等保持协调一致，将检修、维修的概念、范围和工作内容界定清楚，把工料机消耗量做准；二是纳入维修内容；三是鼓励修旧利旧、现场文明施工，单独设置脚手架搭除拆子项；四是取费部分列准科目、人工单价测算参考值，企业可结合当地劳动力市场情况适当调整。

4. 参与并完成一系列石油专业工程定额的编制

完成《新井投产井下作业工程定额》的编制并发布试行，完成《井下作业工程定额》的编制。按照建设部的要求，承担《全国统一安装工程基础定额》第一册、第六册主编工作和参加第二册编制工作。开展编制《石油化工工程建设中外合资项目设计概算编制办法》和《石油化工工程建设(含中外合资项目)费用定额》前期调研工作。

5. 相关工程造价管理工作

配合建设部和国家发改委做好相关工作。一是对建设部组织编写的《工程设计收费标准解释(石油化工部分)》提出详细意见，并协助建设部修改了全部案例。二是组织对建设部的《建设项目总投资组成及其他费用规定》(送审稿)提出石化行业的意见并参加审查。三是根据建设部的要求，对已发布的《建筑安装工程费用项目组成》提出需要进一步明确的问题。四是受中国国际工程咨询公司的委托，修改《国家原油储备库设计规定》中的概算编制统一规定。

配合《石油化工安装工程主材费》的使用，定期公布调价系数。会同物资供应管理部门，根据市场价格的变化情况，出台非标设备参考价格。

(周家祥)

**【设计资质管理】** 2004年，对33家勘察设计单位申请的资质转正、增项、升级进行审核；协助13家勘查设计单位办理资质证书更名；对12家勘察设计单位进行压力容器设计许可证认证(换证)审查；对13家勘察设计单位进行压力管道设计许可证认证(换证)审查。编制印发《压力管道设计审批人员资格考核认证管理规定》(试行)和《压力管道设计审批人员资格考核培训大纲》(试行)。组织压力管道设计审批人员资格考核培训班9期，共培训考核682人；组织工程项目总承包项目管理培训班2期，共培训180人；组织勘查设计资质管理培训班，共培训40人。

(申发祥)

**【企业资质管理】** 2004年，按照建设部关于企业资质管理规定和年检工作意见的要求，及时接受申请并按政策办理企业登记内容变更事项，完成企业资质在石化集团公司管理的31个建筑业企业资质年检工作，年检结论全部合格(施工总承包企业18个，施工专业承包企业13个)。对宁波工程公司等7家企业的8项资质增项和升级进行了申报，已获建设部批准，并完成了在建设部网上录入和颁发证书工作。江汉石油管理局油田建设工程公司企业资质由施工专业承包一级晋升为施工总承包一级，上述工作的完成为企业的改革发展、市场开拓奠定良好基础。为配合石化集团公司改制工作，认真研究石化集团公司建筑业改制企业的资质问题，帮助改制企业解决资质申报中的问题。仪征化纤安装检修工程公司由于企业改制，企业资质已归属企业注册所在地建设行政主管部门管理，自此，资质在石化集团公司管理的企业为30个(施工总承包企业18个，施工专业承包企业12个)。

(张时人)

**【工程造价资质管理】** 利用网络教育和集中培训相结合的方式，开展造价工程师执业资质管理。研究执业资质与从业资质管理相互协调的管理方法，提高工程造价资质管理实效。

完成2004年度工程造价咨询单位资质年检工作，共有13家甲级咨询单位按时完成网上年检材料申报和审核工作。完成造价工程师初始注册、年检、变更、继续教育工作，全年有512人通过年检，有57名初始注册工程师注册成功，有709人参加了网络或集中培训继续教育。完成上海石化海堤工程建设公司工程造价咨询资质变更手续，并通过建设部审批。

做好概预算专业从业资格管理。建立石化概算人员从业资格考试题库，配合年检工作举办了2期概算专业人员认证和继续教育培训班；举办3期预算专业人员上岗认证培训班。石油专业工程造价人员110人参加资质培训并取得三级资质；新井投产定额宣贯培训，120人参加培训；对2 300多名持证人员以培训、考试等方式完成了年检。

(周家祥)

**【工程建设监理】** 截至2004年底，石化集团公司所管理的49家监理企业，主项为甲级资质的有39家(其中化工石油类37家，房屋建筑类2家)，占80%；乙级的10家，占20%。49家监理企业从业人员4 400余人，注册监理工程师1 829人。

2004年，49家监理企业资质年检全部合格。沧州市沧炼诚信工程监理有限责任公司、河南石油勘探局勘察设计研究院、江汉石油管理局工程建设监理公司 3 家主项资质升为甲级；中原石油勘探局工程建设监理中心增项化工、石油工程监理甲级，洛阳炼化工程建设监理公司增项市政公用工程(不含桥梁)监理甲级。

年度石化监理企业经理会议 2004 年 10 月在南京召开。会议总结了 2003 年监理企业经理会议以来的监理工作，部署了 2005 年的重点工作，表彰了山东齐鲁石化工程有限公司等 10 家石化集团公司工程监理先进单位，郭书诠等 15 名优秀总监理工程师和金国建等 10 名优秀监理工程师。重点交流了在大型工程项目和合资工程项目上的建设监理工作和监理企业改制经验。

2004 年石化监理协会组织有关人员编制完成《石油化工建设工程监理规范》，已经国家发改委批准，并将于 2005 年 4 月 1 日起施行。与建设部《建设工程监理规范》相比，《石油化工建设工程监理规范》充分结合了石化的特点，内容上增加了"设计监理"和"HSE"管理，使监理的覆盖面更广，更符合监理的发展趋势。

监理企业改制分流工作有较大进展。岳阳长岭炼化方元建设监理咨询有限公司、上海金申工程建设监理有限公司、荆门四方工程监理有限责任公司、岳阳巴陵石化工程建设监理有限公司、胜利油田胜利建设监理有限责任公司、洛阳炼化工程建设监理公司和广州石化建设监理有限公司等 7 家甲级监理企业，宁波华光建设监理有限公司 1 家乙级监理企业陆续分流改制。

石化集团公司管理的一些规模较大的甲级监理企业，瞄准国际水平，不断以各种形式进入外资或中外合资项目承担监理工作，并积极探索与国外监理公司的合作，取得一定成效。中国石化工程监理协会全年组织监理工程师培训班、考前辅导班、总监理工程师培训班 8 期，参加培训人员达 700 余人次。全年有 152 人申报全国监理工程师初始注册，148 人取得全国监理工程师注册证书。

（么贵明）

## 工程管理

**【概述】** 2004 年，中国石化的工程建设任务繁重，主要表现为重点工程多、建设工期紧、实施难度大，且国内设备材料涨价、制造厂家供货拖期、运力紧张等。为保证重点工程建设项目的顺利实施，总部切实加大了工程建设管理力度，深入工程现场，查找问题、暴露矛盾，及时制定应对措施；进一步规范建设管理模式，在工程建设中大力推行 EPC 管理；注重总体统筹计划的编制与审查，强化进度控制；进一步加强对项目生产准备和试车的全过程管理；工程建设管理成效显著，全面完成了全年重点工程建设任务。全年组织重点工程领导小组会 5 次、现场办公会 33 次、现场协调会 96 次；组织总体统筹控制计划审查 19 项、总体试车方案审查 9 项；组织工程质量大检查 15 次、投料试车条件检查 3 次；组织投料试车现场服务组 3 个、开工队 6 个；全年完成 37 套生产装置投料试车，完成 16 个工程项目的竣工验收。

（张虹薇）

**【现场办公会是协调解决矛盾推进建设进度的有效方法】** 2004 年中国石化工程建设任务之重是公司成立以来未曾有过的。扬巴、赛科两大乙烯年内建成，西安、塔化两个炼油改造项目分别于 6 月和 11 月投产，齐鲁乙烯二轮改造 8 套装置在 75 天停工检修期内全部完成改造并开车，金陵、巴陵、湖北、安庆四大化肥改造进入施工安装，另有广州、湛江炼油改造，茂名乙烯改造，海南炼油工程，仪征—长岭原油管道及珠江三角洲、鲁皖成品油管道工程等一批新项目年内陆续开工建设。由于 2003 年"非典"影响，已造成扬巴等一些重点工程工期滞后，同时，年初国内煤电油运的全面紧张更是直接影响到工程建设的订货、运输等。为了确保各重点工程项目按期建成投产，石化集团公司重点工程建设领导小组将工作重心下移到重点工程现场。在总部领导的亲自带领下，各相关部门共同努力，相互配合，由总裁办公室和工程部具体组织，全年对 18 个重点工程项目共组织召开了 5 次重点工程领导小组会和 33 次现场办公会。对重点的扬巴、赛科、齐鲁、茂名乙烯和塔化、湛江、海南、青岛炼油等 8 个项目，分别组织了 2 次以上的现场办公会。合资建设的扬巴一体化项目，由于管理层次多、管理程序复杂，工程进度拖期，全年共组织召开了 5 次现场办公会，大力推进了项目建设进度，抢回了滞后的工期。西安、塔化炼油改造是中国石化抢占西北油品市场的重要项目，建设工期紧，建设单位管理力量薄弱，通过多次现场办公，加大设备材料的催交催运，调整施工力量部署，使工程按期建成。实践证明，在重点工程建设现场由总部领导适时召开有建设各方参加的办公会，是协调、解决工程建设过程中主要矛盾，推进建设进度的有效方法。

（张虹薇）

**【工程质量大检查】** 石油化工工程质量监督总站全年组织了西安石化厂清洁燃料改造项目(2 次)、新疆塔化稠油技改项目(2次)、茂名焦化项目、西南成品油管道项目、扬巴一体化项目、扬子800万吨/年含硫原油改扩建工程、金陵化肥原料技改及炼油改造工程、赛科乙烯项目、管道储运仪征油库扩建一期2台15万米$^3$储罐、湛江东兴炼油改扩建工程、扬子乙酰三期醋酸扩建工程、江苏油田淮安采输卤工程共16次质量检查，查出各类问题2 916项，其中质量行为182项、土建656项、焊接250项、设备562项、工艺配管561项、电气376项、仪表329项。

应神华煤制油公司的邀请，石油化工工程质量监督总站组织对神华煤制油研究中心试验基地质量检查一次，此次共检查出问题150条，现场抽透焊口14道。检查组严细认真的工作作风得到了建设单位的认可。

每次检查，检查组对问题的整改都提出了具体要求，各责任主体均能按检查组的要求举一反三予以全面整改。大家认为，工程质量检查对被检查单位质量保证体系的运行和实体质量的提高起到了很好的促进作用。

（胡国勇）

**【生产准备与投料试车】** 2004年共有37套生产装置完成投料试车，详见表3。各企业按照石化集团公司《建设项目生产准备与试车规定》的要求，提前做好人员、物资、技术等7个方面的生产准备工作，做到了生产准备与工程建设同步进行，加强对项目生产准备和试车全过程管理，认真落实投料试车条件检查备案制度，保证了装置投料试车的顺利进行。为保证投料试车一次成功，总部共组织总体试车方案审查9次，组织投料试车条件检查3次，组织开工队6支，组织现场服务组3个。（谢国学）

表3 **2004年中国石化生产装置投料试车完成情况**

| 序号 | 项目名称 | 建设规模/万吨·年$^{-1}$ | 投料时间 |
|---|---|---|---|
| 一 | 燕山分(子)公司 | | |
| 1 | 航煤加氢精制 | 80 | 5月5日 |
| 二 | 仪征化纤股份公司 | | |
| 2 | 瓶片事业部CP和SSP项目 | 20 | 11月27日 |
| 三 | 镇海炼化股份公司 | | |
| 3 | 聚丙烯 | 20 | 1月14日 |
| 4 | 气分改造 | 17 | 4月27日 |
| 5 | Ⅱ套常减压改造 | 600 | 11月3日 |
| 6 | 歧化 | 78 | 12月30日 |
| 四 | 荆门分公司 | | |
| 7 | 硫酸 | 5 | 7月27日 |
| 五 | 九江分公司 | | |
| 8 | 溶剂脱沥青 | 50 | 6月23日 |
| 六 | 齐鲁分(子)公司 | | |
| 9 | 延迟焦化装置 | 140 | 3月8日 |
| 10 | 乙烯 | 72 | 10月5日 |
| 11 | 裂解汽油加氢 | 16 | 10月10日 |
| 12 | 线性低密度聚乙烯 | 10 | 10月8日 |
| 13 | 苯乙烯 | 20 | 10月5日 |
| 14 | 离子膜烧碱 | 20 | 10月10日 |
| 15 | 氯乙烯改造 | 23.4—61 | 10月12日 |
| 16 | 聚氯乙烯 | 23—60 | 9月20日 |
| 17 | 丁辛醇 | 20 | 10月8日 |
| 七 | 茂名炼化股份公司 | | |
| 18 | 焦化改造 | 100 | 5月28日 |

续表

| 序号 | 项目名称 | 建设规模/万吨·年$^{-1}$ | 投料时间 |
|---|---|---|---|
| 八 | 石家庄炼化股份公司 | | |
| 19 | 汽柴油加氢精制 | 100 | 4月3日 |
| 九 | 上海高桥分公司 | | |
| 20 | 润滑油加氢 | 300 | 11月22日 |
| 21 | 制氢 | 4万米$^3$/时 | 10月20日 |
| 22 | 加氢裂化 | 140 | 10月20日 |
| 23 | 苯酚丙酮 | 20 | 12月18日 |
| 十 | 西安石化分公司 | | |
| 24 | 催化 | 50 | 7月20日 |
| 25 | 柴油加氢 | 30 | 8月5日 |
| 26 | 常压 | 80 | 6月21日 |
| 27 | 制氢 | 4 000米$^3$/时 | 7月31日 |
| 28 | 硫磺回收 | 0.2 | 7月28日 |
| 十一 | 塔河分公司 | | |
| 29 | 汽柴油加氢 | 100 | 12月2日 |
| 30 | 重整 | 15 | 12月3日 |
| 31 | 延迟焦化 | 120 | 12月4日 |
| 十二 | 扬子石化股份公司 | | |
| 32 | 延迟焦化 | 160 | 12月8日 |
| 33 | 硫磺回收 | 7 | 12月8日 |
| 十三 | 上海石化股份公司 | | |
| 34 | 聚酯 | 15 | 9月1日 |
| 十四 | 清江石化公司 | | |
| 35 | 特种油品装置改造 | 8 | 1月9日 |
| 十五 | 仪化集团公司 | | |
| 36 | 聚酯薄膜二期改造 | 1.5 | 3月3日 |
| 十六 | 中原石化公司 | | |
| 37 | 混合碳四综合利用 | 5 | 6月1日 |

**【设计管理】** 2004年，设计管理基础工作主要有3项：一是组织清理和修编石化集团公司设计管理文件。经清理废止了原有31项工程设计管理制度，同时组织编制完成了《工程设计单位建立质量管理体系导则》等13项设计管理制度的送审稿；二是修编了《中国石化集团公司工厂设计若干规定》；三是修编了《中国石化集团公司优秀勘查设计评选办法》。

中国石化2004年工程建设任务繁重，工程部多次组织项目设计协调会和专题协调会，推进各重点工程的顺利实施。重点抓了洞氮、湖北和安庆三大化肥，广州生产清洁燃料改造，茂名石化乙烯改扩建工程，青岛大炼油等重点工程的设计协调工作。

（申发祥）

**【工程建设管理模式】** 为高标准、高水平、高质量建设好中国石化重点工程，在工程建设领域贯彻落实"以我为主"的原则，充分发挥石化集团多年积累的工程技术和服务优势，同时借鉴国外公司在大型石化工程建设中进行项目管理的成功经验，总部在茂名石化乙烯改扩建、青岛大炼油等一批重点工程上推行IPMT + EPC + 监理的建设管理模式。IPMT(Integrated Project Management Team)即联合项目管理组，作为该项目工程建设阶段的决策层。EPC总承包能够实现设计、采购、施工三方的有机衔接、合理深度交叉，在设计、采购、施工的各个环节以及开车服务过程中全面落实安全、质量、合同、进度和费用五大控制，达到投资省、工期短、质量优、效益好、符合HSE标准的工程建设目标。监理单位重点对现场施工质量进行全面的监督和管理。

(申发祥)

**【国际工程管理】** 2004年中国石化继续按照“增进了解、互利互惠”的原则，通过双方成立联合指导委员会、联络小组、签订合作谅解备忘录等灵活多样的方式与法国德西尼布、美国柏克德、西班牙TR、挪威阿克克瓦纳等国际工程公司开展国际交流和项目合作。

基于跟踪国际先进工程技术和培养国际工程管理人才的出发点，采取参加国际年会与论坛、组织专题技术交流会和选派工程技术人员到国外进行理论和实践方面的短期和中长期培训等多种方式，推进直属工程建设企业加快与国际接轨，了解和认识当前先进的经营管理理念、工程承包和劳务合作模式、技术储备、市场开拓方式等。参加了中国—也门油气论坛、印度石化2004年会、中西论坛等国际会议，组织了2次关于海底管道和液化天然气方面的专题技术交流。已有15名工程技术人员完成了赴西班牙TR的第一期短期交流与培训，8名工程技术人员正在准备参加以具体项目合作为基础的TR第一期中长期和海底管道培训交流活动。

在开拓国际工程承包市场方面取得了新的进展。中国石化分别于3月4日和12月1日按照国际上通用的性能性招标承包方式获得叙利亚麦哈德电厂改造大修工程并和印度ESSAR炼厂正式签订工程技术服务合同，两个项目的合同总价5 280万美元。

叙利亚电厂改造工程的业主是叙利亚国家公用电力公司(PEEGT)麦哈德(Meharden)电厂，该项目为设计、采购、施工、试车、培训“交钥匙工程”，项目建设工期为24个月(自签订合同期起)。该工程通过对电厂1#和2#机组锅炉、透平、发电机组和控制系统四大系统的改造，达到2个性能保证(发电量145兆瓦、透平热损耗值2 375千卡/千瓦·时)。在组织该项目的实施上，充分依托集团优势，在广泛物色、精心挑选的基础上从安庆石化总厂、胜利石油管理局抽调4名电厂技术专家赴叙利亚现场参与该项目的实施，为项目的组织提供强有力的技术保障。

(刘雁平)

## 工程建设企业管理

**【概述】** 2004年各直属工程建设企业积极落实石化集团公司2004年工作安排，不断加大企业改革力度，强化生产经营管理，全面实现了年度目标。全年实现利润2.71亿元，完成设计合同额7.60亿元，完成建筑业总产值32.62亿元。改制分流10个单位；通过改制分流、协议解除劳动合同和移交社会职能等方式，共实现减员3 583人。

2004年直属工程建设企业主要技术经济指标见表4。

(张苏济　袁　波)

表4　**2004年直属工程建设企业完成各项主要技术经济指标**

| 单　　位 | 设计投资额/亿元 | 设计合同额/万元 | 施工产值/万元 | 利润/万元 | 产值利润率/% |
|---|---|---|---|---|---|
| 工程建设公司 | 108.5 | 39 321 | | 19 934 | — |
| 上海工程公司 | 66.47 | 11 151 | — | 2 399 | — |
| 洛阳工程公司 | 55.8 | 22 516 | — | 2 429 | — |
| 宁波工程公司 | 28.3 | 3 031 | 68 444 | 2 836 | — |
| 第二建设公司 | — | — | 55 336 | 462 | 0.83 |
| 第四建设公司 | — | — | 80 269 | -1 759 | -2.19 |
| 第五建设公司 | — | — | 44 025 | 407 | 0.92 |
| 第十建设公司 | — | — | 78 098 | 408 | 0.52 |
| 小　计 | 259.07 | 76 019 | 326 172 | 27 116 | — |

【科技进步】 2004年总部组织直属工程公司完成了PDMS、PROVISION、HISYS、SYGATE安全策略保证系统软件引进开发合同，与Intergrarph公司达成了全面合作开发计算机设计软件的意向，Intergrarph公司的设计软件将全部对中国石化直属工程公司放开，这将进一步提升中国石化直属设计企业的设计水平、管理水平和市场竞争力。组织直属工程公司承担中国石化"十条龙"攻关项目共计19项。在石化集团公司勘查设计企业内全面推行HSE体系达标认证工作，工程建设公司、上海工程公司等12家设计企业完成认证工作，其他设计企业正在积极推行中。

（申发祥）

【设备管理】 2004年末，4个直属施工企业和宁波工程公司设备资产原值10.22亿元，净值6.43亿元，新度系数0.63，技术装备率4.49万元/人见表5。

表5　2004年直属施工企业和宁波工程公司生产性设备状况表

| 项　目 | 第二建设公司 | 第四建设公司 | 第五建设公司 | 第十建设公司 | 宁波工程公司 | 合　计 |
|---|---|---|---|---|---|---|
| 原值/万元 | 13 535 | 26 032 | 12 562 | 19 484 | 30 597 | 102 210 |
| 净值/万元 | 9 229 | 13 640 | 8 480 | 11 005 | 21 921 | 64 275 |
| 新度系数 | 0.68 | 0.52 | 0.68 | 0.56 | 0.72 | 0.63 |
| 技术装备率/元·人$^{-1}$ | 46 705 | 38 175 | 38 810 | 28 117 | 82 627 | 44 944 |

2004年，石化集团公司投资10 550万元、企业自筹2 933万元，重点购置了800吨级履带式起重机、低温罐焊机、电仪检测调试等施工设备，直属施工企业的大型吊装、大型储罐、大型DCS调试等专业施工优势更加突出。

5月，石化集团公司组织了以安全管理为重点的设备大检查，对企业加强设备安全管理、落实设备维护保养及检修制度、提高设备完好状况、保障生产安全起到了积极的促进作用。

（袁　波）

【安全管理】 各企业认真贯彻落实党中央、国务院、石化集团公司关于加强安全生产的一系列指示及全国、石化集团公司安全生产电视电话会议精神，全面推行HSE管理体系，在全年施工点多面广、工期紧、任务重的情况下，采取多种措施，确保生产稳定、企业稳定、职工队伍稳定，基本实现了总体安全稳定生产。第五建设公司获石化集团公司2004年安全生产先进单位称号。

为进一步加强对企业安全生产工作的指导和监督，年初石化集团公司制定并印发《工程建设企业2004年安全工作要点》，明确提出了2004年安全工作的总体思路、工作目标和具体要求，各企业认真贯彻落实，并针对本企业具体情况，制定详细的实施计划。石化集团公司定期召开直属施工企业安全工作季度会议，进行检查落实。

各企业不断加大安全检查力度和深度，领导亲自带队赴各施工现场，重点检查HSE管理体系的运行及分包管理情况，认真开展危险源辨识，把安全隐患消灭在萌芽中。石化集团公司先后5次组织对直属工程建设企业及其承建项目进行安全大检查，并将检查情况及时予以通报。为保证重大节假日安全生产和大型设备吊装安全，各企业认真执行节假日干部值班、现场加班情况报告制度和重量100吨以上大型设备吊装方案审查制度和备案制度，确保了节假日的安全生产和吊装安全。

直属工程建设企业治理了5个隐患项目(其中第十建设公司放射源库房隐患治理项目为石化集团公司与部门监管项目)，完成投资430万元。目前，除宁波工程公司仍保留检测公司外(持有34颗放射源)，其他4家直属施工企业的检测公司均已改制转为地方管理。

全年直属工程建设企业发生2起上报石化集团公司事故(死亡1人次，重伤1人次)。

（张苏济）

【施工企业内部改革】 直属施工企业围绕强化核心业务，通过改制分流和移交企业办社会职能，将经营领域集中于施工管理(CM)、施工总承包、大型机组安装、大型储罐施工、大型吊装、DCS和ESD调试及特种材料焊接，将原劳务公司按专业特点重组为实体型专业公司，初步建立起施工—管理型的企业组织结构，实现了管理层与专业承包层两层分离，初步形成了"公司为利润中心、项目部为成本中心、专业公司相对独立经营"的企业格局，主营业务进一步突出和精干。

（张苏济）

# 物资采购与管理

# 综　述

2004年，物资供应系统按照石化集团公司暨石化股份公司总体工作部署，紧紧围绕“发挥集团化整体优势、加强监管、保证供应、降低成本”的工作主线，继续推进物资供应管理改革，加大物资采购监督管理力度，进一步巩固和扩大总部集中采购规模，大力提升物资采购管理信息化水平，加强供应队伍的素质建设，加快构筑中国石化现代采购供应管理体系，积极应对风云变幻的供应市场形势，发扬“四千四万”(千山万水、千言万语、千辛万苦、千难万险)精神，全力保证了企业生产建设物资供应，在降低采购成本、提升供应管理水平、提高供应队伍素质等方面取得了可喜的成绩。

（崔　巍）

# 物资采购

**【概述】** 2004年，物资供应系统积极应对严峻的市场形势，发挥集团化整体优势，大力推进总部集中采购，转变集中采购操作方式，积极推进战略采购；加强供应市场研究，提高工作的预见性和主动性，努力降低物资采购成本；网上采购规模进一步扩大，网上采购质量得到提高。石化集团公司全年共采购物资1 016亿元，节约采购资金33.4亿元，保证了生产建设的物资供应。

（崔　巍）

**【积极应对严峻的市场形势，确保生产建设物资供应】**

2004年，面对物资资源紧缺、运输紧张、机械制造企业生产超负荷运转，价格持续攀升，质量风险和交货期风险不断增加的异常严峻的供应市场形势，物资供应系统干部职工发扬“四千四万”精神，积极采取应对措施，出色地保证了生产建设物资供应。

强化供应市场研究，及时调整采购策略。全年共发布13期煤炭、钢材、设备等市场行情和形势分析简报，并根据市场变化状况，适时调整价格、交货、验收、结算等策略，有效地控制了供应风险。

落实资源早、行动快，提高了工作的预见性和主动性。在2003年10月和12月，组织召开了2004年度煤炭订货预备会和订货座谈会，与18家重点煤炭企业进行了衔接，落实了2 491万吨煤炭资源。2004年1月8日，与鞍钢、宝钢、成钢、舞钢等九大钢铁企业签订了合作协议，为国家石油战略储备基地、珠三角成品油管线、西南成品油管线等项目锁定了钢材资源。

加强组织协调，确保供应。在长周期关键设备方面，全年共对海南炼油、广州炼油、齐鲁、扬巴、赛科等38个重点工程项目进行了75次分交，共召开了67次订货前期协调会、制造协调会、设计审查会、技术交流会和专项采购会。在煤炭供应方面，千方百计化解各种危机。加强与国家发改委、铁道部、交通部、煤炭运销协会、地方政府和重点煤炭企业的沟通与衔接。铁道部2004年先后下发了13个调度令，解决了胜利、齐鲁、南化等企业煤炭运输。交通部布置各港口将上海石化、高桥石化、镇海炼化、广石化、扬子石化、金陵石化列为重点单位给予确保。煤炭运销协会、河南省、安徽省发文要求相关煤矿将石化列为重点，采取切实措施确保石化煤炭资源。确保了中国石化24个自备电站没有一个停机停炉，为企业安全稳定、开足马力高负荷生产提供了坚强的保障。

（崔　巍）

**【总部集中采购规模快速扩大，集团化采购优势进一步显现】** 2004年总部集中采购规模迅速扩大，由2003年的47.9亿元跃升到111.9亿元，提高了中国石化对重要物资资源的控制力和在供应市场上的议价能力。2004年通过实施总部集中采购，与战略供应商建立战略合作关系，节约采购资金6.5亿元，节约率为5.8%。其中仅在西南成品油管道项目15万吨采购钢板中就节约资金2亿多元，沿江管线从鞍钢采购的3.25万吨缝埋敷管线钢板比进口节约采购资金1亿多元。

积极改造总部直接集中采购操作模式，推进战略采购。进一步优化调整总部直接集中采购品种范围，到2004年底只剩下石油地质专用管、长输管线钢板、煤炭等几种战略性物资，并逐步集中到少数具有资源优势和规模优势的供应商中采购。11月26日中国石化与一重、二重、兰石、沈鼓、淮南、平顶山、徐州、鞍钢、武钢、天钢等17家战略供应商签订了2005—2007年的战略合作协议，为全面改造总部直接集中采购模式、推进战略采购确定了框架、奠定了基础。

总部组织集中采购品种范围和规模进一步扩大。2004年，电力电缆、钻采配件、无缝钢管等品种由原来总部直接集中采购调整为总部组织集中采购。2004年总部组织集中采购规模达52亿元，在总部集中采购总额中的比例由2003年的25.3%上升到46.5%，同比增加206%。

（崔　巍）

**【网上采购规模进一步扩大，网上采购质量得到提高】**

2004 年网上采购规模达到 482 亿元，比 2003 年增加 240 亿元，增长 99%，节约采购资金 15.7 亿元。中国石化网上采购工作正在全面推进，企业上网采购的自觉性大大提高，截至 2004 年底，中国石化生产建设企业全部实现上网采购。

强化网上监管，制定了网上采购管理补充规定并下发企业执行，继续实施季度网上采购情况通报制度，网上采购"两张皮"问题尤其是网上特殊通道采购得到遏制。网上动态竞价采购系统功能不断完善，动态竞价采购功能在镇海炼化、茂名分公司、洛阳分公司等 23 个企业得到初步应用。

（崔　巍）

# 物资管理

**【概述】** 2004 年，物资供应系统进一步强化物资采购监管，持续推进物资供应改革和创新，提升采购供应管理模式，着力加强物资供应队伍素质建设，加快构建中国石化现代采购供应管理体系，成效显著。

（崔　巍）

**【物资供应管理改革持续推进】** 企业层面"归口管理、集中采购、统一储备、统一结算"的物资供应管理体制基本形成。2004 年高桥分公司、上海石化、长岭分公司改革二级采购和二级储备体制，实现了集中采购和统一储备。中南分公司、湖南石油分公司等单位也基本理顺了物资供应管理体制。目前除齐鲁石化等极少数企业外，绝大多数企业已经实现了归口管理、集中采购、统一储备、统一结算的体制要求。

协同采购开始启动，联合储备工作进一步加强。燕山石化、上海石化、扬子石化、齐鲁石化等 9 家企业采取"总部组织网上询价，现场集中揭示报价和联合谈判"的方式，对 10 种通用"三剂"产品进行了协同采购。南京地区阀门联合储备运作方式进一步优化，2004 年度阀门联合储备结算 1 200 万元，为签订联合储备协议金额的 2.1 倍。

供应物流体系建设加速推进。华北钢材配送中心运作顺利，为华北地区企业保证钢材供应和降低库存与采购成本发挥了积极作用。芜湖港煤炭物流中心运转成效显著，煤炭兑现率由 2003 年的不到 70% 提高到 80% 以上。

传统采购供应管理模式得到提升。供应链管理思想开始引入到各企业采购管理实践中来，燕山石化、上海石化、胜利油田、仪征化纤、茂名分公司、武汉分公司、沧州分公司、SEI 等企业改变与供应商动荡的竞争关系，建立了较为稳定的供需合作关系；对仓储、运输等供应物流资源进行专业化整合工作。物资需求管理、供应商管理、市场分析、采购策略研究受到越来越多企业的重视。

中国石化物资采购供应管理体系规划工作取得阶段性进展。2004 年初步形成了中国石化采购供应管理规划方案、支撑体系和运作方案，勾画了中国石化物资采购供应管理改革发展的远景蓝图，规划将对中国石化物资采购供应管理未来 3—5 年的改革发展起到重要的推动作用。

（崔　巍）

**【物资采购供应管理信息化建设稳步推进】** 信息收集和市场研究工作顺利展开，价格和库存信息数据库初步建立。2004 年总部组织对胜利油田、仪征化纤、广州石化等 15 家企业的阀门、三抽设备、甲醇、乙二醇、醋酸等化工产品采购价格进行了调研，收集了镇海炼化、仪化集团等 5 家企业 2003 年全年的物资采购价格数据，通过化工易贸网实现了 10 种主要化工原料的实时动态价格信息共享，充实了采购成交价、制造厂出厂价、市场挂牌价、采购指导价等价格数据库。收集了华南、华中地区 10 家企业和 39 家供应商的库存数据，初步建立了库存信息数据库。2004 年共发布了 30 期价格信息。

ERP 系统建设进展顺利。胜利油田、燕山分公司、上海石化、高桥分公司、安庆分公司、荆门分公司、济南分公司等 7 家实施单位，除胜利油田以外的 6 个企业 ERP 系统物资供应模块已顺利上线。

物资编码修订完善工作顺利开展。组织了钢材物资编码修订，将原有的 17 个中类和 246 个小类调整为新的 15 个中类和 142 个小类，低位码物资由现有 5 万条扩充为 10 万条。组织对五大类化工专业物资编码的修订，将化工原料、三剂、油田化学剂等原 2000 条低位码物资扩充到 8000 条。

（崔　巍）

**【初步建立供应管理关键绩效指标考核体系】** 2004 年物资供应系统初步建立了包括物资供应管理体制、物资计划管理、供应商管理、网上采购管理、采购成本管理、储备资金管理、物资供应保证程度等 7 个方面内容的中国石化物资供应管理关键绩效指标考核体系。

（崔　巍）

# 重大装备国产化

**【概述】** 2004 年，石化集团公司根据企业经营发展战略，在重大装备研制工作中继续坚持“积极、稳妥、可靠、实事求是”的原则，结合2004年固定资产投资项目生产需要，安排部署了一批技术含量高、经济效益好的关键设备研制项目，并积极推进科研成果的转化。通过重大技术装备的研制和推广，为石化项目建设节省投资、降本增效作出了一定贡献。

（余良俭）

**【一批重大装备国产化科研项目通过鉴定】** 石油勘探开发方面，欠平衡钻井设备国产化研究、3 000米电驱动拖挂式钻机、浅海破冰型三用工作船、工程设备结构灾害评价技术研究等技术成果通过石化集团公司组织的专家鉴定。

在石油化工设备的国产化方面，国家“九五”重点攻关项目——丁基橡胶丙烯压缩机研制、300万吨/年催化裂化用富气压缩机、“十五”重点攻关项目——聚乙烯气相反应器、PVA圆盘压榨机、TA回转干燥机，以及丙烯腈反应器、新型纵向流换热设备、PTA干燥机组挖潜改造、涡轮干燥器、大型塑料造粒模板等石化集团公司攻关项目通过技术成果鉴定。为培育更多的制造加氢反应器的供应商，2004年先后为中国第二重型机械集团、上海锅炉厂、抚顺机械设备制造有限公司的加氢反应器模拟环组织了鉴定。

（余良俭）

# 新闻与出版

## 报刊电视

**【石化集团公司机关报刊】** 1.《中国石化报》

《中国石化报》是石化集团公司机关报，也是一张中国石油石化行业经济报。面向国内外公开发行。

《中国石化报》在石化集团公司党组的领导下，坚持正确的舆论导向，追求“精彩、鲜活、开放”，信息量大，覆盖面广，具有较强的影响力。

《中国石化报》的办报宗旨是：坚持为人民服务、为社会主义服务的方针，依托石化集团公司，面向石油、石化行业，为爱我中华、振兴石油石化鼓与呼。报道的主要内容是：宣传党和国家发展石油、石化的方针政策及石化集团公司党组的工作部署；宣传推进深化改革科技进步、调整结构、开拓市场；宣传石油、石化行业两个文明建设的成就和经验；宣传强化企业管理，促进搞好扭亏脱困；宣传全系统的英雄模范人物，推动“四有”职工队伍建设；传播国内外与石油、石化有关的各类信息和知识。

《中国石化报》伴随着中国石油、石化工业的改革发展而一步步成长壮大，15年来，从创刊时的周一刊，经历周二刊、周三刊、周四刊，1998年7月1日推出彩版，截至2004年底为周五刊，平时对开四版，周二除正刊外另办有《油气》周刊、周四除正刊外另办有《环球石油石化》周刊，2001年开始实现一、四版全部彩印。同时在中国石化新闻网上全文刊出《中国石化报》电子版(网址：http://news.sinopec.com.cn)。国内统一刊号：CN11－0141，订价每期0.63元。

2.《中国石化》杂志

为大16开国际标准版本，是石化集团公司主管的面向石油石化行业的综合性月刊，每月10日出版发行，国内统一刊号：CN11－3425/F，订价每册6元。

《中国石化》的办刊宗旨是，宣传党的基本路线，深入研究探讨石油石化行业适应社会主义市场经济体制和运行机制的理论和实践问题，探讨转换企业经营机制、深化改革、加强管理、参与国内外市场竞争的战略方针和实施政策；总结交流石油石化企业物质文明和精神文明建设的经验；传递国内外经济、技术、贸易、管理信息，为全系统生产、建设、科研、设计、信息咨询、经营管理、教育等企事业单位服务。该刊的主要读者对象是石油石化工业系统各级领导干部、管理人员和工程技术人员及关心石油、石化工业的国内外读者，兼顾石油石化职工。该刊还按规定刊登广告，是企业形象与产品的宣传媒介。

3.《车友报》

为四开16版，由石化集团公司主管，中国石化报社主办，是《中国石化报》的子报，2003年1月8日创刊，是一张面向广大爱车人、开车人的实用性、服务类专业报纸。主要读者定位为私家车主、爱车一族。国内统一刊号：CN：11－0136，定价每期1元。

(刘志远)

**【电视新闻片《中国石化新闻》】** 《中国石化新闻》(原《石化要闻》)是经原石化总公司正式批准，于1991年7月创办的，在石化系统内定期播放的电视新闻节目。《中国石化新闻》已成为全新闻性的电视节目，每周一期，每期20分钟，全年播出约为50期。

经过多年发展和不断完善，《中国石化新闻》电视节目取得了长足进步，已成为全系统较有影响力的媒体之一，为中国石化的改革、发展、稳定作出了重要贡献，发挥了不可替代的作用。

截至2004年底，石化报社声像部已制作并播发《中国石化新闻》节目440期。2004年共制作并播发《中国石化专题》节目50多期。《中国石化新闻》和《中国石化专题》电视节目已日益成为石油、石化职工及其家属喜闻乐见的电视节目之一。

按照有关文件精神，2004年初，《中国石化新闻》评审委员会在中国电视艺术交流协会的指导和参与下，在各单位自荐的基础上，对全系统优秀(先进)电视台、优秀电视记者、优秀电视新闻和《中国石化专题》电视节目进行了认真的评选。经综合评定，决定授予6家电视台为2004年度优秀电视台、10家电视台为2004年度先进电视台；80人为2004年度优秀电视记者；评出《中国石化新闻》电视节目一等奖10名，二等奖20名，三等奖30名；评出《中国石化专题》电视专题片一等奖3名，二等奖6名，三等奖9名，优秀奖7名，并进行了表彰。

中国电视艺术交流协会石化工作委员会自2002年5月27日正式成立以来，在促进中国石化新闻媒体稳步转型，逐步建立上下合力大格局方面做了大量工作。2004年，通过工作委员会，共进行了2次专职记者业务培训，开展了数字电视、网络流媒体等方面的技术交流。针对中国石化改革发展实际，2004年上半年，石化报社和石化集团公司思想政治工作部联合进行了媒体现状调研，并形成了石化集团公司《关于进一步加强和改进企业媒体工作的意见》(征求意见稿)。

(林百平)

## 图书出版

**【概述】** 石化集团公司图书出版宗旨是为发展中国石油石化行业的科学技术水平服务，为普及石油石化科技知识，推进石油石化企业的生产、经营、管理服务。图书出版范围包括：石油勘探开发、石油炼制、石油化工、石油石化产品应用、化学工程、石油化工机械、过程控制、电子计算机应用技术、环境保护、经济管理等方面的科技图书、手册工具书以及大中专、技校统编教材和职工培训教材。

2004年由石化出版社负责出版的新书213种，重印书117种(部分书目见表1)，出书总码洋4555万元，取得了良好的社会效益和经济效益。

(丁纵宇)

**【《加氢处理工艺与工程》专著出版发行】** 该书由李大东院士主编，国内30多位专家参加了编写，石化股份公司总裁王基铭为该书作序。全书近230万字，精装，定价325元，2004年12月由石化出版社出版发行。

该书全面介绍了中国近50年来特别是近10多年来加氢处理科研开发成果和工业应用的情况与经验，介绍了国外加氢处理技术的工业应用和发展趋势，提供了许多重要参考文献。该书不仅是一部有较高水平的技术专著，而且在一定程度上具有工具书和手册的功能。实用性、完整性、先进性和较高学术水平集于一身，形成了该书的特色。

该书对加氢处理工艺与催化剂都作了比较详细的介绍，还提供了许多有用的工业数据、可靠的计算方法和相关的重要文献。同时介绍了各类加氢装置的工程设计、机械设备、过程控制、生产操作、安全卫生与环境保护等。内容相当全面完整，既有很强的针对性，也有很高的实用性。

该书充分反映了近几年来国内外在催化汽油选择性加氢处理与直馏/二次加工柴油深度加氢处理生产清洁燃料、加氢处理/加氢裂化—异构脱蜡生产Ⅱ/Ⅲ类高档润滑油基础油以及渣油加氢处理生产催化裂化原料油等方面的最新研究成果、工业应用情况和发展趋势。这些内容都为该书所独有。

(张正威)

**【《石油化工设备维护检修规程》(修订版)出版发行】** 《石油化工设备维护检修规程》(简称《规程》)试行本1994年由石化出版社出版。近年，随着石油化工技术的进步，原《规程》已不能满足石化企业目前设备维护检修工作的需要。石化集团公司及石化股份公司于2003年6月组成了以石化股份公司高级副总裁曹湘洪为主任的《规程》修订编制委员会，负责《规程》修订编制工作的领导。截至2004年底《规程》全部出版。

本次修订遵循了以下几个基本原则：反映石油化工设备维护检修技术的最新发展，以及对设备维护、检修在工艺、技术上的更高要求；根据目前新颁布的有关法规、条例，对原《规程》的相关内容进行更新；删减及修改原《规程》中涉及的已经淘汰的设备和技术陈旧或经过试行证明不切合实际甚至错误的内容；增补《规程》中未涉及的新装置、新设备，增加有关内容，扩大《规程》的涵盖面；修订和更正原《规程》中排版、印刷方面的错误等。在原408个单项规程的基础上，删减、合并201个，新增187个，修订后共有395个单项规程，约600万字，共分10个专业，涵盖了石化设备的各个方面，最终出版了159个单行本和9个精装合订本。合订本包括通用设备、炼油设备、化工设备、化纤设备(上、下册)、化肥设备、电气设备、仪表、电站设备、供排水设备、空分设备等9册。

(白　桦)

**【《第十七届世界石油大会论文集》出版发行】** 第十七届世界石油大会于2002年9月在巴西里约热内卢召开。会议的主题是“石油工业：优异并负责地服务于社会”。世界各国代表就石油工业的社会责任、保持石油资源的供需平衡、开发新型清洁能源等问题展开热烈讨论。《第十七届世界石油大会论文集》共收集大会宣读论文120篇，回顾与展望报告12篇。内容包括勘探、开发及钻采、下游与加工技术、天然气、储量、环境和安全、商业与管理、研究、运输等方面。全书内容丰富，资料翔实，充分展示了世界石油工业各领域的研究成果和进展。

全书170余万字，精装，定价380元，2004年12月由中国石化出版社出版发行。

(赵　怡)

**【《胜坨油田勘探开发40年》技术丛书出版发行】** 胜坨油田是中国渤海湾盆地最早发现并投入开发的整装砂岩大油田。自20世纪60年代初投入开发，至今已经历了40年的勘探开发历程，取得了令人瞩目的开发效果和巨大的经济效益，为整装砂岩大油田的勘探开发积累了重要的勘探开发经验。

该套丛书包括《胜坨油田精细地质研究》、《胜坨地区勘探研究与实践》、《胜坨油田开发技术》、《胜坨油田采油工艺技术》4册。系统阐述了胜坨油田的油气勘探、精细油藏表征、油田开发模式、开采特征和规律，以及配套的采油工艺技术，展示了胜坨油田勘探开发科学技术的成果和进步。该丛书是胜坨油田40年勘探开发历史的真实回顾和经验总结，是几代胜采石油人和油气勘探开发工作者辛勤耕耘和智慧的结晶。在中国东部油区资源接替矛盾十分突出、新区产能建设难度加大、老油田调整挖潜效果越来越差的情况下，该丛书对中国其他类似油田的开发和技术政策的制定都有重要的参考价值，对石油工程学科的技术进步可起到提高和推进的作用。该套丛书2004年2月由石化出版社出版发行。

（程天阁）

**【《燃料乙醇与车用乙醇汽油》出版发行】** 该书是目前国内第一部全面介绍燃料乙醇和车用乙醇汽油的专著，张以祥、曹湘洪、史济春主编，大32开本，定价35元，2004年8月由石化出版社出版发行。

该书全面系统地介绍了燃料乙醇与车用乙醇汽油国内外科研开发、发展沿革、生产使用、组织管理、发展趋势，探讨了推广使用车用乙醇汽油对农业、能源、环保的促进作用，收录了对燃料乙醇与车用乙醇汽油具有宝贵的指导意义的政策法规和实施标准、各个环节的管理办法、操作规程，以及生产、调配、储运、销售等各方面的相关技术和实施细则。

该书章节设计合理，内容系统全面，逻辑深入浅出，集技术性、权威性、实用性于一体。该书的出版很好地配合中国车用乙醇汽油的试点推广工作，对缓解国家石油资源短缺，增加国家能源安全生产储备，稳定和调控粮食价格，改善汽车尾气排放和大气环境质量，促进农业生产、消费的良性循环和可持续发展方面都具有重要的意义，对燃料乙醇和车用乙醇汽油的深入研究以及发展循环经济具有重要的参考价值。

（白素萍）

**【《工商管理简明读本》出版发行】** 该书由中国工程院院士、石化股份公司高级副总裁曹湘洪主编，石化集团公司总经理、石化股份公司董事长陈同海为本书作序。

进入21世纪以来，随着全球经济一体化进程的加快和中国经济体制改革的不断深入，中国石化作为国民经济支柱产业之一，其发展面临一系列新的挑战和机遇。在新的市场条件下，如何依据国内外政治、经济、社会、技术的发展态势和企业的现状及其发展预期，制定科学的企业发展战略和实施策略，实现资源的优化配置，以提升企业的核心竞争力，谋求企业在未来全球市场竞争格局中的有利地位。为了企业中高级管理人员学习了解和掌握当今最新管理理论、理念、方法和手段，完善自己的知识结构，实现观念的更新，石化集团公司组织了管理干部学院有关教师、公司有关管理人员和在京多所高校的专家教授编写了本书，作为中国石化企业管理干部培训用书。

全书浓缩了工商管理主要课程，并结合中国石化相关案例进行讨论。知识全面、内容丰富、叙述简练、针对性强。全书共11章，约52万字，定价50元，2004年11月由石化出版社出版发行。

（邓敦夏）

**【《〈中国石油化工集团公司年鉴〉十卷累积光盘》出版发行】** 《中国石油化工集团公司年鉴》是石化集团公司向国内外公开发行的专业性年鉴，从1988年问世以来至2004年间共出版10卷(即1988年、1991年、1994年、1997年、1999年、2000年、2001年、2002年、2003年和2004年版)。本光盘包含了10卷年鉴的全部内容。10卷年鉴用大量翔实的资料、朴实的文字、真实的图片、详细的数据全面、系统地记述了中国石化成立20年来在改革开放、振兴发展等方面取得的成绩，客观反映了中国石化在上中下游一体化生产、经营、科研开发、可持续发展等方面的成绩、经验和不足，如实介绍了中国石化各所属生产企业、销售企业、建设企业和科研单位的生产经营状况。本光盘对石油化工领域从事生产、经营、科研的管理人员以及中国石化现在和未来的合作伙伴，了解和跟踪中国石化发展历史，有很大帮助。

本光盘全套一张，可全文检索，定价350元，2004年11月由石化出版社出版发行。

（蒋 琦）

**表1** **2004年石化出版社重点科技书目**

| 序号 | 书名 | 作者 |
|---|---|---|
| 1 | 低渗透油藏开发新技术 | 才汝成、李晓清 主编 |
| 2 | 采油工程 | 李文华 主编 |
| 3 | 国内外钻井与采油设备新技术 | 大港油田集团钻采工艺研究院 编 |
| 4 | 三次采油技术 | 王继耀 主编 |
| 5 | 水力压裂技术学术研讨会论文集(2004) | 何生厚 主编 |
| 6 | 中国石化2003年录井技术研讨会文集 | 中国石油化工集团公司油田企业经营管理部 编 |

续表

| 序号 | 书名 | 作者 |
|---|---|---|
| 7 | 《胜坨油田勘探开发 40 年》技术丛书(胜坨油田精细地质研究、胜坨地区勘探研究与实践、胜坨油田开发技术、胜坨油田采油工艺技术) | 中国石化胜利油田有限公司胜利采油厂　袁谋等著 |
| 8 | 中国石油通史 | 梁华、刘金文　总编 |
| 9 | 催化剂制备过程技术 | 张继光　主编 |
| 10 | 催化裂化新技术 | 《石油炼制与化工》编辑部　编 |
| 11 | 继续工程教育培训教材——催化重整 | 中国石油抚顺石化分公司、中国石油催化重整科技情报站　编 |
| 12 | 炼油装置技术问答丛书——常减压蒸馏装置技术问答 | 唐孟海、胡兆灵　编著 |
| 13 | 炼油装置技术问答丛书——催化重整装置技术问答(修订版) | 李成栋　编著 |
| 14 | 燃料乙醇与车用乙醇汽油 | 张以祥、曹湘洪、史济春　主编 |
| 15 | 世界能源展望(2002) | 国际能源署编；朱起煌等译 |
| 16 | 油库实用堵漏技术 | 郝宝垠、朱焕勤、樊宝德　主编 |
| 17 | 油品应用及管理 | 熊云、李晓东、许世海　编著 |
| 18 | 流体流动手册[美] | 邓敦夏　等译 |
| 19 | 材料自然老化手册(第三版)[加拿大] | 马艳秋、王仁辉、刘树华　等译 |
| 20 | 防腐蚀涂料技术及设备应用手册 | 秦国治、王顺、田志明　编著 |
| 21 | 高分子分析手册 | 董炎明　编著 |
| 22 | 化工水污染防治技术 | 钱汉卿、左宝昌　编著 |
| 23 | 胶粘剂配方·置备·应用丛书——环氧树脂胶粘剂 | 贺曼罗　编著 |
| 24 | 胶粘剂配方·置备·应用丛书——金属用胶粘剂 | 张玉龙、李长德　等编著 |
| 25 | 胶粘剂配方·置备·应用丛书——密封胶粘剂 | 杨淑丽、伊廷会　等编著 |
| 26 | 胶粘剂配方·置备·应用丛书——塑料、橡胶用胶粘剂 | 张振英、杨淑丽　等编著 |
| 27 | 食用香料手册 | 孙宝国、刘玉平　编著 |
| 28 | 油田化学品实用手册 | 王中华、何焕杰、杨小华　编著 |
| 29 | 有机物国际命名 | 戴子浠　编著 |
| 30 | 中国橡胶工业指南 | 北京橡胶工业研究设计院、北京东方锐恒广告有限公司　编 |
| 31 | 腐蚀工程手册[加] | 吴荫顺、李久青、曹备　等译 |
| 32 | 工厂工程师手册[美] | 中国石油化工集团公司洛阳石油化工工程公司　译 |
| 33 | 化学反应器的设计、优化和放大[美] | 朱开宏、李伟、张元兴　译 |
| 34 | 焊接残余应力的产生与消除 | 宋天民　编著 |
| 35 | 石油化工厂设备检修手册　第八分册　换热器 | 徐钢、麦郁穗、钱颂文、凌长明　等编著 |
| 36 | 石油化工装置工艺管道安装设计手册　第一篇　设计与计算(第三版) | 张德姜、王怀义、刘绍叶　主编 |

续表

| 序号 | 书名 | 作者 |
|---|---|---|
| 37 | 石油化工仪表控制系统选用手册 | 解怀仁、杨彬彦　主编 |
| 38 | 流量计应用指南——电磁流量计 | 蔡武昌、马中元、瞿国芳、王松良　编 |
| 39 | 油品质量和气体成分过程分析仪 | 汪玉忠　等编 |
| 40 | 安全管理培训教材——企业安全生产监督管理 | 徐明、师祥洪、王来忠　编著 |
| 41 | 石油化工安全技术(中级本)(第二版) | 中国石油化工集团公司安全环保局　编 |
| 42 | 石油化工防火防爆手册 | 李荫中　主编 |
| 43 | 石油化工职业病防治手册 | 周学勤　主编 |
| 44 | 危险化学品安全技术管理 | 周长江、王同义　主编 |
| 45 | 危险化学品安全生产技术与管理 | 张广华　主编 |
| 46 | 石油化工企业事故案例剖析[美] | 王力　等译 |
| 47 | ISO 14001 经理人及环保管理者手册[英] | 田美娥、崔占琴　译 |
| 48 | 健康安全与环境管理体系 | 胜利油田 HSE 管理委员会办公室　编 |
| 49 | 水处理设备实用手册 | 宋业林、宋襄翎　编著 |
| 50 | 水处理药剂及配方手册 | 严莲荷　主编 |
| 51 | 污水处理工必读 | 纪轩　主编 |
| 52 | 现代工业水处理技术与应用 | 李本高　主编 |
| 53 | 工商管理简明读本 | 曹湘洪　主编 |
| 54 | 胜利油田年鉴.2004 | 《胜利油田年鉴》编委会　编 |
| 55 | 河南油田年鉴.2004 | 河南石油勘探局年鉴编纂委员会　编 |
| 56 | 江汉油田年鉴.2004 | 《江汉油田年鉴》编纂委员会　编 |
| 57 | 江苏油田年鉴.2004 | 《江苏油田年鉴》编辑委员会　编 |
| 58 | 茂名石化年鉴.2004 | 《茂名石化年鉴》编纂委员会　编 |
| 59 | 上海石化年鉴.2004 | 《上海石化年鉴》编纂委员会　编 |

（丁纵宇）

# 精神文明建设与企业文化

## 综　述

2004年，石化集团公司和各直属单位以邓小平理论和“三个代表”重要思想为指导，全面贯彻落实党的十六大和十六届三中、四中全会精神，按照“改革、调整、创新、发展”的工作方针，紧紧围绕完成石化集团公司暨石化股份公司工作会议确定的年度奋斗目标和工作重点，真抓实干，扎实工作，加强党的建设、思想政治工作和精神文明建设。努力弘扬“爱我中华、振兴石化”企业精神，加强以“竞争、开放、规范、诚信”为核心的企业文化建设，规范企业经营活动，营造企业良好的社会形象和内部环境，推进思想道德建设和职业道德教育，努力培育“四有”职工队伍，为石化集团公司2004年改革发展目标任务的实现和大局的稳定作出了贡献。

（潘武龙）

## “四有”职工队伍建设

**【概述】** 石化集团公司和各直属单位深入学习贯彻“三个代表”重要思想和党的十六届四中全会精神为主线，加强理论学习，提高广大党员干部职工的思想政治素质。坚持党要管党，在生产经营、改革发展稳定的第一线，充分发挥党委的政治核心作用、党支部的战斗堡垒作用和党员的先锋模范作用。努力探索新形势下做好思想政治工作的新规律、新思路和新办法，为石化集团公司完成2004年各项中心任务提供了良好的环境。通过开展企业文化建设和精神文明创建活动，努力营造企业良好的社会形象和内部人文环境。

（潘武龙）

**【学习贯彻党的十六届四中全会精神】** 石化集团公司和各直属单位把抓好中心组理论学习作为提高班子成员政治思想素质的重要途径，坚持中心组理论学习制度，紧密结合企业的中心工作、形势任务、班子建设和个人实际，深入学习贯彻“三个代表”重要思想和党的十六大、十六届三中、四中全会精神。2004年石化集团公司党组中心组先后组织6次专题学习，在加强自学的同时，交流学习心得，提高思想认识，指导工作实践。特别是8月中旬，党组召开理论学习研讨会，联系石化集团公司改革发展实际深入学习贯彻“三个代表”重要思想，集中研究并提出了中国石化今后一个时期改革发展的框架目标和重大措施，在许多战略问题上形成了共识，并与部门和企业负责人充分交换意见。理论学习成果统一了思想，推动了改革发展实践。同时，采取“请进来，走出去，请上来，走下去”等方式拓展了学习途径。通过强化中心组的理论学习，提高了领导干部科学决策、市场应变、改革创新、经营管理和应对复杂局面等“五种能力”。学习贯彻中办发[2004]31号文件《中央组织部、国资委党委关于加强和改进中央企业党建工作的意见》精神。党组及时组织学习讨论，认真领会《意见》精神，提出了初步贯彻意见。组织开展党建工作调研，10月中旬对15家企业进行为期3周的重点实地调研，掌握第一手资料，为制定石化集团公司贯彻意见奠定基础。石化集团公司党组参加了国资委党委召开的贯彻《意见》座谈会，并作了交流发言。

（潘武龙）

**【党的建设】** 2004年石化集团公司坚持开展“创先争优”活动，积极参加国资委党委“创先争优”活动，经推荐考察，向国资委推荐2个先进基层党组织、3名优秀共产党员、3名优秀党务工作者，并受到国资委党委表彰。做好保持共产党员先进性教育活动准备工作。召开了石化集团公司党建专题会部署协解党员关系移交工作，向各有关企业所在地方党委发函请求协助处理移交工作，并派人到6个省(市、区)地方党委协商移交事宜。注意抓基层、打基础，注重基层党组织建设，建立了党建工作目标责任制，完善了基层党建工作制度，规范了工作内容和程序，加强了对基层党组织的检查指导，严格了党建工作的量化考核，基层党组织的整体建设水平有了较大提高。坚持与时俱进，开拓创新，结合企业特点和生产经营实际，对党的组织生活内容和方式大胆创新，普遍开展了“党员责任区”、“党员先锋岗”、“党支部目标管理”等活动，效果明显。抓好党员队伍建设，不断壮大党员队伍，强化党员作用，党员已成为企业生产经营中的骨干力量，高标准要求自己，做到“觉悟高于群众、技能高于群众、业绩高于群众”。

（潘武龙）

**【形势任务教育】** 石化集团公司和各直属单位围绕2004年推进主辅分离改制分流、理顺管理体制等各项改革任务，抓好形势任务教育和理想信念教育。坚持主要领导干部向职工作形势任务报告的制度。采取多种形式，深入宣传坚定不移深化改革、加快有效发展的重大意义和具体措施，使广大干部职工对未来既充满信心，又看到影响中国石化发展的主要矛盾和突出问题，做到居安思危。通过座谈会、报告会和利用各种媒体等多种形式，组织干部职工开展纪念邓小平诞辰100周年、庆祝建国55周年活动，缅怀邓小平同志的丰功伟绩，广泛宣传建国55年来，特别是改革开放26年来，我国亿万人民群众在中国共产党的领导下，以毛泽东思想、邓小平理论和“三个代表”重要思想为指导，奋发图强，艰苦创业所取得的巨大成就。

（潘武龙）

**【思想政治工作】** 2004年石化集团公司和各直属单位坚持“三贴近”原则，从干部职工的思想实际出发，把做好深入细致的思想政治工作渗透到改革发展稳定的全过程。加强一人一事的思想教育，在涉及职工群众切身利益的改革中，做好耐心细致的疏通引导、统一认识的工作。坚持定期分析职工思想动态制度，根据不同阶段确定思想政治工作重点，增强了做好工作的针对性和主动性。落实“一岗双责制”，将思想政治工作同业务管理工作有机结合在一起，在工作中把思想政治工作列入重要内容一并部署、一并落实、一并检查，把管人管事管思想结合起来，取得较好效果。按照“群众利益无小事”的要求，深入职工群众了解情况，解决职工生产、生活困难，坚持把解决思想问题同解决职工群众工作和生活中的实际问题结合起来，做到理顺情绪，化解矛盾，从而使广大干部职工理解、支持并积极参与各项改革。

（潘武龙）

**【维护稳定工作】** 2004年石化集团公司和各直属单位认真贯彻“坚定、沉着、耐心、细致”的要求，做好维护稳定工作。个别企业发生上访、聚集事件后，总部机关及时派出工作组，与有关企业一起做了大量深入细致的思想政治工作，使事件得到妥善处理。认真落实责任制，充分发挥维护稳定工作联系网络作用，保证信息沟通及时准确。节假日期间，各部门、各单位都加强值班，确保了节日期间的稳定。针对个别单位职工上访的问题，有关单位认真做好上访职工思想工作，矛盾化解在基层。坚持不懈地抓好与“法轮功”邪教组织的斗争。根据中央和国资委党委的要求，认真部署进一步做好与“法轮功”斗争工作，做好转化和组织处理工作。

（潘武龙）

**【企业文化建设】** 2004年，石化集团公司和各直属单位继续推动以“竞争、开放、规范、诚信”为核心内涵的中国石化企业文化建设的深入开展。借助F1赛事、北京2008奥运合作伙伴等，进一步展示了中国石化的良好形象，增强企业的凝聚力和向心力。坚持把企业文化融入到生产经营管理工作中，努力营造良好的内部人文环境，提高企业内部紧密度和竞争力。继续实施职工素质工程，积极开展“创建学习型组织、争做知识型职工”活动和劳动竞赛、合理化建议、技术革新、技术协作、发明创造及岗位练兵、技术比武等群众性经济技术创新活动，努力为提高职工技能水平、促进企业有效发展作出贡献。

（潘武龙）

**【热情支持扶贫、援藏和赈灾事业】** 石化集团公司承担着湖南省泸溪、凤凰，安徽省岳西、颍上和西藏班戈5个县的对口帮扶工作。2004年，石化集团公司投入援藏项目资金1 237万元，向4个对口扶贫县投入扶贫补助资金830万元。直属机关广大干部职工积极为凤凰县灾区开展捐资助学活动，共计捐款11万余元，已有最需要帮助的216名儿童受益。此外，石化集团公司还与有关单位和当地部门认真落实“石化春蕾女童助学项目”，为四川、贵州、甘肃3省14个贫困县的失学、缀学女童共资助680万元，帮助1.7万失学女童重返校园。通过扶贫和援藏工作，使当地的生态环境、教育条件、基础设施等得到初步改善，为增加当地政府的财政收入、加快当地群众脱贫解困、实现社会和谐和建设小康社会作出了贡献。

（潘武龙）

**【先进典型】** 2004年全系统有13人获得全国“五一劳动奖章”，5个单位获得全国“五一”劳动奖状。石化集团公司评选表彰劳动模范307名和先进集体102个，其中获得中央企业劳动模范54名、先进集体18个。组织评比表彰石化集团公司杰出青年创新创效奖10名和2003年度全国青年文明号129个、青年岗位能手140名。2个青年文明号获得“全国青年文明号十年成就奖”，6个单位获得“十年全国青年文明号活动优秀组织奖”，6名个人获得“十年全国青年文明号活动优秀组织奖(个人奖)”，1个单位获得“十年全国青年文明号活动突出贡献奖”。对塔河油田141万吨/年产能建设进行了总结表彰。

（潘武龙）

## 群众工作与职工文体活动

**【概述】** 2004年石化集团公司和各直属单位坚持全心全意依靠工人阶级的方针，充分发挥各级工会、共青团等群众组织在改革、发展和稳定中的作用，推进企业的民主决策、民主管理和民主监督，推进青年工作，活跃职工文化生活。

（潘武龙）

**【推行厂务公开制度】** 2004年石化集团公司坚持实行在董事会和监事会中都要有职工代表参加的制度。认真贯彻落实中办、国办下发关于深入实施厂务公开制度的通知和石化集团公司的要求，研究制定了落实措施。全系统直属单位都推行了厂务公开制度，建立健全和强化厂务公开运行机制，紧密结合企业改革和发展的实际，规范内容和程序，拓宽范围和渠道，对厂务公开的内容、形式、方法以及深度、广度等进行积极探索和研究。注意推广先进企业的典型经验，指导全系统的工作，指导和推动厂务公开工作深入开展，不断提高厂务公开工作水平。

（潘武龙）

**【文体活动丰富多彩】** 2004年石化集团公司围绕庆祝建国55周年，组织举办中国石化第一届职工文艺汇演，对外宣传了中国石化，对内凝聚了人心。此外，中国石化体协和中国石化文联举办多项单项文体活动，积极参加全国体育比赛，取得全国台球团体锦标赛第四名，第八届中国国际风筝暨第十三届全国风筝赛硬翅第三名、龙串第五名、软翅第七名，全国健身秧歌大赛自选动作一等奖、规定动作一等奖，全国塑质地掷球锦标赛团体第四名、单打冠军、单打第三名，全国指弹球比赛老年团体冠军、成年团体第二名、成年双人赛亚军、老年双人赛亚军、成年单人赛冠军、老年单人赛冠军，世界著名在华企业员工健身系列大赛浦江夜游桥牌赛第二名、外滩健美操赛第二名、街头三对三篮球赛第三名、东方明珠登高赛团体第三名、女子个人第二名、男子个人第四名、新天地广场飞镖赛软式飞镖第四名，代表中国参加第二届世界女子地掷球锦标赛获团体第五名。

（潘武龙）

## 油区专项整治

**【概述】** 2004年，石化集团公司和所属各油田、管道企业积极贯彻落实国务院统一部署，按照公安部等十部委《关于印发整治油气田及输油气管道生产治安秩序专项行动工作方案的通知》和石化集团公司《关于切实做好整治油气田及输油气管道生产治安秩序专项行动有关工作的通知》的要求，进一步加大油区治安整治力度，全力配合地方政府和公安机关，深入开展油田区域治安秩序专项整治行动。

（潘武龙）

**【确定4个整治重点】** 2004年，石化集团公司加强与有关部委和地方政府的联系，为油田和管道企业提供有力的支持。在认真总结和调研的基础上，抓住突出问题，确定了4个整治重点：破坏油田管道，打孔盗油、盗气；破坏油井设施，开井盗油，暴力抢劫原油；盗窃、抢劫油田电力、天然气资源和油田生产建设物资；非法收购、炼制、贩运、倒卖原油。积极配合公安机关，强化侦查破案，坚持严打不放松，围绕确定的打击重点，集中力量，强化措施，破现案，攻积案，挖隐案，有效遏制了涉油犯罪行为。针对油田、管道企业点多、线长、面广，油井、管线及电力设施均僻临乡村或野外的特点，强化了“人防、技防、物防”和内部管理，油田和管道企业加大投入，相继采取了一系列措施，确保油区和管道安全。

（潘武龙）

**【专项整治成果显著】** 据不完全统计，2004年1—12月，石化集团公司所属各油田、管道企业协助地方公安机关共侦破刑事案件5 794件，抓获违法犯罪嫌疑人1 951人，侦破打孔盗油犯罪团伙241个，共缴获贩运原油和油田生产物资的各种车辆1 509辆，缴获各种油品3 942吨，取缔土炼油炉187座，掐除窃电点2 917处、窃气点3 152处，收缴电线27.35万米、输气管线29万米，收缴油罐、灶具、抽气泵等物资635件，调解工农（企地）纠纷1 324起。一批长期损害油田、管道企业的犯罪分子被公开审判，有力地打击了涉油犯罪的嚣张气焰，为进一步深入长期开展整治行动给予了法律和舆论保障。

（潘武龙）

**【表彰专项行动中的先进】** 在专项斗争中，涌现出许多反打孔盗油的先进事迹。2004年石化集团公司召开了整治油气田及输油气管道生产治安秩序专项行动总结表彰会议，表彰了10个先进单位和30名先进个人，向公安部推荐了10个先进集体和29名先进个人，并受到表彰。

（潘武龙）

# 审计与监察

# 内部审计

## 综述

2004年，石化系统各级审计部门紧紧围绕石化集团公司暨石化股份公司的中心任务，认真履行审计职责，求真务实，强化监督，审计领域不断拓展，审计力度不断加大，审计质量逐步提高。在积极配合国家审计和国务院监事会监督检查的同时，全年共开展各类审计项目10 065项，查出了一些违反财经纪律、经营纪律的问题，促进增收节支11.36亿元，向纪检监察部门移送案件线索4起，审计工作在促进企业加强管理、规范经营、提高效益、加强廉政建设等方面发挥了重要作用。2004年11月，石化集团公司被国家审计署、中组部、中纪委、国务院国有资产监督管理委员会等中央六部委授予“全国经济责任审计工作先进单位”称号。

（王录堂）

## 配合国家审计

**【概述】** 2004年，国家审计署组织开展了对石化集团公司2002年财务收支和原法定代表人李毅中任期经济责任审计。这是国家对中国石化自原石化总公司1983年成立以来、石化集团公司1998年成立以来，时间最长、力度最大的一次审计，其特点有：一是参审人员多。共有来自审计署经贸司和济南、南京、兰州3个特派员办事处，以及14个地方审计机关和5家会计师事务所的160名审计人员。二是现场审计时间和重要问题追溯时间长。审计组从3月29日进入总部开展审前调查到现场审计结束，历时10个多月。同时，审计组对固定资产投资和对外长期投资的审计，追溯到了20世纪80年代末、90年代初。三是审计范围广。驻总部审计组除重点审计总部机关两个财务部及其他业务部门和财务公司、销售公司、联合石化、国际事业公司外，还延伸审计了26户企业，3个特派办对13户企业进行了全面审计，存续和上市两部分合起来共有76户企业接受了正式审计或延伸审计。四是审计力度大、重点突出。审计组按照“摸家底、揭隐患、促发展”的审计工作思路，重点检查决策失误造成的损失浪费和国有资产流失问题，注意发现重大问题线索，各特派办共向司法机关移送案件线索5起。审计署及3个特派办共向总部存续、上市、财务公司和胜利油田、江苏油田、齐鲁石化、上海石化、金陵石化、扬子石化、仪征化纤、南化公司、山东石油、江苏石油、上海石油、销售华东等12户企业出具了25份审计报告，在此基础上出具了一份汇总报告。

（王录堂）

**【总部和企业配合国家审计情况】** 根据石化集团公司党组关于“把配合国家审计作为年度审计工作的重中之重”的指示，总部和各单位全力以赴，精心组织，密切配合，保证了国家审计工作的顺利进行。

一是周密部署迎审工作，认真组织自查自纠。在2004年2月底召开的全系统审计工作会议上，党组要求各单位积极行动起来，立足于自我整改完善，认真做好迎审工作。总部和各有关单位成立迎审机构，强化责任意识，针对生产经营管理中的薄弱环节认真开展了自查自纠工作。总部有关部门对部分企业的自查自纠情况严格进行了督导和抽查。

二是全力配合现场审计，积极营造良好审计环境。国家审计组进驻石化集团公司后，总部和各单位派出得力人员，全力配合、全面及时提供所需审计资料。党组根据审计局编发的43期《审计情况反映》，掌握审计进展情况，并先后多次听取审计情况汇报，要求总部有关部门和有关单位及时抓好存在问题的整改工作。特别是在第一批5户企业接受特派办审计一段时间后，总部及时组织召开有关会议，了解国家审计组对各有关单位查出的问题，督促企业认真分析问题、耐心作出解释，能及时整改的做到边查边改；同时，布置第二批7户企业在已经自查自纠的基础上，再针对其他企业被审计查出的问题组织深入的自查自纠，规范经营行为。

三是积极向审计组汇报有关情况，切实维护中国石化良好形象。国家审计组结束现场审计后，总部和各单位按照党组的要求，认真分析研究问题发生的原因，制定整改措施，并在尊重客观事实的基础上，认真提出政策、依据，准备详细说明材料，充分交换意见。特别是对特定历史条件下形成的问题，坚持尊重历史、实事求是地进行说明。此外，个别单位的问题在审计署《审计简报》上披露后，党组领导高度重视，立即派出工作组到有关企业调查落实，严肃处理了相关责任人，并将处理情况向审计署及有关特派办进行了汇报。审计署认为：中国石化配合到位、整改及时、处理严格。

（王录堂）

## 效益审计

【概述】 2004年，总部和各单位在加强二级单位效益审计的同时，延伸开展了控股企业、基层车间的效益审计，由对企业产供销等生产经营环节的审计进一步拓宽到对资金管理使用、对外投资回报等方面的审计。全年共开展经济效益审计264项，促进企业增收节支1.49亿元。

（王录堂）

【总部组织实施的效益审计】 2004年,总部组织开展了9户企业的经济效益审计,查出了私设“小金库”、向关联企业及其他企业让利等问题,指出了企业在经营管理上的漏洞和隐患,提出了有较强针对性和可操作性的整改意见,并督促企业抓好整改,促进了增收节支。

（王录堂）

【企业组织实施的效益审计】 2004年，各单位结合实际积极开展了各项专题效益审计。江汉油田紧紧抓住经营管理的薄弱环节，开展了对管理局控股公司经营情况效益审计，查实了控股公司部分单位投资收益差、存货账实不符、应收账款清收不及时等问题；茂名石化将审计范围扩展到生产经营领域，对所属化工事业部橡胶车间进行了生产效益情况审计，并利用边际贡献模型分析出装置产能偏小、产品结构不合理、原料平衡不优化、产销协调不到位等影响车间效益的因素和问题，单位领导对审计结果极为关注；广东石油充分发挥审计垂直管理的优势，抓住重点，集中力量开展大型交叉审计，在对10个分公司应收账款管理情况的审计中，查出合同签订不规范、擅自赊销、应收账款数额高等问题并分析了原因，有效促进了企业加强对应收账款的管理。

（王录堂）

## 经济责任审计

【概述】 2004年，各级审计部门坚持“客观公正、实事求是、一分为二、用数字说话”的原则，把经济责任审计和改制企业审计、合规审计、效益审计等有机结合起来，并将审计的范围进一步拓展到对外联营企业，在摸清家底、明确责任、规范评价等方面下功夫。全年共开展经济责任审计530项，促进增收节支1.45亿元。

（王录堂）

【总部组织实施的经济责任审计】 2004年，总部对12户企业的15名领导干部进行了离任经济责任审计，核实了任职期间企业资产负债损益的真实性，摸清了家底，划清了继任者与离任者的经济责任界限，促进了领导干部增强依法治企和从严治内的意识并认真履行经济责任，促进了企业的改革发展和经济效益的提高。

（王录堂）

【企业组织实施的经济责任审计】 2004年，各单位不断深化经济责任审计工作。胜利油田配合企业改制这一领导关心、职工关注的重点工作，将经济责任审计与改制企业审计有机结合起来，在摸清企业家底，防止企业资产流失的同时，正确评价了企业领导人的经济责任；高桥石化在实施经济责任审计过程中，由过去只关注财务收支的合规性向既关注合规性、更关注效益性转变；扬子石化贯彻“有离必审”制度，并加大对联营企业负责人的审计力度，通过监督其履行经济责任、管理责任和法律责任的情况，有效促进了企业规范管理，促进了企业经济效益的提高。

（王录堂）

## 其他项目审计

【工程项目投资审计】 2004年，总部和各单位积极开展固定资产投资审计258项、审计工程预结算书27 350份，审计核减支出6.18亿元，为企业节约了大量建设资金。总部除完成在建工程、竣工决算、联合账簿审计外，还对海外投资项目进行了审计，揭示了境外投资项目在管理体制、制度建设和资金管理等方面存在的问题，探索了境外投资审计，维护了石化集团公司的利益。各单位全面开展工程结算和竣工决算审计，有18户企业全年工程审减额超过1 000万元。胜利油田扩展工程审计领域和业务，建立了油田投资地面建设项目外包工程结算审计制度，全年共审减工程造价5 383万元；镇海炼化实行工程项目审计登记制，全年审减工程结算资金1 494万元；金陵石化加大项目概算审查及招投标审计力度，全年工程费用审减额达1 150万元；江苏油田积极向基建、大修、检维修项目延伸，以帮促企业健全完善基建管理程序和制度为出发点，全面开展工程审计；洛阳工程公司做到事前审计与事中、事后审计相结合，通过参与工程项目设计、施工全过程，从源头上防止了效益流失。

（王录堂）

【财务收支审计】 2004年，总部和各单位围绕各项收入和支出的合规合法性、资产负债损益的真实性等内容，并展财务收支审计592项，在进一步规范企业财务管理和会计核算、提高会计信息质量的同时，促进企业增收节支1.51亿元。河南油田、中原油田等单位继续开展承包经营指标考核审计，为企业考核兑现提供了依据；齐鲁石化拓展审计空间，积极开展同级审计，发现了财务核算和管理中存在的问题，提出了整改建议并督促实施，减少了违规违纪问题的发生；江苏石油和贵州石油认真开展财务收支审计，分别查出问题金额1.43亿元和1 972万元，认真整改，规范了会计核算。

（王录堂）

【改制分流审计】 2004年，根据党组提出的"要关注企业改革和结构调整工作中的审计"的指示，各单位审计部门积极参与改制工作全过程，并本着对国有资产负责、对企业负责、对职工负责的原则，开展了改制分流审计，在确保国有资产安全、完整、不流失的同时，促进了改制分流工作的顺利进行。燕山石化对5户改制企业及其28个下属单位的资产和债务进行了全面清查，查出部分单位存在私设账外账和"小金库"7 727万元、账外资产2 999万元、虚报潜亏7 471万元等问题，公司根据审计处理意见对私设"小金库"单位的党政班子进行了通报批评，并对有关人员给予党纪、政纪处分和经济处罚，充分发挥了审计的监督和服务作用；河南油田采取经济责任审计、持续经营审计与审核资产清查和资产评估报告相结合的方法，对改制分流单位资产负债损益情况进行了审计，发现资产清查与评估不完整，资产确认、产权界定和账务调整不准确以及评估结果缩水较大等问题，审计增加评估净资产1 876万元，避免了国有资产流失。

（王录堂）

## 专项审计及调查

【概述】 2004年，总部和各单位紧紧围绕企业生产经营管理中的难点、热点问题，开展专项审计和调查工作696项，促进增收节支2 793万元。

（王录堂）

【总部开展的专项审计调查】 2004年，总部统一组织开展了外供水电气暖费用的收缴情况、对外投保情况以及宾馆、疗养院、培训中心和驻外埠办事处基本情况3个专项审计调查。在各单位自查的基础上，总部进行了汇总分析，揭示了一些单位外供水电气暖损失浪费的问题，对外投保中存在违规购买商业保险、重复投保、违规列支基本医疗保险费的问题，以及宾馆、疗养院、培训中心和外埠办事处经济效益差、对母体依赖程度高、管理分散、核算不规范等问题。总部针对存在的共性问题，提出了加强管理的审计建议。党组领导高度重视，并作出了重要批示，专项审计调查结果为党组决策提供了参考依据。

（王录堂）

【企业开展的专项审计调查】 2004年，各单位除按总部要求完成3个专项审计调查工作外，还积极开展了多项专题审计。中原油田开展了经济合同管理、主要生产经营单位物资管理、设备管理等15个专项审计，揭示了影响生产经营管理和经济效益的深层问题，为油田领导的决策和被审计单位加强管理提供了依据；仪征化纤开展了安保基金专项审计调查，促进安保基金的管理和使用逐步规范；天津石化开展了营销、物资采购、应收账款和运输费的审计，维护了企业利益；河南石油、云南石油紧紧围绕企业的目标开展工作，重点开展了加油站管理专项审计；上海石化研究院开展了实验室药品、试剂采购与使用专项审计调查，通过专项审计揭示管理上存在的问题，认真进行整改并进一步健全了相关管理制度。

（王录堂）

## 其他工作

【协调配合国务院监事会工作】 2004年国务院派入石化集团公司的监事会换届。按照国务院监事会的要求，石化集团公司党组和总部有关部门分别向监事会进行了全系统生产经营和有关专题的汇报，并联系总部相关部门及时向监事会提供所索要的文件和材料。在此基础上，总部布置全系统所属单位按照国有企业监事会工作办公室的要求，认真填报了《2003年度企业基础材料》；同时，从所属单位抽调20多名财务、审计人员配合国务院监事会对中原油田、扬子石化等企业进行了重点解剖，企业对查出的问题进行了认真整改。此外，配合国务院监事会对西部勘探指挥部、西北石油局、塔河化工厂、广州石化、茂名石化、湛江东兴、北海炼厂、广东石油、广西石油等单位进行了调研检查，各单位认真准备材料，全面汇报情况，为国务院监事会顺利开展工作创造了便利条件。

（王录堂）

【审计信息化建设】 2004年，总部和各单位按照"统一规划、分步实施"的原则，狠抓了审计信息化建设。总部审计局组织开发了审计信息门户、审计查证软件系统、审计工作底稿管理系统，进一步提升了审计管理信息系统功能、完善了查证软件功能模块，提出了审计底稿管理系统工作流程及质量控制业务需求方案，并认真组织实施；同时，针对全系统推广实施ERP的新形势，探讨了在ERP环境下有效开展审计工作的思路和方法，总部ERP指导委员会正式将审计功能模块的开发纳入ERP统一规划。各单位在推广和应用审计信息化方面都做了大量有益的探索，基本实现了由手工审计方式向计算机辅助审计与手工审计相结合的方式转变。江苏石油积极开展计算机辅助审计，在实施审计过程中，采用现场审计与非现场审计、集中会审与实地核查相结合的办法，根据集中审计查出的问题和线索，进行就地审计，减少了审计人员的现场审计时间，提高了工作效率；仪征化纤积极研究ERP环境下内部审计的重点、方法，提出了有针对性的建议；广州石化运用审计管理信息系统，建立了信息数据库，提高了审计成果利用率，并结合全面预算管理信息系统的建设，引进网络技术，实现审计系统与财务、销售、物资供应、技术、设备等管理系统联网，为开展管理审计打下了较好的基础。

（王录堂）

**【审计队伍建设和基础工作】** 2004年，一是狠抓了审计队伍建设。一方面，总部加强了对企业审计工作的指导，针对企业管理体制、机制的变化，就企业审计机构的设置，提出了具体指导意见，保证了审计队伍的稳定；另一方面，继续加强业务培训，总部共举办6期培训班，对审计处长、涉外审计人才和审计骨干共470人(次)进行了培训，各单位也有针对性地开展了一系列后续教育和培训活动，进一步提高了审计人员素质。二是审计制度建设进一步加强。总部制定并下发了《后续审计暂行办法》，起草的《审计项目质量控制暂行办法》经过反复讨论修改，即将下发。长岭炼化推行“四个一”制度，即通过一份协议、一本书、一份总结和一件事，加强内部审计管理，促进了审计工作的规范化、科学化；江汉油田、天津石油等单位结合企业实际，制定和修改、完善了《关于进一步加强审计项目质量控制的意见》、《基建项目投资审计管理实施细则》等办法，从制度上为提高审计质量提供了保障。三是加强了审计理论研讨。总部组织开展了企业改制分流审计和审计质量控制等审计理论研讨活动，评审出质量较高、效果明显的优秀审计项目46个、优秀审计论文50篇，并在全系统进行了表彰，调动了各级审计部门和广大审计人员搞好审计工作的积极性，促进了审计工作水平的提高。

（王录堂）

**【石化股份公司监事会办公室工作】** 2004年，一是完成了对石化股份公司2003年年报、2004年中报的审核工作，出具了审核意见，为监事会作出会议决议提供了依据。二是承办了第二届监事会第三、第四两次会议，联系财务部、毕马威会计师事务所就公司财务状况和审计调整差异向监事会作出说明，起草了监事会会议记录、决议公告等全部会议文件。三是组织了两次监事巡视活动。2004年6月，组织独立监事、职工代表监事对金陵分公司和江苏石油公司ERP建设情况进行了巡视检查；11月，组织独立监事对“武汉石油”和“泰山石油”两个小A股公司的资金筹集、使用情况进行了巡视检查，并视察了油库和加油站。四是组织了监事的国内外培训、考察，并为监事会接受日本三井株式会社监事会回访准备了相关资料。此外，为独立监事传递财务报表、文件以及其他各种信息资料，保证了监事正常发挥监督监管作用。

（王录堂）

# 纪检监察

## 综 述

2004年，在中央纪委、国资委的领导下，石化集团公司认真贯彻中央纪委第三次、四次全会精神和中央企业纪检监察工作会议精神，把党风廉政建设和反腐败工作摆在重要位置，各级纪检监察部门注意发挥职能作用，加强组织协调，紧紧依靠广大职工群众，坚持标本兼治、综合治理，从严治内、依法治企，认真落实各项任务，反腐倡廉工作取得了新的成效。

严格要求，严格管理，领导干部廉洁自律工作取得新进展。石化集团公司总部机关和直属单位认真贯彻落实中央纪委第三次全会对国有企业领导人员提出的“四大纪律八项要求”和“三个不得”，抓好教育，落实制度，严格督查，保证了廉洁自律各项规定的落实。多数领导人员严于律己，能正确处理个人利益与党组织、企业和职工群众利益的关系，求真务实，埋头苦干，廉洁从业，将主要精力放在工作和事业上，为企业改革发展目标的顺利实现作出了贡献。

加大查办案件工作力度，查处了一批大案要案。各级纪检监察部门进一步加大查办案件工作力度，重点围绕企业重组改制中侵吞、转移、私分国有资产以及贪污、受贿等严重违纪违法行为，集中力量，加强协调，艰苦奋战，突破了一批大案要案，惩处了一批违纪违法人员。这一年是近年来查处大案要案最多的一年，是查办案件案值最高的一年，也是为企业挽回损失最多的一年。

坚持以经济效益为中心，效能监察工作取得新成果。效能监察工作紧紧围绕提高经济效益这一中心，紧贴管理，与治本抓源头相结合，着眼于提升管理水平和促进源头防腐，不断加大效能监察工作力度，促进生产经营管理的完善和优化，取得了较好的经济效益和社会效益。全系统通过效能监察，减少投资、节约采购资金、清收应收账款 16.9 亿元，取得了较好的经济效益和社会效益。

加强党风廉政教育，筑牢党员干部拒腐防变的防线。围绕学习贯彻中央颁布实施的《中国共产党党内监督条例(试行)》和《中国共产党纪律处分条例》，广泛开展了党内法规知识学习教育活动。党组进一步加大对高层管理人员的党风廉政教育，反腐倡廉"大宣教"工作格局不断完善，发挥整体合力，增强了教育的针对性和实效性，一些单位注意探索开展廉政文化建设，使党员干部筑牢思想道德防线，不断增强拒腐防变的能力。

完善制度，加强监督，努力从源头上防治腐败。全系统注重从源头抓起，防治腐败，遏制违规违纪问题发生。推进清"乱"、治"散"工作，制定、修改了10项制度，健全监督制约机制，充分发挥纪检监察监督网作用，监督渠道得到拓宽，监督合力进一步增强。

加强纪检监察队伍建设，自身综合素质不断提高。全系统有专职纪检监察干部 1 560 人，兼职纪检监察干部 2 802 人。各级纪检监察部门在做好反腐倡廉工作的同时，加强自身机构和人员建设，认真组织纪检监察干部讲学习、讲政治、讲正气，进一步增强了在新形势下做好反腐倡廉工作的责任感、紧迫感。同时，加强对纪检监察干部的教育和培训，组织开展理论研讨，完善知识结构，提高业务水平，培养复合型人才。

（纪　健）

## 领导干部廉洁自律

**【概述】** 2004 年石化集团公司通过采取下发文件提出要求，印发信息、简报推广经验，抓好党风廉政检查等形式督促廉洁自律工作的开展。多数单位还结合实际，将有关规定逐条细化，纳入民主生活会自查互纠和党风廉政建设责任制考核的重要内容，坚持半年进行一次检查，全年进行一次考核，保证各项廉洁自律规定落到实处。同时，在坚持落实领导干部礼品登记、收入申报、业务招待费向职代会报告制度、个人重大事项报告等制度的基础上，把领导干部述职述廉作为廉洁自律工作的重要内容，纳入制度化、规范化轨道。各级领导班子成员认真开好民主生活会，围绕民主生活会的主题和干部职工的意见和建议，积极开展批评和自我批评，查找工作中存在的不足和问题，明确了今后的努力方向。严格落实党风廉政建设责任制，坚持把党风廉政建设责任制与经济工作目标管理考核、年度工作奖惩相结合，进一步加大党风廉政建设考核和追究力度。狠刹奢侈享乐和铺张浪费等不正之风。截至 2004 年底，91 个单位修订完善有关廉政制度 1 900 项，领导人员述职述廉、自查 17 920 人次，582 人次上交现金、有价证券 220.17 万元，纠正违反廉洁自律规定的问题 102 个；签订责任书 17 100 个，考核单位 6 264 个，追究责任 1 900 人，受党纪政纪处分 57 人，受组织处理 71 人；取消违规新项目数 13 个，制止违规盖办公楼 1 栋，制止违规买轿车 5 辆。

（纪　健）

## 查办案件

**【概述】** 2004 年，石化集团公司各级党委和行政进一步加强对办案工作的领导，各级纪检监察部门加强组织协调，在地方各级纪委和司法机关的帮助和支持下，查办案件工作继续保持强劲势头，严惩了腐败分子，处分了一批违纪党员干部，为企业清除了蛀虫，确保了企业的健康规范运行，持续有效发展。全系统各级纪检监察部门共受理群众来信来访和举报电话 4 025件，与上年基本持平，其中：纪检组监察局直接受理 613 件，比上年同期上升 27.2%，涉及党组管理的高层管理人员 190 件，中层管理人员 292 件，其他管理人员 131 件。反映高层管理人员的主要问题有 293 件(不含重复件)，其中：组织人事类 20 件，贪污受贿类 70 件，失职类 65 件，挥霍公款类 26 件，违规经营类 18 件，违反金融、税收、财经纪律类 15 件，侵犯权利 9 件，违反社会主义道德及社会管理秩序类 7 件，国有资产流失类 5 件，其他经济问题 58 件。2004 年全系统共立案 443 件，与去年基本持平，其中：大案要案 215 件，同比上升 17.5%。在 215 件大案要案中，涉及经济案件 210 件，占 97.7%，其中贪污、受贿案 184 件，违反金融财税政策案 16 件，挪用公款案 10 件。大案要案共涉及 306 人，其中高层管理人员 4 人，中层管理人员 79 人，其他管理人员 223 人。全系统共有 140 人受到党纪、政纪处分，刑事处理 71 人。

（纪　健）

【查办大案要案】 2004年，石化集团公司加强与各方面的协调配合，查办了一批大案要案。主要有：齐鲁分公司原经理张某违纪违法案件；青岛齐润石油化工公司原经理王某违纪违法案件；河南石油分公司原党委书记陈某等人违纪违法案件；石油大明(集团)股份有限公司原总裁李某等人违纪违法案件；国际事业公司设备处原处长刘某等人违纪违法案件；销售东北分公司原副经理董某违纪违法案件；山东石油分公司运销公司原经理宋某、业务员吕某等人违纪违法案件。

(纪　健)

【深入开展追逃工作】 2004年4月19—20日，石化集团公司召开查办案件追逃工作会议，王作然到会并讲话。胜利油田纪委、长岭炼化公司纪委在会上交流了追逃工作经验，会议向26个单位下达了追逃任务书，23个涉案的油田、炼化、销售企业和工程设计单位以及石化集团公司直属纪委的负责人出席了会议。会议要求，各有关涉案单位领导要高度重视追逃工作，提高对追逃工作重要性的认识，要加强对追逃工作的组织，要与地方公安、检察机关取得联系，抓好追逃措施的落实。要实行悬赏举报，广泛发动职工群众提供线索，让潜逃的腐败分子无藏身之地。要做好涉案人员家属的思想工作，讲明政策，规劝在逃人员尽早投案自首，以争取宽大处理。要树立全局观念，加强协同办案，形成追逃工作的整体合力。追逃会议召开后有3人被抓捕，1人向检察机关自首。

(纪　健)

【认真做好案件审理工作】 2004年，石化集团公司共审理案件387件，审结案件374件，案件审理率和案件合格率都为100%。石化集团公司还制定下发《中国石油化工集团公司纪检监察案件审理工作办法》，推进了案件审理工作的制度化、程序化。对发生在齐鲁石化、山东石油、河南石油、深圳开元、销售东北分公司和洛阳石化工程公司的7个案件进行了通报，以案明纪，警示教育干部职工。

(纪　健)

## 效能监察

【概述】 2004年，按照石化集团公司党组关于“围绕国有资产保值增值，深入开展效能监察工作”的指示精神，紧紧围绕提高经济效益这一中心，紧贴管理，着眼于提升管理水平和促进源头防腐，不断加大效能监察工作力度，促进了生产经营管理的完善和优化，取得了较好的经济效益和社会效益。通过效能监察，减少投资、节约采购资金、清收应收账款16.9亿元，其中清理不良资产呆坏账6.97亿元。

(纪　健)

【效能监察成效进一步显现】 2004年，全系统共立项1 900余项，其中各直属单位直接立项287项，石化集团公司直接和督办项目15项，效能监察领域不断拓展，覆盖面不断加大，更加贴近企业的经营管理。清理“369亿元”不良资产呆坏账效能监察，是石化集团公司首次在全系统统一开展的效能监察项目，各单位对此高度重视，加强组织领导，取得了良好成效。江汉油田截至2004年10月底，共追回计提坏账准备的不良债权4 094万元，处置已报废的不良资产和存货，变现金额757万元，取得比较明显的阶段性成果。广东石油分公司对1992年投资江门开发区2 000万元的遗留问题开展效能监察，经过大量艰苦复杂的工作，终于将1 600万元投资款折算成6.66万米$^2$(100亩)土地抵回，挽回了看似无望的呆坏账。高桥石化公司在开展对2万吨/年ABS报废装置拆除和处置的效能监察中，通过招投标，将249万元残值的报废装置，变现690万元，为企业多增效益441万元。胜利油田认真抓好重点工程建设效能监察项目，在胜利电厂二期扩建后续工程中，坚持进行全过程跟踪监督检查，防止“人情队伍”、“指定物资”的进入，节约建设资金8 000多万元。广西石油分公司针对一些所属公司在油品经营过程中损耗严重的问题立项开展效能监察，与当地公安机关联手，成功查获了一些油车司机盗卖油料的案件，处理有关司机59人，捣毁不法收油窝点4个，抓获不法收油老板4人，追缴赃款、挽回经济损失38万余元，有效地堵塞了油品损耗的阴沟暗渠。石油化工科学研究院开展了“清理不良资产、呆坏账”、“院属公司应收账款”的效能监察，收回应收账款137万元，挽回经济损失74万元，避免经济损失54万元。

(纪　健)

【加强培训，效能监察队伍素质进一步提高】 针对效能监察工作涉及领域广，相关业务知识面宽的实际情况，石化集团公司和各单位认真抓好业务培训，在提高效能监察队伍素质上下功夫。石化集团公司纪检组监察局2004年11月举办了工程建设项目、物资采购管理效能监察“两个规程”培训班，各单位纪委书记、监察处长、副处长及效能监察负责人105人参加了培训。河南油田、管道储运公司、茂名石化公司、武汉石化厂、南京化工厂、巴陵石化公司、石油化工科学研究院等单位举办了由审计、财务、法律、监察等部门参加的专项清理不良资产、呆坏账效能监察培训班。江苏油田根据效能监察的立项情况，开展业务培训，举办了为期4天的效能监察业务知识脱产培训班，共有46名监察干部参加了学习。南京化工公司在举办的纪检监察干部培训班上，领导带头讲课，同时按照效能监察工作“调研立项、过程管理、总结评审”三个阶段，分别邀请有关单位介绍经验，通过理论与实践相结合，提高了纪检监察干部的工作水平。2004年全系统举办培训班119批次，参加培训人员3 699人次。

（纪　健）

**【制定效能监察操作规程】** 2004年，石化集团公司完成了工程建设项目、物资采购管理、炼油单位完全成本管理、加油站管理4个效能监察操作规程，并印发全系统执行，进一步强化了效能监察工作的制度化、规范化和程序化。

（纪　健）

**【召开效能监察工作交流会】** 2004年5月28—30日，石化集团公司在胜利油田召开效能监察工作交流会。会议提出，要深入贯彻落实中央纪委第三次全会和中央企业纪检监察工作会议精神，求真务实，创新效能监察工作，使其更好地融入企业管理，为提高企业经济效益保驾，为中国石化改革发展护航，促进企业党风廉政建设，努力实现国有资产保值增值。石化股份公司副董事长、总裁王基铭，石化集团公司党组成员、纪检组组长王作然出席会议并讲话。胜利油田等16个单位在会上作了经验介绍。会议对胜利石油管理局等31个石化集团公司效能监察工作先进集体、董丕久等117名石化集团公司效能监察工作先进个人和3个效能监察优秀摄制组进行了表彰。中央纪委一室企业指导处、国资委纪委执法监察室有关负责人出席会议并讲话，石化集团公司所属企事业有关负责人参加会议。

（纪　健）

**【承办中日企业监管暨效能监察论坛】** 2004年12月9—10日，石化集团公司受国资委、中国国际友好联络会的委托，在北京昌平会议中心承办了中日企业监管暨效能监察论坛。国资委党委委员、纪委书记黄丹华祝辞；中国国际友好联络会副会长邓榕，石化集团公司党组成员、纪检组组长、石化股份公司监事会主席王作然到会，并会见了参加论坛的中外嘉宾。石化集团公司纪检组副组长、监察局长康宪章在论坛上发表了题为《弘扬求真务实精神，创新效能监察工作》的演讲。来自新日本制铁株式会社、瑞穗金融集团、三井化学株式会社、三菱商事株式会社等知名日本企业的专家与中国石化等64家中央企业监察机构负责人共150多名代表参加了本次论坛。

（纪　健）

## 党风廉政教育

**【概述】** 2004年，石化集团公司进一步完善反腐倡廉“大宣教”格局，纪检组监察局、办公厅、人事教育部、人力资源部、审计局、思想政治工作部、法律事务部、管理干部学院、石化报社等部门坚持联席会制度，发挥各自优势，形成合力，反腐倡廉宣传教育开展得有声有色。不少单位为增强教育实效性，由党委统一部署，纪委组织协调，宣传、组织、工会等部门参加，开展了一些有企业特点、针对性较强的教育活动。

（纪　健）

**【学习贯彻十六届四中全会精神】** 2004年10月，石化集团公司党组分3批对总部机关部门和直属单位240余名主要负责人进行了集训。党组领导亲自到培训班讲课、座谈，要求领导干部要增强忧患意识、责任意识和大局意识，找出自身的差距，改进领导方式和工作方法，不断提高工作效率和能力；既要集中精力抓改革谋发展，又要保持清醒头脑增强廉洁意识，使领导干部进一步认识开展党风廉政建设对加强党的执政能力建设的重要意义，提高领导干部的廉洁自律意识。

（纪　健）

**【组织开展学习两个《条例》】** 中央颁布实施《中国共产党内监督条例（试行）》和《中国共产党纪律处分条例》后，石化集团公司广泛开展了党内法规知识学习教育活动。2004年4月，石化集团公司连续举办3期新进领导班子的高层管理人员培训班，把两个《条例》列为重要学习内容，对近百名纪委书记进行了两个《条例》集中培训。5—8月，在全系统开展了以两个《条例》为主要内容的党内法规知识竞赛活动，组队参加了国资委纪委组织的中央企业党内法规知识竞赛，组织全系统各级党员领导干部观看了全国党内法规知识竞赛决赛录像。截至2004年底，全系统共组织党内法规知识测试和竞赛活动1 910场，有25万名党员干部参加。

（纪　健）

【开展先进典型和警示教育】 2004 年各单位认真开展了学习郑培民、任长霞、牛玉儒及石化集团公司 10 名勤政廉政典型活动，还采取组织收看大要案纪实片、请地方司法机关领导上门讲法制课、参观监狱让在押犯人现身说法等多种形式，对党员干部进行反腐倡廉教育。胜利油田制定了廉政文化建设规划，投入专项资金建设党风廉政教育基地，通过举办反腐倡廉书画展、专场文艺演出，征集廉政文化标志性语言，组织“读书思廉”等活动，使廉政文化形象化、具体化，深受干部职工欢迎；齐鲁石化新领导班子针对近两年发生在企业的案件，认真总结经验教训，向广大职工作出廉洁自律 12 项承诺，并制定了干部监督工作联席会制度，还在全公司范围开展了“反腐倡廉警示教育月”活动，树形象、鼓士气，取得较好效果。截至 2004 年底，全系统共组织廉政勤政典型报告会及观看反腐倡廉电教片 5 643 场，33.06 万人次参加；印发宣传教育材料 27.5 万册；举办法制讲座 577 场，18.12 万人次参加；旁听法院庭审 172 场；3 730 人次参加。

（纪 健）

【编写《源头与治理》一书】 2004 年，石化集团公司根据 2003 年 12 月召开的源头治理工作座谈会上有关领导的讲话和会议材料，编写了《源头与治理》。该书是石化集团公司近年来从源头上治理腐败问题的经验总结、理论思考和工作探讨，为建立健全教育、制度、监督并重的惩治和预防腐败体系，进一步推动新形势下反腐倡廉工作，维护改革发展稳定大局，拓展思路，作出有益的探索。

（纪 健）

【拍摄效能监察电视教学片】 2004 年，石化集团公司完成了效能监察教学系列片——工程建设篇的拍摄制作；并在前两年工作的基础上，拍摄制作了石化集团公司效能监察工作经验电视片——《探索、创新、实践——中国石化效能监察纪实》。

（纪 健）

## 监督与管理

【概述】 石化集团公司认真贯彻落实党的十六届三中全会提出的建立健全教育、制度、监督并重的惩治和预防腐败体系的精神，在抓好治标工作的同时，逐步加大治本力度。按照石化集团公司工作会议要求，进一步开展清“乱”、治 “散”工作。加强制度建设，起草拟定了党风廉政建设 10 项制度。充分发挥兼职纪检监察专员(员)的作用，组织他们参加党风廉政检查、查办案件和效能监察工作，并根据人员变化情况和工作需要，对兼职纪检监察专员(员)队伍进行了第六次充实和调整，截至 2004 年底，石化集团公司有兼职纪检监察专员 24 名、纪检监察员 52 名。各直属单位共聘任兼职纪检监察员 3 745 人，党风廉政信息员、监督员 9 097 人；签订党风廉政责任书 1.71 万个，纪委领导与下级党政主要负责人谈话 11 663 人次，领导干部任职谈话 6 099 人次，诫勉谈话 2 075 人次，对领导干部民主评议 2.55 万人次，对下级领导班子检查 2 428 次数。对重组改制实施监督检查 107 件，对产权转让实施监督检查 59 件，纠正违规问题 16 个。

（纪 健）

【中央纪委在燕山石化建立国企反腐倡廉联系点】 2004 年 4 月 15 日，中央书记处书记、中央纪委副书记何勇到燕山石化公司视察，了解国有企业改制分流和党的建设情况。监察部副部长陈昌智，国资委党委书记、副主任李毅中，石化集团公司总经理、党组书记陈同海，党组成员、副总经理刘根元，党组成员、纪检组组长王作然陪同。根据何勇指示，8 月 24 日，中央纪委一室在燕山石化公司建立了国有企业反腐倡廉长期联系点。

（纪 健）

【清“乱”、治“散”工作不断推进】 2004 年，全年清理乱投资、乱担保、乱借贷问题 7 个，涉及金额2 076.1 万元；清理撤并小法人实体 117 个；清理“小金库” 143 个，7 173.7 万元。物资采购、工程招投标管理进一步完善，91 个单位物资招标采购金额 226.7 亿元，网上招标采购金额 141.5 亿元，工程招投标金额 126.5 亿元。同时，全系统继续推行 ERP 系统，促使企业管理进一步规范。

（纪 健）

【加强党风廉政制度建设】 2004 年，石化集团公司组织起草拟定了 10 项制度。这 10 项制度包括石化集团公司、石化股份公司行政处分办法，对“三重一大”(重大问题决策，重要人事任免，重大项目安排，大额度资金使用)进行监督、廉洁谈话、巡视、选拔任用干部征求纪检部门意见，石化集团公司党风廉政建设责任制实施意见，关于禁止领导人员违反规定从事营利活动和为其配偶、子女及其亲友经商办企业提供便利和优惠条件的规定，禁止用公款为干部职工购买个人商业保险的规定，加强公共财物管理和使用监督的规定。

（纪 健）

**【开展党风廉政检查】** 2004年，石化集团公司共派出10个党风廉政建设检查组，分别由10名兼职纪检监察专员带队，从有关企业纪委抽调60人参加，分赴胜利油田、东北石油局、华北石油局、上海海洋石油局、西北石油局、西南石油局、中南石油局、管道储运公司、天津石化公司、仪征化纤公司、巴陵石化公司、河南石油分公司、江苏石油分公司、广东深圳石油分公司等14家油田、炼化和销售企业，就领导干部廉洁自律、领导班子贯彻民主集中制原则、执行“三重一大”、落实厂务公开以及依法从业等情况进行了巡视检查。有的检查组还带着群众反映的问题到有关单位进行核实，查清了一些事实，纠正了个别领导干部的违规问题；3个检查组对有关情况核实后，转为案件查办。

（纪　健）

**【召开中国监察学会石化分会2004年理事会会议】** 2004年8月10—11日，中国监察学会石化分会2004年理事会会议在北京香山饭店举行，会议强调，要以“三个代表”重要思想为指导，落实中央纪委监察部工作部署，围绕石化集团公司反腐倡廉工作，加强理论和政策研究，认真开展建立健全教育、制度、监督并重的惩治和预防腐败体系调研活动，进一步提高分会工作水平。石化集团公司党组成员、纪检组组长王作然出席会议并讲话，中国监察学会石化分会会长于清波作工作报告。会议讨论修改了分会有关制度，调整充实了理事会组成人员，并接收15个单位会员入会，至此，分会单位会员增至97个。来自总部和有关企事业单位的27名理事参加会议，中国监察学会有关负责人应邀出席了会议。

（纪　健）

**【开展纪检监察调研工作】** 2004年，石化集团公司确立了贯彻落实《党内监督条例(试行)》和《纪律处分条例》、在重组改制中强化纪检监察监督防止国有资产流失、推进国有企业案件查办工作、深化创新效能监察工作等调研课题，各单位以此为重点，积极探讨，撰写调研文章985篇，年底评选出调研成果一等奖1篇，二等奖9篇，三等奖21篇，优秀奖27篇；有24篇经验材料入选年度经验材料汇编。各单位积极向报刊杂志投稿，反映工作动态，介绍宣传工作经验，有34篇稿件被中央级报刊采用；同时，有200篇经验稿件在省市级会议上进行了交流。

（纪　健）

**【纪检监察干部培训】** 2004年6月和10月，石化集团公司在荆门石化总厂举办两期监察处(科)长岗位资格培训班，共62人参加了培训；7月，选送了63名企业纪检监察负责人参加了中央纪委组织的培训班。

（纪　健）

# 企事业单位

## 经济技术研究院(咨询公司)

**【概述】** 中国石油化工集团公司经济技术研究院(简称经济技术研究院)的前身是成立于1971年的中国石油化学工业部规划设计院，1983年石化总公司成立后，更名为中国石化总公司规划院。2000年石化集团公司决定将原中国石化集团公司规划院和原中国石化集团公司信息中心信息研究部分合并，成立中国石油化工集团公司经济技术研究院，和中国石化咨询公司合署办公。

中国石化咨询公司(简称咨询公司)成立于1985年，1994年获国家计委认定的首批甲级工程咨询资格，是中国工程咨询协会的常务理事单位和国际咨询工程师联合会(FIDIC)正式会员。2004年获得了承担国家发展和改革委员会委托投资咨询评估任务的资格，是国内第一批获得这一资格的35家咨询机构之一。咨询公司还具有工程造价等甲级资质。

主要业务部门有：发展战略研究所、经济政策研究所、市场营销研究所、信息研究所、压力设备标准化研究所、评估部、基础部、经营部等。

截至2004年底，经济技术研究院(咨询公司)有各类专业技术人员188人，其中具有高级专业技术职称的94人，中级专业技术职称54人，硕士和博士学位的专业技术人员51人。其中24人获得首批全国注册咨询工程师(投资)执业资格。

中国工程咨询协会石化分会、全国压力容器技术标准化委员会秘书处、中国石油化工信息学会秘书处均设在咨询公司。

经济技术研究院(咨询公司)拥有较强的信息资源。图书馆现有馆藏达10万余册，拥有8个专业化数据库，3种特种文献。院内设有国家一级科技查新咨询机构，设施齐备可便捷地与国内外著名机构联网检索。中国石化经济技术信息网(域名www.edri.com.cn)即将投入运行。主要公开出版物有《当代石油石化》(月刊)、《中国石化文摘》(月刊)。此外，还出版多种资料、多客户报告和内部刊物。

2004年经济技术研究院围绕石化集团公司的中心工作，在发展战略、经济政策、市场营销、基础研究等领域部署和开展了100多项研究课题。为总部领导提供参谋意见，为企业提供咨询服务，有力地配合和支持了有关部门的工作。

(郜光明　杨月辉)

**【开展50多项宏观课题研究】** 2004年经济技术研究字(咨询公司)在国务院指示中国工程院组织开展的《中国可持续发展油气资源战略研究》课题成果的基础上，继续开展中国石化的可持续发展战略研究。围绕中国石油石化工业和石化集团公司的发展战略，不断深化研究内容，提升课题研究水平。开展了市场预测、发展环境、质量升级、结构调整、区域优化等领域的约50多项课题的研究，跟踪和分析国际大公司的发展动态。集成研究成果，编写了《中国石化可持续发展战略系列课题研究汇编》和《世界著名石油石化公司手册》，为做好"十一五"规划工作开展基础研究提供有价值的参考资料。

(郜光明　杨月辉)

**【开发多项信息技术】** 围绕石化股份公司生产经营决策工作的需要，2004年经济技术研究院开发和建立了"中国石化主要石油石化产品市场预测体系"和"中国石化产业损害预警系统"等重点信息平台，为经营和管理部门提供适时的信息快讯、市场预测报告和基础数据查询等服务。运用引进软件开发总部一体化优化模型、炼油和炼油化工单厂优化模型、一次物流优化配置模型以及原油现货采购优化模型等，开展区域优化、质量升级、生产计划、竞争力分析、企业咨询等领域的研究工作，为提升研究质量和服务水平提供技术保障。

(郜光明　杨月辉)

**【完成50多项专题研究】** 2004年，经济技术研究院(咨询公司)参与完成石化集团公司布置和配合政府部门承担重要的50多项专题研究任务。如：参与石化股份公司化工轻油资源优化工作，研究重点亏损企业结构调整、扭亏脱困思路，开展炼油企业绩效评价工作，对炼油企业汽、柴油质量升级的敏感性进行分析，研究"十一五"投资项目经济效益测算的统一价格等。受国资委的委托参与并完成《石油化工行业中央企业布局和结构调整研究》、《中央企业在国家能源原材料发展战略实施中的作用及应采取的措施》、《建立适应新形势需要的企业制度》、《世贸组织"后过渡期"及"十一五"期间提高中央企业竞争力研究》和《我国石油石化行业竞争格局和运行效率研究》等；配合国家发改委和国家开发银行开展《我国政府石油储备管理》的研究工作，完成《石化工业竞争力》的研究任务，参与《中国节能技术政策大纲》的修订工作；受国家科学技术部中国科技促进发展研究中心委托完成《聚酯切片应对欧盟化学品新政策的措施》，参与国家环保总局的《低污染排放技术的经济政策研究》，协助建设部进行经济评价参数测定等。

(郜光明　杨月辉)

【完成 18 项重大项目评估任务】 作为石化集团的主要参谋机构，经济技术研究院(咨询公司)承担石化集团公司和石化股份公司重大投资项目的评估任务。2004 年完成项目建议书和可行性研究报告评估 18 项，涉及投资 540 亿元，经评估后优化方案节省投资约 38 亿元，约占上报投资的 7%。投资项目涉及重要建设工程、技术改造、精细化工、公用工程、辅助设施以及环境保护等多个领域。为了提高前期工作的整体水平，经济技术研究院(咨询公司)还投入力量编撰《参数与数据》等基础资料，供有关部门和设计咨询等单位参考。此外，还为有关企业进行竞争力分析、绩效分析，研究产品结构优化调整的方案，开展目标市场分析工作，提供投资决策过程的咨询服务，针对建设项目中涉及的主要环节问题展开专项调查研究等。

(郜光明　杨月辉)

【完成 5 项项目后评价工作】 2004 年，经济技术研究院(咨询公司)按照石化集团公司的指示，受石化股份公司的委托完成了扬子石化股份公司二轮乙烯改造工程、上海石化股份公司二轮乙烯改造工程、川维天然气乙炔项目、胜利油田电厂二期工程、荆门炼厂锅炉项目的后评价工作。为石化集团公司投资决策和不断提高投资决策水平提供科学公正的咨询服务。同时，还及时总结经验探索新的工作方法，编撰完成了《石油化工投资项目后评价报告编制规定》、《中国石化集团公司投资项目后评价实施办法》和《中国石油化工股份有限公司投资项目后评价实施办法》，并获得了总部的批准和试行，为逐步建立石化集团的后评价工作制度和完善石化集团的投资决策机制作出了有益的探索。

(郜光明　杨月辉)

## 国际石油勘探公司

【概述】 中国石化集团国际石油勘探开发有限公司(简称国际石油勘探公司)，英文名称 Sinopec International Petroleum Exploration and Production Corporation(缩写为 SIPC)成立于 2001 年 1 月，2003 年 7 月进行了重组。公司注册资本 56 亿元人民币。国际石油勘探公司是石化集团公司的全资子公司，是中国石化海外油气勘探开发投资与经营作业一体化的战略经营单位，是对石化集团承担海外投资和经营双重责任的利润中心，对中国石化海外石油天然气资源的勘探开发和海外投资及项目实行统一经营管理，是石化集团从事上游海外投资经营的惟一专业化公司。同时，对石化集团现有的海外油气勘探开发的投资经营事项实行归口管理。

国际石油勘探公司设有董事会，牟书令任董事长，张耀仓任副董事长；设有监事会，张景昌任监事会主席。领导班子由 9 人组成，周佰修任总经理兼党委书记，周玉琦、仇祥华、杨晓林、耿宪良、路保平、段智斌、吴明林任副总经理，张景昌任党委副书记兼纪委书记、工会主席。下设 13 个职能管理部门，分别是：办公室、人力资源部、计划发展部、财务资产部、法律合同部、公共事务部、新项目开发部、勘探部、开发生产部、信息部(总值班室)、工程技术部、采办贸易部、企业文化部。设有 16 个海外分支机构，分别是：印尼分公司、尼日利亚公司、厄瓜多尔分公司、苏丹分公司、沙特中沙天然气公司、哈萨克斯坦 FIOC 公司、委内瑞拉分公司、安哥拉项目公司、阿尔及利亚分公司、也门分公司、澳大利亚子公司、阿曼分公司、科威特项目部、伊朗项目部、利比亚项目部、俄罗斯项目部。

截至 2004 年底，国际石油勘探公司共有中方员工 202 人，其中：总部机关员工人数为 110 人，海外工作人员 92 人。另外，海外项目聘有外籍员工约 300 余人。所有中方员工中，具有高级以上职称的 129 人，占 64%；中级职称 42 人，占 21%。具有本科及以上学历的 197 人，占 97%。员工年龄结构 30 岁以下的 22 人，占 11%；31—35 岁的 41 人，占 20%；36—45 岁的 105 人，占 52%。

(丛培信)

【注册资本扩大】 为提高国际石油勘探公司经营能力，2004 年石化集团公司决定扩大国际石油勘探公司的注册资本，并于当年拨付到位 50 亿元人民币，使国际石油勘探公司的注册资本由原来的 6 亿元人民币，扩大到 56 亿元人民币。

(丛培信)

【新项目开发取得突破性进展】 2004 年跟踪评价各类项目 89 个，开发成功了 21 个。其中开发成功并进入实施阶段的项目 10 个，已签约即将进入实施阶段的项目 11 个。

当年开发成功并进入实施阶段的 10 个项目分布在中东(沙特 B 区块天然气项目)、北非(苏丹 3/7 区块勘探开发项目)和中亚(哈萨克斯坦 FIOC 6 个区块项目和中亚石油公司 2 个区块项目)等 3 个世界主要产油地区，其中有 5 个风险勘探项目、3 个滚动勘探开发项目、2 个开发项目。这 10 个已实施区块项目中，有 6 个项目由国际石油勘探公司担任作业者，2 个为联合作业项目，2 个为参股项目。由国际石油勘探公司担任作业者的中亚公司2个区块项目委托胜利石油管理局管理和操作。

当年开发成功签约的另外11个项目有3个项目在中东，4个项目在西非，2个项目在北非，1个项目在南美，1个项目在澳大利亚。如果项目顺利进入实施阶段，则可将中国石化海外已实施项目从中东、中亚、北非一举扩大到西非、南美和澳大利亚，并通过也门69/71区块项目和阿曼36/38区块项目进一步加强中国石化在中东地区从事石油勘探开发的地位。这11个项目中有7个是风险勘探项目，2个滚动勘探开发项目，2个油田开发项目。从另外一个角度看，11个项目中有4个是海上项目，其中2个海上风险勘探项目，2个海上油田开发项目，标志着中国石化海外油气勘探开发开始从陆地走向了陆海兼顾。

（丛培信）

**【海外油气勘探开发项目实施稳步推进】** 截至2004年底，中国石化正在海外实施的油气勘探开发项目22个，拥有权益石油剩余可采储量2 993万吨，当年获得权益油21.66万吨。其中由国际石油勘探公司组织实施的海外项目13个(包括委托油田企业实施项目3个)，石化集团直属油田企业组织实施的海外项目9个。由国际石油勘探公司组织实施的13个项目中包括8个风险勘探项目、3个滚动勘探开发项目和2个油田开发项目。这些已实施项目分布在中东、中亚、亚太、北非等4个地区的11个国家。海外油气勘探：2004年累计完成二维地震采集6 252千米，完成三维地震采集699(千米)$^2$；实施勘探井36口，完钻29口，合计进尺6.19万米。海外油气开发：有苏丹3/7区块勘探开发项目、阿尔及利亚扎尔则油田开发项目、FIOC公司Sazankurak油田开发项目。截至2004年底，中国石化拥有海外权益石油剩余可采储量2 993万吨。2004年中国石化合计获海外权益油21.66万吨。其中国际石油勘探公司的FIOC公司Sazankurak油田获权益油19.09万吨，M区块和A区块获权益油1.41万吨。

（丛培信）

**【苏丹3/7区勘探获得进展，储量进一步扩大】** 2004年苏丹3/7区油气勘探成果显著，当年完钻探井22口，其中13口钻获油流。新发现9个含油气构造，深层白垩系Melut组勘探取得突破，新增探明石油地质储量0.35亿米$^3$(2.17亿桶)。截至2004年底，苏丹3/7区块拥有探明石油地质储量4.75亿米$^3$(29.9亿桶)，可采储量为1.02亿米$^3$(6.4亿桶)。另外还有2004年新发现含油构造初步计算的1.71亿米$^3$(10.76亿桶)石油地质储量待进一步评价落实。

（丛培信）

**【FIOC所属项目取得新进展】** 2004年S区块获得了工业油流，KN-4井10月25日完钻，完钻井深313米，对下侏罗统测试获得日产油16米$^3$，初步估算$P_{50}$可采储量近200万吨。F区块U-1井见到气测异常显示，并在井口观测到轻微溢流现象，证实了盐下构造的存在，为进一步勘探工作奠定了基础。A区块BS-2井7毫米油嘴测试初产油7.8米$^3$/日；B-7井测试获得了间歇性油流，该构造预测可采储量近300万吨。Sazankurak油田生产运行平稳，原油日产量稳定在470吨左右，年累计生产原油19.09万吨，综合含水率有所下降，原油产量由下降趋势变为稳中有升。

（丛培信）

**【沙特B区块天然气勘探取得阶段性进展】** 2004年，通过对二维地震资料的重新解释，初步落实了10个新的局部构造，主力目的层圈闭面积达2 891(千米)$^2$，为进一步部署勘探工作提供了依据。另外，二维老资料已完成实验线处理工作，资料品质较以往有较大的改善，为进一步研究有利储集相带展布奠定了基础。

（丛培信）

**【伊朗卡山区块勘探获得重大油气发现】** 该项目由胜利油田投资并组织实施，2004年1月28日该区块第一口预探井Arn-1井测试获得了高产工业油气流。Arn-1井的突破是继20世纪50年代在中伊朗盆地发现萨拉金气田、阿尔布兹油田之后，40多年来的首次发现，打破了卡山区块及整个中伊朗盆地油气勘探多年徘徊不前的局面，展现出该区良好的勘探开发前景。

（丛培信）

**【管理水平不断提升】** 2004年国际石油勘探公司一手抓新项目开发与实施，一手抓公司建设。建立了项目开发决策流程，进一步理顺了投资关系，为实行统一管理，集中决策，提高效率，快速推进项目开发，科学、规范地实施项目管理提供了制度保证。在项目开发、项目实施、委托管理、财务资金管理、法律事务、物资采办和原油销售、工程技术及HSE管理、人力资源管理、行政事务管理等方面已初步建立起了海外项目管理的一整套制度。2004年是国际石油勘探公司的制度建设年。

（丛培信）

【积极实施人才战略】 随着海外业务的快速增长，对人才的需求更加紧迫。2004年国际石油勘探公司逐步建立起了人才引进工作及决策程序，通过面向石化集团公司内部和社会公开招聘两种方式，选聘了61人到国际石油勘探公司不同岗位工作，基本保证了海外项目用人需求。同时建立了公司人才库，截至2004年底已有各类人才储备500余人。在扩大借、招聘范围的同时，为了不断提高员工素质，适应国际化经营需要，积极参与石化集团公司国际化经营人才培训工作。2004年派出16名员工参加脱产学习，其中10人学成回国。

（丛培信）

【适时调整内部机构，海外队伍不断壮大】 根据业务发展需要，2004年10月国际石油勘探公司对组织结构进行了一次调整，将原项目开发一部和项目开发二部调整为一个新项目开发部，同时将项目管理工作细化，撤销项目管理部，增设勘探部、开发生产部和信息部(总值班室)；在海外增设阿尔及利亚分公司、也门分公司、澳大利亚子公司、安哥拉分公司、阿曼分公司。截至2004年底海外项目机构已从2003年7月重组时的3个发展为16个。同时，为了鼓励优秀人才脱颖而出，逐步建立充满生机与活力的用人机制，首次对调整及新增设的部门和海外项目机构领导岗位采取了竞聘上岗，有13名中层干部通过竞聘走上新的领导岗位。截至2004年底驻海外机构工作的人员已从重组时的8人增加为86人，包括外籍员工共300余人。委托油田企业管理的10个项目中由油田企业派出的各类管理和技术人员有约100人。另外还带动工程施工和劳务人员“走出去”，中国石化海外项目队伍迅速壮大。

（丛培信）

【ERP建设取得初步进展】 2004年初步完成了国际石油勘探公司ERP系统项目建设的可行性研究报告。在公司内部建立了2套物理上完全隔离的网络系统，并通过经国家保密部门认证的网络物理隔离网闸系统，实现了内部涉密网计算机对外信息访问的安全畅通，同时有效地阻止了外部计算机对内的非法侵入，保障了公司内部信息与应用系统的安全。开发了国际石油勘探公司生产经营信息汇集、存储与发布数据库系统，完成了数据库设计和软件平台开发工作。根据海外项目生产经营需要，建立了公司总值班制度。

（丛培信）

## 国际石油工程公司

【概述】 中国石化集团国际石油工程有限公司(简称国际石油工程公司)成立于2003年12月，注册资本金4亿元人民币，决策机构为董事会。国际石油工程公司设有总经理办公室、人力资源部、计划财务部、市场开发部、项目管理部、经营条法部、物流管理部、装备管理部等8个部门。在海外设立了厄瓜多尔子公司、哈萨克斯坦子公司、沙特分公司、苏丹项目公司和阿联酋子公司。截至2004年底员工总数为85人。

（何　维）

【海外项目执行情况】 2004年，石化集团公司上游企业在海外执行的工程服务合同120个，合同总额9.8亿美元；其中年度新签合同79个，合同额4.83亿美元，为年度计划的161%，与上年相比，增长168%；累计完成合同额3.49亿美元，为年度计划的174.5%，与上年相比，增长131%。在海外的施工服务队伍103支，比上年增加41支。

2004年，国际石油工程公司在西非及北非、中东、俄罗斯及中亚、南美及墨西哥、南亚及东南亚等五大主要战略目标区，共收集和评价项目信息56个，立项31个，投标22个，新签合同14个，合同额1.1亿美元，为年度计划目标的116%；完成合同额4 366万美元，为年度计划的120%。同时为配合项目投标和实施，完成非安装设备采购581台(套)，共计1.8亿元人民币；完成递延资产和材料采购8 000万元人民币；完成设备和材料运输、出口4 614万美元。签订工程项目项下的贸易合同3个，合同额1 132万美元；计毛利润97万美元；完成贸易合同额275万美元，实现利润10万美元。

（何　维）

【制定海外项目管理办法】 为加快石化集团公司上游海外工程技术服务工作发展步伐，规范和加强对油田企业海外石油工程项目的协调管理，充分发挥总部和油田企业两个积极性，履行管理职能，国际石油工程公司按照石化集团公司的职能定位和要求，本着服务为本，协调为重，促进发展的原则，针对海外石油工程技术服务市场现状，探索如何通过完善的制度，明确的职责，有力的协调，达到优势互补，联合并进，健康发展的目的，2004年起草了《中国石油化工集团公司国际石油工程技术服务项目管理办法(试行)》，在以书面形式征求石化集团公司各上游企业的意见并修改后，于5月25日以中国石化工428号文下发了该管理办法。

（何　维）

【建章立制，完善基础工作】 国际石油工程公司重视内部建设，2004年制定下发了项目开发、项目管理、财务管理、绩效管理、劳资管理、人事管理和行政管理等方面的管理办法，基本做到了各项工作有章可循。成立了HSE管理机构；制定了海外突发事件的应急预案；为出国人员购买了人身保险和海外工程项目的保险；研究了海外新增装备管理办法，探索尝试以石化集团公司投资和融资租赁两种方式解决海外装备短缺问题的新路子；申请加入了中国对外工程承包商会、国际钻井承包商协会和国际物探承包商协会；注册了国际石油工程公司的网址（www.sipsc.com），印制了公司的对外宣传画册。

（何　维）

【苏丹3/7区管道工程项目】 自2003年7月，国际石油工程公司开始追踪苏丹3/7区管道工程建设总包项目。2004年1月国际石油工程公司与马来西亚矿业公司、美国Willbros公司组成联盟，共同投标。联盟体于2004年6月1日中标长输管道中最长的B1段总包项目。管道长483千米，合同额6 562万美元，其中国际石油工程公司的工作量份额占5 531万美元。该项目是国际石油工程公司截至2004年底合同额最大的项目。国际石油工程公司组织中原石油勘探局、江汉石油管理局的施工单位组成项目经理部，共同执行项目的施工任务。2004年10月8日，在4家管道承包商中率先打火开焊。施工中焊接一次合格率保持在97%以上，施工质量和效率得到了业主的好评。截至2004年底，完成焊接199.75千米，占合同工作量的41.7%，完成合同额的36%。

（何　维）

【沙特物探项目】 2004年6月，中沙天然气有限公司(SSG)就第一批6 000千米的二维地震资料采集工作量分为3个项目对外招标。国际石油工程公司牵头与胜利石油管理局、中原石油勘探局、中南石油局组成四方联合体，成立了项目部，以国际石油工程公司沙特分公司的名义投标。2004年7月20日中标其中的2个项目，总工作量4 000剖面千米，约14万炮。

（何　维）

【哈萨克斯坦项目】 国际石油工程公司在哈萨克斯坦成立了子公司，与胜利石油管理局、中原石油勘探局、华东石油局合作，联合操作石油工程项目。2004年7月，3次参加FIOC石油工程技术服务项目投标，签署钻井总包、钻井日费、泥浆服务、固井服务、录井服务、测井服务等7个项目合同，合同总额1 050万美元。2004年8—11月，参加中亚公司石油工程技术服务项目投标，签署物探采集、钻前工程、测井服务、录井服务等7个项目合同，合同总额315万美元。此外还参加了FIOC项目的二维物探采集、物探采集数据处理，Potential Oil公司的物探采集数据处理等项目的投标。

（何　维）

【厄瓜多尔项目】 2004年新签订钻井工程项目合同额1 315万美元，工程项下的贸易合同额1 040万美元，工程带动的其他贸易合同额92万美元。从2004年2月开始执行的钻井项目取得了良好业绩，全年实现收入约1 274万美元，创造了厄瓜多尔国家石油公司单井完钻最短时间纪录和第一个单台钻机年累计钻井进尺超过3万米的纪录，获得了当地石油界和媒体的广泛赞誉。

（何　维）

【巴西管道项目】 巴西GASENE天然气长输管道工程项目南起巴西里约州的坎普斯市，北至圣灵州的费拉迪圣达娜市，管径711毫米（28英寸），管线全长1 277千米（其中111千米已经先行授标给另一家公司），增压站2个（原计划满负荷运行需要8个，缓建6个），业主项目总预算约11亿美元，石化集团公司EPC总承包合同额约9亿美元。该项目在中国政府出口信贷框架下，由中国进出口银行作为贷款行，巴西社会经济发展银行作为借款行，巴西国家石油公司作为业主主导方（签约业主为项目公司SPC），石化集团公司作为EPC工程总承包商，中国友发国际工程设计咨询公司和巴西Hutton有限公司作为咨询服务方。石化集团公司就该项目成立了领导小组，由国际石油工程公司牵头与国际事业公司共同负责项目操作。

在2004年9月巴西能矿部部长访华期间，国际石油工程公司代表石化集团公司与巴西国家石油公司、中国进出口银行和巴西社会经济发展银行于9月6日就该项目的出口买方信贷融资和EPC工程总承包等事宜签署了《谅解备忘录》；2004年11月12日胡锦涛主席访问巴西期间出席了该项目《合作协议》的签字仪式；在两国政府及相关部门的大力推动下，国际石油工程公司与巴西国家石油公司就该项目的具体合作事宜，进行了大量的沟通和准备工作。巴西国家石油公司2004年11月22日确定了石化集团公司作为该项目EPC总承包商的资格。

（何　维）

【石化集团公司2004年上游海外工作会议】 国际石油工程公司与国际石油勘探开发公司共同组织了2004年石化集团公司上游海外工作会议。会议于2月26—27日在北京胜利饭店召开，石化集团公司15个上游及有关企业共97名代表参加了会议。为贯彻落实石化集团公司“走出去”发展战略，加快开发海外石油资源步伐，加大国际石油工程技术服务工作力度，会议着重研究了发展海外石油勘探和石油工程服务的思路和工作措施。国际石油勘探开发公司总经理周佰修、国际石油工程公司总经理刘锦信分别作了“统一思想，集中决策，加强管理，共同为实现中国石化海外资源战略做贡献”、“认清形势，健全机制，加强协调努力，实现国际石油工程技术服务工作目标”的报告，石化股份公司高级副总裁牟书令发表了总结讲话。

（何　维）

【员工培训】 为提高职工业务能力素质，国际石油工程公司建立了长效的学习培训机制。一是选送员工参加国际化经营人才、高级管理人才、财务管理、英语口语强化培训等各类培训。二是针对公司成立时间短，员工新，缺乏海外实践经验的实际，在内部举办业务培训，利用工作之余，组织英语学习和开发海外项目的业务学习。三是对到岗的新员工进行岗位培训，并根据具体人员的特点和岗位要求，派到海外项目进行实际锻炼。2004年，8人次参加国际化经营人才培训；95%以上员工参加了公司内部组织的英语及业务培训；19人次前往石化集团公司有关油田企业及国际石油工程公司海外公司参加岗位培训。

（何　维）

【企业文化建设】 在企业文化建设中，国际石油工程公司重视规范化、制度化建设。制定了《公司党委工作细则》，从组织原则、党委会议制度、民主生活会制度、中心组学习制度和作风建设监督等方面进行了规定。按照“党群组织设置与行政机构调整同步进行的原则”在公司员工基本到位后，以部门设置及党员的分布情况为基础建立了党支部。建立了工会组织和职工(代表)大会制度，保证了开展工会群众工作的组织健全。2004年2月8日国际石油工程公司首届职工(代表)大会选举了公司第一届董事会、监事会职工代表。此外还建立了年度员工的健康体检制度，开展了节日活动及有利于员工身心的文娱体育活动、春夏郊游活动等。

（何　维）

## 财务公司

【概述】 中国石化财务有限责任公司(简称财务公司)是由原中国石化总公司独家发起，经中国人民银行批准于1988年6月8日正式成立，以加强石化集团资金集中管理和提高资金使用效率为目的，为石化集团成员单位提供财务管理服务的非银行金融机构。财务公司注册资本金25亿元人民币(内含6 000万美元)，总部设在北京。财务公司从成立至2004年经历了5个重要的发展阶段：

(1) 从开业到1993年初财务公司为原石化总公司的独资公司，注册资本3亿元人民币。

(2) 1993年3月经中国人民银行批准，财务公司改制为由原石化总公司控股60%，所属39家企业参股40%的有限责任公司，注册实收资本增加到5亿元，设立了股东会、董事会和监事会。经当地中国人民银行的批准，先后在沈阳、上海、广州、兰州、重庆、深圳等地成立了分支机构。

(3) 1997年8月经中国人民银行批准，财务公司注册资本增加到15亿元(内含6 000万美元)，原石化总公司控股41%，所属49家企业持股59%。1998年7月原石化总公司重组为石化集团公司，财务公司由石化集团公司控股41%。

由于石化与石油两大集团公司的重组，1999年财务公司对股东进行了调整。经划转和购并，至1999年末财务公司股东总数减至43家，石化集团公司控股42.7%，其余42家股东持股57.3%。同时，经石化集团公司和中国人民银行批准，对原仪征化纤集团财务公司实行改组，撤销了该公司，设立了财务公司南京办事处；将所属的沈阳办事处划转给石油天然气财务公司；撤并了深圳、重庆2个办事处。

(4) 为进一步扩大财务公司的经营规模，增强经营实力，经石化集团公司同意、财务公司2000年度股东会决议并报经中国人民银行批准，2001年末财务公司进一步扩增了10亿元人民币的资本金，从而使财务公司的实收资本金达到25亿元人民币(内含6 000万美元)，股东增至44家，石化集团公司持股34.0%，石化股份公司持股32.0%，其余42家股东持股34.0%。财务公司股东情况详见表1。

(5) 2003 年 3 月 27 日，石化集团公司党组批准财务公司组建党委及纪委，隶属石化集团公司直属党委及纪委领导，重新调整和设立公司总部和分支机构共 7 个党支部。财务公司按石化集团公司批准正式设立人事劳资部，对公司上下人事劳资管理和分配实行改革，初步实现公司组织人事、劳动工资的集中统一管理。2004 年，财务公司增设上海办事处党支部，使公司党支部总数达到 8 个。

财务公司最高权力机构为股东会。财务公司实行董事会领导下的经理负责制，董事长为公司法定代表人。公司党委按《中华人民共和国公司法》支持和保证股东会、董事会、监事会和经理班子依法行使职权。财务公司设经理 1 人，副经理 3 人。总部下设办公室、经营管理部、资金部、资本运作部、信贷部、结算部、财务会计部、稽核部和人事劳资部 9 个部室及燕山营业部，在京外设有上海办事处、广州办事处、南京办事处、兰州办事处、山东代表处和河南代表处等 6 个分支机构和一些业务点。

财务公司坚持以"依托石化，服务石化"为经营宗旨，通过内部转账结算、存贷款、票据贴现、融资租赁、理财等业务多层次、多品种、多形式地为石化集团成员单位提供财务资金管理和金融服务，积极调节资金流向，加速资金流转，提高资金使用效率，支持和促进石化集团成员单位的经营和发展。截至 2004 年底，财务公司成立近 17 年来年年盈利，累计实现利税 43.8 亿元，其中利润 38.99 亿元；年末资产总额达 718.3 亿元，净资产 39.8 亿元。财务公司资产负债损益状况见表 2。

（邓群伟）

**【全面完成各项经营指标】** 2004 年末，财务公司包括委托资产的资产总额为 718.3 亿元，较上年末增加 139.7 亿元，其中自营资产总额 201.8 亿元，按可比口径增加 17 亿元；日均自营存款余额 145.8 亿元，同比增加 4.8 亿元，基本持平；日均自营贷款余额 178.2 亿元，同比增加 52.1 亿元。财务公司全年实现营业收入 10.5 亿元，较上年增加 2.2 亿元；实现利润 3.9 亿元，超额 12.5%完成石化集团公司下达的 3.5 亿元利润计划。财务公司资本金充足率 24.34%，资本金利润率 15.76%，净资产保值增值率 103.12%。

（邓群伟）

**【经营力度有所增加】** 2004 年财务公司自营贷款全年日均余额 178.15 亿元，同比增加 52.05 亿元，增加 41.28%；根据石化集团公司投资计划安排大力推进融资租赁业务，全年新增融资租赁 9.45 亿元，年末融资租赁余额为 13.7 亿元；适度加大资本市场运作，参与新股认购，择机适度进入股票二级市场，全年共取得投资收益 1 421.8 万元；规范办理票据的贴现、转贴现、再贴现和承兑，票据贴现业务累计金额 81.4 亿元，票据承兑业务累计 21.4 亿元；继续开展委托理财和应收账款保理业务，年末委托理财余额 1.26 亿元，代理企业投资余额 1.4 亿元，新增应收账款保理业务 5.7 亿元；积极参与石化股份公司发行石化债券 35 亿元，并承销其中 7.5 亿元。

（邓群伟）

**【内部转账结算工作继续扩展】** 2004 年财务公司按照石化集团公司和石化股份公司进一步巩固和扩大内部统一结算的要求，继续扩展内部转账结算工作。及时跟进石化集团物流建设，内部转账结算工作随甬沪宁输油管线全线贯通以及润滑油、催化剂、沥青、腈纶等销售专业公司的整合已配套跟上；部分企业间的互供产品、燃料油等油品结算以及部分相关企业的物资集中采购新纳入内部转账结算范围，结算品种继续增加，规模进一步扩大。推广和完善内部网络结算系统，在石化集团成员单位覆盖率接近 100%。财务公司全年为石化集团成员单位结算各类产品 2.56 亿吨，同比增加 3 843.4 万吨；各类产品货款、劳务等结算金额 7 899.0 亿元，同比增加 2 385.2 亿元；资金进出流量达到 3.09 万亿元，较上年增加 1.05 万亿元。

（邓群伟）

**【加强资金平衡调度】** 2004 年，财务公司加大与相关企业、部门、银行和机构的协调力度，通过利率调控公司分支机构信贷规模等手段进一步加强内部资金集中统一管理，继续保持外部融资渠道顺畅，确保资金调度及时、准确和灵活。全年内部调剂资金累计 1 736.9亿元，通过外部融通资金共计1 071.3亿元。

（邓群伟）

**【加大为企业提供金融服务力度】** 2004 年，财务公司继续配合石化集团公司、石化股份公司的资金统一管理运作，全年为石化股份公司归集资金 234.4 亿元，协助石化集团公司集中运作资金 141.7 亿元；为石化集团成员单位融通资金 3 253.3 亿元，其中：对成员单位发放各类贷款 5 374 笔、累计金额 3 156.9 亿元；通过票据贴现、融资租赁及应收账款保理等业务为成员单位生产经营和建设融通资金 96.4 亿元；通过下浮贷款利率、开展票据结算等各种途径共节约成员单位财务费用约 1.38 亿元。

（邓群伟）

**表 1　　财务公司股东名称、出资额、出资比例和出资方式①**

| 序　号 | 股　东　名　称 | 出资额/万元 | 出资比例/% |
|---|---|---|---|
| 1 | 中国石油化工集团公司 | 85 033 | 34.01 |
| 2 | 中国石油化工股份有限公司 | 80 000 | 32.00 |
| 3 | 中国石化销售有限公司 | 6 350 | 2.54 |
| 4 | 中国石化集团胜利石油管理局 | 6 160 | 2.46 |
| 5 | 中国石化集团北京燕山石油化工有限公司 | 5 000 | 2.00 |
| 6 | 中国石化集团茂名石油化工公司 | 5 000 | 2.00 |
| 7 | 中国石化集团齐鲁石油化工公司 | 5 000 | 2.00 |
| 8 | 中国石化集团物资装备公司 | 5 000 | 2.00 |
| 9 | 中国石化上海石油化工股份有限公司 | 5 000 | 2.00 |
| 10 | 中国石化集团扬子石油化工有限责任公司 | 5 000 | 2.00 |
| 11 | 中国石化集团金陵石油化工有限责任公司 | 5 000 | 2.00 |
| 12 | 中国石化集团新星石油有限责任公司 | 4 000 | 1.60 |
| 13 | 中国石化镇海炼油化工股份有限公司 | 3 000 | 1.20 |
| 14 | 中国石化集团石家庄炼油厂 | 3 000 | 1.20 |
| 15 | 中国石化集团中原石油勘探局 | 2 112 | 0.84 |
| 16 | 中国石化集团河南石油勘探局 | 2 112 | 0.84 |
| 17 | 中国石化集团江苏石油勘探局 | 2 112 | 0.84 |
| 18 | 中国石化集团江汉石油管理局 | 2 112 | 0.84 |
| 19 | 中国石化集团广州石油化工总厂 | 1 700 | 0.68 |
| 20 | 中国石化集团四川维尼纶厂 | 1 700 | 0.68 |
| 21 | 中国石化上海高桥石油化工公司 | 1 409 | 0.56 |
| 22 | 中国石化集团天津石油化工公司 | 1 400 | 0.56 |
| 23 | 中国石化集团洛阳石油化工总厂 | 1 000 | 0.40 |
| 24 | 中国石化集团安庆石油化工总厂 | 1 000 | 0.40 |
| 25 | 中国石化集团荆门石油化工总厂 | 1 000 | 0.40 |
| 26 | 中国石化长城润滑油集团有限公司 | 1 000 | 0.40 |
| 27 | 中国石化集团济南炼油厂 | 1 000 | 0.40 |
| 28 | 中国石化集团长岭炼油化工有限责任公司 | 1 000 | 0.40 |
| 29 | 中国石化集团巴陵石油化工有限责任公司 | 900 | 0.36 |
| 30 | 中国石化国际事业有限公司 | 600 | 0.24 |
| 31 | 福建炼油化工有限公司 | 600 | 0.24 |
| 32 | 中国石化工程建设公司 | 500 | 0.20 |
| 33 | 中国石化集团九江石油化工总厂 | 500 | 0.20 |
| 34 | 中国石化集团沧州炼油厂 | 500 | 0.20 |
| 35 | 巴陵石化洞庭氮肥厂 | 500 | 0.20 |
| 36 | 巴陵石化岳阳石油化工总厂 | 500 | 0.20 |
| 37 | 中国石化集团武汉石油化工厂 | 400 | 0.16 |
| 38 | 中国石化集团湖北化肥厂 | 400 | 0.16 |
| 39 | 中国石化集团第十建设公司 | 300 | 0.12 |
| 40 | 中国石化集团第三建设公司 | 300 | 0.12 |
| 41 | 中国石化集团第二建设公司 | 200 | 0.08 |
| 42 | 中国石化集团第四建设公司 | 200 | 0.08 |
| 43 | 中国石化集团重庆一坪高级润滑油公司 | 200 | 0.08 |
| 44 | 深圳安惠实业公司 | 200 | 0.08 |
| 合　计 | | 250 000 | 100.00 |

① 所有股东均以现金方式出资，此表中所称的出资额为出资后折算的注册和实收资本额。

表 2 财务公司资产负债损益情况 万元

| 区分 \ 年份 | 2004 | 2003① | 2002 | 2001 | 2000 | 1999 |
|---|---|---|---|---|---|---|
| 流动资产 | 6 615 891 | 5 376 285 | 5 741 218 | 5 669 867 | 2 320 029 | 1 603 539 |
| 长期资产 | 566 343 | 408 860 | 278 718 | 120 141 | 131 418 | 131 992 |
| 无形、递延资产 | 1 005 | 1 138 | 159 | 207 | 245 | 335 |
| 资产总计 | 7 183 239 | 5 786 283 | 6 020 095 | 5 790 215 | 2 451 692 | 1 735 865 |
| 自营资产总额 | 2 018 382 | 1 848 795 | 2 141 883 | 1 961 116 | 2 206 647 | 1 367 663 |
| 流动负债 | 1 046 790 | 4 881 478 | 5 143 220 | 5 068 955 | 1 568 692 | 1 123 372 |
| 长期负债 | 573 670 | 518 912 | 494 578 | 351 513 | 658 305 | 396 732 |
| 所有者权益 | 397 922 | 385 893 | 382 297 | 369 747 | 224 695 | 215 761 |
| 实收资本 | 250 000 | 250 000 | 250 000 | 250 000 | 150 000 | 150 000 |
| 资本公积 | 37 765 | 36 255 | 36 255 | 36 255 | 16 255 | 16 255 |
| 盈余公积 | 36 440 | 32 766 | 29 661 | 26 282 | 23 108 | 20 718 |
| 未分配利润 | 73 548 | 66 800 | 66 624 | 57 678 | 35 464 | 28 573 |
| 负债及所有者权益 | 7 183 239 | 5 786 238 | 6 020 095 | 5 790 215 | 2 451 692 | 1 735 865 |
| 营业收入 | 104 538 | 82 396 | 95 280 | 121 224 | 73 785 | 52 980 |
| 营业支出 | 61 379 | 46 511 | 58 275 | 76 247 | 42 819 | 25 837 |
| 营业税金及附加 | 5 239 | 3 916 | 5 515 | 7 888 | 4 976 | 3 479 |
| 利润总额 | 39 391 | 33 481 | 33 027 | 37 559 | 29 251 | 25 504 |
| 净利润 | 25 714 | 20 749 | 23 033 | 18 851 | 17 560 | 17 744 |

① 由于统计口径改变，对 2003 年“长期资产”和“营业支出”科目作了相应的调整。

## 物装公司

**【概述】** 中国石化集团物资装备公司(简称物装公司)是石化集团公司直属专业公司，其主要职能是：受委托实施总部直接集中采购，负责实施招投标采购、资源市场日常管理、实施相同装置所需特殊材料、大型事故备件的集资储备以及进入市场、开拓经营等。

物装公司注册资本 2.5 亿元人民币。主要经营范围包括：经销各种原材料(含钢材、有色金属)、燃料、辅料和设备及零部件、汽车(其中小轿车销售到最终用户)、石油(成品油除外)及石化产品；建设工程设备招标代理；设备监造；废塑料、废纸张、废催化剂的回收、加工；煤炭经营；经营进出口业务(按批准的范围)；经营本系统商品的进出口业务；接受本系统单位的委托代理进出口业务；经营本系统的技术进出口业务；承办中外合资经营、合作生产、来料加工、来样加工、来件装配、补偿贸易、易货贸易及转口贸易业务。兼营房地产开发业务；与主营业务有关的技术开发、技术咨询、技术服务、信息服务。

物装公司引入 ISO 9001 质量管理体系，以顾客为关注焦点，遵循“信守合同、规范管理、优质服务、客户满意”的质量方针，建立了一整套质量管理体系并有效运行，2004 年又通过有关机构的审核认证。

物装公司是国家发展计划改革委员会审定的技术改造项目甲级招标资格代理机构。拥有招投标采购专业队伍，组建有报国家发展计划改革委员会备案的包括技术、经济等方面专家的评标专家库。1999—2004 年，物装公司累计完成招标采购金额 47.34 亿元，平均节约资金率 12%，降低了企业采购成本，规范了采购渠道和采购行为，有效遏制了物资采购中的暗箱操作，实现了公开、公正、公平的“阳光交易”，取得了良好的经济效益和社会效益。

截至 2004 年底物装公司资产总额 13.4 亿元，在上海、南京、大连、天津等地设有4个直属公司、2个控股公司。

1999—2004年物装公司经营和招标业绩见表1、表2。

（尚世宏）

**表1　　物装公司经营业绩**　　万元

| 指标名称＼年份 | 2004 | 2003 | 2002 | 2001 | 2000 | 1999 |
|---|---|---|---|---|---|---|
| 主营业务收入 | 184 785.5 | 133 625.2 | 88 993.4 | 146 388.5 | 54 352.4 | 38 360.8 |
| 营业利润 | 3 293.4 | 2 974.7 | 1 831.0 | 2 202.4 | 3932.6 | 3416.1 |
| 利润总额 | 4 487.9 | 2 800.4 | 2 108.1 | 1 702.4 | 3 017.1 | 3745.3 |
| 净利润 | 3 065.7 | 1 351.8 | 1 613.3 | 976.0 | 1 524.6 | 2 295.5 |

**表2　　物装公司招标业绩**

| 指标名称＼年份 | 2004 | 2003 | 2002 | 2001 | 2000 | 1999 |
|---|---|---|---|---|---|---|
| 代理招标项目数 | 102 | 89 | 72 | 24 | 13 | 22 |
| 委托金额/万元 | 196 616 | 110 552 | 58 477 | 69 855 | 36 620 | 38 736 |
| 中标金额/万元 | 183 246 | 96 936 | 48 779 | 61 954 | 33 291 | 33 654 |
| 节资率/% | 7 | 11.3 | 16 | 12 | 10 | 13 |

# 百川公司

**【概述】** 中石化百川经济贸易公司(中国石油化工集团公司机关服务中心)(简称百川公司)，是主要为石化集团公司总部机关和专业公司提供后勤服务保障的直属专业公司，由机关事务部发展演变而来，单位性质为全民所有制。

百川公司成立于1993年2月，注册资金3 000万元人民币，办公地址为北京朝阳区惠新东街甲8号。公司下设办公室、人事教育处、财务处、企业经营管理部、大楼管理处、房产管理处、基建处、生活处、交通处、医务室、实华饭店、劳动服务公司、招待所和国际旅行社共14个处级单位。截至2004年底，百川公司有正式职工205人，经营实体有正式职工92人；资产总额1.6亿元。

2004年，百川公司全面完成了总部机关的服务保障任务，共提供会议服务10 670次；完成各类维修服务23 933次；交通服务共出车58 138台次，安全行车194万千米；提供就餐服务36万多人次；国际旅行社共接待游客2 587人次。经济效益继续保持平稳增长，全年超额完成了180万元的利润考核指标。

（徐文才）

**【主要职责】** 百川公司的主要职责如下：

(1) 办公楼的管理与机关办公楼的服务保障：以为石化集团公司和石化股份公司总部、各专业公司提供良好的办公条件和“整洁卫生、井然有序”的办公环境为目标，努力搞好办公大楼的规范化服务，塑造石化总部机关的良好形象。截至2004年底，办公区由1、2、3号楼及附楼、安外大街58号办公楼组成，总建筑面积6.8万米$^2$，内有大、中、小会议室49个，可为各类会议和外事活动提供服务。在1号楼3层设有商务中心，可为中外宾客提供文印和传真服务。在2号办公楼的首层国际旅行社设有票务中心，可预订火车票和机票。

(2) 职工住宅的管理与服务：自管的总部机关职工住宅楼15栋，总建筑面积11.8万米$^2$。根据国家住房制度改革的有关政策，1995年石化集团公司机关实行了住房制度改革，建立了住房公积金制度，截至2004年底，95%以上的职工购买了公有住房。与此相适应，对机关单身宿舍实行了公寓化管理。

(3) 餐饮服务与管理：职工食堂就餐面积1 800米$^2$，职工就餐实行刷卡计费的自助工作餐制度，餐具统一清洗消毒，要求做到：“卫生、实惠、方便、省时”。另有小餐厅7个，可为来访的中外宾客提供餐饮服务。

(4) 交通服务与管理：交通处有大、中、小型车辆近百台。负责总部机关职工上下班班车服务，并为总部领导、机关各部门和专业公司提供公务用车服务。

(5) 医疗服务与管理：医务室有医生、护士5

人；有B型超声仪、心电图机、血常规分析仪等医疗设备；定期组织职工健康体检。医保办负责职工的基本医保、补充医保和特殊医疗补助等费用的报销工作。

(6) 根据财务部授权范围及限额，负责总部机关管理费用年度计划(包括总部机关、部分专业公司职工住宅年度计划和改善、提高机关办公、生活、医疗、交通条件等年度计划)的编制和财务收支管理工作，负责总部机关国有资产的管理工作。

(7) 负责总部机关(含部分专业公司)办公用房的分配和调整；负责总部机关(含部分专业公司)职工住房分配、调整、出售方案的制定和实施。

(8) 负责保障总部机关办公电话的畅通和总部领导住宅办公电话服务。

(9) 负责石化集团公司机关房改办的日常工作，对总部机关各部门及在京独立产权直属单位的房改工作进行管理和指导。机关房改办负责在京独立产权直属单位公房出售方案的审批工作。

(10) 负责石化集团公司人民防空委员会办公室的日常工作和机关及在京单位交通安全委员会办公室的日常工作。

(11) 负责石化集团公司全系统的绿化管理工作和总部机关及在京直属单位的义务植树工作。

(12) 负责总部机关和在京直属单位的计划生育、爱国卫生运动委员会管理和义务献血工作。

(13) 对下属实华饭店、劳动服务公司和招待所等经济实体施行管理、监督。

(徐文才)

## 石化报社

**【概述】** 中国石化报社(简称石化报社)成立于1988年，主办《中国石化报》、《车友报》、《中国石化》杂志、《中国石化新闻界》、中国石化新闻网站以及中国石化电视新闻等6个媒体。石化报社实行社长负责制，下设总编室、新闻部、专刊部、周刊部、杂志编辑部、声像部、记者部、网络新闻部、通联部、广告发行部、综合办公室、《车友报》12个部门。

2004年，《中国石化报》发行10万份、《中国石化》杂志发行1.5万份，《车友报》发行58万份，《中国石化新闻界》发行达到5 000份，全年刊发文字1 201万字。中国石化新闻网平均每天发布信息100余条，日点击率达8 000人次以上；中国石化电视新闻全年制作、播出电视新闻、专题新闻、流媒体新闻各50期，录制、寄发录像带7 000盘，向中央电视台等部门发放宣传材料300多张光盘。

石化报社创新发展的基本理念和思路是：把握大局，紧扣中心，服务基层，提高质量；坚持政治家办报，推行企业化管理，为中国石化改革、发展和稳定营造有利的舆论环境，提供良好的信息服务；以新闻宣传为中心，以队伍建设为基础，以加强经营和管理为手段，坚持媒体提档、转型提速的工作方针，不断推进报社创新发展；充分发挥党组机关报和行业经济报的职能，建设与中国石化进军国际化大公司相适应的现代媒体。

2004年，石化报社6个媒体围绕石化集团公司中心工作，进一步明确自身定位，瞄准目标读者，努力提高新闻采编技巧，新闻宣传质量和水平有了新的提高。《中国石化报》开展专题深度报道，进行了深化改革、有效发展、强化管理、工程建设、科技进步、党的建设、树立和落实科学发展观的宣传，组织策划了“扎紧篱笆打好桩”、“改革攻坚看突破”、“资源能否接替”、“打造核心竞争力”、“李进龙、米钰林先进事迹报道”五大报道战役，形成了影响，取得了实效。《中国石化》杂志、中国石化电视新闻、中国石化新闻网站、《中国石化新闻界》等媒体与主报联动开展新闻宣传，组织特色报道，初步形成了综合舆论影响力。《车友报》主动贴近市场、贴近读者，进一步明确办报思路，组织维权报道，提供实用信息，受到广大司机朋友的欢迎，为中国石化文化促销发挥了积极作用。石化报社在办好6个媒体的同时，创办了《中国石化报》的《环球石油石化》、《油气》2个周刊。石化报社内部积极推进民主管理，加强成本控制，稳步推进人事用工制度和分配制度改革，努力营造和谐向上的报社文化氛围。加强职工队伍建设，开展“三项学习教育活动”，鼓励职工学习深造，派遣记者到西部新区学习，外请知名专家学者给新闻采编人员授课，组织专职记者到报社轮训学习。

(刘志远)

**【初步形成创新发展的基本理念和思路】** 2004年初，石化报社深入分析各媒体面临的形势和任务，研究今后发展的对策和举措，初步形成了石化报社创新发展的基本理念和思路：把握大局，紧扣中心，服务基层，提高质量；坚持政治家办报，推行企业化管理，为中国石化改革、发展和稳定营造有利的舆论环境，提供良好的信息服务；以新闻宣传为中心，以队伍建设为基础，以加强经营和管理为手段，坚持媒体提档、转型提速的工作方针，不断推进报社创新发展；充分发挥党组机关报和行业经济报的职能，建设与中国石化进军国际化大公司相适应的现代媒体。

(刘志远)

**【重新登记注册驻各省记者站】** 2004年3月，石化报社贯彻国家新闻出版总署《关于开展报刊社记者站清理整顿工作的通知》文件精神，对所属记者站进行了全面清理整顿。对不规范的记者站重新进行整合，按要求规范建立记者站。

（刘志远）

**【新老领导班子交接平稳过渡】** 2004年6月11日，石化集团公司调整石化报社领导班子，吕大鹏任石化报社社长(兼总编辑)，解聘何绍改的石化报社社长职务。

（刘志远）

**【参与宣传F1大奖赛】** 2004年9月，F1大奖赛首次登陆中国，利用中国石化赞助F1的机会，石化报社积极组织新闻报道，取得了良好宣传效果。

（刘志远）

## 石化出版社
## (中国石化国内展览办公室)

**【概述】** 中国石化出版社(简称石化出版社，原名烃加工出版社)是石化集团公司主管和主办的中央级科技出版社，是经中编委审查批准的石化集团公司直属事业单位，成立于1984年12月。石化出版社实行社长负责制，下设综合处、总编室、勘探开发编辑室、炼油化工编辑室、装备综合编辑室、年鉴科普编辑室、外语编辑室、展览业务处、图书发行部(含石化文苑书店)、印务部(含精美实华广告公司、海丰印刷厂)等部门。截至2004年底，有职工59人，其中具有中、高级职称人员32人。

石化出版社坚持正确的出版方向，严格执行党和国家的出版方针政策，坚持为中国石化和石油石化行业服务的宗旨，立足本专业，面向大科技。主要出版石油勘探开发、石油炼制、石油化工等方面的科技图书，以及有关的辞典、手册等工具书，并出版石油及石化专业的统编教材和职工培训教材。2004年出版图书330种，出书总码洋4 555万元，取得了较好的社会效益和经济效益。

石化出版社拥有先进的出版手段和由著名专家、学者组成的作者队伍，所出版的图书多次获得全国优秀科技图书奖、中国石化集团科技进步奖及部级优秀教材成果奖等奖项。2004年度《含硫原油加工技术》获得石化集团公司科技进步二等奖；《中国现代科学全书·石油与天然气工程学》、《管式加热炉(第二版)》获得科技进步三等奖。《油气开采工程师手册(上下册)》入选国家“十五”规划重点选题。

中国石化出版社作为石化集团公司直属的“中国石化国内展览办公室”，负责石化集团公司暨石化股份公司参加国内各类展览的布展和参展工作，并负责石化集团公司年鉴、年报的组织编写和编辑出版工作。

（丁纵宇）

**【完成中国石化F1中国大奖赛展览任务】** 2004年世界著名体育赛事——世界一级方程式汽车锦标赛(F1)，首次设立中国上海站。中国石化独家冠名赞助F1大奖赛中国站赛事。在大赛期间同时举办著名赞助商展览会(西门子、丰田、米其林、普利斯通、奔驰、宝马、可口可乐等参展)，石化出版社负责中国石化展厅的设计、搭建，展览服务工作。石化出版社领导带队，中国石化国内展览办的全体人员齐心协力、努力奋斗，不怕苦和累、克服许多困难，每天工作10多个小时，圆满完成石化集团公司交给的展览任务。漂亮的中国石化展厅矗立在展区的中央，川流不息的中、外观众，面对琳琅满目的石化产品，生动、逼真的乙烯模型，赞叹不已。作为惟一一家中国参展企业，中国石化展厅得到上海市领导和广大观众的认可。

（吴则光）

**【完成11项国内展览任务】** 中国石化国内展览办公室负责组织实施石化集团公司暨石化股份公司参加在国内举办的有关展览工作，制定整体参展方案，负责监督实施；协助有关部门办好国外展览。2004年组织参加了首届中国国际信息化推进大会、第四届中国塑料交易会(台州)、第六届中国塑料博览会(余姚)、全国清洁汽车行动巡展(上海站)、第八届国际交通新技术应用大会暨国际交通新技术展览会、中国石化F1中国大奖赛等11个展览项目。这些展览的举办在使石化集团公司收到很好的社会效益和经济效益的同时，也宣传了石化集团公司暨石化股份公司的整体形象，受到石化集团公司、石化股份公司领导和参展单位的好评，均被展览组委会评为最佳组织奖和最佳展区设计制作奖，圆满完成展览任务。

（丁纵宇）

**【石化出版社成立20周年】** 2004年12月4日是石化出版社成立20周年纪念日。20年来，石化出版社全体职工在中国石化党组的正确领导下，在各级领导的关怀和大力支持下，坚持以邓小平理论和“三个代表”重要思想为指导，坚决贯彻执行党和国家的出版方针政策，优化结构，提高质量，加强管理，始终坚持把社会效益放在首位，努力实现社会效益与经济效益的统一，为石油石化工业的科技进步和人员素质提高作出了自己应有的贡献。

20年来，石化出版社适应企业科技进步的要求，充分发挥专业优势，提供了大量科技类书籍，广泛传播石油石化科技知识，总结推广科研成果，有力推动了中国石化的科技进步；适应企业加强管理、改善经营、提高效益的要求，出版了许多管理类书籍，广泛传播现代企业的管理理论、管理思想、管理方法，有力推动了企业深化改革、调整结构和管理水平的提高；适应加强企业精神文明建设的要求，出版了一批弘扬时代精神、宣传优秀职工模范事迹的书刊，有力推动了企业干部职工队伍的思想道德建设。这20年是逐步发展不断成长并取得优异成绩的20年。20年的辛勤耕耘和不倦努力，形成了石化出版社鲜明的专业特色，创立了自己的品牌，赢得了广大读者。

按照中国石化集团公司党组关于艰苦朴素、勤俭节约、求真务实的要求，出版社没有搞庆典活动。为了总结20年来的工作，石化出版社整理了20年来出版的石油石化专业图书目录，出版了纪念册——《筚路蓝缕启山林》。从这本书中，我们可以看到今天的出版社图书出版硕果累累、图书营销网络稳步发展、图书排印设施先进配套、出版队伍素质全面提高、经营管理能力明显增强的喜人成绩，也可以看到出版社发展壮大所走过的艰辛历程。“筚路蓝缕，以启山林”，这是石化出版社20年艰苦奋斗、逐渐成长的真实写照。

（丁纵宇）

## 石油化工管理干部学院

**【概述】** 石油化工管理干部学院（简称管理干部学院）是石化集团公司高级经营管理人才和高级专业技术人才的培训基地，也是石化集团公司党校、人才培训中心和继续工程教育中心。截至2004年底，管理干部学院主要有5项培训任务：一是工商管理培训。培训对象主要是直属企事业单位的领导干部和中青年后备干部。二是专业技术培训。主要培训全系统的装置专家和学术带头人；培训内容包括催化裂化、勘探、油田开发、钻井、加氢、乙烯、合成树脂、润滑油等21个专业领域。三是战略后备人才培训。先后与大连理工大学、浙江大学、华中理工大学、人民大学、对外经贸大学、英国斯泰福厦大学联合培养MBA和硕士研究生；与天津大学、华东理工大学、石油大学、北京化工大学等联合培养石油、石化行业的工程硕士。四是国际化经营人才培训。培养石化集团公司实施“走出去”战略急需的跨国经营人才。五是外语强化培训。与美中教育培训机构（ESEC）、马歇尔大学、新泽西州立大学合作进行英语口语强化训练。此外，还承担部分处级岗位任职资格培训、中央党校国资委分校石化班的培训和一些短期应急性培训。

2004年3月，管理干部学院新址正式启用。新址位于北京市朝阳区立水桥北，占地6.87万米$^2$（103亩），建筑面积5.17万米$^2$。分教学、生活、文体活动3个区域。设有具备多媒体演示功能的各类教室49间，可容纳869位学员同时在校学习。宽带网络直接延伸到教室、学员宿舍、图书馆、办公室等场所。建有保龄球馆、球类馆、游泳馆、多功能厅和室外体育场。

截至2004年底，管理干部学院有教职工149人，专职教师45人。其中教授、副教授24人；有博士、硕士学位的29人。同时聘请国内外著名专家、学者27名为学院客座教授。主要开设经济学、企业战略、国际金融、市场营销、财务会计、法律、人力资源、计算机、外语等培训课程，还有石油、石化相关专业技术的高级研修课程。管理干部学院设有9个职能部门：教务部、管理人员培训部、开发与科研部、继续工程教育部、信息资源部、党政办公室、组织人事部、财务部、总务部。

2004年，管理干部学院按照石化集团公司《2002—2005年人才队伍建设实施意见》和“6112”人才培养工程的要求，不断扩大办学规模，全年举办各类培训班166期，共培训学员7 768人次。管理干部学院努力在增强教学的针对性和实用性上下功夫。针对学员提出的课程设置“多、散、浅”的问题，把工作的重点放在提高教学质量和培训效果上；学院党政主要领导参与重点班教学方案的审定，定期听取教学工作汇报；要求每个教师下企业调研，领导坚持听取教师下企业调研情况汇报，检查落实情况。管理干部学院重视科研工作，把科研和案例编写当作提高教学质量的大事来抓。学院领导从课题立项到鉴定评审，对每个环节都十分重视，有些课题还亲自挂帅，科研经费给予保证。2004年科研立项5项（其中石化集团公司级课题2项，院级课题3项），有4项科研课题已通过鉴定。全年通过验收的案例31个，比上年增加12个，是管理干部学院历史上编写案例最多的一年。根据曹湘洪高级副总裁的指示，管理干部学院组织编写了供全系统各级领导人员学习的《工商管理简明读本》，陈同海总经理亲自为该书作序。2004年国际化经营人才培训成绩喜人。其中炼化工程项目经理班38人赴美国培训，PMP考试通过率达100%，平均成绩161分，比及格线高出24分，为休斯敦大学PMP考试最好成绩。

管理干部学院培训情况见表1。

（葛德泉）

表1　　管理干部学院培训情况统计　　人次

| 年度＼培训内容 | 直属企业领导干部岗位培训 | 中青年后备干部培训（含党校） | 工商管理硕士经济学硕士 | 国际贸易硕士 | 工程硕士 | 国际化经营培训 | 专业技术培训 | 外语培训 | 应急性培训 | 合计 |
|---|---|---|---|---|---|---|---|---|---|---|
| 2004 | 465 | 137 | 87 | 32 | 82 | 1 022 | 367 | 77 | 5 357 | 7 626 |
| 2003 | 781 | 184 | 55 | 32 | 0 | 508 | 227 | 176 | 3 071 | 5 034 |
| 2002 | 0 | 15 | 100 | 30 | 35 | 0 | 347 | 337 | 2 674 | 3 649 |
| 2001 | 38 | 169 | 33 | 0 | 63 | 0 | 307 | 217 | 3 115 | 3 942 |
| 2000 | 119 | 184 | 49 | 0 | 0 | 0 | 143 | 208 | 4 527 | 5 230 |
| 1999 | 847 | 124 | 33 | 0 | 30 | 0 | 224 | 141 | 3 458 | 4 857 |
| 合　计 | 2 250 | 954 | 357 | 94 | 210 | 1 530 | 1 615 | 1 156 | 22 202 | 30 338 |

# 国际事业公司

**【概述】**　中国石化国际事业有限公司（简称国际事业公司）是石化股份公司的全资子公司，其前身为中国石化国际事业公司，成立于1984年6月，主要负责集中管理和统一经营石化集团公司、石化股份公司的对外贸易业务。

国际事业公司注册资本14亿元（人民币），2004年底固定资产原值29.47亿元（人民币），总资产109.28亿元（人民币），利润总额6.05亿元（人民币）。2004年实现进出口总额252.99亿美元，同比增长53%。其中进口额235.9亿美元，出口额17.09亿美元。在商务部公布的2004年中国进出口额最大的500家企业排名中，自1999年以来，国际事业公司代表石化集团公司连续位居第一。

截至2004年底，国际事业公司本部在册职工208人，其中大专以上文化程度的约占90%以上，具有中、高级技术职称的约占75%。近年来，国际事业公司有意识地吸收了一批国际经贸、企业管理、国际金融、财务会计、法律等专业的大学毕业生或硕士、博士研究生，成为公司未来发展的新生力量。

国际事业公司本部外贸业务部门有：运输部、招投标部、炼油项目部、化工项目部、化纤项目部、项目开发部、原油部、燃料油部、产品出口部、设备物资部、产品贸易公司、经贸咨询公司；综合管理部门有：办公室、企业管理部、人事部、财务部。在美国、日本、德国、新加坡、厄瓜多尔等国和香港特区设有海外公司和代表处。

2004年8月，石化集团公司党组决定，按照“集中管理，统一经营”的原则，对石化集团公司、石化股份公司及所属企事业单位外贸体制进行改革。改革主要针对炼化企业、销售企业、科研院所、设计工程建设单位及总部各专业公司、各部门代管的各类公司，涵盖除原油和汽油、柴油、煤油以外的石油、石化产品等外贸业务；油田企业的外贸体制暂不涉及。

作为石化股份公司的3个全资子公司之一，国际事业公司代表石化股份公司作为股东持有负责原油、成品油进出口业务的联合石化公司70%的股份；同时持有在香港上市的红筹股中石化冠德控股有限公司的全部非流通股份。

（陈大年）

**【外贸体制改革】**　2004年8月，石化集团公司党组决定，按照“集中管理，统一经营”的原则，对石化集团公司、石化股份公司及所属企事业单位外贸体制进行改革。通过外贸体制改革实现统一外贸业务，统一外贸机构设置，统一资源配置，统一外贸队伍管理，统一营销和市场规划。

外贸体制改革的主要内容是：取消炼化企业、销售企业、科研院所、设计工程建设单位及总部各专业公司、各部门代管的各类公司的外贸经营权，并撤销其外贸机构；各单位除原油和汽油、柴油、煤油以外的石油石化产品、燃料油、技术、设备材料、仪器仪表、“三剂”及备品配件等所有外贸业务全部由国际事业公司经营；油田企业的外贸体制暂不涉及；将现有的部分企业外贸机构改组成国际事业公司的办事处，由国际事业公司持有上海石化在金山联贸公司、燕山石化在燕山联贸公司的全部股权。

根据上述原则和主要内容，改革中涉及到的外贸业务必须由国际事业公司统一经营；涉及到的人员由国际事业公司负责接收；涉及到的资产，属石化股份公司分公司的外贸资产划转国际事业公司，国际事业公司收购两家联贸公司的股权，其他与外贸业务密切相关的资产根据需要按资产性质，依照石化集团公司、石化股份公司相关规定收购或划转给国际事业公司。

根据外贸业务的需要，国际事业公司设置了扬子、金陵、南化、高桥、广州、茂名、齐鲁、仪征、南化厂、天津、重庆、中南、镇海、福建、江苏化工等办事处，收购了燕山联贸公司、金山联贸公司的股权，接收人员约500多人。

（陈大年）

**【对外贸易实现较大增长】** 2004年，石化集团公司对外贸易取得较大增长，实现外贸进出口总额252.99亿美元，同比增长53%。其中，进口额235.90亿美元，同比增长70.77%；出口额17.09亿美元，同比减少17.55%。

（陈大年）

**【组织非国营贸易原油采购】** 2004年，国家下达给国际事业公司450万吨非国营贸易原油进口配额。在石化股份公司有关主管部门的指导下，国际事业公司积极与国家有关部门、联合石化公司、有关进口企业和港口代理公司建立正常的业务联系，并独立自主运作，做到每一船、每一单业务均与生产经营管理部、联合石化公司保持沟通。全年实际完成原油进口和原油贸易数量1 059万吨。其中，一般贸易595万吨，来料加工原油进口257万吨，海外贸易207万吨。全年进口原油的平均价格为36.48美元/桶，按同质可比价格比较，低于石化集团公司原油进口的全年平均价格。

（陈大年）

**【成品油出口与上年持平】** 2004年，石化股份公司为保证国内成品油市场供应，抽紧了出口资源，全年汽油出口资源压缩了22%，但是中石化（香港）有限公司努力通过近年来在国际成品油市场积累的业务经验和客户关系，加大海外贸易的经营力度，使经营总量基本保持了2003年的水平。全年完成成品油出口307万吨，其中汽油194万吨，航煤75万吨，柴油34万吨，石脑油、润滑油等其他油品4万吨。中石化（香港）有限公司、香港中石航有限公司完成成品油贸易总量达390万吨。其中，汽油一般贸易205万吨，海外贸易110万吨，航煤75万吨（香港机场57万吨、越南10万吨、澳门8万吨）。为提高香港公司在国际市场上的应变能力和竞争能力，在总部调整成品油进出口量，减少出口时，为占领和巩固已经开拓的国外成品油市场，中石化（香港）有限公司积极开展海外第三国贸易。2004年第三国贸易达110万吨，既巩固了东南亚、中国台湾、中东等直接用户市场，维护了已有的市场份额，又开发了新的市场和客户，也锻炼和培养了一批熟悉市场、熟悉油品业务的年轻骨干队伍。此外，参与香港特区成品油零售（加油站）的投标工作，一举中标5个加油站，已正式投入运行2个，实现中国石化在境外开展成品油零售业务的历史性突破。

（陈大年）

**【做好技术引进和重大设备进口工作，确保重大项目顺利推进】** 石化集团公司坚持引进与消化、吸收、创新相结合，在引进先进技术的同时，努力减少投资，提高效益。2004年，国际事业公司共签订技术和设备引进合同1 031项，合同总额8.55亿美元。确保了齐鲁乙烯、茂名乙烯、上海赛科乙烯、福建炼化一体化、海南炼油、西南成品油和甬沪宁原油管线等一批重大基建、技改项目顺利推进。根据石化集团公司、石化股份公司提出的确保工程进度、确保引进质量、确保服务质量的要求，全年基本没有发生因国外供货紧张而影响工期的事件和因服务遭业主投诉的事件。在引进工作中，严格执行国家有关招投标的法律和法规，全年招标127项，中标金额36 871万美元，同比增长1.9倍，节约费用6.7%。

（陈大年）

**【海外项目开发成功】** 国际事业公司经过两年多跟踪获得的巴西天然气长输管线项目，总投资10亿美元，是中国截至2004年底利用出口买方信贷获得的最大的EPC项目。它的成功实施将对中国石化进入国际工程承包领域具有深远意义，也证实了国际事业公司和国际工程公司利用中国石化品牌优势参与国际工程项目竞标的优势。

（陈大年）

**【积极开拓国际市场，努力扩大出口】** 2004年石化集团公司系统出口额17.09亿美元，同比下降17.55%，其中国际事业公司出口1.66亿美元（本部出口1.46亿美元，同比增加 49%）。全年国际事业公司本部出口石蜡 19.2 万吨，占石化集团公司系统的 98%，同比增加 18.4%；出口化肥 2.96 万吨，比 2003 年的 0.6 万吨增加 292%；出口催化剂 1 447 吨，比 2003 年的 17 吨增加 84 倍。

（陈大年）

**【机电设备的进口】** 2004 年，进口单机、设备、机械、电器、仪表、备品配件、钢材、木材等合计金额 5.9 亿美元。进口的主要单机包括：油田用地震仪、海洋测井仪、沙漠车、水泥车、挖沟机、柴油机等；炼油化工企业用的压缩机、空气分离装置等关键设备及集散控制系统，吊车、消防车、消防泵等。

（陈大年）

**【化工品进口】** 2004 年，国际事业公司化工品进口经营共签约合同 1 160 个，经营数量 31 万吨，合同金额 3.74 亿美元。按照外贸体制改革的要求，实现了化工品的集中统一对外。外贸体制改革后新增业务量 10.3 万吨、金额 1.04 亿美元。由于中国石化的金字招牌，无论是民营企业、外资企业，还是系统外国有企业，都愿意与国际事业公司建立长期合作关系。已与浙江盛虹（民营企业）、厦门翔鹭（台资企业）、济南化纤（国有企业）等多家系统外企业进行了业务洽谈。外贸体制改革启动 3 个月来，已为系统外企业进口约 5 万吨化工产品，并与 6 家系统外企业签署了代理进口协议。针对今后几年全球化工原料供应趋紧的现状，国际事业公司与 SABIC 公司、环球乙二醇公司等国外大供应商建立了战略合作关系，提前签订了 2005 年的供货协议，并且实现了与 SABIC 公司、环球乙二醇公司的直接贸易，取消了中间代理环节。同时利用集中采购的有利条件，加大了对外价格谈判的力度，长期协议价格较 2004 年有一定幅度的折扣，付款条件也较以往宽松。

（陈大年）

**【新设 2 个海外代表处】** 国际事业公司为石化集团公司、石化股份公司开展国际化经营服务，为境外投资者服务，进一步开拓国际市场，在已设立中国石化香港、美国代表处的基础上，2004 年又在阿联酋迪拜和伊朗德里兰分别设立了中国石化中东代表处和伊朗代表处。

（陈大年）

## 胜利油田

**【概述】** 胜利油田是中国石化集团胜利石油管理局（简称胜利石油管理局）和中国石化胜利油田有限公司（简称胜利油田有限公司）的统称，工作区域主要分布在山东省东营、滨州、德州、济南、潍坊、淄博、聊城、烟台等 8 个市的 28 个县（区）内，主体位于黄河下游的东营市。按地质构造区划，山东省境内可供找油找气的勘探区域属于渤海湾盆地，主要有济阳、昌潍、胶莱、临清、鲁西南等 5 个坳陷，总面积约 6.1 万（千米）$^2$，胜利油田已取得探矿权面积 4.5 万（千米）$^2$，其中济阳坳陷和浅海地区是胜利油田勘探开发的主战场。截至 2004 年，胜利油田取得探矿权的勘探面积达 17 万（千米）$^2$，其中国外风险勘探面积 2.61 万（千米）$^2$，国内探矿区域扩大到全国 5 个盆地中的 4 个。油气资源总量 170 亿吨。

截至 2004 年底，胜利石油管理局下设 42 个二级单位，612 个三级单位，2 500 个四级单位；有 9 个局属经济实体，8 个管理局控股公司，5 个管理局项目管理机构，1 个石化集团公司独立执行机构。管理局机关设 26 个职能处室，23 个直属单位，另有 1 个派出机构。胜利油田有限公司下设 25 个二级单位，265 个三级单位，1 771 个四级单位；有限公司机关设 14 个职能处室，5 个直属单位。

胜利石油管理局用工总量 12.65 万人，有各类专业技术人员 1.93 万人，其中中国工程院院士 1 人，高级技术职称 4 477 人，中级技术职称 1.45 万人。胜利油田有限公司有员工 9.84 万人，各类专业技术人员 1.19 万人，其中高级技术职称 2 031 人，中级技术职称 7 500 人。

2004 年胜利石油管理局拥有固定资产原值 242.12 亿元，净值 150.90 亿元；资产负债率 75.33%。机械装备总量 1.62 万台。装机总功率 462.00 万千瓦，平均设备新度系数 0.44。2004 年胜利油田有限公司固定资产和油气资产总量为 1 137.15 亿元，其中油气资产原值 991.40 亿元；固定资产和油气资产净值 445.86 亿元，其中油气资产净值 359.03 亿元；资产负债率 1.94%。机械装备总量 3.31 万台，装机总功率 274.00 万千瓦，平均设备新度系数 0.44。

胜利油田主要经济指标和主要生产建设指标见表 1、表 2。

勘探理论创新确保实现资源接替良性循环。2004 年新增预测石油地质储量 1.07 亿吨，新增控制石油地质储量 1.16 亿吨，新增探明石油地质储量 1.03 亿吨，连续第二年实现三级储量“过亿吨”。老区深层、新区新层、天然气和国外重点区块取得了“四个突破”、“五个扩大”、“六个进展”的可喜成果。孤北深层天然气勘探取得重大突破，完钻试油的孤北古 1 井获得日产天然气 11.67 万米$^3$ 的高产气流，首次上报深层气控制储量68亿米$^3$；东营南坡深层勘探取得重大突破，王46井在孔店组见到烃源岩，预测增加资源量10亿吨；西部准噶尔探区取得重大突破，董1井、永1井均获高产工业油流；海外伊朗卡山探区取得重大突破，Arn－1井钻探成功，打破了该地区50年的沉寂局面，控制含油面积45(千米)$^2$。牛871井区、孤南洼陷周缘等5个区块含油范围进一步扩大；青南洼陷、桩海潜山、陈家庄凸起等6个地区勘探取得新进展，青南洼陷发现了大套优质烃源岩，预测资源量达1.5亿吨。

加强老油田调整改造和油藏经营管理，油气生产"双创"新高。胜利油田开发工作强化滚动勘探开发和新区产能建设，加快实施"四大先导试验"和"四个示范区工程"，推进薄层水平井、储层敏感性稠油开发技术攻关。2004年生产原油2 674.3万吨，比上年增产8.8万吨，达到4年来最高水平；生产天然气9亿米$^3$，达到6年来最高水平。外部新区权益油实现零突破，在蒙古国和中国陕北地区及准噶尔盆地董1井区块获得权益油5.87万吨。开发管理水平有新的提高，全年新增可采储量2 802万吨，储采平衡系数1.05，连续8年保持储采平衡；自然递减率14.65%，综合递减率6.06%，含水上升率0.28%，均控制在计划之内。

科技和人才为胜利油田发展提供强力支撑。科技工作围绕资源接替和技术接替两大主题，强化油田勘探开发基础理论研究，突出油田可持续发展接替技术攻关试验，加快高新科技成果转化和产业化步伐，以理论和技术上的突破提高核心竞争力。2004年获得各类科技奖励403项，其家级2项，石化集团公司和省级28项，局级373项。"科技兴油"战略见到明显成效，依靠科技进步新增探明石油地质储量4 500万吨，新增可采储量1 500万吨，新增原油产量270万吨，增效1亿元。胜利油田高度重视人才建设和培养，高层次人才和操作技能人才建设得到加强。全年引进硕士、博士毕业生115人，引进博士后25人；培养工人技师542人，高级技师99人。截至2004年底，油田硕士以上学历人员1 376人，其中硕士1 274人，博士102人，在站博士后63人；有工人技师2 054人，高级技师247人。在2004年全国石油石化行业职业技能竞赛中，胜利油田参赛选手取得了"三金一铜"的好成绩。测井公司高级技师吕幸端获"中华技能大奖"荣誉称号，是胜利油田职工第二次获此殊荣。

胜利油田经营管理水平进一步提升。以强化"三基"工作为主线，把"三老四严"优良传统与"对标、追标、创标"等现代企业管理活动有机结合，开展以安全生产为核心的第79次岗位责任制大检查活动，基层队伍的基础管理水平有新提高，安全生产形势得到改善，千人事故死亡率0.01，千台车事故死亡率0.31。加快"数字油田"建设，全面启动ERP项目，按照"信息共享、操作规范、业务联动"的要求，建设油田生产经营监督管理信息系统，管理业务进一步透明、规范。加强财务预结算管理，强化成本监控，规范资金运作，资金使用效益有新提高。完善、强化投资管理，优化项目过程设计和施工组织，加强施工监督、项目预结算、定额管理等工作，投资决策水平和使用效益进一步提高。完善物资配送体系建设，节约采购资金1.5亿元，资金流转缩短4.5天。技术监督及节能工作取得显著效益，实现技措节能35万吨标准煤，降耗增效3亿元。加大对重点领域、重点单位、重点项目、重点资金的审计监督力度，加强内审内控工作。坚持依法维护油田合法权益，通过加强合同管理和招标管理，节约资金3.1亿元。

改制分流工作取得突破性进展。胜利油田已经挂牌或改制分流方案经石化集团公司批复后正在实施的有21个单位，5 022名正式职工、2 636名集体工实现分流。通讯公司融入中国网通的工作进入实际操作阶段；完成井下作业系统重组分离，坚持边筹建、边交接、边生产的原则，对采油厂井下作业系统进行重组分离，按地域组建3个专业化作业公司，为作业系统适应市场、加快发展打下了坚实基础；移交办社会工作取得实质性进展，本着"尊重历史，尊重现实"的原则，经过与山东省及地方政府反复沟通和协商，达成了胜利油田中小学和管理机构成建制移交东营市的协议；公安系统移交协议顺利签订；深化劳动人事制度改革稳步推进，明确了各级管理人员精简压缩数量和分流的措施渠道，处级干部、科级干部和管理人员压减同步进行，7个单位的试点顺利实施；将原胜利油田师范专科学校、胜利石油学校、胜利油田医疗卫生培训中心合并重组为"山东胜利职业学院"和"石油大学胜利学院"。

存续经济呈现蓬勃发展势头。加快产业结构升级，发展壮大支柱产业，整体竞争能力和综合实力进一步提高。胜利石油管理局合并总收入同比增长6个百分点，同比减亏25个百分点，全员劳动生产率同比提高20个百分点。物探、钻井、测井、录井、油建等主营业务的专业优势进一步突出，竞争能力明显增强。各社区管理水平和服务质量稳步提升，集体经济整体运行质量有新改善。难动用储量开发、供发电和外拓市场"三大亮点"，对胜利石油管理局经济的贡献率越来越高、拉动力越来越强，成为经济扭亏增盈的新生力量。胜利石油管理局开发板块共生产原油78.34万吨，同比增加11.19万吨，实现收入15.68亿元，同比增加 4.73 亿元。胜利油田供发电系统实现总收入 44.36 亿元，同比增长 28.3%，新投产的 3#、4# 机组累计发电 23.88 亿千瓦·时，增效 2.25 亿元。以胜利油田基地热电联供为重点的燃料结构调整工作取得阶段性成果，可替代原油 6 万吨，增效近亿元。外拓市场工作向更大范围、更高层次迈进，全年实现外部市场创收 40 亿元，同比增加 5 亿元，其中西部市场创收 12.8 亿元，海外创收 5 亿元，实现了新的突破和跨越式发展。

职工群众生活环境和生活质量有新的改善和提高。坚持把为职工群众办实事、办好事作为贯彻落实以人为本科学发展观的重要举措，让职工群众真正享受到油田改革发展带来的实惠。职工住房建设进展顺利，按照 3 年建房 2.8 万套目标，已经开工 2.71 万套，投产交付使用 5 534 套。就业、再就业工作取得明显成效，胜利油田累计实现再就业 1.53 万人，占有就业愿望下岗失业人员总数的 84.1%。帮扶救助工作卓有成效，各级干部职工捐款 2 300 万元，设立胜利油田帮扶基金，为弱势群体发放慰问金、补助金、助学金 350 万元，职工互助合作保险给付保险金 403.76 万元。开展“平安油田”创建活动，“五位一体”的治安防控体系更加巩固，建成封闭小区 176 个，零发案率小区 109 个。

加强思想政治工作和企业文化建设，胜利油田大局保持稳定。2004 年胜利油田相继被评为中国企业文化建设十佳单位、山东省首批企业文化示范单位。以“达标、创优、争强、夺牌”活动为载体，基层建设取得新成绩，建成 202 个名牌队、243 个行业一强、543 个优秀基层队和 45 个基层建设先进二级单位。

（王亚宁）

**【吕幸端获中华技能大奖】** 2004 年 12 月 17 日，在全国第七届中华技能大奖和全国技术能手表彰大会上，胜利测井公司工人高级技师、计算机高级程序员吕幸端作为中国石化系统惟一获奖者，受到中央政治局常委、国务院副总理黄菊的亲切接见。

多年来，工人出身的吕幸端以扎实的理论功底和娴熟的技能，在出色完成生产任务的同时，积极进行科研攻关，解决了大量生产、科研技术难题，先后主持和参加完成科研成果 15 项，其中获国家级科技成果奖 1 项，省(部)级科技进步奖 15 项，局级科技进步奖 9 项。主编或参与编写的《石油测井方法与解释》等 4 本理论书籍被选作石油石化行业的职工专业培训指定教材。他从一个普通仪器操作人员成长为计算机测井数据处理领域专业人才，在平凡的岗位上做出了不平凡的业绩，是新时期石油工人的代表。

（王亚宁）

**【陆相断陷盆地隐蔽油气藏形成机制与勘探获国家科技进步一等奖】** 由胜利油田地质院为主完成的国家攻关计划“中国油气资源发展关键技术研究”重大项目——陆相断陷盆地隐蔽油气藏形成机制与勘探取得重大理论和技术成果，获 2004 年国家科技进步一等奖。

成果创立了适合陆相断陷盆地隐蔽油气藏勘探的理论体系。揭示了陆相断陷盆地储集(沉积)体发育的规律性，实现了不同砂体模式的定量计算，解决了陆相断陷盆地隐蔽油气藏形成及预测这一难题；揭示了陆相断陷盆地不同区位、不同沉积演化阶段的油气运移和聚集规律，解决了传统油气流动成矿的动态分析难题，为寻找油气富集区提供了科学依据；建立了断陷盆地油气成藏的动力平衡方程，解决了隐蔽油气藏形成的关键问题，实现了隐蔽油气藏的规律性勘探。

成果建立了河道砂体描述、砂砾岩体描述、浊积岩体描述和滩坝砂体描述四大隐蔽油气藏勘探配套技术系列，针对不同储集体研究形成了对应的勘探关键技术，建立了隐蔽油气藏勘探程序，形成了产业化的技术流程。

项目建立了科学系统的理论体系，实现了隐蔽油气藏勘探理论质的飞跃。提出的陆相断陷盆地隐蔽油气藏理论及勘探配套系列技术，在中国油气勘探开发领域发挥了巨大作用，为胜利油田近年来高速发展作出了重大贡献。项目研究为实现稳定东部的资源战略产生了重大影响，对国内外同类油气藏勘探发挥了重要指导作用。

（王亚宁）

**【建成全国最大规模企业博士后工作站】** 经国家人事部批准，胜利油田于 1998 年开设博士后科研工作站，2002 年被国家人事部批准独立招收博士后，截至 2004 年底已累计招收博士后 103 人，在站 66 人。胜利油田博士后工作站成为中国规模最大的企业博士后工作站，步入了全面规范和高回报阶段。

胜利油田先后设立了 30 多个博士后分站，其中 2004 年新成立 7 个博士后分站，并将博士后站功能向后延伸，分别在青岛、北京设立胜利油田博士后研究中心，形成了油田工作站、各分站和研究室三级联动的日常管理、组织模式。制定出台《胜利油田博士后工作站管理办法》等 10 项博士后管理制度，对博士后报名、入站、考核、出站形成配套的制度体系。为博士后新建了微生物、三次采油等10多所实验室。胜利油田每年用于博士后专项科研经费都在1 000万元以上。2004年胜利油田率先试行了博士后特薪，月薪达到5 000元以上。先后为26名博士后评聘了正、副教授级职称。选拔部分博士后担任胜利油田高级人才培训中心、职工大学、胜利学院的兼职教授。开办胜利博士后论坛，组织28位在站博士后分油田化学、地质、开发、地面、机械、物探、信息控制等7个课题进行专题交流和研讨。2004年11月，胜利油田举行以优秀人才姓名命名技术成果、项目组活动，以孙克已、孙明光、王有新等3位博士后的姓名命名了“胜利孙博士稠油降粘剂”、“胜利明光多夹层PDC钻头”、“胜利有新物探工作室”等成果。16名博士后被授予胜利油田优秀博士后称号。新华网山东频道2004年3月1日发布题为《胜利油田博士后工作站建在油井旁》的文章，通过对在站博士后倪红坚的采访，系统介绍了胜利油田博士后工作的发展情况。

胜利油田博士后承担课题120项，涉及地质、钻井、采油等30多个专业领域，其中“863”、“973”等国家重点科技攻关项目14项，共完成国家、省(部)级科研项目14项；局级科研项目65项，有13项达到国际先进水平或填补国内空白，获省(部)级科技进步一等奖5项，二等奖2项，局级科技进步奖6项，申报国家专利50多项。2004年有1项成果达到国际领先水平，8项成果达到国际先进水平，4项成果成到国内领先水平。共申报国家专利25项，授权12项。博士后科研成果获省(部)级科技进步一等奖5项，二等奖2项。全年发表论文、报告200多篇。

(杨　凯)

**【国家“973”项目“油藏精细地质模型研究”国际领先】** 中国石化组织专家组对国家“973”项目08课题“油藏精细地质模型研究”进行技术鉴定。专家一致认为，成果具有较高的理论水平和推广应用价值，整体达到国际领先水平。

油藏精细地质模型研究课题由胜利油田地质院牵头、石油勘探开发研究院和石油大学(华东)参加。经过科研人员历时5年联合攻关，圆满完成了课题计划任务，形成了在现有技术条件下建立起的河流相油藏精细地质模型的技术方法和流程步聚，在实验区建立了“10米×厘米”级的油藏精细地质模型，能够满足油田开发后期提高油田采收率对油藏地质模型精度的需要。

利用该方法建立的精细地质模型,应用到胜1区聚合物实验区开发方案编制过程中,试验区含水下降7.12%,日产油上升1.5倍,取得了良好效果。标志胜利油田大规模精细化油藏数值模拟法技术走在世界前列。

(袁明琦)

**【Arn-1井获高产工业油气流】** 伊朗卡山区块位于伊朗中部，德黑兰市以南，呈NW-SE向，总面积约4 950(千米)$^2$。为贯彻“立足东部、发展西部、准备南方、开拓海外”战略部署，自2001年开始，胜利油田正式开展伊朗卡山地区的油气勘探工作，成立伊朗项目组，2002年部署Arn-1井，2003年5月5日开钻，11月24日完钻。2004年1月11日试油放喷，获日产1 000米$^3$高产工业油流。

Arn-1井是胜利油田在海外部署的第1口探井，钻探成功标志中国石化海外油气勘探取得战略性突破，胜利油田油气勘探国际化经营迈出了重要一步。

(王亚宁)

**【SL-6000高分辨率多任务测井系统国内领先】** 胜利测井公司研制生产的SL-6000型高分辨率多任务测井系统，于2004年3月14日通过石化集团公司组织的专家鉴定，得到高度评价，鉴定委员会认为，项目研制的地面测井系统、下井仪器及相关软件达到国外现有同类成像测井设备的技术水平，属国内领先。

SL-6000型高分辨率多任务测井系统工作项目齐全，除完成常规测井项目外，还能进行声成像、电成像、高分辨率感应、多极子阵列声波、扇形水泥胶结成像测井等新型测井项目，系统支持套管井测井、井壁取心、射孔和工程爆炸松扣解卡作业。具有操作简单、灵活方便的组合测井能力，可满足不同地区和不同地层组合测井的需要，有效节省测井时间，提高工作效率。

(王新刚)

**【孤北古1井成功钻开胜利探区深层气大门】** 由胜利渤海钻井一公司施工完成的孤北古1井，在上古生界4 121米井段处中途测试，用8毫米油嘴放喷求产，获得日产5.62万米$^3$的高产气流。这是在孤北区块4 000米以上地层首次发现高产天然气层，对探明该区块的油气资源状况具有重大指导意义。

孤北古1井位于济阳坳陷沾化凹陷孤北低潜山东南部，设计井深4 750米，完钻井深4 560米，是一口深层天然气预探井。施工中，严格执行中国石化天然气工程安全技术规范，加强钻井队伍现场监督管理，取全取准了本地区地质资料，安全有效做好探井油气层保护工作，确保该井安全优质交井。

孤北古1井钻探成功，标志济阳坳陷沾化凹陷深层天然气勘探获得重大突破，发现了大中型煤成气藏。

(王亚宁)

表 1　　胜利油田主要经济指标　　亿元

| 指标名称＼年份 | 2004 | 2003 | 2002 | 2001 | 2000 | 1999① |
|---|---|---|---|---|---|---|
| 企业增加值 | 483.94 | 382.27 | 277.95 | 318.53 | 306.2 | 177.84 |
| 固定资产和油气资产原值 | 1 379.27 | 1 323.83 | 1 302 | 1 180.2 | 1 055.64 | 531.66 |
| 固定资产和油气资产净值 | 596.76 | 227.24 | 556 | 517.4 | 473.4 | 244.92 |
| 主营业务收入 | 727.07 | 421.61 | 493.19 | 423.43 | 413.60 | 231.74 |
| 实现利润② | 206.24 | 141.39 | 98.35 | 116.71 | 156.28 | — |
| 上缴税费 | 172.79 | 131.82 | 83.01 | 108.27 | 129.27 | 37.13 |

① 1999 年数据为胜利石油管理局数据，资产统计按中国石化内部会计制度规定核算。
② 2000 年以后利润为扣除胜利石油管理局亏损数。

表 2　　胜利油田主要生产建设指标

| 指标名称＼年份 | 2004 | 2003 | 2002 | 2001 | 2000 | 1999 |
|---|---|---|---|---|---|---|
| 原油产量/万吨 | 2 674.3 | 2 665.5 | 2 671.51 | 2 668 | 2 675.69 | 2 665.23 |
| 天然气产量/亿米$^3$ | 9 | 8.1 | 7.5 | 8.41 | 6.88 | 7.33 |
| 新增原油生产能力/万吨 | 322.8 | 282 | 277 | 362 | 332 | 280 |
| 新增天然气生产能力/亿米$^3$ | — | — | — | — | 0.16 | 0.25 |
| 新增探明石油地质储量/万吨 | 10 312 | 12 315 | 10 668 | 11 354 | 10 669 | 10 168 |
| 新增探明天然气地质储量/亿米$^3$ | — | 1.13 | 15.19 | 10.61 | 15.16 | 10.52 |
| 二维地震/千米 | 338.4 | 2 318 | 2 301.6 | 2 490 | 3 847 | 1 499 |
| 三维地震/(千米)$^2$ | 1 191 | 1 070 | 896.9 | 1 616 | 1 493 | 1 210 |
| 石油钻井/口 | 1 436 | 1 138 | 1 217 | 1 399 | 1 253 | 971 |
| 探井/口 | 128 | 234 | 216 | 300 | 295 | 125 |
| 开发井/口 | 1 308 | 904 | 1 001 | 1 099 | 958 | 846 |
| 钻井进尺/万米 | 302.31 | 254.60 | 277.08 | 303.04 | 301.97 | 212.28 |
| 勘探直接投资/亿元 | 22.54 | 24.51 | 22.80 | 26.62 | 27.55 | 18.58 |

# 中原油田

**【概述】**　中原油田是中国石化集团中原石油勘探局(简称中原石油勘探局)、中国石油化工股份有限公司中原油田分公司(简称中原油田分公司)和中国石油化工股份有限公司中原油气高新股份有限公司(简称中原油气股份公司)的统称。地处冀鲁豫三省交界处，在地质构造上属于渤海湾沉降带的南部，由于凹陷主体位于河南省濮阳县和山东省东明县一带，故称东濮凹陷。东濮凹陷为中原油田的主要开发区域，横跨河南、山东两省的6个地(市)12个县(区)，面积5 300(千米)$^2$；此外，中原油田在国内还有陕北富县、新疆伊犁、内蒙古白音查干、青海民和盆地等探区，登记地质调查面积6.99万(千米)$^2$，登记探矿面积1.76万(千米)$^2$，并在国外也取得了一个区块的风险勘探开发权。中原油田总部位于河南省濮阳市市区，占地面积12.6(千米)$^2$，地理位置优越，交通便利，气候宜人。

截至2004年底，中原油田用工总量89 205人，有专业技术人员22 791人，其中高级技术职务2 174人，中级技术职务9 648人，初级技术职务10 347人。中原油田共有直属单位110个，机关处室38个(合署办公6个)。

2004年，中原油田各项工作取得新的业绩。

勘探开发生产取得积极进展。年内，新增探明含油面积14.9(千米)$^2$、含气面积17.3(千米)$^2$，新增控制石油地质储量6 265万吨、预测石油地质储量7 698

万吨，超额完成年度计划；完成地震资料采集优级品率90%、合格率100%；生产原油335.11万吨、天然气17.51亿米$^3$，新井投产日产水平与上年相比，新区由10吨上升到11.4吨，老区由9吨上升到12.9吨；内蒙白音查干落实小断块储量232万吨，累计建成产能3万吨，生产原油2.3万吨。原油及轻油加工70万吨，同比增加21.3%；轻烃装置建成投产，实现了油田轻油集中处理；天然气深加工产品9万吨、原油深加工产品8.8万吨；压缩天然气、液化天然气销售同比增长33%和52%。

钻井市场再创新高。油田内部共钻井340口，交井318口，进尺95.4万米，固井合格率98.94%、测井合格率100%；在国内市场实施“立足中原、紧跟外围、主攻西部、扩大南方”的市场战略，开拓了冀东、鄂尔多斯、西南、西北、苏北等钻井新市场，共钻井967口、交井943口，钻井进尺172.9万米，同比增加21%；国际市场上共有49支队伍在苏丹、也门、沙特等10个国家施工，收入1.18亿美元，同比增长37.20%，新签合同额2.17亿美元，首次突破2亿美元大关。

科学技术研究成效显著。开展气田精细构造研究和动用储量潜力分析，实现了文23气田和户部寨气田的有效扩边，增加动用储量5.5亿米$^3$；实施天然气井开窗侧钻和凝析气藏开发技术配套，白庙气田单井日产天然气1.5万—2.3万米$^3$。2004年，全油田共取得科技成果226项，并有17项科技项目通过石化集团公司鉴定。

深化改革实现重要突破。改制分流2 032人，办社会职能移交5 877人，井下作业系统专业化重组整合8 234人。历时半年多的油田分离移交办社会职能基本完成，中原油田中小学和油田公安处，自2005年1月起移交地方政府管理。

企业经济效益显著增长。中原油田分公司(含中原油气股份公司)实现销售收入108.32亿元，处理遗留问题后实现利润8.71亿元；中原石油勘探局主营业务收入72.73亿元，扣除移交、改制等影响因素后，全年亏损控制在3亿元之内。国内、国际市场领域均有新的拓展，国内外部市场收入30.6亿元、国际市场收入1.18亿美元，外部市场同比增收10.49亿元，增幅34.67%。中原油田被河南省评为实施“走出去”战略工作先进企业、外经工作先进企业。

中原油田主要经济指标和主要生产建设指标见表1、表2。

精神文明建设再创佳绩。2004年，中原油田获国家五一劳动奖状、全国职业道德建设先进单位、全国青年文明号活动先进单位等称号，连续第七年被评为河南省文明单位。

（崔红伟）

**【中原油田首次获全国五一劳动奖状】** 2004年4月27日，中原油田首次获中华全国总工会颁发的全国五一劳动奖状，这也是中原油田历年来获得的最高集体荣誉。此次评选，全国共有412个集体获此殊荣。获奖单位主要分布在交通、能源、机械、冶金、建筑、财贸等产(行)业系统，具有广泛的产(行)业代表性。

（黄　琥）

**【增压机组在线安全监测系统获国家安全科技进步奖】** 增压机组在线安全监测系统由中原油田天然气产销厂完成，是国家2003年度安全生产科技发展计划(计划文号03-063)的重点研究项目，研制时间为2002年4月—2003年10月。该系统2003年3月试运行成功后，同年10月在文留增压站压缩机组上正式投运，到2004年底，共预先发现机组异常振动、燃气压力超常降低、水套水温度异常超高等各类影响机组正常运行的问题20件(次)。2004年2月15日，国家安全生产监督局规划科技司组织专家鉴定认为：该系统在中国石油天然气集输工程在线安全监测技术领域达到国内先进水平，具有较高的推广应用价值。2004年，增压机组在线安全监测系统分别获国家安全科技进步奖三等奖、河南省安全科技进步奖一等奖。

（娄　美）

**【科钻1井完成原定5 000米设计井深】** 2004年12月21日14时16分，由中原油田钻井三公司70118ZY钻井队施工的大陆科钻1井顺利钻至井深5 000米，实现了这一国家重大科学工程项目的原定钻井工程目标。科钻1井所钻遇地层为超高压结晶变质岩，在这种硬度高、密度大的结晶岩中进行5 000米深的连续取心钻井，不仅在中国没有先例，在世界上也属于高难度井。70118ZY钻井队自2001年6月开始科钻1井的钻探施工以来，克服了地层岩石坚硬、造斜性强、井壁坍塌、掉块、扩径等一系列困难，先后尝试了常规取心、绳索取心、金钢石取心等多种取心方式，成功地探索出一套科学的钻探取心方法，3年来共取心1 200多次，并创造了先导孔和主孔二孔合一、第一次在2 500米深的岩石中发现了微生物等多项世界第一。

（娄　美）

**【国内第一口多分支煤层气水平井完成】** 2004年，钻井三公司32601钻井队成功完成了国内第一口多分支水平井 DNP02 井的施工任务。DNP02 井位于山西省晋城大宁煤矿区块，是一口羽状多分支水平井，共有 1 个主井眼和 12 个分支井眼，主井眼水平段长 1 115.67 米，钻井目的是抽放煤层瓦斯气。山西大宁煤层气项目是美国亚美公司投资控股的一项国内反承包项目，由中原油田钻井三公司负责施工。施工中，32601 钻井队解决了煤层开采抽放瓦斯气的技术难题，完成了施工任务。DNP02 井实际总进尺 8 018.46 米，最大井斜 101.47 度，煤层段总长 6 884.90 米，全井钻达煤层 90%的区域。

（娄　美）

**【中原油田获阿曼 36、38 区块勘探开发管理权】** 2004 年 10 月，中原油田与国际石油勘探公司在北京签署阿曼 36、38 区块勘探开发内部委托管理协议，中原油田正式获得这 2 个区块的勘探开发管理权，标志着中原油田在开拓海外油气勘探开发市场方面有了一个新的开端。阿曼 36 和 38 区块分别位于阿曼西部和西南部，毗邻也门和沙特阿拉伯，区块面积分别为 1.86 万(千米)$^2$ 和 1.74 万(千米)$^2$，总面积相当于 7 个东濮凹陷。此次签署的阿曼区块勘探开发协议规定，勘探期分为 2 个阶段，共 6 年。第一个 3 年勘探期，需完成二维地震采集、处理 2 000 千米，重新处理已有二维地震资料 3 000 千米，并义务钻 1 口探井的工作量；第二个 3 年勘探期，需完成三维地震采集 500(千米)$^2$ 和义务钻 3 口探井的工作量。

（娄　美）

**【国内最大的天然气脱硫装置建成投用】** 2004 年 10 月 26 日，石化集团公司和中原油田的重点建设项目、国内最大规模的精脱硫项目装置——中原油田天然气处理厂日处理 240 万米$^3$ 天然气脱硫装置投产成功，天然气含硫量由脱硫前的 4 毫克/米$^3$ 降至 0.1 毫克/米$^3$ 以下，其他各项指标均达到设计要求。该项目总投资 1 590 万元，由中国科学院大连化物所提供基础工艺包，天津市振津工程设计咨询有限公司编制可研究性报告，洛阳石化工程公司负责施工图设计，中原油田工程建设总公司濮城项目部负责承建。工程于 2004 年 2 月 17 日正式动工，6 月 24 日主体工程竣工，9 月 8 日和 16 日分别完成了与天然气第四气体处理厂和天然气第三气体处理厂的工艺连接，27 日完成天然气原料管线连接工作，10 月投产。

（娄　美）

**【中原油田深部调驱技术应用研究成果累计增油 17 万吨】** 2003 年，由中原油田采油一厂与勘探开发科学研究院共同承担的中原油田深部调驱技术应用研究项目完成并取得重大突破。该项目为石化集团公司重点科研项目，研究时间为 1999—2003 年底。2000 年 9 月，中原油田深部调驱技术开始在采油一厂井组试验并取得成功，至 2003 年底，该成果在中原油田 31 个区块 336 个井组推广应用，累计增产原油 17.79 万吨，增加水驱动用储量 439.8 万吨。中原油田深部调驱技术应用研究项目获 2004 年度石化集团公司科技进步二等奖。

（黄　琥）

**【常规开发井套管损坏机理及防治配套技术研究项目使套管修复率达到 95%】** 2001—2003 年，中原油田推广应用常规开发井套管损坏机理及防治配套技术研究项目，套管损坏井修复成功率达到 95%，修井可采储量与事故井损失可采储量持平率 202.4%，修复井数与事故井数持平率 186.8%，套管损坏井以每年 20%的比例逐年下降。该项目为石化集团公司重点科研项目，由中原油田采油工程技术研究院承担。常规开发井套管损坏机理及防治配套技术研究项目于 2004 年 4 月通过石化集团公司鉴定，并获 2004 年度石化集团公司科技进步二等奖。

（黄　琥）

**【中原油田深层三维地震勘探技术取得重大突破】** 2000—2003 年底，中原油田应用中原油田深层三维地震勘探技术项目成果共落实圈闭 44 个，提供井位 44 口，实施井位 20 口，新增探明储量 3 508 万吨、预测储量 2 048 万吨，实现了前 8 块等深层油气勘探的重大突破。该项目为石化集团公司重点科研项目，由中原油田物探研究院承担。中原油田深层三维地震勘探技术项目获 2004 年度石化集团公司科技进步三等奖。

（黄　琥）

**【陆上油田首次应用 Power - V 垂直导向钻井工艺】** 2004 年，塔里木中原钻井公司 7014 钻井队在西气东输第一口气源井克拉 2 - 3 井钻井施工中，首次采用了 Power - V 垂直钻井工艺，这也是该技术在中国陆上油田的首次应用。Power - V 垂直钻井工艺是由法国斯伦贝谢公司提供的。这套技术主要由电子识别系统和纠斜机械装置两部分组成，钻进中能够最大限度地解放钻压，实现快速钻进。克拉 2 - 3 井地处天山，属山前陡构造，地层倾角大、砾石发育，易发生井斜，钻速缓慢等现象。采用 Power - V 垂直钻井工艺技术，平均机械钻速每小时达到 8 米左右，日进尺 150 多米，钻井速度提高了 2—3 倍，较好地解决了快速钻进和钻井质量的矛盾，井斜一直控制在0.5度以内。

（娄　美）

【中标珠江三角洲成品油管道施工项目】 2004年，中原油田工程建设总公司、建筑集团公司相继中标珠江三角洲成品油管道施工项目。珠江三角洲成品油管道工程是石化集团公司巩固广东成品油市场的重点工程，工程首站湛江市，经茂名、阳江、江门、惠州、肇庆、佛山、中山、珠海、广州、东莞等市至深圳市，全长1 056千米。中原油田工程建设总公司先后中标湛江—茂名段、粤海—珠海段及三岭山首站部分配套设施的施工任务；建筑集团公司中标那龙－恩平段、东莞—惠州段的施工任务。湛江—茂名段全长51.33千米，直径406.4毫米×7.1毫米管道，合同造价760万元，工程6月18日开工，10月31日管道主体贯通；粤海—珠海段全长78千米，其中直径273毫米管道20千米、直径219毫米管道58千米，合同造价1 051万元，工程9月20日开工，计划2005年4月30日完工；三岭山首站部分配套设施主要工程是4座1万米$^3$罐及部分配套设施任务，合同造价1 098万元，工程9月5日开工。那龙—恩平段全长50千米，直径406毫米×7.1毫米和直径406毫米×95毫米螺纹管道，合同造价547万元，工程9月10日开工；东莞—惠洲段全长75千米，直径355.6毫米×7.1毫米和直径355.6毫米×9.5毫米螺纹管道，合同造价1 055万元，工程10月10日开工。

（汪中华）

【中标输送固体物质管道改造工程】 2004年2月25日，中原油田工程建设总公司以技术标和商务标双第一中标中国自行设计施工的山西太原钢铁(集团)有限公司46千米管道改造工程。以往的工程设计都是由美国工程技术人员来完成，此次工程改造是由山西太原钢铁(集团)有限公司矿山设计研究所自行设计。该工程设计管道压力260兆帕，管道直径243毫米×8毫米、243毫米×9毫米、243毫米×11.5毫米、243毫米×12毫米，管线材质APISL×60直缝电阻焊钢管，管道改造完工后主要用于输送铁精矿粉固体物质。工程合同造价560万元，3月15日开工。

（汪中华）

【承建全国最大的天然气处理工程项目】 2004年3月19日，中原油田工程建设总公司中标春晓气田陆上终端工程生产区、陆域管线和生活区建设工程。春晓气田陆上终端工程是全国最大的天然气处理工程，总投资4.7亿元。春晓气田群位于上海市东南方向约450千米、浙江省宁波市东南方向约350千米的东海大陆架海域，包括春晓、天外天、残雪和断桥4个油气田，气田生产的天然气通过350千米的海底管线输送到陆上终端，并进行分离、处理和进行轻烃回收。工程建设总公司中标的主要工程量是承建生产装置区、凝液储存装车区等6个功能区，其中灌注桩474根、管桩1 103套、建构筑物38座、动静设备224台(套)、球罐8座、消防水罐2座、各类管线40千米、道路3 629.3千米、场坪694万米$^2$，合同造价1.11亿元，工程于5月28日开工。

（汪中华）

【中标苏丹3/7区输油管道工程】 2004年7月25日，中原油田工程建设总公司中标苏丹3/7区输油管道工程。苏丹3/7区输管道工程是PETRODAR作业有限公司(简称PDOC)在苏丹3/7区开发的多个下游项目之一。苏丹3/7区输油管道全长1 314千米，管线起于苏丹Palogue FPF的1号泵站，止于苏丹港，是苏丹国内最长的一条原油外输管道，也是苏丹3/7区原油惟一一条外输管线。工程建设总公司中标承建的是其中从5号泵站到6号泵站的输油管线，全长241.6千米。其主要工程量是铺设管线241.6千米，建设收发球筒各1台、阀室6座、阴极保护站3座，安装大小阀门17套、三桩制作400个，打水源井11口；工程造价6 700万美元，工程于9月8日开工。

（汪中华）

【与伊拉克SCOP公司签订工程设计项目】 2004年7月27日，中原油田勘察设计研究院与伊拉克SCOP公司签订了8座5.80万米$^3$原油储罐工程设计项目，标的1 400万美元。其主要工作量是完成8座5.80万米$^3$外浮顶单盘原油储罐施工图设计和工程设备材料的采办，并按要求将采办货物运输到现场；完成岩土工程、储罐基础设计及施工。截至年底，工程已完成80%。

（汪中华）

【中原油田版画作品首次入选国际藏书票展】 2004年7月14日，中原油田4位版画家应邀出席在奥地利韦尔斯举行的第30届国际藏书票协会联盟大会并参展。2004年是国际藏书票协会组织成立100周年、中国藏书票艺术委员会成立20周年，为此，中国藏书票艺术委员会组织中国藏书票艺术代表团出席韦尔斯大会，入选的155件作品一同参加大会展览，其中包括中原油田版画宿青松、王铁山、王玲玲、徐海燕创作的作品 12 件，这是中原油田版画作品首次入选此项国际大展。

（汪中华）

【河南省首台 16 排螺旋 CT 机落户中原油田】 2004 年 6 月 11 日，河南省首台 16 排螺旋 CT 机落户中原油田总医院。16 排螺旋 CT 机是国内外高档的 CT 机型，中国只有 2 台，河南省仅此 1 台。该 CT 机具有扫描速度快、检查范围广、后处理功能强大、影像诊断符合率高等特点，可进行全身各部位及脏器的三维立体重建、全身各部位的血管成像，其中仿真内窥技术完全可以替代传统的插管内窥检查。同时，该设备还可以通过高级图像处理系统对部分外伤性病变进行手术模拟，以预测手术效果。截至年底，共检查患者 3 112 人。

（汪中华）

表 1　　中原油田主要经济指标　　亿元

| 指标名称 ＼ 年份 | 2004 | 2003 | 2002 | 2001 | 2000 | 1999 |
|---|---|---|---|---|---|---|
| 工业总产值① | 145.08 | 126.98 | 111.97 | 14.14 | 14.41 | 15.03 |
| 中原石油勘探局② | 45.7 | 42.30 | 37.75 | — | — | |
| 中原油田分公司① | 78.17 | 64.21 | 56.22 | 11.14 | 11.50 | |
| 中原油气股份公司① | 21.21 | 20.47 | 18.00 | 3.00 | 2.91 | |
| 工业增加值 | 70.54 | 70.03 | 52.02 | 41.82 | 49.28 | 32.41 |
| 中原石油勘探局 | 19.8 | 25.90 | 11.86 | 1.95 | 1.79 | |
| 中原油田分公司 | 35.30 | 30.42 | 28.15 | 28.55 | 34.57 | |
| 中原油气股份公司 | 15.44 | 13.71 | 12.01 | 11.32 | 12.92 | |
| 资产总计 | 286.04 | 252.20 | 257.55 | 228.34 | 199.68 | 190.31 |
| 中原石油勘探局 | 107.80 | 93.53 | 102.61 | 91.66 | 88.30 | |
| 中原油田分公司 | 126.51 | 115.30 | 114.78 | 99.94 | 79.93 | |
| 中原油气股份公司 | 51.73 | 43.37 | 40.16 | 36.74 | 31.45 | |
| 流动资产 | 69.57 | 73.36 | 92.27 | 73.46 | 83.43 | 56.44 |
| 中原石油勘探局 | 43.35 | 42.79 | 49.96 | 43.72 | 54.35 | |
| 中原油田分公司 | 12.38 | 16.57 | 32.18 | 18.85 | 16.59 | |
| 中原油气股份公司 | 13.84 | 14.00 | 10.13 | 10.89 | 12.49 | |
| 固定资产原值 | 409.12 | 377.47 | 362.45 | 327.19 | 279.78 | 226.43 |
| 中原石油勘探局 | 79.62 | 65.39 | 65.24 | 56.99 | 45.24 | |
| 中原油田分公司 | 254.65 | 244.71 | 238.07 | 218.86 | 193.99 | |
| 中原油气股份公司 | 74.85 | 67.37 | 59.14 | 51.34 | 40.55 | |
| 固定资产净值 | 180.31 | 162.15 | 140.39 | 133.45 | 101.50 | 85.59 |
| 中原石油勘探局 | 47.76 | 39.72 | 40.15 | 34.07 | 25.02 | |
| 中原油田分公司 | 100.45 | 90.33 | 72.29 | 76.07 | 60.93 | |
| 中原油气股份公司 | 32.10 | 32.10 | 27.95 | 23.31 | 15.55 | |
| 销售收入 | 181.05 | 148.42 | 132.19 | 121.98 | 123.40 | 55.31 |
| 中原石油勘探局 | 72.73 | 62.68 | 50.72 | 47.10 | 36.52 | |
| 中原油田分公司 | 87.13 | 65.20 | 63.53 | 57.48 | 67.76 | |
| 中原油气股份公司 | 21.19 | 20.54 | 17.94 | 17.40 | 19.12 | |

续表

| 指标名称＼年份 | 2004 | 2003 | 2002 | 2001 | 2000 | 1999 |
| --- | --- | --- | --- | --- | --- | --- |
| 实现利税 | 12.01 | 12.92 | 6.94 | 10.82 | 26 | 5.16 |
| 中原石油勘探局 | 0.49 | 2.70 | －3.77 | －7.05 | －1.87 | |
| 中原油田分公司 | 2.71 | 2.74 | 3.94 | 10.87 | 18.27 | |
| 中原油气股份公司 | 8.81 | 7.48 | 6.77 | 7.00 | 9.60 | |
| 税　金 | 8.40 | 7.09 | 6.88 | 9.97 | 12.85 | 4.96 |
| 中原石油勘探局 | 4.63 | 3.73 | 3.06 | 2.54 | 1.53 | |
| 中原油田分公司 | 1.32 | 1.09 | 1.73 | 5.52 | 9.70 | |
| 中原油气股份公司 | 2.55 | 2.27 | 2.09 | 1.91 | 1.62 | . |

① 1999—2001 年为 1990 年不变价。

② 按现行价计算，包括机械制造、钻井、录井、测井(钻井、录井、测井由建筑业划为工业)。

表 2　中原油田主要生产建设指标

| 指标名称＼年份 | 2004 | 2003 | 2002 | 2001 | 2000 | 1999 |
| --- | --- | --- | --- | --- | --- | --- |
| 原油产量/万吨 | 335.11 | 361.57 | 380.04 | 380.16 | 377.12 | 375.40 |
| 天然气产量/亿米$^3$ | 17.51 | 17.01 | 16.21 | 15.03 | 13.28 | 12.43 |
| 新增原油生产能力/万吨 | 43.60 | 69.99 | 80.6 | 71.87 | 45.02 | 39.32 |
| 新增天然气生产能力/亿米$^3$ | 1.88 | 3.90 | 3.51 | 1.88 | 2.01 | 0.1 |
| 新增探明石油地质储量/万吨 | 1 344 | 1 732 | 2 116 | 2 618 | 859 | 1 009 |
| 新增探明天然气地质储量/亿米$^3$ | 38.82 | 20.33 | 71.8 | 35.51 | 83.67 | 0.36 |
| 二维地震/千米 | 7 435 | 5 451 | 314 | 180 | 1 322 | 777 |
| 三维地震/(千米)$^2$ | 1 050 | 850 | 310 | 327 | 406 | 297 |
| 石油钻井/口(不含侧钻) | 1 422 | 1 094 | 964 | 808 | 373 | 216 |
| 探井/口 | 106 | 87 | 67 | 54 | 41 | 29 |
| 开发井/口 | 1 316 | 1 007 | 897 | 754 | 332 | 187 |
| 钻井进尺/万米 | 294.08 | 248.16 | 258.38 | 309.08 | 97.75 | 61.11 |
| 勘探投资/亿元 | 5.21 | 5.73 | 6.51 | 6.83 | 5.81 | 3.78 |
| 开发投资/亿元 | 31.22 | 30.37 | 27.64 | 27.90 | 20.70 | 13.11 |

## 河南油田

**【概述】** 河南油田是中国石化集团河南石油勘探局(简称河南石油勘探局)和中国石化股份有限公司河南油田分公司(简称河南油田分公司)的统称，是以油气生产为主，集油气勘探和开发、炼油化工、施工作业、辅助生产和多种经营、社会服务于一体的、专业门类齐全的国有大一类企业。河南油田地跨河南省南阳、驻马店、平顶山和新疆巴音郭楞蒙古族自治州4个地(市)，分布在新野、唐河、桐柏、卧龙、宛城、镇平、泌阳、叶县和新疆博湖、焉耆等10个县(区)境内，占地面积33.94(千米)$^2$ 其中西部公司1.39(千米)$^2$。截至2004年底，共探明15个油气田，其中西部2个，含油面积169.4(千米)$^2$，地质储量2.69亿吨、天然气储量161.01亿米$^3$，累计生产原油5 805.2万吨，建成62万吨/年的原油加工能力。

截至2004年底，河南油田机关设26个职能处室；河南油田分公司下设11个二级单位，有职工11 358人；河南石油勘探局下设20个二级单位，有职工16 742人。油区总人口8.79万人。河南油田有各类专业技术人员7 552名，其中具有教授级高级专业技术职称的49名，高级专业技术职称的1 314名，中级专业技术职称的3 319名，初级专业技术职称的

2 870名。21 人享受政府特贴；6 人为石化集团公司有突出贡献的科技和管理专家，8 人为石化集团公司优秀青年知识分子。石化集团公司学术技术带头人有 2 人，现场勘探开发、生产装置专家有 32 人。

2004 年河南油田拥有固定资产原值 111.27 亿元(其中河南油田分公司 91.49 亿元)，净值 54.16 亿元(其中河南油田分公司 40.53 亿元)。全年主营业务收入 63.64 亿元其中河南油田分公司收入 40.17 亿元)，实现利税 10.65 亿元(其中分公司实现利税 11.23 亿元)，首次突破 10 亿元。

河南油田主要经济指标和主要生产建设指标见表 1、表 2。

2004 年，河南油田增储稳产，开拓市场，改制分流，科技创新，全面实现了各项工作目标，油田经济持续协调发展。

油气勘探和地质认识取得突破。泌阳凹陷北部斜坡带二次整体评价勘探获得较大发现，2004 年新增探明石油地质储量 1 280 万吨、控制储量 1 112 万吨、预测储量 1 137 万吨。塔里木盆地河南区块联合攻关研究认为环满加尔坳陷生油区成藏条件优越，落实了圈闭，圈闭面积 1 242(千米)$^2$，圈闭资源量约 3 亿吨。

原油实现稳定生产。2004 年生产原油 188.31 万吨，新建产能 44.8 万吨/年。油田自然递减控制在 17.19%，综合递减控制在 5.84%，采收率达 44%，开发指标继续保持较好水平。

石油化工实现石蜡化工转型，实施特色发展战略。炼油深加工与燃料型产品销售收入达到 5.3∶4.7，标志着原油加工由燃料型转向精细石蜡化工型。新产品开发取得进展，系列相变蓄能材料专用蜡产品填补了国内空白，已成为国内石蜡品种最齐全的生产厂家之一。炼油化工产品年销售收入突破 15 亿元。

进军国际油气资源市场，开拓国内石油工程市场。加强国际合作，已注册河南石油尼日利亚有限公司，获得在尼境内承担区块勘探开发及石油工程技术服务的主体资格。2004 年 5 月签订尼日利亚 STUBBCREEK 油田委托管理协议，10 月拿到了 OML64&66 区块的操作权。同时河南油田各专业化公司加强国内市场开拓，新增外部市场 21 个，总数达到 80 个，同比增加 10 个；扣除改制分流单位后同口径计算，外创市场收入 6.16 亿元，同比增创 1.77 亿元，增幅达 40%。

开展“科技创新年”活动，科技创新实现新跨越。2004 年确定 105 项重点科研项目，同比压缩 40%。80%的科研经费用于勘探开发项目，着力解决制约增储上产的技术难题。全年完成科技项目 115 项，实现科技增油 10.3 万吨，科技增效 1.52 亿元，新产品产值达到 2 亿元以上，11 项科技成果通过石化集团公司验收鉴定，6 项科技成果获石化集团公司科技进步奖，其中二等奖 1 项，三等奖 5 项。3 000 米车装钻机获国家科技进步二等奖。

改制分流取得重大突破。完成 11 家企业的改制分流任务，共分流人员 4 068 人，其中全民工 1 674 人，集体工 2 394 人。用于改制分流账面净资产 1.34 亿元。特别是南阳石油机械厂成功改制，标志着河南油田改制分流取得重大突破，改制后河南石油机械厂全年供货订单突破 5 亿元，实现盈利 804 万元，同比增盈 30%。

实施再就业工程，关注弱势群体，创建和谐油区。2004 年河南油田领导关心、关注弱势群体的实际困难，安排社区公益性岗位 1 051 个；钻井、油建、地调等单位清退社会用工，先后安排协解人员及子女临时性生产岗位 3 100 多人；培训下岗失业人员 1 288 人，建立送温暖基金和困难家庭档案，为 927 户(次)特困家庭发放生活补助费 22.6 万元，为 116 名困难家庭子女发放助学金 16 万元，发放下岗职工基本生活费 875.4 万元，发放低保金 52 万元。

(陈洪远)

**【稠油生产实现跨越式发展】** 2004 年河南油田落实“老井稳产，新井建产，措施增产”的稠油上产思路，推行油藏管理、井组动态管理、单井目标管理的三位一体管理模式，稠油生产实现了跨越式发展。2004 年稠油产量由 2003 年的 27.8 万吨上升到 41.69 万吨，稠油日产量由上年的 800 吨上升到 1 350 吨。

(杜朝阳)

**【稠油新区产能建设】** 2004 年是稠油新区规模开发的第一年，稠油新区产能建设项目部围绕原油产量中心任务，抓住质量、工期、投资项目建设三要素，全面完成了稠油新区产能建设任务。稠油新区建成 BQ57 、YQ3 和 BQ67 3 座集油注汽站，16 座计量站，建成新庄杨楼至稠联 38 千米输油管道，完成稠油联合站、1# 集油站和王集转油站的改扩建、零区注汽站的扩建工程，完成新庄基层队点建设工程，建成王集开关站及配套 35 千伏线路 59 千米等工程项目，配套完成了新庄、杨楼注汽锅炉和生产系统管网，建成新井 256 口、产能 30.8 万吨，为稠油新区后续开发打下了坚实基础。

(赵　琳)

**【3 000 米车装钻机获国家科技进步二等奖】** 2004 年 2 月 20 日，中共中央、国务院在北京隆重举行国家

科学奖励大会。会上，南阳石油机械厂研制生产的3 000米车装钻机获国家科技进步二等奖。该项目第一完成人、副厂长郭谊民参加了奖励大会。3 000米车装钻机是一种自走式钻机。该钻机于2001年通过石化集团公司科技成果鉴定。2002年，该产品被确定为国家级重点新产品项目，还曾获石化集团公司科技进步一等奖、中国机械工业科技一等奖的殊荣。2003年，该产品被中国质量协会评为“全国用户满意产品”。截至2004年，已销售近50台，实现产值2亿多元，成为工厂的一个经济增长点。

（陈洪远）

**【专业化重组和改制分流】** 2004年，河南油田加快专业化重组和改制分流进度。一是将水电厂、钻井、测井、机厂、录井、油建等单位的有关车辆及人员划入运输处统一管理，基本实现了运输系统专业化管理；二是将钻井汽车轮毂厂、双河社区汽车转向节厂和采油一厂油管厂等项目及人员划入石油机械厂统一管理；三是将双河医院、涧河医院、炼油厂卫生所的资产及人员划入总医院统一管理，实现了医疗系统专业化重组；四是将油田井下作业、准备、特车、油管厂、油杆厂、“杆、管、泵”及井下工具修理与维护、特车维修等相关配套队伍实行整体分离，组建了井下作业公司，编制了机构方案，实施了人员交接；五是为方便管理，推进专业化持续重组，将技术监测中心由河南石油勘探局调整到河南石油分公司，同时将资产属于上市的、而人员行政隶属关系在存续的安全环保监察处、节能环保监测中心也分别从河南石油勘探局机关、勘察设计研究院调整到技术监测中心；六是成立了河南明珠大酒店和河南油田宾馆，为驻外办事机构、宾馆服务行业的改制分流或租赁经营培育条件。七是完成了南阳石油机械厂和三元商厦、亚南公司、迪士比公司、电子元件厂、腾远公司、新技术公司、三利公司、三元汽修厂、惠通汽修厂、宏达汽修厂、四维公司等11家多种经营企业的改制分流工作，全年参加改制人员共计2 560人，其中全民所有制职工977人，集体所有制职工1 583人，并分别于5月底和11月底完成了704名全民所有制职工和827名集体所有制职工的协议解除劳动合同工作，按规定及时支付了补偿补助金；八是完成了机械制造厂、总医院、运输处、监理中心、报社印刷厂等单位改制方案上报工作。

（赵　琳）

**【油建公司开拓外部市场成效显著】** 2004年，油建公司在确保完成河南油田产能建设为中心的各项施工生产任务的前提下，积极开拓社会市场，实现了4个较大的突破。一是工作量增长有较大突破，外部市场合同工作量达到5亿元，比上年翻了一番；二是市场领域有了较大突破，新疆项目部在确保宝浪油田开发建设的同时，已经在塔里木石油勘探指挥部和西北石油局占有一定份额，长庆油田项目部在站稳长庆油田及周边市场的同时，又相继开辟了第二、第三块市场；管道市场继淄青、天燕、甬沪宁项目后，2004年又中标承揽了鲁皖、沿江、中原、孝感、绵阳、珠三角等七大管道工程，油建公司的市场覆盖面已形成东西南北中五面出击，重点突破，整体推进的崭新格局；三是六大核心专业有了较大突破，其中管道专业、路桥专业和压力容器制造专业的核心技术、核心装备已经具有比较明显的优势，仅管道专业，2004年凭借其优良的技术和装备，累计完成产值1.6亿元；四是外部市场的综合经济效益有了较大突破，所有外部项目全部实现盈利。

（韩　伟）

**【古城油矿女子站被全总授予女职工建功立业标兵岗】** 河南油田第二采油厂古城油矿8号女子计量站，共有5名女职工，管理着18口油水井。她们紧紧围绕原油生产这一中心，立足于本职岗位，积极开展“巾帼建功示范岗”创建活动。2004年，该站获得河南省五一巾帼奖、河南省五一劳动奖状；被全国总工会授予女职工建功立业标兵岗，成为河南油田对外展示基础管理工作和女性风采的一个窗口。

（韩　伟）

表1　河南油田主要经济指标

亿元

| 指标名称＼年份 | 2004 | 2003 | 2002 | 2001 | 2000 | 1999 |
|---|---|---|---|---|---|---|
| 工业总产值① | 61.33 | 55.24 | 20.52 | 11.31 | 10.38 | 9.25 |
| 河南石油勘探局 | 9.23 | 13.41 | 11.85 | 2.87 | 2.06 | |
| 河南油田分公司 | 52.1 | 41.83 | 8.67 | 8.44 | 8.32 | |

续表

| 年份<br>指标名称 | 2004 | 2003 | 2002 | 2001 | 2000 | 1999 |
|---|---|---|---|---|---|---|
| 工业增加值 | 31.28 | 27.34 | 21.80 | 21.13 | 21.10 | 14.87 |
| 河南石油勘探局 | 3.99 | 4.23 | 4.04 | 1.48 | 0.71 | |
| 河南油田分公司 | 27.79 | 23.11 | 17.76 | 19.65 | 20.39 | |
| 资产总计 | 87.51 | 80.82 | 90.66 | 89.39 | 84.69 | 63.76 |
| 河南石油勘探局 | 35.16 | 31.06 | 41.42 | 39.37 | 39.99 | |
| 河南油田分公司 | 52.35 | 49.76 | 49.24 | 50.02 | 44.70 | |
| 流动资产 | 26.00 | 22.04 | 29.78 | 31.93 | 36.67 | 23.46 |
| 河南石油勘探局 | 18.52 | 17.42 | 23.57 | 23.51 | 25.64 | |
| 河南油田分公司 | 7.48 | 4.61 | 6.21 | 8.42 | 11.03 | |
| 固定资产原值 | 111.27 | 110.92 | 111.99 | 97.17 | 86.21 | 56.33 |
| 河南石油勘探局 | 19.78 | 15.58 | 22.89 | 20.49 | 18.75 | |
| 河南油田分公司 | 91.49 | 95.34 | 89.10 | 76.68 | 67.46 | |
| 固定资产净值 | 54.16 | 52.77 | 54.06 | 46.09 | 40.45 | 28.62 |
| 河南石油勘探局 | 13.63 | 11.10 | 14.51 | 13.07 | 11.88 | |
| 河南油田分公司 | 40.53 | 41.67 | 39.55 | 33.02 | 28.57 | |
| 销售收入 | 63.64 | 57.34 | 48.15 | 47.44 | 45.42 | 24.62 |
| 河南石油勘探局 | 23.47 | 24.03 | 20.29 | 18.96 | 13.31 | |
| 河南油田分公司 | 40.17 | 33.31 | 27.86 | 28.48 | 32.11 | |
| 实现利税 | 1 065 | 8.85 | 5.84 | 8.38 | 10.28 | 3.03 |
| 河南石油勘探局 | −0.58 | 1.37 | 1.49 | −1.22 | −0.80 | |
| 河南油田分公司 | 11.23 | 7.48 | 4.35 | 9.60 | 11.08 | |
| 税　金 | 7.72 | 6.36 | 4.73 | 7.00 | 6.91 | 2.97 |
| 河南石油勘探局 | 1.31 | 1.37 | 1.49 | 1.10 | 0.53 | |
| 河南油田分公司 | 6.41 | 4.99 | 3.24 | 5.90 | 6.38 | |

① 1999—2002 年按 1990 年不变价计算。

**表 2　　河南油田主要生产建设指标**

| 年份<br>指标名称 | 2004 | 2003 | 2002 | 2001 | 2000 | 1999 |
|---|---|---|---|---|---|---|
| 原油产量/万吨 | 188.31 | 186.00 | 188.02 | 186 | 185.06 | 183.03 |
| 天然气产量/亿米$^3$ | 1.02 | 1.00 | 1.10 | 0.90 | 0.90 | — |
| 新增原油生产能力/万吨 | 44.8 | 34.73 | 37.0 | 22.20 | 26.7 | 11.5 |
| 新增天然气生产能力/亿米$^3$ | 0.20 | — | 0.48 | 0.06 | — | — |
| 新增探明石油地质储量/万吨 | 1 280 | 1 100 | 1 243 | 1 230 | 1 142 | 675.47 |
| 新增探明天然气地质储量/亿米$^3$ | — | — | 0 | 10.68 | 2.07 | — |
| 二维地震/千米 | 542.36 | 914.13 | 353 | 1 364 | 1 586 | 3 280 |
| 三维地震/(千米)$^2$ | 195.72 | 290.09 | 180 | 172.81 | 224.29 | 50.23 |

续表

| 指标名称＼年份 | 2004 | 2003 | 2002 | 2001 | 2000 | 1999 |
|---|---|---|---|---|---|---|
| 石油钻井/口 | 368 | 322 | 251 | 206 | 123 | 110 |
| 探井/口 | 89 | 67 | 35 | 22 | 22 | 17 |
| 采油井/口 | 307 | 208 | 151 | 139 | 70 | 63 |
| 注水井/口 | 27 | 45 | 36 | 23 | 19 | 27 |
| 资料井/口 | 2 | 2 | 29 | 7 | 12 | 3 |
| 钻井进尺/万米 | 33.96 | 38.82 | 38.92 | 43.97 | 18.76 | 19.61 |
| 勘探投资/亿元 | 3.12 | 3.22 | 2.35 | 3.51 | 2.78 | 2.67 |
| 开发投资/亿元 | 8.59 | 8.45 | 8.82 | 8.85 | 4.15 | 3.31 |

## 江汉油田

**【概述】** 江汉油田是中国石化集团江汉石油管理局(简称江汉石油管理局)和中国石化股份公司江汉油田分公司(简称江汉油田分公司)的统称，主要从事油气勘探开发、机械制造、天然气和盐卤化工、多种经营。江汉油田地处江汉平原腹地，总面积46.51(千米)$^2$，油气生产区主要分布在湖北省潜江、荆门、荆州、天门、仙桃、利川等市和山东省寿光市、广饶县及陕西省安塞县。截至2004年底，江汉油田有员工35 698人，各类专业技术人员11 869人，其中高级技术职称1 500人，中级技术职称4 721人；资产总额111.28亿元，其中固定资产净值34.22亿元。

2004年江汉油田完成二维地震663.74千米、三维地震388.9(千米)$^2$；完钻探井43口，有14口井获得工业油气流，探井成功率为32.5%。完成探明石油地质储量1 114万吨、控制储量790万吨、预测储量1 707万吨，新增探明石油地质储量连续6年超过1 000万吨。全年共生产原油165.02万吨，完成全年计划任务。完成措施作业363井次，增油10.52万吨，措施有效率达82%；油田综合递减率和自然递减率分别为8.27%、14.69%，同比分别下降2.39、2.44个百分点；年产液量、注水量、综合含水、采油速度等指标相对稳定，油田开发保持了较高水平。全年生产天然气1.11亿米$^3$、同比增长11%；外销0.65亿立方米、同比增长6.29%，其中民用气销量达0.41亿米$^3$、同比增长近1倍；积极开展“推价”工作，气价平均上涨0.15元/米$^3$，增收999万元。

2004年江汉油田盐化工完成总产值2.6亿元，同比增长30.67%；实现销售收入2.59万元，同比增长27.8%；扣除报废资产损失后亏损2 814万元，控制在限亏范围以内。

2004年，江汉油田各机械厂完成工业总产值15.16亿元、同比增长25%，实现销售收入14.30亿元、同比增长34%，实现利润8 707万元，实现产品出口及劳务收入2.37亿元、同比增长70%。

2004年江汉油田工程技术服务市场竞争力明显增强。全行业实现施工产值15.01亿元，其中对外揽活产值6.82亿元；实现劳务收入11.84亿元；实现考核利润3 546万元。均创历史最好水平。

2004年，江汉油田加大油田内部市场支持力度，帮助改制企业强化内部管理，规范运作，多种经营状况普遍好转。全年完成生产经营总值4.55亿元、销售收入3.9亿元、企业增加值7 800万元，均超额完成年度计划。

2004年江汉油田对外工程技术服务、产品出口和科技合作取得新的业绩。全年实现产品出口及国外劳务收入5 556万美元、同比增长55%。

2004年江汉油田共开展局级以上科研项目157项，取得科研成果88项，其中22项通过石化集团公司鉴定，10项达到国际先进水平，12项达到国内领先水平。油气勘探开发围绕勘探突破、增储上产，重点开展23个项目的攻关，当年实现增油21万吨。工程技术方面着重开展了8个项目的攻关，推广了多目标定向井技术、CS－A全自动校深数控射孔仪等8项新技术。机械制造坚持高点起步，自主研发出3 000米变频拖挂钻机、ZJ40LDB钻机、超大型RDS系列压缩机组等一批具有国际先进水平的大型成套设备，以及新型钻头、单螺杆压缩机、CNG压缩机等20多项新产品。同时，加大知识产权保护力度，新增国家专利27项。

2004年江汉油田平稳推进企业改革，相继推行了改制分流、移交社会化职能、井下作业系统重组分离和社区管理改革等4项工作。进一步加大改制力度，完成了仪表厂整体改制、商业公司全面改制和14家基层单位、多种经营实体的改制工作。圆满完成中小学教育系统、公安系统的整体移交工作。井下作业系统重组工作也顺利完成。此外，按照自愿原则与420名全民职工、708名集体混岗工协议解除了劳动合同。

2004年江汉油田企业管理水平进一步提高。切实加强成本控制，千方百计消化原材料涨价等不利因素，有效控制了油气生产成本。油气单位完全成本为1 397.38元/吨，按考核口径计算，控制在江汉石油管理局"六项费用"指标以内。江汉油田完成总投资15.2亿元，组织开展账销案存资产处置工作，对外处置已核销固定资产1 437台(套)，收益886万元。24个单位通过ISO 9000质量体系认证或复审，11项产品获湖北省名牌产品称号。开展内控工作，修订完善各类管理制度108项。

2004年江汉油田新建经济适用住房1 500套，17.2万米$^2$。广辟就业渠道，开展失业人员培训，3 200多人次；安置失业人员2 684人。江汉石油管理局被国务院授予全国再就业先进企业称号。切实关心弱势群体，走访慰问困难职工家庭2 091户，残疾人171人，发放慰问金280万元，发放失业保险金1 100万元。

2004年，江汉油田主要技术经济指标比上年有了较大幅度增长。全年实现企业总产值70.96亿元，同比增长12.09%，其中江汉油田分公司37.24亿元，同比增长18.95%；江汉石油管理局29.8亿元，同比增长9.82%，集体经济3.92亿元；完成企业增加值39.57亿元，同比增长31.55%，其中江汉油田分公司27.7亿元，同比增长37.01%；江汉石油管理局11.02亿元，同比增长24.7%。企业总产值、企业增加值、主营业务收入、对外揽活产值、全员劳动生产率和产品出口等3项主要技术经济指标创历史最高纪录。江汉油田被推荐为湖北省最佳文明单位。

江汉油田主要经济指标和主要生产建设指标见表1、表2。

(罗秋林　赵云涛)

**【江汉油田第一口油井——钟11井纪念碑落成揭幕】** 2004年3月30日，江汉油田为落成的第一口油井——钟11井纪念碑揭幕，并将此作为油田职工继承石油工人光荣传统的教育基地。1965年6月15日，由原石油部江汉石油勘探处3204钻井队在钟市构造上承钻的11井(原潜深1井)开钻，同年9月25日钻至井深1 963.27米完钻，经测试获自喷原油6.7吨/日，从而揭开了江汉石油勘探的新篇章。

(余觉新)

**【二连探区油气勘探正式启动】** 2004年7月29日，在中国石化东部新区油气勘探部署论证会上，江汉油田二连区块前期资源潜力评价及2004年勘探部署方案获得通过，并落实了赛汉塔拉凹陷二维地震勘探450千米和准宝力格区重磁力勘探4 200(千米)$^2$的工作量，从而正式启动了二连探区的油气勘探工作。二连探区位于内蒙古自治区二连盆地，有9个沉积凹陷，其中赛汉塔拉和额仁淖尔经勘探证实为富烃凹陷。江汉油田于2004年初获得二连区块近1.2万(千米)$^2$的探矿权。

(余觉新)

**【仪表厂改制成立有限责任公司】** 2004年9月20日，由江汉石油管理局仪表厂改制的湖北江汉石油仪器仪表有限责任公司挂牌成立。改制前的仪表厂是一家研制生产石油仪器仪表的企业，其产品涵盖了石油钻采多个领域。近年来，工厂加大技术引进和吸收力度，技术实力不断增强，并通过了ISO 9001质量体系认证。改制为有限责任公司后，公司资产为3 370万元，员工310人。

(罗秋林)

**【阿尔及利亚项目启动】** 2004年9月15日，江汉石油管理局与国际石油勘探公司签署阿尔及利亚418－419－438a区块项目内部委托管理协议，标志江汉油田承担的第一个海外勘探开发项目正式启动。阿尔及利亚418－419－438a区块是国际石油勘探公司中标的两个油气勘探区块之一，面积1万(千米)$^2$，具有良好的勘探潜力。

(罗秋林)

**【承担苏丹国原油管道建设工程】** 2004年6月18日，由国际石油工程公司和马来西亚(MMC)公司、TOCO公司组成联合体，中标苏丹管线MULT3/T区块原油管道外输工程BI标段。江汉油田作为中国石化两家参建队伍之一，承担了237千米管线施工、6个阀室安装和阿流阿特河流等主要河流的水平定向穿越项目。

该管线工程总长超过1 300千米，分别由中国、俄罗斯和印度等国的油建施工队伍承建。江汉油田承担的工程项目于8月开工，预计2005年4月主体完工。

(罗秋林)

【成功钻探国内首口盐卤水平连通井】 2004年8月3日，江汉油田钻井处承钻的黄盐平1井在井深2 358米处与邻井正东12－13井连通。这是中国管口直接连通的水平井。

黄盐平1井与王东12－13井地面相距500米。为了提高盐卤井采效率，技术人员通过研究，决定将黄平一井在井深1 760米处造斜，实现与王东12－13井的连通，这种工艺在国内盐卤井中还属第一次。采用水平井钻进对接，技术精度要求高，施工人员仅用一趟钻、一只钻头就完成水平段穿越，准确命中设计靶点。

（罗秋林）

【与澳大利亚Aquenox环保公司签订合资协议】 2004年8月28日，江汉石油管理局与Cardia公司和Aquenox环保公司签订关于合资组建水处理设备制造公司的框架协议。Cardia公司是澳大利亚一家在证券交易所挂牌上市的公司，主要从事医药、矿产、环保等领域的生产经营。Aquenox环保公司是Cardia公司的全资子公司，主要从事环保设备的制造。协议签订后，有关合作事项正加紧进行。

（罗秋林）

【获全国再就业先进企业称号】 2004年9月3日，在北京召开的全国再就业企业工作会议上，江汉油田被国务院授予全国再就业先进企业称号。自2001年以来，江汉油田下岗、分流和解除劳动关系人员2万多人，占企业员工总数的三分之一。为做好再就业工作，江汉油田积极实施再就业计划，到2004年底，通过扶持办企业、农庄，开展劳务输出等形式，安排就业1.3万多人，就业率达到60%以上。

（石李安）

【周永康到油田视察】 2004年2月19日上午，中共中央政治局委员、中央书记处书记，国务委员兼公安部部长周永康在国务院副秘书长李适时，湖北省委常委、省委副书记黄远志的陪同下，来江汉油田视察，考察了盐化工总厂采油七队联合站。

（罗秋林）

【《江汉油田年鉴》(2004年卷)获中国年鉴奖】 2004年12月1日，由国家出版总署批准、中国出版协会主办的全国第三届年鉴质量评比和首届中国年鉴奖评奖工作揭晓：《江汉油田年鉴》获全国第三届年鉴质量评比一等奖，并获中国年鉴类最高奖——中国年鉴奖。中国年鉴奖每5年颁发一次，由中国出版工作者协会颁发。此次获奖年鉴是在全国1 000多种年鉴中初选、复选后评选出来的，获奖率约为15%。此外《江汉油田年鉴》还被收入中国知识资源总库，被中国年鉴网确定为中国年鉴全文数据库核心年鉴。

（罗秋林）

【数子电视正式开通】 2004年12月10日，江汉油田有线数字电视开通。自9月6日湖北省(楚天)广播电视信自网络有限责任公司江汉油田分公司挂牌成立后，江汉油田加快油田电视网络数字化的发展步伐，开通了37套(包括足球、少儿、车赛、围棋、收藏、服装等专业频道)数字节目。数字电视的开通将大大丰富油田职工家属的业余文化生活，不断满足群众在视听方面个性化、多样化、专业化的需求。

（余觉新）

【对外网站英文版建成上网】 2004年8月28日，江汉油田对外网站(http//www.jhpa.com.cn)英文版正式建成上网。该英文版设企业概况、勘探开发等6个一级栏目，32个二级栏目，网页总数200多个，其中产品和工程技术服务占网页总数的70%左右。

（余觉新）

【魏明阳被授予湖北十大杰出青年称号】 2004年4月23日，经湖北省第七届十大杰出青年评委会评选，江汉油田地球物理勘探处207地震队队长魏明阳被授予湖北十大杰出青年称号。近几年来，魏明阳率207地震队对外承担地震勘探施工，足迹遍布四川、新疆、内蒙等十省(区)，并以一流施工业绩连续2次获得石化集团公司西部优秀基层队称号，共完成6个对外施工项目，创产值2亿元，利润6 000多万元。

（余觉新）

表1 江汉油田主要经济指标 亿元

| 指标名称＼年份 | 2004② | 2003 | 2002 | 2001 | 2000 | 1999 |
|---|---|---|---|---|---|---|
| 工业总产值① | 60.25 | 47.57 | 41.12 | 39.93 | 40.15 | 27.27 |
| 工业增加值 | 30.39 | 25.66 | 21.82 | 21.57 | 19.03 | 14.79 |

续表

| 年份<br>指标名称 | 2004② | 2003 | 2002 | 2001 | 2000 | 1999 |
|---|---|---|---|---|---|---|
| 资产总计 | 111.28 | 103.63 | 117.45 | 110.44 | 95.62 | 71.67 |
| 流动资产 | 43.43 | 37.77 | 49.50 | 47.46 | 41.05 | 29.67 |
| 固定资产原值 | 54.67 | 130.94 | — | 117.19 | 96.24 | 65.52 |
| 固定资产净值 | 34.22 | 62.61 | 63.80 | 56.37 | 45.85 | 34.17 |
| 销售收入 | 71.42 | 58.74 | 48.35 | 25.98 | 41.55 | 25.06 |
| 实现利税 | 10.28 | 5.66 | 2.58 | 3.63 | 6.91 | 1.37 |
| 税　金 | 6.69 | 3.13 | 2.31 | 4.05 | 5.09 | 1.31 |

① 1999—2003 年按 1990 年不变价计算。
② 含江钻股份公司。

**表 2**　江汉油田主要生产建设指标

| 年份<br>指标名称 | 2004 | 2003 | 2002 | 2001 | 2000 | 1999 |
|---|---|---|---|---|---|---|
| 原油产量/万吨 | 165.02 | 165.13 | 168.04 | 163.2 | 155.52 | 156.14 |
| 天然气产量/亿米$^3$ | 1.11 | 1.0 | 1.01 | 0.75 | 0.91 | 0.92 |
| 新增原油生产能力/万吨 | 28.64 | 29.75 | 33.2 | 32.9 | 27.4 | 25 |
| 新增天然气生产能力/亿米$^3$ | 0.07 | 0.30 | 0.33 | 0.5 | — | — |
| 新增探明石油地质储量/万吨 | 1 114 | 1 390 | 1 217 | 1 280 | 1 139 | 1 269 |
| 新增探明天然气地质储量/亿米$^3$ | 2.6 | — | 48.12 | — | — | — |
| 二维地震/千米 | 663.74 | 529.63 | 1 204 | 1 015 | 979.33 | 1 100 |
| 三维地震/(千米)$^2$ | 388.93 | 420.73 | 284 | 298 | 313.20 | 179 |
| 石油钻井/口 | 223 | 185 | 194 | 333 | 363 | 224 |
| 探井/口 | 43 | 32 | 45 | 38 | 27 | 26 |
| 开发井/口 | 180 | 153 | 149 | 295 | 336 | 198 |
| 注水井/口 | 8 | 19 | 6 | 24 | 56 | 29 |
| 钻井进尺/万米 | 9.61 | 39.41 | 39.86 | 57.97 | 65.88 | 43.98 |
| 勘探投资/亿元 | 3.02 | 3.11 | 3.92 | 3.10 | 2.5 | 1.93 |
| 开发投资/亿元 | 7.61 | 7.23 | 8.92 | 9.99 | 8.69 | 7.60 |

① 石油钻井不含注水井。

## 江苏油田

**【概述】**　江苏油田是中国石化集团江苏石油勘探局(简称江苏石油勘探局)和中国石化股份有限公司江苏油田分公司(简称江苏油田分公司)的统称，组建于1975年4月23日。江苏油田主要从事油气勘探开发，工商核准的经营范围是：石油、天然气的勘探、开发、销售；石油化工、化纤及其他化工产品的生产、销售、储运；石油、天然气管道运输；盐化工采输卤；技术及信息的研究、开发、应用。其对外经济技术合作经营权范围为：承包境外石油天然气行业工程及境内国际招标工程；上述境外工程所需设备、材料的出口；对外派遣实施上述工程所需的劳务人员。

2001年2月，江苏石油勘探局和江苏油田分公司分设分立。2004年，江苏油田拥有勘查区块35个，采矿权项目28个，区块总面积9.37万(千米)$^2$。油田总部位于江苏省扬州市经济开发区。油田共有9个生活基地，13个住宅小区。

江苏油田实行勘探局、分公司—二级厂处—基层队站三级管理体制。2004年底，江苏油田共设厂(处)二级单位30个，机关处室30个，职工总数19 229人，其中高级及以上技术职务830人，中级职务2 547人。

2004年，江苏油田固定资产原值94.24亿元，净值48.55亿元。全油田共有主要设备5 494台(套)，设备资产原值17.30亿元，新度系数0.49。

2004年，江苏油田圆满完成了全年各项目标任务。油田整体呈现出全面、协调、可持续发展的良好态势。

综合经济效益持续增长。2004年江苏油田分公司实现销售收入34.06亿元，税前利润10.54亿元；江苏石油勘探局实现生产总值25.36亿元，亏损额度控制在石化集团公司下达的1.06亿元指标以内。全年销售原油153.9万吨，原油商品率95%，油款回笼率100.06%。全油田完成总投资规模15.27亿元，其中江苏油田分公司11.24亿元，江苏石油勘探局4.03亿元。

两个精神文明建设协调发展。2004年江苏油田党建和思想政治工作有效地发挥了凝心聚力、鼓劲加油的重要作用，保证了油田在改革、发展和稳定的关键时期队伍稳定、产量递增、效益攀升。油田继续保持和创新了全国思想政治工作优秀企业、江苏省文明单位、先进基层党组织、企业廉政工作先进单位、全国守合同重信用企业、全国模范职工之家等光荣称号。

江苏油田主要经济指标和主要生产指标见表1、表2。

（唐富华）

**【年增探明石油地质储量1 129万吨】** 2004年，江苏油田勘探战线紧紧围绕勘探发现和增加储量的核心任务，组织打好东部老区增储上产战役、西部新区战略展开战役，同时深化苏皖外围盆地的研究，积极开展北部湾、二连等盆地江苏探区早期评价工作，勘探工作取得了丰硕成果。全年完成勘探投资3.75亿元，完成二维地震测线1 311.86千米、三维满覆盖面积410.22(千米)$^2$，完成二维地震处理剖面5 113.48千米、三维地震处理资料满覆盖面积2 314.78(千米)$^2$。全年探井开钻32口，完钻31口，完井31口，完成探井进尺7.91万米。全年探井投试21口，试完交井20口39层，试油新获工业油流井14口。全年通过对地震资料的处理、解释和评价，新发现局部圈闭49个，面积143.3(千米)$^2$；全年钻探新圈闭20个，完钻圈闭19个，见工业油流圈闭10个。苏北盆地全年新增探明含油面积7.2(千米)$^2$，新增探明石油地质储量1 129万吨，完成年计划任务的113%。这是江苏油田连续9年年新增探明石油地质储量在1 000万吨以上。截至2004年底，苏北盆地江苏油田探区内已先后发现35个油气田，累计探明储量2.11亿吨油当量(其中石油2.08亿吨，天然气29.78亿米$^3$)，累计剩余控制储量3 080万吨(全部石油)，累计剩余预测储量4 082万吨油当量。

（唐富华）

**【年产原油162万吨】** 2004年，江苏油田通过在12个区块实施滚动勘探开发，增加可采储量；加强新区产能建设；加强老油田综合治理及技术改造等工作，油气生产主业取得了良好业绩，连续第12年实现了原油产量的持续性增长，全面完成了全年油田开发生产建设任务。全年共投入开发油田32个。年末，油井开井1 033口，油井利用率97.7%；注水井开井271口，注水井利用率89.14%。原油产量完成162万吨，注水量完成386.14万米$^3$；新建产能25.6万吨/年，核减生产能力22.4万吨/年，年底核定原油生产能力162.2万吨/年，比上年增加3.2万吨/年。累计生产原油2 445.25万吨。

（唐富华）

**【石油工程板块发展势头强劲】** 2004年，江苏石油勘探局，重点对钻机、地震仪、测录井仪、管道穿起机等设备进行了较大幅度的更新改造，为做精做强石油工程板块增添了手段，创造了条件。石油工程板块内外部市场进一步扩大，业务收入和效益均创历史新高。全年完成二维地震2 926千米，三维地震满覆盖面积434(千米)$^2$，采集合格率达到99.98%，现场处理剖面合格率达到了100%。全年钻井249口，总进尺51.61万米，实现历史性突破。测录井生产的主要实物工作量较上年都有较大幅度的增长，全年共完成各种测录井498口、457井次，射孔386井次，取心152井次，共实现劳务收入9 593万元。井下作业生产，全年完成维护性作业809井次，措施性作业457井次，大修井54井次，投产(注)145井次，试油208层。勘察设计生产全年累计完成项目198项，施工图预算投资3.79亿元，编制概念设计和方案40多项，设计油水井180口、接转站等43座、输卤输油输气注水各类管线232千米、各类改扩建站17座建筑面积 12 万米$^2$；承揽监理工程 48 项，年内已竣工项目 38 项。油田地面建设全年施工各类工程 468 项，施工总产值 2.25 亿元，同时实现了施工总值和对外创收两个历史性的重大突破。江苏石油勘探局石油工程板块全年累计实现内外部收入 12.9 亿元，业务收入较上年增加 3 亿多元，呈现出收入持续增长、效益逐年攀升的可喜局面。

（唐富华）

**【采输卤工程项目建设】** 2004 年 4 月，江苏石油勘探局淮安采输卤工程总体统筹计划获得石化集团公司批准后，工程进入全面施工阶段。工程建设规模为：钻井 14 口(7 口水平井、7 口直井)；敷设 1 条途经 2 市 6 县，穿越河流 18 处、公路 14 处，总长度达 173.8 千米输卤管线；建设 1 座输卤首站和末站。工程投产后采输卤能力为 365 万吨/年(最大 400 万吨/年)，折合盐 100 万吨/年以上，全部管输至南京化工公司连云港碱厂。承担施工任务的是江苏石油勘探局钻井处、油建处，河南新乡九州防腐工程有限公司、江汉石油管理局油田建设公司，承担监理业务的是江苏石油勘探局工程建设监理部等单位。2004 年年底，采输卤工程全部完成，达到了预验收或试压条件。12 月，石化集团公司对工程进行工艺设备、电气、土建、无损检测和线路(资料)等 6 个方面专业检查，认定工程建设质量处于受控状态。年末，工程项目基本形成年采输 400 万吨卤水的能力，为油田加快非烃类矿藏开发，实现产业结构调整，起到了积极的推动作用。

（唐富华）

**【6 企业 136 人改制分流】** 2004 年江苏油田共上报 9 家改制分流的初步方案，均获石化集团公司批复。年内有 6 家多种经营企业实施改制分流，完成注册挂牌。参加改制的 6 家企业，职工共 136 人。用于改制的净资产评估值 1 741 万元，补偿补助总额 741 万元，净资产优惠额 151.47 万元，岗位激励股 224.04 万元，职工现金扩股 362.84 万元，注册资本总和为 2 104.01 万元。

（唐富华）

**【井下作业系统重组分离】** 2004 年 7 月下旬，江苏油田分公司根据石化股份公司《油田井下作业系统重组工作指导意见》，通过调查研究，于 8 月下旬向石化股份公司呈报了《江苏油田分公司井下作业系统重组实施方案》。9 月中旬收到石化股份公司的批复后，江苏油田分公司对井下作业系统实施重组分离。井下作业系统重组分为 3 个阶段：一是先在 3 家采油厂内部进行井下作业业务的整合；二是将 3 家采油厂的井下作业系统分离出来组建江苏油田分公司井下作业处；三是将井下作业处系统分离出江苏油田分公司整体移交置换到江苏石油勘探局。2004 年 11 月 18 日，江苏油田分公司井下作业处正式成立；12 月 6 日正式挂牌，12 月 31 日，井下作业处整体移交工作完成。分离重组工作共移交 988 人，涉及资产 1.45 亿元。由于精心组织，及时协调，安排到位，井下作业系统的重组工作实现了思想不散，工作不断，队伍不乱，生产有序，交接平稳的目标。

（唐富华）

**【移交办社会职能】** 2004 年，江苏油田将承担了近 30 年的基础教育和公安两项社会职能移交给当地政府部门。

截至 2003 年底，江苏油区有中学 2 所、小学 3 所，在校学生 2496 名，有教职工 522 人，其中专职教师 336 人；安徽油区有职工子弟学校 2 所，在职教师 45 人。

根据国务院办公厅 2004 年 3 月下发的《关于中央企业分离办社会职能试点工作有关问题的通知》，5 月 20 日，石化集团公司制定并发布了《中国石油化工集团公司分离办社会职能试点工作实施细则》，要求各企业遵照执行。

10 月 15 日，江苏油田与扬州市政府、江都市政府分别签订江苏油区中小学移交管理和中小学离退休人员移交管理两个协议，将 261 名教职工、211 名离退休人员和 4 所学校的资产、财务移交给地方政府管理。10 月 11 日和 13 日，江苏油田将安徽油区汉涧、撮镇 2 所子弟学校的 45 名教职工、35 名离退休人员和资产、财务分别移交给天长县政府和肥东县政府管理。

2004 年，江苏油田还向扬州市政府移交公安干警 56 名、资产 618 万元，设施建筑面积 3 571 米$^2$。公安干警的党团组织关系仍留在油田，接受油田党委的领导。

（唐富华）

**【社区服务改革不断深化】** 2004 年，江苏油田内部物业管理、供热服务收费正式启动，内部住房交易开始实施，生活服务系统向社会化服务、市场化运作、企业化经营方向迈出了实质性步伐。承担油田社区服务管理职能的邵伯管理服务中心、真武管理服务中心、扬州管理服务中心、安徽石油勘探开发公司等单位，实现了全年费用不超的成本控制目标。同时在社会环卫绿化、维修服务、治安保卫、消防安全、托管幼教等方面的服务满意度考核上，均比上年有所进步。

（唐富华）

**表1** **江苏油田主要经济指标** 亿元

| 年份<br>指标名称 | 2004 | 2003 | 2002 | 2001 | 2000 | 1999 |
|---|---|---|---|---|---|---|
| 工业总产值① | 50.87 | 40.85 |  | 5.89 | 4.00 | 3.84 |
| 江苏石油勘探局 | 16.81 | 13.99 | 17.11 | — | — | — |
| 江苏油田分公司 | 34.06 | 26.86 | 4.05 | — | — | — |
| 工业增加值 | 29.25 | 21.15 | 15.97 | 16.72 | 21.99 | 12.49 |
| 江苏石油勘探局 | 4.19 | 3.85 | 2.78 | — | — | — |
| 江苏油田分公司 | 25.06 | 17.30 | 13.19 | — | — | — |
| 资产总计 | 68.20 | 63.75 | 62.85 | 69.00 | 66.05 | 40.09 |
| 江苏石油勘探局 | 28.65 | 25.83 | 27.06 | — | — | — |
| 江苏油田分公司 | 39.55 | 37.92 | 35.79 | — | — | — |
| 流动资产 | 13.52 | 11.60 | 12.48 | 15.19 | 16.53 | 11.22 |
| 江苏石油勘探局 | 8.21 | 8.71 | 9.45 | — | — | — |
| 江苏油田分公司 | 5.31 | 2.89 | 3.03 | — | — | — |
| 固定资产原值 | 94.25 | 99.96 | 90.97 | 83.64 | 73.34 | 37.10 |
| 江苏石油勘探局 | 25.65 | 23.92 | 22.95 | — | — | — |
| 江苏油田分公司 | 68.60 | 76.04 | 68.02 | — | — | — |
| 固定资产净值 | 48.54 | 49.08 | 46.37 | 49.86 | 45.63 | 19.88 |
| 江苏石油勘探局 | 15.44 | 15.10 | 15.21 | — | — | — |
| 江苏油田分公司 | 33.10 | 33.98 | 31.16 | — | — | — |
| 勘探投资 | 3.75 | 3.28 | 2.86 | — | — | — |
| 江苏油田分公司 | 3.75 | 3.28 | 2.86 | — | — | — |
| 开发投资 | 6.70 | 6.02 | 6.18 | — | — | — |
| 江苏油田分公司 | 6.70 | 6.02 | 6.18 | — | — | — |
| 销售收入 | 59.42 | 48.98 | 38.96 | 39.17 | 36.38 | 14.39 |
| 江苏石油勘探局 | 25.36 | 22.12 | 17.11 | — | — | — |
| 江苏油田分公司 | 34.06 | 26.86 | 21.85 | — | — | — |
| 实现利税 | 13.70 | 10.51 | 6.45 | 8.22 | 9.93 | 2.13 |
| 江苏石油勘探局 | -0.37 | 1.64 | 1.30 | — | — | — |
| 江苏油田分公司 | 14.07 | 8.87 | 5.15 | — | — | — |
| 税金 | 4.90 | 4.00 | 3.24 | 5.61 | 4.55 | 1.70 |
| 江苏石油勘探局 | 1.37 | 1.64 | 1.30 | — | — | — |
| 江苏油田分公司 | 3.53 | 2.36 | 1.94 | — | — | — |

① 1999—2003 年按 1990 年不变价计算。

表 2　　江苏油田主要生产建设指标

| 指标名称 \ 年份 | 2004 | 2003 | 2002 | 2001 | 2000 | 1999 |
|---|---|---|---|---|---|---|
| 原油产量/万吨 | 162.00 | 158.24 | 157.02 | 157.02 | 155.02 | 145.27 |
| 天然气产量/亿米$^3$ | 0.50 | 0.33 | 0.23 | 0.23 | 0.24 | 0.22 |
| 新增原油生产能力/万吨 | 25.6 | 25.50 | 26.2 | 20.00 | 26.3 | 28.00 |
| 新增天然气生产能力/亿米$^3$ | — | — | — | — | — | — |
| 新增探明石油地质储量/万吨 | 1 129 | 1 101 | 1 096 | 1 085 | 1 051.00 | 1 270 |
| 新增探明天然气地质储量/亿米$^3$ | — | — | — | — | — | — |
| 二维地震/千米 | 2 926.31 | 1 978.73 | 910.72 | 1 246.56 | 1 339.44 | 219.46 |
| 三维地震/(千米)$^2$ | 433.83 | 1 167.10 | 369.20 | 384.04 | 358.38 | 443.83 |
| 石油钻井/口 | 249 | 225 | 159 | 167 | 176 | 122 |
| 探井/口 | 41 | 43 | 26 | 39 | 46 | 22 |
| 开发井/口 | 208 | 182 | 133 | 128 | 130 | 100 |
| 钻井进尺/万米 | 51.61 | 46.32 | 32.72 | 32.52 | 34.45 | 28.54 |

# 滇黔桂石油勘探局

**【概述】** 中国石化集团滇黔桂石油勘探局(简称滇黔桂石油勘探局)，成立于1984年1月1日。主要从事石油工程技术服务、液化气销售、房地产经营等社会化服务。总部设在云南省昆明市，其所属单位分布于云南、贵州、广西、山东四省(区)。所在区域具有聚散全国、融入东盟经济发展区位优势，外与缅甸、越南、老挝三国接壤，处于中国—东盟自由贸易区前沿。

截至2004年底，滇黔桂石油勘探局共有直属单位17个，机关处室13个，职工总数3 128人，有专业技术职称1 176人，其中高级职称158人，中级职称448人。主要专业队有地震队3个、钻井队16个、测井队9个、录井队6个、射孔队9个。

2004年，滇黔桂石油勘探局按照石化集团公司“改革、调整、创新、发展”的方针，紧紧抓住“走出去”战略机遇，解放思想，团结一致，真抓实干，深化改革，强化管理，开拓市场，生产经营创历史新高。全年实现主营业务收入11.94亿元，同比增长26%。全年完成计划投资1.8亿元，为年度计划的100%。

石油工程技术服务板块不断提高服务质量，大力开拓市场，积极实施“走出去”战略，经济效益得到进一步提高。2004年，该板块总收入4.11亿元；实现利润2 094万元，与预算相比超额1 644万元。全年累计完成二维地震1 294千米，同比增加33%；完成钻井进尺23.53万米，同比增加8%，开钻109口，完井107口，同比增加17%，钻井、固井和井身质量合格率均为100%；测井265井次，录井42口，射孔313口，测井、录井、射孔质量合格率100%。生产原油1.74万吨，销售1.65万吨。

多元开发板块紧紧把握有利的市场形势，加大终端市场开拓力度，销售总量、经营收入和营业利润均创历史新高。全年共实现收入6.84亿元；利润1 627万元，与预算相比超额1 605万元。全年实现液化气销量13.03万吨。生产H型钢1 956吨，销售沥清3 298吨，接待游客10.67万人次。

房地产经营及物业管理板块利用自身的优势，开拓市场，强化管理，首次实现整体盈利。全年实现收入7 253万元；利润153万元，与预算相比增盈238万元。

企业办社会板块加强内部管理，各项费用支出得到有效控制。全年费用支出2 285万元，与预算相比减少支出21万元。

企业管理水平得到进一步提高。2004年，滇黔桂石油勘探局针对各二级单位管理中存在的问题，以四川南江物探工区“三基”工作现场会为契机，全面加强“三基”建设，推行HSE管理体系，全年共制定和下发各类安全规章制度和相关文件56个，组织13次安全检查，查出各类安全隐患和问题960个，已整改912个。为了进一步明确房地产发展定位，组织召开了石油服务处改革与发展研讨会，开展物业管理企业化研究，就如何提升房地产板块管理、盘活现有房产地产、提高物业管理水平、进一步改革与发展等问题进行探讨，明确了房地产板块逐步由服务型向经营型转变的发展定位。同时人力开展内部审计、强化企业效能监察工作力度，2004年全局效能监察共立项31项，为企业增加经济效益267万元，避免经济损失947万元；通过效能监察，规范企业经营管理，提高了企业效益，促进了企业发展。

实施“走出去”战略取得显著成效。2004年，滇黔桂石油勘探局在陕北甘泉县找到了有利区块，经过一年多的勘探开发，累计钻井和收购油井87口，并获得较好的经济效益；钻井队伍已成功打入新疆市场，为进一步拓展西部市场奠定了基础；通过与越南石油钻井公司下属油井服务公司的合作，成功进入了越南钻井市场，成为中国石化第一家赴越南施工作业的企业；与泰国、缅甸有关部门就液化气贸易、油气勘探合作项目进行洽谈。从缅甸购买了有关区块的资料包，正在进行资料包的解释和综合评价工作，若可行，将进入勘探开发阶段。与泰国的液化气销售合作也开始了试运行。

深化改革平稳推进。顺利完成云南曲靖、广西田东2所子弟校和公安系统部分移交地方工作，云南石油机械厂的改制工作也已完成；根据石化集团公司《关于做好中层管理人员精减分流工作指导意见》的文件精神和要求，在119名处级领导干部的基础上精减分流22人，精减分流比例为18.5%；为完善内部分配制度，形成经营管理、专业技术和岗位操作人才等不同系列的合理分配制度，制定了《滇黔桂石油勘探局专业技术岗位竟聘上岗实施办法》等4个实施方案，并进行了试点工作。

队伍建设、企业文化建设取得新的成绩。在石化集团公司油田企业金银牌基层队评比中，滇黔桂石油勘探局二公司70837DG钻井队获金牌钻井队称号，一公司50788DG钻井队获银牌钻井队称号，测录井公司3700测井队、综合录井一队分获银牌测井队和银牌录井队称号，物探公司258地震队获得银牌地震队称号。在参加石化集团公司第一届职工文艺大赛中，滇黔桂石油勘探局组织参赛的舞蹈《嘎齐娜沙瓦》荣获一等奖，《南疆油娃》获优秀奖，滇黔桂石油勘探局获优秀组织奖。

滇黔桂石油勘探局主要经济指标见表1。

（梁韩使）

**【液化石油气实现销售收入6.41亿元】** 2004年，受液化石油气市场销售价格好转的影响，滇黔桂石油勘探局销售公司紧紧把握全年有利的市场形势，积极宣传推广“96555”呼叫配送业务，扩大滇黔桂液化气知名度，加大终端市场开拓力度，精心组织物流运作，销售总量、经营收入和营业利润均创历年新高，全年实现液化气销量13.03万吨，SE-6工业燃气439吨，实现销售收入6.41亿元。

（梁韩使）

**【装备水平进一步提高】** 2004年，滇黔桂石油勘探局针对自己设备严重老化，管理难度大，不能适应市场等困难，一方面积极向石化集团公司争取装备计划，并自筹资金，努力解决生产装备，取得较好的成效。共投资1.22亿元资金改善石油工程装备，购买了ZJ70DB电动钻机1套、ZJ50L机械钻机1套、500T交流变频顶驱1套、双机双泵水泥车1套、408UL仪器车1台、综合录井仪1套和F35-70防喷器组2套。这些设备的改善，将为开拓市场和参与国际钻井市场竞争提供物质基础。

（梁韩使）

**【钻井队伍首次进入越南】** 滇黔桂石油勘探局按照石化集团公司的战略部署，积极实施“走出去”战略，于2004年8月中标越南国家石油公司所属越南石油投资开发公司(PLDC)的河内盆地天然气评价井项目，9月与PLDC签订了执行合同。按照合同要求，滇黔桂石油勘探局设备在10月21日前抵达施工井场，11月12日位于越南太平省天海的PV-TVC-04井开钻。由此滇黔桂石油勘探局成为中国第一家进入越南石油钻井市场的石油企业。

（梁韩使）

**【打开油气进口新通道】** 滇黔桂石油勘探局凭借所在的西南边疆地域优势，积极实施“走出去”战略，并希望找到一条“黄金通道”来降低成本，提高市场占有率。通过对泰国等东南亚国家及澜沧江—湄公河区域进行多次实地考查，并与泰国友好会谈和沟通，2004年6月6日滇黔桂石油勘探局与泰国国家石油公司(PTT)在昆明就液化气及成品油贸易正式签署协议。至此，中泰两国的油气贸易合作打开了一条新通道。

（梁韩使）

**【学校与公安机构顺利移交地方】** 根据国务院办公厅《关于中央企业分离办社会职能试点工作有关问题的通知》和石化集团公司的指示精神，滇黔桂石油勘探局成立了以雷文举局长为组长的分离企业办社会职能领导小组，经过与地方政府对接、洽谈，于2004年9月13日将滇黔桂石油勘探局在云南、广西的2所中小学、1个公安机构的57名职工，13名退休职工，固定资产净值 121.44 万元，按照属地原则分别一次性移交云南省昆明市、曲靖市、广西区田东县管理。

（梁韩使）

【滇黔桂石油勘探局成立 20 周年】 2004 年 1 月 1 日是滇黔桂石油勘探局成立 20 周年。20 年来，滇黔桂石油人肩负重托、开拓进取，先后开发了广西百色油田、贵州赤水气田、云南陆良气田和保山气田，收购扩建了北海石油化工厂，开辟了液化气销售等新兴产业，取得了可喜的物质成果。

（梁韩使）

表 1　滇黔桂石油勘探局主要经济指标　亿元

| 指标名称＼年份 | 2004 | 2003 | 2002 |
|---|---|---|---|
| 工业总产值 | 3.91 | 3.72 | 2.95 |
| 工业增加值 | 0.89 | 0.84 | 0.56 |
| 资产总计 | 15.39 | 12.77 | 15 |
| 流动资产 | 6.8 | 5.74 | 6.54 |
| 固定资产原值 | 10.55 | 9.34 | 9.49 |
| 固定资产净值 | 6.89 | 5.81 | 6.02 |
| 销售收入 | 11.94 | 9.22 | 6.86 |
| 实现利税 | 0.42 | 0.35 | 0.52 |
| 税　金 | 0.59 | 0.43 | 0.52 |

# 南方勘探开发分公司

【概述】 中国石油化工股份有限公司南方勘探开发分公司(简称南方勘探开发分公司)成立于 2002 年 4 月，承担中国石化“积极准备南方”的战略任务，全面负责南方海相新区勘探，负责指定区域的部署和目标任务，完成石化股份公司下达的勘探开发投资、增储任务和效益目标。

南方勘探开发分公司所属探区主要分布于秦岭—大别山—胶南以南的中国南方广大地区，涉及滇、黔、桂、鄂、川、渝、湘、赣、苏、浙、皖、闽、沪、琼、粤等 15 个省(市、自治区)约 200 万(千米)$^2$，油气资源量 11.6 万亿米$^3$ 气当量。

南方勘探开发分公司自营广西百色、贵州赤水、云南陆良和保山等小油气田的滚动勘探开发。

南方勘探开发分公司设 10 个职能处室和川东工作部 1 个派出机构，下设 5 个二级单位。总部设在云南省昆明市。

截至 2004 年末，南方勘探开发分公司共有员工 1 207人，其中教授级高工 7 人，高级职称 187 人，中级职称 206 人；经营管理人员 366 人，工程技术人员 238 人，操作和服务人员 569 人。

2004 年，在南方海相新区钻井 11 口，其中新开钻井 4 口，接转 7 口，累计完成进尺 2.93 万米；完成二维地震野外资料采集任务 2 457 千米，三维地震野外资料采集任务 363(千米)$^2$，完成 MT 1 522 个物理点，均为年度计划的 100%。自营区块全年打探井 16 口，完成进尺 1.61 万米；打开发井 5 口，进尺 4 984 米。

2004 年，南方勘探开发分公司海相新区完成天然气Ⅱ类探明储量 1 143.63 亿米$^3$，为年度计划的 1 143%；新增天然气控制储量 545.79 亿米$^3$、为年度计划的 109%，新增天然气预测储量 1 333.88 亿米$^3$，为年度计划的 190%。老区新增石油控制储量 53 万吨，为年计划的 106%；新增天然气控制储量 10.09 亿米$^3$，为年度计划的 100%，新增天然气预测储量 57.07 亿米$^3$，为年度计划的 114%。2004 年，生产原油 2.88 万吨，完成原油商品量 2.82 万吨，均为年度计划的 115%；生产天然气 1.01 亿米$^3$，完成天然气商品量 8 752 万米$^3$，分别为年度计划的 112% 和 115%。

南方勘探开发分公司主要经济指标和主要生产建设指标见表 1、表 2。

2004 年，南方海相新区进损益勘探费用 4.25 亿元，比预算降低 3 302 万元。自营油气田滚动勘探开发亏损 7 256 万元，比计划减亏 6 516 万元；油气当量现金操作成本预算为 66.55 元/桶，实际为 66.29

元/桶，比预算降低 0.26 元/桶。

2004 年，南方勘探开发分公司油气勘探取得 1 个重大突破和 6 个积极进展。1 个重大突破：川东探区天然气勘探取得重大突破，发现了截至 2004 年中国海相领域和四川盆地最大的天然气田——普光气田。

6 个积极进展：一是大南盘江地区勘探取得积极进展，秧坝区块双 1 井通过储层改造，试获日产 2 236米$^3$ 的天然气流；十万山盆地区带评价取得积极进展，提出了瑞参 1 井部署建议。二是松潘—阿坝盆地早期评价取得积极进展，红参 1 井钻探顺利，已揭示的三叠系地层无变质现象，具有一定的封盖能力，并已发现了多层的气水显示层。三是中、下扬子地区勘探目标评价优选取得积极进展，发现和落实了一批区带和圈闭目标。四是秦岭—大别南缘逆冲推覆带前缘油气勘探取得积极进展，南江区块地震普查发现多排有利构造，初步落实了糖房等圈闭；镇巴区块地震试验和前期评价获新进展；皖南盆地群早期评价获得新认识。五是南方下组合油气勘探潜力评价取得新认识，勘探目标准备取得积极进展，有望在“十五”末至“十一五”期间取得勘探突破。六是南方复杂地区勘探技术取得积极进展，地震资料采集和处理技术的发展，钻井工程新技术的应用为加快新区勘探提供了技术保证。

自营区块油气勘探开发取得较大进展。2004 年全面超额完成年度油气生产任务，天然气生产突破 1 亿米$^3$ 大关，新建产能 1 500 万米$^3$/年。油气田老井措施作业取得增产效果，全年累计措施增油 3 540 余吨，措施增气 503 万米$^3$。老区滚动勘探取得突破性进展。贵州赤水官渡构造带陆相碎屑岩勘探领域继官 8 井于上三叠统须家河组获高产天然气流后，2004 年完成的官 5 井、官 10 井和官 9 井均获得良好的油气层。云南曲靖盆地天然气勘探取得突破，广西百色盆地滚动勘探取得重要进展。

科研创新能力增强。宣汉—达县地区石炭系—三叠系油气地质综合研究与勘探目标优选科研成果获 2004 年度石化集团公司科技进步一等奖；完成的 6 个石化集团公司级的重点科研项目，全部通过验收和鉴定，其中 3 个项目被专家一致评为国际领先水平；共计投资 3 000 万元建成的目标处理解释中心和 Power V 等一批新技术的应用促进了勘探开发进程。

2004 年，南方勘探开发分公司切实强化安全生产，在川东北地区建立了防硫化氢应急救援器材储备中心，配置了 80 套呼吸器、20 台硫化氢检测仪、10 台可燃气体检测仪；在普光 2 井成功进行了井喷失控硫化氢泄漏的一级应急预案实战演习；实施了承包商安全承诺制。

企业文化充满活力。2004 年，南方勘探开发分公司较好地解决了调动人员的户口迁移和 12 名员工子女的入托入学问题，给离退休和困难职工发放慰问金 7.5 万元，参加中国石化文艺汇演获最佳创作奖 1 个、二等奖 1 个、三等奖 1 个、纪念奖 1 个。

（王孝祥）

**【普光 2 井获油气勘探重大突破】** 普光 2 井位于川东断褶带黄金口构造带，2003 年 9 月 26 日开钻，2004 年 5 月 16 日钻至井深 5 353 米完钻。测井解释飞仙关组—长兴组储层厚 395.4 米，为川东北地区首次发现的巨厚优质储层。该井长兴组和飞仙关组一段、飞仙关组二段、飞仙关组三段储层均试获高产工业气流，各段天然气日产量分别为 58.88 万米$^3$、62.02 万米$^3$、22.65 万米$^3$ 和 27.56 万米$^3$。

（王孝祥）

**【双庙 1 井钻获高产天然气流】** 双庙 1 井位于川东断褶带黄金口构造带，2003 年 11 月 21 日开钻，原设计井深 4 373 米。2004 年 6 月 11 日钻至嘉陵江组二段地层约 3 573.01 米发现良好天然气显示。6 月 19 日采用 20 毫米孔板对 3 568—3 589 米井段进行测试，获得天然气日产量 16 万—18 万米$^3$，实现了宣汉—达县地区甩开勘探取得新的发现。

（王孝祥）

**【云南曲靖盆地喜获勘探突破】** 凤 1 井位于云南曲靖盆地中部，是南方勘探开发分公司部署在该盆地的第一口预探井，设计井深 580 米，2004 年 1 月 20 日开钻，2 月 9 日完井。2 月 24—26 日，凤 1 井在井深 325—329 米处射孔，试获日产天然气无阻流量 10.17 万米$^3$，实现曲靖盆地天然气勘探首次突破，揭示了该盆地良好的油气勘探开发前景。

（王孝祥）

**【官 9 井钻获高产油流】** 官 9 井位于贵州赤水官渡构造带。2004 年 11 月 6 日，官 9 井在井深 1 774.2—1 778米下沙溪庙组底部喜获日产 90.6 米$^3$ 的高产工业油流，同时还获得日产 6 000 米$^3$ 的天然气流。官 9 井设计井深 2 672 米，2004 年 9 月 20 日开钻，11 月 10 日完钻。官 9 井的新发现结束了赤水地区乃至整个川东南地区无工业油井的历史，使赤水气田滚动勘探开发乃至川东南勘探形成油气并举的局面成为现实。

（王孝祥）

**【毛坝3井钻遇良好油气显示】** 毛坝3井位于川东断褶带黄金口构造带。2004年12月中下旬，毛坝3井在长兴组上部钻遇厚约80米的白云岩储层，并发现良好油气显示。据取心资料和地震资料分析，毛坝场构造长兴组地层厚约480米，且越往下储层的含油气性有变好的趋势。这一发现不仅扩大了毛坝场构造的勘探领域，而且再次证实了川东海相天然气广阔的勘探前景。

（王孝祥）

**【官10井酸化解堵获高产气流】** 官10井位于贵州赤水官渡构造带，2004年9月22日，该井须家河组四段经酸化解堵，喜获天然气日产8.82万米$^3$，无阻流量25.22万米$^3$。该井于2003年7月31日开钻，2004年3月29日钻至井深2 735米完钻，完井测试日产量仅709米$^3$。官10井酸化解堵成功，为官渡构造滚动勘探开发探索出了新的途径。

（王孝祥）

**【普光构造天然气勘探获重大发现奖】** 在石化股份公司召开的2004年度油气勘探例会上，南方勘探开发分公司普光构造天然气勘探获石化股份公司2003年度油气勘探重大发现奖。普光1井于2003年4月完钻后，在飞仙关组试获日产42.37万米$^3$高产天然气流，在长兴组钻获良好油气显示，提交普光构造飞仙关组气藏控制储量1 379.85亿米$^3$，普光构造长兴组气藏预测储量1 004.95亿米$^3$。

（王孝祥）

**【红参1井开钻】** 2004年8月3日，南方勘探开发分公司部署在青藏高原东部松潘—阿坝地区的第一口油气勘探井——红参1井开钻。自此，松潘—阿坝这一中国大陆最后一块未进行过系统油气勘探的处女地结束了其处子生涯。红参1井位于四川省若尔盖县唐克乡，设计井深6 000米。钻探目的是为全面深化松潘—阿坝地区石油地质及基础地质综合研究提供有关资料；揭示若尔盖地腹地层层序及沉积特征，了解若尔盖地腹上古生界、中古生界的生储盖情况；评价若尔盖地腹古生界演化程度；取得系统全面的地质、地球物理、钻井、测井、中途测试、试油以及分析化验等资料、参数和数据，为地球物理资料标定及单井地质综合评价研究奠定基础；了解若尔盖地腹油气水显示情况。中原油田钻井三公司承担该井的钻井施工任务。

（王孝祥）

**【川东北通南巴地区完成首次山地三维地震】** 2004年6月9日，南方勘探开发分公司部署在川东北通南巴地区的首轮677.7(千米)$^2$山地三维地震野外采集项目完工。由胜利油田物探公司和西南石油局第二物探大队共同完成的此次野外采集工作于2003年11月25日开工，施工期间共放生产炮3.47万炮。经验收，各项质量指标达到或超过合同要求。

（王孝祥）

**【川东北探区取得抗洪胜利】** 2004年9月3—5日，川渝地区连降暴雨或强暴雨，山体滑坡和泥石流造成川东北探区双庙1井、河坝1井、普光4井、毛坝3井等井场不同程度受到毁坏。南方勘探开发分公司川东工作部和各施工单位积极应对，将洪灾对生产进度的影响和造成的经济损失降至最低，直接经济损失693万元，且确保了生产人员和设施安全。

（王孝祥）

**【获石化集团公司科技进步一等奖】** 南方勘探开发分公司完成的科研成果——宣汉—达县地区石炭系—三叠系油气地质综合研究与勘探目标优选，获2004年度石化集团公司科技进步一等奖。通过应用该研究成果已获得各类天然气地质储量2 794.17亿米$^3$；初步计算普光构造天然气圈闭资源量4 749.24亿米$^3$，毛坝场天然气圈闭资源量615.94亿米$^3$；普光1井飞仙关组、长兴组气水界面分别为－4 983米和－5 250米，为四川盆地已发现气藏中最低，大大拓展了勘探领域；预测宣汉—达县地区飞仙关组储层异常面积397.6(千米)$^2$，预测黄龙组残厚10—30米，同时落实和发现构造圈闭38个；在圈闭优选排队基础上，提出了普光、毛坝、双庙、大湾、老君、清溪等11口井的井位建议，通过实施普光、毛坝系列井已发现了普光特大型气田和毛坝气田。该研究项目的研究思路和技术方法，对川东地区油气勘探具有良好的指导意义。

（王孝祥）

**【目标处理解释系统建成】** 2004年12月23日，南方勘探开发分公司投资3 000万元的地震目标处理解释系统建成并投入运行。该系统配备了由SMT、ASC2003、Discovery、MDI等多套微机解释系统组成的地震解释及综合研究工作平台，并配备了盆地模拟及含油气系统分析技术手段，借助这些平台可开展地震资料处理、解释、储层综合研究、精细油藏描述、地质综合研究等工作。

（王孝祥）

【成立川东工作部】 2004年2月21日，南方勘探开发分公司川东工作部在川东北重镇达州市挂牌成立。中国石化川东探区南起贵州桐梓县、北至陕西西乡县，东起重庆巫溪县，西至四川马边县，地跨川、渝、黔、陕四省(区)，东西相距700余千米，南北相距1 000余千米，总持证勘探面积2.3万(千米)$^2$。前一阶段的勘探发现了普光、毛坝场、官渡和河坝等4个勘探潜力巨大的构造，首次上交天然气控制储量1 379.85亿米$^3$，预测储量1 462亿米$^3$。川东探区是中国石化南方海相勘探的重点区块，川东工作部作为南方分公司派出的设立在川东地区的执行机构，代表南方勘探开发分公司全面负责探区勘探项目的实施及现场组织、监督与协调，保证石化股份公司勘探任务目标的顺利、安全实现。

（王孝祥）

【举行企地防硫化氢一级应急预案演练】 2004年8月27日，川东北重点探井普光2井现场，南方勘探开发分公司和四川省达州市联合组织现场施工人员及地方政府安全、公安、消防、卫生、交通等部门共300余人开展防硫化氢一级应急预案演练。在连续3个小时的井场抢险和救护过程中，企地联合演练队疏散井场周围1 500米范围内居民987人，成功抢救了现场中毒人员。国家安全生产管理局应急救援司和危险化学品管理司，及达州市和中国石化安全生产局有关领导亲临现场指导。

（王孝祥）

【开展首次职业技能鉴定】 2004年6月6—19日，南方勘探开发分公司聘请江汉油田职业技能鉴定中心的专家，为20个工种共458名技术工人进行了职业技能鉴定。鉴定合格407人，其中高级工122人，中级工273人，初级工12人。

（王孝祥）

【举办第二届职工技术技能大赛】 2004年8月1—6日，南方勘探开发分公司第二届职工技术技能大赛分2个阶段分别在广西田东和贵州赤水举行。采油、采气、井下作业、特车泵、配电、压缩机操作、电焊、汽车驾驶、计算机等九大工种，共选出7名技术状元，18名技术能手。

（王孝祥）

【300万元援助四川灾区】 2004年9月9日，南方勘探开发分公司受石化集团公司委托，向四川省洪灾区捐款300万元。四川省陈文光副省长代表省政府接受捐赠。

（王孝祥）

【中国石化南方新区勘探工作会召开】 2004年8月1—2日，南方勘探开发分公司承办的石化股份公司南方新区勘探工作会在成都召开。会议提出，南方新区油气勘探要以川东勘探的稳步发展，带动南方其他地区的突破，到2006年，川东探区要获得三级天然气储量4 500—5 000亿米$^3$，其中探明1 000亿米$^3$；2007—2010年再新增天然气探明储量1 000—1 500亿米$^3$，在川东以外地区实现重点盆地和领域的实质性突破。

（王孝祥）

**表1** 南方勘探开发分公司主要经济指标 万元

| 指标名称 \ 年份 | 2004 | 2003 | 2002 |
|---|---|---|---|
| 工业总产值 | 10 908 | 8 816 | 7 447 |
| 工业增加值 | 3 344 | 3 131 | 3 016 |
| 资产总计 | 70 662 | 62 568 | 50 108 |
| 流动资产 | 6 053 | 21 067 | 29 937 |
| 固定资产原值 | 94 009 | 89 694 | 80 184 |
| 固定资产净值 | 43 181 | 37 647 | 29 694 |
| 销售收入 | 10 824 | 8 767 | 7 455 |
| 实现利税 | −53 721 | −57 437 | −35 879 |
| 税金 | 245 | −106 | 700 |

表 2　　南方勘探开发分公司主要生产建设指标

| 指标名称＼年份 | 2004 | 2003 | 2002 |
|---|---|---|---|
| 原油产量/万吨 | 2.88 | 2.70 | 3.00 |
| 天然气产量/亿米$^3$ | 1.01 | 0.90 | 0.73 |
| 新增原油生产能力/万吨 | 0.5 | 0 | 0 |
| 新增天然气生产能力/亿米$^3$ | 0.10 | 0.30 | 0.15 |
| 新增探明石油地质储量/万吨 | 0 | 0 | 60 |
| 新增探明天然气地质储量/亿米$^3$ | 1 143.63 | 10.16 | 8.37 |
| 二维地震/千米 | 2 457 | 3 881 | 2 522 |
| 三维地震/(千米)$^2$ | 363 | 689 | 28 |
| 石油钻井/口 | 19 | 24 | 24 |
| 探井/口 | 15 | 16 | 12 |
| 开发井/口 | 4 | 8 | 12 |
| 钻井进尺/万米 | 5.04 | 3.56 | 4.05 |
| 勘探投资/亿元 | 6.91 | 6.66 | 3.40 |
| 开发投资/亿元 | 0.25 | 0.25 | 0.44 |

# 新星石油公司

**【概述】** 中国石化集团新星石油有限责任公司(简称新星石油公司)是石化集团公司的全资子公司，总部设在北京，下设 12 个职能部门、7 个直属企业和 3 个控股公司。新星石油公司是以经营炼油化工、国内外工程勘察施工、进出口贸易及宾馆服务为主、多种经营并存的国有企业，拥有外经贸部授予的进出口经营权和对外经济技术合作业务经营权。

1997 年 1 月，经国务院批准，中国新星石油有限责任公司在原地质矿产部石油地质海洋地质局的基础上正式成立。2000 年 3 月，中国新星石油有限责任公司整体并入石化集团公司，并更名为中国石化集团新星石油有限责任公司。2001 年 8 月，在石化集团公司对新星石油公司进行重组的基础上，石化股份公司向石化集团公司收购了新星石油公司的优质油气资产，定名为中国石化股份新星油气分公司。2001 年 9 月，新星石油公司分为上市公司和存续公司两部分，形成了上市与存续相互独立又相互依存的新格局。2003 年 6 月，石化集团公司对新星石油公司和新星油气分公司再次进行重组整合：注销新星油气分公司，原新星油气分公司下属的 6 个地区油气分公司和新星石油公司下属的 6 个地区局全部划归石化股份公司和石化集团公司直接管理。2003 年 12 月，石化股份公司以购并的形式接手管理新星西安石化总厂。

截至 2004 年 12 月 31 日，新星石油公司有职工 2 094人，其中技术人员 481 人。

2004 年，是新星石油公司有史以来最为艰难的一年。自 2003 年 6 月重组后，石化集团公司没有对新星石油公司下一步的发展指明方向。新星石油公司在没有主营业务、没有新的经济增长点、发展方向不明的情况下，仍然主动作为，向管理要效益，在促进国有资产保值增值上下功夫，不断加大对现有企业的经营管理力度，取得了经济效益显著、两个文明建设协调发展的良好成绩。累计实现销售收入 30.56 亿元，完成年度预算的 127%；实现合并口径利润总额 8 068 万元，超额完成石化集团公司下达的 100 万元的利润指标。

截至 2004 年 12 月 31 日，新星石油公司资产总额为 34.8 亿元，资产负债率 31%，流动比率 229%，财务状况良好。

（宫艳铭）

**【经营管理进一步加强，依法治企措施得力】** 2004 年，新星石油公司在持续重组、优良资产逐步退出且亟待重新定位的情况下，积极转变观念，向管理要效益，不断加强现代企业制度建设，对下属企业严格实行经济责任制考核制度，加强资产和资金管理，加大审计和效能监察力度，预算得以有效控制，经济效益得到显著提高。2004 年总计实现利润 8 068 万元，超额完成石化集团公司下达的利润指标。同时，新星石油公司在依法治企上下功夫，聘请资深的律师事务所作为公司的法律顾问，为公司重大决策提供法律支持，为国有资产的保值增值提供有效的法律保障。

（宫艳铭）

**【改制分流稳步推进】** 2004年，新星石油公司按照石化集团公司改制分流工作的统一部署，广泛宣传与深入调查研究并举，针对不同的企业、不同的群体（在职、内退职工、短期合同制职工、离退休职工等）采取职工自愿的原则，严格把关，规范操作，做到了“三个确保”，即确保国有资产不非法流失、确保职工的合法权益不受损害、确保职工队伍稳定，积极稳妥地推进改制分流工作。在改制分流工作中，新星石油公司把对改制单位的资产清查、财务审计、资产评估、资产和债权债务的处置作为工作重点，严格按照国资委《关于规范国有企业改制工作的意见》实施落实，有效地防止了国有资产流失。尤其在德州石油机械厂与中新房地产公司的改制分流中作出的“两个否决权”的安排，对于最大可能地保证新星石油公司的债权安全起到了积极的作用。2004年，共完成对5个单位的改制分流工作，总计分流403人，减少国有权益4 500多万元，超额完成石化集团公司下达的130人任务指标，被石化集团公司评为2004年度改制分流先进单位。

（宫艳铭）

**【海外项目取得新进展】** 自2003年6月重组、优势资产和主营业务相继剥离后，新星石油公司充分利用自身优势，以中地海外建设公司为依托，实施“走出去”战略，努力开拓海外资源及工程服务市场，2004年度取得较好的经济效益：新签国外施工合同20个，总金额1.02亿美元，其中非洲地区17个，8 841万美元，主要分布在尼日利亚和乍得；亚洲地区1个，1 333万美元。共完成合同5 590万美元，其中非洲地区5 579万美元，亚洲地区11万美元。

（宫艳铭）

**表1** 新星石油公司主要经济指标 亿元

| 年份<br>指标名称 | 2004 | 2003② | 2002①<br>上市部分 | 2002①<br>存续部分 | 2001 | 2000 | 1999 |
|---|---|---|---|---|---|---|---|
| 工业总产值 | 25.16 | 38.97 | 32.93 | 55.42 | 66.33 | 53.22 | 45.36 |
| 企业增加值 | 5.30 | 8.17 | 25.78 | 15.42 | 45.83 | 40.48 | 28.74 |
| 资产总计 | 34.80 | 30.56 | 98.17 | 74.21 | 168.16 | 138.19 | 113.75 |
| 流动资产 | 22.18 | 19.14 | 20.25 | 32.90 | 50.50 | 49.19 | 40.12 |
| 固定资产原值 | 20.74 | 21.71 | 95.26 | 57.34 | 144.53 | 108.69 | 85.74 |
| 固定资产净值 | 6.85 | 8.04 | 66.32 | 32.63 | 93.50 | 67.98 | 51.94 |
| 销售收入 | 30.56 | 43.94 | 30.12 | 56.63 | 86.55 | 82.81 | 62.95 |
| 利　税 | 2.32 | 3.08 | 7.42 | 3.99 | 16.81 | 7.00 | 4.95 |
| 税　金 | 1.51 | 2.66 | 2.03 | 3.36 | 6.25 | 5.68 | 3.89 |

① 上市与存续数据分列不含上海分公司和上海石油局。
② 数据含西石化总厂。

## 上海海洋石油局

**【概述】** 中国石化集团上海海洋石油局（简称上海海洋石油局）组建于1973年4月，原为地质矿产部上海海洋地质调查局，长期承担中国海域主要是东海的油气勘探开发任务。1997年1月，上海海洋石油局归入新星石油公司，2000年3月随新星石油公司整体并入石化集团公司。2002年7月，与之前经资产划分后的上市部分上海海洋油气分公司一起，分别划归为由石化集团公司和石化股份公司直接管理。

上海海洋石油局是石化集团公司惟一一家以从事中深海海洋物探、钻井、和油气生产经营活动为主的企业，具有海洋物探、海洋钻井、测井、固井、测试等综合油气勘探开发生产和船舶拖带运输、海洋地质调查等能力。30年来上海海洋石油局在海洋油气勘探中屡获重大发现，向国家提交了一大批油气储量，多次获得国家级重大勘探成果奖和功勋地勘单位称号。在已发现的东海8个油气田中，平湖油气田和春晓油气田已经开发和正在实施开发。

截至2004年底，上海海洋石油局共有职工1 353人，各类专业技术人员和管理人员占职工总数的48%，其中高级技术职称139人，中级技术职称289人。其下属有一海大队、三海大队、钻井分公司、船舶分公司等9家单位。三海大队(钻探基地)近长江入海口，沿长江建有可停泊万吨轮的350米长的深水码头。基地总面积10万米$^2$，各种建筑设施2.4万米$^2$。一海大队(物探基地)近邻上海浦东金桥出口加工区，沿黄浦江长170米的码头可停泊万吨轮。基地总面积7.27万米$^2$，各种建筑设施2.22万米$^2$。

2004年，上海海洋石油局以经济效益为中心，以大型设备的市场开拓为基础，深化改革，调整结构，改造和更新装备，生产经营和改革发展工作取得了较好成绩，全局的经济效益在前2年的基础上创下了历史新高。

经济效益大幅度提高。2004年完成生产经营总收入6.5亿元，为年计划的150%，同比增长22%。实现利润3 514万元，其中经营生产利润1 000万元，超额完成石化集团公司下达的350万元的指标。2004年在岗职工人均收入提高了13.5%，全员人均收入提高了11.8%。上海海洋石油局主要经济指标见表1。

大型装备紧贴市场取得好效益。2004年累计完成二维地震2.58万千米；钻井6口，总进尺202万米。其中，发现号物探船抓住国际物探市场复苏的时机，加强市场开拓，扩大了市场份额，完成二维地震1.85万千米；勘探三号钻井平台在完成东海西湖合作区块的2口钻井和平湖油气田的1口开发井后，迈出了开拓国内石油工程服务市场的新步伐，远赴南海钻井施工，全年总进尺1.30万米。

重大设备设施的更新改造有效落实。2004年，一直困扰上海海洋石油局经济发展的生产装备陈旧、落后状况得到缓和：一是投资3 250万元进行勘探三号钻井平台单体设备更新改造；二是投资1 000万元引进奋斗七号和发现号物探船配套设备；三是三海大队外高桥码头改扩建工程5月18日开工至12月21日结构全线贯通；四是引进了大马力拖轮和守护船。物探船引进及其改造项目正在实施中。

专业化重组、改制分流取得重要进展。继2003年重组钻井分公司统管钻井施工后，2004年组建了船舶分公司，对除地球物理、海洋地质调查船只之外的所有工作船、运输船的经营服务实施统一管理、统一调度，形成整体优势，获取整体效益。2004年上海海洋石油局实施企业改制分流方案4个，分流职工63人，涉及资产1 280万元。

内部审计职能进一步发挥，效能监察深入推进。开展经济效益审计9次，离任审计6次，改制企业财务收支审计4次。对6个项目实施了效能监察，避免经济损失86.6万元。开展了经国资委批准核销的不良资产呆坏账的清理处置，收回资金450万元。

党建和精神文明建设继续加强。党建和精神文明建设采用了量化和随机检查考核；开展了以“业绩观”为主题的领导干部理想信念教育。2004年，勘探二号钻井平台经理黄小兵、勘探三号钻井平台分别获得上海市劳动模范和上海市劳动模范集体光荣称号；上海海洋石油局团委获上海市青工工作先进团组织称号；勘探二号钻井平台被授于石化集团公司先进集体称号。

（王造国）

**【三海码头改扩建工程结构全线贯通】** 2004年1月29日，石化集团公司发文批复同意三海码头改扩建工程上报设计。5月18日，改扩建工程正式启动。8月25日，列为码头改扩建节点工程的吹灰系统改造提前完成，第一次试吹成功。为使改扩建后的码头功能更趋科学合理，10月28日上海海洋石油局正式向石化集团公司上报设计更改和补项的请示。至12月21日，长350米的三海码头改扩建工程结构全线贯通，工程进入收尾阶段。

（王造国）

**【勘探三号平台赴南海施工作业】** 2004年10月14日，上海海洋石油局在广东湛江与中海石油(中国)有限公司签署了勘探三号钻井平台钻井服务合同。11月7日，勘探三号钻井平台启碇南下。12月10日，其施工的文昌10-3-1井顺利开钻。这是上海海洋石油局自1997年赴南海西部海域钻探施工以来又一个重要的对外经营项目。

（王造国）

**【瞄准海洋石油工程服务组建船舶分公司】** 按照石化集团公司的部署和要求，上海海洋石油局结合企业实际情况，对原相关船舶单位浦轮公司和三海船队进行重组整合，以提升核心业务的市场竞争力。在石化集团公司领导和有关业务部门的全力支持下，上海海洋石油局果断决策，斥资引进了两艘大马力多用途工作船——东方勇士2号、东方勇士3号，加之原有的在国外服务的一艘万匹马力东方勇士号和其他三用工作船，组建了船舶分公司。新组建的船舶分公司依仗以海洋石油工程和运输服务为特色的较大优势，进入了国内海洋石油工程服务领域。

（王造国）

【勘探二号钻井平台渤海湾连续深井侧钻井作业】 2004年8月14日，勘探二号钻井平台完成了井深4 236米的埕北40井施工后，于8月23日在该井2 795米处进行埕北40侧钻井施工。埕北40井是勘探二号钻井平台在胜利油田浅海区钻探的第42口井，也是继埕北307井和埕北39井后连续施工的第三口超4 000米的深井。为在埕北区块古生界、太古界的储量有更大的发现，埕北40侧钻井开窗之深、位移之大在该地区较为罕见。勘探二号钻井平台在该井的施工中创造了215.9毫米井段4 556.7米的最深纪录，以及177.8毫米尾管固井裸眼段长1 761.70米和177.8毫米尾管段长1 910.57米的新纪录。

（王造国）

表1 上海海洋石油局主要经济指标 亿元

| 年份 / 指标名称 | 2004 | 2003 | 2002 | 2001 | 2000 | 1999 |
|---|---|---|---|---|---|---|
| 工业增加值 | 0.93 | 0.69 | 0.79 | 0.79 | 2.03 | 0.32 |
| 资产总计 | 8.00 | 6.37 | 7.81 | 8.37 | 12.08 | 9.89 |
| 流动资产 | 3.45 | 3.15 | 4.02 | 4.22 | 4.15 | 5.45 |
| 固定资产原值 | 11.30 | 11.16 | 11.21 | 10.06 | 10.17 | 9.79 |
| 固定资产净值 | 2.71 | 2.88 | 3.26 | 3.63 | 3.25 | 3.45 |
| 生产经营销售收入 | 6.52 | 5.21 | 5.23 | 4.29 | 5.54 | 1.20 |
| 实现利税 | 0.60 | 0.18 | 0.23 | 0.17 | 0.16 | -0.02 |
| 税金 | 0.24 | 0.15 | 0.16 | 0.11 | 0.11 | 0.01 |

## 上海海洋油气分公司

【概述】 中国石油化工股份有限公司上海海洋油气分公司(简称上海海洋油气分公司)是专门从事海洋油气勘探和开发的企业，主要承担三大主体业务，一是代表中国石化参与两个合作项目即西湖项目和平湖项目的管理，维护中国石化的股东权益；二是在东海、南海等海域开展自营勘探，争取发现新的油气田，尽快建立自营勘探开发基地；三是配合上海海洋石油局，参与海外项目的前期调研和油气资源勘探开发评价。

上海海洋油气分公司地处上海浦东，其前身是地矿部上海海洋地质调查局。1997年1月整体归入新组建的新星石油公司。2000年3月又随新星石油公司整体并入石化集团公司。2001年上海海洋石油局的优良资产部分随中国石化收购新星石油公司增发A股整体上市，组建了新星上海分公司，2002年2月正式成立中国石化新星上海分公司。2002年7月直属石化股份公司管理，更名为中国石油化工股份有限公司上海海洋油气分公司。

截至2004年底，上海海洋油气分公司有职工223人，其中工程技术人员108人、管理人员85人。高级职称111人、中级职称54人，中高级职称人数占职工总数的74%。上海海洋油气分公司有管理处室10个，下属单位3个。

上海海洋油气分公司拥有资产33.64亿元人民币，其中流动资产1.87亿元、固定资产22.58亿元(其中勘探费用资本化1.79亿元、在建工程20.58亿元)、无形资产及其他701万元、长期股权投资9.12亿元。

2004年，上海海洋油气分公司遵照“探索海域，深化研究，优选区带，不断拓宽中国石化战略储备阵地”的发展战略，在国际油价持续攀升的良好形势下，取得了较好的经营业绩。年内实现投资收益2.64亿元，经营收入1 549万元，完成利润总额1.58亿元；生产份额原油9.63万吨、天然气份额产量1.72亿米$^3$。

自营勘探力度加大。2004年上海海洋油气分公司在东海南部、南海北部湾涠西、徐闻区块、南海琼东南等区域，完成二维地震资料采集1.26万千米，为年计划的104%；重力资料采集8 000千米，为年计划的100%；磁力资料采集5 185千米，为年计划的103.7%。年内勘探投入8 228万元。

西湖合作项目发生重大变化。2004年9月，英荷壳牌公司和美国优尼科石油公司两家外方在石油合同签订一年之际，由于诸多原因，最终决定退出西湖合作项目。根据国家发改委指示，上海海洋油气分公司一如既往地推进西湖春晓一期工程建设。2004 年完成了春晓和天外天井口平台、中心平台导管架的建造、上部组块陆上建造和调试以及陆上终端的设备安装、厂区及生活区的建设等。至 2004 年底，项目总进度达到 83.91%。2004 年还完成了残雪四井、湖心亭一井的钻探；组织实施了 27/05 区块约 4 779 千米新老二维地震资料的处理；完成了宝云亭连片构造三维资料处理项目等。

平湖合作项目继续推进。平湖油气田是中国在东海发现并投入开发的第一个油气田，面积 242(千米)$^2$，于 1999 年 4 月正式向上海市供应优质天然气。截至 2004 年底，累计生产原油 248 万吨、生产天然气 19.05 亿米$^3$。2004 年，平湖油气田二期扩建工程启动，计划于 2006 年完成投产，实现向上海市长期稳定供气 160 万米$^3$/日的生产目标。

海外项目取得新进展。上海海洋油气分公司积极参与中国石化多项海外油气田的前期评价工作。2004 年完成了国际石油合作模式及油气田经济评价研究、西非海域地质背景及油气勘探现状分析、刚果(布)海上 4 个区块项目研究评价等项目。

（雷　雳　林雪梅）

**【东海天然气项目下游市场协调会在宁波召开】** 2004 年 3 月 3—4 日，东海天然气项目下游市场协调会在宁波召开。会议由国家发改委能源局主持，石化股份公司副总裁王志刚、上海海洋油气分公司领导刘申叔等有关人员参加了会议。会上，各方代表就天然气市场开发和营销、天然气利用等情况进行了交流。王志刚副总裁在会上表示，中国石化全力支持东海项目的勘探、开发等工作，并负责做好天然气市场的调研、开发和营销，确保按国家发改委能源局协调确定的时间进度完成各项工作。

（雷　雳　林雪梅）

**【东海陆架盆地油气资源选区评价项目达到国内先进水平】** 2004 年 3 月 29 日，中国石化组织专家对上海海洋油气分公司承担的中国石化科研项目——东海陆架盆地油气资源选区评价的成果报告进行了鉴定。经评审鉴定，专家组认为，该项目整体达到了国内先进水平。

（雷　雳　林雪梅）

**【西湖合作项目发生重大变化】** 2004 年 9 月 24 日，英荷壳牌公司、美国优尼科石油公司在中外四方签订东海西湖凹陷 5 个石油合同一年之后，由于储量、作业成本、中间线争端、销售问题等原因，最终决定退出西湖合作项目。

（雷　雳　林雪梅）

**【HSE 体系文件通过内部评审】** 按照石化股份公司要求，2004 年 8 月上海海洋油气分公司成立了 HSE 体系文件工作小组，用时 3 个多月完成了文件的编制工作。该体系文件包括管理手册、程序文件及作业文件 3 个部分，涉及海上钻完井、环境保护、变更管理、应急管理、职业健康等内容。2004 年 12 月，上海海洋油气分公司召开了评审会，认为该体系文件以国家、行业法律法规为准绳，以石化集团公司 HSE 管理十要素为依据，结合海洋石油勘探实际，满足了各方面对 HSE 管理的基本要求。

（雷　雳　林雪梅）

表 1　上海海洋油气分公司主要经济指标　亿元

| 年份<br>指标名称 | 2004 | 2003 | 2002 | 2001 |
|---|---|---|---|---|
| 工业增加值 | 1.80 | 0.63 | 0.99 | -0.07 |
| 资产总计 | 33.64 | 18.76 | 11.22 | 3.01 |
| 流动资产 | 1.87 | 0.92 | 0.57 | 0.39 |
| 固定资产原值 | 0.25 | 0.22 | 0.16 | 1.83 |
| 固定资产净值 | 0.16 | 0.15 | 0.10 | 0.81 |
| 销售收入 | 0.15 | 0.05 | 0.18 | 0.45 |
| 实现利税 | 1.58 | 0.45 | 0.63 | -0.41 |
| 税　金 | 0.006 | 0.007 | 0.006 | 0.04 |

# 西南石油局暨西南分公司

**【概述】** 中国石化集团西南石油局(简称西南石油局)、中国石油化工股份有限公司西南分公司(简称西南分公司)是中国石化在西南地区进行油气勘探开发销售、石油工程及技术服务的油田板块企业，其前身是国家地质勘查功勋单位，总部设在四川省成都市一环路北四段116号，机关合署办公，财务分开运行，共有21个处室，所属23个二级单位主要分布在四川省、重庆市、贵州省，现有在册员工近5 000人。

西南石油局与西南分公司共同拥有科研院所2个和1个经国家批准的博士后工作站，共有专业技术人员2 100余人。通过几代员工数十年对川西非常规致密碎屑岩领域和川东北、川北海相碳酸岩领域油气勘探开发的积累，西南石油局、西南分公司以独具特色的勘探开发理论、配套发展的工程工艺技术、和谐发展追求卓越的企业文化构建了队伍的核心竞争力。

2004年西南石油局实现生产经营总收入12.26亿元，为石化集团公司下达年度财务预算的153.25%；实现利润总额3 900万元，完成石化集团公司下达年度财务预算的390%；年末资产总额达20亿元。

截至2004年底，西南分公司有资产总额35亿元；拥有油气勘查区块17个，开采区块5个，探采矿区块合计面积2.60万(千米)$^2$，共拥有三级地质储量6.94亿吨油当量，有油气井近900口、各类输配气站184座，已铺建各类天然气管道3 000余千米。2004年生产天然气19.10亿米$^3$，原油1.09万吨。

2004年西南分公司实现利润总额1.48亿元，完成年预算的116.45%，超预算2 097万元；油气单位完全成本为457.28元/吨，油气单位现金操作成本为12.83元/桶，扣除石化集团公司总部认可的预算外因素，油气单位完全成本和单位现金操作成本均控制在预算指标以内。2004年实现油气销售(主营业务)收入10.49亿元，完成年预算的107.01 %，油气款回收率为101%。

(陈　宏)

**【油气勘探成果显著】** 2004年，西南分公司全年完成的勘探实物工作量：二维地震采集485.02千米(为年计划101.05%)，三维地震采集326.92(千米)$^2$(为年计划108.97%)；部署施工勘探井17口，完钻井11口，完成探井总进尺4.43万米。通过扎实有效的工作，取得了较好的勘探成果：实现了一个重大发现、一项重要进展、一批好的苗头。

新都地区中、浅层勘探取得重大发现。有7口探井获工业气流，取得了沙溪庙组、遂宁组、蓬莱镇组一段等3个层系的油气勘探新突破，形成了新都地区浅、中深层立体勘探的局面。

中深层勘探获得重要进展。川西深层须家河组新853井、川丰563井输气求产稳定在5万—8万米$^3$，新882井在须四段日产气9万米$^3$；洛带地区沙溪庙组建成一口工业气井；中江地区沙溪庙组气藏江沙7井获得良好油气显示，解决了多年来制约中江地区中深层勘探突破的技术瓶颈问题；毛开1井进一步揭示毛坝构造中浅层良好的勘探开发前景。

龙门山前缘构造带勘探出现了一批好的苗头。发现和落实了一批有利构造和钻探目标，指明了该区域的突破方向。

西南分公司年度储量目标超额完成：提交天然气探明储量141.61亿米$^3$，完成年计划的101.12%；提交天然气控制储量219.24亿米$^3$，完成年计划的109.62%；已提交天然气预测储量1 054.93亿米$^3$，完成年计划的263.73%；合计三级地质储量达1 415.71亿米$^3$，完成年计划的191.32%。

(陈　宏)

**【油气生产超额完成指标任务】** 2004年西南分公司投产新井93口，年新建(增)产能4.28亿米$^3$，完成年计划的103.38%。全年实施开发钻井90口，完钻井90口，当年累计进尺17.88万米；截至12月底，西南分公司共有油气井843口(油井20口，气井823口)，全年生产天然气19.10亿米$^3$，为年计划的100.53%，同比增长15.96%；生产原油1.09万吨，为年计划的136.08%，原油同比增加10.94%。总体采气速度为2%，采出程度为11%，已开发可采储量总体采气速度为4%，已开发可采储量采出程度为23%。全年共销售天然气18.35亿米$^3$，完成年计划的100.60 %，同比增长12.3%，商品化率为96%；销售原油1.09万吨，完成年计划的136.08%，同比增长13.83%。产能系统配套工程共完成新井投产93口，完成新建集输配气站场64座，新建采气流程16套，改、扩建集、配气站11座。

(陈　宏)

**【全面完成工程任务】** 2004年西南石油局油田施工完成收入10.19亿元，占全局总收入的83.12 %。

2004年西南石油局开钻73口，钻井进尺19.14万米，完成石化集团公司下达年度生产经营计划的119.6%，为上年同期钻井进尺的86.2%；测井631井次，1.58亿标准米，完成石化集团公司下达年度生产经营计划的 114.7%和 105.2%，为上年同期的 90.66%和 97.55%；录井口数 176 口，进尺 35.48 万米，完成石化集团公司下达年度生产经营计划的 111.33% 和 101.37%，为上年同期的 105.03% 和 83.15%；完成加砂压裂施工 122 口井 163 层次，酸化 5 口井 6 层次；油建工程全年建设场站 16 座，敷设管线 97.37 千米。

（陈　宏）

**【创造新的工程纪录】** 2004 年西南石油局各项工程合格率达 100%，成本有所下降，并创造了一批新的、先进的技术经济指标。第二普查勘探大队（重庆钻井公司）新疆一井队使用 F320 - 4DHC 型钻机在 YQ3 井钻达 6 110 米，创西南石油局塔河油田同型钻机钻深纪录；川江 566 井在 3 478.16—4 510.95 米井段取心 6 回次，创同类深井取心率最高纪录；30522XN 井队在洛带构造上施工的金遂 13 - 2 井，完钻井深1 700 米，全井钻井周期 10.74 天，刷新了西南石油局川西地区中深定向井钻井周期最短纪录，在金遂13 - 1井全井平均机械钻速达 19.03 米/时，创西南石油局川西地区二开二完三段制中深定向井平均机械钻速最高纪录；压裂队在金遂 12 井 J3sn 气藏 1 662—1 670 米气层进行了 16 米$^3$ 陶粒的压裂施工，获得 30 万米$^3$/日天然气无阻流量，刷新了西南石油局川西遂宁组气藏压裂产量的最高纪录；2401 固井队完成马深一井 339.7 毫米大直径套管内插固井下深 1 600 米，创西南石油局川西地区内插固井最深纪录。此外，各专业围绕制约川西深层勘探、川东北高含硫气藏开发两大“瓶颈”，积极开展科研技术攻关，取得了积极的研究成果，物探、测井、泥浆等均获得一些新的技术突破。

（陈　宏）

**【安全环保】** 按照石化集团公司的统一部署和要求，西南石油局、西南分公司严格执行行业规范和规程，切实落实安全生产和环保责任制，积极推行 QHSE 管理体系，强化“三基”工作，狠抓生产作业现场的检查与重点部位（装置）的督查，投入资金 160 万元整改安全隐患。认真吸取“12·23”安全事故和川化重大环保事故的教训，进行了有针对性的安全环保教育和培训，提高了对危险源的辨识能力和应急防范意识，制定了事故应急预案。重点进行了 6 次井控演习和 3 次消防演习。由于全员、全方位、全过程落实安全环保责任和防范措施，保持了较为稳定的安全生产和环保态势，有力地促进了生产经营顺利进行。但是，2004 年，西南石油局交通安全形势不容乐观，发生多起交通安全事故并造成人员伤亡。

（陈　宏）

**【改制分流、持续重组】** 2004 年，根据石化集团公司改革重组精神，于 2004 年 6 月 18 日完成了重庆机械厂改制注册，共分流职工 45 人，协议解除劳动合同职工 3 人。

实施了西南分公司井下作业队伍与西南石油局油气测试中心整合的重组方案，三个修井队、三个试气队、一个中途测试队加上机关管理人员共计 220 人，修井和试油等专业设备 156 台（套）重组整合，极大地增强了局油气测试队伍的实力。西南分公司完成了油田派出所向地方的移交工作。

完成了中层管理人员精简分流工作任务，同时从加快西南分公司增储上产和强化西南石油局、西南分公司生产运行管理机制的需要出发，对机关处室及部分基层单位进行了调整。

（陈　宏）

**【加强队伍建设】** 西南石油局、西南分公司科技管理平台初步建成；加强了人才引进和企校交流工作，确定并送培了一批科研和技术学科带头人；博士后工作站挂牌运行并逐步完善，科研单位资金、技术、装备、人才资源得到了整合优化。

队伍资质等级有了新的提高。加强职工技术培训，建立并完善 ISO、QHSE 认证体系，促进了各工程作业队伍的资质建设。2004 年获得中国石化金牌队 2 支，银牌队 6 支，西南石油局表彰优秀基层队 16 支。获得两个一级建造师资格，为工程项目的施工、管理及对外承揽工程打下了良好基础。

着力推进高层次人才队伍构建。2004 年，西南石油局、西南分公司推荐四川省有突出贡献的优秀专家、四川省学科和技术带头人及后备人选、中国石化有突出贡献的科技和管理专家及优秀青年知识分子等共 35 人次，有 12 人获得省、部（石化集团公司）级荣誉称号和奖励。37 名工人通过考试获得技师资格，115 名工人通过了高级工职业资格技能鉴定。

（陈　宏）

**【管理工作更上一层楼】** 西南石油局物资装备供应管理全面实现了与总部的工作对接。2004 年新购置、改造了一批钻井、固井、物探、压裂、修井、氮气气举等设备，大大提升了工程作业装备的技术水平。通过做好资金统筹安排，采取灵活的筹资融资措施，降低了资金成本。2004 年办理免关税计人民币 1 736.06 万元，免增值税计人民币 1 359.75 万元，合计人民币

3 095.81万元。理顺了物资装备决策、管理、执行之间的关系。

西南分公司通过调整组织结构，撤并了15个机关处室和直属机构，新组建了监督中心和工程设计院，缩短了决策链，再造了业务流程。修定了分公司《内控手册》实施细则、相关的权限指引和管理制度。严格执行预算，投资计划按期完成，成本得到有效控制。西南分公司全年完成投资10.98亿元，完成年控制计划的100%。其中勘探费用降低678万元，降耗50万元，压缩管理费用191万元。积极争取了2004年度企业所得税减缴18%和矿产资源补偿费减缴20%的优惠政策。妥善处理了重组遗留问题。认真清理、核对各种关联交易，并以关联交易协议为依据，及时进行资金结算。

信息化建设步伐加快，数字气田建设配合国家"十五"重点科技攻关课题"数字气田关键技术及应用示范研究"，进行了大量地面开发生产数据库建设的具体工作，由清华大学专家主持制定的实施方案也开始启动。石化集团公司推广的勘探、调度综合业务信息管理系统的试运行和上报工作趋于正常，办公自动化系统开始安装，分公司试验web网站主页相继完善。

（陈　宏）

**【社区改革】** 社区服务完成收入0.74亿元，占西南石油局总收入的6.17%。按照《关于建立基地物业经营产业的实施意见》，重新明确了基地服务系统的管理构架和定位。大力开展创建优秀住宅小区和达标住宅小区活动，加大基础设施的投入和建设：在贵阳市二戈寨基地建设的高镇退休职工整体转移住房全面竣工；全局面上的"一户一表"工程通过填平补齐，正逐步完善；通过对基地存量土地、房产的有效利用，增强了基地自身的造血功能；通过对住宅小区的道路整治、房屋粉刷、管线清理、园区绿化等，大大改善了环境面貌。西南石油局、西南分公司所属单位基本做到了水、电、气费用按市场价收取，并以不同形式收取了物业费，实现了住户据实直接缴纳网络使用、电视收视等费用。

（陈　宏）

## 中南石油局暨中南分公司

**【概述】** 中国石油化工集团中南石油局（简称中南石油局）暨中国石油化工股份有限公司中南分公司（简称中南分公司）地处湖南省长沙市，占地总面积46.66万米$^2$。单位始建于1971年，前身是地矿部中南石油地质局，历经改革发展，2003年5月体制调整改革成为石化集团公司直属的二级国有企业。下属3个专业队（院）和7个作业子公司，是集油气勘探、开发、销售和工程作业为一体的综合性企业，具有地质研究、地震勘探、钻井、测录井、油田工程服务、油田地面建设以及采油、输油等油气勘探开发生产能力，同时具有承担工程勘测、道路桥梁、民用建筑施工、打水供水及房地产开发的资质和能力。截至2004年底，拥有资产总额7.2亿元，各类大型设备2 000余台（套）。有在职职工1 216人，上市人员276人，离退休职工930人，各类专业技术人员占员工总数的46%，其中高级职称157人、中级职称284人、科技人员550人。

截至2004年，中南石油局、中南石油分公司拥有江汉盆地西南部、湘中、川东北镇巴、贵州织安等4个油气勘探开发区块，区块登记面积3.34万（千米）$^2$。工程作业队伍充分发挥技术、人员与装备优势，以优良的业绩建立了良好的市场信誉和社会知名度。

2004年，中南石油局、中南分公司朝着"油气做大，企业做强，员工做富，家园做美"的奋斗目标大步迈进，生产经营再创历史新高。中南石油局生产经营总收入达到6.05亿元，同比增长36%，实现利润总额2 744万元，同比增长137%。中南分公司完成油气勘探开发投资1.46亿元，探明含油气面积叠合2.4（千米）$^2$，新投产3口井，生产原油8 457吨，提交三级石油储量395万吨，其中探明储量126万吨、控制储量53万吨、预测储量216万吨。

中南石油局、中南分公司主要经济指标，中南分公司主要生产建设指标见表1、表2。

（丁勇兵）

**【生产经营收入创历史新高】** 2004年中南石油局实现生产经营总收入6.05亿元，为石化集团总部计划的160.5%，局计划的122%，同比增长36.5%。实现利润总额2 744万元，为局计划的274.5%，同比增长137%；实现净利润2 234万元，同比增加1 103万元。

（丁勇兵）

**【江汉盆地西南缘采穴构造实现油气重大突破】** 2004年10月18日，由中南分公司在江汉盆地西南缘采穴构造实施的勘探评价井（鄂深11－1井）于2 966—3 000米层段射孔后油气自喷，闸控放喷9.5小时，产油37.5米$^3$，折算日产油94.7米$^3$，实现了采穴构造的油气重大突破，也是该探区在继鄂深8井获得自喷高产油气流后，在近4年甩开勘探评价探索中获得的一次重大油气成果，再次证实江汉盆地西南缘及相邻地区有较大的勘探开发前景。石化集团公司副总经理张耀仓就鄂深 11－1 井获高产油流向中南石油局、中南分公司发来了贺电。

（丁勇兵）

**【物探工程施工首次进入国际市场】** 2004 年 8 月 2 日，中南石油局为赴沙特执行工程项目的 23 名人员举行隆重的送行仪式。在国际石油工程公司的支持下，中南石油局第五物探大队与胜利油田、中原油田、国际石油工程公司组成联合体，组建 SSG－1 海外地震队，承担了沙特鲁卜哈里盆地 B 区块 600 千米二维地震任务，2005 年 1 月 6 日，顺利打响了国际石油工程市场上的“第一炮”，实现了真正意义上的“走出去”。

（丁勇兵）

**【湘中天然气勘探重启序幕】** 湘中天然气勘探历经几上几下，2004 年，在中国石化“准备南方”的油气资源战略部署下，中南分公司承担了湘中浅层天然气勘探项目。完成涟源凹陷二维地震采集 253 千米，生产物理点 4 178 个，获得较好地震反射资料，发现 3 个局部构造，9 个层圈闭，面积 22(千米)$^2$，预测气资源量约 28 亿米$^3$。同年 8 月湘冷 1 井老井复试取得成效，初始产量 4 000 米$^3$/日，稳产在 500 米$^3$/日。完成湘中地区野外地质调查，明确了 2 个勘探方向，是南方准备区块中最有望实现油气突破的有利区块之一。

（丁勇兵）

**【完成历史上最大单项物探工程】** 由中南石油局第五物探大队 542 队承担的西北石油局托甫台三维地震项目，经 4 个月艰苦施工，完成地震测线 11 束，48 次满迭面积 599.54(千米)$^2$，物理点 23 364 个，创中南石油局单项物探工程项目之最。该项目实现了优质、安全、环保和森林防火 14 个目标，受到甲方的高度肯定，被评为“双优”工程。

（丁勇兵）

**【钻井技术水平实现质的飞跃】** 2004 年，中南石油局第四普查大队在提高评价井机械钻速上积极探索，采用高效钻头、优质泥浆、提高设备运转效能，在 8½″、12½″井眼施工中获得提高机械钻速方法，在施工 T756 井、S112－1 井中获得成功。其中对比同一井段使用三牙钻头缩短时间 7 天和 22 天。70150ZN 井队施工的 TK744 井第四号 PDC 钻头完成钻井进尺4 207.84米，创造了单只钻头塔河油田新纪录。第四普查大队为塔河工区在探评井施工中摸索出一套方法，同时为塔河油田的大开发、增储上产作出了贡献。

（丁勇兵）

**【成功改制一家工程施工企业】** 2004 年 12 月 8 日，中南石油局中扬建设工程公司迎来了历史新时刻，由公司 43 名员工和中南石油局共同投资设立的新公司——湖南中扬建设工程有限责任公司召开成立大会。新公司由 1 个法人股东和 43 个自然法人组成，中南石油局持股 19%，43 名员工持股 81%。公司按现代企业制度进行建设，依法自主经营，自负盈亏。中扬建设工程公司以地基与基础、公路路面建设为主营业务，一方面依托油气生产开发，另一方面开拓社会工程市场，由于受专业限制，母体企业不可能再对其进行投入，走改制之路势在必行。积极贯彻中国石化主辅分离、改制分流工作精神，中南石油局将其作为改制分流试点企业，在石化集团公司总部批复同意后进行改制分流各项工作，11 月 30 日，湖南省工商局批准新公司成立。

（丁勇兵）

**【队伍专业化建设步伐加快】** 2004 年 3 月，中南石油局将测录井业务从四普大队分离出来，成立了中南测录井公司，成为局直属分公司，使录井队伍增加到 14 支。按现代企业管理模式高标准建章立制，规范管理，市场竞争综合实力进一步增强。按照构建“大油建”思路，年底完成了巴州油建公司与中南建筑公司重组合并方案，油建承担施工计转站工程，从过去单一专业施工跨入综合专业施工，标志着向“大油建”迈出了坚实一步。

（丁勇兵）

**【基础管理得到切实加强】** 2004 年，中南石油局、中南分公司开展了以抓基层队伍建设、基础工作、基本功训练为重点的“三基”工作，采取了务实措施，整章建制，夯实基础，规范管理，促进了管理水平提高。松滋采油厂编制了《员工手册》、《岗位说明书》、《采油、试油操作规程》、《采油工培训计划》、《“三基”工作达标检查和单井考评办法》及实施细则，健全完善了管理制度体系，加强了采油工、试油工岗位技能培训，强化油井管理。新疆工区加大了对基本岗位、基础管理、基层现场的工作力度，油服公司开展了质量达标劳动竞赛活动。四普推行以标准化现场、标准化班组、标准化岗位为主的三标建设。中南分公司全面试行内控制度，制定了涵盖投资、生产、经营、财务等各项业务的《内部控制手册》及实施细则。机关各部门适应中国石化直管要求，加强管理接轨，强化基础工作，经济管理、企业管理、物资装备管理、信息管理和建设得到提高，审计和监督得到切实加强。

（丁勇兵）

**【员工生产生活条件得到持续改善】** 中南石油局、中南分公司切实为职工办实事。2004 年投入 656 万元，完成全局各基地水、电 IC 卡的改造使用，完成了办公楼内外部维修、装修以及基地配套设施等建设，各基地面貌焕然 新，基地管理上了台阶。帮助解决了 8 户无房户问题，四普集资兴建了 48 套住宅。按政策提高了职工收入。离退休人员的两项待遇得到较好保证。

（丁勇兵）

**表 1　中南石油局、中南分公司主要经济指标**

亿元

| 指标名称＼年份 | 2004 | 2003 | 2002 | 2001 | 2000 | 1999 |
|---|---|---|---|---|---|---|
| 工业总产值 | 6.27 | 4.54 | 3.04 | 2.66 | 2.19 | 1.74 |
| 中南石油局 | 6.05 | 4.47 | 3.04 | 2.66 | 2.19 | 1.74 |
| 中南分公司 | 0.22 | 0.07 | | | — | — |
| 工业增加值 | 2.01 | 1.46 | 0.89 | 0.76 | 0.69 | 0.59 |
| 中南石油局 | 1.96 | 1.37 | 0.87 | 0.63 | 0.69 | 0.59 |
| 中南分公司 | 0.05 | 0.09 | 0.02 | 0.13 | — | — |
| 资产总计 | 7.20 | 5.81 | 4.98 | 4.58 | 3.25 | 2.96 |
| 中南石油局 | 5.13 | 4.32 | 3.31 | 3.26 | 3.25 | 2.96 |
| 中南分公司 | 2.07 | 1.49 | 1.67 | 1.32 | — | — |
| 流动资产 | 2.63 | 2.59 | 12.03 | 2.10 | 1.57 | 1.26 |
| 中南石油局 | 2.41 | 2.35 | 1.50 | 1.48 | 1.57 | 1.26 |
| 中南分公司 | 0.22 | 0.24 | 0.53 | 0.62 | — | — |
| 固定资产原值 | 5.69 | 4.49 | 4.37 | 3.45 | 2.57 | 2.48 |
| 中南石油局 | 3.75 | 3.08 | 3.08 | 2.34 | 2.57 | 2.48 |
| 中南分公司 | 1.94 | 1.41 | 1.29 | 1.11 | — | — |
| 固定资产净值 | 4.02 | 3.18 | 2.61 | 2.21 | 1.30 | 1.35 |
| 中南石油局 | 2.41 | 1.95 | 1.73 | 1.64 | 1.3 | 1.35 |
| 中南分公司 | 1.61 | 1.23 | 0.88 | 0.57 | — | — |
| 销售收入 | 6.27 | 4.60 | 2.24 | 2.58 | 2.23 | 1.71 |
| 中南石油局 | 6.05 | 4.47 | 2.16 | 2.51 | 2.23 | 1.71 |
| 中南分公司 | 0.22 | 0.13 | 0.08 | 0.07 | — | — |
| 实现利税 | -0.18 | -0.21 | -0.15 | -0.09 | -0.02 | 0.02 |
| 中南石油局 | 0.71 | 0.47 | 0.22 | 0.07 | -0.02 | 0.02 |
| 中南分公司 | -0.89 | -0.68 | -0.37 | -0.16 | — | — |
| 税　金 | 0.43 | 0.35 | 0.16 | 0.13 | 0.04 | 0.01 |
| 中南石油局 | 0.43 | 0.35 | 0.16 | 0.12 | 0.04 | 0.01 |
| 中南分公司 | … | … | … | 0.01 | — | — |

**表 2** **中南分公司主要生产建设指标表**

| 指标名称 \ 年份 | 2004 | 2003 | 2002 | 2001 | 2000 | 1999 |
|---|---|---|---|---|---|---|
| 原油产量/万吨 | 0.85 | 0.71 | 0.54 | 0.41 | 0.19 | 0.22 |
| 新增油气生产能力/万吨·年$^{-1}$ | 0.1 | 0.5 | 0.3 | — | 0.5 | — |
| 新增探明石油储量/万吨 | 123 | 152 | 105 | — | 110 | — |
| 完成二维地震/千米 | 448 | — | — | — | — | 350 |
| 三维地震/(千米)$^2$ | 40 | 80 | 90 | 62 | 60 | — |
| 钻井数/口 | 9 | 9 | 4 | 1 | 2 | 2 |
| 钻井进尺/万米 | 3.07 | 3.21 | 1.40 | 0.34 | 0.64 | 0.74 |
| 勘探开发投资/亿元 | 1.46 | 1.08 | 0.65 | 0.49 | | |

# 西北石油局暨西北分公司

**【概况】** 中国石油化工集团西北石油局(简称西北石油局)和中国石油化工股份有限公司西北分公司(简称西北分公司)，原为地质部新疆石油普查勘探指挥部；1983年4月更名为西北石油地质局；1997年1月，国务院批准成立中国新星石油有限责任公司，西北石油地质局隶属其下，并再次更名为中国新星石油有限责任公司西北石油局；2002年4月，西北石油局完成油气分公司体制改革，分设为中国石化新星西北石油局、中国石化新星西北分公司，并于2003年6月整体划归石化集团公司、石化股份公司直属，主要从事新疆塔里木盆地油气勘探开发和油气销售业务。

西北石油局、西北分公司直属单位驻地分布于新疆维吾尔自治区天山南北，总部于2004年10月18日迁至乌鲁木齐市北京北路29号。

截至2004年底，西北石油局、西北分公司建有1个党委，2套行政领导班子(共7人)，下设19个机关职能处室和18个二级生产单位。拥有职工3 079人，专业技术人员1 551人，高级专业技术职务307人。

西北石油局、西北分公司在企业发展过程中，逐步实现了由传统国有企业向现代油公司管理模式、单一勘探工作向勘探开发一体化、勘探生产科研向生产经营的转变。2004年油田进入快速发展时期，投资由2000年的14.8亿元增加到36.94亿元，原油产量由2000年的187万吨上升到358万吨；在塔里木盆地拥有勘探矿权区块15个，区块登记面积4.56万(千米)$^2$；累计探明14个油气田，在所开发的9个油气田中，共有生产油井342口，累计生产原油1 654.58万吨，生产天然气42.46亿米$^3$。

2004年，全年实现总收入48.15亿元，实现利税20.63亿元、利润18.34亿元。其中：西北分公司实现收入44.06亿元、利润17.83亿元、利税19.72亿元，人均创利税88万元，总资产95.15亿元，工业增加值32.63亿元；西北石油局实现生产经营收入4.09亿元、利润5 173万元、利税0.91亿元，人均创利税34.5万元，工业增加1.47亿元。

西北石油局、西北分公司主要经济指标和主要生产建设指标见表1、表2。

(陈兰凤　王爱敏)

**【1115成果】** 2004年，西北分公司勘探取得1个重大认识、1个重大突破、1个重要发现、5个新进展。

1个重大认识。通过塔河油田九联片地震资料处理及大面积储层预测，确定了塔河油田加里东期岩溶存在，预测了新的有利储层发育带，拓展了勘探领域，深化了碳酸盐岩缝洞型油藏成藏理论的重大认识。同时，预测和发现了下奥陶至寒武系大型背斜构造及大型台缘礁、滩储集体，为深层勘探奠定基础。

1个重大突破。位于塔河油田南部的S112井在奥陶系中统一间房储层获高产工业油气流，形成了新的亿吨级储量规模评价区块。

1个重要发现。于奇地区的YQ4井在三叠系测试获高产油气流，实现了新区油气的重要发现。

5个新进展。①"整体控制盐下"取得重要进展。提交了4.25亿吨油当量的控制和预测储量，形成了3亿—5亿吨级中质油油品区。②塔河盐下志留系成藏组合经钻探发现很好油气层。S117井测试获可动原油；预测圈闭资源量1 500万吨。③泥盆系东河砂岩勘探评价取得新进展。该领域预测储量达8 000万吨，是下步勘探评价的重要领域。④三叠系勘探评价取得了新进展和新认识。除3个已开发的三叠系油藏外，已发现8口油层厚度为8—15

米的出油井。此外，YQ3井和YQ4井油层厚度分别为16米和6米，并在S86、T903、T114和YQ4井测试获得工业油气流，这些井的新发现对于三叠系1亿吨圈闭资源量转化具有重要意义。⑤6 000米以下的碳酸盐岩储层酸压工艺改造取得突破。T740井于6 260—6 290米酸压获高产工业油气流，日产油184米$^3$，是截至2004年底塔河油田最深的酸压出油井。

（陈兰凤）

**【领导班子调整】** 2004年6月18日，石化股份公司对西北石油局、西北分公司行政领导班子进行重新聘任：焦方正为局长、陈云华为副局长；焦方正为经理，宗铁、翟晓先、甘振维为副经理，刘宝增为总会计师。

西北石油局党委由陈云华、焦方正、苏来曼·阿布都、宗铁、翟晓先、甘振维、刘宝增7人组成；陈云华任书记，焦方正、苏来曼·阿布都任副书记；苏来曼·阿布都兼纪委书记、工会主席。

（陈兰凤）

**【年中工作会议】** 2004年7月31日，西北石油局、西北分公司在乌鲁木齐召开年中工作会议。新一届领导班子到任后，经过全面调研和了解，在本次会上提出：西北分公司下步发展思路，就是两个字“发展”。发展，加快发展，加快油气发展是这届班子的首要任务和核心工作。一要抓勘探，快发展；二要抓开发，有效发展；三要抓技术进步，保发展；四要抓改革，促发展；五要抓队伍建设及人才培养，持续发展。实现油田快速发展与自然环境保护的和谐统一，力争2010年实现1 000万吨油当量发展目标。

（王爱敏）

**【S112井中途测试获得高产油气流】** S112井是西北分公司为扩大塔河油田油气成果，进一步探索塔河油田南部盐下奥陶系储层发育特征及含油气性，加快塔河油田外围有利地区的勘探步伐，在塔河地区西南部可果7号构造部署的一口探井。设计井深6 500米，预计进入奥陶系中—下统鹰山组132米完钻。钻井地质任务是以奥陶系、泥盆系为主要目的层，兼顾石炭系、志留系，查明其储层发育特征及含油气性。2003年8月17日，第一次开钻，于2004年1月27日钻至井深6 200米结束四开。该井钻遇奥陶系上统良里塔格组获含油岩心，经中途测试获得油气重大突破。采用直径6.35毫米油嘴求产，折算日产原油212.16吨，日产天然气1.64万米$^3$。S112井的油气突破，展示了塔河油田南部盐下奥陶系具有良好的勘探前景。

（陈兰凤 王爱敏）

**【YQ4井在三叠系获高产工业油气流】** YQ4井位于沙雅隆起阿克库勒凸起斜坡于奇1号构造顶部。设计完钻井深5 887.0米，2004年4月10日开钻，7月2日完钻。8月6—17日，对三叠系上统哈拉哈组砂岩段5 178—5 180米进行DST测试，获得高产工业油气流。井口油压17.0兆帕，日产油134吨，日产天然气5.32万米$^3$。YQ4井由新疆钻井公司7017井队承担钻井，大庆录井公司10分队承担录井，西北分公司工程技术研究院承担测井。

YQ4井在三叠系获得突破，在阿克库勒凸起北部地区碎屑岩勘探领域的重要进展，揭示了碎屑勘探领域的勘探前景，实现了新区油气重要发现。

（陈兰凤）

**【S117井获塔河油田南部盐下奥陶系储层新突破】** S117井位于沙雅隆起阿克库勒凸起南部斜坡带，是西北分公司在塔河油田南部盐下奥陶系为主要目的层部署的一口重点探井。

2004年8月28日S117井取心钻进至井深6 100.13米后起钻，起钻至井深4 332.98米时发生井涌。经DST裸眼测试，在奥陶系一间房组试获高产工业油气流，日产原油119米$^3$，天然气2.26万米$^3$。S117井是继S106井之后，塔河南部盐下奥陶系储层又一口重要油气发现井，该井的重大突破揭示了盐下勘探领域的勘探前景，具有重要的导向意义。

（王爱敏）

**【原油日产上万吨】** 2004年上半年，由于西北分公司老井递减快、措施效果差、新井投产慢、原油日产量在9 000吨左右徘徊。7月中旬，西北石油局局长、西北分公司经理焦方正率领新一届领导班子成功组织了一场攻坚战：成立前线生产运行小组，采取各种措施增储上产。8月25日，西北分公司原油日产首次突破1万吨，27日，原油日产量稳定在10 050吨。这标志着塔河油田已经成长为重要的产量上产区和接替区，为下一步更大规模油气开发提供经验，奠定基础。

（王爱敏）

**【发现和探明10亿吨级塔河油气田】** 截至2004年底，塔河地区累计探明石油储量5.3亿吨，天然气储量 590 亿米$^3$，探明油当量累计 5.89 亿吨；保有控制石油储量 2.04 亿吨油当量，预测石油储量 4.19 亿吨油当量。三级储量累计 12.1 亿吨，其中石油储量 10.77 亿吨。

（陈兰凤）

**【科技工作成绩显著】** 2004 年，西北石油局、西北分公司在科研开发和技术推广方面取得如下成绩：

(1)“十条龙”科研成果在碳酸盐岩储层研究评价上取得重要成果。塔河油田碳酸盐岩储层研究建立了缝洞型储层地震预测识别模式和储层 5 种成像测井识别模式，发展完善了储层测井评价技术方法系列，制定了储层分类方法和评价标准，为增储上产提供了科学依据和技术支撑。

(2) 完成国内陆上最大面积三维地震联片处理，解决了各块三维的边界效应问题。从振幅、频率、波组特征、信噪比和分辨率等方面实现“无缝”拼接，为全区储层预测建立统一量化标准、准确落实构造奠定基础，保证储层预测及构造解释客观性，为整体深化认识、评价塔河油田奠定基础。

(3) 通过对未建产井和低效生产井的综合研究，优选侧钻靶点，在侧钻中短半径定向井采用了“直—增—稳”的剖面类型和倒装钻具组合，解决了老井再利用的问题。

(4) 针对塔河油田奥陶系碳酸盐岩储层埋藏深、井底温度高、井间距离大的特点，开展了井间地震技术论证研究，并在井距大于 700 米的情况下，首次在塔里木盆地超深层奥陶系碳酸盐岩和石炭系碎屑岩地层实现井间地震采集成功，探索了缝洞型油藏缝洞描述的新途径。

(5) 针对缝洞型油田开发动态特征差异大的特点，有目的地选择低效生产井开展工艺技术试验，形成了水力喷射泵、电潜螺杆泵等深抽配套技术。水力喷射泵先导实验获得成功。截至 2004 年底水力喷射泵下潜深度进一步扩大，突破了常规泵一般下深小于 3 000 米的限制，建立了更高的生产压差，增大了产液量，解放了一批低效、低产能井；2004 年的转层酸压措施共进行 16 井次，措施增产原油 1.52 万吨，为提高老井产能发挥了重要作用。

（陈兰凤）

**【塔河油田 141 万吨/年产能建设投产】** 2004 年，西北石油局、西北分公司全年新建产能 143 万吨/年，共打探井开发井 113 口。

(1) 计转、计量站全部投产运行。新建计转站 6 座、计量站 1 座，建成塔河 8 区至塔河油田二号联合站油气外输管线、塔河 9 区至首站天然气集输管线，以及日处理规模 15 万米$^3$ 的塔河油田二号联合站天然气处理站工程。

(2) 电力、道路建设项目全面完成。塔河 6 区燃气发电站、塔河 8 区供电线路、变电站供配电系统全面投入运行，建设油田三级主干道路 53.6 千米、油田 4 级支干道路 21 千米。

(3) 全面启动雅克拉—大涝坝天然气产能建设。

（陈兰凤）

**【塔河油田 8 区地面工程投产运行】** 该地面工程是西北分公司 2004 年 141 万吨/年产能建设重点地面建设项目之一。项目包括：塔河油田 8 区计转站工程、原油天然气净化工程、供配电工程、外输工程等。项目动用奥陶系石油地质储量 5 402 万吨，含油面积 116 (千米)$^2$，新建原油年生产能力 87.5 万吨，总投资 3.32 亿元。工程于 2004 年 9 月开工，12 月 13 日投产运行。该项工程的投运，不仅能满足塔河油田原油产量逐年递增的发展需要，同时降低了原油运输成本，为塔河油田今后大规模发展提供保障。

（王爱敏）

**【雅—大凝析气田开发全面启动】** 2004 年 12 月 3 日凌晨零点，塔里木盆地北部大涝坝 K3 井开钻，宣告雅克拉—大涝坝气田开发建设全面启动。

雅—大气田是西北分公司开发的第一个凝析气田，也是中国石化储量规模最大的凝析气田。一期工程上钻 11 口开发井，其中雅克拉 6 口、大涝坝 5 口。2005 年将建成天然气产能 9.4 亿米$^3$/年，凝析油 19.56 万吨/年，每年将向库车大化肥装置供应 4.5 亿米$^3$ 原料用气。

此前，雅克拉—大涝坝气田地面产能建设工程已先行起步，设计日处理天然气 260 万米$^3$ 的雅克拉集气处理站 2004 年 10 月 24 日开工，11 月 18 日 2 座 3 000米$^3$ 的消防水罐和两座 2 000 米$^3$ 的凝析油罐基础完工。设计处理天然气 25 万米$^3$、年处理凝析油 8 万吨的大涝坝集气处理站 10 月 28 日破土动工。

（陈兰凤）

**【国内最深分支水平井顺利投产】** 2004 年 5 月 31 日，国内最深的分支水平井 TK908DH 井在塔河油田顺利投产，该井为西北分公司的第一口分支水平井，也是目前中国最深的一口分支水平井。第一分支垂直井深 4 597.02 米，斜深 5 234.55 米，第二分支垂直井深 4 597.36米，斜深 5 239.64 米。投产时采用 6 毫米油嘴对第二分支进行测试，油压 6.0 兆帕，日产油

154.5 吨，天然气 7 800 米$^3$。该井的顺利投产标志着西北分公司在深层油田开发钻井技术上已达到国内先进水平。

（陈兰凤）

**【重质原油外输系统二期工程一次投产成功】** 塔河油田重质原油外输系统是石化集团公司 2003 年的重点项目，它的建设是解决塔河油田重质原油外输，实现原油按性质分储、分输、分销，为原油分炼创造条件。该项目总投资 4.04 亿元，其中重质原油储运系统 3.4 亿元；配套的 110 千伏输变电工程 6 328.84 万元。

塔河油田重质原油外输系统一期工程已于 2003 年 10 月 8 日一次投产成功。二期工程于 2004 年 10 月 9 日开始投产，经历了重质油输送、站内试运和联运、管线预热、工程投油 4 个阶段，至 2004 年 10 月 26 日 12 时向塔河分公司供油结束，历时 420 小时，顺利实现了二期工程投产。

（王爱敏）

**【精神文明建设】** 2004 年，西北石油局、西北分公司全面、深入开展“三基”工作，要求各级单位部门抓好以基层党支部为核心的基层组织建设、以岗位责任制为核心的基础工作制度、以岗位练兵为核心的基层管理工作，整合出一套严格的管理和工作机制，努力创建一流的管理水平、一流的勘探开发技术、一流的生产经营指标、一流的基层队伍。

2004 年，西北石油局、西北分公司新一届领导班子首次提出并强调提炼“塔河精神”，使其成为激励和鼓励全体干部职工的强大动力和精神支撑。自此，“塔河精神”成为“三光荣”精神与时俱进的体现，也成为塔河探区石油勘探队伍的精神动力。

（陈兰凤）

**表 1　　西北石油局、西北分公司主要经济指标**　　亿元

| 指标名称 \ 年份 | 2004 | 2003 | 2002 | 2001 | 2000 | 1999 |
|---|---|---|---|---|---|---|
| 企业增加值 | 34.10 | 22.92 | 13.34 | 15.31 | 15.09 | 8.13 |
| 西北石油局 | 1.47 | 3.23 | 1.68 | 1.49 | 15.09 | 8.13 |
| 西北分公司 | 32.63 | 19.69 | 11.66 | 13.82 | — | — |
| 资产总计 | 100.33 | 74.99 | 59.72 | 48.51 | 46.74 | 28.58 |
| 西北石油局 | 5.18 | 3.40 | 7.30 | 6.50 | 46.74 | 28.58 |
| 西北分公司 | 95.15 | 71.59 | 52.42 | 42.01 | — | — |
| 流动资产 | 15.95 | 9.77 | 12.28 | 11.63 | 12.78 | 6.43 |
| 西北石油局 | 3.46 | 1.20 | 2.70 | 2.40 | 12.78 | 6.43 |
| 西北分公司 | 12.49 | 8.57 | 9.58 | 9.23 | — | — |
| 固定资产原值 | 88.18 | 74.82 | 52.67 | 41.18 | 31.71 | 18.47 |
| 西北石油局 | 5.45 | 5.80 | 8.50 | 6.70 | 31.71 | 18.74 |
| 西北分公司 | 82.73 | 69.02 | 44.17 | 34.48 | — | — |
| 固定资产净值 | 65.37 | 57.60 | 39.88 | 31.98 | 24.46 | 13.68 |
| 西北石油局 | 1.71 | 2.20 | 4.50 | 3.10 | 24.46 | 13.68 |
| 西北分公司 | 63.66 | 55.40 | 35.38 | 28.88 | — | — |
| 总收入 | 48.18 | 42.95 | 26.50 | 24.34 | 22.49 | 13.82 |
| 西北石油局 | 4.09 | 13.20 | 8.10 | 5.50 | 22.49 | 13.82 |
| 西北分公司 | 44.06 | 29.75 | 18.40 | 18.84 | — | — |
| 实现利税 | 20.63 | 14.93 | 7.24 | 10.60 | 2.06 | 1.23 |
| 西北石油局 | 0.91 | 2.10 | 0.50 | 0.50 | 2.06 | 1.23 |
| 西北分公司 | 19.72 | 12.83 | 6.74 | 10.10 | — | — |
| 税　金 | 2.29 | 2.55 | 0.94 | 1.73 | 1.06 | 0.88 |
| 西北石油局 | 0.40 | 1.70 | 0.40 | 0.40 | 1.06 | 0.88 |
| 西北分公司 | 1.89 | 0.85 | 0.54 | 1.33 | — | — |

**表 2　　西北石油局、西北分公司主要生产建设指标**

| 指标名称＼年份 | 2004 | 2003 | 2002 | 2001 | 2000 | 1999 |
|---|---|---|---|---|---|---|
| 原油产量/万吨 | 358.17 | 300.86 | 254.22 | 229.33 | 186.88 | 103.96 |
| 西北石油局 | 7 | 8.03 | 7.42 | — | — | — |
| 西北分公司 | 351.17 | 292.83 | 246.80 | — | — | — |
| 天然气产量/亿米$^3$ | 4.9 | 4.52 | 3.74 | 4.41 | 4.43 | 3.60 |
| 西北石油局 | — | 0.36 | 0.24 | — | — | — |
| 西北分公司 | 4.9 | 4.16 | 3.50 | — | — | — |
| 新增原油生产能力/万吨 | 143.77 | 121.70 | 74.50 | 92.90 | 75.40 | 75.90 |
| 西北石油局 | — | — | — | — | — | — |
| 西北分公司 | 143.77 | 121.70 | 74.50 | — | — | — |
| 新增天然气生产能力/亿米$^3$ | 0.61 | — | — | — | — | — |
| 西北石油局 | — | — | — | — | — | — |
| 西北分公司 | 0.61 | — | — | — | — | — |
| 新增探明石油地质储量/万吨 | 21 693（其中凝析油 319.1） | 7 791 | 5 405 | 3 955 | 4 883 | 3 403 |
| 西北石油局 | — | — | — | — | — | — |
| 西北分公司 | 21 693（其中凝析油 319.1） | 7 791 | 5 405 | — | — | — |
| 新增探明天然气地质储量/亿米$^3$ | 286.2（其中溶解气 102.18） | 78.40（溶解气） | 62.20（天然气＋溶解气） | 22.50（溶解气） | 34.20（溶解气） | 18.40（溶解气） |
| 西北石油局 | — | — | — | — | — | — |
| 西北分公司 | 286.2（其中溶解气 102.18） | 78.40（溶解气） | 62.20（天然气＋溶解气） | — | — | — |
| 二维地震/千米 | | | | | 848.65 | |
| 西北石油局 | | | | | | |
| 西北分公司 | | | | | | |
| 三维地震/(千米)$^2$ | 729 | 1 229.1 | 500.00 | 243.75 | 791.00 | 1 008 |
| 西北石油局 | — | — | — | — | — | — |
| 西北分公司 | 729 | 1 229.1 | 500.00 | — | — | — |
| 石油钻井/口 | 113 | 83 | 75 | 79 | 43 | 35 |
| 西北石油局 | — | — | — | — | — | — |
| 西北分公司 | 113 | 83 | 75 | — | — | — |
| 探井/口 | 25 | 24 | 26 | 33 | 18 | 12 |
| 西北石油局 | — | — | — | — | — | — |
| 西北分公司 | 25 | 24 | 26 | — | — | — |

续表

| 指标名称 \ 年份 | 2004 | 2003 | 2002 | 2001 | 2000 | 1999 |
|---|---|---|---|---|---|---|
| 开发井/口 | 88 | 59 | 49 | 46 | 25 | 23 |
| 西北石油局 | — | — | — | — | — | — |
| 西北分公司 | 88 | 59 | 49 | — | — | — |
| 注水井/口 | — | — | — | — | — | — |
| 西北石油局 | — | — | — | — | — | — |
| 西北分公司 | — | — | — | — | — | — |
| 钻井进尺/万米 | 67.88 | 50.27 | 39.10 | 42.19 | 25.23 | 19.80 |
| 西北石油局 | — | — | — | — | — | — |
| 西北分公司 | 67.88 | 50.27 | 39.10 | — | — | — |
| 勘探投资/亿元 | 10.13 | 9.96 | 7.71 | 6.50 | 5.80 | 3.31 |
| 西北石油局 | — | — | — | — | — | — |
| 西北分公司 | 10.13 | 9.96 | 7.71 | — | — | — |
| 开发投资/亿元 | 26.81 | 7.05 | 7.79 | 9.92 | 8.19 | 6.19 |
| 西北石油局 | 0.25 | — | — | — | — | — |
| 西北分公司 | 26.56 | 7.05 | 7.79 | — | — | — |

## 华东石油局暨华东分公司

**【概述】** 中国石化集团华东石油局（简称华东石油局）和中国石油化工股份有限公司华东分公司（简称华东分公司）成立于1970年5月6日，前身是江苏省石油勘探指挥所。1983年3月20日改名为地质矿产部华东石油地质局，直属地质矿产部领导。1997年1月经国务院批准，成立了中国新星石油有限责任公司，华东石油局隶属其下，更名为中国新星石油公司华东石油局。2000年4月，随新星石油公司整体并入石化集团公司后，更名为中国石化新星公司华东石油局。2001年石化集团公司进行重组改制，华东石油局油田开发和部分科研单位上市，成立中国石油化工股份有限公司新星华东分公司，非上市部分仍用原名称。2003年5月，经石化集团公司管理体制调整，华东石油局和华东分公司由新星公司管理调整为石化集团公司直接管理，调整后名称分别变更为中国石化集团华东石油局和中国石油化工股份有限公司华东分公司。

2004年，华东石油局和华东分公司全面完成了任务目标，取得了较好的经济效益。实物工作量大幅度增加，华东分公司共投入探井12口，开发井43口，钻井进尺14.15万米，投入三维地震224（千米）$^2$，全年共生产原油17.5万吨，原油商品率为95.01%。华东石油局在完成关联交易任务的同时，积极开辟国内石油工程市场，共完成钻井进尺14.47万米；二维地震2 614千米，三维地震835（千米）$^2$；测井完成878标准米；销售二氧化碳21.13万吨。生产经营总收入达历史最好水平，华东石油局和华东分公司总收入分别达到7.5亿元和4.74亿元，剔除关联交易1.88亿元后，合并报表为10.36亿元。利润水平进一步提高，华东石油局实现利润1 091万元，比上年增长387.05%；华东分公司实现报表亏损3 081万元，剔除预算外因素对利润的影响，还原到年初预算口径后的考核利润为亏损4 788万元，为完成全年限亏指标的99.75%。对社会的贡献进一步加大，华东石油局实现利税5 007万元，比上年增加了108.5%；华东分公司上缴税金5 026万元。投资规模进一步扩大，全年固定资产、重大项目投资5.11亿元；资产总量已达到18.92亿元，净资产共11.27亿元。经济结构趋于合理。油气、矿业、工程作业占总收入的比重达到94.87%，油气、石油工程和建设工程、二氧化碳生产在经济总量中所占份额分别达到44.52%、42.17%、8.17%。工程作业市场化程度进一步提高，国内外部市场收入达到4.8亿元，占华东石油局经营总收入的 63.84%。国际工程市场收入稳步增长。

2004 年，实现了石油工程作业队伍与辅业的分离，成立了物探、钻井、固井、录井、测井、井下作业 6 个专业公司，由华东石油局对专业公司实行一级法人管理。专业公司的成立，提高了石油工程作业能力和市场竞争力，以油气生产和油气工程作业队伍为核心的主营业务更加突出。

华东石油局和华东分公司按照专业部门分设，综合部门合署办公的原则，年末共设有职能和党群工作部门 23 个。年末在职职工 3 788 人(其中华东石油局 2 396人，华东分公司 1 392 人)。

2004 年，华东石油局和华东分公司在队伍建设、创建文明单位的实践中，紧扣发展主题，密切结合实际，促进了两个文明建设协调发展。成功举办了第八届文化体育节，在中国石化创建金银牌基层队的活动中，取得了 2 金 4 银，采油厂 158 井组被授予全国青年文明号集体。

（蒋建新　万荷萍）

**【超额完成油气储量任务】** 2004 年，华东分公司按照“主攻松南，发展苏北，研究外围，稳步发展”的勘探方针，以经济效益为中心、以探明石油地质储量为目标，依靠科技创新，全面完成了全年勘探任务目标。共完成三维地震 224.2 (千米)$^2$，完成年计划 101%；全年累计施工探井、评价井 12 口，累计进尺为 3.27 万米，完成全年计划的 115.28%。取得了一批新的勘探成果，松南探区腰英台油田初步实现了中型油田目标并获油气勘探成果三等奖；苏北溱潼凹陷继 2003 年发现边城油田后，2004 年又在叶甸构造带取得勘探突破；十屋南小城子断陷层天然气勘探也取得了新的进展，初步显示了长岭、十屋南断陷层天然气的良好勘探前景。

2004 年提交石油探明地质储量 610 万吨，石油控制地质储量 800 万吨，天然气控制储量 21.75 亿米$^3$；石油预测地质储量 1 219.9 万吨，天然气预测储量 9.29 亿米$^3$，三项储量之和为 2 940.3 万吨(油当量)，完成年计划的 163.35%。

（蒋建新　万荷萍）

**【油田开发综合调整见效】** 2004 年华东分公司针对所在辖区块低渗透、特低渗透油藏占总储量 80%，动用程度低的问题，注意吸收和学习先进的开发技术，通过抓好复杂断块滚动勘探开发、完善注采井网、储层保护和改造等办法，使一批老油田保持了稳产的态势，部分老油田出现了产量上升的趋势。油田综合递减率由 25% 下降到 16%；大部分油田实现了由弹性开采到注水开采的转变，注采比由上年的 1:5.4 降至 1:3.3，趋于平衡，注水开发储量由上年的 845 万吨提高到 1 025 万吨，增长 42.6%。

（蒋建新　万荷萍）

**【腰英台油田开发先导性试验】** 2004 年，华东分公司在东北腰英台油田 1 号区块实施了先导性试验，取得了明显的效果。该区块运用地震测井资料正反演的储层描述成果揭示了腰英台油田储层分布特征；采用了常规和压裂完井方式测试了泉头组等 6 个层位，均获工业油流；低渗、低阻油层识别取得突破，发现了青二Ⅲ优质储量，DB24 井获得 7.31 吨/日的工业油流，DB18 井在青二Ⅲ油组压裂获得了 31.1 吨/日自喷工业油流，突破了腰英台油田自然产能关和改造后的高产油流关。在腰英台油田部署的 DB27 井等 6 口滚动勘探开发井，均在青山口组一段和二段揭示较好油田气显示，其中 2 口井获工业油流。截至 2004 年底，腰英台油田含油面积已扩大至 60(千米)$^2$，探明储量超过 906 万吨，三级储量达到 4 476 万吨。

与此同时，特低渗油藏压裂改造配套工艺趋于成熟，压裂成功率接近 100%；初步形成了一套适应东北长岭凹陷超低渗储层保护的钻井液、完井液等系列配套技术以及适合东北油气生产特点的配套的注采工艺，并通过先期注水和同步注水试验，注水开发初见成效，多口井实现稳产。

（蒋建新　万荷萍）

**【积极扩大国外市场】** 2004 年，华东石油局和华东分公司认真贯彻石化集团公司“走出去”战略，积极争取进入国外石油勘探开发市场，通过劳务合作、合资公司、受托管理等各种形式，扩大了国际合作项目。全年在哈萨克斯坦钻井 11 口，进尺达 3.36 万米，三维地震采集 22(千米)$^2$，生产物理点 5 294 个。在印尼进行二维地震采集 140.27 千米，生产物理点 2 757 个；三维地震 292.3(千米)$^2$，生产物理点 1.26 万个。参与了加蓬项目 G4－188 区块的论证，并受国际石油勘探公司委托，管理该区块的勘探开发工作。作为国际石油勘探公司一类项目哈萨克斯坦 FIOC 项目技术支撑单位，对该项目在哈国所有权利区块进行全面的勘探评价研究。

（蒋建新　万荷萍）

**【参与国家新一轮油气资源选区评价】** 华东石油局参与了国家油气办组织的国家新一轮油气资源选区评价项目，具体任务是青藏高原油气资源战略选区调查与评价——羌塘地区二维地震反射剖面调查试验。通过投标，华东石油局下属单位第六物探大队649队为项目实施单位。羌塘地区位于青藏高原北部，可可西里以南的荒原地区，平均海拔4 800—5 300米。该队53名施工人员克服了高寒缺氧、举步维艰的恶劣环境，于2004年8月下旬进入施工现场，9月30日安全优质完成了51千米二维地震采集任务。2004年11月14日，该项目通过了中国地质科学研究所在北京组织的中国石油界专家对野外数据采集工作进行的验收和报告评审。

（蒋建新　万荷萍）

表1　华东石油局、华东分公司主要经济指标　亿元

| 指标名称＼年份 | 2004 | 2003 | 2002 | 2001 | 2000 | 1999 |
|---|---|---|---|---|---|---|
| 工业总产值 | 7.97 | 8.35 | 6.49 | 7.13 | 8.10 | 6.23 |
| 华东石油局 | 4.11 | 4.58 | 3.38 | 3.64 | — | — |
| 华东分公司 | 3.86 | 3.77 | 3.11 | 3.49 | — | — |
| 企业增加值 | 4.06 | 2.29 | 3.55 | 3.51 | 4.46 | 3.57 |
| 华东石油局 | 2.09 | 1.59 | 1.61 | 1.34 | — | — |
| 华东分公司 | 1.97 | 0.70 | 1.94 | 2.17 | — | — |
| 资产总计 | 18.92 | 14.83 | 15.62 | 13.53 | 10.05 | 10.54 |
| 华东石油局 | 9.72 | 7.09 | 7.27 | 6.20 | — | — |
| 华东分公司 | 9.20 | 7.74 | 8.35 | 7.33 | — | — |
| 流动资产 | 5.56 | 4.31 | 4.75 | 3.88 | 4.46 | 4.20 |
| 华东石油局 | 4.40 | 3.21 | 3.22 | 2.78 | — | — |
| 华东分公司 | 1.15 | 1.10 | 1.53 | 1.10 | — | — |
| 固定资产原值 | 19.62 | 17.29 | 15.91 | 13.45 | 8.66 | 8.35 |
| 华东石油局 | 6.45 | 5.14 | 5.16 | 3.93 | — | — |
| 华东分公司 | 13.16 | 12.15 | 10.75 | 9.52 | — | — |
| 固定资产净值 | 11.27 | 10.65 | 10.03 | 8.68 | 4.74 | 4.54 |
| 华东石油局 | 4.29 | 3.35 | 3.58 | 2.66 | — | — |
| 华东分公司 | 6.99 | 7.30 | 6.45 | 6.02 | — | — |
| 销售收入 | 12.18 | 8.81 | 5.50 | 6.19 | 7.92 | 6.20 |
| 华东石油局 | 7.45 | 5.17 | 3.35 | 3.35 | — | — |
| 华东分公司 | 4.74 | 3.64 | 2.15 | 2.84 | — | — |
| 实现利税 | 0.79 | 0.75 | 0.28 | 0.38 | 0.75 | 0.62 |
| 华东石油局 | 0.50 | 0.27 | 0.22 | 0.12 | — | — |
| 华东分公司 | 0.28 | 0.48 | 0.06 | 0.26 | — | — |
| 税　金 | 0.89 | 0.45 | 0.40 | 0.37 | 0.55 | 0.37 |
| 华东石油局 | 0.39 | 0.25 | 0.21 | 0.18 | — | — |
| 华东分公司 | 0.50 | 0.20 | 0.19 | 0.19 | — | — |

表 2　　华东石油局、华东石油分公司主要生产建设指标

| 指标名称＼年份 | 2004 | 2003 | 2002 | 2001 | 2000 | 1999 |
|---|---|---|---|---|---|---|
| 原油产量/万吨 | 17.5 | 17.04 | 16.03 | 16.98 | 17.45 | 17.02 |
| 新增原油生产能力/万吨 | 7.1 | 6.52 | 2.31 | 3.32 | 2.47 | 1.36 |
| 新增探明石油地质储量/万吨 | 500 | 455 | 234 | 106 | 136 | 290 |
| 二维地震/千米 | | | | | 831 | 1 545 |
| 三维地震/(千米)$^2$ | 224 | 100 | 101 | 134 | 51 | |
| 石油钻井/口 | 55 | 51 | 26 | 27 | 28 | 21 |
| 探井/口 | 12 | 13 | 13 | 10 | 10 | 11 |
| 开发井/口 | 43 | 38 | 13 | 17 | 18 | 10 |
| 钻井进尺/万米 | 14.15 | 8.25 | 5.68 | 5.95 | 9.99 | 5.95 |
| 勘探投资/亿元 | 1.33 | 1.05 | 0.99 | 0.94 | 0.83 | 0.93 |
| 开发投资/亿元 | 2.48 | 1.59 | 0.78 | 0.77 | 0.70 | 0.70 |

## 东北石油局暨东北分公司

**【概述】** 中国石化集团东北石油局(简称东北石油局)和中国石油化工股份有限公司东北分公司(简称东北分公司)，始建于1980年，原隶属地矿部，后隶属新星石油公司。2000年随新星石油公司整体归并到石化集团公司，2003年为适应管理体制调整的需要，变更为中国石化集团东北石油局、中国石油化工股份有限公司东北分公司。它是中国石化在东北地区(新区勘探除外)惟一一支从事石油天然气勘探开发和生产经营活动的队伍，是集油气地质研究、地球物理勘探、钻井、测井、固井、测试、油建、采油、输气于一体的企业。总部机关设在吉林省长春市。主要勘探区分布在吉林省四平市、公主岭市、长岭县、农安县、乾安县等县(区)。新区勘探在内蒙古自治区通辽、开鲁境内，面积2.66万(千米)$^2$，全区总勘探面积3.50万(千米)$^2$。

东北石油局、东北分公司一套班子、两块牌子、一个党委，协调委员会负责协调上市与存续之间的工作。截至2004年底，有领导班子成员7人，下设17个处室、3个二级单位、7个直属单位，共有职工1 410人，其中上市部分1 140人，存续部分270人。现有4个采输厂，一个二氧化碳生产基地，年产原油5万吨，天然气1.8亿米$^3$，二氧化碳3.01万吨。

截至2004年底，东北石油局、东北分公司先后勘探开发了万金塔二氧化碳气田、四五家子、八屋、孤家子、秦家屯、所图、东岭、伏龙泉等11个油气田和含油气构造，输气能力达到70万米$^3$/日，原油150吨/日。二氧化碳气8.24万吨/日，累计生产原油29万吨，外输天然气14亿米$^3$，销售二氧化碳气18.86万吨。通往一汽、长春市、吉林市、四平市、公主岭市、长岭县等乡镇输气管线500多千米。为数百万户城镇居民和一汽等数十家大中型国有企事业单位提供天然气能源。占供应吉林省天然气能源市场90%以上的份额。为振兴吉林老工业基地做出了突出的贡献。已连续10年被长春市评为文明单位，连续2年被长春市评为文明单位标兵。

2004年，东北分公司圆满完成23.25万吨产量目标。其中生产原油5.15万吨，完成年计划101%；销售原油4.76万吨，商品率为96.1%；生产天然气1.81亿米$^3$，完成年计划100.56%；销售天然气1.5亿米$^3$，商品率93.64%。东北石油局销售二氧化碳3.01万吨，收入1 954万元。东北石油局、东北分公司共实现油气总收入2.52亿元，全年提交油气探明储量314.2万吨油当量，油气控制储量579.9万吨油当量，石油预测储量1 159万吨油当量，实现发现井5口。截至2004年末，东北分公司勘探区块累计完成二维地震6 544千米，完成三维地震1 243(千米)$^2$，共完钻探评井151口，总进尺29.53万米。探明含油面积17.7(千米)$^2$，探明石油地质储量1 945万吨，探明含气面积43.9(千米)$^2$，探明天然气地质储量1.71万亿米$^3$。

东北石油局、东北分公司主要经济指标和主要生产建设指标见表1、表2。

（李　玲）

**【油气勘探开发取得丰硕成果】** 2004年东北分公司油气勘探攻克了十屋断陷深部领域含油气体系。在皮家西3断块部署的松南139井，获日产2.91万米$^3$工业天然气流。提交天然气探明地质储量17.17亿米$^3$，控制天然气地质储量43.99亿米$^3$，已建成日产10万米$^3$天然气开发生产基地。部署在十屋断陷新立构造的松南145井获日产2.5万米$^3$工业天然气流，充分展示了该构造带的良好勘探前景。松南189井是长岭凹陷东岭构造东坡的一口预探井，日产原油12.63吨，预示开发前景广阔。松南203井、松南360井、DB6井等多口探评井均取得工业油气流。在伏龙泉气田部署的10口开发井均获得工业天然气流并投入生产，提交天然气探明储量6.65亿米$^3$，日输气量达到15万米$^3$，成为主要生产气田之一。

（吴子锋）

**【新区登记成功】** 2004年3月，东北分公司在中国石化东北地区油气勘探新区招投标会上，一举中标通辽、开鲁2个新的勘探区块，总面积2.66万(千米)$^2$，使东北分公司的总勘探面积达到3.50万(千米)$^2$。改写了东北分公司多年以来勘探区域小，没有后续发展空间的历史，为东北分公司可持续发展战略的实施奠定了基础。

（吴子锋）

**【年产2.6万吨高纯二氧化碳项目竣工投产】** 新星液碳公司二氧化碳项目2004年技术改造投入资金1 572万元，上马2.6万吨/年高纯二氧化碳项目，于当年9月28日竣工。产品远销东北三省。开拓了大庆油田、辽河油田二氧化碳注采市场，取得了中国第一个、世界惟一的油田二氧化碳注采施工资质，取得ISO 9001质量认证。

（吴子锋）

**【企业改革平稳推进】** 2004年，东北分公司根据石化集团公司和石化股份公司的改革部署，制定了东北石油局、东北分公司精简双压改革方案，经石化集团公司批准后，精简合并3个处室，企业按照一套班子、两块牌子、独立核算的管理模式运行，逐步向“一企一制”过渡。

（吴子锋）

**【清理整顿合资合作公司】** 2004年东北分公司根据石化股份公司356号文件精神，对天元、天洁2家个合资合作公司债权债务进行彻底清理整顿，理顺关系，规范合作规程，降低投资风险，使合资合作公司的生产经营走上了规范的运作程序。

（李　玲）

**表1**　　东北石油局、东北分公司主要经济指标　　亿元

| 指标名称 \ 年份 | 2004 | 2003 | 2002 | 2001 | 2000 | 1999 |
|---|---|---|---|---|---|---|
| 工业增加值 | 2.01 | 1.48 | 1.51 | 1.31 | 1.64 | 1.05 |
| 东北石油局 | 0.16 | 0.21 | 0.18 | 0.07 | — | — |
| 东北分公司 | 1.85 | 1.27 | 1.33 | 1.24 | 1.64 | 1.05 |
| 资产总计 | 9.25 | 7.47 | 6.69 | 5.91 | 6.83 | 3.38 |
| 东北石油局 | 1.26 | 1.23 | 1.14 | 1.22 | — | — |
| 东北分公司 | 7.99 | 6.24 | 5.55 | 4.69 | 6.83 | 3.38 |
| 流动资产 | 1.25 | 0.98 | 1.16 | 1.01 | 1.09 | 0.63 |
| 东北石油局 | 0.35 | 0.38 | 0.44 | 0.43 | — | — |
| 东北分公司 | 0.90 | 0.6 | 0.72 | 0.58 | 1.09 | 0.63 |
| 固定资产原值 | 11.14 | 8.93 | 7.43 | 6.15 | 3.2 | 2.27 |
| 东北石油局 | 1.16 | 0.90 | 0.85 | 0.69 | — | — |
| 东北分公司 | 9.98 | 8.03 | 6.58 | 5.46 | 3.2 | 2.27 |
| 固定资产净值 | 7.66 | 6.21 | 5.31 | 4.61 | 2.72 | 1.92 |
| 东北石油局 | 0.85 | 0.62 | 0.61 | 0.53 | — | — |
| 东北分公司 | 6.81 | 5.59 | 4.7 | 4.08 | 2.72 | 1.92 |

续表

| 年　份<br>指标名称 | 2004 | 2003 | 2002 | 2001 | 2000 | 1999 |
|---|---|---|---|---|---|---|
| 销售收入 | 2.87 | 2.23 | 2.13 | 2.15 | 1.53 | 0.91 |
| 东北石油局 | 0.55 | 0.49 | 0.43 | 0.47 | — | — |
| 东北分公司 | 2.32 | 1.74 | 1.7 | 1.68 | 1.53 | 0.91 |
| 实现利税 | 0.02 | -0.1 | 0.54 | 0.67 | 0.16 | 0.18 |
| 东北石油局 | 0.06 | 0.06 | 0.02 | -0.04 | — | — |
| 东北分公司 | -0.04 | -0.16 | 0.52 | 0.71 | 0.16 | 0.18 |
| 税　金 | 0.057 | 0.09 | 0.04 | 0.06 | 0.05 | 0.08 |
| 东北石油局 | 0.05 | 0.05 | 0.02 | 0.01 | — | — |
| 东北分公司 | 0.007 | 0.04 | 0.02 | 0.05 | 0.05 | 0.08 |

表 2　　东北石油局、东北分公司主要生产建设指标

| 年　份<br>指标名称 | 2004 | 2003 | 2002 | 2001 | 2000 | 1999 |
|---|---|---|---|---|---|---|
| 二氧化碳/万吨 | 3.00 | 2.34 | 2.36 | 2.18 | 1.88 | 1.85 |
| 原油产量/万吨 | 5.15 | 4.42 | 4.01 | 3.96 | 3.99 | 2.44 |
| 天然气产量/亿米$^3$ | 1.81 | 1.7 | 1.9 | 1.52 | 1.69 | 1.22 |
| 新增原油生产能力/万吨 | 2.29 | 0.1 | 0.6 | 0.36 | 2.5 | 2 |
| 新增天然气生产能力/亿米$^3$ | 0.64 | 0.72 | 0.71 | 0.63 | 0.6 | 0.81 |
| 新增探明石油地质储量/万吨 | 76 |  | 52 | 177 | 201 | 310 |
| 新增探明天然气地质储量/亿米$^3$ | 23.82 | 23.25 | 18.53 | 5.06 | 13.35 | 14.17 |
| 二维地震/千米 | 512 | 611 | 558.32 | — | — | — |
| 三维地震/(千米)$^2$ | 85 | 285 | — | — | 160 | 161.01 |
| 石油钻井/口 | 61 | 45 | 51 | 60 | 63 | 50 |
| 探井/口 | 15 | 11 | 10 | 10 | 11 | 15 |
| 开发井/口 | 46 | 34 | 41 | 50 | 52 | 35 |
| 钻井进尺/万米 | 11.05 | 7.97 | 8.01 | 8.72 | 8.89 | 8.56 |
| 勘探投资/亿元 | 1.55 | 1.25 | 0.59 | 0.37 | 0.64 | 0.84 |
| 开发投资/亿元 | 1.54 | 0.89 | 0.87 | 0.91 | 1.20 | 0.41 |

## 西部勘探指挥部

**【概述】** 中国石油化工股份有限公司西部新区勘探指挥部(简称西部勘探指挥部)成立于 2001 年 12 月 21 日。共设有 10 个职能处室，下设胜利、中原、河南、江苏、江汉油田和西北局等 6 个西部勘探公司。截至 2004 年，中国石化在准噶尔、塔里木、柴达木、吐哈及河西走廊诸盆地共有探矿权区块 69 个，勘探面积 29.80 万(千米)$^2$，参战职工逾万名，形成了万人会战找油气、找大场面的宏大声势。西部勘探指挥部成立 3 年来，坚持“集团化决策、项目化管理、市场化运行、社会化服务”的现代化运做模式，形成了一套有效的管理流程。面对新区复杂的勘探对象，西部勘探指挥部坚定不移地走科学勘探之路，开展联合科研会战，加强成果融合，实现了区块与区带、区带与盆地研究的整体性、系统性。西部勘探指挥部驻地位于乌鲁木齐市高新区昆明路 2 号。

2004年是中国石化进军西部新区、实施“三步走”勘探战略的第一年。一年来，西部新区油气勘探工作按照“立足两盆，坚持甩开，找大场面”的勘探思路，优化勘探部署，取得了丰硕的勘探成果。当年完成预测石油储量5 476万吨，为计划的109.52%，完成预测天然气储量420.90亿米$^3$，为计划的140.30%；完成控制石油储量3 152万吨，为计划的114.63%，完成控制天然气储量255.70亿米$^3$，为计划的113.60%；完成探明石油储量2 059万吨，为计划的102.95%，三级储量达1.64亿吨(当量)，超额完成年度计划任务。加快“三优一大”圈闭目标搜索，共发现落实有利圈闭43个，面积3 200(千米)$^2$。2004年，新开钻井29口(跨年井14口)，其中完井21口，正钻井8口；完成探井进尺10.27万米，为年度计划的100.90%；完成试油54层(其中，中途测试7层)，建设试采装置5套。完成二维地震采集7 497千米，为年度计划的99.90%；完成三维地震采集1 501(千米)$^2$，为年度计划的100%。2004年，西部勘探指挥部完成勘探投资14.99亿元，为年度计划的99.99%。其中物化探完成投资7.06亿元(其中二维地震3.91亿元，三维地震2.71亿元，非地震及其他0.44亿元)，为年度计划的99.60%；钻井完成投资5.50亿元，为年度计划的100.40%；其他2.43亿元(包括科研、非安设备、信息系统建设等)，为年度计划的100.40%。

西部勘探指挥部主要生产建设指标见表1。

(陈学宏)

**【永1井喜获高产油气流】** 2004年8月9日20时48分，西部新区重点预探井永1井经中途测试喜获高产油流。经折算永1井日产原油72.07米$^3$，气1.05万米$^3$，该井为地层岩性圈闭，面积大、油层厚度大。8月10日上午，永1井重大油气突破祝捷大会在新疆乌鲁木齐举行。石化集团公司领导陈同海、牟书令、张耀仓，新疆自治区党委常委、副主席艾力更·依明巴海出席了庆祝仪式，并分别为参加永1井施工的胜利渤海钻井总公司70695钻井队、中原石油勘探局210录井队、江汉油田测试分公司、胜利测井巴州分公司颁发了锦旗和重大油气发现杯。

(陈学宏)

**【实施新区勘探“三步走”战略】** 2004年，西部勘探指挥部确立了“三步走”的战略目标。“三步走”战略的核心内容是：第一步，到2006年新区勘探要实现“大突破”，力争拿到亿吨级储量规模的高产大油气田；第二步，到2010年新区勘探要实现“大发展”，力争探明储量4亿—5亿吨，建成油气产能400万—500万吨；第三步，到2020年新区勘探要实现“大接替”，就是整个西部的油气生产能力要接近或等于当时条件下东部的油气当量，全面实现中国石化资源战略接替的宏大目标。“三步走”战略目标的提出，是建立在新区资源潜力和充分分析勘探前景基础之上的，是紧密结合了中国石化油气资源战略发展要求和国家经济发展需要而确立的，具有很强的针对性和现实意义。这一战略目标的提出，为新区勘探指明了方向。

(陈学宏)

**【党组调整西部勘探指挥部领导班子】** 2004年6月26日，西部勘探指挥部在吐哈石油大厦召开机关干部大会，宣布石化集团公司党组和石化股份公司对西部勘探指挥部领导班子调整的决定。石化集团公司党组成员、石化股份公司高级副总裁牟书令出席会议。会议由石化股份公司副总裁王志刚主持。石化集团公司人事教育部副主任张继田宣读了党组和石化股份公司对西部勘探指挥部领导班子调整的决定：任命李丕龙为指挥部党工委委员、聘任为指挥部常务副指挥，聘任胡国强为指挥部总会计师；免去张殿国的指挥部党工委常务副书记、委员、纪工委书记职务，解聘蔡希源的指挥部常务副指挥并免去其指挥部党工委委员职务，解聘刘宝增的指挥部总会计师职务。

(陈学宏)

**【联合研究会战首战告捷】** 2004年9月11日，来自胜利、中原、江苏、河南、江汉、西北石油局、石油勘探开发研究院、西部分院以及相关大专院校和科研院所500多名石油地质科研人员汇聚乌鲁木齐，拉开了为期3个月的西部新区联合研究会战序幕。西部新区开展联合研究会战，是西部勘探指挥部为适应西部新区勘探形势、加强地质研究与目标评价、加快西部新区勘探进程，确保“三步走”战略顺利实施而采取的一项重要举措。联合研究会战按区带共设立了准中、准南、塔中、塔北、外围5个研究项目组。会战主要从盆地、区带入手，整体研究油气成藏规律，优选勘探目标，全面搜索实现大突破、发现大场面的勘探目标，提出部署意见，实现了首战告捷。

本次会战共发现并落实圈闭43个，面积3 175(千米)$^2$，其中新发现圈闭20个，面积1 561(千米)$^2$。其中面积大于200(千米)$^2$的圈闭1个、面积大于150(千米)$^2$的圈闭1个、面积大于100(千米)$^2$的圈闭4个。重新落实圈闭23个，面积1 614(千米)$^2$，其中面积大于100(千米)$^2$的圈闭4个。这些圈闭的发现与落实，为2005年的勘探奠定了坚实基础。通过对上述圈闭的综合评价，优选部署井位 18 口，主要目的层圈闭面积达 1 433.70(千米)$^2$，预测圈闭资源量为 12.10 亿吨油气当量。

(陈学宏)

**【勘探取得重要阶段性成果】** 2004 年新区勘探取得的主要勘探成果有：获得了一个重大发现，即准噶尔盆地腹部中部 3 区块永 1 井侏罗系钻遇高压油气层。永 1 井位于车莫古隆起南翼，设计井深 6 400 米。2003 年 11 月 5 日开钻，2004 年 7 月 25 日钻至井深 6 018米，8 月 9 日中途测试折算日产油 72.07 米$^3$，日产气 1.05 万米$^3$，初步证实了车莫古隆起南翼是一个重要的勘探领域。

展现了三个好苗头。一是成 1 井钻遇高压油气藏，全井共发现荧光显示 11.14 米/7 层，在侏罗系八道湾组油气显示丰富，表明中部 2 区块具备较好的成藏条件。二是继董 1 井之后，董 3 井又在侏罗系头屯河组钻遇高压油气藏，说明中部 4 区块侏罗系头屯河组盖层条件好，利于形成高压油气藏。三是排 1 井侏罗系、白垩系见丰富的油气显示，车浅 1 井老井热试获油流，西缘车排子地区有望发现一定规模的地层或地层岩性油藏。

落实了一批大中型勘探目标。①永 1 井的重大突破证实了车—莫古隆起南翼是盆地腹部地区的一个重要勘探领域，预计可控制地层岩性圈闭 200(千米)$^2$ 以上。②古城墟隆起西部倾没端落实目标一个，部署了预探井古隆 1 井。③巴楚隆起同岗构造是一大型勘探目标，奥陶系岩溶储层和寒武系盐下构造是同岗构造最重要和最具探索价值的勘探层系。④准噶尔南部山前带米泉地区七道湾背斜基本落实，部署预探井 1 口。⑤塔里木南部山前带重新落实有利目标一个，桑株—皮牙曼构造是塔里木南部山前带的重要勘探目标之一，部署了预探井桑株 1 井。⑥草湖凹陷东坡落实了东河砂岩地层超覆圈闭，部署了预探井孔雀 2 井。⑦麦盖提斜坡区块西南部皮山构造基本落实，部署了预探井盖 1 井。⑧发现了位于柴达木盆地北部的野马构造，部署了意向井位野马 1 井。

首次完成探明储量上报。2003 年度西部新区在准中 1 区块庄 1 井、庄 102 井、庄 103 井区上报侏罗系三工河组 $J_1s_2^2$ 油藏控制石油地质储量 3 221 万吨，含油面积 89.60(千米)$^2$。2004 年在上年度勘探的基础上，先后通过庄 104H 井、庄 105 井、庄 106 井、庄 107 井、庄 108 井等多口评价井的钻探，达到了提交探明储量的井控要求。当年 12 月份经国家储委终审，莫西庄油田新增探明石油地质储量 2 059 万吨，其中庄 1 井区侏罗系三工河组 $J_1s_2^2$ 油藏探明石油地质储量 1 962 万吨，含油面积 49.10(千米)$^2$；庄 106 井区侏罗系三工河组 $J_1s_2^1$ 油藏探明石油地质储量 97 万吨，含油面积 3.10(千米)$^2$，首次完成了探明储量上报。

(陈学宏)

**【物探技术研究攻关取得新进展】** 2004 年，西部勘探指挥部坚持“针对性引进，高效率消化，有选择继承，有特色创新”原则，大面积推广应用和完善现有技术，加大重点难点地区的地震勘探方法攻关和技术理论研究，引进、开发、应用新型适用技术，取得了 9 个方面的可喜成果：首创 SPS + 地震辅助数据格式，发展了静校正数据库技术；沙丘区表层地震波衰减补偿技术研究初见成效；典型剖面地震模型模拟研究带来理论和技术研究新启发；山前带地震资料采集、处理技术有了长足进步；盆地腹部地震资料采集、处理技术日渐成熟；宽方位角三维地震勘探技术在准噶尔盆地腹部应用见到实效；基于静校正数据库的资料连片处理技术应用效果显著；针对隐蔽油气藏的特殊处理解释技术逐步发展和应用；米泉山前带重力—地震联合反演等适用技术开发应用取得了实效。

(陈学宏)

**【地质认识日趋深化】** 2004 年通过勘探实践和研究表明：车—莫古隆起的演化对准中具有明显的控藏作用，南翼是寻找大型地层岩性油气藏的重要领域。准噶尔盆地腹部两大套源岩，分层、分片成熟，多灶供烃，构建了大中型油气田的雄厚资源基础；多物源、多旋回的中生代沉积充填构建了多个目的层，为构造—岩性复合圈闭的发育奠定了基础；准噶尔腹部具有多因素控藏、多期成藏、动态调整的特点；车—莫古隆起的形成与定型控制着腹部的油气聚集；盆地腹部存在多个油气勘探领域，车—莫古隆起的南翼是寻找大型地层岩性油气藏的重要领域。

大型岩溶、地层—岩性油气藏是塔中地区重要勘探目标，寒武系—下奥陶统和上奥陶统两套主力烃源岩，形成复式油气系统，平面上油气呈多相态复杂分布；发育两类储层、多成因储集空间；加里东中晚期、海西早期大型古隆起奠定了成藏的宏观地质背景，构造与岩性的配套形成了多类型的复合圈闭；多期油气充注、晚期充注与调整、平面上叠合的复式网状供烃、可能构成大型复式油气聚集带；加里东中晚期、海西早期大型古隆起有关风化壳岩溶型、礁滩相及其叠合带志留系及上泥盆统—石炭系的构造圈闭、地层—岩性复合圈闭是主要勘探领域。

盐下大目标是巴楚隆起寻找大中型油气田重要勘探领域。在巴楚隆起的寒武系和石炭—二叠系发育两套烃源岩；下寒武统白云岩、下奥陶统加里东中晚期岩溶—裂缝型储层、岩浆期后热液烘烤的白云岩、石炭系礁滩相和志留系及泥盆系碎屑岩均可能成为有利的储集体；发育大量的海西晚期形成、喜山期定型改造的多类型复合圈闭；早期规模油气的聚集、晚期有效保存调整以及晚期成藏是油气成藏的重要特点；中下寒武统盐下构造和东南部构造裂隙—岩溶发育带的构造圈闭是主攻的勘探领域。

两大盆地山前构造带大型构造发育，是寻找大中型油气田的有利地区。经研究，准南山前带紧邻生油坳陷，发育了大型构造圈闭，是寻找大中型油气田的重要勘探地区；塔西南前陆推覆带大型构造圈闭发育、油源充足、油气显示丰富，也是寻找大中型油气田的重要勘探领域；孔雀河山前带油气成藏条件较好，具有较好的油气勘探前景；准噶尔北缘1区块临近玛湖凹陷，是勘探的重点区带之一。

（陈学宏）

表1 西部勘探指挥部主要生产建设指标

| 指标名称＼年份 | 2004 | 2003 | 2002 |
|---|---|---|---|
| 二维地震/千米 | 7 497 | 9 991 | 16 186 |
| 三维地震/(千米)$^2$ | 1 501 | 2 769 | 565 |
| 探井数/口 | 29 | 30 | 13 |
| 新区/口 | 29 | 30 | 13 |
| 老区/口 | — | — | — |
| 探井进尺/万米 | 10 274 | 96 021 | 44 504 |
| 新区/万米 | 10 274 | 96 021 | 44 504 |
| 老区/万米 | — | — | — |
| 勘探总投资/亿元 | 14.99 | 14.98 | 11.47 |
| 物化探投资/亿元 | 7.06 | 9.21 | 7.94 |
| 二维地震/亿元 | 3.91 | 4.89 | 6.81 |
| 三维地震/亿元 | 2.71 | 4.11 | 0.77 |
| 探井投资/亿元 | 5.50 | 4.37 | 2.52 |
| 其他投资/亿元 | 2.43 | 1.40 | 1.01 |

## 管道储运公司暨管道储运分公司

**【概况】** 中国石化集团管道储运公司暨中国石油化工股份有限公司管道储运分公司(统称管道公司)是石化集团公司从事油气储运的专业化管理企业，基地位于江苏省徐州市，占地面积119万米$^2$，紧临京沪、陇海铁路；京福、京沪高速公路和徐州观音机场。管道公司创建于1975年2月17日，始称华东输油管线指挥部，1978年9月经石油工业部批准，改称华东输油管理局，1998年6月，石油、石化两大集团公司重组，中国石化集团管道储运公司成立。1999年8月，随着石化集团公司重组改制工作的进一步深化，管道储运公司改制后分为非上市部分即中国石化集团管道储运公司(简称管道储运公司)和上市部分即中国石油化工股份有限公司管道储运分公司(简称管道储运分公司)，2000年3月实现分立运行。

截至2004年底，管道公司有下属单位20个，管辖着22条输油管线，所辖管线跨越10个省和直辖市，全长4 180千米，油罐总罐容673.85万米$^3$。资产总计203.82亿元。在册职工7 766人，其中高级职称278人，中级职称943人。

2004年，管道储运分公司实现输油3 925.59万吨，同比增长38.1%，销油3 691.44万吨，同比增长29.4%，创历史最好水平，实现利润1.41亿元，超额完成石化股份公司下达的7 500万元的利润指标。

管道储运公司实现主营业务收入 15.08 亿元，实现利润 278 万元，超额完成石化集团公司下达的“零对零”的考核指标，取得了两公司分立运行以来首次扭亏为盈的重大突破。

2004 年，管道公司按照“内控安全生产体系、外抓长效护线机制”的工作思路，加大科防、人防和企地联防工作力度，坚决与打孔盗油违法犯罪活动作斗争，缴获盗油车辆 101 台，抓获不法盗油分子 72 人，全年共发生打孔盗油 758 次，同比下降 30%。同时，进一步完善安全管理体系，狠抓安全生产责任制的落实；充分发挥 HSE 管理体系的作用，对重大风险因素，逐项进行分析、控制；加大安全检查和隐患整治力度，有效落实各项整改防范措施，安全生产形势总体保持平稳，连续第五年获得石化集团公司安全生产先进单位称号。

2004 年，管道公司继续以管道建设、安全技术改造和提升主营业务生产能力为重点，不断优化投资结构，加强投资管理，提高投资质量，保证了重点工程和其他投资项目的顺利实施。全年共完成固定资产投资 35.64 亿元，其中管道储运分公司 35.26 亿元，管道储运公司 3 730 万元；完成大修理计划 6 725 万元，其中管道储运分公司 5 500 万元，管道储运公司 1 225 万元。

2004 年，管道公司根据发展需要，贴近生产，贴近实际，进一步加大人才队伍建设和科技研发力度，累计培训 6 000 余人次，实现了员工培训率大于 80%、合格率不低于 95%的控制目标。确定科研开发项目和青年科技基金项目 44 项，完成石化集团公司鉴定项目 1 项，公司级评定项目 18 项，青年科技基金项目 8 项。鲁宁线 2 000 万吨/年输量技术改造、临濮原油管道工程两个设计项目，分获石化集团公司优秀工程设计二、三等奖；连云港碱厂采输卤工程获中国石油行业优秀工程咨询一等奖。

2004 年，管道公司三个文明协调发展。狠抓党员领导干部廉洁自律，深入开展了效能监察和纠风工作，党风廉政建设和反腐败工作进一步加强。召开基层建设工作会议，全面加强“三基”工作建设。发布具有石化管道特色的企业文化表述方案，为做好新形势下的思想政治工作提供了有效载体。不断创新思想政治工作的内容、机制、形式和方法，把解决思想问题与实际问题结合起来，做了大量稳人心、暖人心、得人心的工作。组织开展形式多样、健康向上、群众喜闻乐见的文体活动，有力地维护了企业和社区的稳定。

管道公司主要经济指标和管道储运分公司主要生产指标分别见表 1、表 2。

（张立辉）

**【甬沪宁进口原油管道工程建成投产】** 甬沪宁进口原油管道工程是经国家计委批准，由管道储运公司承担建设任务的中国石化重点工程项目，投资 30 多亿元，干线长 645 千米，干线直径 700 毫米以上，设计年输油能力 2 000 万吨。甬沪宁进口原油管道于 2002 年 9 月 28 日全面开工建设，2003 年 11 月 25 日陆上管线和油库、输油站建设完成，2004 年 3 月 20 日杭州湾海底长 53 千米、直径 711 毫米管线穿越成功，实现了甬沪宁进口原油管道的全线贯通。2004 年 3 月 20 日—6 月 29 日甬沪宁进口原油管道五阶段分段投产一次成功，顺利实现了向中国石化所属镇海、上海、高桥、金陵、扬子五大炼化企业管输进口原油的目标，为中国石化降低运输成本，提高整体经济效益作出了贡献。甬沪宁管道建设是中国管道建设史上的一项重大成就，在其建设过程中创造了多个中国和世界管道建设史上的新纪录：在中国首次实现管道穿越长江；首次采用定向钻技术使管道穿越海峡；在中国首次成功采用世界先进的海底管线自埋技术，攻克了强潮流区海湾建设大口径、长距离海底管道的世界级难题；在杭州湾管线工程中，先后创造了海上定向钻穿越距离最长和海上拖管口径最大、距离最长的世界纪录，并与“长江第一穿”一起获得了中国企业新纪录的殊荣。

（张立辉）

**【杭州湾海底管道工程全面完工】** 杭州湾海底管道工程是甬沪宁管网工程的重要组成部分和关键的控制性工程，也是管道建设领域一项具有世界水平的技术难题。它南起杭州湾的南岸浙江慈溪，向北穿过杭州湾海底后到达北岸的浙江平湖，共包括 2 条直径分别为 711 毫米、762 毫米的原油管道和 1 条直径为 273 毫米的石脑油管道，3 条海底管道各长 53.5 千米。受石化集团公司委派，管道公司负责此项工程的组织管理、地方协调等工作，韩国现代重工株式会社经国际招标后中标为该项工程的 EPC 总承包商。经中韩双方共同努力，全体参战人员克服杭州湾潮差大、水流急、海况条件复杂等多种不利因素和困难，于 2004 年 3 月 20 日首先完成了直径 711 毫米海底管道的铺设任务，并于 5 月 20 日投产一次成功。此后，中韩管道建设者再接再厉，于 2004 年 10 月 30 日完成了直径 762 毫米海底管道的建设任务，于 2004 年 12 月 12 日实现了直径 273 毫米海底管道的全线贯通，取得了杭州湾海底管道工程建设的全面胜利。

（张立辉）

**【仪征至长岭原油管道工程试验段提前开工建设】** 为有效解决沿江炼化企业原油运输“瓶颈”问题，缓解长江航运紧张状态，促进地方经济发展，中国石化从战略高度出发，作出了建设仪征至长岭原油管道的重大战略决策。仪征至长岭原油管道工程全长979千米，途经江苏、安徽、江西、湖北、湖南5省12市，全线建13座站场，设计年输量为2 700万吨。根据总部安排，管道公司负责此项工程的规划设计、工程建设及今后的运行管理等工作。工程建设总体控制目标为2004年10月20日开工，2006年6月20日投产，力争2006年3月20日投产。管道公司根据上述要求，在做好规划设计及前期各项工作的基础上，于2004年3月成立了仪征至长岭原油管道工程建设项目部。2004年10月16日经精心组织和各方共同努力，江苏仪征、安徽怀宁、湖北洪湖3个试验段完成各项准备工作同时开工建设，提前拉开了仪征至长岭原油管道工程建设的序幕。

（张立辉）

**【仪征油库扩建一期工程基本完工】** 仪征油库扩建一期工程是中国石化的重点工程项目和科研项目，2座储油罐高均为21.8米，罐底直径为100米，有效容积为15.87万米$^3$，是国内最大的原油储罐。此项工程由北京设计院和华东管道设计院联合设计，由管道公司负责组织施工。2003年12月此项工程全面开工，2004年4月5日罐基础打桩完毕，2004年7月25日进入罐主体安装阶段，2004年12月18日上水沉降观测结束，标志着2座15万米$^3$储油罐建设基本完工。此项工程是在中国首次建成15万米$^3$浮顶储油罐，被称为“中国第一罐”，并填补了国内储油罐建设史上的多项技术空白。

（张立辉）

**【鲁宁线淮河穿越获得圆满成功】** 鲁宁线淮河穿越工程是管道公司重点技术改造项目，穿越长度1 402米，管道直径762毫米，穿越深度23米。由于地质条件复杂，现场施工环境差，管道穿越分两次进行。第一段管道穿越于2004年11月30日开钻，12月5日回拖成功。第二段管道12月10日开钻，12月25日回拖成功。此项工程的圆满成功彻底解决了鲁宁线投入运行26年来，淮河跨越段管道洪水困扰问题，为输油安全提供了保障。

（张立辉）

**【塘燕线改输进口原油投产一次成功】** 塘沽至燕山石化管线原设计输送介质为石脑油，为进一步优化华北原油管网，缓解燕山石化原油供应不足问题，石化集团公司总部决定对其进行改输进口原油改造。此项工程由管道公司负责，于2004年4月16日开工，6月7日完工并验收，6月12日通过石化集团公司工程建设部、生产经营部、炼油事业部、安全环保部对其进行的投产前最后检查，6月16日开始接卸进口原油，6月20日塘沽站启泵，6月21日大港分输站顺利投用，7月2日进口原油到达燕山石化，标志着塘沽至燕山石化管线改输进口原油投产一次成功。

（张立辉）

**【顺利接管河间至石家庄管线】** 河间至石家庄原油管道全长151千米，区间设有4个输油站。此项工程由石家庄炼油厂出资建设，1988年开工，1989年基本建成，1993投产，投产后一直由华北油田管理。为提高专业化管理水平，形成华北输油管网格局，石化集团公司决定将河石线划归管道公司管理。管道公司高度重视此项工作，经多次现场勘查和深入调研，制定了周密接收方案和应急预案。2004年12月7日8时30分管道公司职工同时进驻河石线4个输油站，与华北油田职工同岗进行实习熟练，12月17日华北油田职工撤出，管道公司顺利实现了对河石线的接管。

（张立辉）

**【结构调整取得明显成效】** 2004年，管道公司进行了产业结构调整：一是成立徐州输油（气）技术服务分公司，合理调配公司人力资源，逐步改善公司人力资源结构，有效缓解了管道快速发展面临的人员不足问题。二是撤销石油机械厂，成立徐州管道技术作业分公司，通过调整产业结构，积极拓展弯管加工、管道防腐、加热炉制造安装、无损检测等业务，进一步增强了与输油主业的关联度、紧密度。三是积极发展定向钻穿越、储油罐清洗、管线封堵抢修、特种技术作业等优势业务领域，努力拓展和培育内外市场，形成了一批与输油主业相关的“专、精、特、新”主营业务。四是加大法人清理整顿力度，完成了利富康、华江宾馆、襄樊石利达实业公司修理厂、潍坊东滨实业公司等10个单位的注销工作。

（张立辉）

**【职工医院成功实施改制分流】** 2004年初，管道公司根据石化集团公司要求确定了职工医院改制分流的计划和实施目标。2004年9月9日，经精心组织和广泛宣传动员，职工医院以职工代表大会的形式通过了改制方案。2004年10月10日，召开第一次股东会议，通过公司章程，选举产生了首届董事会和监事会。2004年11月1日，管道公司职工医院正式更名挂牌为徐州华东管道医院，标志着管道公司第一个拥有

116 名职工的二级单位成建制改制获得圆满成功。

（张立辉）

【中小学顺利移交】 2004 年 5 月，管道公司根据石化集团公司统一部署，主动与地方政府洽谈、协商，全力开展企业办社会职能移交地方的工作。2004 年 8 月底管道公司沧州处小学首先具备移交条件，并与中国石化其他单位学校一同移交河北省沧州市。9 月 27 日，石化集团公司与江苏省签订移交协议，管道公司中小学全面进入移交工作程序。10 月 28 日，管道公司与江苏省徐州市签署学校移交备忘录，管道公司中小学正式移交徐州市管理。此举标志着管道公司 1 所中学、2 所小学涉及在职教职工 198 名、离退休人员 138 名的移交工作圆满结束。

（张立辉）

【ERP 系统通过总部验收，成为国内首家成功上线的管道企业】 根据石化股份公司统一部署，管道公司 ERP 项目于 2003 年 4 月 23 日启动，2003 年 10 月 13 日成功上线，2004 年 8 月 10 日通过石化股份公司信息部的验收，成为国内首家成功上线的管道企业。截至 2004 年底，管道公司 ERP 系统已经成功开发了财务、物资供应、原油管理和工厂维护四大功能模块，建成一个资金流、物流、信息流“三流合一”的信息平台，减少了管理层次，提高了管理水平，为实现管道数字化奠定了坚实基础。

（张立辉）

【ISO 9001:2000 质量管理体系获得认证】 2004 年管道公司按照 ISO 9001 质量管理体系要求，建立、完善、发布了公司质量管理体系文件，按照“全面贯标、重点认证”的原则制定了详细的工作计划，组织 680 余人参加了质量管理体系相关知识的培训，完成了内部审核、管理评审和模拟审核。2004 年 11 月 11 日顺利通过北京新世纪认证公司审核组的审核，被推荐认证注册。2004 年 12 月 1 日取得北京新世纪认证公司颁发的 ISO 9001:2000 质量管理体系认证证书。

（张立辉）

表 1 管道公司主要经济指标①

亿元

| 指标名称 \ 年份 | 2004 | | 2003 | | 2002 | | 2001 | 2000 | 1999 |
|---|---|---|---|---|---|---|---|---|---|
| | 公司 | 分公司 | 公司 | 分公司 | 公司 | 分公司 | | | |
| 工业总产值② | 11.80 | 21.61 | 8.89 | 16.74 | 10.06 | 15.55 | 14.87 | — | 9.76 |
| 工业增加值 | 2.29 | 9.56 | 1.50 | 8.38 | 1.72 | 7.11 | 6.27 | — | — |
| 资产总计 | 21.21 | 182.61 | 18.66 | 114.72 | 15.16 | 76.23 | 63.73 | 55.95 | 32.62 |
| 流动资产 | 13.59 | 75.38 | 11.37 | 39.09 | 7.12 | 28.98 | 18.04 | 28.76 | 13.85 |
| 固定资产原值 | 9.48 | 117.58 | 8.85 | 81.10 | 9.27 | 70.81 | 72.15 | 59.22 | 36.19 |
| 固定资产净值 | 7.12 | 75.41 | 6.45 | 41.37 | 6.77 | 33.74 | 36.41 | 25.87 | 16.45 |
| 销售收入 | 15.08 | 21.61 | 13.31 | 16.74 | 10.43 | 17.24 | 15.03 | 13.60 | 10.19 |
| 利润总额 | 0.03 | 1.41 | -0.33 | 1.01 | -0.39 | 1.35 | 1.51 | 1.24 | 0.72 |
| 税　金 | 0.58 | 1.50 | 0.58 | 1.47 | 0.46 | 1.23 | 1.01 | 0.44 | 3.23 |

① 1999—2001 年为管道公司分立前数据。

② 1999—2003 年数据按 1990 年不变价格计算。

表 2 管道储运分公司主要生产指标

| 指标名称 \ 年份 | 2004 | 2003 | 2002 | 2001 | 2000 | 1999 |
|---|---|---|---|---|---|---|
| 收油量/万吨 | 3 770.51 | 2 869.81 | 2 751.97 | 2 701.11 | 2 643.31 | 1 935.47 |
| 输油量/万吨 | 3 925.59 | 2 841.56 | 2 730.86 | 2 661.46 | 2 615.67 | 2 198.63 |
| 销油量/万吨 | 3 691.44 | 2 853.09 | 2 712.48 | 2 715.78 | 2 567.59 | 1 926.02 |
| 周转量/万吨·千米 | 2 193 983 | 1 701 029 | 1 632 309 | 1 678 104 | 1 559 530 | 1 290 252 |
| 油总耗/万吨 | 5.50 | 7.46 | 7.78 | 7.47 | 8.56 | 11.31 |
| 电总耗/万千瓦·时 | 61 079.93 | 40 814.20 | 39 983.30 | 50 600.00 | 44 094.30 | 32 052.10 |
| 综合能耗/公斤标煤·(万吨·千米)$^{-1}$ | 148.28 | 159.59 | 167.08 | 185.43 | 192.43 | 225.59 |

# 燕山石化公司暨北京燕山分公司、北京燕化股份公司

【综述】 中国石化集团北京燕山石油化工有限公司(简称燕山石化公司，下属单位有动力事业部、环保事业部、工程公司、建筑安装公司等)中国石油化工股份有限公司北京燕山分公司(简称北京燕山分公司，下属单位有炼油厂、研究院、物装中心等)、中国石化北京燕化石油化工股份有限公司(简称北京燕化股份公司，下属单位有化工一厂、聚丙烯事业部、化学品事业部、合成橡胶事业部、聚酯事业部、树脂应用研究所、营销中心等)，以上统称燕山石化。燕山石化位于北京市房山区燕山岗南路1号，占地面积40(千米)$^2$。前身为1970年7月成立的北京石油化工总厂，后曾更名为北京燕山石油化学总公司、北京燕山石油化工公司、北京燕山石油化工集团有限公司、中国石化集团北京燕山石油化工有限公司。

2002年，原北京化工集团有限责任公司北京乙烯债转股项目重组成立北京东方石油化工股份有限公司(简称东方石化公司，下属有北京东方化工厂、北京化二股份有限公司、北京有机化工厂、北京助剂二厂、北京化工四厂、北京化工二厂)，归燕山石化公司代管。

2004年，燕山石化(不包括东方石化公司)共有职工2.34万人，有专业技术经营管理干部7 048人，其中具有高级职称的600多人，中级职称的2 600多人。共有石油化工生产装置88套，辅助生产装置71套。主要产品有石油产品、有机合成材料、有机化工原料、化纤产品、机械产品、塑料制品和其他工业及民用产品。可以生产103个品种、412个牌号的产品。主要产品中，合成树脂、合成橡胶、苯酚丙酮等生产能力居全国第一。2004年燕山石化各种主要产品的生产能力为：原油加工能力850万吨/年；乙烯生产能力71万吨/年，占全国总产能的15%；聚乙烯生产能力56万吨/年，占全国总产能的18%；橡胶生产能力23万吨/年，占全国总产能的19%；聚丙烯生产能力44万吨/年，占全国总产能的13%；苯酚丙酮19.5万吨/年，占全国总产能的32%。

2004年，坚持“燕山石化一体化，效益最大化”原则，优化资源配置，精心组织经营，推动技术进步，深化企业改革，强化内部管理，加大领导班子和职工队伍建设力度，各项工作取得明显成效。燕山石化和东方石化公司全年实现销售收入544.40亿元，比上年增加219.41亿元；利税77.01亿元，增加50.57亿元；利润48.69亿元，增加40.18亿元。其中北京燕山分公司和北京燕化股份公司全年共实现销售收入401.17亿元，与2003年相比增长41.97%；实现利税62.07亿元，增长138.55%；实现利润39.99亿元，增长3.32倍。北京燕山分公司吨油完全费用178.78元/吨，同比减少10.89元/吨。北京燕化股份公司化工产品完全加工费用1 788.44元/吨，比指标降低38.84元/吨。多项经济效益指标创历史最好水平。13类主要化工产品产量171.5万吨，同比增长16.2%。外售有机原料总量39.2万吨。内部考核的34套生产装置中30套装置达标，42.5%的物耗和70.6 %的能耗指标优于历史最好水平。专业指标达标率89.8%，优于历史最好水平。东方石化公司创造了同类小规模乙烯最好经济效益，实现销售收入74.59亿元，实现利润10.13亿元，超额完成利润指标。2004年，燕山石化处理不良资产和历史遗留问题共计3.97亿元。截至2004年末，燕山石化连续1 175天天上报石化集团公司重大事故。

燕山石化及东方石化公司主要经济指标和主要产品产量见表1、表2。

(孙　明)

【原油加工量创历史最好水平】 2004年，燕山石化原油加工量809.35万吨，同比增长11.8%，创北京市原油加工新纪录。全年进口原油145.3万吨，创北京市进口原油的新纪录。其中进口俄罗斯原油106.7万吨；通过塘燕原油管线，从海路进口原油38.5万吨。加工进口原油122.5万吨，同比增长2.7倍，创燕山石化加工进口原油历史新纪录。其中加工俄罗斯原油99.69万吨，穆尔班原油8.74万吨，阿曼原油4.56万吨，古拉索原油8.43万吨，撒哈拉原油1.14万吨。轻油收率75.04%，综合商品率92.29%，综合损失率1.43%。

(孙　明)

【原油长输管线开通】 2004年6月16日，燕山石化与天津港集团公司在天津港举行首次接卸原油暨长输管线开通庆典仪式，从此燕山石化海上进口原油通道打通。第一船4.78万吨阿曼原油于当日开始卸油，19日输送到炼油厂。燕山石化进口原油卸油码头建在天津塘沽南疆码头，原油管线由原塘沽至燕山的石脑油管线改造而成，输送能力为200万吨/年，油库储运能力8万米$^3$。2004年从海路共进口原油38.5万吨。

(孙　明)

**【首次生产出符合欧Ⅱ排放标准的车用汽油】** 2004年，燕山石化将闲置的润滑油装置改建成22万吨/年催化裂化汽油加氢处理试验装置，采用RIDOS汽油低烯烃技术对联合重整装置汽油高辛烷值特性进行技术攻关，生产出98#车用汽油，6月2日首批100吨98#高清洁汽油投放首都市场，燕山石化成为国内首家进入北京最高标号汽油市场的供应商。9月1日，炼油厂生产的首批符合欧Ⅱ排放标准的车用汽油投放北京市场。通过优化装置操作条件，使用新型配方催化剂，还生产出部分硫含量和烯烃含量两项指标达到欧Ⅳ标准的汽油，全部供应首都市场。燕山石化还对柴油加氢装置进行改造，生产出符合北京市地方标准（第一阶段）的清洁柴油。2004年燕山石化高标号汽油比例达到72.19%，同比提高10.2个百分点。

（孙　明）

**【航煤加氢精制装置建成】** 2004年5月6日，80万吨/年航煤加氢精制装置在北京燕山分公司炼油厂建成并一次开车成功，生产出3#航空煤油，并于6月10日，通过国家航空油料鉴定委员会鉴定。21日，在炼油厂装油站台举行了航煤出厂仪式。燕山石化于1970—1980年曾生产该产品，后因生产工艺落后，产品质量不能满足要求而停产。2004年燕山石化炼油厂共生产航空煤油8.11万吨。

（孙　明）

**【成为国内最大的乙烯生产商】** 2004年燕山石化乙烯总产量达到98.19万吨（包括、东方石化公司产量），增长11.3%，乙烯单线生产能力和总量均为中国领先水平，成为中国最大的乙烯生产商。在生产中，燕山石化努力增产乙烯收率高的裂解原料，裂解料自产率达到93.66%，同比提高5.15个百分点。化工一厂充分挖掘生产装置潜能，积极调整裂解炉投油结构，使乙烯平均日产量达2 200吨以上，全年生产乙烯80.13万吨。东方石化公司全面加强各项指标的细化量化考核，年乙烯收率达到32.06%，乙烯产量创纪录地达到18.06万吨，处于同类装置领先水平。

（孙　明）

**【合成树脂产量位居全国第一】** 2004年，燕山石化合成树脂年产量达到131.6万吨，位居全国第一。其中化工一厂合成树脂总量108.9万吨，东方石化公司22.7万吨。高压聚乙烯、低压聚乙烯、聚苯乙烯、聚丙烯年产量再创新高，总产量达到70.3万吨，专用料比例达到67.87%，同比提高8.67个百分点。东方石化公司生产聚氯乙烯16万吨，EVA树脂4.5万吨，聚乙烯2.2万吨。

（孙　明）

**【合成树脂专用料比例达到67.87%】** 2004年燕山石化合成树脂专用料比例达到67.87%。在生产安排上，首先做好热销产品聚乙烯涂层料及共聚聚丙烯的大量排产，同时狠抓管材料以及薄膜料等新产品的试生产和推广。聚丙烯管材料PP4220产量由上年的2.3万多吨上升到3.1万吨，多增效益约2 800万元。新开发的聚乙烯埋地排水管专用料和超大口径双壁波纹管专用料也都已实现大批量生产。全年共生产HDPE6360M 1.2万多吨，较普通高密度聚乙烯产品多创利润300多万元。

经国家权威部门检测，燕山石化自行研制开发的聚乙烯燃气管用混配料综合性能达到国外同类产品的水平。在功能薄膜料方面，开发生产出农用棚膜专用料，销量累计达4万多吨。自行研制开发的热收缩膜专用料、包装用高透明膜料以及35千伏电缆料等新产品实现批量生产。

（孙　明）

**【聚丙烯专用料新产品通过鉴定】** 2004年，燕山石化医用输液瓶专用料、高线速BOPP薄膜专用料、中高流动透明聚丙烯专用料、流延膜用聚丙烯专用料4种无规共聚专用料通过鉴定，部分牌号属国内首创，产品质量达到国际先进水平。

医用输液瓶专用料B4901、B4902共2个牌号是国内首次研发，具备替代进口产品的能力。高线速BOPP薄膜专用料F3002、F2002等2个牌号质量达到国内外同类产品的先进水平。中高流动透明聚丙烯专用料K4818是透明注射制品的高品质原料，产品质量达到国内外同类产品先进水平。流延膜用聚丙烯专用料主要应用于服装、针纺织品、面包的商品包装，同时也可应用于制作高温蒸煮膜、复合膜的内层热封膜和金属化膜。（孙　明）

**【国内首套丁基橡胶装置平均运转周期达到国际先进水平】** 2004年5月19日，燕山石化的国内第一套丁基橡胶工艺技术攻关通过石化集团公司鉴定。该装置20世纪90年代从意大利P I公司引进，设计能力3万吨/年，但自1999年投产后产量一直没有达标。燕山石化和北京化工大学对装置进行联合攻关，开发出丁基橡胶聚合新工艺，解决了产品门尼黏度波动大、降解、变色和不饱和度低等质量问题。自2003年9月起，月产量连续突破3 000吨。2004年，该装置反应器的平均运转周期达 80 小时，达到国际先进水平。并得到国际知名的米其林公司的认可。

（孙 明）

**【苯酚丙酮居国内市场核心主导地位】** 2004 年，燕山石化苯酚产量达到 16.98 万吨，丙酮 10.74 万吨，总产量再创新高，比上年增加 10 万吨，利润同比增加 1 倍多，经济效益创历史最好水平，燕山石化产品居国内苯酚丙酮市场核心主导地位。几年来，燕山石化对 2 套苯酚丙酮装置进行 3 次大规模扩能改造，生产能力扩大到 27 万吨/年。西区苯酚丙酮装置自 16 万吨/年扩能改造一次开车成功后，仅用 3 个多月时间便达到了设计生产能力，达同类装置开车先进水平。东区间甲酚装置经过两期扩能改造后，实际生产能力已突破 8 万吨/年。全年燕山石化共生产有机原料 75.8 万吨，同比增长 38.9%。

（孙 明）

**【YS 银催化剂占领国内全部市场】** 2004 年，YS 银催化剂系列产品在与美国壳牌等公司竞争中，凭借优良品质和完善的售后服务，占领全部国内市场。银催化剂是生产环氧乙烷、乙二醇必不可少的催化剂。燕化研究院先后研制并生产出 7 代产品，多次获得国家科技进步奖，并在中国、美国、日本和欧洲等国申请了专利。自 1989 年 YS－4 型银催化剂首次成功用于燕山石化 6 万吨/年乙二醇装置后，不断推出新一代产品，在技术上走在世界前列。同时针对不同用户、不同装置，创造性地运用多种市场营销模式。国内市场占有率不断提高，先后在国内全部 11 套工业装置上应用。至 2004 年，总销售额累计超过 5 亿元人民币，为国家节省外汇 5 000 多万美元。

（孙 明）

**【公用工程确保供应】** 2004 年燕山石化全年供电 21.23 亿千瓦·时，为年计划的 103.24%，其中自发电 2.64 亿千瓦·时、转供电 18.59 亿千瓦·时，分别为年计划的 103.81% 和 103.16%。全年产水 1.33 亿吨，为年计划的 103.48%。其中燕山石化自用水 5 051 万吨；处理污水 1 575 万吨；回用污水 371 万吨，为年计划的 115.94%。全年产蒸汽 460.42 万吨，为年计划的 101.41%；供氧 1 095 万米$^3$，供氮 9 093 万米$^3$，分别为年计划的 95.19% 和 113.66%。

（孙 明）

**【国家产品抽查合格率达到 100%】** 2004 年燕山石化颁布了《顾客投诉管理办法》，并继续实施用户满意工程。通过追踪产品到一线、召开用户座谈会等多种形式征询客户意见。并委托第三方开展顾客满意度调查，调查显示，燕山石化在用户满意度、忠诚度方面均受到好评。2004 共有 14 种产品获北京名牌产品称号，北京燕山分公司和北京燕化股份公司分别荣获 2004 年度全国质量管理小组活动优秀企业和全国用户满意企业称号。受考核的 16 种产品全部达到考核指标，产品实物质量基本保持稳定。所有计划内产品分别接受了国家或石化集团公司的监督抽检，合格率为 100%，判级符合率达到 100%。

（孙 明）

**【科研投资 1.14 亿元】** 2004 年，燕山石化科研立项 228 项，投入科研资金 1.14 亿元。承担的石化集团公司“十条龙”攻关项目——催化裂化汽油加氢异构脱硫降烯烃（RIDOS）技术工业试验通过石化集团公司鉴定。采用 RIDOS 技术在深度脱硫降烯烃的同时，还保持了较小的辛烷值损失，汽油收率可达 90%。1－己烯中试成果和 5 万吨/年工艺包通过石化集团公司鉴定和审查。节水减排项目取得成果，吨油水耗下降至 0.76 吨。碳三催化精馏项目、10 万吨/年 SL－1 型裂解炉通过石化集团公司鉴定验收。

（孙 明）

**【固定资产投资 7.96 亿元】** 2004 年全年固定资产投资达到 7.96 亿元。1 000 万吨/年炼油系统改造工程正式启动。三轮乙烯改造项目建议书上报石化集团公司并被列入石化集团公司“十一五”发展规划。炼油系统实施了调整产品结构、生产清洁燃料、优化乙烯原料等项目的技术改造。新建了 80 万吨/年航煤加氢精制装置，完成了 3 万米$^3$（标准）/时催化裂化干气提浓制乙烯装置项目。进行了二糠醛技术改造、酮苯脱蜡系统扩能改造。化工系统通过改造解决了乙烯裂解装置高负荷运行中出现的冷箱冻堵问题，降低了生产成本，保证了裂解装置高负荷运行和下游装置的安、稳、长、满、优生产。对改造后的苯酚丙酮装置生产方案进一步优化完善，使装置处于最佳运行状态。一聚丙烯装置改造施工按计划进行。71 万吨/年乙烯改扩建装置通过石化集团公司验收。

（孙 明）

**【1 000 万吨/年炼油改造项目启动】** 2004 年 7 月 2 日，燕山石化举行 1 000 万吨/年炼油改造工程开工仪式。中午 12 时进行了第一次爆破，标志着 1 000 万吨/年炼油改造工程施工建设全面启动。年内总体设

计审查和长周期设备订货等前期工程准备工作进展顺利。1 000 万吨/年炼油改造工程的主体项目包括：800万吨/年常减压蒸馏装置易地改造，新建 200 万吨/年加氢裂化装置、5 万米$^3$(标准)/时制氢装置等。

（孙　明）

**【引拒入燕工程提前通水】** 2004 年 4 月 5 日，引拒入燕工程通水，张坊水源正式向燕山石化供水，比原计划提前了 1 个多月。该工程作为北京最大的两项供水工程之一，2003 年 12 月在张坊开工建设，其水源地为房山区拒马河。工程通过 11 千米胜天渠和 43 千米预应力钢筒混凝土输水管道将拒马河水引到燕山石化动力厂，整个工程共完成 42 千米 PCCP 管线及部分临时供水管线的铺设。工程建成后已为燕山石化供水 5 000万米$^3$，并替代密云水库的供水，解决了燕山石化地区 5 万人的饮水问题。

（孙　明）

**【全年回用污水 371 万吨】** 2004 年，燕山石化东区污水回用装置投用，该装置设计能力为 150 吨/时，采用国内先进的电渗析技术对排污水进行深度处理，达到现行补充水标准后返回水池再次利用，水回收率高达 90%，每年可节约新鲜水 120 万吨。8 月，位于环保事业部东区污水车间的 3 万吨/日废水回用工程竣工，每年可节约上千万吨自来水，吨水成本从 10 元降到 3 元左右。该工程由美国 CNC 技术公司和北京赛恩斯特科技公司承担，在中国大型工业废水回用工程中首次采用浸入式双膜法工艺技术。2004 年燕山石化共处理污水 1 575 万吨，回用污水 371 万吨，完成年计划的 115.94%，其中西区回用污水 270 万吨、东区 101 万吨，分别完成年计划的 112.50% 和 126.25%。

（孙　明）

**【ERP 项目上线运行】** 2004 年 6 月 16 日，燕山石化 ERP 资金管理模块开始前期准备工作，先后完成 60 多万条物料主数据、700 多条总账科目主数据、供应商主数据、客户主数据的修改维护工作，还完成了单元测试、集成测试和 UAT 测试工作，并进行了 TR 最终用户的培训。11 月，中国石化首次实施的 ERP 资金管理模块在燕山石化顺利上线，同月综合办公业务处理系统(OA)建成投用。

（孙　明）

**【职工医院单位实行改制分流】** 2004 年，燕山石化职工医院、东方工贸、北师大燕化附中、托幼园所及餐饮系统等实行改制分流。职工医院改制后成为民办非营利性医疗机构，更名为北京燕化医院。9 月，北京师大燕化附中交由地方政府管理。此外建安公司下属 5 个集体企业改制实施方案得到石化集团公司批复，炼油事业部、建筑公司、印刷工贸公司改制实施方案已报石化集团公司审批，建安公司改制实施方案正在制定。

（孙　明）

**【三家企业并入中国石化专业化公司】** 2004 年 12 月 29 日，石化股份公司催化剂分公司在北京正式挂牌成立。北京燕化高新技术股份有限公司并入该公司。北京燕化高新技术股份有限公司成立于 1993 年，由燕山石化公司、北京化工研究院等 5 家单位发起成立。2004 年，燕山石化公司将所持燕化高新 5 185.05 万股国有法人股分别转让给呼和浩特北能能源科技和天华国际投资。年内，中国燕山联合对外贸易有限公司(简称燕山联贸公司)并入中国石化国际事业公司。燕山联贸公司成立于 1981 年，由燕山石化与中国化工进出口总公司、中国技术进口总公司、北京外贸总公司联合成立，是中国第一家工贸结合的外贸公司。年内，燕化天津润滑油脂有限公司并入石化股份公司润滑油分公司。燕化天津润滑油脂有限公司位于天津汉沽，1996 年 12 月被燕石山化公司兼并。

（孙　明）

**【开展企业管理年活动】** 2004 年，燕山石化进行了基层岗位人员竞聘上岗工作，“岗位靠竞争，收入凭贡献”机制初步形成。炼油厂率先进行装置整合、减员增效，实行作业部管理模式，减少了基层单位和中级管理岗位职数。深入开展“星级车间(队)”和“红旗班组”活动。北京燕山分公司制定了内控实施细则、权限指引，北京燕化股份公司制定了内控手册。财务管理严格执行货币资金预算管理制度，清理存货、应收账款和其他应收款，资金使用效率不断提高。配合国家审计署对燕山石化进行延伸审计，整改存在问题，加强对改制企业资产的管理和审计，避免国有资产流失。以《燕山石化有限公司经营管理指标评价办法》为指导，以量化考核为重点，加强经济责任制考核，激励各单位改进生产经营及技术经济指标。加强统计管理，得到上级有关部门的良好评价。

（孙　明）

**【高级管理人员精简分流】** 2004 年 6月，燕山石化根据石化集团公司《关于做好中层管理人员精简分流工作的指导意见》，制定了实施方案，并于11月10日正式启动。共分两次开展了高级管理人员精简分流工作，共涉及55个部门和单位，142名高级管理人员，其中因年龄原因退出领导岗位的44人，轮岗交流29人，提拔任用63人，由基层干部新提拔到高级管理人员36人，提拔为单位助理、副总师的6人，因机构调整变动岗位的6人。高级管理人员总数由调整前的268人精简为192人。

（孙 明）

**【东方石化公司搬迁减员分流工作启动】** 2004年12月，东方石化公司召开一届三次"双代会"，一致通过《北京东方石油化工有限公司深化改革、搬迁减员分流工作指导意见》，通过《北京东方石油化工有限公司协议解除劳动合同工作实施办法》和《北京东方石油化工有限公司职工待岗管理办法》，标志着东方石化公司搬迁减员分流工作启动。

（孙 明）

**【何勇到燕山石化调研】** 2004年4月15日，中央书记处书记、中央纪委副书记何勇到燕山石化调研。他视察了橡胶事业部二成品车间、化一裂解车间和环保事业部牛口峪水库，听取了燕山时代仪表公司(原燕化仪表厂改制)情况及石化集团公司、燕山石化工作汇报。何勇充分肯定了中国石化和燕山石化的工作，要求为国企健康发展提供坚强的政治保障。国务院国资委党委书记、副主任李毅中，石化集团公司领导陈同海、刘根元、王作然和有关部门负责人陪同调研。

（孙 明）

**表1** 燕山石化及东方石化公司主要经济指标 亿元

| 指标名称 \ 年份 | 2004 | 2003 | 2002 | 2001 | 2000 | 1999 |
|---|---|---|---|---|---|---|
| 原油加工量/万吨 | 809.35 | 724.08 | 715.71 | 647.75 | 694.42 | 665.35 |
| 工业总产值① | 482.24 | 124.52 | 122.36 | 93.39 | 107.95 | 104.09 |
| 北京燕山分公司 | 211.90 | 40.52 | 40.21 | 37.60 | 40.49 | 37.94 |
| 北京燕化股份公司 | 177.29 | 76.06 | 78.60 | 47.76 | 57.11 | 57.11 |
| 燕山石化公司 | 19.97 | 7.94 | 3.86 | 8.32 | 8.68 | 8.67 |
| 东方石化公司 | 73.08 | 41.31 | — | — | — | — |
| 工业增加值 | 111.48 | 51.07 | 43.99 | 27.35 | 33.30 | 36.32 |
| 北京燕山分公司 | 14.31 | 17.45 | 19.40 | 14.39 | 9.10 | — |
| 北京燕化股份公司 | 68.83 | 27.01 | 16.81 | 8.08 | 18.62 | 19.02 |
| 燕山石化公司 | 3.38 | 6.61 | 7.79 | 4.88 | 5.58 | — |
| 东方石化公司 | 24.96 | 1.38 | — | — | — | — |
| 资产总计 | 309.48 | 257.35 | 224.95 | 235.81 | 244.29 | 216.76 |
| 北京燕山分公司 | 60.03 | 49.73 | 54.00 | 55.27 | 54.35 | 52.42 |
| 北京燕化股份公司 | 102.00 | 148.18 | 102.86 | 107.56 | 92.21 | 87.08 |
| 燕山石化有限公司 | 55.38 | 59.44 | 68.09 | 72.98 | 85.31 | 71.83 |
| 东方石化公司 | 92.07 | 72.98 | — | — | — | — |
| 销售收入 | 544.40 | 324.98 | 277.90 | 232.48 | 267.71 | 130.90 |
| 北京燕山分公司 | 221.77 | 169.84 | 146.71 | 132.71 | 147.10 | 92.42 |
| 北京燕化股份公司 | 179.40 | 114.74 | 94.43 | 59.75 | 78.53 | 64.73 |
| 燕山石化公司 | 46.64 | 40.40 | 36.76 | 40.01 | 42.09 | 16.78 |
| 东方石化公司 | 74.59 | — | — | — | — | — |

续表

| 年份 / 指标名称 | 2004 | 2003 | 2002 | 2001 | 2000 | 1999 |
|---|---|---|---|---|---|---|
| 实现利税 | 77.01 | 26.44 | 21.37 | 5.96 | 14.41 | 17.95 |
| 北京燕山分公司 | 7.86 | 11.33 | 13.53 | 9.68 | 4.58 | — |
| 北京燕化股份公司 | 54.21 | 14.69 | 6.67 | -2.80 | 9.70 | 10.48 |
| 燕山石化公司 | -0.36 | 0.42 | 1.17 | -0.92 | 0.13 | — |
| 东方石化公司 | 15.30 | — | — | — | — | — |
| 实现利润 | 48.69 | 8.51 | 4.88 | -7.86 | 0.11 | 4.04 |
| 北京燕山分公司 | -2.89 | 0.11 | 2.49 | -0.17 | -3.99 | -2.03 |
| 北京燕化股份公司 | 42.88 | 9.15 | 2.75 | -5.29 | 6.51 | 6.55 |
| 燕山石化公司 | -1.43 | -0.75 | -0.36 | -2.40 | -2.40 | -0.48 |
| 东方石化公司 | 10.13 | — | — | — | — | — |

① 1999—2003 年按 1990 年不变价格计算。

表 2　燕山石化及东方石化公司主要产品产量　万吨

| 年份 / 产品名称 | 2004 | 2003 | 2002 | 2001 | 2000 | 1999 |
|---|---|---|---|---|---|---|
| 北京燕山分公司 | | | | | | |
| 汽　油 | 169.77 | 151.44 | 154.12 | 146.69 | 146.20 | 124.27 |
| 煤　油 | 8.10 | — | — | — | — | — |
| 柴　油 | 180.72 | 170.17 | 174.05 | 186.74 | 183.92 | 170.07 |
| 润滑油基础油 | 24.84 | 28.89 | 27.88 | 27.08 | 25.56 | 23.75 |
| 商品燃料油 | 59.62 | 64.49 | 56.07 | 63.51 | 76.12 | 65.32 |
| 化工原料油 | 240.25 | 212.71 | 198.60 | 117.98 | 171.34 | 187.60 |
| 商品液化气 | 10.92 | 38.42 | 23.52 | 26.19 | 23.90 | 33.28 |
| 石　蜡 | 9.11 | 9.70 | 8.79 | 8.33 | 8.45 | 7.38 |
| 纯　苯 | 2.05 | 13.01 | 13.24 | 15.60 | 9.27 | 10.92 |
| 甲　苯 | 2.99 | 2.48 | 1.90 | 2.23 | 1.90 | 2.18 |
| 混合二甲苯 | 2.90 | 2.23 | 2.16 | 1.60 | 1.58 | 1.94 |
| 北京燕化股份公司 | | | | | | |
| 乙　烯 | 80.13 | 72.22 | 74.41 | 39.00 | 48.67 | 53.07 |
| 丙　烯 | 39.12 | 46.39 | 47.91 | 8.30 | 23.49 | 36.71 |
| 丁二烯 | 14.51 | 12.84 | 12.74 | 8.07 | 8.87 | 10.04 |
| 间二甲苯 | 2.82 | 1.76 | 1.63 | 0.95 | 0.41 | 0.52 |
| 苯乙烯 | 9.02 | 8.10 | 8.87 | 4.97 | 6.08 | 6.47 |
| 乙二醇 | 7.28 | 7.68 | 8.08 | 5.63 | 7.19 | 7.71 |
| 苯　酚 | 16.98 | 10.89 | 12.04 | 8.21 | 9.24 | 8.17 |
| 间甲酚 | — | — | — | — | — | 0.30 |
| 丙　酮 | 10.74 | 6.71 | 7.33 | 5.10 | 5.67 | 5.20 |
| 低密度聚乙烯 | 45.07 | 41.01 | 41.20 | 14.90 | 14.90 | 19.26 |

续表

| 产品名称＼年份 | 2004 | 2003 | 2002 | 2001 | 2000 | 1999 |
|---|---|---|---|---|---|---|
| 高密度聚乙烯 | 17.31 | 15.90 | 16.46 | 12.43 | 15.68 | 17.30 |
| 聚苯乙烯 | 5.23 | 4.89 | 5.14 | 3.51 | 4.52 | 5.02 |
| 聚丙烯 | 41.25 | 37.06 | 40.15 | 22.84 | 27.80 | 30.28 |
| 顺丁橡胶 | 13.25 | 12.22 | 12.03 | 9.10 | 9.54 | 10.42 |
| SSBR | 0.002 | … | … | 0.06 | … | 0.11 |
| SBS | 7.11 | 6.26 | 5.81 | 3.77 | 2.82 | 1.54 |
| 丁基橡胶 | 3.76 | 2.70 | 2.15 | 0.42 | 0.41 | — |
| 间苯二甲酸 | 2.12 | 1.66 | 1.28 | 0.44 | 0.46 | 0.59 |
| 聚　酯 | — | 0.03 | 0.45 | 1.63 | 4.01 | 4.09 |
| 塑料制品 | 1.76 | 0.69 | 0.09 | — | — | — |
| 色母粒 | 0.05 | 0.03 | 0.03 | 0.03 | 0.03 | 0.03 |
| 燕山石化公司 | | | | | | |
| 机械加工量 | 0.34 | 0.21 | 0.08 | 0.26 | 0.40 | 0.26 |
| 发电量/万千瓦·时 | 26 367 | 43 754 | 46 021 | 54 219 | 48 628 | 56 670 |
| 东方石化公司 | | | | | | |
| 乙　烯 | 18.06 | 16.53 | 15.97 | — | — | — |
| 聚氯乙烯 | 16.00 | 14.48 | 13.86 | — | — | — |
| 低压聚乙烯 | 2.23 | 1.84 | 1.29 | — | — | — |
| EVA | 4.52 | 4.11 | 4.44 | — | — | — |

## 齐鲁石化公司暨齐鲁分公司、齐鲁股份公司

**【概述】** 中国石化集团齐鲁石油化工公司(简称齐鲁石化公司)、中国石油化工股份有限公司齐鲁分公司(简称齐鲁分公司)、中国石化齐鲁股份有限公司(简称齐鲁股份公司)，统称齐鲁石化，位于山东省淄博市临淄区南部，西距山东省会济南 120 千米，东距滨海城市青岛 270 千米，北距胜利油田 90 千米。公司北临济青高速公路，胶济铁路、309 国道东西向横穿公司地区，交通十分便捷。公司总占地约 1 996 万米$^2$。

2004 年末，齐鲁石化有直属单位 38 个，职工总数为 40 210 人；实现工业总产值 343.96 亿元(由于从 2004 年开始不使用 1990 年不变价统计，故与上年不可比)；实现销售收入 363 亿元，同比增长 18%；实现利税 33 亿元，同比增加 9.1 亿元；实现利润 9 亿元，同比增加 4 亿元；销售收入、利税、利润均创历史最高纪录。2004 年末，固定资产原值 337.85 亿元，固定资产净值 162.85 亿元。全年加工原油 876 万吨，同比增长 10%；其中加工进口原油 495.50 万吨，同比增加 50 万吨；生产汽、柴、煤等成品油 516.23 万吨，同比增加 68 万吨，创历史最高纪录。在进行了 83 天停工检修改造的情况下，全年主要产品产量均达到或超过了年度生产计划。年度产品销售率 99.1%。

2004 年 3 月，中国石化总部党组调整了齐鲁石化领导班子。面对内部环境的巨大压力，公司新一届班子倡导廉政务实，强调一个整体，坚持低调处事，带领全体员工，奋发图强，各个方面的工作都取得了较好的成绩。

齐鲁石化主要经济指标和主要产品产量见表 1、表 2。

（王敬华）

**【140 万吨/年延迟焦化装置建成投产】** 该项目于 2003 年 2 月 27 日通过初步审查，4 月 3 日获中国石化总部批复，总投资 2.4 亿元。4 月 25 日桩基施工。经过近 260 天的建设，2004 年 1 月 15 日，工程

实现中间交接后，装置进入开工阶段。3月8日该装置切换渣油成功，3月10日实现一次开车成功，比原计划提前5天产出合格产品。该项目是齐鲁石化下属建设公司首次独立总承包整套大型工程施工建设的，齐鲁石化机械厂完成了45种69台667.7吨的设备制造任务。140万吨/年延迟焦化装置是齐鲁石化加工600万吨/年高硫高酸原油的技术改造配套项目，它的建成投产，标志着石化集团公司实施胜利原油分储分输、高硫高酸原油集中加工的原油流向调头战略又向前迈进了一步，同时为齐鲁石化做大做强炼油奠定了良好的基础。

（王敬华）

**【齐鲁72万吨/年乙烯技术改造工程顺利建成投产】** 该项目于2002年3月15日完成可行性研究报告的批复，石化股份公司于2003年1月2日批复工程总体设计，2月22日乙烯装置土建开工，在45万吨/年乙烯装置群中、边生产边施工。整个乙烯装置于2004年7月16日停车，7月21日交付施工，9月23日中交，10月5日投油，10月7日产出合格乙烯产品，投料试车一次成功。老装置大检修和技术改造计划85天，实际83天完成，创造了国内新纪录。

（王敬华）

**【其他新修建项目】** 2004年，齐鲁石化完成了炼油第三常减压装置的检修改造，建成了龙口港液碱储运设施，热电7#、8#炉机、260万吨/年柴油加氢装置正加紧建设，鲁皖成品油管线首站破土动工，第二化肥厂资源优化和炼油南区高硫焦代油项目已获批准。齐鲁石化“十五”末和“十一五”初的发展框架基本成形。

（王敬华）

**【改革改制继续稳步推进】** 2004年，在改制分流方面，已批复改制实施方案的8个国有单位和15个集体企业完成了工商注册，分流人员3 208人，其中集体职工1 366人；又有15个国有单位的改制初步方案通过了总部审批，涉及人员3 000人。

在移交企业办社会职能方面，中小学和公安局分别于9月30日和12月3日与地方政府签署了移交协议。

在社区，各专业、各板块加快了整合重组和收缩退出。随改制企业一并走出去的社区4个，关闭取消了平房社区9个。路政处、幼教中心的改制已经启动。居民水、电、暖的收费已按总部要求基本到位。

完成了总部腈纶纤维和沥青的销售业务重组，催化剂、国际事业公司的重组也基本结束。

（王敬华）

**【企业内部管理更加务实】** 齐鲁石化新一届领导班子到位之后，本着廉政、务实的要求，采取了一系列措施：一是出台了《公司领导班子成员廉政务实承诺》和《内部监督和责任追究的若干规定》，以此严格约束班子，做到按制度办事、用制度管人。上述措施的12条承诺和7个方面的规定，针对性强，便于操作，确实起到了树立正气、严肃纪律的作用。二是精简各类活动和会议，各类活动由原来的136项压减到了16项，压减率达到88.2%；把每周四定为无会日，公司层面的会议大幅减少。三是按照一体化的要求，完成了齐鲁石化机关的机构整合，职能部门由35个压减到28个，压减20%，达到了理顺关系、提高工作效率的目的。四是高度重视审计监督和纪检监察，工作的覆盖面进一步扩大，揭示了生产经营管理中存在的一些问题。结合发现问题进行整改，对齐鲁石化保险办公室、医改办公室、房改办公室的财务实行了归口管理，严格了资金的管理和运作。五是加大了特薪的力度，并赋予基层单位更多的自主权，使基层特薪的比例达到了2.3%，超过了总部1%的计划。

（王敬华）

**【党建和思想政治工作不断加强，依靠职工办企业的宗旨得到有效落实】** 2004年，齐鲁石化党委坚持围绕经济建设中心、服务大局，卓有成效地开展了党建和思想政治工作，工作的目标和着力点与企业中心工作更加贴近。齐鲁石化党委采取多种形式，认真组织学习了党的十六届四中全会精神。狠抓了两级班子的作风建设，加大了反腐倡廉教育力度。干群关系得到了进一步改善。注重源头预防，及时处理了改革过程中出现的矛盾，企业稳定得到了有力维护。注意舆论宣传的导向，注重形势任务教育的实效，保证了生产经营、检修改造、改革改制等各项工作的顺利进行。2004年，齐鲁石化各级领导下基层、到现场的多了，在电视上“露面”的次数少了。报纸上、电视上那些会议类、表扬稿式的报道正在逐渐淡出，更多的镜头和笔触指向了改革、改造的第一线，对准了那些忘我工作的劳动者。

群众组织的工作在继承的基础上不断创新，从大力加强3个机制（职工岗位成才促进机制、依法维权机制、互助帮扶机制）建设入手，充分发挥了桥梁和纽带作用。加强了民主管理，特别是对改制单位，注重从源头开始全过程参与，依法维护了职工的权益，年内职代会的8项提案得到了落实。结合安全生产、乙烯改造，有针对性地开展劳动竞赛，促进了职工的岗位成才。年内，有15名职工被评为石化集团公司劳动模范，9名职工获得山东省"富民兴鲁"劳动奖章，青年先进代表韩峰获得了山东省"五四青年奖章"。大力实施互助帮扶，认真开展"送温暖"活动，全年救助困难职工1 164人，为127户困难家庭办理了城市低保金，为150多户居民减免了水、电、暖收费，组织1 547名接触有毒有害物质的职工进行了健康疗养。

（王敬华）

表1　　齐鲁石化主要经济指标①　　亿元

| 指标名称＼年份 | 2004 | 2003 | 2002 | 2001 | 2000 | 1999 |
|---|---|---|---|---|---|---|
| 原油加工量/万吨 | 876.00 | 794.56 | 747.23 | 756.55 | 750.80 | 678.70 |
| 工业总产值② | 343.96 | 134.65 | 137.91 | 148.00 | 110.44 | 90.16 |
| 工业增加值 | 67.84 | 44.17 | 37.47 | 40.11 | 49.26 | 52.03 |
| 资产总计 | 234.92 | 208.25 | 226.69 | 250.17 | 279.30 | 225.91 |
| 流动资产 | 55.50 | 55.96 | 62.62 | 74.37 | 100.09 | 51.26 |
| 固定资产原值 | 337.85 | 303.96 | 366.02 | 314.26 | 306.91 | 261.07 |
| 固定资产净值 | 162.85 | 134.84 | 154.42 | 154.85 | 164.21 | 147.11 |
| 销售收入 | 363.00 | 307.00 | 246.96 | 251.50 | 259.28 | 144.46 |
| 实现利税 | 33.00 | 23.90 | 11.42 | 9.46 | 20.76 | 21.96 |
| 税　金 | 24.00 | 17.10 | 14.52 | 15.21 | 18.01 | 15.66 |

① 2000—2004年每项统计数字均为齐鲁分公司、齐鲁股份公司、齐鲁石化公司3个部分之累加。
② 1999—2003年按1990年不变价计算。

表2　　齐鲁石化主要产品产量　　万吨

| 产品名称＼年份 | 2004 | 2003 | 2002 | 2001 | 2000 | 1999 |
|---|---|---|---|---|---|---|
| 汽　油 | 124.86 | 114.19 | 85.82 | 95.72 | 113.60 | 103.39 |
| 柴　油 | 358.84 | 305.77 | 280.39 | 279.27 | 270.38 | 229.38 |
| 煤　油 | 32.53 | 27.92 | 26.58 | 21.93 | 25.09 | 22.17 |
| 液化气 | 16.28 | 12.92 | 7.88 | 8.50 | 9.56 | 11.30 |
| 沥　青 | 15.87 | 16.70 | 12.09 | 14.40 | 17.59 | 20.94 |
| 合成橡胶 | 16.20 | 19.41 | 17.01 | 17.60 | 10.96 | 12.04 |
| 炼油催化剂 | 3.85 | 2.98 | 2.64 | 2.48 | 2.23 | 2.06 |
| 烧　碱 | 24.10 | 25.90 | 22.66 | 24.70 | 23.13 | 22.09 |
| 乙　烯 | 45.70 | 56.32 | 52.27 | 55.50 | 50.58 | 49.34 |
| 聚乙烯 | 30.36 | 41.99 | 38.60 | 40.86 | 37.49 | 36.61 |
| 聚氯乙烯 | 22.93 | 24.48 | 23.58 | 23.38 | 20.29 | 20.84 |
| 苯乙烯 | 7.89 | 7.02 | 6.52 | 6.77 | 6.33 | 7.00 |
| 丙烯腈 | 4.24 | 4.15 | 4.14 | 4.01 | 3.76 | 3.03 |
| 腈纶纤维 | 5.90 | 6.04 | 6.20 | 5.15 | 4.85 | 4.25 |
| 甲　醇 | 5.73 | 5.58 | 2.05 | 5.28 | 4.36 | 2.21 |
| 丁　醇 | 3.81 | 5.82 | 5.10 | 4.78 | 4.42 | 4.62 |

续表

| 产品名称＼年份 | 2004 | 2003 | 2002 | 2001 | 2000 | 1999 |
|---|---|---|---|---|---|---|
| 辛　醇 | 9.07 | 9.13 | 8.80 | 8.44 | 8.18 | 8.79 |
| 纯　苯 | 12.19 | 16.32 | 15.10 | 16.41 | 15.65 | 16.20 |
| 对二甲苯 | 4.29 | 5.30 | 5.25 | 5.21 | 5.07 | 4.85 |
| 邻二甲苯 | 3.10 | 4.74 | 4.29 | 4.44 | 4.11 | 4.11 |
| 苯　酐 | 2.47 | 4.95 | 4.36 | 4.35 | 6.68 | 4.50 |
| 甲基叔丁基醚 | 6.22 | 5.75 | 5.23 | 4.98 | 3.73 | 2.97 |
| 1-丁烯 | 2.05 | 1.92 | 1.67 | 1.58 | 1.03 | 0.97 |
| 发电/亿千瓦·时 | 23.20 | 28.16 | 28.20 | 27.19 | 25.92 | 24.87 |

## 高桥石化公司

**【概述】** 中国石化集团上海高桥石油化工公司(简称高桥石化公司)成立于1981年11月，是中国第一个跨部门、跨行业的特大型石油化工联合企业。2000年1月，按照石化集团公司重组改制的统一部署，分立出中国石化股份有限公司上海高桥分公司。高桥石化公司位于上海市浦东新区，紧邻黄浦江吴淞口，水陆交通便利，占地80万米$^2$，共有23套生产装置，主要生产聚醚、过氧化二异丙苯(DCP)、助剂、洗涤剂等产品，主体生产单位有聚氨酯事业部、精细化工事业部和热电事业部，另有工程建设有限公司、职业病防治所、职工培训中心、新闻中心等单位，公司机关设18个处室。截至2004年底，高桥石化公司共有职工5 237人，其中管理和专业技术人员1 040人，具有高级职称人员73人，具有中级职称人员511人。

2004年，高桥石化公司面对诸多不利因素，积极优化生产方案，狠抓产品结构调整，各化工装置和热电机组保持高负荷平稳运行。高桥石化公司根据市场需求，不断调整产品结构，聚合物多元醇(POP)、聚氨酯硬泡、二羟基聚醚等高附加值产品产量同比分别增长48.7%、48.8%和7.5%。高桥石化公司积极推动化工产品出口，DCP外销份额持续扩大，继续保持世界领先地位，尤其是北美市场的销量同比增长41%；聚醚出口首超万吨，同比增长47%。高桥石化公司盈利不忘节俭，积极降本增效，全年管理费用、财务费用及营业费用分别比计划下降1 330万元、268万元和1 538万元。

2004年，高桥石化公司加快项目建设步伐，6 000吨/年DCP装置建成投产，一次开车成功；空分、聚醚新增3条生产线等项目如期投用。高桥石化公司坚持优化内涵，开展科研攻关和新产品开发，对$\alpha,\alpha$-双(叔丁过氧基)二异丙苯(BIBP)工艺、安全、设备、质量组织全面技术攻关，使双过氧化物含量达到国际市场标准；开发了8种特种聚醚，把GEP-56B、GEP-777等新产品推向市场，进一步稳固了国内市场的领先地位。

2004年，高桥石化公司深入推进扁平化改革，形成了首部较为完备的《职责划分手册》和首部指引、规范业务行为的《工作程序、业务流程手册》，并以此为基础，重新编制、修订完善了公司《规章制度》；对机关和事业部管理机构进行了“消肿”，对中层管理干部职数和管理岗位编制进行缩减；同时，首次在管理人员中实施竞争上岗，促进了管理人员在高低岗之间的合理流动。高桥石化公司继续推进改制分流、关停撤拆、对外投资清理整顿工作。上海炼兴实业有限公司、上海高桥化工实业有限公司成功改制；列入对外投资清理整顿范围的113家单位累计共清理了91家，并成立清理验收小组，对已完成清理整顿的对外投资单位进行审计验收，86家单位通过验收。

高桥石化公司主要经济指标和主要产品产量分别见表1、表2。

（陈建浩）

**【6 000吨/年DCP装置建成投产】** 2004年12月5日，高桥石化公司6 000吨/年DCP装置顺利产出成品，装置开工一次成功。6 000吨/年DCP装置以异丙苯为原料，通过氧化还原反应生成DCP；装置分为原料配制单元、氧化及精馏单元、还原及废水预处理单元、缩合及提浓单元、成品处理单元。装置以高桥石化公司自行开发的工艺包为依据设计建设而成，装置异丙苯设计单耗、综合能耗、大颗粒结晶工艺、产品质量处于同行业领先水平。该装置的建成，使高桥石化公司的DCP年产能达到1.8万吨，居全球之冠。

（陈建浩）

**【2家多种经营企业改制分流成功】** 根据石化集团公司的统一部署，高桥石化公司在2002年、2003年开展改制分流工作的基础上，进一步深入开展此项工作。根据职工自愿、改制企业必须是盈利企业、改制后企业要有市场、有效益以及资产、人员要相匹配等原则，2004年高桥石化公司选择上海炼兴实业有限公司、上海高桥化工实业有限公司等2家多种经营企业进行改制，并于年内完成方案制定等工作。经石化集团公司和上海市有关部门批准，上海炼兴实业有限公司于2004年12月工商登记成功，上海高桥化工实业有限公司于2005年2月工商登记成功。上海炼兴实业有限公司涉及置换资产3 509万元，人员344人，资产和人员规模均居高桥石化公司已改制分流企业之首；上海高桥化工实业有限公司涉及置换资产1 828万元，人员190人。

（陈建浩）

**【对外投资清理整顿工作取得重要进展】** 根据石化集团公司的要求，高桥石化公司在2002年、2003年开展对外投资清理整顿工作的基础上，进一步深入开展此项工作。2004年，高桥石化公司又新确定9家清理整顿单位，涉及投资总额为2 771万元，使高桥石化公司原全部131家投资单位中列入清理整顿范围的达到113家。截至2004年末，高桥石化公司已清理整顿对外投资单位总数为91家。为使清理整顿工作规范、有效，经得起历史检验，高桥石化公司组织由审计、企业管理、人力资源、监察、财务等部门组成的验收小组，制定严格的验收程序，对已清理的对外投资单位进行验收，年内共有86家单位通过验收。

（陈建浩）

**【全面修订完善3项制度】** 2004年，为进一步深入推进管理体制扁平化改革工作，高桥石化公司开展了职责划分、业务流程再造以及管理制度清理修订等工作，并最终修订完善了《职责划分手册》、《工作程序、业务流程手册》和《规章制度》等3项制度。高桥石化公司以业务流程再造为核心，对公司和事业部的职责进行“惟一性”划分，形成了公司历史上首部较为完备的《职责划分手册》，并于2004年7月起试行；组织对工作程序、业务流程进行根本性再思考、再梳理，形成了首部指引和规范企业业务行为的《工作程序、业务流程手册》，并于2004年11月起试行；以《职责划分手册》和《工作程序、业务流程手册》为基础，组织重新编制、修订完善了公司《规章制度》，并将于2005年3月起正式执行。

（陈建浩）

**表1** **高桥石化公司主要经济指标①** 亿元

| 指标名称 \ 年份 | 2004 | 2003 | 2002 | 2001 | 2000 | 1999 |
|---|---|---|---|---|---|---|
| 原油加工量/万吨 | — | — | — | — | — | 617.23 |
| 工业总产值② | 23.45 | 14.14 | 11.83 | 10.88 | 9.32 | 54.30 |
| 炼　油 | — | — | — | — | — | 36.19 |
| 化　工 | 18.07 | 12.82 | 10.56 | 9.60 | 8.01 | 18.24 |
| 工业增加值 | 3.07 | 2.73 | 2.63 | 2.25 | 2.03 | 19.60 |
| 资产总计 | 42.58 | 41.05 | 40.01 | 44.16 | 49.26 | 97.00 |
| 流动资产 | 16.86 | 16.22 | 16.66 | 19.09 | 23.77 | 31.01 |
| 固定资产原值 | 25.63 | 24.74 | 24.07 | 23.32 | 23.37 | 92.11 |
| 固定资产净值 | 14.77 | 13.97 | 13.91 | 13.85 | 14.99 | 54.26 |
| 销售收入 | 30.56 | 19.60 | 19.94 | 31.79 | 20.72 | 119.49 |
| 实现利税 | 2.58 | 1.95 | 1.10 | 0.65 | 0.99 | 14.25 |
| 税　金 | 0.77 | 0.75 | 0.79 | 0.95 | 0.75 | 11.66 |

① 1999年为改制前高桥石化公司统计数字。

② 1999—2003年按1990年不变价计算。

表 2　　高桥石化公司主要产品产量①　　万吨

| 年份<br>产品名称 | 2004 | 2003 | 2002 | 2001 | 2000 | 1999 |
|---|---|---|---|---|---|---|
| 发电量/亿千瓦·时 | 12.71 | 12.20 | 12.07 | 12.02 | 12.00 | 10.94 |
| 供热量/万吉焦 | 1 150 | 1 164 | 1 174 | 1 208 | 1 257 | 1 116 |
| 环氧丙烷 | 8.35 | 7.72 | 7.41 | 7.52 | 6.20 | 5.63 |
| 聚　醚 | 13.00 | 10.91 | 8.81 | 8.30 | 6.50 | 5.64 |
| DCP | 1.48 | 1.30 | 0.98 | 0.78 | 0.62 | 0.44 |

① 1999 年为改制前高桥石化公司统计数字。

② 1999—2003 年按 1990 年不变价计算。

## 上海高桥分公司

**【概述】** 中国石化股份有限公司上海高桥分公司(简称上海高桥分公司)成立于 2000 年 1 月，由原高桥石化公司炼油厂、化工厂、供销公司的主业部分组成。上海高桥分公司地处浦东新区，西临黄浦江，北近吴淞口，占地 3.4(千米)$^2$。截至 2004 年底，职工总数 4 820人，其中专业管理人员 1 303 人，包括 125 名高级专业人员、545 名中级专业人员。上海高桥分公司机关设 10 个处室，下辖炼油事业部、化工事业部、供应销售部、信息中心 4 个单位，有原油加工能力 1 130万吨/年，是华东地区惟一能生产润滑油、石蜡产品的综合型石油加工企业。共有 51 套生产装置。主要装置有：1# 蒸馏 330 万吨/年、3# 蒸馏 800 万吨/年，1# 催化 90 万吨/年、2# 催化 60 万吨/年、3# 催化 140 万吨/年，60 万吨/年连续重整、180 万吨/年汽柴油加氢精制，140 万吨/年延迟焦化，30 万吨/年润滑油加氢，15 万吨/年石蜡加氢，9.6 万吨/年顺丁橡胶，32 万吨/年苯酚丙酮等。

2004 年，上海高桥分公司加工原油 905.44 万吨，同比增加 63.71 万吨。汽、煤、柴、润四大类石油产品产量 635.26 万吨，同比增加 4.9%。上海高桥分公司根据市场需求，不断优化生产方案，积极增产车用柴油、高标号汽油、石蜡等高附加值产品，千方百计争取效益最大化。积极推动化工产品和石蜡、石油焦出口，全年出口产品 64.5 万吨，其中石蜡出口量同比增长 7.66%，出口量达到生产总量的 67.43%；石油焦出口量同比增长 35.97%。

2004 年，上海高桥分公司迎来项目建设、竣工的高峰。140 万吨/年加氢裂化、30 万吨/年润滑油加氢、4 万米$^3$(标准)/时制氢、20 万吨/年苯酚丙酮等重点项目均实现了一次开车成功，甬沪宁原油管线、丁苯胶乳装置改造等项目如期投用；10 万吨/年溶液丁苯橡胶、20 万吨/年 ABS 两大引进项目正式打桩动工。

上海高桥分公司坚持优化内涵，开展科研攻关和新产品开发，投入科研经费 1 400 多万元，下达科研计划项目 68 项；安排新产品试产 3 项，产量 53.48 万吨；25 项科技成果通过了技术鉴定和技术评审；对 98# 清洁汽油进行了配方开发，取得试产成功。

上海高桥分公司坚持将安全生产作为企业生存发展的“生命线”，修订了安全责任主体考核规定，开展了群众性风险识别活动，完善了各类事故预案，增强了职工风险控制意识。2004 年 6 月 1 日正式实施 HSE 管理体系。上海高桥分公司倡导“与环境和谐相处、与城市共同发展”的环保理念，不断加大环保治理投入，持续实施技术改造和综合治理，通过调整产品结构、实施排污内部模拟收费以及关停环保问题严重的装置等途径，提升产品技术含量，推进清洁生产。年内，对虽然仍有年产效益 1 800 万元，但排污已处于达标临界点的丙烯腈装置果断实施了关停。

上海高桥分公司深入推进扁平化改革，形成了首部较为完备的《职责划分手册》和首部指引、规范业务行为的《工作程序、业务流程手册》，并以此为基础，重新编制、修订完善了公司《规章制度》；对机关和事业部管理机构进行了“消肿”，并重点对中层管理干部职数和管理岗位编制进行缩减，同时首次在管理人员中实施竞争上岗。

上海高桥分公司按照石化股份公司规范企业内部治理的要求，成功完成了 ERP 上线和内部控制手册试行任务。同时，建立了物资供应商和施工承包商资源市场，实现了“市场管理者”和“市场使用者”的分离，为资源的使用、管理引入了有效的监督制约机制。上海高桥分公司主要经济指标和主要产品产量分别列于表 1 和表 2。

(陈建浩)

**【140 万吨/年加氢裂化装置建成投产】** 2004 年 10 月

22日，上海高桥分公司140万吨/年加氢裂化装置建成投产一次成功，产出合格产品。该装置是上海高桥分公司"十五"二期工程重点建设项目，装置占地面积1.13万米$^2$，总投资逾5亿元，于2002年9月动工建设。140万吨/年加氢裂化装置主要原料为减压蜡油和焦化蜡油；主要产品设计能力为：液化气6.5万吨/年，轻石脑油9.5万吨/年，重石脑油27.40万吨/年，航煤41.97万吨/年，柴油30.56万吨年，尾油24.72万吨/年。装置设计年开工8 400小时。140万吨/年加氢裂化装置的建成，可大幅度提高上海高桥分公司生产优质柴油和航空煤油的能力，并可为上海化学工业区乙烯工程提供优质原料。该装置产出的加氢尾油既能用作润滑油原料，也能用作催化原料，为其他装置选择原料拓宽了供料渠道。

（陈建浩）

**【中国最大的润滑油加氢装置在上海高桥分公司投产】** 2004年11月23日，上海高桥分公司30万吨/年润滑油加氢装置产出合格产品，装置建成投产一次成功。该装置是石化集团公司系统内首套润滑油加氢装置，也是中国最大的高端润滑油基础油生产装置。该装置引进美国雪佛龙公司润滑油异构脱蜡技术、工艺包和催化剂，产品质量达到API(美国石油学会)Ⅱ类标准、部分达到APIⅢ类标准。30万吨/年润滑油加氢装置是上海高桥分公司"十五"二期工程重点建设项目，装置于2003年3月动工建设，占地面积8 945米$^2$，总投资逾6亿元。装置设计年开工8 000小时，年产润滑油基础油22万吨，副产品有低凝柴油、煤油、石脑油和液化石油气等。

（陈建浩）

**【20万吨/年苯酚丙酮装置建成投产】** 2004年9月15日，上海高桥分公司20万吨/年苯酚丙酮装置完成建设任务，正式移交生产。成为上海化学工业区首套建成投产的装置。20万吨/年苯酚丙酮装置总投资逾6亿元，位于上海化学工业区B3地块，由20万吨/年苯酚丙酮和16.7万吨/年异丙苯两个主体工程及空压冷冻、配电站、降压站、消防泵房、循环水场、中间罐区等辅助工程组成，装置主体占地6.4万米$^2$。该项目引进国际最先进的生产技术，达到能耗、物耗低，产品质量高，设备无腐蚀，几乎无废气、水、渣排放等低成本、高效益和清洁生产的效果。20万吨/年苯酚丙酮装置是上海化学工业区90万吨/年乙烯工程的配套项目，于2001年1月动工建设，是上海化学工业区第一个动工建设的工程。

（陈建浩）

**【4万米$^3$(标准)/时制氢装置投产】** 2004年10月19日，上海高桥分公司4万米$^3$(标准)/时制氢装置产出合格氢气，装置开车一次成功。该装置是上海高桥分公司"十五"建设配套项目，主要为30万吨/年润滑油加氢、140万吨/年加氢裂化等装置配套供应氢气。装置设计规模为年产纯度99.9%(体积)工业氢2.9万吨，年开工8 000小时，相当于每小时产纯氢4万米$^3$(标准)。该装置分为原料预处理部分、反应部分、中变气换热冷却部分、蒸汽发生部分、PSA提纯部分以及酸性水处理部分，采用烃类—蒸汽转化法造气，PSA法净化提纯的工艺路线制取氢气，工艺技术领先当今世界。

（陈建浩）

**【甬沪宁原油管道向上海高桥分公司供油】** 2004年5月25日，甬沪宁进口原油输送管道白沙湾分输站的输油泵启动，向上海高桥分公司输送第一批原油(5万吨卡宾达、阿曼原油)，经30多个小时后，管输原油于5月26日下午进入油罐，标志着甬沪宁原油管道首期工程全面贯通，正式投入使用。大榭岛至上海高桥分公司海滨油库的管线总长264千米，可满足上海高桥分公司420万吨/年的进口原油量，工程采用串联泵常温密闭输油工艺和先进的SCADA控制系统，实现全线由调度控制中心对管道集中监控。2004年，上海高桥分公司接收利用管道输送的原油达到232万吨，每吨原油比船运节约运输成本12元，并可使途耗大幅度降低。

（陈建浩）

**【10万吨/年溶液丁苯橡胶装置动工建设】** 2004年12月18日，上海高桥分公司10万吨/年溶液丁苯橡胶装置正式打桩动工建设。该项目建于上海化学工业区B3地块，预算投资逾6亿元，是上海赛科公司90万吨/年乙烯工程的下游关联项目。10万吨/年溶液丁苯橡胶装置采用日本旭化成株式会社的溶液聚合先进工艺技术，主要原料丁二烯和苯乙烯由90万吨/年乙烯装置通过管道直接供应，主要产品为低顺式顺丁橡胶和溶液丁苯橡胶。

（陈建浩）

**【20万吨/年ABS装置动工建设】** 2004年12月18日，上海高桥分公司20万吨/年ABS装置正式打桩动工建设。该项目建于上海化学工业区B3地块，预算投资逾15亿元，是上海赛科公司90万吨/年乙烯工程的下游关联项目。20万吨/年ABS装置采用美国陶氏化学公司连续本体聚合工艺生产ABS树脂，其主要原料为聚

丁二烯、苯乙烯、丙烯腈，其中聚丁二烯由上海高桥分公司10万吨/年溶液丁苯橡胶装置供应，苯乙烯、丙烯腈由90万吨/年乙烯装置通过管道直接供应。

（陈建浩）

**【上海高桥爱思开溶剂有限公司成立】** 2004年12月20日，由石化股份公司和韩国SK株式会社合资成立的上海高桥爱思开溶剂有限公司获上海市外资委批准设立，并于2005年3月获取企业营业执照。上海高桥爱思开溶剂有限公司注册资金为9 344万元，中外双方股比各为50%，合资年限暂定50年，石化股份公司委托上海高桥分公司代为行使投资方相关权利。上海高桥爱思开溶剂有限公司主体项目为6万吨/年溶剂装置，其建设用地、公用工程依托上海高桥分公司解决。该装置所需加氢裂化航空煤油、加氢裂化柴油、烷基化油、重整汽油、石脑油等原料由上海高桥分公司提供，通过采用韩国SK株式会社先进的溶剂生产及产品应用技术，生产高品质、高档次的溶剂，可用于涂料、油墨、食品、洗衣、金属加工、冰箱制造等行业。

（陈建浩）

**【研制成功98#无铅汽油】** 2004年初，上海高桥分公司在生产清洁汽油的基础上开展了高辛烷值98#车用清洁汽油的研制生产工作。根据上海市对汽油质量的要求，结合2010年举办世博会的实际，上海高桥分公司以欧Ⅲ汽车排放标准为基础，制定了98#车用无铅汽油的企业标准，该标准达到2000年欧Ⅲ（EN 228－99)汽车排放标准。随后，在实验室小样调试分析的基础上，上海高桥分公司确定了催化汽油不大于30%、重整汽油在45%—50%、MTBE不大于15%、烷基化油为余量的符合新质量标准的98#车用无铅汽油的调合配方，并在2004年下半年试生产出合格产品。经鉴定，上海高桥分公司生产的98#车用无铅汽油与传统的无铅汽油产品相比，除了保持原有各项质量性能外，大大降低了苯、烯烃、芳烃、硫等有害物质的含量，减少了汽车废气的污染物排放量。

（陈建浩）

**【拆除高利润但高污染的丙烯腈装置】** 2004年11月，为进一步改善上海市的环境质量，上海高桥分公司决定停产并拆除每年有1 800万元毛利润的8 000吨/年丙烯腈装置。该装置于1970年建成投产，当时生产规模为2 000吨/年，是中国最早的丙烯腈生产装置之一。几经扩容改造，生产能力达到8 000吨/年，是一个高利润装置。鉴于装置排放一直只能勉强维持在排放标准同时装置部分设备也已老化，为进一步改善城市环境质量，确保企业安全生产、清洁生产，上海高桥分公司决定提前关停并拆除丙烯腈装置。

（陈建浩）

表1 上海高桥分公司主要经济指标 亿元

| 指标名称 \ 年份 | 2004 | 2003 | 2002 | 2001 | 2000 | 1999① |
|---|---|---|---|---|---|---|
| 原油加工量/万吨 | 905.44 | 841.73 | 650.25 | 652.48 | 700.20 | 617.23 |
| 工业总产值② | 257.83 | 63.39 | 53.84 | 52.94 | 54.70 | 54.30 |
| 炼　油 | 237.32 | 49.52 | 40.71 | 39.20 | 41.00 | 36.19 |
| 化　工 | 26.29 | 15.44 | 14.46 | 15.32 | 15.17 | 18.24 |
| 工业增加值 | 25.32 | 26.51 | 19.81 | 19.79 | 14.65 | 19.60 |
| 资产总计 | 97.71 | 74.48 | 77.37 | 69.33 | 73.71 | 97.00 |
| 流动资产 | 31.70 | 24.31 | 31.93 | 27.03 | 31.22 | 31.01 |
| 固定资产原值 | 99.94 | 79.67 | 82.64 | 74.19 | 74.62 | 92.11 |
| 固定资产净值 | 55.19 | 39.51 | 42.10 | 37.19 | 41.41 | 54.26 |
| 销售收入 | 255.91 | 210.82 | 146.27 | 153.48 | 168.04 | 119.49 |
| 实现利税 | 18.60 | 15.23 | 12.93 | 13.67 | 8.13 | 14.25 |
| 税　金 | 14.81 | 12.08 | 10.59 | 12.56 | 7.48 | 11.66 |

① 1999年为原高桥石化公司统计数字。

② 1999—2003年按1990年不变价计算。

表 2 上海高桥分公司主要产品产量 万吨

| 产品名称＼年份 | 2004 | 2003 | 2002 | 2001 | 2000 | 1999① |
|---|---|---|---|---|---|---|
| 汽　油 | 198.73 | 208.46 | 179.32 | 161.31 | 175.72 | 153.69 |
| 煤　油 | 65.96 | 47.48 | 31.45 | 29.21 | 30.00 | 34.07 |
| 柴　油 | 353.33 | 322.59 | 229.26 | 232.67 | 243.20 | 225.45 |
| 石油芳烃 | 2.54 | 3.08 | 2.05 | 3.13 | 2.65 | 2.86 |
| 润滑油 | 17.24 | 27.01 | 25.90 | 25.04 | 22.88 | 28.73 |
| 商品燃料油 | 41.68 | 22.59 | 39.25 | 37.73 | 37.50 | 18.43 |
| 石　蜡 | 16.77 | 16.23 | 14.56 | 15.14 | 12.73 | 15.22 |
| 石油焦 | 28.99 | 26.29 | 6.09 | 8.99 | 9.69 | 9.31 |
| 沥　青 | 0 | — | 0.58 | 0.33 | 0.52 | 2.50 |
| 合成橡胶 | 16.42 | 15.19 | 14.23 | 13.06 | 11.20 | 9.87 |
| 顺丁橡胶 | 10.20 | 9.27 | 8.46 | 8.57 | 7.77 | 7.34 |
| 丁苯橡胶 | 6.22 | 5.93 | 5.77 | 4.49 | 3.34 | 2.53 |
| 丙　烯 | 15.62 | 15.11 | 13.83 | 13.82 | 14.03 | 8.53 |
| 丁二烯 | 3.02 | 3.19 | 2.87 | 2.53 | 1.93 | 0.94 |
| 苯　酚 | 7.76 | 7.79 | 7.48 | 8.39 | 8.40 | 5.28 |
| 丙　酮 | 4.87 | 4.90 | 4.63 | 5.13 | 5.31 | 3.25 |
| 塑　料 | 0.40 | 1.00 | 1.47 | 1.62 | 1.78 | 1.70 |
| AS | 0.40 | 0.46 | 0.51 | 0.41 | 0.51 | 0.51 |
| 聚苯乙烯 | — | 0 | 0.96 | 1.21 | 1.27 | 1.20 |

① 1999 年为原高桥石化公司统计数字。

② 1999—2003 年按 1990 年不变价计算。

## 金陵石化公司

**【概述】** 中国石化集团金陵石油化工有限责任公司(简称金陵石化公司)位于南京市东北郊，占地 823 万米²。所属工厂北濒长江，南临京沪铁路和沪宁高速公路，自备铁路专用线连接京沪铁路，万吨油轮可直达厂区，地理位置得天独厚。

金陵石化公司是经国务院批准，于 1982 年元月成立的具有对外经济技术合作权的国有特大型石化企业。截至 2004 年底，金陵石化公司拥有有机化工原料、表面活性剂等多家专业工厂和科研、教育、设计、工程、外贸等多家专业公司与直属单位。拥有大型生产装置 40 套，是中国最大的烷基苯和苯酐生产基地。产品除满足国内需要外，还远销世界 20 多个国家和地区。2004 年末，资产总计 49.24 亿元；职工总数8 529人，其中各类专业技术人员 2 339 人，其中高级职称 165 人，中级职称 927 人。

2004 年，受全球经济复苏和国际原油价格上涨影响，国内化工产品价格一路走高，但金陵石化公司主要产品价差空间仍然很小。面对巨大的市场经营风险以及效益、改革和稳定的巨大压力，金陵石化公司抢抓机遇，强化管理，深化改革，扎实工作，较好地完成了全年各项任务。全年完成工业总产值 37.67 亿元，比上年增长 5.44%；实现销售收入 81.62 亿元，比上年增长 14.39%；实现利税 1.90 亿元，比上年增长 11.11%，实现利润 5 300 万元，比上年增长 51.43%。三资企业完成销售收入 19.90 亿元，实现利润 3 182 万元。

2004 年，金陵石化公司主要产品中，烷基苯、轻蜡、抽余油 3 个品种超额完成年度计划，烷基苯、抽余油 2 个产品超额完成奋斗目标。全年外供水新增用户 33 户，增效 257 万元。

2004 年，金陵石化公司加强循环水管理，循环水浓缩倍数从上年的 3.0 上升到 3.5，万吨循环水药剂消耗从 153 元降到 116 元。加强工艺、节能和质量管理，烷基苯耗轻蜡、耗苯分别从上年的 814.30 千克/吨和 331.99 千克/吨下降到 780.00 千克/吨和 325.56 千克/吨，烷基苯综合能耗指标同比降低 22%。

2004 年，金陵石化公司加强财务预算管理，管理费用比上年减少 1 390 万元，财务费用减少 483 万元，营业费用减少 481 万元，修理费用减少 1 437 万元，文教卫社区费用减少 966 万元。加强对固定资产投资和外委外包工程的审计监督，全年核减工程成本费用 1 126 万元。加强账销案存等资产管理和处置，处置资产共回收款项 648 万元，增加效益 608 万元。

2004 年，金陵石化公司面向生产和市场，科研工作成效明显。苯酐催化剂国产化、千吨级烷基糖苷中试研究、低不饱和度聚醚多元醇的工业试验研究等 3 个项目通过石化集团公司鉴定。用于双烯烃选择性加氢的非晶态合金催化剂、长链烷基苯磺酰氯的制备方法、一种丙烯氯醇化管式反应装置、2－丙基庚醛的制备获得中国国家专利授权。烷基苯成套技术知识产权战略研究已通过验收，为金陵石化公司自主技术参与国际竞争提供了市场情报依据，奠定了法律基础。

2004 年，金陵石化公司按照石化集团公司统一部署，完成了 2003 年接转的塑料厂、化工二厂、化工一厂凡士林加氢装置、炼油厂医院、烷基苯厂医院和化肥厂部分单位的改制分流；新启动 7 个全民单位和 2 家集体企业的改制分流。通过深化人事制度改革，实行管理人员公开竞聘上岗，减少了处级在岗职数和科级在岗职数，提高了干部素质。如期完成中小学退休人员移交工作，共移交人员 255 名，其中内退教师 46 名，离退休教师 208 名。

金陵石化公司主要经济指标和主要产品产量见表 1、表 2。

（伍洪开）

**【烷基苯脱氢—烷基化装置技术改造竣工】** 金陵石化公司烷基苯厂烷基苯脱氢—烷基化装置技术改造工程 2004 年 12 月 28 日通过按照中国石化标准进行的竣工验收。烷基苯脱氢—烷基化装置技术改造包括 K－301、R－301、E－301、两段烷基化等 4 个子项。该改造项目批复投资 3 300 万元，实际支出 2 882 万元。装置改造后生产稳定、产品质量提高、能耗明显下降，每年可降本增效 1 820 万元。

（伍洪开）

**【“红叶牌”无氟冰箱制冷剂占国内市场三分之一】** 截至 2004 年 9 月，金陵石化公司炼油厂生产的“红叶牌”无氟冰箱制冷剂的市场占有率已达国内市场需求量的 1/3，受到国内外多家家电制造集团的青睐。氟是被国际科技界认定为破坏地球上空臭氧层的物质，因而对冰箱和空调中广泛使用的氟里昂制冷剂规定了淘汰限期。炼油厂从 1996 年开始对无氟冰箱制冷剂进行研究攻关，经多次试验，开发出以碳氢化合物为主要成分的无氟冰箱制冷剂。该制冷剂生产成本仅为国外进口产品的二分之一，同时由于该制冷剂特有的低腐蚀性，还可以降低冰箱的制造成本，节约冰箱耗电等。

（伍洪开）

**【烷基多糖苷中试研究项目通过部级鉴定】** 金陵石化公司研究院承担的烷基多糖苷中试研究项目，2004 年 6 月 1 日通过石化集团公司组织的技术鉴定。烷基多糖苷是由可再生资源淀粉和油脂以及它们的衍生物葡萄糖等为基础研制的非离子表面活性剂。烷基多糖苷中试研究项目对传统转苷法工艺进行了重大改造，形成了改良转苷法工艺，具有结构合理，装置能耗、物耗较低等特点。该项研究首次设计了可兼容改良转苷法和直接法的装置，具备了按不同工艺路线生产相应产品的能力，产品质量明显提高，技术水平处于国内领先地位，具有显著的经济效益和社会效益。

（伍洪开）

**【新型高活性低不饱和度多元醇研究成功】** 金陵石化公司化工二厂开发的新型高活性低不饱和度多元醇项目 2004 年 6 月 1 日通过石化集团公司组织的技术鉴定。新型高活性低不饱和度多元醇项目开发的冷固化高回弹聚醚多元醇具有低不饱和度、高分子量特性，可以使泡沫保持良好的回弹性，抗拉强度、抗撕裂强度、压陷等性能明显优于同类产品。该项目开发的普通软泡用聚醚多元醇、鞋底用聚醚多元醇、浇注型聚氨酯弹性体和涂饰剂用多元醇以及密封胶用聚醚多元醇，不饱和度低、宽容度大，各项物理机械性能均超过国家标准的要求。同时，与原工艺相比，生产过程中“三废”排放大大减少，有益于环境保护。

（伍洪开）

**表 1　　金陵石化公司主要经济指标①**

亿元

| 年份<br>指标名称 | 2004 | 2003 | 2002 | 2001 | 2000 | 1999 |
|---|---|---|---|---|---|---|
| 工业总产值② | 37.67 | 21.76 | 25.07 | 26.19 | 23.70 | 51.62 |
| 工业增加值 | 9.07 | 7.72 | 3.49 | 1.79 | 5.19 | 21.57 |

续表

| 指标名称 \ 年份 | 2004 | 2003 | 2002 | 2001 | 2000 | 1999 |
|---|---|---|---|---|---|---|
| 资产总计 | 49.24 | 43.22 | 53.85 | 54.49 | 51.42 | 88.24 |
| 流动资产 | 26.69 | 20.96 | 27.10 | 26.52 | 24.33 | 36.03 |
| 固定资产原值 | 42.39 | 45.99 | 42.74 | 42.42 | 40.95 | 79.03 |
| 固定资产净值 | 17.91 | 19.29 | 17.33 | 17.85 | 17.51 | 33.50 |
| 销售收入 | 81.62 | 71.35 | 69.50 | 62.14 | 39.76 | 132.50 |
| 实现利税 | 1.90 | 1.71 | 2.58 | 1.32 | 1.00 | 16.96 |
| 税　金 | 1.37 | 1.36 | 2.19 | 1.94 | 0.97 | 12.54 |

① 1999 年以前为原金陵石化公司合计数。

② 1999—2003 年按 1990 年不变价计算。

**表 2** 　**金陵石化公司主要产品产量①** 　万吨

| 产品名称 \ 年份 | 2004 | 2003 | 2002 | 2001 | 2000 | 1999 |
|---|---|---|---|---|---|---|
| 烷基苯 | 11.21 | 9.35 | 10.94 | 10.26 | 7.46 | 8.41 |
| 轻　蜡 | 11.70 | 10.38 | 12.68 | 13.12 | 9.18 | 9.71 |
| 苯　酐 | 6.82 | 8.16 | 8.80 | 8.30 | 9.10 | 4.93 |
| 增塑剂 | 2.96 | 7.39 | 7.46 | 7.24 | 6.08 | 4.60 |
| 合成洗衣粉 |  | — | 2.72 | 6.24 | 5.08 | 8.05 |
| 环氧丙烷 | — | 3.73 | 3.82 | 3.69 | 3.17 | 3.44 |
| 农药乳化剂 | — | 0.43 | 0.54 | 0.59 | 0.61 | 0.62 |
| 聚　醚 | — | 3.17 | 3.08 | 3.29 | 2.30 | 2.39 |
| 聚丙烯 | — | 6.12 | 8.45 | 11.91 | 10.93 | 8.00 |
| 聚氯乙烯电缆料 | — | 0.02 | 0.03 | 0.03 | 0.09 | 0.09 |
| 中空容器 | — | 0.05 | 0.07 | 0.10 | 0.07 | 0.09 |
| 聚乙烯托盘 | — | 0.04 | 0.04 | 0.07 | 0.05 | 0.06 |
| 凡士林 | — | 0.36 | 0.40 | 0.51 | 0.63 | 0.51 |

① 烷基苯厂合成洗衣粉装置已于 2003 年改制为民营企业，化工二厂整体、塑料厂整体和化工一厂凡士林加氢装置已于 2004 年改制为民营企业，因此，凡士林、环氧丙烷、农药乳化剂、聚醚、聚丙烯、聚氯乙烯电缆料、中空容器、聚乙烯托盘共 8 个产品产量自 2004 年起不再列入，合成洗衣粉自 2003 年起不再列入。

## 金陵分公司

**【概述】** 中国石油化工股份有限公司金陵分公司(简称金陵分公司)座落于南京东郊景色秀丽的栖霞山麓，北依“黄金水道”长江，南临京沪铁路和沪宁高速公路，与现代化的禄口国际机场由快速通道相通。连接胜利油田的鲁宁输油管道穿越长江直达公司油库，5 万吨级以下油轮可通过长江直达自备码头，铁路专用线直接连接尧化门铁路编组站，地理位置得天独厚，水陆空交通十分便捷。

金陵分公司成立于 2000 年 2 月，由原金陵石化公司炼油厂、化肥厂、热电厂的主业部分组成。截至 2004 年底，金陵分公司下设 12 个行政职能处室、3 个专业化单位、23 个车间级直属单位；资产总额为 76.17 亿元，其中，流动资产为 18.35 亿元，固定资产为 57.82 亿元。

金陵分公司占地 4.22(千米)$^2$，拥有各类炼油、化工装置 40 余套，原油一次加工能力达 1 350 万吨/年，综合配套加工能力达 1 100 万吨/年，其中含硫原油加工能力达 700 万吨/年，是国家确定的加工含硫原油和原油储备中转基地。以石脑油为原料的化肥装置，生产能力为合成氨 30 万吨/年、尿素 52 万吨/年。自备热电装置装机容量 200 兆瓦。以“红叶牌”为注册商标的石油产品和以“枫叶牌”为注册商标的化肥产品有 50 余种，其中有 30 余种产品先后获得国家、部、省及石化集团公司优质产品称号，是中国华东及沿江地区汽油、煤油、柴油、燃料油、石油焦、沥青、液态烃、石油苯、尿素等产品的主要生产企业。产品除满足华东地区外还远销全国各地，并多年出口石脑油、航煤、汽油、石油焦，是江苏省的出口创汇大户。随着原油加工量不断增加，金陵分公司积极组织加工进口原油，先后加工过中东、东南亚、非洲、美洲、欧洲等世界各地的原油 40 余种，进口原油比例达 50%以上。

2004 年，金陵分公司面对复杂多变的市场形势，紧紧围绕年初确定的生产经营奋斗目标，沉着应对市场变化，加大优化和调整力度，精心组织大负荷生产，全力以赴推进项目建设，较好地解决了生产经营过程中的各种矛盾和问题。加工总量持续增长，各项技术经济指标进一步提升，重点工程建设有序展开，保持了安全生产的稳定局面，取得了较好的生产经营业绩。

2004 年，金陵分公司完成原油加工量 821.54 万吨，同比增加 106.49 万吨；生产成品油 513.61 万吨，同比增长 23.08%；生产化工轻油 83.64 万吨，同比增长 39.18%。化肥有效生产时间为 250 余天，装置负荷达到 100%，生产合成氨 24.92 万吨、尿素 43.59 万吨；热电全年发电 14.5 亿千瓦·时，同比增加 6 300 万千瓦·时。全年吨油完全费用为 172.37 元/吨，合成氨现金操作成本为 718.07 元/吨，尿素现金操作成本为 260.05 元/吨，供电标煤耗为 395 克/千瓦·时。

2004 年，金陵分公司顺利实施了炼油、化肥改造重点工程项目建设。在钢材涨价、设备订货困难的情况下，及时组织专人分赴各重点厂家常驻催交监造，全年累计完成 800 万吨/年常减压装置改造和 150 万吨/年加氢裂化、5 万吨/年硫磺、160 万吨/年延迟焦化装置建设以及化肥水煤浆改造等五大项目 1 050 台设备、6 000 多台(套)仪电、近万吨钢材的订货、催交和验收任务，基本保证了项目建设的进度。经过努力，全年完成固定资产投资 17.82 亿元。其中，800 万吨/年常减压装置于 8 月如期实现开工投产；160 万吨/年延迟焦化装置于 12 月 31 日开车一次成功，实现了当年设计、当年施工、当年投产的目标；5 万吨/年硫磺装置、150 万吨/年加氢裂化装置于年底实现中交；化肥水煤浆工程按照关键控制点施工，工程进展顺利。

2004 年，金陵分公司加强各项基础管理，稳步推进各项改革。全面推行 HSE 体系建设，如期完成石化集团公司级隐患整改任务，实现安全生产“三个为零”的目标；根据管理职能的调整，组建了动力处，取消了动力分厂建制，成立了公用工程联合车间，进一步压扁了管理层次；全面实施处级管理岗位的公开竞聘工作，基本达到精简职数、优化结构、提高素质的目标。

金陵分公司主要经济指标和主要产品产量见表 1、表 2。

（许庆华）

**【原油加工量首次突破 800 万吨大关】** 2004 年，金陵分公司全年原油加工量首次突破 800 万吨，达到了 821.54 万吨，同比增加 106.49 万吨，成品油销量也创下历史新高，实现了炼油加工量的历史性跨越。

（许庆华）

**【3# 常减压装置完成 800 万吨/年改造工作】** 2004 年 6 月 3 日，3# 常减压装置停工进行改造，7 月 12 日装置改造完成，并于当月实现开车成功。装置投产后，金陵分公司原油一次加工能力达到 1 350 万吨/年，其中高硫原油加工能力达到 700 万吨/年。

（许庆华）

**【160 万吨/年延迟焦化装置一次投料成功】** 该装置于 2004 年 1 月 17 日通过设计审查，2 月 18 日开始打桩，4 月 10 日开始土建施工，7 月底开始设备安装，12 月 20 日全面中交，12 月 31 日装置一次投料成功，实现了装置当年设计、当年施工、当年投产的建设目标。

（许庆华）

**【150 万吨/年加氢裂化装置基本建成】** 在 2003 年的建设基础上，2004 年 3 月 29 日，装置全面进入钢结构及设备基础施工阶段，8 月中旬开始反应器吊装，11 月底设备安装结束，12 月底装置主体工程基本完成，进入工程收尾、中交阶段。

（许庆华）

**【5 万吨/年硫磺回收装置进入工程收尾阶段】** 2004 年 4 月 5 日，炼油改造项目之一的 5 万吨/年硫磺装置正式进入土建基础施工，9 月 30 日开始设备安装，12 月 24 日设备安装结束，主体工程基本完成并进入工程收尾阶段。

（许庆华）

【化肥水煤浆工程进入试车阶段】 2004年2月7日，项目土建工程开始施工，5月15日安装工程开始，11月中旬空分及所需公用工程设备安装工作基本结束，11月26日石化集团公司工程建设管理部组织召开了工程试车方案审查会，12月31日，净水站进水，标志着试车工作开始。

（许庆华）

【OTA装置技术攻关取得新成果】 被列为总部“十条龙”攻关项目之一的20万吨/年全馏分催化汽油芳构化降烯烃（OTA）工业试验装置于2004年4月实施改造，9月顺利实现开车，标定的试验结果基本达到了项目攻关的要求，为石化集团公司汽油升级提供了有效的技术支撑。

（许庆华）

【ERP系统通过验收】 2004年4月1日，金陵分公司ERP系统正式实行单轨运行，各项业务在ERP平台上基本实现了物流、资金流、信息流的“三流合一”。8月11日，石化股份公司组织专家对中国石化金陵分公司ERP项目进行了验收审查，并对金陵ERP给予了充分肯定。

（许庆华）

【人事制度改革进一步深化】 2004年4月6日，金陵分公司召开了厂处级干部岗位公开竞聘动员大会，之后根据定岗定编情况，对所有的厂处级干部进行了公开竞聘。通过这一人事制度改革，基本达到了精简职数、优化结构、提高素质的目标。

（许庆华）

**表1** 金陵分公司主要经济指标 亿元

| 指标名称＼年份 | 2004 | 2003 | 2002 | 2001 | 2000 | 1999 |
|---|---|---|---|---|---|---|
| 原油加工量①/万吨 | 821.54 | 715.05 | 633.48 | 626.02 | 678.54 | 582.06 |
| 工业总产值② | 219.52 | 41.21 | 39.46 | 37.78 | 38.34 | — |
| 炼油 | 188.11 | 39.17 | 35.67 | 34.15 | 29.73 | — |
| 化工 | 20.68 | 2.61 | 4.85 | 4.79 | 5.28 | — |
| 工业增加值 | 21.65 | 19.27 | 20.56 | 15.14 | 6.83 | — |
| 资产总计 | 76.17 | 59.35 | 54.26 | 56.51 | 59.10 | — |
| 流动资产 | 18.35 | 14.99 | 10.76 | 12.32 | 19.00 | — |
| 固定资产原值 | 82.62 | 79.33 | 78.31 | 75.87 | 66.74 | — |
| 固定资产净值 | 34.21 | 35.72 | 37.30 | 37.03 | 30.49 | — |
| 吨油利润 | 66.69 | 56.06 | 63.14 | -39.93 | 5.60 | — |
| 销售收入 | 221.58 | 165.51 | 131.59 | 137.94 | 151.00 | — |
| 实现利税 | 14.17 | 13.82 | 13.18 | 6.70 | 7.06 | — |
| 税金 | 11.78 | 10.80 | 10.18 | 10.30 | 8.37 | — |

① 1999年为原金陵石化公司数据。

② 1999—2003年按1990不变价计算。

**表2** 金陵分公司主要产品产量 万吨

| 产品名称＼年份 | 2004 | 2003 | 2002 | 2001 | 2000 | 1999① |
|---|---|---|---|---|---|---|
| 汽油 | 125.40 | 131.27 | 112.37 | 102.92 | 104.89 | 86.38 |
| 煤油 | 49.02 | 37.43 | 47.31 | 42.22 | 46.95 | 44.46 |
| 柴油 | 339.19 | 248.60 | 215.05 | 233.03 | 250.09 | 215.66 |
| 溶剂油 | 11.85 | 20.25 | 17.00 | 16.57 | 15.57 | 7.32 |
| 化肥用石脑油 | 9.35 | 5.30 | 13.09 | 15.99 | 12.35 | 24.12 |

续表

| 年份<br>产品名称 | 2004 | 2003 | 2002 | 2001 | 2000 | 1999① |
|---|---|---|---|---|---|---|
| 烷基苯料 | 32.39 | 23.11 | 25.66 | 24.73 | 21.66 | 22.14 |
| 商品燃料油 | 19.25 | 31.11 | 23.97 | 28.82 | 51.51 | 67.68 |
| 商品液化气 | 22.71 | 22.00 | 22.47 | 19.82 | 21.02 | 19.75 |
| 石油焦 | 56.70 | 50.18 | 45.42 | 30.17 | 31.02 | 25.58 |
| 沥　青 | 0.01 | 0 | 0.54 | 2.80 | 3.24 | 1.66 |
| 苯类合计 | 26.70 | 25.43 | 23.35 | 22.05 | 27.16 | 23.83 |
| 合成氨 | 24.92 | 10.40 | 26.36 | 28.09 | 20.37 | 35.74 |
| 尿　素 | 43.59 | 18.10 | 45.91 | 49.07 | 35.31 | 61.54 |

① 1999 年为原金陵石化公司数据。

# 茂名石化公司

**【概述】** 中国石化集团茂名石油化工公司(简称茂名石化公司)位于广东省茂名市，占地面积 3 000 万米$^2$，创建于 1955 年，是国有特大型石油化工企业。截至 2004 年底，茂名石化公司共有职工 7 261 人，其中高级职称 181 人，中级职称 718 人。固定资产原值 66.40 亿元。

茂名石化公司拥有 3 000 吨级、1 万吨级、3 万吨级成品油码头，3 000 吨级液体化工码头，2 万吨级杂货重件码头各 1 座；25 万吨级单点系泊原油接卸系统 1 个；拥有湛江至茂名、北山岭原油罐区至茂名原油长输管线各 1 条。原油接卸输转能力 1 700 万吨/年。

2004 年，茂名石化公司生产水平跃上新台阶。港口公司完成原油接卸量 1 312.8 万吨，其中单点年接卸原油首次突破 1 000 万吨达到 1 035.5 万吨，实现 10 年连续安全生产，累计接卸原油 6 399 万吨；原油管输 1 390 万吨，其中北—茂线 1 046 万吨；成品油装船外运 178 万吨，化工产品外运 10 万吨，经济效益明显。铁运公司完成运输总量 764 万吨，铁路外运量达 651 万吨，成品油日均装车数达 288 辆；炼油产品外运 635 万吨，乙烯产品外运 8.6 万吨，进厂量 112 万吨，均创历史新纪录。乙烯动力厂在装置运行 70 个月后仍能保持平稳满负荷生产。乙烯动力厂完成蒸汽产量 377 万吨，新鲜水量 1 617 万吨，自发电量 3.5 亿千瓦·时。

改革改制稳步推进。茂名石化公司认真落实国家、石化集团公司的改革政策，抓住机遇，积极稳妥地推进改制分流、资产重组。先后完成了石化医院、房地产公司、皮鞋厂、幼教管理中心、春怡美食城、华达物业管理公司、建设防腐公司等 7 家后勤服务单位的改制分流，食堂全部实现社会化经营，中、小学校和在职、退休普教员工平稳完整移交地方政府，物业管理收费以及职工用液化气价格与市场接轨并正式启动。茂名石化公司最艰巨的文教卫和社区服务板块的改革工作基本完成。工程监理、机械厂、工程公司(设计部分)、外联公司及其属下的深工贸公司和广茂公司的改制分流条件已成熟，初步方案已获石化集团公司批复。建设公司改制分流的初步方案也已上报。

精神文明建设取得了新的成果。茂名石化公司职工培训工作成效显著，获“国家技能人才培育突出贡献奖”和全国“安康杯”竞赛优胜单位，并有 2 名职工获得第七届全国技术能手称号。思想政治工作得到改进，党风廉政建设得到加强，职工文化生活得到丰富，企业各方面趋于稳定。茂名石化公司继续保持了“全国精神文明建设工作先进单位”和“广东省文明单位”称号，公司团委获得“十年全国青年文明号活动优秀组织奖”。先进人物不断涌现，1 人获全国“五一”劳动奖章称号，1 人获中央企业劳模称号，6 人获石化集团公司劳模称号。

茂名石化公司主要经济指标见表 1。

(江国培　钟粤凤)

**【单点系泊原油接卸量首次突破 1 000 万吨】** 茂名石化公司 25 万吨级单点系泊是中国大陆首套引进的最大的原油接卸系统，也是中国大陆第一套 CALM 系统单点系泊。该系统设计年中转能力为 1 000 万吨。

2004 年，由于茂名石化公司原油加工量大幅增加，单点系泊原油接卸任务十分繁重，为确保原油安全高效上岸输送进厂，港口公司加强了与茂名石化公司内部各有关单位和口岸联检部门的联系，积极做好各方面的配合跟进工作，确保生产高效有序进行，同时，充分利用三区2个新的12.5万米$^3$原油罐投用的优势，改进卸油工艺，将原来单罐收油改为双罐同时收油，使单点系泊接卸能力提高到4 500米$^3$/时，较单罐接卸增加500米$^3$/时，保证了炼油化工高负荷生产的需要。2004年，单点系泊原油接卸量首次突破1 000万吨，达到1 035.5万吨，创单点系泊投产以来最高纪录。

（江国培　钟粤凤）

**【北山岭两座12.5万米$^3$原油罐投用】** 茂名石化公司北山岭两座12.5万米$^3$油罐是目前国内单罐容积最大的储罐，单罐重量2 330吨，罐体直经90米，罐体高21.8米，2002年6月动工兴建，2003年12月底建成中交。2004年1月10日、11日北山岭13$^{\#}$、14$^{\#}$两座12.5万米$^3$原油罐顺利进油，标志着两座新罐一次投产成功。这两座新罐的投用，不仅大大缓解了原油罐容紧张的局面，使北山岭原油库区的仓储能力达到85万米$^3$，成为华南地区最大的原油中转基地，而且有效扩大了与25万吨级单点系泊原油接卸系统配套形成的原油输送和储存能力，较好地满足了茂名石化公司大量加工进口原油的需要，为服务炼油做大蛋糕起到了积极的作用。

（江国培　钟粤凤）

**【茂名石化公司改制分流工作取得较大进展】** 继茂名石化医院改制分流完成后，2004年1月房地产开发公司也顺利完成改制。2004年上半年，主要是推进华达物业、春怡美食城、皮鞋厂、幼教中心、建设防腐公司等单位的改制实施。6月份上述5家单位按期完成改制实施工作，涉及正式职工402人，净资产6 753万元。

（江国培　钟粤凤）

**【茂名石化华达公司顺利完成改制分流】** 2004年6月，根据国家《关于国有大中型企业主辅分离、辅业改制分流安置富余人员的实施办法》，茂名石化华达企业公司物业管理、幼儿教育、劳保皮鞋厂、餐饮服务4个板块先后实现了改制分流，其中物业管理板块387名职工改制后组建了以物业管理为主业的茂名华达企业有限公司，建立了规范的法人治理结构，依法产生了董事会、监事会和经营班子成员。

（江国培　钟粤凤）

**表1** 茂名石化公司主要经济指标① 亿元

| 指标名称＼年份 | 2004 | 2003 | 2002 | 2001 | 2000 | 1999 |
|---|---|---|---|---|---|---|
| 原油加工量/万吨 | — | — | — | — | — | 816.30 |
| 工业总产值② | 3.43 | 38.87 | 39.40 | 39.40 | 37.90 | 69.13 |
| 炼　油 | — | — | — | — | — | 38.04 |
| 化　工 | — | 38.87 | 39.40 | 39.40 | 37.90 | 31.09 |
| 工业增加值 | 1.56 | 15.87 | 13.07 | 12.22 | 10.42 | 10.05 |
| 资产总计 | 64.54 | 125.03 | 198.98 | 199.72 | 203.36 | 283.44 |
| 流动资产 | 19.96 | 27.82 | 38.17 | 36.76 | 34.19 | 43.08 |
| 固定资产原值 | 66.40 | 162.90 | 197.10 | 191.82 | 190.12 | 251.40 |
| 固定资产净值 | 43.02 | 98.13 | 149.28 | 152.09 | 156.31 | 208.38 |
| 销售收入 | 38.74 | 75.98 | 80.13 | 77.54 | 66.96 | 138.79 |
| 实现利税 | 1.35 | 5.24 | 4.53 | 2.03 | 6.39 | 0.68 |
| 税　金 | 1.12 | 3.59 | 3.68 | 3.55 | 4.09 | 13.62 |

① 1999年数据包括茂名分公司、茂名炼油化工股份公司。

② 1999—2003年数据按1990年不变价计算。

## 茂名分公司

**【概述】** 中国石油化工股份有限公司茂名分公司（简称茂名分公司），位于广东省茂名市，占地面积800万米$^2$，厂区有两条原油输油管线分别与湛江油港、电白北山岭油库管线相接。成品油通过输油管线可达水东港口，自备铁路与广茂铁路相连，厂外公路与广湛高速公路相接，交通运输四通八达，地理位置优越。茂名分公司下设9个直属中心和20个直属车间。截至2004年底，茂名分公司共有职工8 939人，其中高级职称180人，中级职称1 154人。固定资产原值172.06亿元。

茂名分公司炼油系统有77套生产装置，原油加工能力1 350万吨/年，润滑油基础油生产能力30万吨/年。主要产品有：汽油、煤油、柴油、液化气、三苯、10#道路沥青、溶剂油等58个牌号石油产品；润滑油基础油、润滑脂、石蜡等润滑油产品。产品全部采用“南海”牌注册商标。炼油产品出厂合格率和上级抽检合格率均达到100%。化工系统有11套化工生产装置，乙烯生产能力38万吨/年，化工生产装置分别采用美国、意大利、日本等国的专利技术，工艺技术达到国际先进水平。生产过程高度自动化，每年可为市场提供合成树脂、合成橡胶、有机化工产品等200多种。

2004年，是茂名分公司近50年历史上极为辉煌的一年。茂名分公司认真按照“打好安全生产翻身仗，打好提高效益志气仗，打好重组改革攻坚仗”的工作思路，紧紧抓住成品油市场需求旺盛、化工产品价格上扬的难得机遇，争创效益，加快发展，推进改革，促进稳定，企业呈现出前所未有的良好势头，两个文明建设取得明显成效。经济效益实现历史性跨越，全年实现销售收入403.45亿元，实现税金26.54亿元，实现利税51.45亿元。

2004年，茂名分公司炼油继续高负荷运行，化工全力以赴保持长周期，储运围绕主业挑战生产极限，企业潜能迸发。全年加工原油1 322.05万吨，加工负荷率达到97.93%。全年生产汽煤柴785.23万吨，炼油二催化、三催化、加氢裂化、渣油加氢等主体装置运行良好，有9套炼油装置实现石化集团公司达标或保标，其中重质酮苯装置连续运行8年，创造了长周期运行新水平。化工生产乙烯39.37万吨，商品总量108.57万吨，乙烯收率达32.32%，参加总部达标的10套装置全部实现达标。截至2004年12月31日，裂解装置长周期运行已达70个月，正向“六年一修”的奋斗目标迈进。

2004年，茂名分公司发展取得重大突破。茂名分公司高度重视企业发展，审时度势，精心策划，积极争取，加快进度。80万吨/年乙烯改扩建工程有条不紊地展开。4月18日锅炉煤代油技改项目桩基工程开工，6月30日裂解炉桩基工程开始打桩，12月15日举行了工程奠基暨劳动竞赛启动仪式。12月29日石化集团公司批复80万吨/年乙烯改扩建工程总体设计，工程总投资74.94亿元。改扩建工程第一战役即将打响。同时，炼油发展取得突破。“分三步走”方案得到石化集团公司领导的认同，一批重点项目逐步落实。100万吨/年新焦化装置5月30日一次安全投料试车成功，60万吨/年旧焦化改造工程已展开，40万吨/年气体分离装置可研报告代项目建议书已上报石化集团公司，60万吨/年PX装置与高硫焦代油锅炉项目已报发改委审批并完成了现场评估，1 000万吨/年蒸馏等装置前期工作也在抓紧展开。

改革改制稳步推进。茂名分公司认真落实国家、石化集团公司的改革政策，抓住机遇，积极稳妥地推进改制分流、资产重组。茂名分公司各中心业务的整合、改制分流前期工作也按计划稳步推进。同时还完成了乙烯主业重组上市，回收实华公司轻烃、三蒸馏尾气资产，子公司与分公司的业务整合以及国际事业公司的重组工作，促进了资产和资源的优化配置。

茂名分公司主要经济指标和主要产品产量见表1、表2。

（江国培　钟粤凤）

**【两个项目创中国企业新纪录(第九批)】** 2004年5月，茂名分公司组织从企业经济规模实力、产品(服务、工程)实力、国际化经营实力、技术开发实力、设备(装备)实力、安全生产水平、环境治理效果、管理创新实力、投入产出实力、其他等10个方面，向中国企业联合会、中国企业家协会申报“中国企业新纪录(第九批)”，两个项目入选：①中国石化茂名炼油化工股份有限公司2003年加工进口含硫原油950万吨，创国内同行业进口含硫原油加工量新纪录；②中国石化股份有限公司茂名分公司化工事业部乙烯装置首次大修开车至2004年5月8日止，连续平稳运行63个月未大修，创国内乙烯生产装置首次大修后连续生产周期新纪录。

（江国培　钟粤凤）

**【80万吨/年乙烯改扩建工程奠基】** 茂名石化80万吨/年乙烯改扩建工程是石化集团公司“十五”重点项目和广东省加快现代化“十大工程”之一，自2004年4月18日锅炉煤代油技改项目桩基工程开工，6月30日裂解炉桩基工程开始打桩，11月12日石化集团公司召开了乙烯总体设计审查会，12月15日石化集团公司在茂名举行了改扩建工程奠基暨劳动竞赛启动仪式。广东省省委副书记、省长黄华华，石化股份公司总裁王基铭、高级副总裁王天普，广东省、茂名市政府有关部门领导，茂名石化党政工领导及有关部门单位负责人，参与项目建设的建设、设计、施工、监理单位的有关代表共600多人参加了仪式。

（江国培　钟粤凤）

**【100万吨/年延迟焦化装置建成投产】** 2003年4月，茂名分公司100万吨/年延迟焦化装置动工建设。2004年上半年，茂名分公司顺利完成了100万吨/年延迟焦化装置的建设投产工作，包括从装置的设计、审核、基建、直到水冲洗、水联运、油运试车，5月30日投产，开创了国内新建焦化装置开汽时间最短的新纪录，开出了国内同行业最好水平，取得了高效、优质、安全一次投料试车成功的骄人成绩。焦化装置开汽成功不但对提高茂名分公司利润、产品质量升级、平衡全公司重油、完善和丰富二次加工手段、提高二次加工能力、拓宽原油采购渠道均有重要意义，而且为茂名分公司今后新装置开工创造了一个成功的典范。焦化的投产，提高了处理渣油的能力，为公司做大做强炼油主业、提高轻油收率和经济效益发挥了重要的作用。新焦化广大干部职工继续发扬“敢于拼搏、善打硬仗、严细认真、克难制胜”的精神，稳定装置运行，为茂名分公司实现2004年的奋斗目标再立新功。

（江国培　钟粤凤）

**【乙烯装置安稳长生产再创新纪录】** 截至2004年12月31日，茂名分公司裂解等装置已连续高负荷运行70个月，不断刷新国内纪录，稳步迈入国际先进行列，“六年一修”胜利在望；在装置连续运行的第六个年头，共生产乙烯39.36万吨（按同口径计算为39.6万吨），乙烯日均产量达1 084吨，均创历史最好水平。

2004年，茂名分公司针对装置运行时间持续延长、安全生产压力日渐增大的实际，以安全为年度管理主题，扎实推进专业安全管理。积极开展“安全年”主题活动，先后组织开展了“安全生产月”、“消防周”、“优质巡检月”以及“百日安全无事故”等活动，广泛动员职工查隐患、除隐患，取得了良好的效果。抓好隐患治理工作，组织开展了裂解装置冷区平台、4#消防水线伸缩节改造等重大隐患项目的治理工作。规范安全管理，深入贯彻落实国家和石化集团公司有关安全生产的指示精神，完善安全生产管理制度，组织开展了危险化学品、罐区、关键设备等专项安全检查，并对查出的问题举一反三抓好整改。规范装置检维修施工直接作业环节的安全监督管理，实行了施工项目负责人制度，8次装置检修实现了“零事件、零违章、零污染、文明施工、一次开车成功”。优化装置生产与检修统筹，抓好生产协调与物料平衡，及时组织原料外购和产品外运，确保了装置高负荷生产。合理安排装置检维修，先后组织对部分裂解炉及聚丙烯、芳烃、高压等下游装置进行了抢修，妥善处理了裂解装置碱洗塔弱碱段换热器E-340泄漏、冷箱导淋穿孔等生产突发事件，排除101次较大的设备故障。加强公用工程系统、压力容器和管道管理，对重要电气、仪表设备及元件实施强制维护保养，为生产装置平稳运行提供了可靠的保障。深入组织技术攻关，重点针对裂解装置长周期运行中出现的碱洗塔塔盘堵塞等问题，采取有效措施，稳定了装置运行。积极应用在线更换、带压接管等新技术，对裂解装置液相干燥器V-355A/B、辅助干燥器V-375分子筛进行了更换，并成功将备用干燥器V-370C并入系统，解决了困扰装置运行的重大难题。针对丁二烯、芳烃装置检修频率高的实际，深入组织攻关，落实技改技措项目，使两套装置的生产周期得到了持续延长。

（江国培　钟粤凤）

**【茂名乙烯主体纳入石化股份公司】** 2004年1月1日，根据《关于茂名乙烯资产转让及管理体制的通知》（中国石化企[2003]637号）的精神，茂名乙烯主体纳入石化股份公司，设立为茂名分公司化工事业部，受石化股份公司化工事业部指导、管理。根据“人随资产走”的原则，调入上市部分的职工共2 323人；热电、供水、空压站、机修、经警、汽车队等单位留在存续公司，成立乙烯动力厂，其他主体生产装置、辅助装置、机关、中心等全部进入上市部分。

（江国培　钟粤凤）

**【茂名炼化股份公司解散清算】** 2004年9月29日，中国石化茂名炼油化工股份有限公司（简称茂名炼化股份公司）2004年度第一次临时股东大会审议通过茂名炼化股份公司解散并进行清算注销的决议，同时成立清算组。根据股东大会决议及石化股份公司的承诺，2004年10月1日零时起，茂名炼化股份公司停止以其名义对外开展业务，同时资产委托茂名分公司管理，原有业务由茂名分公司承继，所有新产生业务相关的一切权利、义务（包括新业务产生的经营收益或亏损）由茂名分公司承担。茂名炼化股份公司资产及业务顺利过渡到茂名分公司管理。

由于认真研究和制定清算方案，不断研究和解决在清算过程中遇到的新问题，确保了茂名炼化股份公司清算解散工作按有关法律和程序进行。截至2004年底，基本完成茂名炼化股份公司清算工作，并获得国务院国资委《关于注销中国石化茂名炼油化工股份有限公司的批复》，同意注销茂名炼化股份公司。

（江国培　钟粤凤）

**【国资委党委书记、副主任李毅中到茂名分公司检查指导工作】** 2004年5月19日，国资委党委书记、副主任李毅中带领国务院危险化学品安全督查组一行12人到茂名分公司对危险化学品的管理进行督查。李毅中书记在对炼油系统生产一线进行了深入细致的检查及听取了茂名分公司领导的汇报后，充分肯定了茂名分公司在安全管理、生产经营、改革发展及提高经济效益等方面取得的成绩。李毅中书记希望茂名分公司在今后要继续按照这两年摸索的经验、方向，努力促进改革、发展、稳定上台阶，力争实现2004年利润双10亿的目标，为国有企业作出更大的贡献。在改革上，继续搞好内部整合，按照现代企业制度和现代产权制度的要求，做到产权明晰、权责明确，搞好主辅分离和分离办社会职能，大力推进内部三项制度的改革；在发展上，80万吨/年乙烯改扩建工程力争在2006年6月完成，要通过改造，促进炼油单个装置具备经济规模，实现炼油乙烯配套；在稳定上，要进一步加强和改进党的建设，加强改进思想政治工作，发展茂名石化文化。

（江国培　钟粤凤）

**表1　茂名分公司主要经济指标①**

亿元

| 指标名称＼年份 | 2004 | 2003 | 2002 | 2001 | 2000 | 1999 |
|---|---|---|---|---|---|---|
| 原油加工量/万吨 | 1 322.05 | 1 153.06 | 1 045.05 | 1 063.64 | 1 052.69 | 816.30 |
| 工业总产值② | 413.28 | 83.14 | 81.32 | 82.66 | 77.46 | 69.13 |
| 资产总计 | 159.50 | 85.02 | 80.03 | 78.89 | 95.52 | 283.44 |
| 流动资产 | 65.35 | 41.42 | 34.41 | 30.16 | 46.75 | 43.08 |
| 固定资产原值 | 172.06 | 75.22 | 73.12 | 71.79 | 70.56 | 251.40 |
| 固定资产净值 | 85.97 | 39.60 | 41.26 | 43.57 | 46.40 | 208.38 |
| 销售收入 | 403.45 | 262.72 | 214.62 | 226.11 | 231.88 | 138.79 |
| 实现利税 | 51.45 | 18.17 | 15.40 | 14.94 | 13.76 | 0.68 |
| 税　金 | 26.54 | 13.57 | 12.00 | 14.54 | 14.63 | 13.62 |

① 1999年数据含茂名石化公司。

② 2004年数据含分、子公司；1999—2003年数据按1990年不变价计算。

**表2　茂名分公司主要产品产量**

万吨

| 产品名称＼年份 | 2004 | 2003 | 2002 | 2001 | 2000 | 1999 |
|---|---|---|---|---|---|---|
| 汽　油 | 184.95 | 155.98 | 140.49 | 142.76 | 150.97 | 126.10 |
| 煤　油 | 132.35 | 115.03 | 121.87 | 118.30 | 112.46 | 88.83 |
| 柴　油 | 467.93 | 358.98 | 340.08 | 381.11 | 358.65 | 269.36 |
| 润滑油 | — | — | 23.68 | 26.10 | 25.62 | 27.59 |
| 液化气 | 50.28 | 35.03 | 30.80 | 28.52 | 32.14 | 24.18 |
| 溶剂油 | 9.03 | 13.90 | 12.22 | 12.47 | 10.80 | 9.40 |
| 三　苯 | 1.09 | 2.55 | 4.85 | 6.05 | 5.48 | 4.61 |
| 重　油 | 70.30 | 93.98 | 53.50 | 52.99 | 79.85 | 51.94 |
| 油　焦 | 35.24 | 17.95 | 17.66 | 14.64 | 13.31 | 16.14 |
| 沥　青 | 36.64 | 33.86 | 28.93 | 22.57 | 24.32 | 25.93 |
| 重交沥青 | 35.42 | — | 0.31 | 17.67 | 20.25 | 16.20 |
| 石脑油 | 129.93 | 124.12 | 117.08 | 120.51 | 109.77 | 74.45 |
| 加裂尾油 | — | — | 1.74 | 8.04 | 11.55 | 13.29 |

续表

| 产品名称 \ 年份 | 2004 | 2003 | 2002 | 2001 | 2000 | 1999 |
|---|---|---|---|---|---|---|
| 乙　烯 | 39.37 | 39.24 | 39.38 | 39.24 | 39.54 | 33.92 |
| 混合芳烃 | 18.64 | 20.10 | 20.29 | 19.37 | 21.30 | 19.07 |
| 苯 | 7.00 | 7.01 | 8.12 | 7.36 | 7.52 | 6.63 |
| 甲　苯 | 4.23 | 4.05 | 4.81 | 4.38 | 4.30 | 3.08 |
| 二甲苯 | 3.18 | 3.27 | 3.40 | 3.27 | 3.48 | 2.32 |
| 聚丙烯 | 17.07 | 17.31 | 17.37 | 17.77 | 17.35 | 14.96 |
| 线性聚乙烯 | 16.34 | 16.10 | 17.00 | 17.09 | 17.20 | 14.72 |
| 高压聚乙烯 | 12.39 | 12.34 | 12.45 | 11.98 | 12.50 | 10.87 |
| 丁二烯 | 4.30 | 4.57 | 5.08 | 5.13 | 5.14 | 4.14 |
| MTBE | 2.98 | 3.12 | 3.48 | 3.52 | 3.36 | 2.96 |
| 1-丁烯 | 1.13 | 1.22 | 1.33 | 1.46 | 1.37 | 1.01 |
| 乙二醇 | 9.24 | 9.61 | 9.53 | 10.26 | 10.96 | 9.40 |
| 苯乙烯 | 11.59 | 10.45 | 10.17 | 10.44 | 9.93 | 8.99 |
| 丁苯橡胶 | 0.79 | 0.94 | 0.63 | 0.62 | 0.91 | 1.35 |
| 顺丁橡胶 | — | — | 0.05 | — | 0.13 | — |
| SBS | 4.24 | 4.19 | 4.73 | 4.59 | 3.49 | 2.16 |

## 天津石化公司暨天津分公司

**【概述】** 中国石化集团天津石油化工公司(简称天津石化公司)暨中国石油化工股份有限公司天津分公司(简称天津分公司)统称天津石化，是隶属于石化集团公司和石化股份公司的国家特大型炼油、乙烯、化工、化纤联合企业，位于天津滨海新区的大港区，占地面积 1 324 万米$^2$，与天津市区和塘沽新港由铁路、公路相通，与天津港南疆石化码头由输油管线相连，地理位置优越，海陆运输方便。原天津石化公司成立于 1983 年 12 月 28 日，2000 年石化集团公司重组上市后，分设为天津石化公司和天津分公司。截至 2004 年底，天津石化下设炼油、乙烯、化工、化纤、三石化、热电等 7 个生产单位，物装、运销、检维修、电仪、信息等 12 家辅助单位；拥有正式职工 17 566 人，各类专业技术人员 3 785 人，其中具有高级技术职称的 580 人，中级技术职称的 1 693 人。主要生产装置包括炼油装置 16 套，化工装置 15 套，化纤装置 9 套，原油加工能力 500 万吨/年，乙烯生产能力 20 万吨/年，聚酯 20 万吨/年，对二甲苯 33 万吨/年，精对苯二甲酸 30 万吨/年，涤纶短纤维 16 万吨/年，涤纶长丝 9 万吨/年，聚醚 7 万吨/年；拥有与主要生产装置相配套的装机容量 20 万千瓦，17 万吨/日供水等公用工程系统。

2004 年，天津石化超额完成了石化集团公司下达的考核指标和 2004 年奋斗目标，创天津石化成立以来的历史最好水平，进一步巩固了扭亏成果；继续保持“四个重大事故”为零；全面完成了石化集团公司下达的成本、费用、改革及投资目标。

2004 年天津石化克服原油价格持续上涨、国内成品油顺价滞后以及装置进入“三年一修”后期设备隐患增多等困难，抓住化工市场好转的有利机遇，坚持高负荷满负荷生产，全年生产汽煤柴油 307.14 万吨，同比增长 8.09 个百分点。各种石化产品继续保持较好的生产水平(见表 2)。还生产阳离子、ECDP 等差别化纤维 6.85 万吨。生产聚醚 7.51 万吨，同比增长 17.81%。

2004 年天津石化以整体效益最大化为目标，坚持“宜油则油、宜烯则烯、宜芳则芳”的原则，优化原料配置，积极落实资源，为主要装置高负荷生产创造了条件。发挥油化纤一体化优势，石化原料立足企业内供，全年累计生产化工轻油 90.86 万吨，占全年用量的 75%，保持了较高的原料自供水平。优化选择外购原料资源，努力实现系统内互供石脑油配置计划，全年系统内互供石脑油同比增加 12.6 万吨。通过合理安排化工大修期间重整石脑油的存储，优化装置经济运行，重新投用了 2000 年停产的小芳烃装置。

根据市场需求及时调整产品结构，增产高附加值、适销对路的产品，实现优化增效。

2004年天津石化坚持以全面预算管理为中心，加强预算运行过程控制和专业管理，实行全员绩效结合、责任连带，逐月严格考核、奖惩兑现，坚持经济活动分析和班组核算，强化资金资产管理，实现降本压费。通过提高含硫原油尤其是低品质原油的采购比例(同比提高10.17个百分点)，降低原料成本；强化原油转输接卸过程控制，降低了中转费用。充分发挥集中采购的优势，节约采购资金，节约资金达4.59%；网上采购物资比石化集团公司要求指标高40个百分点，创历史新高；网上竞价采购实现零突破。同时狠抓清仓利库，采取公开竞标的方式处理积压物资，回收资金，使库存下降0.75亿元。

2004年，面对国际国内石化市场好转的形势，天津石化坚持"价格紧贴市场，产品尽产尽销，低库存运行"的稳健经营方针，合理控制产品销售节奏，稳固销售渠道，积极开拓和巩固周边市场。成功组织了化工中、副产品的竞价销售，采取积极措施控制营业费用，加强应收账款控制，实现了尽产尽销和低库存运行，全年产销率达到100%。产品销售价格在石化集团公司同类产品中的排名逐步上升，主要产品进入石化集团公司前三名。

2004年天津石化4家单位实现了改制，共涉及在册人员855人；5家公司的初步方案得到了石化集团公司批复，现正积极做好改制前的各项准备工作，抓紧报送改制分流实施方案。

天津石化主要经济指标和主要产品产量见表1、表2。

(张作洋)

**【整体效益创历史新高】** 全年共实现销售收入231.93亿元，同比增长27%；实现利润8.08亿元，创天津石化成立以来历史最好水平。

(张作洋)

**【全年原油加工量首次突破500万吨】** 2004年，天津石化克服设备问题多与库存的急剧变化给组织生产带来的困难，千方百计优化生产要素，以提高装置的运行效益。在优化资源配置方面，灵活调整混炼比例，尽最大努力满足装置对原油比重和硫、酸含量的要求。在优化装置运行方面，本着"少产多吃"的原则，两套常减压装置大力实施深拔操作以降低渣油的产量。催化裂化装置在蜡油不足的情况下，努力加大掺渣比例，掺渣比达到10.6%，为近年来的较好水平。延迟焦化装置克服加热炉炉管表面温度高的困难，积极优化工艺条件，年均负荷达到105.46%的历史最好水平，比2003年同期多加工渣油3.8万吨。

2004年，天津石化共加工原油507.15万吨，同比增长4.83，第一次实现年加工量超过500万吨。

(张作洋)

**【100万吨/年乙烯炼化一体化项目国家正式立项】** 2004年3月16日天津石化100万吨/年乙烯炼化一体化项目建议书获国务院批准正式立项。10月18日该项目通过石化集团公司专家组初步评估。项目主要建设内容包括：100万吨/年乙烯工程、新建改建1 000万吨/年炼油改造工程和配套热电改造工程，以及总图储运、公用工程、辅助生产设施等。

(张作洋)

**【化工改造检修实现一次开车成功】** 天津石化化工改造检修项目主要包括：大芳烃装置改造，重整能力由60万吨/年提高到80吨/年，对二甲苯(PX)装置产能由25万吨/年增加到30吨/年，并重点更换装置吸附分离601A塔的吸附剂；精对苯二甲酸(PTA)装置更换钯碳催化剂及改造前期准备工作；芳烃装置更换格栅和吸附剂等。从2004年8月1日大芳烃停车到9月24日生产出合格产品历时56天。

经过一段时间的稳定运行，9月24日，改造后的天津石化大芳烃装置(BPX)生产出质量合格的对二甲苯产品，装置负荷率保持在90%。至此历时56天的天津石化化工改造检修工作全面结束，为提高装置产能和抢抓效益奠定了坚实的基础。

(张作洋)

**【中小学校和公安系统顺利移交地方政府】** 遵照《国务院办公厅关于中央企业分离办社会职能试点工作有关问题的通知》(国办发[2004]22号)文件精神，2004年7月27日，石化集团公司与天津市政府共同签署了中小学、公安机构移交协议。10月22日，天津石化与天津市大港区政府签署了移交中小学、公安系统协议补充备忘录，标志着这两项社会职能正式移交地方政府。共移交在职人员647人，退休职工291人，移交资产2 195万元。

(张作洋)

**【首次成功举办上市与非上市联合产品订货会】** 2004年11月1—4日，天津石化在海南三亚市隆重召开2005年企业产品订货会。天津石化200余家单位、350余名代表参加了此次订货会。这是天津石化第一次成功举办炼油化工化纤一体化的产品订货会，改变了过去分散组织的模式。这次订货会上主要产品订货总量达到 2005 年生产计划量的 92%，为 2005 年生产经营奠定了坚实的基础，并且通过组织客户调查、走访、座谈、新产品及发展方向介绍等系列活动，树立起天津石化良好的企业形象。

（张作洋）

**【开发出 1,4－环己烷二甲醇成套技术，一举打破国外公司垄断】** 1,4－环己烷二甲醇是用来开发聚酯新产品最常用的原料之一，2004 年只有美国伊斯曼公司和日、韩合资的一家公司可以生产。为打破国外垄断，天津石化研究院受石化集团公司委托，承担了该项目的研发任务。经过 5 年的不断探索，研制出该项目的加氢催化剂，并开发出具有自主知识产权的生产技术，2004 年通过石化集团公司的中试鉴定，同年又进一步完成了加氢催化剂及其生产工艺的千吨级工业试验。2004 年 1，4－环己烷二甲醇制备成套技术通过石化集团公司技术鉴定。这是目前国内惟一的 1,4－环己烷二甲醇制备成套技术，其生产成本低于国外同类产品，打破了美国公司和日韩公司对国内市场的垄断。

（张作洋）

**【自备罐车使用率全国领先，创经济效益可观】** 天津石化重视物流管理，从开辟“第三利润源”角度加强自备罐车运输管理，通过深入挖掘内部潜力，不断加大自备罐车使用率，实现了挖潜增效。自 2002 年以来天津石化企业自备车使用率连续 3 年达到 70%以上，居全国同行业领先水平。天津石化 2004 年采取多种措施充分利用企业自有的 492 辆罐车，创造了可观的经济效益。全年天津石化罐车租金收入达到 1 149 万元，3 年累计创收 3 000 余万元

（张作洋）

**【正式推行全员生产维护体制（TPM）活动】** 2004 年天津石化成功推进 TPM 活动，通过加强设备管理和保养，使员工树立起“我用设备，我保养设备”的新观念，提高了设备安全可靠度，主要设备完好率达到 99.43%，仪表联锁投用率同比提高 0.3 个百分点，关键机组故障停机次数由上年的 8 次下降到 3 次。

（张作洋）

**【首次以职工姓名命名十大优秀操作法】** 2004 年，天津石化为提高技能操作人员队伍素质，拓宽技能操作人才成长渠道，开展了职工技术比武和优秀操作法评选活动，并以职工姓名命名 2004 年天津石化十大优秀操作法。

按照《天津石化 2003—2005 年职工素质工程人才培养规划》和 2004 年度职工素质工程工作安排，全年共有常减压蒸馏装置操作工等 42 个工种的 3 200 余名职工参加了 2004 年度职工技术比武。通过比武，侯章贵等人发明的“歧化快速投料操作法”等 10 项优秀操作法被命名为天津石化首次十大优秀操作法。

（张作洋）

**【两产品被授予天津名牌产品称号】** 在天津市 2004 年质量工作表彰大会上，天津石化生产的聚乙烯和聚丙烯产品被天津市人民政府授予天津名牌产品称号，从而继 2003 年石油苯之后，天津石化主要产品均成为天津市名牌产品。

（张作洋）

**【导入 6σ 管理方法提升企业竞争力】** 为提升企业的基础管理水平，天津石化在主要生产装置全面推行 ISO 9000、TPM、HSE 等现代管理体系的同时，积极引入国外其他先进的管理办法。2004 年初，将目前世界最新的质量管理理念六西格玛（6σ）管理方法导入企业，并在天津石化化纤厂进行试点，收到了较好的效果。

6σ 管理法是一种改变组织文化的方法，是一种接近完美、达到每百万次缺陷次数不超过 3—4 次的目标。为做好该方法的推广，天津石化化纤厂结合企业特点进行了全员性的大力动员，成立了实施指导委员会，制定了《化纤厂全面推行 6σ 管理法安排意见》，确定了基本思路和基本步骤，并确定了杜绝聚酯装置非计划停车和提高长丝组件更换准确率两个示范项目。经过实施，聚酯装置实现了连续稳定运行 400 天无非控制停车的好成绩，达到了 5.5σ 水平（最高为 6σ），装置综合能耗达到了 98.6 千克标油，在石化集团公司同类装置中排名第一。长丝组件上机准确率也达到了 100%，实现了历史性突破。

（张作洋）

**【天津石化技术中心进入国家队】** 2004 年，国家发改委、财政部、海关总署、税务总局联合发布公告，认定天津石化公司技术中心为国家级企业技术中心，表明天津石化公司的技术创新能力和实力有了明显的提高。

天津石化技术中心 1999 年被认定为市级企业技术中心。近年来天津石化在消化吸收国外先进技术的基础上，不断加大科技投入，科技投入达到 2.5%，居同行业先进水平。天津石化创新能力进一步提高，

先后开发了聚对苯二甲酸丙二酯(PTT)短纤维等 40 多种涤纶化纤和树脂新产品，累计申报专利 38 项，其中发明专利 29 项，获省部级以上科技进步奖 30 项，采用气相法聚乙烯冷凝技术使聚乙烯装置生产能力由 6 万吨/年提高到 15 万吨/年，与新建装置比节约投资 4 亿元，为天津石化累计创效 2 亿元，气相法聚乙烯冷凝技术还获国家科技进步二等奖。天津石化技术中心在调整产品结构、提高产品附加值、增加企业效益方面发挥着越来越重要的作用，公司化纤差别化率创历史最高水平，树脂专用料比例达到同行业先进水平。

（张作洋）

**【荣获全国创争活动示范单位称号】** 2004 年天津石化被授予全国创争活动示范单位称号，成为石化集团公司惟一获此殊荣的企业。

全国创争示范单位活动是由中央文明办、国家发改委、教育部、科技部、人事部、劳动保障部、国资委、全国工商联、全国总工会九部委组织的。自“创争”活动开展以来，天津石化高度重视，致力于素质工程和“创争”活动的有机结合，建立了“公司统一领导、行政主要负责、工会组织协调、各成员单位分工协作”的领导体制，有效推进了学习型企业的创建步伐。通过制度体系和实施载体建设的同步推进，提升了企业整体素质，激活了企业人力资源，学习型企业建设成效初现，企业竞争力明显增强，经济效益稳步提升。

（张作洋）

**【聚醚扩产改造试车成功实现达产】** 2004 年 1 月 21 日，天津石化三石化厂聚醚装置 2 万吨/年扩产改造工程第二条生产线聚醚多元醇(PPG)投料试车成功，标志着整个改造工程顺利完成，正式进入生产阶段。2004 年全年生产聚醚 7.51 万吨，同比增长 17.81%，实现达标达产。

天津石化三石化厂的聚醚装置改造工程包括：新增一条 1.6 万吨/年 PPG 生产线和一条 1 万吨/年聚合物多元醇(POP)生产线，并对相应的配套设备和公用工程进行改造。整个改造工程共新增或更换设备 60 台(套)，工程投资 2 323 万元。改造完成后，天津石化聚醚综合产能由 6 万吨/年提高到 8 万吨/年，在国内处于领先水平。

（张作洋）

表 1　　天津石化主要经济指标　　亿元

| 年份<br>指标名称 | 2004 | 2003 | 2002 | 2001 | 2000 | 1999 |
|---|---|---|---|---|---|---|
| 原油加工量/万吨 | 507.15 | 468.3 | 414.79 | 467.30 | 480.67 | 370.14 |
| 工业总产值① | 226.33 | 44.81 | 83.50 | 86.90 | 43.13 | 36.80 |
| 天津石化公司 | 88.86 | 64.30 | 59.72 | — | — | |
| 天津分公司 | 137.47 | 30.51 | 23.78 | — | — | |
| 工业增加值 | 38.61 | 29.46 | 23.09 | 16.41 | 12.74 | 15.88 |
| 天津石化公司 | 27.63 | 17.54 | 12.46 | — | — | — |
| 天津分公司 | 10.98 | 11.92 | 10.63 | — | — | — |
| 资产总计 | 119.55 | 139.45 | 183.51 | 191.22 | 149.37 | 122.88 |
| 天津石化公司 | 25.09 | 101.47 | 139.64 | — | — | — |
| 天津分公司 | 94.46 | 37.98 | 43.87 | — | — | — |
| 流动资产 | 31.66 | 31.86 | 31.34 | 32.98 | 32.05 | 20.25 |
| 天津石化公司 | 15.54 | 16.63 | 18.82 | — | — | — |
| 天津分公司 | 16.12 | 15.23 | 13.52 | — | — | — |
| 固定资产原值 | 187.42 | 207.99 | 220.78 | 217.43 | 115.78 | 91.59 |
| 天津石化公司 | 14.41 | 156.85 | 155.17 | — | — | — |
| 天津分公司 | 173.01 | 51.14 | 65.61 | — | — | — |
| 固定资产净值 | 107.78 | 126.55 | 142.95 | 151.09 | 72.48 | 46.18 |
| 天津石化公司 | 9.44 | 104.80 | 113.21 | — | — | — |
| 天津分公司 | 98.34 | 21.75 | 29.74 | — | — | — |

续表

| 指标名称 \ 年份 | 2004 | 2003 | 2002 | 2001 | 2000 | 1999 |
|---|---|---|---|---|---|---|
| 销售收入 | 231.93 | 181.77 | 139.17 | 151.95 | 123 | 79.04 |
| 天津石化公司 | 93.17 | 71.72 | 57.60 | — | — | — |
| 天津分公司 | 138.76 | 110.05 | 81.57 | — | — | — |
| 实现利税 | 21.32 | 5.81 | 7.03 | -0.51 | 3.32 | 8.10 |
| 天津石化公司 | 15.25 | 4.24 | 1.94 | — | — | — |
| 天津分公司 | 5.98 | 1.57 | 5.09 | — | — | — |
| 税　金 | 13.24 | 10.23 | 8.43 | 9.65 | 7.85 | 7.87 |
| 天津石化公司 | 5.53 | 4.11 | 2.85 | — | — | — |
| 天津分公司 | 7.71 | 6.12 | 5.58 | — | — | — |

① 1999—2003 年按 1990 年不变价计算。

**表 2　天津石化主要产品产量**　万吨

| 产品名称 \ 年份 | 2004 | 2003 | 2002 | 2001 | 2000 | 1999 |
|---|---|---|---|---|---|---|
| 汽　油 | 65.20 | 66.00 | 50.67 | 65.45 | 66.55 | 73.62 |
| 煤　油 | 29.19 | 27.07 | 26.90 | 22.37 | 32.57 | 15.36 |
| 柴　油 | 212.75 | 191.09 | 174.28 | 193.24 | 180.85 | 151.63 |
| 化工轻油 | 98.86 | 98.31 | 86.50 | 90.81 | 78.03 | 56.57 |
| 商品液化气 | 20.34 | 18.78 | 17.37 | 19.77 | 13.63 | 13.63 |
| 燃料油 | 25.27 | 21.12 | 11.39 | 18.55 | 33.72 | 27.94 |
| 石油苯 | 11.65 | 12.45 | 10.83 | 7.43 | 19.78 | 28.50 |
| 对二甲苯 | 20.44 | 26.16 | 27.33 | 24.75 | 5.95 | 8.32 |
| 精对苯二甲酸 | 29.98 | 31.69 | 29.00 | 23.80 | — | — |
| 聚　酯 | 29.53 | 25.01 | 20.98 | 21.78 | — | — |
| 聚酯切片 | 5.40 | 5.79 | 5.51 | 4.03 | 4.49 | 3.79 |
| 涤纶短丝 | 18.17 | 11.20 | 8.76 | 11.96 | 6.97 | 7.24 |
| 涤纶长丝 | 5.48 | 7.60 | 6.48 | 8.30 | 0.57 | 1.10 |
| 聚醚 | 7.51 | 6.37 | 5.59 | 5.04 | 5.34 | 4.08 |
| 丙　烯 | 15.53 | 10.64 | 10.87 | 8.49 | 7.34 | 6.76 |
| 乙　烯 | 22.79 | 23 | 21.28 | 18.15 | 17.10 | 16.82 |
| 聚乙烯 | 14.29 | 14.35 | 13.04 | 10.67 | 9.56 | 9.08 |
| 聚丙烯 | 6.66 | 6.84 | 11.06 | 10.32 | 5.04 | 4.77 |
| 乙二醇 | 5.05 | 4.90 | 3.94 | 3.99 | 4.51 | 4.56 |
| 环氧乙烷 | 3.53 | 3.73 | 4.30 | 3.31 | 3.31 | 2.53 |

## 扬子石化公司

**【概述】** 中国石化集团扬子石油化工有限责任公司(简称扬子石化公司)于1998年9月由原扬子石油化工公司(占地1 014万米$^2$)改制设立，是石化集团公司全资子公司，位于江苏省南京市北郊的南京化学工业园区内。截至2004年底，扬子石化公司总资产81.27亿元，职工总数5 618人，其中专业技术人员1 666人，具有高级职称的216人，中级职称的638人。拥有与扬子石化股份公司化工生产相配套的装机容量36万千瓦的热电厂、供水66万吨/日、污水处理4 600米$^3$/时的水厂；沿江建有固液体装卸码头14座、泊位16个，其中万吨级码头4座、铁路、公路年运输能力达140万吨；并拥有3万门程控交换机和局域宽带网以及工程设计、工程管理、生活后勤、检维修安装制造等服务能力。

2004年，扬子石化公司稳步推进各项改革，大力夯实“三基”，强化管理，精心组织经济运行，克服了煤价大幅上涨的压力，实现了经济效益持续增长。全年实现主营收入75.61亿元，同比增长40%；消化煤炭涨价等减利因素2.01亿元，实现利润1.41亿元，管理费用、修理费用、财务费用、文教卫社区净支出实现了石化集团公司下达的考核指标。

2004年，扬子石化公司积极克服煤炭资源紧张、煤价持续上扬、煤质变差等不利因素，千方百计组织原料供应，狠抓安全稳定生产，在确保化工生产的电水汽供应的同时，力争多发电多上网，为缓解南京市夏季供电紧张作出了应有的贡献。发电、供电、产汽、供汽、供氮、外供粗江水、脱盐水、运输总量、设计投资额等9项指标全面刷新历史纪录。全年发电25.4亿千瓦·时，供汽472.24万吨，供水1.2亿吨，处理污水1 941万吨，完成工程建设投资14.25亿元、设计投资额9.35亿元、检维修作业价值1.49亿元，运输总量达到1 300万吨，经营开发单位自营产品49.22万吨。

2004年，扬子石化公司先后完成了精细化工公司、工程公司混凝土分公司和机械修理厂的改制挂牌运作；年底，13个改制初步方案和医院实施方案得到总部批复。完成中小学移交，2所中学、3所小学、526名教职工(含集体)和147名离退休职工一次性成建制移交地方政府管理。顺利完成国际事业公司的移交重组工作；稳步推进社区水电气暖收费改革，大力精简中层干部队伍，全面启动竞聘上岗工作。

2004年，全年完成投资2.65亿元，水厂(取供水和净一)扩容改造、D套空分装置顺利建成，1－丁烯装置实现开车一次成功，内部交通道路拓宽工程进展顺利。全年完成科研开发和技术攻关项目23项，申请专利6项，拥有专有技术1项。国家“863”项目“跨界融合构建基因工程菌处理石化废水的研究”和“PTA废水高效生物处理技术及中试研究”相继通过省部级鉴定，居同类国际领先水平；好氧膜生物反应器处理废水研究、源水微污染治理项目研究试验效果显著；成功掌握了“带压开孔封堵技术”；开发了ERP系统接口，成功试点银企“网上银行”，有力支持了扬子石化股份公司ERP系统上线。

2004年，紧紧围绕改扩建项目和合资项目，积极与外方谈判交流；大力支持扬—巴工程建设，扬—巴公司基本实现项目机械竣工，首套化工装置－丙烯酸甲酯装置开车成功并产出合格产品，码头正式对外开放。通过发挥中方董事和委派人员作用，有力地推动了合资企业日常经营管理工作，投入商业运行的6家合资公司共完成销售收入34.22亿元，实现利润3.47亿元，同比增长39.4%。

2004年，始终坚持“安全第一”不动摇，全面推进HSE管理体系建设，强化安全生产预警机制，夯实安全生产基础，有效地保证了公用工程的安全稳定长周期运行，有效地保证了现场工程安全施工和安全检修。强化环保设施运行管理，严格控制“三废”排放，外排污水合格率达到98.0%，同比提高0.2个百分点，热电厂排放大气污染物均控制在指标以内。

2004年，以增强控制力为目的，扬子石化公司实行了严格的全面预算管理，强化财务预算的刚性和约束力；坚持每月经济活动分析会，加大了经济活动分析的深度和广度，及时发现生产经营中的问题，及早作出决策；加强了对全资、控股子公司的投资控制、人工成本控制和资金流控制，对中外合资企业的公用工程合同和服务合同的执行情况进行了全面检查和落实，对2003年度“账销案存”的2亿多资产进行了复查，并做好善后处理工作；坚持严格的内审制度，全年内审项目18项，并接受了国务院监事会办公室、石化集团公司和国家审计署南京特派办的审计和监督检查。

扬子石化公司主要经济指标见表1。

(胡　焱　朱军涛)

**【首家改制单位揭牌】** 2004年4月16日，扬子石化公司首家改制单位——南京扬子石化精细化工有限责任公司成立。南京扬子石化精细化工有限责任公司前身是1993年成立的扬子石化设备器材修配公司，后经过产业结构调整、资产重组，成为一家主要从事贵重金属、催化剂、化学助剂和溶剂生产销售的企业。

2004年，报经石化集团公司批准同意实施改制分流，在册的97名员工全部参加，成为改制企业的股东。南京扬子石化精细化工有限公司的成功改制，将为扬子石化公司后续企业改制提供宝贵经验，并将带动扬子石化的改制分流工作。

（胡　焱　朱军涛）

**【工程公司中标海南炼油项目】** 2004年4月17日，南京扬子石化工程有限责任公司在北京一举中标，获得投资10多亿元的海南320万吨/年催化原料预处理装置和600万吨/年常减压蒸馏装置项目工程监理及建设管理的资格。该公司为了开拓外部市场，从年初就积极跟踪海南项目的进程，认真筹划组织，成立了一支领导挂帅、各职能部门分工协调的投标报价小组，在15天内编制完成了包括商务标和技术标在内20多万字、共3个标段的投标书。4月15日，在北京举行的该项目的开、评标结果中，各项指标的评分均名列各标段榜首。

（胡　焱　朱军涛）

**【1.5万吨/年1－丁烯项目建成投产】** 2004年8月16日，南京扬子石化炼化有限责任公司1.5万吨/年1－丁烯、4万吨/年甲基叔丁基醚（MTBE）装置投料试车一次成功。该装置于2003年9月22日开工，2004年6月26日建成中交，总投资8 000万元，由南京扬子石化工程有限责任公司总承包。装置建成后，其生产的碳三、碳四和MTBE等产品将极大地满足市场需求，并为扬子石化股份公司塑料厂聚乙烯装置提供优质的1－丁烯共聚单体，成为南京扬子石化炼化有限责任公司新的经济增长点。

（胡　焱　朱军涛）

**【D套空分装置建成揭幕】** 2004年11月8日，南京扬子石化比欧西气体有限责任公司举行了D套空分装置建成揭幕仪式。该工程总投资3.8亿元，于2003年7月开工，2004年10月竣工。新建成的D套空分装置每天可生产1 320吨氧气以及大量氮气和液态气体，主要供应扬子石化、扬—巴一体化联合装置。

（胡　焱　朱军涛）

**表1**　**扬子石化公司主要经济指标**　亿元

| 指标名称＼年份 | 2004 | 2003 | 2002 | 2001 | 2000 | 1999 |
|---|---|---|---|---|---|---|
| 原油加工量/万吨 | — | — | — | — | — | 428.33 |
| 工业总产值① | 14.57 | 13.35 | 11.53 | 11.15 | 4.74 | 69.35 |
| 工业增加值 | 5.20 | 5.59 | 5.16 | 6.14 | 5.45 | 31.69 |
| 资产总计 | 81.27 | 88.19 | 92.99 | 97.24 | 100.19 | 177.04 |
| 流动资产 | 27.24 | 38.08 | 45.21 | 48.41 | 55.58 | 49.68 |
| 固定资产原值 | 44.20 | 44.70 | 41.64 | 46.54 | 39.55 | 206.11 |
| 固定资产净值 | 24.43 | 25.67 | 24.10 | 27.87 | 25.67 | 99.47 |
| 销售收入 | 75.61 | 54.01 | 43.23 | 33.49 | 33.46 | 93.23 |
| 实现利税 | 3.51 | 2.87 | 2.84 | 1.77 | 2.01 | 14.67 |
| 税　金 | 2.1 | 2.07 | 2.03 | 1.42 | 2.00 | 8.49 |

① 1999—2000年按1990年不变价计算。

# 扬子石化股份公司

**【概述】** 中国石化扬子石油化工股份有限公司（简称扬子石化股份公司）是石化股份公司的控股子公司，创立于1998年4月23日（其前身是中国石化扬子石油化工公司），1998年5月12日在深圳证券交易所上市，位于长江中下游经济发达的南京市北郊，是中国重要的石化生产基地之一。截至2004年底，扬子石化股份公司总资产133.3亿元，职工总数为8 731人，其中科技人员3 371人，具有高级职称的437人，中级职称的1 217人，拥有生产能力为：原油加工800万吨/年、乙烯65万吨/年、芳烃85万吨/年、精对苯二甲酸（PTA）70万吨/年、聚烯烃塑料87万吨/年、乙二醇（MEG）30万吨/年等39套大型石油化工装置，可生产聚烯烃塑料、聚酯原料、基本有机化工原料、成品油四大类43种产品，年商品总量600多万吨，是国内最大的纯苯、对二甲苯(PX)、邻二甲苯、PTA、乙二醇、丁二烯和环氧乙烷生产商之一。

2004年，扬子石化股份公司紧紧抓住化工产品新一轮上升机遇，精心组织生产运行，大力拓展市场，强化内部管理，成功化解了油价持续震荡攀升、化工产品价格大幅波动所带来的风险，企业经济效益取得历史性突破。全年实现销售收入317.74亿元，比2003年增长44.4%；利润55.65亿元，比2003年增长235.7%；净资产收益率达到40.57%，同比提高18.45个百分点；已占用资本回报率(ROCE)35.60%，同比提高19.60个百分点；流动比率2.18，速动比率1.28，同比分别提高1.04和0.79；资产负债率29.90%，比上年末下降13.98个百分点；每股收益2.01元，提高1.30元/股，均创历史最好水平。

2004年，扬子石化股份公司抓住全年生产组织的新特点，积极探索第二轮乙烯改造后新格局下装置互补运行的模式，落实芳烃片区装置运行3年末期稳定运行的措施，强化公用工程保障，千方百计抓好安全稳定高负荷生产，努力做大产品总量。全年共生产商品658.9万吨，同比提高7.5%。其中，乙烯81.25万吨，同比增加6.37%；塑料93.13万吨，同比增加11.65%；油品217.54万吨，同比增加10.21%；三苯111.27万吨；聚酯原料90.68万吨。扣除芳烃片区停车大修因素，扬子石化股份公司所有加工量和产品产量均创造了历史最新纪录。17套装置全部达标，原油加工损失率、乙烯收率、芳烃装置能耗、PTA能耗等24项指标创年度历史最好水平，乙烯收率达到30.4%，同比节能增效2.55亿元。首次成功实现分片运行检修。芳烃联合装置、丁二烯装置、1PP-A运行创造新纪录。

2004年，面对国际原油和煤炭价格持续上涨、资源紧张的状况，供应系统积极把握采购时机，狠抓资源落实，全年进口原油385.8万吨，采购煤炭237.5万吨，组织中间原料103.4万吨。坚持货比三家、招标采购，全年组织采购物资16.91亿元，节约采购资金5 700万元，实施网上采购8.86亿元，网上采购率达52.4%。改变物资供应服务方式，实施物资配送制度。扩大社会库存和协议采购的品种范围，利用社会库存2 522万元，协议采购1.41亿元。面对石化产品销售持续向好的商机，坚决贯彻“紧贴市场，全产全销，卖出当期最好价格”的营销策略，随市而动，大力推行区域销售，实行客户差异化管理，产品平均价格比上年提高1 116元/吨(不含税)，产品产销率达到100%。塑料产品网点销售率达到57%。预销售与有买有卖工作迈出步伐，全年通过贸易方式销售低密度聚乙烯(LDPE)、MEG、PTA等产品19.8万吨，扩大了市场占有率。

2004年，围绕生产、贴近市场，坚持消化、吸收、改进和创新，着力培育具有自主知识产权的核心技术和改进技术。全年完成“改进吸附分离控制程序提高PX产率”等66项科研开发和技术攻关项目，申请专利18项，获专利授权17项，拥有专有技术19项。“10万吨/年氧化反应器工业化研究”等4个项目通过石化集团公司、江苏省、南京市的鉴定，国家“863”项目“后过渡金属聚烯烃催化剂开发”通过省部级鉴定，“YS系列银催化剂工业化应用”项目获石化集团公司科技成果奖；SPYRO、ASPEN、PIMES等一批软件在生产中成功应用，优化了运行控制，提高了生产运行水平；YZ-10、FF-26、FC-24等5种国产化催化剂成功获得工业应用。积极探索应用N-360结焦抑制剂使乙烷炉运行周期由40天延长到100天。积极探索应用丙烯助剂使催化裂化装置丙烯产量提高了25吨/日。扬子石化股份公司获2004年世界工程师大会中国企业技术进步与创新成就奖。

2004年，扬子石化股份公司全面推动改革工作。电仪系统和质检系统平稳重组成电仪分公司和质检中心；检维修分公司法人化改制成检维修有限责任公司；适应管理新形势的要求，整合了部分部室；精简中层干部队伍迈出步伐，竞聘上岗工作全面启动。

2004年，扬子石化股份公司完成投资14亿元。仅用12个月就全面完成了800万吨/年炼油改造工程，酸水汽提、2#焦化、气体脱硫、硫回收、加氢联合装置和9个公用工程配套子项均已一次成功投料试车。全面建成投运了7万吨/年HDPE、新增两球四罐和两台裂解炉等65万吨/年乙烯改造完善项目，并顺利通过65万吨/年乙烯改造工程竣工验收。140万吨/年芳烃改造和45万吨/年PTA改扩建项目全面启动，进入桩基施工阶段；三轮乙烯改造已被正式纳入国家和石化集团公司的发展计划之中，扬子石化股份公司发展前景令人振奋。

2004年，扬子石化股份公司ERP系统通过验收，成为石化股份公司炼化一体化企业首家使用ERP系统的单位，实现了物流、信息流和资金流“三流”合一，全面提升了公司生产经营管理的信息化应用水平。

2004年，扬子石化股份公司顺利通过中国船级社的审核，获得质量认证证书。邻二甲苯等11种产品被评为省市名牌产品，扬子石化股份公司被中国质量协会评为全国用户满意企业。

2004年，扬子石化股份公司大力开展“学习员工手册，执行员工手册，争当优秀员工”的主题教育，大力弘扬企业文化，以企业文化凝聚员工、激励员工，促进了三个文明建设。扬子石化股份公司获得2004年度全国企业文化优秀奖称号；青工朱立奎在国家级职工技能大赛中夺得钳工专业第二名；烯烃厂被国家人事部和国资委评为中央企业先进集体；张大本、邢建良等5人获得中国石化劳模称号。

扬子石化股份公司主要经济指标及主要产品产量见表1、表2。

（胡　焱　朱军涛）

**【获中国最具价值上市公司殊荣】** 2004年5月13日，在中央电视台举办的CCTV 2003年度中国最具价值上市公司发布会上，扬子石化股份公司位列2003年度中国最具价值上市公司第五名。该奖项是在中国证券会的指导下，中央电视台在以税前利润同比增加值、每股经营活动现金流量净额为主要评比指标的“年报双榜”(即财富榜，现金榜)的基础上，组织有关专家学者通过对上市公司经营业绩、财务指标、公司治理水平及企业成长性等进行综合比较后评选出来的。

（胡　焱　朱军涛）

**【7万吨/年聚乙烯装置建成投产】** 2004年6月6日，扬子石化股份公司塑料厂新建7万吨/年淤浆法聚乙烯装置实现一次投料开车成功。该项目于2003年6月18日开工，由扬子石化工程公司担任施工总承包商，五建设公司为施工分承包商，2004年4月20日建成中交，总投资约1.4亿元。该装置的建成使扬子石化股份公司聚烯烃塑料的生产能力达到87万吨/年，对平衡乙烯物料、降低总体能耗、发挥整体效益具有非常重要的意义。

（胡　焱　朱军涛）

**【新型聚烯烃催化剂研制通过验收】** 2004年5月18日，由扬子石化股份公司研究院和中科院上海有机化学研究所联合研制的新型结构可控性烯烃聚合催化剂项目，通过了“863”计划——新材料领域特种功能材料技术主题专家组的评审验收。该项目2001年在国家科技部立项，2002年正式开题，被国家列为“863”计划课题，得到了国家杰出青年基金和金属有机国家重点实验室基金的大力扶持。专家组经评审后认为，该课题针对工业化的需求，从催化剂的结构可控、负载化、稳定性、减少助催化剂用量、降低主催化剂成本等方面开展研究工作，成功设计合成了30多个系列新型非茂烯烃聚合催化剂，具有良好的工业应用前景，可望形成具有中国自主知识产权的新一代聚烯烃催化剂技术。该项目已申请了8项国家发明专利和1项国际发明专利。国际发明专利已经完成在美国、日本、欧盟等15个指定国的专利申请。

（胡　焱　朱军涛）

**【获全国用户满意企业称号】** 2004年9月，扬子石化股份公司被中国质量管理协会、全国用户委员会授予全国用户满意企业称号。作为国内最大的石化产品生产供应商之一，扬子石化秉承“铭记社会责任，恪守诚信理念，追求卓越质量，铸就一流品牌”的质量方针，奉行“质量第一、用户至上、诚信规范、竞争开放”的经营理念，全面实施ISO 9000质量体系，大力生产用户满意产品，省、市名牌产品涵盖了扬子石化股份公司的主要产出商品，占到产品总量的约80%，产品等级品率达到132%。截至2004年底，扬子石化股份公司精对苯二甲酸(PTA)产品被评为全国用户满意产品；PTA、精制苯、乙二醇、丁二烯、聚乙烯、聚丙烯6个产品获江苏省名牌产品称号；环氧乙烷、清洁汽油等8个产品获南京市名牌产品称号，“扬子牌”商标已被中国企业发展中心评为质量、服务、信誉AAA级品牌。

（胡　焱　朱军涛）

**【亚洲最大焦化联合装置建成投产】** 2004年12月7日，扬子石化股份公司炼油厂新建160万吨/年焦化联合装置全面建成投产，实现了装置投料开车一次成功。这套亚洲最大的焦化联合装置由160万吨/年延迟焦化装置和3万米$^3$(标准)/时气体脱硫装置组成，总投资3亿多元，是扬子石化股份公司800万吨/年含硫原油改扩建工程中的关键装置，2003年10月28日工程开工，历时13个月。该装置的建成投产，标志着扬子石化股份公司重油加工能力大幅度提高，可为乙烯装置和芳烃联合装置改扩建后的生产提供充足的原料。

（胡　焱　朱军涛）

**【获得全国企业文化优秀奖】** 2004年10月30日，在北京人民大会堂召开的第三届全国企业文化年会暨2004年度全国企业文化优秀奖颁奖大会上，扬子石化获得中国企业文化建设成就最高荣誉——2004年度全国企业文化优秀奖，成为中国石化炼化板块首家获此奖项的企业，标志着扬子石化企业文化建设进入一个新的阶段。

（胡　焱　朱军涛）

**表 1** **扬子石化股份公司主要经济指标**

亿元

| 年份<br>指标名称 | 2004 | 2003 | 2002 | 2001 | 2000 | 1999 |
|---|---|---|---|---|---|---|
| 原油加工量/万吨 | 638.48 | 625.90 | 515.34 | 432 | 504.1 | 428.33 |
| 工业总产值① | 300.44 | 213.19 | 145.77 | 128.51 | 82.64 | 69.35 |
| 工业增加值 | 89.89 | 44.15 | 29.87 | 23.76 | 31.03 | 31.69 |
| 资产总计 | 165.98 | 133.3 | 134.74 | 117.68 | 105.26 | 110.93 |
| 流动资产 | 69.89 | 43.26 | 38.26 | 35.48 | 38.19 | 34.17 |
| 固定资产原值 | 218.21 | 211.71 | 213.56 | 171.67 | 165.52 | 166.54 |
| 固定资产净值 | 77.93 | 78.89 | 90.12 | 57.58 | 61.92 | 70.53 |
| 销售收入 | 317.74 | 220.05 | 151.49 | 128.12 | 153.78 | 92.23 |
| 实现利税 | 73.71 | 29.86 | 16.19 | 8.82 | 15.79 | 12.26 |
| 税金 | 18.06 | 13.28 | 9.04 | 7.46 | 8.44 | 6.70 |

① 1999—2000 年按 1990 年不变价计算。

**表 2** **扬子石化股份公司主要产品产量**

万吨

| 年份<br>产品名称 | 2004 | 2003 | 2002 | 2001 | 2000 | 1999 |
|---|---|---|---|---|---|---|
| 乙烯 | 81.25 | 76.53 | 48.08 | 40.55 | 43.40 | 39.60 |
| 丙烯 | 38.33 | 36.16 | 23.60 | 19.17 | 20.44 | 19.14 |
| 丁二烯 | 13.01 | 11.96 | 7.63 | 5.80 | 6.14 | 5.43 |
| 聚乙烯 | 50.01 | 43.40 | 22.90 | 15.94 | 16.74 | 16.72 |
| 聚丙烯 | 43.12 | 40.01 | 25.63 | 20.32 | 21.57 | 17.88 |
| 精对苯二甲酸 | 72.02 | 72.30 | 72.55 | 67.29 | 72.22 | 66.05 |
| 乙二醇 | 18.66 | 18.01 | 19.63 | 19.54 | 23.39 | 18.91 |
| 纯苯 | 37.8 | 35.30 | 29.53 | 26.13 | 27.86 | 24.68 |
| 对二甲苯 | 54.02 | 56.14 | 53.43 | 48.36 | 52.95 | 47.92 |
| 邻二甲苯 | 19.45 | 18.10 | 20.69 | 15.37 | 17.69 | 12.24 |
| 醋酸 | 8.68 | 9.64 | 7.85 | 6.44 | 8.48 | 6.94 |
| 环氧乙烷 | 10.47 | 8.60 | 7.32 | 6.38 | 5.28 | 3.14 |
| 柴油 | 160.44 | 143.70 | 110.83 | 105.02 | 114.46 | 97.57 |

# 巴陵石化公司

**【概述】** 中国石化集团巴陵石油化工有限责任公司(简称巴陵石化公司)是以石油炼制为龙头，主要生产合成橡胶、合成塑料及其他有机化工产品的特大型石化联合企业。巴陵石化公司组建于 1988 年，主体位于岳阳市云溪区，占地面积约 830 万米$^2$。截至 2004 年底，在职职工 12 586 人，各类专业技术人员 3 798 人，其中具有高级职称的 247 人，具有中级职称的 1 564人。巴陵石化公司下设烯烃事业部、环己酮事业部、合成橡胶事业部、环氧树脂事业部、供销部等 13 个直属单位，共有生产装置 47 套。1998 年企业通过 ISO 9002 质量体系认证，2002 年通过 ISO 9002 质量体系换证监督审核。主要产品有油品、液化气、环己酮、环己烷、SBS、聚丙烯、顺丁橡胶、环氧树脂、氯丙烯、环氧氯丙烷、烧碱等 33 种，共计 150 多个牌号，全年商品总量 280 多万吨，全部注册“巴陵”牌商标。

2004 年，巴陵石化公司克服国际油价大幅震荡攀升、成品油与原油价格倒挂、煤电油运全面紧张、主要化工原料价格一路飙升等困难，通过主观努力，深挖内部潜力，取得了显著成效，效益明显提升，改革稳妥推进，企业呈现出良好发展势头。

主要经济技术指标大幅提升。2004年全年累计加工原油181.64万吨，同比增加18.31万吨；累计生产化工产品76.45万吨，同比增加7.75万吨；实现不含税销售收入92.41亿元，同比增加20.3亿元；实现税金7.96亿元，同比增加2.2亿元；全年在消化各种减利因素和处理部分历史遗留问题的情况下，完成石化集团公司考核利润2 702万元。

改革取得明显成效。2004年积极稳妥推进改制分流，完成了化纤厂、设计院、兴岳公司等9个改制单位的工商注册登记和挂牌运作，改制企业全部实现了盈利；抓好移交社会职能试点工作，如期完成了10所中小学和两个公安分局的整体移交，共移交人员1 103人；深化分配制度改革，实施了特人特薪办法；实施了精简中层管理人员、生产作业层定编定员等改革举措；形成了"一企一制"改革的思路和框架。

科研开发取得重大进展。2004列入石化集团公司"十条龙"攻关和国家"863"计划的两大项目——2万吨/年茂系氢化SBS(SEBS)成套技术开发和高性能低成本工程塑料制备新技术进展顺利，2万吨/年茂系氢化SBS成套技术工艺包开发等4个项目通过技术审查；完成了环己烷仿生催化氧化制备环已酮工业化试验；成功开发出成品油和化工原料中长距离顺序管输技术；开发出特种环氧树脂、环保型稀释剂等新产品、新牌号17个。同时，完成了环已酮"4改7"、炼油装置消缺改造，启动了4[#]汽轮机改造、"一炉"项目和2万吨/年SEBS工程；形成了比较完善的《巴陵石化"十一五"发展计划》。

营销工作得到加强。全年销售炼化产品198.6万吨，同比增销18.4万吨，主要化工产品直销率同比提高3个百分点；出口环已酮、SBS、环氧树脂等产品5 500多吨；优化原油、大宗化工原料、煤炭、物资采购运作，创效1.06亿元；产品综合产销率达到101.33%，货款回笼率达100%，累计清收老货款1 087万元。

专业管理水平明显增强。2004年全面推进HSE管理体系的实施，进一步落实安全生产责任制，加大了关键装置、要害部位和直接作业环节的安全监控，实现了安全环保"5个为零"、"6率达标"；强化成本管理，节能降耗创效2 755万元；强化质量管理，提质创效620万元，SBS、顺丁橡胶、烧碱获得2004年湖南省名牌产品称号，质量管理体系顺利通过监督审核；强化财务管理，石化集团公司考核费用节约5 496万元；加大治"散"力度，初步形成了"一企一制"改革方案。

巴陵石化公司的主要经济指标和主要产品产量见表1、表2。

（龚 诚）

**【综合经济效益创历史最好水平】** 2004年，巴陵石化公司通过实施做大经济总量、优化物流、大力节能降耗、强化内部管理和确保安全生产等综合措施，大幅提升经济效益。全年在消化各种减利因素和处理部分历史遗留问题的情况下，实现石化集团公司考核利润2 702万元，同比增利7 127万元，其中，原岳化板块盈利超过1亿元，实现了巴陵石化公司组建15年以来首次整体盈利。

（龚 诚）

**【改制单位全部实现盈利】** 2004年，巴陵石化公司以改制分流为重点，加快结构调整步伐，先后完成了化纤厂、设计院、兴岳公司等9个单位的改制分流工作。改制后成立的岳阳巴陵石油化工化纤有限公司、岳阳兴岳石油化工有限责任公司、湖南百利工程科技有限公司等单位克服原材料价格大幅上涨等不利因素，充分发挥新体制、新机制优势，积极挖潜创效，主动降本压费，持续推进改革，出现了家家盈利的良好局面。

（龚 诚）

**【成功开发SEBS成套技术工艺包】** 2004年5月，巴陵石化公司2万吨/年SEBS成套技术工艺包开发项目顺利通过石化集团公司组织的专家审查。该成套技术具有流程短、能耗物耗低、经济效益好等特点，并在国内首次采用自主开发的关键设备生产SEBS系列产品。

（龚 诚）

**【国内首次高纯邻甲酚醛环氧树脂中试获得成功】** 2004年1月，巴陵石化公司完成超高纯邻甲酚醛环氧树脂研制项目，并在500吨/年特种环氧树脂中试装置上首次成功生产，产品高纯邻甲酚醛树脂具有无机氯低、可水解氯低、挥发分低等特点，且软化点和环氧当量可调。具有新颖性和创造性的高纯邻甲酚醛环氧树脂中试成功，标志着中国邻甲酚醛环氧树脂的生产技术已经达到国际先进水平，打破了国外公司在中国市场的垄断地位，调整和优化了巴陵石化公司环氧树脂的产品结构。

（龚 诚）

**【被评为全国青工技能振兴计划试点单位】** 巴陵石化公司团委认真开展“青年文明岗”创建活动，积极参与、配合并组织广大一线青工开展技术比武、技能培训、青年突击队、五小攻关、双增双节等系列活动，取得显著成效，在提高青工素质、促进职业文明、确保安全生产、创造经济效益等方面为企业作出了积极贡献，获得“十年湖南省青年文明号活动优秀组织奖”。2004年10月，巴陵石化公司被共青团中央、劳动社会保障部等部委评为全国青工技能振兴计划试点企业。

（龚　诚）

**【顺利移交部分社会职能】** 按照国家关于移交企业办社会职能的有关政策，在湖南省、岳阳市政府的大力支持下，巴陵石化公司按照石化集团公司的统一部署，积极主动协调各方面的关系，及时开展业务、资产、人员的清理对接，争取有关优惠政策，2004年如期完成了10所中小学和2个公安分局的整体移交，共移交人员1 103人。

（龚　诚）

**【成功承办石化集团公司第一届职工文艺汇演(中南片)】** 为隆重纪念邓小平同志诞生100周年和庆祝中华人民共和国成立55周年，按照石化集团公司的要求，巴陵石化公司于2004年9月1—3日成功承办了石化集团公司第一届职工文艺汇演(中南片)，共有来自云南、贵州、四川等十省市的19家石化企业40多个节目参加了文艺汇演。

（龚　诚）

表1　巴陵石化公司主要经济指标　亿元

| 指标名称 \ 年份 | 2004 | 2003 | 2002 | 2001 | 2000 | 1999 |
|---|---|---|---|---|---|---|
| 原油加工量/万吨 | 181.64 | 163.33 | 148.51 | 118.58 | 125.56 | 102.14 |
| 工业总产值② | 91.37 | 44.33 | 40.37 | 35.44 | 33.39 | 24.35 |
| 炼　油 | 43.92 | 7.97 | 7.16 | 5.58 | 5.87 | 4.78 |
| 化　工 | 40.76 | 31.98 | 29.02 | 24.94 | 21.44 | 16.32 |
| 化　纤 | — | 0.46 | 1.24 | 2.42 | 3.70 | 2.86 |
| 其　他 | 6.69 | 4.03 | 2.95 | 2.44 | 2.38 | 0.39 |
| 工业增加值 | 14.42 | 13.84 | 11.07 | 11.74 | 9.07 | 6.81 |
| 资产总计 | 57.55 | 68.12 | 85.12 | 85.67 | 84.31 | 44.31 |
| 流动资产 | 19.62 | 27.83 | 32.55 | 33.20 | 33.75 | 14.64 |
| 固定资产原值 | 64.06 | 66.51 | 65.19 | 55.83 | 48.10 | 34.13 |
| 固定资产净值 | 35.02 | 44.65 | 45.74 | 38.84 | 34.22 | 23.10 |
| 销售收入 | 92.41 | 72.15 | 58.82 | 50.21 | 49.84 | 29.94 |
| 实现利税 | 6.40 | 5.76 | 3.67 | 2.86 | 1.12 | 3.81 |
| 税　金 | 7.96 | 5.76 | 5.97 | 5.00 | 1.90 | 3.77 |

① 1999年为原岳阳石油化工总厂数据。

② 1999—2003年按1990年不变价计算。

表2　巴陵石化公司主要产品产量　万吨

| 产品名称 \ 年份 | 2004 | 2003 | 2002 | 2001 | 2000 | 1999① |
|---|---|---|---|---|---|---|
| 90# 汽油 | 14.34 | 19.44 | 19.73 | 20.89 | 24.26 | 27.01 |
| 93# 汽油 | 20.40 | 18.91 | 16.98 | 10.93 | 10.55 | 0.61 |
| 97# 汽油 | 7.68 | 3.24 | 0.20 | — | — | — |
| 0# 柴油 | 57.47 | 48.90 | 55.21 | 45.19 | 47.91 | 38.43 |
| 石脑油 | 6.33 | 8.76 | 8.50 | 5.62 | 7.19 | 6.74 |

续表

| 产品名称 \ 年份 | 2004 | 2003 | 2002 | 2001 | 2000 | 1999① |
|---|---|---|---|---|---|---|
| 液化气 | 19.60 | 17.53 | 16.40 | 13.76 | 14.20 | 12.43 |
| 干　气 | 4.54 | 3.73 | 3.48 | 2.85 | 2.72 | 2.64 |
| 丙　烯 | 10.40 | 9.17 | 8.37 | 7.53 | 7.51 | 6.34 |
| 烷基苯 | 4.55 | 4.26 | 5.26 | 2.89 | — | — |
| 油　浆 | 5.47 | 2.01 | 1.34 | 1.43 | 1.59 | 0.76 |
| 溶剂油 | 7.28 | 8.34 | 2.12 | — | — | — |
| 合成橡胶 | 16.12 | 14.68 | 12.45 | 11.17 | 9.82 | 7.73 |
| 顺丁橡胶 | 2.79 | 1.85 | 1.04 | 2.96 | 2.71 | 2.66 |
| SBS热塑弹性体 | 12.85 | 12.50 | 11.12 | 8.10 | 7.05 | 5.03 |
| 环氧树脂 | 2.32 | 2.09 | 1.51 | 1.68 | 1.18 | 0.90 |
| 锦纶切片 | — | 0.15 | 1.77 | 2.17 | 2.45 | 1.68 |
| 合成纤维 | — | 0.35 | 0.56 | 1.12 | 1.72 | 1.38 |
| 环己酮 | 5.91 | 4.54 | 4.53 | 3.81 | 3.40 | 2.83 |
| 烧　碱 | 10.74 | 9.69 | 7.94 | 4.68 | 4.71 | 4.20 |
| 盐　酸 | 3.58 | 4.18 | 4.44 | 1.56 | 1.66 | 1.52 |
| 液　氯 | 8.83 | 7.63 | 5.77 | 3.31 | 3.20 | 3.02 |
| 聚丙烯 | 6.45 | 5.40 | 4.74 | 4.58 | 4.82 | 4.03 |
| 氯丙烯 | 4.46 | 3.99 | 3.03 | 1.73 | 1.90 | 2.00 |
| 环氧丙烷 | 0.74 | 0.60 | 0.35 | 0.37 | 0.32 | 0.33 |
| 环氧氯丙烷 | 2.20 | 1.86 | 1.13 | 0.40 | 0.53 | 0.26 |

① 1999年为原岳阳石油化工总厂数据。

# 巴陵分公司

**【概述】** 中国石油化工股份有限公司巴陵分公司(简称巴陵分公司)位于湖南岳阳市，生产装置占地145万米$^2$，临洞庭，倚长江，傍京广铁路、107国道和京珠高速公路，水陆交通十分便利。

巴陵分公司2000年4月由巴陵石化公司所属的洞庭氮肥厂、鹰山石油化工厂的主业部分重组设立而成。2002年5月按照石化股份公司的统一部署，与巴陵石化公司分立运行，截至2004年底，拥有固定资产原值49.66亿元、净值20.17亿元，在职职工3 243人，其中专业技术人员806人，具有高级职称的121人、中级职称的469人。巴陵分公司于2003年进行扁平化改革后实行“分公司机关—作业部”两级管理模式，下设14个生产作业部和14个业务单位。巴陵分公司是全国重要的己内酰胺和化肥生产基地，2004年有大型化工、化纤、化肥生产装置20余套，主要产品的生产能力为：合成氨33万吨/年、尿素60万吨/年、己内酰胺7万吨/年、环己酮7万吨/年、帘子布1.3万吨/年、双氧水10万吨/年、复合肥10万吨/年、硫酸铵10万吨/年。

2004年，巴陵分公司围绕“保安全、保市场、保稳定、增效益”目标，加大优化和调整力度，稳定生产，不断扩大总量，大力开拓市场，加快己丙酰胺“7改14”项目和煤代油项目两大工程建设，扩大生产经营总量，增加优质资产比例，增强增利能力和营运能力，内部管理持续优化，加快有效发展步伐。2004年巴陵分公司累计商品量46.37万吨，完成工业总产值16.52亿元，实现销售收入16.98亿元，工业总产值和销售收入同比分别增长了19.71%和56.21%。

在生产上，狠抓新建投产装置的整改消缺，加强关键装置、设备的特护，优化生产经营方案，主要装置基本实现安全安稳运行，部分技术经济指标创月度历史最好水平。全年生产己内酰胺 7.48 万吨，同比增长 11.31%，其中 7 月、12 月平均日产分别为 227 吨和 239.24 吨，年内 2 次刷新月度产量纪录。化肥装置按照减亏和农资安全的要求组织季节性生产，生产 7.5 个月，累计生产合成氨 18.09 万吨，尿素 27.35 万吨。

在市场营销上，面对 2004 年原材料和化工产品价格“双高”的状况，按照盈利产品满产满销、有边际贡献产品限产全销、无边际贡献产品停产调整的原则，紧贴市场灵活组织生产，优化资源配置，调整产品结构，使经济总量稳步增长。2004 年因扩大己内酰胺总量增效 2 400 多万元，公司化工板块因此实现盈利 5 294 万元，同比增加效益 1.85 亿元。主要产品产销率和货款回笼率达到 100%，全年清欠老货款 4 686 万元，年底应收账款比年初下降 4 650 万元。

巴陵分公司坚持以财务管理为中心，以预算管理为手段，强化内控管理，加强供销监控，努力挖潜增效。在石脑油、苯、酸、氨、煤等原材料价格屡创历史新高的情况下，全年节约采购费用 7 700 万元；对二级小库组织开展了全面清理和盘点，并实行现场配送制，解决了多年来未解决的“小库”和“以领代耗”问题，回收各类小库积压物资累计金额 176 万元；优化通勤运输方案，取消干部专用通勤车，将每天用车 173 趟压缩至 139 趟，全年降低费用 100 万元。

巴陵分公司致力于改革和有效发展，在 2003 年完成扁平化改革任务的基础上，编制了 2004—2006 年公司改制分流工作计划，并于 2004 年完成了编织袋装置、复合肥装置、设备检测中心和翔云航空服务有限公司 4 个单位的改制分流初步方案及相关筹备工作。

巴陵分公司主要经济技术指标和主要产品产量见表 1、表 2。

（廖小卫　周　健）

**【实现减亏增盈 1 亿元】** 2004 年，巴陵分公司抓住石化产品需求旺盛、价格上涨的大好机遇，依据市场行情不断调整优化化工、化纤、化肥生产结构，全年生产经营总量扩大，优质资产比例增加，增利能力和营运能力明显增强，共完成销售收入 16.98 亿元，比 2003 年减亏 1.18 亿元。

（周　健）

**【科技进步成果显著】** 2004 年，巴陵分公司共有 17 个科研项目在中国石化立项，年底共有 20 项专利被授予国家专利权，其中磁稳定床用于己内酰胺加氢精制项目获石化集团公司技术发明一等奖。14 万吨/年己内酰胺成套新技术开发项目完成了大量的开发任务，重点项目环己烷催化氧化合成环己酮中试技术研究、气相贝克曼重排新工艺研究、苯加氢悬浮催化蒸馏新工艺研究取得了突破性进展。与此同时，组织开发中间产品及高附加值的后续产品，全面展开精细化工、工程塑料及化纤新产品的开发。

（廖小卫）

**【己内酰胺“7 改 14”二期工程启动】** 2004 年初，采用巴陵分公司自主开发的己内酰胺成套技术进行技术改造的己内酰胺“7 改 14”二期工程启动。巴陵分公司自主开发的己内酰胺成套技术具有流程短、反应条件温和、运行成本低、“三废”排放少等优点，工艺技术在国际上处于领先地位，具有自主知识产权和较强竞争力。己内酰胺“7 改 14”一期工程于 2003 年立项并建成投产，二期工程总投资约 4 亿元，将于 2005 年内完成改造，届时己内酰胺生产能力将由目前的 7 万吨/年提高到 14 万吨/年，相当于投资数十亿元新建一套年产 7 万吨的装置。

（杨　君）

**【超级稻缓/控释专用复合肥问世】** 巴陵分公司与国家杂交水稻工程技术研究中心共同研制开发的超级杂交水稻专用复合肥，于 2004 年 4 月 28 日通过专家鉴定，世界杂交水稻之父袁隆平院士对这一新型专用复合肥的问世给予了高度评价。超级稻专用缓释/控释复合肥是根据超级稻生育期长、生物产量高、需肥量大等特点而专门研制的，单季亩产粮食可达 800 千克，较用一般肥料能增产近 10%。这种复合肥不仅供肥稳、肥效长、增产显著，而且省工节本高效、环境效益良好，具有重大的推广价值和广阔的应用前景。

（杨　君）

**【综合性封闭化管理系统投用】** 2004 年 2 日 17 日，巴陵分公司全面启动自动化考勤管理系统，实行封闭化管理。该系统主要设施有车辆通道、人员通道、指纹考勤设备、车辆控制器、数据服务器等。该系统的有效运行在巴陵分公司范围内形成了一个以生产区安全管理为核心，以职工考勤管理为目标，以计算机分布式网络系统应用为手段，集人员车辆门禁、职工考勤为一体的综合性封闭化管理系统，为企业人力资源管理、外来施工队伍及人员管理、保密管理等人流、物流、车流管理提供了管理平台。

（杨　君）

**【一体化管理体系顺利通过第一阶段外部评审】** 巴陵分公司以一体化管理为手段，通过内审、外审等多种形式加强过程管理，建立危害识别、风险评价、持续改进的工作机制和工作模式，并把这种模式和机制引入到工艺、设备、营销等各项专业管理中去，取得了较好的效果。2004年底，一体化管理体系顺利通过了第一阶段的外部评审。

（廖小卫）

表1　巴陵分公司主要经济指标　亿元

| 指标名称＼年份 | 2004 | 2003 | 2002 | 2001 | 2000 | 1999 |
|---|---|---|---|---|---|---|
| 工业总产值① | 16.52 | 13.80 | 16.49 | 14.60 | 14.76 | — |
| 化　工 | 10.60 | 8.64 | 9.56 | 9.39 | 8.83 | — |
| 化　肥 | 4.41 | 1.37 | 3.23 | 2.11 | 3.14 | — |
| 化　纤 | 1.50 | 3.79 | 3.70 | 3.09 | 2.79 | — |
| 工业增加值 | 1.64 | 0 | 0 | 0 | 1.07 | — |
| 资产总计 | 25.9 | 31.57 | 34.12 | 34.79 | 36.44 | — |
| 流动资产 | 7.22 | 7.04 | 9.03 | 10.24 | 11.11 | — |
| 固定资产原值 | 49.66 | 49.63 | 47.45 | 46.75 | 46.20 | — |
| 固定资产净值 | 20.17 | 21.94 | 22.30 | 23.44 | 24.69 | — |
| 销售收入 | 16.98 | 10.87 | 13.17 | 11.54 | 14.68 | — |
| 实现利税 | −11.68 | −7.30 | −3.81 | −4.07 | −2.69 | — |
| 税　金 | 0.28 | 0.21 | 0.19 | 0.21 | 0.49 | — |

① 1999—2003年按1990年不变价计算。

表2　巴陵分公司主要产品产量　万吨

| 产品名称＼年份 | 2004 | 2003 | 2002 | 2001 | 2000 | 1999 |
|---|---|---|---|---|---|---|
| 合成氨 | 18.09 | 7.24 | 20.05 | 11.56 | 19.31 | 35.94 |
| 尿　素 | 27.35 | 12.65 | 31.46 | 17.11 | 31.39 | 61.12 |
| 己内酰胺 | 7.48 | 6.72 | 7.24 | 7.25 | 6.84 | 5.96 |
| 锦纶纤维(原丝) | 0.70 | 1.3 | 1.20 | 1.13 | 1.03 | 0.69 |
| 尼龙6切片 | 2.85 | 3.56 | 2.00 | 1.55 | 1.41 | 1.25 |
| 帘子布 | 0.65 | 0.91 | 1.10 | 0.78 | 0.60 | 0.26 |
| 硫酸铵 | 10.13 | 9.14 | 9.48 | 10.04 | 8.91 | 8.68 |
| 环己酮 | 6.96 | 6.4 | 6.90 | 6.62 | 5.86 | 5.13 |
| 双氧水 | 7.28 | 2.96 | 3.08 | 2.34 | 1.78 | 2.15 |
| 复合肥 | 0.13 | 0.2 | 5.00 | 4.45 | 4.14 | 2.51 |

## 长岭炼化公司暨长岭分公司

**【概述】** 中国石化集团长岭炼油化工有限责任公司(简称长岭炼化公司)、中国石油化工股份有限公司长岭分公司(简称长岭分公司)座落在洞庭湖畔、长江之滨的湖南省岳阳市境内，与京广铁路、107国道和京珠高速公路相邻，水陆交通便利。其前身是长岭炼油厂，始建于1965年，1971年5月建成投产。2000年4月，按照石化集团公司整体重组改制的要求，炼油主业部分重组改制为长岭分公司，其他部分改制为长岭炼化公司。30多年来，长岭炼化公司和长岭分公司共获得省部级以上荣誉称号220多个，1991年成为首批国家一级企业。

截至2004年底，长岭分公司拥有常减压、催化裂化、延迟焦化、催化重整、加氢、制氢、聚丙烯等21套炼油化工生产装置。原油加工能力达到500万吨/年，生产聚丙烯能力10万吨/年，重油催化裂化能力220万吨/年，焦化处理能力120万吨/年，催化重整能力50万吨/年，污水处理能力为1 000吨/时。

主要产品有汽油、喷气燃料、柴油、石脑油、苯类、液化气、溶剂油、工业硫酸、聚丙烯等 70 多种，有 17 种产品获省部级以上优质产品称号，其中出口轻柴油和 6# 抽提溶剂油获国家金质奖，石油甲苯、二甲苯和 120# 溶剂油等产品获国家银质奖，产品出厂合格率始终保持 100%。

长岭炼化公司拥有原油接转卸能力 800 万吨/年，有较强的机械加工、制造、建筑安装施工队伍，已取得Ⅰ、Ⅱ、Ⅲ类压力容器的设计资格和检验、制造许可证，可承担中型石油化工装置、各类技术改造的设计和工程施工以及大型石油化工装置的检修工程。

2004 年，全体员工以“振兴长炼，再创长炼新辉煌”为己任，努力践行新的责任观，紧紧围绕效益、改革、发展和稳定四大任务，抓住机遇，乘势而上，团结务实，奋力拼搏，各项工作取得了新的成绩。长岭分公司加工原料油 455 万吨，实现工业总产值 122.96 亿元，利税 8.5 亿元；长岭炼化公司实现工业总产值 10.07 亿元，利税 0.62 亿元。

长岭分公司主要经济指标和主要产品产量见表 1、表 2。

（王毅平　范　凯）

**【催化剂“两改一建”项目成效显著】** 为了提高催化剂厂的市场竞争能力和盈利能力，长岭炼化公司集中人力、物力和财力，对催化剂 3# 加氢催化剂装置、微球装置进行了技术改造，并新建了一套 1 000 吨/年国产芳烃吸附剂中试装置。“两改一建”项目的实施，给催化剂的发展壮大注入了新的活力，获得了可观的经济效益和社会效益。特别是石化集团公司重点科技攻关项目——1 000 吨/年国产芳烃吸附剂中试装置开发应用成功，打破了美国 UOP 公司对国内吸附剂市场的长期垄断，使催化剂开拓了一个全新的市场。

（范　凯）

**【支援塔河分公司开工建设顺利完成】** 建设塔河分公司是石化集团公司开发西部的重大战略决策。按照总部部署，长岭分公司确定了“一套班子、管理两厂”的原则，组成了 114 人的支援塔河分公司开工队，克服开工难度大、生活环境难适应等诸多不利条件，于 2004 年 12 月上旬实现开工成功，并进入了稳定运行阶段。

（王毅平）

**【企业改革取得突破性进展】** 按照石化集团公司关于“一企一制”改革的总体思路，长岭分公司电信中心于 2004 年 6 月份实施改制，成为石化股份公司第一家成功改制单位。长岭炼化公司加大了改革力度，先后有 5 家单位成功实施改制分流，脱离公司母体走向社会，实行自主经营；有 3 家属于社会职能的单位顺利移交地方，共分流人员近 2 000 人。

（王毅平　范　凯）

**【大机组远程诊断系统通过专家鉴定】** 长岭炼化公司设备研究所与北京科技大学等单位联合研制的“基于网络的大机组远程诊断系统的开发与应用”科研项目，于 2004 年 12 月 21 日通过了中国石化科技开发部组织的技术鉴定，被鉴定达到国际先进水平。该系统主要功能包括大机组远程在线监测、远程专家诊断（包括专家视频会诊）、典型案例库及用户自助诊断等。现已成功应用于长岭分公司 2# 催化烟机、巴陵石化烯烃厂气压机等大型关键机组，取得了很好的效果。

（王毅平　范　凯）

表 1　　长岭分公司主要经济指标

亿元

| 指标名称＼年份 | 2004 | 2003 | 2002 | 2001 | 2000 | 1999 |
|---|---|---|---|---|---|---|
| 原料油加工量/万吨 | 454.6 | 384.7 | 361.5 | 317.20 | 400.88 | 374.61 |
| 工业总产值 | 122.96 | 89.42 | 74.96 | 68.2 | 21.75 | — |
| 工业增加值 | 15.89 | 13.38 | 9.80 | 6.05 | 17.53 | — |
| 资产总计 | 35.27 | 34.72 | 35.40 | 36.55 | 37.82 | — |
| 流动资产 | 15.04 | 13.57 | 13.09 | 13.23 | 18.50 | — |
| 固定资产原值 | 42.54 | 43.3 | 41.97 | 41.54 | 32.83 | — |
| 固定资产净值 | 18.79 | 20.54 | 20.16 | 21.78 | 16.79 | — |
| 销售收入 | 117.8 | 85.56 | 68.88 | 64.63 | 91.37 | — |
| 实现利税 | 8.47 | 6.39 | 6.8 | 3.21 | 6.78 | — |
| 税　金 | 7.51 | 6.79 | 7.3 | 7.12 | 7.97 | — |

表 2 长岭分公司主要产品产量 万吨

| 年份<br>产品名称 | 2004 | 2003 | 2002 | 2001 | 2000 | 1999 |
|---|---|---|---|---|---|---|
| 汽　油 | 87.24 | 80.69 | 79.47 | 76.82 | 85.66 | 79.77 |
| 柴　油 | 183.06 | 129.96 | 130.62 | 147.14 | 168.47 | 158.27 |
| 航　煤 | 9.70 | 6.97 | 7.94 | 4.00 | 8.11 | 10.25 |
| 化工轻油 | 6.06 | 6.82 | 4.86 | 3.31 | 21.70 | 23.75 |
| 重　油 | 18.80 | 12.77 | 27.33 | 22.44 | 24.60 | 21.31 |
| 石油焦 | 31.94 | 23.04 | 19.58 | 18.88 | 18.64 | 16.61 |
| 三　苯 | 12.80 | 9.48 | 11.06 | 5.87 | 2.94 | 2.78 |
| 溶剂油 | 6.13 | 6.58 | 6.68 | 1.87 | 6.50 | 4.32 |
| 聚丙烯 | 12.40 | 10.08 | 9.64 | 7.31 | 7.60 | 7.67 |

## 仪化集团公司

**【概述】** 仪化集团公司位于江苏省仪征市，1978 年筹建，原名江苏石油化纤总厂，历经停缓建，1981 年 12 月成立仪征化纤工业联合公司。1993 年 12 月进行股份制改组，发起设立仪征化纤股份有限公司。1996 年 4 月，仪征化纤工业联合公司更名为仪化集团公司。1997 年 10 月加入中国东联石化集团公司。1998 年 7 月，随中国东联石化集团公司整体加入新组建的石化集团公司。截至 2004 年底，总资产 22.78 亿元，银行负债 16.67 亿元；本部有职工 1 197人，其中具有高级技术职称的 53 人，中级技术职称的 193 人。

仪化集团公司是仪化股份制改组剥离出来的多行业、多法人联合体，是石化集团公司的全资子公司。经营领域涉及非纤聚酯、棉纺、工程建设、后勤服务等多个行业。2004 年有 8 个下属单位，设有 2 个机关部室，其余管理职能委托仪征化纤股份公司管理。2004 年主要生产装置及产能为：聚酯薄膜 2.16 万吨/年，PBT 树脂和工程塑料 2 万吨/年，聚丙烯织物 3 500万米$^2$/年，包装袋 160 万条/年，涤纶长丝 4 万吨/年，纱 1 万吨/年，布 600 万米$^2$/年，床上用品 60 万套(件)/年。

2004 年，仪化集团公司紧紧抓住历史机遇，全面推进改革调整，精心组织生产经营，强化内部各项管理，完成了年度改革和效益目标。全年实现销售收入 15.66 亿元，当年实际经营亏损 5 984 万元，占中国石化下达年度限亏指标 1.10 亿元的 54.4%。与 2003 年相比，减亏 6 142 万元。

改革调整取得重大进展。一是改制分流全面推进。先后完成了安检公司、职工医院、大康公司服装厂、星源公司、印刷厂、南方公司、三江公司、幼儿园、工程公司 9 个单位的改制分流，实际用于改制分流的账面净资产为 1.23 亿元，参加改制人员 1503 人。二是收缩盘活取得重要突破。南京华美达酒店完成转让，收回现金 2.28 亿元；常州大明针织总厂改制转让于 2004 年 11 月底顺利完成，可收回现金 4 600.89 万元；清理收缩扫尾工作取得进展，完成清理项目 7 项，收回现金约 980 万元。三是合资合作进展顺利。与英国博纳公司合资成立的仪化博纳公司于 2004 年 8 月 1 日起正式运营，12 月 28 日双方签订增资扩股协议，投资建设运动型草坪纱项目；仪化东丽公司聚酯薄膜二线 2004 年 4 月投产以来已实现稳定运行，薄膜三线项目可研报告已得到中国石化批准。四是实施管理体制改革，精简机构人员。将原老干部处、职工退管中心、工会文体中心、社区管理等重组为社区管理中心；公司机关部门从 5 个减少到 2 个，机关副主管以上管理专业人员精简 15 人；实施协议解除劳动合同，共减员 245 人。

成本费用得到有效控制。2004 年全年实际支出管理费 1.98 亿元、营业费 1 872 万元、财务费 8 070 万元、修理费 4 286 万元、人工成本 2.90 亿元、社区净补贴 3 234 万元，分别占石化集团公司下达计划的 81.97%、64.5%、84.95%、97%、91.68%、85.1%，分别比 2003 年减少 11 761 万元、1 313 万元、1 325 万元、791 万元、9 011 万元和 874 万元。其余各项成本费用均控制在预算指标内。

生产板块主要技术经济指标控制在预算范围内。生产企业全年综合产能利用率为 79.95%。仪化博纳公司、大康公司、常州大明公司和仪化东丽公司均完成或超额完成全年生产销售计划。仪化博纳公司产销两旺，全年产销率达到 108.6%，产能利用率达到 138.5%。聚酯薄膜二线 2004 年 9 月以来生产装置逐步稳定，产销量成倍增长。全年共出口创汇 716 万美元。

分离移交办社会职能按计划完成，社区市场化、社会化改革稳妥推进。按照中国石化的统一部署，公安、中小学顺利实现移交地方，共移交资产 6 911 万元、人员 613 人。贯彻落实石化集团公司社区改革指导意见，调整了水、电、暖气收费标准和收费体制，实行了水、电、有线电视、垃圾清运及楼道清扫、暖气集中收费和管理，初步建立起市场化的收费和管理机制。加大生活区环境整治力度，环境面貌不断改善。全年共实施生活区改造项目 38 个，投入 900 万元。

仪化集团公司主要经济指标和主要产品产量见表 1、表 2。

（魏来勋）

**【领导班子实现新老交替】** 根据石化集团公司党组安排，2004 年 7 月 1 日，仪化集团公司和仪征化纤股份公司召开中层以上干部大会。石化集团公司党组成员、石化股份公司高级副总裁兼财务总监张家仁，石化集团公司总经理助理许开诚及有关部门负责人前来仪化现场宣布中国石化关于仪化领导班子成员职务任免和建议的文件，宣布仪化集团公司、仪征化纤股份公司董事会和监事会有关决议。

根据工作需要，石化集团公司党组经研究并征得江苏省委同意，决定：钱衡格任中共仪征化纤股份公司委员会、中共仪化集团公司委员会书记；曹勇任中共仪征化纤股份公司委员会、中共仪化集团公司委员会副书记，仪征化纤股份公司、仪化集团公司工会主席；周文飞任中共仪征化纤股份公司委员会、中共仪化集团公司委员会副书记，中共仪征化纤股份公司纪律检查委员会、中共仪化集团公司纪律检查委员会书记；李振峰、李建新、张忠安任中共仪征化纤股份公司委员会、中共仪化集团公司委员会常委。免去傅兴堂、黄桂庚、姚汉冲、叶宗善在仪化公司党委内担任的现职；黄桂庚、姚汉冲任仪征化纤股份公司调研员。

石化集团公司决定：钱衡格任仪化集团公司董事会董事长；周文飞任仪化集团公司监事会监事、主席；肖维箴、李建新、张忠安任仪化集团公司董事会董事。傅兴堂不再担任仪化集团公司董事会董事长、董事职务；黄桂庚不再担任仪化集团公司监事会主席、监事职务；叶宗善、姚汉冲不再担任仪化集团公司董事会董事职务。根据公司章程，经仪化集团公司第五届董事会第 49 次会议决议通过，徐正宁任仪化集团公司总经理；李建新任仪化集团公司副总经理。钱衡格不再担任仪化集团公司总经理职务；叶宗善不再担任仪化集团公司副总经理职务，任仪化集团公司调研员。

至此，仪化公司领导班子顺利完成新老交替。

（魏来勋）

**【改制分流全面推进】** 2004 年仪化集团公司先后完成了安检公司、职工医院、大康公司服装厂、星源公司、印刷厂、南方公司、三江公司、幼儿园、工程公司 9 个单位的改制分流。加上 2003 年完成的怡华商贸公司和大康公司车辆修理厂 2 个单位的改制，截至 2004 年底，仪化集团公司已完成工商注册登记的改制分流单位共 11 家，涉及改制职工 1 803 人，参加改制的职工 1712 人，改制时配置总资产 3.76 亿元。

通过改制分流以及关停并转、移交办社会职能，仪化集团公司的亏损额逐年大幅降低，从 2001 年的 2.08 亿元降到 2004 年的 5 984 万元，本部在岗职工从 2001 年的 5 646 人减少到 2004 年底的 1 197 人。仪化集团公司资产结构、资本结构、人员结构得到优化，辅业和社会职能逐步分离，生产经营主业更加突出，历史性包袱进一步减轻，为 2005 年实现“一企一制”战略目标奠定了基础。

（魏来勋）

**【南京康成公司产权转让顺利完成】** 2004 年 4 月 30 日，受让方南京斯威特集团公司和江苏万众投资公司最后一笔转让尾款 278 万元到账，标志着仪化集团公司南京康成公司产权整体转让工作顺利完成。本次产权转让共收回全部转让金 2.28 亿元，合同履约率达 100%。

南京康成公司主要经营房地产开发(三级)、物业管理等，所属子公司华美达怡华酒店于 1997 年 11 月 18 日建成，为四星级酒店。自投运以来，由于资本结构不合理，每年亏损达 4 000 多万。仪化集团公司在多次调研和多轮谈判的基础上，并报经石化集团公司同意后，于 2003 年 9 月与受让单位签订了转让框架协议，2004 年月 3 签订正式转让合同，至 2004 年 4 月底收回全部现金。

（魏来勋）

**【仪化博纳公司正式运营】** 2004 年 7 月 27 日，经工商行政管理部门批准，仪化博纳织物有限公司正式成立。该公司是仪化集团公司与英国博纳公司共同投资设立的合营公司，注册资本 6 600 万元(660 万欧元)，中外双方分别持有49.9%和50.1%的股份。

通过与博纳公司的合资，仪化集团公司收回现金5 600万元，实现了国有资产保值增值。2004年合资公司有2条挤压生产线，产能为4 000吨/年，以及68台幅宽1.8—5.5米(72—220英寸)的织机，产能为3 500万米$^2$/年。仪化博纳公司以聚丙烯为主要原料，生产聚丙烯扁丝机织布，主要产品为地毯底布、草坪专用布以及土工布等产业用织物。合营公司将发展重点集中在：引进博纳公司运动型草坪纱生产技术及产品，成为最高品质草坪纱国际生产商，产品主导国内市场，顶替进口产品；对现有装置进行技术改造，实现产业升级，成为按照国际标准生产高品质机织土工布、农用布和地毯底布的国内一流、生产商，在扩大产品国内市场占有率的同时，大批量进入国际市场。

2004年12月28日，英国博纳国公司以草坪纱技术(无形资产)增加出资，持股比例增加到60%，仪化集团公司持股比例变为40%。随着博纳公司先进产品技术、管理理念、管理经验和营销体系的引入，给合资公司带来了良好的发展机遇。

(魏来勋)

**【常州大明针织总厂改制转让顺利完成】** 常州大明针织总厂是仪征化纤常州大明公司的全资企业。1997年6月仪化集团公司与常州市政府签订协议，收购了破产企业常州针织总厂，同年7月设立常州大明针织总厂，主要从事服装、针纺织品、纺织品印染加工等。由于资产结构不合理、设备落后、管理体制僵化、经营机制缺乏活力，企业连年亏损，面临被市场淘汰的困境。为了扭转常州大明针织总厂经营困难的局面，仪化集团公司决定对该厂实行改制转让。在石化集团公司及常州市政府的大力支持下，2003年6月，仪征化纤常州大明公司董事会通过决议，同意对该厂实行改制转让。12月，改制方案获厂职工代表大会审议通过。2004年11月30日，转让双方签订《产权转让合同》，确定转让价格为4 006.89万元，首付1 146万元，余款在一年内付清；改制后的企业承接全部债权、债务，接收并妥善安置全部职工。12月2日，常州市产权交易所出具了产权交易成交确认书。常州大明针织总厂转让，共分流职工943人，仪化集团公司每年可减少亏损400万元。

(魏来勋)

**【1.5万吨/年聚酯薄膜装置建成投产】** 2004年4月9日，1.5万吨/年聚酯薄膜项目顺利建成投产，标志着仪化东丽聚酯薄膜公司做大蛋糕、调整结构、壮大实力的第一步计划顺利实现。该项目是仪化集团公司“十五”自立生存3年规划确定的做精做强重点项目，由仪化集团公司与日本东丽公司按合资比例增资扩股建设，投资概算3.8亿元。主要生产超薄、高强度、高透明、易粘接等高质量、高附加值的薄膜，以适应中国包装用和工业用聚酯薄膜不断增长的需求。项目2002年3月立项，2003年4月正式开工。该项目的建成，进一步增强了仪化东丽聚酯薄膜公司的市场竞争力和盈利能力，有力地促进仪化集团公司的扭亏减亏和自立生存。

(魏来勋)

**表1** 仪化集团公司主要经济指标 亿元

| 指标名称＼年份 | 2004 | 2003 | 2002 | 2001 | 2000 | 1999 |
|---|---|---|---|---|---|---|
| 工业总产值① | 12.19 | 19.01 | 21.10 | 20.52 | 17.71 | 14.40 |
| 工业增加值 | 1.80 | 2.12 | 2.26 | 2.82 | 2.53 | 1.45 |
| 资产总计 | 22.77 | 34.26 | 50.91 | 55.25 | 52.07 | 92.96 |
| 流动资产 | 7.87 | 12.31 | 19.39 | 21.17 | 18.05 | 23.02 |
| 固定资产原值 | 23.33 | 30.18 | 34.20 | 33.93 | 35.84 | 31.41 |
| 固定资产净值 | 16.79 | 21.26 | 25.09 | 25.76 | 28.26 | 25.04 |
| 销售收入 | 15.66 | 24.33 | 24.26 | 27.06 | 29.05 | 24.31 |
| 实现利税 | －5.37 | 0.34 | 0.75 | －0.62 | －0.23 | －0.48 |
| 税　金 | 0.51 | 0.73 | 0.75 | 0.82 | 0.79 | 0.14 |

① 1999—2003年按1990年不变价计算。

表 2　　仪化集团公司主要产品产量

| 年份<br>产品名称 | 2004 | 2003 | 2002 | 2001 | 2000 | 1999 |
|---|---|---|---|---|---|---|
| 纱/吨 | 9 409 | 9 377 | 9 541 | 8 618 | 9 770 | 10 108 |
| 布/万米 | 651 | 582 | 561 | 494 | 346 | 370 |
| 绗缝制品/万套(件) | 22 | 28 | 23 | 26 | 26 | 21.29 |
| 聚酯切片①/万吨 | — | 0.43 | 2.60 | 3.11 | 1.59 | 1.24 |
| 涤纶长丝/万吨 | 3.34 | 3.80 | 3.85 | 4.08 | 4.11 | 3.61 |
| 化工产品催化剂/吨 | 3028 | 2526 | 914 | 701 | 823 | 673 |
| 包装袋/万条 | 207 | 194 | 182 | 184 | 187 | 168.45 |
| 切片袋/万条 | 45 | 35 | 35 | 36 | 30 | 26.94 |
| 短纤袋/万条 | 146 | 159 | 147 | 148 | 157 | 141.51 |
| 塑料薄膜/吨 | 678 | 569 | 490 | 498 | 419 | 302 |
| 聚酯薄膜/吨 | 13998 | 7403 | 6376 | 6657 | 6257 | 5527 |
| 聚丙烯织物/万米$^2$ | 3656 | 2616 | 2005 | 1772 | 1778 | 1656 |
| PBT 工程塑料粒/吨 | 79 | 175 | 523 | 347 | 199 | 401 |
| PBT 树脂/万吨 | 1.82 | 2.04 | 2.01 | 1.48 | 1.13 | 0.32 |

① 扬州合成化工总厂 2003 年 3 月份起停产关闭。

# 仪征化纤股份公司

**【概述】** 中国石化仪征化纤股份有限公司(简称仪征化纤股份公司)是中国最大的现代化化纤和化纤原料生产基地。位于江苏省仪征市，占地 1 000 万米$^2$。1978 年筹建，1981 年 12 月设立仪征化纤工业联合公司。1993 年 12 月进行股份制改组，设立仪征化纤股份有限公司。1994 年和 1995 年，14 亿 H 股和 2 亿 A 股分别在香港和上海发行上市。1997 年 10 月，加入中国东联石化集团公司。1998 年 7 月，随中国东联石化集团公司整体加入石化集团公司。2000 年改为现名。截至 2004 年底，40 亿总股本中，42% 由石化股份公司持有，18% 由中国中信集团公司持有，40% 为社会公募。仪征化纤股份公司总资产 113.83 亿元，总负债 20.62 亿元，资产负债率 18.11%；有 13 个下属单位，12 个机关部室，以及 2 家子公司；本部有职工 11 064 人，其中具有高级技术职称的 399 人，中级技术职称的 868 人。

仪征化纤股份公司主要从事聚酯切片和涤纶纤维的生产及销售，并配套生产聚酯主要原料精对苯二甲酸(PTA)。主要产品有纤维级聚酯切片、膜级聚酯切片、瓶级聚酯切片、涤纶短纤维、涤纶中空纤维和涤纶长丝 POY、FDY、DTY。产品商标统一为“白斯特”(BSTR)牌。产品质量管理体系通过 ISO 9001:2000 版国际认证。环境管理体系通过 ISO 14001 国际认证。截至 2004 年底，主要产品生产能力为：PTA 85.5 万吨/年、聚酯聚合 157.4 万吨/年、固相缩聚 41 万吨/年、抽丝 80 万吨/年(其中涤纶短纤维 45.9 万吨/年、涤纶中空纤维 5.7 万吨/年、涤纶长丝 28.4 万吨/年)、涤纶加工丝 10.66 万吨/年，以及相应的公用工程配套能力。聚酯聚合产能，名列世界第四位；集中一地的聚酯聚合产能名列世界首位。

2004 年，仪征化纤股份公司积极应对市场竞争，开拓经营，强化管理，锐意改革，加快发展，各项工作取得了新的进展。全年实现销售收入 133.48 亿元，同比增长 29.05%，实现利润 2.67 亿元，完成了中国石化下达的利润总额奋斗目标。

狠抓装置安全、稳定运行，大力增产增效。2004 年全年生产涤纶产品 168.34 万吨，比上年增长 12.32%，聚酯装置产能利用率为 100.5%。生产 PTA 93.34 万吨，比上年增长 29.67%。

产品销售坚持紧贴市场，全产全销，努力卖出当期最好价。全年销售涤纶产品 135.11 万吨，比上年增长 12.11%。扣除内部自用，全年聚酯产品的综合产销率为 99.26%，货款回笼率达 100%。

强化内部管理，努力降本减费。仪征化纤股份公司实行全面预算管理，严格控制预算外支出，严格控制各项可变费用。2004 年全年管理费用、财务费用分别比计划节约 1 363 万元、3 011 万元。公司主产品质量保持稳中有升。全年主原料消耗下降节约总成本4 900万元，能耗下降节约总成本5 900万元。

积极推进体制、机制改革。2004年7月，仪征化纤股份公司领导班子实现了新老交替和平稳过渡。新班子认真落实中国石化的总体部署，大力推进管理体制改革，压扁管理层、精简机构、精简管理人员，推行专业化重组，撤销了厂级建制，建立了“公司—生产中心”两级管理框架。纸管和油剂装置重组改制完成并正式挂牌运营。推进了外贸体制改革。原涤纶五厂与美国UNIFY公司合资意向书正式签订。

大力开展科研和产品开发，差别化、专用料产品效益进一步提高。2004年全年共生产聚酯专用料40.49万吨，聚酯专用料率61.78%；生产差别化纤维38.64万吨，纤维差别化率53.02%。年产10万吨瓶用聚酯配套技术攻关项目正式投产成功，自主开发的6万吨/年涤纶短纤维成套技术工艺包11月底通过中国石化审查，成为中国石化技术攻关项目之一。分析检测中心7月份通过国家实验室认证。公司获得国家认定企业技术中心成就奖。

坚持不懈地抓好结构调整项目的建设和发展。20万吨/年瓶级切片技术改造项目聚酯装置2004年11月底建成投产，固相缩聚装置12月18日投料开车一次成功，产品迅速获得市场认可，实现装置稳定生产。16万吨/年聚酯专用料项目按进度实现土建交安。100万吨/年PTA项目11月获得中国石化批准立项，项目申请报告12月正式上报国家发改委核准。

仪征化纤股份公司主要经济指标和主要产品产量见表1、表2。

(魏来勋)

**【领导班子实现新老交替】** 参见仪化集团公司相同条目。

(魏来勋)

**【管理体制改革、专业化重组取得突破】** 2004年7月开始，按照石化集团公司的要求，仪征化纤股份公司坚持以改革调整统揽全局，以市场化理念为指导，以提高效率和效益为根本出发点，大力推进管理体制和机制改革，重组改制取得新突破。一是大幅精简中层管理人员。仪征化纤股份公司中层管理人员岗位数从138个减少到86个，原科级管理人员减少了171人。二是压扁管理层，精简机构。管理层次从“公司—工厂—车间”三级变为“公司—生产中心”两级。仪征化纤股份公司机关部门从20个减少到12个，二级单位从19个减少到13个。三是按产品和专业实施了专业化重组，打破了传统的生产运行管理模式，提高了管理、技术和资源配置的专业化程度。四是按照职能惟一性和效率效益的原则，组织修订、下发了新的管理职责和业务分工细则，简化了程序，优化了业务流程，进一步提高了管理效率。

(魏来勋)

**【20万吨/年瓶级切片技术改造项目建成投产】** 2004年11月28日，国内最大的20万吨/年聚酯瓶级切片技术改造项目在仪征化纤股份公司建成投产，聚酯装置投料开车一次成功，12月18日，固相缩聚装置投料开车一次成功，生产出合格产品，并一次通过用户试用。

该项目被列入国家第三批重点技术改造“双高一优”导向计划，2003年12月份开工建设，2004年10月中交，进入联动试车，整个建设周期不到12个月。

该项目主要包括1套20万吨/年聚酯瓶级基础切片装置和2条10万吨/年固相缩聚生产线，采用仪征化纤股份公司与国内有关高校、设计院联合开发的具有自主知识产权的大容量聚酯和固相缩聚国产化成套技术。大部分设备实现了国产化，其中聚酯设备国产化率达到96%，固相缩聚部分达到70%以上。项目批复投资概算3.78亿元。

(魏来勋)

**【100万吨/年PTA项目获石化股份公司批准立项】** 2004年11月24日，石化股份公司批复同意仪征化纤股份公司建设年产100万吨PTA项目。

该项目采用包含两台氧化反应器的单系列工艺生产技术，新建一套年产100万吨的PTA生产装置。依托现有公用工程和辅助设施，配套扩建污水处理场、循环冷却水站、一台100兆瓦抽汽供热机组和一台440吨/时高压锅炉等设施。项目采用引进专利和专有技术，合作开发工艺包，基础设计和详细设计由国内设计单位承担。除专利设备和部分关键设备引进外，其余均采用国产设备。

该项目环境影响报告书已经国家环保总局批准。中国国际咨询公司已完成项目评估。项目正在国家发改委核准办理。

(魏来勋)

**【纸管和油剂装置重组改制顺利完成】** 2004年11月26日，由仪征化纤股份公司纸管和油剂装置重组改制而成立的仪征华纳斯化工有限责任公司(简称华纳斯公司)正式挂牌运营。华纳斯公司是仪征化纤股份公司第一家成功改制的企业，也是石化股份公司化工板块中第二家成功改制的企业。

华纳斯公司现有职工190人，注册资金1 537.52万元。主要经营纸管、油剂、胶水、木托盘等各类纸制品、化工产品和木制品，承接各类机动车辆维修和机械加工业务。

华纳斯公司的成功改制为仪征化纤股份公司今后的改制分流奠定了良好的基础。

（魏来勋）

**【分析检测中心通过国家实验室认证】** 2004 年 7 月 8 日，仪征化纤股份公司收到由中国实验室国家认可委员会签发的《认可证书》，标志着仪征化纤股份公司分析检测中心正式获得国家认可。

仪征化纤股份公司分析检测中心包括公司技术质量监督部中心试验室、瓶片事业部瓶片试验室和研究院理化测试室三部分。2004 年 5 月 27 日，中国实验室国家认可委员会组织专家对仪化公司主要原料和产品的 11 个产品类别的 124 个项目进行了评审。为了确定仪化试验项目的准确性，评审组安排了 10 类产品 74 个项目的现场试验，结论为场评审项目的试验数据全部吻合。

仪征化纤股份公司分析检测中心通过国家实验室认可委员会的认可，表明该中心具备了按实验室认可的国际准则开展校准和检测服务的技术能力，增强了公司在校准和检测方面的市场竞争能力，为赢得客户、加快与国际水平接轨创造了有利条件。获得国家实验室认可的测试结果将得到国际互认，消除了仪征化纤股份公司产品在出口贸易中的技术壁垒，为不断增强仪征化纤股份公司在同行中的影响力打下了良好的基础。

（魏来勋）

表 1　仪征化纤股份公司主要经济指标

亿元

| 指标名称 \ 年份 | 2004 | 2003 | 2002 | 2001 | 2000 | 1999 |
|---|---|---|---|---|---|---|
| 工业总产值① | 132.02 | 136.05 | 127.84 | 118.46 | 108.56 | 99.27 |
| 工业增加值 | 23.56 | 21.39 | 18.44 | 18.28 | 26.36 | 25.99 |
| 资产总计 | 113.83 | 120.79 | 121.79 | 110.24 | 113.61 | 115.03 |
| 　流动资产 | 26.00 | 28.01 | 30.24 | 26.91 | 36.08 | 34.11 |
| 　固定资产原值 | 155.09 | 151.55 | 131.45 | 110.26 | 112.71 | 109.54 |
| 　固定资产净值 | 81.95 | 86.47 | 74.41 | 64.94 | 71.20 | 75.04 |
| 销售收入 | 133.48 | 103.44 | 80.10 | 71.04 | 90.14 | 70.76 |
| 实现利税 | 7.83 | 7.88 | 5.54 | 5.41 | 9.85 | 9.06 |
| 　税　金 | 5.52 | 5.48 | 4.14 | 3.70 | 1.39 | 1.36 |

① 1999—2003 年按 1990 年不变价计算。

表 2　仪征化纤股份公司主要产品产量

万吨

| 产品名称 \ 年份 | 2004 | 2003 | 2002 | 2001 | 2000 | 1999 |
|---|---|---|---|---|---|---|
| 涤纶产品产量 | 168.34 | 149.88 | 142.49 | 124.86 | 114.26 | 103.00 |
| 聚酯切片 | 65.53 | 54.40 | 54.33 | 56.25 | 48.98 | 44.70 |
| 瓶级切片 | 20.27 | 16.86 | 15.56 | 5.39 | 4.18 | 3.36 |
| 涤纶短纤维 | 50.71 | 45.11 | 39.08 | 37.94 | 39.43 | 36.70 |
| 　中空纤维 | 5.46 | 4.62 | 3.98 | 3.64 | 3.51 | 2.98 |
| 涤纶长丝 | 21.84 | 23.55 | 23.99 | 19.11 | 16.29 | 14.80 |
| 加工丝 | 9.98 | 9.96 | 9.54 | 6.17 | 5.38 | 3.44 |
| PTA | 93.34 | 71.98 | 34.26 | 32.61 | 34.02 | 29.05 |

## 南京化工公司

【概述】 中国石化集团南京化学工业有限公司(简称南京化工公司)位于南京市东北郊的六合区，本部占地面积578万米²。南京化工公司创建于1934年，是生产经营化肥、无机和有机化工原料、催化剂、化工机械、化学纤维六大类200多个产品，并从事化工工程的科研、设计、制造、施工和安装的特大型化工企业，也是国内化肥、催化剂、纯碱和化工机械制造的基地之一。1998年7月，随中国东联石化集团公司整体进入石化集团公司。截至2004年底，南京化工公司下辖16个二级单位，有全民正式职工13 265人，其中各类专业技术人员3 339人，专业技术人员中具有高级职称的412人，中级职称的1 107人。固定资产原值37.69亿元，净值21.45亿元。主要产品生产能力：化肥19.7万吨/年(折100%)、纯碱100万吨/年、硫酸50万吨/年、苯胺5.2万吨/年、催化剂1万吨/年、化工机械1万吨/年。

2004年，南京化工公司按照石化集团公司提出的“保安全、保市场、保稳定、增效益”的工作方针，坚持以整体效益最大化为目标，发挥优势，克服困难，企业的两个文明建设取得了新的进步，各项工作都取得了较好的成绩。

生产跨越新台阶。2004年实现工业总产值(不变价)40.08亿元，比上年同口径增长15.9%，超过当年目标5.9个百分点。17种主要产品中，有8种产品产量刷新年产历史纪录。

销售取得新业绩。全年共实现销售收入44.71亿元，比去年同期增长32.2%，收入增长幅度超过产值增长幅度。实现产销率100.5%，资金回笼率105%，全年出口创汇895万美元。

效益实现新增长。全年现有生产经营盈利2 846万元，大化肥装置停车改造亏损8 734万元，合并亏损5 888万元，完成石化集团公司下达的限亏7 000万元的指标。

重点工程和技改项目取得新进展。2004年6万吨/年环已酮工程、10万吨/年硝酸技改项目、大化肥装置原料结构调整改造全面开工建设。连云港碱厂盐卤除硝工程基本建成。完成了氮肥厂造气吹风气隐患治理等9项安全隐患治理项目。同时，先后完成了氮肥厂硝酸技改配套电气改造、磷肥厂硫基复合肥扩产改造、动力厂循环水六循装置改造、连云港碱厂纯碱100万吨/年改造等一批技改项目，共完成投资2.85亿元。

改制分流获得新突破。医院、工程公司、印刷厂、幼儿园、教育学院、永元公司等6个单位完成了改制，共有1 348人参加了改制。职工子女总校和连云港碱厂中小学移交给地方政府，移交人员1 207人，其中离退休人员578人。将检安公司进行了拆分，重组了检修部，检安公司列入石化集团公司2005年改制计划。同时，整体关停3套长期亏损的生产装置。年末在岗职工人数降至1 4379人(含集体企业职工)。有255人与企业协议解除劳动合同。

科研水平得到新提升。南京化工公司从新产品开发、科技攻关和技术攻关等方面入手，不断推进科技进步。2004年内完成了10万吨/年苯胺工艺包、位阻胺脱硫新技术侧线试验、SCR法脱除$NO_x$新型催化剂等开发项目、苯胺生产苯耗降至865.65千克/吨等12个攻关项目取得了较好成绩。7项科研项目通过石化集团公司鉴定。

企业文化有了新拓展。南京化工公司开展了“双超一实现”(超越历史、超越同行，实现公司“两步走”战略目标)和厂庆70周年系列活动。厂庆活动从宣传厂情厂史、四大信条以及南化精神着手，通过组织向厂庆70周年献礼、开展职工技术练兵和比武活动，通过精心制作厂史专题片、人物专题片，以及建立厂史陈列室第二室，较好地发挥了宣传厂史、发扬传统、教育职工、激励职工的作用。通过举办职工歌咏大会、青年集体婚礼、职工运动会等，大大提高了厂庆活动的群众参与性，增强了企业文化建设的群众认同感。

职工生活环境有了新改善。全年共出售2.33万米²职工住房，进一步缓解了职工住房困难。继续加大对生活水电的管理，对供电区域的电表进行了更新。大力实施送温暖工程，关注弱势群体，关心困难职工。在全公司实施了补充医疗保险。继续做好离退休职工的管理工作。为870名退休职工办理了住院补助。在计生工作中全面推进“婚育新风进万家”活动，完成了计生工作各项指标。

南京化工公司主要经济指标和主要产品产量见表1、表2。

(陈　华)

【主要产品产量持续增长】 2004年，南京化工公司实现不变价工业总产值比2003年同口径增长15.9%，超过当年目标5.9个百分点。在17种主要产品中，有15种产品产量37次刷新月产历史最好纪录，纯碱、浓硝酸、苯胺、环已胺、硝酸钠、亚硝酸钠、硫基复合肥、帘子布8种产品产量创年历史最好水平。

(陈　华)

【磷复肥获国家免检产品称号】 2004 年 10 月 10 日，在国家质检总局召开的国家免检产品颁证大会上，南京化工公司磷肥厂生产的磷复肥获得国家免检产品证书和荣誉牌。这次全国免检产品评比活动，由国家质检总局牵头，根据各省市各级质检部门长期检测的结果和在流通领域的抽检结果综合对比，最终确定免检产品。南京化工公司磷肥厂生产的过磷酸钙、硫酸钾复合肥、25%复混肥 3 个产品的内外在质量均达到国家标准，市场反馈和用户满意度均得到认可，因而获得国家免检产品的称号。

（陈 华）

【连云港碱厂通过挖潜改造实现生产持续增长】 2004 年，南化公司连云港碱厂抓生产稳定、抓挖潜改造，全年投入资金 9 000 多万元，共实施技改技措项目 22 项，其中 20 项竣工投运。全年生产纯碱 93 万吨，产值比 2003 年增长 5.8%，实现了生产持续增长。通过技改形成了 100 万吨/年的装置能力，为企业的长远发展增添了充足的后劲。

（陈 华）

【节水工作取得成效】 2004 年，南京化工公司完善节水的基础管理，加强月度指标考核，通过实施节水技改措施，提高了冷却水的重复利用率。2004 年公司本部全年取水 1.17 亿吨，比 2003 年减少 2 108 万吨，节水率达到 15%，比原定目标提高了 10 个百分点。

（陈 华）

【化机厂制造成功大型化肥装置关键设备——气化炉】 2004年 10 月，国内首台自行设计的采用煤制原料气工艺的气化炉在南京化工公司化机厂制造成功。这台气化炉长 17 米，最大内径 3.8 米，重约 210 吨，用户为金陵石化公司栖霞山化肥厂。这台大型化肥装置关键设备的制造成功，对石化集团公司“油改煤”工程的开展具有重要意义。

（陈 华）

【南化集团研究院反应挤出尼龙 6 系列产品的研究项目通过石化集团公司鉴定】 2004 年 11 月 24 日，南化集团研究院反应挤出尼龙 6 系列产品的研究项目通过了石化集团公司的科研成果鉴定。该研究项目的高黏度尼龙 6、尼龙 6/蒙脱土纳米复合材料、玻璃纤维增强尼龙 6 等反应挤出尼龙 6 系列产品已广泛应用于注塑、吹塑、吹膜、挤出等加工工艺，具有良好的市场前景。南化集团研究院采用挤出技术研制的这类产品，具有较好的力学性能和热性能，其工艺技术和产品性能在国内均处领先水平。该技术已经申请了 2 项发明专利。

（陈 华）

【开展庆祝建厂 70 周年职工技能大赛】 从 2004 年 4 月份开始，南京化工公司各单位开展了以“苦练技术、增强本领，提升素质”为主题的技能大赛，广大职工学技术、比技能、做精兵，以优异成绩向厂庆 70 周年献礼。全公司参加这次技能大赛的职工近万人，通过 10 个主要生产单位先期进行的练兵和比武活动，共有 367 名选手被选拔到南京化工公司参加技能大赛，涵盖化工操作等八大工种。南京化工公司分别授予各大工种的第一名和成绩优异者南化公司技术状元和南化公司技术能手称号。技能大赛的进行，极大地激发了广大职工建设新南化的热情。

（陈 华）

【厂史陈列室第二室建成开放】 为了庆祝公司建厂 70 周年，南京化工公司于 2004 年 9 月 30 日建成厂史陈列室第二室并对外开放。厂史陈列室共收集照片 210 张、实物 80 件，集中展现了范旭东、侯德榜等 6 位在南化不同发展阶段作出突出贡献的已故主要领导的生平事迹，从一个独特的视角反映了企业 70 年的发展历程。第二室与 2003 年建成的厂史陈列室，既是企业宣传自身、提升形象的重要窗口，也是对广大职工进行爱厂爱国、敬业勤业教育的重要阵地。

（陈 华）

表 1　　南京化工公司主要经济指标①　　亿元

| 年份<br>指标名称 | 2004 | 2003 | 2002 | 2001 | 2000 | 1999 |
|---|---|---|---|---|---|---|
| 工业总产值② | 40.08 | 34.58 | 39.90 | 36.15 | 33.74 | 30.92 |
| 工业增加值 | 6.33 | 5.67 | 5.68 | 6.24 | 5.96 | 5.56 |
| 资产总计 | 74.58 | 71.68 | 85.35 | 92.47 | 91.77 | 87.74 |
| 流动资产 | 21.39 | 18.31 | 26.72 | 25.16 | 26.59 | 27.04 |
| 固定资产原值 | 37.69 | 38.79 | 36.74 | 52.49 | 51.10 | 51.06 |

续表

| 指标名称 \ 年份 | 2004 | 2003 | 2002 | 2001 | 2000 | 1999 |
|---|---|---|---|---|---|---|
| 固定资产净值 | 21.45 | 22.75 | 21.35 | 32.32 | 32.73 | 34.83 |
| 销售收入 | 44.71 | 33.26 | 35.77 | 32.43 | 30.97 | 27.90 |
| 实现利税 | 0.92 | 0.14 | 0.34 | 0.24 | 1.85 | -0.50 |
| 税　金 | 1.51 | 1.28 | 1.53 | 1.89 | 1.94 | 1.55 |

① 自 1996 年起长期投资按权益法核算。

② 1999—2003 年按 1990 年不变价计算。

表 2　　南京化工公司主要产品产量　　万吨

| 产品名称 \ 年份 | 2004 | 2003 | 2002 | 2001 | 2000 | 1999 |
|---|---|---|---|---|---|---|
| 合成氨 | 16.76 | 17.15 | 21.11 | 16.46 | 14.64 | 13.48 |
| 硫　酸 | 52.34 | 41.59 | 38.89 | 31.83 | 34.34 | 32.71 |
| 纯　碱 | 93.07 | 92.04 | 90.00 | 88.10 | 85.61 | 83.64 |
| 己内酰胺 | — | — | 6.50 | 6.07 | 5.71 | 4.91 |
| 尿　素 | — | 0.41 | 5.52 | — | — | — |
| 普通过磷酸钙 | 40.61 | 40.58 | 52.01 | 50.55 | 47.35 | 42.57 |
| 硝酸铵 | 11.78 | 11.47 | 11.41 | 12.20 | 12.90 | 12.40 |
| 硫酸铵 | — | — | 8.76 | 8.45 | 8.20 | 8.22 |
| 甲　醇 | 1.13 | 1.05 | 0.91 | 1.08 | 1.13 | 0.76 |
| 甲　醛 | 2.23 | 2.12 | 1.35 | 1.71 | 1.74 | 0.63 |
| 浓硝酸 | 7.60 | 7.58 | 6.97 | 6.24 | 5.72 | 4.03 |
| 硝酸钠 | 1.43 | 1.31 | 1.24 | 1.17 | 0.97 | 0.99 |
| 亚硝酸钠 | 1.03 | 0.98 | 0.90 | 0.85 | 0.72 | 0.76 |
| 氟硅酸钠 | 0.18 | 0.19 | 0.24 | 0.23 | 0.24 | 0.23 |
| 苯　胺 | 5.73 | 4.07 | 2.35 | 1.08 | 0.91 | 0.60 |
| 环己胺 | 0.23 | 0.17 | 0.22 | 0.21 | 0.26 | 0.16 |
| 催化剂总量 | 0.59 | 0.58 | 0.44 | 0.53 | 0.56 | 0.53 |
| 复合、混配肥 | 52.05 | 49.16 | 41.88 | 36.54 | 33.87 | 28.36 |
| 硫酸钾复合肥 | 31.06 | 24.89 | 15.55 | 10.43 | 6.68 | 1.30 |
| 化机产品 | 0.84 | 0.77 | 0.64 | 0.73 | 0.43 | 0.74 |
| 帘子布 | 2.35 | 1.50 | 0.91 | 0.63 | 0.61 | 0.48 |
| 化纤地毯/万米$^2$ | 242.3 | 231.1 | 248.9 | 230.8 | 226.16 | 216 |

## 广州石化总厂

**【概述】** 中国石化集团广州石油化工总厂(简称广州石化总厂)，成立于 1973 年 6 月 18 日，1978 年建成投产。厂区位于广州市黄埔区，占地面积 501 万米$^2$，北依广深高速公路，南临珠江黄埔港，厂内铁路专用线与广九准高速铁路接轨，惠州港广州石化码头原油输油管线与厂区相接，水陆交通便利，是华南地区现代化石油化工生产基地。截至 2004 年底，总资产 16.27 亿元，在册职工 2 464 人，有各类专业技术人员 695 人，其中具有高级技术职称的 41 人，中级技术职称的 320 人。广州石化总厂设 11 个职能部室、1 个事业部、6 个全资或控股子公司或模拟法人单位。2004 年广州石化总厂被评为石化集团公司效能监察先进单位、广州市人口与计划生育工作先进集体。

2004 年，广州石化总厂生产中压蒸汽 254.04 万吨，发电 6.88 亿千瓦·时，自产水 983.4 万吨，确保广州分公司动力产品供应，并实现向乙烯装置供水。碳五装置成功投产，生产正戊烷、异戊烷等成品 2.05 万吨。完成仓储业务进出库量 63.14 万吨、货运业务量 83.25 万吨，广石物流公司初步形成以散水化工品仓储和联运配送为主的化工物流基地。销售液化气 24.76 万吨，中穗燃气公司与联众不锈钢公司签订 18 万吨/年液化气供应合同，并建成供气设施。

2004 年，按照石化集团公司提出的“广州石化总厂存续部分在两年内加快改制分流后逐步与上市部分融为一体”的要求，成立广州石化总厂深化改革领导小组，确定下一步重组改制的工作思路，统一负责深化改革、改制分流、机构合并重组、资产重组运作、定岗定编、职责划分、领导干部竞争上岗等重大决策。首先进行管理机构融合。在撤并相关机构及其职能基础上，广州石化总厂、广州分公司机关进行简单合并。除广州石化总厂财务资产部暂时维持不变，其他管理机构全部与广州分公司合并，纳入新的一体化管理体系。

加快对下属单位的资产、业务重组。2004 年广州石化总厂动力事业部资产由石化股份公司收购注入广州分公司。稳步推进中冠安泰、中穗、广保中油、中冠等公司的资产清理及重组。中穗公司的清理及重组取得明显进展，处置长期投资 2 796 万元。安证公司停业清算。国际事业广州公司按照石化集团公司外贸体制改革的要求移交。

广州石化总厂的主要经济指标见表 1。

（王新忠）

**【企业改制分流工作取得新突破】** 2004 年广州石化总厂完成监理公司、石化医院、检安公司的改制分流工作。根据国务院通过中央财政转移支付方式解决中小学移交地方的政策，积极与地方政府沟通，2004 年 10 月与广东省、广州黄埔区政府签署移交协议，圆满完成中小学移交地方工作。炼油区、化工区食堂也顺利实现社会化管理。除离退休管理外，基本完成企业办社会职能的剥离。通过深化干部人事制度改革，精简分流部分中层管理人员。首批 59 名中层管理人员(其中广州石化总厂 35 名，广州分公司 24 名)离岗调研。2004 年减员分流 1 039 人(不含中小学移交的减员 187 人)，完成石化集团公司下达的年度减员分流不少于 1000 人的指标。

（王新忠）

**【实施广州市基本医疗保险和企业补充医疗保险试行办法】** 根据广东省《关于中央、省属驻穗单位和职工参加广州市城镇职工基本医疗保险的通知》、广州市《广州市城镇职工基本医疗保险试行办法》和《关于参加基本医疗保险的催办通知》等文件的规定，企业制定了《关于参加城镇职工基本医疗保险的实施办法》、《企业补充医疗保险试行办法》，并由职工代表团长联席会议审议通过。为确保实施，企业编发了《医改政策法规宣传手册》，在公文网、厂报、工会网站等媒体上对医改政策、注意问题、参保须知等进行宣传。2004 年 5 月 1 日，广州石化总厂正式实施广州市基本医疗保险和企业补充医疗保险试行办法。

（王新忠）

**【中穗燃气与联众不锈钢公司签订液化气供应合同】** 为开拓工业用气市场，为炼油改扩建后的液化气增量寻求稳定的销路，2004 年 8 月 11 日，中穗燃气公司与联众不锈钢公司签订 18 万吨/年液化气供应合同。联众不锈钢公司以液化气为能源炼钢，每年需消费约 18 万吨液化气。为保证液化气的供给，中穗燃气公司在广州经济技术开发区建一座由其控股的液化气站，为联众公司提供稳定的气源。12 月 31 日该气站建成投产并举行了挂牌仪式。

（王新忠）

**表 1　　广州石化总厂主要经济指标**　　亿元

| 指标名称 \ 年份 | 2004 | 2003 | 2002 | 2001 | 2000 | 1999 |
|---|---|---|---|---|---|---|
| 工业总产值① | 5.77 | 0.82 | 0.77 | 0.66 | 0.67 | 29.99 |
| 工业增加值 | 1.33 | 1.98 | 1.70 | 1.69 | 1.93 | 15.58 |
| 资产总额 | 16.27 | 21.78 | 24.97 | 26.05 | 27.16 | 113.14 |
| 流动资产 | 3.42 | 4.76 | 7.59 | 6.48 | 8.31 | 31.77 |

续表

| 年份<br>指标名称 | 2004 | 2003 | 2002 | 2001 | 2000 | 1999 |
|---|---|---|---|---|---|---|
| 固定资产原值 | 7.56 | 17.36 | 15.20 | 17.13 | 15.96 | 93.80 |
| 固定资产净值 | 5.86 | 10.70 | 8.50 | 9.81 | 9.14 | 60.10 |
| 销售收入 | 22.90 | 21.00 | 23.99 | 23.77 | 23.13 | 78.66 |
| 实现利税 | 1.46 | 1.60 | 1.46 | 1.05 | 0.88 | 13.74 |
| 税　金 | 0.95 | 1.30 | 1.28 | 1.04 | 0.82 | 8.67 |

① 1999—2003 年按 1990 年不变价计算。

## 广州分公司

**【概述】** 中国石油化工股份有限公司广州分公司(简称广州分公司)系广州石化总厂于 2000 年 3 月 1 日将主业部分重组改制而设立。自此，广州分公司和广州石化总厂在业务、资产、财务、资产、机构、人员等方面各自独立运作。

截至 2004 年底，广州分公司总资产 84.48 亿元，在册职工 4 638 人，有各类专业技术人员 1 659 人，其中具有高级职称的 134 人，具有中级职称的 572 人。广州分公司下设 11 个职能部室、11 个作业部和千万吨炼油改扩建工程项目管理部。炼油专业拥有 35 套生产装置和 3 套辅助设施；化工专业拥有 18 套生产装置和 1 套辅助设施。主要产品有汽油、柴油、航空煤油、石脑油、重油、溶剂油、液化气、道路沥青、石油焦、硫磺、聚乙烯(PE)、聚丙烯(PP)、聚苯乙烯(PS)等 60 多种，其中固体塑料产品 PE、PS、PP 三大类共 160 多个牌号，销售网络覆盖整个华南地区，部分产品出口港澳和东南亚。2004 年广州分公司被评为全国 5 000 家重点工业企业联网直报工作先进单位、广东省思想政治工作优秀企业、石化集团公司统计工作先进单位、石化集团公司物资管理先进单位。

2004 年，广州分公司炼油、化工各主体装置实现高负荷安全平稳运行。炼油加工量、乙烯产量、炼油吨油完全费用以及全年效益等指标均创历史最好水平。广州分公司发挥炼化一体化优势，组织好炼油、化工物料互供，优化乙烯裂解原料结构，在加工劣质原油比例大幅提高的情况下乙烯收率也得到提高，全年乙烯收率达到 31.01%。通过优化产品结构，多产高附加值产品，全年生产 93# 以上高标号汽油 82.36 万吨、化工专用料 15.93 万吨。全年完成炼油、化工技改技措项目 22 项，增创效益 2 480 万元。2004 年炼油、化工专业和 11 套生产装置实现达标。全年轻油收率达到 78.19%，炼油综合能耗和乙烯能耗分别为 61.73 千克标油/吨和 689.74 千克标油/吨。

2004 年，在国际原油资源紧张、价格一再上扬的情况下，广州分公司采取“紧贴市场、保证资源、优化结构、适时采购”策略，有效降低原油采购成本。开发新油种，增加低硫劣质原油采购量，全年采购劣质原油 171.7 万吨，占原油总量的 23.48%；完善油轮拼装和过驳方案，降低原油运输成本；采用均衡计价方式，规避原油价格大幅波动带来的风险。全年进口原油平均含硫 0.54%，低于石化集团公司进口原油的平均含硫量(0.90%)。在高、低硫原油价差 1.44 美元/桶(部分月份价差达 10 美元/桶)的情况下，广州分公司平均到岸价仅略高于石化集团公司。2004 年继续利用国际、国内两个市场，做好来料加工业务，全年加工来料原油 55.3 万吨，增创效益 1.4 亿元。

2004 年，广州分公司坚持“拓市场、保出厂、卖好价、快收款”营销策略，加强内部管理和产销衔接，实现产销平衡。利用塑料市场景气周期，卖好塑料产品，主要产品平均价格高于石化股份有限公司。完善“公式作价”方式，建立相对稳定的销售渠道；扩大“竞价销售”范围，有效提高产品价格，实现效益最大化。抓住市场价格持续上涨契机，通过资源平衡和“集合竞价”销售，调动市场需求，实现资源配置和价格优化。大力开发直接用户，继续实施“以销定产”方式，2004 年主要产品产销率达到 100%。通过加强对应收账款和结算管理的力度，使应收账款月均低于 3.67 亿元，长期欠款降低 2.27 亿元。

2004 年，广州分公司完成炼油改扩建大部分中长周期设备的订货，开展重要设备质量监造、催交催运工作。已订货中长周期设备 577 台(套)，其中 172 台(套)设备已签订商务合同。全年采购物资 16.27 亿元，节约采购资金 1.39 亿元；网上采购 14.39 亿元，上网采购率达到 88.39%；总部集中采购 5.83 亿元，集中采购率达到 35.83%。开展清仓利库工作，全年累计处理积压物资 3 538 万元，回收残值 1 137 万元。

广州分公司主要经济指标和主要产品产量见表 1、表 2。

（王新忠）

**【广州乙烯被广州石化兼并后首年扭亏为盈】** 2004 年，广州分公司发挥炼化一体化优势，通过优化生产方案以及组织炼油、化工专业物料互供，优化原料和产品结构，开展挖潜增效，全年实现安稳长满优生产。乙烯月平均产量保持在 1.8 万吨以上，乙烯收率达到 31.01%，乙烯能耗为 689.74 千克标油/吨，同比降低 36.27 千克标油/吨，创历史最好水平。销售部门根据市场变化及时调整产品结构和营销策略，利用塑料市场景气周期，卖好塑料产品价格，主要产品平均价格高于石化股份公司平均价格，产销率达到 100%。2004 年共生产乙烯 21.73 万吨，实现利润 8.0 亿元，为广州乙烯被广州石化兼并后首年扭亏为盈。

（王新忠）

**【新机场航煤输送管线建成投用】** 新机场航煤输送管线投用前，广州分公司提供给华南蓝天油料有限公司的 3# 喷气燃料均靠火车运送。为降低成本，提高效率，华南蓝天油料有限公司与广州分公司在黄埔金三角建设一座航煤油库，在广州分公司到该油库和油库到新机场之间各敷设一条共长 6 万多米的专用输油管线。2004 年 8 月 4 日，输油能力为 350 米$^3$/时的新机场航煤输送管线建成投用，航煤运输成本下降 60%。

（王新忠）

**【广州石化千万吨炼油改扩建和乙烯第二轮改造工程前期工作取得进展】** 广州石化千万吨炼油改扩建工程是国家经贸委“双高一优”(高新技术和先进适用技术改造传统产业，优化重点产品和技术结构)重点建设项目。2004 年 6 月，广州分公司确定异地新建 800 万吨/年常减压蒸馏(二)装置，加氢裂化装置由全循环 120 万吨/年改为一次通过 150 万吨/年。截至 2004 年底，千万吨炼油改扩建项目的基础设计和内部审查、拆迁还建、“三通一平”等前期工作基本完成。并已完成施工用水用电项目，具备通水通电条件；常减压蒸馏(二)装置完成桩基础施工；加氢联合装置正在进行桩基础施工。

乙烯第二轮改造工程于 2004 年 8 月召开项目评估会，10 月石化集团公司总部确定按照新增 80 万吨/年的规模开展前期工作。已与设计单位进行总图、储运、公用工程、动力、仪表、环保等方面的对接，准备可行性研究的基础工作。已编制完成环境评估大纲和现场数据采集，并进行环境评估工作，与国务院和省市有关部门联系，做好项目申报工作。

（王新忠）

**【原化肥厂尿素造粒塔爆破获得成功】** 2004 年 3 月 18 日，广州分公司原化肥厂的标志性建筑——高 68 米、底面直径 20.7 米，呈圆柱形的造粒塔成功完成爆破。这次爆破拆除的构筑物还包括 73 米高的梯子间和设备框架等附属设施。这次爆破一共打炮眼约 4 600 个，总装药量 300 千克。据介绍，像广州分公司这样在正常的炼油生产区域内进行大规模的爆破拆除作业，在世界炼油工业史上都是第一次。这次爆破拆除后腾出的空地将建设新的炼油装置。

（王新忠）

表 1　　广州分公司主要经济指标　　亿元

| 指标名称 \ 年份 | 2004 | 2003 | 2002 | 2001 | 2000 | 1999① |
|---|---|---|---|---|---|---|
| 原油加工量/万吨 | 737.90 | 688.59 | 673.80 | 628.33 | 649.05 | 559.55 |
| 工业总产值② | 200.17 | 47.25 | 47.49 | 43.81 | 46.71 | 29.99 |
| 工业增加值 | 37.45 | 27.48 | 23.86 | 21.02 | 19.27 | 15.58 |
| 资产总额 | 84.48 | 80.09 | 78.11 | 80.90 | 93.75 | 113.14 |
| 流动资产 | 30.59 | 29.12 | 23.22 | 21.77 | 31.45 | 31.77 |
| 固定资产原值 | 109.75 | 99.07 | 91.62 | 96.94 | 94.66 | 93.80 |
| 固定资产净值 | 46.86 | 45.96 | 44.76 | 51.44 | 54.87 | 60.10 |
| 销售收入 | 202.98 | 155.11 | 129.81 | 127.84 | 142.07 | 78.66 |
| 实现利税 | 24.83 | 14.47 | 12.47 | 11.33 | 10.56 | 13.74 |
| 税　金 | 15.31 | 12.55 | 11.08 | 10.85 | 9.65 | 8.67 |

① 1999 年数据为原广州石化总厂数据。
② 1999—2003 年按 1990 年不变价计算。

表 2　　广州分公司主要产品产量　　万吨

| 产品名称＼年份 | 2004 | 2003 | 2002 | 2001 | 2000 | 1999① |
|---|---|---|---|---|---|---|
| 汽　油 | 155.59 | 148.35 | 148.67 | 131.08 | 134.21 | 125.18 |
| 煤　油 | 32.82 | 30.20 | 38.58 | 37.53 | 35.22 | 34.08 |
| 柴　油 | 310.02 | 260.60 | 239.18 | 231.89 | 232.33 | 208.29 |
| 燃料油 | 38.02 | 45.49 | 40.43 | 37.52 | 44.55 | 27.08 |
| 液化气 | 27.06 | 28.14 | 25.26 | 19.78 | 20.84 | 17.27 |
| 沥　青 | 6.38 | 8.05 | 7.43 | 8.43 | 7.29 | 7.62 |
| 石油焦 | 28.75 | 26.55 | 25.10 | 22.84 | 22.39 | 22.29 |
| 乙　烯 | 21.73 | 17.01 | 16.68 | 17.17 | 15.31 | 3.38 |
| 聚乙烯 | 20.14 | 14.96 | 14.00 | 14.66 | 12.91 | 2.64 |
| 聚丙烯 | 17.37 | 14.88 | 14.96 | 15.52 | 13.63 | 7.26 |
| 聚苯乙烯 | 4.76 | 4.92 | 5.02 | 6.05 | 3.91 | 0.55 |

① 1999 年数据为原广州石化总厂数据。

## 安庆石化总厂暨安庆分公司

**【概述】** 中国石化集团安庆石油化工总厂(简称安庆石化总厂)、中国石化股份有限公司安庆分公司(简称安庆分公司)，统称安庆石化，坐落在安徽省安庆市西北郊，占地 10(千米)$^2$，西南与长江紧临。厂内铁路专线与上京九铁路相连，交通便利。建厂 30 年来，安庆石化秉承“团结、求是、创新、争第一”的企业精神，大力践行“竞争、开放、规范、诚信”的经营理念，锐意改革，强化管理，不断创新，在改革中发展，在开放中壮大，截至 2004 年底，累计实现利税已超过 100 亿元。多年来安庆石化荣获省、部级以上荣誉近 500 余项。

安庆石化前身为安徽炼油厂，始建于 1974 年 7 月，1983 年 7 月 1 日划归原中国石油化工总公司，改称中国石油化工总公司安庆石油化工总厂，1998 年 11 月更名为中国石化集团安庆石油化工总厂。2000 年 4 月，原中国石化集团安庆石油化工总厂重组改制，分设分立为安庆石化总厂(存续部分)和安庆分公司(上市公司)。

重组后的安庆分公司，主要集中了炼油、化肥、腈纶等主业生产部分，健全了物资供应、产品销售、科研开发、信息通讯、计量检测、公用工程、油品储运等配套系统。2003 年 4 月，安庆分公司全面实施了扁平化管理，重新整合组建成 12 个职能管理部、9 个业务服务部、9 个生产作业部(其中煤气化部 2004 年 8 月成立)，实施“分公司(管理部)—业务部、作业部”两级管理模式。截至 2004 年底，分公司职工总数 4 004 人，有各类专业技术人员 1 061 人，其中具有高级职称以上的 190 人，中级职称的 547 人。

安庆分公司主要拥有 550 万吨/年常减压装置、120 万吨/年催化裂化装置、70 万吨/年催化裂解装置、120 万吨/年延迟焦化装置、160 万吨/年加氢精制装置、33 万吨/年合成氨装置和 58 万吨/年尿素装置；8 万吨/年丙烯腈装置和 7 万吨/年腈纶装置等各类生产装置 38 套；并拥有 50 万吨的化肥装船码头，30 万吨液态烃码头，全长 13 千米的厂内铁路专用线和一个工业编组站。主要产品有以“双环”牌为主的化肥、油品系列，以“双铃”牌为主的化工系列和以“黄山”牌为主的腈纶系列等各类优质产品 40 余种。其中“双环”牌汽油等 15 种产品获省优、部优称号，“双环”牌尿素为全国免检产品，90＃车用汽油、0# 柴油等产品进入《中国名牌商品库》，部分产品出口海外。

重组后的安庆石化总厂，主要承担主业的油品输转、发电供热、检维修、建筑安装等业务，下辖热电厂、港储公司、检安公司、电仪部、生力公司、华成公司、庆达公司以及工程部等单位。拥有 4 台 5 万千瓦汽轮发电机组，3 台锅炉，总装机容量为 20 万千瓦，具有年发电 12 亿千瓦·时、供热 1 000 万吉焦、日产 24 万吨供水能力；年吞吐能力 760 万吨的油品码头、80 万吨的卸煤码头，油罐区总库容为 26.75 万米$^3$；年设备制造能力 2 500 吨。截至 2004 年底，职工总数 4 872 人，有各类专业技术人员 1 165 人，其中具有高级职称的 136 人，中级职称的 570 人。

2004 年，安庆石化全年共加工原料油 424.73 万吨，原油加工量 418.66 万吨，完成年计划的 117.93%；合成氨产量 27.67 万吨，尿素产量 40.73 万吨；丙烯腈产量 8.32 万吨，腈纶产量 7.58 万吨；发电 12.14 亿千瓦·时，安庆石化总厂实现工业总产值 8.53 亿元；安庆分公司实现工业总产值 117.78 亿元。安庆石化累计完成固定资产投资 6.72 亿元，实现销售收入 127.8 亿元、上缴税金 9.34 亿元。原油加工量首次突破 400 万吨大关，吨油完全费用 166.74 元，同比下降 32.27 元，销售收入首次超百亿，大大提升了企业的整体竞争力。

2004 年，重点工程建设进展顺利，化肥油改煤工程设计审查、主要设备订货已结束，现场施工进入高潮，生产准备全面启动。两条"生命线"工程——沿江原油管道怀宁试验段和安庆—合肥成品油管道同路敷设段，已分别于 2004 年 10 月、12 月开工建设，有望在 2005 年四季度相继建成投用。与此同时，催化裂解节能改造、2# 气分扩能改造、腈纶聚合系统原液分线、化肥 301 总变改造、热电厂 5# 炉、4# 机 DCS 改造及配套工程、ERP 系统上线等项目也都按计划顺利完成。安全生产连续 8 年实现了 3 个重大事故为零的目标，连续两年获得石化集团公司授予的安全生产先进单位称号。

2004 年，安庆石化企业内部改革稳步推进。改制分流、移交企业办社会职能、专业化重组、全员解聘、竞聘上岗等工作全面开展。截至 2004 年底，在册职工 8 876 人，全年净减员 974 人。

安庆分公司主要经济指标和产品产量见表 1、表 2。

（黄望旗）

**【化肥油改煤工程进展顺利】** 安庆分公司化肥原料油改煤项目于 2000 年 5 月正式启动，2003 年 10 月开始"四通一平"，2004 年，3 月份进入现场开工建设阶段。

截至 2004 年底，由宁波工程公司进行设计—采购—施工(EPC)总承包的煤气化、空分等主项已完成设计进度的 90%、施工进度的 20%、物资采购进度的 80%，安庆分公司自行管理的配套工程各方面工作也在同步进行。工程建设进展顺利，详细工程设计、审查和主要设备订货工作基本完成，现场施工即将由土建转入安装阶段，生产准备全面启动，职工培训正在进行，煤炭、石灰石、甲醇等生产资料的供应计划已编制。已完成投资 5.06 亿元，占工程总投资的 39.92%。安庆分公司化肥油改煤工程正向 2005 年底建成投产的目标稳步推进。

（黄望旗）

**【ERP 系统上线运行】** 2004 年 11 月 9 日，安庆分公司企业资源计划(ERP)系统成功上线，标志着安庆分公司向管理信息化、集成化迈出了成功的一步。ERP 系统的成功运行，将对安庆分公司降低成本、拓展市场、增强市场控制力、提高经营管理水平发挥积极的作用。

安庆分公司 ERP 系统项目包括：财务管理(FI/CO)、销售分销管理(SD)、设备管理(PM)、物料管理(MM)、物装管理(MRO)、生产计划管理(PP)6 个功能模块；形成了以财务为核心、以销售为龙头、以生产计划为依据、以物资采购为基础、以设备维修为保障的 ERP 系统框架；初步建立起全面反映企业运营和各项业务活动状况的信息平台，实现了物流、资金流、信息流的"三流合一"；将先进的管理理念、管理方式、管理手段融入企业，实现企业生产要素的优化，促使决策更科学、管理更精细、运作更规范、信息更畅通，全面提升企业的管理水平，增强企业的核心竞争力。

（阚　梅）

**【深色油品中碱性氮测定方法及仪器开发成果获国家专利】** 本成果涉及一种油品中碱性氮新的分析方法和以此方法为基础的一种碱性氮自动测定仪器，属分析化学技术领域。在石油及产品的质量检验、工艺过程分析、反应机理研究等方面具有广泛的用途。

本成果中的方法采用软件控制的动态等量电位滴定方式，消除了原 SH/T 0162 方法用指示剂判断终点因过渡色而造成的结果偏差和无法测定深色石油及其石油产品中碱性氮含量问题；用毒性和挥发性较小的试剂代替致癌物质苯，有利于操作人员健康防护；改变标准溶液的配方，使结晶点由 15℃降低到 -5℃以下，解决了气温低于 16℃无法正常分析的问题。

本成果中的碱性氮分析仪，整机水平国内领先，达到国际先进水平。包括计算机及其软件单元、滴定/交换单元、驱动/传动单元、测量单元。采用 WINDOWS 操作平台，计算机与主机握手联接；滴定/交换单元与主机插入式结合，分离式结构；齿轮耦合传动，主齿轮与精密丝杆同轴心；专用双高阻输入及特制三电极系统；弯曲式微孔通道防扩散滴定头；自动吸液和空隙补偿，实时显示滴定曲线，根据各种信号不同的频谱特性，建立不同信号的数学模型，终点判断方式适合碱性氮特点。

2002年3月，该项目通过了石化股份公司的技术鉴定。同年获石化集团公司科技进步三等奖。一种电位滴定仪于2004年11月17日获国家实用新型专利，油品碱性氮测定方法于2004年12月15日获国家发明专利。

（王海凤）

**【重整拔头油研制新型工业窑炉气化燃料技术及气化装置获国家专利】** 重整拔头油研制新型工业窑炉气化燃料技术及气化装置项目是专门为石油轻烃(碳五、碳六)加热气化而设计的。该气化装置集电加热罐、气化罐、缓冲罐于一体，结构简单紧凑，安全高效，具有创新性。该气化装置有以下特点：①结构简单，造价低；②结构紧凑，减少了散热，气化能耗低；③一体化设计，体积小，占地面积小，使用方便；④供气压力稳定，供气量可调，操作弹性好；⑤避免使用空气作为气化介质，不用导热油循环系统，安全性大为提高。

重整拔头油、油田凝析油、石油裂解碳五组分这一类轻烃只要经过该装置加热气化后就可以代替液化气使用。一方面提升了这类轻烃的使用价值，另一方面与液化气相比，用户的燃料费用下降10%—20%，陶瓷产品质量得到提高，同时窑炉烟气有害污染物排放降低，所以经济效益、社会效益均十分显著。该技术2003年11月15日通过安徽省省级技术成果鉴定，并获安庆市2003年度科技进步一等奖。其中气化燃料技术已通过国家专利局初审；气化装置于2004年8月25日获得国家专利局实用新型专利的正式授权，专利号为：ZL 03 272082.3。该项目在景德镇市曙光、高艺2家瓷厂进行了工业应用试验，取得成功，并被该市经委列为2004年重点推广的新型燃料。

（王海凤）

**【提高丙烯腈精制回收率技术在安庆丙烯腈装置上成功应用】** 安庆分公司2001年8月和上海石油化工研究院开展技术交流，将应用其开发的提高丙烯腈精制回收率技术向石化集团公司总部申请立项，并于2002年1月在安庆分公司8万吨/年丙烯腈装置上顺利投用。2003年8月对装置进行标定，丙烯腈精制回收率达到94.28%，比实施前的丙烯腈精制回收率92.05%提高了2.23个百分点，年回收丙烯腈1 700多吨。该项目投资395万元，运行半年左右就可收回全部投资。同时由于精制回收率的提高，产品损失的减少，从而进入“三废”的有机物量相应减少，提高了装置的环保水平，符合清洁生产的要求，社会效益明显。该项目于2004年12月1日通过石化集团公司组织的技术鉴定。

（吴全法）

**【催化裂解重汽油常规催化剂补油控温加氢脱硫工艺通过安徽省技术鉴定】** 该工艺是将催化裂解(DCC)装置主分馏塔塔顶油气经一级冷凝后抽出的重汽油(收率约占DCC汽油总量的30%)利用炼厂1#加氢装置和其催化剂FH－98，采用“补油补氢控温”技术，进行适度脱硫降烯烃。采用该工艺技术后，DCC加氢调合汽油辛烷值损失小(抗爆指数损失小于0.5个单位)，总硫降低40%左右，烯烃含量等其他指标得到不同程度的改善。与选择性加氢脱硫工艺技术相比，DCC重汽油加氢脱硫技术利用现有DCC及加氢装置流程加氢脱硫，有利于节省投资，节能降耗和降低生产成本。

DCC重汽油加氢脱硫技术为高硫、高烯烃DCC汽油的加氢脱硫开辟了新的途径，为生产新标准汽油提供了有效的手段。该项目于2004年通过安徽省科技厅组织的技术鉴定，并获得2004年度安徽省科技进步二等奖。

（曾荣发）

**【60万吨/年蜡油加氢处理装置实施改造】** 安庆分公司炼油二部2#60万吨/年蜡油加氢处理装置改造项目，采用抚顺石油化工研究院开发研制的FH－14蜡油加氢催化剂，利用原柴油加氢装置改造，对焦化蜡油和直馏蜡油进行脱硫脱氮处理，产品包括精制蜡油、精制柴油和汽油。该项目可行性研究报告及工艺计算由工程建设公司设计，施工图部分由安庆实华工程设计有限责任公司设计，第二建设公司施工，安庆石化工程建设监理公司监理，工程总投资批复1 550万元。2004年7月完成可行性研究报告，11月份完成工艺管道及仪表流程图(PID)、工艺原则流程图(PFD)图审查，2004年底项目进入施工阶段。

（汪　震）

**【企业改革、改制工作取得新进展】** 安庆石化不断深化企业改革，推进安庆石化总厂改制分流、持续重组和安庆分公司深化完善扁平化管理工作。2004年主要抓了以下工作：一是确立2004—2006年改革、发展思路，制定安庆石化深化改革和结构调整总体框架，向总部报送了《安庆石化一企一制改革初步方案》。二是深化和完善安庆分公司扁平化管理。三是安庆石化医院、合肥实华公司、华腈公司、生力公司石化大酒店、双环宾馆、养殖总场等6家单位顺利实施了改制分流。四是完成了中小学、公安机构的移交工作，并启动了职大、技校移交安徽省教育厅，电话站划转安徽铁通公司工作。五是持续推进专业化重组，对安庆石化社区及公共服务实施了专业化重组，组建了社区服务中心和社区管理部；为有利于改制分流，对检安公司、华腈公司部分业务进行了重组。

（陈文斌）

【完善经济责任制考核办法】 2004 年安庆石化总厂、安庆分公司制定了新的经济责任制考核办法。考核办法突出了对成本、费用、利润、长周期生产、关键设备管理、安全、环保、质量、产品收率、能耗物耗、装置达标、非计划停车、减员增效、改制分流、挖潜增效、降本增效等影响全年效益目标的关键项目、关键指标的考核。制定了各单位、各部门目标责任书，对安庆石化总厂 30 个单位(部门)、安庆分公司 27 个单位(部门)继续实行目标责任书考核，将石化集团公司、石化股份公司下达的指标，分解落实到各单位、各部门，形成了“千斤重担众人挑，人人肩上有指标”的管理格局。同时加大了月度经济责任制考核力度。要求各单位、各部门认真进行月度自我考核，并对所管理的工作进行专业考核，安庆石化总厂和安庆分公司领导按月对自己分管的工作和主管的单位、部门进行考核，落实了考核责任，加大了奖惩力度，促进了安全生产、降本增效和精细管理，充分发挥了经济责任制考核在生产经营中的激励作用。

（陈文斌）

【安庆石化建厂 30 周年】 2004 年 7 月 10 日是安庆石化建厂 30 周年的日子。30 年来，安庆石化历经了“艰苦创业，全面投产”、“综合配套，不断完善”、“应对挑战，志在未来”3 个建设发展时期，如今已发展成为集石油炼制、化肥、化工、化纤、热电、机械加工等一体化的现代化大型联合企业。自 1978 年建成投产以来，安庆石化共加工原油 6 471 万吨，生产尿素 1 150 万吨，生产腈纶近 50 万吨，发电 180 亿千瓦·时，累计实现产值 830 亿元，上缴利税超过 100 亿元，不仅直接为社会提供了大量的生产建设物资，而且带动了相关产业的发展，成为地方重要的经济支柱，为国家和地方经济建设作出了积极贡献。

（刘国庆）

【全国车工状元陈夕琴】 陈夕琴是安庆石化检安公司动设备检修分公司一名车工，在 2004 年 9 月 18—21 日由国务院国有资产监督管理委员会、劳动和社会保障部举办的中央企业职工技能大赛(车工赛区)中，获得个人总成绩第一名，并获得金牌。国家劳动和社会保障部授予她“全国技术能手”称号。2004 年 6 月 25—28 日在中央企业职工技能大赛初赛暨石化集团公司职业技能竞赛中获车工比赛第三名，并被授予“石化集团公司技术能手”称号。

（刘国庆）

表 1 安庆分公司主要经济指标

亿元

| 指标名称 \ 年份 | 2004 | 2003 | 2002 | 2001 | 2000 | 1999① |
|---|---|---|---|---|---|---|
| 原油加工量/万吨 | 418.66 | 330.97 | 307.81 | 288.01 | 343.86 | 287.46 |
| 工业总产值② | 117.78 | 28.11 | 26.27 | 24.69 | 28.67 | 29.87 |
| 炼　油 | 99.61 | 14.31 | 12.96 | 12.24 | 14.95 | 13.64 |
| 化　工 | — | 1.30 | 0.79 | 1.15 | 1.78 | 2.50 |
| 化　肥 | 5.84 | 3.23 | 3.76 | 3.51 | 4.00 | 4.17 |
| 化　纤 | 12.33 | 9.25 | 8.76 | 7.79 | 7.94 | 6.31 |
| 工业增加值 | 15.43 | 13.08 | 10.84 | 9.17 | 11.86 | 14.07 |
| 资产总计 | 47.42 | 41.17 | 44.92 | 48.50 | 51.80 | 49.95 |
| 流动资产 | 14.48 | 10.57 | 10.42 | 15.00 | 14.40 | 18.34 |
| 固定资产原值 | 70.36 | 73.14 | 70.80 | 68.75 | 66.90 | 51.26 |
| 固定资产净值 | 28.01 | 31.62 | 33.24 | 34.78 | 36.70 | 29.01 |
| 销售收入 | 116.12 | 83.15 | 66.44 | 64.70 | 83.60 | 51.65 |
| 实现利税 | 6.25 | 7.31 | 5.73 | 3.68 | 6.46 | 9.29 |
| 税　金 | 8.82 | 8.23 | 7.14 | 6.87 | 7.65 | 7.67 |

① 1999 年数据为原安庆石化总厂数据。

② 1999—2003 年数据按 1990 年不变价计算。

表 2 安庆分公司主要产品产量 万吨

| 产品名称＼年份 | 2004 | 2003 | 2002 | 2001 | 2000 | 1999① |
|---|---|---|---|---|---|---|
| 汽　油 | 86.97 | 71.90 | 66.86 | 63.29 | 79.38 | 69.86 |
| 柴　油 | 181.39 | 146.31 | 134.69 | 129.15 | 151.85 | 129.93 |
| 燃料油 | 10.04 | 2.19 | 7.44 | 5.67 | 10.68 | 13.61 |
| 化工轻油 | 35.94 | 26.01 | 21.24 | 15.09 | 18.57 | 18.76 |
| 液化气 | 27.29 | 22.57 | 18.87 | 18.40 | 20.38 | 18.42 |
| 石油焦 | 31.40 | 27.22 | 22.08 | 23.05 | 23.03 | 18.04 |
| 聚丙烯 | 3.68 | 2.42 | 1.51 | 2.52 | 3.28 | 3.02 |
| 合成氨 | 27.67 | 26.97 | 30.75 | 26.74 | 29.62 | 31.01 |
| 尿　素 | 40.73 | 39.44 | 46.15 | 42.49 | 48.48 | 52.57 |
| 丙烯腈 | 8.31 | 8.23 | 8.01 | 6.44 | 6.62 | 5.38 |
| 腈　纶 | 7.58 | 7.46 | 6.83 | 6.70 | 7.01 | 5.79 |

① 1999 年数据为原安庆石化总厂数据。

## 洛阳石化总厂暨洛阳分公司

**【概述】** 中国石化集团洛阳石油化工总厂(简称洛阳石化总厂)暨中国石油化工股份公司洛阳分公司(简称洛阳分公司)，统称洛阳石化，位于河南省洛阳市郊东北约33千米处的吉利区境内，北依太行，南临黄河，东连晋洛公路，西接焦枝铁路，距中原油田仅280千米，地理位置得天独厚。洛阳石化总厂是中国第一个以单系列年加工原油500万吨炼油厂为主体的大型石油化工基地，始建于1977年，1984年10月投产。截至2004年底，企业占地面积58.66万米$^2$，有500万吨/年常减压、140万吨/年催化裂化(一、二套)等炼油装置20余套、7万吨/年生产能力的聚丙烯公司及其延伸加工的丙纶强力丝、丙纶丝束装置、双向拉伸薄膜厂。国家“九五”重点建设项目——洛阳化纤工程20万吨/年聚酯系列装置于2000年9月全面建成并投入生产。2004年12月，新建2万吨/年聚丙烯薄膜项目投入生产。洛阳石化实现了向油、化、纤一体化发展的宏伟目标。2000年1月，根据石化集团公司重组上市的要求进行改制，企业重组为洛阳石化总厂(存续部分)和洛阳分公司(上市部分)。截至2004年底，洛阳石化有职工5 171人。

2004年，洛阳石化抓住国民经济快速平稳增长、成品油市场需求旺盛、化工化纤产品市场处于上升周期等难得机遇，贯彻落实石化集团公司“保安全、保市场、保稳定、增效益”的指导方针，生产经营取得历史性突破。主要生产装置实现了安全、平稳、长周期运行。截至2004年底，炼油装置已连续安全运行915天，首次实现三年一修目标。全年累计加工原料油539.20万吨，其中原油520.87万吨；生产油品485.40万吨，化工产品12.60万吨，化纤产品63.14万吨；实现销售收入185.14亿元，同比增长32.18%(其中洛阳石化总厂48.97亿元，洛阳分公司136.17亿元)；出口创汇211万美元；上缴税金10.35亿元，实现利润2.83亿元(其中洛阳石化总厂2.45亿元，洛阳分公司3 852万元)。原油年加工量首次突破500万吨，化纤装置投产以来首次实现盈利，洛阳石化总厂、洛阳分公司模拟合并报表超额完成总部下达的效益指标。实现了洛阳石化总厂、洛阳分公司分立运行后双双盈利的目标。

洛阳石化技术经济指标进一步提升。炼油部分，全年轻质油收率74.01%，综合商品率91.2%，炼油综合能耗79.06千克标油/吨，柴汽比1.92，加工损失率1.00%，原油途耗0.25%，产销率98.85%，单位现金操作成本93.41元，吨油完全生产费用147.24元。发电7.75亿千瓦·时，节约下网电费2 674万元，“两炉两机”首次实现连续安全运行150天。化纤、化工部分，芳烃装置加工损失率0.57%，精对苯二甲酸(PTA)装置对二甲苯(PX)单耗、醋酸单耗分别为

658.50 千克/吨、49.99 千克/吨；聚酯装置 PTA 单耗、乙二醇(EG)单耗分别为 857.49 千克/吨、333.07 千克/吨，长丝 POY、FDY 熔体单耗和短纤维熔体单耗分别为 1 018.79 千克/吨、1 024.48 千克/吨和 1 021.44千克/吨；聚丙烯装置丙烯单耗、综合能耗分别为1 007.82千克/吨、147.30 千克标油/吨，专用料比例 66.71%，同比提高 0.2 个百分点；涤纶差别化率 52.85%。继续推行清洁生产，节能降耗，保护环境，保持了"三废"100%达标排放。洛阳石化总厂、洛阳分公司共有 37 项技术经济指标创历史最好水平，多项技术经济指标处于石化系统先进水平。

2004 年，洛阳石化 800 万吨/年炼油改扩建和新建 45 万吨/年 PX 项目从酝酿阶段进入制定规划和前期工作阶段，并列入总部"十一五"发展规划。6 月 23 日石化集团公司与河南省人民政府签署了合作协议，明确项目内容和实施进度，要求 2007 年年底前后建成。通过艰苦细致的工作，初步落实了原油来源、技术方案、后续市场开发等关键问题，上报了项目建议书，编写了环评大纲，各项准备工作正在推进之中。按计划完成化纤装置、聚丙烯公司和洛阳石化总厂机关上市的准备工作，企业逐步实现二次重组，向"一企一制"、第三次大发展目标迈进。

学习型企业创建活动取得明显成效。以职工培训为切入点，制定实施规划，创新学习载体，大力开展创建学习型企业活动。绘制了企业共同愿景，建立了学分管理机制，制定了详细的培训计划，编写了岗位应知应会知识手册，大力开展岗位练兵、事故预案演练和专业知识培训，初步形成了"全员学习、终身学习"和"学习工作化、工作学习化"的良好氛围。"三基"工作得到进一步加强，职工队伍整体素质和工作水平显著提高。改造投用了厂史展览馆，积极开展厂史教育，通过开展开工 20 周年和原油年加工量首次突破 500 万吨系列庆祝活动，进一步增强了企业凝聚力。

洛阳分公司主要经济指标及主要产品产量见表 1 和表 2；洛阳石化总厂主要经济指标及主要产品产量见表 3 和表 4。

(胡小予　于　玲)

**【厂领导变更】** 2004 年 6 月，石化集团公司、中共石化集团党组任命魏文波为洛阳石油化工总厂厂长、洛阳石油化工总厂党委书记、中石化股份公司洛阳分公司代表。原洛阳石化总厂厂长郑怀杰调石化集团洛阳石化工程公司任职。

(胡小予　于　玲)

**【企业改革稳步推进】** 2004 年，洛阳石化完成了通达公司、隆惠公司、设计公司和工程建设公司改制分流工作；三隆公司改制分流实施方案获得总部批复，新公司注册准备工作加紧进行，初步实现了国有资本从非主业领域退出的目标。积极开展集体企业改制分流准备工作。关停了宏达化纤厂和拉膜厂，将中原路、北环路及附属设施移交地方政府管理，完成了公安职能和学校离退休、内退职工移交工作。进一步深化劳动人事制度改革，恢复了职业技能鉴定和技师评聘，完成了劳务用工分配制度改革，指导多种经营企业完成了分配制度改革。推进社区改革，压缩了社区定员，精简了临时用工，对部分社区机构和实体实行承包、租赁，社区关联交易实现了契约化管理。规范了社区水电暖收费，在符合政策的前提下减轻了职工负担。

企业内部管理进一步加强。洛阳分公司通过实施全面预算管理、内部控制制度和一体化考核制度，强化了成本控制，规范了作业和管理程序；在物资采供、计划统计、成本核算、销售结算等多个领域实施计算机管理和网络办公，推进 ERP 建设。洛阳石化总厂完善了板块考核机制，落实十大降本增效攻关措施，累计降本增效 1.3 亿元。加强计划控制，全面推行预算管理，加大预算执行情况的监督、考核力度，各项成本、费用支出控制在合理范围之内。加强资金的集中统一管理，调整融资结构，加速货款回笼，减少了流动资金占用，节约了财务费用。加强同销售企业的衔接沟通，落实油品销售配置计划，合理安排品种流向，做好保价推价工作，炼油统配产品、高附加值产品销量和自销产品直销率创历史新高，真正实现量价齐升。以市场为导向，建立化纤产品销售激励机制，实施差别化营销策略，化纤产品产销率 100.55%，直销比例 43%。增强服务意识，降低采购成本，优化库存结构，保证了生产、建设物资供应。加强 ISO 9001、ISO 14001 和 HSE 管理体系的日常运行监控，基本实现三大管理体系整合。推进管理创新，开展管理现代化成果评审和 QC 小组活动，获国家级管理创新成果二等奖 1 项，获石化集团公司、河南省管理现代化成果奖 18 项。加强对多各经营企业、小实体的管理、考核，调动这些企业和实体的积极性。全年多种经营企业营业收入和利润总额同比分别增长 50.9%、7.6%，创历史新高。

(胡小予　于　玲)

**【技术改造与科技进步】** 2004 年，洛阳石化设备和技术工作成绩突出。洛阳分公司全年安排 29 个技改项目，总投资 1.8 亿元。完成常压炉改造，成功实现带压打孔、在线切换；建成投用了铁路卸煤设施，煤炭进厂从单一的公路运输转为公路、铁路并行；建成投用了油浆拔头设施、汽油在线调合系统、重整装置膜分离氢提纯设施等，消除了装置及公用工程方面存在的部分瓶颈制约；完成列入总部计划的重大安全隐患治理项目 7 项；组织提高汽油质量、重整催化剂活性和热电站锅炉制粉系统频繁泄漏等技术攻关，解决了全流程、长周期、高负荷生产中的突出问题。洛阳石化总厂先后投入技术改造资金 1.18 亿元，对化纤装置安排了两次停工消缺，实施了 PTA 装置溶剂脱水塔改造、增上制氢装置等 41 项影响装置安稳长运行和提高经济效益的短平快项目，其中安全隐患治理项目 10 项。开展技术攻关活动，解决了芳烃装置吸附塔压差上升、除盐水系统和油剂配制系统滋生腐败物、空压冷冻站空压机长周期运行等技术难题。重整装置扩能改造、芳烃装置第二阶段扩能改造和长丝差别化改造项目获得总部批复，步入实施阶段。

（胡小予　于　玲）

**【结构调整和新产品开发】** 2004 年，洛阳石化围绕产品结构调整，不断优化和提升现有装置技术水平，努力增产高标号汽油、航煤、分子筛料、液化气等高附加值产品。优化重整装置运行，加大重整生成油的供应。8 月开始，供化纤的重整生成油一直保持在 3 万吨/月以上，10 月、11 月份达到 3.8 万吨/月。加强科研开发，全年完成 48 项开发项目，获得总部拨款 910 万元，是承担石化集团公司科技开发项目最多、获得资金支持最多的一年。FDY 双头纺技术研究、纳米粉末橡胶在聚丙烯中的应用等 7 项科研成果通过了省部级鉴定。PTA 装置对二甲苯氧化反应过程建模和优化操作、97# 车用无铅汽油新产品开发等 6 个项目分别获得省、市科技进步奖。开发出了重芳烃、AH－90 重交通道路沥青、97# 乙醇汽油组分油，长丝 POY 170 分特/144f、129 分特/144f、83 分特/96f，以及 0.89 分特细旦短纤维、超细仿羽绒 0.89 分特含硅纤维等高附加值产品。对 4 条 FDY 生产线进行双头纺改造，生产出了 68 分特/24f、83 分特/72f、55 分特/24f 等细旦 FDY 双头纺新产品。建成投用了 2 万吨/年 MTBE、3 000 吨/年异丁烯和 2 万吨/年拉膜装置，改善了产品结构。18 万吨/年聚酯及 15 万吨/年短纤维项目完成前期工作，工程建设和生产准备同步推进。

（胡小予　于　玲）

**【精神文明和社区建设】** 2004 年，洛阳石化围绕企业各阶段的中心任务和改革的重点难点，开展形势任务教育和思想政治工作，有效保证了各项改革措施的平稳实施。关爱职工健康，全年为 6 000 多名职工进行了身体健康检查，为 3 749 名在岗人员进行了职业健康检查。改善职工的物质文化生活条件，改造了大庆路，建成投用了天然矿泉水生产线，新建并出售 108 套经济适用住房。对生活区基础设施进行了大规模整治，完成改造项目六大类 28 项。对 18 栋家属楼屋面进行了改造，扩宽道路 1.7 万$米^2$，彩化、硬化地面 2.6 万$米^2$，铺设沥青路面 3 500 $米^2$，更新改造路灯 300 盏，修建停车场 2.3 万$米^2$，增设了 4 个餐饮点和 1 个职工就餐中心，改造完善了社区水电暖系统，更换住户水表 8 950 块，对 4 所幼儿园的硬件设施进行了整改，给社区住户配发了灭火器材，河阳新村增上了安保监控系统，对俱乐部、文化宫进行了抗震加固。

（胡小予　于　玲）

**【“11·29”人员伤亡事故】** 2004 年 11 月 28 日 23 时 50 分，洛阳石化总厂洛阳三隆设备安装维修有限公司仪表维护班王某某、魏某某接到洛阳分公司三联合车间直柴加氢装置脱硫汽提塔回流罐 V3205 液位失灵的通知后，在三联合车间当班班长翟某某的陪同下一起到现场进行处理。班长翟某某核对玻璃板处液位无误后开始作业，29 日 0 时 10 分左右，王某某在处理回流罐 V3205 液位浮筒底部排凝阀时，含有硫化氢的烟雾突然从排凝阀底部排出，没有任何防范的王某某当即中毒晕倒。闻讯赶来的人员将王某某转移到通风处，进行人工呼吸抢救。0 时 15 分，医护人员赶到并送往医院抢救。30 日 17 时 35 分因抢救无效死亡。死亡直接原因是硫化氢中毒。事故发生的主要原因是作业者违章作业，未按规定佩戴隔离式呼吸防护用具，不佩戴便携式硫化氢监测仪；作业单位未按石化集团公司《硫化氢防护安全管理规定》的有关条款要求，落实安全措施。对危险作业未按规定办理作业票，没有明确监护人，随同作业人员也没有认真履行监护责任，造成了严重后果。

（胡小予　于　玲）

**【贾庆林、曾庆红视察洛阳石化】** 2004 年 5 月 15 日，中共中央政治局常委、全国政协主席贾庆林在河南省委书记李克强、省长李成玉、省政协主席范钦臣等领导的陪同下，到洛阳石化视察工作。

10 月 10 日，中共中央政治局常委、国家副主席曾庆红在河南省委书记李克强、省长李成玉、省委副书记陈全国等领导陪同下，到洛阳石化视察工作。

（胡小予　于　玲）

**表 1　　洛阳分公司主要经济指标**　　亿元

| 指标名称＼年份 | 2004 | 2003 | 2002 | 2001 | 2000 | 1999 |
|---|---|---|---|---|---|---|
| 原油加工量/万吨 | 520.87 | 456.86 | 433.55 | 423.95 | 410.17 | — |
| 掺炼外购原料油/万吨 | 18.33 | 24.90 | 21.84 | 18.88 | 11.17 | — |
| 工业总产值① | 140.05 | 105.60 | 86.42 | 55.48 | 35.92 | — |
| 工业增加值 | 10.69 | 10.38 | 12.55 | 10.66 | 9.89 | — |
| 资产总计 | 68.88 | 30.83 | 34.14 | 35.94 | 47.92 | — |
| 流动资产 | 17.57 | 9.33 | 10.37 | 11.12 | 21.88 | — |
| 固定资产原值 | 103.23 | 46.99 | 46.33 | 45.47 | 43.02 | — |
| 固定资产净值 | 47.94 | 20.96 | 22.63 | 24.20 | 24.53 | — |
| 主营业收入 | 136.17 | 104.78 | 84.80 | 89.20 | 90.53 | — |
| 实现利税 | 8.45 | 8.22 | 10.87 | 7.63 | 5.03 | — |
| 税　金 | 8.06 | 8.11 | 8.84 | 8.72 | 6.10 | — |

① 1999—2003 年按 1990 年不变价计算。

**表 2　　洛阳分公司主要产品产量**　　万吨

| 产品名称＼年份 | 2004 | 2003 | 2002 | 2001 | 2000 | 1999 |
|---|---|---|---|---|---|---|
| 90# 汽油 | 44.00 | 58.12 | 68.21 | 71.76 | 78.74 | 83.88 |
| 93# 汽油 | 48.25 | 37.21 | 31.76 | 22.40 | 20.34 | 0.87 |
| 97# 汽油 | 8.88 | 4.49 | 1.62 | — | — | — |
| 3# 喷气燃料 | 23.24 | 15.88 | 17.55 | 16.46 | 14.05 | 16.09 |
| 灯用煤油 | 0.34 | — | — | 0.07 | 0.53 | 4.92 |
| 分子筛料 | 18.01 | 15.16 | 19.59 | 13.85 | 8.40 | 6.88 |
| 0# 柴油 | 163.71 | 147.35 | 131.77 | 142.55 | 114.86 | 116.69 |
| －10# 柴油 | 30.05 | 25.82 | 23.02 | 16.94 | 13.99 | 10.99 |
| －20# 柴油 | 0.00 | — | 1.46 | — | — | — |
| ＋5# 柴油 | 0.00 | — | 3.62 | 5.55 | 29.28 | 8.32 |
| 4# 燃料油 | 2.26 | 1.01 | — | — | — | — |
| 化工轻油 | 20.20 | 19.98 | 47.02 | 54.48 | 49.04 | 43.14 |
| 溶剂油 | 1.97 | 0.98 | — | 0.01 | 3.28 | 3.08 |
| 商品重油 | 34.49 | 28.33 | 15.35 | 10.56 | 14.84 | 9.03 |
| 沥　青 | 6.13 | 0.23 | — | — | — | — |
| 液化石油气 | 34.33 | 33.29 | 30.75 | 29.76 | 28.06 | 18.13 |
| 丙　烯 | 9.90 | 9.34 | 7.48 | 7.20 | 7.58 | 5.98 |
| 丙　烷 | 0.03 | 0.06 | 0.01 | 0.02 | 0.06 | 0.13 |
| 石油酸 | 0.00 | 0.01 | 0.03 | 0.04 | 0.01 | 0.02 |
| 硫　磺 | 1.39 | 1.01 | 0.95 | 0.89 | 0.74 | 0.76 |
| 液　氨 | 0.08 | 0.09 | 0.09 | 0.06 | 0.04 | 0.02 |

表 3　　洛阳石化总厂主要经济指标　　亿元

| 指标名称＼年份 | 2004 | 2003 | 2002 | 2001 | 2000 | 1999 |
|---|---|---|---|---|---|---|
| 工业总产值① | 47.51 | 38.60 | 37.48 | 36.69 | 17.20 | 23.96 |
| 化　纤 | 29.26 | 25.54 | 26.93 | 23.73 | 3.09 | |
| 化　工 | 11.37 | 8.75 | 7.01 | 7.70 | 9.59 | 2.42 |
| 塑　料 | 6.39 | 3.36 | 2.79 | 2.70 | 2.42 | 1.70 |
| 其　他 | 0.49 | 0.95 | 0.75 | 2.56 | 2.10 | 19.84 |
| 工业增加值 | 8.71 | 4.90 | 3.08 | 0.71 | 2.82 | 15.90 |
| 资产总计 | 16.48 | 49.86 | 66.42 | 67.96 | 71.80 | 92.67 |
| 流动资产 | 12.83 | 15.34 | 14.55 | 11.62 | 13.37 | 20.41 |
| 固定资产原值 | 4.64 | 58.97 | 56.55 | 55.02 | 50.05 | 37.22 |
| 固定资产净值 | 3.26 | 44.24 | 44.67 | 46.25 | 48.37 | 22.53 |
| 主营业收入 | 48.35 | 36.48 | 28.44 | 28.00 | 3.59 | 55.02 |
| 实现利税 | 4.65 | 1.55 | 1.34 | -2.27 | -0.93 | 9.39 |
| 税　金 | 2.21 | 1.55 | 1.34 | 1.00 | 0.07 | 7.86 |

① 1999—2003 年按 1990 年不变价计算。

表 4　　洛阳石化总厂主要产品产量　　万吨

| 产品名称＼年份 | 2004 | 2003 | 2002 | 2001 | 2000 | 1999 |
|---|---|---|---|---|---|---|
| 聚丙烯 | 10.46 | 10.76 | 9.1 | 8.49 | 7.14 | 7.02 |
| 聚丙烯(粉料) | 1.83 | 1.96 | 1.71 | 1.46 | — | — |
| 双向拉伸薄膜 | 0.43 | 0.49 | 0.38 | 0.36 | 0.26 | 0.28 |
| 丙纶强力丝 | 0.63 | 0.44 | 0.34 | 0.32 | 0.22 | 0.11 |
| 纯　苯 | 8.50 | 6.32 | 4.47 | 6.37 | 3.90 | — |
| 甲　苯 | 8.12 | 8.07 | 6.43 | 7.47 | 4.68 | — |
| 对二甲苯 | 15.59 | 15.99 | 9.71 | 16.47 | 10.10 | — |
| 精对苯二甲酸 | 32.56 | 28.09 | 24.65 | 24.28 | 12.54 | — |
| 聚　酯 | 21.73 | 22.20 | 22.99 | 22.38 | 11.10 | — |
| 涤纶长丝 | 8.27 | 8.62 | 9.15 | 8.87 | 2.50 | — |
| 涤纶短纤维 | 10.06 | 10.03 | 10.39 | 8.14 | 1.24 | — |

## 荆门石化总厂暨荆门分公司

**【概述】** 中国石化集团荆门石油化工总厂(简称荆门石化总厂)位于湖北省荆门市。荆门石化总厂始建于1970年。1969年11月随着江汉油田的开发，成立了五七油田会战指挥部第八分部。1970年5月第一套生产装置(常减压)破土动工。1972年五七油田会战指挥部第八分部撤销，成立荆门炼油厂，隶属石油部江汉石油管理局。1983年，划归中国石油化工总公司。1991年12月，更名为中国石化荆门石油化工总厂。1993年由国家大(一)型企业升为国家特大型企业。1998年11月，更名为中国石化集团荆门石油化工总厂。2000年3月企业重组改制为上市(主业)部分的中国石油化工股份有限公司荆门分公司(简称荆门分公司)和存续部分的荆门石化总厂，统称荆门石化。2002年重组成立了润滑油荆门分公司。企业占地面积11.67(千米)$^2$。

荆门石化总厂下设21个直属单位，14个机关处室。截至2004年底，全厂职工总数为3 486人，其中各类专业技术人员 889 人，技术人员中具有高级职称的 72 人，中级职称的 462 人。荆门分公司下设 27 个直属单位，11 个机关处室。截至 2004 年底，全公司职工总数为 3 472 人，其中各类专业技术人员 759 人，技术人员中具有高级职称的 55 人，中级职称的 436 人。润滑油荆门分公司职工总数 140 人。

截至 2004 年底，荆门石化固定资源值 54.98 亿元、净值 25.98 亿元。其中荆门石化总厂固定资产原值 10.64 亿元，净值 6.14 亿元；荆门分公司固定资产原值 44.34 亿元，净值 19.84 亿元。荆门石化有生产装置 38 套，其中燃料油系统 15 套、润滑油系统 15 套、综合利用 6 套、化工装置 2 套，是石化集团公司系统内加工手段比较齐全、生产灵活性较大的炼油化工企业之一。原油加工能力为 500 万吨/年，主要加工来自南阳油田和江汉油田管输进厂的原油，以及通过洪湖中转油港管输进厂的进口原油、海洋原油和通过铁路运输的新疆原油，能生产燃料油、润滑油、溶剂油、化工原料、石蜡、沥青、石油焦、液化气、聚丙烯等九大类 100 多个牌号的石油化工产品。

2004 年，荆门石化各项工作均取得了新的成绩。

生产经营任务全面完成。全年加工原油及原料油 367.37 万吨，同比增长 10.1%；生产商品总量 336.19 万吨，同比增长 10.1%；销售石化产品 334.88 万吨，同比增长 10.6%；实现主营业务收入 111.87 亿元，同比增长 26.7%，其中荆门石化总厂 12.20 亿元，荆门分公司 99.67 亿元；吨产品销售收入达 2 976.18 元，同比增长 17.3%；利税总额达 8.26 亿元，同比增长 18%，其中荆门石化总厂 0.11 亿元，荆门分公司 8.15 亿元；实现利润 0.82 亿元；发电 1.32 亿千瓦·时，其中 CFB 锅炉发电 1 亿千瓦·时。安全环保总体形势平稳，保证了高负荷、安稳长生产，外排污水综合合格率保持在 98%以上。

主要技术经济指标继续好转。全年原油交接损失率为 0.9%；加工损失率为 1.29%，同比下降 0.01%；炼油总能耗为 99.93 千克标油/吨，同比下降 4.84 个单位；单位完全费用为 264.5 元/吨，同比下降 24.44 元/吨；动力系统新鲜水电单耗为 0.52 千瓦·时/吨；循环水电单耗为 0.52 千瓦·时/吨；蒸汽自用率为 10.56%。

产品结构调整成效显著。充分发挥装置优势，抓住市场机遇，认真落实产品结构调整的各项措施，提高统配产品档次。全年生产 93# 汽油 46.07 万吨，同比多产 23.29 万吨；高标号汽油占汽油总产量的 62.79%，同比上升 34.34 个百分点；生产柴油 143.34 万吨，柴汽比为 1.95，同比提高 0.4 个单位。抓好原油资源的优化，保证润滑油系统全年满负荷开工，多产润滑油、石蜡。全年生产润滑油基础油 11.77 万吨，同比多产 5.60 万吨；生产石蜡 9.80 万吨，同比多产 4.51 万吨。努力增产聚丙烯等高附加值产品，全年外购丙烯 0.42 万吨，生产聚丙烯 11.81 万吨，其中 T36F 专用料比例达到 87.21%。加大新产品开发力度，全年生产销售新产品 10.84 万吨，实现销售收入 4.53 亿元。

企业改革工作稳步推进。改制分流工作进展顺利，完成了工程监理公司、设计院和工贸总公司等 3 家单位的改制工作，3 家单位改制后生产经营正常，发展态势良好。同时，积极推进了科研体制改革，并上报了“一企一制”改革的初步方案。

企业发展迈出新步伐。在总部的指导和支持下，将企业原油加工能力定位在 600 万吨/年，明确了发展思路和目标，并抓紧实施了配套措施，铺设了钟荆原油管线，改造了蒸馏 2# 装置。清洁燃料项目基本完成，改造后的 100 万吨/年焦化装置和新建的 5 万吨/年硫酸装置已投用并发挥了作用，新建的 100 万吨/年柴油加氢装置即将投产，为实现产品质量升级奠定了基础。CFB 锅炉投用并实现产汽发电，为企业降低生产成本发挥了积极作用。同时，结合生产装置的检修，适时实施了 2 套催化装置节能及技术改造、气分和聚丙烯装置扩能改造、全厂能量系统优化等一批技改技措项目，组织实施了蒸馏、催化等装置和聚丙烯、润滑油等产品的技术攻关工作，消除了生产“瓶颈”，为提高装置的运行水平打下了基础。

内部管理继续加强。以建章立制、落实岗位责任制、加强基层建设、强化车间班组管理、加强职工培训考核为重点，深入开展“三无一好”、“创三优”等形式多样的竞赛和达标活动，促进了“三基”工作的落实。根据总部的安排，建立健全了荆门分公司内控制度。推行实施 ERP 管理系统，确保了一次上线成功，同时生产执行系统（MES）也顺利起步。完成了 ISO 9000 标准从 1994 版向 2000 版的转换。深入开展了关键指标和大型机组达标工作，共有 23 项关键指标和 35 台（套）机组达标，实现了专业达标的保标。加强了财务、安全、生产、设备、技术、物资供应、劳动人事、审计等专业管理，管理水平进一步提高。职工教育取得新成绩。在国家、省级和石化集团公司各项职业技能竞赛中成绩突出，郭振恩在国资委主办的中央企业职业技能竞赛中摘取金牌，并获得全国技术能手称号，另有 5 人获得石化集团公司技术能手称号。

2004 年，为职工群众办实事。为在职职工和退休人员办理了补充医疗保险；规范了离退休人员企业补贴；妥善处理了离岗劳动家属的历史遗留问题；为协解人员建立了重大疾病救助基金。

2004年，继续保持了全国思想政治工作优秀企业和全国模范职工之家称号，并获得了全国重信用守合同单位、全国五四红旗团委等称号。

荆门石化主要经济指标及主要产品产量见表1、表2。

（周东平）

**【煤焦代油CFB锅炉顺利投产】** 2004年3月，荆门石化煤焦代油CFB锅炉工程经过2年的施工建设，1#炉经过酸碱洗、低中温烘炉后点火成功，吹扫打靶工作结束后，进入了大负荷试运，标志着煤焦代油工程顺利投产。该项工程总投资1.86亿元，主要采用煤焦代油循环流化床技术，以煤焦代油自发电力，大幅节省燃油，降低热力成本。该套锅炉采用国内先进技术，属全套国产化设备，燃料是85%的烟煤掺烧15%的石油焦，燃料调整灵活，被国家经贸委列为“两高一优”项目。

（周东平）

**【技术改造与技术开发】** 2004年，荆门石化共实施重点技术改造项目27项，投资2.71亿元。主要有：①润滑油系统改造；②100万吨/年柴油加氢装置改造；③ERP项目建设；④钟荆管线建设；⑤转动设备节电措施改造。

全年共完成技术开发项目14项，投资650万元。主要有：①FCC装置优化成套技术开发；②加氢处理润滑油料溶剂脱蜡工艺技术开发；③低倾点基础油脱蜡技术(RSHF)开发与应用；④中压加氢超清洁溶剂油工业应用开发；⑤新一代重整预加氢催化剂开发与工业应用。

（周东平）

**【70万吨/年柴油加氢精制装置改扩建项目获石化集团公司优秀设计三等奖】** 2004年，荆门石化“十五”期间的70万吨/年柴油加氢精制装置扩能改造项目获得石化集团公司优秀设计三等奖。该项目由荆门石化下属的设计院负责全面设计，改造后装置加工规模由50万吨/年提高到70万吨/年，主要通过优化换热工艺流程，将原混氢/生成产物换热器改成原料油/生成产物换热器，并采用新型RN－10B催化剂及高效过滤器，有效地实现了脱硫、脱氮、改善色度及提高储存安定性的目的，同时能够大幅度地降低装置的能耗。

（周东平）

**【溶剂油和白油开发获得成功】** 2004年，荆门石化与抚顺石油化工研究院合作，对闲置的分子筛脱蜡装置进行了改造，利用装置前、后加氢系统，以分子筛筛料和分子筛精油为原料，成功地生产了低芳烃溶剂油和工业白油。该装置采用的中压加氢深度脱芳工艺是中国石化首次投入工业试生产的，属国内生产高档溶剂油的新技术和工艺。生产的溶剂油硫、氮含量均低于$1.0\times10^{-6}$，芳烃含量低于0.05%（质量），质量优于国外埃克森系列的同类产品。溶剂油和工业白油在铝材加工、化妆品生产、印染等行业应用广泛，市场前景广阔。

（周东平）

**【催化剂磁分离项目建成投产】** 2004年4月，荆门石化催化剂磁分离项目建成投产。该项目于2003年11月破土动工，由荆门石化工贸总公司承建，投入资金240万元，年生产能力1 000吨。该项目的建成将对生产装置催化剂的再生利用和环保起到良好作用，同时每年可增效3 000万元。

（周东平）

**【5万吨/年硫酸装置建成投运】** 2004年7月，荆门石化生产配套项目5万吨/年硫酸装置建成中交，首次试车成功。该装置是环保清洁燃料项目之一，主要处理炼油生产过程中产生的含硫化氢废气——酸性气。硫酸装置设计采用干法转化制酸工艺，将酸性气中的硫化氢制成硫酸回收利用。该装置总投资4 184万元，二氧化硫气体回收率达99.99%，气体排放达到国家环保标准。

（周东平）

**【钟荆原油管道工程建设筹备】** 2004年，荆门石化抓住沿江企业发展壮大的机遇，按照企业600万吨/年原油加工量的定位，着手建设钟荆原油管道。该工程是湖北省内钟市至荆门的原油管道，输油量为70万吨/年，管道全长75千米，总投资7 600万元，设首站、中间加热站、末站各一座。全线预计穿过公路8处，大中型河渠17处，水库鱼塘66处。建设单位为：江汉油建公司、胜利油建公司、中油一公司、天津大港工建公司、荆门石化工建公司等。同年10月召开了初步设计评审会，其他方面工作正在筹备，预计2005年建成投用，届时将实现江汉原油的单输单炼，确保产品质量和经济效益的提高。

（周东平）

**【100万吨/年焦化装置扩能改造项目完成】** 2004年，荆门石化焦化装置扩能改造项目顺利完成，装置加工能力由70万吨/年提高到100万吨/年。该项目总投资1.41亿元，建设周期2年。基础设计工作由原中国石化集团北京设计院负责，施工单位为荆门石化工程建设公司、荆门石化新维公司等。

（周东平）

**【聚丙烯DQ－4型催化剂试用成功】** 2004年，荆门分公司化工厂引进DQ－4型催化剂经过生产试用获得成功，各项技术数据和工艺参数均达到设计要求。该型催化剂是由北京化工研究院研制开发，奥达公司生产，属DQ催化剂的改良产品，能大幅度地提高装置加工负荷。

（周东平）

**【改制分流工作进展顺利】** 2004年，荆门石化按照国家政策规定和石化集团公司改制分流实施意见，首批参加改制的有3家企业近230人。经过民意调查、资产评估、自主选举、陆续注册成立，7月18日荆门石化利盛石化工贸有限公司正式挂牌，8月8日荆门炼化工程设计有限公司正式挂牌，四方监理公司也将择机正式挂牌。资产评估聘请中兴财会计事务所有限责任公司湖北分公司负责。

（周东平）

**【石化广场建设投用】** 2004年，荆门石化投资612万元，当年建成了占地面积达2.64万米$^2$的石化广场，为企业职工家属提供了休闲娱乐的活动场所，并美化了生活区的环境。该广场由荆门市规划院设计，荆门福海公司承建。

（周东平）

**【国家、省级领导来企业调研】** 2004年9月，湖北省省委副书记、纪委书记黄远志来企业调研。同年10月，全国政协原副主席陈锦华、团省委书记李新华来企业视察工作。

（周东平）

**表1** 荆门石化主要经济指标 亿元

| 指标名称＼年份 | 2004 | 2003 | 2002 | 2001 | 2000 | 1999 |
|---|---|---|---|---|---|---|
| 工业总产值① | 27.86 | 21.41 | 20.51 | 22.25 | 18.78 | 14.64 |
| 工业增加值 | 13.14 | 11.03 | 12.29 | 10.21 | 4.76 | 9.10 |
| 资产总计 | 41.57 | 38.44 | 38.66 | 46.26 | 35.20 | 32.48 |
| 流动资产 | 13.87 | 11.26 | 9.97 | 14.22 | 14.57 | 8.14 |
| 固定资产原值 | 54.98 | 53.38 | 52.36 | 57.28 | 34.34 | 31.54 |
| 固定资产净值 | 25.98 | 24.01 | 26.24 | 29.83 | 18.60 | 16.36 |
| 销售收入 | 111.87 | 88.29 | 94.73 | 78.84 | 70.77 | 40.63 |
| 实现利税 | 8.26 | 6.15 | 6.06 | 5.07 | 1.80 | 5.35 |
| 税　金 | 7.44 | 7.38 | 7.20 | 7.13 | 4.78 | 5.10 |

① 1999—2003年按1990年不变价计算。

**表2** 荆门石化主要产品产量 万吨

| 产品名称＼年份 | 2004 | 2003 | 2002 | 2001 | 2000 | 1999 |
|---|---|---|---|---|---|---|
| 原油加工量 | 367.37 | 333.66 | 305.51 | 298.42 | 338.03 | 271.52 |
| 汽　油 | 73.37 | 80.07 | 70.39 | 66.39 | 55.02 | 53.15 |
| 柴　油 | 143.34 | 124.41 | 116.98 | 114.23 | 117.39 | 103.81 |
| 煤　油 | 8.19 | 10.79 | 14.66 | 13.94 | 12.41 | 14.16 |
| 润滑油 | 11.77 | 6.17 | 6.79 | 7.07 | 6.02 | 12.58 |
| 重　油 | 10.16 | 9.89 | 7.32 | 7.03 | 12.12 | 7.84 |

续表

| 产品名称 \ 年份 | 2004 | 2003 | 2002 | 2001 | 2000 | 1999 |
|---|---|---|---|---|---|---|
| 石　蜡 | 9.80 | 5.29 | 5.66 | 5.51 | 4.27 | 8.44 |
| 沥　青 | 4.59 | 4.58 | 1.50 | 2.25 | 3.07 | 2.22 |
| 石油焦 | 18.91 | 16.83 | 16.94 | 16.60 | 13.17 | 11.39 |
| 聚丙烯 | 11.81 | 11.95 | 9.46 | 9.10 | 9.20 | — |

## 四川维尼纶厂

**【概述】** 中国石化集团四川维尼纶厂(简称四川维尼纶厂)位于重庆市长寿区境内的重庆长寿化工园区，工厂占地面积280万米$^2$，是全国惟一以天然气为主要原料生产化工、化纤产品的大型联合企业。

四川维尼纶厂于1973年经国家计委批准建设，1974年破土动工，1979年投料试生产，1983年竣工投产。1995年12月，与英国bp公司合资成立扬子江乙酰化工有限公司。截至2004年底，主厂在岗职工3 667人，其中，各类专业技术人员1 122人，具有高级职称的78人，中级职称的554人。

四川维尼纶厂主要生产装置分别从英、法、德、日、美等国成套引进。2003年工厂自行设计建成的天然气乙炔工程，使化工装置产能实现翻番。主要产品有甲醇、醋酸乙烯(VAC)、聚乙烯醇(PVA)、醋酸乙烯-乙烯共聚乳液(VAE)、白乳胶、甲醛、维纶短纤维及、维纶牵切纱等。合资企业主要产品有醋酸、醋酸酯等。四川维尼纶厂系经ISO 9001—2000质量认证企业。主要产品在国际国内市场有良好的信誉和较大的市场占有率。PVA、维纶牵切纱、PVA高强高模纤维、PVA水溶纤维是企业创汇的主要产品。

四川维尼纶厂在天然气化工技术方面居全国领先地位，具有天然气制乙炔、乙炔生产VAC、PVA的技术输出和工程承包能力。四川、重庆地区丰富的天然气资源，使四川维尼纶厂天然气化工的资源优势、技术优势和人才优势得到充分发挥。

2004年，四川维尼纶厂按照石化集团公司的统一部署，继续实施和完善改制分流、机构扁平化和内部分配制度改革，逐步移交社会职能；天然气乙炔工程通过石化集团公司竣工验收；渝怀铁路川维专用线建设进入收尾阶段；扬子江乙酰化工有限公司第三期工程——35万吨/年醋酸扩能项目核心装置正加紧施工，配套工程基本完工。2004年继续实施新一轮产品、技术升级，产品、技术、装备升级成效显著。完成了水溶性低聚合度低醇解度改性PVA研制、降低VAE残余VAC含量等12个项目的研究工作；500吨/年“3S”水溶纤维工艺包、电能质量监测与评估系统的研究与应用等4个科研项目通过石化集团公司组织的技术鉴定；VAE中试项目于2004年10月22日一次投料开车成功；甲醛扩能项目即将完成；醋酸甲酯提纯中试项目已开始设备安装；完成装备升级更新改造项目4PS高压配电盘，6PS低压配电盘，9$^{\#}$锅炉高、低温过热器及空气预热器，整理DCS等142项。通过精心组织、加强协调、加强生产管理、优化生产工艺，合理利用有限的天然气资源。抓紧HSE管理体系建设，落实各级安全生产责任制，抓好环保治理工作，确保了新老装置安稳长满优生产，各主要产品产量创历史最高水平。抓住国际国内市场需求趋旺的有利时机，紧贴市场变化，及时调整营销策略，增加销售收入，获得较好的经济效益。

2004年，四川维尼纶厂实现销售收入19.42亿元，其中出口创汇3 312万美元，实现利润3.60亿元，实现利税总额5.11亿元。销售收入和利税总额均创历史最高水平，企业保持健康发展的良好势头。

四川维尼纶厂主要经济指标和主要产品产量见表1、表2。

(奚燕来)

**【天然气乙炔工程竣工投产】** 2004年3月18日，在集团公司和重庆市的大力支持下，石化股份公司西南分公司通过石油股份公司西南油气田分公司以代输形式开始向四川维尼纶厂新装置供气，天然气乙炔工程项目用气部分得到解决。3月19日，四川维尼纶厂天然气乙炔工程各新装置正式投入试生产。12月10日，天然气乙炔工程通过石化集团公司组织的竣工验收。该工程实际投资8.13亿万元，比计划节约1.26亿元，占总投资的13.46%。天然气乙炔工程的顺利建成投产，大幅度增加了四川维尼纶厂化工产品产量，提高了企业效益，增强了企业竞争实力，同时也标志着四川维尼纶厂朝着做大、做强天然气化工主业，实现“打造新川维，实现新跨越”目标迈出了坚实的一步，对四川维尼纶厂下一步的发展具有十分重要的意义。

（奚燕来）

**【深化内部改革和移交企业办社会职能】** 2004年在改制分流方面，四川维尼纶厂在完成对建安公司、维丰公司改制分流的基础上，又完成了对工程公司、储运公司、检修公司、保安服务公司等生产辅助单位的改制分流工作。四川维尼纶厂最后一个改制分流单位——职工医院改制分流实施方案已获石化集团公司批准。在扁平化改革方面，2004年组建了化工、维纶、装备3个技术开发中心，形成了“一所三中心”的科技开发体制；适时撤销了化工厂、维纶厂、热电厂、涤纶厂4个分厂。在内部分配改革方面，2004年重新设定了经营管理、专业技术、操作技能三支队伍的岗位工资档次及标准，进一步调整了各类人员的收入关系。移交企业办社会职能取得积极进展，完成了长维公安分局(川维部分)移交地方的工作。川维中小学也于2004年6月移交地方政府管理。

（奚燕来）

**【盛华仁副委员长来厂视察】** 2004年1月21－22日，全国人大常委会副委员长、秘书长盛华仁到四川维尼纶厂视察工作，重庆市人大常委会、市政府的有关领导陪同。盛华仁副委员长听取了四川维尼纶厂的工作汇报，充分肯定了四川维尼纶厂领导班子所做的工作，对四川维尼纶厂成功改制分流、企业和队伍稳定，给予了高度赞扬。盛华仁副委员长要求四川维尼纶厂作为石化集团公司天然气化工技术最好的企业，一定要做好天然气化工这篇文章，进一步发展天然气化工，特别是向天然气化工的精细加工上发展。

（奚燕来）

**【向米钰林学习的决定】** 米钰林是四川维尼纶厂乙炔车间工人，全国劳动模范，全国“五一”劳动奖章获得者，重庆市首届十佳知识型职工。米钰林爱岗敬业，甘于奉献，在平凡岗位上创造了不平凡的业绩。他顺应时代发展的要求，努力学习新知识，汲取新经验，掌握新技术，先后攻克了装置运行中炭黑堵塞、连锁频繁等技术难关，对从国外引进的天然气制乙炔裂解装置进行了52项技术改造，将该装置单列运行周期从国外设计的45天延长到231天，使该项技术走在世界前列，为企业创造了显著的经济效益。他坚持以企业发展为己任，干一行、爱一行，在天然气制乙炔裂解装置一干就是28年。在四川维尼纶厂天然气乙炔工程项目建设的整个过程中，他连续奋战500多个日日夜夜，保证了关键装置一次试车成功，为企业的二次创业发展作出了突出贡献。米钰林特别爱学习、特别会钻研、特别能吃苦、特别能创新、特别能奉献的可贵精神，为重庆市和中国石化全体职工树立了学习榜样。2004年，为弘扬米钰林的先进思想和崇高精神，激励广大职工为全面建设小康社会建功立业，中共重庆市委、中共石化集团公司党组决定，在重庆市和中国石化职工中广泛开展向米钰林学习的活动。

（奚燕来）

表1　　四川维尼纶厂主要经济指标　　亿元

| 年份<br>指标名称 | 2004 | 2003 | 2002 | 2001 | 2000 | 1999 |
|---|---|---|---|---|---|---|
| 工业总产值① | 14.10 | 11.31 | 11.01 | 10.55 | 12.27 | 12.13 |
| 化　工 | 12.25 | 9.71 | 8.70 | 8.33 | 8.37 | 8.00 |
| 化　纤 | 1.40 | 1.36 | 2.07 | 1.98 | 3.65 | 3.88 |
| 其　他 | 0.45 | 0.24 | 0.24 | 0.23 | 0.25 | 0.24 |
| 工业增加值② | 9.05 | 7.66 | 5.52 | 5.90 | 5.60 | 4.72 |
| 资产总计② | 30.27 | 29.20 | 27.63 | 25.74 | 24.41 | 25.78 |
| 流动资产 | 5.95 | 5.68 | 5.43 | 6.22 | 7.20 | 9.87 |
| 固定资产原值 | 30.69 | 24.88 | 26.48 | 26.24 | 25.88 | 23.12 |
| 固定资产净值 | 14.97 | 9.47 | 10.66 | 11.99 | 12.67 | 11.51 |
| 销售收入② | 19.42 | 14.77 | 12.89 | 12.02 | 11.44 | 8.58 |
| 实现利税② | 5.11 | 2.44 | 1.79 | 1.73 | 1.14 | 0.31 |
| 税　金 | 1.51 | 1.19 | 1.1 | 1.11 | 0.95 | 0.73 |

① 1999—2003年按1990年不变价计算，不含合资企业。

② 数据不含合资企业和改制企业。

表 2 四川维尼纶厂主要产品产量 万吨

| 产品名称＼年份 | 2004 | 2003 | 2002 | 2001 | 2000 | 1999 |
|---|---|---|---|---|---|---|
| 甲 醇 | 29.70 | 24.83 | 23.6 | 22.50 | 23.24 | 23.02 |
| VAC | 15.11 | 11.27 | 10.49 | 10.36 | 10.50 | 10.37 |
| PVA | 5.70 | 5.02 | 4.66 | 4.51 | 4.57 | 4.80 |
| 甲 醛 | 2.15 | 2.22 | 2.15 | 2.14 | 1.75 | 1.57 |
| VAE | 3.16 | 3.24 | 2.73 | 2.58 | 2.20 | 1.70 |
| 维纶短纤 | 0.94 | 0.79 | 0.77 | 0.60 | 0.56 | 0.40 |
| 维纶牵切纱 | 0.17 | 0.19 | 0.17 | 0.22 | 0.19 | 0.15 |
| 醋 酸① | 21.40 | 19.49 | 18.39 | 17.84 | 17.09 | 14.27 |

① 为合资公司产品。

# 九江石化总厂

**【概述】** 中国石化集团九江石油化工总厂(简称九江石化总厂)前身为九江炼油厂，于1977年6月正式开工建设，1980年10月建成投产，1991年10月更名为中国石化九江石油化工总厂，1998年10月更名为中国石化集团九江石油化工总厂。2000年3月，根据石化集团公司重组改制统一部署，主业部分从原九江石化总厂分立而出，设立石化股份公司九江分公司，存续部分保留九江石化总厂名称。

重组后的九江石化总厂，主要承担主业的部分公用工程、检维修、建筑安装、后勤服务、教育培训、保卫安全、社区管理等业务，以及原有的多种经营业务。下辖三鑫总公司、建安公司、职介所等3家全资子公司，物业公司、力源公司、绿环公司、制袋厂等4家控股公司，以及供排水车间、教培中心和12个机关处室。截至2004年底，企业拥有固定资产原值7.56亿元。职工总数2 030人，其中各类专业技术人员442人，具有高级技术职称的30人；具有中级技术职称的271人；具有初级技术职称的142人。主要生产能力：1 200万条/年的编织袋生产线，4 000吨/时的供水系统，0.53万米$^3$油库容量，700米$^3$液化气罐，140辆铁路、汽运自备槽车等。

2004年，九江石化总厂重点抓效益和改革，全年实现销售收入13.50亿元，利税2 218万元，利润亏损1 870万元，比总部限亏指标减亏30万元。改制分流持续进行，内部制度改革稳步推进。

2004年九江石化总厂主要经济指标和主要产品产量见表1、表2。

(吴 婕)

**【偏三甲苯装置开车一次成功】** 2004年4月14日，九江石化总厂偏三甲苯装置经连续172小时安全平稳运行，于4月21日生产出合格产品。偏三甲苯纯度为99%，达优质品标准，标志着该装置一次开车成功，为非上市部分生存发展增加了新的效益增长点。

(吴 婕)

**【中小学、公安机构正式移交地方政府】** 经过与地方财政、社保、公安、教育等部门反复磋商，石化集团公司张耀仓副总经理于2004年7月23日、江西省凌成兴副省长于7月28日分别代表石化集团公司和江西省人民政府在《关于九江石化总厂所办中小学和公安机构移交协议》上签字，标志着九江石化中小学和公安机构正式移交地方政府管理。移交进程位于石化集团公司前列。

(吴 婕)

**【职工医院完成改制】** 九江石化总厂按法定程序召开医院改制出资人大会，通过了医院章程并选举产生了新一届法人治理机构。2004年6月28日，新成立的九江市石化医院举行了挂牌仪式，顺利实现了与九江石化总厂的分离。石化医院改制资产750万元，参加改制的职工115人。

(吴 婕)

**【九江石化国家职业技能鉴定所获准设立】** 2004年10月，江西省劳动和社会保障厅正式批复同意设立“九江石化总厂国家职业技能鉴定所”，标志着企业职业鉴定工作实现自主独立，并得到健康发展。该鉴定所以九江石化总厂为依托，由江西省劳动保障行政部门直接领导，业务接受省职业技能鉴定中心和九江市劳动行政部门指导。其鉴定范围包括 10 个工种，鉴定等级分初、中、高 3 个级别。

（吴　婕）

表 1　　九江石化总厂主要经济指标　　亿元

| 指标名称 \ 年份 | 2004 | 2003 | 2002 | 2001 | 2000 | 1999① |
|---|---|---|---|---|---|---|
| 工业总产值② | 0.36 | 0.29 | 0.28 | 0.22 | 0.15 | 19.52 |
| 企业增加值 | 1.56 | 1.61 | 1.24 | 1.15 | 2.48 | 12.67 |
| 资产总计 | 8.72 | 8.86 | 9.45 | 8.99 | 9.75 | 60.63 |
| 流动资产 | 3.08 | 2.87 | 3.05 | 3.41 | 3.91 | 15.61 |
| 固定资产原值 | 7.56 | 7.72 | 8.13 | 6.52 | 6.51 | 55.41 |
| 固定资产净值 | 5.03 | 5.29 | 5.77 | 4.80 | 4.98 | 41.55 |
| 销售收入 | 13.5 | 12.47 | 9.05 | 8.66 | 10.81 | 50.34 |
| 实现利税 | 0.22 | 0.25 | 0.02 | －0.18 | －0.03 | 10.17 |
| 税　金 | 0.41 | 0.43 | 0.37 | 0.32 | 0.31 | 7.80 |

① 1999 年为原中国石化集团九江石化总厂工业增加值数据。

② 1999—2003 年按 1990 年不变价计算。

表 2　　九江石化总厂主要产品产量

| 产品名称 \ 年份 | 2004 | 2003 | 2002 | 2001 | 2000 | 1999 |
|---|---|---|---|---|---|---|
| 新鲜水/万吨 | 1 480 | 1 503 | — | — | — | — |
| 循环水/万吨 | 22 747 | 24 038 | — | — | — | — |
| 化肥袋/万条 | 1 227.35 | 1 184.35 | 1 184.35 | 849.39 | 529.98 | 1 032.36 |
| 聚丙烯袋/万条 | 483.3 | 453.21 | 453.21 | 401.35 | 293.69 | 202.71 |

## 九江分公司

**【概述】**　中国石油化工股份有限公司九江分公司（简称九江分公司），成立于 2000 年 3 月，由原中国石化集团九江石化总厂炼油、化工、化肥等主业部分组成。

九江分公司位于江西省九江市东郊，北濒长江，南倚庐山，东枕鄱阳湖，占地面积 4.2（千米）$^2$。地处长江与京九铁路交汇点，是京九线上惟一的大型石化企业，地理位置优越，交通便利。厂区距长江仅 1 千米。沿江设有 6 个 5 000 吨级泊位的自备油品码头，可直接对外轮开放。厂内铁路专用线与京九线等国家干线相连，产品可通过铁路发运到全国各地。截至 2004 年底，固定资产原值 52.88 亿元，净值 27.75 亿元；职工总数2 620 人，其中各类专业技术人员 589 人，包括 66 名高级专业人员。346 名中级专业人员和 177 名初级专业人员；下设 10 个职能处室，下属车间作业部及直属单位 24 个(其中代管九江石化总厂车间 2 个)。主要生产装置有：常减压、催化裂化、催化重整、加氢精制、气体分馏、氧化沥青、甲基叔丁基醚(MTBE)、芳烃抽提、硫磺、聚丙烯、合成氨、尿素装置等。装机容量为 4.6 万千瓦的自备电厂并入华中电网。主要产品有：汽油、煤油、柴油、燃料油、沥青、液化气、精丙烯、苯类、溶剂油、聚丙烯、尿素等 31 个品种、39 个牌号。九江分公司已具有 500 万吨/年原油加工能力、52 万吨/年尿素和 10 万吨/年聚丙烯生产能力，形成了炼油、化工、化肥配套生产和文化生活设施齐全的大型石油化工联合企业。

2004 年九江分公司提出“第三次创业”的口号，核心是通过新建焦化、加氢为龙头的一系列重点项目装置，使企业逐步提高原油综合加工能力，提升竞争实力。当年，企业生产经营实现历史性突破。全年销售收入100.7亿元，首次突破百亿元，是中央驻赣企业和江西省上市公司第一家。实现税收7.6亿元，利润2 996万元(不含日元汇兑损失4 628万元)，扭转了九江分公司连续4年亏损的局面。主要实物量指标创新高。全年炼油加工量367万吨，生产聚丙烯11.55万吨，尿素60.02万吨。成功完成炼油系列装置大检修。连续3年荣获石化集团公司安全生产先进单位称号。

重点项目建设进展顺利。溶剂脱沥青装置顺利投用；100万吨/年延迟焦化装置、120万吨/年加氢精制装置的基础设计均已完成，土建开工，主要设备已订货。

全年技术改造项目49项，科技开发项目25项。97#汽油、车用液化气首次生产出厂，新型特种高温全衬里油浆泵经鉴定达到国内领先水平，耐辐射聚丙烯专用料研制成功，催化油浆重芳烃耐高温树脂取得阶段性成果。溶剂脱沥青—沥青制氨—脱沥青油进催化裂化组合工艺、汽油满足欧Ⅲ标准并增产液化气催化裂化工艺(MIP－CGP)工业试验两个项目被列入总部“十条龙”攻关项目。

继2003年实施扁平化管理后，对地域相临、业务相近的车间(作业部)进行了重组调整，将15个车间(作业部)整合为12个，成立了焦化车间。中层领导干部岗位开展了竞聘上岗工作，采取先试点、再机关、专业中心、车间(作业部)的步骤分4批进行。开展了管理干部大规模培训工作。

2004年，九江分公司再入中国上市公司纳税百强前50位；获江西省政府年度贡献奖；“江海”牌尿素再获国家免检产品称号；“江海”牌尿素、聚丙烯荣膺江西名牌产品称号；首批国家级标准化良好行为企业试点活动稳步推进。

2004年九江分公司主要经济指标和主要产品产量详见表1、表2。

(吴　婕)

**【年销售收入过百亿元】** 2004年九江分公司实现销售收入100.7亿元，实现税收7.6亿元，年销售收入首次突破百亿元大关，是九江分公司发展史上的重要里程碑，也是中央驻赣企业和江西省上市公司第一家。在产品产量销量大幅增长、经营规模进一步做大的基础上，九江分公司努力提高自销产品价格，吨平均价格同比提高470元。其中，聚丙烯、三苯、液化气均价分别同比提高2 342元、1 756元、626元，6#和120#溶剂油均价同比提高747元；化肥销售采取灵活创新营销策略，均价达到1 540元，同比提高239元，出口尿素4万吨，并首次销往美国，创化肥开工以来最好销售水平。高标号汽油的销量也大幅增长。

(吴　婕)

**【利润扭亏为盈】** 2004年九江分公司实现利润2 996万元(不含日元汇兑损失4 628万元、资产处置1 950万元)，比总部利润指标增盈4 996万元，其中炼油板块实现利润4 331万元，化肥板块亏损1 335万元(不含日元汇兑损失4 628万元)，比指标减亏6 165万元。不仅实现了九江石化整体扭亏为盈的目标，还扭转了九江分公司连续4年亏损的局面。

(吴　婕)

**【100万吨/年焦化、120万吨/年加氢装置批准建设】** 2004年6月14日，总部分别以石化股份计[2004]188、189号文，批准九江分公司新建100万吨/年焦化、120万吨/年加氢装置，批复投资分别为3.02亿元、2.38亿元。两套装置的基础设计均已完成，土建开工，主要设备已订货，目标是2005年底建成，2006年初投产。届时将从根本上解决九江分公司重油出路和产品质量问题，

(吴　婕)

**【溶剂脱沥青——化肥原料路线改造项目完成】** 历时一年建设，2004年6月23日50万吨/年溶剂脱沥青装置投料试车一次成功。同年7月15日，脱油沥青正式替代渣油投入化肥气化炉，装置各项参数达到预期目标，化肥原料路线改造投料一次成功，标志着九江分公司的总部“十条龙”攻关项目“溶剂脱沥青－化肥原料路线改造项目”顺利完成，重油加工手段匮乏和化肥原料成本高的难题得以缓解。

(吴　婕)

**【首批国家级标准化良好行为企业试点活动展开】** 2004年，作为全国163家标准体系试点企业之一，九江分公司稳步推进标准化工作，调整标准化管理网络，制定标准体系总体方案，制(修)定了各类标准近3 000项，力争2005年通过国家验收。

(吴　婕)

**【“江海牌”尿素首次进入美国市场】** 继“江海牌”尿素成功销往东南亚后，2004年九江分公司组织了1.03万吨尿素出口美国，进一步拓展了国际市场。

(吴　婕)

表 1　九江分公司主要经济指标①　亿元

| 指标名称 \ 年份 | 2004 | 2003 | 2002 | 2001 | 2000 | 1999 |
|---|---|---|---|---|---|---|
| 原油加工量②/万吨 | 367 | 328.74 | 310.00 | 309.87 | 336.60 | 305.91 |
| 工业总产值③ | 101.43 | 22.84 | 21.33 | 19.99 | 20.36 | 19.52 |
| 炼　油 | 81.79 | 13.51 | 12.49 | 12.72 | 14.19 | 12.55 |
| 化　工 | 9.74 | 4.81 | 4.27 | 4.08 | 3.76 | 3.01 |
| 化　肥 | 9.90 | 4.52 | 4.57 | 3.19 | 2.41 | 3.96 |
| 工业增加值 | 15.06 | 11.72 | 10.76 | 8.96 | 9.68 | 12.67 |
| 资产总计 | 39.42 | 42.11 | 38.54 | 39.24 | 47.70 | 60.63 |
| 流动资产 | 10.09 | 12.33 | 7.77 | 11.58 | 11.58 | 15.61 |
| 固定资产原值 | 52.88 | 50.74 | 49.54 | 50.22 | 50.62 | 55.41 |
| 固定资产净值 | 27.75 | 28.17 | 29.72 | 30.09 | 35.19 | 41.55 |
| 销售收入 | 100.70 | 76.20 | 61.68 | 61.83 | 75.29 | 50.34 |
| 实现利税 | 7.22 | 5.32 | 5.24 | 5.06 | 5.16 | 10.17 |
| 税　金 | 7.60 | 7.38 | 6.93 | 6.90 | 6.71 | 7.80 |

① 1999 年为原中国石化集团九江石化总厂数据。

② 1999—2004 年原油加工量含原料油分别为 25.58 万吨、8.65 万吨、12.87 万吨、8.36 万吨、16.84 万吨、6.64 万吨。

③ 1999—2003 年按 1990 年不变价计算。

表 2　九江分公司主要产品产量　万吨

| 产品名称 \ 年份 | 2004 | 2003 | 2002 | 2001 | 2000 | 1999 |
|---|---|---|---|---|---|---|
| 90# 汽油 | 46.51 | 58.38 | 64.16 | 61.73 | 68.19 | 57.70 |
| 93# 汽油 | 33.23 | 18.73 | 9.14 | 9.03 | 13.56 | 16.15 |
| 柴　油 | 137.13 | 115.73 | 111.80 | 110.14 | 125.82 | 109.89 |
| 煤　油 | 5.34 | 5.08 | 4.08 | 0.73 | 2.36 | 2.13 |
| 3# 航煤 | 2.11 | 2.20 | 1.80 | 1.48 | 2.08 | 1.83 |
| 燃料油 | 58.94 | 52.10 | 42.25 | 53.78 | 54.27 | 55.27 |
| 溶剂油 | 3.72 | 3.30 | 3.32 | 3.40 | 3.47 | 2.63 |
| 烷基苯料 | — | 2.20 | 1.07 | 1.60 | 1.18 | 2.01 |
| 液化气 | 21.91 | 19.79 | 17.73 | 18.92 | 16.92 | 16.10 |
| 沥　青 | 1.10 | 1.06 | 1.75 | 2.75 | 2.31 | 2.59 |
| 精丙烯 | 10.37 | 9.57 | 8.95 | 9.00 | 8.39 | 1.89 |
| 聚丙烯 | 11.55 | 10.87 | 10.36 | 9.72 | 8.57 | 7.09 |
| 苯　类 | 6.43 | 5.83 | 3.89 | 4.39 | 3.72 | 3.12 |
| 硫　磺 | 0.64 | 0.60 | 0.62 | 0.66 | 0.41 | 0.45 |
| 尿　素 | 59.83 | 57.27 | 58.01 | 40.50 | 30.69 | 50.55 |

## 湖北化肥厂暨湖北化肥分公司

**【概述】** 中国石化集团湖北化肥厂(简称湖北化肥厂)暨中国石油化工股份有限公司湖北化肥分公司(简称湖北化肥分公司)，位于湖北省枝江市，南濒长江，上游距三峡水利枢纽工程80千米，北临宜(昌)黄(石)高速公路，西接焦柳铁路，东距古城荆州40千米，占地面积160万米$^2$，生产装置是国家70年代引进的13套大型化肥装置之一。工厂1974年10月动工，1980年1月投产，2004年拥有30万吨/年合成氨、52万吨/年尿素的生产能力。1999年，湖北化肥厂根据石化集团公司重组上市的要求进行改制，于2000年3月划分为上市部分(湖北化肥分公司)和存续部分(湖北化肥厂)。2004年底，湖北化肥厂下设10个部门和15个直属单位，在册职工822人，2004年固定资产原值为5.28亿元，工业总产值1.36亿元，主营业务收入1.66亿元；湖北化肥分公司下设10个部门和9个直属单位，在册职工1 034人，2004年固定资产原值为15.53亿元，工业总产值4.22亿元，销售收入4.22亿元。两部分共拥有各类专业技术人员567人，占职工总人数的31%，其中，具有高级职称的37人，中级职称的240人。

2004年，湖北化肥厂暨湖北化肥分公司仍然面临原燃料市场价格屡创新高、生产成本逐月增加、产品出厂价格受限的境况。但由于国家开始把解决“三农”问题作为工作重点，制定落实多项惠及广大农民的政策，农民种粮的积极性有所提高，销售市场出现转机。产品全产全销，供不应求。外部经营环境的改善也促进了煤代油改造工程的建设。同时，为搞好煤代油项目建成前过渡期间的生产，湖北化肥分公司抓住忠(县)—武(汉)线天然气过境机会，着手进行气代油改造工作，2005年初具备开车生产条件。一年来，湖北化肥厂暨湖北化肥分公司认真贯彻石化集团公司关于“保安全、保市场、保稳定、增效益”的方针，完成全年工作计划和各项考核指标。全年累计生产合成氨18万吨，尿素31.1万吨，分别是年计划的103.7%、103.8%，产量达到2000年实行阶段性生产以来的最高水平。

湖北化肥分公司主要经济指标和主要产品产量见表1、表2。

(刘　焱)

**【煤代油改造完成总投资的51.3%】** 到2004年12月31日，煤代油改造项目累计完成投资6.44亿元，占总投资的51.3%；煤气化部分设计完成量87.3%，配套部分设计完成量99.7%；所有工艺设备均已订货并陆续到场。施工方面，土建施工接近尾声，主要土建工程如给排水骨干网、煤气化框架和磨煤框架混凝土浇筑、循环水冷却站、中央控制室等已经完工，即将交付安装。与老装置的水、电、汽、风系统均已对接。所有土建项目将于2005年1月15日交付安装。

(刘　焱)

**【煤代油改造进入生产准备阶段】** 2004年4月20日，湖北化肥分公司成立煤代油改造生产准备处，从资料汇编、人员配备和技术培训3个方面抓生产准备工作。具体完成准备工作如下：通过考试选配班长人选和部分操作人员；编制生产准备工作主要控制点网络图，完成车间设置和定员、培训、试生产物料、备件准备等计划；对设计、设备订货等技术资料进行收集归档；编制总体试车、投料开车方案和综合性技术资料；举办2期理论培训班，有390人次参加基础和专业理论培训，并组织技术人员、生产骨干和操作人员分别赴渭河化工厂、九江石化等地实习。

(刘　焱)

**【对煤代油项目实行跟踪审计】** 自煤代油项目启动以来，审计部自始至终参与各项设备、备件、安装和土建的招标、议标、商务谈判、签订合同等工作。2004年，审计部加强对煤代油改造项目的竣工结算审计和进度款审计。他们采取现场查看、不定期抽查工程质量，通过查资料、市场询价等审计方法，保证审计工作在客观公正、依法审计的原则下进行。湖北化肥分公司全年审计外委外包工程及零星维修项目352项，审减金额345万元，审减率15.92%。

(刘　焱)

**【完成内控制度实施细则等一系列管理制度的编制】** 2004年11月，湖北化肥分公司完成内控制度实施细则等一系列管理制度的编制，并举办2期培训班，对各单位的领导和主要业务人员进行了培训。同时还完成HSE体系文件的汇编；制定《中层管理人员考核实施办法》、《技术中心设计人员部分收入与设计工程量挂钩考核办法》、《煤代油改造工程项目专项奖考核办法》、《煤代油项目生产准备与试车专项奖考核办法》、《工程建设施工安全管理规定》；修订和完善《三基工作实施细则》。

(刘　焱)

【医院、幼儿园实行改制分流，中小学移交地方】 2004年6月30日，完成对职工医院、幼儿园的改制分流。根据总部规范改制的各项要求，在对中小学资产、人员和经费等基础数据核实后，于8月12日与枝江市教育局签订教师安置意向协议。小学成建制移交，初中学生整体并入实验中学，全体教师都得到妥善安置。石化集团公司与湖北省政府签订移交协议后，湖北化肥厂于10月29日与枝江市政府签订补充协议。

（刘　焱）

【举行国家职业技能鉴定考试】 2004年6月21日，国家职业技能鉴定考试在湖北化肥厂职工教育培训基地进行。考试的职业（工种）有电工、钳工、车工等15个工种，湖北化肥有近70名员工参加考试。这是湖北化肥厂员工第一次参加国家统一举行的职业技能鉴定考试。

（刘　焱）

【尿素产品获湖北省名牌产品称号】 2004的9月、11月，尿素产品先后获湖北省名牌战略推进委员会名牌产品称号和中国产品质量协会授予的“三A”质量等级认证。

（刘　焱）

表1　湖北化肥分公司主要经济指标　亿元

| 指标名称＼年份 | 2004 | 2003 | 2002 | 2001 | 2000 | 1999① |
| --- | --- | --- | --- | --- | --- | --- |
| 工业总产值② | 4.22 | 1.54 | 2.13 | 1.38 | 1.82 | 4.42 |
| 工业增加值 | －1.53 | 0.25 | 0.41 | 0.27 | 0.32 | 0.53 |
| 资产总计 | 9.71 | 4.01 | 4.70 | 5.53 | 10.07 | 11.19 |
| 流动资产 | 2.19 | 1.93 | 3.28 | 3.38 | 6.99 | 7.92 |
| 固定资产原值 | 15.53 | 15.35 | 15.35 | 15.32 | 15.20③ | 6.47 |
| 固定资产净值 | 0.98 | 0.81 | 1.18 | 2.10 | 3.02 | 0.28 |
| 销售收入 | 4.22 | 2.34 | 3.04 | 3.09 | 3.52 | 6.29 |
| 实现利税 | －1.87 | －1.89 | －1.67 | －1.94 | －3.12 | 0.04 |
| 税　金 | — | — | — | 0.04 | — | 0.03 |

① 1999年为原湖北化肥厂数据。
② 1999—2003年按1990年不变价计算。
③ 中咨公司1999年重新评估。

表2　湖北化肥分公司主要产品产量　万吨

| 产品名称＼年份 | 2004 | 2003 | 2002 | 2001 | 2000 | 1999① |
| --- | --- | --- | --- | --- | --- | --- |
| 合成氨 | 18.04 | 11.51 | 15.66 | 10.17 | 13.14 | 32.36 |
| 尿　素 | 31.13 | 19.59 | 27.06 | 17.57 | 23.11 | 56.18 |

① 1999年为原湖北化肥厂数据。

# 石家庄炼油厂暨石家庄炼化股份公司

【概述】 中国石化集团石家庄炼油厂（简称石家庄炼油厂）位于河北省石家庄市东郊，始建于1978年，1983年建成投产。1997年石家庄炼油厂作为独家发起人，通过资产重组，采用局部改制方式，以炼油化工主体资产投入，募集资金发起设立中国石化石家庄炼油化工股份有限公司（简称石家庄炼化股份公司），注册在河北省石家庄市高新技术产业开发区。

石家庄化纤有限责任公司（简称石家庄化纤公司）是河北省政府与石化集团公司于1997年5月18日合资设立，依托石家庄炼油厂合资建设石家庄5万吨/年己内酰胺工程。

截至2004年底上市、非上市形成固定资产原值

75.10亿元，共有职工3 300多名。

石家庄炼油厂主要由文教、社区后勤服务和油品储运等辅助生产系统组成。

石家庄炼化股份公司主要包括350万吨/年常减压装置、200万吨/年催化裂化装置、80万吨/年焦化装置等20余套炼油化工生产装置。主要产品有汽油、煤油、柴油、液化气、聚丙烯等18个品种、25个牌号。其中0#柴油、2#灯油、聚丙烯等石油化工产品获省优质产品称号，-10#轻柴油、90#汽油获部优质产品称号。石家庄化纤公司主要包括6.5万吨/年己内酰胺装置和5 000吨/年锦纶装置。主要产品有己内酰胺、苯甲酸、六氢苯甲酸、聚酰胺切片、锦纶长丝、塔夫绸、牛津布、硫铵等。

2004年，石家庄炼化股份公司面对原油价格大幅波动，原油、成品油价格倒挂，煤炭、电力、运输形势紧张等一系列不利因素，在石化集团公司、石化股份公司的全力支持下，全体干部职工团结拼搏，坚持以人为本，严细管理，调整结构，科技创新，抓住市场机遇，适时增产促销，保持了产销两旺的良好势头。炼油加工量首次突破300万吨。全年加工原油327.74万吨，同比增加61.69万吨。顺利完成了350万吨/年常减压达产、100万吨/年汽柴油加氢装置和二催化检修改造投产、叠合联产MTBE等一系列技术改造项目，提高了资产利用率和原油加工能力；在总部的大力支持下开通沧河原油管线增输进口、胜利混合原油，收回了河石线管理权，缓解了资源供应不足的紧张状况；生产上优化产品结构，积极增产高附加值产品，努力降本压费；全年实现轻油收率78.34%，同比提高2.97个百分点；综合商品率91.68%，同比提高0.73个百分点；原油加工损失率0.98%，同比上升0.01个百分点；原油途耗0.18%，同比降低0.02个百分点，原油储耗0.1%，与上年持平；综合能耗84.22千克标油/吨，同比降低0.34个单位；单位完全费用147.68元/吨；实现销售收入86.89亿元，同比增加26.72亿元；实现利税6.39亿元，同比增加0.45亿元，其中利润0.81亿元，同比增加0.04亿元。

石家庄化纤公司首次实现月度盈利。围绕“开好、开稳、达标、降本、提质、降耗、扩容、扭亏”的十六字方针，抓住化工市场景气周期的良好机遇，生产装置实现了高负荷稳定运行，量价互动，全产全销。2004年由于己内酰胺市场需求旺盛，己内酰胺6.5万吨/年改造项目创效益1.2亿元，低聚物回用、苯甲醛创效益均在1 000万元以上。另外，磁稳定床、二氧化碳超临界萃取、混合萃取、钯碳催化剂加钌/碳助剂等科技成果的应用，为降本增效，提升己内酰胺生产技术水平作出了贡献。自6月份首次实现盈利218万元后，连续实现月度盈利。全年生产己内酰胺6.91万吨，同比增加1.17万吨；硫酸铵26.84万吨，同比增加4.42万吨；聚酰胺切片2.60万吨，同比增加0.17万吨；苯甲醛2 635吨；现金操作费用为3 609元/吨，优于总部下达指标171元/吨；单位完全加工费用为1 786元/吨，优于石化集团公司下达指标425元/吨；全年实现销售收入13.08亿元，同比增加5.38亿元；全年亏损10.92亿元，扣除固定资产减值10.35亿元，实际亏损0.57亿元，同比减亏5.26亿元。

存续部分改制分流工作取得新进展。汽运公司、设计院、视创广告公司3家单位改制分流工作圆满结束，7月8日正式挂牌运作。工建公司、监理公司改制分流初步方案已获得石化集团公司批复。同时，积极与地方政府协调，推进企业办社会职能的移交，8月20日石化集团公司与河北省政府正式签订了在冀中小学、公安机构移交协议书，厂中小学顺利移交石家庄市裕华区管理。全年实现主营业务收入3.01亿元，同比增加1 700万元；亏损4 270万元，同比减亏1 574万元。

实现了5项重大事故为零的目标，无上报石化集团公司级事故，连续第四次被评为石化集团公司安全生产先进企业。

石家庄炼化股份公司主要经济指标和主要产品产量见表1、表2。

石家庄化纤公司主要经济指标和主要产品产量见表3、表4。

（刘文征）

**【质量、职业健康安全、环境管理体系(QHSE)通过认证】** 2004年，石家庄炼化股份公司初步建立了QHSE管理体系，进一步强化了各项基础工作。在国家认监委的监审下，9月21日获得了QHSE认证证书。贯标认证过程中，在QHSE管理体系框架下，健全完善各项规章制度和岗位责任制。全年对545个岗位的职责进行了修订，进一步明确了各级领导、各职能部门和每位职工的职责，建立了安委会集中决策、一把手全面负责、安全工程师和安全员监督实施的安全生产管理网络，实现横向到边、纵向到底。强化建章立制，实施规范化管理。石家庄炼化股份公司识别、适用的法律法规及有关规范共计408个、技术标准386个。同时，结合企业实际，制定、修订了《检查与监督管理规定》、《标准管理规定》、《合同管理规定》、《应急预案管理规定》、《设备润滑管理规定》等9项规章制度，使企业管理各方面做到有法可依。

（刘文征）

**【顺利完成 350 万吨/年扩容改造和质量升级工作】** 2004 年，石家庄炼化股份公司将原催化加热炉对流室、辐射室炉管改造为两路进出，与现有常压炉并联使用，调整了常压塔盘开孔率；常减压装置的处理能力由 270 万吨/的扩大至 350 万吨/年，已通过 1 万吨/日的生产标定，消除了提高处理量的瓶颈，为第二步实施 500 万吨/年扩容创造了条件。

新建 100 万吨/年汽柴油加氢装置 4 月 5 日顺利投产，已通过负荷标定，产品质量和处理能力均达到设计标准，可以满足成品油质量不断升级的要求。

（刘文征）

**【石家庄化纤公司股权实现单一化】** 2004 年 12 月 31 日，国资委正式批复同意将河北省拥有的石家庄化纤公司 17%的股权无偿转让给石化集团公司，石家庄化纤公司股权实现单一化。这将进一步理顺管理体制，使石化集团公司对石家庄化纤公司未来发展决策的操作性更强，对石家庄化纤公司发展定位具有重大意义。

（刘文征）

**【石家庄化纤公司首次实现月度盈利，全年实现大幅减亏】** 石家庄化纤公司在经历了连续亏损 7 年的困难形势后，2004 年 6 月首次实现当月盈利 218 万元后，连续实现月度盈利。这是石家庄化纤公司发展史上新的里程碑和历史性转折。

石家庄化纤公司 1997 年注册成立，1999 年 11 月投产，到 2004 年已走过了 7 年的坎坷道路。期间，承受了投资大、债务高的巨大压力，经历了投产即亏损的困难局面，解决了复杂的、不成熟的工艺路线带来的一个又一个难题，度过了国外产品倾销、市场低迷的困境。近两年来，公司顺利完成了已内酰胺 6.5 万吨/年的扩能改造，组合工艺工业化应用成功，特别是在石化集团公司政策支持下，通过资本运作，大幅降低了生产经营负担，为扭亏脱困创造了条件。

2002—2004 年共采纳管理和技术改进合理化建议 640 多条，进行技术攻关、技术改造和管理优化。一方面，广泛与科研院所合作进行技术开发，走产学研相结合的道路，成功实施苯甲酸加氢新催化材料的开发、已内酰胺水溶液磁稳定床加氢、循环水场排污水回收利用等技改措施，其中 3 项拥有自主知识产权，2 项获得国家发明专利，使已内酰胺产品单位消耗大大降低，质量在高负荷状态下保持稳定。另一方面完成了 28 项填平补齐技措项目，开发出苯甲酸、苯甲醛、六氢苯甲酸等高附加值的新产品。

（刘文征）

**表 1**　石家庄炼化股份公司主要经济指标　亿元

| 指标名称 \ 年份 | 2004 | 2003 | 2002 | 2001 | 2000 | 1999 |
|---|---|---|---|---|---|---|
| 原油加工量/万吨 | 327.74 | 266.05 | 243.35 | 265.02 | 280.90 | 187.06 |
| 工业总产值① | 87.36 | 16.53 | 14.23 | 14.82 | 16.47 | 10.83 |
| 工业增加值 | 8.33 | 7.83 | 6.13 | 7.92 | 4.33 | 5.03 |
| 资产总计 | 30.07 | 25.64 | 27.54 | 29.44 | 31.11 | 25.98 |
| 流动资产 | 18.91 | 15.18 | 15.22 | 17.27 | 15.73 | 9.30 |
| 固定资产原值 | 23.93 | 21.79 | 21.64 | 19.30 | 17.33 | 16.56 |
| 固定资产净值 | 10.55 | 9.56 | 9.94 | 9.70 | 8.55 | 9.36 |
| 销售收入 | 86.89 | 60.17 | 47.74 | 51.92 | 57.66 | 28.65 |
| 实现利税 | 6.39 | 5.94 | 4.26 | 5.20 | 2.39 | 5.12 |
| 税　金 | 5.58 | 5.17 | 4.07 | 4.97 | 4.20 | 3.80 |

① 1990—2003 年按 1990 年不变价计算。

**表 2**　石家庄炼化股份公司主要产品产量　万吨

| 产品名称 \ 年份 | 2004 | 2003 | 2002 | 2001 | 2000 | 1999 |
|---|---|---|---|---|---|---|
| 汽　油 | 73.23 | 61.78 | 52.99 | 59.28 | 67.68 | 47.24 |
| 煤　油 | 11.83 | 11.43 | 8.71 | 9.15 | 12.69 | 12.95 |
| 柴　油 | 146.11 | 107.67 | 98.45 | 108.67 | 110.90 | 66.32 |

续表

| 产品名称 \ 年份 | 2004 | 2003 | 2002 | 2001 | 2000 | 1999 |
| --- | --- | --- | --- | --- | --- | --- |
| 燃料油 | 3.81 | 9.95 | 9.02 | 3.58 | 8.80 | 4.09 |
| 液化气 | 14.63 | 13.02 | 11.26 | 12.10 | 12.98 | 21.31 |
| 硫　磺 | 1.34 | 0.91 | 0.80 | 0.71 | 0.48 | 0.27 |
| 精丙烯 | 5.88 | 4.95 | 4.30 | 5.22 | 6.57 | 3.86 |
| 聚丙烯 | 3.92 | 3.29 | 2.69 | 3.05 | 4.34 | 3.12 |
| 石油焦 | 16.30 | 11.83 | 13.02 | 15.98 | 13.42 | 10.41 |

表 3　石家庄化纤公司主要经济指标　亿元

| 指标名称 \ 年份 | 2004 | 2003 | 2002 | 2001 | 2000 | 1999 |
| --- | --- | --- | --- | --- | --- | --- |
| 工业总产值① | 13.07 | 9.45 | 5.02 | 2.64 | 5.82 | — |
| 工业增加值 | 1.52 | −1.45 | −1.68 | −3.32 | −0.40 | — |
| 资产总计 | 15.50 | 27.51 | 31.19 | 33.45 | 35.54 | — |
| 流动资产 | 3.04 | 3.46 | 1.99 | 1.38 | 2.13 | — |
| 固定资产原值 | 36.26 | 35.76 | 35.50 | 34.94 | 33.22 | — |
| 固定资产净值 | 25.28 | 26.23 | 28.31 | 30.87 | 31.25 | — |
| 销售收入 | 13.08 | 7.70 | 4.10 | 2.03 | 4.59 | — |
| 实现利税 | −0.03 | −6.77 | −3.96 | −4.76 | −2.60 | — |
| 税　金 | 0.54 | 0.06 | 0.01 | 0.01 | 0.09 | — |

① 1990—2003 年按 1990 年不变价计算。

表 4　石家庄化纤公司主要产品产量　万吨

| 产品名称 \ 年份 | 2004 | 2003 | 2002 | 2001 | 2000 | 1999 |
| --- | --- | --- | --- | --- | --- | --- |
| 己内酰胺 | 6.91 | 5.74 | 3.04 | 1.61 | 3.51 | — |
| 硫　铵 | 26.84 | 22.42 | 11.99 | 6.42 | 14.78 | — |
| 苯甲醛 | 0.26 | 0.10 | — | — | — | — |

# 济南分公司

**【概述】** 中国石油化工股份有限公司济南分公司(简称济南分公司)原为中国石化集团济南炼油厂生产主业部分，始建于 1971 年，1975 年投产，1983 年划归中国石化总公司，1998 年留转至石化集团公司，2000 年根据重组改制方案，企业进行主辅分离，主业即进入石化股份公司，成为济南分公司。

济南分公司位于山东省济南市历下区，占地面积 2.4(千米)$^2$，距市中心 11 千米，地处胜利、中原两大油田之间，自备铁路与胶济线相连，厂区南北有济王路、309 国道和济青高速公路，距济南遥墙国际机场 15 千米，地理位置优越，交通运输四通八达。

截至 2004 年底，济南分公司固定资产原值 37.30 亿元，具备 500 万吨/年原油综合加工配套能力，拥有常减压蒸馏、重油催化裂化、延迟焦化、催化重整、柴油加氢精制、丙烷脱沥青、糠醛精制、酮苯脱蜡、白土补充精制、气体分馏、甲基叔丁基醚、聚丙烯等 32 套主要生产装置，可生产汽油、煤油、柴油、液化气、石油焦、聚丙烯、硫磺、润滑油基础油等 50 余种产品，产品出厂合格率始终保持 100%。截至 2004 年底，济南分公司职工人数为 1 884 人，其中各类专业技术人员 505 人(高级职称 90 人，中级职称 275 人)。

2004 年，济南分公司以创纪录的原油加工量，实现了企业经营规模的高速发展。三年一次的装置检修改造取得了圆满成功，原油综合加工能力提高到500万吨/年。新的原油管线、成品油管线开工建设，企业跨越式发展呈现出崭新局面。2004年，济南分公司加工原油377.30万吨，同比增长25.60%；实现销售收入98.19亿元，同比增长50.32%；实现利税7.78亿元；实现利润1.02亿元；吨油完全费用203.31元，较石化股份公司下达的指标低44.69元。主要技术经济指标较上年有明显改善，并再次获得石化集团公司及济南市安全生产先进单位称号。4月22日，中国质量协会再次授予济南分公司全国质量效益型先进企业称号。

济南分公司以市场为导向，依靠技术进步和科学管理，充分发挥内部灵活的联动机制，不断加快产品结构调整步伐。2004年，93#清洁汽油产量占汽油总量的41.66%，同比提高16.07个百分点；生产“京标－A”90#汽油3.01万吨，圆满完成了供应北京任务；化工轻油同比提高12.68%；润滑油基础油同比提高42.46%；液化气同比提高26.25%；催化裂化添加增产丙烯助剂，发挥聚丙烯装置扩能优势，聚丙烯产量同比提高34.68%，结构调整效果显著。

在抓好生产经营工作的同时，济南分公司不断加强精神文明建设，取得了丰硕成果。2004年，企业先后获得山东省省级文明单位、山东省优秀政工企业、山东省文明诚信百佳企业以及济南市先进基层党组织称号，并被团中央确立为“全国五四红旗团委创建单位”。9月8日，第五次党员代表大会胜利召开，为企业的生产经营和改革发展进一步指明了方向。

济南分公司主要经济指标和主要产品产量见表1、表2。

（邓顺平）

**【三年一次全厂性大检修顺利完成】** 2004年3月15日，济南分公司生产装置按计划逐步停工，三年一次全厂性停工大检修拉开帷幕。本次检修经过科学组织，仅历时一个多月，先后完成了常规检修任务和安全、环保、质量、挖潜等方面大量的技改项目。检修中设立安全环保、施工质量和文明作业“曝光台”，加强监督；检修后期，打破常规，检修收尾和开工准备穿插进行，保证了开工进度。同时，装置开停工创造了不放火炬、不排污水污油、安全无事故和一次开车成功等多项纪录。检修改造后常减压装置加工能力达到462万吨/年(标定值)，综合配套加工能力显著增强，也为保市场创造了硬件基础，达到了预期目的。

（邓顺平）

**【HSE体系正式实施】** 2004年8月16日，济南分公司举行HSE管理体系发布会，宣布健康、安全与环境(HSE)管理体系正式实施。这是济南分公司积极推进健康、安全与环境管理科学化、规范化的一项重要举措。济南分公司高度重视HSE管理体系的建立和实施，进行了大量的基础准备工作。按照相关文件制度的要求，结合企业已经实施的质量管理体系，遵循PDCA循环法，先后经过了初始状态评审、体系策划、宣传培训、危害识别与风险评价、法律法规识别以及文件的编写等阶段，通过不断检查、讨论、修改、完善，最终达到具备运行的条件。

（邓顺平）

**【获山东省清洁生产示范企业称号】** 2004年9月8日，山东省授予济南分公司清洁生产示范企业称号。济南分公司始终以“经济效益高增长，资源消耗低增长，环境污染负增长”为目标，自觉致力于生产与环保“双赢”，制定了清洁生产中长期规划，对所有生产装置进行了清洁生产审计，各种产品均达到或超过国家环保要求；外排工业废水综合合格率和工业废气达标率始终保持在100%；坚持把清洁生产作为日常生产的主题和重点，通过开展工艺技术创新和落实职工合理化建议，在废水治理、大气污染治理和污水回用等方面取得了较大进展，经济效益和环保效益显著。

（邓顺平）

**【通过2000版质量体系监督复评审核】** 2004年9月21日，北京三星9000认证中心专家组对济南分公司的质量管理体系进行了复评审核，审核的依据为GB/T 19001—2000 idt ISO－9001：2000版标准和济南分公司现行质量体系文件有效版本及有关法律、法规标准，包括燃料油、石油焦、聚丙烯树脂、沥青产品的设计开发和生产及硫磺产品生产所涉及的单位、人员和场所；目的是评价济南分公司质量管理体系持续的符合性和有效性。审核中，专家组对济南分公司质量体系给予了较高评价，认为济南分公司产品质量稳定，以顾客为关注焦点的思想在员工中逐步形成，公司领导保持了较强的质量意识和质量管理水平。在产品升级换代、提高服务质量和改进质量管理体系方面，体现了持续改进要求。认证专家组于9月24日召开了复评末次会议，认为济南分公司质量管理体系运行持续有效，审核复评工作顺利通过。

（邓顺平）

**【ERP系统上线运行】** 2004年10月9日，济南分公司ERP项目上线运行并通过验收，成为石化集团公司年内启动的16家企业中首家实现上线的单位。该项目自2004年3月3日正式启动，先后完成了包括财务会计、产品销售、设备管理、生产计划、库存管理、物资供应、人力资源在内的7个功能模块，形成了以财务为核心、以销售为龙头、以生产计划为依据、以物资采购为基础、以设备维修为保障的ERP系统框架，建立起全面反映企业运营和各项业务活动状况的信息平台，实现了物流、信息流、资金流“三流”合一。建设过程中，济南分公司成立了专门的项目领导小组和业务分组，把人员培训摆在突出位置，先后组织关键用户编制了各模块培训教材，并分别对公司相关单位领导、业务人员进行了分层次、有针对性的培训，从组织结构、人员素质上保证了项目的实施。同时，加大宣传力度，引导职工摆脱传统管理理念的束缚，形成了良好的ERP应用氛围。

（邓顺平）

**【LIMS系统上线运行】** 2004年11月15日，由石化集团公司、北京华创公司联合开发的实验室信息管理(LIMS)系统在济南分公司成功上线运行，使质量检测监控和实验室管理全面实现了系统化、专业化、信息化、自动化。同时，济南分公司也成为石化系统内首家采用该项目的企业。该项目采用英国实验室LIMS系统，实现了检验数据网络化共享和无纸化记录以及资源与成本管理的量化考核，更加及时地反馈生产信息，提供快速、准确的分析数据，更好地促进生产过程优化和产品质量提高。

（邓顺平）

**【石化股份公司炼油企业长周期运行经验交流会召开】** 2004年6月2日，石化股份公司炼油企业长周期运行经验交流会在济南分公司召开，石化集团公司党组成员、石化股份公司高级副总裁王天普主持，来自35家炼油企业的133名代表参加了会议。会议的目的是贯彻石化集团公司“安稳长、高负荷、增资源、占市场”的工作要求，共有6家企业作了典型发言。济南分公司作为炼油企业中首家整体实现“三年一修”的单位，也进行了经验交流。

（邓顺平）

**【张高丽来企业视察】** 2004年1月22日，山东省委书记张高丽于大年初一来到济南分公司，代表山东省委、省政府向全体职工和家属拜年。在党委书记赵培录的陪同下，张高丽先后看望了节日期间仍坚守生产一线的职工和离退休老同志，听取了济南分公司有关领导的汇报，并对企业职工良好的精神风貌和生产经营所取得的成绩给予了充分的肯定。

（邓顺平）

**表1** 济南分公司主要经济指标 亿元

| 指标名称＼年份 | 2004 | 2003 | 2002 | 2001 | 2000 | 1999① |
|---|---|---|---|---|---|---|
| 原油加工量/万吨 | 377.30 | 300.39 | 268.08 | 240.89 | 241.24 | 185.18 |
| 工业总产值② | 99.08 | 17.28 | 15.36 | 14.4 | 13.87 | 10.79 |
| 工业增加值 | 12.57 | 10.65 | 10.50 | 12.65 | 8.21 | 11.42 |
| 资产总计 | 26.50 | 26.77 | 24.69 | 25.31 | 25.95 | 24.64 |
| 流动资产 | 7.20 | 7.66 | 6.21 | 8.05 | 9.16 | 8.15 |
| 固定资产原值 | 37.30 | 35.70 | 31.82 | 29.89 | 27.69 | 27.05 |
| 固定资产净值 | 19.20 | 18.39 | 16.45 | 15.93 | 15.22 | 12.78 |
| 销售收入 | 98.19 | 65.32 | 51.36 | 49.74 | 52.82 | 30.32 |
| 实现利税 | 7.78 | 7.42 | 7.49 | 5.48 | 4.81 | 7.14 |
| 税　金 | 6.76 | 6.27 | 5.76 | 5.33 | 4.39 | 4.95 |

① 1999年数据为济南炼油厂主要经济指标。

② 1999—2003年按1990年不变价计算。

表 2　济南分公司主要产品产量①　万吨

| 产品名称＼年份 | 2004 | 2003 | 2002 | 2001 | 2000 | 1999 |
|---|---|---|---|---|---|---|
| 汽　油 | 93.40 | 81.50 | 74.46 | 68.51 | 64.68 | 49.47 |
| 煤　油 | — | — | — | 0.33 | 1.43 | 0.79 |
| 柴　油 | 155.98 | 124.22 | 111.61 | 103.29 | 98.26 | 70.91 |
| 沥　青② | 16.00 | 8.81 | 12.92 | 9.07 | — | 14.59 |
| 商品重油 | 6.85 | 1.99 | 9.27 | 6.28 | 5.54 | 3.52 |
| 液化石油气 | 16.92 | 13.36 | 13.62 | 11.53 | 10.74 | 9.47 |
| 润滑油③ | 8.22 | 5.77 | 3.42 | 3.62 | 5.77 | 5.47 |
| 聚丙烯 | 8.61 | 7.10 | 7.66 | 7.19 | 7.19 | 4.90 |

① 1999 年数据为济南炼油厂产品产量。
② 2001—2004 年数据为沥青料产量。
③ 2000—2004 年数据为润滑油基础油产量。

# 武汉石化厂暨武汉分公司 武汉凤凰股份公司

**【概述】** 中国石化集团武汉石油化工厂(简称武汉石化厂)是石化集团公司直属国有大型一型工业企业，位列中国 500 家最大工业企业百强。工厂位于武汉市青山区，自拥铁路、码头和车队，水陆交通极为便利。

武汉石化厂可年加工原油 500 万吨，是一座大型的燃料化工型企业。工厂始建于 1971 年，扩建于 1975 年，投产于 1977 年，已开工生产装置 24 套，占地面积 1.88(千米)$^2$。主要生产“黄鹤牌”汽油(90#、93#、95#、97#)、灯用煤油、3# 喷气式航空燃料油、轻柴油(0#、-10#)、石脑油、溶剂油、烷基苯料、环烷酸、甲基叔丁基醚、专用重油(1#、2#、3#、4#、5#)、30#、180# 燃料油、工业片状硫磺、石油焦、聚丙烯树脂(粉料、粒料)、聚丙烯树脂专用料、石油液化气等 18 种产品，13 种产品获部优、省优，-10# 柴油获国家银质奖。产品行销鄂、湘、川、渝等 12 个省区，硫磺和聚丙烯等部分产品进入国际市场。

1992 年武汉石化厂发起控股组建了武汉凤凰股份有限公司，该公司股票于 1993 年挂牌上市(股票代码：000520，简称：中国凤凰)。

2000 年根据石化集团公司整体重组改制部署，经过“三分”、“四化”、“五重组”，武汉石化厂一分为三，即以炼油装置为核心，成立了中国石化股份有限公司武汉分公司(简称武汉分公司)；以化工装置为核心的中国石化武汉凤凰股份有限公司(简称武汉凤凰股份公司)；以辅助生产、服务储运、检维修工程建设、多种经营和文教卫社区服务五大板块为核心的武汉石化厂存续公司(仍称武汉石油化工厂)，统称武汉石化。

2004 年武汉石化业务、土地、资产、人员结构见表 1，2004 年武汉石化主要财务指标完成情况见表 2。

表 1　2004 年武汉石化业务、土地、资产、人员结构概况

| 单位＼项目 | 占地面积/万米$^2$ | 业务范围 | 固定资产/亿元 | | 职工/人 | |
|---|---|---|---|---|---|---|
| | | | 原值 | 净值 | 在册 | 在岗 |
| 武汉石化厂 | 84 | 动力、三产 | 8.30 | 4.14 | 1 900 | 1 864 |
| 武汉分公司 | 73 | 炼油 | 19.55 | 11.30 | 1 879 | 1 418 |
| 武汉凤凰股份公司 | 31 | 化工 | 10.52 | 4.23 | 465 | 284 |
| 合计 | 188 | | 38.36 | 19.67 | 4 244 | 3 566 |

表 2　2004 年武汉石化主要财务指标完成情况　亿元

| 指标名称＼年份 | 销售收入 | 利税 | 利润 | 工业总值(现价) |
|---|---|---|---|---|
| 武汉石化厂 | 15.64 | 0.28 | -0.17 | 7.14 |
| 武汉分公司 | 98.36 | 7.85 | 0.07 | 96.76 |
| 武汉凤凰股份公司 | 17.86 | 1.92 | 1.11 | 20.70 |
| 模拟合并 | 131.86 | 10.06 | 1.01 | 124.60 |

截至2004年底，武汉石化累计实现工业总产值456.04亿元，利税94.27亿元。2004年加工原油370.85万吨，实现并表工业总产值现价124.60亿元，完成并表销售收入131.86亿元，实现并表利税10.06亿元，实现并表利润1.01亿元。武汉石化先后获全国思想政治工作先进单位，中国设备管理先进企业，湖北省优秀企业、湖北省工业计量管理先进企业、湖北省最佳文明单位、湖北省五一奖状，中国石化集团安全生产先进企业，武汉市经济效益先进企业等称号。

武汉石化主要经济指标和主要产品产量见表3、表4。

（董建斌）

**【销售收入首次突破100亿元大关】** 武汉石化建厂34年，1999年以前销售收入一直处在40亿元以下，近三年也徘徊在85亿元之间，历史上最好年份的2003年也只有90.84亿元。2004年武汉石化主辅业模拟合并实现销售收入达到131.86亿元，同比增长45.16%，比历史最好水平多41.12亿元，首次突破100亿元大关，成为湖北地区2004年度销售收入超百亿的4家企业之一。

（董建斌）

**【主辅业全面完成年度经营目标任务】** 2004年，存续公司亏损额1 700万元，比石化集团公司下达的限亏2 700万元指标减少亏损1 000万元；“五项费用”(管理费用、营业费用、修理费用、财务费用和文教卫社区服务费用)合计16 903万元，比石化集团公司下达的指标节约2 654万元。上市部分合并实现利润1.18万元，比石化股份公司下达的利润指标5 500万元增加6 300万元，其中武汉分公司实现利润700万元、吨油完全费用193.76元/吨、现金操作成本147.51元/吨，指标均较好地完成了石化股份公司下达的利润成本考核指标；武汉凤凰股份公司实现利润1.11亿元，完全费用22 605万元，超额完成总部下达的5 000万元利润指标，比指标减少支出817万元。

（董建斌）

**【实施全厂装置停工大检修】** 2003年12月—2004年2月武汉分公司实施了跨年全厂装置停工大检修。主要检修的装置及项目有：常减压装置节能技术改造、7万吨/年聚丙烯扩能改造，1#催化、1#气分、重整加氢、焦化、7 500吨/年硫磺、气体回收装置大检修，排水车间二污工艺优化公用工程系统停工大检修。

（董建斌）

**【技术改造年创效4 000万元】** 2004年一季度，武汉分公司充分利用装置三年一修的契机，加大技术改造的力度；完成了1#常压装置换热流程节能改造，提高了原油一次加工能力，能耗下降约1.5千克标油/吨；完成了7万吨/年聚丙烯装置扩能改造，使聚丙烯年总产量超过12万吨，同比增加销售收入近2亿元；完成了1#催化装置MGD新工艺改造，改善了产品分布，降低汽油烯烃含量5个百分点，催化剂单耗下降，增效明显；对全厂低温热源进行了综合利用，当年节约蒸汽约20万吨，年增加效益480万元；投用了焦化蜡油加氢精制项目，提高了焦化蜡油脱氮、脱硫、脱残炭效率，改善了二次原料性能，装置一次加工负荷提高。经过对2004年度技术改造项目进行综合效益分析，可年增效4 000万元。

（董建斌）

**【年降原油成本约1 000万元】** 2004年国际油价高位震荡，走势不定。根据油价持续上涨的趋势，武汉分公司加强对宏观经济形势、市场规律、供需关系的分析研判，及时抓住采购时机，调整节奏，抓住涨价过程中的低价位时段，增加采购量，确保总体采购的较低成本。上半年采购进口原油80万吨，占全年进口原油采购量的80%，均价34.4美元/桶，有效地避开了下半年高价区。全年采购进口原油99万吨，均价36.15美元/桶，在沿江炼厂属于均价最低。按石化股份公司当年平均水平测算，降低原油成本约1 000万元。

（董建斌）

**【吨产品税负下降29.7元，高附加值产品总量达到87.4万吨】** 2004年武汉分公司吨原油销售收入为2 572.8元，吨原油税负为176.83元，与上年同期相比，吨原油收入增加385.5元，吨原油税负下降29.7元/吨。2004年武汉分公司销售高附加值产品87.4万吨，同比增产25.3万吨。高标号汽油64.2万吨，比例达63.5%，同比提高23.2个百分点。生产聚丙烯12.1万吨，同比增产2万吨。全年高附加值产品增加效益4 000余万元。

（董建斌）

**【完成7万吨/年聚丙烯装置扩能改造】** 2004年武汉凤凰股份公司对7万吨/年聚丙烯装置进行了扩能改造，3月17日一次开车成功。扩能后的聚丙烯装置处理量由12.5吨/时提高到15.5吨/时，年产聚丙烯超过10万吨的设计要求；年包装能力有所提高；产品牌号更加丰富；产品质量完全符合设计要求。年可增加销售收入 2 亿元，增加利润 3 500 万元。

（董建斌）

**【中国凤凰首次重大重组未获中国证监委批准】** 根据石化集团公司"治散"和整合小 A 股公司的战略，2004 年 7 月 6 日，武汉凤凰股份公司的控股股东石化股份公司，与湖北省清江水电投资公司签订了《股权转让协议》，武汉凤凰股份公司当日与湖北清江水电开发有限责任公司签订了《资产转换协议》。2004 年 7 月 7 日武汉凤凰股份公司将股权转让及资产转换相关文件报送中国证监会审核，7 月 8 日将相关内容在《中国证券报》及证券时报上进行了公告，并按中国证监会的相关规定申请停牌 3 个月。2004 年底，中国证监委复函，不同意该重组方案。

（董建斌）

**【码头、铁路年吞吐量打破历史纪录】** 铁路管理站站场线路年设计能力为 15 万吨，实际可装卸量 60 万吨/年。2004 年铁路站克服进出厂品种多、总量大，夜车多、批次车少，站内轨道少、线路短，自有机车数量有限，铁路信号传递程序较多等困难，强化内部管理，科学调度，优化匹配，加强对外协调沟通，首次实现铁路进出厂总量达到 100.55 万吨，同比增长 59.06%。油码头管理站年设计吞吐能力为 330 万吨（原油）+ 120 万吨（成品油）。2004 年油码头管理站精心组织，全年接卸原油 396.14 万吨，出厂产品 166.37 万吨，卸油内尺降到 1.67 厘米/条，均驳卸油时间同比下降 2 小时 14 分，此 5 项指标均创造历史最好纪录。

（董建斌）

**【"账销案存"资产处置取得突破性进展】** 2004 年武汉石化厂先后制定了《应收账款管理规定》和《"账销案存"资产管理办法》，不断加大应收款项清理催收和"账销案存"实物资产的竞价处置变现。2004 年，重点对神州公司、海南、珠海等地房地产投资项目进行清理整顿，处置异地部分零星房产和"烂尾楼"，撤销了大华贸易公司，清算了永安出租车公司，在盘活资产存量上取得了新的进展。先后完成汉正街物业楼的拆迁，收回资金 344 万元；拍卖长春街 3 套住宅楼，收回资金 90 万元；转让永安公司经营权，收回资金 176 万元；收回零星债权 30 余万元。并加大对海南 740 万元债权和新疆 1 000 余万元债权催收力度。

（董建斌）

**【两个改制分流单位挂牌运行】** 2004 年 3 月 31 日武汉石化绿色公司和武汉石化职工医院改制分流实施方案获总部批准。两个改制单位参加改制职工共 102 人（其中全民 92 人，集体 10 人），全部以补偿补助额置换国有改制资产。改制后的武汉石化绿色公司于 6 月 28 日挂牌运行，武汉市石化医院于 10 月 19 日挂牌运行。

（董建斌）

**【3 个直属单位改制分流初步方案获总部批准】** 武汉石化厂所属的隆兴公司、设计院和柯赛公司 3 个单位的改制分流初步方案，先后于 2004 年 11 月 11 日和 12 月 31 日获总部批准，涉及改制职工 367 人（全民 275 人，集体 92 人）。

（董建斌）

**【子弟小学和派出所顺利移交地方管理】** 根据国办发〔2004〕22 号文件精神，在总部的统一部署下，2004 年 9 月 26 日石化集团公司副总经理张耀仓与湖北省人民政府签订了在鄂 4 家石化企业移交社会职能协议书。武汉石化厂在 2004 年 11 月 1 日顺利完成了子弟小学 49 名教师（在职 22 名、内退 8 名，退休 19 名）和 6 名派出所人员成建制移交地方管理。在省市的支持下，被移交职工的收入采取"就高不就低"的原则平稳过渡，在用的资产无偿划拨，财政部核准的财政转移基数 236 万元（其中小学 177 万元，派出所 593 万元）。

（董建斌）

**【共查处 4 起经济案件】** 2004 年武汉石化配合司法机关共查处 4 起经济案件：建安公司负责人倪贤坤违法案件；运销处、计量站、焦化车间 4 名职工利用岗位工作之便在焦炭出厂上侵占企业利益案；职工医院私设大额"小金库"案；财务处工作人员毛平挪用备用金案件。

（董建斌）

**【武汉石化实业公司完成塑料编织袋生产线技术改造后效果良好】** 武汉石化实业公司是武汉石化的集体所有制企业，集体性质职工 967 人，全民所有制职工 12 人。2004 年，武汉石化实业公司进行了塑料编织袋的扩能改造，主要更换了拉丝机组，新上了 4 台六梭圆织机，使公司的编织袋生产能力翻一番，达到1 000 万条以上。为满足武汉分公司生产能力扩展，为实业公司塑编袋产业的做大打下比较良好的基础。

（董建斌）

**【强化资金结算中心功能】** 武汉石化资金结算中心承担着武汉分公司、武汉石化厂及所属公司的资金结算任务。2004年由于武汉分公司原油加工量大幅增长，该公司流动资金明显不足，每月资金进出量由上年同期的19亿元增长到31亿元，财务费用明显上升。针对这一情况，武汉石化加强上市与非上市资金的计划管理，强化资金结算中心功能，合理、合法、合规调度主辅三方资金。并加大力度清理往来款项，统配产品及时办理上网结算，尽量减少了资金的占用；开展银行票据业务置换贷款，充分利用总部内部融资的优势，灵活调度资金，加速现金流的周转，全年财务费用的增长幅度远低于原油加工量增长幅度，努力提高资金的使用效益。

（董建斌）

**【武汉石油化工项目规划领导小组召开三次工作会议研究武汉分公司发展工作】** 2004年1月18日，湖北省、武汉市、石化集团公司联合成立了“武汉石油化工项目规划领导小组”，组长为王基铭（石化股份公司副董事长、总裁），副组长周坚卫（湖北省常务副省长）。李宪生（武汉市市长），2004年6月12日、10月10日和2005年元月9日，分别在汉召开了三次领导小组会议。会议确定了武汉分公司800万吨/年炼油改造方案；研究了充分利用中央关于中部崛起的机遇以及湖北水、电、盐和区位优势，规划建设武汉80万吨/年乙烯项目有关事宜，以及抢摊湖北加油站市场有关事宜。

（董建斌）

**表3** **武汉石化主要经济指标**①　　亿元

| 指标名称 \ 年份 | 2004 | 2003 | 2002 | 2001 | 2000 | 1999 |
|---|---|---|---|---|---|---|
| 原油加工量/万吨 | 370.85 | 285.41 | 274.50 | 255.91 | 299.59 | 252.79 |
| 工业总产值② | 124.60 | 24.58 | 23.43 | 19.33 | 21.60 | 19.16 |
| 工业增加值 | 9.16 | 10.07 | 10.15 | 9.05 | 9.37 | 9.98 |
| 资产总计 | 50.06 | 44.84 | 49.08 | 44.16 | 40.51 | 32.87 |
| 流动资产 | 27.22 | 20.38 | 22.96 | 23.46 | 24.23 | 13.64 |
| 固定资产原值 | 38.36 | 34.46 | 34.16 | 34.08 | 30.53 | 17.68 |
| 固定资产净值 | 19.67 | 19.51 | 17.87 | 18.91 | 17.22 | 10.12 |
| 销售收入 | 131.86 | 90.84 | 73.64 | 71.00 | 85.05 | 40.12 |
| 实现利税 | 10.06 | 7.12 | 7.10 | 5.10 | 5.88 | 6.46 |
| 税　金 | 9.06 | 7.00 | 6.54 | 6.19 | 6.77 | 5.94 |
| 利　润 | 1.01 | -0.15 | 0.24 | -1.25 | -0.90 | 1.42 |

① 1999年为原武汉石化厂数据。

② 1999—2003年按1990年不变价计算。

**表4** **武汉石化主要产品产量**①②　　万吨

| 产品名称 \ 年份 | 2004 | 2003 | 2002 | 2001 | 2000 | 1999 |
|---|---|---|---|---|---|---|
| 汽　油 | 94.22 | 86.13 | 73.33 | 59.90 | 72.02 | 61.08 |
| 煤　油 | 0.33 | 2.09 | 2.67 | 3.17 | 4.45 | 5.72 |
| 航　煤 | 0 | 2.09 | 2.67 | 3.17 | 4.13 | 4.12 |
| 柴　油 | 152.87 | 118.84 | 107.78 | 95.37 | 107.28 | 101.38 |
| 化工轻油 | 9.70 | 5.00 | 12.50 | 14.26 | 21.51 | 17.60 |
| 燃料油 | 22.62 | 9.79 | 19.98 | 22.74 | 24.70 | 19.34 |
| 液化气 | 40.08 | 34.76 | 32.42 | 32.08 | 34.85 | 19.20 |
| 聚丙烯 | 12.20 | 10.19 | 10.20 | 9.39 | 8.69 | 7.97 |
| 硫　磺 | 1.48 | 1.17 | 0.90 | 0.83 | 0.66 | 0.57 |
| 环烷酸 | 0.17 | 0.13 | 0.10 | 0.08 | 0.12 | 0.08 |

① 1999年为原武汉石化厂数据。

② 聚丙烯为武汉凤凰股份公司产品，其余为武汉分公司产品。

## 中原石化公司

【概述】 中原石油化工有限责任公司(简称中原石化公司)位于河南省东北部冀、鲁、豫三省交界处的国家级园林城市——河南濮阳市，西临京广铁路，东靠京九铁路，高速公路直达市区，交通运输便利，占地 154 万米$^2$。2004 年中原石化公司有乙烯、聚乙烯、聚丙烯和 1－丁烯 4 套生产装置，布局宽松，预留空间较大，为进一步技术改造提供了较为充足的用地。中原石化公司内部实行扁平化管理，设置机关处室 14 个，基层单位 12 个，其中包括乙烯、聚乙烯、聚丙烯、1－丁烯 4 个主要生产车间和 6 个辅助车间。2004 年职工人数 1 487 人(主业实际在岗人数 1 223 人)，其中具有高级职称的 73 人，中级职称的 201 人。

2004 年，中原石化公司抓住市场好转的有利时机，投资 1 亿元，建成了苯抽提装置和混合碳四利用项目，投产当年就取得了较好的效益，一年内收回全部项目投资。通过努力优化生产，灵活经营，取得了较好的工作成果。全年生产乙烯 20.91 万吨，聚乙烯 21.96 万吨，聚丙烯 7.82 万吨，双烯(乙烯＋丙烯)收率 46.33%，综合商品率 79.51%，实现销售收入 30.62 亿元(不含税)、利润 5.28 亿元，提前一年实现了公司制定的“三年扭亏”的战略目标。

中原石化公司主要经济指标和主要产品产量见表 1、表 2。

(唐玉玲)

【充分发挥现有资产潜力，增产增效】 2004 年中原石化公司生产稳定，全年安全生产无事故，杜绝了非计划停工，通过乙烯 EA131 和 EA502 装置技术改造、聚乙烯共聚单元改为均聚运行等一系列技术进步措施，使装置总负荷提高 10% 以上，其中乙烯产量比 2003 年提高 10.1%，聚乙烯产量提高 11.5%，为全年实现良好的效益奠定了坚实基础。通过提高产量，降低消耗，生产环节 2004 年比 2003 年增加效益 6 463 万元。

(唐玉玲)

【完成中原乙烯扩能改造、产品结构调整方案】 中原乙烯经过内部精细管理和坚持不懈的挖潜增效，2004 年实现较好盈利。但从深层次分析，由于乙烯装置规模小，产品单一，抗市场风险能力差，严重影响经济效益。为此公司决定进行产品结构调整和适度扩能，并于 2004 年 4 月抽出专门技术人员组成工作班子，进行市场调研和方案研究。在石化集团公司和石化股份公司的支持下，经专家组认真细致的经济技术论证，提出了乙烯扩能至 36 万吨/年，并配套建设环氧乙烷/乙二醇、聚丙烯、丁二烯抽提等装置(各装置规模依据新增乙烯能力而定)的改造方案。

(唐玉玲)

表 1　中原石化公司主要经济指标　亿元

| 指标名称 \ 年份 | 2004 | 2003 | 2002 | 2001 | 2000 | 1999 |
|---|---|---|---|---|---|---|
| 工业总产值① | 31.33 | 13.15 | 17.04 | 12.41 | 14.4 | 9.31 |
| 工业增加值 | 12.36 | 3.71 | 1.04 | 0.87 | 1.24 | 0.03 |
| 资产总值 | 22.64 | 20.92 | 41.57 | 45.03 | 45.96 | 45.45 |
| 流动资产 | 5.36 | 3.02 | 4.57 | 5.73 | 5.62 | 4.67 |
| 固定资产原值 | 50.4 | 50.26 | 48.75 | 48.64 | 45.67 | 45.46 |
| 固定资产净值 | 27.76 | 17.56 | 35.49 | 37.56 | 36.76 | 39.01 |
| 销售收入 | 30.62 | 21.11 | 17.43 | 17.62 | 14.31 | 13.29 |
| 实现利润 | 5.28 | －0.16 | －1.71 | －2.23 | －1.96 | －2.49 |
| 税　金 | 2.22 | 1.04 | 0.73 | 0.7 | 1.69 | 1.28 |

① 1999—2003 年按 1990 年不变价计算。

表 2　　中原石化公司主要产品产量　　万吨

| 产品名称＼年份 | 2004 | 2003 | 2002 | 2001 | 2000 | 1999 |
|---|---|---|---|---|---|---|
| 聚乙烯 | 21.96 | 20.02 | 19.57 | 19.12 | 13.82 | 13.73 |
| 聚丙烯 | 7.82 | 7.02 | 6.71 | 6.88 | 5.1 | 5.1 |
| 乙　烯 | 20.91 | 19.01 | 18.64 | 18.63 | 14.03 | 14.03 |
| 丙　烯 | 8.35 | 7.56 | 7.42 | 7.46 | 5.19 | 5.19 |
| 1# 苯 | 13.77 | 12.51 | 12.71 | 12.2 | 10.07 | 10.07 |
| 2# 苯 | 9.63 | 9.1 | 8.76 | 8.49 | 4.42 | 4.42 |
| 裂解燃料油 | 2.66 | 2.87 | 2.64 | 2.33 | 1.41 | 1.41 |
| 液化气 | 0.01 | — | 0.02 | — | — | — |
| 碳　四 | 5.03 | 4.37 | 4.63 | 4.77 | 3.32 | 3.32 |
| 碳　五 | 1.85 | 1.73 | 1.54 | 1.92 | 0.43 | 0.43 |
| 碳　六 | 0.02 | 0.02 | 0.4 | 0.08 | 0.1 | 0.1 |
| 碳　九 | 1.83 | 1.19 | 1.33 | 1.54 | 0.71 | 0.71 |
| 纯　苯 | 1.93 | — | — | — | — | — |
| 3# 苯 | 0.01 | — | — | — | — | — |
| 抽余油 | — | — | — | — | — | — |
| 1－丁烯(碳四装置) | 0.08 | — | — | — | — | — |
| 2－丁烯 | 0.2 | — | — | — | — | — |
| MTBE | 0.01 | — | — | — | — | — |

## 沧州炼油厂暨沧州分公司

**【概述】** 中国石油化工集团公司沧州炼油厂(简称沧州炼油厂)暨中国石化股份有限公司沧州分公司(简称沧州分公司)始建于1971年，1975年10月建成投产。坐落于河北省沧州市北郊，占地面积180万米$^2$，是石化集团公司暨石化股份公司直属的大型炼油化工企业和国家环境保护先进企业。地处胜利、中原、大港、华北四大油田之间，紧依京杭大运河、朔黄铁路、京沪铁路和京沪高速公路，地理位置优越，交通便利。2000年1月，按照石化集团公司统一部署，实施资产重组，分为上市部分的沧州分公司和存续部分的沧州炼油厂。

截至2004年底，企业总资产为24亿元；共有员工2 467人(沧州分公司1 194人，沧州炼油厂1 273人)，其中具有大专以上学历人员721人，占员工总数的30%。有教授级高级工程师2人，高级工程师133人，工程师343人；生产装置一次加工能力350万吨/年，二次配套能力280万吨/年。主要有350万吨/年常减压、120万吨/年重油催化裂化、50万吨/年延迟焦化、80万吨/年汽柴油加氢精制、20万吨/年沥青、18万吨/年催化重整、20万吨/年气体分馏、5万吨/年聚丙烯等装置以及配套的蒸汽锅炉、发电机组、新水供应、污水处理、油品储运等设施。

主要产品有各种标号的汽油、柴油、溶剂油、铝箔油、变压器干燥油、沥青、聚丙烯、液化石油气、车用液化气、二甲基亚砜、石油焦、硫磺、特种铝箔油、各种助燃剂等。产品远销云南、广西等省，石油焦出口到美国、加拿大，产品合格率始终保持100%。企业自行研制开发的200#溶剂油荣获国家银质奖，铝箔油轧制系列油、变压器干燥油获国家及省(部)级科技进步奖，填补了国内空白。1999年通过ISO 9002国际质量体系认证。

2004年，沧州炼油厂暨沧州分公司认真贯彻石化集团公司“保安全、保市场、保稳定、增效益”的方针，战胜了石油价格不断上涨、国内成品油价格不到位等不利因素的影响，生产经营、改革发展都取得了较好的业绩。沧州分公司全年加工原油260.79万吨，同比增长8.42%，再创历史新高；实现销售收入65.28亿元，同比增长29.14%，实现利税3.04亿元；沧州炼油厂实现销售收入6.11亿元，同比增长

33.99%，实现利税 0.27 亿元。在国家统计局公布的全国大型企业排名中，列第 227 位。在河北省百强企业评比中，列第 12 位。

沧州炼油厂和沧州分公司主要经济技术指标和主要产品产量见表 1、表 2。

（刘治洲）

**【大修改造胜利完成】** 沧州分公司 2004 年大修改造是在装置连续运转 3 年的基础上进行的，自 5 月 10 日开始，至 6 月 18 日结束，为期 38 天。本次检修改造共完成各种项目 3 736 项，总投资 1.2 亿元。通过常压改造、催化 MIP 改造、液化气脱硫醇改造、聚丙烯改造、沧石化管线热输改造等项目的实施，进一步消除了生产瓶颈，使沧州分公司的原油加工能力达到了 350 万吨/年，二次配套能力达到了 280 万吨/年，催化加工能力达到了 120 万吨/年，消除了安全隐患，为企业第 29 生产周期的安全生产和汽油质量升级打下了基础。

（刘治洲）

**【第六套聚丙烯装置一次开车成功】** 2004 年 3 月 4 日，沧州炼油厂第六套聚丙烯装置一次开车成功，正式生产出合格产品。至此，沧州炼油厂的聚丙烯生产能力已经达到 5 万吨/年。

（刘治洲）

**【2 万米$^3$ 干式气柜正式投用】** 2004 年 10 月 9 日，沧州分公司 2 万米$^3$ 干式气柜正式建成投用。该气柜总投资 985 万元，全高 33.79 米，直径 34.37 米，采用威金斯膜结构密封，柜体间严密可靠，使用国内最先进的仪表自控和联锁系统，安全系数大大提高。该气柜的投用，不仅对装置平稳生产起到了缓冲保障作用，大大减少了放火炬现象，还有效提高了节能效果，明显改善了周边环境。

（刘治洲）

**【98$^\#$ 汽油首次出厂】** 2004 年 8 月 16 日，沧州分公司成功生产的 98$^\#$ 汽油首次出厂投放市场。沧州分公司是华北地区继燕山之后第二家能够生产 98$^\#$ 高清洁汽油的企业，填补了河北省没有 98$^\#$ 高清洁汽油的空白。也为企业进一步拓展市场空间增添了新的活力。

（刘治洲）

**【全年回用污水突破 50 万吨】** 2004 年，沧州炼油厂、沧州分公司不断加大污水回用工作力度，一方面利用装置大修的时机，对污水回用泵加装了变频调速装置，新上 1 台污泥脱水机和 7 台高效汽浮机，解决了回用量不稳定和生化效果差等问题；另一方面狠抓管理，加大了考核力度，确保上游水质合格，并对污水回用班组实施回用量和奖金挂钩的制度，调动了职工的积极性。通过努力，全年回用污水 52 万吨，占年取新水量的 1/6，取得了较好的经济效益和社会效益。

（刘治洲）

**【废旧物资公开招标销售增效 80 万元】** 沧州炼油厂和沧州分公司对在大修改造后产生的废旧物资实行公开招标的销售新方式，在报纸上刊登了销售广告，仅一个月就接到投标书 108 份。2004 年 8 月 1 日，组织了现场开标会，效果良好，成交金额达到 240 万元，与制定的标底相比，多增加了销售收入 80 万元。

（刘治洲）

**【石油焦产品远销中东】** 2004 年 12 月 5 日，满载沧州分公司 1 万吨石油焦的巴拿马货轮驶出天津新港，运往中东巴林。此项业务的运作成功，不仅能出口创汇 90 多万美金，而且比国内销售多盈利数十万元。

（刘治洲）

**【HSE 管理体系正式实施】** 2004 年 3 月 31 日，沧州炼油厂和沧州分公司召开 HSE 体系试运行发布会，向社会宣布从 4 月 1 日起正式实施 HSE 管理体系。沧州炼油厂和沧州分公司的 HSE 体系建立工作从 2003 年 7 月份开始，经过近 10 个月的努力，完成了员工培训、法律识别、危害识别、风险评估，编制完成了《HSE 管理手册》和《程序控制文件》，达到了试运行的条件。HSE 管理体系的正式实施为进一步提高企业的安全环保管理水平、改善员工的健康状况奠定了基础。

（刘治洲）

**【ISO 9000 管理体系换版认证工作圆满完成】** 2004 年 4 月 24 日，沧州炼油厂和沧州分公司召开了 ISO 9000:2000 版质量认证体系末次会议，北京三星 9000 质量认证中心审核组经过对沧州炼油厂和沧州分公司 3 天的审核后，出具了审核报告，同意推荐沧炼注册认证。

（刘治洲）

**【改革改制工作取得重大突破】** 2004 年，沧州炼油厂的改革改制工作不断深入，在实施干部竞聘上岗的基础上，完成了管理类人员、操作类人员的竞聘和竞争上岗工作，51人竞聘失利；积极稳妥做好中层管理人员的精简分流工作，精简66人，占总数的27.7%；实施了绩效考核，根据不同单位性质，分别拿出10%－40%岗位工资进行绩效挂钩；完成了金桥公司、恒利化工厂、信昌公司的改制工作，分流人员90人，资产1 261万元；完成了子弟学校、派出所向沧州市政府的整体移交，移交人员88人，资产217万元。

（刘治洲）

**表1** 沧州炼油厂和沧州分公司主要经济指标 亿元

| 指标名称 \ 年份 | 2004 | 2003 | 2002 | 2001 | 2000 | 1999① |
|---|---|---|---|---|---|---|
| 原料油加工量/万吨 | 260.79 | 240.54 | 210.06 | 150.94 | 200.45 | 141.56 |
| 工业总产值② | 67.58 | 51.64 | 11.44 | 7.60 | 10.30 | 7.43 |
| 沧州炼油厂 | 2.83 | 1.13 | 0.72 | 0.40 | 0.06 | — |
| 沧州分公司 | 64.75 | 50.51 | 10.72 | 7.20 | 10.24 | — |
| 工业增加值 | 6.14 | 6.67 | 6.30 | 1.28 | 5.37 | 3.90 |
| 沧州炼油厂 | 1.11 | 0.97 | 0.64 | 0.03 | — | — |
| 沧州分公司 | 5.03 | 5.70 | 5.66 | 1.25 | 5.37 | — |
| 资产总计 | 23.94 | 25.17 | 24.89 | 24.39 | 25.00 | 17.22 |
| 沧州炼油厂 | 4.69 | 4.70 | 4.42 | 4.03 | 4.82 | — |
| 沧州分公司 | 19.25 | 20.47 | 20.47 | 20.36 | 20.18 | — |
| 流动资产 | 7.79 | 8.27 | 7.22 | 6.75 | 13.17 | 6.29 |
| 沧州炼油厂 | 1.55 | 1.38 | 1.14 | 1.24 | 2.27 | — |
| 沧州分公司 | 6.24 | 6.89 | 6.08 | 5.51 | 10.90 | — |
| 固定资产原值 | 25.23 | 20.41 | 19.84 | 19.09 | 20.25 | 14.77 |
| 沧州炼油厂 | 4.47 | 4.69 | 4.28 | 3.00 | 2.87 | — |
| 沧州分公司 | 20.76 | 15.72 | 15.56 | 16.09 | 17.38 | — |
| 固定资产净值 | 15.39 | 12.03 | 12.45 | 12.08 | 13.15 | 10.16 |
| 沧州炼油厂 | 2.62 | 2.92 | 2.65 | 1.94 | 1.79 | — |
| 沧州分公司 | 12.77 | 9.11 | 9.80 | 10.14 | 11.36 | — |
| 销售收入 | 71.39 | 55.11 | 42.22 | 29.89 | 42.33 | 20.16 |
| 沧州炼油厂 | 6.11 | 4.56 | 3.15 | 1.33 | 1.61 | — |
| 沧州分公司 | 65.28 | 50.55 | 39.07 | 28.56 | 40.72 | — |
| 实现利税 | 3.31 | 4.32 | 4.09 | 0.77 | 2.52 | 3.56 |
| 沧州炼油厂 | 0.27 | 0.22 | 0.10 | －0.18 | －0.13 | — |
| 沧州分公司 | 3.04 | 4.10 | 3.99 | 0.95 | 2.65 | — |
| 税　金 | 4.21 | 3.90 | 3.85 | 2.43 | 3.49 | 2.96 |
| 沧州炼油厂 | 0.20 | 0.05 | 0.10 | －0.27 | 0.07 | — |
| 沧州分公司 | 4.01 | 3.85 | 3.75 | 2.70 | 3.42 | — |

① 1999年为原沧州炼油厂数据。

② 1999—2003年按1990年不变价计算。

表 2　沧州炼油厂和沧州分公司主要产品产量　万吨

| 产品名称＼年份 | 2004 | 2003 | 2002 | 2001 | 2000 | 1999① |
|---|---|---|---|---|---|---|
| 沧州炼油厂 | | | | | | |
| 聚丙烯 | 2.23 | 1.96 | 1.50 | 0.74 | 1.13 | — |
| 聚　酯 | — | — | 0.07 | 0.13 | 0.14 | — |
| 液化气 | 1.89 | 1.92 | 1.16 | — | — | — |
| 干　气 | 3.03 | 2.74 | 1.92 | — | — | — |
| 硫　醚 | 0.01 | — | 0.08 | — | — | — |
| 亚　砜 | 0 | 0.11 | — | — | — | — |
| 新　水 | 242.16 | 225.37 | — | — | — | — |
| 氮　气 | 0.91 | 0.59 | — | — | — | — |
| 净化风/万米$^3$ | 3 005.74 | 3 483.67 | — | — | — | — |
| 非净化风/万米$^3$ | 5 346.16 | 5 402.86 | — | — | — | — |
| 富氧/万米$^3$ | — | 193.68 | — | — | — | — |
| 沧州分公司 | | | | | | |
| 汽　油 | 46.32 | 44.27 | 35.84 | 33.54 | 47.28 | 34.52 |
| 柴　油 | 117.16 | 104.71 | 94.15 | 66.44 | 92.96 | 67.92 |
| 溶剂油 | 1.64 | 2.65 | 3.30 | 0.78 | — | — |
| 沥　青 | 5.64 | 4.06 | 3.20 | 0.42 | 3.47 | 1.54 |
| 液化石油气 | 10.93 | 9.45 | 7.70 | 4.40 | 6.71 | 5.27 |
| 铝箔油 | 4.34 | 4.18 | 2.30 | 0.99 | 0.82 | 0.33 |
| 石油焦 | 13.83 | 14.15 | 15.15 | 11.89 | 12.65 | 7.88 |
| 硫　磺 | 1.08 | 0.86 | 0.80 | 0.35 | 0.60 | 0.38 |

① 1999 年为原沧州炼油厂数据。

# 南京化工厂

【概述】 中国石化集团南京化工厂（简称南京化工厂）地处南京市北郊，长江之滨，燕子矶畔，占地面积 70 万米$^2$。工厂始建于 1947 年，1999 年划归石化集团公司，是中国橡胶助剂和有机中间体的重要生产企业。

2004 年南京化工厂固定资产原值 7.84 亿元，净值 3.57 亿元，共有 11 个生产车间和辅助车间，拥有 20 余套化工生产装置。产品分橡胶助剂、有机中间体和氯碱 3 个系列，其中硝基氯苯、苯胺、RT 培司、间苯二酚、防老剂 4020、防老剂 RD 等主导品种装置在国内同行中处领先位置，2004 年产品总量 50.61 万吨，其中商品量 25.36 万吨。“兰花”牌系列产品多次被评为江苏省、南京市名牌产品。截至 2004 年底，南京化工厂在册职工共 1 990 人，其中专业技术管理人员 463 人，具有高级职称的 55 人，中级职称的241 人。

2004 年，在石化集团公司整体效益趋好的情况下，南京化工厂遇到了前所未有的严峻形势，原料价格指数平均上涨 51.73%，煤电油运难度加大，下游用户受原材料高价位影响开工不足、结构调整，推价促销难度倍增，产品价格指数仅增长 20% 左右。在困难面前，全厂干部职工认真贯彻石化集团公司“保市场、保稳定、保安全”的工作方针，眼睛向内，加强管理，以提高经济运行质量为主线，积极采取有力措施，千方百计提高效益，全年完成工业总产值 13.41 亿元，销售收入 13.35 亿元，利润 1 005 万元。

努力开拓市场，扩大产品销售。2004 年，面对资源市场紧张的局面，南京化工厂千方百计组织货源，积极开拓国内外市场，70 次调整产品价格，快速应对市场变化。抓好销售结构调整工作，以橡胶助剂销售为重点，发挥品牌优势，扩大直销比例。加强客户交流，稳定大用户、重点客户，稳定产品销售。进一步强化营销责任制，完善绩效考核办法，调动业务人员工作积极性。通过以上措施，2004年工厂销售收入同比保持30%以上的增幅，产品总销量达到24.31万吨，同比增长14.48%。

强化经济运行，降低生产成本。2004年，以市场为基础，努力实现各套装置的安稳长满优运行，发挥主导产品的规模优势，20余套装置均保持较高负荷运行。深入推进毛利核算体系，使生产车间成为毛利控制主体。加强生产运行管理，全年原材料消耗同比下降636万元，万元产值综合能耗同比下降5.87%，节约标煤价值842万元。利用峰谷电价差，创新2#发电机组运行方式，烧碱装置实行调峰运行，减少用电支出364万元。

实施技术改造，增强发展后劲。2004年，南京化工厂立足于内涵发展、挖潜改造，进一步调整品种结构，巩固技术优势，提高持续发展能力。烧碱装置完成隐患治理后，通过加快除槽进度、优化蒸发运行方式和工艺参数等措施，电解电流稳步提升到3.20万安培，基本实现达产达标。防老剂4020和环己胺进一步做大，实现新的增长。危险化学品码头经过改造，实现对外开放，打开水路运输第三效益源。

实施改制分流，推进企业改革。2004年，南京化工厂改革工作持续推进。检修安装公司完成改制分流，顺利实现挂牌运行。中、小学校正式移交地方，完成人员、资产移交工作。部分富余人员按照石化集团公司有关规定开展协议解除(协解)劳动合同，共有308人办理了“协解”手续。厂办集体企业燕江化工厂人员“协解”及中层管理人员精简分流工作稳步推进实施。

加强“三基”工作，确保安全生产。2004年认真落实各级安全生产责任制，继续实行安全承诺和关键装置、要害岗位定点联系制度，加强日常自查和工厂层面安全检查工作，举一反三抓好隐患治理和各项防范措施的落实。进一步完善重大事故应急救援预案，提高应急处理能力。以强化“三基”管理为重点，加大安全环保教育力度，加强现场管理，进一步提高全员安全素质。

南京化工厂主要经济指标及主要产品产量见表1、表2。

（王志方）

**【南京化工公司与南京化工厂改革重组正式启动】** 经过较长时间的酝酿和准备，2004年10月25日，石化集团公司召开总经理办公会议，专题研究改革重组工作，标志着大、小南化改革重组正式，进入可研报告编制及方案实施阶段。

南京化工公司与南京化工厂的改革重组，是石化集团公司围绕总体发展战略，适应市场变化并结合企业实际作出的重要战略决策，对调整区域产品结构、优化资源配置、实现企业扭亏脱困和振兴发展具有重要意义。两家企业的改革重组按照“总体规划、分步实施、先建后停、一步到位、兼顾效益、不丢市场”的原则进行。总体方案分两期实施，第一期着重发展现有有机中间体、橡胶助剂等精细化学品和基础化工原料，进一步凸显规模优势和技术优势；第二期发展与石油化工配套的延伸加工产品，逐步形成完善的上下游一体化的基础化工和石油化工产品链。

两家企业改革重组后，年销售收入将由56亿元增至100亿元以上，利税由3亿元增至12亿元，成为国内化工行业的一艘巨轮。

（王志方）

**【危险化学品码头启用】** 2004年8月，南京化工厂自备码头经过改造，首次承担大宗原料接卸任务，标志着南京化工厂危险品码头正式投入启用。

为充分发挥长江黄金水道运力大、成本低的优势，打开工厂水路运输第三效益源，从2004年1月起，南京化工厂将码头改造纳入重点工作计划全力推进，累计投入621万元，把原有40米水泥趸船改造为65米钢制趸船，并配套改造输送管线，顺利实现纯苯、盐卤、邻硝基氯化苯等大宗原料和产品的直接进出口工作。

南京化工厂危险品码头改造后，形成3 000吨泊船能力，年货物吞吐量可达60万吨以上。

（王志方）

**【检修安装公司实现改制分流】** 2004年9月，南京诚安建筑安装有限责任公司挂牌成立，标志着南京化工厂检修安装公司改制分流工作取得新的进展，改制单位正式走上自立生存、自我发展的道路。

南京诚安建筑安装有限责任公司的前身是南京化工厂检修安装公司，成立于2001年，为保障工厂生产装置的安稳长满优运行，承担了大量急、难、险、重检维修任务。根据石化集团公司非上市部分“十五”改革发展总体目标，结合企业主辅分离、优化结构、深化改革的需要，南京化工厂继2003年厂办幼儿园成功实施改制分流后积极、稳妥地推进检修安装公司的改制分流工作。操作中力求把政策吃透，把方案做全，把工作做细，并在地方政府的支持和帮助下，由109名职工组成的南京诚安建筑安装有限责任公司顺利实现了角色的转换，步入市场化运作的轨道。

（王志方）

**【开展反倾销应诉工作】** 根据中国加入 WTO 后贸易新规则，南京化工厂积极开展针对印度政府提出的促进剂 CBS 反倾销应诉工作。

2004 年 7 月，南京化工厂接到印度商工部反倾销主管当局反倾销调查立案公告，对从中国进口的橡胶助剂立案进行反倾销调查，南京化工厂因促进剂 CBS 出口印度而成为调查产品进口商之一。对此，南京化工厂成立专项工作组，按照国际贸易规则，认真开展反倾销应诉工作。

通过积极开展反倾销应诉工作，南京化工厂有望使出口印度的促进剂 CBS 免除加征 47% 关税，并为其他产品的出口创造有利条件。同时，在应诉实战中锻炼了队伍，积累了应对国际竞争的宝贵经验。

（王志方）

**【顺利完成中、小学校移交地方】** 根据 2004 年 9 月石化集团公司与江苏省人民政府签署的中、小学，公安机构移交协议书，2004 年 10 月，南京化工厂与南京市栖霞区政府正式签订中、小学移交协议。南京化工厂顺利完成中、小学 150 名教职工移交地方，实现了企业办社会职能的进一步分离。

（王志方）

**【燕江化工厂部分职工协议解除劳动合同】** 根据石化集团公司减员分流文件精神，2004 年 12 月，南京化工厂稳步开展燕江化工厂部分职工“协解”工作。

燕江化工厂为南京化工厂下属集体企业，成立于 1967 年，长期以来主业优势不明显，市场竞争力不强，依靠与南京化工厂的关联交易维持生存。为在改革重组中妥善分流安置富余人员，在石化集团公司支持下，南京化工厂开展了此项工作，共“协解”403 人，为燕江化工厂下一步实施改制分流创造了条件。

（王志方）

**【中层管理人员实施精简分流】** 2004 年 12 月，南京化工厂开展中层管理人员精简分流工作，有效精简 47 人，幅度达 36%。

随着近年来改制分流、减员增效等改革措施的深入推行，中层管理人员精简分流工作逐步成为深化改革的必然要求。按照精简、高效的原则，南京化工厂开展了此次中层管理人员精简分流工作，主要途径有转聘、参加改制分流、内退、离岗调研、解除合同等，实施精简分流后进一步促进了南京化工厂人力资源的优化配置。

（王志方）

**表 1**　**南京化工厂主要经济指标**　亿元

| 指标名称 \ 年份 | 2004 | 2003 | 2002 | 2001 | 2000 | 1999 |
|---|---|---|---|---|---|---|
| 工业总产值① | 13.41 | 14.60 | 12.48 | 10.95 | 9.95 | 9.22 |
| 工业增加值 | 3.15 | 2.75 | 2.20 | 2.26 | 2.00 | 1.84 |
| 资产总计 | 7.66 | 7.25 | 7.22 | 7.17 | 6.86 | 6.75 |
| 流动资产 | 3.39 | 2.87 | 2.69 | 2.98 | 2.97 | 2.81 |
| 固定资产原值 | 7.84 | 7.79 | 7.39 | 6.28 | 6.49 | 6.10 |
| 固定资产净值 | 3.57 | 4.03 | 3.76 | 3.08 | 3.47 | 3.24 |
| 销售收入 | 13.35 | 10.12 | 8.76 | 8.29 | 7.48 | 6.40 |
| 实现利税 | 0.37 | 0.36 | 0.48 | 0.35 | 0.18 | 0.43 |
| 税　金 | 0.27 | 0.32 | 0.32 | 0.49 | 0.45 | 0.40 |

① 1999—2003 年按 1990 年不变价计算。

**表 2**　**南京化工厂主要产品产量**　万吨

| 产品名称 \ 年份 | 2004 | 2003 | 2002 | 2001 | 2000 | 1999 |
|---|---|---|---|---|---|---|
| 硝基苯 | 5.84 | 5.70 | 5.51 | 5.07 | 4.38 | 3.99 |
| 对硝基氯化苯 | 5.95 | 5.60 | 4.55 | 3.95 | 3.12 | 2.47 |
| 邻硝基氯化苯 | 3.29 | 3.11 | 2.58 | 2.18 | 1.74 | 1.36 |
| 苯　胺 | 4.25 | 4.12 | 3.99 | 3.59 | 2.91 | 2.63 |

续表

| 产品名称＼年份 | 2004 | 2003 | 2002 | 2001 | 2000 | 1999 |
|---|---|---|---|---|---|---|
| RT培司 | 0.93 | 1.32 | 1.15 | 1.13 | 0.68 | 0.56 |
| 烧　碱 | 5.49 | 4.38 | 4.54 | 4.49 | 4.38 | 4.52 |
| 氯化苯 | 7.16 | 6.53 | 5.44 | 4.74 | 4.25 | 3.36 |
| 防老剂RD | 0.91 | 0.64 | 0.45 | 0.28 | 0.21 | 0.20 |
| 防老剂4020 | 0.50 | 0.46 | 0.30 | 0.19 | 0.11 | 0.16 |
| 防老剂4010NA | 0.71 | 0.59 | 0.54 | 0.50 | 0.44 | 0.49 |

## 清江石化公司

**【概述】** 中国石化集团清江石油化工有限责任公司(简称清江石化公司)位于江苏省淮安市西郊工业区，京杭大运河穿厂而过，建有2座5 000吨级的水运装卸码头。淮安市已经成为苏北公路、铁路枢纽，水陆交通便捷。

清江石化公司始建于1958年，1959年投产，时称清江半焦厂，后根据产品等变化，曾更名为清江人造石油厂、清江化工厂、清江石油化工厂、淮阴清江石油化工有限公司，1999年整体划转石化集团公司后，更为现名。清江石化公司是一家以原油加工为基础，以精细油品、精细化工和各种系列特种溶剂油为特色的国家大(二)型石油化工企业。截至2004年底，清江石化公司拥有总资产7.14亿元，占地80万米$^2$，职工总数1 606人(其中各类专业技术人员376人，高级职称10人，中级职称71人)，拥有120万吨/年原油一次加工、70万吨/年二次加工、20万吨/年柴油加氢、8万吨/年煤油加氢精制、10万吨/年气体分离、5万吨/年冷冻脱蜡、6万吨/年溶剂油分离、5 000万吨/年聚醚、2 000万吨/年乙醇胺等生产能力，共18套生产装置。主要产品有：汽油、柴油、无味煤油、液化石油气、多种型号溶剂油、高档铝箔轧制液、精丙烯、乙醇胺、乙二醛、消泡剂、多种系列聚醚等80余个品种。产品注册商标“双猫牌”。

2004年，清江石化公司继续围绕“不与大石化比规模，要与大石化比特色”的指导思想和“重油轻质化，轻油特种化，石化产品精细化，生产经营多样化”的企业发展战略，在技术改造和经济效益等方面又迈出了新的步伐。10万吨/年气体分离、5万吨/年冷冻脱蜡、MTBE等装置相继建成，使企业以原油炼制为基础，以多系列特种溶剂油等精细油品和精细化工为发展重点和特色的生产结构初具规模，产品的品种、质量和数量得到进一步提升。

2004年，清江石化公司在面临国际市场原油价格大幅上升，连创历史新高，成品油价格总体偏低的形势下，根据石化集团公司“发展有新思路，改革有新突破，开放有新局面，工作有新举措，效益有新增长”的总要求和“保安全、保稳定、保市场、争效益”的工作方针，紧紧围绕2004年度各项经济指标，通过积极的技术改造、扎实的基础管理、灵活的营销手段，使企业盈利势头不减。2004年完成原油加工量89.56万吨，主营业务收入26.09亿元，利润4 116万元，完成增加值4.44亿元，国有资产保值增值率为110.66%。产品出厂质量合格率和技术监督部门抽检合格率保持100%。

2004年，清江石化公司围绕专业化和特色化的企业发展战略，共投入8 912万元用于生产装置配套技改，10万吨/年气分装置、MTBE装置分别于4月和10月建成并投产。特种溶剂油、铝箔轧制液等加氢产品产销量比2003年增长了95.31%。全年开发新产品并投入生产3项。

2004年，清江石化公司内部改革进一步深化，管理工作紧紧围绕“三基”进行，扎实细致地做好提“三率”、降“四耗”、压“五费”工作。工资分配根据市场价位和岗位、责任、贡献的不同，进一步拉大档次。成本管理已成为基础管理工作的核心内容，各生产经营单位都在年初对公司下达的目标成本、效益进行分解，通过加强核算与员工分配挂钩、与干部考核挂钩，保证目标实现。全年千人负伤率为0，无任何重大安全和火灾事故，无刑事和治安案件。

2004年，清江石化公司精神文明与物质文明建设获得了同步快速发展，荣获了江苏省厂务公开先进单位，工会工作荣获淮安市一等奖，涌现出嵇岳明、徐志成、魏家禄、王佐军等一批全国、省、市级劳动模范，董事长、党委书记王永和再次获得淮安市委、市政府授予的 2004 年度工业重大技改工程项目建设一等功。

清江石化公司主要经济指标和产品产量见表 1、表 2。

（王清宁）

**【10 万吨/年气体分离装置建成投产】** 2004 年 4 月 21 日，清江石化公司配套技改项目 10 万吨/年气体分离装置建成，并一次开车成功。该装置投入运行后，将为清江石化公司产品结构的进一步优化调整，实现石化产品精细化经营战略提供有效的资源保证。

（王清宁）

**【2 万吨/年 MTBE 装置建成投产】** 2004 年 9 月 28 日，清江石化公司 2 万吨/年 MTBE 装置一次开车成功。该装置的建成投产，对有效提高清江石化公司汽油质量将起到积极作用。

（王清宁）

**【围绕产量、质量和特色化进行技术改造】** 2004 年，清江石化公司的技术改造工作围绕产量、质量和特色化三方面展开，全年完成技改费用 8 910 万元。10 万吨/年气体分离装置和 2 万吨/年 MTBE 装置相继建成投产，为公司经济效益和生产方案的灵活调整创造了条件。与抚顺石油化工研究院合作进行的加氢改造，使其不仅能加工轻质溶剂油，也能加工重质溶剂油，加工后的重质油品作为生产橡胶填充油、铜和不锈钢轧制油等特种油品原料。与上海巴盛合作的尿素脱蜡装置，可以用来生产航天燃料、变压器油等新产品。

（王清宁）

**【信息化建设迅速向生产经营前沿延伸】** 2004 年，清江石化公司信息化工作强化了为生产经营一线的服务功能，完成了华东销售公司办事处、地磅房等 20 余个生产经营场所局域网的连入。为了克服与总部联系有时不稳定的现象，11 月份开始租用中国电信一条 512k DDN 专线，实现了总部要求“天地”一体、互为备份的主干线路。实现了 10M 的因特网接入。在开通金凯迅财经信息系统平台后，又买下了东方油气原油、燃气及各种成品油市场的信息使用权。建设完成全公司安全生产监控系统。

（王清宁）

**【百日安全无事故竞赛活动扎实深入】** 2004 年 10 月 10 日—2005 年 1 月 20 日，在石化集团公司统一部署下，清江石化公司扎实深入地开展了一场主题为“强三基、反三违、抓整改、保安全”的百日安全无事故竞赛活动。通过竞赛，进一步强化了安全责任，规范了安全管理，促进了隐患治理，保证了全年安全生产无事故。

（王清宁）

**【中层管理人员精减分流工作完成】** 2004 年 12 月 22 日，清江石化公司根据石化集团公司的部署，对机构设置和中层管理人员进行了调整，管理机构由原来 38 个精简为 29 个，中层管理人员由原来 98 人精简为 75 人。

（王清宁）

**【富余职工分流安置工作进展顺利】** 为了鼓励自主创业，妥善安置富余职工，2004 年 8 月 23 日—12 月 31 日，清江石化公司在支付经济补偿补助金的基础上，与 62 名职工协议解除了劳动合同。

（王清宁）

**【石化集团公司副总经理刘根元来清江石化公司视察】**

2004 年 2 月 7 日，石化集团公司副总经理刘根元一行到清江石化公司进行调研。调研期间，刘根元一行听取了清江石化公司的工作汇报，到主要生产装置看望了当班人员，对清江石化公司继续围绕“特”字做文章予以了充分肯定，要求企业进一步强化“三基”工作，深化内部改革，保持经济良好势头。

（王清宁）

**【清江石化公司获江苏省厂务公开先进单位称号】** 2004年，清江石化公司进一步完善决策和管理工作的民主化、科学化体系，将厂务公开作为实现这一体系的窗口，通过制度健全、措施落实、监督到位，使厂务公开工作成为推动企业三个文明建设的重要手段，被授予江苏省厂务公开先进单位。

（王清宁）

**【嵇岳明获“全国五一劳动奖章”】** 2004 年 4 月 30 日，清江石化公司重催车间主任、党支部书记嵇岳明在江苏省淮安市人民大会堂庆祝五一表彰会上，接受了市委、市政府颁发的全国五一劳动奖章。

（王清宁）

表 1　　清江石化公司主要经济指标　　亿元

| 指标名称＼年份 | 2004 | 2003 | 2002 | 2001 | 2000 | 1999 |
|---|---|---|---|---|---|---|
| 原油加工量/万吨 | 89.56 | 79.29 | 70.71 | 64.57 | 64.16 | 45.14 |
| 工业总产值① | 20.50 | 6.38 | 4.92 | 4.15 | 4.20 | 2.67 |
| 工业增加值 | 4.44 | 3.63 | 3.25 | 1.88 | 2.52 | 1.19 |
| 资产总计 | 7.14 | 6.05 | 5.53 | 4.78 | 5.36 | 3.98 |
| 流动资产 | 3.25 | 2.54 | 2.44 | 2.07 | 3.06 | 1.96 |
| 固定资产原值 | 5.29 | 4.85 | 4.06 | 3.33 | 3.00 | 1.77 |
| 固定资产净值 | 3.52 | 3.09 | 2.70 | 2.24 | 2.05 | 0.94 |
| 销售收入 | 26.09 | 19.39 | 14.61 | 14.11 | 14.71 | 7.11 |
| 实现利税 | 3.29 | 2.69 | 2.31 | 2.03 | 2.07 | 1.11 |
| 税　金 | 2.91 | 2.22 | 1.96 | 1.78 | 1.74 | 0.92 |

① 1999—2003 年按 1990 年不变价计算。

表 2　　清江石化公司主要产品产量　　万吨

| 产品名称＼年份 | 2004 | 2003 | 2002 | 2001 | 2000 | 1999 |
|---|---|---|---|---|---|---|
| 汽　油 | 28.61 | 25.00 | 19.44 | 17.22 | 13.04 | 5.40 |
| 煤　油 | 0.46 | 0.23 | 0.21 | 0.07 | 2.91 | 3.84 |
| 柴　油 | 20.12 | 18.67 | 20.67 | 21.13 | 17.19 | 10.89 |
| 重　油 | 4.35 | 3.99 | 3.70 | 4.30 | 6.54 | 7.65 |
| 液化气 | 8.91 | 10.55 | 8.35 | 6.91 | 6.79 | 2.65 |
| 190# 溶剂油 | 0.99 | 1.23 | 1.55 | 0.71 | 2.27 | 1.56 |
| 油漆工业溶剂油 | 3.30 | 4.09 | 3.55 | 2.79 | 3.12 | 1.12 |
| 其他油墨溶剂油 | 1.18 | 0.99 | 0.81 | 0.42 | 0.66 | 0.14 |
| D 系列溶剂油 | 3.89 | 1.32 | 1.20 | 0.75 | 0.54 | 1.20 |
| 其他溶剂油 | 0.42 | 0.85 | 0.90 | 0.65 | 0.66 | 0.21 |
| 化工轻油 | 0.32 | 0.37 | 1.67 | 2.33 | 1.71 | 0.83 |
| 溶剂油料 | 0.14 | 0.44 | 0.13 | 0.25 | 1.27 | 0.25 |
| 300# 液体石蜡 | 1.82 | 0.93 | 0.90 | 0.39 | — | — |
| 高档铝箔轧制油 | 2.92 | 1.72 | 1.17 | 0.88 | — | — |
| 4# 燃料油 | 0.69 | 1.56 | — | — | — | — |
| 乙醇胺 | 0.01 | 0.01 | 0.01 | 0.01 | 0.02 | 0.04 |
| 聚醚产品 | 0.05 | 0.09 | 0.09 | 0.08 | 0.07 | 0.03 |

## 保定石化厂

**【概述】** 中国石化集团保定石油化工厂（简称保定石化厂）位于河北省保定市西北郊工业区，占地面积 44 万米²，是集石油炼制、建筑防水材料生产于一体的国有大一型企业。2004 年有加工能力 70 万吨/年常减压装置、16 万吨/年催化裂化装置、6 万吨/年氧化沥青装置、1 400 万米²/年防水卷材生产装置和 6 000 千瓦热电联产装置各一套，并配有原油长输管道、油品储罐、自备铁路专用线、汽车运输、污水处理、机修、电气、仪表等生产辅助设施。主要产品有 90#、

70#汽油、5#、0#、-10#柴油、200#溶剂油、10#建筑沥青、液化石油气、工业燃料油以及四大系列、20多类、100多个品种的高中档防水卷材产品。保定石化厂地处京、津、石大三角腹地，毗邻京广铁路、京深高速公路和保津高速公路，附近有华北、大港、渤海三大油田和天津、秦皇岛、黄骅三大港口，交通便利，地理位置优越。

保定石化厂始建于1972年，原行政隶属保定市化工局，1999年10月划归石化集团公司。截至2004年底，保定石化厂拥有固定资产原值5.03亿元。职工731人，各类专业技术人员173人，其中高级职称19人、中级职称87人、初级职称67人。

2004年，针对企业面临的严峻形势以及炼油主业停产以来职工思想的波动，保定石化厂领导班子始终贯彻石化集团公司"鼓劲、顺气、抓实"的工作方针，坚定信心、振奋精神、周密细致地围绕着团结、稳定、生存、发展的主线做了大量实质性的工作，积极寻找产品有市场、服务有特色、技术先进、竞争力强又与企业现有工艺装备相适应的新项目，同时努力盘活存量资产，充分利用现有设备开展生产自救，从整体上维护了稳定的生产生活秩序。2004年保定石化厂生产防水卷材62.49万米$^2$，蒸汽11.30万吨，外供蒸汽9.09万吨，经营汽柴油4 400吨，液化气700吨，实现销售收入0.32亿元。

保定石化厂主要经济指标和主要产品产量见表1、表2。

（张姿琳）

**【抗氧剂2246项目试车投产】** 经石化集团公司立项，由保定石化厂、上海石油化工研究院、高桥石化公司共同委托无锡市恒禾工程咨询设计有限公司设计和开发的生产规模为300吨/年的2,2′-亚甲基双(4-甲基-6-特丁基苯酚)(简称抗氧剂2246)项目，经过一年多的设备订货、厂房改造、施工建设，于2004年11月27日正式在保定石化厂试车投产，并于11月29日得到合格产品。抗氧剂2246是通用型强力双酚类抗氧剂，广泛应用于天然橡胶、各种合成橡胶等合成材料，以及石油产品、食品、医药、化妆品、信息记录材料等领域。抗氧剂2246因具有挥发性小、橡胶加工过程中抽出损失小，热稳定性好、防老化性能好等优点而在合成橡胶的应用中受到重视，国外已经大量使用和推广。作为保定石化厂关闭小炼油装置后实施产业结构调整的启动项目，抗氧剂2246的试车成功对保定石化厂在产业结构调整中解决生存和发展问题、对上海石油化工研究院科技成果转化为生产力、对拥有8万吨/年顺丁橡胶生产的上海高桥分公司化工厂降本增效、提高顺丁橡胶生产和产品质量水平均具有重要意义。

（张姿琳）

**【妥善解决厂办集体企业油品加工厂遗留问题】** 保定石化厂油品加工厂是1983年经保定市计委批准，由保定石化厂负责组建的集体企业，主要产品有乳化沥青、石蜡等。职工132人，退休职工47人。1999年10月保定石化厂划转到石化集团公司后，油品加工厂因集体企业性质不能同时划转。2000年7月根据石化集团公司安排，保定石化厂炼油主业停产，油品加工厂失去赖以生存的依托，企业出现严重亏损，于2001年被迫停产，职工工资、养老保险、医疗保险、失业保险等无力支付。2004年初，该集体企业职工连续多次到总部上访反映情况，要求解决问题。

2004年3月，石化集团公司委托保定石化厂出面解决原集体企业历史遗留问题。接受总部任务后，保定石化厂领导班子本着积极稳妥、执行政策、公平公正、协商一致、规范操作的原则，认真做好职工的思想工作，积极帮助与地方政府协调谈判，经过艰苦努力，对132名职工解除了劳动合同，处理了132名职工和47名退休职工的遗留问题及养老保险、医疗保险、失业保险、工伤保险、档案社会管理的移交问题，妥善处理了油品加工厂的终止关闭工作，保持了企业形势稳定，解决了多年悬而未决的历史遗留问题，圆满完成了总部交付的任务。

（张姿琳）

**【规范离退休人员企业补贴工作】** 根据石化集团公司《规范离退休人员企业补贴的意见》(中国石化人[2004]813号)和《规范离退休领导人员企业补贴实施办法》(中国石化人[2004]814号)的精神，保定石化厂在认真学习文件、详细摸底测算、适当拉开差距的基础上，制定出了本厂规范离退休人员企业补贴的实施方案。方案出台后，组织人事部门向离退休人员广泛地宣讲政策、征集意见、解答疑问，体现了合理、公平、透明的办事原则。在报请石化集团公司总部审核批准后，保定石化厂于2004年底正式发放了规范后的离退休人员企业补贴，平稳、顺利地完成了规范离退休人员企业补贴工作。

（张姿琳）

**【企业内部网络资源实现全面共享】** 根据2004年石化集团公司召开的信息化工作电视电话会议精神，保定石化厂制定了企业内部网络的改造规划，将主干网传输线路改为光纤接入，主干网络交换设备更换为具有

3层交换功能的交换机，分支选择一般100比特/秒交换机，有计划地更新淘汰了部分旧设备，并连接了长度约3千米的光纤电缆将全厂各单位的计算机系统全部纳入企业局域网中。实现了全厂网络资源的共享，为企业ERP及CIMS的全面实施打下坚实的基础。

（张姿琳）

表1　保定石化厂主要经济指标　亿元

| 指标名称＼年份 | 2004 | 2003 | 2002 | 2001 | 2000 | 1999 |
|---|---|---|---|---|---|---|
| 原油加工量/万吨 | — | — | — | — | 17.97 | 39.59 |
| 工业总产值① | — | — | 0.27 | 0.25 | 0.91 | 1.82 |
| 炼油工业产值 | — | — | — | — | 0.77 | 1.67 |
| 其他工业产值 | — | — | 0.12 | 0.12 | 0.14 | 0.15 |
| 工业增加值 | — | — | -0.06 | 0.28 | -0.09 | 0.65 |
| 资产总计 | 3.07 | 3.12 | 5.28 | 5.31 | 5.37 | 5.89 |
| 流动资产 | 1.01 | 0.99 | 1.45 | 1.39 | 1.38 | 1.81 |
| 固定资产原值 | 5.03 | 5.03 | 5.06 | 5.04 | 5.04 | 4.93 |
| 固定资产净值 | 3.62 | 3.71 | 3.88 | 3.83 | 3.90 | 3.90 |
| 销售收入 | 0.32 | 0.35 | 0.36 | 0.19 | 3.42 | 5.66 |
| 实现利税 | -0.39 | 0.01 | 0.02 | 0.02 | 0.20 | 0.16 |
| 税　金 | 0.01 | 0.01 | 0.02 | 0.02 | 0.02 | 0.53 |

① 1999—2003年按1990不变价计算。

表2　保定石化厂主要产品产量　万吨

| 产品名称＼年份 | 2004 | 2003 | 2002 | 2001 | 2000 | 1999 |
|---|---|---|---|---|---|---|
| 汽　油 | — | — | — | — | 3.44 | 7.82 |
| 90# | — | — | — | — | 2.73 | 4.66 |
| 70# | — | — | — | — | 0.71 | 3.16 |
| 柴　油 | — | — | — | — | 5.88 | 13.07 |
| 燃料油 | — | — | — | — | 4.28 | 8.93 |
| 溶剂油 | — | — | — | — | 0.75 | 1.24 |
| 液化气 | — | — | — | — | 0.47 | 1.20 |
| 沥　青 | — | — | 0.13 | — | 1.78 | 3.91 |
| 石脑油 | — | — | — | — | 0.20 | 0.64 |
| 改性防水卷材/万米$^2$ | 62.49 | 51.91 | 58.44 | 77.68 | 113.27 | 145.70 |
| 蒸　汽 | 11.30 | 18.00 | 20.12 | 17.80 | 11.60 | 16.00 |

## 青岛石化公司

**【概述】** 中国石化集团青岛石油化工有限责任公司（简称青岛石化公司）位于山东省青岛市李沧区，占地69.2万米$^2$，厂区临近黄岛油港，有两条原油输油管线分别与黄岛油库、东黄输油管线相接，另有两条汽、柴油输油管线与青岛石油公司油库相接。自备铁路与胶济线相连，厂外公路与济青、青银高速公路相依。地理位置十分优越，交通运输四通八达。

青岛石化公司始建于1964年，其前身为青岛市地方所属的青岛石油化工厂，2000年12月整体划转石化集团公司后改名为中国石化集团青岛石油化工厂，是一家具备300万吨/年原油加工能力的国有大一型石油化工企业。2003年，青岛石化厂成功实施债转股，按照《公司法》等法律法规和国务院有关债权转股权的有关规定，新设立了中国石化集团青岛石油化工有限责任公司。2004年元月14日，青岛石化公司董事会、监事会分别召开了首届一次会议，公司董事会、总经理工作班子、监事会，分别按照《公司法》、《公司章程》的有关规定开始正式动作。当年2月29日，举行了公司挂牌仪式。截至2004年底，企业总资产为74.79亿元，资产负债率为80.06%，在岗职工总数1 642人，具有各类专业职称的人员379人，占职工总数的23.08%。公司设有23个处室、9个车间，另有4人独立核算、自负盈亏的经济实体。

主要生产装置有：300万吨/年常减压蒸馏、100万吨/年重油催化裂化、35万吨/年重油催化裂化、60万吨/年柴油加氢精制、25万吨/年催化重整、15万吨/年气体分馏、2万吨/年气体分馏、5 000吨/年聚合及汽油脱硫醇、硫磺回收、氧化沥青等。另有与生产装置相配套的蒸汽锅炉、变配电站、污水处理、铁路装卸油、空气分离及储存能力为25.37万米$^3$的原油、成品油储罐等系统公用工程。

主要产品有汽油、煤油、柴油、溶剂油、石脑油、燃料重油、液化气、车用液化气、商品干气、丙烯、聚丙烯、硫磺等10余种。

2004年，青岛石化公司克服各种困难，围绕强化管理、降本压费、扭亏增盈、改制分流、加快发展，开展了卓有成效的工作，较好地完成了全年各项指标和任务。在当年国际油价持续震荡攀升、国内成品油市场需求旺盛、国家从宏观调控需要出发对成品油价格从紧控制的复杂形势下，通过优化原油采购和运输，最大限度发挥装置生产能力，主要产品产量实现大幅度增长，确保了成品油市场供应，生产经营工作取得较好业绩。全年加工原油247.26万吨，比上年增长32.61%；催化处理量达到108.14万吨，同比提高17.68%；生产轻质油186.49万吨，同比增长29.11%。全年销售收入达到64.76亿元，比上年增长54.19%；利税合计近5亿元，比上年增长34.50%，其中：税金总额达到4.93亿元。其他各项技术经济指标均比上年有不同幅度的提高，全面完成了石化集团公司下达的各项考核指标。

2004年，青岛石化公司党委积极落实石化集团公司党组和中共青岛市委的要求，在学习和贯彻党的十六届三中、四中全会的基础上，以“三个代表”重要思想为指引，紧紧围绕石化集团公司提出的“鼓劲、顺气、抓实”的要求，坚持解放思想、实事求是、与时俱进、开拓创新的工作思路，围绕企业中心工作大力加强和改进党建和思想政治工作，以“打造新文化、树立新形象、再创新效益、实现新腾飞”主旋律活动的开展为载体，全面落实企业各项生产经营、改革改制等任务，党的建设、班子建设、思想政治工作和精神文明建设等各方面都取得了较好成绩，有力地促进了企业生产经营的持续增长、企业内部改革的稳步推进和企业基础管理工作的进一步加强，使党建和思想政治工作为企业生产经营、改革发展的顺利开展提供了有力的政治、思想和组织保证。青岛石化公司党委被中共青岛市工交工委评为全市先进基层党组织。

青岛石化公司主要经济指标和主要产品产量见表1、表2。

（周立川）

**【原油加工量再创历史新高】** 2004年，青岛石化公司坚决按照石化集团公司提出的“保安全、保市场、保稳定、增效益”的工作方针，优化原油采购和运输，千方百计提高装置运行水平，最大限度发挥生产能力，炼油负荷首次突破80%。特别是在全年加工原油品种达14种之多的情况下，以确保各装置安、稳、长、满、优运行为中心，克服各种困难和压力，优化生产流程和装置操作条件，严格落实工艺控制指标，进一步提高轻油收率和综合商品率，主要产品产量实现大幅度增长，确保了成品油市场供应，生产经营工作取得较好业绩。全年加工原油247.26万吨，比上年增长32.61%，这是青岛石化公司建厂以来加工原油量最高的一年。

（周立川）

**【技改工程项目进展顺利】** 2004年，青岛石化公司坚持“调整结构、量入为出、科学决策、优化项目”的原则，在组织实施配套完善技改工程各在建项目的过程中，完善投资决策程序，强化质量和进度管理，实现了各项目按计划建成投产、投用的预定目标。20万吨/年气分装置于6月中旬顺利投产，投产后只用半年时间就收回了投资，取得了良好的投资效益。2.8万米$^3$轻油罐区、污水处理场改造、黄岛油库—青岛石化原油管线等项目已按计划建成投用或达到投用条件。组织进行了聚丙烯改造项目开工建设的前期准备工作，预计2005年3月份该项目将组织开工建设。

（周立川）

**【跻身全国大型工业企业和全省工业企业集团100强行列】** 2004年7月，国家统计局公布了最新排定的2003年度全国大型工业企业名单，在入围的1 948家工业企业中，青岛石化公司名列第295位。同时，在山东省经贸委和统计局公布的2003年度山东省工业企业(集团)100强的名单中，青岛石化公司位居第37位，在青岛市上榜企业中位居第9名。

（周立川）

【强化管理、降本压费，挖潜增效取得明显成效】 2004年，青岛石化公司通过进一步加强全面计划预算管理，改进和细化成本费用管理，全公司管理费用、财务费用、检修费用、人工成本等费用合计为2.20亿元，与2003年相比下降20.45%。炼油单位完全费用为164.99元/吨，比年初预算220元/吨低55.01元/吨；炼油单位现金操作费用为110.70元/吨，比年初预算156元/吨低45.30元/吨。在确保资金安全的前提下，实施了资金投资运作，有效防范和化解了债务风险。全年节约财务费用约2 000万元，委托贷款总额达到46亿元，净收益实现2 100万元。

（周立川）

【参加安全生产演讲比赛和安全知识竞赛活动成绩优良】 2004年7月上旬，青岛市安全生产委员会举行了青岛市"石化杯"安全生产演讲比赛。青岛石化公司参加比赛的3名选手，最终全部进入决赛，分别获得三等奖、优胜奖和纪念奖。另外，还组织有关人员参加了青岛市安全生产委员会组织的安全知识竞赛活动，两组选手全部进入决赛，并最终获得了二等奖和三等奖。

（周立川）

【组织举办职业安全卫生知识培训班】 2004年4月，青岛石化公司组织了由全部一线岗位职工参加的职业安全卫生知识培训班，邀请安全工程研究院的专家进行授课。授课内容包括安全生产法、职业病防治法、危险化学品安全管理条例、危险化学品安全管理的主要法律法规和作业人员的责任、易燃易爆化学品的危害及控制以及有毒化学品的危害及预防等知识。同时把安全教育培训与实际操作演练有机结合起来，各车间每季度组织事故应急预案演练，提高了岗位职工应付突发事故的能力和安全操作水平。

（周立川）

【参加石化集团公司首届职工文艺汇演取得良好成绩】 2004年8月20日，青岛石化公司组队参加了由石化集团公司举办的第一届职工汇演胜利油田赛区的比赛。在比赛中，青岛石化公司12名选手分别表演了自编、自导的说唱表演《石化颂歌》、舞蹈《春天的故事》，充分展示了青岛石化公司的企业形象和精神文明建设的成果，并最终获得演出三等奖和优秀组织奖。

（周立川）

【全面启动企业文化建设工作】 为使企业文化建设更能凸现自身特色，增强企业的核心竞争力，青岛石化公司于2004年3月开始启动企业文化建设工作。3月中旬，邀请有关企划机构来公司开展前期调查。5月25日，召开企业文化建设宣贯会，邀请有关专家授课。6月28日，青岛石化公司召开提升企业文化建设动员大会，标志着企业文化建设工作正式拉开帷幕。随后，在全公司范围内开展了企业文化用语征集、企业文化建设座谈会等一系列工作。全面开展企业文化建设工作，将对企业管理和可持续发展起到积极的推动作用。

（周立川）

【承办青岛市第八届职业技能大赛石化赛区比赛】 2004年10月25日，青岛市第八届职业技能大赛石化赛区的比赛在青岛石化公司举行。本次炼油工种的比赛呈现新特点，考试采用综合考题的形式，涉及到全公司各个生产装置的技术知识和操作技能以及相关辅助工种知识。青岛石化公司刁克宦、夏平波、徐玉田3名选手分获青岛市石油炼制工、化工仪表维修工、锅炉工3个工种的状元称号，另有15人获得青岛市技术能手称号。刁克宦、夏平波被共青团青岛市委授予青岛市青年岗位能手称号，刁克宦还获得山东省技术能手称号。

（周立川）

【组织实施中层管理人员精简分流工作】 2004年下半年，青岛石化公司按照石化集团公司的统一部署，结合本企业实际情况，积极推进对中层管理人员实施精简分流的工作。截至2004年底共精简了15个中层管理岗位，精简分流中层管理人员16人，占原中层管理人员总数的21.6%。同时确定了下一步继续按照实际需要，重新设置组织机构、科学定岗定编、实行全体竞争上岗的工作目标。

（周立川）

表1 青岛石化公司主要经济指标 亿元

| 指标名称＼年份 | 2004 | 2003 | 2002 | 2001 | 2000 | 1999 |
|---|---|---|---|---|---|---|
| 原油加工量/万吨 | 247.26 | 186.45 | 152.03 | 105.87 | 120.36 | 103.44 |
| 工业总产值① | 64.14 | 9.79 | 7.78 | 5.45 | 5.44 | 4.26 |

续表

| 年份<br>指标名称 | 2004 | 2003 | 2002 | 2001 | 2000 | 1999 |
|---|---|---|---|---|---|---|
| 工业增加值 | 6.32 | 5.00 | 4.99 | 3.50 | 3.45 | 2.47 |
| 资产总额 | 74.79 | 30.42 | 23.6 | 21.35 | 22.55 | 19.53 |
| 流动资产 | 56.76 | 12.47 | 7.83 | 7.93 | 11.38 | 9.37 |
| 固定资产原值 | 18.44 | 16.97 | 14.48 | 11.08 | 4.05 | 4.18 |
| 固定资产净值 | 13.82 | 13.37 | 11.76 | 9.09 | 4.02 | 4.14 |
| 销售收入 | 64.76 | 42.00 | 31.64 | 22.48 | 26.05 | 13.88 |
| 实现利税 | 4.99 | 3.71 | 3.50 | 1.17 | 2.33 | 1.40 |
| 税　金 | 4.93 | 3.32 | 3.34 | 2.39 | 2.73 | 1.19 |

① 1999—2003 年按 1990 年不变价计算。

表 2　　青岛石化公司主要产品产量

万吨

| 年份<br>产品名称 | 2004 | 2003 | 2002 | 2001 | 2000 | 1999 |
|---|---|---|---|---|---|---|
| 93# 汽油 | 24.32 | 2.19 | — | — | — | |
| 90# 汽油 | 38.95 | 44.68 | 36.29 | 26.64 | 24.30 | 11.35 |
| 煤　油 | — | — | — | 1.96 | 3.67 | 2.60 |
| 0# 柴油 | 89.22 | 65.99 | 50.03 | 36.84 | 37.66 | 31.42 |
| -10# 柴油 | 15.33 | 2.13 | 7.93 | 6.13 | 4.16 | 0.02 |
| 5# 柴油 | — | — | 3.50 | — | — | — |
| 70# 汽油 | — | — | — | — | — | 10.59 |
| 石脑油 | 12.24 | 18.44 | 19.71 | 9.40 | 6.91 | 0.62 |
| 溶剂油 | 6.43 | 11.01 | 5.23 | 4.03 | 3.49 | 0.50 |
| 燃料油 | 26.51 | 11.11 | 10.04 | 6.93 | 22.72 | 34.28 |
| 软麻油 | — | — | 0.08 | 0.06 | 0.08 | 0.10 |
| 建筑沥青 | — | — | — | — | 1.82 | 2.08 |
| 道路沥青 | — | — | — | — | 0.04 | 0.04 |
| 液化气 | 17.81 | 13.58 | 10.34 | 6.68 | 5.54 | 3.67 |
| 丙　烯 | 2.95 | 0.84 | 0.75 | 0.54 | 0.74 | 0.55 |
| 聚丙烯 | 0.40 | 0.29 | 0.06 | 0.04 | 0.11 | 0.15 |

## 杭州炼油厂

**【概述】** 中国石化集团杭州炼油厂(简称杭州炼油厂)位于浙江省杭州市拱墅区康桥镇，占地 31 万米$^2$。厂区地理位置优越，紧邻高速公路和京杭大运河，有原油码头和成品油码头各一座。另在厂区东南面 2 千米处，建有单班装卸能力 12 万吨/年的铁路专用线，水、陆、铁路交通十分便利。

杭州炼油厂创建于 1951 年，经过 50 多年的建设与发展，现已成为一家以原油加工为基础，以白油系列产品和精细油品为特色的石油化工企业。全厂现有 17 个处室、8 个车间(5 个基本生产车间，3 个辅助车间)。职工总数 1 637 人，其中各类专业技术人员 174 人(其中高级职称 23 人，中级职称 68 人)，占职工总数的 10.63%；截至 2004 年底，杭州炼油厂拥有总资产 7.23 亿元，其中流动资产 3.13 亿元。

杭州炼油厂主要生产装置有：常减压—催化裂化、延迟焦化、白油加氢、柴油加氢、油品精制、石油磺酸盐、化学试剂等。同时建有与生产装置相配套的蒸汽锅炉、变配电站、污水处理、铁路装卸站及储存能力为 4.4 万米$^3$ 的原油和 1.64 万米$^3$ 成品油储罐等系统公用工程。

杭州炼油厂主要产品有汽油、煤油、柴油、液化气、白油系列产品、特种溶剂油、石油磺酸盐、化学试剂等九大类 60 多个品种牌号的产品。产品注册商标为“双环牌”。

2004 年，杭州炼油厂面对严峻的形势和各种挑战，全厂干部职工抓住市场需求增长的有利时机，精心组织生产，克服了缺电、原材料价格大幅上涨等困难，坚持做精做强，强化内部管理，积极稳妥地推进内部改革，职工精神面貌发生了新的变化。

2004 年杭州炼油厂面对复杂的生产经营环境和企业外部生产保障能力下降的严峻形势，抓住机遇，积极扩大经营总量，保持了高负荷运转。全年加工原油 70.29 万吨，同比增长 16.37%；生产白油 2.74 万吨，同比增长 18.10%；实现销售收入 20.21 亿元，同比增长 36%；实现利税 2.56 亿元，同比增长 21.33%。全年在克服减利因素 5 000 多万元的基础上，完成利润 308 万元。

2004 年杭州炼油厂根据企业发展目标，继续专心致志搞好特种油品的生产经营。白油突出高黏度、高附加值，优化了新客户群的培育，出口大幅增长，呈现出结构优化、效益提升的态势。

2004 年上半年，杭州炼油厂完成了运输公司的改制分流，使之完全进入市场化运作。进一步完善规范了提前离岗、竞争上岗等劳动人事改革办法。坚决贯彻总部“治散”的精神，清理关闭了 6 家多种经营企业。同时，完善了企业内部规章制度，积极推进建立 HSE 体系，加强物资采购监管，组织开展装置达标活动，与镇海炼化股份公司结对开展“一对一”帮促活动，强化了“三基”工作。通过努力，各项技术经济指标得到了改善，炼油单位完全费用比目标下降了 11.30 元/吨；现金操作费用比目标下降了 0.35 元/吨；管理费用、财务费用、修理费用等都有一定改善，万元产值能耗下降 32.86%。新产品开发也取得了新的成效，多种自主开发的新产品进入市场并取得明显效益。信息化管理、计划统计、能源管理、档案管理等专项管理也取得了新的成绩。

杭州炼油厂主要经济指标和主要产品产量见表 1、表 2。

（洪宇清）

**【企业获“2004 年度杭州市十大突出贡献工业企业”荣誉称号】** 杭州炼油厂 2004 年的主营业务收入超过 15 亿元，达到了 20.21 亿元，为杭州市“工业兴市”战略作出了贡献，受到了市政府的表彰，被杭州市人民政府授予 2004 年度杭州市十大突出贡献工业企业称号，厂长陈霆被授予 2004 年度杭州市十大突出贡献工业企业优秀经营者称号。

（洪宇清）

**【坚持做精做强，提升企业竞争力】** 2004 年，杭州炼油厂围绕企业核心竞争力，全力开拓白油产品市场，特别是与上海赛科公司等企业的战略合作取得了新的突破，实现了结构优化、市场份额提高、经济效益提升的良好态势。白油产品在聚苯乙烯、兽用疫苗等行业的应用大幅增长。白油产品的出口同比增长 22%，高黏度白油产品出口实现了零的突破。

（洪宇清）

**【运输公司完成改制分流】** 杭州炼油厂汽车运输公司在经过半年多的模拟运作后，于 2004 年 4 月 14 日召开了第一届股东大会，通过了公司章程，选举产生了第一届董事会、第一届监事会，并于 5 月 28 日正式挂牌营业，实现自主经营，市场化运作，成为杭州炼油厂首家改制单位。改制后的杭州双环石化运输公司，自立自强，积极开拓经营领域，企业经营状况良好。

（洪宇清）

**【大力整治隐患，提高安全生产水平】** 2004 年，石化集团公司先后 4 次对杭州炼油厂进行安全、设备大检查和督查，有效促进了全厂的现场管理。针对检查中存在的问题，全厂职工广泛动员，分阶段大力整治安全、设备隐患，积极落实整改，进一步落实安全生产“一岗一职”制，企业现场管理和设备管理水平有所提高，保证了企业生产的“安、稳、长、满、优”。

（洪宇清）

**【与镇海炼化股份公司结为“一对一”帮促对子】** 为提高存续企业的整体管理水平，促进企业经济效益的稳步增长，根据石化集团公司的安排，镇海炼化股份公司和杭州炼油厂结为“一对一”帮促活动对子。杭州炼油厂成立了以厂长任组长的工作小组，在深入调研的基础上，与镇海炼化股份公司共同制定了活动实施方案，重点是在镇海炼化股份公司的帮助下，抓好以“三基”工作为核心的企业管理、以专业管理为核心的生产管理、机动设备管理等方面的工作。企业还分期举办了中层干部“三基”工作研讨培训班，组织与会中层干部到镇海炼化股份公司进行了参观学习，深入扎实地开展结对帮促活动。

（洪宇清）

**【加强党建思想政治工作和精神文明建设】** 2004年，杭州炼油厂党委紧紧围绕企业生产经营、深化改革和发展稳定工作，大力加强党建思想政治工作和精神文明建设，各项工作取得明显成效。2004年，企业被浙江省委宣传部、浙江省委组织部、浙江省经济贸易委员会、浙江省总工会联合授予浙江省思想政治工作优秀企业称号。在杭州市工业资产经营有限公司首届职工运动会上，在田径、游泳、棋类等全部12大项的比赛中，以金牌8枚、银牌7枚、铜牌6枚，团体总分202分的好成绩，列首届运动会群英榜和总分榜第三名。

（洪宇清）

**【积极采取措施，确保有序用电】** 2004年7、8月间，杭州市电力供应严重短缺。为认真落实市委、市政府关于抗击电荒、让电于民、有序用电的要求，企业克服困难，在确保安全生产的前提下，积极采取措施，深度挖潜，努力降低电耗，最大限度地优化生产，每小时用电负荷下降380千瓦，2个月共节电54万千瓦·时，为杭州市迎峰度夏作出了贡献。

（洪宇清）

**【深化用工制度改革】** 在2004年2月召开的杭州炼油厂第十七届十二次职工代表大会上，审议通过了《中国石化集团杭州炼油厂改制分流实施方法》、《中国石化集团杭州炼油厂关于规范离岗职工管理办法的若干规定》、《中国石化集团杭州炼油厂关于经济责任制考核办法的修改意见》，为进一步推进企业改制分流、规范劳动用工制度改革和加强企业管理奠定了基础。

（洪宇清）

**【加大培训力度，提高员工综合素质】** 为切实提高员工综合素质，挖掘潜能，发挥才智，培养造就一支高素质的员工队伍，2004年，杭州炼油厂积极创造条件，为职工提供各类培训和学习的机会，全年共有762人次参加了各类岗位、技术培训，促进了职工技术和综合素质的提高。

（洪宇清）

表1　　杭州炼油厂主要经济指标　　亿元

| 指标名称＼年份 | 2004 | 2003 | 2002 | 2001 | 2000 | 1999 |
|---|---|---|---|---|---|---|
| 原油加工量/万吨 | 70.29 | 60.40 | 50.82 | 49.64 | 60.06 | 50.10 |
| 工业总产值① | 20.01 | 5.08 | 4.43 | 4.08 | 4.51 | 3.22 |
| 炼　油 | 16.45 | 4.17 | 3.70 | 3.61 | 3.93 | 2.67 |
| 白　油 | 3.03 | 0.71 | 0.63 | 0.38 | 0.42 | 0.40 |
| 工业增加值 | 3.27 | 2.40 | 2.17 | 1.64 | 2.40 | 1.72 |
| 资产总额 | 7.23 | 7.34 | 7.91 | 7.66 | 8.47 | 7.87 |
| 流动资产 | 3.13 | 2.75 | 2.92 | 2.86 | 2.72 | 1.94 |
| 固定资产 | 7.04 | 7.05 | 6.09 | 6.04 | 6.14 | 4.29 |
| 固定资产净值 | 3.80 | 4.20 | 3.71 | 4.06 | 4.27 | 2.71 |
| 销售收入 | 20.21 | 14.86 | 11.35 | 11.33 | 13.79 | 8.51 |
| 实现利税 | 2.56 | 2.11 | 1.78 | 1.59 | 1.95 | 1.36 |
| 税　金 | 2.54 | 1.88 | 1.71 | 1.58 | 1.72 | 1.28 |

① 1999—2003年按1990年不变价计算。

表2　　杭州炼油厂主要产品产量　　万吨

| 产品名称＼年份 | 2004 | 2003 | 2002 | 2001 | 2000 | 1999 |
|---|---|---|---|---|---|---|
| 液化气 | 5.92 | 4.96 | 4.11 | 3.87 | 5.70 | 5.35 |
| 车用汽油 | 13.09 | 14.32 | 14.12 | 8.08 | 10.81 | 14.44 |
| 灯用煤油 | 0.09 | — | — | 0.33 | 1.35 | 0.65 |

续表

| 产品名称 \ 年份 | 2004 | 2003 | 2002 | 2001 | 2000 | 1999 |
|---|---|---|---|---|---|---|
| 轻柴油 | 19.89 | 18.15 | 15.22 | 1.29 | 17.33 | 18.12 |
| 溶剂油 | 5.13 | 5.83 | 3.15 | 2.92 | 3.28 | 2.48 |
| 白 油 | 2.74 | 2.32 | 1.98 | 1.09 | 1.04 | 0.96 |
| 化学试剂 | 0.05 | 0.04 | 0.23 | 0.001 | 0.001 | — |

## 湛江东兴公司

**【概述】** 湛江东兴石油企业有限公司(简称湛江东兴公司)是一家中外合作炼油企业，位于广东省湛江市霞宝工业区，占地面积68.53万米$^2$。其前身是湛江美亚炼油厂，最早立项于1980年。1992年10月，经广东省计委、外经委批准成立了湛江东兴石油企业有限公司，于1993年12月建成投产。2002年3月，经国务院、原国家计委批准同意，石化集团公司通过所属的香港盛骏国际投资有限公司收购了湛江东兴的外方股东香港裕旺公司的全部股权，控股拥有了湛江东兴公司，使其成为石化集团公司直属管理的炼油企业，合作中方转为中国石化茂名石化公司。湛江东兴被收购后，继续保留了其原有的中外合作企业的性质，企业的体制、运行机制不变。截至2004年底，湛江东兴公司有职工506人，其中具有大专以上文化程度的员工270人，中级以上专业技术职称的员工119人。

湛江东兴下设：经理办公室、生产部、机动部、经营部、财务部、供应部、人事部等7个部门；常减压车间、催化车间、加氢车间、重整车间、硫磺车间、油品车间、动力车间、供排水车间、机修车间、电气车间、仪表车间、化验车间等12个车间级单位。

2004年，湛江东兴认真贯彻石化集团公司暨石化股份公司工作会议精神，在全体员工的共同努力下，面对原油、设备、材料价格大幅度攀升，设备到货晚，工农关系复杂等困难，狠抓了生产经营、炼油改扩建和改制分流工作，生产装置实现了安稳长运行，炼油改扩建顺利完成施工安装转入了投料试车阶段，改制分流取得了圆满成功，基本实现了公司董事会确定的年度目标。

湛江东兴公司主要经济指标和主要产品产量见表1、表2。

(温　福)

**【安全生产保持较好水平】** 2004年各装置经受了由于原油品种变化和原油船期耽误带来的生产调整、催化装置气压机J301A振动，以及年初和年末两次停工大修改造的严峻考验，在装置生产与施工深度交叉的情况下，全年开出一级火票4 392张、二级火票518张，一般施工作业许可证353张，进入设备作业证99张，动土证209张，高空作业证38张，临时用电票3 560张，完成了26座油罐清理动火施工，处理晃电事故13起，实现了职工因工死亡事故为零，重大火灾、爆炸事故为零，重大生产、设备、交通事故为零，以及重大环境污染事故和被投诉事件为零的目标。

(温　福)

**【炼油改扩建取得重大进展】** 自2003年8月8日湛江东兴500万吨/年炼油改扩建工程开工建设以来，湛江东兴公司克服了设计和土建滞后、设备和材料大幅度涨价、工农关系复杂等困难，开展了3个“大干一百天”活动，总变电站、动力站已投入正常运行。2004年12月20日，500万吨/年常减压装置、循环水场、公用工程、尾油罐区及联合装置配电室、中控室等项目顺利实现中间交接，完成了组织、人员、技术、物资及其他生产准备工作，工作重点已转入了投料试车上，取得了国内同类项目建设速度最快、建设投资最省和建设管理模式最新的好成绩。

(温　福)

**【改制分流取得圆满成功】** 2004年，根据石化集团公司改制分流指导意见和关于“加大力度，加快进度，推动主辅分离”的工作要求，从2004年初开始着手对后勤部、综合队和车队3个单位开展改制分流工作。2月18日正式向总部提出改制分流申请，5月27日改制分流方案获总部批复。经过资产清查、审计、评估和制定改制分流实施方案等一系列工作，2004年7月1日，设立了由全体分流人员入股的、具有独立法人资格、独立经营、自负盈亏的非国有改制公司。新成立的湛江东源实业有限公司开始正式运作，改制过程做到了职工思想稳定，管理逐步走上正轨。

（温　福）

【降本增效工作成效显著】　根据董事会和科技咨询委的意见，湛江东兴公司原油采购从 2004 年 4 月开始拓宽了原油品种，克服了重重困难，掺炼了部分较重的原油，节约了原油成本；生产上通过调整工艺，优化产品方案，多产 0# 柴油、93# 汽油和液化气。

（温　福）

【建立健全投料试车组织机构】　为了加强投料试车的统一领导和指挥，达到指挥高效、分工明确、责任到人、行动协调一致，湛江东兴公司成立了投料试车领导小组和投料试车现场指挥部，明确了人员分工和各自的工作职责。投料试车指挥部主要由公司主管经理及部门、车间领导组成，下设生产安全及技术质量组、工程保运及设备供应组和综合服务及宣传保卫组三个专业职能组。

（温　福）

【开展百日安全无事故竞赛活动】　为进一步抓好第四季度安全生产工作，实现全年的安全生产总体目标，湛江东兴公司从 2004 年 10 月 10 日开始在全公司范围内开展以“强三基、反三违、抓整改、保安全”为主题的百日安全无事故竞赛活动，深入查处生产过程中的安全隐患。在开展安全活动中共查出各种大小问题 269 项，已全部进行了整改。

（温　福）

【安全隐患治理，提高安全可靠性】　2004 年在石化集团公司安环局的大力支持下，湛江东兴公司投入 1 276万元对液化气球罐标准化整改、购置 2 台大功率进口消防车、油罐防跑油措施、中间罐区消防道路扩宽、完善气防设施、原油罐进出口阀自动控制整改、完善消防抢险设施等 7 项安全隐患进行了彻底治理。到 12 月 28 日，2004 年的隐患治理工作全部完成，提高了安全可靠度。

（温　福）

**表 1　　湛江东兴公司主要经济指标**

亿元

| 指标名称＼年份 | 2004 | 2003 | 2002 | 2001 | 2000 | 1999 |
|---|---|---|---|---|---|---|
| 原油加工量/万吨 | 184.96 | 205.13 | 203.96 | 153.77 | 165.01 | 153.83 |
| 工业总产值 | 52.54 | 49.54 | 43.78 | — | — | — |
| 资产总计 | 42.18 | 25.04 | 22.93 | 12.20 | 12.54 | 11.45 |
| 　流动资产 | 21.56 | 11.48 | 9.62 | 4.85 | 5.90 | 4.15 |
| 　固定资产原值 | 11.37 | 11.40 | 11.36 | 9.68 | 8.33 | 8.78 |
| 　固定资产净值 | 5.57 | 6.65 | 7.83 | 6.17 | 5.16 | 6.14 |
| 销售收入 | 53.41 | 49.96 | 44.53 | 31.29 | 35.60 | 21.97 |
| 实现利税 | 2.00 | 4.44 | 4.99 | 0.57 | 2.72 | 4.37 |
| 　税　金 | 3.26 | 4.11 | 4.66 | 2.40 | 2.47 | 3.56 |

**表 2　　湛江东兴公司主要产品产量**

万吨

| 产品名称＼年份 | 2004 | 2003 | 2002 | 2001 | 2000 |
|---|---|---|---|---|---|
| 汽　油 | 59.81 | 67.11 | 67.47 | 49.97 | 46.63 |
| 柴　油 | 88.75 | 96.79 | 106.33 | 72.33 | 64.12 |
| 化工轻油 | 9.10 | 16.24 | 8.61 | 5.51 | 19.86 |
| 液化石油气 | 11.62 | 12.00 | 10.12 | 7.09 | 6.13 |
| 燃料油 | 2.89 | 2.75 | 4.57 | 5.48 | 6.81 |

## 润滑油分公司

**【概述】** 中国石油化工股份有限公司润滑油分公司(简称润滑油分公司)于2002年5月29日正式挂牌组建，总部设在北京市海淀区新技术产业开发区内。润滑油分公司总占地面积150万米$^2$，是国内最大的高档润滑油产销企业。截至2004年底有职工3 931人，各类专业技术人员1 436人，高级专业技术人员111人，中级专业技术人员512人。

截至2004年底，润滑油分公司共设立了润滑油长城分公司、润滑油一坪分公司、润滑油上海分公司、润滑油天津分公司、润滑油茂名分公司、润滑油武汉分公司、润滑油燕化分公司、润滑油济南分公司、润滑油荆门分公司、润滑油天津储运分公司及上海石油商品应用研究所等13个直属单位。存续单位有长城润滑油集团有限公司(简称长城公司)和重庆一坪高级润滑油公司(简称一坪公司)。按照石化股份公司的总体安排，将原属燕化集团的天津润滑脂有限公司收购，并交润滑油分公司管理，设立为润滑油天津分公司，原润滑油天津分公司变更为润滑油天津储运分公司；将原润滑油分公司控股的环球润滑油公司股份收购，变更为润滑油济南分公司；完成原属上海石油公司的上海润滑油厂的资产划转，并入润滑油上海分公司。截至2004年底，润滑油分公司共有分公司及石化股份公司控股参股企业17个，研究单位2个，其中合资公司2个。润滑油分公司全部固定资产为16.63亿元，调合生产能力140万吨/年，包装油生产能力为70万吨/年。可生产润滑油共20大类，700多个牌号。

2004年，润滑油分公司继续加大集中统一管理的力度，加大资源的统一配置和优化利用，完成了润滑油品牌统一和营销渠道整合，进行了生产、产品、市场等资源的一系列规划，逐步形成统一的生产经营管理体制与运营机制。2004年润滑油、脂销售总量完成了126.2万吨，同比提高22%；高档油销售总量完成49.3万吨，同比提高31%；包装油达到64.5万吨，同比提高36%。其中SG、CF-4以上高端新产品同比提高61%。实现销售收入66亿元，实现利润4 296万元。存续企业中，长城公司2004年共实现销售收入2.09亿元，实现利润52万元。一坪公司实现销售收入7 300万元，实现利润43万元。

2004年润滑油分公司的工作主要是围绕品牌统一和资源整合来进行。按照中国石化的要求，上半年，润滑油分公司完成了原"海牌"、"南海牌"和"一坪牌"产品向"长城牌"转换的第一阶段品牌整合，并研究制定第二阶段品牌深度整合的工作计划和目标，确定了高档化的产品发展定位。制定了《生产资源优化方案》和《产品规划方案》，作为品牌深度整合的基本工作原则。在此基础上，实施资源的优化与配置，实现产品在技术配方、内在质量、外观形象及市场营销等方面的规范和统一。截至2004年底，新包装的系列产品已经陆续实现了在上海、茂名、济南、天津储运等分公司的生产，完成了润滑脂的品牌统一。

在市场统一管理上，制定销售区域化管理的重要原则。逐步推进区域销售管理，统一内部产品调拨及价格管理，研究制定了市场区域划分、区域化管理以及价格统一的方案；积极推进区域销售与专业销售相结合的销售组织模式。在石化股份公司的统一部署下，润滑油分公司与油品销售事业部共同实施营销渠道整合工作，发挥集团化经营的优势，实现内部资金统一结算。

在市场开发中，围绕高档油、高端新产品的推广进行产品推介，稳步推进终端网络建设，代表品牌核心价值的高端产品增幅达到50%以上，CF-4等主力高端产品的增幅超过100%，产品结构进一步改善，长城润滑油在市场上高端突破的势头越发明显。统一出口业务，全年出口越南、马来西亚、菲律宾等国家46个品种，1 600余吨产品。防冻液全年销售1.3万吨，同比增长144%，在国内防冻液市场确立了主导地位。

以800服务电话为中心，全面整合客户服务中心，开展"春风服务"活动，发挥客户服务中心在信息沟通、专业指导、投诉处理方面的作用，在同行业的影响力进一步提高。加快汽车养护连锁服务业务的发展，到目前北京已有7家连锁店正式开业，初步形成了较为规范的连锁经营管理模式。

2004年，润滑油分公司加大品牌宣传力度。利用中央电视台的广告宣传资源，投放了不同主题的广告宣传片，在地方电视台投放有关品牌转换为主题的广告片。借助中国石化与F-1赛事的合作以及成为北京2008年奥运会石化合作伙伴，长城润滑油成为北京2008年奥运会正式用油、南极科考船"雪龙号"独家专用油等事件，开展营销推广活动，品牌的知名度不断提高，对客户选油的影响力进一步增大。

润滑油分公司主要经济指标及主要产品产量见表1、表2。

(李　梅)

**【全面实现品牌统一】** 2004年4月15日，经过半年多的艰苦工作，润滑油分公司完成了包括原"海牌"、"南海牌"、"一坪牌"、"津脂牌"、"环球牌"、"古塔牌”等润滑油脂品牌向“长城牌”的转换工作。共涉及到600多个产品，1 800多个配方产品的技术标准、工艺标准、包装标准更改，编发355项企业标准，完成186个技术文件编写和审核。石化股份公司高级副总裁王天普在代表党组向润滑油分公司发来的贺信中指出：润滑油品牌统一必将作为中国石化发展历史上重要的一页被载入史册。

（李　梅）

**【实施品牌深度整合】** 在润滑油分公司进行第一阶段品牌整合时，为确保市场平稳过渡，保留了原品牌产品的包装形式与产品品种，但由于各产地包装、品种、价格的不一致，造成客户对长城润滑油统一后品牌的认知困难。从2004年4月起，润滑油分公司研究制定了《生产资源优化方案》、《产品规划方案》，并进行了相应的技术改造，统一了所有的产品品种、配方与包装形式，确定了市场销售区域化与专业化相结合的基本原则。2004年12月，润滑油分公司全面完成了品牌深度整合工作。

（李　梅）

**【燕化集团天津润滑脂公司划归润滑油分公司】** 在石化股份公司的统一部署下，原燕化集团天津润滑脂公司全部资产由石化股份公司收购，并交润滑油分公司管理。天津润滑脂公司是亚洲最大的润滑脂生产企业，划归后增强了润滑油分公司的实力。截至2004年6月底，完成原天津润滑脂公司全部资产及人员的划转，并更名为润滑油天津分公司，原润滑油天津分公司改为润滑油天津储运分公司。润滑油天津分公司在资产划转的过程中保持了安全生产，各项经营指标也保持了增长，实现了平稳过渡。

（李　梅）

**【开展与汽车产业的协作发展】** 2004年2月26—28日，润滑油分公司联合国家发展和改革委员会工业司、中国汽车工业协会、中国石油润滑油公司共同举办了“中国汽车产业与中国润滑油产业协作发展研讨会”，与国内著名汽车企业探讨了润滑油技术进步对汽车产业发展的影响和作用。2004年，润滑油分公司与北汽福田的全面战略合作进入实施阶段，全年产销福田专用润滑油1万多吨。

（李　梅）

**【实施润滑油营销渠道整合】** 2004年6月18日，中国石化在京召开新闻发布会，宣布对中国石化润滑油的营销渠道进行整合。王天普高级副总裁出席会议，销售公司与润滑油分公司共同签署了营销渠道整合框架合作协议。

（李　梅）

**【长城润滑油成为中国最具价值的润滑油品牌】** 2004年6月28日，在世界品牌价值权威机构“世界品牌实验室(WEF)”组织评审并发布的“中国500最具价值品牌”中，长城润滑油品牌69.33亿元，位居第68位，列国内润滑油品牌第一位。

（李　梅）

**【长城润滑油获澳亚卫视“澳亚影院”栏目独家冠名】** 2004年8月，润滑油分公司受石化股份公司委托，与澳亚卫星电视有限公司签订合作协议，建立战略合作关系，播放中国石化长城润滑油的广告，覆盖到世界60余个国家和地区。从2004年开始，润滑油分公司统一了国际市场开发，积极开拓东南亚市场，出口产品大幅度增长。

（李　梅）

**【长城润滑油幸运试车手活动结束】** 2004年9月4日，润滑油分公司召开新闻发布会，宣布历时2年的长城金吉星试车手活动圆满结束。经专家鉴定，8辆轿车经过2年的行车，发动机性能保持了出色的效果，表明了长城金吉星良好的润滑保护性能。

（李　梅）

**【长城润滑油首家推出世界汽油机油最高规格产品】** 2004年8月，润滑油分公司新开发的长城金吉星系列高档汽油机油 Platina Star 率先获得国际润滑剂标准化认证委员会刚颁布的节能型发动机油 GF－4 的标准认证。

（李　梅）

**【长城润滑油举办上海 F1 激情之旅】** 2004年9月，长城润滑油在近万名参与者中抽取10位获奖者到上海现场观看F1比赛。这是长城润滑油利用中国石化与F1合作而开展的市场营销活动。

（李　梅）

**【宋云昌担任润滑油分公司经理】** 2004年10月22日，石化股份公司聘任宋云昌为润滑油分公司经理，王天普不再兼任。

（李　梅）

【长城润滑油成为"雪龙号"独家专用油】 2004年10月19日，长城润滑油被国家海洋局极地考察办公室认定为中国极地科学考察船"雪龙号"独家专用油，并随"雪龙号"远征南极。

（李 梅）

【长城润滑油成为北京奥运会正式用油】 2004年11月23日，"长城润滑油——北京2008年奥运会正式用油新闻发布会"召开，正式宣布长城润滑油成为北京2008年奥运会正式用油，将为2008年北京奥运会、2008年残奥会、北京奥组委、中国奥委会及中国体育代表团提供用油和服务。

（李 梅）

【长城润滑油成为中国航天合作伙伴】 2004年12月31日，中国石化与中国航天基金会签订合作协议，润滑油分公司被授予"中国航天事业合作伙伴"、"中国航天事业赞助商"称号，长城润滑油正式成为中国航天专用产品，并将在"神舟六号"载人飞船的发射中继续提供产品。

（李 梅）

表1 润滑油分公司主要经济指标[①] 亿元

| 指标名称 \ 年份 | 2004 | 2003 | 2002 | 2001 | 2000 | 1999 |
|---|---|---|---|---|---|---|
| 工业总产值[②] | 52.98 | 16.61 | 15.61 | 6.51 | 7.73 | 6.59 |
| 工业增加值 | 4.36 | 3.98 | 3.12 | 1.93 | 2.42 | 2.75 |
| 资产总计 | 29.45 | 20.34 | 21.74 | 12.81 | 14.09 | 15.70 |
| 流动资产 | 18.26 | 12.33 | 13.99 | 6.80 | 8.21 | 7.81 |
| 固定资产原值 | 16.63 | 12.49 | 11.53 | 8.16 | 7.77 | 9.15 |
| 固定资产净值 | 9.62 | 6.86 | 6.55 | 5.44 | 5.33 | 6.23 |
| 销售收入 | 64.47 | 50.74 | 27.67 | 13.61 | 13.04 | 14.80 |
| 实现利税 | 1.77 | 1.80 | 0.95 | 0.81 | 1.07 | 0.91 |
| 税 金 | 1.34 | 1.38 | 0.93 | 0.63 | 0.54 | 0.63 |

① 1999—2002年指标数据为长城公司和一坪公司各项指标的简单合并。

② 1999—2003年按1990年不变价计算。

表2 润滑油分公司主要产品产量[①] 吨

| 产品名称 \ 年份 | 2004 | 2003 | 2002 | 2001 | 2000 | 1999 |
|---|---|---|---|---|---|---|
| 内燃机油 | 456 854 | 367 399 | 220 031 | 117 882 | 114 380 | 104 158 |
| 液压油 | 287 322 | 336 933 | 180 270 | 65 649 | 94 945 | 22 439 |
| 齿轮油 | 57 732 | 33 897 | 20 398 | 12 485 | 10 524 | 10 149 |
| 防冻液 | 15 454 | 6 165 | 3 055 | 2 296 | 2 152 | 1 338 |
| 全损耗系统用油 | 194 285 | 165 172 | 52 521 | 2 314 | 30 427 | 180 741 |
| 压缩机油 | 12 041 | 5 339 | 1 515 | 401 | 1 307 | 1 394 |
| 润滑脂 | 26 399 | 5 069 | 2 767 | 2 242 | 1 703 | 1 338 |
| 合成润滑油 | 3 086 | 4 347 | 4 153 | 1 193 | 936 | 925 |

① 1999—2002年数据为长城公司和一坪公司各项指标的简单合并。

# 催化剂分公司

【概述】 中国石油化工股份有限公司催化剂分公司（简称催化剂分公司）2004年12月29日在北京成立。催化剂分公司是集科研成果转化、生产组织优化、产品技术服务为一体的专业公司，对催化剂生产经营实行统一安排工业放大、统一生产计划、统一组织营销、统一发展规划、统一实施管理。

催化剂分公司本部位于北京市东城区安外大街

58 号，机构设置“六部一室”(经理办公室、企业策划部、财务计划部、人力资源部、党群工作部、生产技术部、市场营销部)。拥有催化剂长岭分公司、催化剂齐鲁分公司、催化剂北京奥达分公司、催化剂北京燕山分公司、催化剂上海分公司、催化剂南京分公司等 6 个全资单位，湖南建长公司和上海立得公司等 2 个控股单位，以及托管单位中国石化科技开发公司。催化剂分公司拥有各类技术人员 1 026 人，其中教授级高级工程师 6 人，高级技术人员 119 人，博士 4 人，硕士 49 人，并建有博士后工作站。

催化剂分公司是国内最大的炼油化工催化剂生产商和供应商，能生产炼油和化工两大类催化剂共 18 个品种，年生产能力合计 8.69 万吨，炼油催化剂国内市场占有率达 60%，化工催化剂国内市场占有率达 54%。主要产品有：催化裂化催化剂、催化裂化降硫助剂、催化裂化增产丙烯助剂、加氢精制催化剂、加氢裂化催化剂、渣油加氢处理催化剂、重整催化剂、聚乙烯催化剂、聚丙烯催化剂、异构化催化剂、乙苯脱氢催化剂、丙烯腈催化剂、精对苯二甲酸(PTA)加氢精制催化剂、裂解汽油一段加氢催化剂、对二甲苯吸附剂等产品。催化剂分公司在满足国内市场需求的同时，产品还远销欧美、亚洲、非洲等国际市场。

催化剂分公司倡导建立“服务型、学习型、智能型”的企业团队，追求“品质领先、服务至上”的经营理念和“创新永远、活力永恒”的企业精神。催化剂分公司将通过实施产品创新战略、低成本竞争战略、差别化竞争战略和人力资源开发战略，为广大用户提供优质的产品和优良的服务。

(臧卫东)

**【组建目的】** 根据石化集团公司党组提出的“治散”要求，为适应催化剂行业市场竞争的需要，加快催化剂企业的有效发展，增加催化剂产品的核心竞争力，提高石化股份公司主业的集成度，石化集团公司决定对齐鲁石化公司催化剂厂、长岭炼化公司催化剂厂等 11 家催化剂生产单位，实施企业层面的专业化重组，组建催化剂分公司。

(臧卫东)

**【公司定位】** 根据石化集团公司要求，催化剂分公司是一个在石化股份公司直接领导下，在科技开发部业务指导下，能够充分反映催化剂“科技含量高、更新换代快、产品种类多、技术服务专”的特点，集科研成果转化、生产组织优化、产品技术服务为一体的独立核算的利润和成本中心。

催化剂分公司的总体定位是“五统一”和“四优化”，即统一安排工业放大、统一生产计划、统一组织营销、统一发展规划、统一实施管理；优化资源配置、优化产品结构、优化目标市场、优化组织结构。战略定位是“一二三四”发展战略，即打造一个品牌——中国石化 Sinopec(拟定“长城”)，并统一产品牌号；占领两大市场——国内、国外两大市场；形成三大板块——炼油催化剂、聚烯烃催化剂和基本有机原料催化剂三大生产板块；实施四项战略——产品创新战略、低成本战略、差别化战略、人力资源开发战略。把催化剂分公司建成具有国际竞争力的催化剂生产商和供应商。管理定位是构建“精干高效、运转协调、有效制衡、管理科学”的管理体制。文化定位是秉承中国石化“竞争、开放、规范、诚信”的企业文化，塑造“创新永远、活力永恒”的企业精神，追求“品质领先、服务至上”的经营理念，打造“服务型、学习型、智能型”的企业团队。

(臧卫东)

**【运行机制】** 催化剂分公司在科研成果转化、生产组织优化、产品技术服务方面，采取 1 套科研成果转化模式、2 个控制中心、3 条信息处理渠道、4 种财务管理体系的内部运行机制。

1 套科研成果转化模式是指在催化剂分公司层面设立公司技术经济委员会，催化剂分公司经理担任主任，并聘请有关方面的专家参加。技术经济委员会对分公司的发展战略进行指导，对催化剂新技术、新产品进行筛选、论证，确定转化项目。催化剂分公司负责签订并管理技术转让合同，在与研发单位协商的基础上统一安排新产品的工业化放大。催化剂分公司与科研单位之间的技术转让和技术服务费，已有明确规定的参照原规定执行，没有明确规定的由双方协商解决。科研单位是催化剂的技术研发和专利商，负责为催化剂分公司提供产品技术和技术服务；催化剂分公司是催化剂的产品制造和供应商，并为科研单位的新产品试验创造便利条件。双方可通过具体的合同或契约，明确职责、利益和业务划分等事项，共同保证催化剂的研发、生产、销售和服务产业链的完整性。同时考虑到北京化工研究院、上海石油化工研究院的特殊性，双方公用工程等事项的管理可设立总调度室进行协调，并可通过对外联络小组的形式，共同做好与地方工商、税务等方面的联系工作。

2 个控制中心是指利润控制中心和成本控制中心，催化剂分公司层面是利润控制中心；5 家全资单位以成本控制中心为主、利润控制中心为辅；3 家控股单位是利润中心，追求股东投资回报最大化。

3条信息处理渠道是指在催化剂分公司内部信息平台(ERP)支撑下，物流、资金流、信息流“三流合一”，形成催化剂分公司内部“从生产运行到市场营销、从市场营销到资金结算”的一条完整信息链。

4种财务管理体系是指资金结算体系、会计核算体系、资产管理体系和利润控制体系。其中，资金结算体系是在统一管理的原则下，建立资金管理制度，制定结算流程，实施资金集中管理，提高资金使用效率；会计核算体系是按照国家和石化股份公司统一的会计政策、法规和制度，结合具体情况制定会计制度和实施办法；资产管理体系是制定资产调剂、调拨与处置实施细则以及资产优化、重组的相关原则；利润控制体系是预决算的组织与实施管理系统，是利润、成本、费用指标的制定、实施、考核以及对外投资的监督与管理系统，是价税的统筹优化系统。

（臧卫东）

## 北海分公司

**【概述】** 中国石油化工股份有限公司北海分公司(简称北海分公司)位于广西壮族自治区北海市，濒临北部湾，距北海港码头约2千米，占地47.2万米$^2$，现有员工377人(含托管83人)，其中具有中级及以上职称的员工76人。

北海分公司原是一家地方投资兴建的石油化工企业，设计原油加工能力20万吨/年，1991年5月建成投产。1993年初，该厂产权转让给中国石油天然气总公司滇黔桂石油勘探局。1998年5月随滇黔桂石油勘探局划归石化集团公司。2002年7月经剥离后直属石化股份公司。经过几年挖潜改造和技术革新，原油加工能力由20万吨/年扩增到60万吨/年，装置各项技术指标显著提高，综合能耗、原油途耗、产品质量、综合商品率等指标达到石化集团公司装置达标要求。

截至2004年底，北海分公司有60万吨/年常压装置、3万吨/年催化装置、8万吨/年催化气体脱硫装置，主要生产装置实现DCS计算机控制。北海分公司设有常压车间、催化车间、油品车间、动力车间、供水车间、机修车间、电气车间、仪表车间、化验室9个生产车间。拥有专用双泊位油品码头和专线铁路，储运、环保等配套设施齐全，海路、陆路运输十分方便。主要产品有90#清洁车用汽油、0#柴油、4#轻燃料油、化工轻油、液化石油气、重油等6个品种，产品全部达到国家最新质量标准。1999年5月，北海分公司通过了国家技术监督局“计量体系认证”；2000年12月，通过了ISO 9000质量管理体系认证。

2004年北海分公司各项工作取得了长足进步。中国经济出现了强劲的增长势头，国内成品油市场需求旺盛，给北京分公司生产经营带来了良好的发展机遇。但由于国际原油价格持续震荡攀升，并长时间保持在高价位，致使原油成本大幅上升。同时，国内经济局部过热带来的煤、电、油、运紧张，给油品运输造成较大压力。在石化股份公司领导的支持下，北海分公司认真贯彻落实石化集团公司暨石化股份公司工作会议精神，坚决执行石化股份公司工作部署和生产经营决策，按照“保安全、保市场、保稳定、增效益”的要求，突出安全管理，确保设备长周期，狠抓精细操作，力促降本减费。原油加工量、综合商品率、吨油完全费用均完成总部预算目标，除因原油涨价、成品油受国家调控，利润指标未能完成外，其他主要技术经济指标都达到历史最好水平。

北海分公司的主要经济指标及产品产量见表1、表2。

（吴硕琼）

**【广西炼油项目可研报告编制现场协调会在南宁召开】** 2004年12月13—14日，广西炼油项目可研报告编制现场协调会在南宁召开。会议期间，石化集团公司与广西壮族自治区人民政府就在广西北海市铁山港区建设广西炼油工程的可研报告编制、环境影响评价等所需的外部条件以及需要广西自治区、北海市支持解决的有关外部条件，以及其他需地方政府协调的有关问题进行了广泛的交流。

（吴硕琼）

**【获财务管理先进单位称号】** 根椐《中国石化股份有限公司财务管理综合考评暂行办法》，通过石化股份公司严格考评，北海分公司获石化股份公司2004年度财务综合管理工作先进单位称号。这是北海分公司自2002年成为石化股份公司直属分公司以来首次获得此项殊荣。

（赵西川）

**【首次实现石化股份公司炼油专业技术达标】** 几年来，北海分公司以降本增效为原则，不断优化生产工艺，优选生产方案，精细工艺操作，降低综合能耗，减少加工损失，调整产品结构，努力实现整体效益最大化。2004年，在综合商品率、炼油综合能耗、加工损失、吨油完全费用等方面全部达到石化股份公司炼油专业技术达标水平，首次实现石化股份公司炼油专业技术达标，是石化股份公司2004年度 5 个炼油专业达标企业之一。

（赵西川）

**【发布实施 HSE 管理体系】** 为了进一步提升北海分公司健康、安全、环境(HSE)职业管理水平，2004 年北海分公司开始着手建立 HSE 体系。2004 年 3 月，北海分公司开始 HSE 管理体系咨询，制定了 HSE 体系整体实施计划。对本单位所有设备、活动、事故等进行了危害辨识和风险评价，并根据评价结果制定了目标、指标和管理方案，编写了 HSE 管理手册和程序文件，于 2004 年 11 月 22 日发布实施。

（赵西川）

表 1　　北海分公司主要经济指标　　亿元

| 指标名称 \ 年份 | 2004 | 2003 | 2002 | 2001 | 2000 | 1999 |
|---|---|---|---|---|---|---|
| 原油加工量/万吨 | 52.31 | 51.37 | 53.76 | 54.13 | 55.09 | 50.19 |
| 工业总产值① | 13.24 | 2.45 | 2.58 | 2.55 | 2.62 | 2.40 |
| 工业增加值 | 2.42 | 2.87 | 2.59 | 2.92 | 2.66 | 2.00 |
| 资产总计 | 2.54 | 3.11 | 3.71 | 2.87 | 4.01 | 3.90 |
| 流动资产 | 1.22 | 1.63 | 2.06 | 1.06 | 2.02 | 2.03 |
| 固定资产原值 | 3.06 | 3.03 | 3.01 | 2.98 | 2.96 | 2.93 |
| 固定资产净值 | 1.32 | 1.48 | 1.65 | 1.81 | 1.98 | 1.77 |
| 销售收入 | 13.23 | 11.38 | 10.34 | 10.90 | 11.66 | 7.72 |
| 实现利税 | 2.12 | 2.75 | 2.28 | 2.46 | 2.26 | 1.70 |
| 税　金 | 2.32 | 2.27 | 2.12 | 2.13 | 2.22 | 1.68 |

① 1999—2003 年按 1990 年不变价计算。

表 2　　北海分公司主要产品产量　　万吨

| 产品名称 \ 年份 | 2004 | 2003 | 2002 | 2001 | 2000 | 1999 |
|---|---|---|---|---|---|---|
| 90# 汽油 | 12.55 | 12.91 | 13.58 | 13.38 | 14.75 | 13.86 |
| 0# 柴油 | 20.45 | 18.63 | 21.31 | 23.71 | 23.13 | 20.84 |
| 化工轻油 | 3.94 | 1.98 | 2.97 | 4.81 | 4.04 | 3.02 |
| 液化石油汽 | 4.97 | 4.69 | 3.99 | 4.77 | 4.91 | 5.10 |
| 4# 轻燃料油 | 2.95 | 4.32 | 2.77 | — | — | — |
| 重　油 | 2.51 | 2.46 | 2.90 | 2.36 | 2.75 | 2.13 |

## 上海石化股份公司

**【概况】** 中国石化上海石油化工股份有限公司(简称上海石化股份公司)位于上海西南部金山卫，占地面积 940 万米²，是中国集炼油、化工、塑料和化纤产品于一体、高度综合的现代化大型联合企业之一，其前身为创建于 1972 年的上海石油化工总厂。1993 年 6 月改制为上海石油化工股份有限公司。2000 年 10 月，更名为中国石化上海石油化工股份有限公司。

2004 年上海石化股份公司下设炼油化工部、化工事业部、涤纶事业部、腈纶事业部、塑料事业部和热电总厂，另有销售供应公司和化工研究所、公用事业公司以及环保中心、信息中心、新闻中心、培训中心等专业单位，并由全资子公司上海石化企业发展有限公司、上海石化投资发展有限公司分别管理多种经营企业和对外投资企业。截至 2004 年底，上海石化股份公司总资产 287.57 亿元，拥有主要生产装置 72

套，在册员工总数28 451人。

2004年是上海石化股份公司深化改革、加快发展、强化管理、勇于突破的重要一年，也是实现"十五"发展目标的关键　年。通过抓好重点项目的建设工作，进一步完善新一轮发展规划。800万吨/年常减压装置建设工程于12月15日实现机械完工；采用三釜流程国产化成套技术的15万吨/年聚酯项目于9月1日建成投产；40万吨/年PTA装置一阶段改造项目于10月1日开车投运；1.2万吨/年涤纶工业丝技术改造项目于12月22日实现工业普通丝部分中间交接，其中5#生产线于12月28日开车成功；2台4万米$^3$轻油储罐项目于12月28日实现工程中间交接；上海石化—上海赛科原料互供管线工程项目于12月9日开工；330万吨/年柴油加氢项目12月25日开工。石化集团公司委托建设的白沙湾油库(一期)工程于5月20日顺利受油；甬沪宁进口原油管道配套工程(册子岛一期)于1月9日开工，30万吨级原油码头工程于7月23日开工，册子岛二期开山平基工程于8月开工。通过调整、优化、完善工作，上海石化股份公司新一轮发展的框架基本形成。

2004年，上海石化股份公司围绕企业核心业务，加大新技术和新产品开发力度，取得新的成果。全年申请专利52件(其中发明专利47件、实用新型专利5件)，申请国外专利1件，有39件专利获得授权。全年生产新产品51.83万吨，新产品产值43.55亿元，同比增长38.61%，新产品产值率12.64%。2004年生产各类树脂专用料78.90万吨，专用料比例为81.17%；生产差别化纤维15.85万吨，差别化率为43.99%。上海石化股份公司注重应用信息化提升企业管理水平，年内组织实施ERP系统建设，并于12月15日上线运行。

2004，上海石化股份公司年被评为"全国用户满意企业"，被国家商务部评为中国外经贸企业AAA信用等级单位；被国家统计局评为全国工业重点行业——原油加工及石油制品制造十佳企业。上海石化股份公司技术中心被国家发展改革委员会授予国家认定企业技术中心成就奖。

上海石化股份公司主要经济指标及主要产品产量见表1、表2。

(顾忠礼)

**【70万吨/年乙烯改造工程通过竣工验收】** 2004年11月26日，作为国家财政贴息的重点技术改造项目——上海石化股份公司年产70万吨乙烯改造工程通过石化集团公司组织的竣工验收。该项目是上海石化股份公司30万吨/年乙烯装置扩产到40万吨/年后的第二轮改造，是上海石化四期工程建设的主体工程，工程包括70万吨/年乙烯装置扩建和配套新建两部分，由7套工艺装置及配套设施组成。工程总投资概算46.77亿元，工程竣工决算37.87亿元。工程于2000年6月18日开工，2002年6月20日全面建成投产。该工程建成投产后，经2年多的试生产，各装置运行平稳，设备运转正常，产品产量等各项技术指标达到或优于设计值，配套的公用工程设施满足各装置的运行需要。至此，上海石化股份公司2套乙烯装置合计产能达85万吨/年，继续保持国内最大乙烯生产商的地位。

(顾忠礼)

**【15万吨/年聚酯三釜流程国产化成套技术装置建成投产】** 2004年9月2日，上海石化股份公司15万吨/年聚酯三釜流程国产化成套技术装置投料开车一次成功。该工程是国家经贸委技术创新"双高一优"(高新技术和先进适用技术改造传统产业、优化重点产品和技术结构)以及石化集团公司科技攻关"十条龙"项目之一。上海石化股份公司利用原有装置的公用工程设施，采用具有上海石化股份公司自主知识产权的三釜流程聚酯生产技术，新建年产15万吨聚酯装置，其中主要反应设备均由国内自行设计和制造。工程于2003年6月动工，总投资1.49亿元。该装置的建成投产，标志着上海石化股份公司，聚酯生产装置从完全引进向完全自主建设迈出了实质性的一步，并形成石化集团公司拥有自主知识产权的大型聚酯成套技术。

(顾忠礼)

**【1.2万吨/年涤纶工业长丝技术改造项目建成投产】** 2004年12月28日，上海石化股份公司1.2万吨/年涤纶工业长丝技术改造项目建成投产。该项目属国家重点技术改造"双高一优"项目及第七批国债专项资金项目。上海石化股份公司利用原有厂房和配套设施，扩建1套1.5万吨/年固相聚合装置、2条普通涤纶工业长丝生产线、2条高模低收缩涤纶工业长丝生产线。项目总投资1.98亿元，于2004年7月开工。项目建成投产后，上海石化股份公司涤纶工业长丝总生产能力从1.16万吨/年增加到2.36万吨/年。项目实现当年开工，当年建成投产出效益的目标。

(顾忠礼)

**【80万吨/年PTA成套技术工艺包通过鉴定】** 2004年11月19日，上海石化股份公司80万吨/年精对苯二甲酸(PTA)成套技术工艺包通过石化股份公司技术鉴

定。该项目于 2003 年 10 月批准立项，由上海石化股份公司和上海工程公司负责实施。该工艺包是在消化吸收引进技术的基础上开发的，采用了计算机 DCS 控制系统、FSC 联锁控制系统和 APC 先进控制系统，形成了具有自主知识产权的最大规模的 PTA 成套生产技术，并成功应用到 40 万吨/年装置技术改造中，打破了国外大公司在 PTA 生产领域的技术垄断，提高了上海石化股份公司核心技术竞争力。

（顾忠礼）

**【3# 常减压装置建设工程实现机械完工】** 2004 年 12 月 15 日，上海石化股份公司 3# 常减压装置实现机械完工并交付生产准备。上海石化股份公司原有 2 套常减压装置，年原油加工能力 880 万吨，其中 1# 常减压装置始建于 1975 年，年加工原油能力 280 万吨，存在运行能耗高、产品收率低等问题。3# 常减压装置是 1# 常减压装置的易地改造工程，设计年加工原油能力 800 万吨。工程总投资 3.93 亿元，于 2003 年 12 月 31 日开工。该装置投产后，原油加工能力由 880 万吨/年扩大至 1 400 万吨/年，提高了对加工原油种类变化的适应能力，为上海石化股份公司跻身具有国际竞争力的现代化大型石化企业奠定了基础。

（顾忠礼）

**【高流动性抗冲聚丙烯专用料通过鉴定】** 2004 年 7 月 28 日，上海石化股份公司高流动性抗冲聚丙烯专用料 M2600R 通过上海市新产品鉴定。该项目于 2003 年 4 月批准立项，总投资 37.50 万元。高流动性抗冲聚丙烯广泛用于洗衣机内桶、底座、面盖、波轮和面板等大型薄壁注塑产品。在产品生产过程中采用可控流变方法，工艺先进合理，控制简便，优等品率高，而且熔体流动速率、冲击性能和弯曲模量等指标全面达到高流动性抗冲聚丙烯专用料的要求。该项技术成果达到国内先进水平。

（顾忠礼）

**【上海石化 ERP 系统实现上线运行】** 2004 年 12 月 15 日，上海石化股份公司 ERP 系统实现上线运行。ERP 系统是运用先进的信息技术，以财务为核心，实现物资流、资金流和信息流“三流合一”的企业资源管理系统。3 月 11 日，ERP 项目启动，项目总投资 2 325.65 万元。按照项目建设要求，上海石化股份公司集中了 160 余名的信息技术和专业人员，组建了一支专职的 ERP 项目建设队伍，完成了财务与成本、物资、库存、销售、设备、生产和工程项目等 7 个模块的业务流程设计、系统配置、报表和接口的开发，完成 100 多万条设备主数据的收集整理和终端用户培训等工作，完成公司物资一级储备和财务核算“二改一”设计方案。该系统建成投用后，对于推进上海石化体制改革、改进业务流程、规范经营行为、强化成本控制、提升企业管理水平、提高经济效益具有重要作用。

（顾忠礼）

**表 1** 上海石化股份公司主要经济指标 亿元

| 年份 / 指标名称 | 2004 | 2003 | 2002 | 2001 | 2000 | 1999 |
|---|---|---|---|---|---|---|
| 原油加工量/万吨 | 910.94 | 861.01 | 742.84 | 663.21 | 601.16 | 532.44 |
| 工业总产值① | 344.54 | 155.47 | 133.72 | 106.61 | 102.90 | 95.41 |
| 工业增加值 | 111.36 | 76.72 | 55.35 | 43.57 | 51.57 | 50.33 |
| 资产总计 | 287.57 | 275.81 | 265.62 | 247.70 | 220.99 | 219.08 |
| 流动资产 | 86.14 | 79.94 | 69.46 | 62.29 | 69.62 | 71.53 |
| 固定资产原值 | 329.04 | 317.40 | 298.56 | 243.64 | 221.69 | 203.85 |
| 固定资产净值 | 167.39 | 170.57 | 168.64 | 126.92 | 117.72 | 114.31 |
| 销售收入 | 394.03 | 295.67 | 223.23 | 201.97 | 212.77 | 143.86 |
| 利润总额 | 46.93 | 15.77 | 10.36 | 0.94 | 10.81 | 8.76 |
| 所得税 | 6.34 | 1.47 | 0.83 | 0.07 | 1.53 | 1.22 |

① 1999—2003 年按 1990 年不变价计算。

表 2 上海石化股份公司主要产品产量 万吨

| 产品名称 \ 年份 | 2004 | 2003 | 2002 | 2001 | 2000 | 1999 |
|---|---|---|---|---|---|---|
| 汽油 | 91.83 | 89.48 | 88.69 | 79.07 | 87.98 | 63.54 |
| 煤油 | 71.09 | 57.58 | 34.17 | 24.67 | 19.61 | 20.46 |
| 柴油 | 283.86 | 248.76 | 223.19 | 215.52 | 158.10 | 89.93 |
| 渣油 | 256.94 | 261.77 | 211.20 | 190.45 | 205.57 | 197.70 |
| 乙烯 | 95.60 | 94.83 | 80.00 | 63.09 | 59.05 | 59.26 |
| 丙烯 | 52.58 | 53.31 | 42.84 | 32.16 | 32.09 | 32.40 |
| 纯苯 | 25.61 | 24.43 | 21.41 | 18.57 | 17.55 | 18.60 |
| 对二甲苯 | 23.01 | 21.37 | 22.44 | 21.59 | 19.04 | 21.87 |
| 乙二醇 | 19.64 | 19.34 | 17.42 | 11.48 | 13.11 | 14.01 |
| 乙醛 | 4.74 | 4.45 | 4.71 | 4.71 | 4.30 | 4.23 |
| 醋酸 | 1.91 | 2.75 | 3.53 | 5.61 | 8.33 | 9.53 |
| 聚乙烯 | 42.37 | 42.82 | 30.46 | 19.46 | 19.75 | 18.88 |
| 聚丙烯 | 45.89 | 47.23 | 36.38 | 24.73 | 24.27 | 21.14 |
| 合纤单体 | 41.78 | 42.13 | 38.05 | 35.77 | 35.29 | 33.08 |
| PAT | 29.27 | 31.31 | 30.75 | 29.02 | 28.00 | 27.09 |
| 丙烯腈 | 12.51 | 10.82 | 7.30 | 6.75 | 7.29 | 5.99 |
| 合纤聚合物 | 52.72 | 50.76 | 47.43 | 42.89 | 40.85 | 37.45 |
| 聚乙烯醇 | 4.66 | 4.38 | 4.69 | 6.54 | 4.39 | 4.64 |
| 涤纶聚酯 | 48.06 | 46.38 | 42.75 | 38.35 | 36.46 | 32.81 |
| 合成纤维① | 29.63 | 31.58 | 28.51 | 22.83 | 24.74 | 27.19 |
| 涤纶 | 12.31 | 13.87 | 12.46 | 13.32 | 14.14 | 12.37 |
| 腈纶 | 15.93 | 15.67 | 14.19 | 7.65 | 7.78 | 12.17 |
| 丙纶 | 1.33 | 2.01 | 1.83 | 1.75 | 2.39 | 2.11 |

① 2002 年前合成纤维和腈纶纤维产量中均包括金阳腈纶厂产量。

## 镇海炼化股份公司

**【概述】** 中国石化镇海炼油化工股份有限公司(简称镇海炼化股份公司)位于浙江省宁波市，占地 4.89(千米)$^2$，是石化股份公司控股的特大型炼油化工股份制企业。前身为始建于 1975 年的浙江炼油厂，1983 年划归原中国石化总公司，1984 年更名为中国石化镇海石油化工总厂，1994 年 6 月 28 日改制为镇海炼油化工股份有限公司，同年 12 月在香港联合交易所上市，2000 年更名为中国石化镇海炼油化工股份有限公司。截至 2004 年底，拥有 2 000 万吨/年原油一次加工能力，1 600 万吨/年原油综合加工能力，主要生产装置 40 多套，其中，1 000 万吨/年常减压、300 万吨/年催化裂化、150 万吨/年延迟焦化、300 万吨/年加氢精制、50 万吨/年对二甲苯(PX)、20 万吨/年聚丙烯(PP)、410 吨/时循环流化床锅炉(CFB)等都是中国规模领先、技术领先的炼油、化工和热电装置。各主要生产装置均实行 DCS 控制，部分装置实施先进控制(APC)，在管理上实现统一的 ERP 业务平台和“一体化管理体系”。主要生产和销售各种规格的清洁汽油、优质柴油、航空煤油、液化气、高等级道路沥青、尿素、苯类、聚丙烯等 40 多个品种优质石油化工产品，其中汽油、航空煤油等多种产品出口美国、日本、印度、韩国、新加坡等国及香港、台湾等地区。自备海运码头位于著名的宁波北仑港区，共拥有包括 25 万吨级原油泊位在内的泊位 7 座，年吞吐能力超过 3 000 万吨。镇海炼化股份公司还拥有总罐容超过 280 万米$^3$ 的原油和成品储存能力及相应的输转设施，是中国最大的原油加工基地、进口原油加工基地、含硫原油加工基地、成品油出口基地和重要的原油集散基地之一。镇海炼化股份公司下设 10 个专业生产运行部，质管中心、技术中心、信息中心、教育培训中心、离退休职工管理中心、卫生医疗中心等 6 个中心，并拥有 4 家主要全资子公司、5 家联营公司及 63 座加油站。有在岗职工 8 280 人，其中高级职称 256 人，中级职称 1 271 人，各类专业技术人员超过 30%。

2004 年，镇海炼化股份公司抓住市场需求旺盛的外部机遇，进一步发挥企业内在优势，生产经营改革发展诸方面都取得了新成绩。

全年累计加工原油 1 594.8 万吨，比上年增加 17.2%，继续列国内炼厂之首；主要产品产量均比上年增加。实现销售收入 419 亿元，利税 66.3 亿元，利润 37.43 亿元，经济效益创历史最好水平。

完成固定资产投入 15.2 亿元。扩建 800 万吨/年炼油工程顺利通过国家竣工验收。Ⅱ套常减压装置扩能改造顺利完成并成功投产，炼油一次加工能力达到 2 000 万吨/年。PX 装置经过 T 204 改造、新增歧化单元后，生产能力达到 50 万吨/年以上。

100 万吨/年乙烯项目得到国家发改委正式批复，进行《可研报告》、《环境影响报告书》评估。

内部体制机制改革继续深化。子弟中小学移交地方；下属工程公司、汽运分公司的改制分流方案获各自职工大会通过，取得进展。

安全环保工作取得新进步。镇海炼化股份公司成全国首批 8 家"国家环境友好"企业之一。并获中国石化授予的 2004 年度安全生产和环境保护先进单位称号。

镇海炼化股份公司主要经济指标及主要产品产量见表 1、表 2。

（庄美琦）

**【Ⅱ套常减压装置扩能改造】** Ⅱ套常减压装置改造是镇海炼化股份公司 2 000 万吨/年炼油扩能工程的重要内容之一，总投资 1.5 亿元。工艺技术改变以往传统的三级蒸馏流程，按速度快、周期短、投资少、能耗低、效益好的原则，采用四级蒸馏的新工艺，使处理量从原有的 300 万吨/年提高到 600 万吨/年。2004 年 9 月 10 日按计划切断装置进料，准时停工。之后，按"60 天两头见油"的目标，组织装置检修扩能改造，并于 10 月 27 日实现中交，11 月 3 日实现进原料油开工，11 月 5 日产品全部合格，开车成功。改造后，镇海炼化股份公司的Ⅱ套常减压装置与Ⅰ套常减压装置、Ⅲ套常减压装置一起形成 2 000 万吨/年的原油一次加工能力，向 2 000 万吨综合原油加工能力迈进正式拉开帷幕。

（庄美琦）

**【"东海"牌沥青中标上海 F1 国际赛车道并成功应用】** 2004年 2 月，在石化股份公司的统一领导和组织下，镇海炼化股份公司生产的"东海"牌优质重交沥青和 SBS 改性沥青在公开招标中中标，成为当时在建的上海 F1 国际赛车场赛道及缓冲区所需全部沥青的生产供应商。上海 F1 国际赛车场于 2003 年 10 月动工建设，按国际一流水准设计，是亚洲区最大最先进的赛车场。赛场占地面积 5.3(千米)$^2$，赛道全长 5.28 千米，沥青摊铺面积为 17 万米$^2$。通过与埃索、壳牌等国际知名品牌竞标，镇海炼化股份公司成为上海 F1 国际赛车场赛道所需的 3 000 吨重交沥青及缓冲区所需的 1 000 吨 SBS 改性沥青的供应商。2004 年 6 月初，上海国际赛车场 F1 赛道通过国际汽联正式验收。6 月 5 日，中国石化"东海牌"F1 赛道专用沥青成功应用庆典仪式在上海国际赛车场举行，中国石化成为继壳牌公司之后第二个为 F1 赛道提供专用沥青的生产企业。7 月，"东海"牌沥青进入国际汽联选用沥青名单。

（庄美琦）

**【98$^{\#}$ 清洁汽油首次生产】** 98$^{\#}$ 清洁汽油即超高级车用无铅汽油，适用于压缩比在 9.0—10.0 以上的轿车，特别适用于宝马、奔驰、奥迪等高档轿车。与普通的车用汽油相比，具有三大明显特点：一是油品重质组分少，馏程低，可减少汽车发动机磨损，减少油耗；二是油品安定性好，诱导期高、胶质低，可避免汽车发动机进气阀和气缸产生胶质和积炭；三是油品清洁性好，苯、硫、烯烃含量较低，可减少汽车燃油系统沉积物产生，有利于减轻汽车尾气对大气的污染。2004 年镇海炼化股份公司首次安排生产 98 # 清洁汽油，同年 4 月 30 日，镇海炼化股份公司生产的 247 吨相当于欧Ⅲ排放标准和 2008 年北京奥运会排放标准要求的 98$^{\#}$ 清洁汽油首次出厂，发往浙江石油分公司，供应杭州各大加油站，全年销售 98$^{\#}$ 汽油9 117 吨。这是镇海炼化股份公司继 97$^{\#}$ 高标号无铅汽油后，又一高标号无铅汽油的成功出厂，对进一步提升公司汽油品牌，拓宽国内汽油市场具有重要意义。

（庄美琦）

**【20 万吨/年聚丙烯装置投料试车】** 镇海炼化股份公司 20 万吨/年聚丙烯装置为国内单套规模最大的聚丙

## 福建炼化有限公司

**【概述】** 中国石化福建炼油化工有限公司(简称福建炼化有限公司)是由石化股份公司和福建省石油化学工业公司各出资50%合资建设的石化企业,位于福建省泉州市泉港区,占地274万米$^2$。其前身福建炼油厂始建于1989年1月,1993年9月全面建成投产,1995年12月改制为有限责任公司。截至2004年底,有原油加工能力400万吨/年,聚丙烯生产能力7万吨/年,能生产90$^\#$、93$^\#$、95$^\#$、97$^\#$车用无铅汽油,轻柴油,3$^\#$喷气燃料,液化气,丙烯,燃料油,溶剂油,聚丙烯,石油焦,硫磺等六大类22个品种58个牌号的石化产品,其中3$^\#$喷气燃料、轻柴油、车用无铅汽油获得了福建省"优质产品"、"用户满意产品"称号。共有炼油化工生产装置13套,以及相应的公用工程、油品储运和钳、电、仪、检维修等配套设施。主要生产过程全部由DCS进行控制,经营管理采用CIMS系统。自建的海运码头位于著名的湄洲湾南岸,设有10万吨级原油泊位在内的泊位4个,是国家批准的一类对外开放口岸。产品通过海运、公路、铁路3条通道销往福建及东南沿海等地,其中汽油还出口到东南亚和欧洲市场。

2004年,福建炼化有限公司实现工业总产值100.14亿元,截至2004年底,固定资产原值为44.36亿元,净值为18.23亿元。福建炼化有限公司下设17个管理部门、30个直属单位;职工总数2 650人,其中各类专业技术人员占职工总数的31.8%,具有高级以上职称115人、中级职称399人。

2004年是福建炼化有限公司发展不平凡的一年。福建炼化一体化项目取得阶段性成果,原油加工量、产品产量、销售收入、利税总额、炼化加工负荷等指标均创历史最好水平。全年炼油和聚丙烯生产负荷率分别达到88.92%和112.8%,为开工以来的最高水平。全年加工原油390.55万吨,同比增长7.76%,生产各类产品363.33万吨,同比增长8.42%;实现销售收入100.49亿元,利税总额10.38亿元,其中利润3.13亿元。加工吨油利润79.84元。已占用资本回报率(ROCE)为8.57%,资本保值增值率为106%。年末资产负债率为13.78%,资本负债率为0,分别比年初下降了3.53和3.07个百分点。

2004年,福建炼化有限公司投入技术改造资金6 797万元、设备更新费用1 172万元、技术开发费用662万元。成功开发投用了延迟焦化装置先进控制系统等先进技术,开发了聚丙烯膜料等新产品。

2004年,福建炼化有限公司狠抓达标工作。全年轻油收率为77.28%,综合商品率为92.71%,综合自用率为6.49%,加工损失率为1.04%,综合能耗为71.92千克标油/吨原油,催化剂单耗为0.85千克/吨原料,均完成了石化股份公司下达的达标考核指标,同比都有一定的提升。

2004年,福建炼化有限公司加大改革改制工作力度,取得了明显成效。按期完成小学移交地方工作;组织实施精简分流工作,精简机构7个,减少中层管理人员50人;后勤服务系统改制分流及对外投资清理工作也取得了较好进展。

2004年,福建炼化有限公司狠抓企业内部管理。正式实施了HSE管理体系,推行内部控制制度,加强"三基"工作,进一步规范了企业生产经营活动。加大隐患治理力度,提高本质安全水平,深化环保监督管理,完成了第三轮清洁生产审核。全年无上报石化股份公司的安全事故,连续第三年获得中国石化安全、环保先进单位和福建省"安康杯"竞赛先进单位称号。

2004年,福建炼化有限公司全力治"散",打造精英团队,大力倡导"求真务实,团结协作,勤政高效,开拓进取"的团队精神,努力营造昂扬向上、共谋发展的良好氛围,精神文明建设喜获丰收。继续保持福建省"先进基层党组织"、"思想政治工作先进单位"和"文明单位"等称号。

福建炼化有限公司主要经济指标和主要产品产量见表1、表2。

(贺蓉梅)

**【年设计能力7万吨的聚丙烯装置创出年产9.58万吨的历史最好水平】** 为增加公司惟一化工产品聚丙烯的产量,2004年福建炼化有限公司专门成立增产丙烯、聚丙烯攻关组,一方面,根据原料性质、液态烃产量、产品方案等,及时调整催化装置增产丙烯助剂的比例,通过装置挖潜,实现"卡边"操作,年产液化气24.27万吨、丙烯9.51万吨,与上年同比分别增加11%、0.7%;另一方面,狠抓了聚丙烯装置的安稳长满优运行,针对大轴流泵P201、小轴流泵P200、PK301、PK501等单台套关键设备,制定了保运措施,提高了预防性维修水平,全年装置有效运行时间达到364天,创投产以来的最好水平。通过技术攻关、管理攻关、操作攻关,挖掘潜能,年设计加工能力7万吨的聚丙烯装置创出年产9.58万吨的历史最好水平,成为企业新的效益增长点。

(贺蓉梅)

**【销售收入首次突破100亿元大关、利税总额首次突破10亿元大关】** 2004年福建炼化有限公司建立"紧

贴市场，全产全销，卖出当期最好价格”的经营策略和价格快速反应机制，抓好自销产品的推价、保价，实现量价齐升、产销两旺。全年共销售自销产品71.46万吨，自销产品调价322批次，平均单价达到3 005元/吨，比2003年增加了448元/吨。自销产品平均售价名列中国石化炼化企业第一名，盈利系数为1.73，比中国石化平均水平高0.94。努力做好内部各项降本减费措施，全年财务费用－98万元，同比降低2 178万元，吨油完全费用为184.86元，同比降低18.38元/吨，达到历史最好水平。全年实现销售收入100.49亿元，首次突破100亿元大关，实现利税总额10.38亿元，首次突破10亿元大关，均创福建炼化有限公司历史最好水平。

（贺蓉梅）

**【原油途耗创历史最好水平】** 2004年福建炼化有限公司通过建立原油油轮计量档案，跟踪油轮历史计量情况，确定高途耗油轮“黑名单”，避免租用来量和提单相比超过0.5%的油轮；配合商检提高计量准确率，协调处理好与船方的关系，千方百计卸尽船上余油；对发生短量的积极按照国际惯例索赔，全年共索赔5批次126万元；积极开展对尼罗河原油的岸罐商检，确保岸检油种实现零途耗。全年进厂原油途耗为0.18%，创历史最好水平。

（贺蓉梅）

**【投用工艺设备检测系统，提高设备预防性维修水平】** 工艺设备检测管理系统是福建炼化有限公司2003年开发的设备管理软件，2004年上半年通过完善投用后，在设备监测预防性维修方面起到重要作用，成为企业内部设备管理的得力助手。工艺设备运行监测系统以电子浏览器为前台客户端，突出了网络化的特点，方便用户在企业内部局域网使用；设备台账、设计图纸、检测报告均设计在同一个操作平台上，技术人员可以综合进行查询、统计，编排检测计划，计算腐蚀速率等活动，可以即时掌握企业现有工艺设备在运行过程中的安全状况、安全级别，提高了企业的安全运行水平、设备维护工作的效率和管理水平。2004年，通过使用该软件，累计发现设备隐患问题22起，基本实现了设备维护变被动抢修为主动维修的目标，为生产装置长周期运行提供了保障，大大节约了生产成本。

（贺蓉梅）

**【创建清洁生产工厂，促进循环经济发展】** 2004年7月14日，福建炼化有限公司第三轮清洁生产通过福建省环保局的审核验收。自2001年开展第三轮清洁生产以来，综合能耗从78.42千克标油/吨下降到71.92千克标油/吨，连续3年出现大幅度下降；加工吨原油耗水量从1.3吨下降至0.99吨；加工吨原油排水量从1.14吨下降至0.78吨，吨原油COD排放量从0.056千克下降至0.043千克，各项环保排放指标均优于国家先进标准，节约了能源物耗，推动了循环经济发展。

（贺蓉梅）

**【福建炼化一体化项目取得阶段性成果】** 在中国石化、福建省“以我为主，积极推进”的方针指导下，福建炼化一体化项目在合资公司筹备、现场施工、基础设计3个方面取得较快进展。2004年3月起，中外三方重新启动了停止一年多的谈判工作，加强合资公司设立筹备工作，积极推进合资合同、章程、相关文件的收口及过渡计划编制等工作。2004年，完成了13项专利技术选定、新建30万吨原油码头和库区基础设计、主厂区和库区231.84万米$^2$的征地拆迁安置等工作，新厂区场平、厂区雨水排海、环厂联络路、青兰山库区场平施工进展顺利。8月26日，福建炼化有限公司与埃克森美孚公司及沙特阿美公司在北京签署了FEL(扩大初步设计)协议，标志着项目的基础设计阶段正式以三方合作的方式启动。12月17日，福建炼化有限公司与SEI(工程建设公司)、ABB鲁姆斯工程公司组成的PMC(项目管理承包商)在北京正式签署了PMC合同。PMC合同包括完成初步工程设计、选择项目管理承包商、确定成本估算以及长周期设备预订货。PMC合同的签署是福建炼化一体化项目建设过程中的又一重要里程碑，标志着项目扩大初步设计和工程建设管理工作正式全面启动。

（贺蓉梅）

**【福炼小学顺利移交地方管理】** 2004年8月16日，石化集团公司与福建省人民政府在福州举行福炼小学移交签字仪式，刘根元副总经理与李川副省长代表协议双方分别在协议上签字。根据移交协议，福炼小学固定资产131.65万元，设施建筑面积2 940.8米$^2$、土地1.33万米$^2$，按照移交资产无偿划转原则，一次成建制划转给泉州市泉港区政府；在职教职工41名、退休教师22名也一并移交地方政府。9月21日，福炼子弟小学以“泉港第二实验小学”完成了事业单位法人注册等工作。

（贺蓉梅）

**【全面推进内部控制制度】** 福建炼化有限公司根据石化股份公司关于全面推进内部控制制度的要求，完成了生产、经营、财务管理、投资等30项业务流程穿行测试和各项规章制度的修订工作，规范业务处理程序，明确管理职责和权限。《内控手册》于2004年4月起试运行，在规范企业运作，减少经营风险，保证资产的安全、完整，保证经营成果与财务状况的真实、可靠等方面起到重要作用。《内控手册》从2005年1月1日开始正式实施。同时，为配合《内控手册》的实施，福建炼化有限公司对各项规章制度进行理顺整合，共完成249个制度的修订，使之与《内控手册》衔接成为一个有机的整体，并在运行中始终保持现行有效性。

（贺蓉梅）

**【吴邦国视察福建炼化有限公司】** 2004年11月15日，中共中央政治局常委、全国人大常委会委员长吴邦国，中共中央政治局委员、全国人大副委员长王兆国，全国人大常委会副委员长兼秘书长盛华仁一行在福建省省长卢展工、石化股份公司高级副总裁曹湘洪陪同下，莅临福建炼化有限公司。吴邦国一行到生产现场看望慰问干部职工，到一体化工程新厂区现场了解"征迁安"工作及项目进展情况。在听取福建炼化有限公司汇报后，吴邦国指出，福建炼化有限公司是目前国内效益较好的炼厂之一，所处地理环境也很好，要加快一体化项目进度，争取早日建成投产；要配备精兵强将，抓紧做好项目前期准备工作，引进一些技术含量高、高端的、能替代进口化工产品的生产技术，为国民经济的发展作出贡献。同时，吴邦国对石化集团公司及福建炼化有限公司为缓解通货膨胀压力，满足市场油品供应，缓解煤电油运紧张局面所作出的贡献表示肯定。

（贺蓉梅）

**【石化股份公司、福建省调整福建炼化有限公司领导班子】** 2004年7月28日，石化集团公司党组书记、总经理、石化股份公司董事长陈同海在福建炼化有限公司主持召开干部大会，宣布石化股份公司和福建省对福建炼化有限公司领导班子进行调整。马金魁不再担任福建炼化有限公司董事长、党委书记，康飚担任董事长、不再担任总经理，陆东任董事、总经理，陈晓波任董事、党委书记。

（贺蓉梅）

**表1** 福建炼化有限公司主要经济指标 亿元

| 指标名称 \ 年份 | 2004 | 2003 | 2002 | 2001 | 2000 | 1999 |
|---|---|---|---|---|---|---|
| 原油加工量/万吨 | 390.55 | 362.40 | 335.17 | 353.48 | 361.14 | 303.46 |
| 工业总产值① | 100.14 | 20.88 | 19.61 | 20.70 | 19.97 | 15.93 |
| 工业增加值 | 14.99 | 12.80 | 10.54 | 11.79 | 7.65 | 10.75 |
| 资产总计 | 41.98 | 32.10 | 34.16 | 36.80 | 42.46 | 39.12 |
| 流动资产 | 22.09 | 9.55 | 9.04 | 10.70 | 14.43 | 8.75 |
| 固定资产原值 | 44.36 | 44.34 | 43.62 | 41.83 | 40.89 | 40.96 |
| 固定资产净值 | 18.23 | 20.62 | 22.49 | 23.25 | 25.22 | 27.73 |
| 吨油利润/元·吨$^{-1}$ | 79.84 | 95.23 | 86.55 | 74.04 | 48.24 | 92.38 |
| 销售收入 | 100.49 | 82.14 | 66.48 | 70.97 | 78.50 | 43.16 |
| 实现利税 | 10.38 | 8.47 | 7.55 | 7.63 | 7.47 | 9.44 |
| 税　金 | 7.25 | 5.00 | 4.65 | 5.01 | 5.73 | 6.64 |

① 1999—2003年按1990年不变价计算。

**表2** 福建炼化有限公司主要产品产量 万吨

| 产品名称 \ 年份 | 2004 | 2003 | 2002 | 2001 | 2000 | 1999 |
|---|---|---|---|---|---|---|
| 汽　油 | 108.65 | 104.03 | 96.48 | 98.34 | 102.22 | 86.69 |
| 柴　油 | 168.13 | 147.38 | 147.08 | 161.26 | 161.49 | 138.60 |
| 航空煤油 | 5.04 | 5.74 | 4.56 | 5.90 | 7.38 | 6.10 |
| 灯用煤油 | 0.61 | 0.36 | 0.37 | 0.43 | 1.27 | 1.25 |

续表

| 产品名称 \ 年份 | 2004 | 2003 | 2002 | 2001 | 2000 | 1999 |
|---|---|---|---|---|---|---|
| 石脑油 | 10.03 | 9.88 | 6.75 | 8.78 | 5.42 | 6.82 |
| 液化气 | 24.27 | 21.87 | 20.90 | 21.80 | 22.98 | 14.97 |
| 丙　烯 | 9.51 | 9.44 | 7.53 | 7.94 | 0.07 | — |
| 聚丙烯 | 9.58 | 9.05 | 7.68 | 7.89 | 5.79 | 5.97 |
| 燃料油 | 19.56 | 20.50 | 10.29 | 3.16 | 9.70 | 5.22 |
| 溶剂油 | 1.89 | 3.19 | 2.09 | 1.67 | 1.61 | 0.68 |
| 石油焦 | 14.47 | 12.51 | 11.24 | 11.83 | 11.97 | 10.28 |
| 硫　磺 | 0.97 | 0.77 | 0.72 | 0.59 | 0.49 | 0.46 |
| 液　氨 | 0.06 | 0.09 | 0.07 | 0.05 | 0.07 | — |

## 联合石化公司

**【概述】** 中国国际石油化工联合有限责任公司(简称联合石化公司)是中国石油化工股份公司和中国化工进出口股份公司合资组建的大型对外贸易股份制公司，1993年2月经国务院批准正式成立，具有独立法人地位。1998年11月1日，重新组建的石化集团公司对联合石化公司进行了股比调整，调整后的股权比例为石化集团公司占70%，中国化工进出口总公司占30%；改组后的联合石化公司由石化集团公司控股，并负责全权经营管理。联合石化公司注册资本1.83亿元人民币，2004年末的固定资产净值5 657万元人民币，总资产148亿元人民币。

联合石化公司实行自主经营、自负盈亏、独立核算，实行董事会领导下的总经理负责制，董事长由石化股份公司高级副总裁张家仁兼任。

联合石化公司总部位于北京市朝阳区惠新东街甲6号，根据工作需要，设有办公室、原油部、运输部、成品油部、财务部、期货部6个部门。公司总部现有员工73人，3个海外公司共有员工38人，其中内派20人，4个口岸分公司共有员工18人。

(陈晓黎)

**【经营业绩】** 联合石化公司的主要经营项目为代理进口原油和代理进出口成品油及期货保值等相关业务。2004年，联合石化公司累计完成代理进口原油6 100万吨，自营原油1 700万吨；累计完成出口成品油3万吨，进口成品油431万吨；实现营业额1 408亿元人民币，实现税前利润总额3. 10亿元人民币。公司经营12年来，累计代理进口原油2. 89亿吨，累计实现进出口贸易总额660.28亿美元。

(陈晓黎)

**【境外公司及国内分公司】** 联合石化公司的境外机构包括：联合石化(英国)有限公司(伦敦)、联合石化亚洲有限公司(香港)、联合石化纳敏岛有限责任公司(新加坡)3个海外全资子公司；国内在青岛、宁波、二连浩特、阿拉山口等地设立了4个口岸分公司。

(陈晓黎)

## 扬—巴公司

**【概述】** 扬子石化—巴斯夫有限责任公司(简称扬—巴公司)位于江苏省南京市六合区，毗邻长江，地处南京化学工业园内，占地面积220万米$^2$

扬—巴公司成立于2000年12月8日，由中国石化和德国巴斯夫以50:50的股比共同出资设立，总投资约29亿美元，旨在建设和运营世界级、高科技、一体化的石化基地，是目前国内最大的中德合资项目。截至2004年底，扬—巴公司员工总数为1 439人，拥有9套世界级规模的工艺装置：以60万吨/年乙烯装置为核心的基础化学联合装置、30万吨/年乙二醇装置、40万吨/年低密度聚乙烯装置、25万吨/年丁辛醇装置、16万吨/年丙烯酸和21.5万吨/年丙烯酸酯装置、3万吨/年丙酸装置、5万吨/年甲酸装置、3.6万吨/年甲胺装置和4万吨/年二甲基甲酰胺装置。主要产品有：低密度聚乙烯、乙二醇、丁醇、辛醇、丙烯酸、丙烯酸甲酯及丁酯、甲酸、丙酸、甲胺、二甲基甲酰胺、苯、甲苯、混合二甲苯等。

扬—巴公司于2001年9月开工建设，2004年底基本实现机械竣工并转入试车和开车阶段，将于2005

年全面投入商业运营，届时有170万吨/年高质量的石化产品投放市场。

扬—巴公司自成立伊始一直坚持走可持续发展的道路，注重环境保护和生产安全，力争实现经济效益的最大化和环境影响的最小化。

（李时艳）

**【中德双方母公司为一体化项目建设提供支持】** 2004年，中国石化与巴斯夫先后5次在南京联合召开扬—巴一体化基地项目现场办公会，双方母公司的高层人员、扬—巴公司的管理层、各承包商及分包商的管理层参加了会议。会议逐一听取了各承包商的工作进展、下一步的工作安排和存在问题的汇报，对工程建设所取得的成绩给予了充分的肯定，对所存在的问题进行了分析并加以协调，从各方面提供充分的支持，促进一体化项目的建设。

（李时艳）

**【开工锅炉具备供汽条件】** 2004年4月16日，扬—巴公司开工锅炉顺利竣工，成为一体化项目第一套具备开车条件的生产装置。

开工锅炉由2台规模170吨/时的锅炉及相应辅助设施构成，由中国石化南京设计院承担设计、物资采购和施工管理，主要承包商是集团第二建设公司，锅炉供应商为意大利Macchi。从开始基础设计到具备开车条件，整个项目的设计、采购、施工和试运行只用了17个月，比原计划整整提前了2个月。项目组严格遵循一体化项目管理程序，取得了良好效果，有效地控制了项目的费用。

2004年4月19日，来自中国石油的高压天然气经过降压后成功引入开工锅炉现场，3个燃烧器点火枪调试成功；4月21日，开工锅炉燃烧器正式点火；5月12日，完成全部的试车程序，开工锅炉再次点火成功，具备蒸汽外供条件。

（李时艳）

**【码头正式对外开放】** 2004年，扬—巴公司码头获得江苏省人民政府批复同意正式对外国籍船舶开放，成为南京港自1986年以来第一座获得省政府批准的正式对外开放的码头。

扬—巴公司码头包括3座新建的石油化工液体货物装卸码头和1座工作码头，是扬—巴公司生产原料和产品进出厂的主要通道，也是保障公司正常生产运行最关键的设施之一。在长江沿江的开放码头中，扬—巴公司码头拥有最好的基础设施。

通过江苏省口岸办等省级查验单位的正式验收并经江苏省政府同意后，扬—巴公司1#、2#、3#码头于2004年底对外开放。

（高　山）

**【码头首船接运成功】** 2004年10月23日上午10时，装载着500吨丙烯酸甲酯的6 000吨级散装化学品新加坡轮“宝航”号安全停靠扬—巴公司1#码头，并于当天顺利卸船成功。扬—巴公司码头首船接运成功标志着扬—巴公司工程建设进入一个新的阶段，这也是南京港又一开放口岸扬—巴公司码头首次靠泊外轮。

（杜瑞益）

**【电厂开始商业运营】** 2004年11月16日，扬—巴公司自备电厂作为第一套正式投入商业运行的装置，首次自行启动，开始正式运行。

扬—巴公司电厂由韩国大林公司总承包，于2003年4月2日开工建设，2004年4月5日开始运行测试。电厂以天然气为燃料，由3台能力为40兆瓦的燃气轮机和1台能力为60兆瓦的蒸汽轮机组成，送电总量可达180兆瓦，同时还为一体化现场提供不同压力等级的蒸汽。

2004年4月25日，扬—巴电厂同江苏电力公司的公网实现并网，将试车阶段所生产的额外电力向公共电网输送，在一定程度上缓解了夏季南京地区电力短缺的状况。

（李时艳）

**【首套化工装置成功启动】** 2004年12月23日，扬—巴公司首套化工装置——丙烯酸甲酯装置成功启动。

丙烯酸甲酯装置采用巴斯夫最新的工艺技术，由日本东洋工程公司总承包。总承包合同于2002年9月19日正式签署，2003年2月28日正式破土动工，2004年11月30日实现实体竣工，12月22日开始反应系统投料试车并于次日产出合格产品。

（李时艳）

## 石化盈科公司

**【概述】** 石化盈科信息技术有限责任公司（简称石化盈科公司）是一家致力于流程工业信息化解决方案的提供商，于2002年7月18日成立，注册资金人民币5 000万元，由石化股份公司和香港电讯盈科有限公司（简称电讯盈科）分别按照55%和45%的比例共同合资组建。石化盈科公司总部设在北京市中关村科技园区，在上海市有一家分公司。

石化盈科公司自成立以来，借助两大母公司的支持，已经建立了良好的内部运营管理架构，培养了一支具有先进管理理念和专业协作精神的信息技术和项目管理团队。公司绝大部分技术人员具有深厚的石油化工及能源行业工作背景和实施重大信息技术项目的经验，通过吸收香港电讯盈科国际化运作经验，石化盈科公司更加具备全方位理解和把握流程工业信息化建设要求的能力，在推动中国石化信息化建设方面发挥了重要作用。

石化盈科公司主要经营领域分为6个方面：流程工业企业信息化建设规划、咨询；企业经营管理信息系统建设；企业生产管理信息系统建设；生产过程先进控制与优化；企业信息网络的规划和设计；信息系统的运行、维护和管理。公司建立了以市场为导向的管理运营体制，已承担了多项影响深远、具有行业示范性的企业信息化建设项目。

石化盈科公司的经营理念是：以技术为核心、以服务为宗旨、以人才为根本。

截至2004年底，石化盈科公司员工总数为184人；总资产达2.51亿元。2004年，石化盈科公司共完成收入(含增值税)3.79亿元，实现净利润3 800万元，全年累计签订合同金额4.91亿元人民币。

2004年，石化盈科公司承接了包括中国石化ERP扩大试点及推广、石化企业MES系统应用研究及关键技术攻关、中国石化供应链系统建设、销售企业信息系统集成、中国石化骨干网提升、网络安全建设和生产过程先进控制等多个中国石化信息化建设项目。公司围绕“客户至上”这一原则，严把质量关，得到了客户的认可和好评。同时，在质量管理、资质建设、企业文化等方面也开展了一系列卓有成效的工作。

(任志婷)

**【中国石化ERP推广项目】** 2004年中国石化在16家企业实施ERP，石化盈科公司独立承担了其中9家企业的ERP实施任务，占总数的64%，年底8家企业已按计划成功上线。ERP支持中心(CCC)也于8月1日正式运行。石化盈科公司共有5名专职顾问和17名兼职顾问负责支持，每周向ERP项目管理组和相关事业部提交企业ERP监控报告和问题跟踪清单，每月提交ERP系统监控分析报告和企业CCC月度运维报告，对每个企业、每个ERP模块的运行状况、存在问题进行全面监测和分析，受到各事业部普遍好评。

(任志婷)

**【石化企业MES应用研究及关键技术攻关项目】** 该项目是国家“863”计划高科技攻关项目，是流程工业生产管理层信息化建设的核心，是企业信息化建设的重要环节。2004年底基本形成以中国石化为主体，石化盈科公司等单位参加开发的具有自主知识产权的软件产品，并已在荆门、安庆、茂名、济南等分公司上线运行。

MES系统上线运行后将为ERP系统提供日常生产数据支撑，为企业供应链技术、计划/调度优化提供较为科学、真实的信息。该项目成功实施将填补国内流程工业生产管理层软件产品及应用的空白，具有很大的经济和社会效益。

(任志婷)

**【中国石化供应链系统建设】** 中国石化的产、供、销的供应链是全国最大的物流供应链系统之一，中国石化正在全面开展这项工作，石化盈科公司是该项目的具体实施牵头单位。

2004年的重点是中国石化总部炼油、化工、销售排产计划优化(MPims)，已实现了数据管理、模型管理、模型运行、结果分析和计划发布等功能。生产企业精确模型PPims的应用也卓有成效，包括企业原油应用数据库、工程模型、质量传递、调合等技术的计划优化，已在高桥石化、广州石化、镇海炼化3个企业完成试点并通过验收，下一步将在中国石化全部炼化企业中推广。

(任志婷)

**【成品油销售集成系统试点】** 石化盈科公司牵头实施的销售企业信息化集成项目中，2004年已完成深圳石油公司加油卡、零售管理、批发业务的信息系统集成。云南石油公司包括ERP在内的下至基础仪表改造、上至公司经营管理层的信息化集成系统建设试点正式进行。

(任志婷)

**【网络等基础设施建设项目】** 2004年的IT系统建设保证了中国石化16家企业的ERP生产服务器、网络建设、网络管理、企业虚拟专用网(VPN)的应用，全面支撑了这些企业ERP的建设与上线工作。

石化盈科公司较大幅度地提高了网络服务质量。根据中国石化网管系统统计数据表明，2004年主干网的平均连通率为97.43%(油田、炼化企业主干网连通率为99.90%)，机房整体正常运行率为99.95%。大大提高了信息基础设施运行的稳定性和可靠性。同时，在计算机病毒防治方面做到了早组织、早部署、早落实、早预防，有效遏制了年内几次大规模计算机病毒的发生，保证了信息基础设施安全、稳定运行。

通过对中国石化总部25个部门的调查，用户满意度达到94%，运维服务质量大幅提高，获得了用户认可和好评。

（任志婷）

**【生产过程先进控制项目】** 2004年9月21日中国石化召开了40多家炼化企业和总部有关部门共130多人参加的中国石化有史以来级别最高、规模最大的一次APC(先进过程控制)推广应用工作会议，石化股份公司高级副总裁曹湘洪亲自作了动员报告。会议确定了先进过程控制“整体动员、批量推广”的工作思路，明确了业务部门牵头，信息部综合管理，石化盈科公司技术支持的工作模式，提出了尽快制定包括推广、应用、维护整体规划的要求，大会起到了动员、布局、启动的作用。

为了配合APC的支持维护工作，9月1日卓越中心(CoE)已在上海分公司正式挂牌成立。

同时，仿真模拟技术AES也取得了可喜的进展，新建模型11套，加快了在中国石化企业中的应用速度。

（任志婷）

**【继续加强项目和质量管理】** 石化盈科公司2004年引入微软公司的Project项目管理系统，构建石化盈科公司项目管理平台。信息系统管理部可以通过该平台实时检查项目进展，监控各个项目质量情况，拓展了与客户之间的沟通渠道。为了在石化盈科公司的范围内进一步加强质量管理，对上海分公司员工进行了ISO 9000质量知识培训，并正式将其纳入到公司整体的质量管理体系中。

（任志婷）

**【获得国家信息系统集成商二级资质】** 2004年11月26日石化盈科公司通过了国家信息产业部组织的专家评审，获得了计算机信息系统集成二级资质。12月6日，国家信息产业部正式签发了资质证书，标志着石化盈科公司的技术实力和项目实施水平得到了充分的肯定。

（任志婷）

**【建立公司内部知识管理体系】** 石化盈科公司为了保护自己的知识产权，积累并充分利用公司知识财富，从2004年下半年开始，积极筹备建设知识管理体系。石化盈科公司向母公司电讯盈科学习了先进的知识管理经验，还与埃森哲、微软及国内有关单位进行了交流，提出了知识库建设的初步方案。

在建设过程中将具体借鉴2个最佳实践，埃森哲KM系统和电讯盈科KM工作模式。石化盈科公司成立了知识管理体系建设领导小组，由公司正、副总裁直接领导，各部门主要负责人参加。通过公司的知识库建设，期望培养出一支高水平的知识库建设队伍。

（任志婷）

**【内聚人气，加强企业文化建设】** 2004年6月30日石化盈科公司内部刊物《石化盈科视窗》创刊。石化股份公司王基铭总裁、曹湘洪高级副总裁(石公盈科公司董事长)，出于对石化盈科公司的殷切期望与厚爱，分别为《石化盈科视窗》题写了刊名和创刊辞。作为一份内部刊物，《石化盈科视窗》反映公司员工最新动态，增进内部交流与沟通，宣传公司成功业绩和管理策略，为大家提供一个全面了解公司发展的窗口，创造了一个相互学习的平台，成为反映公司“尊重、学习、进取”企业文化的载体。

（任志婷）

## 北京石油分公司

**【概述】** 中国石油化工股份有限公司北京石油分公司(简称北京石油分公司)是石化股份公司直属大型销售企业。成立于1950年，主要从事石油成品油经营业务。其前身为北京石油集团有限责任公司，1998年根据国务院关于组建石油、石化两大集团公司的决定，于同年7月1日整建制上划石化集团公司，2000年1月，按照石化集团公司重组改制方案的要求，将主营业务、资产、人员等划归石化股份公司，设立中国石油化工股份有限公司北京石油分公司。

北京石油分公司经过50多年的发展，已经成为一个拥有六大专业中心，12座油库，200余辆油品运输车，550座自有加油站，300余座连锁加油站，总资产达44亿元的国有大型企业，形成了遍布北京地区的营销网络和日臻完善的服务体系，成为北京市成品油市场主要供应商，在北京市2004年度百强企业评选中位列第28名。

2004年，北京石油分公司在石化集团公司总部的正确领导下，坚持以解放思想、更新观念为先导，以改革统揽全局。在“一级管理、一级核算”新型经营管理体制的强力推动下，企业实现了改革、经营、管理、稳定的协调发展，各项主要经济指标在连续3年持续大幅增长的基础上再创历史新高。油品经营总量与上年同比增长33.7%；成品油销售同比增长28.4%；零售量同比增长55.4%；直销量同比增长

25.5%；润滑油销售同比增长 193.8%；燃料油销售同比增长 100.9%，销售收入突破百亿元大关，比上年增长 50%；利润同比增长 44%。

北京石油分公司高度重视终端销售环节，以收购、新建、租赁、联营等多种形式，大力发展终端网络，努力开拓零售市场。近年来投资数亿元发展加油站终端销售网络，使自有加油站占有率达到了 52.03%，市场占有率达到 70.79%。在大力发展网点的同时，公司坚持不断强化加油站规范化管理，以“质优、量足、热情、便捷”为服务宗旨，以达标创星为基础，以百日竞赛活动为契机，促进了加油站规范化管理水平的提高，形成了集汽车加油、保养、维护、购物为一体的全方位、全天候的服务体系。

北京石油分公司坚持科技引路、质量先行的方针，视质量和安全为企业的生命线。通过先进的质量检测技术，严把油品质量检验关，在油库建立了专业消防和安保队伍，配备了安全监控系统和自动消防系统，做到常备不懈，防患未然，实现 50 多年来无火灾及重大安全事故。在经营管理中积极引进各种先进技术，建设了加油 IC 卡工程，实现了“一卡在手，各地加油”；实施了二次物流优化项目，降低了运营成本；建设了 ERP 系统，实现了物流、资金流、信息流的“三流合一”；整合了已有的应用系统，以加油卡、提油卡、配送卡、银行卡为载体进行了业务流程再造，提升了企业的竞争力。

北京石油分公司坚持以人为本发展企业，不断解放思想，持续致力于深化企业劳动用工、绩效考核、薪酬分配机制改革，建立有利于留住人才、稳定人才、促进人才发展的人才工程，大力引进先进技术和管理经验，努力推进企业的制度创新。

（张卫峰）

**【扩市场，增销量，各项经济指标再创历史新高】** 2004 年，北京石油分公司的各项经济指标均创造了历史最高最好水平。这个最高最好水平是在连续 3 年各项经济指标实现持续大幅增长的基础上实现的。截至 2004 年底，经营总量完成 312.88 万吨，比上年增加 78.82 万吨，增长 33.7%。其中成品油销售 283.15 万吨，较上年增加 62.58 万吨，增长 28.4%。在成品油经营量中，零售量实现 162.97 万吨，比上年增加 58.12 万吨，增长 55.4%；直销量实现 74.3 万吨，比上年增加 15.11 万吨，增长 25.5%。润滑油销售 9.87 万吨，比上年增加 6.51 万吨，增长 193.8%；燃料油销售 19.63 万吨，比上年增加 9.86 万吨，增长 100.9%。

（张卫峰）

**【抓规范，强管理，加油站百日竞赛创佳绩】** 2004 年，北京石油分公司参加了石化集团公司总部组织的加油站规范化管理百日竞赛活动。在公司党政领导班子的领导下，经过全体员工的艰苦努力，取得了在全系统第二名的好成绩。通过百日竞赛活动，促使零售管理工作发生了重大变化：一是形成了全员重视零售，齐抓共管的格局。二是百日竞赛使零售管理知识得到普及。三是服务意识明显增强，顾客投诉率明显减少，消费者满意率、回头率明显增加。四是加油站形象及环境发生明显改观。五是基础管理工作明显改进，规范了账表单的使用，统一了账表册的装订标准和加油站基础档案管理，完善和强化了数质量和安全设备管理。

（张卫峰）

**【抢机遇，抓发展，网络建设成效显著】** 2004 年，北京石油分公司全年共新发展加油站 85 座，其中收购、租赁、参股加油站 78 座，新建竣工加油站 7 座，年新增加油能力 51 万吨。在新增加油站中，年加油量在 5 000 吨以上的 39 座，单站加油能力年均达到6 064 吨，比上年单站加油能力提高 76 吨。其中有 15 座单站年加油量可达到万吨，新增加油站平均吨油投资为 2 382 元。网络建设的发展为北京石油分公司应对挑战、提高竞争力创造了条件。

（张卫峰）

**【保运行，促管理，安全工作创历史最好成绩】** 北京石油分公司牢固树立“保安全就是保全局，保安全就是保稳定，保安全就是保效益”的思想，真正把安全工作当成企业的生命工程来抓。在安全管理工作中，坚持以人为本，大力加强“三基”工作，落实安全生产责任制，加大安全生产教育、培训、安全隐患检查和整改力度，投入资金 1 287 万元用于油库、加油站的安全隐患项目整改，确保了企业的安全运行。2004 年，安全工作取得历史最好成绩，北京石油分公司首次被评为石化集团公司安全工作先进单位。

（张卫峰）

**【党建工作为改革、经营、发展、稳定提供有效保障】** 北京石油分公司坚持党组织建设与改革同步，做到“改革工作延伸到哪里，党的工作就做到哪里；经营机构延伸到哪里，党的组织就建立到哪里”。2004 年顺利完成 4 个专业中心党委、6 个党总支、74 个党支部的组建工作。根据新的经营管理体制的要求，组建了新的工会、共青团组织。党的组织建设为确保企业的改革、经营、发展、稳定提供了可靠的保证。

（张卫峰）

【ERP项目成功上线】 北京石油分公司的ERP项目于2004年10月11日成功上线，成为中国石化ERP实施单位中第一家上线的销售企业。这次成功上线创造了中国石化ERP项目历史上的5个第一：第一家将改革后的业务运营依托于ERP系统来运行；第一家实现全公司库存集中管理，统一库存成本运作模式，最优库存摆布；第一家实现全市油库“通存通兑”，实现“一卡在手，全市提油”；第一家实现ERP系统同其他相关信息系统的整合；第一家实现同大区整合的功能。

（张卫峰）

【欧Ⅱ为中国石化在首都再添异彩】 北京石油分公司在着眼于发展企业、增强企业竞争力的同时，还以维护生态、奉献社会为己任，致力于实验推广各种新型能源燃料，不断提升产品质量标准，树立了良好的中国石化品牌信誉。在全国率先实行汽油无铅化，首家推出了高清洁汽油。2004年，在北京首家推出98#高清洁汽油，全面推广相当于欧Ⅱ排放标准的清洁燃料，为实现“绿色奥运”作出了积极的贡献。

（张卫峰）

【中央国家机关政府采购油品惟一指定供应商】 经中央国家机关政府采购中心谈判小组评定，北京石油分公司成为中央国家机关各部门及其所属在京单位惟一指定油品供应商。为了方便中央国家机关各部门及其所属在京单位车辆用油加油卡的使用，2004年北京石油分公司提供了400余座可受理IC卡加油的自营加油站，尽全力满足用油需求，并提供了在京所有IC卡加油站的地址、电话及位置图，包括所能提供的油料种类及加油设备的数量，并保证油料品质符合国家标准。当市场出现紧急情况时，将启动一系列保供应、保市场的应急预案，把中央国家机关政府采购单位列为必保目标。

（张卫峰）

【朝阳区纳税信用A级企业】 2004年，北京石油分公司同时被朝阳区国税局、地税局评为首批纳税信用A级企业。这是国家政府、税务机关和全社会对企业诚信经营、依法纳税、贡献社会的认可。

（张卫峰）

【赞助雅典奥运圣火传递】 2004年雅典奥运火炬传递活动是奥运火炬首次在世界五大洲范围内进行传递的一次国际盛会，也是奥运圣火第一次登陆中国。北京石油分公司为此次雅典奥运火炬北京传递活动的46辆汽车提供免费油料，共赞助汽油3万升，柴油6 000升。

（张卫峰）

## 天津石油分公司

【概述】 中国石油化工股份有限公司天津石油分公司（简称天津石油分公司）位于天津市南开区南京路338号，机构前身始建于1950年3月，1996年12月改制，由天津市石油总公司更名为天津石油集团有限公司，1998年6月上划石化集团公司，1999年4月与石化销售华北公司实行资产重组，2000年4月改制为中国石油化工股份有限公司天津石油分公司。

2004年9—10月，天津石油分公司建立了“一级管理、一级核算”的新体制。上划以来，通过持续重组改制和主辅分离，有效地整合优化了石化系统在津的销售企业，天津石油分公司的综合实力显著增强，已成为天津地区最具经营规模和竞争实力的成品油销售龙头企业。

截至2004年底，天津石油分公司总资产27.52亿元，净资产17.25亿元；员工总数6 076人，在岗正式职工中，管理岗419人、生产操作岗1 370人，具有高级专业技术职务的29人、中级专业技术职务的146人，分别占正式职工总数的1.28%和6.49%。本部设置10个处室，5个专业中心（分公司）。拥有自营联营加油站460座；油库5座，总容量36.60万米$^3$，铁路专用线4条；大小油罐车130辆。

2004年，天津石油分公司坚持以经营为中心，以改革为动力，以管理为根基，各项主要经济指标再创历史最好水平。共完成购进总量244.31万吨，销售总量238.99万吨；实现销售收入76.66亿元，利润（考核口径）3.82亿元，吨油费用152元。

（杨锡全）

【经营规模和经营质量取得历史性突破】 为了缩小与兄弟省市公司在经营规模、经营质量上的差距，天津石油分公司领导班子始终坚持“零售做精做强，直销做大做好，批发做实做稳”的经营方针，灵活应对市场，加大资源自采，拓展终端销售。2004年，销售总量首次突破200万吨，达到238.99万吨，完成下达计划的116.47%，同比增长32.51%；其中，成品油零售、直销、批发量分别为125.43万吨、48.26万吨和

21.18万吨，零售、直销量同比分别增长50.09%和22.57%；终端销售比重达到89.13%，同比上升9.63个百分点，高于销售企业平均增幅4.97个百分点；自采成品油71.86万吨，同比翻了一番多，自采比重为37.00%，居省市公司前列。实现利润(考核口径)3.82亿元，完成下达计划的181.90%，同比增长79.34%；吨油费用152元，低于计划指标4元，同比下降45元。辖区成品油市场占有率达到70%。

（杨锡全）

**【降本控费成效明显】** 2004年，天津石油分公司以全面预算管理为中心环节，进一步加大降本压费力度。一是完善预算委员会制度，实施月度预算管理，加强预算执行情况的跟踪与分析；二是继续实行费用归口管理，严格考核和奖惩，达到费用节放有度有序；三是运用SAP系统功能，启用费用订单控制，保证预算指标落实；四是加速资金周转，降低融资成本，减少财务费用；五是将劳务用工成本纳入预算管理体系，全口径管控人工成本。通过上述举措，使企业呈现出量升费降的良好局面，在销售量同比增长32.50%的情况下，吨油完全费用为152元、吨油现金费用为112元，同比分别下降45元和35元；ROCE指标为20.02%，高于计划指标12.38个百分点，同比上升4.93个百分点。

（杨锡全）

**【经营管理体制改革获得成功】** 天津石油分公司作为销售企业首批经营管理体制改革试点单位，于2004年9、10月间，顺利完成经营管理体制改革，新体制11月1日正式运行。这次改革是天津石油分公司成立54年来力度和难度最大的脱胎换骨式的根本性变革。通过改革，围绕核心业务，有效整合了经营管理要素，撤销了区县公司建制，组建了零售中心、商业客户中心、物流中心、结算中心，调整了润滑油分公司、燃料油分公司，构建了专业化运营、扁平化管理的新体制。在零售系统，建立了由零售中心派出区域经理、片区经理垂直到加油站的管理模式；在批发系统，形成了由商业客户中心垂直到客户经理部、客户经理的管理模式；在物流系统，实现了油品“收、存、转、付、配送”一体化运作的管理模式；在财会系统，实行了向各专业中心(分公司)派出财务代表或核算组的管理模式。截至2004年底，职能处室由12个精简为10个，撤销区县公司11个、专业分公司7个及科级机构67个。中层管理人员由121人减为77人，平均年龄比体改前下降了3.41岁，本科以上学历上升了12.12%；非中层管理人员由436人减至343人；并通过退二线、转岗、协解等方式，分流安置中层人员55人(含存续部分)。在工作流程上，设计了358个经营管理流程；在制度建设上，设计了7个类别，新订、修订了301项制度。

（杨锡全）

**【开展加油站百日竞赛活动】** 按照石化集团公司的统一部署，天津石油分公司于2004年下半年开展了加油站规范化管理百日竞赛活动。竞赛期间，天津石油分公司在营的自营加油站为358座，累计投入资金2 500万元，实施形象标识和经营设施改造356座，各层面开展自查、互查、督查3 452次，发现问题5 612条，整改率达到98%以上。通过检查验收，天津石油分公司零管中心区获加油站百日竞赛优胜地市公司称号。这次大规模的专项整治活动，使所属加油站的外在形象、服务质量、管理水平、机制建设和经营效益得到大幅提升。

（杨锡全）

**【零售网络建设有了新进展】** 按照石化集团公司“围好篱笆，打好桩”的战略思路，天津石油分公司2004年的零售网络建设工作动手早，起点高，力度大，成效好。一是健全组织机构，设有网建领导小组，成立了网建办公室，组织了一支经验丰富、有实力的专业队伍；二是勇于自加压力，将新增21座加油站的计划指标，主动调整增加至52座；三是抓住天津市道路改造机遇，全力攻关，造准目标，优化站址，提升进站档次。全年共收购、新建、租赁加油站62座，固定资产投资2.12亿元。2003年、2004年，新增加油网点增量贡献率达35.52%。

（杨锡全）

**【积极推介销售高标号汽油】** 2004年，天津石油分公司继续加强高标号汽油销售，利用《车友报》、天津市电视台、广播电台交通台、电子屏幕广告、TCL杯天津女子排球赛等媒体和阵地，进行科学用油包括高标号汽油知识的宣传推介，有力促进了高标号汽油的销售。共完成高标号汽油零售25.28万吨，比上年增长38.60%，在汽油中的比重为47.18%，从而优化了汽油销售结构，有效拓展了利润空间。

（杨锡全）

**【“金卡”工程正式实施】** 2004年3月，天津石油分公司正式实施“金卡(IC卡)”工程。此项工程于2003年10月启动，2004年相继改造了255座加油站的加油操作系统，建立发卡网点96个，本部设立了IC卡客服中心。全年共售出IC卡6.46万张，加油总金额为2.05亿元。不仅提高了劳动效率，增强了品牌效应，而且方便了用户。

（杨锡全）

**【存续公司首家企业改制】** 根据石化集团公司改制分流工作总体部署，天津石油公司(存续部分)所属企业天津中石化销售华北设计院于2004年上半年完成改制，更名为天津中德工程设计有限公司，成为第一家由改制分流职工持股的有限责任公司。原天津中石化销售华北设计院共有职工28人，全部参加了改制；经审计和评估后的总资产363.89万元，净资产246.40万元，用于改制的匹配资产174.74万元。新公司6月1日完成注册登记，注册资本174.74万股(每股1元)，其中，分流职工补偿补助金占151.95万股，经营者岗位激励股占22.79万股。

（杨锡全）

## 河北石油分公司

**【概述】** 中国石油化工股份有限公司河北石油分公司(简称河北石油分公司)总部位于河北省石家庄市，其机构前身成立于1949年。1998年6月27日，正式划归石化集团公司管理。2000年5月23日，按照石化集团公司企业重组改制精神，其主营业务重组成立河北石油分公司，其存续部分称中国石化集团河北石油有限责任公司(简称河北石油公司)。

河北石油分公司在河北全省11个省辖市、138个县设有分公司和经营部；公司拥有强大的资源保障体系和完善的经营网络体系。主要经营200多种规格的汽、煤、柴、润四大类成品油，销售区域覆盖河北省全境，35座油库遍布于全省各主要交通枢纽和城镇，总容量达75万米$^3$；建有35条铁路专用线共34.21千米，连接炼油厂的输油管道8千米；拥有全资加油站(含加气站)1 814座、农村销售网点504个；拥有油罐汽车、配送车861辆，油船8艘，销售网络覆盖全省城乡各地，社会市场占有率在70%以上。

河北石油分公司2004年共有正式职工2 764名，其中管理人员1 029人；各类专业技术人员641名，具有高中级专业技术职务的267名。拥有资产总额56.88亿元，其中流动资产14.99亿元，长期投资35万元，固定资产37.28亿元，无形资产及其他资产4.60亿元。

（常文峰）

**【各项经济指标实现历史性突破】** 销售总量大幅增加。2004年河北石油公公司实现销售总量457万吨，同比增加109.8万吨，增长31.6%；其中轻油423.5万吨，同比增加85.1万吨，增长25.1%。销售燃料油22.6万吨，同比增加20.1万吨，增长354%；润滑油10.8万吨，同比增加5.1万吨，增长90%。

经营结构继续优化。2004年实现轻油零售309.8万吨，同比增加111.3万吨，增长56.1%；零售比重为73.1%，比上年增长14.4个百分点；配送直销实现101.3万吨，同比减少1.6万吨，减幅1.6%。终端销售比重为97.1%，同比增长8个百分点，经营量的增加主要实现在终端环节。

经济效益大幅增长。2004年实现销售收入154.7亿元，同比增加48.7亿元，增长46%；实现报表利润3.4亿元，实现考核利润8.9亿元(还原后)，同比增加3.5亿元，增长64.8%。

（常文峰）

**【统筹安排资源，力保市场供应】** 2004年，面对国际国内油价一路上涨、市场需求旺盛、资源持续紧张的市场形势，河北石油分公司积极拓展进货渠道，保障市场供应，全年共完成进货458.1万吨，为扩销增效提供了有力支撑。为使有限的资源发挥出最大的效益，河北石油分公司实行少批量、多批次、按户逐日供应的方法，充分发挥供应主渠道作用，确保工农业用油和重点工程项目用油，进一步彰显了中国石化品牌形象，取得了较好的经济效益和社会效益。

（常文峰）

**【大力培育万吨级加油站】** 2004年，河北石油分公司采取全方位扶持、重点监控等措施，大力培育万吨站。2004年共有7座加油站达到了万吨站标准，其中石家庄高速路口加油站年销售超过2万吨。2004年，石家庄高速路口站和秦皇岛北大营站被石化集团公司评为五星级加油站。

（常文峰）

**【网络建设实现新发展】** 2004年，河北石油分公司实现新增加油站312座，其中，省会城市市区26座，地级市区48座，高速公路服务区26座、出入口23座，县城111座，国省道66座，其他位置12座，网络实力进一步增强，结构进一步优化。

（常文峰）

**【内部管理水平进一步提升】** 2004年，河北石油分公司全面实施月度复式预算管理，加大对可控费用的考核力度，吨油费用同比下降 22 元；加大清欠力度，三项债权同比减少 3 922 万元；规范资产经营行为，建立固定资产台账，确保资产安全；完成了 HSE 管理体系的建立工作，通过开展安全检查、加强隐患治理和设备改造、开展安全生产月、百日安全无事故活动等形式，落实安全制度，加强安全管理，全年未发生上报石化集团公司等级事故。

（常文峰）

**【积极推进企业内部改革】** 2004 年 6 月 1 日，河北石油分公司财会省市一体化工作正式启动，市级公司财务核算职能全部上移到省公司，实行全省系统增值税统一汇算清缴。

探索开展零售体制改革。根据石化集团公司专业化经营体制改革的总体思路，大部分市公司撤销了城供公司和零售管理处，成立零售部，负责全区零售经营管理工作，弱化县级公司的管理职能，提高垂直管理力度，取得了显著效果。

（常文峰）

**【存续企业改制分流工作稳步推进】** 2004 年，河北石油公司所属邢台、邯郸、廊坊、衡水、张家口、承德公司等 6 家运输公司顺利完成改制，新企业先后挂牌运营，共涉及净资产 2 358 万元，油品运输车辆 146 台，员工 227 人；还有其他 6 家企业改制实施方案已经完成审批，涉及净资产 3 002 万元，员工 474 人。

（常文峰）

**【减员增效扎实开展】** 2004 年，河北石油分公司共减员分流人员 4 026 名。其中协议解除劳动合同 463 人、改革用工方式 3 336 人、改制 227 人。

（常文峰）

**【加油站规范化管理百日竞赛活动取得明显成效】** 2004 年 7 月 1 日—10 月 10 日，石化集团公司开展了加油站规范化管理百日竞赛活动。河北石油分公司根据企业实际情况，在硬件建设上，按照“保证重点，统一标准，量力而行”的原则，重点突出达标以上站及中心城市、国省道站；在软件建设上，重点提升规范化管理和服务水平，通过抓县经营部经理、抓站长、抓标杆站、抓示范队、抓督查、抓培训、抓长效机制建设等 7 个方面的工作，改变了加油站规范化管理的落后面貌。在第三届评优暨加油站百日竞赛活动评比中，沧州公司被评为优胜地市公司，邢台零售公司第 16 站等 6 座加油站被评为优胜加油站，89 名员工分别被评为销售状元、优秀加油站经理、先进加油员。

（常文峰）

**【领导班子建设和企业文化建设得到加强】** 2004 年，河北石油分公司对石家庄、秦皇岛、衡水、邯郸等 9 个公司领导班子进行了调整，较好地解决了地市公司班子队伍在年龄、知识结构上存在的一些瓶颈问题，领导班子更趋年轻化，专业知识结构得到一定程度的改善。

面对用工制度改革后的新形势，衡水公司实施了“凝心聚力工程”，保定公司实施“百件五小工程”，并开展“心系员工慰问活动”，切实改善一线员工的工作和生活条件，使企业的凝聚力、职工的向心力进一步增强。组织优秀加油员、优秀加油站长、优秀客户经理、优秀采调工作者和销售状元深入各地巡回演讲 12 场次，在系统内掀起了学先进、赶先进、做先进、超先进的热潮。

围绕创建学习型组织目标，积极开展各种形式的学习、培训活动。与河北省商经学会一起成功举办第三届“石化杯”征文比赛，颁发了第二届“朝阳”奖学金；各级公司通过举办各类专业技能培训班、开展加油工技术比武、岗位练兵等多种形式，提高一线员工学习知识、提高技能的积极性，营造了一个积极、健康、团结、向上的企业文化氛围。

（常文峰）

## 山西石油分公司

**【概述】** 中国石油化工股份有限公司山西石油分公司（简称山西石油分公司）本部位于太原市万柏林区，是山西省最大的成品油销售企业，承担着全省成品油计划编制、资源配置、市场供应任务，主营汽油、柴油、煤油、润滑油。下辖 12 个市分公司、1 个直属实体、68 个县（区、市）分公司，实行人、财、物统一管理。截至 2004 年末，拥有资产 41 亿元、员工3 922 人、油库 29 个（其中万吨以上油库 11 座）、总库容 57.1 万米$^3$、加油站（点）1 400 余座，构成了布局合理、连点成线、连线成片、纵横交错的立体营销网络。

山西石油分公司的前身是山西省石油总公司，成立于 1950 年 4 月，公司名称随着国家的经济调整曾几经变更，1998 年 6 月，划转石化集团公司。2000 年 4 月，石化集团公司对原山西省石油总公司进行了战略性重组，设立了山西石油分公司。山西省石油总公司作为存续公司在石化集团公司领导下自主经营。

截至2004年底，山西石油分公司销售成品油265万吨，同比增长36%，其中零售192万吨，零售比重较上年提高了6.30个百分点；直销配送63万吨，增幅达50%；润滑油全年销售3.35万吨，同比增长57%。全年共实现利润2.60亿元。实现利税5.43亿元。同时通过竭尽全力稳市场，不计得失保供应，承担了国有企业应尽的社会政治责任，在社会各界树立了有实力、负责任的良好企业形象。

为弘扬中国石化"规范、严谨、诚信"的企业文化，山西石油分公司本着"团结拼搏、务实创新"的企业精神和"信誉第一、顾客至上"的服务宗旨，始终坚持寓企业文化于经营活动之中，坚持不懈地开展"计量准确、质量合格、明码标价、服务一流"优质服务活动，全面推行了"管理科学化、作风军事化、服务酒店化和手势交警化"一流服务标准。

(李彦彬)

**【销量同比增长36%】** 在资源紧张的情况下，为实现零售和经营总量的大突破，山西石油分公司始终把保证资源供应作为经营工作的重中之重。为此，充分发挥省、市两级公司的积极性，千方百计争取配置资源和提高兑现率，多方位开辟自采资源渠道，加大自采力度，使2004年配置计划完成率达到99%，自采资源比例达到全部资源33.4%。资源的有效保障大大增强了企业主导和调控市场的能力。在销售环节上，力保零售，严控直销，停止批发，最大限度地保证了资源效益最大化。为调动一线员工和客户经理的销售积极性，山西石油分公司还灵活运用营销激励机制，加大销售价格在考评中的权重，做到了量价互动、量利结合，不断提高经营质量。2004年共销售各类油品265.07万吨，完成计划的121%，比上年增长36%。

(李彦彬)

**【润滑油销售实现新突破】** 润滑油销售在山西省不仅品牌杂多，而且市场化程度比较高，受诸多因素影响，近年来山西石油分公司润滑油销售量始终徘徊在2万吨左右，市场控制力不高。2004年，山西石油分公司借石化股份公司整合品牌之机，整合了润滑油营销渠道，在努力做好渠道沟通与交接工作，维护社会经营者利益的同时，争取到长城润滑油的山西省代理权同时，借加油站规范化服务百日竞赛之机，在山西省国道、省道、高速路和县区中心的石化加油站统一配制了印有"长城润滑油"标识的货架，对润滑油品种、摆放和销售作了规范化要求，并以评选"长城之星"加油站活动为契机，调动加油站经销润滑油的积极性。此外，还抓住长城润滑油在央视、F1赛车、神舟五号的强势宣传时机，开展"用长城油、扬中国威"营销活动，引导消费市场，最终力挫群雄，以品牌优势拿下了一些大用户的润滑油供应权。为进一步调动广大一线员工的销售积极性，实现销售的新突破，山西石油分公司又在4季度开展了润滑油增量百日竞赛活动，辅之以增量销售奖励办法，广大一线员工想方设法跑市场、找用户，创下了百天销售1.61万吨的历史纪录。2004年，山西石油分公司共销售润滑油3.34万吨，同比增长57%，实现了10多年来的新突破。

(李彦彬)

**【加油站规范化管理百日竞赛】** 在成品油零售市场全面放开的前夕，为进一步提升加油站经营管理水平，增强市场竞争力，2004年山西石油分公司深入开展加油站规范化管理百日竞赛，进行比学赶帮超的岗位大练兵。山西石油分公司组建了加油标兵示范队，深入全省各地中国石化加油站进行岗位示范、现场演练和情景培训，内容涉及服务理念、安全常识、操作规程、音容笑貌等，具体到举手投足的每个细节。并采用电视教学片观摩、学员结合实际研讨和现场演练的互动教学方法，全面统一标准、统一规范。活动中通过标兵示范树立服务标杆，以点带面把规范服务的标准和要求毫不衰减地传递到每一级公司每一个加油站，使188条考评细则和"八步加油法"落到实处。加油站规范化管理百日竞赛活动，使山西石油分公司进一步强化了服务理念，提高了服务质量，夯实了管理基础，锻炼了职工队伍。

(李彦彬)

**【优化二次物流】** 成品油二次物流项目是石化集团公司成品油物流运作重大改革实施的重点工作之一，2004年4月确定在山西石油分公司推广实施。经过数据采集培训后，2004年6月山西石油分公司正式启动了二次物流项目。经过实施配送管理子系统、升级加油站语音报数系统和数据建模后，采取因地制宜、区别对待、典型引路、分类上线的办法，2004年12月8日所属12个市分公司二次物流系统全部正式投入运行。截至年底，共上线加油站1 065座，其中实施主动配送的加油站809座，实施被动配送的加油站256座，占在营加油站总数1 262座的76%，配送计划执行率为90%左右。二次物流系统的上线，使上线加油站动态实物变化做到了可视化、精确化和科学化，不仅规范了成品油配送流程，杜绝了各类违规行为，也进一步优化了成品油二次物流配送，降低了成本，精细了管理。

（李彦彬）

**【全面启动IC卡工程】** 2004年3月，山西石油分公司全面启动加油IC卡建设工程。为确保加油站、加油机等基础数据的真实有效，山西石油分公司在对各市分公司上报的加油站、加油机、加油枪型号、枪数、厂家、能否改造等方面信息进行细致核查的基础上，还以销量、加油机型号、加油机枪数对改造站进行分类筛选。为保证工程质量又降低建设成本，山西石油分公司引入招投标等竞争机制，最终确定山西光远技术有限公司为技术集成商，中国工商银行山西省分行为银行合作单位。截至2004年底，IC卡建设土建施工及卡机改造工程已经结束，省级数据中心及10个地级前置全部安装调试完毕，共改造加油站752座、占所属加油站的75%，更换加油机1 527台，改造加油枪2 876条，发卡网点完成调试114个，完成加油站联调577座，分批次培训员工3 596人/次。

（李彦彬）

**【继续推进存续企业改革改制】** 2004年山西石油分公司稳步推进改革改制，确保存续企业全面、有序退出国有经营领域。一是对大同、忻州、阳泉、吕梁、晋中、临汾、运城、长治、太原等公司油罐车队和晋中石油设备安装公司分别进行整体改制。二是通过转变用工方式对8个存续县公司进行整体改革。三是对后勤物业进行改革改制，并按市场化的要求以合同的形式约定了承包后勤物业管理相关事宜。其中，12个市公司公务用车改革全部完成。同时，全系统所有县级公司及介休、朔州市分公司除保留与上市公司相关的土地及房产租赁业务外，关停或退出所有存续业务。2004年，存续正式职工净减员1 189人，其中：协议解除劳动合同527人，改制分流120人，内退人员移交社会447人，离退休及其他95人。

（李彦彬）

## 上海石油分公司

**【概述】** 中国石油化工股份有限公司上海石油分公司（简称上海石油分公司），是石化股份公司在上海市专业从事成品油销售业务的大型分支机构，主营汽、柴、煤、润滑油、燃料油和其他石化产品的零售、直销配送、批发和仓储业务。其前身为创建于1953年10月的中国石油上海分公司。1998年9月，根据国务院组建石油、石化两大集团公司的决定，成建制划归石化集团公司。2000年2月，按照石化集团公司整体重组、主辅分离、改制上市的要求，主营业务部分组成中国石油化工股份有限公司上海石油分公司，辅业部分组成中国石化集团上海石油有限责任公司。

截至2004年底，上海石油分公司设有5个零售区域性分公司、4个专业性分公司；拥有全资、控股、参股、租赁、加盟性质的加油站546座（不含34座农村网点），占上海市区域市场加油站总数的68%；拥有大小油库5座、总容量63.13万米$^3$；拥有油品专用码头16座，最大泊位3万吨级（兼靠5万吨船）；拥有铁路专用线3条、总长度2.47千米。职工总人数2 251人。

2004年，上海石油分公司超额完成了全年各项指标任务，整体工作又迈上了一个新台阶。全年实现经营总量442.2万吨，同比增长36%，完成年度指标的130%。其中成品油321.5万吨，同比增长35%，完成年度指标的131%；燃料油106.6万吨，同比增长48%；润滑油11.6万吨，同比增长18%；其他石化产品2.5万吨。全年实现销售收入133.63亿元，同比增长52%；实现报表利润4.41亿元，同比增长11%，还原后利润7.33亿元，完成年度指标的193%。

（高拥民）

**【成品油销售完成年度指标的131%】** 2004年，上海石油分公司积极依托加油站点多面广的网络优势，大力发展加油站定点加油和小额配送业务，年销售万吨级的加油站由年初的12座增加到了29座。同时，紧紧抓住市场资源持续偏紧的有利时机，全力拓展直销市场，扩大终端销售。全年成品油销售321.5万吨，完成年度指标的131%。其中零售227万吨，同比增长37%，完成年度指标的130%；直销57万吨，同比增长43%，完成年度指标的130%；终端销售比重88%，剔除供炼厂网点为94%。成品油市场占有率71%，同比增加8个百分点；成品油零售市场占有率76%，同比增加12个百分点。

（高拥民）

**【全年销售燃料油106.6吨】** 2004年，上海石油分公司凭借中国石化品牌优势，积极拓展燃料油市场。通过跟踪服务、定期回访，加强信息收集、分析和市场与客户细分，实施一级分销、差别化经营等举措，较好地巩固和扩大了市场份额。全年燃料油销售106.6万吨，同比增长48%，完成年度指标的125%，其中终端销售12万吨。

（高拥民）

**【润滑油销量在中国石化排名第五位】** 2004年，上海石油分公司通过充分利用轻油直销网络、客户资源和遍布上海市城乡的加油站网点优势，在加油站积极开展“长城之星”评选活动，努力拓展润滑油市场。全年新增润滑油营销中心或换油中心14座，实现销售11.6万吨，同比增加1.8万吨，增幅18%，完成年度指标的141%，其中销售长城品牌润滑油比重95%，销量及完成进度在中国石化销售企业排名第五位。

（高拥民）

**【扩大高标号汽油和石化加油卡的销售】** 2004年，上海石油分公司借助中国石化F1中国大奖赛在上海举行的契机，适时向上海市场推出了98#高标号汽油和车用清洁柴油。同时，利用媒体和广告宣传，进行石化加油卡和高标号汽油促销，开展有奖销售系列活动，积极引导市场消费。全年高标号汽油零售57万吨，同比增长63%，完成年度指标的133%，高标号汽油零售比重47%，同比上升10个百分点；发行石化加油卡34万张，充值金额18.1亿元，平均单卡充值金额5 323元，年底卡内沉淀资金4.56亿元，持卡加油消费量占零售量比重25%。石化加油卡销售数量及质量在中国石化销售企业始终排名第一位。

（高拥民）

**【有序推进体制改革】** 2004年，上海石油分公司按照石化股份公司关于城市型销售企业全面实行一级管理、专业化经营的总体要求，认真做好体制改革前的各项准备工作。对系统内原各区域零售分公司的成品油批发、直销业务逐步实施了归并，对现有成品油运输车辆进行统一梳理并实行了归口管理、统一运费标准。同时，积极进行分配制度改革，进一步引入并完善市场劳动力价位机制，将工资(劳务费)发放总量与经营量、吨油毛利等主要指标实行挂钩，每月进行考核兑现，较好地调动和激发了经营者及广大干部职工扩销创效的工作热情，增强了经营活力。此外，非上市部分按照“五减四无”改革要求，在全面清理资产的基础上，围绕经营业务退出、资产转让、改制分流、减员、机构关停、资产处置等6个方面制订了整体改革方案，至2004年底，涉及改制的6家企业已完成1家。

（高拥民）

**【加快营销网络建设】** 2004年，上海石油分公司认真贯彻总部关于“扎紧篱笆打好桩”的战略思想，充分利用中国石化的品牌优势、资源优势、网络优势等，加快优化完善加油站网络布局的步伐。全年共完成新建、收购加油站网点125项，其中新建16座(含7座在建)；新增收购48座(全资19座、参股29座)；新增租赁4座；原有联营站扩股为全资站40座、扩股为控(参)股12座、扩股后租赁经营12座，完成总部下达指标的133%。

此外，上海石化至闵行油库55千米输油管线自3月19日竣工投运至年底，安全输油50万吨，参照船运收费标准，扣除管线输送费用，节约一次物流运费1 000多万元。同时，降低了油品运输损耗，损耗率由原来船运的2.36‰降到0.98‰。

（高拥民）

**【加快推进信息化建设】** 2004年，上海石油分公司信息化建设按照“整体规划、分步实施、重点突破”原则和石化集团公司“五统一”要求，不断加快建设步伐，信息化整体运用水平取得了大幅度提升。ERP系统于11月8日成功上线，该系统覆盖了上海石油分公司所有一级核算单位的成品油、润滑油、燃料油、液化气和中国石化加油卡等全部经营业务，除加油站外，全部开票点、油库、石油商店实现了在线操作。完成了444座加油站的石化加油卡卡机联动改造，为扩大中国石化加油卡的发行创造了条件。完成了燃油税网上税控系统建设，460座加油站实现了网上税控数据传输。

（高拥民）

**【加强企业财务管理】** 2004年，上海石油分公司坚持以预算管理为核心，不断加大费用管控力度，实际吨油费用124元，同比减少34元，减幅22%；实际吨油现金操作费用99元，同比减少26元，减幅21%。坚持以保证资金安全为前提，严格执行资金支付审批制度。截至2004年底，上海石油分公司系统银行存款账户比年初减少21户；控股加油站沉淀资金由年初的2 200万元降低到1 200万元；银行承兑汇票贴现减少5 000万元；3个月以内应收账款始终控制在应收账款总额的90%以上比例。全年节减财务费用282万元。进一步加强资产管理，完善了各项资产管理办法和台账，开展了清产核资，落实了报废资产的清理，同时加强了股权投资管理。2004年，上海石油分公司组织力量对联营企业股权收购、让利、承包经营等状况进行调研，对15艘闲置油轮、1套闲置房产、9座已关闭的小油库及23座已关闭及拆除的加油站提出了处置意见。

（高拥民）

**【严格审计效能监察】** 2004年，上海石油分公司以迎接国家审计署特派办审计为契机，全面开展了内部审计工作，全年对 50 项、总金额为 9 148 万元的工程进行结算审计，核减金额 988 万元，核减率为 10.8%。同时加大了效能监察力度，全年立项监察 30 项，共减少、避免和挽回经济损失 353 万元。

（高拥民）

**【全面提升加油站基础管理】** 2004 年，上海石油分公司按照石化集团公司开展加油站规范化管理百日竞赛活动的统一部署，结合自身实际，周密计划，严密组织，有序开展竞赛活动。通过活动的开展，加油站规范服务、站容站貌、厕所卫生、油品损耗、数质量以及账表册等基础管理中存在的薄弱环节得到了有效整治，加油站基础管理水平得到了大幅提升，被石化集团公司授予加油站规范化管理百日竞赛优胜省市公司称号。

（高拥民）

**【连续 7 年被评为安全生产先进单位】** 2004 年，上海石油分公司通过强化各级安全责任制的落实，加强检查督促和隐患整治力度，开展“安全月”、“百日安全竞赛”、“安康杯”劳动竞赛和“119 消防日”等群众性安全生产活动，全面推行 HSE 管理体系，促进了安全工作的进一步落实，连续 7 年被石化集团公司评为年度安全生产先进单位。

（高拥民）

**【努力提高人员素质】** 2004 年，上海石油分公司坚持把提高人员素质作为企业可持续发展的重要基础工作来抓，切实加强经营管理人才、专业技术人才、技能人才 3 支队伍的建设。全年共组织干部 130 多人次参加了石化集团公司及上海市经委组织的各类培训；上海石油分公司自己办班对后备站长、计量员、HSE 内审员、ME、ERP 终端用户等 2.3 万多人次进行了滚动培训。引进了 24 名大学生和 59 名高中以上文化程度的外地劳务工，置换了 122 名年龄偏大、文化层次偏低的劳务工，使员工队伍的整体素质有了较大的提高。

（高拥民）

## 浙江石油分公司

**【概述】** 中国石油化工股份有限公司浙江石油分公司（简称浙江石油分公司）前身为中国石油公司杭州支公司，始建于 1950 年。1990 年更名为浙江省石油总公司，1998 年 8 月与省内各级石油公司一同成建制划转石化集团公司。2000 年 4 月按照石化集团公司的统一部署实施重组，主营业务、资产、人员等划归石化股份公司，设立中国石油化工股份有限公司浙江石油分公司。

浙江石油分公司经营范围涉及石油、石油产品、天然气、石油化工化纤及其他化工产品的销售、储运等，是浙江省内最大的成品油销售企业。本部位于浙江省省会杭州市，设有 13 个职能处室和润滑油、燃料油等专业经营部门，下辖 11 个分公司，在全省各个县（区）均设有分支机构，经营销售网点遍布浙江省城乡各地。储运设施完备，在全省各地有各成品油库 120 座，储油总容量 130 万米$^3$，拥有各类营业零售网点 1 700 余座，已全面实施“中国石化”统一企业形象和规范化服务。截至 2004 年底，资产总额 59.66 亿元，从业人员 1.7 万多人。

2004 年，浙江石油分公司全年销售各类油品 1 000多万吨，商品销售纯收入为 345 亿元。各项经济指标连续多年位居中国石化销售系统前列。

2004 年，浙江石油分公司进一步深化区域经理（ME）制度，完善分支公司的一体化管理，规范企业财务行为，加快信息化建设步伐；经营上继续发挥“全省一盘棋”的作用，不断提升低库存运作水平，销量与效益创历史最佳；不断完善终端销售网络，以“百日竞赛”为契机，提升加油站经营管理水平，终端销售占全部销量的比重达到了 85%；继续加强储运设施建设和安全、数质量管理，确保企业生产经营平稳运行；加强了干部队伍和人才队伍建设，做好企业党建和思想政治工作，维护企业稳定。

（边　炜）

**【经营管理水平进一步提高】** 2004 年浙江石油分公司精心平衡资源，合理调控销售节奏，保障了浙江省成品油市场平稳供应。深化全省系统“经营一盘棋”的思路，专业化经营和基础管理水平再上新台阶。抓住良好的市场形势，进一步做大经营总量，细化、量化对客户经理考核，提高直销比重，增强了盈利能力。2004 年实现汽、煤、柴油销量 882 万吨，创历史最高水平。二次物流根据“运距最短、运费最省、效率最优”的原则进一步优化，通过信息化管理提升了整条供应链的管理水平，运输成本进一步降低。

（边　炜）

**【润滑油、燃料油销售再创佳绩】** 2004 年浙江石油分公司进一步抓好润滑油进货渠道建设，完善终端销售网络。全年共销售润滑油26.69万吨，同比增长13.71%；89座润滑油专营店，终端销售比例达到77%。燃料油经营市场预测能力进一步增强，仓储设施不断完善，建立了稳固的购销渠道。2004年共销售燃料油123.1万吨，同比增长37.1%，在浙江省内市场占有率达到70%。

（边 炜）

**【终端销售网络进一步完善】** 2004年浙江石油分公司净增营业零售网点124座，其中净增陆上加油站109座，占净增数的97.1%，其中高速公路、市区和县城区加油站净增34座，占陆上净增网点数的30%，实现了重点区位重点发展的要求。取得了所有新增高速公路加油站的经营权，保持中国石化在浙江省内高速公路成品油供应100%的市场占有率，且控股、参股加油站达到28座，占全部高速公路加油站的70%。截至2004年底，全省营业零售网点已达1 746座，实现零售量554万吨，其中零售高标号汽油114.7万吨，占汽油零售比例56.9%，同比提高16个百分点。全年完成IC卡发放量23.2万张。2004年，浙江石油分公司终端销量达756万吨，占汽、煤、柴油经营量的85.7%。

（边 炜）

**【加油站百日竞赛活动成果显著】** 2004年石化集团公司在系统内统一组织了加油站规范化管理百日竞赛活动，浙江石油分公司高度重视，全员参与。通过百日竞赛，加油站的站容站貌大有改观，服务水平大有提高，安全、账表册管理进一步规范，员工、站长、区域经理责任心大大加强。浙江石油分公司在这次活动中取得了加油站规范化管理百日竞赛优胜省市公司称号。

（边 炜）

**【完成体制改革方案制订】** 2004年浙江石油分公司经过充分调研，制订完成了以专业化为主要特点的经营管理体制改革总体方案。方案在确保企业平稳过渡、健康发展的前提下，按照“五统一”原则确定了浙江石油分公司系统专业化一级管理框架，实行省、地二级管理模式。进一步明晰省、地公司主要职责，对两级机构进行整合，省公司成立物流中心、商业客户中心、零售管理中心、会计核算中心、润滑油公司和燃料油公司，对业务实行专业化垂直管理，地公司组建与省公司相对应的机构。并起草了与专业化改革相配套的绩效考核管理办法。该方案已经石化集团公司审核通过，2005年将进入实施阶段。

（边 炜）

**【规范企业财务行为】** 2004年浙江石油分公司根据石化股份公司内控管理规定，结合浙江省实际，组织制定内控制度实施细则32个，延伸细化了“权限指引”，进一步明确了省、地公司的费用和资金审批权限，初步建立起费用部门预算、全员管理模式，有效控制了费用。在分、支公司统一核算顺利运行的基础上，积极探索全省财务数据集中管理模式，进一步规范了全省系统会计核算，基本建立起了全省统一核算框架。

（边 炜）

**【加强储运设施建设】** 2004年浙江石油分公司基本建设和储运设施改造不断加快，镇海油库、金华古方、衢州后溪、德清砻糠山油库等改扩建工程先后竣工投产，进一步缓解了储运设施“瓶颈”问题；镇海炼化—宁波三官堂长输管线施工已完成总工程量的80%以上。

（边 炜）

**【加强信息系统建设】** 浙江石油分公司在信息建设上不断加大投入力度，截至2004年底，全系统有1 253座加油站实现IC卡联网加油，加油站零管系统数据上报日趋正常、稳定，新建的二次配送系统在优化资源配送方面发挥着重要作用。办公自动化系统实现了全系统公文互联，提高了办文效率。ERP上线的准备工作也在紧锣密鼓地进行中。这些信息项目的推广和实施，大大提高了经营管理的科技含量，为专业化改革提供了可靠的技术保障。

（边 炜）

**【加强安全、数质量管理】** 2004年浙江石油分公司坚持以人为本，加大安全隐患治理力度，强化重大作业现场HSE监管，确保了安全生产平稳运行。全年共对3 000多名管理和从业人员进行了安全培训；制定完善了各单位的“安全、数质量应急预案”。完成了石化集团公司下达的隐患整改项目13个。利用GPS对油罐车实施监控，有效控制了交通违章肇事现象，连续7年被石化集团公司评为安全先进单位。数质量管理工作严把进油、销售两大环节；水上网点完成了计量单位统一工作，全年全系统零售损耗率仅为0.06%，运输损耗率为0.10%，同比下降0.02%，远远低于国家定额损耗率。

（边 炜）

## 安徽石油分公司

**【概述】** 中国石油化工股份有限公司安徽石油分公司(简称安徽石油分公司)是根据石化集团公司2000年整体重组改制上市的统一部署，于同年底由原安徽省石油总公司改制组建的国有大型成品油销售股份制企业，主营汽油、柴油、煤油、润滑油的储运、销售，兼营油库、加油站设施的设计、安装，以及经营燃料油、液化气、沥青、化肥等多种业务。

1998年6月，根据国务院机构改革方案，安徽省各级石油公司整体划转石化集团公司管理，成为下游企业之一，省、市、县三级石油公司以资产为纽带，真正成为一家。自上划以来，各项工作每年都能稳步跨上一个新台阶。2004年安徽省石油公司全系统经营总量338.52万吨，其中成品油312.84万吨，全年实现利润6.21亿元，还原后利润9.5亿元，创历史最好水平。

安徽石油分公司本部位于合肥市，设有12个管理部门，下辖合肥等15个市级分公司(区域公司)、长丰等64个县经营部。截至2004年底，共有正式职工3 311人；总资产34亿元，固定资产22亿元；油库102座，库容总量85.2万米$^3$；铁路专用线总长20条，总长1.88万米；接卸油码头39座；油罐运输车345辆；全资在营加油站1 203座，租赁加油站225座，参股加油站5座，特许经营加油站369座，销售网络覆盖安徽省城乡各地。

(汪　政)

**【成品油零售量同比增长40.24%】** 2004年安徽石油分公司进一步突出成品油零售的经营战略，做强企业效益支撑。一是完善零售管理体制、经营机制、分配机制。在管理体制上，在全面推行市、县零售业务管理一体化的基础上，市分公司对县经营部加油站直接管理实现到位；在经营机制上，根据市场的变化，继续坚持以毛利总额最大化为原则，执行差别化价格策略；在分配机制上，取消保底工资，联量、利、费的计酬方案执行到位，全面完成对年经营量800吨以下中小型站的承包制改革。二是加大零售配送、农村市场开拓力度。对配送中心没有达到的城乡结合部，积极开展小额配送。同时，各单位在调研、掌握农村市场的消费量、消费结构、消费特点的基础上，采取“选择农户+提供设备=农村销售站”的销售模式，积极提高农村零售市场占有。三是大力开展促销。根据市场需求、竞争态势、消费对象特点和加油站所处位置等情况，因地制宜、因时制宜、因站制宜，创造性地开展有奖营销、知识营销、服务营销，并加大高标号汽油的促销力度，有效促进了销量增加。四是强化加油站各项专业化管理。完善省、市两级公司督查制度，各职能部门齐抓共管、各负其责、协调一致、责任到人到现场；认真开展加油站规范化管理百日竞赛活动，彻底改善了硬件设施，大幅度提高了加油站管理质量和服务水平。经过努力，全年完成成品油零售量203.7万吨，同比增长40.24%；零售毛利6.25亿元，同比增长52%。高标号汽油零售量26.5万吨，占汽油经营量45.7%，同比增长54.7%。

(汪　政)

**【成品油直销量同比增长22%】** 2004年安徽石油分公司进一步主动适应市场竞争的内在要求，大力拓展成品油直销配送市场。首先，继续推行客户经理制，充实营销人员，提高服务质量和营销水平；其次，强化市分公司对配送车辆的统一管理，提高配送中心统一调度的水平；第三，配送人员的“六联”(联量、价、费、回收账款、客户保有量、客户增长量)考核，每月执行到位；第四，狠抓“一对一”营销，落实“一户一价”，灵活经营，量价互动；第五，完善客户档案，稳定老客户，发展新客户。全年完成直销101.06万吨，同比增长22%；直销毛利1.92亿元，同比增长281%。

(汪　政)

**【坚持实施润滑油品牌战略】** 2004年安徽石油分公司对润滑油经营继续采取“一个核心，二个中心”的经营战略，即以经营预算为核心，以效益和市场占有率提高为中心，市场占有率持续快速提高。统一打好“长城”品牌，认真组织“长城之星”加油站竞赛活动；进一步理顺管理体制，健全绩效考核机制；完善客户档案系统，建立起终端用户和分销商的经营体系，并积极做好加盟连锁工作；优化库存结构，对部分品种实行分公司代存制；坚持实行客户经理制，有计划、有目标、有步骤地对终端用户进行维护、开发和定期走访；实行服务和知识营销策略，扩大中国石化品牌影响。全年完成润滑油销售8.06万吨，同比增长8.9%。

(汪　政)

**【企业内部改革稳步推进】** 2004年安徽石油分公司为进一步打破行政区划，提高企业运行效率，区域公司重组取得新的进展，撤销原亳州分公司，调整滁州分公司管理范围，组建蚌埠、淮北、阜阳3个区域公司；改革干部任用制度，对市分公司领导班子副职整体实行公开选拔、竞聘上岗，加强了市公司班子的领导力；深化财务管理体制改革，实施省级会计集中核算，严格对委派财务科长的考核和择优聘用，建立起“专业化核算、垂直化管理”的运行机制；持续、稳步开展减员分流，全年正式工共减员分流795人，集体人员协议解除劳动合同532人，完成4家市存续公司的改制分流，在62家县存续公司全部实现关停的基础上，8家市存续公司实现了关停；安徽石油分公司内部分配制度改革收到良好的效果，稳定了经营管理骨干队伍，调动了经营人员的积极性。

（汪　政）

**【网络结构得到优化】** 2004年安徽石油分公司共完成投资计划11.19亿元，其中加油站项目完成投资9.86亿元，完成加油站建设、规划和签约共172座，完成中国石化下达年度计划60座的286.7%。在172座加油站中，高速公路服务区站39座，进出口站11座，省会城市7座，国、省道48座，乡镇39座，水上4座，购置加油站储备用地29宗，终端销售网络得到优化。另外，根据石化集团公司总部的统一部署，完成安徽石油公司系统110座加油站、6座油库转让上市公司的工作。到2004年底安徽石油分公司共有在营业加油站1 433座，其中高速公路加油站43座，城区加油站281座，国道加油站244座，省道425座，县乡道395座，水上45座。网络结构的优化，进一步增强了企业的持续发展、持续盈利能力。

（汪　政）

**【推行内部控制制度】** 2004年安徽石油分公司坚持以财务管理为核心，坚决推行内部控制制度，强化内部管理，全面提高企业综合竞争力。一是深入开展“三查三找”活动，摸清管理工作薄弱环节，进一步规范企业内部各项管理流程。二是进一步完善以目标利润为中心的全面预算管理体系，充分发挥预算管理对经营的指导作用，费用得到有效控制，经济效益稳步增长。对公务性费用实际支出超预算达10%的部分，按20%扣减市分公司领导班子收入。三是安全管理通过建立HSE管理体系、签订安全生产责任状、强化“三基”(基础工作、基层建设、基本功训练)工作、开展不同形式、层次的安全检查，全年未发生上报石化集团公司安全等级事故。四是开展各种专项审计工作，强化内部监督管理，全年共完成173个审计项目，提出审计意见及建议109条，落实整改108条，直接减少效益流失552万元。五是加大效能监察力度。全年通过对所立25个项目开展效能监察，避免经济损失43.74万元，挽回经济损失66.18万元。六是继续大力提升各项管理的科技含量，积极推广、宣传ERP系统。企业信息化管理水平的提高，大大增强了企业综合竞争力。

（汪　政）

## 福建石油分公司

**【概述】** 中国石油化工股份有限公司福建石油分公司(简称福建石油分公司)的前身为福建省石油总公司，成立于1952年10月13日，1998年7月，成建制划归石化集团公司，2000年3月，按主辅业分离的原则，福建石油公司重组为中国石油化工股份有限公司福建石油分公司(上市公司)和中国石油化工集团福建石油总公司(非上市公司)。福建石油分公司作为石化股份公司全资所有的省级区域性成品油专业销售公司，主要承担着福建省境内市场的成品油供应业务，是福建省内最大的成品油销售企业。

福建石油分公司本部位于福州市鼓楼区中山路18号，设有15个职能处室，下辖9个设区市分公司，1个油轮运输公司、58个县级分公司(经营部)，县级分公司(经营部)的建制只保留牌子，直接隶属地市分公司管理，实行人、财、物一体化管理。

截至2004年底，福建石油分公司共有正式员工3 535人，劳务工6 084人。资产总额31.38亿元，其中，固定资产原值19.33亿元；拥有自营加油站780座(含海边网点23个)；在营油库44座(含海边网点11个)，总储量74.29万米$^3$；铁路专用线12条，长度6 770米；拥有油轮6艘，吨位1.84万吨；码头34座，总吨位达16.75万吨，构成了功能齐全，覆盖全省城乡的储、运、销一体化网络。

2004年福建石油分公司共销售油品431.6万吨，其中成品油销售328.63万吨，比上年增长27.74%；销售燃料油(含船舶燃料油)103.03万吨，同比增长63.96%；成品油零售量205.70万吨，同比增长28.37%，成品油零售量加直销量占销售总量的比例，由上年的80.86%提高到87.57%；实现报表利润6.20亿元，同比增长25.86%，各项经济指标均创历史最好水平。非上市公司实现利润2 025万元，各项管理指标名列全国销售系统非上市企业前茅。全年安全生产形势平稳，实现了无死亡事故和上报石化集团公司等级事故，事故直接经济损失低于石化集团公司和福建省政府的考核标准，被评为石化集团公司暨石化股份公司2004年度安全生产先进单位。

（黄　平）

**【经营总量和经营效益取得新的进展】** 2004年，面对国际油价持续攀升、国内资源紧缺的局面，为了稳定福建省成品油市场，充分发挥成品油供应主渠道作用，福建石油分公司进一步转变经营观念，加大成品油自采力度，并取得突出成绩，保证了福建省的成品油市场供应，扩大了经营总量。进一步发挥“市县一体化”优势，层层分解落实经营目标和管理目标，进一步理顺各设区市公司有关职能部门与基层营销人员的责权利关系，理顺了ME、加油站站长和员工的责权利关系，以及三者间相互监督的关系，同时加强专业化培训和考核力度，实行联量计酬，做到赏罚分明，极大地调动了各级经营人员的积极性和主动性。全年销售成品油328.63万吨，同比增长27.92%，实现报表利润6.20亿元，同比增长25.86%。

（黄　平）

**【燃料油经营取得突破性进展】** 自2003年燃料油经营实行专业化管理体制以来，通过建立健全各项管理规定和制度，确保燃料油经营的高效、有序运行；通过树立中国石化品牌，努力发挥主渠道作用；通过优化物流，进一步降低运营成本；通过有效的营销策略与手段，保持了福建省燃料油市场的相对独立。探索出一条燃料油销售上“条”式管理体制，不断扩大燃料油的销售量和终端市场的占有率，并将燃料油经营作为一项事业、一项重要的经营品种加强经营的新路子，2004年销售燃料油（含船舶燃料油）103.03万吨，同比增长63.96%。

（黄　平）

**【新增加油站103座】** 通过新建、收购、联营、租赁等多种形式，福建石油分公司2004年共新增加油站103座，超额完成总部下达的任务。其中新建高速公路加油站22座，其他新建加油站35座，收购、联营、租赁加油站46座。京福、漳龙高速公路22座加油站在极其困难的情况下，做到与主线通车同步投产运营。泉州分公司在网络建设上表现尤为突出，全年新增加油站36座。

（黄　平）

**【信息化系统建设取得新的进展】** 截至2004年底，福建石油分公司已建成IC卡加油站630座，占全系统在营加油站的86%，其中卡机联动加油站420座，移动POS站210座，加油IC卡的建设对巩固老客户，挖掘潜在客户，提高企业竞争力起到有效的促进作用。随着2004年9月1日二次物流优化系统全面上线，进一步提高调运和物流运作效率，为科学合理配置、调运资源提供有效保障，基本实现了“流向合理、运距最短、费用最低”的优化目标。

（黄　平）

**【加油站规范化管理再上新台阶】** 福建石油分公司长期以来十分注重加油站规范化管理工作，2004年在完善加油站管理模式改革、加强加油站规范化管理、坚持以人为本、建立长效管理机制等方面做了积极的探索和实践，逐步建立了加油站用人、用工、考核、分配、监督、培训的体系，为持续提高加油站管理水平起到积极的促进作用。特别是在石化集团公司开展的加油站规范化管理百日竞赛活动中，福建石油分公司从建立规范化管理的长效机制出发，抓员工队伍的素质提高，抓规章制度的真正落实。在检查评比中，以第一名的优异成绩圆满地实现了“确保前三，力争第一”的奋斗目标。

（黄　平）

**【进一步完善财务管理和内部审计监督】** 福建石油分公司通过加大对加油站资金监控力度，严格赊销管理，狠抓资金上划，加快了资金周转速度，提高了资金运营效率，2004年在经营总量增加111万吨，网点投资资金缺口2亿多元和分割协议借款利息支出大幅度增加的情况下，财务费用支出仍比石化股份公司年初预算降低420万元，同时，赊销比率在石化集团公司销售系统中也为最低。2004年，福建石油分公司组织开展资产清查和处置工作，在调查摸底的基础上建立了资产管理台账；按规定程序对应报废的资产进行了处置，并提取了资产减值准备3 850万元，进一步优化了资产结构。福建石油分公司通过把预算费用细分为68个具体科目进行编制的作法，更好地发挥了预算工作在企业管理中的积极作用。2004年还开展了财务稽查，抽调专业人员组成稽查小组，对11个直属单位进行了全面稽查，并对发现的问题做到了及时整改。根据石化集团公司的要求，福建石油分公司认真开展了企业负责人离任审计、经营效益审计、基建投资审计、参与清查“小金库”等一系列强化审计监督的工作。

（黄　平）

**【强化“三基”，狠抓安全生产与数质量管理】** 2004年，福建石油分公司通过制度建设与强化基本功训练，使“三基”工作落到了实处。通过完成633座加油站、33座油库的危害识别与风险评价工作、文件系统编制工作及其完善各项基础工作，建立了HSE管理体系，为HSE管理体系的全面运行准备了条件。结合HSE管理体系的建立，强化了员工的健康、安全、环保意识，强化了各项安全责任制，落实隐患整改和其他各项安全防范措施，连续3年被石化集团公司评为安全生产先进单位。在数质量管理方面，全面推行加油站“重量交接，升进升出，标准体积($V_{20}$)考核”的管理办法，开展了反克扣顾客、反偷盗油品的专项整治活动。数质量管理工作的规范化程度有大的提高。

（黄 平）

**【非上市公司的改革达到了预期的目标】** 2004年非上市公司润滑油化工专业化经营重组划转石化股份公司工作基本完成，润滑油化工创效资产注入石化股份公司后，将为石化股份公司润滑油销售中心实现专业化经营和进一步开拓市场奠定基础。通过对原非上市公司运输专业公司重组成立省实华运输有限公司，使其运营质量得到了明显改善，全年完成油品运输179万吨，实现利润1 200万元，4项控费指标同比下降8%。原非上市公司设备专业公司整体改制分流实施方案已获得石化集团公司总部的批准，改制新公司已完成工商注册并实现正常运作。

（黄 平）

**【党建和思想政治工作取得新的成绩】** 根据销售企业的特点，2004年，福建石油分公司的党建和思想政治工作认真转变工作作风，改进工作方法，紧紧围绕生产经营和改革发展的重点、难点及员工关心的热点问题开展工作，不断探索新的载体和途径。2004年，福建石油分公司以提高员工整体素质、树立企业良好形象为重点，开展了创建“青年文明号”、“创文明行业、建满意窗口”竞赛、“树岗位形象，学岗位技能，尽岗位职责，比岗位贡献”活动等3项活动，在确保原有11家省级青年文明号的基础上，新增全国级青年文明号1家，省市级青年文明号17家，确立了20个加油站作为省级窗口单位示范点。

（黄 平）

## 江西石油分公司

**【概述】** 中国石油化工股份有限公司江西石油分公司(简称江西石油分公司)原名为江西省石油总公司，始建于1950年10月，主要经营石油、石油化工、化纤及其他油库、加油站专用设备与材料的销售、储运。1998年7月江西省石油总公司成建制划转石化集团公司，2000年2月，在石化集团公司的统一部署下，江西省石油总公司进行重组改制，主要业务、资产、人员等划归石化股份公司，设立中国石油化工股份有限公司江西石油分公司。辅业资产及人员组建中国石油化工集团江西石油总公司，主要进行成品油的运输及为江西石油分公司的经营活动提供服务。

江西石油分公司本部设有9个职能管理处室，下辖12个分公司和83个县经营部。截至2004年底，江西石油分公司共有正式职工2 949人，资产总额33.65亿元，固定资产原值20.90亿元；拥有加油站1 121座，油库31座，总库容量48万米$^3$；铁路通槽点22个，铁路专线22条，总长156.7千米；通航点14个，水路接卸码头13座，总吨位1.17万吨，油罐汽车222辆。

2004年，江西石油分公司经营业绩和企业效益大幅增长。全年购进成品油261万吨，同比增长22%；销售成品油263万吨，同比增长24%；加油站零售量175万吨，同比增长33%；实现利润4.14亿元。

（舒 娜）

**【以零售为龙头，扩大终端销售，提高经营质量】** 2004年，江西石油分公司进一步理顺零售管理体制，完善激励分配机制，采取合理的零售策略和灵活的零售促销办法，促进了零售量增长。通过对235座小型加油站改革，小站单站零售量由450吨增加到550吨，同比增长22%。2004年，零售量占总销量的67%，同比增长5%。利用中国石化独家赞助F1大奖赛的宣传活动，加大了高标号汽油的促销。2004年高标号汽油销量占零售量的比重提高了13%。积极落实客户经理制，加大油品直销力度。2004年共培养了99名客户经理，逐步建立了一支客户经理队伍。对终端用户分类别、分层次地建立了客户档案，使全年直销量实现了较大幅度的增长。

（舒 娜）

**【网点建设取得新突破】** 截至2004年底，江西石油分公司共收购加油站180座，拥有江西省56座高速公路服务区加油站的54座的经营权，基本实现了控制江西省内高速公路服务区加油站的目标。改造加油船9条，新增网点10座，水上市场零售量由4.8万吨上升到8.6万吨，增幅达77%。

（舒 娜）

**【继续深化企业内部改革】** 2004年江西石油分公司实行垂直化、专业化、扁平化管理，按照精干、高效的原则，压缩管理层次，完成了地市分公司“五部一室”的机构改革，由147个科(室)压缩到92个，科级中层管理人员由299人减少到215人。

积极推动非上市企业稳步有序退出。江西石油公司减员分流105人，地市分公司非上市部分只保留管理骨干2—4人。减少经营机构22个；完成了39座非上市加油站划转上市公司。处置资产预计收回资金860多万元；对9家成品油运输车队和1个纯净水厂、1个液化气站进行了整体改制，纳入改制的资产总额1 508万元，油罐车104辆，可收回现金773万元。完成土地权属上移84宗，基本达到了石化集团公司非上市部分改制目标。

（舒　娜）

**【安全管理工作取得成效】** 2004年江西石油分公司认真落实安全生产责任制，完成了全系统油库基础资料整理及档案建设和职工安全培训、考核工作，做到了安全100%持证上岗。建立安全事故突发事件的预警机制，避免了重大安全事故的发生。2004年3月，江西南昌石油分公司董家窑加油站避免了一起重大氯气中毒事故的发生，得到了石化集团公司总部领导的肯定并通报表扬。

（舒　娜）

## 山东石油分公司

**【概述】** 中国石油化工股份有限公司山东石油分公司(简称山东石油分公司)下属17个市公司。截至2004年底，共有员工5 639人，固定资产原值60亿元，在用油库38座(库容总量93万米$^3$)，铁路专用线7.37千米，接卸油码头11座，加油站2 224座。

山东石油分公司主营石油、石油制品、天然气、化纤及其他化工产品销售、储运；石油、天然气管道运输，兼营油品计量、咨询、信息服务等。

（宋　鹏）

**【销售总量和实现利润均创造历史最好水平】** 2004年，山东石油分公司成品油销售总量708万吨，比上年增加139万吨；实现利润15亿元，比上年增加9亿元。在石化集团公司总部综合考评中，进入销售系统前6名。

（宋　鹏）

**【专业化管理体制基本确立】** 作为中国石化销售企业经营管理体制改革的9家试点单位之一，山东石油分公司17个市公司的专业化管理改革工作基本到位。一是上收市公司纯管理职能，突出经营职能，使其转型为山东石油分公司一体化管理的执行层。二是科学界定经营管理部、零售中心、商业客户中心的职能权限和相互关系，确立新的经营管理模式，零售中心、商业客户中心分别对零售和直销两条线实行垂直管理。三是进一步建立和完善绩效考核评价体系，为改革方案的落实到位提供机制保障。四是成立物流中心，上收在用油库，实行人财物统一管理；成立省、市一体的财务结算中心；于2005年1月1日开始实施山东石油分公司系统企业统一缴纳所得税；打破行政区划，组建4个审计分部，由山东石油分公司进行垂直管理。

（宋　鹏）

**【企业核心竞争力显著提高】** 2004年山东石油分公司坚持和完善经营质量分析会议制度，始终将零售作为经营工作重点，市场份额不断扩大，全年零售量479.73万吨，比上年增加121.23万吨。强化直销配送工作，全年直销配送165.47万吨，比上年增加24.04万吨。面对市场资源紧张，优化资源配置，稳定价格，保证市场供应，发挥成品油流通主渠道作用。大力开展高标号汽油营销，全年销售高标号汽油79.9万吨，比上年增加29.5万吨。二次物流平稳上线。加油IC卡试点项目取得阶段性成果，累计完成发卡量13.6万张，预存资金3.5亿元。润滑油销售取得突破性进展，全年共销售润滑油24.7万吨，比上年增加6.9万吨，蝉联中国石化销售系统润滑油销量第二名。燃料油成为新的销量增长点，全年共销售燃料油78.69万吨，位列中国石化销售系统第一名。

（宋　鹏）

**【连锁经营网络日趋完善】** 2004年山东石油分公司新增加油站202座，总投资7.04亿元。在新增加油站中，位于中心城市城区的45座，高速公路服务区及进出口的25座，县级城区的38座，占新增加油站的53.5%。新增加油站总数、重点区域加油站新增站比例、吨油投资成本控制均列中国石化销售系统前3位。按照物流优化方案，合理摆布油库和加油站布局，优化完善营销网络。对低效、亏损加油站，逐站分析，采取有力措施进行盘活。共计盘活低效、亏损站310座，关停了55座盘活扭亏无望的加油站。充分利用山东省资源优势，把农村网点作为完善营销网络体系、提高市场控制力的有益补充，共批准建设农村网点156个。

（宋　鹏）

**【抓好百日竞赛，促进加油站规范化管理】** 2004年，山东石油分公司以石化集团公司组织的加油站规范化管理百日竞赛活动为契机，通过增加投入，改造提升，强化管理和服务，加油站面貌焕然一新，系统加油站的整体形象得到明显提升，“顾客至上”的服务理念深入人心。在石化集团公司总部的考核评比中，山东石油分公司获得优胜省市公司荣誉称号。

（宋 鹏）

**【强化基础工作，提升企业管理水平】** 2004年，山东石油分公司以财务管理为重点，以预算管理为基础，以资金管理为核心，强化各项监管措施，企业管理水平跃上新台阶。2004年资金上划率大幅提高，平均上划率由上年的93%提高到98.8%；全年集中采购金额1.05亿元，节约资金1 000余万元。共处置不良资产原值8.70亿元，净值6.64亿元；共清回、处置2003年前形成的欠款6.44亿元。

2004年，山东石油分公司严格把关，加强数质量管理工作。举办《质量法》知识培训，普及质量常识，增强法律意识；健全安全管理制度，完善HSE管理体系，认真落实安全岗位责任制，狠抓隐患整改，加强“三基”工作，重点考核关键作业环节安全规章制度的熟知掌握及现场操作情况，杜绝各类“三违”事故的发生，确保安全经营。

（宋 鹏）

**【市级存续公司改革顺利完成】** 2004年，按照“只保留省存续公司运行，市存续公司退出国有企业经营领域，基本实现无经营机构、经营活动、经营人员、重大债务、重大历史遗留问题”的存续公司改革的总体目标，明确工作步骤，规范操作程序，山东石油公司所属市级存续公司改革已经顺利完成。市级存续公司机构已全部撤销，人员全部分流，经营项目全部停止，经营实体全部关停并转。

（宋 鹏）

## 河南石油分公司

**【概述】** 中国石油化工股份有限公司河南石油分公司（简称河南石油分公司）地处河南省省会郑州，前身为河南省石油总公司，成立于1949年12月，时隶属商业系统。1998年划转石化集团公司，河南省108个县级石油公司同时上收河南石油分公司管理。2000年重组上市，上市部分名称为河南石油分公司，非上市部分名称为中国石化集团河南石油总公司（简称河南石油公司）。

划转石化集团公司以来，河南石油分公司通过持续减员增效、加快网点发展、理顺经营管理体制和强化内部管理，探索出了“以深化改革为动力，以加快发展为突破口，以优化经营为主线，以强化管理、夯实基础为支撑”的改革发展之路，公司的机构、资产和人员结构日趋合理。截至2004年底，河南石油分公司下辖18个市级分公司；拥有在册油库46座，总容量98万米$^3$（其中在营油库29座，容量84万米$^3$），铁路专用线41条，加油站1 881座，农村网点2 188座，资产总额50亿元；正式职工4 649人，其中高级职称9人，中级职称429人，是河南省资产规模最大、经营设施最全、服务人员最多的成品油储运、销售企业，2004年完成油品销售406.5万吨，其中零售266万吨，实现利润0.67亿元。

河南石油总公司共有正式职工1 643人，其中高级职称4人，中级职称127人；资产总额5.86亿元，所有者权益-4.12亿元，固定资产原值4.91亿元，固定资产净值3.49亿元。

（张红星）

**【经营总量突破400万吨大关】** 2004年，河南石油分公司围绕做大经营总量、提升盈利能力的目标，坚持并完善日经营决策、月经营总结、综合经营分析等例会制度，加大市场分析和监控力度，准确把握市场走势、适时调整销售策略，加大了市场营销力度，积极拓展市场。零售上分国道、省道、高速公路、市区、县城、农村网点等六大板块，对加油站进行分类管理、区别定价、量价监控，巩固和开发零售市场；直销、批发上，在加强专业化营销队伍建设的同时，坚持量价互动的原则，按照区域市场控制力的强弱，对直销批发用户采取指导价、锁定价、特价等差别化的定价方式，积极拓展直销。通过全年坚持不懈地按照上述安排以周保月、以月保季、以季保年，2004年河南石油分公司经营总量达到406.5万吨，在2003年迈上300万吨大关的基础上，一举突破400万吨。

（张红星）

**【河南省全境封闭推广车用乙醇汽油】** 为促进农业发展、缓解石油资源短缺、改善大气环境，推动国民经济的可持续发展，根据原国家发展计划委员会等八部委《关于印发〈车用乙醇汽油使用试点方案〉和〈车用乙醇汽油使用试点工作实施细则〉的通知》精神，在河南省政府和石化集团公司的领导下，河南石油分公司按照河南省车用乙醇汽油推广办公室的部署和要求，自2000年以来历经试点和扩大试点两个阶段，累计投资5亿元建设车用乙醇汽油配送中心18座，新建和改造组分油及燃料乙醇储罐80座，改造加油站1 881座，清洗油罐4 200个，为全省封闭推广积累了经验和创造了条件。

在此基础上，2004年11月17日，河南省人民政府颁布了《河南省车用乙醇汽油管理办法》(河南省人民政府84号令)，自2004年12月1日起全省封闭推广使用车用乙醇汽油。截至2004年底，河南石油分公司累计销售车用乙醇汽油63万吨，累计向消费者让利近亿元，消化车用乙醇6万吨，转化陈化粮22万吨，为解决河南“三农”问题作出了积极贡献，也为全国推广使用新型能源积累了宝贵的经验。

(张红星)

**【国道统一营销效果显著】** 在总结2003年107、310国道中心站统一营销经验的基础上，2004年3月，河南石油分公司以中心加油站为依托，以品牌形象、营销措施、零售定价、宣传手段、服务设施“五统一”为内容，相继启动了311、312国道中心站统一营销，形成了“三横(310、311、312)一纵(107)”国道统一营销网络。同时，调整、补充了中心站的绩效考核办法。“三横一纵”4条国道上的67座中心站，占河南石油分公司在4条国道上276座加油站总销量的50%以上，群网效应得到显现。

(张红星)

**【高标号汽油营销成绩斐然】** 为推广应用高标号汽油，河南石油分公司自2004年4月份起，通过采取制作高标号营销光盘、强化员工知识培训和用油知识科普宣传等措施，引导消费者“按压缩比科学选用汽油”；同时采用“零起点”奖励的办法，按照10元/吨的标准对加油站员工进行专项奖励，激励员工搞好高标号汽油的销售工作。2004年，河南石油分公司高标号汽油零售达42万吨，同比翻了一番，高标号汽油零售占汽油零售的比重达到50%。

(张红星)

**【一套账核算和统一纳税工作进展顺利】** 为推动一套账核算和统一纳税工作，河南石油分公司先后制定了财务一体化实施办法、一级会计核算办法和成品油购销调存管理办法等配套制度，在河南省国税局的支持下，自2004年元月份开始实现了全省增值税统一计算、分配缴纳从而实现了全省一套账的会计核算。通过一套账核算和统一纳税降低了增值税留抵税额，减少了流动资金占用，提高了资金使用率。2004年，河南石油分公司在销售收入、毛利总额均增长48%以上的情况下，增值税留抵税额由2004年初的8 925万元降至年末的5 214万元，消化留抵税额3 711万元，月均节约财务费用约32万元。

(张红星)

**【强化资金管理】** 2004年，河南石油分公司发挥财务一体化优势，将收入户、支出户压缩到了200个以下，压缩账户67个；同时通过强化网上银行监控，提高资金的调控能力和使用效益；进一步加大对投资资金的管理力度；优化融资管理，灵活运用票据手段，最大限度地降低融资成本；对直属市分公司资金占用采取日考核、月兑现的管理办法，强化日常控制，进一步压缩在途资金和资金存量，资金管理效率明显提高。2004年，河南石油分公司货币资金月均余额约为0.9亿元，在2003年大幅度下降1.6亿元的基础上，又下降0.5亿元。全年财务费用6 652万元，较预算目标节约48万元。总结形成的“追求成本最小化的资金极限管理”模式，分获2004年度中国石化管理现代化创新成果一等奖、2004年度国家级管理现代化创新成果二等奖。

(张红星)

**【HSE管理体系正式发布实施】** 在2003年完成HSE管理体系的构建并全面进入试运行的基础上，自2004年1月1日起，河南石油分公司在河南省系统内部实施了HSE管理体系，完成了14家市分公司和省分公司有关处室的内审，进一步完善了管理手册和程序文件。2004年6月30日河南石油分公司正式对外发布实施HSE管理体系。

(张红星)

**【安全生产连续4年获石化集团公司先进单位称号】** 河南石油分公司以发布实施HSE管理体系为契机，在继续履行安全责任制的基础上，不定期组织开展了安全大检查，对在用油库、加油站、农村网点和车队进行了重点检查。2004年，河南石油分公司共计检查油库30座次、车队18个、加油站128座次，查出隐患和问题485个，其中现场整改230个，限期整改和列入整改计划并进行防护的255个，责令5座加油站(农村网点)停业整改，全省系统安全生产继续保持良好局面。当年，河南石油分公司未发生一起上报等级事故，连续4年获得石化集团公司安全生产先进单位称号。

(张红星)

**【利薪互动机制初现成效】** 在2003年推行“量费互动”的基础上，为发挥人工成本的分配激励作用，建立公平、合理、互动、透明的管理和考核机制，提高员工积极性和收入水平，实现企业效益最大化，河南石油分公司在调研的基础上，制定并试行了《利薪互动管理考核办法(试行)》，打破传统的按基数分配人工成本的模式，将市分公司的人工成本同量利完成情况挂钩，实行动态管理，逐月分解，逐月考核，逐月兑现，引导各单位通过增量创效来增加人工成本。该办法试行后，省分公司对考核结果进行了跟踪调查，及时对办法进行完善，并指导市分公司将利薪互动机制延伸到不同板块，极大地调动了市分公司面向市场、争创效益的积极性，较好地发挥了工资分配的激励作用，促进了销量、利润等经营指标的增长。

（张红星）

**【洛郑驻成品油管道正式立项】** 为提高成品油营运效率，降低营运成本，2004年河南石油分公司经过缜密的可行性研究，向石化集团公司报送了洛(阳)郑(州)驻(马店)成品油管道建设计划并获得了立项批准。洛郑驻成品油管道设计成品油年输量390万吨，全长403千米，概算投资6.8亿元，预计将于2005年底建成。

（张红星）

## 湖北石油分公司

**【概况】** 中国石油化工股份有限公司湖北石油分公司(简称湖北石油分公司)是湖北省石油成品油销售的主渠道。前身是成立于1953年的湖北省石油总公司，1998年7月整体划属石化集团公司管理，2000年4月，按照中国石化整体重组的要求实行“两分”，分别组建中国石油化工股份有限公司湖北石油分公司(上市公司)和中国石化集团湖北石油总公司(存续公司)。

湖北石油分公司下辖12家市(州)分公司，72家市、县经营部，受中国石化委托，对武汉石油(集团)股份有限公司(深交所上市公司)行使控股股东权力。截至2004年底，资产总额56.3亿元，油库117座，总容量143.17万米$^3$，其中运营油库43座，总容量64.93万米$^3$，加油站1 800座，成品油输油管道9.3万米，铁路栈桥3 649米，货位485个，专用码头29个。在湖北全省拥有一个布局合理、设施完善、功能齐全、技术雄厚、信誉卓著、批零网点遍布城乡的储运销网络。

2004年，湖北石油分公司按照“改革体制，扩销增量，强化管理，建好队伍”的工作思路，紧紧围绕企业的各项年度工作目标，努力筹措资源，确保市场供应，加大整体营销，提高经营质量，坚持理性经营，增强盈利能力，加快网络建设，增强市场控制力，各项工作取得突破性进展，各项经济指标实现历史性跨越，经营量354万吨，同比增长18%，其中零售237万吨，同比增长28%，实际利润同比增长31%，上缴各类税收同比增加23%。

（许志勇）

**【探索成品油经营管理体制改革】** 按照中国石化经营管理体制改革蓝图，结合湖北石油分公司自身实际和市场特点，围绕“管理层次简捷、业务专业垂直、岗位责权清晰、反应灵敏迅速”的总体目标和“运作专业化，服务属地化”的基本原则，分别构建资源配送体系和市场营销体系，实行资源配送和市场营销两条线分开运行的改革探索。2004年1月1日，正式将在营油库的人、财、物上收湖北石油分公司统一管理，以公司业务处为基础构建全省资源配送体系，成立公司资源配送中心和12个区域配送中心，实行资源统一运作、设施统一管理、物流统一优化、配送统一组织。以湖北石油分公司零售管理处为基础成立市场营销处，负责湖北省系统成品油营销管理工作。通过两条线分开运行，提高了专业化的资源经营能力、市场保障能力和专业化市场营销能力，促进了经济效益和社会效益的提升。

（许志勇）

**【保障湖北省成品油市场供应】** 受国际油价持续高位震荡，国内经济增长强劲等因素的影响，成品油与煤、电、运输一道成为制约经济发展的瓶颈因素。为保证湖北省经济快速健康发展对成品油资源的需求，湖北石油分公司充分发挥主渠道作用，按照“保安全、保市场、保稳定、增效益”的要求，千方百计筹措资源，保障市场供应，2004年购进资源总量较上年大幅增加，增幅超过20%。一方面积极争取中国石化总部的资源配置计划，加大配置计划的执行，配置计划兑现率达到106%；另一方面千方百计加大资源自采，全年自采收购系统外资源36万吨，有效地保障了湖北省经济快速发展对成品油的需求，维护了湖北省成品油市场供应的基本稳定，受到了湖北省委、省政府和社会各界的高度赞誉。

（许志勇）

**【经营效益实现跨越发展】** 通过资源配送和市场营销两条线分开运行，进一步释放专业化资源经营能力和专业化营销能力。进一步加强市场分析和预测，逐渐提高把握市场脉动的及时性和准确性。根据市场的变化和竞争对手的变化，不断提高整体营销策划水平和营销能力。始终坚持理性经营理念，注意处理量价费、进销存、收支余的互动关系，抓住“增量、保价、降费、堵漏”等赢利关键环节，不断提高整体抗风险能力，湖北石油分公司系统经营效益实现跨越发展，

2004 年成品油经营量首次突破 350 万吨，同比增长 18%，其中零售量首次突破 200 万吨，增长了 28%。燃料油、润滑油均超额完成上级公司下达的经营任务。成品油终端销售比重达到 92.5%，高标号汽油销售零售比重达到 74.8%，在石化销售系统稳居第二位，实际实现利润同比增长 31%，创历史新纪录。

（许志勇）

**【新增加油站近 140 座】** 2004 年 12 月 11 日中国成品油零售市场正式对外放开，为充分利用市场放开前的最后机遇，抓紧时间"扎紧篱笆打好桩"，湖北石油分公司积极争取中国石化总部的资金计划支持和湖北省商务厅加油站建设规划方面的支持，全年投入资金近 4 亿元，重点用于省内高速公路、中心城市和城市新区的网点布局，进一步完善作为湖北省成品油销售主渠道的经营服务功能，全年全系统新增加油站近 140 座，其中新建加油站 90 多座，收购加油站 40 多座；在建加油站 30 多座。同时，加快了加油 IC 卡工程建设步伐，湖北全省已经开通联网加油站 716 座，进一步提升了控制市场的手段。

（许志勇）

**【财务资金管理成效显著】** 2004 年，湖北石油分公司进一步完善资金管理办法，加大货款回笼的考核力度，对货款回笼率低于 95% 的实行一票否决，同时对新增的赊销，视同无效销售，实行扣量扣利还原政策，全年累计货款回笼率达 100%。专门成立了湖北石油分公司三项债权清理领导小组，加强"三项债权"管理，处置费用性挂账 4 926 万元，计提坏账准备 1 120万元，上划关联往来 2.15 亿元。特别针对应收账款余额大、赊销比率高的问题，采取法律、经济等各种手段加大清欠力度，全年清收欠款 7 358 万元，截至 2004 年底，赊销百分比已从 8 月份的 25% 降到 5.21%。在企业整体盈利能力增强，资金状况好转的情况下，着眼企业长远发展，积极处理和消化历史包袱，湖北石油分公司仅贷款总额就由 2001 年的 42.3 亿元下降到 26.8 亿元，净减少 15.5 亿元。

（许志勇）

**【加强油品数质量和库站安全管理】** 2004 年，湖北石油分公司在工作重心上，改变重经营轻管理的思想，在搞好经营的同时，狠抓企业管理工作，尤其是注重油品数质量和库站安全管理。积极配合湖北省质量技术监督系统开展的油品质量计量监督检查工作，保证加油机和流量计计量准确。严格落实油品数质量管理责任制，定期不定期到库站进行核对检查。通过强化经营全过程数质量管理工作，切实让消费者加"明白油"、加"放心油"。加强库站安全管理。以建立 HSE（安全、环保、健康）管理体系作为安全工作的主线，把创建 HSE 体系与现行的安全管理方法、手段紧密结合，通过体系的建立过程全面发现和解决安全管理上存在的问题。坚持不懈地开展安全检查和隐患整改。全年安排了 4 次安全检查，共检查油库 34 座、加油站 97 座，投入资金 1 482 万元，完成隐患治理项目 7 个大项，48 个小项。

（许志勇）

**【加强加油站规范化管理】** 为进一步改善加油站的窗口形象，提升加油站的服务质量，湖北石油分公司从 2004 年 7 月开始，利用近半年的时间，从加油站的软硬件设施入手，以规范化管理为主题，投入 6 800 多万元资金，在全系统开展了声势浩大的"加油站百日竞赛"活动，努力打造一流的环境、一流的形象、一流的队伍、一流的服务、一流的效益。通过竞赛活动，员工的规范化服务显著提高，加油站外观形象显著改观，尤其是厕所达到甚至超过星级宾馆水平，极大促进了加油站经营管理水平的提高。同时积极推行 IC 卡加油，为顾客提供更加方便快捷的消费方式，实现"一卡在手，各地加油"。

（许志勇）

**【公司管理层进行改革】** 为适应经营管理体制改革的需要，按照"推进专业化管理，建立服务型机关"的总体目标，2004 年 4 月，通过调整机构、优化职能、全员竞聘上岗等形式，实施了湖北石油分公司管理层改革。管理层职能部门从 18 个精简到了 12 个，工作人员从 158 人减少到了 92 人；管理层及直属单位处级干部减少了 13 人。通过改革，促进了管理层工作作风的改进和工作效率、管理服务水平的提高。

（许志勇）

**【存续公司各项改革稳妥推进】** 2004 年，湖北石油公司系统按照石化集团公司"关于大力推进主辅分离改制分流"工作方针，正确处理各种矛盾，严格报批程序，谨慎操作，稳妥推进，全年上报改制方案 23 个，批复 22 个，完成和基本完成 18 个改制项目，分流 363 人。除此之外，还采取多种措施推进减员分流工作，累计减员或转换身份 892 人（含改制分流人员），推动了存续公司改革的深化。

（许志勇）

## 湖南石油分公司

**【概述】** 中国石油化工股份有限公司湖南石油分公司(简称湖南石油分公司)位于湖南省长沙市湘春路113号，前身为成立于1950年7月的中国石油公司长沙分公司。截至2004年底，湖南石油分公司下辖17个分公司(包括14个市、州分公司和销售分公司、润滑油分公司、燃料油分公司)，67个支公司；共有员工12 851人，其中正式工4 061人，劳务工8 790人，高级职称17人，中级职称429人；固定资产原值28.2亿元，净值22.5亿元。在营油库58座，总库容85万米$^3$，铁路通槽点38个，铁路专用线38条，总长24.3千米，内河通航点22个；在营加油站1 386座。

2004年，湖南石油分公司共销售各类油品400万吨，同比增长16.9%，实现利润6.3亿元。

(徐业芳)

**【加强资源调运，保证市场供应】** 2004年，针对资源紧张、库存薄弱、运输瓶颈制约严重的情况，湖南石油分公司密切关注市场，全力加大资源调运力度，采取铁路、水运、公路“三管齐下”，加强区间调拨，统筹资源平衡，全年共调进石化配置资源350万吨，自采社会资源21万吨，有效保证了市场供应，在成品油资源紧缺问题引起社会高度关注的情况下，树立了有能力、负责任的良好企业形象，受到各级政府的充分肯定，创造了较好的社会效益。

(徐业芳)

**【优化销售结构，提高终端销售比重】** 2004年，在销售上，湖南石油分公司加大了零售、直销工作力度，销售结构进一步得到优化，特别是在资源紧张时，注意认真把握销售节奏，严格控制批发，确保自有加油站敞开销售，有力推动了零售增量。9月份以后月零售量均在21万吨以上；全年共零售油料248万吨，同比增长25.3%，零售比重达到65.9%；大力加强客户经理建设，努力拓展对终端用户的直销配送和加油站零售小配送业务，共直销配送油料96万吨；直销加零售占经营总量比重达到91.5%，大大提高了经营质量。

(徐业芳)

**【开展加油站规范化管理百日竞赛，提升品牌形象】** “百日竞赛”自2004年6月开始，湖南石油分公司先后投资6 753万元，完成629座加油站升级改造，整改项目1.2万余个。通过有效投入，站容站貌发生显著变化，加油站内外形象进一步规范、标准、亮丽，特别是厕所的环境卫生得到根本改观，成为中国石化窗口形象的一个景观和亮点。通过抓多层次培训，“加油八步法”等规范化服务水平显著提高，不仅赢得总部考评验收组的肯定，同时也赢得广大消费者的一致赞誉，中国石化品牌形象日益凸显。

(徐业芳)

**【高标号汽油销售有新成效】** 湖南石油分公司通过广泛宣传“爱车、节油、环保、时尚”的消费理念，以及在加油站开展加油提醒服务，高标号汽油销售取得了明显成效。2004年共销售高标号汽油72.8万吨，同比增长32.3%，其中高标号零售59万吨，占汽油零售总量比重为65%，同比增加8个百分点。

(徐业芳)

**【润滑油、燃料油销售有了新突破】** 湖南石油分公司以中国石化润滑油销售渠道划转交接为契机，不断加强区内市场整合力度，大力拓展加油站零售、大客户直销、经销商销售，积极拓展区外市场，润滑油销量实现了新的突破，2004年销售6.8万吨，同比增长28%，超额完成了总部下达的目标任务。在燃料油资源受到严重制约的情况下，千方百计寻找资源，稳定进货渠道，同时，积极改善储运条件，扩大销售，共销售燃料油17万吨，同比增长41.7%。

(徐业芳)

**【抢建网点，终端网络不断完善】** 2004年湖南石油分公司新增加油站257座，其中新建竣工130座，收购127座，另在建44座。投资回报达到21.63%，同比增加3.6个百分点。在新建、收购加油站中，重点位置站分别占到50%和42.45%，截至2004年底，湖南石油分公司在湖南省各市(州)城区加油站数量占社会总量的比重由2002年的63%提高到78%。

(徐业芳)

**【信息化建设全面启动，经营管理手段上台阶】** 2004年，湖南石油分公司电视电话会议视频系统正式投入使用，提高了工作效率，降低了差旅费用。ERP系统顺利通过石化集团总部验收，已真正成为支撑公司经营管理工作的技术平台。加油IC卡工程截至年底按计划完成了619座加油站、5 000多条加油枪的改造和联调，完成了13个市(州)前置中心、20个发卡网点、湖南全省客户服务系统的建设。自2003年12月起，长沙、株洲、湘潭对外正式发卡，其他地区对外试发卡运行。经过5个多月的建设，二次物流优化项目取得快速进展，湖南石油分公司上收了58个中心配送库的所有权库存，对各分(支)公司实行了零库存管理，娄底公司2004年11月份率先正式上线试运行，截至年底先后有10个分公司正式上线。

(徐业芳)

**【财务管理和内部监控逐步规范】** 自2003年ERP上线后，财务部门充分利用物流、资金流和信息流三流合一的有利条件，加大治散、治乱力度，预算、费用、资金、资产管理水平都有不同程度的提高。2004年，湖南石油分公司考核口径吨油费用控制在189元，同比降低5元；通过对加油IC卡工程、百日竞赛所需物资设备实行集团采购，节约投资成本503万元；提取资产减值准备1.14亿元，每年减少折旧674万元，提高了资产质量，减轻了成本负担；全年在新增257个网点的情况下，银行账户由年初356个减至326个，堵塞了资金开支的"暗沟"；各市(州)公司资金上划率达到98%以上，大大降低了资金沉淀，提高了资金使用效率；全年共办理承兑汇票6.5亿元，节约财务费用360万元，实现了低成本融资。全年共完成审计项目459项，促进增收节支7 000余万元。效能监察立项35个，查处违纪违法案件3起，确保了企业健康发展。

(徐业芳)

**【强化安全管理，实现了安全创效】** 2004年，在企业持续减员，人员变动频繁的情况下，湖南石油分公司坚持狠抓"一岗一责"责任制的落实，强化责任追究，保证工作不留空档。坚持狠抓员工的安全教育和培训，不断加大安全检查和隐患整改力度，全年共投资3 000多万元对40座油库、加油站进行了隐患整改。在库站改造中注意运用新设备、新工艺，提高科技含量，增强安全系数。全公司1 386座加油站、58座油库、29条铁路专用线均通过了安全资格认证，取得了危险化学品经营许可证。在百日竞赛、加油IC卡等改造过程中，狠抓现场安全管理，实施全过程监控，确保了上报石化集团公司安全事故为零。湘潭、娄底、株洲、张家界公司实现了全年无任何安全事故。

(徐业芳)

**【非上市企业全面退出取得突破性进展】** 2004年，湖南石油总公司16个整体非上市县公司全部予以关停，14个市(州)存续公司全部停止经营活动，34个经营实体除陋园宾馆、房产公司外全部予以注销、关停。非上市加油站全部置换给上市公司，润滑油、燃料油、物资采购等业务全部划转移交上市公司，运输、物业、劳务等业务一并捆绑移交改制企业，湖南石油总公司基本实现了无经营业务。减资减债工作也有积极进展，全年共处置资产45项，变现收入685万元，湖南石油总公司总资产规模同比减少2.3亿元，基本实现了控制在6亿元以内的目标；银行贷款同比减少4 647万元，欠上市公司款项同比减少3 979万元。

(徐业芳)

**【改制分流减员工作进展顺利】** 改制分流减员政策性强、牵涉面广，湖南石油分公司各级领导高度重视，党政一把手亲自挂帅，抽调精干力量，组织专门班子，抓宣传、定方案，创造性地开展工作，采用捆绑式改制分流为主和协解、改变用工方式相结合等形式，截至2004年底共减员1 436人，16家参与改制分流的运输及设备制造安装企业都于2004年6月底前实现独立运行。

(徐业芳)

**【领导班子建设和精神文明建设进一步加强】** 根据工作需要2004年湖南石油分公司调整了8个二级单位领导班子，涉及领导干部54人；各市(州)公司加大了对中层干部竞争上岗及县级经营部负责人的考察力度，共减少中层干部职位85个，提拔机关中层干部14名、县级经营部负责人11名，使中层骨干队伍年龄、知识结构更趋合理。全公司有2人分别获得全国和石化集团公司劳动模范光荣称号。通过大力开展组织、工会人事干部"树公道正派形象"活动及机关作风整顿，思想政治工作得到改进，党风廉政建设得到加强。

(徐业芳)

**【员工培训常抓不懈】** 2004年湖南石油分公司针对ERP、HSE、eHR、加油站安全评估认证、计量考证、二次物流、IC卡等项工作共计培训员工4 000余人次，适应了新技术、新设备对员工技能的要求，并保证了员工素质的不断提升。

(徐业芳)

**【争取政府支持，不断巩固主渠道地位】** 为迎接零售市场放开后更为激烈的竞争，抓住最后机遇发展网点，掌握市场控制的主动权。2004年湖南石油分公司多次主动向政府部门汇报，得到了湖南省政府的大力支持。周伯华省长和贺同新副省长先后召开专题会议，下发了《关于我省成品油供应发展战略有关问题的会议纪要》和《关于中国石化湖南石油分公司有关问题的会议纪要》，明确了湖南石油分公司的主渠道地位，并在库站建设方面给予优先建设权。长沙、衡阳、怀化、郴州、张家界等公司充分运用这一政策优势，积极参与本地行业规划修编工作，为进一步增强市场控制力奠定了坚实的基础。

（徐业芳）

**【领导班子作出调整】** 2004 年 3 月，根据工作需要，石化集团公司、石化股份公司研究决定：免去马崇彪湖南石油总公司总经理、湖南石油分公司经理职务，免去邓集良中共湖南石油总公司委员会书记职务；聘任江景星为湖南石油总公司总经理、湖南石油分公司经理，潘桂妹任中共湖南石油总公司委员会书记。聘任邓集良为湖南石油分公司调研员。中国石化销售有限公司聘任马崇彪为湖南石油分公司顾问。

（徐业芳）

## 广东石油分公司

**【概况】** 中国石化股份有限公司广东石油分公司（简称广东石油分公司）是石化股份公司下属公司，主要从事成品油销售。广东石油分公司的前身是成立于 1950 年 6 月的中国石油贸易公司广州分公司，1961 年 11 月更名为广东省石油公司，1992 年 8 月改组为广东省石油企业集团公司，1998 年 7 月，广东省企业集团公司及其属下的 116 家市、县公司整体划归石化集团公司。2000 年 3 月，重组为中国石化股份有限公司广东石油分公司和广东省石油企业集团公司。

广东石油分公司下设 14 个管理部门和 16 家市级分公司。截至 2004 年底，共有在职职工 21 652 人，其中在岗正式职工 7 276 人，劳务工 14 376 人；在营油库 50 座，总容量 144.6 万米$^3$；专用码头 39 座、铁路专线 6.34 千米、公路发油车位 328 个，码头吨位 16.77 万吨；在营加油站 2 195 座。资产总额 141.6 亿元，固定资产原值 112.46 亿元，净值 92.32 亿元。

2004 年，广东石油分公司全年销售油品 1 560 万吨，同比增长 27%。其中成品油销售 1 249 万吨，同比增长 26.2%；燃料油 293 万吨，同比增长 27.9%；润滑油 18 万吨，同比增长 82.6%。合并口径报表利润总额 18.23 亿元，同比增长 58.1%。

广东石油分公司在 2004 年 6 月广东省经贸委和广东省统计局联合公布的 2003 年广东最大 50 家企业排名榜中排名第六位，在 2004 年 12 月广东社会科学院公布的广东大型企业竞争力 50 强中，排名第 20 名。被评为石化集团公司 2004 年度安全生产先进单位和广东省 2004 年度企业安全生产先进单位。

（黎海琳）

**【以效益为中心，立足做大，突出做强】** 2004 年，广东石油分公司明确提出“以效益为中心，立足做大，突出做强”的经营思路，大力开拓市场，优化销售结构，提高经营质量，加快实现从追求市场占有到提高核心竞争力的战略转变。

2004 年广东石油分公司紧盯市场形势，大胆决策，及时将年初制定的 1 073 万吨成品油销售目标调整为 1 200 万吨；在主动争取配置资源和进口资源的同时，千方百计调动市公司自采的积极性，全年共自采成品油 163.8 万吨，同比增长 33.9%。

2004 年广东石油分公司根据市场资源紧的特点，实行“两扩一减”的营销方针，通过多种措施扩大零售、做大直销。2004 年成品油零售量同比增长 26.8%，占总销量 58.2%；直销同比增长 35.8%，占总销量 24.7%；终端销售比重达到 82.9%，同比提高近 2 个百分点。

（黎海琳）

**【加油站总数达到 2 346 座】** 2004 年，广东石油分公司以“高速干线相对垄断，城区市场稳固提升，水上市场绝对控制，农村市场全面覆盖”为网点发展目标，坚持“突出重点、完善布局、注重回报”的发展原则，继续加大网点发展力度，重点抢占高速公路和城区网点，重点投资珠三角地区，着力控制水上市场，填补市场空白点，抓好油站建设改造，进一步优化网络布局，提升网络质量，增强对广东市场的控制力。2004 年收购加油站和新规划点共 223 座，使加油站总数达到 2 346 座，网点占有率达到 42%，其中高速公路、水上、城区的占有率分别达到 71%、62%、55%，基本构建起具有一定规模、整体布局合理、能够适应竞争、可实现提量增效的零售网络。

（黎海琳）

**【抓百日竞赛，促规范管理】** 按照石化集团公司的部署，广东石油分公司于 2004 年 7 月 2 日正式拉开“加油站规范化管理百日竞赛”活动序幕。本次活动为期 4 个月，重点对加油站的规范化服务、站容站貌、账表册单的统一、安全管理以及设备管理等 6 个方面集中整改。经过百日竞赛，广东石油系统内加油站的面貌焕然一新，“顾客至上”理念得到强化，服务质量显著提高，顾客满意度不断上升，使中国石化的品牌形象在广东更加深入人心。在石化集团公司组织的百日竞赛大检查中，广东石油分公司被授予加油站规范化管理百日竞赛优胜省市公司称号。

（黎海琳）

**【开展加油站计量大检查】** 为维护中国石化品牌形象，保障消费者合法权益，广东石油分公司于2004年10月在广东省系统部署开展了一次大规模、全方位的加油站计量准确性大检查，重点检查加油机的施封、发油准确性及加油站盘点油品损耗和账表等情况。坚持把“维护消费者权益不受损害”作为加油站的服务宗旨，加强对各级管理人员、加油站操作岗位人员的职业道德、法纪教育和专业知识培训，加强加油机管理，规范操作，确保计量设施准确有效，将“顾客就是上帝”落实到具体的实际工作中。进一步完善相关制度，加大省、市、站三级计量准确性监督检查力度，强化监督与考核，以行之有效的制度体系切实保障消费者权益。

（黎海琳）

**【深化体制改革持续区域重组】** 按照石化集团公司“管理层次扁平，业务专业垂直，岗位权责明晰，市场反应灵敏”的要求，广东石油分公司经过对地市（区域）公司所辖市场、地域特点和管理半径等情况进行综合分析研究后，于2004年3月15日组建了惠州区域公司（原惠州、汕尾、河源3个公司合并）和肇庆区域公司（原肇庆、云浮2个公司合并）。4月1日，2个区域公司正式运作。至此，已有8个地市公司打破行政区划，组成为3个区域公司，广东辖区内从原有的21个地市公司，减少为16个。原有地市公司的管理机构撤销，管理人员到区域公司参加竞争上岗。重组后的区域公司运作良好，管理人员比原来减少100人，大大提高工作效率，销量和效益都较过去有了大幅提高。截至2004年底，广东石油分公司有13个地市公司和3个区域公司内部全部实行一级管理和专业化经营管理模式。

（黎海琳）

**【物流专业化改革成效显著】** 在2003年成立零售资源配送中心和仓储分公司的基础上，2004年广东石油分公司继续大力推进零售资源物流组织的专业化管理，进一步推行管辖范围内物流资源的整合优化。2004年，零售资源配送中心对广东石油分公司系统1 800多座油站的零售资源实行主动配送，统一计划，统一调度，统一管理，全年实际配送成品油525万吨，达到了提高配送效率、优化配送流向、合理安排加油站库存以及有效降低运费的目的。仓储分公司完成了对广东石油分公司系统39座定位油库的上收和统一管理，通过信息化管理平台，实现了全天候远距离多用户网上实时办公、成品油收发存全过程实时监控、日常和安全管理信息的自动流转和广东石油分公司系统油库的办公自动化。2004年完成油料吞吐2 282万吨，同比增长22%，综合保管损耗率维持在0.01%—0.02%，没有发生计质量事故、安全事故和人员伤害事件。

（黎海琳）

**【队伍建设走上规范化轨道】** 2004年，广东石油分公司继续加大队伍建设工作力度，优化队伍结构，强化激励约束，提高队伍素质，使队伍建设工作逐渐走上规范化的轨道。

2004年实际引进了大专以上人才718名，其中后备管理人员116名，后备站长330名，油库副主任4名，油库技工70名，加油站计量员、统计员等基础岗位补员198名，为全面提高经营管理水平提供了人力资源保障。同时加大硬件投入力度，分别在珠海、惠州、茂名建设了培训基地。2004年，共举办培训班143期，培训7 193人次，其中达标培训班38期，培训2 138人次，达标率87%。

（黎海琳）

**【发挥主渠道作用，保障市场供应】** 2004年，国际油价持续震荡攀升，国内经济快速发展，广东省成品油市场需求旺盛，供应总体偏紧。为保障市场供应，广东石油分公司积极应对，努力向石化集团公司争取对广东追加资源投放量，全年配置资源共1 079万吨，同比增长22%，并设法自采成品油163.8万吨，同比增长33.9%。同时，加紧催调资源，合理摆布库存，细化计划调度，确保重点热点，使整个广东省市场在其他资源渠道投放大幅减少的情况下，市场供应保持总体平稳，为广东省经济正常运转提供了有力保障。

（黎海琳）

## 广西石油分公司

**【概述】** 中国石油化工股份有限公司广西石油分公司位于广西壮族自治区首府南宁市，是中国石化惟一设在少数民族自治区的省级石油公司。其前身是成立于1952年的广西壮族自治区石油总公司，2000年按照石化集团公司重组改制、主辅分离的原则，上划组建为中国石油化工股份有限公司广西石油分公司（简称广西石油分公司)和中国石化集团广西石油总公司(简称广西石油公司),共设13个职能处室和5个直属公司,下辖9个地级分公司和78个县(市)级公司(经营部),主要经营成品油和石油化工产品。

2004年,广西石油分公司购进成品油284.75万吨,销售成品油280.13万吨,同比增长21.61%,其中零售量212.58万吨,同比增长29.51%;直销量47.02万吨,同比增长26.07%。销售润滑油5.90万吨,同比增长27.95%;销售燃料油14.13万吨,同比增长16.47%。经营规模的扩大,促进了经济效益的跨越式增长,全年实现销售收入104.18亿元,同比增长36.85%;实现利税8.89亿元,同比增长7.44%;实现利润6.93亿元,同比增长17.32%。

截至2004年底,广西石油分公司共有正式员工3 176人,其中高级专业技术人员26人,中级专业技术人员409人。拥有在营业加油站964座;油库26座,库容50万米$^3$;铁路专用线17条,总长12.30千米;沿海沿江码头8座,总吨位3.60万吨;油罐汽车301辆,总运力3 654吨。资产总额33.46亿元,同比增加5.18亿元,其中固定资产原值为27.66亿元、净值20.46亿元。全年完成固定资产投资3.70亿元,发展网点86座,已占用资本投资回报率(ROCE)为38.97%,同比增长6.79个百分点。

(莫淑新)

**【经营业绩实现“三突破”】** 广西石油分公司抓住广西经济发展、投资增长、煤电运紧缺等拉动油品需求增长的有利时机,挖掘季节性、突发性、新增性以及隐性的消费需求,大力开拓市场,月均成品油销量超过23万吨,同比增长21.61%。广西石油分公司深化全区“一盘棋”的集约经营管理,提高下属各分公司贯彻落实经营部署的有效执行力,堵塞经营中效益流失的漏洞,实现了整体与局部、沿海沿边与内地市场的有机结合,整体竞争力进一步增强,经营运行质量不断提高。2004年油品经营量突破300万吨,成品油零售量突破200万吨,销售收入突破100亿元。

(莫淑新)

**【终端销售比例达到92.67%】** 广西石油分公司突出营销重心,将资源重点向终端市场摆布,集中精力抓零售、抓大用户、抓主力站。一是通过新建、收购、租赁等方式,发展网点86座,进一步提高市场占有率;二是加强对加油站经营管理的指导,区公司每月跟踪分析四星级以上加油站的经营情况,培养市场控制力强的万吨站和主力站,全年新增万吨站8座,全区平均单站销量2 128吨,同比增加472吨,高于石化集团公司销售系统的平均水平;三是加大直销用户的拓展力度,尤其是对辖区内新的投资项目,逐一落实责任人,提前争取供油权,促进了直销量的增长。通过以上措施,广西石油分公司的经营结构进一步优化,2004年实现零售比例75.89%,直销比例16.78%,终端销售比例92.67%,同比增长5.22个百分点。

(莫淑新)

**【高标号汽油成为销量和效益的增长点】** 广西石油分公司通过调整油品营销结构,提高经营质量,抓住广西旅游业蓬勃发展和家庭小轿车迅猛增加的有利时机,加大高标号汽油销售力度,在市场控制力强的区域有意识地增加高标号汽油的投放量;在加油站内将高标号汽油加油机喷涂成绿色,调整到醒目的位置;在分配激励方面,规定销售1吨高标号汽油等于销售1.3吨柴油的工资分配系数,超额完成任务的适当给予奖励。这些措施激发了加油站员工的工作积极性,全年高标号汽油零售量34.26万吨,同比增长48.35%,高标号汽油零售比例43.59%,高标号汽油实现零售毛利2.70亿元。

(莫淑新)

**【全面控制广西高速公路油品市场】** 2004年1月1日,由广西石油分公司控股的广西辉煌交通石化有限公司正式挂牌运营。广西辉煌交通石化有限公司是广西石油分公司与广西壮族自治区交通厅联合组建的高速公路加油站经营公司,广西已建成的高速公路加油站全部纳入了广西辉煌交通石化有限公司的经营管理范围,石化集团公司在广西高速公路市场做到了一个不落。广西石油分公司将高速公路油品市场作为重中之重,把石化集团公司的品牌、营销、服务、安全和培训等全程贯穿在加油站的管理之中,资源上给予重点保障,营销上给予全面指导,突出销售高标号汽油和提高经营质量,全年销售成品油9.3万吨,高标号汽油销售比例达到88.20%。

(莫淑新)

**【加油站规范化管理水平提高】** 2004年,广西石油分公司开展加油站规范化管理百日竞赛活动,各级党委书记和零售人员深入一线抓组织、抓协调、抓实施,一是从加油站形象标识改造、场地平整、厕所改造等方面对硬件进行整改,使石化集团公司加油站的整体形象大为提升,站容站貌焕然一新,营业场所整洁明亮,创造了舒适的加油环境;二是开展员工大培训,强化“八步法”的训练,细化服务流程,通过各种形式的考评和督查，员工的服务意识明显增强，客户的进站率、回头率、加满率上升；三是对加油站的各项管理制度进行补充和完善，新制定了厕所管理、卫生轮值、加油机管理等制度，明确每一座加油站的挂钩领导、联系科室和责任人，做到事事有章可循、人人有管理责任。

（莫淑新）

**【开辟配合打击成品油走私工作新途径】** 2004 年 4 月 21 日，广西石油分公司与广西公安边防总队签署《打击成品油走私和查禁非法运输、储存、买卖成品油协同配合办法》，在情况通报、互通信息、行动协作、收购收储罚没成品油等方面达成了一致意见，为净化沿海乃至全区的外部经营环境创造了有利的条件。广西石油分公司以此为契机，进一步密切与各级打私办、海关和海警的合作关系，不断加大配合打私的力度和投入，沿海经营环境明显改善，全年收储罚没走私柴油 2 503 吨，海上成品油销量 5.93 万吨，为上年销量的 2.15 倍。

（莫淑新）

**【新一届领导班子组建】** 2004 年 3 月 21 日，广西石油分公司召开中层干部大会，宣布石化集团公司党组关于调整广西石油领导班子的决定。石化集团公司党组成员、副总经理，石化股份公司高级副总裁兼财务总监张家仁出席会议。会议宣布：吴健雄任广西石油分公司经理、广西石油总公司总经理；黎林清兼任中共广西石油总公司纪律检查委员会书记；林东任中共广西石油总公司委员会委员、广西石油分公司副经理、广西石油总公司副总经理。广西石油新一届领导班子由吴健雄、黎林清、郑京华、林东、苏云河组成。张家仁希望新一届班子能够用更高的标准严格要求自己，以更强的凝聚力和战斗力带好队伍，用更好的谋略应对市场，用更大的力度推进各项改革，更加勤奋务实地开展工作。

（莫淑新）

**【广西首家发行加油 IC 卡】** 2004 年 5 月，广西石油分公司加油 IC 卡工程正式启动，对位于城区、国道、省道等重要地段、年销量 1 000 吨以上的加油站，分步骤进行了 IC 卡工程改造，以 IC 卡为载体取代传统的现金、油票、记账等结算方式，减少现金交易流量，实现货款的电子支付和交易数据的自动采集，提高加油站经营管理的科技含量。11 月 24 日，广西石油分公司首张加油 IC 卡在北海市正式发行，广西石油分公司成为广西壮族自治区首家发行加油 IC 卡的企业，树立了崭新的科技形象。

（莫淑新）

**【二次运杂费和用工分配实现网络化管理】** 2004 年，广西石油分公司研发了二次运杂费管理系统和用工分配管理系统，通过建立档案数据库和动态管理软件平台，在二次运杂费用管理方面，建立统一的运费核算标准，选择最佳的运输路径，动态监控每一辆车、每一批次的费用情况，真实反映运输成本；在用工分配管理方面，动态监控下属各分公司用工变化及人工成本，掌握用工总量和工资劳务费流向，从宏观上指导全公司的用工分配，达到规范运作、降低成本的目的。

（莫淑新）

**【柳州火炬润滑厂改制成功】** 2004 年 5 月 28 日，柳州市火炬润滑油有限责任公司正式挂牌成立，成为广西石油公司第一家完成改制的企业。根据石化集团公司的改革精神，广西石油公司加大改制分流工作力度，经过宣传动员、问卷调查、资产清查、财务审计和资产预评估等前期工作，按照“因地制宜、一企一策”的原则，制定上报了柳州火炬润滑油厂的改制分流方案，经石化集团公司批准，柳州火炬润滑油厂实行整体改制，改制员工 9 人，改制资产 181.80 万元，改制基准日 2003 年 5 月 31 日。

（莫淑新）

## 海南石油分公司

**【概述】** 中国石油化工股份有限公司海南石油分公司（简称海南石油分公司）成立于 2000 年 4 月，是按照石化集团公司重组改制的要求，从原海南省石油总公司划分出来的主业部分，主营石油、天然气、石油化工、化纤及其他化工产品，是海南省最大的成品油批发零售企业，负责海南全省的成品油供应，销售网络覆盖海南省海、陆两域。截至 2004 年底，有加油站 269 座（含海上加油站），有 66 座加盟加油站，5 座油库和 2 座分销油库，专用油码头 7 座。海南石油分公司下辖海口石油分公司、油气分公司、三亚石油分公司、琼海石油分公司、东方石油分公司等 5 个区域公司，区域公司分片管理 9 个市县石油分公司和 12 个市县经营部以及 2 个控股公司。海南石油分公司位于海口市龙舌路 16 号。

海南石油分公司有正式职工 616 人，其中管理人员 209 人，各类专业技术人员 115 人，中、高级技术职称 34 人。

2004年，湖南石油分公司围绕全年改革、经营管理工作思路和各项奋斗目标，以市场为导向，以效益为中心，深化改革促发展，狠抓管理降成本，完善网建拓市场，精心经营增效益。全年完成成品油经营总量74.20万吨，比上年增加15.77万吨，同比增长26.99%；零售量达到45.55万吨，比上年增加10.78吨，同比增长30.99 %，完成年度考核计划的101.20%；直销配送13.93万吨，比上年增加2.61万吨，完成年度考核计划的116.10 %；零售量和直销配送占经营总量的85.30%，比上年提高4.7个百分点；加油站日均零售销量1 255吨，同比增长31.3%；全年实现销售收入25亿元，报表利润1.22亿元，考核利润1.78亿元，完成年度预算的187%。2004年新建、收购、租赁加油站17座，改造14座，在建4座。

（黄英华）

**【设立社会监督服务热线电话】** 2004年6月，海南石油分公司开展加油站优质服务月活动，同时推出社会监督服务热线电话“96319”，主动接受社会监督，提供优质服务。一是按客户需求，及时、快捷给工地、酒店、工厂、断油抛锚车辆送油；二是提供成品油零售价格、油票销售等信息咨询，宣传介绍高标号汽油知识，使高标号汽油销量大幅增长，由开通前的2 800吨/月增长至3 300吨/月；三是调查处理投诉电话，针对投诉中的油品数量、质量和服务态度等问题，查找管理上的漏洞，及时耐心解答，妥善处理，直至客户满意。2004年累计接到油品配送电话702个，投诉电话35个，配送油品3.20万升。

（黄英华）

**【全面加强加油站基础工作】** 2004年，海南石油分公司结合加油站规范化管理百日竞赛活动，加快加油站形象改造。重点抓位于中心城市、高速公路、旅游景区和市场竞争激烈的加油站的改造维修，从实际需要出发，因地制宜、因站制宜，合理设计，做好规划。尤其是形象标志和厕所的改造和管理，把它当成提升企业形象的工程来抓。

加强加油站基础管理工作。一是建立健全各项管理制度，着力建立起加油站管理长效机制。先后建立和完善了6个加油站管理办法。二是加强对员工培训。通过分发学习资料、观摩样板站、集中培训等形式，进行站容站貌、账表填写、设备管理、安全管理、厕所管理等基础管理的培训。三是加大督查力度。以点带面，查出问题，明确责任，限期整改，进一步巩固管理成果。

完善质检站建设，加强数质量管理工作。海南石油分公司对进出油品和加油站进行定期或不定期抽检，努力做到油品质量100%合格，数量不缺斤少两，不坑害消费者。

（黄英华）

**【“三基”工作有所提高】** 2004年海南石油分公司继续加大安全教育培训力度，先后举办各种安全管理培训班，培训343人次，同时派有关安全管理人员参加石化集团公司总部的安全管理培训。加强各种应急预演练，进一步增加职工的防范意识，提高职工的消防技能和应急处理能力。当年涌现了“1·17”琼中长根站员工王一帆等人、“4·1”定安和平站员工洪海等人勇斗歹徒，保护货款以及“7·3”海口油库员工谢传海等人成功扑灭起火油罐车的安全先进事迹。加强现场管理，严把企业员工现场操作规程关，严把施工单位队伍关，加强教育，强化监控，检查督促，严禁“三违”现象。2004年查处了内外勾结盗油、脱岗等“三违”现象11起，开除3人、通报批评6人次、经济处罚27人次。深抓隐患治理，落实整改措施。2004年海南石油分公司组织5次大检查，检查油库35座次、加油（气）站538座次、车队12次，共查出问题1 357项、隐患89项，已整改问题1 357项、隐患81项，投入维修、整改资金269.48万元，确保了安全有效运营。

（黄英华）

**【积极推进信息化建设】** 积极实施加油站IC卡工程建设。2004年完成131座加油站的土建改造、99座加油站的IC卡管控系统的安装调试、32个发卡网点、19个管理终端、1个省级数据中心和1个客户服务中心，提前完成石化集团公司总部下达的任务，并开始对外售卡并受理有关咨询业务。

积极推进二次物流的实施。加强有关人员培训和数据采集工作，保证系统成功上线，达到优化资源配置，提高运输效率的目的。

（黄英华）

## 云南石油分公司

**【概述】** 中国石油化工股份有限公司云南石油分公司（简称云南石油分公司）前身是云南省石油总公司，1998年6月整体划转石化集团公司，并于2000年2月重组改制更改为现名，本部设在云南省昆明市，经营范围为汽油、柴油、煤油、润滑油、液化气及其他石化产品。

2004年，云南石油分公司抓住宏观经济快速发展的机遇，积极完善经营体制改革，加强基础设施建设，大力开拓市场，不断强化内部管理，实现了经营网络和经营业绩的快速增长。

在市场开拓上，云南石油分公司坚持立足"区内"，放眼"区外"、"境外"。在充分挖掘潜力，扩大市场空间的同时，在川滇边境乃至四川腹地积极收购加油站，发展零售；同时探索境外缅甸市场的出口销售途径，有效拓宽了市场。此外，由于成品油资源持续偏紧，市场供需矛盾较大，云南石油分公司注意"抓两头"，一头抓资源购进，一头抓销售，全年完成配置资源购进185.29万吨，比上年增长25%；完成自采资源购进51.12万吨，比上年增长290%；完成成品油销售239.04万吨，比上年净增加76.66万吨，增长47%，是历史上经营增长最快、增幅最大的一年。

在体制改革上，云南石油分公司重点根据"四条线"专业化运作的需要进行配套完善。一是整合润滑油、液化气和石化产品经营，重组润滑油分公司。继物流中心、商业客户中心、零售中心和会计核算中心"四条线"之后，对润滑油、液化气和石化产品也实行"第五条线"的垂直经营管理；二是按照"精简、高效"原则，重组机关各职能部门，将16个处室部门压缩为12个，对审计实行垂直管理，对劳动工资实行一级管理，充分体现机关"指导、服务、监督"基层的功能；三是制定业务流程、操作规程和各项规章制度，使各条线、各部门做到职权清晰，任务明确，管理精细，运作规范；四是改革会计核算体系，在实现云南石油分公司系统统一纳税的基础上，实行全系统一级核算。改革后的新体制新机制通过一年的磨合，运行基本顺畅，效率和效益显著提高。

在加油站网络建设上，云南石油分公司把2004年视作中国加入WTO后成品油零售放开前加油站网络完善的最后机遇，全力冲刺，全年完成投资15.73亿元，新增加油站235座。2004年是云南石油分公司经营网络建设历史上投入最大、发展最快的一年。

在推进技术进步上，云南石油分公司在2004年一年内启动了ERP、加油IC卡和二次物流优化三大信息系统的建设，并在当年内完成上线，其中ERP系统建设仅用了8个月，建设周期创造了石化集团公司的最佳纪录。

截至2004年底，云南石油分公司共有资产总额32.87亿元，其中固定资产原值18.43亿元；共有正式职工2 789人，其中管理人员1 573人；有专业技术人员936人，其中高级职称13人、中级职称172人、初级职称751人。全年实现销售收入86.68亿元，完成利税总额5.37亿元。

（易荣华）

**【成品油销售量突破200万吨大关】** 云南石油分公司划转石化集团公司前，成品油销售量不足100万吨。划转后，通过经营整合和经营网络，特别是加油站销售网点的完善，竞争实力迅速增强，销售量快速增长，平均每年增幅为9.3%，到2003年达到162.4万吨。2004年，云南石油分公司通过经营体制改革，实行"四条线"专业化垂直经营管理，零售中心、商业客户中心两条线集中精力抓销售，同时大力挖潜区内市场，开拓区外四川省市场，并采取措施积极探索向境外缅甸市场的出口销售渠道，取得较好效果。全年成品油销售突破200万吨大关，达到239.04万吨，比上年增长47%。其中，加油站销售170.46万吨，比上年增长46.8%，占销售总量的71.3 %；直供销售51.55万吨，比上年增长43.99%，占销售总量的22%；批发销售17.04万吨，比上年增长62.29%，占销售总量的6.7%。

（易荣华）

**【实现全系统会计一级核算】** 为适应经营体制改革后新机制的运行需要，云南石油分公司经云南省国家税务局批准，从2004年4月1日起实行全系统统一纳税。

在此基础上，从2004年7月1日起，云南石油分公司实行全系统会计一级核算：云南石油分公司作为一个会计主体建立一级会计核算账套，下属单位在一个账套内分部门进行核算，会计人员依靠信息网络系统实行远程会计凭证录入。实行一级核算后，云南石油分公司在云南省只有一个收入、一个成本，统一编制会计报表，会计信息更加及时、准确、真实。

（易荣华）

**【成立云川加油站管理中心】** 2004年8月，云南石油分公司在四川省成立云川加油站管理中心，全面接管所属昭通区域公司昭蜀经营部、楚雄区域公司分别在四川省境内的川南、川西地区投资收购的所有加油站，实行统一经营管理，同时加快投资步伐，继续在四川境内大力收购加油站，开拓零售市场。截至2004年底，云南石油分公司云川加油站管理中心共有加油站65座，全年在四川省境内完成加油站销售共6.7万吨。

（易荣华）

【ERP、加油 IC 卡、二次物流优化三大信息系统建成上线】 为了给“四条线”经营体制改革的运行提供技术支撑，云南石油分公司于 2004 年 4 月正式启动了 ERP 项目，并随后启动了二次物流优化和加油 IC 卡 2 个项目。3 个项目均在 2004 年内按预定时间，即二次物流优化于 8 月、ERP 和加油站 IC 卡于 11 月按时上线。其中，ERP 网络覆盖了全省 7 个区域公司、72 个中心站、23 座油库，涉及产品为汽、煤、柴油和燃料油、添加剂、石化产品；二次物流优化网络覆盖了物流中心及其所属 7 个配送中心和油库；加油 IC 卡网络覆盖加油站 543 座(发展目标为 800 座)。ERP 建设周期仅 8 个月，创造了石化集团公司内同项目建设最短周期的纪录。

(易荣华)

【非上市企业全面退出经营】 按照石化集团公司“五减四无”要求，云南石油公司加快非上市企业改革步伐，丽江泸沽湖大酒店、云南石化大酒店、工程安装公司(含设计所)、玉溪新平综合大楼、昭通区域公司车队等 6 个整体改制企业已登记注册了新公司，并按新体制运行，改制总资产为 3 097.16 万元，改制分流职工 75 人。云南石油公司 17 个多种经营实体以出让、出租和承包等形式全面退出经营。2004 年以协议解除劳动合同形式分流职工 75 人，其中 70 人回购单项资产，回购资产总额 355.16 万元。截至 2004 年底，非上市企业全面退出了经营。

(易荣华)

## 工程建设公司

【概述】 中国石化工程建设公司(简称工程建设公司)是石化集团公司所属的集工程项目的可行性研究、勘察、设计、设备材料采购、施工管理及工程监理、工程总承包、项目管理服务、技术咨询、技术服务为一体的国际型工程公司。拥有资产总额 29.79 亿元人民币，注册资金 3.48 亿元人民币。

工程建设公司具有 50 年的发展历史，积累了丰富的勘察、设计、项目管理和工程总承包经验，在全国勘察设计单位综合实力测评中名列榜首。拥有专业门类齐全，梯次结构合理的人力资源。截至 2004 年底，公司有正式员工 2 300 余人，其中中国工程院院士 2 名，国家勘察设计大师 6 名，教授级高工 100 余名，高级工程师、高级经济师等高级职称人员 860 余名。

工程建设公司按照 2000 版 ISO 9001 标准建立了质量管理体系，取得了 ISO 9001 质量体系认证证书。拥有中华人民共和国对外经济合作经营资格证书、工程总承包甲级资格证书、工程设计甲级资格证书、专项工程设计资格证书(环保)、甲级工程勘察证书、甲级测绘资格证书、甲级工程监理资格证书、工程造价咨询单位甲级资格证书、工程咨询甲级资格证书、甲级招标代理资格证书、甲级环境影响评价证书、压力容器设计单位批准书、压力管道设计资格批准书、中国国际咨询协会 FIDIC 会员证书等国家顶级资质。

工程建设公司具有雄厚的技术研发实力，拥有专利技术 90 多项，专有技术 80 多项，获国家及部级科技进步奖励 650 余项。拥有催化裂化、连续重整、加氢裂化、乙烯、裂解炉、聚丙烯等一批拳头产品，形成了自己特色的工程技术，具备了较强的竞争实力。工程建设公司设有博士后科研工作站、中国石化行业的 13 个设计技术中心站等技术开发和管理机构。

工程建设公司拥有先进的计算机网络平台体系和应用体系，建立了工程设计、项目管理和办公自动化三大集成系统，能够满足国内外业主的要求，并具备与国际工程公司合作设计和管理的网络系统和应用软件体系。

勘察设计院(以下简称 IDI)是工程建设公司的直属勘察设计单位，持有甲级工程勘察、甲级工程测绘、甲级工程咨询、壹级地基与基础工程施工、甲级地质灾害防治工程勘查、建设工程地震安全性评价许可证、工程桩动测单位资质、工程监理乙级等资格证书，主要从事大中型炼油厂、化工厂、化肥厂、油库、输油(气)管线和其他工业、民用建筑、高层建筑的岩土工程勘察、设计、施工、检(监)测、监理、咨询和工程测绘，具有承担大型石油化工建设工程的工程勘察、地基治理与岩土施工能力，在大型油罐软土地基勘察、设计、岩土施工及工程监测等方面达到国内领先水平。

(张秀东)

【全面完成生产经营指标】 2004 年工程建设公司完成设计投资额 108 亿元，完成勘察产值 7 500 万元，超额完成了石化集团公司下达的生产经营指标。完成工程勘察、测量、施工、测试等项目 23 项，实现中交和投料试车成功的主要项目有 17 项，详见表 1。

(刘 玮 王晚杰 武竹艳)

【上海赛科 90 万吨/年乙烯装置实现中交】 90 万吨/年乙烯装置是上海赛科乙烯项目的核心装置，由工程建设公司与 ABB-Lummus 组成联合体，共同承包全部设计和采购工作。该装置是国内单线生产能力最大的乙烯联合装置，工程难度大，技术要求高，工程进度紧，设计周期远远低于已往大型乙烯装置最底限度的工程设计合理周期。该项目2002年11月21日签订乙烯装置EP总承包合同，2004年3月底完成全部详细设计和采购工作，2002年10月28日开始打桩，2004年12月20日实现高标准中交。90万吨/年乙烯工程的顺利中交，是中外合资合作建设项目的成功典范。

（刘　玮）

**【上海赛科25万吨/年聚丙烯装置提前2个月高标准中交】** 该项目于2003年1月30日签订总承包合同，2004年11月8日实现高标准中交，实际工期21个月，比合同工期缩短了2个月，是上海赛科工程9套工艺装置中第一个实现高标准中交的项目。在项目实施过程中，采用矩阵项目管理模式，减少设计、采购、施工之间的界面关系，不断优化设计方案，实现设计、采购、施工的深度交叉，有效控制了项目的安全、质量、进度和投资，工程项目质量达到国家优良工程的标准。

（刘　玮）

**【齐鲁石化72万吨/年乙烯改造工程乙烯装置一次投料试车成功】** 齐鲁石化72万吨/年乙烯技术改造工程是石化集团公司五大乙烯改造中的第四套改造工程，原计划通过两次检修完成，后改为利用2004年一次大检修实施，即所谓的“二改一”方案，这种方案在国内乙烯改造工程中尚属首次，而且停工时间只有83天(施工时间只有68天)。乙烯装置2004年9月23日实现了高标准中交，10月7日成功打通全流程并产出合格乙烯，取得投料试车一次成功；10月19日世界上第一台三元制冷压缩机(包括新冷箱)系统开车并运行平稳，标志着齐鲁石化72万吨/年乙烯装置改造取得全面成功。

（刘　玮）

**【上海赛科50万吨/年芳烃抽提装置实现中交】** 该装置由工程建设公司承担工程总承包，是一套工艺包国产化的装置，它采用Sinopec-Tech的SED技术和工艺包，核心装置包括原料预分馏、芳烃抽提、溶剂再生和芳烃分离4个部分，是国内最大规模的芳烃抽提装置。该装置于2004年12月10日实现了高标准中交，比合同工期提前一个月，并实现了HSE目标。

（王晚杰）

**【上海高桥分公司30万吨/年润滑油加氢装置一次开车成功】** 上海高桥分公司炼油厂30万吨/年润滑油加氢装置，是中国石化第一套引进雪佛龙公司润滑油异构脱蜡专利技术、采用全氢法生产高品质润滑油的装置。该装置于2004年11月一次开车成功，得到了优质的润滑油基础油，增加了中国石化在润滑油品牌上的竞争力。

（王晚杰）

**【齐鲁分公司140万吨/年延迟焦化装置技术改造项目一次开车成功】** 齐鲁分公司胜利炼油厂140万吨/年延迟焦化装置技术改造项目是中国继“一炉二塔”的大型化100万吨/年延迟焦化装置建成后，通过消化吸收国外加热炉的设计技术并有所突破地用于装置的技术改造，使装置规模大幅提升，达到了“一炉二塔”的大型化规模的成功实例。该装置于2004年3月11日一次开车成功。

（王晚杰）

**【再次名列进入ENR工程设计百强的中国公司之首】** 根据国际权威的《工程新闻纪录》杂志(ENR)公布的数据：在全球最大的工程设计公司150强(按总营业额排名)中，工程建设公司排名上升至53位，比上年提高9个名次；在最大的国际工程设计公司200强(按国际营业额排名)中，工程建设公司保持第58位。2项排名均列入围的9家中国工程公司之首，同时，工程建设公司还入围最大的国际承包商225强，名列130位。

（屈　波）

**【连续获得全国工程总承包企业百强之首】** 2004年，在中国勘察设计协会和中国工程咨询协会公布的全国工程总承包企业百强排名中，工程建设公司名列榜首，这是工程建设公司连续第二次获得第一名。近年来，全国工程总承包市场发展很快，许多勘察设计和施工单位都在大力发展工程总承包业务，工程建设公司能蝉联第一，充分体现了其所取得的长足进步。

（屈　波）

**【孙丽丽副总经理在世界工程师大会上发言】** 2004年11月3—6日，在上海举行了世界工程师大会，来自58个国家和地区的3 000名工程师代表出席了这次大会。国务院副总经理黄菊、上海市委书记陈良宇、中国工程院院长徐匡迪、中国科技协会主席周光召、上海市市长韩正等领导出席了开幕式。联合国秘书长安南向大会发来贺电。大会的主题是“工程师塑造可持续发展未来”。孙丽丽副总经理代表工程建设公司在“资源与能源”专题分组会上作了题为“提高轻质油收率是石油可持续发展的重要途径”的发言，得到与会代表的共鸣。

（屈　波）

**【伊朗总统哈塔米为里海原油串油项目投入运行揭幕】** 2004年4月29日，伊朗总统哈塔米在其石油部长赞干内的陪同下，前往里海纳卡灌区，为工程建设公司承建的里海原油串油项目投入运行揭幕。参加揭幕仪式的还有伊朗工业部部长、石油部副部长及里海周边国家的领导人和政府官员。石化集团公司工程部主任张克华和工程建设公司副总经理闫少春应邀参加了揭幕典礼。

（屈　波）

**【乔迁新办公大楼，实现集中办公】** 工程建设公司科研设计业务楼于2004年下半年竣工并具备使用条件。自11月20日起，工程建设公司连续利用2个双休日，分2批完成了办公楼搬迁与办公室整合工作，从11月29日起实现了公司的集中办公。

（沙　援）

**【《运营管理标准》正式发布实施】** 2004年2月17日工程建设公司《运营管理标准》正式发布实施。《运营管理标准》的颁布实施，标志着工程建设公司在运营管理的标准化、规范化方面迈出了坚实的步伐。同年6月，工程建设公司又编撰出版了《运营管理标准应用指南》，并且分别于2004年7月和8月在公司范围内进行了全面的宣贯和培训。

（屈　波）

**【技术进步硕果累累】** 2004年工程建设公司获各类省(部)级以上奖励32项。其中苯和乙烯液相烷基化生产乙苯成套技术开发和24万吨/年乙烯裂解气压缩机组获国家科技进步银质奖；中压加氢裂化技术(RMC)的开发与工业应用、车用乙醇汽油的研究开发及应用和上流式渣油加氢保护剂开发和工业应用等10项科技成果获石化集团公司科技进步奖(其中一等奖3项，二等奖2项，三等奖5项)；克拉玛依石化分公司30万吨/年润滑油高压加氢装置、上海石化股份公司20万吨/年聚丙烯装置、中原石化公司18万吨/年乙烯技术改造工程、齐鲁石化公司140万吨/年加氢裂化装置、中原石化公司乙烯改造工程20万吨/年聚乙烯装置、北京燕山分公司2台10万吨/年SL-I型裂解炉等10项科技成果获石化集团公司优秀设计奖(其中一等奖6项，二等奖2项，三等奖2项)；聚合物模拟软件二次开发等10项软件开发成果获石化集团公司优秀软件奖(其中一等奖1项，二等奖2项，三等奖7项)。

（田　瑶）

**【科技攻关再创佳绩】** 国家“十五”科技攻关项目《大型乙烯工程关键技术开发》于2004年1月9日通过国家验收。该项目包括15万吨/年大型裂解炉技术、80万吨/年乙烯分离成套技术、30万吨/年全密度聚乙烯工艺包、第二代环管聚丙烯装置成套技术等关键技术的开发，对实现中国大型乙烯技术的国产化将起重要的促进作用。工程建设公司还有18项科技攻关项目通过国家或石化集团公司的技术鉴定，详见表2。

（田　瑶）

**【“十条龙”重点攻关项目喜获新成果】** 2004年，工程建设公司承担的20万吨/年苯乙烯成套技术开发项目在齐鲁分公司建设的工业化装置一次开车成功，运转稳定；催化裂化汽油加氢异构脱硫降烯烃技术(RIDOS)和裂化汽油选择性加氢脱硫技术(RSDS)已全面完成了攻关任务，通过石化集团公司鉴定。与兄弟单位共同承担的260万吨/年FMD中油型两段全循环加氢裂化成套技术、64万吨/年乙烯成套技术以及30万吨/年第二代聚丙烯技术工业化等3个项目加入“十条龙”攻关。

（田　瑶）

**【通过HSE认证审核】** 2004年，工程建设公司按照GB/T 28001—2001、GB/T 24001—1996、ISO 14001:1996和ISO/CD 14690完善了安全、环境与职业健康(HSE)管理体系，并通过了青岛中化阳光管理体系认证中心的认证审核。

（梁　正）

**【福建炼油乙烯项目PMC合同签订】** 福建炼化一体化PMC合同于2004年12月17日在北京钓鱼台国宾馆正式签署。该项目业主由福建炼化有限公司、阿美海外公司和埃克森美孚中国石化公司组成，PMC承包商由工程建设公司和ABB鲁玛斯公司联合组成。项目规模为：炼油1 200万吨/年、乙烯80万吨/年，采用以工程建设公司为主的中外联合的项目管理模式进行管理。

（顾祥柏）

**【海南 800 万吨/年炼油项目 EPC 总承包合同签订】** 海南实华炼化有限公司 800 万吨/年炼油项目续建工程于 2004 年 11 月 16 日正式签订 EPC 总承包合同，这是工程建设公司成立 50 多年来最大的一个单笔合同。根据合同约定，工程建设公司将完成包括 800 万吨/年常减压、280 万吨/年重油催化裂化和 310 万吨/年催化原料预处理等 12 套主装置、中间原料和产品罐区、系统公用工程在内共 37 个单元的设计、采购、施工管理直至工程中间交接的全部工作，并提供投料试车和开车的技术服务。

(顾祥柏)

**【青岛 1 000 万吨/年炼油工程 EPC 总承包合同签订】** 中国石化青岛炼化有限公司 1 000 万吨/年炼油工程 EPC 总承包合同于 2004 年 12 月 29 日正式签订。根据合同约定，工程建设公司将完成包括 1 000 万吨/年常减压、260 万吨/年渣油加氢和 200 万吨/年重油催化裂化等 9 套装置、系统公用工程在内共 46 个单元的设计、采购、施工管理直至工程中间交接的全部工作，并提供投料试车和开车的技术服务。

(顾祥柏)

**【茂名 30 万吨/年聚丙烯装置 EPC 总承包合同签订】** 茂名分公司 30 万吨/年聚丙烯装置 EPC 总承包合同签订于 2004 年 8 月 15 日在广东茂名正式签字。该装置采用国产化第二代环管聚丙烯技术为基础改进后的工艺流程，以国产化 N、DQ、ND(正在商业化)催化剂体系为主，采用串联双环管反应器生产聚丙烯均聚物和无规共聚物产品，并预留生产抗冲共聚产品位置，是目前国内最大规模的聚丙烯装置。根据合同约定，工程建设公司将完成设计、采购、施工管理直至工程中间交接的全部工作，并提供投料试车和开车的技术服务，合同工期 24 个月。

(顾祥柏)

**【网络系统整合全面完成】** 2004 年，工程建设公司以新业务楼的建设为契机，以网络系统整合为载体，更新了电话交换机和视频会议系统，实施和更新了综合布线系统，可支持 1 000 兆，实施了一卡通系统，实现了门禁、考勤、保安监控、车库、就餐等的智能化管理，更新了网络主干和网络设备，完成了网络操作系统与网络管理以及 NOTES 邮件系统的整合。上述整合提升了 IT 系统的性能，实现了网络平台系统和应用系统的统一，硬件装备、网络通信系统基本满足了集成应用系统的需求，达到国际同行先进水平。

(朱春田)

**【大型软件的开发应用取得新进展】** 2004 年，运营管理系统(OA)进一步拓展了功能和覆盖面。材料管理系统(Marian)在实现多专业协同应用和材料管理与采购流程的全功能深度开发上有新的突破。项目文档管理系统(Documentum)在建立公司标准的项目文档结构、文档属性、文档编码、分发矩阵、访问权限等文档管理基础规定和 DCC 的工作程序，以及项目文档控制程序等方面有了新的进展，为实现工厂生命周期信息管理夯实基础。PDS/PDMS 三维设计系统和 SP Review 系统进行三维设计和审查的工作得到了普及。2004 年，有 3 个项目使用 PDMS 完成。PDS 在规范化和程序化、提升三维模型数据库、统一编码、完善协同设计环境、提高设计信息的共享与复用、优化工作流程等方面也有了不同程度的深化。

(朱春田)

**【IDI 积极稳妥地推进改制分流工作】** 按照石化集团公司改制分流工作的总体部署和安排，2004 年初，勘察设计院遵循“先三产后主业”的原则，开始进行整体改制的前期准备与初步方案的制定工作。首先，将院属销售中心的 6 座加油站及院属集体企业工贸公司太行加油站分别移交、出售给河北石油分公司，同时，在得到上级主管部门核批后，对集体企业工贸公司先行实施改制分流，6 月中旬新企业挂牌成立。在此基础上，IDI 的主业整体改制工作也在稳步推进，参加主业改制 294 人。改制过程中，勘察设计院安置富余人员 74 人；退休人员移交社会 135 人；职工遗属移交社会 33 人。

(武竹艳)

**【IDI 质量体系顺利通过年度审核】** 为确保质量体系持续、有效地运行，IDI 于 2004 年 8 月份进行了内部审核。10 月份，北京中设质量体系认证中心对 IDI 涉及到的有关部门及部分项目现场进行了质量体系审核，审核组认为勘察设计院的质量体系能够持续满足 GB/T 19001—2000—ISO 9001:2000 标准要求，同意保持质量体系认证注册。

(武竹艳)

表1 **2004年主要项目中交和投料试车一览表** 亿元

| 序号 | 项目名称 | 中交日期 | 投料试车日期 |
|---|---|---|---|
| 1 | 齐鲁分公司140万吨/年延迟焦化装置 | 1月8日 | 3月11日 |
| 2 | 茂名石化工程公司100万吨/年延迟焦化装置 | 5月20日 | 6月2日 |
| 3 | 上海高桥分公司4万标米$^3$/时制氢装置 | 6月30日 | 10月21日 |
| 4 | 上海高桥分公司30万吨/年润滑油加氢装置 | 8月10日 | 11月23日 |
| 5 | 上海高桥分公司140万吨/年加氢裂化装置 | 8月20日 | 10月21日 |
| 6 | 镇海炼化股份公司20万吨/年聚丙烯装置 | | 1月14日 |
| 7 | 济南分公司7万吨/年聚丙烯装置改造 | | 4月 |
| 8 | 齐鲁石化公司72万吨/年乙烯改造工程10万吨/年线性聚乙烯装置 | 8月25日 | 10月8日 |
| 9 | 齐鲁石化公司72万吨/年乙烯改造工程72万吨/年乙烯装置 | 9月23日 | 10月7日 |
| 10 | 上海赛科石化公司25万吨/年聚丙烯装置 | 11月8日 | |
| 11 | 埃及国家科学研究中心多功能化学中试装置 | 11月15日 | |
| 12 | 延炼实业公司10万吨/年聚丙烯装置 | 11月29日 | |
| 13 | 上海赛科石化公司50万吨/年芳烃抽提装置 | 12月10日 | |
| 14 | 扬子石化公司120万吨/年柴油加氢精制装置 | 12月20日 | |
| 15 | 扬子石化公司100万吨/年中压加氢裂化装置 | 12月20日 | |
| 16 | 上海赛科石化公司9万吨/年丁二烯装置 | 12月20日 | |
| 17 | 上海赛科石化公司90万吨/年乙烯装置 | 12月20日 | |

表2 **2004年工程建设公司通过技术鉴定的科技攻关项目一览表**

| 序号 | 项目名称 | 鉴定日期 | 组织鉴定部门 |
|---|---|---|---|
| 1 | 大型乙烯工程关键技术开发 | 1月9日 | 石化集团公司 |
| 2 | 《蒸汽裂解制乙烯成套技术开发项目》——10万吨/年大型裂解炉 | 2月23日 | 石化集团公司 |
| 3 | 醇胺水溶液及酸性气、含硫液化石油气体系平衡研究及建模 | 3月3日 | 石化集团公司 |
| 4 | NFM抽提蒸馏分离芳烃新工艺开发 | 3月15日 | 石化集团公司 |
| 5 | 仿生催化空气氧化环己烷新工艺研究 | 3月30日 | 石化集团公司 |
| 6 | 大型工业裂解炉在线优化与健康监控技术 | 6月 | 国家科技部 |
| 7 | 乙二醇反应精馏技术 | 6月16日 | 石化集团公司 |
| 7 | 高粘度油品加氢反应器内分布结构的研究 | 6月17日 | 石化集团公司 |
| 9 | BCD-1碳三加氢催化精馏组件开发和应用 | 7月31日 | 石化集团公司 |
| 10 | 催化裂化重汽油加氢重整原料技术 | 8月 | 石化集团公司 |
| 11 | 焊接条缝筛网(约翰逊网)的研究与开发 | 9月13日 | 石化集团公司 |
| 12 | 30万吨/年聚丙烯装置工艺设计包 | 9月27日 | 石化集团公司 |
| 13 | DMT加氢制备1,4-环已烷二甲醇工艺包开发 | 11月 | 石化集团公司 |
| 14 | 催化裂化汽油加氢异构脱硫降烯烃技术(RIDOS)工业试验 | 11月16日 | 石化集团公司 |
| 15 | 裂化汽油选择性加氢脱硫技术(RSDS) | 11月16日 | 石化集团公司 |
| 16 | 润滑油高压加氢RHW技术的开发与应用 | 11月17日 | 石化集团公司 |
| 17 | 大型减压蒸馏内件技术的集成应用 | 12月 | 石化集团公司 |
| 18 | 大型化阀门技术开发与工业应用研究 | 12月 | 江苏省科委 |

## 上海工程公司

**【概述】** 中国石化集团上海工程有限公司(简称上海工程公司)，原名中国石化集团上海医药工业设计院(SPIDI)，位于上海市浦东新区张杨路769号，英文简称SSEC，注册资本人民币2亿元。

上海工程公司创建于1953年，曾用名“化工部上海化工医药设计院”、“国家医药管理局上海医药设计院”、“中国石化集团上海医药工业设计院”等，是中国历史最久的医药专业设计单位，也是最早从事石油化工和化工工程设计的大型综合性勘察设计单位之一。2002年，根据石化集团公司的决定，中国石化集团上海医药工业设计院联合上海金山工程公司和上海高桥石化设计院进行重组，组建为有限责任公司，更为现名。

截至2004年底，上海工程公司持有化工石化医药、建筑工程、石油天然气、商物粮、轻工纺织、建筑智能化、环境保护、消防设施、环境评价、压力容器、压力管道、工程咨询、工程造价等10多项甲级设计资质，电子、市政、冶金等行业多项乙级设计资质，还持有工程勘察甲级证书和建筑业企业贰级资质证书，对药品生产符合GMP要求的工程设计具有专长。2002年5月完成ISO 9001：2000版转版。2004年底通过HSE(健康、安全与环境)管理体系认证。

截至2004年底，上海工程公司拥有工程技术人员1 000多人，其中国家级设计大师5名，中、高级职称700多人，各类执业资格人员200多人。

2004年，上海工程公司积极参与国内、国外两个市场竞争，主要经济技术指标完成良好，生产经营继续保持良好势头，技术创新取得新进步，物质文明和精神文明取得新成绩。全年共签订合同703项，完成工程设计、施工管理及总承包等各类项目296项、审图项目455项，完成设计投资额66亿元，赛科、扬—巴等一批重大项目如期完成。全年有9项工程获奖，落实石化集团公司科技开发项目12项。

(魏永忠)

**【上海赛科OSBL项目机械竣工】** 2004年11月29日，上海赛科90万吨/年乙烯工程OSBL项目机械竣工。赛科OSBL项目是上海工程公司独立完成的EPC总承包、EP承包工程，2003年2月开工建设，工程包括循环水场、聚合物仓库(PHU)、管廊道路、35千伏变电站、空压站、生产管理区、污水处理、化工罐区等八大块，工程繁杂，除自身单元间相互交叉，与各装置间大量界面外，公用工程规模大型化，是其主要特点。由于建设进度处在上海赛科网络计划关键路线上，工期相当紧张。上海工程公司充分认识项目特点，在工程初期，进行详细策划，合理分解项目工作，合理安排人力资源；在实施阶段，花大力提高设计水准，使公用工程达到工艺装置设计的深度。其中总面积7.08万米$^2$，单层三跨轻型钢结构PHU仓库工程，获2004年度上海市金属结构建设工程金钢杯奖(市优质工程)。

(钱水根)

**【上海赛科30万吨/年聚苯乙烯装置机械竣工】** 该装置工程投资9.02亿元，由上海工程公司和ABB Lummus联合完成工程设计和采购，ABB Lummus公司承担基础设计(BEDP)和专利设备、国外关键设备采购；上海工程公司承担详细工程设计和其他设备、材料(土建材料除外)采购。2003年7月，ABB Lummus提交基础设计工艺包；2003年12月，90%PDS模型审查，开始现场施工配合；2004年4月，完成详细设计；12月16日，上海赛科90万吨/年乙烯工程30万吨/年聚苯乙烯装置机械竣工(中间交接)。

(钱水根)

**【上海赛科50万吨/年苯乙烯装置机械竣工】** 该装置建设采用EP+C模式，由ABB Lummus和上海工程公司联合完成工程设计和采购，ABB Lummus公司承担基础设计(BEDP)和专利设备、国外关键设备采购，上海工程公司承担详细工程设计和其他设备和材料(土建材料除外)采购。2002年7月，EP合同开始执行；2003年3月，ABB Lummus提交基础设计包；2004年1月，90%PDS模型审查，开始现场施工配合；2月，完成详细设计；12月22日，上海赛科90万吨/年乙烯工程50万吨/年苯乙烯装置(含中间罐区)机械竣工(中间交接)。

(钱水根)

**【上海赛科60万吨/年聚乙烯装置机械竣工】** 2004年12月24日，上海赛科90万吨/年乙烯工程60万吨/年聚乙烯装置机械竣工。该装置采用EPC总承包方式，由法国Technip和上海工程公司组成联合体，进行设计、采购和施工全过程EPC总承包，项目分Onshore和Offshore 2个部分，Onshore合同部分由上海工程公司与Technip双方以一个团队模式合作，项目主任由Technip担任，上海工程公司派出项目副主任，设计、施工以上海工程公司为主任经理，采购成立联合采购组，Technip任经理，上海工程公司派出副经理，联合体充分利用Technip国际工程承包商项目管理水平和管理理念，发挥上海工程公司整体设计水平和现场施工管理经验，使设计、采购、施工的实施过程得到集成、整合，克服了设计、采购、施工的分离、不协调，有效控制了投资，加快了建设进度。该工程于2003年3月桩基施工，6月土建开工；2004年2月进入安装，11月完成安装和管线试压，12月完成单机试运，具备机械竣工条件。

（钱水根）

**【扬—巴一体化丙烯酸及酯联合装置机械竣工】** 2004年12月17日，扬—巴一体化丙烯酸及酯(AA/AE)联合装置机械竣工。该装置由16万吨/年丙烯酸及21.5万吨/年丙烯酸酯装置组成，是扬—巴石化基地(IPS)主要项目之一。工程投资约15.4亿元人民币，内容包括丙烯酸装置、丙烯酸甲/乙酯装置、丙烯酸丁酯、丙烯酸辛酯(缓建)、罐区、成品罐装站、汽车装卸站、火车装卸站、热回收锅炉及火炬、辅助生产装置及公用工程等。装置按照国际工程建设模式，进行前期规划、国际融资和国际招标，由美国福陆公司为PMC，与业主组成联合管理组(IMT)，实施全面管理；日本东洋工程公司(TEC)为EPC总承包商，上海工程公司为TEC分包商，承担工程设计和国内设备材料采购服务。2002年6月项目中标，同年12月完成初步设计，2004年1月完成全部详细设计，年底机械竣工。由于装置工程量大，技术要求高，设计难度大，工艺复杂，建设期间，上海工程公司确保节点达到，以诚信赢得业主和TEC好评。

（钱水根）

**【上海石化800万吨/年常减压装置中间交接】** 2004年12月15日，由上海工程公司承担项目建议书、可行性研究、基础设计和施工设计的上海石化800万吨/年常减压装置中间交接。该装置建设内容有主装置及配套设施两部分组成。主装置包括电脱盐及三注、原油换热网络、加热炉、初馏、常压、减压、轻烃回收等部分；外围配套设施包括控制分析楼改建、新建变配电所、新建循环水冷却塔、含油污水调节池、储罐系统改造、总体外管及炼化部外管。工程于2003年12月开工建设。

（钱水根）

**【齐鲁石化丁/辛醇装置一次开车成功产出合格产品】** 齐鲁石化丁/辛醇技术改造项目是齐鲁乙烯二轮改造的主要装置之一，由上海工程公司EPC总承包建设。工程投资4.7亿元人民币，新建丙烯、乙烯合成原料净化、羰基合成丁醛、正丁醛缩合、辛烯醛液相加氢、压缩机、产品精馏、产品储存等工段，大部分公用工程依托第二化肥厂现有丁辛醇装置解决。由于项目起步晚，较乙烯二轮改造总体进度晚9个月，总体进度却要求与二轮乙烯改造同步完成，上海工程公司贯彻石化集团公司领导指示，调集精兵强将，集中优势力量，建立工程领导小组和项目班子，抓紧工艺包和基础设计，制定严密设计、采购、施工程序，在短时间内完成前期准备，具备开工条件。按照合同规定和业主要求，2003年11月1日工程开工，2004年8月20日准点中间交接，9月30日开车成功，10月8日一次投料成功，产出合格产品，实现与二轮乙烯改造同步建成目标，创造了丁/辛醇装置建设史上的奇迹。

（钱水根）

**【上海石化40万吨/年PTA改造项目开车一次成功】** 上海工程公司于1998年承接上海石化40万吨/年PTA改造任务，1999—2003年，先后完成项目建议书、可行性报告等前期工作，工艺技术开发和基础设计，2004年6月完成详细工程设计，9月28日完成施工，10月1日氧化单元投料，10月2日精制单元投料，当天产出合格产品，投料开车一次成功，各项生产技术指标达到国际同类装置先进水平。

（钱水根）

**【上海石化1.2万吨/年涤纶工业丝装置开车成功】** 2004年12月28日，上海石化1.2万吨/年涤纶工业丝技术改造项目5#线开车一次成功，29日，装置全线开车成功。该装置引进日本Toray公司HMLS工业丝软件技术，生产高质量特殊工业丝；基础设计由日本Toray公司完成，上海工程公司承担工程初步设计和详细设计；建设投资19 977万元，所产HMLS工业丝，主要用于重型载重汽车轮胎帘子线及帘子布制造。2004年1月合同签约，4月完成初步设计，5月开始详细设计，7月开工打桩，12月22日装置中间交接，从合同签约到全面开车成功，历时一年。该装置为中国第一套生产HMLS工业丝装置，1.5万吨固相聚合装置大部分设备由国内配套制造，公用工程设施采用挖潜改造，全部国内配套。

（钱水根）

**【15万吨/年聚酯三釜流程国产化装置一次投料成功】** 2004年9月1日，上海石化15万吨/年聚酯项目一次投料开车成功，产出合格产品。该装置由中国纺织研究院承担基础设计，上海工程公司承担详细设计。2003年4月完成初步设计，2003年5月通过石化

集团公司审查，列为全国技术创新和“双高一优”项目、中国石化“十条龙”科技开发项目。2003 年 6 月，装置正式开工建设，历时 14 个月，顺利建成投产。

（钱水根）

**【继续保持医药设计行业领先地位】** 2004 年，上海工程公司在医药设计领域继续坚持 1+1(做一个项目带进一个项目)经营原则，满足客户要求，降低设计收费，加强技术管理，抓好方案论证、设计成品审核，提高设计水平，加大企业宣传力度，在市场激烈竞争中，保持医药设计行业领先地位。全年完成可行性研究 5 项、初步设计 21 项、施工图设计 30 项、项目方案(报价、投标等)21 项、施工配合 25 项，全年新签、接转上年度项目数创历年之最。

（钱水根）

**【2 项医药项目获全国医药设计优秀工程设计奖项】** 2004 年，上海工程公司承担设计的国家新药筛选中心、国家上海新药安全评价研究中心项目获第七届全国医药设计优秀工程设计一等奖；葛兰素史克(苏州)制药有限公司项目获第七届全国医药设计优秀工程设计二等奖。国家新药筛选中心、国家上海新药安全评价研究中心项目，经国家科技部评审，认为功能齐全，能满足新药安全性评价工作需要，其软硬件建设达到国内一流水平。

（钱水根）

**【7 项科技成果获行业系统奖励】** 2004 年，上海工程公司 7 项科技开发成果获石化集团公司、中国工程咨询协会奖项。其中获石化集团公司优秀设计奖 4 项：上海浦东新区生活垃圾焚烧厂项目、桂林金科实业总公司基因工程获一等奖，上海石化 120 万吨/年柴油加氢精制装置及配套工程、大连珍奥药业有限公司制剂车间技术改造项目获三等奖；获石化集团公司优秀工程设计计算机软件奖 1 项：压力容器设计技术条件专家系统获三等奖；获中国工程咨询协会全国优秀工程咨询成果奖 2 项：西安亨通光华制药有限公司 500 吨/年泰乐菌素改扩建工程可行性研究报告、中外合资上海石化 90 万吨/年乙烯工程可行性研究报告获二等奖。

（钱水根）

**【80 万吨/年 PTA 成套技术工艺包通过鉴定】** 2004 年 11 月 19 日，由上海工程公司、上海石化涤纶事业部共同开发的 80 万吨/年 PTA 成套技术工艺包，在京通过石化股份公司的技术鉴定。鉴定意见认为：该工艺包应用开发单位建立的数学模型和氧化反应动力学、氧化反应器内流体流动与传递、PTA 结晶分离技术、尾气处理技术、气流输送技术等实验室研究和工程技术研究结果，对上海石化 30 万吨/年 PTA 装置成功改造为 40 万吨/年，形成了具有自主知识产权的 PTA 成套技术，应用该技术开发编制的《80 万吨/年 PTA 成套技术工艺包》技术资料齐全，数据可信；采用 2 台 PX 氧化反应器、TA 单系列结晶分离和加氢精制工艺流程，技术先进可靠，物耗、能耗低，产品质量符合标准，三废排放符合环保要求，技术指标达到国际先进水平。

（钱水根）

**【再获上海市优秀公司荣誉称号】** 2004 年 1 月 7 日，在上海市重点工程实事立功竞赛表彰大会上，上海工程公司再次获 2003 年度上海市优秀公司荣誉称号，生物芯片上海工程研究中心项目组获 2003 年度上海市优秀集体称号，康美琴、岳曙辉、沈江、何兆良、鲁传坤分别获上海市建设功臣、市级记功个人、优秀组织者称号。

（钱水根）

**【HSE 管理体系通过认证】** 上海工程公司重组后，努力向创建国际型工程公司目标迈进，各项工程、管理逐步与国际标准接轨。2003 年建立 HSE(健康、安全与环境)管理委员会和指导小组，具体落实 HSE 管理体系的建立、认证；2004 年把建立实施 HSE 管理体系作为年度主要目标任务之一。同年 7 月，HSE 管理体系正式实施。11—12 月，青岛中化阳光管理体系认证中心对 HSE 管理体系进行第一、二阶段审核，年底取得环境(EMS)，职业健康安全(OHSMS)，健康、安全与环境(HSEMS)管理体系资质证书，实施 HSE 管理体系取得成效。

（钱水根）

**【名列 2003 年工程总承包百名排序第三名】** 2004 年，由中国勘察设计协会和中国工程咨询协会组织、审查，对全国从事工程项目管理和工程总承包企业营业额进行百名排序，中设协字[2004]第 58 号文《关于发布从事工程项目管理和工程总承包企业 2003 年营业额排序名单的通知》公布，上海工程公司名列 2003 年工程总承包百名排序第三名。

（钱水根）

【列入2004年中国工程设计企业60强】 2004年11月29日，美国《ENR》2004年中国承包商、工程设计企业双60强(以2003年总营业额为依据)揭晓，上海工程公司排名2004年中国工程设计企业60强第14名。

(钱水根)

【公司副总经理华克强被授予全国建设人才工作先进个人称号】 2004年10月28日，在全国建设人才工作会议上，上海工程公司副总经理、教授级高工华克强被授予全国建设人才工作先进个人称号。华克强长期从事工程项目管理和总承包工作，在工程项目管理理论和实践上有很深造诣。

(钱水根)

## 洛阳工程公司

【概况】 中国石化集团洛阳石油化工工程公司(简称洛阳工程公司)前身是石油部抚顺设计院，创建于1956年10月，是集工程设计、工程承包、工程监理于一体的国家重点勘察设计企业，又是集工程技术、石化炼制工艺、设备研究于一体的高新技术企业，拥有国家化工、石化、医药、建筑行业工程设计、工程承包、工程监理、工程造价咨询、工程咨询、环保影响评价甲级资质，及压力容器和压力管道甲级设计资质、石油天然气行业油气库和管道输送工程甲级设计资质、商业系统工程咨询甲级资质、市政行业燃气和排水工程甲级设计资质、市政行业给水和热力工程乙级设计资质，具有对外经济合作经营和进出口资格，国家燃料油质量监督检验中心和中国石化集团石油化工设备防腐蚀研究中心、节能技术中心和石油化工设备质量监督检测中心站、加热炉检测评定中心洛阳中心站及总图、储运、建筑设计技术中心站、国外工程标准洛阳管理站、《石油化工工程建设标准化》、《炼油技术与工程》、《石油化工腐蚀与防护》期刊编辑部均挂靠在洛阳工程公司。2004年通过了HSE管理体系认证。

洛阳工程公司2004年底职工总数为2 082人(含广州分公司，不含内部退养职工)，其中中国科学院院士1人，国家设计大师3人，享受政府特殊津贴的专家26人(含退休返聘人员)，教授级专业技术职务人员31人，高级专业技术职务人员561人，各类注册工程师178人。

洛阳工程公司本部位于河南省洛阳市，占地约56.71万米$^2$；广州分公司位于广州市，占地约1.58万米$^2$；2004年完成工程设计投资55.8亿元；完成工程总承包基建投资22.8亿元，同比增长196%；完成主营业务收入22.74亿元，同比增长181%；实现利润2 316万元，同比增长27%；年末资产总额10.8亿元(其中固定资产1.7亿元)；获2003年度国家工程建设质量奖1项，获石化集团公司2002—2003年度优秀工程设计奖4项，获河南省2002年度重点建设项目优秀工程勘察设计金质奖2项；完成科研开发项目28项，通过部级鉴定20项，获中国专利授权27项，获美国专利授权2项，获2003年度石化集团公司科技进步奖5项。

(唐会炘)

【2套160万吨/年延迟焦化装置投产】 洛阳工程公司设计的亚洲单系列最大的2套延迟焦化装置——扬子石化公司和金陵分公司160万吨/年延迟焦化装置，2004年12月先后产出合格油品并成功出焦。2套装置在工艺技术路线的选择上紧跟国内外焦化技术发展趋势，采用了先进、成熟可靠的工艺技术和设备。其中金陵分公司延迟焦化装置还实现了当年设计、当年施工、当年投产的装置建设目标。

(唐会炘)

【1 000万吨/年常减压蒸馏装置投产】 洛阳工程公司设计的大连西太平洋石化公司1 000万吨/年常减压蒸馏装置扩能改造项目，2004年3月18日开始进行改造，4月28日投料试车，29日出合格产品。该装置是在原500万吨/年常减压蒸馏装置基础上，保持主要设备壳体不变，通过采用一系列先进工艺和关键内构件，使能力扩大到1 000万吨/年，成为中国目前单系列规模最大的常减压蒸馏装置，工程投资仅是新建500万吨/年装置的三分之一。经过初步标定，改造后原油加工能力超过1 000万吨/年。

(唐会炘)

【塔河劣质稠油处理技术改造工程竣工投产】 洛阳工程公司负责工程总承包的塔河分公司劣质稠油处理技术改造工程，总投资11亿多元。2003年1月开始工程设计、8月现场开工，2004年9月30日全面完成工程建设任务，10月各装置相继开车，12月7日90#汽油、-20#柴油、-10#柴油合格出厂。该项目是石化集团公司实施西部开发战略的重点工程。该项工程建设周期短，加之新疆气候条件复杂，有效施工期短，大部分设备、材料在内地采购，运距长，加大了工程管理难度。洛阳工程公司采取有效措施，顺利完成了石化集团公司确定的工程建设目标。

(唐会炘)

**【西安石化清洁燃料生产技术改造工程竣工投产】** 西安石化清洁燃料生产技术改造工程是石化集团公司落实国家西部大开发战略的重点工程，洛阳工程公司承担工程总体设计和常压装置、硫磺回收装置、总变电所设计以及 50 万吨/年催化裂化装置(MIP 工艺)、30 万吨/年柴油加氢精制装置、4 000 米$^3$/时制氢装置和相关配套设施的 EPC 工程总承包。该工程合同总投资 3.6 亿元，2002 年开始工程设计，2003 年 2 月开工建设，2004 年 5 月 15 日按期建成中交，8 月 5 日，各生产装置及系统配套设施全面实现一次试车成功，生产出合格产品，实现了石化集团公司提出的工程建设目标。

（唐会圻）

**【煤制油中试装置竣工投产】** 由中国神华集团和上海合资开发建设、洛阳工程公司承担工程总承包、规模为 6 吨/日的煤制油中试装置(PDU)2004 年建成试运投产，为掌握和应用煤直接液化技术、实现工业化生产奠定了基础。洛阳工程公司从 2001 年开始工程技术开发，2003 年承担了煤制油中试装置的工程总承包任务，同年 1 月开始工程设计、12 月现场开工，2004 年 9 月 15 日装置顺利建成中交，12 月 17 日投煤一次打通流程，生产出石脑油、柴油等煤制油产物。从开工建设到投产仅 1 年时间，日本进行类似的工业试验前后经历了 5 年，业主称“一次打通流程这一成绩是世界一流的”。

（唐会圻）

**【湛江东兴炼油改扩建工程按期中交】** 湛江东兴公司 500 万吨/年炼油改扩建工程是石化集团公司“十五”规划中的重点工程项目，洛阳工程公司 2002 年积极配合业主完成了项目规划和总体技术方案。2003 年通过竞标承担了该项目中 60 万吨/年连续重整和 PSA 装置、动力站和循环水系统、常减压装置改造、催化裂化装置改造、12.5 万米$^3$ 原油罐等单项工程的总承包及项目总体设计任务，工程合同总投资额 7.87 亿元。2003 年 1 月开始工程设计、8 月现场开工，2004 年 12 月 20 日第一阶段工程中 500 万吨/年常减压装置、一联合公用工程、一联合装置中心控制室、一联合装置变配电室、循环水场改造 5 个单元如期中交，12 月 31 日第二阶段工程中 50 万吨/年催化重整装置、4 万米$^3$/时氢提浓装置、工厂管网、全厂消防等 4 个单元如期中交，实现了石化集团公司提出的 2004 年底工程中交的建设目标。

（唐会圻）

**【7 项工程设计获奖】** 在 2003 年度国家工程建设质量奖评审中，洛阳工程公司广州分公司总承包的华德石化有限公司原油码头及配套设施二期扩建工程获优秀工程和优秀设计银质奖。在石化集团公司 2002—2003 年度优秀工程设计评选中，洛阳工程公司和镇海炼化工程公司合作完成的镇海炼化股份公司 180 万吨/年蜡油加氢脱硫和 300 万吨/年柴油加氢精制联合装置获一等奖，洛阳工程公司设计的洛阳石化总厂化纤工程污水处理场、抚顺石化分公司 12 万吨/年分子筛脱蜡装置获二等奖，洛阳工程公司广州分公司设计的广州石化总厂加工进口含硫原油配套工程加氢精制(二)装置获三等奖。在河南省 2002 年度重点建设项目优秀工程勘察设计评选中，洛阳工程公司设计的洛阳石化总厂化纤工程精对苯二甲酸(PTA)和对二甲苯(PX)装置 2 项工程获金质奖。

（唐会圻）

**【延迟焦化整体技术再上新台阶】** 在 2004 年完成的扬子石化公司和金陵分公司的 2 套 160 万吨/年延迟焦化装置的设计中，对装置关键设备——焦炭塔采用大型化设计，直径达 9.4 米，单台加热炉最高负荷达 20.93 兆焦/时(5 000 大卡/时)，走在了世界的前面；同时采用了可灵活调节循环比流程、一炉两塔等具有国际先进水平的新工艺和三室六程辐射加热炉、多点注汽、新型低 $NO_x$ 燃烧器等新技术方案；在环境保护上采用冷焦水密闭循环，实现生产污水“零”排放；使装置在环境保护、长周期运行、目的产品收率、自动化水平、大型化设计和能量消耗等方面均达到较高水平，形成了具有中国特色的成套大型化延迟焦化工艺技术和工程技术，提升了中国延迟焦化整体技术水平。

（唐会圻）

**【5 项科研成果获奖】** 2004 年洛阳工程公司 5 项科研成果获石化集团公司 2003 年度科技进步奖，其中 180 万吨/年含硫蜡油加氢脱硫成套技术开发获一等奖，300 万吨/年催化裂化装置技术攻关获二等奖，天然气分离测试装置研究、茂名炼油厂加工中东含硫原油防腐技术开发、加工高硫原油中和缓蚀剂开发等 3 项获三等奖。

（唐会圻）

**【镇海国家石油储备基地工程总承包中标】** 2004 年 9 月 24 日国家发改委国家石油储备办公室公布，洛阳工程公司和第二建设公司组成的投标联合体中标镇海国家石油储备基地 EPC 工程总承包。洛阳工程公司

2003年与镇海炼化工程公司联合完成了该项目的可行性研究和初步设计。该项工程投资24亿多元，是国家石油储备基地第一期4个基地中规模最大、起步最早的项目，主要储存进口低凝点原油，包括52座10万米$^3$油罐及配套工程。

(唐会炘)

【HSE管理体系通过认证审核】 洛阳工程公司从2002年开始筹划建立HSE管理体系，2003年完成体系文件编制，2004年3月正式发布，4月1日开始实施。经过半年多的运行，按照HSE管理体系认证审核的要求，青岛中化阳光管理体系认证中心审核组于10月和11月分两阶段进行了审核，认为洛阳工程公司建立的HSE管理体系及编制的文件符合GB/T 24001—1996、GB/T 28001—2001和Q/SHS 0001.1—2001标准的要求，职工的安全健康得到保证，能够满足国家有关HSE法律法规的要求，制定的HSE方针、目标适宜并得以实现，建立实施了持续改进机制，体系运行有效。2004年12月6日正式核发HSE管理体系认证证书。

(唐会炘)

【两单位完成改制分流】 2004年洛阳工程公司原所属炼油实验厂和实业总公司成功实现改制分流，共剥离资产1 297.27万元(评估后的净资产)，分流人员213人。

原洛阳工程公司炼油实验厂是中国石化行业惟一进行半工业试验的科研试验基地，自1975年建成投产后，共完成百余项重大科研试验项目，为炼油新技术的开发作出了重要贡献。2001年7月按照石化集团公司要求停产，为解决炼油实验厂的转产、资产处置和人员安置，洛阳工程公司进行了多种形式的探索，2003年形成社会法人参股的转产改制分流方案，2004年3月石化集团公司批准改制分流实施方案，133人参加改制，6月25日改制企业注册为洛阳市亿丰石油化工有限责任公司。原洛阳工程公司实业总公司是1999年由以对外服务为主的几个辅业单位合并组建的，2002年率先提出进行改制分流试点，2003年12月确定了改制分流初步方案，2004年3月石化集团公司批准改制分流实施方案，33人参加改制，7月23日改制企业注册为洛阳奥凯石化科技有限责任公司。

(唐会炘)

【社会职能移交基本完成】 洛阳工程公司从2002年开始实施社会职能移交地方的工作，2003年按照河南省企业公安保卫系统改革方案，完成了公安保卫人员的录用考核和移交，组建了属地派出所；在石化集团公司的支持和推动下，与河南省和洛阳市政府进行了学校移交的协商，达成初步协议。2004年又按照国家有关企业学校、公安移交地方的统一规定，于9月30日与洛阳市人民政府签署了中小学、公安移交协议，12月8日河南省和石化集团公司也签署了相关协议，完成了学校、公安的资产人员移交工作。2004年10月13日又与洛阳市第四人民医院签署了职工医院整体移交协议，完成了资产人员移交工作。学校、公安、医院共移交职工125人、退休人员72人。

(唐会炘)

## 宁波工程公司

【概述】 中国石化集团宁波工程有限公司(简称宁波工程公司)是2003年经石化集团公司批准，由原中国石化集团兰州设计院和中国石化集团第三建设公司重组设立的国有独资公司，注册地为浙江省宁波市科技园区。宁波工程公司在充分整合人才、技术、市场资源的基础上，实现优势互补，强强联合。其发展定位是以技术为先导，设计为基础，工程项目承包和工程项目管理为主体，集工程设计、设备制造、装置施工和检维修服务于一体，拥有专有专利技术并具备融资能力，面对国内、国际两个市场提供技术服务和管理服务的全能型国际工程公司。

宁波工程公司持有化工石油工程施工总承包一级资质证书，化工石化医药行业甲级、建筑行业建筑工程甲级工程设计证书，市政公用行业(热力、排水、燃气)乙级工程设计证书，环境工程(废水、废气)专项工程设计乙级证书，工程咨询甲级、乙级资格证书，压力容器设计、制造许可证，压力管道设计、安装许可证，锅炉安装许可证和国家商务部批准的对外经营资格证书，以及中国船级社质量认证公司签发的ISO 9001：2000认证证书等。

2004年，是宁波工程公司重组整合的第一年。一年来，宁波工程公司按照石化集团公司的总体部署和具体要求，认真落实各项经营目标和任务，重点抓好3个煤气化总承包项目等生产任务，不断深化改革改制，积极推进重组整合，在做到职工有序动迁的同时，确保生产经营平稳地进行。2004年，经过宁波工程公司全体职工的共同努力，生产经营、市场开拓、改革改制和重组融合等方面都取得了显著成效。公司全年实现总产值26.6亿，利润2 750万元，完成设计投资额28亿，完成建筑业劳动生产率为34.77万元/人，与上年同期相比，增长率为5.11%。

按照重组后公司新的业务定位和建立国际型工程

公司的目标，2004年，宁波工程公司内部组织机构进行了优化和调整，逐步理顺了管理关系，提高了管理效率。宁波工程公司下设20个职能管理部门，在上海及兰州分别设立了具备设计、制造和安装能力的分公司，同时设计板块设9个室，施工板块设12个专业公司及多个项目经理部(项目部)，并成立有4个工程总承包项目部。截至2004年底，宁波工程公司共有员工2 600余人，其中国家级设计大师2人，高级职称180人，中级职称453人，其他专业技术人员480余人。

宁波工程公司拥有60多项专利专有技术，形成企业独有的核心技术优势和施工安装能力。在天然气化工、石油化工、煤化工以及合成气化工等领域的设计处于全国领先地位；在管道钢结构工厂化预制、设备制造、大型储罐和长输管线施工、大型或特大型设备吊装方面构筑了强大的差异化竞争优势。2004年，随着多项EPC总承包项目的实施，宁波工程公司在项目EPC总承包方面取得了长足发展，并实现了经营模式上的根本转变。

（宣淑瑛）

**【完成资质调整及资质更名手续】** 随着宁波工程公司的正式成立，各项资质调整及资质更名工作陆续展开。2004年1月，经国家建设部审核批准，宁波工程公司完成了原兰州设计院的工程设计资质和原第三建设公司的建筑业企业资质的调整和更名。年内，相继完成了原两家单位原有的所有资质证书的更名手续。

（宣淑瑛）

**【总承包排序名列前茅】** 2004年，中国勘察设计协会、中国工程咨询协会对全国从事工程项目管理和工程总承包企业按营业额进行了排名公布，刚刚组建的宁波工程公司在2003年度工程总承包百名排序中列第七位。

（宣淑瑛）

**【设计施工项目创佳绩】** 2004年，宁波工程公司抓住“强强联合、优势互补、转型发展”这一战略机遇，走内促改革融合、外强品牌形象的发展之路，重整合，强管理，求拓展，使设计施工项目屡创佳绩。宁波工程公司先后完成了设计前期(方案/项目建议书）20项、可研/预可研报告29项、工程报价/投标16项、工艺包1项、基础设计14项、详细工程设计29项。乙苯负压脱氢制苯乙烯反应装置的开发获上海市科学技术进步一等奖；多通道渣油气化喷嘴国产化获2004年上海科技成果奖；油改气气化成套新技术获甘肃省科技进步三等奖；Shell渣油气化装置油气混烧工业试验、气态烃非催化部分氧化新技术以及丙烯腈大型气液分离器放大规律研究及工业应用等3项成果被评为石化集团公司科技进步三等奖。宁波工程公司还建设完成并实现了10多项工程项目的高标准中交，又有10多项工程项目跨年度在建。其中，上海炼油厂2万米$^3$罐安装、高桥石化6 000吨/年DCP装置安装、高桥石化140万吨/年加氢裂化装置安装等3项建设工程获上海市2004年度“申安杯”安装工程优质奖；镇海炼化180万吨/年蜡油加氢脱硫及300万吨/年柴油加氢精制联合装置获浙江省2004年度建设工程“钱江杯”奖(优质工程)。2004年宁波工程公司完成的主要项目见表1。

（宣淑瑛）

**【三大煤气化项目EPC总承包有序推进】** 由宁波工程公司承担EPC总承包的岳阳、湖北、安庆三大化肥煤气化项目，总投资约40多亿元，是石化集团公司“十五”重点工程，是截至2004年国内最大的首次应用英荷壳牌煤气化技术与合成氨装置配合的生产装置。组织好岳阳、湖北、安庆的3套煤气化EPC项目的建设，确保项目目标的实现，是宁波工程公司2004年生产建设的重中之重。为此，宁波工程公司成立了煤气化项目部，加强对煤气化项目的组织协调，集中开展了“百日大会战”活动，切实抓好项目的安全、质量和工程进度控制，全面确保工程建设的推进。12月底，三大煤气化项目已突破了设计和技术对项目进展的瓶颈制约，设计进度已达到完成总量的95%。

（宣淑瑛）

**【首个EPC总承包项目实现机械竣工】** 宁波工程公司承担的上海赛科26万吨/年丙烯腈装置作为上海赛科乙烯工程中惟一由中方做独立承包商的总承包项目，也是宁波工程公司首个EPC总承包项目。一年来，在全体参建职工的努力下，出色地完成了总承包合同；创造了在上海赛科乙烯工程中最好的HSE业绩，安全工时超过400万人工时，得到了业主的嘉奖；同时，也创造了一天之内安全起吊、安装2台反应器(640吨/台)的石化系统安装纪录。2004年12月21日，上海赛科26万吨/年丙烯腈装置举行机械竣工移交仪式，进入保运保镖阶段。这标志着由宁波工程公司承担的上海赛科乙烯工程中的所有装置工程——25万吨/年聚丙烯、50万吨/年芳烃、9万吨/年丁二烯、90万吨/年乙烯装置均按期实现机械竣工。

（宣淑瑛）

【改制分流工作见成效】 2004年6月21日与6月18日，宁波工程公司首批改制企业宁波华光建设监理有限公司、宁波三健医院与兰州院英杰纳工程服务有限公司正式挂牌成立。至此，宁波工程公司正式完成了改制分流第一阶段工作，实现了151人的分流。半年多来，3家企业稳定发展，运营状况良好。12月底，列入宁波工程公司第二批改制计划的3家改制单位——企业发展公司(宁波市镇海嘉盛物业管理有限公司)、检测工程公司(宁波恒信工程检测有限公司)和第三建设公司工贸公司的改制分流实施方案也已获石化集团公司批准，进入实施阶段。

(宣淑瑛)

【子弟学校移交地方】 2004年3—8月期间，宁波工程公司按照石化集团公司的统一部署和移交政策，多次与地方政府沟通洽谈子弟学校的移交问题，就资产核算、人员、资产移交、经费划转等方面与地方政府达成共识。8月16日，石化集团公司与宁波市政府签订《中国石油化工集团公司浙江省宁波市人民政府中小学移交协议书》。之后，宁波工程公司按协议及时办理子弟学校移交及划转手续，相继办理资产、财务、劳动工资、社会保险、人事等移交手续。至9月，宁波工程公司顺利完成子弟学校移交工作。

(宣淑瑛)

【兰州职工分批动迁宁波】 为加速新公司的融合，宁波工程公司结合EPC总承包项目，在保证项目有序实施的条件下，着眼重点工程和整体目标，以煤气化项目转移为契机，提前展开了人规模的兰州职工动迁工作。经过充分的准备，从2004年7月25日开始，兰州职工分期分批搬迁至宁波。到8月27日，完成了400多名职工和家属的动迁工作。期间，宁波工程公司领导高度重视，多次开会部署；有关部门通力合作，认真做好接待安置工作；兰州、宁波齐心协力，逐项落实。特别是针对广为动迁职工关心的住房建设、孩子上学和配偶就业等方面问题，宁波工程公司积极利用各方资源，深入细致地做好工作，尽力为动迁职工创造良好的办公和生活条件。这一切有力地推进了宁波工程公司的整合工作。

(宣淑瑛)

表1 2004年宁波工程公司完成的主要项目

| 序号 | 项目名称 | 完成/竣工日期 |
|---|---|---|
| 一 | 设计工程 | |
| 1 | 兰化乙烯装置脱瓶颈工程设计 | 3月 |
| 2 | 上海赛科动力中心及火炬工程设计 | 4月 |
| 3 | 扬子江乙酰醋酸改扩建工程设计 | 4月 |
| 4 | 扬一巴一体化碳一装置工程设计 | 5月 |
| 5 | 大庆石化分公司6改扩8AN装置工程设计 | 7月 |
| 6 | 甘肃白银805厂TDI装置工程设计 | 7月 |
| 7 | 抚顺腈纶厂丙烯腈扩能改造工程设计 | 7月 |
| 8 | 巴陵石化煤代油技术改造国内配套工程工程设计 | 8月 |
| 9 | 九江化肥脱油沥青替换渣油技术改造工程设计 | 12月 |
| 二 | 总承包工程 | |
| 1 | 上海赛科26万吨/年丙烯腈工程项目 | 12月 |
| 三 | 施工工程 | |
| 1 | 甬沪宁进口原油管道工程镇海中转油库2台10万米$^3$储油罐及配套设施工程 | 5月 |
| 2 | 宁波ABS建造工程 | 6月 |
| 3 | 上海高桥石化140万吨/年加氢裂化工程 | 8月 |
| 4 | 上海高桥石化4万标米$^3$/时制氢工程 | 8月 |
| 5 | 上海高桥石化精细化工厂6 000吨/年DCP(过氧化二异丙苯)工程 | 8月 |
| 6 | 上海高桥石化20万吨/年苯酚丙酮工程 | 9月 |
| 7 | 上海石化40万吨/年精对苯二甲酸改造工程 | 10月 |

续表

| 序　号 | 项　目　名　称 | 完成/竣工日期 |
|---|---|---|
| 8 | 仪征油库扩建一期工程 T－1 油罐(15 万米$^3$ 原油罐)制安工程 | 10 月 |
| 9 | 上海赛科 25 万吨/年聚丙烯工程 | 11 月 |
| 10 | 镇海炼化 100 万吨/年歧化烷基转移工程 | 11 月 |
| 11 | 上海汽巴高桥化学有限公司 1076 生产线扩建工程 | 12 月 |
| 12 | 上海赛科 50 万吨/年芳烃抽提工程 | 12 月 |
| 13 | 上海赛科 90 万吨/年乙烯工程 | 12 月 |
| 14 | 上海赛科 9 万吨/年丁二烯抽提工程 | 12 月 |

## 第二建设公司

**【概述】** 中国石化集团第二建设公司(简称第二建设公司)位于江苏省南京市栖霞区，占地面积 65.95 万米$^2$，是国家一级大型总承包施工企业；具有建筑、安装、设备制造、大型设备运输和吊装、理化检测、物资采购等综合配套施工能力。持有化工石油工程总承包一级资质证书，国家一、二、三类压力容器设计、制造及现场组焊许可证，D≤220 吨/时、P≤10 兆帕锅炉安装许可证，美国机械工程师协会的 ASME “U”钢印证，压力管道安装许可证，安全、环境与健康管理体系认证证书、职业健康安全管理体系认证证书和 ISO 9001 质量体系认证证书等。

截至 2004 年底，第二建设公司下设 5 个生产单位，1 个后线单位，其中中高级职称 360 人，初级职称 265 人；一级项目经理资质的专业人员 100 人，各类持证焊工 650 人，并可根据需要及时调配协作单位专业管理人员及技术工人约 8 000 人。拥有包括国外引进的 500 吨、280 吨、160 吨大型吊车在内的各种施工机械设备 1 810 台，总功率 1.43 万千瓦。

第二建设公司能够同时开展 10 套以上大、中型石化生产装置的施工；具有压力容器及非标设备综合加工制造能力 5 000 吨/年；能承建 10 万米$^3$ 及以上大型储罐，能制造并安装 5 000 米$^3$ 及以上大型球罐；除碳钢、低合金钢、耐腐蚀钢等外还熟练掌握了高铬镍合金、钛材、蒙乃尔、HK－40 离心铸管、铝镁合金、9%镍钢等新材料的焊接工艺；能承担国内外大型机组的安装、调试；能承担 110 千伏变配电工程安装、调试；能承担 DCS 仪表集中控制系统的安装、调试；一次最大吊装重量达 1 000 吨，单件货物运输能力达 700 吨；能承建大型钢结构、30 层以下高层建筑及综合配套工程。尤其在催化(裂解)、重整、加氢、精对苯二甲酸(PTA)、低温储存、聚丙烯、大型压缩机安装、DCS 安装和调试等工程施工中优势明显，创造了许多国内施工纪录。

第二建设公司拥有经验丰富的计算机软件应用及开发力量，先后引进和开发了美国 Primavera 公司 P3 工程管理、设备吊装、管段图绘制等软件，并应用于工程技术管理工作中。拥有内、外部网站和中英文网页，已建成的第二建设公司信息港，建立了远程视频会议系统，覆盖了公司技术、生产、经营、管理各方面的工作，提高了现代化管理水平和信息沟通能力。

2004 年，第二建设公司围绕工程建设，全面实施精品战略，强化了 ISO 9001 质量体系和 HSE 管理体系的有效运行，工程管理水平得到进一步提升。无论是工程质量、工期、HSE 管理、文明施工、现代化管理，还是服务等方面都满足了业主和总包方的要求，树立了良好的企业形象和队伍形象。

(薛东兵)

**【明确公司的核心业务和发展定位】** 2004 年，第二建设公司对现阶段的公司核心业务和发展定位达成了共识：CM(工程管理)＋核心 C(“四大一特”核心专业施工)＋EPC。具体讲就是：公司层面努力增强、提高项目管理的能力，做大做强工程管理(CM)；专业公司努力提高核心业务的施工能力，做精做专核心 C，即大型机组安装、大型储罐施工、大型吊装、大型 DCS 和 ESD 安装调试以及特种材料焊接(即“四大一特”)等专业施工的核心业务，从而使公司的总量做大，盈利能力增强，使企业从施工管理型向工程管理—施工型转变。同时，要抓住时机，开展 EPC 总承包试点，探索公司业务向更高端领域发展、企业进一步转型的途径。

(薛东兵)

**【施工总产值首次突破 10 亿元大关】** 2004 年，第二建设公司施工任务主要分布在苏、鲁、浙、赣、皖、鄂、闽、琼、沪、粤等 10 省、24 市、41 个建设单位约 91 个施工项目，其中中交(竣工)项目 21 个，当年竣工项目14个，检修改造项目15个，新开项目22个，全年完成施工总产值11.4亿元，首次突破10亿元大关，其中，工程管理(CM)业务已占到公司业务总量的50%。

2004年，第二建设公司完成的主要工程项目见表1。

(薛东兵)

**【工程建设质量不断提高】** 2004年，第二建设公司单位工程安装优良率为98.7%、土建优良率为71.4%、产品一等品率为90.9%、焊接一次合格率为96.6%。同时，镇海炼化20万吨/年聚丙烯装置铝镁料仓工程获得中国工程建设焊接协会颁发的全国优秀焊接工程奖，仪征化纤45万吨/年PTA装置获得石化集团公司颁发的优质工程奖。同时，金陵分公司150万吨/年加氢裂化装置安装工程、镇海国家石油储备基地工程向石化集团公司上报了创优计划。

(薛东兵)

**【新技术、新工艺在工程建设中得到广泛运用】** 2004年，第二建设公司技术开发工作不断深入，新技术、新工艺在工程建设中得到广泛运用。管道预制生产线及相关自动焊工艺经过开发试验，得到了初步应用，管线的焊接一次合格率达95%以上；10万米$^3$储罐用国产高强钢板焊接性试验项目完成了试验开发工作，并在镇海国家石油储备基地10万米$^3$罐全面采用了国产高强钢板；双侧同步埋弧自动横焊工艺技术开发也取得了突破，在5万米$^3$储罐项目上进行应用，工效提高显著，具有广泛的推广应用价值。

(薛东兵)

**【改制分流和移交企业办社会职能取得阶段性成果】** 2004年，第二建设公司先后完成了下属的设备制造厂、建筑工程公司和职工医院的改制分流工作以及子弟学校移交地方管理工作。同时，第二工程公司、生活服务公司的改制分流工作也进展顺利，基本完成了相关工作。第二建设公司下属的监理公司、无损检测中心和幼儿园已经成功实施改制分流，截至2004年底，所有辅业单位、后勤服务单位、企业办社会职能先后改制分流和移交地方政府管理，改制分流和移交企业办社会职能取得了阶段性成果，人员结构和产业结构得到了优化，企业的综合实力得到增强。

(薛东兵)

**【市场开发喜获丰收】** 2004年，第二建设公司认真分析研究市场形势，制定市场营销策略，立足自我，主动出击，进一步加大开拓力度，市场开发取得了较好的成绩。全年承揽施工任务14.81亿元，净产值7.52亿元，其中系统内11.12亿元，占75.07%；系统外36.91亿元，系统外市场依赖度为24.93%。同时还新开辟了上海远东纺织集团60万吨/年PTA和浙江逸盛化工的60万吨/年PTA等境外投资、民营企业投资的新市场。

(薛东兵)

**【积极加强三支人才队伍建设，硕果累累】** 2004年，第二建设公司积极落实石化集团公司提出的“加强三支队伍建设”的要求，一手抓生产经营，一手抓队伍建设，取得了初步效果，队伍建设再上台阶，各个岗位上都涌现出了一批优秀分子。公司有1人被国资委评为全国劳动模范、1人被国资委评为优秀党务工作者、2人被评为全国优秀项目经理、1人被石化集团公司评为效能监察先进个人，另有9人被评为江苏省和石化集团公司优秀项目经理。

(薛东兵)

表1　**2004年第二建设公司完成的主要工程项目**

| 序　号 | 项　目　名　称 | 竣工日期 |
|---|---|---|
| 1 | 广饶石化总厂15万吨/年气分装置 | 1月 |
| 2 | 陶氏化工有限公司固体环氧树脂工程(CER) | 1月 |
| 3 | 张家港东海粮油卵磷脂工程 | 2月 |
| 4 | 张家港欣欣化纤股份有限公司8万吨/年聚酯工程 | 2月 |
| 5 | 浙江岚山2台10万米$^3$储罐 | 2月 |
| 6 | 扬—巴一体化冷却塔 | 4月 |
| 7 | 扬—巴一体化BCC开工锅炉 | 4月 |
| 8 | 清江石化10万吨/年气分装置 | 4月 |

续表

| 序 号 | 工 程 项 目 | 竣工日期 |
|---|---|---|
| 9 | 九江石化总厂 50 万吨/年溶剂油沥青装置 | 5 月 |
| 10 | 荆门石化总厂 2 台 130 吨/时 CFB 锅炉 | 6 月 |
| 11 | 齐鲁乙烯 37 万吨/年聚氯乙烯装置(PVC) | 8 月 |
| 12 | 山东华星 4 台 2 000 米$^3$ 球罐 | 8 月 |
| 13 | 清江石化 3 万吨/年聚丙烯 | 9 月 |
| 14 | 胜利油田石化总厂 15 万吨/年重整装置 | 11 月 |
| 15 | 海科公司 15 万吨/加氢装置 | 12 月 |
| 16 | 垦利石化厂 1 万米$^3$/时制氢装置 | 12 月 |
| 17 | 扬子石化 120 万吨/年加氢联合装置 | 12 月 |
| 18 | 扬—巴一体化 AA/AE 工程 | 12 月 |
| 19 | 清江石化 3 万吨/年煤油加氢改造 | 12 月 |
| 20 | 厦门腾龙特种树脂厂 BCP－1POLY 设备安装工程 | 12 月 |
| 21 | 福建翔鹭石化扩建设备安装工程 | 12 月 |

## 第四建设公司

**【概述】** 中国石化集团第四建设公司(简称第四建设公司)位于天津市大港区，占地 419 万米$^2$，是大型综合性施工企业。第四建设公司具备化工石油工程施工总承包一级企业资质，持有原国家对外贸易经济合作部颁发的对外经济合作经营资格证书，美国 ASME“U”钢印授权证书，国家劳动部颁发的 AR2、AR3 级压力容器制造许可证，国家质量技术监督局首批颁发的压力管道安装许可证。1995 年通过 GB/T 19002—ISO 9002 质量体系认证，2000 年通过 ISO 14000、OSHAS 18000 两个体系认证，获得北京新世纪认证公司和英国 NQA 认证机构的认证资格证书。第四建设公司具有年内在建 10 套、新开 10 套、交工 10 套大中型石化生产装置和同时完成 10 个以上石化厂大检修的施工能力。可承包境外工程及境内国际招标工程；可进行上述境外工程所需的设备、材料出口；可对外派遣实施上述工程所需的劳务人员。

2004 年，第四建设公司有职工 3 573 人，其中各类专业技术人员 1 426 人，中级专业技术职称人员 488 人，高级专业技术职称人员 90 人。171 人持有施工企业项目经理资质证书，其中 95 人持有国家建设部核定的一级项目经理资质证书。下设从事设备钢结构安装、工艺管道安装、电气仪表安装调试、建筑、吊装运输、设备制造、衬里、防腐保温等行业的 8 个专业化工程公司。拥有资产总额 8.01 亿元，拥有施工机具、设备 2 923 台，设备总功率 30 119.23 千瓦，固定资产原值 4.97 亿元，动力装备率 6.29 千瓦/人，技术装备率 3.36 万元/人。

2004 年，第四建设公司认真分析市场形势，在明确市场定位的基础上，完善公司市场开发体系、落实激励机制、依托现有项目做好滚动开发，密切关注低温储罐、煤液化项目、国家战略储备油库等行业的发展方向，积极介入。全年共组织投标 53 项，中标 15 项，中标率 28.3%，共承揽任务合同额 6.7 亿元，其中系统外承揽合同额 3.27 亿元，占 48.87%，在立足石化集团，向外发展上取得了良好效果，为持续发展奠定了较好的市场环境基础。

2004 年是第四建设公司有史以来施工任务最为繁重、改革改制极为艰难的一年。面对复杂的局面，公司两级班子与全体干部职工团结一心，统筹兼顾改革、改制、生产、经营各项工作，保持了企业稳定，维护了企业信誉，基本完成了全年各项任务指标。全年共完成施工总产值 11.68 亿元，占年计划总产值的 116.8%，其中，完成自行产值 8.03 亿元，占年计划的 100.4%。2004 年第四建设公司完成的主要工程项目见表 1。

2004 年，第四建设公司在全年整个施工组织过程中，安全、质量始终处于可控状态。安装工程质量优良率100%；质量体系、HSE体系顺利通过换证审核；取得了安全许可证；被中国施工企业管理协会授予2004年度全国用户满意企业，广州乙烯改造和中原乙烯改造工程获得石化集团公司优秀施工奖；顺利完成了ASME"U"级钢印资格证、压力管道安装许可证、锅炉安装许可证等换证工作。

（郝凌宇）

**【实现27项中交，工程实物量创历史之最】** 2004年，第四建设公司施工任务主要分布在45个建设单位，新建或改造约75个单项工程。全年实现了11套生产装置、8个罐区、6项公用设施、2条长输管线，27项新建、改造工程的中交。完成了9项检修、技措任务。确保了6项在建工程的施工进度。全年共完成安装钢结构2.83万吨、设备3 305台/2.68万吨、管道986.93千米、电气仪表22 713台(件)，电缆2 541.37千米，完成的实物工程量创造了历史之最。

（郝凌宇）

**【成功攻克上海赛科大口径管线安装难关】** 2004年，第四建设公司在上海赛科乙烯建设中的管道工程量共有50万吨，焊接量7 874米，其中大口径管线是该项施工的重点和难点，口径1 000毫米以上管线共有1.5千米，最大管线直径为3 500毫米，最重管段86吨。项目部确定了"先地面后高空、深预制细组对"的施工原则，创造性地发明了采用管道外壁焊接楔子板、底部焊接托板，整体固定后使用夹紧丝和千斤顶进行间隙、错边调整的施工工艺，一举克服高空组对的技术难题。经过2个多月的紧张施工，成功完成直径为3 500毫米、3 050毫米、3 000毫米、2 250毫米和1 950毫米等一系列大口径管线安装任务，积累了一套成熟的施工技术经验，培养了一批专业施工、管理、技术人才，为今后承揽更多此类工程创造了条件。

（郝凌宇）

**【改制分流及分离部分社会职能工作取得显著进展】** 2004年，第四建设公司按照石化集团公司的统一部署，在上年度工作的基础上完成了检验试验中心、衬里公司的改制挂牌以及职工医院改制注册工作，组织上报了建筑公司、招待所、金属结构厂3家单位的改制分流实施报告；经过与地方政府积极协商，3月公司有线电视站移交大港区广播电视局管理；7月石化集团公司与天津市政府就中小学移交事项签署了有关协议，移交3所中小学全部在职职工168人，离退休人员180人。

（郝凌宇）

**【推行"资金收支两条线"管理】** 2004年，第四建设公司下发了《资金预算管理办法》，推行"资金收支两条线"管理。收支两条线制度的实施，实现了公司范围内资金、统一计划、统一平衡、统一调度，强化了资金收支管理的计划性，有效控制了资金支出，避免了项目部的资金沉淀，相对缓解了资金紧张的矛盾，提高了资金的使用效率。全年在保证生产经营正常运行的前提下，归还贷款3 549万元，降低财务费用138万元。

（郝凌宇）

**【充分利用社会人力资源】** 2004年，第四建设公司施工生产任务极为繁重，自有职工远不能满足需要，所以广泛利用社会人力资源成为必然。为了规范用工管理，完善了《外聘管理人员暂行办法》和《外用工管理暂行办法》并组织实施，按照规定程序建立了劳务分包队伍名录，在社会上广泛选择施工生产需求的专业劳务队伍为我所用，在一定程度上缓解了公司人力资源紧张局面。

（郝凌宇）

**【实行新的工资分配制度】** 2004年4月1日起，第四建设公司按照《工资分配管理办法》开始执行新的分配制度，9月根据运行中出现的有关问题，又下发了《关于完善工资分配办法的意见》，进一步完善了新的工资分配制度。新的分配制度贴近市场价位，有效提高了职工的施工生产积极性，企业的关键岗位、生产骨干的收入水平得到了大幅度的提升，企业人才流失明显减少，稳定了队伍。

（郝凌宇）

**【严格规范合同管理】** 2004年，第四建设公司针对以往分包合同内容不够规范的缺点，对分包合同的条款、内容、程序进行了统一规范，下发了分包合同标准文本。另外经过广泛调研，制定了片区的分包指导价格，及时落实、纠正工作中出现的偏差。严格分包工程结算程序，贯彻落实分包结算三审制。全年经营管理部门审核分包合同241份，合同额9 564万元，审减额1 683万元，审减率18%；审计部门审核分包合同440份，合同额8 514.57万元，审减额18.56万元。

（郝凌宇）

表 1　　2004 年第四建设公司完成的主要工程项目

| 序　号 | 项　目　名　称 | 竣工日期 |
|---|---|---|
| 1 | 上海漕泾—吴泾化工区长输管线工程 | 6月 |
| 2 | 上海神华中试装置 | 9月 |
| 3 | 武汉石化厂 5 万米$^3$ 储罐工程 | 9月 |
| 4 | 西南成品油管道首站 3 台 6 万米$^3$ 储罐工程 | 9月 |
| 5 | 湛江炼油厂总变电站 | 9月 |
| 6 | 扬子 160 万吨/年延迟焦化装置 | 10月 |
| 7 | 惠州 2 台铝料仓 | 10月 |
| 8 | 大庆高压聚乙烯装置 | 11月 |
| 9 | 延炼实业集团公司 10 万吨/年聚丙烯装置 | 11月 |
| 10 | 上海赛科原料罐区 | 11月 |
| 11 | 册子岛 2 台 10 万米$^3$ 储罐工程 | 11月 |
| 12 | 广州华德 2 台 10 万米$^3$ 储罐工程 | 11月 |
| 13 | 延炼实业集团公司球罐工程 | 11月 |
| 14 | 扬—巴乙烯地管工程 | 11月 |
| 15 | 扬—巴乙烯工程碳一化学联合装置 | 12月 |
| 16 | 扬—巴乙烯合成气机械安装工程 | 12月 |
| 17 | 上海赛科 50 万吨/年乙苯/苯乙烯装置安装工程 | 12月 |
| 18 | 上海石化常减压工程 | 12月 |
| 19 | 湛江东兴炼油厂加氢裂化装置 | 12月 |
| 20 | 巴陵分公司已内酰胺二期工程 | 12月 |
| 21 | 上海赛科化工罐区 | 12月 |
| 22 | 天津佩克 2 台 8 万米$^3$ 储罐工程 | 12月 |
| 23 | 扬—巴乙烯工程裂解装置 | 12月 |
| 24 | 扬—巴乙烯内管廊工程 | 12月 |
| 25 | 扬—巴乙烯 U2 公用工程 | 12月 |
| 26 | 广州东江水扩容污泥处理装置 | 12月 |
| 27 | 西南成品油长输管线一期工程 | 12月 |

## 第五建设公司

**【概述】** 中国石化集团第五建设公司(简称第五建设公司)成立于 1953 年，位于甘肃省兰州市西固区，占地面积 37 万米$^2$，是石化集团公司直属大型综合性施工企业。第五建设公司持有化工石油工程施工总承包一级企业资质证书、国外工程承包资质证书、对外经济合作经营资格证书、GB/T 19001—ISO 9001：2000 质量体系认证证书、职业安全卫生管理体系认证证书、安全环境与健康(HSE)管理体系认证证书、特种设备制造许可证(A3 级压力容器)、A 级锅炉安装许可证和特种设备安装改造维修许可证(锅炉)、特种设备安装改造维修许可证(压力管道)、压力管道元件制造单位安全注册证书、建筑消防设施安装调试许可证、建筑业企业安全资格证书等。

截至 2004 年，第五建设公司已走过 52 年历程，管理施工经验丰富，技术力量雄厚，施工设备齐全。特别是在大型设备吊装、大型传动设备(机组)安装、DCS 自动化集散控制系统安装与调试、大型储罐现场组焊、特种材质焊接、空分工程、锅炉安装、特殊防腐处理等方面形成了独特的技术优势，居国内领先水平。

2004 年，第五建设公司下设设备、管道、电仪、储运、防腐、机械施工等 11 个专业分公司，19 个处室。共有正式职工 2 185 人，其中各类专业技术管理人员 665 人，具有高、中级技术职称 221 人。国家一级项目经理 55 人，二级项目经理 60 人。拥有资产总额 3.2 亿元，拥有各类机械设备 1 545 台，固定资产原值2亿元，设备总功率2.5万千瓦，技术装备率5.45万元/人，动力装备率9.4千瓦/人。

第五建设公司年施工能力可完成建安产值10亿元以上，能独立承担国内外大型化工石油工程施工、工业与民用建筑施工、消防工程施工、石油化工装置技术改造和检修、以及特种设备制造(一、二类压力容器)、特种设备安装(GA、GB、GC压力管道、球形储罐现场组焊、A级锅炉、起重机械)、电气仪表盘箱制作等业务。

2004年，第五建设公司面对建筑业市场竞争残酷的局面，加强市场调查研究和分析，明确市场开发战略，成立了5个市场开发小组，建立了工程信息卡，抓紧系统内外重点项目跟踪，加大投标过程中各个环节的监管力度，完善了招标文件评审制度，建立了投标项目评估制度，全年共参加59项工程投标，中标20项，中标率33.9%。全年签订合同57份，合同额3.9亿元，与上年相比增长23.6%。

2004年，第五建设公司围绕工程建设，全面实施精品战略，坚持高标准、高起点、高要求的工作思路，进一步加强项目经理责任制和项目成本核算管理，合理安排施工生产，经过上下共同努力，确保了21项工程按期建成。2004年完成建筑业施工产值5.3亿元，比上年增长38.1%，其中自行完成产值4.4亿元，占石化集团公司下达指标的125.7%；完成建筑业劳动生产率20.6万元/人，比上年增长1.44倍；实现利税总额1 318万元，其中实现利润406万元，完成了石化集团公司下达的利润指标；建筑单位工程合格率100%，安装单位工程优良率94.1%，焊缝无损检测一次合格率98.4%；负伤率4.9‰；其中建筑业施工产值、建筑业劳动生产率创历史新高。

(丁建华)

**【21项工程按期建成】** 2004年，第五建设公司针对工程项目分散、战线长、工期紧、交工项目多、工程项目前期条件不理想等不利因素，及时研究对策，公司领导分工定点，加强各职能部门对项目的服务、协调、监督、指导作用，优化资源配置，严格质量和HSE管理，强化施工动态管理，倒排施工计划，将任务层层分解，责任落实到人。大力开展各种形式的劳动竞赛活动，确保了21项工程项目按期竣工，均实现投料试车一次成功。完成了扬子石化炼油厂、仪征化纤股份公司、安庆石化总厂、兰州石化公司等单位7项检修任务，在建的茂名、海南、安庆等工程项目均达到形象控制点要求。2004年第五建设公司完成的主要工程项目见表1。

(丁建华)

**【实施专业公司模拟法人机制】** 为深化专业化重组改革工作，引导专业公司逐步实现自主经营、自负盈亏、自我约束、自主发展的道路，2004年，第五建设公司针对2003年专业公司与项目部内部分包管理、经济合同管理不到位，专业公司与项目部责权利关系不顺，职工劳动积极性不高等问题，组织有关部门进行不同层次的调研、沟通、探讨后，起草制定了《专业公司模拟法人运行规定》、《专业公司经理责任制》、《项目经理责任制》、《项目核算管理办法》等一系列管理制度。2004年4月1日，第五建设公司开始实施了专业公司模拟法人运行机制，模拟法人运行的专业公司属第五建设公司的二级生产经营型常设机构，明确了专业公司模拟法人承担的责任和拥有的权限，实行“独立核算、确保上交、效益提成、考核兑现”办法。专业公司模拟法人经过9个月的运作，已初见成效。各专业公司增强了市场竞争和经营意识，较好地理顺了内部管理、经营体制，使各专业公司的施工能力得到逐步提高，核心竞争力得到进一步增强，各专业公司的管理水平和市场适应能力也有了显著提高。

(丁建华)

**【扬—巴球罐项目获美国福陆公司最佳质量承包商奖】** 2004年4月29日，扬—巴一体化IOU专门举行授奖仪式。总承包商福陆公司外方经理戴维将“月度最佳质量承包商奖”奖牌授予第五建设公司，这是第五建设公司在扬—巴项目中获得最有价值的一项荣誉，为今后在国际工程施工管理中塑造了良好的企业形象。

扬—巴一体化裂解罐区4台2 500米$^3$丙烯球罐工程于2003年4月开工，2004年12月竣工。第五建设公司南京分公司球罐项目部大力开展创建精品工程活动，坚持施工全过程质量监督和检查。经过对项目6 060张拍片检查，一次合格率达到99.1%。受到总承包商福陆公司赞誉。

(丁建华)

**【HSE新版管理体系文件发布实施】** 第五建设公司A版HSE管理体系于2001年8月1日发布，经过3年的运行，收到了一定效果。为提高HSE管理体系的符合性和可操作性，以国家新近颁布的一系列法律法规为依据，结合机关部门职能的重新划分及实施专业公司模拟法人机制的现状，对A版HSE管理体系文件进行了修订换版工作。新的体系文件对HSE管理手册作了相应的修改，同时新增了9个程序文件、3个作业文件。第五建设公司B版HSE管理体系文件于 2004 年 8 月 1 日发布，同年 8 月 15 日实施。

（丁建华）

**【中国安装协会仪表专业委员会在第五建设公司举行揭牌仪式】** 中国安装协会仪表专业委员会于 2004 年 3 月在北京成立，第五建设公司成为中国安装协会仪表专业委员会挂靠单位，同年 8 月 18 日，在第五建设公司举行了中国安装协会仪表专业委员会揭牌仪式。中国安装协会副会长李传德、中国安装协会科技推广部主任严健、《安装》杂志主编王渝生、甘肃省建设厅领导郭树华及相关人员 50 余人出席了揭牌仪式。李传德和仪表专业委员会主任、第五建设公司经理田建军共同为仪表专业委员会揭牌。

（丁建华）

**【上海赛科 26 万吨/年丙烯腈装置实现高标准机械竣工】** 由第五建设公司承建的上海赛科 26 万吨/年丙烯腈装置于 2004 年 12 月 21 日顺利实现了高标准机械竣工。

26 万吨/年丙烯腈装置是上海赛科 90 万吨/年乙烯工程的主装置之一，由宁波工程公司负责总承包，上海金申工程建设监理公司负责监理，第五建设公司承担丙烯腈装置内所有安装工程，工程于 2003 年 5 月 20 日开工。

第五建设公司上海项目部在施工中实施了“现场施工标准化、职工行为规范化、后线服务人性化、目标效益最大化”的管理模式，制定了项目管理 30 余种考核制度，编制了 57 个专项施工方案，加强了质量和 HSE 管理，优化生产要素，在 2 台 R－1101B/A 反应器的吊装中，以日完成吊装重量 1 376 吨，创出了赛科工地新纪录，被业主和总承包商誉为“赛科速度”，同时还创下了 350 万安全人工时和焊接一次合格率 98.4%的优异成绩。按照常规丙烯腈装置施工工期需 3 年时间，结果历时 19 个月优质安全实现了机械竣工。

（丁建华）

**【被评为全国用户满意安装企业】** 第五建设公司坚持贯彻“追求卓越、奉献精品、诚信服务、顾客满意”的质量方针，对于年内承建的工程项目，以“向用户交付优质产品，为企业树立良好形象”为目标，切实加强全面质量管理，建立健全了公司质量管理体系和项目部质量管理体系，使质量控制覆盖并贯穿于工程建设的全过程，建筑单位工程合格率 100%，安装单位工程优良率 94.1%。2004 年 12 月 28 日，第五建设公司被中国安装协会评为 2004 年度全国用户满意安装企业荣誉称号。

（丁建华）

**【施工技术数据网络查询系统开发成功】** 2004 年 11 月 30 日，第五建设公司成功开发了工程项目施工常用技术数据网络查询系统，同年 12 月 1 日正式投入使用，查询系统开发在直属施工企业中走在前列。

施工技术数据网络查询系统由软件开发和数据整理两部分组成，主要包括施工技术标准规范、施工组织设计、施工方案、工法、论文、工艺卡、焊接工艺评定、技术系统相关规定、细化设计、技术开发等 11 个模块。查询系统方便快捷，能够及时准确地为工程施工建设、管理、质量监督等提供全方位的技术信息服务，有效解决了施工项目点多分散、施工技术管理难度大、技术人员快速准确查询技术数据途径不便等问题，受到了工程技术人员的普遍欢迎。

（丁建华）

**表 1　2004 年第五建设公司完成的主要工程项目**

| 序号 | 项目名称 | 竣工日期 |
|---|---|---|
| 1 | 甘肃酒钢集团榆中钢铁有限责任公司 100 万吨/年炼钢工程空分装置 | 3月 |
| 2 | 扬子石化塑料厂 7 万吨/年聚乙烯装置 | 4月 |
| 3 | 西安石化总厂清洁燃料生产技术改造项目 | 5月 |
| 4 | 扬—巴公司碳一化学主控楼建筑工程 | 5月 |
| 5 | 宁夏青铜峡树脂厂 2 台 130 吨/时锅炉工程 | 8月 |
| 6 | 新疆塔河劣质稠油处理技术改造项目 | 9月 |
| 7 | 扬子石化炼油厂 7 万吨/年硫磺回收装置 | 10月 |
| 8 | 扬子石化炼油厂 3 万米$^3$/时气体脱硫装置 | 10月 |
| 9 | 上海赛科 OSBL 外管廊工程及第一循环水场工程 | 10月 |

续表

| 序号 | 项目名称 | 竣工日期 |
|---|---|---|
| 10 | 扬—巴公司丙烯酸/丙烯酸脂工程 | 11月 |
| 11 | 兰化公司7万吨/年苯胺装置 | 11月 |
| 12 | 兰大榆中校区基础设施工程 | 11月 |
| 13 | 甘肃刘化集团有限责任公司甲醇装置 | 11月 |
| 14 | 安庆石化分公司化肥油改煤外管廊改造工程 | 11月 |
| 15 | 江西256处国家储备油库工程 | 12月 |
| 16 | 扬—巴公司25万吨/年丁辛醇装置 | 12月 |
| 17 | 上海赛科26万吨/年丙烯腈装置 | 12月 |
| 18 | 扬—巴公司裂解罐区4台2 500米$^3$丙烯球罐工程 | 12月 |
| 19 | 扬—巴公司外管廊及临设工程 | 12月 |
| 20 | 湛江东兴公司炼油改扩建动力站及工厂管网工程 | 12月 |
| 21 | 甘肃白银聚银化工有限公司TDI技术改造项目 | 12月 |

# 第十建设公司

**【概述】** 中国石化集团第十建设公司(简称第十建设公司)位于山东省淄博市临淄区，成立于1970年10月，占地面积1.6(千米)$^2$，是石化集团公司直属大型施工企业。公司以承建石油化工建筑安装工程为主，兼营设备制造、大型设备吊装、运输及大型机械修理业务，具有国家建设部颁发的化工石油施工总承包一级企业资质证书，原国家对外贸易经济合作部颁发的国外承包工程劳务合作经营许可证，山东省经贸委颁发的中华人民共和国进出口企业资格证书，国家质量监督检验检疫总局颁发的AR2级和AR3级压力容器制造许可证、A类锅炉安装许可证，国家质量技术监督局颁发的压力管道安装许可证，美国机械工程师协会(ASME)颁发的“U”和“S”授权证书及钢印，取得了ISO 9001：2000标准及UKAS双证证书，通过了国家职业安全卫生管理体系认证，是国家一级计量单位、一级企业档案工作目标管理单位。

截至2004年底，第十建设公司共有职工4 408人，其中各类专业技术人员850人，具备高级职称的97人，中级职称的505人，工程技术人员562人。下设安装、仪电、储运、重型机械施工等9个专业分公司，2个控股子公司，15个机关处室。拥有固定资产原值2.90亿元，机械设备2 504台(套)(其中200吨以上起重机5台，吊装总吨位2 935吨)，机械设备原值1.95亿元，技术装备率3.8万元/人，动力装备率8.89千瓦/人。

第十建设公司拥有雄厚的施工实力和精湛的施工技术，特别是在大型构筑物施工、设备衬里，球罐、储罐组装，精密传动设备安装，焊接，集散控制系统(DCS)安装、调试、组态及大型设备吊装、运输，非标设备制造等方面都具备国内领先水平。公司成立30多年来，高标准建成了国内外大中型炼油、化工、化肥、化纤、医药、纺织、电力等工业装置200多套。其中齐鲁30万吨/年乙烯、茂名30万吨/年乙烯裂解、天津25万吨/年PTA等装置获中国建筑工程鲁班奖。

2004年，第十建设公司全年完成总包产值12.96亿元，其中自行完成施工产值7.6亿元、附营产值5 992万元，分别为年计划的106.9%和199.7%，创公司历史最好水平；实现利润401万元，完成年计划的114.6%；建筑业劳动生产率达到18.4万元/(人·年)，比上年同期增长38.4%。2004年，第十建设公司顺利通过了HSE管理体系换证审核和ISO 9001质量管理体系年度审核。

(柯常波)

**【建成交工22项工程】** 2004年是第十建设公司有史以来施工生产任务最为饱满、最为繁重的一年。公司所承建的大型项目主要是石化集团公司系统内重点工程，大多在年内三、四季度交工，施工高峰期极为集中，且施工点分散、急难险重的检修改造任务特别多。面对严峻的考验，第十建设公司从大局出发，以齐鲁72万吨/年乙烯改造、新疆塔河技术改造、上海赛科90万吨/年乙烯、西南成品油长输管道、扬—巴20万吨/年高压聚乙烯、湛江东兴500万吨/年炼油改扩建等六大重点工程为主战场，兼顾其他中小工程和检修施工，统筹调度人力物力，适时组织施工会战，确保了各项工程控制点的按期到达，全年共建成交工22项工程。2004年建成交工的主要工程项目见表1。

（柯常波）

**【六大重点工程建设成绩卓著】** 第十建设公司在2004年石化集团公司系统内6项重点工程建设中，全力打造企业品牌，工程建设捷报频传，企业形象得到提升。

齐鲁72万吨/年乙烯改造工程：在历经了13个月的前期施工和2个月的停车改造后，乙烯裂解装置于10月7日投料产出合格产品；离子膜烧碱和丁辛醇2套装置也分别于8月15日、8月20日实现中交。

新疆塔河稠油技术改造工程：在工期一再压缩，沙漠地区气候条件极为恶劣的情况下，第十建设公司以大检修的方式组织施工，用不到2个月的时间完成了4个月的工程量。2万吨/年硫磺回收、8 000米$^3$(标准)/时制氢、100万吨/年汽柴油加氢精制、150万吨/年常压、120万吨/年延迟焦化等装置先后按照石化集团公司确定的控制目标建成交工，并于12月顺利打通了全流程，产出了合格产品。

上海赛科90万吨/年乙烯工程：参战职工克服“非典”、高温多雨等因素的影响，经过20个月的奋力拼搏，乙烯裂解装置于12月20日提前8天高标准中交，按期实现了工程机械完工的总体目标。

湛江东兴炼油改扩建工程：在500万吨/年常减压、50万吨/年重整装置建设中，连续组织了3次施工会战，2套装置分别于12月20日和31日顺利中交。

西南成品油长输管道工程：参战职工克服施工战线长、施工点分散、地质条件复杂等困难，至2004年底，黎塘至甘棠河、晴隆至盘县管道工程基本结束，茂名至柳州光缆工程敷设完毕，各站场仪表、通信、火警工程进展顺利。

扬—巴一体化工程：在20万吨/年高压聚乙烯装置建设中，根据工程进度及时调整控制点，不断优化施工方案，细化施工措施，合理调配施工力量，强化HSE管理，2004年底实现了机械完工。

（柯常波）

**【齐鲁乙烯千吨双塔平移创纪录】** 第十建设公司在齐鲁72万吨/年乙烯改扩建工程设备安装施工中，在狭小的施工现场，应用新工艺，采用立式整体平移法，先后用时7小时15分、3小时15分，分别将2台提前在现场制造的装置关键设备——高54米、直径12米、重1 300多吨的DA－104急冷水塔和高50米、直径9米、重960吨的DA－101急冷油塔平移了15.5米和12.9米，就位在新的设备基础上，创造了国内同类设备水平移动重量最大、时间最短、精度最高的纪录。

千吨双塔平移引起媒体的广泛关注，中央电视台、中国建设报等多家中央、省、市媒体在第一时间播出(刊发)了大塔平移成功的新闻和图片。

（柯常波）

**【市场开发工作卓有成效】** 第十建设公司始终把市场开发工作作为企业的首要工作来抓。2004年，抓住国内石化行业固定资产投资持续升温的良好机遇，持续加大市场开发力度。全年第十建设公司共参加151个项目的投标报价，中标项目58个，中标率38.4%，中标项目合同价10.87亿元，先后中标了茂名乙烯改造新增裂解炉、海南800万吨/年炼油、拜尔聚碳酸酯主装置等项目，并积极跟踪茂名乙烯等一批系统内外的大型工程项目，超额完成了年度市场开发计划，进一步巩固和扩大了市场份额。

（柯常波）

**【“走出去”发展战略步伐加快】** 第十建设公司认真落实石化集团公司“走出去”发展战略，不断加大中东及周边地区的市场开发力度，2004年先后中标叙利亚麦哈德(Mehardeh)电厂1#、2#机组改造，印尼气体处理站2个国外项目。其中叙利亚麦哈德电厂改造工程是继约旦复合肥工程后，以EPC方式中标的又一项国外工程，主要任务量为2台150兆瓦燃油机组的大修改造，合同总价5 080万美元，合同工期24个月，工程于2004年12月底正式开工。

（柯常波）

**【质量体系有效运转】** 第十建设公司认真执行ISO 9001质量管理体系的各项规定，建立健全项目质量责任保证体系，广泛开展质量月活动，质量管理得到持续加强和改进。2004年工程质量交验合格率100%、优良品率93.3%；茂名200万吨/年渣油加氢脱硫和日照木浆2套装置获国家优质工程银质奖，济南炼油厂50万吨/年延迟焦化等5套装置获省(部)级优质工程奖；顺利通过了华夏认证中心的年度监督审核，并获得全国工程建设质量管理优秀企业称号。

第十建设公司还注重强化计量管理和量值溯源职能，积极做好施工生产工艺控制、质量检测和经营管理等各个环节的计量工作，2004年通过了国家质量监督检验检疫总局组织实施的完善计量检测体系复核换证工作，被评为国家计量管理先进单位，是山东省9家获奖单位中惟一的施工企业。

（柯常波）

**【改制分流取得新进展】** 第十建设公司在巩固2003年改制成果的同时，认真贯彻落实石化集团公司改制分流工作部署，继续稳步推进改制分流工作。2004年完成了对教培中心的改制分流，分流职工57人。本着"协商一致、调整结构、留住骨干"的原则，与354名职工签订了"协解"合同，使公司的人员结构得到了进一步优化。按照山东省政府和石化集团公司关于企业分离办社会职能工作会议精神，2004年9月与淄博市政府签署了子弟学校移交协议，并于年底前完成了所有移交工作。此外第十建设公司的公安职能、医疗保险管理业务也在2004年内移交地方。

（柯常波）

表1 2004年第十建设公司完成的主要工程项目

| 序号 | 项目名称 | 竣工时间 |
|---|---|---|
| 1 | 石家庄炼油厂100万吨/年汽柴油加氢精制装置 | 3月 |
| 2 | 济南炼油厂常减压、聚丙烯装置检修工程 | 4月 |
| 3 | 大连西太平洋常减压1 000万吨/年扩能改造工程 | 4月 |
| 4 | 抚顺乙烯装置检修 | 4月 |
| 5 | 鲁华化工厂5 000吨/年石油树脂改扩建工程 | 5月 |
| 6 | 青岛石化12万吨/年气体分馏装置 | 5月 |
| 7 | 上海高桥石化30万吨/年润滑油加氢精制装置 | 7月 |
| 8 | 清江石化80万吨/年常减压装置 | 7月 |
| 9 | 江西中粮米业压力容器制安工程 | 7月 |
| 10 | 中原乙烯10万吨/年苯抽提装置 | 7月 |
| 11 | 青岛石化15万吨/年催化重整装置配套——储运罐区工程 | 7月 |
| 12 | 齐鲁石化45万吨/年离子膜烧碱装置 | 8月 |
| 13 | 齐鲁石化22.8万吨/年丁辛醇装置 | 8月 |
| 14 | 河南商丘油库工程 | 8月 |
| 15 | 淄博汇丰30万吨/年催化裂化装置 | 8月 |
| 16 | 齐鲁石化72万吨/年乙烯改造工程 | 9月 |
| 17 | 新疆塔化220万吨/年稠油技术改造工程 | 9月 |
| 18 | 德州石化30万吨/年氮肥装置 | 10月 |
| 19 | 东营华星大王100万吨/年重油催化装置 | 11月 |
| 20 | 东营石化20万吨/年焦化装置 | 11月 |
| 21 | 湛江东兴500万吨/年炼油改扩建工程 | 12月 |
| 22 | 上海赛科90万吨/年乙烯裂解装置 | 12月 |

## 石油勘探开发研究院

**【概述】** 中国石油化工股份有限公司石油勘探开发研究院（简称石油勘探开发研究院）是直属上游综合研究机构，成立于2000年，占地22.86万米$^2$，总院设在北京，京外设有西部分院（乌鲁木齐）及南京石油物探研究所、无锡石油地质研究所、德州石油钻井研究所、荆州基地、合肥基地。其前身为20世纪60年代初原地矿部筹建的7家油气勘查研究单位。经过40余年的发展，石油勘探开发研究院已在油气勘探开发研究、地震资料综合处理与解释、实验测试分析、钻井工具研发及工程技术服务、资源发展战略制定等方面形成了特色和优势，并成为国家石油勘探开发甲级工程咨询单位和首批入选的承担国家发改委委托投资咨询评估任务的单位。

石油勘探开发研究院职能定位为“三部一中心”——石化股份公司油气勘探开发及上游发展战略参谋部、上游核心技术研发和技术服务部、上游高级技术人才培训部、油气勘探开发资料信息中心。主要承担国家及石化股份公司重点项目的科技攻关或牵头组织工作；承担石化股份公司油气勘探开发基础理论及应用技术研究、资源评价研究、规划部署研究，参与重大油气勘探开发科研项目和重大生产经营项目的设计审查、技术经济论证；承担国外油气资源的选区评价及勘探开发可行性论证。截至2004年底，累计主持完成国家重点油气科技攻关项目、课题和省(部)级项目近500项，获国家级奖励48项、表彰5项，并2次获国家科技进步一等奖，获省(部)级奖励411项。

截至2004年底，石油勘探开发研究院有各类专业技术人员1 027人，其中国家“973”首席科学家2人，教授级高工58人，高工382人，博士109人，硕士189人。设有一个博士后科研工作站，拥有通过国家级计量认证的油气地质实验室，拥有中国石油行业第一套多学科协同研究决策虚拟现实系统，是中国石化油田咨询中心和地质资料中心所在地，是《石油与天然气地质》、《石油实验地质》、《石油钻探技术》、《Journal of Geophysics and Engineering》等学术期刊的出版发行单位。

截至2004年，石油勘探开发研究院上市部分资产5.29亿元，其中固定资产3.32亿元；非上市部分资产1.16亿元，其中固定资产4 564万元。拥有各类测试分析仪器208台(套)，并行机、服务器、工作站等计算机设备1 472台(套)，计算机软件44套。

2004年，石油勘探开发研究院完成各类科研项目71项，获全国优秀工程咨询一等奖1项，获石化集团公司科技进步一等奖1项，二等奖1项，三等奖4项；申请国内专利14项、国外专利1项，在国内外公开出版刊物上发表科技论文368篇，出版专著8部；有1人被评为中央直属企业劳动模范，3人被评为中国石化劳动模范，1人获孙越崎科技教育基金奖励。

(张　杰)

**【沙特B区块天然气项目可行性研究获全国优秀工程咨询成果一等奖】** 沙特3个天然气招标区块(A、B、C区块)可行性研究是2003—2004年度中国石化海外一号工程，石化集团公司委托石油勘探开发研究院负责完成研究任务。项目组对3个区块从油气资源潜力、开发概念设计、工程估算、临界经济规模、沙特油气工业政策法规、风险分析及投标策略等7个方面展开研究，提出“争A保B”的竞标方案。2004年1月27日，在多家国外大石油公司参与投标的情况下，中国石化依据此方案，一举中标获得B区块天然气勘探开发权益。方案中提出的“免除3 000万桶凝析油矿区使用费”建议，使得该区块在获得凝析油勘探突破的前提下，预计可以获得约2亿美元的收益。

(张　杰)

**【正电性钻井液体系研究获中国石化科技进步一等奖】** 该项目研发的正电性钻井液体系具有如下优点：①良好的流变性，且易于调节；②较强的高温稳定性，可以在120℃下正常工作；③较强的页岩抑制性，能有效防止井壁坍塌、掉块等井壁失稳现象的发生；④动切力YP值稳定，携岩携砂能力强，能有效防止钻屑下沉、卡钻等事故的发生；⑤较强的抗盐、抗钙、抗土污染能力和较强的渗透率恢复值。胜利油田、塔河地区、鄂尔多斯盆地43口井现场应用表明，该钻井液克服了油田普遍使用的负电性钻井液稳定性较差、对油气层伤害较大的不足，有效地保护了井壁和油气层，提高了机械钻速，降低了钻井成本，油井初期产量提高25%左右。

(于培志　张　杰)

**【中国南方海相油气成藏理论研究获中国石化科技进步二等奖】** 该项目在对比总结国内外大、中型海相油气田成藏地质特征基础上，系统开展了南方海相盆地演化与构造特征、烃源岩发育特征与评价、中古生界储集层特征、油气盖层与保存条件、油气显示的类型及分布特征、已钻探井失利原因分析、15个典型(古)油气(藏)田解剖研究。在气/源对比、白云岩鲕滩礁及岩溶裂缝储层定量化研究、油气有效保存条件的评价方法及有效盖层的评价指标、成藏模式总结等方面取得了创新性成果，初步提出了针对南方海相的近源深埋逆断带油气勘探思路和原生成藏系统勘探观点。

(沃玉进　张　杰)

**【首批入选承担国家发改委委托投资咨询评估任务的咨询机构】** 经过石油勘探开发研究院申报，专家审核，国家发改委最终确认，2004年石油勘探开发研究院作为甲级工程咨询单位，具备任职条件，首批入选承担国家发改委委托投资咨询评估任务的35家单位之一。按照《国家发改委委托投资咨询评估管理办法》，石油勘探开发研究院可承担下列石油天然气专业的咨询评估：国家发改委审批或核报国务院审批的政府投资项目的项目建议书、可行性研究报告；国家发改委核准或核报国务院核准的企业投资项目的项目申请报告；国家发改委审批或核报国务院审批的重要领域的发展建设规划及国家发改委委托的其他事项。

（李　燕）

**【完成无锡、合肥、荆州3所资源整合】** 为提高科技资源的集中度，形成整体竞争优势，石油勘探开发研究院深化体制改革，实施了无锡所、荆州所、合肥所的科技资源整合。在这次科技资源整合中，荆州所和合肥所涉及职工186名、资产3 400万元、在研课题15个。2004年底完成了人员、课题、资产的分离，42名职工办理了内退和协议解除劳动合同。荆州所和合肥所68名员工及其他主要科研资源于2005年一季度迁入无锡，与无锡所重组发展。

（张　杰）

**【实行全员竞聘上岗】** 2004年，德州所、北京总院、南京所相继实施了全员竞聘上岗，共有706名职工参加了中层干部、管理岗位、科研岗位和服务岗位的竞聘，678人竞聘到了自己申请的岗位。竞聘上岗与已完成的薪酬制度改革和机构改革相配套，打破了“论资排辈”、“官本位”和“大锅饭”的传统观念，使一大批年轻有为的科技人员走上了主力科研岗位，增强了广大职工的岗位责任意识，充分调动了工作积极性。

（张　杰）

**【中长期发展规划得到总部批复】** 2004年5月20日，石化集团公司党组和总部领导听取了《石油勘探开发研究院中长期发展规划》汇报，给予了肯定和批复。这一规划是今后相当长时期内指导石油勘探开发研究院发展的纲领性文件，它明确了“三部一中心”的工作定位，“一个参谋、两个支撑、三个重点”的主要任务和到2020年建成以海相碳酸盐岩油气勘探开发为特色的一流研究院的奋斗目标。以发展规划为指导，石油勘探开发研究院筛选了重点发展的3项核心技术和6项特色技术，提出了人才队伍、基础设施、实验室、信息化和企业文化5个方面建设的具体内容。

（张　杰）

**【出资修建都里坪希望小学】** 湖南省湘西地区泸溪县是全国重点贫困县之一，也是中国石化重点扶贫对象。石油勘探开发研究院在组织全体职工捐款救助28名贫困学生的同时，决定出资12万元为该县兴隆场镇都里坪村修建希望小学。该学校于2004年10月28日举行了落成典礼，石油勘探开发研究院戴进业副书记等应邀出席并代表全院赠送了1 200册图书以及电脑和文具等。

（闫现军）

## 石油化工科学研究院

**【概述】** 中国石油化工股份有限公司石油化工科学研究院（简称石油化工科学研究院）位于北京市海淀区，创建于1956年7月（时称石油工业部北京石油炼制研究所筹建处）。以石油炼制和石油化工技术开发及应用技术研究为主，同时注重相关应用基础研究和高新技术探索，具有从原油评价和各项炼油工艺技术及催化剂开发，到石油产品研制和评价的整体开发实力和研发优势。科研业务领域包括：清洁汽、煤、柴油生产技术，劣质和重质原油加工技术，油化结合技术，芳烃生产技术，石油产品生产技术，石油化学品生产技术，石油替代资源研究，炼化技术基础，计算机技术应用，技术支持平台共10个方面。

石油化工科学研究院下设21个研究部门，拥有一支综合技术优势突出的科研队伍，截至2004年底职工总数为992人，各类技术人员667人。其中，中国科学院、中国工程院院士6人，教授级高级工程师71人，高级技术人员348人；博士135人，硕士185人。拥有700余套中小型炼油和石油化工试验装置及各种化学分析仪器，可满足炼油工艺、石油化工、催化剂和添加剂，以及油品应用研究等领域的研发需要，固定资产净值5.8亿元。

石油化工科学研究院下设炼油工艺与催化剂国家工程研究中心、石化集团公司原油科技情报站、润滑油评定中心、水处理技术服务中心等机构；是全国石油产品标准化归口单位；国家石油产品质量监督检验中心、中国石油学会石油炼制分会挂靠在石油化工科学研究院；是《石油学报》、《石油炼制与化工》和英文版的《China Petroleum Processing and Petrochemical Technology》3个科技期刊的编辑、出版单位；是化学工艺、应用化学专业博士学位，以及化学工艺、应用化学、工业催化和化学工程专业硕士学位授予单位，设有博士后流动站。

2004年，石油化工科学研究院强化内部管理，抓好科研秩序整顿，全面完成了国家和石化股份公司下达的一系列重大科研任务，取得创新性技术成果20项，是近年来最多的一年。在重点项目研发方面，石油化工科学研究院成功开发了催化汽油选择性加氢脱硫技术（RSDS）、催化裂化汽油加氢脱硫异构降烯烃技术(RIDOS)、溶剂脱沥青—脱油沥青气化—脱沥青油加氢进催化组合工艺技术、炼油厂节水减排成套技术等项目。多产异构烷烃的催化裂化工艺(MIP)在石化企业得到大面积应用，PX吸附剂首次工业应用成功，己内酰胺成套技术开发中的关键技术通过鉴定，乙苯/苯乙烯技术在国内单套最大乙苯工业装置上投用。通过技术鉴定或评议的项目33项。申请中国专利235件，获得授权191件；申请国外专利35件，获得授权15件。获得国家科技进步奖1项，获得石化集团公司科技进步奖、发明奖19项。

(侯明铉)

**【多产异构烷烃的催化裂化工艺(MIP)工业应用获国家科技进步二等奖】** 多产异构烷烃的催化裂化工艺(MIP)是一项根据市场需要研发的清洁汽油生产技术。它从催化裂化过程反应机理出发，独创性地提出了裂化和转化(异构化、氢转移、烷基化)两个反应区的新概念，由此设计了具有两个反应区的串联提升管新型反应器，并形成了相应的工程技术。通过对现有的催化裂化装置反应系统的改造，可以直接生产清洁汽油组分。该技术先后申请中国、美国、日本和欧洲发明专利25项，已获得中国发明专利授权7项，美国发明专利授权1项，形成了具有中国自主知识产权的成套工艺技术。

该项目1998年12月立项，1999年10月进入中试阶段研究，被列入石化集团公司“十条龙”攻关。2002年2月开始在上海高桥分公司炼油厂140万吨/年MIP装置上进行工业应用，同年8月通过技术鉴定。工业应用标定结果显示：改造后装置处理量达到设计要求，掺渣比不低于改造前的催化裂化工艺，产品分布有所改善并可灵活调节，汽油烯烃含量下降8—15个百分点，硫含量下降13.8%—26.5%，达到攻关目标。MIP工艺技术以其优异的重油处理能力和产品质量、灵活多变的生产方案、良好的经济效益为从催化裂化生产新标准清洁汽油开辟了一条有效途径，为催化裂化技术的进一步发展提供了广阔空间。已经在10余套工业装置上正常运转，先后被评为2002年度石化集团公司科技进步一等奖和2004年度国家科技进步二等奖。

(侯明铉)

**【溶剂脱沥青—脱油沥青气化—脱沥青油加氢进催化组合工艺获石化集团公司科技进步奖一等奖】** 重油深加工是炼油企业提高效益的重要手段。溶剂脱沥青—脱油沥青气化—脱沥青油加氢进催化组合工艺，利用现有较成熟的重油加工单元技术，实现了炼油和化肥装置之间的优化组合。既大幅度降低了化肥生产的原料成本，又优化了炼油装置的供氢网络，提供了较低成本的氢气，同时增产了汽油、柴油、液化气和精丙烯等高附加值产品，经济效益显著，为石化企业重油加工提供了除脱碳、加氢之外的一条经济有效的新加工路线。已经在镇海炼化股份公司成功实现工业化，并在九江石化进行工业试验。

该项目2002年立项，2003年被列为石化集团公司“十条龙”攻关，先后申请发明专利3项，2004年7月通过石化股份公司科技开发部组织的技术鉴定，并被评为2004年度石化集团公司科技进步一等奖。

(侯明铉)

**【渣油加氢处理(RHT)技术的开发与应用获石化集团公司科技进步一等奖】** 石油化工科学研究院以固定床渣油加氢技术为基点，于1994年开始了渣油加氢系列催化剂的研究工作，目标是研制出具有国际先进水平的同类催化剂，并尽快开发出渣油加氢处理成套技术。在深入认识渣油加氢反应机理的基础上，综合考虑催化剂高活性和长周期稳定运转之间的关系，开发了具有自主知识产权、独具特色的四大类渣油加氢(RHT)系列催化剂，先后申请专利19项。2001年12月通过中试评议，2002年11月在齐鲁石化进行了工业应用。经过1年多的连续运转，显示出优良的活性和稳定性。该项目被评为2004年度石化集团公司科技进步一等奖。

(侯明铉)

**【抽提蒸馏分离芳烃新工艺的开发及工业应用获石化集团公司科技进步一等奖】** 抽提蒸馏分离芳烃新工艺具有产品质量好、收率高和操作灵活的特点，既适合单苯抽提，又能兼顾苯、甲苯抽提。石油化工科学研究院与燕山分公司、工程建设公司合作，解决了抽提蒸馏的过程模拟、过程控制、核心设备设计等技术难点，提出了可显著提高芳烃收率、降低溶剂分解和稳定操作的新流程，形成了具有自主知识产权的芳烃抽提成套新工艺。

该项目2001年10月首次在燕山分公司20万吨/年芳烃抽提装置改造扩建中进行工业应用，实现一次开车成功，经历两年多的连续运转和稳定生产，2003年12月完成了全面标定。在产品产量达到设计值的工况条件下，苯和甲苯产品质量均达到国家优质品标准，收率分别为99.75%和99.37%，其他各项指标也达到了合同保证值。该项目被评为2004年度石化集团公司科技进步一等奖。

(侯明铉)

**【新型催化氧化材料钛硅分子筛(HTS)的研制开发获石化集团公司技术发明一等奖】** 石油化工科学研究院针对钛硅分子筛制备条件苛刻，放大合成的产品活性低、重复性差的突出问题，以正硅酸乙酯、钛酸四丁酯、四丙基氢氧化铵为主要原材料，通过控制硅酯水解和采用重排过程，研制成功一种不同于一般TS-1分子筛、具有自主知识产权的新型催化氧化材料钛硅分子筛(HTS)，先后申请中国、美国、日本和欧洲发明专利10项。经中试放大、半工业试生产和工业生产，HTS分子筛的苯酚羟基化活性比一般钛硅分子筛TS-1高2—4倍，反应诱导期小50%；催化环氧化活性达到过氧化氢转化率98.2%，环氧丙烷选择性大于90%。应用于鹰山石油化工厂7万吨/年环己酮氨氧化装置，无污染，可简化原有工艺，降低生产成本，经济效益显著。该项目被评为2004年度石化集团公司惟一的一项技术发明一等奖。

(侯明铉)

**【国产芳烃吸附剂工业化应用试验成功】** 2004年10月，石化集团公司重点科技攻关项目——国产RAX-2000型芳烃吸附剂首次工业化应用试验成功，在齐鲁石化烯烃厂芳烃装置产出合格对二甲苯产品，并通过了100%负荷下的性能考核。考核结果显示：在原料组成稳定的情况下，对二甲苯产品纯度平均为99.59%，收率平均为93.13%，表明国产吸附剂在高负荷生产状态下仍能保持其优良性能。

吸附剂是当前国际催化剂领域极具竞争力的高科技、高附加值产品，其核心技术一直被国外大公司垄断。中国从引进第一套芳烃装置开始，就决定研制自己的吸附剂。RAX-2000型芳烃吸附剂由石油化工科学研究院研制开发、长岭催化剂厂生产，在齐鲁石化芳烃装置首次应用成功，将形成具有中国石化自主知识产权的吸附剂生产技术。应用该吸附剂，不仅大幅度降低吸附剂采购成本，而且可增产对二甲苯产品，经济效益显著。

(侯明铉)

**【陈至立国务委员来院视察】** 2004年2月3日，国务委员陈至立，全国政协副主席、中国工程院院长徐匡迪等来到石油化工科学研究院考察指导工作，国务院办公厅、科技部、国资委和石化集团公司有关负责人陪同考察。

陈至立一行参观了石油化工科学研究院原油评价等实验室，听取了石化集团公司和石油化工科学研究院的工作情况汇报，并发表了重要讲话。她充分肯定了石油化工科学研究院在各个时期对中国石化工业起到的关键决定性作用，并指出：科研院所体制改革已经迈出了一大步，取得了很大的成绩，但仍需要不断创新。与其他单位相比，石油化工科学研究院这种进入企业集团的体制，最能发挥科技进步的作用，促进科技和经济的结合，消除了科技人员的后顾之忧，同时也能使科技人员直接从企业生产经营中得到目标明确的研究课题，实现了成果转化，这种体制也是与国际接轨的有效模式，值得总结和推广。她勉励广大科技人员要努力在重要领域掌握自主知识产权，占领技术竞争高地，为经济建设作出更大的贡献。

(侯明铉)

## 北京化工研究院

**【概述】** 中国石油化工股份有限公司北京化工研究院(简称北京化工研究院)创建于1958年6月，是中国石化直属科研机构。院本部位于北京市朝阳区，占地面积9.7万米$^2$，建筑面积6.8万米$^2$。科学试验基地设在北京市通州区台湖镇，占地面积17万米$^2$，建筑面积3.8万米$^2$。

截至2004年底，北京化工研究院在职职工总数为916人，其中各类专业技术人员662人，包括教授级高工和高级专业技术人员271人，中级专业技术人员238人。专业技术人员中有中国工程院院士1人，享受政府特殊津贴9人，博士33人，硕士143人，大学本科毕业生269人。

建院以来，北京化工研究院一直以石油化工为主要专业方向，形成了乙烯技术和有机化工、聚烯烃催化剂和工艺研究、塑料改性和加工应用、化工环境保护等4个优势科技领域，注重石油化工应用技术的研究开发和高新技术的探索研究，在多种石油化工催化剂的研究和工业应用方面达到国际先进水平。

北京化工研究院设有6个主要的研究中心(所)以及信息中心、科研条件保障部、器材部等3个配套部门，拥有从事研究开发工作所需的配套设备和现代化分析测试仪器，建有石油烃类裂解、烯烃净化催化剂、有机合成催化剂、聚烯烃催化剂、环管聚丙烯中试、气相聚乙烯中试、改性塑料等几十套中试、模试装置及烯烃聚合评价装置。

聚烯烃国家工程研究中心具有催化剂研究开发和生产制备、聚合工艺评价与成套技术开发、合成树脂表征及应用等综合配套的工程研究及开发能力。科学试验基地已建成烯烃聚合中试装置以及聚烯烃高效催化剂、塑料加工等中试装置，水、电、汽等配套公用工程设施齐全，拥有较为广阔的发展空间。

北京化工研究院设有国家化学建材测试中心、国家基本有机原料质量监督检验中心等全国性技术中心；负责编辑出版的学术刊物有《石油化工》、《化工环保》和《国内外石油化工快报》。

北京化工研究院自1964年开始招收研究生，是国务院批准的首批硕士学位授予单位之一，共有材料学、化学工艺学、工业催化3个硕士学位授予点，设有博士后科研工作站。

2004年度北京化工研究院科研成果获国家科技进步二等奖1项，石化集团公司科技进步一等奖1项、二等奖2项，石化集团公司技术发明二等奖1项。2004年技术和产品出口近700万美元。

1999—2004年北京化工研究院科技成果获奖情况和专利申请及授权情况见表1、表2。

（苗莲香）

**【高速双轴拉伸聚丙烯(BOPP)专用料生产技术的基础研究及工业应用获国家科技进步二等奖】** 高速双轴拉伸聚丙烯(BOPP)专用料生产技术的基础研究及工业应用项目在对进口专用料分子链结构进行表征的基础上，提出了高分子熔体拉伸流动稳定性理论模型和适用于聚丙烯管材挤出的流变学模型，并进一步提出了高速BOPP专用料制备技术的新理论。在上述基础理论的指导下，进行了积极有效的工业转化和推广应用工作，生产出了拉膜速率达到每分钟350—400米的BOPP专用料，其性能全面达到并部分超过进口高速BOPP专用料的水平，提高了中国聚丙烯生产企业的技术水平和竞争能力，取得了显著的经济效益和社会效益，获2004年度国家科技进步二等奖。

（郭梅芳）

**【纳米级橡胶颗粒/聚酰胺超韧合金的制备技术获石化集团公司技术发明二等奖】** 纳米级橡胶颗粒/聚酰胺超韧合金的制备技术系北京化工研究院采用具有独立知识产权的纳米级粉末橡胶(包括纳米级丙烯酸酯、纳米级羧基丁苯、纳米级丁苯吡等)与最大用量的工程塑料品种聚酰胺进行合金化，制备出了在力学性能、加工性能以及外观方面都非常优良的工程塑料合金，该技术已达到国际先进水平，产品实现了工业化，并已在汽车、火车、运动器材等制造业得到了应用，获2004年度石化集团公司科技进步二等奖。

（张师军）

**【聚乙烯BCS 01新型催化剂开发及工业应用获石化集团公司科技进步二等奖】** 由北京化工研究院自主研制开发的淤浆进料聚乙烯BCS 01催化剂获2004年度石化集团公司科技进步二等奖。

BCS 01催化剂是北京化工研究院通过大量的催化剂合成研究及实验室聚合评价，开发出的具有独立知识产权、性能优良的聚乙烯淤浆进料催化剂，分别申请了中国和外国专利。

该催化剂在广州石化气相流化床工艺聚乙烯生产装置上进行了工业应用试验。结果表明，BCS 01催化剂的活性高，并具有优良的共聚性、流动性和分散性，可以适应干态和冷凝态操作。生产的聚乙烯树脂性能优良、灰分少、质量稳定，各项指标都达到企业优级品质量标准。BCS 01催化剂的综合性能已经达到进口淤浆进料催化剂的水平。

BCS 01催化剂的研制开发及工业应用成功，对于加快国产聚乙烯成套技术的开发，提高聚乙烯产品档次，促进专用料的开发，降低树脂产品成本，提高树脂产品市场竞争能力和适应能力具有重要意义。

（杜宏斌）

**【20万吨/年国产化第二代环管聚丙烯成套技术开发获石化集团公司科技进步二等奖】** 20万吨/年国产化第二代环管聚丙烯成套技术开发是由上海石化股份公司、工程建设公司和北京化工研究院共同进行的“十条龙”攻关项目。该项目使用北京化工研究院开发的具有自主知识产权的新型内给电子体聚丙烯催化剂。其主要性能均达到了国际先进水平，已申请了多项国内外发明专利。

在工艺技术方面，聚合反应工艺、氢气分离系统和预聚合工艺方面均有所创新。形成了拥有专利技术和专有技术的成套技术，达到国外同类工艺技术的先进水平。建成的工业生产装置，一次投料开车成功，并实现了长周期稳定运行，装置的生产能力、能耗、物耗和产品质量等技术指标全部达到设计要求。开发生产的新牌号产品的各项性能指标与国际同类产品相当。

该成套技术在工艺技术和产品质量、成本方面具有很强的竞争力。已用于镇海炼化、茂名石化的聚丙烯装置建设。该项目获2004年度石化集团公司科技进步二等奖。

（宋文波）

**【BCD－1碳三加氢催化精馏组件开发和应用获石化集团公司科技进步二等奖】** 由北京化工研究院研究开发的BCD－1碳三加氢催化精馏组件开发和应用项目获2004年度石化集团公司科技进步二等奖。

BCD－1催化精馏组件是针对碳三加氢催化精馏

工艺开发的，它具有气液通量大、压降小、催化剂分布均匀等特点，其加氢反应效果良好，转化率高，选择性好，催化剂处理能力高，性能稳定，属国内首创。2003年在北京燕化股份公司乙烯装置中应用试验取得了成功。结果表明，在相同进料条件下，塔顶MAPD(丙二烯十丙炔)浓度由2 000×$10^{-6}$—5 000×$10^{-6}$降至小于300×$10^{-6}$，配氢量由2 000米$^3$(标准)/时降至1 200米$^3$(标准)/时，加氢选择性提高，丙烯产量增加。满足了工厂生产的实际需求，经济效益和社会效益显著。

（李东风）

**【毛炳权院士获何梁何利基金奖】** 2004年11月10日，2004年度何梁何利基金颁奖大会在北京举行。在烯烃聚合反应及催化剂的研究开发中作出重要贡献的中国工程院院士、北京化工研究院毛炳权教授获何梁何利基金科学与技术进步奖，成为中国石化系统中荣获该奖的第六人。

该基金设何梁何利基金科学与技术成就奖和何梁何利基金科学与技术进步奖。自1994年设立至2003年，共有21位杰出科学家获得科学与技术成就奖，506位优秀科技人员获得科学与技术进步奖。

（梁晓云）

**【毛炳权青年科技奖励基金颁奖】** 2004年2月6日北京化工研究院召开毛炳权青年科技奖励基金2003年度颁奖大会。共有王志武等13位青年骨干获得一、二、三等奖。

2003年12月，北京化工研究院决定将青年科技奖励基金冠名为“毛炳权青年科技奖励基金”，其目的是鼓励全院科技工作者以辛勤耕耘、献身聚烯烃催化剂研究领域并以作出卓越贡献的毛炳权院士为楷模，爱岗敬业，作出贡献。为充分表达老一辈科学家对青年科技人员的关心、爱护和提携，毛院士在将世界发明家协会奖励给他的奖金捐献的基础上，再次欣然捐款2万元。

（刘　昌）

**【纳米粉末橡胶项目通过验收和鉴定】** 2004年4月30日，由北京化工研究院承担的国家“十五”科技攻关项目“纳米粉末橡胶及其改性聚合物产业化”通过了国家科技部和石化股份公司的验收及鉴定，并得到与会专家的高度评价。

纳米粉末橡胶及其改性聚合物产业化开发了多项具有原创性的含纳米级粉末橡胶的高分子纳米复合材料制备关键技术，共有30项技术申请了国内外发明专利，其中11项专利已在中国授权，1项专利已在美国授权。项目开发了纳米级粉末橡胶成套生产技术，开发出8个品种和十几个牌号纳米级粉末橡胶生产制备技术，并应用这些纳米级粉末橡胶开发出尼龙/弹性纳米颗粒高分子复合材料等多种复合材料，完善了热塑性树脂/弹性纳米颗粒高分子复合材料等高分子纳米复合材料的生产制备技术、生产工艺及相关设备。

采用该技术研制和生产的高分子纳米复合材料性能优异。此项技术已在20多个企业推广应用。

（尹　华）

**【BCB-120催化剂首次工业应用试验成功】** 2004年1月，北京化工研究院研制的BCB-120催化剂在上海石化25万吨/年聚乙烯装置上首次工业应用试验成功。

随着聚乙烯生产工业的发展，高性能化专用料的生产已成为世界各大公司的科技攻关重点之一。为满足中国石化下游树脂加工企业对原料树脂牌号及性能的需求，北京化工研究院经过近2年努力，对催化剂进行了200余个小试、24个模试及8批次中试制备试验工作。该催化剂在上海石化进行了首次工业化应用试验。试验期间，各项指标正常，基本达到预想的结果。同时也对验证国产化催化剂在进口生产装置上的适用性提供了宝贵的依据和经验。

（张　萌）

**【苯酐催化剂国产化步伐扎实】** 北京化工研究院多年来致力于国产苯酐催化剂的研制开发工作，先后研制出“60克工艺”到“80克工艺”的一系列催化剂，并在国内多套工业装置上应用。从1999年开始研制新一代高性能催化剂。在原有催化剂的研制基础上，解决了催化剂熔盐温度较高、苯酐收率偏低等缺陷，开发出新型BC-239催化剂，并通过石化股份公司的鉴定。

2004年6月，BC-239型催化剂在金陵石化化工一厂4万吨/年装置上进行了工业应用，结果表明，该催化剂的各项性能指标与进口同类型催化剂相当，完全可以替代进口。BC-239催化剂已在国内7家企业的9套装置上应用，均获得成功。

（梁晓云）

**【国家化学建材测试中心成为CCC认证检测机构】** 2004年3月，经国家认证认可监督管理委员会批准，北京化工研究院国家化学建材测试中心获准成为CCC认证指定检测机构。

国家认证认可监督管理委员会对北京化工研究院检测中心的设备能力、实验室环境、管理和技术水平、人员素质及在行业中的影响力等进行严格考查和评定。在200多家候选检测机构中，北京化工研究院国家化学建筑材料测试中心最终通过了考核，成为承担装饰装修产品CCC认证的指定检测机构之一。

（丁秀瓶）

**【成功承办第12届全国催化学术会议】** 2004年10月17—21日，北京化工研究院成功举办了以“催化科学与现代工业发展”为主题的第12届全国催化学术会议。来自国内外的催化技术专家、学者800人出席会议。共收到全国各地和国外学者的论文稿件880多篇，录用论文815篇。本届大会学术委员会主任、北京化工研究院院长杨元一致开幕词，中国科学院院士、国际催化理事会副主席李灿、中国工程院院士李大东、中国科学院大连化物所所长包信和、北京化工研究院总工程师陈伟以及外国学者 Michè le Breysse 和 Theo H. Fleisch 在大会上作了报告。另外，在7个分会场有40人作了邀请报告，有200人作了口头报告，500篇论文以墙报形式进行了展讲。

两年一届的全国催化学术会议是中国催化科技工作者相互交流科研成果的机会，也是中国近两年来催化科学成就的集中总结和展示。

第13届全国催化学术会议将在甘肃省兰州市举行，由中国科学院兰州化学物理研究所、中国科学院成都有机化学有限公司共同主办。

（高中兴）

**【奥达中心划入催化剂分公司】** 根据石化集团公司党组提出的“治散”要求，为适应催化剂行业市场竞争的需要，加快催化剂企业的有效发展，增加催化剂产品的核心竞争力，提高石化股份公司主业的集成度，总部决定对中国石化11家催化剂生产单位实施企业层面的专业化重组，组建石化股份公司催化剂分公司。2004年，北京奥达石化新技术中心以资产重组的方式划入石化股份公司催化剂分公司管理。

（苗莲香）

**【成立科研条件保障部】** 根据石化集团公司深化体制改革的总体要求，为促进北京化工研究院科研体制改革，加快结构调整步伐，整合科研条件保障体系，2004年将机械工程部、动力部、化工自动化仪表部、工程维修部、设计所5个部门合并，成立科研条件保障部。完成了精简分流中层管理人员的工作，全院机构得到了进一步压缩。

（苗莲香）

表1 **1999—2004年北京化工研究院科技成果获奖情况**

| 奖励等级 \ 年份 | | | 2004 | 2003 | 2002 | 2001 | 2000 | 1999 |
|---|---|---|---|---|---|---|---|---|
| 国家科技奖励 | 发明奖 | 一等 | | | | | | |
| | | 二等 | | 1 | | | | |
| | | 三等 | | | | | | |
| | 进步奖 | 一等 | | | | | 1 | |
| | | 二等 | 1 | 1 | 1 | | 1 | |
| | | 三等 | | | | | | |
| 石化集团公司奖励 | 发明奖 | 一等 | | | | | | |
| | | 二等 | 1 | | 1 | | | |
| | | 三等 | | | | | | |
| | 进步奖 | 一等 | 1 | 3 | 1 | 2 | | 2 |
| | | 二等 | 2 | 1 | 1 | 1 | 2 | |
| | | 三等 | | 3 | 3 | 1 | 1 | 3 |
| 合计 | | | 5 | 9 | 7 | 4 | 5 | 5 |

表2　1999—2004 北京化工研究院专利申请及授权情况

| 项目 \ 年份 | | 2004 | 2003 | 2002 | 2001 | 2000 | 1999 |
|---|---|---|---|---|---|---|---|
| 国内申请数 | 发明专利 | 73 | 58 | 50 | 38 | 36 | 27 |
| | 实用新型 | 1 | 2 | 0 | 2 | 3 | 3 |
| | 小　计 | 74 | 60 | 50 | 40 | 39 | 30 |
| 国内授权数 | 发明专利 | 63 | 31 | 14 | 6 | 13 | 15 |
| | 实用新型 | 2 | 0 | 1 | 3 | 2 | 2 |
| | 小　计 | 65 | 31 | 15 | 9 | 15 | 17 |
| 国外申请数 | | 25 | 25 | 15 | 28 | 37 | 14 |
| 国外授权数 | | 8 | 4 | 7 | 1 | 1 | 0 |

## 抚顺石油化工研究院

**【概况】** 中国石油化工股份有限公司抚顺石油化工研究院(简称抚顺石油化工研究院)，是石化股份公司的直属科研单位。创建于1953年，是新中国最早建立的石油研究机构。截至2004年底有职工630余人，其中，各类专业技术干部498人。有中国工程院院士1名、高级研究人员206人、中级研究人员204人，博士4人、硕士33人。设有博士后工作站、硕士研究生工作站。全院占地21万米$^2$，拥有中小型炼油及化工试验装置近200套，其中具有当今世界先进水平的加氢试验装置50多套，有各类大型分析测试仪器200余台。

抚顺石油化工研究院下设14个专业研究室(部)和环境保护研究所、科研中试基地，设有国家石油产品检验实验室、国家石蜡质量监督检验中心，是石油蜡类产品标准化归口单位，石化股份公司环境监测总站、加氢科技情报站、石蜡科技情报站也设在该院。

抚顺石油化工研究院主要从事加氢裂化催化剂及工艺技术开发，馏分油及蜡类产品加氢精制催化剂及工艺技术开发，渣油加氢处理催化剂及工艺技术开发，半再生固定床催化重整催化剂及工艺技术开发，生物化学工程技术开发，石化企业和油田废水、废气、废渣治理技术开发以及石油沥青、特种蜡产品生产技术开发。此外，在石油化工、临氢催化基础研究和催化剂表征、临氢催化动力学及其过程模拟软件开发，原油评价、油品分析测试和石油蜡类产品标准化等方面也具有雄厚的技术实力。

截至2004年底，抚顺石油化工研究院已取得科技成果300多项，其中部(省)级以上成果奖256项，国家科技进步奖和发明奖19项。申请国内外专利915件，543件获得授权。抚顺石油化工研究院已开发出高压加氢裂化、中压加氢裂化、缓和加氢裂化、中压加氢改质等工艺技术以及与之配套的十大类30多个牌号的催化剂；开发出一段加氢处理、劣质柴油加氢改质(MCI)、两段法加氢处理生产清洁柴油等工艺技术以及与之配套的三大类23个牌号的催化剂，可以满足各种原料油加氢精制生产清洁燃料的需要；开发出适合于减压渣油加氢处理的四大类33个牌号的催化剂和适合于常压渣油加氢处理的三大类10个牌号的催化剂，全部获得工业应用；利用国产原油开发出重交沥青、乳化沥青和优质建筑沥青，利用进口高硫原油开发出优质高等级道路沥青；研制出用于军工、电子、橡胶、农业、机械、日化、汽车等行业七大类100多个品种的特种蜡，部分产品出口国外；开发出丁烯水合脱氢制甲乙酮技术、苯胺合成二苯胺工艺技术、生化法生产长链二元酸及合成麝香－T工艺技术等；开发出治理油田和石化企业废水、废气、废渣的一系列技术并推广应用。

1999—2004年抚顺石油化工研究院科技成果获奖情况和专利申请及授权情况见表1、表2。

（王　专）

**【涉密人员签订《商业秘密保密协议》】** 2004年7月26日，抚顺石油化工研究院出台了《商业秘密保密协议》，并同时下发了石化集团公司制定的《保密及竞业限制承诺书》。全院600多名涉密员工在保密协议和承诺书上签上了自己的名字，立下诚信之约。

《商业秘密保密协议》本着双方自愿和诚实守信的原则，订约对象为履行职务需要、已经或即将知悉院商业秘密的职工，包括在职职工和离退休职工。该协议对保密的内容和范围、乙方(签约职工)的权利和义务、保密期限、违约责任、争议的解决办法、协议的效力和变更等都作出了明确的规定，对签约双方都具有约束性、教育性和警示性。

（耿　新）

**【中标福建炼化一体化项目】** 2004年10月12日，中国石化福建炼化一体化项目技术引进合同签约仪式在厦门举行。抚顺石油化工研究院通过与UOP、雪佛龙等国际知名加氢技术专利商的竞争，一举中得400万吨/年加氢裂化—蜡油加氢处理联合装置、120万吨/年航煤加氢合同装置、280万吨/年柴油加氢合同装置3项标的，迈出了开拓国际技术市场的步伐。

福建炼化一体化项目是福建炼化股份公司与沙特阿美海外公司(AOC)及埃克森美孚中国石油化工有限公司(EMCP&P)合资建设的大型项目，是严格按照国际标准规范对专利及专有技术使用权进行的技术招标活动。

（耿　新）

**【FF－16高活性加氢裂化预处理催化剂的开发和工业应用获石化集团公司科技进步一等奖】** FF－16催化剂是抚顺石油化工研究院近期开发出来的加氢裂化预处理催化剂，其主要作用是脱除加氢裂化装置进料中的有机氮，以便更好地发挥裂化催化剂的性能。在FF－16催化剂的研制过程中，通过采取开发性能优异的氧化铝载体、添加有效助剂、优化制备工艺等手段，大大提高了催化剂的活性和稳定性。2003年9月开始，FF－16催化剂在上海石化股份公司150万吨/年加氢裂化装置上进行工业应用试验。一年多的工业装置运转结果表明，该催化剂的加氢脱氮活性明显高于当前国内外工业装置上使用的同类催化剂，并且具有优异的活性稳定性，处于该领域当前同类催化剂国际领先水平。该催化剂已在4家企业的加氢裂化装置上应用，总处理能力达580万吨/年。FF－16高活性加氢裂化预处理催化剂的开发和工业应用获2004年度中国石化集团公司科技进步一等奖。

（刘建宇）

**【FH－DS柴油深度加氢脱硫催化剂的研制及工业应用获石化集团公司科技进步一等奖】** FH－DS催化剂是抚顺石油化工研究院按照4，6－二甲基二苯并噻吩加氢脱硫机理开发出的柴油加氢脱硫催化剂，它具有孔容适宜、比表面积大、孔径分布集中等特点。该催化剂在中低压条件下加工直馏和/或二次加工柴油，具有优异的加氢脱硫、脱氮活性及很好的稳定性。FH－DS催化剂于2003年3月起在茂名分公司60万吨/年柴油加氢装置上进行工业应用试验。一年多的工业应用结果表明：其加氢脱硫活性远高于国内工业装置上广泛使用的其他催化剂，催化剂整体性能达到了当前国际柴油加氢领域的领先水平。FH－DS催化剂在茂名分公司工业应用试验取得成功后，又相继在上海石化150万吨/年柴油加氢装置、金陵分公司200万吨/年柴油加氢装置、齐鲁分公司80万吨/年柴油加氢装置、茂名分公司200万吨/年柴油加氢装置、荆门分公司80万吨/年柴油加氢装置上应用，均取得了很好的效果，为清洁柴油的生产提供了坚实的技术基础。FH－DS柴油深度加氢脱硫催化剂的研制及工业应用获2004年度石化集团公司科技进步一等奖。

（刘建宇）

**【FC－26高中油型加氢裂化催化剂工业应用试验取得成功】** FC－26催化剂是一种以高结晶度、高硅铝比的改性Y型分子筛为主要酸性组分、钨镍为加氢活性组元、以碳化法硅铝为主载体的高中油型加氢裂化催化剂。该催化剂于2003年开始在镇海炼化股份公司100万吨/年加氢裂化装置上进行工业应用试验。装置标定结果表明，FC－26催化剂具有加工原料适应性强、中油选择性好、活性高、氢耗低、产品质量好等优点，与该装置上周期使用的加氢裂化催化剂相比，其活性和选择性都有较大幅度的提高，达到了当前国际同类催化剂先进水平。使用该催化剂改善了企业的产品结构，使企业的经济效益得到了显著的提高。FC－26高中油型加氢裂化催化剂研制及工业应用获2004年度石化集团公司科技进步二等奖。

（刘建宇）

**【WSI加氢择形异构技术工业应用取得成功】** WSI技术是抚顺石油化工研究院新开发的油品加氢异构技术，它可将油品中大分子烷烃进行择形异构，进而达到降低油品倾点的目的，可用于加氢裂化尾油、加氢处理减压瓦斯油(VGO)、脱沥青油(DAO)等原料的异构降凝，生产符合食品、医药级白油、润滑油基础油等产品。配合该技术开发的催化剂(FIW)具有异构化活性和选择性高、稳定性好、原料适应性强等特点。该技术于2004年开始在金陵分公司10万吨/年加氢装置进行工业应用试验，以加氢尾油为原料，生产橡胶填充油。工业试验结果表明，使用该技术在较低的反应压力(高分压力3.1兆帕)下处理加氢裂化尾油，可使倾点降低45℃—55℃，目的产品收率达80%以上，为企业创造了可观的经济效益。

（刘建宇）

**【聚酯生产工艺废气催化燃烧工业化成套技术工业化试验成功】** 抚顺石油化工研究院开发的聚酯生产工艺废气催化燃烧工业化成套技术，以“吸收及总烃浓度均化—催化燃烧”为核心，适用于处理聚酯生产过程中排放的含有乙醛、乙二醇、2-甲基-1,3-二氧戊环等污染物的聚酯生产工艺废气。该技术已实现了催化剂国产化，形成了包含工艺、设备及配套催化剂在内的聚酯废气治理成套技术。该技术于2004年开始在仪征化纤股份公司进行工业化试验。工业化试验结果表明，聚酯废气经净化后，非甲烷总烃去除率大于95%，排放气体中的乙醛、总烃、臭气浓度等指标符合国家排放标准，无不良气味，达到了预期指标，产生了良好的社会效益和环境效益。利用“吸收及总烃浓度均化—催化燃烧”技术来处理聚酯生产工艺废气，属国内外首创。本技术的开发不但为聚酯生产企业的废气治理提供了行之有效的方法，而且也适合处理其他含乙醛的有机废气，具有良好的应用前景。

（刘建宇）

**【渣油加氢处理技术开拓国际市场】** 2004年11月26日，印度尼西亚国家石油公司技术代表及渣油加氢处理技术评估委员会，通过了抚顺石油化工研究院为渣油加氢处理技术出口印度尼西亚所进行的1万小时寿命试验的技术评估。印度尼西亚国家石油公司认可抚顺石油化工研究院为合格的渣油加氢处理技术供应商，并邀请抚顺石油化工研究院参加该公司渣油加氢处理装置的下一次投标。这是抚顺石油化工研究院走出国门参与国际炼油技术市场竞争取得的最具突破性的成果。

（耿　新）

**【抚顺石油化工研究院将迁址宁波，组建宁波石油化工研究院】** 2004年12月18日，石化股份公司高级副总裁曹湘洪，宁波市代市长毛光烈、副市长余红艺等参加了在宁波市南苑饭店举行的宁波石油化工研究院成立签约与揭牌仪式。至此，以抚顺石油化工研究院科研力量为主体的石化股份公司宁波石油化工研究院正式宣告成立。关于抚顺石油化工研究院搬迁至宁波科技园区的合作协议也已由中国石化和宁波市政府签署。

诞生于1953年的抚顺石油化工研究院，为中国炼油与石化工业的发展作出了重要的贡献。石化集团公司党组决定把抚顺石油化工研究院的研发力量迁往宁波，组建新院，是从抚顺石油化工研究院生存发展和中国石化整体发展需要作出的战略性决策。宁波拥有得天独厚的石化产业基础，镇海炼化是中国最大的原油加工基地。宁波又是著名的历史文化名城，其良好的人文环境有利于吸纳更高层次研究人才。选择在宁波设立研究院，也契合了当前中国石化产业布局的战略性调整步伐。

（耿　新）

表1　**1999—2004年抚顺石油化工研究院科技成果获奖情况**

| 奖励等级 \ 年份 | | 2004 | 2003 | 2002 | 2001 | 2000 | 1999 |
|---|---|---|---|---|---|---|---|
| 国家科技进步奖和发明奖 | 一等 | — | — | 1 | — | — | — |
| | 二等 | — | — | — | 1 | 1 | 1 |
| | 三等 | — | — | — | — | — | 1 |
| 省部级科技进步奖和发明奖 | 一等 | 3 | 2 | 2 | 3 | 3 | 2 |
| | 二等 | 3 | 2 | 4 | 2 | 2 | 3 |
| | 三等 | 2 | 3 | 2 | 3 | 5 | 5 |
| 总计 | | 8 | 7 | 9 | 9 | 11 | 12 |

表2　**1999—2004年抚顺石油化工研究院专利申请及授权情况**

| 项目 \ 年份 | | 2004 | 2003 | 2002 | 2001 | 2000 | 1999 |
|---|---|---|---|---|---|---|---|
| 国内申请数 | 发明专利 | 109 | 108 | 107 | 93 | 100 | 55 |
| | 实用新型 | 8 | 10 | 11 | 12 | 10 | 15 |
| | 小计 | 117 | 118 | 118 | 105 | 110 | 70 |

续表

| 项目 \ 年份 | | 2004 | 2003 | 2002 | 2001 | 2000 | 1999 |
|---|---|---|---|---|---|---|---|
| 国内授权数 | 发明专利 | 92 | 136 | 47 | 37 | 44 | 15 |
| | 实用新型 | 9 | 11 | 11 | 10 | 17 | 10 |
| | 小计 | 101 | 147 | 58 | 47 | 61 | 25 |
| 国外申请数 | | 0 | 16 | 5 | 11 | 0 | 13 |
| 国外授权数 | | 5 | 2 | 6 | 3 | 2 | 5 |

## 上海石油化工研究院

**【概述】** 中国石油化工股份有限公司上海石油化工研究院(简称上海石油化工研究院)创建于1960年6月(时称上海石油化工研究所)，是石化股份公司直属的科研机构。院本部位于上海市浦东新区，占地面积5.18万米$^2$，建筑面积6.6万米$^2$。2004年12月，上海石油化工研究院与上海石化科技开发公司进行资源整合，成立上海石油化工研究院本部和金山分部两部分。金山分部资源(原上海石化科技开发公司)全部归并为上海石油化工研究院，分部位于上海金山地区。

截至2004年底，全院在职职工820人，其中经过资源整合后并入原上海石化科技开发公司人员213人。全院各类专业技术人员564人，其中中国工程院院士1人，享受政府特殊津贴的6人，教授级高工及高工130人，博士34人，硕士84人。上海石油化工研究院下设15个研究部(室)、1个催化剂评价中心及相应的职能管理部门，是基本有机原料国家工程研究中心的依托单位；附设有石化股份公司有机原料情报中心站、上海市石油化工产品质量监督检验站、全国石油化学与标准化委员会、上海市催化剂行业测试中心等技术支持机构；2004年8月正式成立了博士后流动工作站。

上海石油化工研究院主要从事石油化工烯烃和芳烃的化工利用(包括基本有机原料催化剂和工艺技术、有机合成、功能高分子材料合成与加工等技术)领域的研究，研究开发工作涵盖了前瞻性探索研究、应用基础研究、成套工艺技术及配套催化剂研究开发、工程化放大等。

建院40多年来，上海石油化工研究院的科技人员坚持不断创新与精益求精，成功开发了具有国际先进水平、适用于多种单元过程的石油化工催化剂及成套技术。其中大部分已成功应用于国内大中型石化生产装置。2004年，完成了SAC－2000丙烯腈催化剂工业试验；完成了提高丙烯腈精制回收率第二代技术(96%)工业试验，第一代技术(94%)在上海石化的工业应用标定。分别完成了甲苯歧化催化剂HAT－097、HAT－096的工业试验和应用；镇海100万吨/年甲苯歧化工艺包成功应用；87万吨/年甲苯歧化成套技术装置在伊朗开车成功；完成了HAT－099甲苯与重芳烃烷基转移催化剂的实验室研究工作，通过技术评审；完成择形歧化催化剂1米$^3$分子筛放大与工业侧线试验；完成多产二甲苯的MXT－01新型催化剂工业侧线试验。分别完成了苯乙烯催化剂GS－10、GS－08M工业试验的中期考核；20万吨/年苯乙烯成套技术成功应用。碳四烯烃裂解100吨/年工业侧线装置于12月27日投料开车；高水热稳定性分子筛催化剂实验室研究取得突破，催化剂再生周期超过3100小时；开展了MTO流化床催化剂研究，(乙烯+丙烯)选择性达80%—81%；完成SHP－01一段加氢催化剂在中原石化的工业试验。

2004年1月，以上海石油化工研究院为依托单位的国家“973”重大基础研究项目正式开始运行。低温高稳定性裂解汽油一段加氢催化剂研制及工业应用、新型酸化液的研制及油田应用研究、SAC－2000丙烯腈催化剂研究开发及千吨级装置工业试验、MP－01新型异丙苯催化剂工业侧线试验等14个项目通过石化集团公司组织的技术鉴定和评审。获石化集团公司科技发明三等奖2项；获上海市专利发明二等奖2项。1999—2004年，上海石油化工研究院获得省部级以上科技奖励及专利发明奖项等56项，66个项目通过了省(部)级以上组织的技术鉴定和评审。截至2004年底，上海石油化工研究院专利申请630项，获国内外授权的专利384项。其中2004年申请国内专利102项，获国内授权专利110项。连续10年获得上海市高新技术企业称号。

(潘　波)

【20万吨/年苯乙烯成套工艺技术在齐鲁石化成功应用】 2004年10月，以上海石油化工研究院、华东理工大学和上海工程公司联合开发的苯乙烯成套工艺技术，在齐鲁石化从6万吨/年扩建到20万吨/年的乙烯二轮改造中成功应用，从而完成"十条龙"攻关项目之一的齐鲁石化20万吨/年苯乙烯装置建设。为确保开车的顺利进行，上海石油化工研究院组成了专家组，赴齐鲁石化塑料厂进行现场技术服务，对装置的各个环节进行检查与分析，发现问题及时整改，确保了拥有核心技术的GS-08催化剂的装填质量，装置开车一次成功。

该装置是目前国内最大的应用国产化技术建设的装置。在苯乙烯工艺包技术开发方面，采用乙苯负压脱氢新工艺，主体设备、仪表等的选型立足国内，降低了装置的改造成本。针对上游装置原料波动而引起的负荷变化等情况，设计中增大了操作弹性，使整个操作控制在负荷60%—110%正常范围。

（潘　波）

【87万吨/年甲苯歧化成套技术装置在伊朗开车成功】 1997年，伊朗第三芳烃厂应用上海石油化工研究院编制的87万吨/年甲苯歧化与烷基转移工艺包开始装置建设。2004年4—5月，上海石油化工研究院对伊朗第三芳烃厂的操作人员在上海石化进行为期6周的培训。7月，组织专家组赴伊朗进行催化剂的装填，同时对已建成装置进行工艺管道及仪表流程图(PID)核查。10月开车专家组再赴伊朗，10月27日投料开车一次成功。但由于下游装置未能按期启动，装置仅运行了4天。11月30日装置重新开车，并顺利将负荷调整至100%。装置开车成功，证明87万吨/年甲苯歧化国产化成套技术走出国门，处于国际领先水平。

（潘　波）

【100万吨/年甲苯歧化工艺包在镇海炼化应用成功】 2004年，由上海石油化工研究院编制的100万吨/年甲苯歧化单元工艺包在镇海炼化100万吨/年甲苯歧化装置建设中成功应用，12月28日该装置建成投产，12小时后即出合格产品。HAT-096甲苯歧化催化剂性能优良，该装置热能联合集中，热量利用充分，节能高效。

这是继1997年完成伊朗第三芳烃厂87万吨/年甲苯歧化工艺包后的第三套采用该院自主知识产权的工艺包。该装置是国内目前产能最大的甲苯歧化生产装置。

（潘　波）

【HAT-097甲苯歧化催化剂在天津石化工业应用】 由上海石油化工研究院研制的HAT-097甲苯歧化催化剂在，完成了天津石化小芳烃和洛阳石化工业试验的基础上，2004年9月，又有52吨歧化催化剂应用于天津石化大芳烃装置甲苯歧化单元的扩能改造。

9月14日装置投料开车一次成功，将原二甲苯产能由25万吨/年扩大至32万吨/年。在装置改造过程中，上海石油化工研究院技术人员在现场提供了良好的工业应用技术服务，保证了开车的一次成功。

（潘　波）

【新型酸化液研制和油田应用项目通过技术鉴定】 2004年9月，由上海石油化工研究院和河南油田分公司共同承担的新型酸化液研制和油田应用项目，通过了石化集团公司组织的技术鉴定。专家组认为，新型酸化液具有对基质改造作用强、缓速性能好、腐蚀小等特点，具有创新性，达到国际先进水平。

经过双方3年多合作，完成了有机多元膦酸合成、酸化液配方研究以及油田现场应用试验。研究开发的新型酸化液具有5级电离氢离子的性能，对岩芯溶蚀时间达36小时以上。新型酸化液对石英的溶蚀率大于30%，对黏土的溶蚀率小于25%。可对储油层起到深部酸化作用，对岩芯渗透率平均增大倍比为6.4。酸化液在90℃恒温24小时条件下不发生乳化、沉淀、分层现象，酸化液对N80钢片腐蚀速率为常规土酸的五分之一。

新型酸化液及配套施工工艺在河南油田实施27井次现场酸化试验，工艺成功率100%，酸化有效率96.3%，取得了显著的经济效益，具有广阔的应用前景。

（潘　波）

【SHP-01裂解汽油一段加氢催化剂获石化集团公司科技进步二等奖】 由上海石油化工研究院研制开发的SHP-01裂解汽油一段加氢催化剂，于2004年5月通过石化集团公司组织的技术鉴定。专家组认为，该催化剂具有创新性，综合性能达到国际先进水平。该项目于2001年进行实验室研制，2002年底完成工业侧线试验，2003年5月在中原石化8万吨/年裂解汽油加氢(DPG)装置工业应用成功。该项技术可使企业在扩建原生产装置的前提下，进一步提高加工能力，该催化剂是一种负载钯含量低、比表面积大、钯晶粒分布窄的低温、高稳定性催化剂。其工业应用成功，对于提升国内裂解汽油加氢技术水平，替代催化剂进口，促进DPG装置降本增效，提高乙烯装置综合经济效益以及适应乙烯装置长周期运行等方面具有重要意义。2004年，获石化集团公司科技进步二等奖。

（潘　波）

**【SHP-01F全馏分裂解汽油一段加氢催化剂工业试验成功】** 2004年12月，上海石油化工研究院研制的SHP-01F高空速全馏分裂解汽油一段加氢催化剂，在广州分公司15万吨/年裂解汽油加氢装置上工业试验成功。该催化剂适用的全馏分裂解汽油流程宽，组分多，易聚合组分、水、胶质和杂质等含量高，加氢时热效应大，属国内首创。科研工作者在SHP-01催化剂基础上，分析了全馏分原料组成及其加氢特征，结合广州分公司全馏分原料工况：水含量高、胶粉等固含物高、装置空速高等特点，对SHP-01F催化剂进行针对性的开发。在催化剂的载体结构、性能和助催化剂等方面进行了大量的优化，进一步提高了催化剂对碳五馏分的加氢选择性、对碳九馏分的加氢活性以及耐水、耐胶质等性能。工业运行结果表明，SHP-01F催化剂低温双烯加氢活性、选择性、加氢油双烯值和耐水等性能明显优于进口同类催化剂。

SHP-01F全馏分裂解汽油一段加氢催化剂的工业试验成功，为碳五、碳九等裂解副产物的增值和取代催化剂进口做好了技术准备。该催化剂达到DPG装置提高生产能力、延长操作周期和副产物充分利用的要求，为国内DPG装置技术进步和降本增效提供有力的技术支撑，可进一步提高装置综合经济效益。

（潘　波）

**【提高丙烯腈精制回收率技术通过鉴定】** 上海石油化工研究院开发的提高丙烯腈精制回收率技术(94%技术)，在安庆分公司8万吨/年丙烯腈装置上工业应用成功，2004年12月1日通过了石化集团公司组织的技术鉴定。科研工作者在完成实验室研究、千吨级和万吨级工业试验后，与安庆分公司合作，在该公司丙烯腈装置于2001年12月从5万吨/年扩能改造到8万吨/年时，采用了该项新技术，提高了该装置的丙烯腈精制回收率。工业应用结果表明：改造后该装置运行平稳，产品质量稳定，减少了聚合物生成总量，有利于装置的长周期运行，丙烯腈精制回收率达到94.28%，接近国际先进水平。

（潘　波）

**【SAC-2000丙烯腈催化剂研制及应用通过鉴定】** 2003年，上海石油化工研究院在MB-98催化剂的基础上研制的高收率、高稳定性的SAC-2000催化剂开发成功，2004年9月通过了石化集团公司组织的技术鉴定。

项目通过引入复合氧化—还原对和微量助剂，合理调配催化剂组分，提高了催化剂的活性、选择性和稳定性。该催化剂在实验室流化床反应器上，在反应温度430℃、反应压力0.14兆帕、催化剂负荷0.085时$^{-1}$、空比9.8、氨比1.2的反应条件下，经过近650小时稳定性试验，丙烯腈收率稳定在79.7%—80.0%。于2003年12月开始在千吨级丙烯腈装置上进行工业试验。试验结果表明：在反应温度430℃—432℃、催化剂负荷0.085时$^{-1}$、反应压力0.045兆帕—0.06兆帕条件下，丙烯腈收率在80%以上，丙烯腈质量达到国标优级品标准，同时装置污水排放量和污水中的COD浓度均降低。SAC-2000催化剂具有反应温度低、催化剂负荷高、丙烯腈收率高、稳定性好和对环境友好的特点。

（潘　波）

**【完成与上海石化科技开发公司的科技资源整合】** 2004年12月22日，中国石化上海地区科技资源整合交接仪式暨上海石油化工研究院金山分部设立仪式在上海举行。上海石油化工研究院与上海石化就整合工作中的资产、人员、专利权及专利申请权签订了交接确认书。

上海石油化工研究院与上海石化科技开发公司的有机整合，是中国石化实行科研体制改革、大力治散的重大举措之一。通过整合，技术领域得到拓宽，科技创新能力得到加强。上海石化科技开发公司催化科研力量的进入，增强了上海石油化工研究院的专业优势、创新能力、人才队伍和市场占有率，有利于优化内部科技资源，提高科研开发集中度，完善科技创新体系，增强科研创新能力，提升核心竞争力，是新上海石油化工研究院再次腾飞的起点。

（潘　波）

## 安全工程研究院

**【概述】** 中国石油化工股份有限公司青岛安全工程研究院(简称安全工程研究院)创建于1979年(时称化学工业部职业安全卫生研究院)，是石化股份公司直属科研机构。1999年7月1日整体进入石化集团公司，同年10月石化集团公司进行重组改制，其中上市部分称为：中国石油化工股份有限公司青岛安全工程研究院；非上市部分称为：中国石化集团安全工程研究院。安全工程研究院位于山东省青岛市南区海滨，地处青岛市行政文化中心，占地面积1.23万米$^2$。

安全工程研究院下设12个研究室(部)：过程安全研究室、安全工程研究室、监测检验研究室、职业卫生研究室、安全卫生信息研究室、安全生产培训中心、HSE研究室、化学品安全研究室、石化行业安全评价研究室、地方安全评价研究室、HSE工程监理部、健康监护研究室。

安全工程研究院是中国石油化工安全健康科技创新、技术进步和应用开发的重要研究基地，也是国家危险化学品危害预防与控制、产业安全风险评价、职业安全健康管理体系审核认证工作的主要支撑单位。形成了隐患评估与整改工程设计与施工、化学品危险性鉴别与控制技术、生产过程安全控制技术、安全仪器仪表校验和研发、清洁文明生产技术和职业健康等专业特点。投资2 000多万元，建设了石化过程安全、雷电静电危害控制、化学品危险性参数测试、监测检验和工业卫生等实验室。

自2000年以来，累计承担石化集团公司科研开发项目和技术推广项目38项，其中15项已通过鉴定。进入石化集团公司以来共申请专利33项，已授权12项，其中发明专利10项。2004年承担1项国家科技攻关项目和1项国家863计划。

截至2004年底，安全工程研究院共有职工143人，其中专业技术人员122人。专业技术人员中有教授级高级工程师1人、高级工程师53人、工程师28人；博士3人，硕士27人。

附设4个专业技术机构：国家化学品登记注册中心、青岛中化阳光管理体系认证中心、国家石油与化工建设项目(工程)劳动安全卫生预评价中心、石油与化学工业安全仪器检验中心。

2004年安全工程研究院主要科研成果见表1。

(王守志)

**【HSE监理取得优异业绩】** 上海赛科90万吨/的乙烯项目是由英国石油(BP)、中国石化集团公司共同投资的合资项目，是中国最大的石油化工建设项目之一。该项目于2002年3月28日正式开工，2004年12月30日机械完工，2005年3月28日正式投产。

在项目建设过程中，安全工程研究院作为石化集团公司的派遣机构主要组织承担了项目HSE监理工作，配备了专业齐全的HSE专业人员，建立和执行了一整套既符合工程建设项目国际通用标准，又适合国内工程建设项目特点的HSE监理程序和制度。倡导“一切事故都可以预防”的管理理念，重点加强作业前风险分析、人员培训、技能训练和作业过程监控。截至项目竣工投产，实现了4 900万工时无重大事故和死亡事故，各项事故统计数据均处于国际工程建设项目的领先水平，取得了优异的HSE监理业绩。

(王守志)

**【危险化学品管理与应急救援】** 国家安全生产监督管理局化学品登记中心是国家安全生产监督管理总局的直属事业单位，是中国危险化学品安全管理的综合性技术支持单位，科研、办公等条件依托于安全工程研究院。主要负责全国危险化学品登记工作、化学品危险性的鉴别与分类、参与国家危险化学品安全管理法律法规和标准的起草与修订、指导危险化学品从业单位安全质量标准化体系建设、重大危险源的监控和评价管理、化学事故应急救援预案编制、《化学品安全技术说明书》和《化学品安全标签》的编制、翻译与审核等工作，负责管理与维护国家化学事故应急咨询电话0532－83889090，24小时提供化学品理化性质、泄漏处置、工程抢险、中毒急救和个体防护等信息支持。

2004年化学品登记中心为石化集团公司所属企业编制化学事故应急救援预案，并在此基础上研究开发了化学事故应急救援预案系统，为石化集团公司所属企业的安全生产提供技术支持和保障；配合全国化学品登记工作研究开发了全国化学品登记信息管理系统网络版；与石化集团公司所属的金陵石化、扬子石化、燕山石化、齐鲁石化等24家企业签订了应急代理服务协议，另外为国内外107家化工企业提供应急代理服务，其中外资企业18家。

(王守志)

**【科研成果转化新进展】** 由安全工程研究院监测检验研究室开发研究的水成膜泡沫灭火剂的研制项目具有广阔的市场前景，2004年与中国石化所属安惠公司合作生产将产品推向了市场。化学品紧急救援系统项目组，帮助企业根据石化集团公司应急预案的导则编制企业应急预案。

(王守志)

**【“国家863计划”科研项目取得阶段性成果】** 大型石化生产过程安全评估课题自2003年7月获国家“863”计划立项以来，已按课题计划进程顺利实施并已取得阶段性成果。主要包括：①结合国际通用的HAZOP方法，运用SDG技术代替人工进行安全评价，提出一套安全评价综合方法。②开发一套具有自主知识产权的、基于SDG技术的HAZOP(Hazard and Operability Study)安全评价软件原型平台。③对数据流(包括网络用户行为特征)的描述和分析进行研究，建立了测试实验的工作环境。④组建了课题研究所需的虚拟工厂，并在该虚拟工厂上，通过对石油化工企业主要生产装置的工艺流程进行分析，开展发掘故障在复杂、多因素影响的设备网络中的传播机理和SDG建模方法的相关研究。

（王守志）

表1　**2004年安全工程研究院主要科研成果**

| 序号 | 项目名称 | 进展情况 | 获奖情况 |
|---|---|---|---|
| 1 | 油库加油站安全技术应用开发 | 已通过石化股份公司鉴定 | |
| 2 | 石化电子设备雷击和石油产品储运静电的防护 | 已通过石化股份公司鉴定 | |
| 3 | 化学品紧急救援系统 | 已通过石化股份公司鉴定 | 获石化集团公司科技进步二等奖 |
| 4 | 轻柴油闪点降低后危险性研究 | 已通过石化股份公司鉴定 | 获石化集团公司科技进步三等奖 |
| 5 | 石油化工毒物分布与防护措施研究 | 已通过石化股份公司鉴定 | 获石化集团公司科技进步三等奖 |

↑生产区

中国石化集团荆门石油化工总厂(以下简称荆门石化总厂)位于湖北省荆门市。荆门石化总厂始建于1970年。1991年12月，更名为中国石化荆门石油化工总厂。1993年由国家大型企业(一)升为国家特大型企业。1998年11月，更名为中国石化集团荆门石油化工总厂。2000年3月企业重组改制为上市(主业)部分和存续部分，主业部分成立了中国石油化工股份有限公司荆门分公司(以下简称荆门分公司)。企业占地面积11.67平方千米。

截至2004年底，荆门石化总厂下设21个直属单位，14个机关处室。荆门分公司下设27个直属单位，11个机关处室。荆门石化现有生产装置38套，其中燃料油系统15套、润滑油系统15套、综合利用6套、化工装置2套。原油加工能力为500万吨/年，主要加工来自南阳油田和江汉油田管输进厂的原油，以及通过洪湖中转油港管输进厂的进口原油、海洋原油和通过铁路运输的新疆原油，能生产燃料油、润滑油、溶剂油、化工原料、石蜡、沥青、石油焦、液化气、聚丙烯等9大类100多个牌号的石油化工产品。

↑润滑油加氢装置

# 中国石化集团

# 中国石油化工股份

↑生活区

↓100万吨/年柴油加氢装置

# 荆门石油化工总厂
# 有限公司荆门分公司

真诚
祈年殿

# 交通银行
BANK OF COMMUNICATIONS

交　流　融　通　·　诚　信　永　恒

交通银行始建于1908年，是中国早期成立的大型银行之一。经国家批准，于1987年重新组建，是中国较早的大型股份制商业银行。目前交通银行在国内设立有92家分支行，在137个城市拥有约2600个营业网点。同时，交通银行在纽约、东京、香港、新加坡等国际金融中心城市设有分行，在伦敦、法兰克福开设有代表处，今年还将在汉城设立分行。截至2004年末，交通银行资产规模超过11000亿元。

2004年国家批准了交通银行深化股份制改革整体方案。经过财务重组和引进国际战略投资者——汇丰银行，交通银行已成为一家财务指标位居国内同业前列、治理结构良好、发展潜力巨大的先进大银行。

交通银行坚持“以市场为导向，以客户为中心”和“科技兴行”的理念，为客户提供一流的产品和服务。近年来，推出了企业网上银行、大客户服务系统－“银企通”、“报关一点通”等先进电子产品，以及买方／协议付息票据贴现、现金管理合作、外汇理财、远期结售汇、离岸银行等特色融资和理财产品，为客户提供优质、安全、便捷的金融服务。

交通银行有着多年的石油化工行业金融服务经验，与中石化集团保持着良好的合作关系。目前约有20家境内外分支行为中石化集团及其成员企业提供本外币结算、贷款、信用证及咨询等业务。交通银行将进一步巩固和扩大与中石化集团公司的全面合作关系，加强与石化行业企业的业务合作，共创美好未来。

**中国进出口银行总行营业部**是中国进出口银行负责办理北京市、天津市、河北省、河南省、山西省和内蒙古自治区业务的区域性营业性分支机构，成立于2001年10月31日，同年11月18日开业。

总行营业部的主要任务是：执行国家产业政策和外经贸政策，为扩大经营服务区内企业的机电产品、成套设备等资本性货物出口和高新技术产品出口以及实施境外投资和对外承包工程等“走出去”战略提供政策性金融支持。

主要业务范围包括：办理出口买方信贷、出口卖方信贷业务；贷款项下的人民币存款、结算业务；贷款项下的外汇存款，外汇汇款，国际结算，结汇、售汇，对外担保业务，出口信贷担保业务；与本行业务相关的咨询、资信调查和见证业务；总行授权的其他业务。

2004年，在总行党委的正确领导下，总行营业部求真务实，真抓实干，团结拼搏，从辖区和自身实际出发，坚持政策性办行方向，为扩大我国机电产品和高新技术产品出口，优化出口商品结构，推动实施出口市场多元化战略、科技兴贸战略、“走出去”战略和国家资源安全战略，作出了积极贡献。截至年底，人民币出口卖方信贷余额达435亿元，较上年增加63亿元；办理对外担保14亿美元，同比增长53%；办理国际结算和结售汇21亿美元，同比增长33%；实现利润2.10亿元，较2003年增加1.01亿元，人均创利达323万元。

总行营业部积极推进“大企业、大项目”和“新市场、新客户”战略，建立了优质客户群，实施“创新工程”，首创了我国“贷款换资源”出口信贷模式，形成了以出口信贷为核心的贷款、结算、保函、存款“四位一体”的经营框架；不断加强制度建设，强化内部管理和风险控制，不良贷款额与不良贷款率连年持续下降；不断加强员工队伍建设，全面提升员工素质，为广大客户提供更加优质高效的服务。

总行营业部真诚希望与海内外金融、经贸界朋友建立和加强联系，发展业务合作。

支持中国企业“走出去”

支持机电产品出口

中国进出口银行
THE EXPORT-IMPORT BANK OF CHINA


中国进出口银行总行营业部
址：东城区北河沿大街77号（中国进出口银行大楼）
邮编：100009　电话：010-64099688

法国巴黎银行的能源融资，助您梦想成真！
从勘探到生产，从加工到分销，无论您的业务在何处，法国巴黎银行的油气专家会帮您实现理想。我行出众及创新的融资方案包括石油贸易及结构性融资、储备融资、项目融资及全面的对冲产品。我们在油气领域的专长只是众多服务中的一项，作为您的全球业务伙伴，法国巴黎银行可为您提供有关能源、原材料、出口信贷及项目融资方面的各项融资需要。
www.enercomxp.bnpparibas.com
The bank for a changing world
BNP PARIBAS
Energy Commodities Export Project

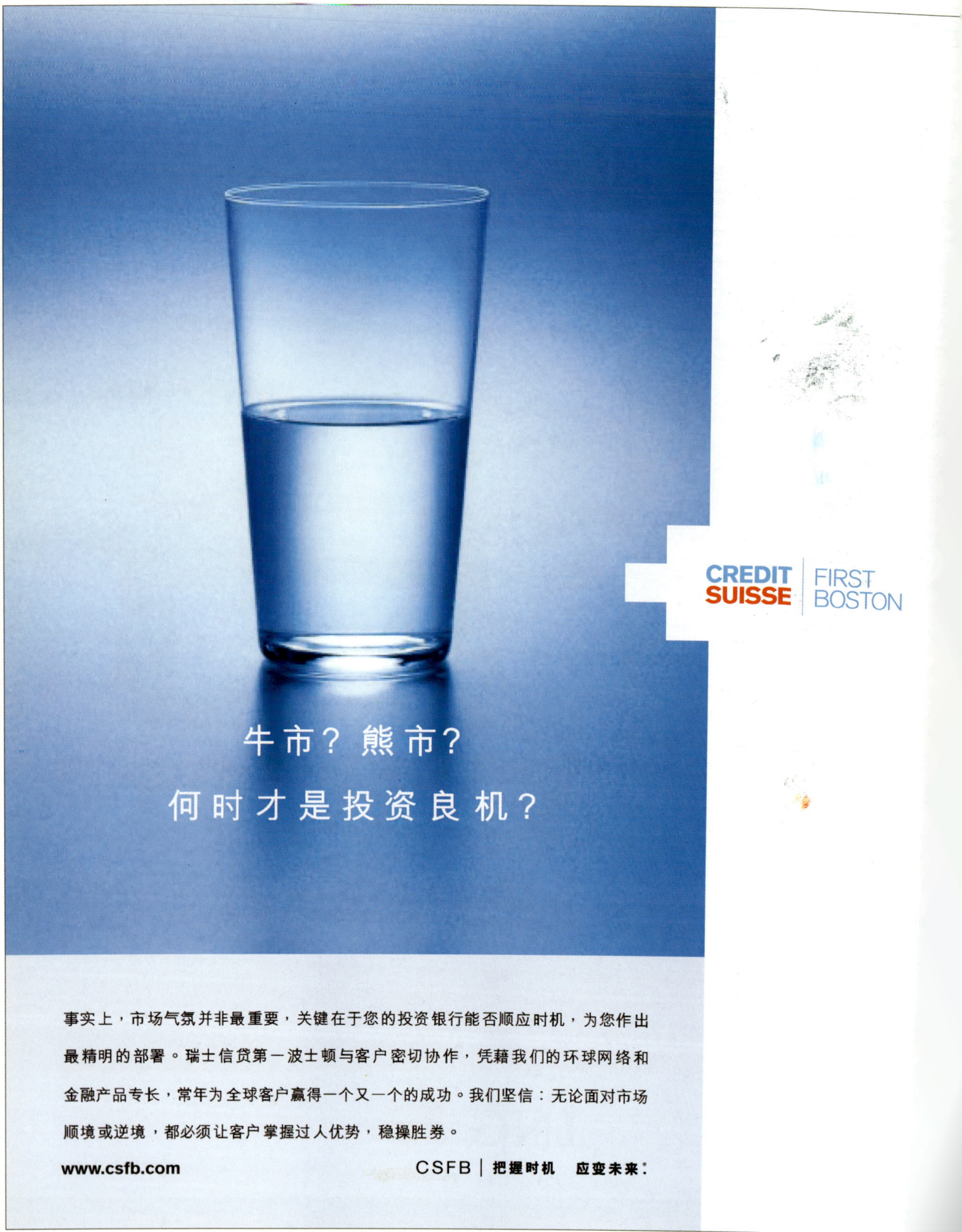
CREDIT SUISSE FIRST BOSTON
牛市？熊市？
何时才是投资良机？
事实上，市场气氛并非最重要，关键在于您的投资银行能否顺应时机，为您作出最精明的部署。瑞士信贷第一波士顿与客户密切协作，凭藉我们的环球网络和金融产品专长，常年为全球客户赢得一个又一个的成功。我们坚信：无论面对市场顺境或逆境，都必须让客户掌握过人优势，稳操胜券。
www.csfb.com
CSFB | 把握时机 应变未来

©2005 毕马威华振会计师事务所是瑞士合作组织毕马威国际的中国成员。版权所有，不得转载。
祝
中国石化
的业务
稳步发展
蒸蒸日上
www.kpmg.com.cn
AUDIT ▪ TAX ▪ ADVISORY
审计 ▪ 税务 ▪ 咨询
KPMG

## 荷兰托克公司

- 荷兰托克公司成立于 1993 年，总部设在荷兰首府阿姆斯特丹市。经过十余年的发展，公司已跻身为世界上著名的独立商品贸易公司之一。
- 荷兰托克致力于能源和金属方面的贸易业务，主要包括原油、石油产品、天然气、液化石油气(LPG)、金属和金属矿石以及精矿的供应和销售。公司在全球设立了 50 家分公司和子公司，分布于欧洲、美洲、亚洲、大西洋以及非洲的 30 多个国家。
- 荷兰托克每年从中国出口大量的汽油和少量的柴油、煤油、石脑油；同时也进口大量的原油、燃料油和液化气；近年又进口了适量的柴油、航煤。
- 荷兰托克于2004年7月重新开启驻北京办事处。随着中国市场的进一步开放，荷兰托克公司愿意同更多的中国客户建立更广泛长期的合作关系。

**Trafigura**

公司地址：北京市朝阳区新源南路 6 号
京城大厦 1801 室
邮　　编：100004
联系电话：(010)84861818
传　　真：(010)84861800

富地
FORTUNE

富地石油是在伦敦证券交易所上市的公司，在中国经营及投资与石油及天然气管道有关的业务，其核心业务是投资石油及天然气基础设施和石油产品分销.

富地石油与茂名石化公司合资兴建的茂名25万吨级单点系泊原油海上码头，自1994年投产至2005年4月已安全接卸VLCC油轮338艘，顺利卸下进口原油6600多万吨，节约运费约20亿元，创造了良好的经济效益和社会效益.

# 上海化学工业区

上海化学工业区位于杭州湾北岸，距市中心50公里，是我国第一个以市场化机制运作开发，以多元化模式投资建设，以石油化工及其衍生产品制造为鲜明特点的大型现代化产业基地，是上海优先发展先进制造业战略的重要组成部分。上海化工区规划面积29.4平方公里，主要发展石油化工和天然气化工系列产品、精细化工产品、合成新材料和综合性深加工产品，最终将向西与上海石化连线成片后，形成60—100平方公里的化工产业带。上海化工区的开发建设引入“一体化”先进理念，通过对区内产品项目，公用辅助，物流传输、环境保护和管理服务的整合，为进区投资者提供最佳的投资环境。

上海赛科90万吨／年乙烯工程

工业气体

巴斯夫聚四氢呋喃项目

公共管廊

宝钢年产钢能力2000万吨，赢利水平居世界领先地位。据《财富》杂志公布，宝钢为2004年世界500强第309位，成为中国竞争性行业和制造业中第一批进入世界500强的公司。2004年12月6日，国际评级公司标准普尔正式公布：宝钢的最新信用评级为BBB+，前景展望为稳定。

宝钢实施钢铁精品战略，将建成中国汽车用钢，油、气开采和输送用钢，不锈钢，家电用钢，交通运输器材用钢，电工器材用钢，锅炉和压力容器用钢，食品、饮料等包装用钢，金属制品用钢，特种材料用钢以及高等级建筑用钢等钢铁精品基地，建成中国钢铁行业新工艺、新技术和新材料研发的主要基地。

宝钢实施适度多元化战略，除钢铁主业外，还涉足贸易、金融、工程技术、信息、煤化工、综合利用等多元产业。

# 日照港（集团）有限公司

RIZHAO PORT （GROUP） CO.,LTD

董事长 总经理 郑玉平

20年前，中国港口专家们经过精心论证选择了日照港，今天，日照港展现的巨大优势震惊大江南北，名扬海内外。

日照港水深湾阔，不冻不淤，是江北连接广大中西部地区优势明显的天然良港。后方陆域纵深广阔，地势平坦，港口物流拓展空间巨大；港口集疏运条件高效便捷，通过日东和同三两条高速公路与全国高速公路网相联结；通过兖日铁路与京沪、京九、京广、焦枝、同蒲铁路相交，把日照港与华东、中原、西北广大地区连接在一起；海上航线可通达鹿特丹、新奥尔良等世界各大港口，已与100多个国家和地区通航。

日照港按照“和商共赢”的原则，在煤炭、矿石、油品等领域，先后与兖矿、邯钢、中石化等28家国内外大型知名企业，实现了战略联合。在海内外宾朋的关注、参与下，日照港总体规划166个泊位，5.8亿吨通过能力，一个现代化、国际化的日照港正迈着矫健的步伐向人们走来。2005年1－7月份，全港累计完成货物吞吐量4645万吨，同比增长69.5%，增幅连续7个月位居全国沿海港口首位。全年可望完成8500万吨，2006年将跨入亿吨大港行列。

日照港正以装卸真诚、情通四海的赤诚，海纳百川的博大胸怀，广交宾朋，共同奏响中国崛起的颂歌。

2004年11月19日 日照港与中石化签订合资建设30万吨原油码头协议

通过能力达6000万吨，为全国重要的煤炭中转港。综
作业效率单船9486吨/时，创中国企业新纪录

25万吨和35万吨矿石泊位各1个，通过能力5000万吨
上，为全国重要的矿石中转基地

大型集装箱专用泊位4个，通过能力达300万标箱

2个30万吨级、1个15万吨级原油及6个成品油和液
工码头，总体能力8000万吨，为北方重要的原油、
油及液体化工中转基地

24小时服务热线：0633-8380114
网　　址：www.rzport.com

# 中国石化上海高桥石油化工公司
# 中国石化股份有限公司上海高桥分公司

苯酚丙酮

140 万吨／年催化裂化装置

800 万吨／年蒸馏装置

高桥石化成立于 1981 年 11 月，是一个跨行业、跨部门的特大型经济联合体，隶属于中国石油化工集团公司。

公司位于浦东新区，占地面积 4.2 平方公里，共有 75 套生产装置，主要产品有汽油、航空煤油、柴油、润滑油基础油、石蜡、合成橡胶、有机化工原料、合成塑料以及精细化工产品等，公司拥有炼油能力 1130 万吨／年、化工产品生产能力 60 余万吨／年，自备电厂具有装机容量 17.5 万千瓦，另有工程建设公司、供应销售部、职工培训中心、职业病防治所、信息中心、新闻中心、事务管理中心等单位。2004 年公司固定资产为 126 亿元，销售收入 286 亿元。

公司先后有 100 余项科技成果获国家、中国石化集团公司或上海市科技奖、上海市新产品奖，产品远销欧美和非洲，2004 年自营出口创汇 2.5 亿美元。

公司积极开展对外合作交流，分别与德国巴斯夫公司、美国加德士公司、瑞士汽巴嘉基公司、韩国 SK 公司、日本三井石化烷基酚株式会社等世界著名企业合作，成立合资公司。

公司加大对上海化学工业区的投资力度，已建成 20 万吨／年苯酚丙酮装置，并将新建 10 万吨／年丁苯橡胶、20 万吨／年 ABS、12 万吨／年双酚 A 等独资、合资项目。

地址：乌鲁木齐北京北路 29 号西北石油局
邮编：830011
电话：(0991)3600161
传真：(0991)6637597
E-mail：pcw@th2q.com

# 中国石油化工集团西北石油局
# 中国石油化工股份有限公司西北分公司

西北石油局、西北分公司原为“地质部新疆石油普查勘探指挥部”，2002 年 4 月，完成油气分公司体制改革，并于2003 年 6 月整体划归中国石化集团、石化股份公司直属，主要从事新疆塔里木盆地油气勘探开发和油气销售业务。2004 年有职工 2887 人，专业技术人员 1551 人，高级专业技术职务 307 人。

西北石油局、西北分公司这支队伍，曾转战南北，为大庆、下辽河、胜利、华北、大港等油田的发现立下头功。1978 年开赴塔里木盆地，筚路蓝缕，历尽艰辛，于 1984 年走出盆地五上五下的低迷困境，打出沙参 2 井高产油气流，实现了我国古生代海相碳酸盐岩油气田的首次重大突破，开创了塔里木盆地找特大型油气田的新局面。

2004 年，西北石油局、西北分公司全体员工在新一届领导班子带领下，不断继承发扬“三光荣”精神，创新和提炼新时期“敢为人先，创新不止”的塔河精神，按照“集团化操作、项目化管理、市场化运作、社会化服务”的创新思路，周密计划，精心部署，合理组织，科学施工。在西部大开发的快速进程中，在规范化的油公司管理体制下实现了超常发展：发现和探明了中国大型的海相碳酸盐岩油气田——12 亿吨级塔河大油田，奠定了其在中国石化西部油气资源接替基地的重要地位；原油日产量突破1万吨，原油年生产规模达358.17 万吨；年利税20.63 亿元，人均创利税88 万元；工业增加值32.63 亿元，年末总资产达95.15亿元。与国内其他油田企业相比，各项指标名列前茅。

西北石油局、西北分公司真心呼唤行业精英来西部开拓市场，热情欢迎有志之士来塔河油田建功立业，让我们携手共进、追求卓越。

# 油勘探开发有限公司

## oration & Production Corporation

中国石化集团国际石油勘探开发有限公司（英文简称：SIPC）是中国石化集团的全资子公司，是中国石化海外油气勘探开发投资与经营作业一体化的战略经营单位，是对中石化集团承担海外投资和经营双重责任的利润中心。

公司成立于2001年1月，总部设在北京，注册资本56亿人民币。公司负责对中国石化海外油气资源勘探开发和海外投资及项目实行统一经营管理，是中石化集团从事上游海外投资经营的唯一专业化公司。同时，对中石化集团现有海外油气勘探开发投资经营事项实行归口管理。

近年来，中国石化集团积极实施"走出去"发展战略，不断加大海外工作力度，海外油气勘探开发取得突破性进展。截止目前，中石化已在中东、中亚、非洲、亚太和南美等国家和地区实施油气勘探开发项目33个。同时，SIPC也在不断加强公司的自身建设，根据海外油气勘探开发的需要，公司设置了13个职能管理部门和21个海外分支机构，共有中方员工225人，外籍员工300余人。

2004年是SIPC跨国经营步入快速发展的一年，海外油气勘探开发项目取得了丰硕成果，在中东、中亚、非洲、南美和亚太地区成功开发海外油气项目22个，当年获海外权益油21.66万吨，拥有权益油剩余可采储量2993万吨，初步形成了海外油气资源的战略布局。

未来几年，SIPC将充分发挥中国石化上中下游一体化经营的优势，凭借中国石化集团的雄厚实力和丰富的油气勘探开发经验，积极扩大与世界各能源国之间的合作，努力实现海外油气勘探开发的重大突破。

在对外合作方面，中国石化集团国际勘探开发有限公司将坚持资源供应地、合作方式、能源资源品种多样化的方针，在平等互利、互利双赢的基础上，竭诚与各能源资源国、国际石油企业、国际金融界开展广泛合作！

茂名石化油港

# 茂名石化

茂名石化乙烯厂区外景

油化工有限责任公司
限公司金陵分公司

白斯特 BST®
纤维级切片
瓶级切片
膜级切片
涤纶长丝
涤纶短纤
涤纶中空

投身第三次创业
九江石化
JIUJIANG SHIHUA
再铸辉煌
随着国家全面建设小康社会步伐的加快，仪征—长岭长江原油管道建设的展开，九江石化及时抓住历史机遇，确立了“做强、做大”的发展战略，掀起了“第三次创业”的浪潮，其核心是以新建焦化、加氢重点建设项目为龙头，通过几年的努力，使企业实际原油综合加工能力达到500万吨/年以上，进一步提升企业竞争实力。
投身第三次创业，九江石化必将迎来一轮新的发展，实现新的跨越，再铸新的辉煌！
厂址：江西九江市滨江东路228号
电话：0792-8614911 传真：0792-8617005
邮编：332004

塔河分公司生产区夜景

# 中国石油化工股份有限公司塔河分公司

15 万吨 / 年催化重整装置

中国石油化工股份有限公司塔河分公司（简称塔河分公司）是隶属于中国石化集团公司的一个新型石油加工型国有企业，位于新疆库车县东城石化园区，是中国石化集团在新疆的一家炼化企业，是中国石化集团进入新疆市场的前沿阵地，也是中国石化集团响应中央号召实施西部开发战略的重要举措。

塔河分公司主要以加工塔河油田重质原油为主，原油加工能力达到220万吨/年，生产过程采用DCS集散控制系统，主要有120万吨/年常压焦化装置、100万吨/年汽柴油加氢精制装置、15万吨/年催化重整装置、2万吨/年硫磺回收装置、8000标准立方米/时天然气制氢装置、50万吨/年沥青装置、6万吨/年氧化沥青装置，以及油品储运、水、电、汽等配套公用工程。

塔河分公司可生产90#、93#无铅汽油，10#、0#、-10#、-20#、-35#柴油，190#溶剂油，AH-70#、AH-90#、AH-110#重交通道路沥青，100#、140#、180#、200#普通道路沥青，10#建筑沥青，200#、280#燃料油，轻石脑油，石油液化气，蜡油，石油焦，硫磺，石油苯等各种产品。

2004 年投产的塔河稠油技术改造项目装置区一角

塔河分公司交通运输便利，拥有自己的铁路专用线，产品可通过公路、铁路直接销往青海、西藏、四川、贵州、云南、山西等17个省区。塔河分公司生产的各标号沥青销售供不应求，得到了广大客户的信赖。

塔河分公司于2002年10月通过ISO9001：2000质量管理体系认证；2004年6月全面推行HSE管理体系。目前，塔河分公司已经取得了“一控双达标”合格证，是新疆自治区首批工业污染源主要污染物达标排放企业。

塔河分公司自成立以来，始终坚持两个文明协调发展，在取得较高经济效益的同时，连续获得“重合同、守信用”企业，综合治理“先进集体”，“模范纳税”企业，自治区级“文明单位”等多项荣誉称号，在西北地区树立起了中国石化集团炼油行业的新形象。

跨入新世纪，按照中国石化集团公司党组、股份公司的战略部署，塔河分公司全体干部职工团结奋进、开拓进取、与时俱进、务实创新，正在为创建中国石化集团在西部的明星企业和国家级“文明单位”而努力奋斗！

塔河稠油技术改造项目公用工程系统动力站

硫磺造粒机生产线

地　址：新疆库车县天山路东573号
联系电话：(0997) 7979009

上海赛科乙烯装置

福建炼厂
夜景

聚丙烯装置
PDS模型

兰州重油催化
裂化装置

海南FCC原料加氢
处理装置PDS模型

# 中国石化集团第四建设公司

中国石化集团第四建设公司是中国石化集团直属的大型综合性骨干施工企业。具有化工石油工程施工总承包壹级企业资质，持有对外经济合作经营资格证书和进出口企业资格证书。

公司技术实力雄厚，各类专业人才济济，施工机具设备精良齐全。具备大型设备吊装、大型压缩机安装、大型储罐安装、特殊材料焊接、电仪DCS安装调试等5项核心竞争力技术。

公司自组建成立以来，先后承建了国家重点新建、扩建、技改工程项目200多个，在朝鲜、日本、德国、科威特、新加坡、香港等国家和地区承建了炼油装置、罐区、管线等石化项目及劳务输出。所有承建项目全部达到设计标准，投料试车一次成功，工程质量优良率持续稳定在96%以上。获得省（部）级以上优质工程奖65个，其中8个生产装置获“中国建筑工程鲁班奖”。公司多次受到上级部门的表彰奖励。先后两次获得“国家质量管理奖”，获得“优质工程企业”、“全国优秀施工管理企业”等100多项荣誉称号。

❶

❷

❸

❹

地址：天津市大港区世纪大道180号
电话：(022)63862213　63862214
网址：www.pfcc.com.cn　传真:(022)25990156
邮箱：fcc@pfcc.sina.net　bgs@pfcc.sinopec.com.cn

❶ 延炼实业集团10万吨/年聚丙烯装置
❷ 上海赛科50万吨/年乙苯/苯乙烯工程
❸ 扬巴一体化工程60万吨/年乙烯工程
❹ 扬子160万吨/年延迟焦化装置

中国石化集团第五建设公司是从事石油化工建设的大型综合性施工企业，具有化工石油工程施工总承包壹级企业资质，持有国外工程承包资质证书、对外经济合作经营资格证书，先后通过了ISO9001质量体系、职业安全卫生管理体系、安全环境与健康管理体系认证。

公司施工经验丰富，技术力量雄厚，施工设备齐全，特别是在大型设备吊装；大型传动设备(机组)安装；DCS自动化集散控制系统安装与调试；大型储罐现场组焊；特种材质焊接；大型空分工程；大型锅炉安装；特殊防腐处理等方面形成了独特的竞争技术优势。52年来，公司施工业绩遍及国内20多个省、市、自治区和境外4个国家，相继建成380余套国内外大中型工业生产装置，荣获鲁班奖2项，国家优质工程银质奖4项，省部级优质工程31项，同时3项施工技术获“中国安装之星”，6项工程获“全国优秀焊接工程”，公司先后获得“全国先进施工企业”、“全国施工企业管理优秀奖”、“全国用户满意安装企业”等200多项荣誉称号。

# 中国石化集团第五建设公司

**公司愿与国内外的各界朋友真诚合作，共创未来。**

法人代表：田建军
地　　址：甘肃省兰州市西固区康乐路27号
电　　话：(0931)7961410　7961283
传　　真：(0931)7356578　7354044
网　　址：www.sinopec-fcc.com.cn
邮　　编：730060

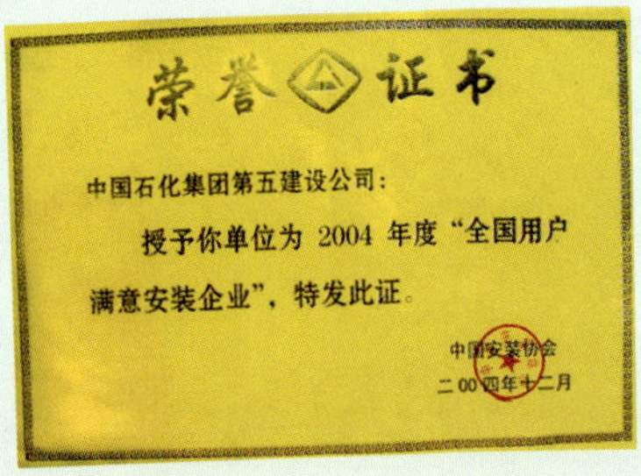


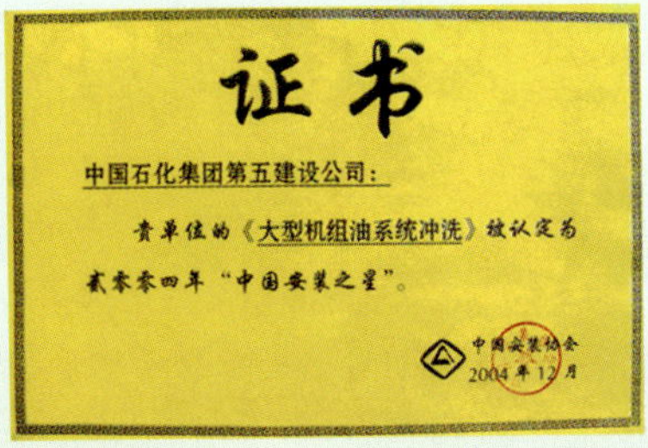


| 1 |
| --- |
| 2 |
| 3 \| 4 |

1. 西安石化总厂清洁燃料生产技术改造项目获2004年石化集团公司优质工程奖
2. 扬子石化公司热电厂增设1台410吨／时建筑安装工程获2004年石化集团公司优质工程奖
3. 获全国用户满意安装企业称号
4. 《大型机组油系统冲洗》获中国安装之星称号

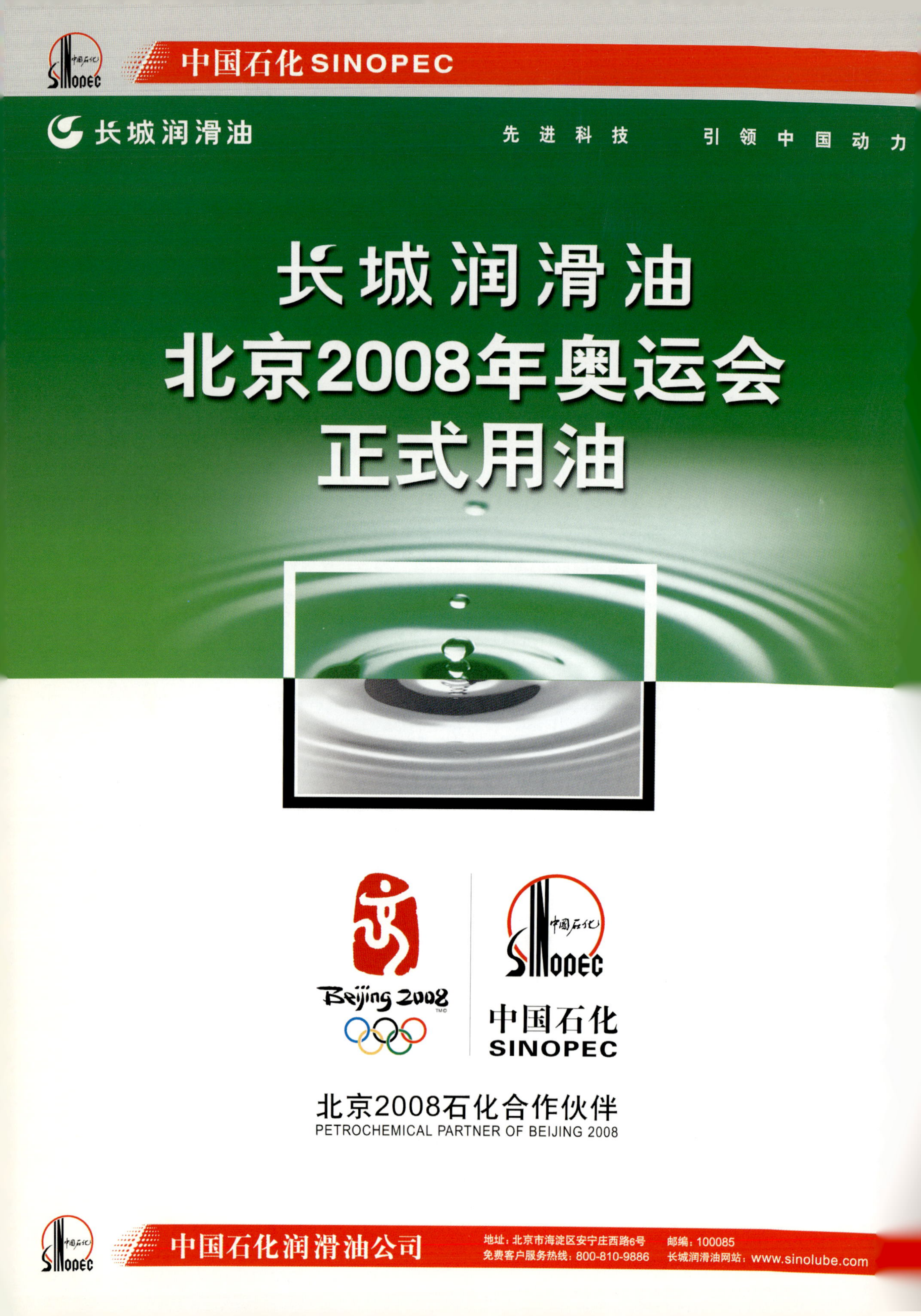
中国石化 SINOPEC
长城润滑油
先进科技　引领中国动力
长城润滑油
北京2008年奥运会
正式用油
Beijing 2008
中国石化
SINOPEC
北京2008石化合作伙伴
PETROCHEMICAL PARTNER OF BEIJING 2008
中国石化润滑油公司
地址：北京市海淀区安宁庄西路6号　邮编：100085
免费客户服务热线：800-810-9886　长城润滑油网站：www.sinolube.com

# 人　　物

# 先进人物

【李进龙】 男，1952年5月生，山东省梁山县人，中共党员，1978年8月毕业于华东石油学院物探专业，生前任胜利油田国外某勘探项目部总经理。他长期工作在胜利油田勘探战线，是胜利油田勘探方面的专家、优秀经营管理者和胜利油田油气主业开拓国外市场的先行者。2001年3月起担任胜利油田国外某勘探项目部总经理。李进龙在国外某勘探项目部工作3年期间，按照国际惯例，严格招投标，优选施工队伍，开拓创新，科学组织，提出了许多独创性的方案和见解。在他的努力和出色管理下，国外某油气勘探项目取得了一系列重大发现，第一口探井获得了日产1 000米$^3$的高产油流，成为当地中部地区近50年来取得的首次重大突破，震惊了当地石油界，引起了国际媒体的高度关注，打响了中国石化胜利品牌。他是胜利油田在新时期新阶段开拓创新、无私奉献的一面旗帜。李进龙一生干石油、爱石油，钻石油、精石油，奉献在石油。他不但精通石油勘探工程，更精通国际惯例和国际合作规则，是一位优秀的对外合作和海外项目管理组织人才。他在海外开拓市场，为加强中国和友好国家的友谊及经贸合作作出了突出的贡献，为胜利油田争了光，为中国石化争了光，为祖国争了光。李进龙长时间工作生活在艰苦环境中，在组织国外某勘探项目实施大突破的关键时刻，因劳累过度，积劳成疾，于2004年10月4日因病医治无效，在国外因公殉职。根据李进龙的一贯表现，石化集团公司决定追授他为“中国石油化工集团公司劳动模范”称号，并发出《关于开展向李进龙同志学习活动的通知》。

（潘武龙）

【米钰林】 男，1954年4月出生，重庆市人，高中文化，中共党员，四川维尼纶厂乙炔车间裂解工段高级技师。米钰林在乙炔车间工作了28个春秋。他为人正直，真诚谦逊，勤学善思，勇于奉献，善于钻研业务。为了更好地掌握装置的自控系统知识，他先后下苦功学习英语和计算机操作知识，参与组织了装置PLC一、二期工程改造和乙炔加列工程改造。在乙炔炉长周期运行的攻关战斗中，他对筛选出的影响乙炔炉长周期运行的各种因素进行分析论证，通过工艺参数、工艺操作的科学优化，为工厂节约资金达40余万元。在他与同事们的共同努力下，由于运行周期的延长，乙炔炉的检修台次大幅度下降，3年来，共减少124次检修台次，一台乙炔炉一年可多产乙炔100余吨，共为企业增效200余万元。米钰林也是一位热爱工会工作的基层工会工作者。他从1991年任车间工会主席，1998年任厂第五届工会委员会委员、职代会主席团成员以来，不断探索，创新班组、车间工会工作。他推行班组成本核算；实行车间事务公开、班组班务公开；开展“送温暖”活动，使职工切实感受到“家”的温暖。乙炔车间工会也多次获得四川维尼纶厂“先进职工之家”称号。米钰林2004年获得全国“五一劳动奖章”、“全国职工创新能手”、重庆市首届“十佳知识型职工”等荣誉称号。重庆市委和石化集团公司党组联合发出向当代知识型工人米钰林学习的决定。

（潘武龙）

# 全国五一劳动奖章获得者

【嵇岳明】 男，1966年1月出生，江苏省涟水县人，中共党员，工程师，清江石油化工有限责任公司生产计划处副处长兼重油催化裂化车间主任。他学习刻苦、认真，工作勤恳仔细，管理敢于创新。在担任重油催化裂化筹建办主任以来，和同事们一起为降低工程造价做了大量工作，通过努力使装置实际造价比预算节约近7 000万元。该装置从土建到一次性开车成功仅用了9个月时间，创下了国内同规模同等级催化建设的新纪录。该装置的投产运行加快了清江石化的发展，同时带来了可观的经济效益。他和石油大学、洛阳石化设计院等单位的专家们合作开发的PSC型高负荷强度烟气旋风分离器已获国家实用专利，并在燕山石化、洛阳石化、长岭炼化、清江石化等催化装置应用，装置可扩量40%，对延长烟气轮机使用寿命效果明显。嵇岳明1995年被共青团淮阴市委授予“新长征突击手”称号，1997年被淮阴市人民政府授予“淮阴市百名优秀青年岗位能手”称号，2001年被石化集团公司授予“优秀党务工作者”称号。

（古季扬）

【汪宏辉】 男，1974年2月出生，湖北省汉川市人，中技文化，中共党员，高级技师，江苏石油勘探局油田建设处石化设备制造厂电焊工。从1997年开始，他在苏丹先后参加了黑格里、班布、富拉油田的地面施工，这些项目每年为单位创造效益均在百万元以上。他刻苦学习、虚心求教，为掌握一个焊接要领，经常达到了痴迷的地步。经过艰苦的努力，他先后取得了仰板焊、下向焊、氩弧焊、$LO_2$气体保护焊、美国阿斯米、德国驯－287及有色金属焊接等24项国内国际焊接证书。他在油田电焊专业多次比赛中都名列前茅，在2000年全国石化企业焊接大赛中，与来自各地的百名高手同台较量，力压群雄，获得第一名，并与同伴合作获得团体第三名，这是自1975年江苏油田成立以来在全国级焊接大赛中取得的最好成绩。他连续3年被评为江苏油田双文明劳动模范，并先后获得石油集团公司基建系统技术能手、石化集团公司青年岗位能手、江苏省新长征突击手等荣誉称号。2003年10月当选为“江苏省十大杰出青年”。

（古季扬）

**【朱永平】** 男，1956年8月出生，江苏省扬中市人，大专学历，中共党员，高级工程师，上海石化股份公司化工事业部副总工程师。朱永平是一名由仪表检修工人通过刻苦自学成长起来的技术人才，自2001年3月担任上海石化股份公司化工事业部副总工程师后，对口分管生产和基本建设两条线的工作。3年来，他先后担任7#空分建设、乙二醇增量改造、13万吨/年丙烯腈改造、氰化钠技术改造等重大项目仪表方面的总负责人。在日常生产和设备运行过程中，他不但要负责设备运行管理和重大故障的处理，还要配合做好基建改造工作。事业部近几年的改造任务相当繁重，先后进行了乙醛/醋酸乙酯改造、环氧乙烷/乙二醇改造等，朱永平作为仪表方面总负责人，为了作出技术领先、性能可靠、投资经济的方案，在对口设计中力求考虑周密、设计完善，从而确保了最后实施阶段工作的一次成功。13万吨/年丙烯腈改造项目是化工事业部的重点项目，在该项目施工的100多个日日夜夜里，他每天扎根在工地，与设计人员、技术人员、施工人员商讨、分析、解决问题。在连续紧急停车系统等关键设备的选型上，严把技术、产品质量关，反复进行论证，确保不在关键设备上留下遗憾。同时，在T-103顶部废气排放调节阀的选型上，大胆采用了同类装置不敢使用的国产阀门，为国家节约资金150多万元。朱永平曾获中国石化优秀青年知识分子称号，2000年被评为上海市劳动模范。

（古季扬）

**【马晓昌】** 男，1967年7月出生，湖北省仙桃市人，硕士研究生，中共党员，高级工程师，江汉油田清河采油厂地质研究所副所长。马晓昌分管勘探工作，在清河采油厂工作的5年多时间里，他在国家核心期刊上发表论文两篇，《八面河油田断块油藏流动勘探开发技术研究》获石化集团公司科技进步奖二等奖，5项成果获江汉石油管理局三等以上科技进步奖。2002年他带领勘探室全体科技人员开展攻坚战，找出1 217万吨的探明石油地质储量，控制储量611万吨，分别是计划指标的304.3%、152.8%，为八面河油田的发展作出了突出贡献。他专业功底扎实，对每张测井及部署图都能辨别出区块、测线、界面和断层，被人称为“活电脑”、“马博士”。他创新的圈闭描述技术和低电阻率油层识别技术使老区深化勘探取得新进展，新增优质储量近百万吨。2002年被评为江汉石油管理局“双文明标兵”，2003年获湖北省“五一劳动奖章”。

（古季扬）

**【李 桦】** 男，1956年10月出生，湖南省岳阳市人，大学文化，中共党员，高级工程师，长岭分公司计算机应用研究所副所长。李桦长期从事生产过程计算机先进控制应用技术的研究与开发工作。他工作刻苦钻研、锲而不舍、脚踏实地，成为了先控技术、自控技术的带头人，在生产过程控制领域里取得了丰硕成果。他曾参与“催化装置计算机监控优化系统”的研究开发；负责“25万吨/年气分装置DCS系统工程项目”、“催化轻柴油倾点闭环控制系统”、“催化汽油蒸气压先进控制系统”、长炼“CIMS一期工程”、国家“九五”攻关项目“多装置区域协调控制系统”、“1#联合装置RMPCT先进控制”的开发及应用工作。多项成果获长岭炼化总厂、巴陵石化公司、石化集团公司科技进步奖，其中“催化轻柴油倾点闭环控制系统”、“催化汽油蒸气压先进控制系统”两项科研成果在国内首创，处于国内领先水平，在石化系统具有良好的推广价值。仅“催化轻柴油倾点闭环控制系统”、“催化汽油蒸气压先进控制系统”、“1#联合装置RMPCT先进控制”3套控制系统在生产装置应用以来每年就创经济效益541万元。他在与同事合作取得多项研究成果的同时，还发表了10多篇科技论文，分别获石化总公司、湖南省、岳阳市优秀论文奖。“催化轻柴油倾点闭环控制系统”、“催化汽油蒸气压先进控制系统”两项成果被国家科委编入《中国科技大全》，并收入《世界优秀专利技术精选》一书。1996年、1997年连续两届获得长岭炼化总厂劳动模范称号，2000年被授予石化集团公司劳动模范称号。

（古季扬）

**【刘成川】** 男，1966年11月出生，湖南省邵阳市人，硕士研究生，高级工程师，西南分公司勘探开发研究院副总工程师。刘成川专业基础扎实，知识面宽阔、善于创新，参加工作以来先后主持或参与了国家、中国石化及西南分公司生产科研项目30余项，所取得的科技成果对川西地区天然气勘探开发的不断突破起到了巨大的作用，并先后获得四川省科技进步奖和西南分公司科技进步奖。本人曾获得四川省杰出青年技术创新创业带头人和石化集团公司青年岗位能手荣誉称号。

(古季扬)

**【田恒余】** 男，1965年3月出生，江苏省连云港市人，大专文化，中共党员，技师，南京化工公司连云港碱厂重碱车间工段长。田恒余在企业生产的核心岗位——碳滤岗位一干就是18年，成为企业最早的化工技师之一。近年来，田恒余积极参与企业的科技创新，潜心学习岗位新知识、刻苦钻研新技术，培养了一批学习型、创新型的现代技术工人，在企业科学发展的道路上大展身手。在田恒余和科研人员的努力下，该厂碳化转化率、尾气含氨和纯碱盐分极差3项指标连续多年保持全国同行第一名，累计为企业创造经济效益2 000多万元。

(古季扬)

**【何宏凯】** 男，1969年11月出生，河南省孟津县人，中技文化，仪表维修技师，洛阳石化总厂三隆公司化纤维修车间仪表班班长。他立足本职岗位，善于学习勤思考，凭借精湛的技术完成了多项技术攻关，为企业的技术进步作出贡献。他与工友们一起，成功地解决了聚丙烯装置制氢机的PLC控制系统、聚合装置D-203下料程控阀长周期运行的技术难题，使企业取得良好的经济效益。在洛阳石化PX、PTA、PET 3套化纤装置现场的三查四定工作以及DCS、ESD及PLC的安装、接线和调试工作中，他心细如丝，发现了仪表大小问题上千项，以充分的理由督促外国专家给予解决，保证了整个化纤厂的如期开工。他配合UOP控制专家，顺利完成了ACCS控制系统的硬件安装与调试工作，得到外商的高度评价。他在维护PTA装置过程中，发现该装置有11台贴壁阀存在问题，严重影响到装置的安稳长运行，于是他主动对问题进行分析，着手对气路控制系统攻关改造，获得了成功，使外商大为赞扬并按照他改造的原理，免费提供了控制板。

(古季扬)

**【刘纯广】** 男，1954年生，江西省南昌市人，大学文化，中共党员，政工师，九江石化总厂党委副书记兼工会主席。刘纯广自1997年担任九江石化总厂工会主席以来，坚定不移地贯彻执行党的全心全意依靠职工办企业的方针，热心工运事业，认真履行工会职能，开拓创新，与时俱进，成绩显著。6年来，围绕安全生产，九江石化总厂工会积极开展以“安康杯”为主要内容的双增双节、合理化建议、小指标劳动竞赛、技术比武等经济技术创新活动，每年为企业创效千万元以上。他热忱为职工服务，深入开展以“安康保险”为主要内容的职工互助活动和“送温暖”工程活动，并以此为重点，拓展为职工服务的领域。在他的积极努力下，九江石化总厂先后成立了“职工医疗互助保险基金会”、“职工医疗补充保险基金”，解决了患大病、重病职工医疗费困难的问题。1998年以来，九江石化总厂工会一直保持全国模范职工之家光荣称号，还先后获得全国“安康杯”竞赛优胜单位、全国先进女职工委员会以及全国职工体育运动先进单位等光荣称号。他本人多次被江西省、九江市工会评为工会先进个人，并光荣地出席了中国工会十三届、十四届全国代表大会。

(古季扬)

**【张　宏】** 男，1965年3月出生，山东省寿光市人，大专文化，中共党员，齐鲁石化公司塑料厂低密度聚乙烯车间主任。多年来，他带领车间技术人员消除了装置因反应器静电对安全生产的严重干扰，创造了低密度聚乙烯装置长周期运行253天的好成绩，被齐鲁石化公司评为“QC”成果二等奖。2003年装置改扩建工作开始后，他在集中精力抓好改扩建的同时，积极推进内部改革，在全厂率先实现了车间班组整合及岗位合并，同时带领大家狠抓装置的优化操作和潜能开发，使装置单耗连续多年保持国内领先水平，并在低密度装置上成功开发生产了高密度聚乙烯产品。他所在的车间连续3年被评为齐鲁石化公司“信得过车间”。在中国石化同类装置达标竞赛评比中，该装置连续两年荣获第一。张宏曾获得山东省职工自学成才奖、齐鲁石化公司劳动模范和优秀共产党员称号。

(古季扬)

**【程海鹏】** 男，1972年12月出生，山东省广饶县人，中专学历，中共党员，胜利油田临盘采油厂采油一队副队长。近年来，他积极投身科技创新实践活动，立足本职岗位积极开展技术创新，发明创造，先后有15项革新成果获奖。他发明的“抽油机节能减速器”获得国家专利。程海鹏先后获得采油厂“学为民标兵”、山东省“富民兴鲁”劳动奖章、石化集团公司劳动模范称号。

(古季扬)

**【房广信】** 男，1944年3月出生，安徽省砀山县人，大学文化，中共党员，高级工程师，茂名石化公司经理。他自1968年毕业分配到茂名石化公司工作以来，从基层做起，取得了多方面的成绩，为企业作出了重大贡献。他多年从事炼油装置设计工作，组织节能降耗，在与同事们的共同努力之下，使当时节能水平排在石化总公司第21位的茂名石化一跃成为第一名，并且连续8年保持第一。2002年，他作为聚乙烯新型高效催化剂开发项目的第二负责人，成功开发SCC-1型催化剂。该项目获得石化集团公司科技进步一等奖，国家科技进步二等奖。房广信曾获石化集团公司劳动模范称号。

（古季扬）

【米钰林】 见“先进人物”介绍。

（古季扬）

# 大 事 记

# 2004 年

## 1 月

**4—10 日** 王基铭在云南昆明主持召开第八届国际过程系统工程年会(简称 PSE2003)，并在会上作了题为《中国石化的改革发展与信息化建设》的主旨报告。会议期间，王基铭先后会见了 PSE 国际执行委员会主席雷克拉伊提斯、美国 Honeywell 公司亚太区总裁希金斯，并前往云南省人民政府拜会了云南省副省长李新华，就双方间的下一步合作进行了探讨。

**9—16 日** 张家仁率中国石化代表团出访利比亚。10 日下午拜会中国驻利比亚大使黄杰民；11 日上午与利比亚国家石油公司上游对外合作负责人举行会谈；12 日参观利比亚国家石油公司所属锡尔特石油公司、拉斯拉努夫油气加工厂炼油石化装置及瓦哈石油公司石油储运码头；13 日上午拜会利比亚国家石油公司董事会主席兹雷特尼，下午与利比亚国家石油公司董事、销售总经理举行会谈。访问结束时，与利比亚国家石油公司签署了 2004 年原油购买协议和上游会谈纪要。

**15—16 日** 石化集团公司暨石化股份公司 2004 年度安全生产工作会议在京召开。15 日上午召开电视电话会议，陈同海作重要讲话，王基铭主持会议，刘根元宣读表彰决定，王天普作工作报告。

**17—19 日** 王基铭赴湖北武汉，与湖北省、武汉市一起商讨湖北及武汉石油化工产业发展事宜。期间，王基铭先后与中共中央政治局委员、湖北省委书记俞正声，湖北省省长罗清泉，常务副省长周坚卫，湖北省委副书记、武汉市委书记陈训秋，武汉市长李宪生等就湖北石化产业发展交换了意见，并于 18 日与省、市政府签署了相关会谈纪要。

**21 日上午** 中共中央政治局常委、国务院副总理黄菊在浙江省委书记习近平、省长吕祖善等陪同下到镇海炼化股份公司考察工作，并向广大干部职工致以节日的问候。陈同海和镇海炼化股份公司领导一起向黄菊介绍了镇海炼化的有关情况。

## 2 月

**31 日—2 月 3 日** 陈同海率团访问加蓬共和国。陈同海参加了胡锦涛主席在加蓬首都利伯维尔的主要国事活动。在出访期间，陈同海一行先后拜会了加蓬国防部阿里·邦戈部长(Mr. Ali Bongo)和加蓬能矿部里夏尔·奥努韦耶特部长（Mr. Richard Onouviet)，并在原油购买协议签署仪式上与道达尔加蓬公司总经理格鲁特(Mr. Grotte)见了面，期间还分别会见了星通公司董事长曾加先生(Mr. James Zenga)和总裁戚其文先生(Mr. Ivan Qi)。1 月 31 日，陈同海出席了联合石化与道达尔加蓬石油公司购买加蓬原油的长期供货合同签字仪式，加蓬国防部长阿里·邦戈，矿业、能源、石油和水力资源部长奥努韦耶特和道达尔加蓬公司总经理格鲁特参加了签字仪式。2 月 2 日，胡锦涛主席和邦戈总统出席了陈同海和奥努韦耶特分别代表双方签署的在能源领域全面合作的《谅解备忘录》签字仪式。2 月 3 日，陈同海和奥努韦耶特部长在加蓬能矿部大楼签署了加蓬《三个区块联合研究协议》。

**3 日下午** 国务委员陈至立，全国政协副主席、工程院院长徐匡迪来到石油化工科学研究院考察指导工作，并向大家致以新春问候。一同参加考察慰问的还有科技部部长徐冠华，国资委党委书记、副主任李毅中，国务院副秘书长陈进玉。张家仁和袁晴棠陪同。

**2—4 日** 中国石化、德国巴斯夫公司在南京首次联合召开中外各方参加的扬巴一体化(IPS)现场办公会。王基铭和巴斯夫公司执行董事凯迈业主持召开了现场办公会并分别在会上作了讲话。巴斯夫公司东亚区总裁倪宣德和美国福禄公司、石伟公司、日班日挥、东洋工程公司等 EPC 承包商出席会议。会议期间，江苏省省长梁保华、副省长吴瑞林，南京市委书记罗志军、市长蒋宏坤分别会见并宴请了中国石化一行，就有关合作事宜进行了探讨。

**9—11 日** 中国石化销售企业工作会议在广州召开。陈同海、张家仁出席会议并讲话，李春光主持会议。

**11 日中午** 王基铭在北京钓鱼台国宾馆陪同全国政协原副主席陈锦华会见并宴请了国际能源署前署长普特罗一行。

**13 日** 中国石化—上海国际赛车场赛道专用沥青合同签字仪式在总部举行。王基铭和上海国际赛车场有限公司董事长、总经理毛小涵以及德国 TILKE 公司总经理 Peter wahl 到会并分别致辞，王天普主持仪式。

**16—17 日** 石化集团公司 2004 年纪检监察工作会议在京召开。陈同海到会并作重要讲话，王基铭主持会议。

**18 日上午** 以朱明暹为主席的国务院监事会 42 办正式进驻石化集团公司。陈同海代表党组汇报了石化集团公司的基本情况。

**18 日晚** 陈同海会见巴西国家石油公司董事塞尔维罗先生一行，双方就有关合作事宜进行了深入交流。

**16—26日** 刘根元率团应邀访问德国化学工业雇主联合会和有关公司。访问期间，代表团先后拜访了德国化学工业雇主联合会(BAVC)、德国化学工业分会、德固赛集团(Degussa AG)、瓦克集团(Wacker Group)、苏威集团(Solvay)和威利雅水务公司(Veolia Water)，与外方高层管理人员就推进企业内部结构调整、公用工程运行等方面情况进行了交流，并就石化集团公司非上市炼化企业与外方的合资合作进行了探讨，听取了德国化学工业协会代表就德国化学工业整体情况的介绍。

**25—26日** 石化股份公司炼油工作会议在北京召开。陈同海、王基铭在开幕会上作重要讲话。

**26—27日** 石化集团公司暨石化股份公司2004年审计工作会议在京召开。陈同海作重要讲话，国家审计署副审计长董大胜、国务院监事会主席朱明暹到会并讲话。

## 3月

**1日** 陈同海会见伊朗石油部副部长侯塞尼昂先生一行，双方就有关合作事宜进行了深入会谈并交换了意见。出席会见的有伊朗驻华大使韦尔迪内贾德、伊朗国家有关石油天然气公司负责人，张耀仓和蔡希有及有关部门负责人参加。

**1—15日** 牟书令先后到巴西、巴哈马、古巴考察。在巴西牟书令会见了巴西国家石油公司的有关负责人，并就双方在上游领域的合作进行了会谈；之后在巴西利亚会见了巴西能矿部长，并邀请部长在合适的时候访问中国石化。在巴哈马牟书令会见了中国石化的合作公司——美国星通公司，并与其董事长就双方在上游的合作事宜进行了会谈。在古巴牟书令会见了古巴国家石油公司总裁、基础工业部部长、国务委员等政府部门的要员，并就中国石化在上游开发的技术作了介绍，与古巴在上下游达成了11点需共同合作的事项；在古巴期间，古巴革命委员会主席、总统卡斯特罗亲切接见了代表团成员。

**5日下午** 陈同海和曹湘洪共同会见美国康菲石油公司总裁兼首席执行官Jim Mulva先生，双方就有关合作问题交换了意见。

**6日晚** 陈同海在福建大厦会见福建省委代书记、省长卢展工，双方就进一步推动福建炼化一体化项目对外谈判、加快工程建设等问题交换了意见。

**9日下午** 陈同海会见日本丸红株式会社社长胜俣宣夫一行，双方就有关合作事宜交换了意见。

**10日中午** 陈同海在北京饭店会见中共中央政治局委员、湖北省委书记俞正声，湖北省省长罗清泉，双方就武汉石化项目体制等有关问题交换了意见。

**5—12日** 受石化集团公司党组的委托，王基铭率中国石化代表团赴沙特阿拉伯王国出席沙特鲁卜哈里盆地B区块天然气风险勘探开发权协议的签字仪式。

**16—17日** 石化集团公司暨石化股份公司2004年科技进步工作会议在北京召开。陈同海、王基铭出席并讲话，牟书令主持会议，曹湘洪作工作报告和会议总结。

**19日晚** 陈同海会见壳牌集团董事长马博德先生一行，双方就有关合作事宜交换了意见。

**22日下午** 石化集团公司和中国电信集团公司在石化总部正式签署合作框架协议，王基铭、刘根元和中国电信集团公司副总经理常小兵、李平出席，王基铭、常小兵分别致辞，刘根元、李平代表双方签字。

**22—24日** 石化集团公司暨石化股份公司财务工作会议在北京召开。陈同海出席开幕会并讲话，王基铭主持，张家仁、刘根元分别作石化股份公司和石化集团公司非上市部分财务工作报告。

**22—25日** 陈同海赴齐鲁石化、胜利油田调研。22日晚，与齐鲁石化主要负责人谈话。23日，出席齐鲁石化领导班子会和中层干部大会并讲话。当晚，陈同海会见淄博市委书记张建国一行，就加强中央企业与地方政府合作的有关问题交换了意见。24日，在胜利油田调研。当晚，陈同海会见东营市委书记石军、市长刘国信一行，双方就有关工作交换了意见。

**23—24日** 王基铭、王天普一行赴天津石化。23日下午察看了天津石化乙烯和炼油部分装置，晚上听取了天津石化生产经营工作和天津大乙烯准备情况的汇报。24日上午，王基铭在天津南疆码头听取了燕山石化公司关于从天津港上岸进口原油有关情况的汇报，并察看了天津南疆码头及储运设施。中午，王基铭与天津市委副书记、市长戴相龙等就建设天津大乙烯工程有关情况交换了意见。

**25日上午** 王基铭在总部会见了来访的日本三井化学株式会社社长中西宏幸一行，就有关合作事项交换了意见。中午，石化股份公司与日本三井化学株式会社举行了合资建设高桥石化双酚A项目意向书的签字仪式。

**26日下午** 石化集团公司与国家开发银行在钓鱼台国宾馆举行《长期战略合作协议》签字仪式。陈同海和国家开发银行行长陈元分别致辞，王基铭和开发银行副行长姚中民代表双方签字，张家仁主持签字仪式。

**26日下午** 石化股份公司第二届监事会第三次会议在总部召开，会议由王作然主持。

**26日** 石化股份公司第二届董事会第七次会议在总部举行。会议由陈同海召集并主持。

**26日—4月6日** 张耀仓率代表团访问苏丹和阿联酋，对石油勘探开发、工程技术、石油化工和原油贸易市场等有关情况进行考察，进一步拓展中国石化在苏丹及中东地区的合作业务。

**29日上午** 石化集团公司迎接国家审计署对其进行经济责任和财务收支审计审前调查会议在总部机关召开。陈同海出席会议并讲话，王作然向审计署审前调查组介绍了石化集团公司历史沿革、法定代表人及领导班子成员、资产分布情况、2002—2003年主要经济指标和财务数据及电算化情况。

**29日晚** 中国、也门两国间合作协议签字仪式在人民大会堂举行，国务院总理温家宝和也门巴杰麦勒总理出席签字仪式。陈同海和也门石油矿产部部长拉希德先生分别代表双方签署了《也门1区块产品分成协议》，也门共和国副总理艾哈迈德及两国有关部委负责人出席。

**29日—4月12日** 石化股份公司2003年年度业绩公布后，陈同海、王基铭率团分两组先后在香港、新加坡、欧洲和美国举行了年度业绩路演推介活动。31日中午，在香港举行了资本市场分析师午餐会。下午，举行了业绩新闻发布会。大型推介会后，陈同海、张家仁率A组在香港、新加坡、法国和英国进行路演，王基铭率B组在香港和美国进行路演，共举行了1场小型推介会和35场一对一会议，会见基金经理68人。在境外期间，公司领导还分别会见了bp、壳牌、摩根士丹利、瑞士信贷第一波士顿、雷曼兄弟公司、波特化学公司及其母公司KKR以及艾斯苯公司的高层领导，就双方未来的合作广泛地交换了意见。

**30日上午** 由中国石化、德国巴斯夫公司、上海华谊集团公司、上海化学工业区联合主办的"可持续发展——化学工业论坛"在上海锦江饭店召开。王基铭和全国人大环资委副主任委员冯之浚、德国驻上海总领事芮悟峰博士、上海经委副主任乐景彭(代表上海市副市长唐登杰)、德国巴斯夫公司执行董事凯迈业博士、中国石油和化学工业协会会长谭竹洲、上海华谊集团董事长张培璋、上海化学工业区管委会主任阮延华在开幕式上讲话。

## 4月

**2日上午** 陈同海、王基铭在总部会见来访的沙特王国石油和矿产大臣纳依米一行，就有关合作事宜交换了意见。王天普和蔡希有及总部机关有关部门负责人参加。

**6日上午** 中国共产党优秀党员、忠诚的共产主义战士、原中国石化总公司党组成员、副总经理张皓若同志的遗体送别仪式在北京八宝山革命公墓礼堂举行。张皓若同志因突发心脏病，经抢救无效于2004年3月27日下午4时在北京逝世，享年72岁。石化集团公司和党组同志分别送了花圈。中共中央政治局常委、国家副主席曾庆红，中共中央政治局委员、书记处书记、中央组织部部长贺国强，全国人大常委会原副委员长邹家华，全国政协原副主席陈锦华和国资委党委书记、副主任李毅中及曹湘洪、刘根元、王天普、费志融等出席送别仪式。

**6日下午** 扬子石化140万吨/年芳烃装置扩能改造引进UPO技术合同签字仪式在总部举行，曹湘洪出席并会见了参加签字仪式的UOP公司副总裁卡洛斯先生，就有关吸附剂合作开发及其他技术合作事宜交换了意见。

**6日** 中共中央政治局委员、书记处书记、国务委员周永康到中原油田生产一线进行考察，河南省委书记李克强，省委副书记、纪委书记李清林，省委常委、政法委书记张世军，副省长秦玉海和王作然陪同。

**14日下午** 王基铭在总部会见来访的沙特基础工业公司(SABIC)执行副总裁诺杰迪一行，双方就下一步合作交换了意见。

**15日** 中共中央书记处书记、中央纪委副书记何勇到燕山石化公司调研。下午，调研组召开座谈会，何勇作重要讲话。他强调，要坚持党对国有企业的领导，确保党的路线方针政策在企业的落实，紧紧围绕着发展这个党执政兴国的第一要务，不断抓好深化国有企业改革工作。国资委党委书记、副主任李毅中主持座谈会并讲话，陈同海汇报了石化集团的历史沿革、生产经营、减员增效以及党的建设和反腐倡廉工作等有关情况。

**16日** 陈同海在总部会见美国陶氏化学公司总裁兼首席运营官利伟诚一行。双方就中国经济发展和世界化工产品的发展情况进行了交流，并就石油化工行业如何实现可持续发展等问题进行了探讨。

**16日下午** 王基铭、刘根元在总部会见比利时苏威公司执行委员会委员兼化工部总经理儒刚(Christian Jourquin)先生一行并出席南京化学工业有限公司与比利时苏威公司纯碱合资双边意向书草签仪式。

**18日** 曹湘洪前往日本访问。先后拜访了日本政府环境省环境管理局、日本政府经济产业省资源能源厅、日本能源经济研究所、日本汽车工业协会、日本 COSMO 石油公司等有关部门和企业，了解日本油品质量超标准的制定过程和方式，并与三菱化学公司签署了化工信息交流备忘录。

**21日中午** 王基铭陪同全国政协原副主席陈锦华在北京京城大厦会见来访的美国福陆公司原董事长塔潘一行。中国企业联合会副理事长胡新欣及总部机关有关部门负责人参加。

**21—23日** 由中国石油大会中国国家委员会和蒙特尔能源组织共同举办的“中国—蒙特尔能源圆桌会议”在北京东方君悦饭店举行。本次会议就高效利用能源的投资策略、新能源技术、实现可持续发展等方面展开了讨论。世界石油大会中国国家委员会主任王涛、蒙特尔能源主席 Richard Mckean 主持了论坛。王基铭和中化集团公司副总裁李辉、海洋石油总公司副总经理周守为、中国煤炭工业协会会长范维唐、石油集团公司副总经理周吉平等参加了论坛。王基铭主持了分论坛会议并就“中国石化工业的技术进步与能源供应”作了主旨报告。

**23—25日** 陈同海赴海南出席了博鳌亚洲论坛2004年年会。期间会见了德国德固赛公司董事长费溪德博士，参加了博鳌亚洲论坛年会开幕式，出席了“能源：挑战与合作”圆桌会议并发言。

**25日** 曹湘洪赴韩国考察。26日访问韩国 SK 公司的蔚山工厂，并签署了合作及交流备忘录。27日晚，曹湘洪会见韩国 LG 化学公司高层领导，双方就有关事宜交换了意见。28日，曹湘洪访问 SK 公司的总部，会见了 SK 公司高层领导，并就有关问题交换了意见。

**26日上午** 海南炼油项目续建工程奠基仪式在海南洋浦举行。海南省委书记汪啸风，省委副书记、省长卫留成，省委常委、常务副省长吴昌元，副省长李礼辉、刘琦，省政府秘书长许俊，石化集团公司陈同海、王基铭和蔡希有、黄鉴出席。

**28日上午** 由国家财政部和国务院国资委联合举办的中央企业分离办社会职能试点工作会议在北京国谊宾馆开幕，会议布置了中国石化、中国石油、东风汽车等3家企业分离办社会职能试点工作。国务院有关部门、有关省市主管领导出席了会议，刘根元代表石化集团公司出席会议。下午，在国务院第五会议室，国务院副总理黄菊出席了座谈会并作重要指示，会议由国务院副秘书长尤权主持。国资委主任李荣融、财政部副部长朱志刚等在座谈会上发了言。王基铭和刘根元出席会议并发言。

**29日—5月5日** 曹湘洪前往马来西亚，对 Shell 公司设在马来西亚宾图鲁的 SMDS 工厂就 GTL 商业运行装置进行了参观考察，并到现场参观了 GTL 装置。之后赴新加坡参观了 Shell 公司在新加坡的炼油厂，并到现场考察。

**30日上午** 石化集团公司 2003 年度全国青年文明号青年岗位能手表彰电视电话会议在总部机关召开。团中央书记处书记王晓和王基铭到会并先后讲话，王作然主持会议。

## 5月

**8—14日** 为配合国务院总理温家宝出访欧洲，陈同海率团于5月8日—14日出访英国。陈同海出席了英国贸工部和中国商务部共同主持的商务签字仪式，与英国石油公司和英荷壳牌集团公司分别签署了有关浙江、江苏成品油零售及南京醋酸项目的合资合同和框架协议。出访期间，陈同海一行先后会见了英荷壳牌集团董事长范德伟先生、瑞银投资银行全球执行主席布列坦勋爵、英国石油公司董事长布朗勋爵、F1 赛车协会主席艾可斯通先生，还参观了英国石油公司 IST 交易所。

**11—13日** 世界石油大会中国国家委员会和中国—阿拉伯友好协会经贸委员会在北京举办“中国—也门油气与矿产资源合作专题交流研讨会”。张耀仓应邀出席开幕式并就中国石化的实力与对外合作情况发表演讲。12日下午，张耀仓率领中国石化代表团，与也门石油与矿产部长拉希德·萨利赫·巴尔巴阿先生率领的也门代表团就进一步加强中国石化与也门在石油天然气勘探开发、炼油化工工程建设、油田工程技术服务、原油贸易等方面的广泛合作进行了交流和洽谈。13日中午双方签署了合作备忘录。

**15—16日** 牟书令在沙特达兰参加国际天然气会议，会议期间会见了沙特阿美公司董事长、总裁等高层人士，就中国石化与沙特在石油与天然气合作事宜进行了商讨。

**16日** 石化集团公司暨石化股份公司分离办社会职能试点工作会议在北京胜利饭店召开。陈同海出席上午的会议并作重要讲话，刘根元传达中央企业分离办社会职能试点工作会议及国务院副总理黄菊的讲话精神，并就石化集团公司及石化股份公司全面启动分离办社会职能工作进行了动员和部署，张耀仓作会议总结讲话，张保鉴传达了财政部副部长朱志刚和国资委副主任邵宁在中央企业分离办社会职能试点工作会议上的讲话精神。王作然和王志刚出席了上午的会议。

**18日上午** 石化股份公司 2003 年股东年会在北京五洲大酒店国际会议中心召开。会议由石化股份公司董事、高级副总裁兼财务总监张家仁主持，出席会议的股东和股东授权代理人共有11人，陈革及有关部门负责人等列席了会议。会议审议通过了6项普通决议案和2项特别决议案。

**19日上午** 陈同海会见安哥拉石油公司总裁曼努埃尔·文森特先生一行，双方就有关合作事宜交换了意见。蔡希有及总部机关有关部门负责人参加。下午，曾培炎副总理在中南海紫光阁接见了曼努埃尔·文森特先生一行，陈同海参加。

**19—22日** 牟书令赴伊朗，与伊朗国家石油公司就石油勘探开发和LNG等事宜进行谈判，并达成初步结果，签署了合作备忘录；在此期间，牟书令前往胜利油田在伊朗正钻的ARN-2井现场考察。

**20—25日** 王基铭率中国石化代表团一行出访法国巴黎、摩纳哥蒙特卡罗。21日中午，主题为"中国石化与F1牵手"的中国石化F1蒙特卡罗特别招待午宴在蒙特卡罗举行。午宴由ASM公司总裁沃伦主持，王基铭代表中国石化致欢迎词。全国政协原副主席陈锦华、FOA总裁埃克尔斯通、国际汽车联合会主席莫斯里及美国ABB鲁玛斯首席执行官兼总裁毕瑞科、法国德西尼布公司、德国SAP公司等15位贵宾，60多名F1资深记者参加了特别午宴。在蒙特卡罗期间，中国石化代表团观摩考察了摩纳哥F1大奖赛。24日上午，王基铭率中国石化代表团前往巴黎拜访了法国道达尔集团董事长兼首席执行官德马雷一行，就双方间下一步合作进行了探讨。中午，法国德西尼布公司董事长兼首席执行官瓦洛在巴黎公司总部会见并宴请了中国石化代表团一行。双方就未来合作进行了友好交谈。

**21日上午** 由中华文学基金会和铁人文学专项基金管理委员会共同主办，中国石化、中国石油和中国海洋石油三大集团共同协办，以铁人王进喜命名的"中华铁人文学奖"第二届颁奖大会在北京人民大会堂隆重举行。陈同海、铁人文学基金会会长焦力人、中国作协党组书记金炳华出席会议并作了重要讲话，石油集团公司党组书记、总经理陈耕宣读了《关于表彰奖励第二届"中华铁人文学奖"获奖者的决定》，全国人大环境资源与保护委员会委员、铁人文学基金会常务副会长阎三忠作了评奖情况报告，王作然主持会议。"中华铁人文学奖"是我国石油、石化行业最高级别的文学大奖。本次大会共有22部作品获奖，24部作品获提名奖，4位作家获荣誉奖。其中中国石化系统7部作品获奖，6部作品获提名奖。

**24日下午** 陈同海会见巴西国家石油公司总裁兼首席执行官杜特拉先生一行，会谈后出席了双方《战略合作协议》签字仪式。

**24日下午** 陈同海会见美国摩根士丹利董事长裴熙亮先生一行，双方就共同关心的问题交换了意见。

**24日晚** 陈同海会见并宴请德国巴斯夫公司董事长贺斌杰先生一行，双方就有关合作事宜交换了意见。

**26日上午** 王基铭在总部会见并宴请法国斯伦贝谢公司董事长兼首席执行官古德一行。双方就下一步如何开展勘探合作、技术交流的有关问题达成了共识。

**26日** 石化集团公司与重庆市人民政府在重庆举行中小学移交协议签字仪式，将所属四川维尼纶厂的两所中小学交给地方政府管理。财政部副部长朱志刚、国资委副主任邵宁、重庆市常务副市长黄奇帆，石化集团公司陈同海、刘根元、张耀仓出席了签字仪式。石化集团公司与重庆市签署的中小学移交协议，是国办《通知》下发后中央企业分离办社会职能试点工作中的第一份移交协议。

**28日上午** 陈同海会见古巴中央政治局委员、国务委员会委员、基础工业部部长波塔尔先生一行，双方就共同关心的有关事宜交换了意见。古巴政府部长卡布里萨斯先生、古巴驻华大使罗德里格斯先生、古巴基础工业部部长顾问雷耶斯先生、古巴国家石油公司总经理里贝罗先生参加。

**28日—6月1日** 牟书令陪同国家发改委代表团赴加蓬考察，与加蓬能矿部签署了有关合作协议。

**30—31日** 石化集团公司暨石化股份公司第三次环保工作会议在京召开。在30日上午举行的电视电话会上，陈同海讲话强调，要树立科学发展观，遵守环保法律法规，守法经营，履行社会责任。要建立严格的管理制度，建立环保问责制。要将环保工作纳入"十一五"规划，实现经济与环境的持续协调发展。王基铭主持会议，张家仁、曹湘洪、刘根元、张耀仓出席会议，王天普作工作报告。

**30日—6月3日** 王基铭一行赴新疆。31日，"新疆石油石化发展战略与规划论证会"在新疆乌鲁木齐昆仑宾馆召开。中共中央政治局委员、新疆自治区党委书记王乐泉，自治区党委副书记、政协主席艾斯海提·克里木拜，自治区党委副书记、常务副主席王金祥，自治区党委常委、副主席艾力更·依明巴海以及中国石油和化学工业协会会长谭竹洲、石油集团公司副总经理王宜林、中国化工集团公司副总经理范小森出席会议。王乐泉在开幕会上作重要讲话，王基铭代表石化集团公司在大会发言，王金祥在闭幕会上讲话。王志刚和总部机关有关部门负责人参加。2日，在新疆库车王基铭主持召开"塔河稠油技改项目现场办公会”，新疆自治区主席助理、经贸委主任王永明，王志刚参加。

中国石化人[2004]105 号文：鉴于年龄原因，经党组研究，决定：解聘刘文龙的集团公司总经理助理、总经济师职务，办理退休手续；解聘袁晴棠的集团公司总工程师职务；解聘李干生的集团公司副总工程师职务，办理退休手续。

## 6 月

**1—3 日** 泛珠三角区域合作与发展论坛在香港、澳门、广州举行。福建、江西、湖南、广东、广西、海南、四川、贵州、云南等九省区和香港、澳门特别行政区代表团和国家有关部门负责人出席。中国石化为本次论坛产业界惟一特邀代表。陈同海出席论坛开幕式。张家仁全程参加并发表演讲。

**5 日上午** 中国石化“东海牌”F1 赛道专用沥青在上海国际赛车场成功应用庆典仪式在上海国际赛车场举行。王基铭和上海市副市长杨晓渡、上海国际赛车场董事长兼总经理毛小涵分别代表有关方面出席庆典并致辞。李春光主持庆典仪式。

**8 日上午** 陈同海会见中国出口信用保险公司总经理唐若昕一行，就有关合作事宜交换了意见。会谈后，双方签署了一揽子合作备忘录。

**15 日上午** 国家审计署赴中国石化审计电视电话会议在总部机关召开。国家审计署副审计长项俊波、国资委党委书记李毅中、石化集团公司总经理陈同海到会并作了重要讲话，王基铭、牟书令、张家仁、曹湘洪、刘根元、张耀仓、王天普出席，王作然主持会议，国家审计署经贸司司长刘国权宣读审计通知书。

**15—20 日** 王基铭陪同全国政协原副主席、中国企业联合会会长陈锦华出访韩国。16 日上午，由中国企业联合会与韩国全经联共同举办的中韩首届高层财经会议在汉城举行。会议由陈锦华和韩国全经联会长姜信浩共同主持，王基铭、武汉钢铁集团公司刘本仁董事长和韩国晓星集团社长金戴学、韩国经济研究院院长左承喜等作了主题发言。近 70 位中韩财界高层代表出席了会议。下午，王基铭陪同陈锦华一行拜会了韩国第一副总理李宪宰。在韩国出访期间，代表团还先后考察了浦项制铁公司、SK 蔚山工厂，会见了韩国浦项制铁公司会长李龟泽、SK 株式会社崔泰源会长等。

**16 日下午** 中国石化资助春蕾计划、帮助农村失学女童重返校园启动仪式在总部机关举行。全国人大常委会副委员长、全国妇联主席顾秀莲，陈同海，全国妇联副主席、书记处书记、中国儿童少年基金会副会长莫文秀，中国关心下一代工作委员会副主任孟连崑，教育部原副部长、教育部关工委常务副主任朱新均先后在大会上发言。张家仁、中国儿童少年基金会秘书长程淑琴、中国关心下一代工作委员会办公室主任李幼林在合约书上签字。王作然主持仪式。捐助对象主要为四川、贵州地区的国家级贫困县的 1.5 万名农村失学女童。

**17—18 日** 曹湘洪前往青岛安全工程研究院，出席国家安全生产监督管理局化学品登记中心挂牌仪式并讲话。国家安全生产监督管理局孙华山副局长出席仪式并讲话。

**20—24 日** 陈同海赴中原油田、洛阳石化等企业调研。23 日，会见河南省委书记李克强，省委副书记、省长李成玉，出席石化集团公司与河南省人民政府合作发展协议签字仪式。

**20 日—7 月 1 日** 王基铭率中国石化代表团访问美国。21—22 日，在美国纽约参加了由美林证券、中国国际金融有限公司、《机构投资者》杂志、《欧洲货币》和纽约股票交易所联合主办的“机构投资者中国投资论坛——中国的投资机遇与挑战”会议，并代表中国企业作了《充满发展机遇的中国石油石化工业》的主题演讲。24 日，“联合国全球协议领导人峰会”在纽约联合国总部举行。王基铭和中国企业联合会常务副会长张彦宁、宝钢集团董事长谢企华等参加。28 日，由中国可持续发展工商理事会(CBCSD)与美国可持续发展工商理事会(US BCSD)共同组织的“中美可持续发展工商理事会会议”在美国休斯顿莱斯大学举行。作为 CBCSD 执行会长的王基铭和 US BCSD 会长的卡洛斯分别介绍了中国、美国可持续发展工商理事会及中国、美国可持续发展现状。CBCSD 会长张彦宁、宝钢集团董事长谢企华等出席。期间，王基铭一行还考察了美国休斯顿的挪威船级社并会见了美国埃克森美孚公司高级副总裁葛兰特、ABB 鲁玛斯公司高级副总裁麦克锡、美林集团国际公司董事长瓦特等，就双方间的合作交换了意见。

**21 日—7 月 6 日** 王作然率领考察团先后对法国斯伦贝谢公司、法国审计协会、俄罗斯天然气公司、日本新日本石油株式会社、日本瑞穗实业银行、日本三井化学株式会社等公司或机构的内部监督监控体制、监事巡视制度、监事和审计人员责任心、业务素质的培养、加强对社会审计机构的选聘等工作情况进行了考察访问。其中，俄罗斯天然气公司表达了与中国石化就有关项目及审计工作建立合作伙伴关系的愿望。

**24 日下午** 陈同海会见美国柏克德公司董事长、

首席执行官柏克德先生一行，双方就有关合作事宜交换了意见。柏克德集团董事兼高级顾问、美国前国务卿舒尔茨先生陪同来访。

**28日—7月11日** 刘根元应邀率团访问英国阿美科(AMEC)、石伟(Stone&Webster)、挪威科瓦纳(Aker Kvaerner)、法国德西尼布(Technip)、意大利斯那姆吉提(Snamprogetti)等国际著名工程公司，与外方高层管理人员就市场开拓、工程承包、人员培训及有关技术和项目管理等问题分别进行了交流，并就与各公司当前和长远合作进行了友好协商，考察团还到现场考察了部分工程建设现场。在法国期间，刘根元与德西尼布公司德塞里尼高级副总裁共同主持了“中国石化—德西尼布指导委员会第三次会议”，就项目合作、交流与培训和共同关心的问题交换了意见，形成会议纪要。

**30日下午** 陈同海在人民大会堂会见微软公司董事长兼首席软件设计师比尔·盖茨先生一行，双方就有关合作事宜交换了意见。会见后双方签署了战略合作协议备忘录。

**30日下午** 陈同海在总部会见了广东湛江市市长徐少华一行，双方就中国石化在湛江东头山岛建设石油储备基地的有关事宜进行了会谈，并签署备忘录。章建华和徐少华代表双方签字。

中国石化人[2004]404号文：根据工作需要和中国石化党组[2004]11号文件精神，经党组研究：返聘刘文龙、宋万超、李干生为集团公司科学技术委员会专家咨询委员会副主任。以上人员返聘期限为一年(其中宋万超一聘三年)，自2004年4月1日算起。

中国石化人[2004]405号根据工作需要和中国石化党组[2004]11号文件精神，经党组研究：一、返聘李干生为集团公司科学技术委员会专家咨询委员会油田科技咨询中心主任；返聘关德范为集团公司科学技术委员会专家咨询委员会油田科技咨询中心副主任。二、返聘张德义为集团公司科学技术委员会专家咨询委员会炼油化工科技咨询中心主任；返聘乔映宾为集团公司科学技术委员会专家咨询委员会炼油科技咨询中心副主任。以上人员返聘期限为一年，自2004年4月1日算起。

## 7月

**1日上午** 陈同海会见加拿大驻华大使柯杰先生一行，双方就有关合作及共同关心的问题交换了意见。

**2日下午** 全国人大常委会副委员长兼秘书长盛华仁在曹湘洪的陪同下视察了石化管理干部学院。

**4日** 中国石油、中国石化、中国海洋石油三大公司主要负责人在北京齐聚一堂，共商实施可持续发展油气资源战略、进一步加强合作、提高石油石化企业竞争力等有关问题。参加会晤的有：石油集团公司总经理、股份公司董事长陈耕，石油集团公司副总经理、股份公司总裁蒋洁敏，石化集团公司总经理、股份公司董事长陈同海、石化股份有限公司副董事长、总裁王基铭，海洋石油总公司总经理、股份公司董事长傅成玉，海洋石油总公司副总经理、股份公司总裁周守为。

**15日上午** 王基铭在总部会见并宴请了伊拉克石油部长高级顾问凯西率领的伊拉克石油部代表团。

**15—22日** 牟书令出席在伊朗举行的亚洲博鳌能源论坛会议并发言，向与会人员介绍了中国石化的发展里程和今后的发展方向。会议期间，牟书令会见了伊朗国家石油公司副部长侯塞尼昂，就双方合作有关事宜进行谈判，并签署有关协议。

**25—27日** 国务院副总理曾培炎赴山东青岛调研。期间，曾培炎一行视察了黄岛国家原油储备基地和青岛大炼油项目选址地，听取了石化集团公司对两个项目简要情况汇报。国务院副秘书长汪洋，国务院研究室党组成员宁喆，山东省委书记张高丽，山东省委副书记、省长韩寓群，山东省委副书记、青岛市委书记杜世成，山东省委常委、秘书长杨传升，青岛市委副书记、市长夏耕，陈同海陪同。

**25—27日** 张家仁赴香港。25日上午，在香港会见埃克森莫比尔公司石油市场高级副总裁简舜卿女士并参观埃克森莫比尔公司香港青衣油库。26日上午，在香港出席中国石化香港坚尼地道和麦当劳道加油站开业典礼。中央人民政府驻香港特别行政区联络办公室经济部副部长孙文秀和香港特别行政区投资推广署助理署长曾爱莲应邀出席。

**27日上午** 石化集团公司与天津市人民政府在天津举行中小学、公安机构移交签字仪式，将天津石化公司、第四建设公司所属中小学、公安机构交给地方管理。刘根元出席签字仪式并讲话，张耀仓代表石化集团公司在协议上签字。天津市副市长杨栋梁代表天津市政府讲话并在协议上签字。

**30日下午** 石化集团公司暨石化股份公司工作会议在京召开。会议以电视电话会议的形式召开。陈同海主持会议并作重要讲话，王基铭作石化股份公司生产经营和投资工作报告，刘根元作非上市部分生产经营和改革工作报告。

中国石化人[2004]511号文：根据工作需要，经党组研究，决定：聘任杜国盛为集团公司总经理助理。

# 8月

**2日** 石化集团公司暨石化股份公司外贸体制改革工作会议在北京召开。陈同海出席会议并作重要讲话，王基铭主持，曹湘洪作工作报告。刘根元参加。

**4日下午** 石化集团公司召开党组扩大会议，陈同海主持。国资委时希平宣读文件，决定周原任中共中国石化集团公司党组副书记、中国石化集团公司副总经理。中组部崔少鹏在讲话中介绍了有关情况。周原在会上作了发言。最后陈同海讲话，并代表石化集团公司党组表示坚决拥护中央的决定。王基铭、牟书令、张家仁、曹湘洪、刘根元、张耀仓、王作然、王天普和费志融、吴协刚、闵振环、王志刚、章建华、蔡希有、李春光、许开程、杜国盛及总部机关有关部门负责人参加。

**5—10日** 陈同海、牟书令、张耀仓一行赴新疆调研。调研期间，还会见了中共中央政治局委员兼新疆自治区党委书记王乐泉。

**10—15日** 曹湘洪率领中国化工学会代表团前往台湾。11日上午，会见台湾和桐化学股份有限公司公司董事长陈武雄先生，了解和桐公司最新的发展情况，并参观了有关的实验室。下午，曹湘洪前往台塑关系企业，会见了台塑关系企业总经理王永在先生、台湾塑胶工业股份有限公司副董事长王金树先生，双方就有关问题进行了会谈。12日，前往台塑在云林县麦寮的石化工业区，参观了其工业码头、炼油装置、乙烯装置、PVC装置、聚乙烯装置及芳香烃装置，并与有关专业人员进行座谈。13日，出席海峡两岸化工技术交流座谈会，并在会上讲话。

**16日上午** 石化集团公司与福建省人民政府在福州举行中小学移交签字仪式，将所属合资企业福建炼化有限公司的中小学交给地方管理。刘根元在签字仪式上讲话并代表石化集团公司在协议上签字。福建省副省长李川在签字仪式上讲话并代表福建省政府在协议上签字。

**17日上午** 石化集团公司与浙江省宁波市人民政府在宁波举行中小学移交签字仪式，将所属镇海炼化股份公司和宁波工程公司中小学交给地方管理。刘根元在签字仪式上讲话并代表石化集团公司在协议上签字。宁波市市委副书记、常务副市长邵占维在签字仪式上讲话，副市长成岳冲代表宁波市政府在协议上签字。

**18—20日** 石化集团公司党组理论学习研讨会在香山金源商旅酒店召开。会议的主要议题是学习贯彻十六大精神，树立科学发展观，讨论研究中国石化深化改革和可持续发展等有关工作。陈同海主持会议并作重要讲话。

**20日上午** 石化集团公司与河北省人民政府在石家庄举行中小学、公安机构移交签字仪式，将所属石家庄炼油厂、沧州炼油厂和管道储运公司在冀的中小学、公安机构交给地方管理。刘根元和河北省副省长付双建在签字仪式上讲话并分别代表双方在协议上签字。

**22—25日** 牟书令出访阿曼，与阿曼国家石油部部长鲁姆希会谈并签署了18/36区块的勘探合作合同。

**23日中午** 全国政协原副主席、中国企业联合会会长陈锦华会见并宴请韩国SK株式会社会长崔泰源先生一行，双方就有关合作及共同关心的问题交换了意见。中国企业联合会副理事长尹源平，陈同海参加。

**24日下午** 陈同海会见韩国SK株式会社会长崔泰源先生一行，双方就有关合作事宜交换了意见。

**24日下午** 陈同海会见并宴请安哥拉石油公司总裁文森特先生一行，双方就有关合作事宜交换了意见。

**25日上午** 陈同海会见加蓬共和国总统特别顾问、国务部长兼外交、合作和法语国家事务部长让·平先生一行，双方就有关合作及共同关心的问题交换了意见。

**26日上午** 中国石化、埃克森美孚、沙特阿美及福建炼化在总部签署了福建炼化一体化项目扩初设计协议、福建成品油营销合资公司联合上报可研协议及石油产品销售协议。王基铭、王天普和福建省人大副主任贾锡太、沙特阿美公司副总裁杜比翼、埃克森美孚公司中国区主席陈培樟等中外各方有关人员出席了签字仪式。

**27日上午** 石化股份公司第二届董事会第十次会议在总部召开。陈同海主持会议。

**28日上午** 石化股份公司与英荷壳牌集团合资组建的"中国石化壳牌(江苏)石油销售有限公司"成立仪式在南京隆重举行。王基铭和英荷壳牌集团执行董事兼油品及化工业务董事长罗伯·鲁茨先生共同为合资公司揭牌。张家仁主持仪式。江苏省副省长李全林及壳牌集团油品业务(东区)总裁林浩光等出席。中午，江苏省省长梁保华在南京金陵饭店宴请了出席仪式的嘉宾。

**30日下午** 石化集团公司与安徽省人民政府在合肥举行中小学、公安机构移交签字仪式，将所属安庆石化总厂、江苏石油勘探局安徽公司的中小学、公安机构交给地方管理。刘根元和安徽省副省长黄海嵩分别代表双方在签字仪式上讲话并在协议上签字。

## 9月

**3日下午** 王基铭在总部会见并宴请了巴西矿产能源部部长罗塞弗女士一行。

**3—4日** 全国再就业工作表彰大会在北京举行。中共中央政治局常委、国务院总理温家宝，中共中央政治局常委、国务院副总理黄菊等党和国家领导人亲切会见与会代表。温家宝作重要讲话；黄菊作了题为《总结经验，发扬成绩，进一步做好就业再就业工作》的讲话；国务委员兼国务院秘书长华建敏主持会议并作总结讲话。会上宣读了《国务院关于表彰全国再就业工作先进集体和个人的决定》。石化集团公司、燕山石化、江汉油田(湖北省推荐)和河南油田南石医院受到表彰。刘根元代表石化集团公司出席会议并在先进企业代表座谈会上发言。

**5日上午** 全国人大常委会副委员长兼秘书长盛华仁到石化管理干部学院，亲切看望参加人大2004年西藏、青海人大培训班的学员。刘根元陪同。

**6日下午** 石化集团公司与湖南省人民政府在长沙举行中小学、公安机构移交签字仪式，将所属巴陵石化公司、长岭炼化公司的中小学、公安机构交给地方管理。刘根元和湖南省副省长郑茂清分别代表集团公司和湖南省政府在协议上签字并讲话。

**9日下午** 四川省人民政府在省政府接待室举行“中国石化集团向四川灾区捐资仪式”。四川省副省长陈文光、省救灾办主任范竞超出席了仪式。南方分公司、西南分公司和西南石油局代表石化集团公司转达了对灾区的深切慰问。

**9日下午** 重庆市人民政府在市政府会议室举行“中国石化集团向重庆灾区捐资仪式”。重庆市委常委、副市长陈光国，市救灾办主任方佳军出席了仪式，市政府副秘书长夏祖相主持仪式。南方分公司、西南分公司和西南石油局代表集团公司转达了对灾区的慰问和祝愿。

**15日上午** 由国家劳动和社会保障部、石化集团公司、石油集团公司共同举办，石化集团公司承办的2004年全国石油石化行业职业技能竞赛在山东东营开幕。刘根元代表石化集团公司出席开幕式并讲话。

**15日下午** 石化集团公司与广东省人民政府在广州举行中小学移交签字仪式，将所属茂名石化公司、广州石化总厂、新星石油广州有限公司的中小学交给地方管理。刘根元和广东省委常委、常务副省长钟阳胜在签字仪式上讲话，并分别代表石化集团公司和广东省政府在协议上签字。

**22日上午** 中国石化上海沥青销售分公司成立揭牌仪式在上海兴国宾馆举行。王基铭、上海市副市长杨晓渡、中国公路学会副秘书长刘文杰分别致辞，王基铭和杨晓渡为中国石化上海沥青销售分公司揭牌，王天普主持仪式。

**23日** 中共中央政治局委员、上海市委书记陈良宇视察上海化学工业区、由中国石化与英国bp公司合资建设的上海赛科90万吨/年乙烯工程、中国石化上海石化股份公司3PE和4PP装置。王基铭、上海市委副书记刘云耕、上海市副市长胡延照陪同。

**24日** 王基铭陪同全国政协原副主席、中国企业联合会会长陈锦华视察上海化学工业区、上海赛科90万吨/年乙烯工程、上海石化股份公司部分生产装置。

**26日上午** 石化集团公司与湖北省人民政府在武汉市签署中小学、公安机构移交协议。张耀仓和湖北省常务副省长周坚卫在协议上签字。

**26日** 由石化集团公司独家冠名的“中国石化F1中国大奖赛”在上海举行。陈同海出席大赛的发车仪式和颁奖仪式，并为获得中国石化F1大奖赛的获奖车手颁奖。赛事期间，陈同海、王基铭、王作然还分别会见了F1运动创始人埃克尔斯通先生、国际汽车运动联合会主席莫斯利、ASM公司总裁麦克纳利、英美烟草BAR车队总监戴维·理查德、意大利菲亚特集团董事长蒙特则莫罗以及美国艾斯苯技术公司、ABB鲁玛斯公司、日本三井株式会社、韩国SK株式会社等企业的高层领导。

**27日下午** 石化集团公司与江苏省人民政府在南京举行中小学、公安机构移交签字仪式，将所属江苏油田、扬子石化、仪征化纤、管道储运公司、金陵石化、南京化工公司、南京化工厂、第二建设公司等8家企业的中小学、公安机构交给地方管理。刘根元在签字仪式上讲话并代表石化集团公司在协议上签字。江苏省委常委、常务副省长蒋定之在签字仪式上讲话并代表江苏省政府在协议上签字。

**30日上午** 国务院副总理曾培炎在中南海紫光阁接见了刚果(布)国家石油公司董事、副总裁、英国分公司总裁克里斯第尔先生一行，双方就有关合作问题交换了意见。陈同海及蔡希有参加了会见。

## 10月

**2日下午** 全国人大常委会副委员长兼秘书长盛华仁视察镇海炼化股份公司并听取了镇海炼化股份公司工作汇报。张家仁陪同。

**9日上午** 石化集团公司暨石化股份公司部署四季度工作电视电话会议在总部举行。陈同海就学习贯彻四中全会精神和四季度有关工作部署讲话，王基铭主持会议，王天普通报安全大检查情况。

**10日** 中共中央政治局常委、国家副主席曾庆红到洛阳石化总厂视察。河南省委书记、省人大常委会主任李克强，省委副书记、省长李成玉，省委副书记陈全国等陪同。

**10—30日** 曹湘洪出访美国。11日，出席艾斯苯公司全球2004大会开幕式。12日上午，出席石油行业分组大会，并在大会上发表题为"中国石化供应链管理解决方案及进展"的主题演讲；下午，会见艾斯苯公司董事长 Larry Evans 先生和 David McQuillin 先生，并与艾斯苯公司召开中国石化—艾斯苯长期合作指导委员会高峰会议，就有关合作进行了会谈。20日，在休斯敦访问美国安格公司，会见安格公司副总裁徐筝先生，并签订催化剂营销协议。21日，出席在休斯敦召开的中国石化—雪佛龙菲利普斯策略联盟联指会。26日，出席中国石化—ABB鲁玛斯高层会议，双方就有关技术及合作事宜进行了交流。27日，出席中国石化—Honeywell联盟指导委员会。

**11日上午** 陈同海、王基铭在北京五洲皇冠假日酒店会见来访的法国道达尔集团董事长德马雷一行。

**11日下午** 王基铭出席联合国秘书长安南与中国企业家座谈会，就全球契约有关事宜进行了座谈。王基铭代表中国企业家就"中国石化恪守企业的社会责任，努力推进持续有效发展"作了发言。

**11日** "北京2008年奥运会石化合作伙伴签约仪式"在五洲皇冠假日酒店举行。国资委副主任王勇，北京市副市长、北京奥组委常务副主席刘敬民，陈同海出席签字仪式，北京奥组委副主席兼秘书长王伟和张家仁分别代表双方在协议上签字，王作然主持仪式。

**12日下午** 陈同海、王基铭在北京凯宾斯基饭店会见并宴请了沙特阿美公司高级副总裁海亚尔一行。

**12—23日** 王天普出席在英国伦敦举行的2004年壳牌总裁峰会，并作了题为"中国地区石化发展展望"的演讲。期间，拜访了壳牌、bp以及KBC等公司总部，与有关高层进行了交流。还参观了壳牌的Pernis炼厂和奥地利石油公司的Schwechat炼厂，重点就如何延长开工周期、提升管理水平、增加炼油利润等问题与对方进行了探讨。

**13日下午** 中国石化集团国际石油勘探开发公司与安哥拉国家石油公司石油合作签字仪式在钓鱼台国宾馆举行。国家发展改革委员会副主任张国宝、安哥拉国家石油公司总裁温森特先生、陈同海出席。

**13日下午** 陈同海会见壳牌集团公司董事长库琳达女士一行，双方就有关合作事宜交换了意见。

**15日下午** 陈同海会见并宴请埃克森美孚高级副总裁葛兰德先生一行，双方就有关合作事宜交换了意见。

**15日下午** 陈同海会见信息处理服务(HIS)能源公司总裁罗文博先生、剑桥咨询公司首席执行官包龙德先生一行。双方就共同关心的问题交换了意见。

**14—17日** 王作然陪同陈锦华一行到胜利油田视察。陈锦华先后视察了钻井50781队、物探院和科技展览中心，听取了胜利油田的工作汇报并作重要讲话。

**18日下午** 王基铭在总部会见来访的阿尔及利亚能矿部长沙基卜·克利勒一行。

**19日上午** 王基铭在总部会见来访的世界石油大会副主席、匈牙利Mol油气公司首席顾问约瑟夫·陶特一行。

**17—20日** 世界石油大会(WPC)首届青年论坛在北京国际会议中心举行。WPC中国国家委员会副主任王基铭作大会报告。WPC主席罗林博士，WPC高级副主席、中国国家委员会主任王涛，国资委党委书记、副主任李毅中，北京市副市长张茅出席了17日晚的开幕式。

**17—28日** 牟书令出访尼日尔和马里两国，分别会见了两国的石油部门官员，并签署了有关石油区块合作协议。

**20—30日** 王基铭一行出访美国。20—25日，率中国石化代表团参加了在美国休斯敦举行的"2004年全球华人石油和石化科教研讨会"。王基铭在开幕式上作主题报告。会议期间，22日上午，王基铭率中国石油石化企业家代表团拜会了美国前总统乔治·布什；23日下午，在休斯敦与中国台湾中油公司副总经理张鸿江一行进行了会谈；24日上午，出席美国华人石油协会名誉董事会。27—28日，中国石化与美国Honeywell公司策略联盟指导委员会第14次会议在美国Morristown举行。王基铭、曹湘洪和Honeywell董事长兼首席执行官Dave Cote出席会议。Honeywell自控集团首席执行官Roger Fradin参加。

**27日上午** 陈同海会见摩根士丹利公司董事长兼首席执行官裴希亮先生一行，双方就共同关心的问题交换了意见。

**28日—11月2日** 刘根元率团应邀访问印度和韩国。期间，参加了第六届印度国际石化2004年会；应邀访问了印度L&T工程公司和韩国现代重工株式会社，并就企业管理、项目开拓以及分配理念等方面的问题进行了交流，并到有关生产和制造现场进行了考察。

**29 日下午** 陈同海会见伊朗国家石油部部长赞甘内先生一行，双方就有关合作事宜交换了意见。伊朗议会代表萨迪奇和穆萨维，伊朗石油部副部长侯赛尼扬，牟书令和蔡希有、周佰修参加。

**31 日** 石化股份公司第二届董事会第 12 次会议在总部召开。陈同海主持会议。

## 11 月

**1 日晚** 英国驻华大使韩魁发和英国首相特别贸易代表、前能源部部长威尔森先生在大使官邸举行专题晚宴，为中国石化重视与英国能源公司的合作表示感谢。张家仁出席。

**2 日上午** 王基铭陪同全国政协原副主席、中国企业联合会会长陈锦华赴海南洋浦察看了海南炼化施工现场。

**4 日** 石化股份公司和英国 bp 集团在钓鱼台国宾馆举行"中国石化碧辟(浙江)石油有限公司"成立揭牌仪式。王基铭和英国 bp 集团首席执行官布朗勋爵为合资公司揭牌，张家仁主持仪式。

**5—13 日** 为配合全国人大常委会委员长吴邦国访问非洲，王基铭率中国石化高级代表团出访尼日利亚。在尼日利亚期间，王基铭出席了中尼企业家座谈会并发言；出席了在总统府举行的 OML64/66 区块服务合同等两国政府及企业间协议的签字仪式并代表石化集团公司签字；到尼日利亚国家石油公司总部会见了国家石油公司总经理 Funso Kupolokun 等高级管理人员。

**8 日上午** 曹湘洪到石油大学(北京)出席中国石化与清华大学、石油大学联合成立的北京联合应用化学与化学工程研究所成立 20 周年纪念会，并在大会上作报告。之后参观了石油大学部分实验室。

**8 日下午** 中国石化、中国石油与中国航空油料集团公司合作框架协议签字仪式在北京举行。张家仁代表中国石化签字。

**9—15 日** 牟书令出访巴西，期间参加了胡锦涛主席在巴西的国事访问，并拜会了巴西石油部和能矿部部长罗赛芙，同时与巴西签订了石油管道有关合同。

**15 日** 中共中央政治局常委、全国人大常委会委员长吴邦国，中共中央政治局委员、全国人大常委会副委员长王兆国和全国人大常委会副委员长兼秘书长盛华仁一行在福建省委代书记、省长卢展工等人的陪同下视察了福建炼化有限公司。吴邦国一行参观了中央控制室及福建炼化一体化项目的现场，听取了福建炼化有限公司的工作情况的汇报，并作了重要指示。曹湘洪陪同并作汇报。

**17 日中午** 陈同海会见并宴请三菱商事株式会社取缔役社长小岛顺彦一行，双方就有关发展合作问题交换了意见。

**17—19 日** 陈同海、王基铭、王天普一行赴山东。18 日上午，中国石化青岛炼油化工有限责任公司揭牌仪式在青岛举行。全国政协原副主席陈锦华为公司揭牌，陈同海在揭牌仪式上讲话，王基铭主持仪式。之前，王基铭与香港华润集团石化公司总经理朱丹共同签署了《收购山东黄岛华润油库有关协议》。王天普和杜国盛参加。18 日下午，陈同海听取了胜利油田有关工作汇报。王基铭主持召开青岛大炼油项目工程建设第二次现场办公会，王天普和杜国盛、张克华参加。19 日上午，陈同海分别会见了山东省东营市委书记石军、国家开发银行总经济师庄来佑、中国建设银行副行长罗哲夫，就有关发展与合作问题交换了意见。杜国盛参加。期间，王基铭一行赴日照，察看日照岚山北港。随后，王基铭与日照港(集团)有限公司董事长兼总经理郑玉平共同签署了《关于在日照岚山北港合资建设 30 万吨级原油码头合作协议》。王天普和张克华，日照市市长于建成出席签字仪式。

**22 日—12 月 3 日** 张家仁率中国石化总会计师代表团出访英国、德国、法国。

**23 日** "中国石化长城润滑油——北京 2008 年奥运会正式用油新闻发布会"在京举行，王天普出席发布会并致辞，北京奥组委市场开发部部长袁斌向润滑油公司颁发了"北京 2008 年奥运会正式用油"铜牌。这是中国石化在 2004 年与 F－1 国际赛事正式合作后，在重大体育赛事上的又一次突破。

**25 日—12 月 3 日** 曹湘洪出访沙特、卡塔尔和阿曼中东三国。

**26 日下午** 中国石化战略供应商会议及合作协议签字仪式在北京五洲皇冠大酒店举行。王基铭出席会议并讲话，王天普主持会议，李春光致欢迎词。鞍钢、宝钢、武钢等 6 家钢铁企业，一重、二重、兰石等 7 家机械制造企业，神华、平顶山、淮南等 5 家煤炭企业的负责人参加。

**29 日下午** 陈同海在总部会见英国 Cliveden 控股公司董事长埃罗耐特先生一行，双方就有关合作事宜交换了意见。

中国石化人[2004]706 号文：根据工作需要，经党组研究，决定：聘任曹耀峰、周佰修、张克华为集团公司总经理助理。

中国石化党组[2004]149 号文：根据中共国务院国有资产监督管理委员会国资党任字[2004]80 号文件通知，周原同志任中共中国石油化工集团公司直属委员会书记，免去王作然同志中共中国石油化工集团公司直属委员会书记职务。

## 12 月

**1 日下午** 王基铭在总部会见来访的日本旭化成化学株式会社社长藤原健嗣一行。

**1 日下午** 王基铭在总部会见来访的法国兴业银行集团首席执行官谢德恩一行。

**2 日上午** 陈同海会见伊拉克国家石油部部长加德班先生一行。

**3 日下午** 中国石化北京燕化股份公司与美国杜邦公司 EVA 合资项目意向书签字仪式在中国石化总部大楼举行。王基铭和杜邦公司全球副总裁唐博伟出席了签字仪式。

**6 日上午** 王基铭在总部会见来访的意大利埃尼集团董事长、总裁罗伯托·波利一行，双方就下一步的合作意向交换了意见。

**6 日晚** 青岛炼化 260 万吨/年渣油加氢装置上流式反应器技术引进合同签字仪式暨招待会在五洲皇冠假日酒店举行，曹湘洪出席并讲话。之前会见了雪弗龙鲁姆斯公司的负责人，就有关问题进行了会谈。

**7 日上午** 王基铭在总部会见来访的瑞士 ABB 集团首席执行官金乐一行，双方就下一步的合作意向交换了意见。

**8 日** 由中国企业联合会和韩国全国经济人联合会共同举办的“中韩能源合作专题会议”在北京友谊宾馆举行。王基铭代表中国企业联合会主持了全天的会议，中国企业联合会会长陈锦华、韩国 SK 株式会社社长申宪辙以及王天普出席了会议，中国石油、中国海洋石油等企业有关代表参加。

**12 日上午** 石化集团公司与河北省合作发展协议签字仪式在石化集团公司总部举行。陈同海和河北省省长季允石出席并讲话。王基铭和河北省常务副省长郭庚茂代表双方签字。曹湘洪主持签字仪式。王天普参加。

**15 日上午** 茂名 80 万吨/年乙烯改扩建工程奠基暨劳动竞赛启动仪式在广东茂名举行。广东省省长黄华华，王基铭、王天普和茂名市委书记周镇宏出席仪式。

**16 日晚** 陈同海出席美国驻华大使雷德先生为美国能源部部长亚伯拉先生举行的欢迎晚宴，并就共同关心的问题进行交流，中美部分大型石油石化公司代表参加。

**17 日下午** 中国石化福建炼油化工有限公司、埃克森美孚中国石油化工有限公司及沙特阿美海外公司共同代表项目投资方，与中国石化工程建设公司(SEI)和 ABB 组成的联合体在北京钓鱼台正式签署了福建炼化一体化项目管理承包商(PMC)合同。王基铭、王天普和福建省人大常委会副主任贾锡太、ABB 鲁玛斯首席执行官毕瑞科、埃克森美孚中国区主席陈培璋等出席签字仪式。

**17—18 日** 曹湘洪赴宁波。17 日晚，出席镇海炼化股份公司上市十周年招待酒会及新春招待会，并在酒会上致辞。18 日中午，出席了宁波石油化工研究院签约和揭牌仪式，代表中国石化与宁波市政府签约，并在仪式上讲话。

**18 日下午** 陈同海会见洛克菲勒发展(天津)有限公司董事长罗伯特·文森特·洛克菲勒先生一行，双方就有关合作事宜交换了意见。

**26—29 日** 石化集团公司暨石化股份公司 2004 年度工作会议在燕化昌平会议中心召开。陈同海作题为“贯彻落实科学发展观，继续深化改革，促进有效发展”的工作报告，王基铭作题为“抓资源拓市场，强化管理降本增效，扎实推进中国石化持续有效发展”的讲话，刘根元作题为“加大改革和结构调整力度，开创非上市部分改革发展的新局面”的讲话，张家仁作题为“全面贯彻内部控制制度，进一步规范股份公司经营管理”的讲话。

**31 日** 中国石化与中国航天基金会合作协议签字仪式在国际会议中心举行。王天普出席仪式并讲话。

# 统计资料

# 中国石油化工统计

表 1　石化集团公司主要经济指标

| 项目＼年份 | 2004 | 2003 | 2002 | 2001 | 2000 | 1999 |
|---|---|---|---|---|---|---|
| 工业总产值/亿元 | | | | | | |
| 按 1990 年不变价格计算 | | 1 937.43 | 1 848.37 | 1 673.27 | 1 515.51 | 1 222.21 |
| 按现行价格计算 | 6 111.80 | 4 675.24 | 3 805.54 | 3 698.61 | 3 875.01 | 2 248.38 |
| 工业增加值/亿元 | 1 552.31 | 1 292.11 | 980.92 | 894.72 | 894.91 | 715.92 |
| 实现利税总额/亿元 | 941.87 | 708.14 | 542.98 | 504.45 | 558.96 | 347.96 |
| 利　润 | 432.30 | 289.69 | 182.44 | 170.86 | 231.05 | 77.05 |
| 年末职工总数/万人 | 76.76 | 84.51 | 89.67 | 90.62 | 115.65 | 101.76 |
| 工　人 | 35.75 | 38.04 | 41.53 | 41.43 | 51.00 | 55.28 |
| 工程技术人员 | 8.64 | 9.63 | 10.53 | 10.76 | 11.06 | 11.87 |
| 管理人员 | 13.24 | 12.70 | 13.08 | 12.82 | 14.55 | 15.85 |
| 服务人员 | 9.68 | 12.18 | 11.76 | 12.60 | 10.10 | 17.01 |
| 其他人员 | 9.46 | 11.96 | 12.77 | 14.45 | 24.16 | 18.61 |
| 工资总额/亿元 | 220.13 | 208.86 | 190.02 | 199.68 | 199.73 | 167.68 |
| 主营业务收入/亿元 | 6 342.87 | 4 666.73 | 3 780.04 | 3 436.62 | 3 753.90 | 3 467.81 |
| 资产总值/亿元 | 6 202.51 | 5 592.37 | 5 768.75 | 5 612.90 | 5 353.09 | 4 460.22 |
| 固定资产原值 | 6 452.07 | 6 087.65 | 6 091.79 | 5 556.55 | 4 971.40 | 3 624.00 |
| 固定资产净值 | 3 520.60 | 3 370.79 | 3 299.51 | 3 062.16 | 2 719.12 | 2 105.42 |
| 负债总值 | 3 335.78 | 2 911.68 | 2 930.65 | 2 837.26 | 2 744.16 | 2 553.89 |
| 流动负债 | 2 311.45 | 2 176.63 | 2 138.65 | 2 080.72 | 1 920.04 | 1 376.93 |
| 长期负债 | 1 021.85 | 732.15 | 785.46 | 756.25 | 824.12 | 1 176.96 |

表 2　石化集团公司主要产品产量及占全行业百分比　万吨

| 项目＼年份 | 2004 | 2003 | 2002 | 2001 | 2000 | 1999 |
|---|---|---|---|---|---|---|
| 原　油 | 3 861.21 | 3 816.29 | 3 800.01 | 3 791.04 | 3 724.35 | 3 456.49 |
| 全行业 | 17 500.00 | 16 955.90 | 16 720.03 | 16 493.14 | 16 262.03 | 16 021.54 |
| 占全行业/% | 22.1 | 22.5 | 22.73 | 23.0 | 22.9 | 21.6 |
| 天然气/(亿米$^3$) | 58.63 | 53.16 | 50.63 | 46.12 | 39.16 | 22.26 |
| 全行业 | 414.90 | 350.2 | 326.11 | 303.44 | 277.26 | 242.94 |
| 占全行业/% | 14.1 | 15.2 | 15.53 | 15.2 | 14.1 | 9.2 |
| 原油加工量 | 14 140.80 | 12 417.00 | 11 219.09 | 10 605.28 | 11 177.21 | 9 136.21 |
| 全行业 | 27 290.32 | 24 255.13 | 21 896.51 | 21 050.59 | 21 061.95 | 18 190.72 |
| 占全行业/% | 51.8 | 51.2 | 51.2 | 50.4 | 53.1 | 50.2 |
| 汽煤柴润总量 | 8 746.07 | 7 479.41 | 6 817.16 | 6 477.76 | 6 677.18 | 5 540.08 |
| 全行业 | 16 846.89 | 14 590.23 | 13 178.1 | 12 782.98 | 12 419.36 | 11 001.51 |
| 占全行业/% | 51.9 | 51.3 | 51.7 | 50.7 | 53.8 | 50.4 |

续表

| 项目 \ 年份 | 2004 | 2003 | 2002 | 2001 | 2000 | 1999 |
|---|---|---|---|---|---|---|
| 汽　油 | 2 576.91 | 2 386.76 | 2 151.22 | 1 979.98 | 2 137.88 | 1 785.77 |
| 全行业 | 5 249.77 | 4 790.86 | 4 319.87 | 4 154.66 | 4 134.67 | 3 697.09 |
| 占全行业/% | 49.1 | 49.8 | 49.8 | 47.7 | 51.7 | 48.3 |
| 煤　油 | 636.67 | 531.49 | 506.13 | 450.10 | 499.42 | 444.81 |
| 全行业 | 970.75 | 855.30 | 826.11 | 789.35 | 872.29 | 719.46 |
| 占全行业/% | 65.6 | 62.1 | 61.3 | 57.0 | 57.3 | 61.8 |
| 柴　油 | 5 395.02 | 4 456.52 | 4 063.35 | 3 956.95 | 3 944.97 | 3 203.80 |
| 全行业 | 10 162.08 | 8 532.78 | 7 669.23 | 7 485.66 | 7 079.62 | 6 243.37 |
| 占全行业/% | 53.1 | 52.2 | 53 | 52.9 | 55.7 | 51.3 |
| 润滑油 | 137.46 | 104.63 | 96.46 | 90.73 | 94.91 | 105.70 |
| 全行业 | 464.29 | 411.29 | 362.89 | 353.31 | 332.78 | 341.59 |
| 占全行业/% | 29.6 | 25.4 | 26.6 | 25.7 | 28.5 | 30.9 |
| 乙　烯 | 425.49 | 414.69 | 350.93 | 291.35 | 287.16 | 269.62 |
| 全行业 | 626.60 | 611.77 | 541.35 | 480.67 | 470.00 | 434.80 |
| 占全行业/% | 67.9 | 67.8 | 64.8 | 60.6 | 61.1 | 62.0 |
| 塑　料 | 711.86 | 682.09 | 594.57 | 503.51 | 488.84 | 433.03 |
| 全行业 | 1 790.99 | 1 652.08 | 1 366.46 | 1 211.61 | 1 096.70 | 851.00 |
| 占全行业/% | 39.7 | 41.3 | 43.5 | 41.6 | 44.6 | 50.9 |
| 合成橡胶 | 78.09 | 75.89 | 69.43 | 60.86 | 49.90 | 45.74 |
| 全行业 | 147.76 | 134.83 | 116.76 | 104.88 | 88.88 | 76.11 |
| 占全行业/% | 52.8 | 56.3 | 59.4 | 58.0 | 56.1 | 60.1 |
| 合成纤维原料 | 362.15 | 336.07 | 287.05 | 266.64 | 264.48 | 215.20 |
| 全行业 | 630.64 | 559.25 | 402.59 | 378.15 | 380.89 | 316.12 |
| 占全行业/% | 57.4 | 60.1 | 71.3 | 70.5 | 69.4 | 68.1 |
| 合成纤维聚合物 | 252.10 | 239.09 | 223.34 | 216.18 | 186.84 | 156.25 |
| 全行业 | 847.25 | 829.09 | 699.8 | 570.25 | 454.30 | 401.52 |
| 占全行业/% | 29.8 | 28.8 | 31.91 | 37.9 | 35.3 | 38.9 |
| 合成纤维 | 170.34 | 171.56 | 157.32 | 144.21 | 121.64 | 105.15 |
| 全行业 | 1 313.96 | 1 089.00 | 918.62 | 780.40 | 639.85 | 554.20 |
| 占全行业/% | 13.0 | 15.8 | 17.1 | 18.5 | 19.0 | 19.0 |
| 合成氨 | 174.75 | 138.17 | 194.01 | 167.65 | 189.90 | 273.24 |
| 全行业 | 4 222.20 | 3 822.70 | 3 654.19 | 3 407.70 | 3 363.70 | 3 371.85 |
| 占全行业/% | 4.1 | 3.6 | 5.3 | 4.9 | 5.6 | 8.1 |
| 氮肥(折合氮 100%) | 135.11 | 105.09 | 144.47 | 123.03 | 141.14 | 208.91 |
| 全行业 | 3 304.07 | 2 814.50 | 2 742.6 | 2 526.72 | 2 398.00 | 2 471.96 |
| 占全行业/% | 4.1 | 3.7 | 5.3 | 4.9 | 5.9 | 8.5 |
| 尿　素 | 263.00 | 203.17 | 291.69 | 248.36 | 292.25 | 443.60 |
| 全行业 | 4 127.68 | 3 634.30 | 3 437.55 | 3 121.93 | 3 030.56 | 3 024.39 |
| 占全行业/% | 6.4 | 5.6 | 8.5 | 8.0 | 9.6 | 14.7 |

**表 3** 石化集团公司与全行业石油产品分品种产量 万吨

| 项目 \ 年份 | 2004 | 2003 | 2002 | 2001 | 2000 | 1999 |
|---|---|---|---|---|---|---|
| 原 油 | | | | | | |
| 石化集团公司 | 3 861.21 | 3 816.29 | 3 800.01 | 3 791.04 | 3 724.35 | 3 456.49 |
| 全行业 | 17 500.00 | 16 955.90 | 16 720.03 | 16 493.14 | 16 262.03 | 16 021.54 |
| 天然气/亿米$^3$ | | | | | | |
| 石化集团公司 | 58.63 | 53.16 | 50.63 | 46.12 | 39.16 | 22.26 |
| 全行业 | 398.10 | 350.20 | 326.11 | 303.44 | 277.26 | 242.94 |
| 原油加工量 | | | | | | |
| 石化集团公司 | 14 140.80 | 12 417.00 | 11 219.09 | 10 605.28 | 11 177.21 | 9 136.21 |
| 全行业 | 27 290.32 | 24 255.13 | 21 896.51 | 21 050.59 | 21 061.95 | 18 356.58 |
| 汽煤柴润总量 | | | | | | |
| 石化集团公司 | 8 746.07 | 7 479.41 | 6 817.16 | 6 477.76 | 6 677.18 | 5 540.08 |
| 全行业 | 16 846.89 | 14 590.23 | 13 178.1 | 12 782.98 | 12 419.36 | 11 105.00 |
| 汽 油 | | | | | | |
| 石化集团公司 | 2 576.91 | 2 386.76 | 2 151.22 | 1 979.98 | 2 137.88 | 1 785.77 |
| 全行业 | 5 249.77 | 4 790.86 | 4 319.87 | 4 154.66 | 4 134.67 | 3 741.27 |
| 煤 油 | | | | | | |
| 石化集团公司 | 636.67 | 531.49 | 506.13 | 450.10 | 499.42 | 444.81 |
| 全行业 | 970.75 | 855.30 | 826.11 | 789.35 | 872.29 | 719.46 |
| 柴 油 | | | | | | |
| 石化集团公司 | 5 395.02 | 4 456.52 | 4 063.35 | 3 956.95 | 3 944.97 | 3 203.80 |
| 全行业 | 10 162.08 | 8 532.78 | 7 669.23 | 7 485.66 | 7 079.62 | 6 302.68 |
| 润滑油 | | | | | | |
| 石化集团公司 | 137.46 | 104.63 | 96.46 | 90.73 | 94.91 | 105.70 |
| 全行业 | 464.29 | 411.29 | 362.89 | 353.31 | 332.78 | 341.59 |
| 溶剂油 | | | | | | |
| 石化集团公司 | 122.88 | 154.24 | 121.58 | 97.93 | 109.96 | 72.33 |
| 全行业 | 293.48 | 241.26 | 207.18 | 182.17 | 196.65 | 131.54 |
| 燃料油 | | | | | | |
| 石化集团公司 | 907.84 | 882.67 | 748.6 | 765.13 | 979.89 | 837.29 |
| 全行业 | 2 082.55 | 2 004.84 | 1 845.5 | 1 864.39 | 2 053.67 | 1 936.37 |
| 商品量 | | | | | | |
| 石化集团公司 | 657.9 | 624.41 | 485.12 | 537.00 | 674.15 | 407.47 |
| 全行业 | | 1 184.74 | 1 137.02 | 1 229.17 | 1 264.52 | 1 000.31 |
| 石 蜡 | | | | | | |
| 石化集团公司 | 53.06 | 49.41 | 45.81 | 48.99 | 43.42 | 47.35 |
| 全行业 | 201.06 | 147.89 | 131.45 | 134.75 | 136.70 | 129.99 |

续表

| 项　目　　年　份 | 2004 | 2003 | 2002 | 2001 | 2000 | 1999 |
|---|---|---|---|---|---|---|
| 石油焦 | | | | | | |
| 石化集团公司 | 498.05 | 413.42 | 348.64 | 325.51 | 300.21 | 240.74 |
| 全行业 | 712.22 | 603.18 | 508.03 | 485.84 | 451.71 | 392.28 |
| 石油沥青 | | | | | | |
| 石化集团公司 | 311.19 | 285.27 | 219.59 | 161.92 | 170.91 | 153.81 |
| 全行业 | 902.62 | 861.30 | 709.97 | 581.07 | 470.94 | 419.37 |
| 洗涤剂原料 | | | | | | |
| 石化集团公司 | 17.47 | 13.13 | 15.2 | 17.05 | 13.57 | 13.06 |
| 全行业 | | 46.68 | 36.45 | 34.16 | 30.77 | 29.86 |
| 化工轻油 | | | | | | |
| 石化集团公司 | 1 810.36 | 1 696.77 | 1 557.32 | 1 269.12 | 1 376.12 | 1 110.70 |
| 全行业 | | 2 353.13 | 2 105.26 | 1 859.08 | 2 007.97 | 1 646.27 |
| 商品原料油 | | | | | | |
| 石化集团公司 | 578.43 | 532.41 | 474.74 | 397.63 | 423.17 | 167.06 |
| 全行业 | | 710.95 | 699.92 | 634.56 | 665.86 | 402.59 |

**表 4　　石化集团公司与全行业有机化学品分品种产量**　　万吨

| 项　目　　年　份 | 2004 | 2003 | 2002 | 2001 | 2000 | 1999 |
|---|---|---|---|---|---|---|
| 乙　烯 | | | | | | |
| 石化集团公司 | 425.49 | 414.69 | 350.93 | 291.35 | 287.16 | 269.62 |
| 全行业 | 626.60 | 611.77 | 541.35 | 480.67 | 470.00 | 434.80 |
| 丙　烯 | | | | | | |
| 石化集团公司 | 414.26 | 385.99 | 346.21 | 294.58 | 292.68 | 254.21 |
| 全行业 | | 593.23 | 544.47 | 477.85 | 482.56 | 392.87 |
| 丁二烯 | | | | | | |
| 石化集团公司 | 63.34 | 62.37 | 50.74 | 42.02 | 38.14 | 34.61 |
| 全行业 | | 85.82 | 73.62 | 64.51 | 59.05 | 53.42 |
| 纯　苯 | | | | | | |
| 石化集团公司 | 142.91 | 136.03 | 123.02 | 108.79 | 102.96 | 93.99 |
| 全行业 | 255.63 | 240.83 | 213.06 | 198.75 | 184.67 | 153.04 |
| 甲　苯 | | | | | | |
| 石化集团公司 | 57.47 | 51.07 | 43.52 | 41.34 | 37.64 | 29.13 |
| 全行业 | | | | | | 50.94 |
| 二甲苯 | | | | | | |
| 石化集团公司 | 64.00 | 54.69 | 56.36 | 58.15 | 54.56 | 34.25 |
| 全行业 | | | | | | 58.19 |

续表

| 项目 \ 年份 | 2004 | 2003 | 2002 | 2001 | 2000 | 1999 |
|---|---|---|---|---|---|---|
| 烷基苯 | | | | | | |
| 石化集团公司 | 30.73 | 23.67 | 21.25 | 21.53 | 16.17 | 16.66 |
| 全行业 | | 44.11 | 39.04 | 36.43 | 31.46 | 31.18 |
| 对二甲苯 | | | | | | |
| 石化集团公司 | 153.99 | 131.57 | 118.15 | 116.39 | 96.25 | 82.96 |
| 全行业 | | 157.08 | 147.47 | 145.42 | 130.11 | 113.08 |
| 苯乙烯 | | | | | | |
| 石化集团公司 | 46.66 | 45.26 | 46.95 | 42.15 | 42.53 | 35.85 |
| 全行业 | | 94.82 | 89.56 | 79.90 | 76.38 | 59.83 |
| 苯酐 | | | | | | |
| 石化集团公司 | 9.29 | 13.11 | 13.16 | 12.65 | 13.40 | 9.48 |
| 全行业 | | 59.83 | 53.65 | 42.78 | 41.52 | 31.65 |
| 精甲醇 | | | | | | |
| 石化集团公司 | 38.88 | 33.67 | 28.07 | 30.39 | 30.86 | 27.37 |
| 全行业 | 440.64 | 298.87 | 210.95 | 206.48 | 198.69 | 173.72 |
| 丁醇 | | | | | | |
| 石化集团公司 | 3.82 | 6.04 | 5.28 | 4.96 | 4.42 | 4.62 |
| 全行业 | | 20.38 | 17.42 | 17.43 | 11.93 | 11.18 |
| 辛醇 | | | | | | |
| 石化集团公司 | 15.04 | 14.30 | 8.80 | 8.44 | 8.18 | 8.79 |
| 全行业 | | 24.97 | 23.89 | 24.06 | 25.56 | 23.05 |
| 苯酚 | | | | | | |
| 石化集团公司 | 24.74 | 18.69 | 19.52 | 16.61 | 17.64 | 13.45 |
| 全行业 | | | | | | 20.13 |
| 丙酮 | | | | | | |
| 石化集团公司 | 15.61 | 11.61 | 11.95 | 10.62 | 10.98 | 8.46 |
| 全行业 | | | | | | 12.41 |
| 甲醛 | | | | | | |
| 石化集团公司 | 6.82 | 7.07 | 6.22 | 5.78 | 5.17 | 2.71 |
| 全行业 | | 308.97 | 255.68 | 234.40 | 206.80 | 138.77 |
| 乙醛 | | | | | | |
| 石化集团公司 | 12.14 | 12.36 | 11.46 | 9.95 | 10.93 | 9.68 |
| 全行业 | | 38.97 | 35.50 | 37.02 | 35.88 | 30.85 |
| 醋酸 | | | | | | |
| 石化集团公司 | 31.98 | 30.88 | 27.77 | 26.88 | 29.90 | 25.75 |
| 全行业 | 115.16 | 94.68 | 84.09 | 86.13 | 86.51 | 72.37 |

**表 5** **石化集团公司与全行业合成纤维及原料分品种产量** 万吨

| 项目 \ 年份 | 2004 | 2003 | 2002 | 2001 | 2000 | 1999 |
|---|---|---|---|---|---|---|
| 合成纤维原料 | | | | | | |
| 石化集团公司 | 362.15 | 336.07 | 287.05 | 266.64 | 264.48 | 215.20 |
| 全行业 | 630.64 | 559.25 | 402.59 | 378.15 | 380.89 | 316.12 |
| DMT | | | | | | |
| 石化集团公司 | | | | 5.72 | 12.53 | 12.28 |
| 全行业 | | 2.11 | 6.42 | 13.77 | 23.20 | 23.00 |
| 精对苯二甲酸 | | | | | | |
| 石化集团公司 | 257.17 | 235.36 | 191.21 | 177.01 | 158.26 | 122.19 |
| 全行业 | 442.38 | 394.05 | 235.96 | 219.86 | 202.44 | 164.07 |
| 尼龙 66 盐 | | | | | | |
| 全行业 | | 0.05 | 0.65 | 1.83 | 1.60 | 1.53 |
| 己内酰胺 | | | | | | |
| 石化集团公司 | 14.40 | 12.45 | 16.78 | 14.93 | 15.99 | 10.94 |
| 全行业 | 22.77 | 20.08 | 17.05 | 15.25 | 16.39 | 11.32 |
| 丙烯腈 | | | | | | |
| 石化集团公司 | 25.84 | 24.39 | 20.47 | 18.10 | 18.54 | 15.20 |
| 全行业 | 70.58 | 60.73 | 51.90 | 46.69 | 46.50 | 31.82 |
| 乙二醇 | | | | | | |
| 石化集团公司 | 64.74 | 63.87 | 58.60 | 50.87 | 59.16 | 54.59 |
| 全行业 | 94.91 | 96.93 | 90.61 | 80.75 | 90.75 | 84.38 |
| 合成纤维 | | | | | | |
| 石化集团公司 | 170.34 | 171.56 | 157.32 | 144.21 | 121.64 | 105.15 |
| 全行业 | 1 313.96 | 1 089.00 | 918.02 | 780.40 | 639.85 | 554.22 |
| 锦　纶 | | | | | | |
| 石化集团公司 | 0.70 | 1.65 | 1.71 | 2.11 | 2.51 | 1.87 |
| 全行业 | 66.83 | 56.51 | 47.23 | 42.00 | 40.36 | 35.44 |
| 涤　纶 | | | | | | |
| 石化集团公司 | 130.19 | 130.63 | 118.47 | 112.45 | 89.82 | 77.50 |
| 全行业 | 1 138.05 | 932.62 | 777.04 | 648.94 | 517.50 | 444.06 |
| 腈　纶 | | | | | | |
| 石化集团公司 | 35.81 | 35.27 | 33.09 | 25.90 | 25.09 | 22.21 |
| 全行业 | 66.20 | 62.86 | 59.40 | 54.83 | 47.37 | 45.71 |
| 维　纶 | | | | | | |
| 石化集团公司 | 1.30 | 1.17 | 1.11 | 1.10 | 1.16 | 1.14 |
| 全行业 | 3.51 | 3.26 | 3.25 | 3.01 | 2.54 | 2.50 |
| 丙　纶 | | | | | | |
| 石化集团公司 | 2.28 | 2.81 | 2.91 | 2.62 | 3.04 | 2.42 |
| 全行业 | 27.58 | 27.50 | 29.16 | 30.98 | 29.44 | 24.25 |
| 其他(全行业) | 11.79 | 6.25 | 2.94 | 0.68 | 0.64 | 2.26 |

**表 6** 石化集团公司与全行业合成橡胶分品种产量 万吨

| 项目 \ 年份 | 2004 | 2003 | 2002 | 2001 | 2000 | 1999 |
| --- | --- | --- | --- | --- | --- | --- |
| 合成橡胶 | | | | | | |
| 石化集团公司 | 78.09 | 75.89 | 69.34 | 60.86 | 49.90 | 45.74 |
| 全行业 | 147.76 | 134.83 | 116.76 | 104.88 | 88.88 | 76.11 |
| 顺丁橡胶 | | | | | | |
| 石化集团公司 | 29.83 | 28.14 | 25.77 | 25.25 | 23.85 | 24.33 |
| 全行业 | 39.71 | 39.06 | 34.12 | 33.41 | 31.34 | 29.29 |
| 丁苯橡胶 | | | | | | |
| 石化集团公司 | 19.75 | 21.72 | 19.44 | 18.62 | 12.22 | 12.64 |
| 全行业 | 58.18 | 49.73 | 43.79 | 42.56 | 35.23 | 32.43 |
| 氯丁橡胶 | | | | | | |
| 全行业 | 3.56 | 3.80 | 3.88 | 3.99 | 3.03 | 2.65 |
| 丁腈橡胶 | | | | | | |
| 全行业 | 2.05 | 1.91 | 1.75 | 1.48 | 1.08 | 0.90 |
| 乙丙橡胶 | | | | | | |
| 全行业 | 2.18 | 2.04 | 2.00 | 1.50 | 0.75 | 0.73 |
| SBS 热塑弹性体 | | | | | | |
| 石化集团公司 | 24.28 | 23.00 | 21.68 | 16.46 | 13.36 | 8.77 |
| 全行业 | 24.28 | 23.00 | 21.68 | 16.46 | 13.36 | 8.77 |
| SIS 热塑弹性体 | | | | | | |
| 石化集团公司 | | | 0.29 | 0.11 | 0.07 | |
| 全行业 | | | 0.29 | 0.11 | 0.07 | |
| 丁基橡胶 | | | | | | |
| 石化集团公司 | 3.76 | 2.70 | 2.15 | 0.42 | 0.41 | |
| 全行业 | 3.76 | 2.70 | 2.15 | 0.42 | 0.41 | |
| 其他橡胶 | | | | | | |
| 全行业 | 14.02 | 12.59 | 7.10 | 4.95 | 3.61 | 1.34 |

表 7 石化集团公司与全行业塑料分品种产量 万吨

| 项目 \ 年份 | 2004 | 2003 | 2002 | 2001 | 2000 | 1999 |
|---|---|---|---|---|---|---|
| 塑料 | | | | | | |
| 石化集团公司 | 711.86 | 682.09 | 594.57 | 503.51 | 488.84 | 433.03 |
| 全行业 | 1 790.99 | 1 652.08 | 1 366.46 | 1 211.61 | 1 096.70 | 851.00 |
| 聚乙烯 | | | | | | |
| 石化集团公司 | 287.43 | 279.56 | 239.12 | 191.72 | 187.78 | 173.59 |
| 全行业 | 441.3 | 413.2 | 355.2 | 308.30 | 300.00 | 271.40 |
| 聚丙烯 | | | | | | |
| 石化集团公司 | 313.34 | 291.19 | 270.29 | 228.68 | 226.19 | 193.39 |
| 全行业 | 474.88 | 426.82 | 380.01 | 333.96 | 323.95 | 268.77 |
| 聚苯乙烯 | | | | | | |
| 石化集团公司 | 35.69 | 38.51 | 35.81 | 36.69 | 35.47 | 30.23 |
| 全行业 | 102.09 | 100.92 | 83.28 | 95.61 | 81.41 | 54.29 |
| 聚氯乙烯 | | | | | | |
| 石化集团公司 | 38.94 | 38.96 | 23.58 | 23.38 | 20.29 | 20.84 |
| 全行业 | 503.18 | 400.65 | 338.87 | 291.82 | 238.73 | 191.56 |
| ABS 树脂 | | | | | | |
| 全行业 | 45.57 | 47.56 | 37.55 | 21.59 | 18.45 | 13.53 |
| 聚氨酯塑料 | | | | | | |
| 石化集团公司 | 0.02 | 0.08 | 0.55 | | 0.06 | 0.18 |
| 全行业 | | | | | | 1.66 |
| 聚醚树脂 | | | | | | |
| 石化集团公司 | 22.92 | 21.12 | 19.7 | 18.35 | 15.45 | 12.31 |
| 全行业 | | | | | | 18.96 |
| 环氧树脂 | | | | | | |
| 石化集团公司 | 2.03 | 2.09 | 1.51 | 1.68 | 1.18 | 0.90 |
| 全行业 | | | | | | 3.80 |
| 不饱和聚酯树脂 | | | | | | |
| 石化集团公司 | 2.69 | | 2.04 | 1.54 | 1.35 | 0.72 |
| 全行业 | | | | | | 3.71 |
| EVA 树脂 | | | | | | |
| 石化集团公司 | | | | | | |
| 全行业 | | | | | | 3.81 |
| AS 树脂 | | | | | | |
| 石化集团公司 | 0.4 | 0.46 | 0.51 | 0.41 | 0.51 | 0.51 |
| 全行业 | 1.27 | 1.67 | 1.56 | 5.02 | 4.88 | 2.42 |
| 其他塑料 | | | | | | |
| 石化集团公司 | 8.4 | 5.59 | 1.45 | 1.06 | 0.54 | |
| 全行业 | 220.7 | 261.26 | 144.74 | 132.68 | 110.70 | 17.08 |

**表 8** 中国石油与石油产品进口数量与金额

| 产品名称 | 2004年 | | 2003年 | | 2002年 | | 2001年 | | 2000年 | | 1999年 | |
|---|---|---|---|---|---|---|---|---|---|---|---|---|
| | 数量/万吨 | 金额/百万美元 | 数量/万吨 | 金额/百万美元 | 数量/万吨 | 金额/百万美元 | 数量/万吨 | 金额/百万美元 | 数量/万吨 | 金额/百万美元 | 数量/万吨 | 金额/百万美元 |
| 原　油 | 12 281.55 | 33 912.99 | 9 112.63 | 19 824.20 | 6 940.77 | 12 760.90 | 6 025.54 | 11 672.00 | 7 013.43 | 14 831.98 | 3 661.37 | 4 641.23 |
| 成品油 | 698.93 | 2 972.70 | 425.62 | 1 475.39 | 372.90 | 1 151.78 | 321.05 | 1 035.28 | 323.86 | 1 149.62 | 307.01 | 723.65 |
| 汽　油 | 0.00 | 0.12 | 0.00 | 0.03 | 0.01 | 0.03 | 0.02 | 0.07 | 0.03 | 0.06 | 0.004 | 0.02 |
| 石脑油 | 5.09 | 16.72 | 23.80 | 62.40 | 24.26 | 57.30 | 10.94 | 25.63 | 12.25 | 32.75 | 37.23 | 54.24 |
| 溶剂油 | 7.20 | 31.09 | 11.69 | 38.81 | 2.06 | 8.40 | 0.56 | 3.73 | 0.34 | 3.45 | — | — |
| 其他汽油馏分 | 0.16 | 2.41 | — | — | 0.34 | 1.81 | 0.27 | 2.37 | 0.23 | 1.61 | 2.86 | 3.88 |
| 煤　油 | 277.42 | 1 105.04 | 210.27 | 622.75 | 214.74 | 552.85 | 212.90 | 578.41 | 225.48 | 711.52 | 217.66 | 410.42 |
| 轻柴油 | 274.94 | 1 015.16 | 84.75 | 222.55 | 48.08 | 109.81 | 27.47 | 63.44 | 25.94 | 66.39 | 31.04 | 49.48 |
| 重柴油 | — | — | — | — | — | — | — | — | — | — | 0.02 | 0.02 |
| 润滑油、脂 | 20.61 | 305.58 | 16.40 | 232.32 | 13.37 | 193.21 | 13.78 | 162.04 | 14.34 | 186.50 | 18.20 | 205.59 |
| 润滑油基础油 | 113.51 | 496.58 | 78.71 | 296.51 | 70.04 | 228.37 | 55.11 | 199.59 | 45.25 | 147.34 | — | — |
| 燃料油 | 3 063.10 | 6 133.74 | 2 395.94 | 4 389.10 | 1 660.75 | 2 642.20 | 1 823.58 | 2 700.15 | 1 480.23 | 2 503.52 | 1 756.99 | 1 946.10 |
| 石　蜡 | 5.32 | 38.59 | 3.24 | 27.53 | 2.83 | 24.98 | 3.18 | 23.83 | 2.36 | 18.64 | 1.74 | 14.11 |
| 石油沥青 | 262.25 | 497.84 | 261.10 | 511.21 | 227.39 | 405.41 | 163.07 | 288.72 | 139.46 | 239.68 | 147.00 | 199.20 |
| 石油焦 | 83.03 | 76.70 | 125.83 | 80.84 | 127.77 | 53.90 | 20.90 | 24.31 | 3.94 | 11.75 | 2.78 | 5.22 |
| 液体石蜡 | 2.32 | 13.63 | 2.33 | 10.49 | 1.48 | 7.15 | 0.27 | 2.77 | 0.59 | 4.01 | — | — |
| 液化石油气 | 640.90 | 2 416.29 | 638.29 | 1 987.77 | 626.08 | 1 596.77 | 488.99 | 1 382.39 | 481.74 | 1 539.94 | 554.26 | 1 196.52 |

**表 9　　中国石油与石油产品出口数量与金额**

| 产品名称 | 2004 年 | | 2003 年 | | 2002 年 | | 2001 年 | | 2000 年 | | 1999 年 | |
|---|---|---|---|---|---|---|---|---|---|---|---|---|
| | 数量/万吨 | 金额/百万美元 | 数量/万吨 | 金额/百万美元 | 数量/万吨 | 金额/百万美元 | 数量/万吨 | 金额/百万美元 | 数量/万吨 | 金额/百万美元 | 数量/万吨 | 金额/百万美元 |
| 原　油 | 549.16 | 1 324.69 | 813.33 | 1 661.22 | 720.81 | 1 232.49 | 755.06 | 1 385.37 | 1 043.98 | 2 118.95 | 716.66 | 747.55 |
| 成品油 | 958.54 | 3 563.41 | 1 308.60 | 3 566.24 | 1 006.83 | 2 275.30 | 879.74 | 2 059.83 | 793.04 | 2 042.23 | 616.27 | 1 052.66 |
| 汽　油 | 540.71 | 1 962.53 | 754.24 | 2 037.45 | 612.20 | 1 349.28 | 577.17 | 1 268.64 | 455.10 | 1 113.11 | 413.83 | 645.75 |
| 石脑油 | 139.74 | 530.22 | 113.12 | 311.04 | 91.11 | 210.89 | 90.24 | 202.95 | 68.74 | 174.29 | 9.84 | 18.98 |
| 溶剂油 | 0.57 | 2.24 | 0.77 | 2.93 | 0.57 | 2.20 | 0.29 | 0.87 | 0.10 | 0.36 | — | — |
| 其他汽油馏分 | 0.00 | 0.00 | — | — | 0.01 | 0.03 | — | — | — | — | — | — |
| 煤　油 | 203.71 | 796.31 | 201.68 | 602.92 | 170.00 | 400.00 | 178.65 | 480.67 | 198.98 | 566.83 | 124.96 | 269.37 |
| 轻柴油 | 63.65 | 202.43 | 224.06 | 533.94 | 125.70 | 271.14 | 25.65 | 62.78 | 55.48 | 131.86 | 60.45 | 90.97 |
| 重柴油 | — | — | — | — | — | — | — | — | — | — | 0.02 | 0.02 |
| 润滑油脂 | 6.40 | 54.20 | 5.98 | 45.51 | 5.31 | 36.24 | 4.65 | 33.75 | 5.20 | 33.77 | 7.17 | 27.57 |
| 润滑油基础油 | 3.77 | 15.48 | 8.74 | 32.42 | 1.93 | 5.52 | 3.09 | 10.17 | 9.44 | 22.02 | — | — |
| 燃料油 | 181.69 | 372.77 | 76.13 | 151.05 | 63.92 | 110.87 | 44.11 | 74.30 | 33.35 | 61.11 | 25.74 | 34.36 |
| 石　蜡 | 71.14 | 365.35 | 69.74 | 310.54 | 66.15 | 264.97 | 58.36 | 257.18 | 60.79 | 262.06 | 58.80 | 238.47 |
| 石油沥青 | 19.97 | 15.34 | 10.19 | 7.38 | 10.27 | 6.60 | 16.01 | 8.37 | 15.88 | 7.86 | 26.03 | 12.77 |
| 石油焦 | 122.24 | 143.18 | 84.23 | 87.95 | 77.91 | 78.02 | 160.28 | 121.31 | 133.41 | 82.67 | 112.49 | 77.19 |
| 液体石蜡 | 0.02 | 0.13 | 0.01 | 0.08 | 0.01 | 0.03 | 0.09 | 0.41 | 0.88 | 3.84 | 3.09 | 8.09 |
| 液化石油气 | 3.28 | 15.68 | 2.43 | 7.64 | 5.65 | 13.12 | 2.12 | 4.84 | 7.58 | 14.31 | 7.59 | 14.41 |

**表 10**

中国主要石化产品进口数量与金额

| 产品名称 | 2004年 | | 2003年 | | 2002年 | | 2001年 | | 2000年 | | 1999年 | |
|---|---|---|---|---|---|---|---|---|---|---|---|---|
| | 数量/万吨 | 金额/百万美元 | 数量/万吨 | 金额/百万美元 | 数量/万吨 | 金额/百万美元 | 数量/万吨 | 金额/百万美元 | 数量/万吨 | 金额/百万美元 | 数量/万吨 | 金额/百万美元 |
| 一、合成树脂与塑料及制品合计 | 2 376.32 | 27 928.30 | 2 124.80 | 20 893.90 | 1 935.79 | 17 257.80 | 1 751.63 | 15 169.98 | 1 524.73 | 14 205.97 | 1 337.77 | 11 356.57 |
| （一）初级形状合成树脂与塑料 | 1 820.23 | 20 538.15 | 1 691.19 | 15 589.18 | 1 566.01 | 13 211.88 | 1 413.84 | 11 635.67 | 1 197.81 | 10 709.73 | 1 072.40 | 8 567.64 |
| 1. 聚乙烯 | 479.66 | 4 344.76 | 469.02 | 3 039.23 | 455.94 | 2 698.30 | 411.25 | 2 657.47 | 296.71 | 2 133.75 | 259.90 | 1 631.77 |
| 低密度聚乙烯 | 134.15 | 1 268.70 | 145.34 | 992.47 | 242.53 | 1 458.03 | 238.89 | 1 562.37 | 175.29 | 1 278.58 | 163.68 | 1 044.39 |
| 高密度聚乙烯 | 231.60 | 2 063.39 | 219.68 | 1 412.67 | 213.41 | 1 240.27 | 172.36 | 1 095.10 | 121.42 | 855.17 | 96.22 | 587.38 |
| 2. 聚丙烯 | 291.39 | 2 564.51 | 273.43 | 2 024.51 | 244.23 | 1 635.24 | 208.65 | 1 361.25 | 164.03 | 1 144.39 | 147.27 | 929.37 |
| 3. 聚苯乙烯 | 156.25 | 1 438.66 | 156.43 | 1 311.59 | 162.75 | 1 319.32 | 153.81 | 1 216.96 | 152.83 | 1 233.89 | 151.70 | 1 105.36 |
| 可发性聚苯乙烯 | 17.98 | 167.88 | 17.81 | 155.54 | 17.44 | 154.12 | 16.97 | 149.75 | 19.87 | 175.54 | 23.14 | 181.54 |
| 其他聚苯乙烯 | 138.28 | 1 270.77 | 138.62 | 1 156.04 | 145.31 | 1 165.20 | 136.84 | 1 067.21 | 132.96 | 1 058.35 | 128.56 | 923.82 |
| 4. ABS 共聚物 | 196.31 | 2 270.67 | 179.01 | 1 882.61 | 163.76 | 1 676.86 | 142.60 | 1 456.22 | 146.97 | 1 528.01 | 133.42 | 1 254.70 |
| 5. 聚氯乙烯 | 211.02 | 1 703.96 | 229.24 | 1 503.22 | 225.14 | 1 335.68 | 250.80 | 1 459.98 | 192.41 | 1 352.93 | 179.73 | 1 077.65 |
| 纯聚氯乙烯 | 162.88 | 1 286.80 | 175.88 | 1 123.34 | 170.06 | 983.51 | 191.64 | 1 092.64 | 144.50 | 996.31 | 130.44 | 755.77 |
| 未塑化聚氯乙烯 | 37.30 | 297.74 | 44.68 | 297.53 | 47.33 | 286.29 | 51.45 | 305.72 | 40.45 | 290.47 | 43.64 | 270.75 |
| 已塑化聚氯乙烯 | 10.85 | 119.43 | 8.69 | 82.35 | 7.76 | 65.88 | 7.70 | 61.62 | 7.46 | 66.15 | 5.65 | 51.13 |
| 以上五大类通用塑料小计 | 1 334.64 | 12 322.56 | 1 307.13 | 9 761.16 | 1 251.83 | 8 665.40 | 1 167.11 | 8 151.88 | 952.95 | 7 392.97 | 872.02 | 5 998.85 |
| （二）塑料的废碎料和下脚料 | 409.57 | 1 378.11 | 302.41 | 774.32 | 245.75 | 540.81 | 222.51 | 525.79 | 200.72 | 490.84 | 138.84 | 253.79 |
| （三）塑料半制品与制品 | 146.51 | 6 012.04 | 131.20 | 4 530.40 | 124.03 | 3 505.11 | 115.29 | 3 008.52 | 126.20 | 3 005.49 | 126.53 | 2 535.14 |
| 二、合成橡胶及胶乳合计 | 110.02 | 1 423.45 | 101.00 | 1 157.52 | 91.91 | 944.49 | 75.67 | 799.70 | 71.50 | 726.79 | 65.22 | 602.05 |
| 1. 丁苯橡胶 | 36.03 | 346.04 | 34.77 | 293.99 | 35.91 | 271.95 | 26.38 | 204.72 | 22.81 | 172.75 | 18.89 | 131.13 |
| 丁苯胶乳 | 12.86 | 87.08 | 10.14 | 62.60 | 8.93 | 57.64 | 8.64 | 59.57 | 9.25 | 62.14 | 6.04 | 42.46 |
| 2. 顺丁橡胶 | 7.95 | 97.70 | 6.40 | 68.28 | 5.28 | 46.51 | 4.53 | 42.13 | 4.52 | 40.30 | 4.55 | 38.62 |
| 3. 丁基橡胶 | 6.08 | 138.10 | 6.21 | 132.10 | 3.91 | 81.62 | 3.68 | 78.97 | 3.48 | 75.25 | 2.75 | 48.00 |
| 4. 氯丁橡胶 | 2.84 | 55.68 | 1.78 | 32.55 | 1.88 | 33.50 | 1.81 | 36.38 | 1.69 | 33.70 | 1.73 | 34.92 |
| 5. 丁腈橡胶 | 7.77 | 89.86 | 6.76 | 71.54 | 4.82 | 54.50 | 4.74 | 58.06 | 3.74 | 47.18 | 2.88 | 38.54 |

续表

| 产品名称 | 2004年 | | 2003年 | | 2002年 | | 2001年 | | 2000年 | | 1999年 | |
|---|---|---|---|---|---|---|---|---|---|---|---|---|
| | 数量/万吨 | 金额/百万美元 | 数量/万吨 | 金额/百万美元 | 数量/万吨 | 金额/百万美元 | 数量/万吨 | 金额/百万美元 | 数量/万吨 | 金额/百万美元 | 数量/万吨 | 金额/百万美元 |
| 6. 异戊二烯橡胶 | 3.18 | 39.36 | 3.73 | 40.41 | 1.44 | 10.88 | 0.81 | 7.37 | 1.71 | 13.27 | 1.00 | 7.32 |
| 7. 乙丙橡胶 | 0.55 | 9.04 | 2.94 | 44.47 | 2.61 | 38.15 | 2.66 | 40.30 | 2.54 | 37.67 | 1.42 | 22.71 |
| 8. 其他合成橡胶 | 45.63 | 647.67 | 38.41 | 474.18 | 36.06 | 407.38 | 31.06 | 331.76 | 30.99 | 306.67 | 31.99 | 280.83 |
| 其他胶乳 | 1.70 | 16.65 | 1.70 | 16.84 | 2.09 | 20.38 | 2.65 | 26.29 | 3.26 | 30.01 | 4.15 | 34.16 |
| 三、合成纤维 | 167.69 | 2 778.61 | 176.04 | 2 540.23 | 170.70 | 2 252.88 | 139.47 | 1 827.97 | 157.43 | 2 002.52 | 128.46 | 1 436.43 |
| 1. 锦　纶 | 27.23 | 603.02 | 25.04 | 497.30 | 23.87 | 449.73 | 16.61 | 339.20 | 15.03 | 291.43 | 11.91 | 228.33 |
| 长　丝 | 25.92 | 557.86 | 23.81 | 458.35 | 22.70 | 420.68 | 15.63 | 316.01 | 14.14 | 270.36 | 11.26 | 215.24 |
| 短纤维及纤维条 | 1.31 | 45.15 | 1.23 | 38.95 | 1.17 | 29.05 | 0.97 | 23.19 | 0.89 | 21.07 | 0.65 | 13.09 |
| 2. 涤　纶 | 87.64 | 1 104.91 | 99.25 | 1 095.60 | 98.64 | 964.19 | 81.42 | 821.39 | 103.60 | 1 060.72 | 84.86 | 784.58 |
| 长　丝 | 36.92 | 573.42 | 41.53 | 578.54 | 38.60 | 498.40 | 29.03 | 390.54 | 41.38 | 516.52 | 31.74 | 377.43 |
| 短纤维及纤维条 | 50.73 | 531.49 | 57.72 | 517.07 | 60.04 | 465.79 | 52.39 | 430.85 | 62.22 | 544.20 | 53.12 | 407.15 |
| 3. 腈纶短纤维及纤维条 | 45.95 | 775.30 | 45.84 | 666.33 | 42.31 | 554.06 | 37.44 | 495.26 | 35.31 | 515.02 | 25.74 | 321.71 |
| 4. 丙纶长丝 | 0.44 | 7.44 | 0.50 | 10.30 | 0.49 | 8.62 | 0.30 | 4.98 | 0.45 | 6.45 | 0.60 | 9.25 |
| 丙纶短纤维及纤维条 | 0.47 | 6.44 | 0.20 | 2.92 | 0.09 | 1.03 | 0.23 | 1.28 | 0.25 | 2.02 | 1.91 | 10.45 |
| 5. 氨纶长丝 | 3.96 | 236.31 | 3.65 | 227.60 | 3.56 | 228.81 | 1.84 | 119.87 | 1.04 | 83.90 | 0.72 | 48.39 |
| 6. 其　他 | 1.67 | 51.64 | 1.76 | 43.10 | 1.74 | 46.44 | 1.64 | 45.97 | 1.76 | 42.98 | 2.72 | 33.70 |
| 长　丝 | 0.87 | 34.71 | 0.87 | 28.81 | 0.91 | 33.64 | 0.91 | 33.68 | 0.87 | 28.10 | 1.03 | 15.37 |
| 短纤维及纤维条 | 0.80 | 16.93 | 0.89 | 14.29 | 0.83 | 12.80 | 0.73 | 12.29 | 0.89 | 14.88 | 1.69 | 18.33 |
| 四、制成肥料 | 1 238.55 | 2 284.50 | 1 212.26 | 1 760.67 | 1 681.57 | 2 351.94 | 1 108.84 | 1 585.75 | 1 189.14 | 1 729.40 | 1 335.11 | 2 246.37 |
| 尿　素 | 3.80 | 5.49 | 13.49 | 15.42 | 79.07 | 91.82 | — | 0.02 | — | 0.01 | 6.81 | 9.36 |
| 五、有机化学品 | | | | | | | | | | | | |
| （一）烯烃、芳烃 | | | | | | | | | | | | |
| 乙　烯 | 6.76 | 59.28 | 4.66 | 22.36 | 8.52 | 33.88 | 7.43 | 33.03 | 8.89 | 52.31 | 3.72 | 16.03 |

续表

| 产品名称 | 2004年 | | 2003年 | | 2002年 | | 2001年 | | 2000年 | | 1999年 | |
|---|---|---|---|---|---|---|---|---|---|---|---|---|
| | 数量/万吨 | 金额/百万美元 | 数量/万吨 | 金额/百万美元 | 数量/万吨 | 金额/百万美元 | 数量/万吨 | 金额/百万美元 | 数量/万吨 | 金额/百万美元 | 数量/万吨 | 金额/百万美元 |
| 纯苯 | 5.28 | 43.06 | 0.99 | 4.68 | 4.18 | 14.57 | 6.23 | 21.38 | 7.51 | 29.16 | 5.17 | 14.14 |
| 甲苯 | 81.75 | 511.83 | 98.05 | 435.77 | 86.34 | 266.82 | 72.85 | 213.07 | 57.31 | 188.82 | 49.54 | 117.47 |
| 混合二甲苯 | 2.89 | 17.83 | 4.33 | 18.68 | 5.33 | 18.64 | 3.98 | 13.66 | 6.39 | 21.88 | 10.65 | 29.34 |
| 邻二甲苯 | 24.25 | 168.49 | 24.27 | 125.00 | 21.51 | 91.56 | 6.67 | 28.18 | 7.56 | 32.25 | 3.21 | 13.79 |
| 对二甲苯 | 113.66 | 842.01 | 101.86 | 574.39 | 27.48 | 116.10 | 17.39 | 79.02 | 20.37 | 92.55 | 13.63 | 43.17 |
| 苯乙烯 | 288.90 | 3 011.10 | 266.06 | 1 843.10 | 179.85 | 1 057.19 | 160.79 | 816.43 | 115.75 | 860.44 | 102.69 | 506.15 |
| 乙苯 | 0.16 | 1.85 | 0.01 | 0.17 | 0.10 | 0.46 | 0.12 | 0.53 | 0.23 | 1.05 | 0.20 | 0.64 |
| （二）主要有机原料 | | | | | | | | | | | | |
| 甲醇 | 135.85 | 345.78 | 140.16 | 328.08 | 179.96 | 278.73 | 152.13 | 212.78 | 130.65 | 187.92 | 137.39 | 148.98 |
| 丁醇 | 44.49 | 299.38 | 29.58 | 176.52 | 24.30 | 121.31 | 22.28 | 105.03 | 26.32 | 113.56 | 24.11 | 89.81 |
| 辛醇 | 30.42 | 247.31 | 32.33 | 197.05 | 31.09 | 168.06 | 25.90 | 133.85 | 21.80 | 123.41 | 16.63 | 72.71 |
| 醋酸 | 52.50 | 260.53 | 50.46 | 197.75 | 34.86 | 124.93 | 19.92 | 72.74 | 10.36 | 39.71 | 10.59 | 33.28 |
| 苯酚 | 28.12 | 275.15 | 32.27 | 223.95 | 21.75 | 110.15 | 20.53 | 104.87 | 9.69 | 63.71 | 7.38 | 33.87 |
| 丙酮 | 25.43 | 205.30 | 20.90 | 120.69 | 16.91 | 72.17 | 14.41 | 51.93 | 10.21 | 53.72 | 7.37 | 25.35 |
| 丁酮 | 14.32 | 128.95 | 15.12 | 93.25 | 12.41 | 65.50 | 11.37 | 75.66 | 10.21 | 76.00 | 9.08 | 51.12 |
| （三）主要合成纤维原料 | | | | | | | | | | | | |
| 乙二醇 | 339.10 | 3 038.45 | 251.61 | 1 583.87 | 214.57 | 886.20 | 159.71 | 728.62 | 104.97 | 582.70 | 56.69 | 240.47 |
| 对苯二甲酸 | 572.06 | 4 169.08 | 454.61 | 2 568.68 | 429.69 | 2 099.40 | 311.66 | 1 390.54 | 250.54 | 1 225.17 | 154.23 | 625.81 |
| 尼龙66盐 | 1.33 | 17.70 | 0.80 | 9.77 | 0.73 | 8.71 | 1.02 | 12.72 | 0.60 | 8.79 | 0.95 | 11.04 |
| 丙烯腈 | 31.86 | 326.95 | 38.15 | 312.94 | 31.00 | 217.20 | 26.01 | 174.10 | 15.30 | 137.96 | 15.82 | 69.22 |
| 己内酰胺 | 44.93 | 721.43 | 37.70 | 430.60 | 32.04 | 312.80 | 30.60 | 308.75 | 24.44 | 338.40 | 22.08 | 227.13 |
| 聚酯切片 | 18.00 | 180.33 | 17.20 | 137.31 | 17.54 | 114.75 | 12.32 | 86.09 | 33.52 | 246.10 | 34.43 | 194.74 |

**表 11** 中国主要石化产品出口数量与金额

| 产品名称 | 2004 年 | | 2003 年 | | 2002 年 | | 2001 年 | | 2000 年 | | 1999 年 | |
|---|---|---|---|---|---|---|---|---|---|---|---|---|
| | 数量/万吨 | 金额/百万美元 | 数量/万吨 | 金额/百万美元 | 数量/万吨 | 金额/百万美元 | 数量/万吨 | 金额/百万美元 | 数量/万吨 | 金额/百万美元 | 数量/万吨 | 金额/百万美元 |
| 一、合成树脂与塑料及制品合计 | 855.45 | 12 984.69 | 710.19 | 9 827.69 | 589.36 | 7 992.47 | 479.25 | 6 695.77 | 442.28 | 6 388.56 | 364.56 | 5 114.41 |
| （一）初级形状合成树脂与塑料 | 93.60 | 1 543.20 | 69.63 | 1 002.55 | 55.08 | 152.93 | 41.05 | 616.93 | 42.20 | 583.47 | 30.4 | 394.52 |
| 1. 聚乙烯 | 1.99 | 19.62 | 1.44 | 10.61 | 1.07 | 8.43 | 0.70 | 6.38 | 0.93 | 8.40 | 1.14 | 9.05 |
| 低密度聚乙烯 | 0.65 | 7.36 | 0.73 | 6.23 | 0.70 | 6.26 | 0.43 | 4.32 | 0.60 | 5.72 | 0.92 | 7.18 |
| 高密度聚乙烯 | 1.02 | 9.19 | 0.59 | 3.62 | 0.37 | 2.17 | 0.27 | 2.06 | 0.33 | 2.68 | 0.22 | 1.87 |
| 2. 聚丙烯 | 1.53 | 19.32 | 1.19 | 12.73 | 1.25 | 12.62 | 0.93 | 9.99 | 1.02 | 11.79 | 0.87 | 6.99 |
| 3. 聚苯乙烯 | 7.44 | 90.36 | 5.39 | 48.33 | 4.32 | 35.22 | 4.69 | 36.75 | 6.56 | 58.74 | 2.79 | 19.37 |
| 可发性聚苯乙烯 | 4.17 | 50.14 | 3.45 | 29.32 | 2.49 | 18.88 | 3.24 | 26.41 | 1.38 | 12.53 | 1.02 | 6.29 |
| 其他聚苯乙烯 | 3.27 | 40.22 | 1.94 | 19.01 | 1.83 | 16.34 | 1.43 | 10.34 | 5.19 | 46.21 | 1.77 | 13.08 |
| 4. ABS 共聚物 | 0.16 | 2.17 | 2.14 | 24.70 | 1.96 | 24.30 | 2.87 | 30.32 | 2.75 | 12.53 | 2.13 | 22.71 |
| 5. 聚氯乙烯 | 4.33 | 37.94 | 4.53 | 36.23 | 3.78 | 28.53 | 3.62 | 25.26 | 4.08 | 31.92 | 3.03 | 23.61 |
| 纯聚氯乙烯 | 1.71 | 13.64 | 2.28 | 14.45 | 1.69 | 9.77 | 1.99 | 11.05 | 1.88 | 13.60 | 0.91 | 6.79 |
| 未塑化聚氯乙烯 | 0.32 | 2.91 | 0.24 | 2.05 | 0.24 | 1.78 | 0.20 | 1.62 | 0.18 | 1.00 | 0.13 | 0.99 |
| 已塑化聚氯乙烯 | 2.31 | 21.39 | 2.01 | 19.73 | 1.85 | 16.98 | 1.43 | 12.59 | 2.02 | 17.32 | 1.99 | 15.83 |
| 以上五大类通用塑料小计 | 15.46 | 169.41 | 14.69 | 132.60 | 12.38 | 109.10 | 12.81 | 108.70 | 15.34 | 123.38 | 9.96 | 81.73 |
| （二）塑料的废碎料和下脚料 | 4.00 | 7.18 | 3.04 | 6.74 | 2.87 | 4.81 | 2.32 | 3.67 | 1.02 | 1.99 | 0.76 | 2.09 |
| （三）塑料半制品与制品 | 757.85 | 11 434.31 | 637.52 | 8 818.40 | 531.39 | 7 223.18 | 435.87 | 6 075.17 | 399.06 | 5 803.10 | 333.40 | 4 717.80 |
| 二、合成橡胶及胶乳合计 | 8.52 | 116.83 | 7.62 | 87.11 | 8.35 | 76.12 | 11.57 | 64.13 | 6.41 | 50.94 | 4.56 | 33.30 |
| 1. 丁苯橡胶 | 1.53 | 17.85 | 1.86 | 16.29 | 2.63 | 18.89 | 3.12 | 22.07 | 1.12 | 8.17 | 1.47 | 8.11 |
| 丁苯胶乳 | 0.15 | 1.14 | 0.36 | 2.04 | 0.30 | 1.75 | 0.27 | 1.78 | 0.15 | 1.03 | 0.08 | 0.61 |
| 2. 顺丁橡胶 | 3.65 | 42.41 | 2.95 | 27.36 | 3.17 | 21.29 | 2.80 | 18.96 | 3.46 | 22.30 | 1.77 | 10.42 |
| 3. 丁基橡胶 | 1.07 | 18.19 | 1.00 | 16.07 | 0.99 | 15.15 | 0.31 | 4.51 | 0.10 | 1.67 | 0.02 | 0.36 |

续表

| 产品名称 | 2004年 | | 2003年 | | 2002年 | | 2001年 | | 2000年 | | 1999年 | |
|---|---|---|---|---|---|---|---|---|---|---|---|---|
| | 数量/万吨 | 金额/百万美元 | 数量/万吨 | 金额/百万美元 | 数量/万吨 | 金额/百万美元 | 数量/万吨 | 金额/百万美元 | 数量/万吨 | 金额/百万美元 | 数量/万吨 | 金额/百万美元 |
| 4. 氯丁橡胶 | 0.07 | 1.25 | 0.08 | 1.58 | 0.07 | 1.35 | 0.14 | 2.88 | 0.06 | 1.20 | 0.01 | 0.21 |
| 5. 丁腈橡胶 | 0.34 | 4.33 | 0.14 | 1.74 | 0.02 | 0.27 | 0.01 | 0.07 | 0.01 | 0.12 | — | 0.06 |
| 6. 异戊二烯橡胶 | 0.04 | 0.39 | 0.02 | 0.18 | 0.03 | 0.36 | — | — | — | — | — | — |
| 7. 乙丙橡胶 | 0.03 | 0.43 | 0.06 | 0.70 | 0.16 | 1.93 | 0.13 | 1.71 | 0.12 | 1.50 | 0.18 | 2.39 |
| 8. 其他合成橡胶 | 1.79 | 31.96 | 1.51 | 23.19 | 1.30 | 16.88 | 5.05 | 13.93 | 1.54 | 15.97 | 1.11 | 11.75 |
| 其他胶乳 | 0.02 | 0.44 | 0.05 | 0.48 | 0.03 | 0.55 | 0.01 | 0.60 | 0.01 | 0.60 | 0.03 | 1.11 |
| 三、合成纤维 | 38.10 | 635.32 | 26.35 | 425.67 | 18.44 | 285.78 | 7.66 | 159.14 | 6.38 | 154.51 | 5.12 | 117.36 |
| 1. 锦　纶 | 5.78 | 178.60 | 5.51 | 150.33 | 4.43 | 113.82 | 2.17 | 59.52 | 2.32 | 71.06 | 1.04 | 28.43 |
| 长　丝 | 5.54 | 166.60 | 5.41 | 146.08 | 4.36 | 111.63 | 2.05 | 56.12 | 2.26 | 66.00 | 1.01 | 31.64 |
| 短纤维及纤维条 | 0.25 | 12.00 | 0.10 | 4.25 | 0.07 | 2.19 | 0.12 | 3.40 | 0.06 | 5.06 | 0.03 | 3.05 |
| 2. 涤　纶 | 28.15 | 351.10 | 16.26 | 173.89 | 10.84 | 102.92 | 2.80 | 45.24 | 2.19 | 43.90 | 2.08 | 33.75 |
| 长　丝 | 13.70 | 207.69 | 4.66 | 74.95 | 3.67 | 58.33 | 2.19 | 38.85 | 1.95 | 41.65 | 1.69 | 31.62 |
| 短纤维及纤维条 | 14.45 | 143.41 | 11.60 | 98.94 | 7.16 | 54.40 | 0.61 | 5.90 | 0.24 | 2.25 | 0.39 | 3.35 |
| 3. 腈纶短纤维及纤维条 | 0.17 | 3.09 | 0.08 | 1.25 | 0.05 | 0.84 | 0.14 | 2.11 | 0.08 | 1.78 | 0.13 | 1.84 |
| 4. 丙纶长丝 | 0.42 | 6.09 | 0.18 | 2.86 | 0.07 | 1.16 | 0.05 | 1.07 | 0.07 | 1.06 | 0.05 | 0.69 |
| 丙纶短纤维及纤维条 | 0.30 | 3.61 | 0.38 | 4.64 | 0.42 | 4.49 | 0.32 | 3.67 | 0.33 | 3.78 | 0.32 | 3.54 |
| 5. 氨纶长丝 | 0.56 | 38.17 | 0.41 | 31.05 | 0.14 | 7.95 | 0.12 | 5.70 | 0.04 | 6.04 | 0.09 | 14.32 |
| 6. 其　他 | 2.72 | 54.67 | 3.91 | 66.29 | 2.49 | 44.79 | 2.06 | 41.83 | 1.35 | 26.86 | 1.41 | 27.44 |
| 长　丝 | 0.37 | 12.20 | 0.41 | 12.38 | 0.30 | 7.21 | 0.18 | 4.65 | 0.09 | 1.92 | 0.06 | 1.74 |
| 短纤维及纤维条 | 2.35 | 42.47 | 3.49 | 53.91 | 2.19 | 37.58 | 1.88 | 37.18 | 1.26 | 24.94 | 1.35 | 25.60 |
| 四、制成肥料 | 709.70 | 1 292.71 | 535.36 | 788.20 | 246.62 | 340.22 | 287.33 | 380.90 | 250.48 | 314.48 | 169.80 | 221.31 |
| 尿　素 | 394.29 | 737.64 | 273.03 | 396.61 | 41.30 | 54.25 | 127.07 | 158.40 | 96.07 | 114.00 | 5.38 | 7.06 |

续表

| 产品名称 | 2004年 | | 2003年 | | 2002年 | | 2001年 | | 2000年 | | 1999年 | |
|---|---|---|---|---|---|---|---|---|---|---|---|---|
| | 数量/万吨 | 金额/百万美元 | 数量/万吨 | 金额/百万美元 | 数量/万吨 | 金额/百万美元 | 数量/万吨 | 金额/百万美元 | 数量/万吨 | 金额/百万美元 | 数量/万吨 | 金额/百万美元 |
| 五、有机化学品 | | | | | | | | | | | | |
| (一)烯烃、芳烃 | | | | | | | | | | | | |
| 乙　烯 | 2.23 | 16.51 | 3.21 | 12.79 | 2.61 | 10.16 | — | — | — | — | — | — |
| 纯　苯 | 1.39 | 10.40 | 10.93 | 45.77 | 9.01 | 31.26 | 3.89 | 9.58 | 9.01 | 29.20 | 9.51 | 19.68 |
| 甲　苯 | 0.18 | 1.00 | 0.16 | 0.69 | 0.22 | 0.78 | 0.24 | 1.20 | 0.50 | 1.81 | 0.27 | 0.92 |
| 混合二甲苯 | 0.86 | 4.43 | 0.20 | 1.18 | 0.15 | 0.77 | 0.10 | 0.46 | 0.46 | 1.59 | 1.97 | 5.74 |
| 邻二甲苯 | 0.01 | 0.05 | 0.01 | 0.04 | 0.0037 | 0.07 | 0.0059 | 0.11 | 0.55 | 2.09 | 0.62 | 2.55 |
| 对二甲苯 | 3.23 | 28.60 | 8.90 | 56.54 | 3.52 | 12.77 | 6.38 | 25.80 | 2.11 | 9.27 | 3.08 | 11.04 |
| 苯乙烯 | 0.86 | 8.78 | 0.61 | 4.27 | 0.22 | 1.29 | 0.31 | 1.54 | 0.66 | 5.03 | 0.22 | 1.22 |
| 乙　苯 | 0.00 | 0.05 | 0 | 0.01 | 0.0027 | 0.03 | — | — | — | 0.29 | — | — |
| (二)主要有机原料 | | | | | | | | | | | | |
| 甲　醇 | 3.29 | 8.58 | 5.08 | 12.17 | 0.09 | 0.40 | 0.96 | 2.06 | 0.05 | 0.30 | 0.13 | 0.39 |
| 丁　醇 | 0.70 | 5.35 | 0.10 | 0.74 | 0.05 | 0.42 | 0.31 | 3.68 | 0.75 | 4.89 | 0.31 | 2.35 |
| 辛　醇 | 0.24 | 2.16 | 0.09 | 0.69 | 0.04 | 0.28 | 0.02 | 0.20 | 0.20 | 1.18 | 1.36 | 5.67 |
| 醋　酸 | 1.60 | 11.10 | 0.15 | 0.99 | 0.13 | 0.86 | 0.06 | 0.46 | 0.08 | 0.59 | 0.04 | 0.27 |
| 苯　酚 | 0.16 | 3.14 | 0.09 | 1.91 | 0.04 | 1.02 | 0.04 | 0.56 | 0.28 | 2.12 | 0.04 | 0.99 |
| 丙　酮 | 0.05 | 0.43 | 0.04 | 0.28 | 0.03 | 0.21 | 0.04 | 0.30 | 0.48 | 2.62 | 0.02 | 0.16 |
| (三)主要合成纤维原料 | | | | | | | | | | | | |
| 乙二醇 | 2.58 | 17.21 | 2.34 | 10.17 | 3.19 | 10.61 | 0.23 | 1.03 | 0.01 | 0.18 | 0.01 | 0.18 |
| 对苯二甲酸 | 0.55 | 3.09 | 0.45 | 2.57 | 0.0002 | 0.02 | 0.0006 | 0.03 | — | 0.02 | 0.00 | 0.52 |
| 尼龙66盐 | 0.03 | 0.41 | — | — | — | — | 0.0001 | — | — | — | 0.00 | 0.05 |
| 丙烯腈 | 0.00 | 0.00 | 0 | 0.02 | 0.0019 | 0.07 | 0.0076 | 0.27 | 0.0025 | 0.03 | 0.00 | 0.00 |
| 己内酰胺 | 0.00 | 0.00 | 0.10 | 0.80 | 0.15 | 1.20 | 0.97 | 9.93 | 1.25 | 17.43 | 1.44 | 15.08 |
| 聚酯切片 | 11.49 | 127.05 | 19.18 | 161.42 | 6.67 | 47.43 | 0.37 | 2.87 | 0.17 | 1.22 | 2.40 | 12.42 |

# 世界石油化工统计

表 1　世界部分国家(地区)人均国民生产总值　美元

| 国家(地区) \ 年份 | 2004 | 2003 | 2002 | 2001 | 2000 | 1999 |
|---|---|---|---|---|---|---|
| 美国 | 39 752 | 36 924 | 35 060 | 34 870 | 34 260 | 30 600 |
| 日本 | 36 187 | 33 819 | 33 550 | 35 990 | 34 210 | 32 230 |
| 德国 | 32 850 | 29 137 | 22 670 | 23 700 | 25 050 | 25 350 |
| 法国 | 33 381 | 29 222 | 22 010 | 22 690 | 23 670 | 23 480 |
| 意大利 | 29 047 | 25 527 | 18 960 | 19 470 | 20 010 | 19 710 |
| 英国 | 36 039 | 30 355 | 25 250 | 24 230 | 24 500 | 22 640 |
| 加拿大 | 30 712 | 27 097 | 22 300 | 21 340 | 21 050 | 19 320 |
| 澳大利亚 | 31 375 | 26 525 | 19 740 | 19 770 | 20 530 | 20 050 |
| 荷兰 | 35 524 | 31 759 | 23 960 | 24 040 | 25 140 | 24 320 |
| 挪威 | 54 598 | 48 881 | 37 850 | 35 530 | 33 650 | 32 880 |
| 西班牙 | 24 014 | 20 424 | 14 430 | 14 860 | 14 960 | 14 000 |
| 瑞士 | 48 695 | 43 486 | 37 930 | 36 970 | 38 120 | 38 350 |
| 瑞典 | 38 554 | 33 925 | 24 820 | 25 400 | 26 780 | 25 040 |
| 新加坡 | 24 641 | 21 195 | 20 690 | 24 740 | 24 740 | 29 610 |
| 泰国 | 2 621 | 2 273 | 1 980 | 1 930 | 2 010 | 1 960 |
| 马来西亚 | 4 672 | 4 227 | 3 540 | 3 640 | 3 380 | 3 400 |
| 印度尼西亚 | 1 184 | 944 | 710 | 690 | 570 | 580 |
| 韩国 | 14 118 | 11 059 | 9 930 | 9 400 | 8 910 | 8 490 |
| 印度 | 641 | 555 | 480 | 460 | 460 | 450 |
| 菲律宾 | 1 041 | 1 005 | 1 020 | 1 050 | 1 040 | 1 020 |
| 南非 | 4 668 | 3 551 | 2 600 | 2 820 | 3 020 | 3 160 |
| 墨西哥 | 6 518 | 5 945 | 5 910 | 5 540 | 5 080 | 4 400 |
| 巴西 | 3 384 | 2 700 | 2 850 | 3 060 | 3 570 | 4 420 |
| 中国 | 1 272 | 1 100 | 940 | 890 | 840 | 780 |
| 中国香港 | 23 814 | 22 618 | 24 750 | 25 920 | 25 950 | 23 520 |

资料来源：联合国网站。

**表 2** **中国国民经济主要指标** 亿元

| 指标 \ 年份 | 2004 | 2003 | 2002 | 2001 | 2000 | 1999 |
|---|---|---|---|---|---|---|
| 年底总人口/万人 | 126 743 | 129 227 | 128 453 | 127 627 | 126 583.0 | 125 909 |
| 工业总产值 | 85 673.7 | 141 481.2 | 110 776.5 | 95 449.0 | 85 673.7 | 126 111 |
| 农林牧渔业总产值 | 24 915.8 | 29 691.8 | 27 390.8 | 26 179.6 | 24 915.8 | 24 519.1 |
| 国内生产总值 | 89 404.0 | 116 898 | 105 172 | 95 933 | 89 403.6 | 81 910.9 |
| 固定资产投资 | 32 917.7 | 55 118 | 43 500 | 36 898 | 32 917.7 | 29 854.7 |
| 进出口总额/亿美元 | 4 742.9 | 8 509.9 | 6 207.7 | 5 098 | 4 742.9 | 3 606.3 |
| 出口/亿美元 | 2 492.0 | 4 382.3 | 3 256 | 2 662 | 2 492.0 | 1 949.3 |
| 进口/亿美元 | 2 250.9 | 4 127.6 | 2 951.7 | 2 436 | 2 250.9 | 1 657.0 |
| 财政收入 | 13 395.2 | 21 691 | 18 904 | 16 386 | 13 395.2 | 11 444.1 |
| 财政支出 | 15 886.5 | 24 607 | 22 053 | 18 902.6 | 15 886.5 | 13 187.7 |

资料来源：《中国统计摘要》2005 年。

**表 3** **中国进出口贸易额居世界位次** 亿美元

| 位次 | 2004 年 | | 2003 年 | | 2002 年 | |
|---|---|---|---|---|---|---|
| | 国家（地区） | 贸易额 | 国家（地区） | 贸易额 | 国家（地区） | 贸易额 |
| 1 | 美国 | 23 454 | 美国 | 20 296 | 美国 | 18 960.16 |
| 2 | 德国 | 16 323 | 德国 | 13 501 | 德国 | 11 055.57 |
| 3 | 中国 | 11 548 | 日本 | 8 549 | 日本 | 7 523.7 |
| 4 | 日本 | 10 200 | 中国 | 8 512 | 中国 | 6 207.68 |
| 5 | 法国 | 9 151 | 法国 | 7 731 | 法国 | 6 559.37 |
| 6 | 英国 | 8 076 | 英国 | 6 922 | 英国 | 6 157.39 |
| 7 | 意大利 | 6 951 | 意大利 | 5 792 | 意大利 | 4 930.86 |
| 8 | 荷兰 | 6 787 | 荷兰 | 5 545 | 荷兰 | 4 610.68 |
| 9 | 加拿大 | 5 978 | 加拿大 | 5 177 | 加拿大 | 4 801.21 |
| 10 | 比利时 | 5 961 | 比利时 | 4 889 | 比利时 | 4 088.79 |
| 11 | 中国香港 | 5 686 | 中国香港 | 4 566 | 中国香港 | 4 092.17 |
| 12 | 韩国 | 4 783 | 韩国 | 3 731 | 韩国 | 3 145.97 |
| 13 | 西班牙 | 4 288 | 西班牙 | 3 520 | 西班牙 | 2 725.96 |
| 14 | 新加坡 | 4 261 | 墨西哥 | 3 443 | 墨西哥 | 3 372.44 |
| 15 | 墨西哥 | 3 950 | 新加坡 | 2 720 | 新加坡 | 2 418.16 |
| 16 | 中国台湾 | 3 493 | 瑞士 | 1 969 | 瑞士 | 1 711.25 |
| 17 | 俄罗斯 | 2 780 | 奥地利 | 1 939 | 奥地利 | 1 567.84 |
| 18 | 马来西亚 | 2 317 | 瑞典 | 1 832 | 瑞典 | 1 466.95 |
| 19 | 奥地利 | 2 308 | 马来西亚 | 1 818 | 马来西亚 | 1 758.74 |
| 20 | 瑞士 | 2 299 | 澳大利亚 | 1 590 | 澳大利亚 | 1 377.23 |

资料来源：世界贸易组织 2005 年 4 月 14 日新闻发布会。

表 4 **中国原油产量居世界位次** 万吨

| 位次 | 2004年 | | 2003年 | | 2002年 | |
|---|---|---|---|---|---|---|
| | 国家 | 产量 | 国家 | 产量 | 国家 | 产量 |
| 1 | 俄罗斯 | 44 750 | 沙特阿拉伯 | 42 150 | 俄罗斯 | 36 777 |
| 2 | 沙特阿拉伯 | 43 750 | 俄罗斯 | 41 080 | 沙特阿拉伯 | 36 752 |
| 3 | 美国 | 27 000 | 美国 | 28 625 | 美国 | 28 735 |
| 4 | 伊朗 | 19 700 | 伊朗 | 18 650 | 伊朗 | 17 181 |
| 5 | 中国 | 17 470 | 中国 | 17 075 | 中国 | 16 932 |
| 6 | 墨西哥 | 17 050 | 墨西哥 | 16 825 | 墨西哥 | 15 836 |
| 7 | 挪威 | 14 700 | 挪威 | 15 175 | 挪威 | 15 687 |
| 8 | 加拿大 | 12 200 | 阿联酋 | 14 125 | 委内瑞拉 | 12 027 |
| 9 | 阿联酋 | 11 768.5 | 加拿大 | 11 100 | 英国 | 11 205 |
| 10 | 尼日利亚 | 11 750 | 尼日利亚 | 10 600 | 加拿大 | 10 931 |
| 11 | 委内瑞拉 | 11 050 | 英国 | 10 475 | 伊拉克 | 10 109 |
| 12 | 伊拉克 | 10 350 | 委内瑞拉 | 10 075 | 阿联酋 | 9 661 |
| 13 | 科威特 | 10 250 | 科威特 | 9 250 | 尼日利亚 | 9 611 |
| 14 | 英国 | 9 150 | 巴西 | 7 675 | 科威特 | 7 968 |
| 15 | 利比亚 | 7 750 | 利比亚 | 7 000 | 巴西 | 7 410 |
| **世界总计** | 354 966.5 | | 340 434 | | 328 893 | |

资料来源：美国《油气杂志》2004年12月20日。

表 5 **中国炼油能力居世界位次** 万吨/年

| 位次 | 2004年 | | 2003年 | | 2002年 | |
|---|---|---|---|---|---|---|
| | 国家 | 能力 | 国家 | 能力 | 国家 | 能力 |
| 1 | 美国 | 83 874.4 | 美国 | 83 491 | 美国 | 83 117 |
| 2 | 俄罗斯 | 27 164 | 俄罗斯 | 27 177 | 俄罗斯 | 27 177 |
| 3 | 日本 | 23 534.7 | 日本 | 23 515 | 日本 | 23 835 |
| 4 | 中国 | 23 247.9 | 中国 | 22 641 | 中国 | 22 641 |
| 5 | 韩国 | 12 882.5 | 韩国 | 12 720 | 韩国 | 12 801 |
| 6 | 德国 | 11 616 | 意大利 | 11 567 | 意大利 | 11 504 |
| 7 | 意大利 | 11 604.6 | 德国 | 11 447 | 德国 | 11 336 |
| 8 | 印度 | 11 273.1 | 印度 | 10 673 | 印度 | 10 673 |
| 9 | 加拿大 | 10 086.8 | 加拿大 | 9 939 | 加拿大 | 9 917 |
| 10 | 法国 | 9 756.7 | 法国 | 9 757 | 法国 | 9 517 |
| 11 | 巴西 | 9 600.7 | 巴西 | 9 571 | 巴西 | 9 326 |
| 12 | 英国 | 9 127 | 英国 | 9 087 | 英国 | 8 943 |
| 13 | 沙特阿拉伯 | 8 725 | 沙特阿拉伯 | 8 725 | 沙特阿拉伯 | 8 725 |
| 14 | 墨西哥 | 8 420 | 墨西哥 | 8 420 | 墨西哥 | 8 420 |
| 15 | 伊朗 | 7 370 | 伊朗 | 7 370 | 伊朗 | 7 370 |
| **世界总计** | 412 044.5 | | 410 273 | | 409 388 | |

资料来源：美国《油气杂志》2004年12月20日。

表 6　　中国乙烯生产能力居世界位次　　万吨/年

| 位次 | 2004 年 | | 2003 年 | | 2002 年 | | 2001 年 | |
|---|---|---|---|---|---|---|---|---|
| | 国家（地区） | 能力 | 国家（地区） | 能力 | 国家（地区） | 能力 | 国家（地区） | 能力 |
| 1 | 美国 | 2 832.3 | 美国 | 2 765.3 | 美国 | 2 929.6 | 美国 | 2 876 |
| 2 | 日本 | 750.7 | 日本 | 757.6 | 日本 | 705.8 | 日本 | 685 |
| 3 | 沙特阿拉伯 | 584.5 | 沙特阿拉伯 | 564 | 沙特阿拉伯 | 565.0 | 沙特阿拉伯 | 565 |
| 4 | 德国 | 551.6 | 韩国 | 545 | 德国 | 522.8 | 德国 | 527 |
| 5 | 韩国 | 545.0 | 德国 | 541.5 | 加拿大 | 535.2 | 加拿大 | 527 |
| 6 | 加拿大 | 540.7 | 加拿大 | 537.7 | 韩国 | 493.0 | 韩国 | 492 |
| 7 | 中国[①] | 533.8 | 中国 | 498.8 | 中国 | 498.8 | 中国 | 474 |
| 8 | 荷兰 | 391.5 | 荷兰 | 390 | 荷兰 | 390.0 | 荷兰 | 369 |
| 9 | 俄罗斯 | 367.0 | 法国 | 343.3 | 法国 | 335.3 | 法国 | 363 |
| 10 | 法国 | 337.3 | 俄罗斯 | 330 | 俄罗斯 | 330.0 | 俄罗斯 | 330 |
| 11 | 英国 | 285.5 | 英国 | 285.5 | 巴西 | 283.5 | 巴西 | 284 |
| 12 | 巴西 | 283.5 | 巴西 | 283.5 | 英国 | 285.5 | 英国 | 282 |
| 13 | 印度 | 246.3 | 中国台湾 | 236.5 | 印度 | 240.1 | 印度 | 240 |
| 14 | 中国台湾 | 242.1 | 印度 | 236.3 | 中国台湾 | 261.5 | 中国台湾 | 237 |
| 15 | 泰国 | 227.2 | 比利时 | 222 | 意大利 | 217.0 | 意大利 | 212 |
| 世界总计 | 11 290.5 | | 11 077.8 | | 10 943.4 | | 10 703.6 | |

① 中国实际能力数据为 608.5 万吨/年，居第三位。

资料来源：美国《油气杂志》2005 年 3 月 28 日。

表 7　　中国合成纤维生产能力居世界位次[①]　　万吨/年

| 位次 | 2005 年 | | 2004 年 | | 2003 年 | | 2002 年 | |
|---|---|---|---|---|---|---|---|---|
| | 国家（地区） | 能力 | 国家（地区） | 能力 | 国家（地区） | 能力 | 国家（地区） | 能力 |
| 1 | 中国 | 1 938.90 | 中国 | 1 417.00 | 中国 | 1 227.50 | 中国 | 932.30 |
| 2 | 中国台湾 | 349.42 | 中国台湾 | 347.41 | 中国台湾 | 366.65 | 中国台湾 | 380.74 |
| 3 | 美国 | 317.23 | 美国 | 325.92 | 美国 | 343.25 | 美国 | 344.72 |
| 4 | 韩国 | 256.53 | 韩国 | 284.78 | 韩国 | 297.69 | 韩国 | 267.79 |
| 5 | 印度 | 263.85 | 印度 | 234.23 | 印度 | 203.73 | 印度 | 181.62 |
| 6 | 日本 | 129.64 | 日本 | 143.21 | 日本 | 155.90 | 日本 | 173.69 |
| 7 | 印度尼西亚 | 142.00 | 印度尼西亚 | 142.00 | 印度尼西亚 | 149.51 | 印度尼西亚 | 132.84 |

续表

| 位次 | 2005年 | | 2004年 | | 2003年 | | 2002年 | |
|---|---|---|---|---|---|---|---|---|
| | 国家（地区） | 能力 | 国家（地区） | 能力 | 国家（地区） | 能力 | 国家（地区） | 能力 |
| 8 | 泰国 | 108.72 | 泰国 | 107.81 | 泰国 | 102.20 | 土耳其 | 93.04 |
| 9 | 土耳其 | 101.02 | 土耳其 | 94.62 | 土耳其 | 98.64 | 泰国 | 88.70 |
| 10 | 巴基斯坦 | 80.80 | 巴基斯坦 | 76.35 | 巴基斯坦 | 74.35 | 墨西哥 | 70.05 |
| 11 | 墨西哥 | 56.75 | 墨西哥 | 63.25 | 墨西哥 | 66.95 | 巴基斯坦 | 61.85 |
| 12 | 独联体 | 45.14 | 独联体 | 49.37 | 独联体 | 52.51 | 独联体 | 60.81 |
| 13 | 马来西亚 | 46.70 | 马来西亚 | 47.30 | 马来西亚 | 50.20 | 马来西亚 | 50.20 |
| 14 | 巴西 | 42.91 | 巴西 | 38.77 | 巴西 | 34.82 | 巴西 | 43.06 |
| 15 | 伊朗 | 22.00 | 伊朗 | 20.60 | 伊朗 | 22.00 | 伊朗 | 19.90 |
| 世界总计 | 3 775.91 | | 4 255.52 | | | | 3 301.05 | |

① 数据为历年3月份生产能力；合纤中不包括聚烯烃纤维；西欧无分国别生产能力统计，故西欧各国未排位；中国数据与实际有出入。

资料来源：美国《纤维公报》历年第6期。

**表8** **中国合成纤维产量居世界位次①** 万吨

| 位次 | 2004年 | | 2003年 | | 2002年 | | 2001年 | |
|---|---|---|---|---|---|---|---|---|
| | 国家（地区） | 产量 | 国家（地区） | 产量 | 国家（地区） | 产量 | 国家（地区） | 产量 |
| 1 | 中国 | 1 287.53 | 中国 | 1 044.11 | 中国 | 888.13 | 中国 | 729.89 |
| 2 | 中国台湾 | 296.50 | 中国台湾 | 304.59 | 中国台湾 | 308.93 | 中国台湾 | 297.75 |
| 3 | 美国 | 282.39 | 美国 | 269.32 | 美国 | 278.72 | 美国 | 261.84 |
| 4 | 韩国 | 219.13 | 韩国 | 241.80 | 韩国 | 234.12 | 韩国 | 238.12 |
| 5 | 印度 | 191.39 | 印度 | 179.20 | 印度 | 168.99 | 印度 | 142.88 |
| 6 | 印度尼西亚 | 106.45 | 印尼 | 114.33 | 日本 | 112.91 | 日本 | 123.95 |
| 7 | 日本 | 98.92 | 日本 | 103.03 | 印尼 | 102.20 | 印度尼西亚 | 109.20 |
| 8 | 泰国 | 91.06 | 泰国 | 87.25 | 泰国 | 84.07 | 泰国 | 77.25 |
| 9 | 土耳其 | 82.44 | 土耳其 | 76.69 | 土耳其 | 73.49 | 土耳其 | 66.20 |

续表

| 位次 | 2004年 国家（地区） | 2004年 产量 | 2003年 国家（地区） | 2003年 产量 | 2002年 国家（地区） | 2002年 产量 | 2001年 国家（地区） | 2001年 产量 |
|---|---|---|---|---|---|---|---|---|
| 10 | 巴基斯坦 | 57.03 | 巴基斯坦 | 57.96 | 巴基斯坦 | 51.97 | 巴基斯坦 | 53.18 |
| 11 | 墨西哥 | 46.86 | 墨西哥 | 45.76 | 墨西哥 | 50.96 | 墨西哥 | 53.06 |
| 12 | 马来西亚 | 34.75 | 马来西亚 | 35.11 | 马来西亚 | 43.09 | 马来西亚 | 42.37 |
| 13 | 巴　西 | 33.22 | 独联体 | 32.19 | 独联体 | 30.21 | 独联体 | 32.97 |
| 14 | 独联体 | 31.21 | 巴　西 | 31.42 | 巴　西 | 29.31 | 巴　西 | 28.88 |
| 15 | 伊　朗 | 16.44 | 加拿大 | 15.74 | 伊　朗 | 16.82 | 伊　朗 | 15.69 |
| 世界总计 | 3 168.89 | | 2 949.84 | | 2 788.97 | | 2 583.67 | |

① 合纤中不包括聚烯烃纤维；由于西欧无分国别产量统计，故西欧各国未排位；中国数据与实际有出入。

资料来源：美国《纤维公报》历年第6期

**表9　中国合成橡胶产量居世界位次**

万吨

| 位次 | 2004年 国家（地区） | 2004年 产量 | 2003年 国家（地区） | 2003年 产量 | 2002年 国家（地区） | 2002年 产量 | 2001年 国家（地区） | 2001年 产量 |
|---|---|---|---|---|---|---|---|---|
| 1 | 美　国 | 225.7 | 美　国 | 219.9 | 美　国 | 215.39 | 美　国 | 206.30 |
| 2 | 日　本 | 161.6 | 日　本 | 157.74 | 日　本 | 152.20 | 日　本 | 146.55 |
| 3 | 中　国① | 147.8 | 中　国 | 127.22 | 中　国 | 113.29 | 中　国 | 105.24 |
| 4 | 俄罗斯 | 111.2 | 俄罗斯 | 107 | 俄罗斯 | 91.90 | 俄罗斯 | 91.96 |
| 5 | 德　国 | 90.5 | 德　国 | 88.8 | 德　国 | 86.92 | 德　国 | 84.62 |
| 6 | 法　国 | 76.7 | 法　国 | 71.77 | 法　国 | 68.11 | 法　国 | 67.17 |
| 7 | 韩　国 | 71.0 | 韩　国 | 70 | 韩　国 | 67.80 | 韩　国 | 66.25 |
| 8 | 中国台湾 | 54.5 | 中国台湾 | 52.88 | 中国台湾 | 53.49 | 中国台湾 | 46.00 |
| 9 | 巴　西 | 39.0 | 巴　西 | 40.5 | 巴　西 | 34.30 | 巴　西 | 34.00 |
| 10 | 英　国 | 32.8 | 英　国 | 32.19 | 英　国 | 28.10 | 意大利 | 27.40 |
| 11 | 意大利 | 24.6 | 意大利 | 24.3 | 意大利 | 25.00 | 英　国 | 27.01 |
| 12 | 墨西哥 | 18.5 | 墨西哥 | 17.96 | 墨西哥 | 18.18 | 荷　兰 | 18.80 |
| 13 | 荷　兰 | 18.0 | 荷　兰 | 17.6 | 荷　兰 | 17.60 | 墨西哥 | 17.31 |
| 14 | 加拿大 | 15.2 | 加拿大 | 15.17 | 加拿大 | 15.01 | 加拿大 | 14.50 |
| 15 | 泰　国 | 13.0 | 泰　国 | 12.5 | 泰　国 | 13.20 | 泰　国 | 11.00 |
| 世界总计 | 1 196.0 | | 1 147 | | 1 085.00 | | 1 050.0 | |

① 中国数据为国内公布数据。

资料来源：国际橡胶研究集团（IRSG）历年《橡胶统计公报》。

表 10 世界石油探明储量 亿桶

| 国家(地区) \ 年份 | 2004 | 2003 | 2002 | 2001 | 2000 | 2004年份额/% | 2004年储采比/% |
|---|---|---|---|---|---|---|---|
| 美 国 | 294 | 307 | 304 | 304 | 297 | 2.50 | 11.1 |
| 加拿大 | 168 | 169 | 69 | 66 | 64 | 1.40 | 14.9 |
| 墨西哥 | 148 | 160 | 126 | 269 | 283 | 1.20 | 10.6 |
| **北美合计** | 610 | 636 | 499 | 639 | 644 | 5.10 | 11.8 |
| 阿根廷 | 27 | 32 | 29 | 30 | 31 | 0.20 | 9.7 |
| 巴 西 | 112 | 106 | 83 | 85 | 81 | 0.90 | 20 |
| 哥伦比亚 | 15 | 15 | 18 | 18 | 26 | 0.10 | 7.7 |
| 厄瓜多尔 | 51 | 46 | 46 | 21 | 21 | 0.40 | 25.9 |
| 秘 鲁 | 9 | 10 | 3 | 3 | 3 | 0.10 | 27.4 |
| 特立尼达和多巴哥 | 10 | 19 | 7 | 7 | 7 | 0.10 | 17.5 |
| 委内瑞拉 | 772 | 780 | 778 | 777 | 769 | 6.50 | 71 |
| 其他中南美洲国家 | 15 | 15 | 20 | 19 | 14 | 0.10 | 27 |
| **中南美洲合计** | 1 012 | 1 022 | 986 | 960 | 952 | 8.50 | 41 |
| 阿塞拜疆 | 70 | 70 | 70 | 70 | 69 | 0.60 | 60.4 |
| 丹 麦 | 13 | 13 | 13 | 11 | 11 | 0.10 | 9.2 |
| 意大利 | 7 | 7 | 6 | 6 | 6 | 0.10 | 19.4 |
| 哈萨克斯坦 | 396 | 90 | 90 | 80 | 80 | 3.30 | 83.8 |
| 挪 威 | 97 | 101 | 103 | 94 | 94 | 0.80 | 8.3 |
| 罗马尼亚 | 5 | 9 | 10 | 10 | 14 | ① | 10.8 |
| 俄罗斯联邦 | 723 | 691 | 600 | 486 | 486 | 6.10 | 21.3 |
| 土库曼斯坦 | 5 | 5 | 5 | 5 | 5 | ① | 7.4 |
| 英 国 | 45 | 45 | 47 | 49 | 50 | 0.40 | 6.1 |
| 乌兹别克斯坦 | 6 | 6 | 6 | 6 | 6 | ① | 10.7 |
| 其他欧洲和欧亚大陆国家 | 25 | 21 | — | 23 | 23 | 0.20 | 13.9 |
| **欧洲和欧亚大陆合计** | 1 392 | 1 059 | — | 841 | 844 | 11.70 | 21.7 |
| 伊 朗 | 1 325 | 1 307 | 897 | 897 | 897 | 11.10 | 88.9 |
| 伊拉克 | 1 150 | 1 150 | 1 125 | 1 125 | 1 125 | 9.70 | 155.5 |
| 科威特 | 990 | 965 | 965 | 965 | 965 | 8.30 | 111.9 |
| 阿 曼 | 56 | 56 | 55 | 55 | 55 | 0.50 | 19.4 |
| 卡塔尔 | 152 | 152 | 152 | 152 | 132 | 1.30 | 42.1 |
| 沙特阿拉伯 | 2 627 | 2 627 | 2 618 | 2 618 | 2 617 | 22.10 | 68 |
| 叙利亚 | 32 | 23 | 25 | 25 | 25 | 0.30 | 16.1 |
| 阿联酋 | 978 | 978 | 978 | 978 | 978 | 8.20 | 100.5 |
| 也 门 | 29 | 7 | 40 | 40 | 40 | 0.20 | 18.2 |
| 其他中东国家 | 1 | 1 | 1 | 1 | 2 | ① | 4.6 |
| **中东合计** | 7 339 | 7 266 | 6 856 | 6 856 | 6 836 | 61.70 | 81.8 |
| 阿尔及利亚 | 118 | 113 | 92 | 92 | 92 | 1.00 | 16.7 |
| 安哥拉 | 88 | 89 | 54 | 54 | 54 | 0.70 | 24.3 |
| 喀麦隆 | — | 2 | 4 | 4 | 4 | — | — |

续表

| 国家(地区) \ 年份 | 2004 | 2003 | 2002 | 2001 | 2000 | 2004 年份额/% | 2004 年储采比/% |
|---|---|---|---|---|---|---|---|
| 乍得 | 9 | 9 | — | — | — | 0.10 | 14.7 |
| 刚果共和国 | 18 | 15 | 15 | 15 | 15 | 0.20 | 20.4 |
| 埃及 | 36 | 36 | 37 | 29 | 29 | 0.30 | 13.8 |
| 加蓬 | 23 | 24 | 25 | 25 | 25 | 0.20 | 26.7 |
| 利比亚 | 391 | 360 | 295 | 295 | 295 | 3.30 | 66.7 |
| 尼日利亚 | 353 | 343 | 240 | 240 | 225 | 3.00 | 38.5 |
| 苏丹 | 63 | 7 | | | | | 57.5 |
| 突尼斯 | 6 | 5 | 3 | 3 | 3 | 0.10 | 25.3 |
| 其他非洲国家 | 5 | 23 | 3 | 9 | 6 | ① | 14.5 |
| **非洲合计** | 1 122 | 1 018 | 774 | 767 | 748 | 9.40 | 33.2 |
| 澳大利亚 | 40 | 44 | 35 | 35 | 29 | 0.30 | 20.5 |
| 文莱 | 11 | 11 | 14 | 14 | 14 | 0.10 | 13.6 |
| 中国 | 171 | 237 | 183 | 240 | 240 | 1.40 | 13.4 |
| 印度 | 56 | 56 | 54 | 48 | 47 | 0.50 | 18.6 |
| 印度尼西亚 | 47 | 44 | 50 | 50 | 50 | 0.40 | 11.5 |
| 马来西亚 | 43 | 40 | 30 | 30 | 39 | 0.40 | 12.9 |
| 泰国 | 5 | 7 | 6 | 5 | 4 | ① | 6.3 |
| 越南 | 30 | 25 | 6 | 6 | 6 | 0.20 | 19 |
| 其他亚太国家 | 9 | 9 | 8 | 7 | 8 | 0.10 | 13.2 |
| **亚太合计** | 411 | 477 | 387 | 438 | 440 | 3.50 | 14.2 |
| **世界总计** | 11 886 | 11 477 | 10 477 | 10 500 | 10 464 | 100.0 | 40.6 |
| 经合组织 | 829 | 858 | 720 | 850 | 848 | 7.00 | 11 |
| 欧佩克 | 8 903 | 8 820 | 8 190 | 8 188 | 8 144 | 74.90 | 74.1 |
| 非欧佩克② | 1 774 | 1 788 | 1 51 | 1 658 | 1 667 | 14.90 | 13.5 |
| 独联体 | 1 208 | 869 | | | | 10.20 | 29 |

① 小于 0.05%。
② 不包括独联体。
资料来源:《BP 能源统计》2005 年。

**表 11　　世界各国(地区)石油产量①**　　万吨

| 国家(地区) \ 年份 | 2004 | 2003 | 2002 | 2001 | 2000 | 1999 | 2004/2003 增长/% |
|---|---|---|---|---|---|---|---|
| 美国 | 32 979 | 34 114 | 35 042 | 35 166 | 35 350 | 35 470 | -2.50 |
| 加拿大 | 14 759 | 14 187 | 13 562 | 12 912 | 12 630 | 12 030 | 3.50 |
| 墨西哥 | 19 066 | 18 878 | 17 837 | 17 657 | 17 210 | 16 610 | 1.00 |
| **北美合计** | 66 804 | 67 178 | 66 440 | 65 735 | 65 190 | 64 110 | -0.30 |
| 阿根廷 | 3 785 | 3 896 | 3 944 | 4 060 | 4 120 | 4 270 | -5.90 |
| 巴西 | 7 645 | 7 683 | 7 442 | 6 633 | 6 350 | 5 630 | -0.70 |
| 哥伦比亚 | 2 731 | 2 789 | 2 975 | 3 105 | 3 610 | 4 250 | -2.10 |
| 厄瓜多尔 | 2 733 | 2 172 | 2 085 | 2 116 | 2 070 | 1 950 | 25.80 |
| 秘鲁 | 441 | 447 | 476 | 490 | 530 | 550 | -1.30 |
| 特立尼达和多巴哥 | 739 | 787 | 753 | 652 | 810 | 660 | -6.10 |
| 委内瑞拉 | 15 350 | 15 345 | 15 145 | 17 616 | 16 680 | 1 650 | 13.80 |

续表

| 国家（地区） 年份 | 2004 | 2003 | 2002 | 2001 | 2000 | 1999 | 2004/2003 增长/% |
|---|---|---|---|---|---|---|---|
| 其他中南美洲国家 | 771 | 835 | 754 | 728 | 660 | 660 | -2.80 |
| **中南美洲合计** | 34 195 | 33 951 | 33 572 | 35 397 | 34 820 | 34 020 | 6.20 |
| 阿塞拜疆 | 1 573 | 1 553 | 1 534 | 1 492 | 1 490 | 1 380 | 1.30 |
| 丹　麦 | 1 926 | 1 791 | 1 807 | 1 694 | 1 780 | 1 450 | 6.60 |
| 意大利 | 545 | 557 | 536 | 410 | 460 | 560 | -2.20 |
| 哈萨克斯坦 | 6 052 | 5 221 | 4 724 | 3 970 | 3 530 | 3 000 | 15.50 |
| 挪　威 | 14 986 | 15 302 | 15 736 | 16 207 | 15 750 | 14 910 | -2.10 |
| 罗马尼亚 | 571 | 590 | 610 | 625 | 630 | 640 | -3.10 |
| 俄罗斯联邦 | 45 872 | 42 140 | 37 960 | 34 809 | 32 330 | 30 480 | 8.90 |
| 土库曼斯坦 | 1 005 | 1 042 | 901 | 802 | 740 | 740 | 0.50 |
| 英　国 | 9 545 | 10 557 | 11 594 | 11 787 | 12 620 | 13 710 | -10.00 |
| 乌兹别克斯坦 | 658 | 714 | 720 | 726 | 750 | 810 | -7.80 |
| 其他欧洲和欧亚大陆国家 | 2 339 | 2 337 |  | 2 271 | 2 260 | 2 270 | -2.70 |
| **欧洲和欧亚大陆合计** | 85 069 | 81 802 |  | 74 791 | 72 340 | 69 940 | 3.90 |
| 伊　朗 | 20 257 | 19 005 | 16 684 | 18 289 | 18 660 | 17 520 | 2.30 |
| 伊拉克 | 9 969 | 6 592 | 9 970 | 11 785 | 12 810 | 12 550 | 50.80 |
| 科威特 | 11 978 | 11 020 | 9 184 | 10 415 | 10 560 | 9 930 | 8.70 |
| 阿　曼 | 3 890 | 4 067 | 4 458 | 4 739 | 4 780 | 4 520 | -4.40 |
| 卡塔尔 | 4 488 | 4 117 | 3 465 | 3 599 | 3 700 | 3 340 | 9.00 |
| 沙特阿拉伯 | 50 586 | 47 478 | 41 812 | 42 288 | 44 120 | 41 180 | 3.70 |
| 叙利亚 | 2 667 | 2 951 | 2 859 | 2 729 | 2 810 | 2 900 | -4.70 |
| 阿联酋 | 12 580 | 11 777 | 10 564 | 11 324 | 11 470 | 11 140 | 5.20 |
| 也　门 | 2 027 | 2 143 | 2 236 | 2 166 | 2 080 | 1 880 | -5.40 |
| 其他中东国家 | 225 | 224 | 227 | 227 | 230 | 230 | 0.20 |
| **中东合计** | 118 663 | 109 371 | 101 460 | 107 560 | 111 240 | 105 200 | 6.40 |
| 阿尔及利亚 | 8 298 | 7 901 | 7 018 | 6 575 | 6 700 | 5 650 | 5.00 |
| 安哥拉 | 4 895 | 4 360 | 4 460 | 3 600 | 3 640 | 3 850 | 12.30 |
| 喀麦隆 | 315 | 345 | 365 | 405 | 450 | 480 | -8.70 |
| 乍　得 | 885 | 210 |  |  |  |  | >100 |
| 刚果共和国 | 1240 | 1 253 | 1 330 | 1 395 | 1 370 | 1 460 | -1.00 |
| 埃　及 | 3 495 | 3 684 | 3 696 | 3 733 | 3 950 | 4 140 | -4.90 |
| 赤道几内亚 | 1 738 | 1 233 | 1 174 | 897 | 530 |  | 41.00 |
| 加　蓬 | 1 175 | 1 200 | 1 473 | 1 503 | 1 640 | 1 700 | -2.10 |
| 利比亚 | 7 584 | 6 998 | 6 465 | 6 698 | 7 060 | 6 800 | 8.40 |
| 尼日利亚 | 12 222 | 10 715 | 9 864 | 10 524 | 10 390 | 9 990 | 10.80 |
| 苏　丹 | 1 487 | 1 256 |  |  |  |  | 18.40 |
| 突尼斯 | 330 | 312 | 358 | 344 | 370 | 400 | 2.60 |
| 其他非洲国家 | 445 | 360 | 295 | 1 393 | 1 220 | 590 | 22.40 |
| **非洲合计** | 44 107 | 39 825 | 37 644 | 37 066 | 37 320 | 3 550 | 10.10 |
| 澳大利亚 | 2 295 | 2 665 | 3 154 | 3 184 | 3 550 | 2 450 | -13.90 |

续表

| 国家(地区)＼年份 | 2004 | 2003 | 2002 | 2001 | 2000 | 1999 | 2004/2003 增长/% |
|---|---|---|---|---|---|---|---|
| 文莱 | 1 030 | 1 046 | 1 025 | 950 | 950 | 890 | -1.50 |
| 中国 | 17 451 | 16 932 | 16 887 | 16 493 | 16 230 | 15 930 | 2.90 |
| 印度 | 3 801 | 3 673 | 3 673 | 3 609 | 3 650 | 3 620 | 2.80 |
| 印度尼西亚 | 5 511 | 5 751 | 6 245 | 6 856 | 6 780 | 6 820 | -4.50 |
| 马来西亚 | 4 028 | 3 877 | 3 696 | 3 510 | 3 620 | 3 660 | 3.60 |
| 泰国 | 896 | 897 | 789 | 706 | 680 | | -2.20 |
| 越南 | 2 082 | 1 795 | 1 726 | 1 708 | 1 620 | 1 460 | 17.80 |
| 其他亚太国家 | 859 | 943 | 734 | 661 | 640 | 660 | -5.10 |
| **亚太合计** | 37 950 | 37 577 | 38 142 | 37 942 | 38 050 | 36 450 | 0.90 |
| **世界总计** | 386 787 | 369 703 | 355 679 | 358 491 | 358 960 | 345 220 | 4.50 |
| 经合组织 | 97 674 | 99 751 | 100 968 | 100 691 | 101 040 | 98 910 | -1.90 |
| 欧佩克 | 158 820 | 146 694 | 136 416 | 145 968 | 148 940 | 140 990 | 7.70 |
| 非欧佩克② | 172 079 | 171 698 | 172 806 | 170 103 | 170 580 | 167 230 | 0.40 |
| 独联体 | 55 888 | 51 311 | | | | | 8.80 |

① 包括原油、页岩油、油砂和天然气液体，不包括从煤制取的液体燃料。

② 不包括独联体。

资料来源：《BP 能源统计》2005 年。

**表 12　　世界各国(地区)石油消费量①**

百万吨

| 国家(地区)＼年份 | 2004 | 2003 | 2002 | 2001 | 2000 | 1999 | 2004 年所占比例/% |
|---|---|---|---|---|---|---|---|
| 美国 | 937.6 | 914.3 | 894.3 | 895.6 | 933.4 | 882.80 | 24.9 |
| 加拿大 | 99.6 | 96.4 | 89.7 | 88.0 | 88.4 | 83.00 | 2.6 |
| 墨西哥 | 85.2 | 82.6 | 80.9 | 82.7 | 91.6 | 81.3 | 2.3 |
| **北美合计** | 1 122.4 | 1 093.2 | 1 064.9 | 1 066.3 | 1 113.4 | 1 047.1 | 29.8 |
| 阿根廷 | 18.7 | 17.5 | 16.8 | 19.0 | 21.4 | 23.2 | 0.5 |
| 巴西 | 84.2 | 84.1 | 85.4 | 85.1 | 90.9 | 83.2 | 2.2 |
| 智利 | 10.7 | 10.4 | 10.8 | 12.0 | 12.7 | 11.7 | 0.3 |
| 哥伦比亚 | 10.1 | 10.0 | 10.0 | 9.9 | 11.5 | 10.8 | 0.3 |
| 厄瓜多尔 | 6.3 | 6.1 | 5.9 | 5.9 | 7.0 | | 0.2 |
| 秘鲁 | 7.2 | 7.4 | 7.0 | 6.8 | 7.5 | | 0.2 |
| 委内瑞拉 | 26.3 | 23.9 | 22.9 | 22.2 | 24.6 | 21.9 | 0.7 |
| 其他中南美洲国家 | 58.3 | 57.3 | 56.0 | 57.5 | 56.8 | 54.4 | 1.5 |
| **中南美洲合计** | 221.7 | 216.6 | 214.8 | 218.4 | 232.3 | 218.8 | 5.9 |
| 奥地利 | 13.7 | 14.3 | 13.0 | 12.4 | 12.0 | 12.0 | 0.4 |
| 阿塞拜疆 | 4.5 | 4.4 | 3.6 | 4.6 | 7.5 | 6.3 | 0.1 |
| 白俄罗斯 | 7.5 | 6.1 | 5.8 | 5.9 | 5.5 | 10.0 | 0.2 |
| 比利时/卢森堡 | 38.1 | 34.8 | 32.9 | 32.3 | 34.1 | 32.1 | 1.0 |
| 保加利亚 | 4.6 | 4.3 | 4.2 | 4.6 | 5.2 | 4.5 | 0.1 |
| 捷克共和国 | 9.5 | 8.6 | | 8.3 | 8.5 | 8.2 | 0.3 |
| 丹麦 | 9.1 | 9.3 | 9.8 | 10.1 | 10.7 | 10.6 | 0.2 |
| 芬兰 | 10.6 | 11.4 | 10.9 | 10.5 | 11.0 | 10.7 | 0.3 |
| 法国 | 94.0 | 94.2 | 92.8 | 95.8 | 100.1 | 96.4 | 2.5 |
| 德国 | 123.6 | 125.1 | 127.2 | 131.6 | 137.4 | 132.4 | 3.3 |
| 希腊 | 20.0 | 20.9 | 21.8 | 19.4 | 19.4 | 18.2 | 0.5 |
| 匈牙利 | 6.3 | 6.2 | 6.4 | 6.8 | 7.2 | 7.0 | 0.2 |

续表

| 国家(地区) \ 年份 | 2004 | 2003 | 2002 | 2001 | 2000 | 1999 | 2004 年所占比例/% |
|---|---|---|---|---|---|---|---|
| 冰　岛 | 0.9 | 0.9 | 0.9 | 0.9 | 1.0 | 0.9 | ② |
| 爱尔兰共和国 | 8.7 | 8.4 | 8.7 | 8.7 | 8.5 | 8.3 | 0.2 |
| 意大利 | 89.5 | 92.1 | 92.9 | 92.8 | 96.9 | 93.3 | 2.4 |
| 哈萨克斯坦 | 9.6 | 9.5 | 6.5 | 7.7 | 6.2 | 6.4 | 0.3 |
| 立陶宛 | 2.5 | 2.5 | 2.7 | 2.8 | 3.0 | — | 0.1 |
| 荷　兰 | 46.2 | 44.5 | 43.8 | 43.9 | 44.8 | — | 1.2 |
| 挪　威 | 9.6 | 9.6 | 9.4 | 9.7 | 10.2 | 10.1 | 0.3 |
| 波　兰 | 21.3 | 20.5 | 19.7 | 19.0 | 22.2 | 21.2 | 0.6 |
| 葡萄牙 | 15.7 | 16.6 | 14.9 | 15.2 | 15.9 | 15.4 | 0.4 |
| 罗马尼亚 | 10.1 | 11.0 | 10.9 | 10.1 | 9.2 | 9.5 | 0.3 |
| 俄罗斯联邦 | 128.5 | 124.7 | 122.9 | 122.3 | 123.2 | 126.2 | 3.4 |
| 斯洛伐克 | 3.5 | 3.7 | 3.3 | 3.4 | 3.0 | 3.4 | 0.1 |
| 西班牙 | 77.6 | 75.5 | 73.5 | 72.7 | 72.5 | 67.4 | 2.1 |
| 瑞　典 | 15.3 | 15.8 | 15.0 | 15.6 | 15.9 | 16.1 | 0.4 |
| 瑞　士 | 12.0 | 12.1 | 12.4 | 13.1 | 13.2 | 12.6 | 0.3 |
| 土耳其 | 32.0 | 31.9 | 29.9 | 30.4 | 34.4 | 29.0 | 0.8 |
| 土库曼斯坦 | 4.9 | 3.7 | 2.6 | 2.4 | 4.7 | 4.5 | 0.1 |
| 乌克兰 | 17.4 | 13.1 | 12.9 | 12.7 | 10.5 | 13.3 | 0.5 |
| 英　国 | 80.8 | 76.8 | 77.2 | 76.1 | 83.4 | 78.7 | 2.1 |
| 乌兹别克斯坦 | 6.0 | 6.5 | 6.6 | 6.5 | 6.7 | 7.1 | 0.2 |
| 其他欧洲和欧亚大陆国家 | 24.0 | 23.5 | — | 21.5 | 22.1 | 24.8 | 0.6 |
| **欧洲和欧亚大陆合计** | 957.3 | 942.3 | — | 929.8 | 966 | 937.2 | 25.4 |
| 伊　朗 | 73.3 | 54.0 | 53.2 | 54.2 | 58.3 | 59.6 | 1.9 |
| 科威特 | 13.7 | 13.7 | 10.7 | 10.5 | 8.0 | 8.5 | 0.4 |
| 卡塔尔 | 3.3 | 1.7 | 2.0 | 1.4 | 1.2 | — | 0.1 |
| 沙特阿拉伯 | 79.6 | 67.0 | 63.4 | 62.7 | 66.5 | 62.5 | 2.1 |
| 阿联酋 | 15.6 | 15.0 | 12.4 | 14.3 | 13.9 | 17.8 | 0.4 |
| 其他中东国家 | 65.4 | 63.4 | 65.7 | 63.3 | 68.5 | 66.6 | 1.7 |
| **中东合计** | 250.9 | 214.9 | 207.4 | 206.4 | 216.4 | 215.0 | 6.7 |
| 阿尔及利亚 | 10.7 | 10.0 | 9.9 | 8.8 | 9.7 | 8.7 | 0.3 |
| 埃　及 | 26.7 | 25.9 | 26.1 | 26.2 | 27.1 | 27.8 | 0.7 |
| 南　非 | 24.9 | 24.2 | 23.6 | 23.0 | 23.7 | 21.8 | 0.7 |
| 其他非洲国家 | 62.1 | 60.3 | 59.0 | 59.0 | 62.5 | 57.3 | 1.6 |
| **非洲合计** | 124.3 | 120.5 | 118.6 | 117.0 | 123.0 | 115.6 | 3.3 |
| 澳大利亚 | 38.8 | 38.1 | 38.0 | 38.1 | 43.3 | 38.0 | 1.0 |
| 孟加拉国 | 4.2 | 4.2 | 3.4 | 3.4 | 3.2 | 2.8 | 0.1 |
| 中　国 | 308.6 | 275.2 | 245.7 | 231.9 | 241.0 | 200.0 | 8.2 |
| 中国香港 | 15.3 | 13.1 | 13.1 | 9.5 | 10.0 | 9.2 | 0.4 |
| 印　度 | 119.3 | 113.3 | 97.7 | 97.1 | 103.1 | 94.8 | 3.2 |

续表

| 国家（地区）\ 年份 | 2004 | 2003 | 2002 | 2001 | 2000 | 1999 | 2004 年所占比例/% |
|---|---|---|---|---|---|---|---|
| 印度尼西亚 | 54.7 | 53.9 | 51.2 | 52.3 | 53.0 | 46.0 | 1.5 |
| 日　本 | 241.5 | 248.7 | 242.6 | 247.2 | 275.1 | 258.8 | 6.4 |
| 马来西亚 | 23.3 | 23.9 | 22.5 | 18.6 | 22.2 | 17.4 | 0.6 |
| 新西兰 | 7.0 | 6.9 | 6.8 | 6.2 | 6.7 | 6.2 | 0.2 |
| 巴基斯坦 | 14.4 | 17.0 | 17.9 | 18.9 | 19.2 | 17.3 | 0.4 |
| 菲律宾 | 15.8 | 15.6 | 15.6 | 16.5 | 17.4 | 18.0 | 0.4 |
| 新加坡 | 38.1 | 34.1 | 35.5 | 36.9 | 27.9 | 28.3 | 1.0 |
| 韩　国 | 104.8 | 105.7 | 105.0 | 103.1 | 109.5 | 99.9 | 2.8 |
| 中国台湾 | 41.5 | 41.7 | 38.8 | 37.7 | 40.6 | 39.9 | 1.1 |
| 泰　国 | 43.6 | 38.7 | 35.3 | 33.8 | 35.6 | 35.7 | 1.2 |
| 其他亚太国家 | 19.5 | 19.0 | 22.5 | 21.5 | 21.2 | 16.4 | 0.5 |
| **亚太合计** | 1 090.5 | 1 049.1 | 991.6 | 972.7 | 1 029.0 | 928.7 | 28.9 |
| **世界总计** | 3 767.1 | 3 636.6 | 3 522.5 | 3 510.6 | 3 680.1 | 3 462.4 | 100.0 |
| 欧盟 25 国 | 694.5 | 639.7 | 634.4 | 637.1 | 662.5 | 632.2 | 18.4 |
| OECD | 2 252.3 | 2 225.8 | 2 181.9 | 2 189.6 | — | — | 59.8 |
| 独联体 | 186.0 | 175.4 | 168.3 | 169.6 | — | — | 4.9 |
| 其他新兴市场经济体 | 1 328.8 | 1 235.4 | 1 172.3 | 1 151.4 | — | — | 35.3 |

① 国内需求加国际航空燃料、船用燃料、炼厂燃料和损失。

② 小于 0.05%。

资料来源：《BP 能源统计》2005 年。

**表 13　　世界天然气探明储量**　　万亿米$^3$

| 国家(地区)\ 年份 | 2004 | 2003 | 2002 | 2001 | 2000 | 1999 |
|---|---|---|---|---|---|---|
| 美　国 | 5.29 | 5.23 | 5.19 | 5.02 | 4.74 | 4.65 |
| 加拿大 | 1.60 | 1.66 | 1.70 | 1.69 | 1.73 | 1.81 |
| 墨西哥 | 0.42 | 0.42 | 0.25 | 0.84 | 0.86 | 0.85 |
| **北美合计** | 7.32 | 7.31 | 7.15 | 7.55 | 7.33 | 7.31 |
| 阿根廷 | 0.61 | 0.66 | 0.76 | 0.78 | 0.75 | 0.69 |
| 玻利维亚 | 0.89 | 0.81 | 0.68 | 0.68 | 0.52 | 0.12 |
| 巴　西 | 0.33 | 0.25 | 0.23 | 0.22 | 0.23 | 0.23 |
| 哥伦比亚 | 0.11 | 0.11 | 0.13 | 0.12 | 0.20 | 0.20 |
| 秘　鲁 | 0.25 | 0.25 | — | — | — | — |
| 特立尼达和多巴哥 | 0.53 | 0.74 | 0.66 | 0.66 | 0.60 | 0.56 |
| 委内瑞拉 | 4.22 | 4.15 | 4.19 | 4.18 | 4.16 | 4.04 |
| 其他中南美洲国家 | 0.17 | 0.22 | 0.18 | 0.42 | 0.37 | 0.37 |
| **中南美洲合计** | 7.10 | 7.19 | 7.08 | 7.16 | 6.93 | 6.31 |
| 阿塞拜疆 | 1.37 | 1.37 | 0.85 | 0.85 | 0.85 | 0.85 |
| 丹　麦 | 0.09 | 0.09 | 0.08 | 0.08 | 0.10 | 0.10 |
| 德　国 | 0.20 | 0.21 | 0.32 | 0.34 | 0.33 | 0.34 |
| 意大利 | 0.17 | 0.22 | 0.23 | 0.23 | 0.23 | 0.23 |
| 哈萨克斯坦 | 3.00 | 1.9 | 1.84 | 1.84 | 1.84 | 1.84 |
| 荷　兰 | 1.49 | 1.67 | 1.76 | 1.77 | 1.77 | 1.77 |
| 挪　威 | 2.39 | 2.46 | 2.19 | 1.25 | 1.25 | 1.17 |
| 波　兰 | 0.12 | 0.12 | — | — | — | — |
| 罗马尼亚 | 0.30 | 0.31 | 0.10 | 0.10 | 0.37 | 0.37 |
| 俄罗斯 | 48.00 | 47 | 47.57 | 47.57 | 48.14 | 48.14 |

续表

| 国家(地区)　年份 | 2004 | 2003 | 2002 | 2001 | 2000 | 1999 |
|---|---|---|---|---|---|---|
| 土库曼斯坦 | 2.90 | 2.9 | 2.01 | 2.86 | 2.86 | 2.86 |
| 乌克兰 | 1.11 | 1.11 | 1.12 | 1.12 | 1.12 | 1.12 |
| 英　国 | 0.59 | 0.63 | 0.70 | 0.73 | 0.76 | 0.76 |
| 乌兹别克斯坦 | 1.86 | 1.85 | 1.87 | 1.87 | 1.87 | 1.87 |
| 其他欧洲和欧亚大陆国家 | 0.45 | 0.46 | — | 0.34 | 0.35 | 0.35 |
| **欧洲与欧亚大陆合计** | 64.02 | 62.3 | — | 61.00 | 61.92 | 61.85 |
| 巴　林 | 0.09 | 0.09 | 0.09 | 0.09 | 0.11 | 0.11 |
| 伊　朗 | 27.50 | 26.69 | 23.00 | 23.00 | 23.00 | 23.00 |
| 伊拉克 | 3.17 | 3.11 | 3.11 | 3.11 | 3.11 | 3.11 |
| 科威特 | 1.57 | 1.56 | 1.49 | 1.49 | 1.49 | 1.49 |
| 阿　曼 | 1.00 | 0.95 | 0.83 | 0.83 | 0.83 | 0.80 |
| 卡塔尔 | 25.78 | 25.77 | 14.40 | 14.40 | 11.15 | 8.49 |
| 沙特阿拉伯 | 6.75 | 6.68 | 6.36 | 6.22 | 6.05 | 5.79 |
| 叙利亚 | 0.37 | 0.3 | — | — | — | — |
| 阿联酋 | 6.06 | 6.06 | 6.01 | 6.01 | 6.01 | 6.00 |
| 也　门 | 0.48 | 0.48 | 0.48 | 0.48 | 0.48 | 0.48 |
| 其他中东国家 | 0.05 | 0.05 | 0.05 | 0.29 | 0.29 | 0.25 |
| **中东合计** | 72.83 | 71.72 | 56.06 | 55.91 | 52.52 | 49.52 |
| 阿尔及利亚 | 4.55 | 4.52 | 4.52 | 4.52 | 4.52 | 4.52 |
| 埃　及 | 1.85 | 1.76 | 1.66 | 1.00 | 1.00 | 1.00 |
| 利比亚 | 1.49 | 1.31 | 1.31 | 1.31 | 1.31 | 1.31 |
| 尼日利亚 | 5.00 | 5.00 | 3.51 | 3.51 | 3.51 | 3.51 |
| 其他非洲国家 | 1.18 | 1.19 | 0.84 | 0.84 | 0.82 | 0.82 |
| **非洲合计** | 14.06 | 13.78 | 11.84 | 11.18 | 11.16 | 11.16 |
| 澳大利亚 | 2.46 | 2.55 | 2.55 | 2.55 | 1.26 | 1.26 |
| 孟加拉国 | 0.44 | 0.34 | 0.30 | 0.30 | 0.30 | 0.30 |
| 文　莱 | 0.34 | 0.35 | 0.39 | 0.39 | 0.39 | 0.39 |
| 中　国 | 2.23 | 1.82 | 1.51 | 1.37 | 1.37 | 1.37 |
| 印　度 | 0.92 | 0.85 | 0.76 | 0.65 | 0.65 | 0.65 |
| 印度尼西亚 | 2.56 | 2.56 | 2.62 | 2.62 | 2.05 | 2.05 |
| 马来西亚 | 2.46 | 2.41 | 2.12 | 2.12 | 2.31 | 2.31 |
| 缅甸 | 0.53 | 0.36 | — | — | — | — |
| 巴基斯坦 | 0.80 | 0.75 | 0.75 | 0.71 | 0.61 | 0.61 |
| 巴布亚新几内亚 | 0.43 | 0.43 | 0.35 | 0.35 | 0.22 | 0.15 |
| 泰　国 | 0.43 | 0.44 | 0.38 | 0.36 | 0.33 | 0.35 |
| 越　南 | 0.24 | 0.23 | 0.19 | 0.19 | 0.19 | 0.19 |
| 其他亚太国家 | 0.38 | 0.39 | 0.69 | 0.66 | 0.65 | 0.65 |
| **亚太合计** | 14.21 | 13.47 | 12.61 | 12.27 | 10.33 | 10.28 |
| **世界总计** | 179.53 | 175.78 | 155.78 | 155.08 | 150.19 | 146.43 |
| 欧盟 25 国 | 2.75 | 2.88 | 3.14 | 3.21 | 3.24 | 3.25 |
| 经合组织国家 | 15.02 | 15.48 | — | — | — | — |
| 独联体 | 57.41 | 56.4 | — | — | — | — |

资料来源：《BP 能源统计》2005 年。

**表 14**　　**世界天然气产量**　　亿米$^3$

| 国家(地区)　年份 | 2004 | 2003 | 2002 | 2001 | 2000 | 1999 |
|---|---|---|---|---|---|---|
| 美　国 | 5 429 | 5 495 | 5 477 | 5 554 | 5 556 | 5 405 |
| 加拿大 | 1 828 | 1 805 | 1 835 | 1 720 | 1 678 | 1 623 |
| 墨西哥 | 371 | 364 | 348 | 347 | 358 | 374 |
| **北美合计** | 7 628 | 7 663 | 7 660 | 7 621 | 7 592 | 7 402 |
| 阿根廷 | 449 | 410 | 361 | 384 | 373 | 336 |
| 玻利维亚 | 85 | 52 | 54 | 41 | 33 | 41 |
| 巴　西 | 111 | 101 | 91 | 77 | 77 | 67 |
| 哥伦比亚 | 64 | 61 | 62 | 61 | 59 | 52 |
| 特立尼达和多巴哥 | 277 | 248 | 168 | 129 | 126 | 109 |
| 委内瑞拉 | 281 | 294 | 273 | 289 | 272 | 320 |
| 其他中南美洲国家 | 25 | 21 | 21 | 20 | 24 | 28 |
| **中南美合计** | 1 291 | 1 186 | 1 030 | 1 001 | 964 | 953 |
| 阿塞拜疆 | 46 | 48 | 48 | 52 | 53 | 56 |
| 丹　麦 | 94 | 79 | 84 | 84 | 81 | 78 |
| 德　国 | 164 | 177 | 174 | 170 | 169 | 178 |
| 意大利 | 130 | 137 | 151 | 155 | 168 | 176 |
| 哈萨克斯坦 | 185 | 129 | 123 | 108 | 107 | 92 |
| 荷　兰 | 688 | 583 | 599 | 614 | 573 | 601 |
| 挪　威 | 785 | 734 | 654 | 575 | 524 | 510 |
| 波　兰 | 44 | 40 | — | — | — | — |
| 罗马尼亚 | 132 | 126 | 108 | 126 | 136 | 138 |
| 俄罗斯 | 5 891 | 5 786 | 5 549 | 5 424 | 5 450 | 5 510 |
| 土库曼斯坦 | 546 | 551 | 499 | 479 | 438 | 213 |
| 乌克兰 | 183 | 177 | 172 | 171 | 168 | 168 |
| 英　国 | 959 | 1 027 | 1 031 | 1 058 | 1 081 | 996 |
| 乌兹别克斯坦 | 558 | 536 | 538 | 535 | 522 | 519 |
| 其他欧洲和欧亚大陆国家 | 109 | 106 | — | 120 | 124 | 119 |
| **欧洲和欧亚大陆合计** | 10 515 | 10 239 | — | 9 698 | 9 621 | 9 384 |
| 巴　林 | 98 | 96 | 92 | 89 | 86 | 85 |
| 伊　朗 | 855 | 790 | 645 | 606 | 602 | 525 |
| 科威特 | 97 | 83 | 87 | 95 | 96 | 70 |
| 阿　曼 | 176 | 165 | 148 | 134 | 85 | 56 |

续表

| 国家(地区) \ 年份 | 2004 | 2003 | 2002 | 2001 | 2000 | 1999 |
|---|---|---|---|---|---|---|
| 卡塔尔 | 392 | 308 | 293 | 325 | 285 | 240 |
| 沙特阿拉伯 | 640 | 610 | 564 | 537 | 470 | 462 |
| 叙利亚 | 52 | 63 | — | — | — | — |
| 阿联酋 | 458 | 444 | 460 | 413 | 398 | 380 |
| 其他中东国家 | 32 | 18 | 26 | 81 | 75 | 54 |
| **中东合计** | 2 799 | 2 577 | 2 356 | 2 280 | 2 097 | 1 872 |
| 阿尔及利亚 | 820 | 828 | 804 | 782 | 893 | 822 |
| 埃　及 | 268 | 250 | 227 | 210 | 180 | 147 |
| 利比亚 | 70 | 64 | 57 | 54 | 55 | 59 |
| 尼日利亚 | 206 | 192 | 177 | 134 | 110 | 57 |
| 其他非洲国家 | 87 | 81 | 67 | 60 | 57 | 52 |
| **非洲合计** | 1 451 | 1 414 | 1 332 | 1 240 | 1 295 | 1 137 |
| 澳大利亚 | 352 | 332 | 345 | 327 | 311 | 306 |
| 孟加拉国 | 132 | 122 | 112 | 108 | 103 | 81 |
| 文　莱 | 121 | 124 | 115 | 114 | 116 | 113 |
| 中　国 | 408 | 341 | 326 | 303 | 277 | 243 |
| 印　度 | 294 | 301 | 284 | 264 | 261 | 249 |
| 印度尼西亚 | 733 | 726 | 706 | 629 | 639 | 664 |
| 马来西亚 | 539 | 534 | 503 | 474 | 442 | 430 |
| 缅　甸 | 74 | 69 | — | — | — | — |
| 新西兰 | 36 | 54 | — | — | — | — |
| 巴基斯坦 | 232 | 211 | 209 | 199 | 190 | 178 |
| 泰　国 | 203 | 196 | 189 | 181 | 178 | 171 |
| 越　南 | 42 | — | — | — | — | — |
| 其他亚太国家 | 66 | 96 | 165 | 201 | 137 | 113 |
| **亚太合计** | 3 232 | 3 105 | 3 017 | 2 800 | 2 654 | 2 548 |
| **世界总计** | 26 916 | 26 185 | 25 276 | 24 640 | 24 223 | 23 296 |
| 欧盟 25 国 | 2 152 | 2 046 | 2 088 | 2 129 | 2 121 | 2 079 |
| 经合组织国家 | 10 986 | 10 930 | — | — | — | — |
| 独联体 | 7 413 | 7 232 | — | — | — | — |
| 其他新兴市场经济体 | 8 517 | 8 023 | — | — | — | — |

资料来源:《BP 能源统计》2005 年。

**表 15**　　**世界天然气消费量**　　亿米$^3$

| 国家(地区) \ 年份 | 2004 | 2003 | 2002 | 2001 | 2000 | 1999 |
|---|---|---|---|---|---|---|
| 美　国 | 6 467 | 6 298 | 6 675 | 6 162 | 6 544 | 6 170 |
| 加拿大 | 895 | 874 | 807 | 726 | 778 | 715 |
| 墨西哥 | 482 | 454 | 421 | 337 | 355 | 354 |
| **北美合计** | 7 843 | 7 626 | 7 903 | 7 225 | 7 677 | 7 239 |

续表

| 国家(地区) \ 年份 | 2004 | 2003 | 2002 | 2001 | 2000 | 1999 |
|---|---|---|---|---|---|---|
| 阿根廷 | 379 | 346 | 303 | 332 | 331 | 334 |
| 巴　西 | 189 | 159 | 137 | 109 | 94 | 71 |
| 智　利 | 82 | 70 | 65 | 56 | 58 | 38 |
| 哥伦比亚 | 63 | 60 | 61 | 61 | 59 | 52 |
| 厄瓜多尔 | 1 | 1 | 2 | 1 | 1 | — |
| 秘　鲁 | 9 | 5 | 4 | 4 | 4 | — |
| 委内瑞拉 | 281 | 294 | 273 | 289 | 272 | 320 |
| 其他中南美洲国家 | 176 | 160 | 135 | 118 | 107 | 106 |
| **中南美洲合计** | 1 179 | 1 095 | 980 | 970 | 926 | 931 |
| 奥地利 | 95 | 86 | 81 | 74 | 79 | 81 |
| 阿塞拜疆 | 85 | 80 | 79 | 84 | 54 | 56 |
| 白俄罗斯 | 185 | 164 | 166 | 161 | 162 | 153 |
| 比利时/卢森堡 | 163 | 160 | 148 | 147 | 149 | 148 |
| 保加利亚 | 31 | 29 | 29 | 26 | 31 | 30 |
| 捷克共和国 | 88 | 90 | 89 | 86 | 86 | 86 |
| 丹　麦 | 54 | 52 | 51 | 51 | 49 | 50 |
| 芬　兰 | 44 | 45 | 41 | 41 | 37 | 37 |
| 法　国 | 447 | 438 | 428 | 407 | 396 | 377 |
| 德　国 | 859 | 855 | 826 | 829 | 792 | 801 |
| 希　腊 | 24 | 23 | 20 | 19 | 17 | 17 |
| 匈牙利 | 130 | 130 | 119 | 119 | 107 | 109 |
| 冰　岛 | — | — | — | 0 | — | — |
| 爱尔兰共和国 | 41 | 41 | 41 | 40 | 38 | 33 |
| 意大利 | 733 | 717 | 636 | 645 | 638 | 617 |
| 哈萨克斯坦 | 152 | 126 | 97 | 101 | 80 | 79 |
| 立陶宛 | 31 | 31 | 29 | 28 | 27 | — |
| 荷　兰 | 435 | 393 | 393 | 393 | 383 | 379 |
| 挪　威 | 46 | 43 | 39 | 45 | 39 | 38 |
| 波　兰 | 132 | 125 | 112 | 114 | 111 | 103 |
| 葡萄牙 | 31 | 30 | 30 | 25 | 60 | 23 |
| 罗马尼亚 | 188 | 184 | 174 | 175 | 162 | 175 |
| 俄罗斯 | 4 021 | 4 058 | 3 884 | 3 727 | 3 772 | 3 636 |
| 斯洛伐克 | 68 | 71 | 76 | 74 | 57 | 64 |
| 西班牙 | 273 | 238 | 208 | 182 | 168 | 150 |
| 瑞　典 | 8 | 8 | 8 | 8 | 9 | 8 |
| 瑞　士 | 30 | 29 | 28 | 28 | 27 | 26 |
| 土耳其 | 221 | 210 | 174 | 155 | 141 | 120 |
| 土库曼斯坦 | 155 | 146 | 132 | 129 | 126 | 113 |
| 乌克兰 | 707 | 675 | 698 | 658 | 685 | 730 |

续表

| 国家(地区) \ 年份 | 2004 | 2003 | 2002 | 2001 | 2000 | 1999 |
|---|---|---|---|---|---|---|
| 英国 | 980 | 953 | 945 | 954 | 957 | 916 |
| 乌兹别克斯坦 | 493 | 472 | 524 | 511 | 498 | 493 |
| 其他欧洲和欧亚大陆国家 | 137 | 138 | — | 147 | 134 | 153 |
| **欧洲与欧亚大陆合计** | 11 085 | 10 841 | | 10 186 | 10 071 | 9 801 |
| 伊朗 | 871 | 804 | 679 | 650 | 629 | 557 |
| 科威特 | 97 | 83 | 87 | 95 | 96 | 70 |
| 卡塔尔 | 151 | 116 | 107 | 160 | 145 | |
| 沙特阿拉伯 | 640 | 610 | 564 | 537 | 470 | 462 |
| 阿联酋 | 396 | 375 | 393 | 343 | 334 | 314 |
| 其他中东国家 | 266 | 239 | 227 | 230 | 216 | 350 |
| **中东合计** | 2 422 | 2 227 | 2 057 | 2 015 | 1 890 | 1 753 |
| 阿尔及利亚 | 212 | 214 | 263 | 216 | 244 | 225 |
| 埃及 | 257 | 246 | 227 | 210 | 179 | 147 |
| 南非 | — | — | | ① | — | — |
| 其他非洲国家 | 217 | 207 | 184 | 176 | 166 | 148 |
| **非洲合计** | 686 | 668 | 674 | 602 | 589 | 520 |
| 澳大利亚 | 245 | 263 | 240 | 225 | 213 | 198 |
| 孟加拉国 | 132 | 122 | 112 | 108 | 103 | 79 |
| 中国 | 390 | 328 | 301 | 277 | 248 | 214 |
| 中国香港 | 22 | 15 | 24 | 25 | 25 | 27 |
| 印度 | 321 | 301 | 282 | 263 | 250 | 237 |
| 印度尼西亚 | 337 | 356 | 347 | 297 | 278 | 272 |
| 日本 | 722 | 765 | 774 | 790 | 762 | 746 |
| 马来西亚 | 332 | 284 | 270 | 216 | 217 | 210 |
| 新西兰 | 36 | 46 | 55 | 57 | 54 | 48 |
| 巴基斯坦 | 257 | 211 | 209 | 201 | 190 | 178 |
| 菲律宾 | 25 | 27 | 18 | 1 | — | — |
| 新加坡 | 78 | 53 | 18 | 25 | 15 | 15 |
| 韩国 | 316 | 269 | 262 | 231 | 210 | 187 |
| 中国台湾 | 101 | 87 | 85 | 75 | 69 | 62 |
| 泰国 | 287 | 266 | 259 | 211 | 209 | 164 |
| 其他亚太国家 | 78 | 61 | 47 | 49 | 50 | 45 |
| **亚太合计** | 3 677 | 3 455 | 3 303 | 3 051 | 2 893 | 2 682 |
| **世界总计** | 26 893 | 25 910 | 25 355 | 24 049 | 24 046 | 22 926 |
| 欧盟25国 | 4 669 | 4 039 | 3 856 | 3 815 | 3 772 | 3 637 |
| 经合组织国家 | 14 061 | 13 706 | — | — | — | — |
| 独联体 | 5 900 | 5 827 | — | — | — | — |
| 其他新兴市场经济体 | 6 931 | 6 378 | — | — | — | — |

资料来源：《BP 能源统计》2005 年。

**表 16　　世界原油加工能力前 30 名的国家(地区)**　　万吨/年

| 名次 | 国家(地区) | 炼厂数 | 平均规模 | 总加工能力 | 焦化 | 催化裂化 | 催化重整 | 加氢裂化 | 加氢处理 | 润滑油 |
|---|---|---|---|---|---|---|---|---|---|---|
| 1 | 美国 | 132 | 635 | 83 874.4 | 12 869.6 | 28 765.5 | 15 167.7 | 7 197.8 | 59 545.3 | 948.4 |
| 2 | 俄罗斯 | 42 | 647 | 27 164 | 467.5 | 1 654.1 | 3 568.7 | 285.3 | 10 203.5 | 439.1 |
| 3 | 日本 | 33 | 713 | 23 534.7 | 513.7 | 4 375.3 | 2 896.1 | 866 | 20 297 | 223.5 |
| 4 | 中国 | 95 | 245 | 23 247.9 | 1 463 | 4 055 | 662.2 | 610 | 1 441 | 254.4 |
| 5 | 韩国 | 6 | 2 147 | 12 882.5 | 104.5 | 935 | 1 014.2 | 600 | 5 020.1 | 97 |
| 6 | 德国 | 17 | 683 | 11 616 | 541 | 1 792.4 | 1 625 | 963.7 | 8 961.1 | 77.4 |
| 7 | 意大利 | 16 | 725 | 11 604.6 | 247.5 | 1 540.5 | 1 214.3 | 1 363.5 | 5 680.8 | 147.3 |
| 8 | 印度 | 17 | 663 | 11 273.1 | 932.9 | 1 486.5 | 179.2 | 273 | 1 071.7 | 83.4 |
| 9 | 加拿大 | 21 | 480 | 10 086.8 | 260.2 | 2 465.7 | 1 641.7 | 1 303.7 | 4 677.4 | 118.5 |
| 10 | 法国 | 13 | 751 | 9 756.7 | 0 | 1 926.1 | 1 255.2 | 81 | 5 925.3 | 201.3 |
| 11 | 巴西 | 13 | 739 | 9 600.7 | 473.7 | 2 497.6 | 104.9 | 0 | 1 206.3 | 106 |
| 12 | 英国 | 11 | 830 | 9 127 | 356.4 | 2 092 | 1 469.2 | 180 | 5 994.6 | 135.7 |
| 13 | 沙特阿拉伯 | 8 | 1 091 | 8 725 | 0 | 518 | 831.4 | 659.1 | 2 599.4 | 0 |
| 14 | 墨西哥 | 6 | 1 403 | 8 420 | 852.5 | 1 875 | 1 222.5 | 90 | 4 625.3 | 90.1 |
| 15 | 伊朗 | 9 | 819 | 7 370 | 0 | 150 | 720.5 | 698.9 | 999.4 | 169.1 |
| 16 | 新加坡 | 3 | 2 228 | 6 683 | 0 | 345 | 612.8 | 489 | 2 695 | 198.8 |
| 17 | 委内瑞拉 | 5 | 1 282 | 6 410.5 | 797 | 1 159 | 212.9 | 0 | 1 831.6 | 63.7 |
| 18 | 西班牙 | 9 | 706 | 6 357.5 | 237.1 | 956.5 | 848 | 638.5 | 3 595.5 | 50.9 |
| 19 | 荷兰 | 6 | 1 023 | 6 137.5 | 214.5 | 529 | 651.5 | 972.5 | 3 575.3 | 61.5 |
| 20 | 中国台湾 | 6 | 1 017 | 6 100 | 280.5 | 980 | 494.5 | 0 | 2 340.6 | 28.1 |
| 21 | 印度尼西亚 | 8 | 620 | 4 963.7 | 179.2 | 507.3 | 399.8 | 498.6 | 110.1 | 0 |
| 22 | 科威特 | 4 | 1 112 | 4 446 | 396 | 180 | 197.4 | 821.3 | 2 637 | 0 |
| 23 | 乌克兰 | 3 | 1 466 | 4 398.8 | 121.8 | 350.5 | 622.3 | 36 | 1 480.6 | 2.7 |
| 24 | 比利时 | 5 | 803 | 4 015.1 | 0 | 567.5 | 431.3 | 0 | 2 847.4 | 0 |
| 25 | 澳大利亚 | 8 | 472 | 3 774.9 | 0 | 1 145.1 | 744.8 | 76.5 | 1 549.1 | 43.7 |
| 26 | 埃及 | 9 | 403 | 3 631.3 | 216 | 0 | 267.6 | 167.5 | 976.7 | 23.5 |
| 27 | 土耳其 | 6 | 595 | 3 571.4 | 0 | 144.7 | 282.3 | 269.1 | 1 245.5 | 31.1 |
| 28 | 泰国 | 4 | 879 | 3 515.5 | 0 | 402.7 | 401.7 | 215.4 | 2 155.1 | 0 |
| 29 | 阿根廷 | 10 | 313 | 3 125.4 | 585.8 | 746.6 | 258 | 105 | 711.7 | 41.9 |
| 30 | 伊拉克 | 8 | 373 | 2 987.5 | 0 | 0 | 352.6 | 371.2 | 1 330.1 | 49.9 |
| 世界总计 | | 674 | 611 | 412 044.5 | 24 421.2 | 72 548.2 | 48 792.8 | 23 558.9 | 193 901.2 | 4 230.3 |

资料来源：美国《油气杂志》2004 年 12 月 20 日。

**表 17** 世界最大的 10 座炼厂 万吨/年

| 名次 | 炼厂名称 | 总加工能力 | 减压蒸馏 | 焦化 | 热加工 | 催化裂化 | 催化重整 | 加氢裂化 | 加氢处理 | 烷基化 | 润滑油 | 沥青 |
|---|---|---|---|---|---|---|---|---|---|---|---|---|
| 1 | 委内瑞拉帕拉瓜纳炼油中心 | 4 700 | 2 671 | 797 | 0 | 833 | 174 | 0 | 1 789 | 178 | 64 | 198 |
| 2 | 韩国 SK 公司蔚山炼厂 | 4 085 | 418 | 0 | 0 | 473 | 86 | 135 | 1 486 | 23 | 19 | 16 |
| 3 | 印度信任工业有限公司贾姆纳加尔炼厂 | 3 300 | 0 | 686 | 0 | 650 | 0 | 0 | 0 | 0 | 0 | 0 |
| 4 | 韩国 LG—加德士公司丽水炼厂 | 3 250 | 58 | 0 | 0 | 410 | 324 | 0 | 1 586 | 0 | 16 | 30 |
| 5 | 埃克森美孚新加坡裕廊/亚逸查湾岛炼厂 | 3 025 | 867 | 0 | 578 | 0 | 396 | 168 | 1 347 | 0 | 164 | 74 |
| 6 | 美国埃克森美孚贝敦炼厂 | 2 785 | 1 405 | 396 | 0 | 1 013 | 525 | 130 | 3 417 | 148 | 111 | 0 |
| 7 | 韩国 S－Oil 公司汶山炼厂 | 2 600 | 848 | 0 | 0 | 300 | 185 | 355 | 1 213 | 0 | 48 | 47 |
| 8 | 维尔京群岛 Hovensa 公司圣克鲁瓦炼厂 | 2 475 | 1 140 | 319 | 400 | 650 | 538 | 0 | 1 974 | 60 | 0 | 0 |
| 9 | 美国埃克森美孚巴吞鲁日炼厂 | 2 468 | 1 182 | 619 | 0 | 1 145 | 325 | 120 | 2 047 | 155 | 85 | 0 |
| 10 | 壳牌新加坡布库姆岛炼厂 | 2 290 | 396 | 0 | 330 | 165 | 159 | 170 | 925 | 13 | 34 | 46 |

资料来源：美国《油气杂志》2004 年 12 月 20 日。

**表 18** 世界最大的 25 家炼油公司 万吨/年

| 位次 | 公司名称 | 能力 | 位次 | 公司名称 | 能力 |
|---|---|---|---|---|---|
| 1 | 埃克森美孚公司 | 28 465 | 14 | 伊朗国家石油公司 | 7 370 |
| 2 | 英荷壳牌集团公司 | 24 670 | 15 | 新日本石油公司 | 5 785 |
| 3 | 英国石油公司（BP 公司） | 19 335 | 16 | 鲁克石油公司（俄） | 5 750 |
| 4 | 中国石化 | 13 965 | 17 | 莱普索—YPF 公司（西班牙/阿根廷） | 5 530 |
| 5 | 委内瑞拉国家石油公司 | 13 205 | | | |
| 6 | 道达尔公司（法国） | 13 110 | 18 | 科威特国家石油公司 | 5 425 |
| 7 | 康菲公司（美国） | 13 075 | 19 | 尤科斯石油公司（俄） | 5 240 |
| 8 | 雪佛龙公司（美国） | 10 315 | 20 | 印度尼西亚国家石油公司 | 4 965 |
| 9 | 沙特阿美石油公司 | 10 305 | 21 | 马拉松阿什兰石油公司（美国） | 4 675 |
| 10 | 巴西国家石油公司 | 9 825 | 22 | 阿吉普石油公司（美国） | 4 530 |
| 11 | 瓦莱罗能源公司（美国） | 9 650 | 23 | 太阳石油公司（Sunoco） | 4 400 |
| 12 | 墨西哥国家石油公司 | 9 255 | 24 | SK 公司（韩国） | 4 085 |
| 13 | 中国石油 | 8 910 | 25 | 印度石油有限公司 | 3 885 |

资料来源：美国《油气杂志》2004 年 12 月 20 日。

**表 19** **世界主要国家(地区)乙烯生产能力** 万吨/年

(2005 年 1 月 1 日)

| 国家(地区) | 生产能力 | 国家(地区) | 生产能力 | 国家(地区) | 生产能力 |
|---|---|---|---|---|---|
| 美国 | 2 832.3 | 墨西哥 | 138.4 | 奥地利 | 34.5 |
| 日本 | 750.7 | 伊朗 | 121.4 | 阿塞拜疆 | 33.0 |
| 沙特阿拉伯 | 584.5 | 卡塔尔 | 103.0 | 芬兰 | 33.0 |
| 德国 | 551.6 | 罗马尼亚 | 84.4 | 葡萄牙 | 33.0 |
| 韩国 | 545.0 | 阿根廷 | 80.8 | 埃及 | 30.0 |
| 加拿大 | 540.7 | 科威特 | 80.0 | 尼日利亚 | 30.0 |
| 中国① | 533.8 | 匈牙利 | 62.0 | 塞尔维亚与黑山 | 20.0 |
| 荷兰 | 391.5 | 瑞典 | 61.0 | 斯洛伐克 | 20.0 |
| 俄罗斯 | 367.0 | 阿联酋 | 60.0 | 以色列 | 20.0 |
| 法国 | 337.3 | 委内瑞拉 | 60.0 | 白俄罗斯 | 19.3 |
| 英国 | 285.5 | 印度尼西亚 | 51.0 | 乌兹别克斯坦 | 14.0 |
| 巴西 | 283.5 | 捷克共和国 | 51.0 | 阿尔及利亚 | 13.3 |
| 印度 | 246.3 | 澳大利亚 | 50.4 | 哈萨克斯坦 | 13.0 |
| 中国台湾 | 242.1 | 乌克兰 | 45.0 | 哥伦比亚 | 10.0 |
| 泰国 | 227.2 | 挪威 | 45.0 | 克罗地亚 | 9.0 |
| 比利时 | 218.0 | 南非 | 44.5 | 北朝鲜 | 6.0 |
| 意大利 | 217.0 | 土耳其 | 40.0 | 智利 | 4.2 |
| 新加坡 | 194.0 | 保加利亚 | 40.0 | 瑞士 | 3.3 |
| 马来西亚 | 163.0 | 波兰 | 36.0 | 希腊 | 2.0 |
| 西班牙 | 143.0 | 利比亚 | 35.0 | **世界总计** | 11 290.5 |

① 中国实际能力数据为 608.5 万吨/年,居第三位。

资料来源:美国《油气杂志》2005 年 3 月 28 日。

**表 20** **世界主要国家(地区)乙烯产量** 万吨

| 国家(地区) \ 年份 | 2003 | 2002 | 2001 | 2000 | 1999 | 1998 |
|---|---|---|---|---|---|---|
| 美国 | 2 300 | 2 380 | 2 250 | 2 510 | 2 530 | 2 360 |
| 加拿大/墨西哥 | 590 | 550 | 510 | 530 | 500 | 460 |
| **北美合计** | 2 890 | 2 930 | 2 760 | 3 040 | 3 030 | 2 820 |
| 南美 | 360 | 370 | 340 | 350 | 340 | 320 |
| 西欧 | 2 080 | 2 060 | 1 990 | 1 950 | 1 940 | 1 890 |
| 东欧 | 430 | 420 | 370 | 390 | 380 | 360 |

续表

| 国家(地区) \ 年份 | 2003 | 2002 | 2001 | 2000 | 1999 | 1998 |
|---|---|---|---|---|---|---|
| 日　本 | 740 | 720 | 740 | 760 | 770 | 710 |
| 韩　国 | 590 | 560 | 540 | 540 | 530 | 500 |
| 中　国① | 612 | 540 | 480 | 460 | 435 | 377 |
| 中国台湾 | 270 | 240 | 250 | 160 | 130 | 100 |
| 其他亚太国家 | 860 | 770 | 600 | 440 | 380 | — |
| **亚太合计** | 3 070 | 2 830 | 2 600 | 2 530 | 2 390 | 2 737 |
| 中　东 | 880 | 780 | 650 | 630 | 580 | 530 |
| 其他地区 | 120 | 120 | 100 | 100 | 90 | 100 |
| **世界总计** | 9 830 | 9 510 | 8 810 | 9 030 | 8 745 | 8 167 |

① 中国产量为国内公布数据。

资料来源：历年日本《化学经济》第 3 期增刊。

**表 21**　　世界十大乙烯生产厂　　万吨/年

| 名　次 | 国　家（地区） | 公　　司 | 厂　　址 | 生产能力 |
|---|---|---|---|---|
| 1 | 加拿大 | 诺瓦化学公司 | 艾伯塔省若夫尔 | 281.2 |
| 2 | 沙特阿拉伯 | 阿拉伯石化公司 | 朱拜勒 | 225.0 |
| 3 | 美　国 | 埃克森美孚化学公司 | 得克萨斯州贝敦 | 219.7 |
| 4 | 美　国 | 雪佛龙菲利普斯化学公司 | 得克萨斯州斯威尼 | 190.5 |
| 5 | 美　国 | 等星化学公司 | 得克萨斯州钱纳尔维纽 | 175.0 |
| 6 | 荷　兰 | 陶氏化学公司 | 泰尔讷曾 | 175.0 |
| 7 | 沙特阿拉伯 | 延布石化公司 | 延　布 | 170.5 |
| 8 | 美　国 | 壳牌化学公司 | 路易斯安那州诺科 | 155.6 |
| 9 | 美　国 | 陶氏化学公司 | 得克萨斯州弗里波特 | 154.0 |
| 10 | 美　国 | 台塑集团美国公司 | 得克萨斯州波因特康福特 | 153.0 |

资料来源：美国《油气杂志》2005 年 3 月 28 日。

表 22 **世界主要国家(地区)丙烯产量** 百万吨

| 国家(地区)＼年份 | 2004 | 2003 | 2002 | 2001 | 2000 | 1999 |
|---|---|---|---|---|---|---|
| 美国 | 16.2 | 15.5 | 15.1 | 14.2 | 15.3 | 14.2 |
| 加拿大/墨西哥 | 1.2 | 1.1 | 0.9 | 1.0 | 1.0 | 1.1 |
| **北美合计** | 17.4 | 16.6 | 16.0 | 15.2 | 16.3 | 15.3 |
| **南美** | 2.3 | 2.0 | 1.9 | 1.8 | 1.9 | 1.7 |
| **西欧/东欧** | 16.2 | 14.6 | 14.1 | 13.8 | 13.8 | 13.3 |
| **前苏联** | 1.4 | 1.2 | 1.1 | 1.0 | — | — |
| 日本 | 5.8 | 5.6 | 5.3 | 5.3 | 5.4 | 5.5 |
| 韩国 | 4 | 3.8 | 3.7 | 3.6 | 3.4 | 3.4 |
| 中国台湾 | 2 | 1.7 | 1.5 | 1.6 | 1.1 | 0.8 |
| 中国 | 6.4 | 5.9 | 5.3 | 4.3 | 3.6 | 3.7 |
| 南亚 | 3.7 | 3.5 | 3.3 | 3.4 | — | — |
| **亚洲合计** | 21.8 | 20.4 | 19.1 | 18.6 | 16.2 | 15.8 |
| 中东/非洲/印度 | 4.5 | 4 | 3.7 | 3.5 | 4.2 | 3.3 |
| **世界总计** | 63.6 | 58.8 | 55.9 | 53.9 | 53.5 | 50.4 |

资料来源：历年日本《化学经济》第 3 期增刊。

表 23 **世界各国(地区)苯酚产量** 万吨

| 国家(地区) | 产量 | 国家(地区) | 产量 |
|---|---|---|---|
| 美国 | 297 | **东欧** | 41.8 |
| 其他北美国家 | 4.3 | **中东/非洲** | 3 |
| **北美合计** | 301.3 | 中国 | 28.7 |
| **南美** | 16.5 | 印度 | 8.2 |
| 法国 | 11 | 印度尼西亚 | — |
| 德国 | 76 | 日本 | 93 |
| 英国 | — | 韩国 | 13 |
| 意大利 | 48 | 马来西亚 | — |
| 荷兰 | 12 | 新加坡 | 25 |
| 其他西欧国家 | 93 | 中国台湾 | 72 |
| **西欧合计** | 240 | **亚太合计** | 242.4 |

资料来源：《化学周刊》2005 年 1 月 26 日。

表 24　**世界各国(地区)甲苯产量**　万吨

| 国家(地区) | 产　量 | 国家(地区) | 产　量 |
|---|---|---|---|
| 美　国 | 701.7 | 东　欧 | 199.0 |
| 其他北美国家 | 86.0 | 中东/非洲 | 11.3 |
| **北美合计** | 787.7 | 中　国 | 71.6 |
| **南　美** | 99.8 | 印　度 | 2.5 |
| 法　国 | 9.5 | 印度尼西亚 | 25.0 |
| 德　国 | 62.3 | 日　本 | 191.1 |
| 英　国 | 48.8 | 韩　国 | 153.3 |
| 意大利 | 21.0 | 马来西亚 | — |
| 荷　兰 | 24.5 | 新加坡 | 50.3 |
| 其他西欧国家 | 36.0 | 中国台湾 | 66.0 |
| **西欧合计** | 202.1 | **亚太合计** | 559.8 |

资料来源:《化学周刊》2004 年 3 月 17 日。

表 25　**世界各国(地区)丁二烯产量**　万吨

| 国家(地区) | 产　量 | 国家(地区) | 产　量 |
|---|---|---|---|
| 美　国 | 274.2 | 东　欧 | 117.0 |
| 其他北美国家 | 12.0 | 中东/非洲 | 18.0 |
| **北美合计** | 286.2 | 中　国 | 76.8 |
| **南　美** | 37.7 | 印　度 | 13.2 |
| 法　国 | 42.0 | 印度尼西亚 | — |
| 德　国 | 50.5 | 日　本 | 102.2 |
| 英　国 | 10.0 | 韩　国 | 72.4 |
| 意大利 | 32.0 | 马来西亚 | — |
| 荷　兰 | 40.5 | 新加坡 | 5.5 |
| 其他西欧国家 | 15.2 | 中国台湾 | 40.3 |
| **西欧合计** | 190.2 | **亚太合计** | 310.4 |

资料来源:《化学周刊》2004 年 2 月 11 日。

表 26　**世界各国(地区)醋酸产量**　万吨

| 国家(地区) | 产　量 | 国家(地区) | 产　量 |
|---|---|---|---|
| 美　国 | 376.3 | 东　欧 | 40.5 |
| 其他北美国家 | 2.0 | 中东/非洲 | — |
| **北美合计** | 378.3 | 中　国 | 127.4 |
| **南　美** | 7.2 | 印　度 | 26.9 |
| 法　国 | 40 | 印度尼西亚 | 3.4 |
| 德　国 | 13 | 日　本 | 54.3 |
| 英　国 | 75 | 韩　国 | 37.4 |
| 意大利 | — | 马来西亚 | 40.0 |
| 荷　兰 | — | 新加坡 | 53.9 |
| 其他西欧国家 | 6.0 | 中国台湾 | 33.0 |
| **西欧合计** | 134.0 | **亚太合计** | 376.3 |

资料来源:《化学周刊》6 月 30 日/7 月 7 日。

表 27 **世界各国(地区)对二甲苯产量** 万吨

| 国家(地区) | 产量 | 国家(地区) | 产量 |
|---|---|---|---|
| 美国 | 428.4 | 东欧 | — |
| 其他北美国家 | 61.0 | **中东/非洲** | 192.5 |
| **北美合计** | 489.4 | 中国 | 106.2 |
| **南美** | 26.8 | 印度 | 120.0 |
| 法国 | — | 印度尼西亚 | 77.0 |
| 德国 | 29.6 | 日本 | 233.5 |
| 英国 | — | 韩国 | 338.0 |
| 意大利 | 20.5 | 马来西亚 | 75.0 |
| 荷兰 | 50.0 | 新加坡 | 35.0 |
| 其他西欧国家 | 53.5 | 中国台湾 | 87.0 |
| **西欧合计** | 153.6 | **亚太合计** | 1 153.7 |

资料来源:《化学周刊》2003 年 4 月 2 日/9 日。

表 28 **世界各国(地区)聚乙烯产量** 万吨

| 国家(地区) | 产量 | 国家(地区) | 产量 |
|---|---|---|---|
| 美国 | 1 324.5 | **非洲** | 85.4 |
| 其他北美国家 | 422.4 | **中东** | 606.7 |
| **北美合计** | 1 746.9 | 中国 | 420.3 |
| **中南美** | 285.3 | 印度 | 173.0 |
| 法国 | 194.0 | 印度尼西亚 | 41.5 |
| 德国 | 270.3 | 日本 | 314.0 |
| 英国 | 72.1 | 韩国 | 353.7 |
| 意大利 | 115.8 | 马来西亚 | 97.4 |
| 西班牙 | 94.5 | 新加坡 | 98.0 |
| 其他西欧国家 | 469.6 | 中国台湾 | 108.6 |
| **西欧合计** | 1 216.3 | 其他亚太国家 | 190.5 |
| **中欧及东欧** | 246.9 | **亚太合计** | 1 770.7 |
| | | **世界总计** | 5 993.7 |

表 29 **世界主要国家(地区)乙苯产量** 万吨

| 国家(地区) | 产量 | 国家(地区) | 产量 |
|---|---|---|---|
| 美国 | 575.0 | 沙特阿拉伯 | 109.1 |
| 加拿大 | 96.5 | 伊朗 | 10.7 |
| 墨西哥 | 15.8 | 澳大利亚 | 11.0 |
| 阿根廷 | 13.0 | 中国 | 130.5 |
| 巴西 | 49.8 | 印度尼西亚 | 38.3 |
| 中欧及东欧 | 78.2 | 日本 | 365.8 |
| 英国 | 18.2 | 韩国 | 281.4 |
| 法国 | 80.2 | 马来西亚 | 23.1 |
| 德国 | 134.0 | 新加坡 | 108.9 |
| 意大利 | 61.9 | 中国台湾 | 142.1 |
| 荷兰 | — | 泰国 | 56.0 |
| 西班牙 | 45.0 | **世界总计** | 2 716.3 |

表 30　　世界主要国家(地区)乙二醇生产能力　　万吨/年

| 国家(地区) \ 年份 | 2004 | 2003 | 2002 | 2001 | 2000 | 1999 |
|---|---|---|---|---|---|---|
| 美　国 | 294.8 | 314.7 | 377.5 | 377.5 | 330.8 | 330.8 |
| 沙特阿拉伯 | 278.5 | 211.0 | 211.0 | 221.0 | 189.0 | 130.0 |
| 中　国[①] | 112.2 | 93.2 | 93.2 | 93.2 | 77.2 | 77.2 |
| 中国台湾 | 146.5 | 93.0 | 93.0 | 93.0 | 65.2 | 48.0 |
| 韩　国 | 88.5 | 88.5 | 88.5 | 88.5 | 85.0 | 85.0 |
| 印　度 | 54.4 | 59.4 | 59.4 | 59.4 | 86.4 | 86.4 |
| 德　国 | 30.5 | 30.5 | 26.6 | 26.6 | 25.0 | 22.0 |
| 比利时 | 64.0 | 64.0 | 56.0 | 56.0 | 53.5 | 53.5 |
| 前苏联 | 38.5 | 38.5 | 19.5 | 32.5 | 32.5 | 32.5 |
| 加拿大 | 146.0 | 146.0 | 146.0 | 146.0 | 118.5 | 106.0 |
| 墨西哥 | 43.5 | 43.5 | 43.5 | 43.5 | 45.5 | 45.5 |
| 日　本 | 96.0 | 91.0 | 91.0 | 91.0 | 98.0 | 98.0 |
| **世界总计** | 1 660.6 | 1 525.5 | 155.75 | 1 555.4 | 1 480.3 | 1 355.3 |

① 数据与实际有出入。

资料来源：日本化纤协会《纤维手册》2005 年。

表 31　　世界十大乙二醇生产厂　　万吨/年

| 国家(地区) | 公　　司 | 厂　　址 | 工　艺 | 投产时间 | 2004 年能力 |
|---|---|---|---|---|---|
| 沙特阿拉伯 | 东部石化 | 朱拜尔 | 壳　牌 | 1985 年 | 135.0 |
| 沙特阿拉伯 | 延派特 | 延　布 | — | 1985 年 | 86.0 |
| 美　国 | 道化学 | 塔夫托 | 联　碳 | — | 72.0 |
| 沙特阿拉伯 | 朱拜尔联合石化 | 朱拜尔 | — | — | 57.5 |
| 科威特 | Equate | 舒艾巴 | — | 1997 年 | 48.0 |
| 加拿大 | 艾伯塔·定向乙二醇 | 普伦蒂斯 | 联　碳 | — | 41.0 |
| 加拿大 | 壳　牌 | 艾伯塔 | 壳　牌 | — | 40.0 |
| 美　国 | 壳牌化学 | 盖斯马 | 壳　牌 | 1979 年 | 40.0 |
| 韩　国 | 湖南石化 | 丽　川 | 壳　牌 | 1980 年 | 40.0 |
| 马来西亚 | Optimal 乙二醇 | Kerteh | — | — | 38.0 |

资料来源：日本化纤协会《纤维手册》2005 年。

**表 32　　世界主要国家(地区)PTA/DMT 生产能力**　　万吨/年

| 国家(地区) | 2004 | | 2003 | | 2002 | | 2001 | | 2000 | | 1999 | |
|---|---|---|---|---|---|---|---|---|---|---|---|---|
| | DMT | PTA | DMT | PTA | DMT | PTA | DMT | PTA | DMT | PTA | DMT | PTA |
| 日　本 | 23.0 | 150.0 | 30.0 | 140.0 | 30.0 | 152.0 | 30.0 | 152.0 | 34.0 | 182.0 | 34.0 | 158.5 |
| 韩　国 | 15.0 | 520.0 | 15.0 | 500.0 | 15.0 | 450.0 | 15.0 | 450.0 | 12.0 | 486.0 | 12.0 | 456.0 |
| 中　国① | 30.5 | 388.1 | 30.5 | 426.1 | 30.5 | 221.1 | 30.5 | 223.6 | 30.5 | 264.1 | 30.5 | 179.1 |
| 中国台湾 | — | 484.0 | — | 484.0 | — | 389.0 | — | 390.0 | — | 383.0 | — | 339.0 |
| 印度尼西亚 | — | 207.5 | — | 204.5 | — | 204.5 | — | 192.5 | — | 191.0 | — | 187.5 |
| 印　度 | 44.5 | 150.0 | 44.5 | 150.0 | 44.0 | 150.0 | 44.0 | 138.5 | 44.0 | 157.5 | 44.0 | 297.5 |
| 英　国 | — | 67.0 | — | 57.0 | — | 55.0 | — | 55.0 | — | 55.0 | — | 55.0 |
| 德　国 | 78.0 | 8.0 | 78.0 | 8.0 | 61.0 | 8.0 | 61.0 | 8.0 | 61.0 | 7.5 | 61.0 | 8.0 |
| 意大利 | 18.5 | 18.0 | 18.5 | 18.0 | 18.5 | 18.0 | 18.5 | 18.0 | 18.5 | 13.0 | 18.5 | 20.0 |
| 前苏联 | 60.6 | 23.0 | 60.6 | — | 30.0 | — | 30.0 | — | 35.4 | 25.0 | 35.4 | 25.0 |
| 美　国 | 94.0 | 370.8 | 131.0 | 370.8 | 160.5 | 377.0 | 160.5 | 341.0 | 160.5 | 300.0 | 160.5 | 281.1 |
| 墨西哥 | 50.0 | 95.0 | 50.0 | 95.0 | 50.0 | 45.0 | 50.0 | 45.0 | 50.0 | 102.5 | 50.0 | 97.5 |
| 巴　西 | 12.5 | 92.0 | 12.5 | 92.0 | 12.5 | 90.0 | 12.5 | 90.0 | 125.0 | 120.0 | 125.0 | 117.0 |
| 世界总计 | 515.0 | 3 064.9 | 559.0 | 3 061.9 | 531.9 | 2 637.6 | 531.9 | 2 481.1 | 650.5 | 271.45 | 650.5 | 2 550.2 |
| DMT 折算为 PTA | 440.2 | | 477.8 | | 454.6 | | 454.6 | | 556.0 | | 556.0 | |
| 世界 PTA 总计 | 3 505.1 | | 3 539.7 | | 3 092.2 | | 2 935.7 | | 3 270.5 | | 3 106.2 | |

① 数据与实际有出入。

资料来源：日本化纤协会《纤维手册》2005 年。

**表 33　　世界十大 PTA 生产厂**　　万吨/年

| 国家(地区) | 公　司 | 厂　址 | 工　艺 | 投产时间 | 2004 年能力 |
|---|---|---|---|---|---|
| 韩　国 | 三南石化 | 丽　川 | 三菱化学 | 1990 年 | 160.0 |
| 中国台湾 | 中美和石化 | 园　林 | 阿莫科 | 1979 年 | 142.0 |
| 美　国 | BP—阿莫科 | 迪凯特 | 阿莫科 | 1958 年 | 110.0 |
| 美　国 | BP—阿莫科 | 库珀河 | 阿莫科 | 1978 年 | 122.8 |
| 韩　国 | 三星石化 | 蔚　山 | 阿莫科 | 1980 年 | 100.0 |
| 韩　国 | 高　合 | 蔚　山 | — | 1990 年 | 100.0 |
| 中国台湾 | 台湾化纤 | 麦　寮 | — | 1999 年 | 100.0 |
| 比利时 | BP—阿莫科 | 吉　尔 | 阿莫科 | 1976 年 | 96.0 |
| 中　国 | 翔鹭石化 | 厦　门 | 伊斯曼 | 2003 年 | 90.0 |
| 中国台湾 | 远东杜邦石化 | 观　音 | ICI | 1992 年 | 90.0 |

资料来源：日本化纤协会《纤维手册》2005 年。

**表 34** 世界主要国家(地区)己内酰胺生产能力 万吨/年

| 国家(地区) \ 年份 | 2004 | 2003 | 2002 | 2001 | 2000 | 1999 |
|---|---|---|---|---|---|---|
| 日本 | 55.0 | 64.5 | 57.8 | 57.8 | 57.7 | 57.9 |
| 韩国 | 23.7 | 23.7 | 11.7 | 11.4 | 12.0 | 11.0 |
| 中国① | 18.8 | 15.8 | 15.8 | 24.5 | 18.0 | 15.7 |
| 中国台湾 | 25.4 | 25.4 | 27.8 | 24.5 | 25.0 | 12.5 |
| 印度 | 12.5 | 12.5 | 12.5 | 13.2 | 13.2 | 12.0 |
| 荷兰 | 23.5 | 23.5 | 23.5 | 23.0 | 22.0 | 23.0 |
| 比利时 | 46.0 | 46.0 | 40.0 | 36.5 | 36.5 | 36.5 |
| 德国 | 24.0 | 24.0 | 25.0 | 26.0 | 21.5 | 21.5 |
| 意大利 | 14.0 | 14.0 | 14.0 | 29.5 | 24.5 | 29.5 |
| 前苏联 | 58.5 | 58.5 | 57.5 | 58.0 | 58.0 | 58.0 |
| 波兰 | 13.2 | 13.2 | 13.2 | 11.5 | 11.5 | 11.5 |
| 美国 | 83.0 | 83.0 | 87.5 | 84.3 | 84.3 | 84.3 |
| 墨西哥 | 8.0 | 8.0 | 8.0 | 7.5 | 7.5 | 7.5 |
| **世界总计** | 442.7 | 453.7 | 435.4 | 448.0 | 432.2 | 418.7 |

① 数据与实际有出入。

资料来源：日本化纤协会《纤维手册》2005 年。

**表 35** 世界十大己内酰胺生产厂 万吨/年

| 国家(地区) | 公司 | 厂址 | 工艺 | 投产时间 | 2004 年能力 |
|---|---|---|---|---|---|
| 美国 | 霍尼韦尔 | 霍普威尔 | 联合信号 | 1954 年 | 36.0 |
| 比利时 | 巴斯夫安特卫普 | 安特卫普 | 巴斯夫 | 1968 年 | 28.0 |
| 美国 | 巴斯夫化学 | 弗里波特 | 巴斯夫 | 1962 年 | 27.0 |
| 荷兰 | 国家矿业 | 赫伦 | 国家矿业 | 1964 年 | 23.5 |
| 美国 | DSM 化学 | 奥古斯塔 | 国家矿业 | — | 20.0 |
| 比利时 | 拜耳安特卫普 | 安特卫普 | 拜耳 | 1971 年 | 18.0 |
| 中国台湾 | 中国石化开发 | 小港 | — | 2000 年 | 17.0 |
| 日本 | 住友化学 | 新居浜 | — | — | 16.0 |
| 德国 | 巴斯夫 | 路德维希港 | 巴斯夫 | — | 14.0 |
| 俄罗斯 | Kemerovo Azot | Kemerovo | 国家矿业 | 1971 年 | 12.5 |

资料来源：日本化纤协会《纤维手册》2005 年。

表 36　　世界主要国家(地区)丙烯腈生产能力　　万吨/年

| 国家(地区) \ 年份 | 2004 | 2003 | 2002 | 2001 | 2000 | 1999 |
|---|---|---|---|---|---|---|
| 日　本 | 80.0 | 75.0 | 75.0 | 75.0 | 75.8 | 68.7 |
| 韩　国 | 52.0 | 52.0 | 37.0 | 37.0 | 37.0 | 37.0 |
| 中　国① | 59.4 | 41.8 | 34.8 | 45.3 | 45.3 | 57.9 |
| 中国台湾 | 43.0 | 40.0 | 40.0 | 40.0 | 49.0 | 29.0 |
| 英　国 | 28.0 | 28.0 | 28.0 | 28.0 | 28.0 | 28.0 |
| 荷　兰 | 20.0 | 20.0 | 20.0 | 20.0 | 20.0 | 20.0 |
| 德　国 | 28.0 | 34.0 | 36.0 | 30.0 | 35.0 | 35.0 |
| 西班牙 | 13.0 | 13.0 | 12.0 | 12.0 | 12.0 | 12.0 |
| 意大利 | 0 | 0 | 7.5 | 18.0 | 14.0 | 14.0 |
| 前苏联 | 24.0 | 24.0 | 9.0 | 22.5 | 22.5 | 22.5 |
| 罗马尼亚 | 8.8 | 8.8 | 8.8 | 10.2 | 10.2 | 10.2 |
| 土耳其 | 9.0 | 9.0 | 9.0 | 9.0 | 9.0 | 9.0 |
| 美　国 | 189.5 | 189.5 | 191.0 | 191.0 | 187.1 | 162.1 |
| 墨西哥 | 17.4 | 17.4 | 17.4 | 17.4 | 22.4 | 22.4 |
| 巴　西 | 8.0 | 8.0 | 8.0 | 7.8 | 7.8 | 7.8 |
| **世界总计** | 605.5 | 585.9 | 560.9 | 558.7 | 632.9 | 599.6 |

① 数据与实际有出入。

资料来源：日本化纤协会《纤维手册》2005 年。

表 37　　世界十大丙烯腈生产厂　　万吨/年

| 国家(地区) | 公　司 | 厂　址 | 工　艺 | 投产时间 | 2004 年能力 |
|---|---|---|---|---|---|
| 美　国 | Solutia | 巧克力山 | 索亥俄 | 1965 年 | 51.0 |
| 美　国 | BP 化学 | 绿　湖 | 索亥俄 | 1981 年 | 46.0 |
| 美　国 | 斯特林化学 | 得克萨斯城 | 索亥俄 | 1977 年 | 34.0 |
| 日　本 | 旭化成 | 水　岛 | — | — | 29.1 |
| 德　国 | BP | 多尔玛根 | 索亥俄 | 1965 年 | 27.0 |
| 英　国 | 巴斯夫化学 | 锡尔山德斯 | 索亥俄 | 1969 年 | 28.0 |
| 美　国 | 西泰克工业 | 福尔捷 | 索亥俄 | 1940 年 | 22.0 |
| 韩　国 | 泰光产业 | 蔚　山 | 孟山都 | 1997 年 | 25.0 |
| 韩　国 | 东西石化 | 蔚　山 | 索亥俄 | 1972 年 | 27.0 |
| 中国台湾 | 台　塑 | 桃　园 | — | — | 24.0 |

资料来源：日本化纤协会《纤维手册》2005 年。

**表 38** 世界主要国家(地区)苯乙烯产量 万吨

| 国家(地区) | 产　量 | 国家(地区) | 产　量 |
|---|---|---|---|
| 美　国 | 522.8 | 沙　特 | 97.0 |
| 加拿大 | 84.7 | 伊　朗 | 9.5 |
| 墨西哥 | 14.0 | 澳大利亚 | 11.4 |
| 阿根廷 | 11.0 | 中　国 | 116.0 |
| 巴　西 | 46.0 | 印度尼西亚 | 34.0 |
| 中欧及东欧 | 70.6 | 日　本 | 324.7 |
| 英　国 | 7.9 | 韩　国 | 349.7 |
| 法　国 | 71.3 | 马来西亚 | 20.5 |
| 德　国 | 108.0 | 新加坡 | 95.7 |
| 意大利 | 55.0 | 中国台湾 | 126.1 |
| 荷　兰 | — | 泰　国 | 49.8 |
| 西班牙 | 39.0 | **世界总计** | 2 428.4 |

**表 39** 世界主要苯乙烯生产公司 万吨/年

| 名　次 | 国家(地区) | 公司名称 | 生产能力 |
|---|---|---|---|
| 1 | 英/荷 | 壳牌 | 239.8 |
| 2 | 美　国 | 道化学 | 222.4 |
| 3 | 德　国 | 巴斯夫 | 200.4 |
| 4 | 美　国 | 莱昂戴尔化学 | 175.2 |
| 5 | 法　国 | 道达尔 | 156.4 |
| 6 | 加拿大 | 诺瓦 | 100.0 |
| 7 | 英　国 | BP | 80.3 |
| 8 | 美　国 | Sterling 化学 | 77.2 |
| 9 | 韩　国 | LG 集团 | 69.5 |
| 10 | 日　本 | 旭化成 | 69.4 |
| 11 | 意大利 | 埃尼化学 | 66.0 |
| 12 | 中国台湾 | 台塑 | 60.0 |
| 13 | 沙特阿拉伯 | SABIC | 57.7 |
| 14 | 日　本 | 出光兴产 | 56.7 |
| 15 | 西班牙 | 莱普索—YPF | 51.0 |

**表 40** 世界主要国家(地区)塑料产量 万吨

| 地　区 | 年　份<br>国家(地区) | 2003 | 2002 | 2001 | 2000 | 1999 |
|---|---|---|---|---|---|---|
| 亚洲 | 日　本 | 1397.8 | 1 384.8 | 1 388.1 | 1 472.0 | 1 456.7 |
| | 韩　国 | 1 038.5 | 1 008.3 | 949 | 913.7 | — |
| | 印　度 | 467.5 | — | — | — | — |
| | 中国台湾 | 663.9 | 623.5 | 597.6 | 531.1 | — |
| | 中　国 | — | — | — | 1 096.7 | 1 079.5 |
| | 菲律宾 | — | — | — | — | — |
| | 以色列 | 35.0 | — | 49.6 | 49.9 | 49.9 |
| | 土耳其 | — | 115.8 | 108.6 | 71.5 | 48.1 |
| | 泰　国 | — | — | — | — | — |
| | 沙特阿拉伯 | — | — | — | — | — |
| | 印度尼西亚 | — | — | — | — | — |
| | 马来西亚 | 193.0 | 161 | 153 | 142.5 | 100.0 |
| | **合　计** | — | — | — | — | — |

续表

| 地区 | 国家(地区) \ 年份 | 2003 | 2002 | 2001 | 2000 | 1999 |
|---|---|---|---|---|---|---|
| 西欧 | 英国 | 277.4 | 240.6 | 265.6 | 266.1 | 273.2 |
| | 荷兰 | — | — | — | — | — |
| | 比利时 | 670.0 | 550 | 528 | 511.6 | 530.0 |
| | 西班牙 | 384.1 | 362.6 | 379.2 | 363.9 | 347.9 |
| | 葡萄牙 | — | — | — | — | — |
| | 法国 | 672.5 | 675.1 | 654.7 | 650.0 | 625.0 |
| | 意大利 | 370.5 | 384 | 384 | 399.0 | 391.0 |
| | 瑞士 | — | — | — | 14.2 | — |
| | 希腊 | — | — | — | — | — |
| | 德国 | 1 680.0 | 1 650 | 1 560 | 1 550.0 | 1 410.0 |
| | 挪威 | — | 55 | 53 | 52.0 | 50.0 |
| | 瑞典 | — | — | — | — | — |
| | 芬兰 | 65.4 | 60.8 | 58.7 | 58.5 | 63.5 |
| | 奥地利 | — | — | — | — | — |
| | **合计** | — | — | — | — | — |
| 东欧 | 波兰 | — | — | — | — | — |
| | 匈牙利 | 115.3 | 113.6 | 103 | 100.9 | 82.0 |
| | 斯洛伐克 | 43.6 | 47.2 | 42.7 | 32.8 | 32.5 |
| | 保加利亚 | — | — | — | — | — |
| | 罗马尼亚 | 34.6 | 30.4 | 29.3 | 31.1 | — |
| | 南斯拉夫 | — | 14.5 | 14.1 | 10.9 | — |
| | 俄罗斯 | — | — | — | — | — |
| | **合计** | — | — | — | — | — |
| 北美洲 | 美国 | 4 851.3 | 4 875.5 | 4 595.8 | 4 539.4 | 3 589.3 |
| | 加拿大 | 500.1 | 454.9 | 424.4 | 426.3 | 389.8 |
| | **合计** | 5 351.4 | 5 330.4 | 5 020.2 | 4 965.7 | 3 979.1 |
| 中南美洲 | 阿根廷 | 120.2 | — | — | 88.6 | — |
| | 巴西 | 414.1 | 389.9 | 368.6 | 382.6 | — |
| | 委内瑞拉 | — | — | — | — | — |
| | 墨西哥 | — | 234.6 | 223.9 | 354.6 | 264.5 |
| | 智利 | — | — | — | 14.5 | 4.0 |
| | 哥伦比亚 | — | — | — | — | — |
| | **合计** | — | — | — | — | — |
| 非洲 | 南非共和国 | — | 102 | 83.5 | 65.0 | 88.5 |
| 大洋洲 | 澳大利亚 | — | 114.6 | 113.2 | — | 104.5 |
| **世界总计** | | — | — | — | — | — |

资料来源：日本《塑料》历年第6期。

**表 41** 世界主要国家(地区)合成纤维生产能力[①] 万吨/年

| 国家(地区) | 2005年3月 | | | 2004年3月 | | | 2003年3月 | | |
|---|---|---|---|---|---|---|---|---|---|
| | 长丝 | 短纤维 | 合计 | 长丝 | 短纤维 | 合计 | 长丝 | 短纤维 | 合计 |
| 欧洲 | | | | | | | | | |
| 西欧 | 102.92 | 122.57 | 225.49 | 116.05 | 136.90 | 252.95 | 116.05 | 136.90 | 252.95 |
| 独联体 | 22.28 | 22.86 | 45.14 | 24.16 | 25.21 | 49.37 | 25.46 | 27.05 | 52.51 |
| 罗马尼亚 | 2.30 | 3.20 | 5.50 | 4.20 | 3.00 | 7.20 | 4.20 | 3.00 | 7.20 |
| 南斯拉夫 | 4.20 | 0 | 4.20 | 4.20 | 0 | 4.20 | 4.20 | 0 | 4.20 |
| 波兰 | 5.40 | 4.50 | 9.90 | 6.00 | 4.50 | 10.50 | 5.50 | 4.20 | 9.70 |
| 美洲 | | | | | | | | | |
| 美国 | 153.40 | 163.83 | 317.23 | 168.85 | 157.07 | 325.92 | 170.19 | 173.06 | 343.25 |
| 加拿大 | 16.70 | 0 | 16.70 | 20.95 | 0 | 20.95 | 16.45 | 0 | 16.45 |
| 巴西 | 26.29 | 16.62 | 42.91 | 22.18 | 16.59 | 38.77 | 20.22 | 14.60 | 34.82 |
| 墨西哥 | 25.75 | 31.00 | 56.75 | 26.75 | 36.50 | 63.25 | 26.85 | 40.10 | 66.95 |
| 亚洲 | | | | | | | | | |
| 中国 | 1 263.20 | 675.70 | 1 938.90 | 886.10 | 530.90 | 1 417.00 | 767.60 | 459.90 | 1 227.50 |
| 中国台湾 | 237.31 | 112.11 | 349.42 | 238.60 | 108.81 | 347.41 | 250.34 | 116.31 | 366.65 |
| 韩国 | 177.30 | 79.23 | 256.53 | 200.10 | 84.68 | 284.78 | 197.73 | 99.96 | 297.69 |
| 印度尼西亚 | 86.30 | 55.70 | 142.00 | 92.00 | 50.00 | 142.00 | 96.26 | 53.25 | 149.51 |
| 印度 | 164.00 | 99.85 | 263.85 | 147.98 | 86.25 | 234.23 | 125.48 | 78.25 | 203.73 |
| 巴基斯坦 | 11.80 | 69.00 | 80.80 | 11.85 | 64.50 | 76.35 | 11.85 | 62.50 | 74.35 |
| 泰国 | 52.54 | 56.18 | 108.72 | 51.63 | 56.18 | 107.81 | 48.80 | 53.40 | 102.20 |
| 土耳其 | 49.20 | 51.82 | 101.02 | 46.70 | 47.92 | 94.62 | 55.04 | 43.60 | 98.64 |
| 日本 | 59.63 | 70.01 | 129.64 | 72.79 | 70.42 | 143.21 | 74.70 | 81.20 | 155.90 |
| **世界总计** | 2 560.81 | 1 694.71 | 4 255.52 | 2 238.40 | 1 537.51 | 3 775.91 | 2 119.93 | 1 507.36 | 3 627.29 |

① 合纤中不包括聚烯烃纤维；西欧无分国别生产能力统计；中国数据与实际有出入。

资料来源：数据来自美国《纤维公报》2004年、2005年第6期。

**表 42**　　**世界主要国家(或地区)合成纤维产量①**　　万吨

| 国家(地区) | 2004年 | | | 2003年 | | | 2002年 | | |
|---|---|---|---|---|---|---|---|---|---|
| | 长丝 | 短纤维 | 合计 | 长丝 | 短纤维 | 合计 | 长丝 | 短纤维 | 合计 |
| 欧洲 | | | | | | | | | |
| 西欧 | 86.19 | 103.17 | 189.36 | 93.40 | 121.35 | 214.75 | 93.40 | 121.35 | 214.75 |
| 独联体 | 14.75 | 16.46 | 31.21 | 15.42 | 16.77 | 32.19 | 13.90 | 16.31 | 30.21 |
| 波兰 | 3.79 | 5.07 | 8.86 | 5.04 | 4.27 | 9.31 | 4.62 | 4.10 | 8.72 |
| 美洲 | | | | | | | | | |
| 美国 | 144.38 | 138.01 | 282.39 | 139.84 | 129.48 | 269.32 | 141.08 | 137.64 | 278.72 |
| 加拿大 | 14.83 | 0 | 14.83 | 15.74 | 0 | 15.74 | 14.49 | 0 | 14.49 |
| 巴西 | 20.13 | 13.09 | 33.22 | 18.48 | 12.94 | 31.42 | 16.95 | 12.36 | 29.31 |
| 墨西哥 | 22.48 | 24.38 | 46.86 | 20.66 | 25.10 | 45.76 | 22.20 | 28.76 | 50.96 |
| 亚洲 | | | | | | | | | |
| 中国 | 776.79 | 510.74 | 1 287.53 | 623.36 | 420.75 | 1 044.11 | 527.47 | 360.66 | 888.13 |
| 中国台湾 | 196.38 | 100.12 | 296.50 | 202.58 | 102.01 | 304.59 | 206.50 | 102.43 | 308.93 |
| 韩国 | 148.62 | 70.51 | 219.13 | 168.07 | 73.73 | 241.80 | 159.75 | 74.37 | 234.12 |
| 印度 | 112.77 | 78.62 | 191.39 | 107.73 | 71.47 | 179.20 | 102.44 | 66.55 | 168.99 |
| 印度尼西亚 | 67.30 | 39.15 | 106.45 | 71.12 | 43.21 | 114.33 | 55.34 | 46.86 | 102.20 |
| 日本 | 46.06 | 52.86 | 98.92 | 45.77 | 57.26 | 103.03 | 48.84 | 64.07 | 112.91 |
| 马来西亚 | 24.50 | 10.25 | 34.75 | 26.31 | 8.80 | 35.11 | 32.29 | 10.80 | 43.09 |
| 巴基斯坦 | 9.10 | 47.93 | 57.03 | 8.32 | 49.64 | 57.96 | 8.17 | 43.80 | 51.97 |
| 土耳其 | 40.20 | 42.24 | 82.44 | 37.68 | 39.01 | 76.69 | 40.35 | 33.14 | 73.49 |
| 泰国 | 43.74 | 47.32 | 91.06 | 42.53 | 44.72 | 87.25 | 40.43 | 43.64 | 84.07 |
| 伊朗 | 7.44 | 9.00 | 16.44 | 6.89 | 8.02 | 14.91 | 6.78 | 10.04 | 16.82 |
| 沙特阿拉伯 | 4.27 | 6.90 | 11.17 | 4.36 | 6.30 | 10.66 | 4.67 | 5.60 | 10.27 |
| 非洲 | | | | | | | | | |
| 南非 | 4.71 | 3.80 | 8.51 | 5.42 | 3.61 | 9.03 | 5.15 | 4.46 | 9.61 |
| **世界总计** | 1 825.64 | 1 343.25 | 3 168.89 | 1 692.73 | 1 257.11 | 2 949.84 | 1 580.98 | 1 207.99 | 2 788.97 |

① 合纤中不包括聚烯烃纤维；西欧无分国别产量统计；中国数据与实际有出入。

资料来源：数据来自美国《纤维公报》，2005年第6期。

**表 43**　　**2004年世界主要国家(地区)合成橡胶生产能力①**　　万吨/年

| 国家(地区) | SBR | 顺丁橡胶 | 异戊橡胶 | 乙丙橡胶 | 丁基橡胶 | 丁腈橡胶 | 氯丁橡胶 | 合计 |
|---|---|---|---|---|---|---|---|---|
| 加拿大 | — | — | — | — | 9 | 2 | — | 11 |
| 美国 | 88.7 | 89.7 | 9 | 51.6 | 25.1 | 5 | 10 | 300.0 |
| **北美合计** | 88.7 | 89.7 | 9 | 51.6 | 34.1 | 7 | 10 | 311.0 |
| 阿根廷 | 5.4 | — | — | — | — | 0.2 | — | 5.6 |
| 巴西 | 26.8 | 6.9 | — | 3.5 | — | 2.3 | — | 42.6 |

续表

| 国家(地区) | SBR | 顺丁橡胶 | 异戊橡胶 | 乙丙橡胶 | 丁基橡胶 | 丁腈橡胶 | 氯丁橡胶 | 合　计 |
|---|---|---|---|---|---|---|---|---|
| 墨西哥 | 13.6 | 2 | — | — | — | 2.5 | — | 21.1 |
| **拉美合计** | 47.6 | 8.9 | — | 3.5 | — | 5.0 | — | 69.3 |
| 比利时 | 0.7 | — | — | — | 11.5 | — | — | 21.5 |
| 法　国 | 15.1 | 20.8 | — | 8.5 | 5.6 | 11.5 | 4 | 72.0 |
| 德　国 | 9.1 | 8.1 | — | 5.5 | — | — | 6.5 | 35.2 |
| 意大利 | 15 | 4 | — | 8.5 | — | 3.3 | — | 39.8 |
| 荷　兰 | 8.5 | — | 2.5 | 15 | — | — | — | 28 |
| 西班牙 | 1.2 | 0.8 | — | — | — | — | — | 11.0 |
| 英　国 | 10.3 | 8 | — | — | 10.5 | 1.5 | — | 30.3 |
| 保加利亚 | 8.0 | — | — | — | — | — | — | 8.0 |
| 捷　克 | 8.5 | — | — | — | — | — | — | 8.5 |
| 波　兰 | 10.4 | — | — | — | — | — | — | 10.4 |
| 罗马尼亚 | 13.0 | — | 9.1 | — | 0.5 | 2.0 | — | 25.6 |
| 土耳其 | 2.7 | 1.4 | — | — | — | — | — | 4.1 |
| 独联体 | 33.0 | 24.0 | 41.5 | 3.0 | 17.6 | 4.1 | 0.5 | 125.7 |
| 前南斯拉夫 | 4 | — | — | — | — | — | — | 4 |
| **欧洲合计** | 131.0 | 67.1 | 53.1 | 39.0 | 45.7 | 22.4 | 11.0 | 414.1 |
| 伊　朗 | 5 | — | — | — | — | — | — | 5 |
| 南非 | 6.5 | 3.0 | — | — | — | — | — | 9.5 |
| **中东/非洲合计** | 11.5 | 3.0 | — | — | — | — | — | 14.5 |
| 澳大利亚 | — | 1.2 | — | — | — | — | — | 1.2 |
| 中　国② | 39.0 | 44.0 | — | 3.0 | 3.0 | 5.7 | n/a | 111.7 |
| 印度尼西亚 | 8.0 | — | — | — | — | — | — | 8.0 |
| 印　度 | 0.5 | 5 | — | 1.0 | — | 0.8 | — | 7.3 |
| 日　本 | 75.8 | 28.0 | 7.3 | 20.4 | 31.8 | 8.6 | 10.5 | 189.2 |
| 韩　国 | 29.8 | 16.8 | — | 8.0 | — | 4.0 | — | 62.6 |
| 中国台湾 | 10.5 | 5.1 | — | — | — | 2.4 | — | 47.4 |
| 泰　国 | 6.0 | 10.0 | — | — | — | — | — | 16.0 |
| **亚太合计** | 169.6 | 110.1 | 7.3 | 32.4 | 34.8 | 21.5 | 10.5 | 443.4 |
| **世界总计** | 446.6 | 278.8 | 69.4 | 126.5 | 114.6 | 55.9 | 31.5 | 1 252.3 |

① 生产能力不含胶乳；包括苯乙烯类热塑性弹性体的生产能力。

② 中国数据与实际有出入。

资料来源：国际橡胶研究集团(IRSG)《橡胶统计公报》，2005 年 3/4 月。

表 44　　世界主要国家(地区)合成橡胶产量　　万吨

| 国家(地区) ＼ 年份 | 2004 | 2003 | 2002 | 2001 | 2000 | 1999 |
|---|---|---|---|---|---|---|
| 加拿大 | 15.21 | 15.17 | 15.01 | 14.33 | 18.74 | 19.50 |
| 美国 | 225.67 | 219.19 | 215.02 | 206.44 | 239.54 | 235.40 |
| 阿根廷 | 5.40 | 5.74 | 4.82 | 4.54 | 5.45 | 5.28 |
| 巴西 | 39.00 | 40.50 | 38.37 | 34.19 | 37.27 | 36.30 |
| 墨西哥 | 18.50 | 17.96 | 18.18 | 17.31 | 18.72 | 17.13 |
| 奥地利 | 0.50 | 0.50 | 0.50 | 0.50 | 0.50 | 0.50 |
| 比利时 | 10.80 | 10.40 | 10.40 | 10.40 | 10.40 | 10.00 |
| 捷克 | 8.85 | 9.00 | 8.90 | 8.90 | 8.80 | 8.20 |
| 法国 | 76.68 | 71.77 | 68.11 | 67.17 | 66.92 | 59.24 |
| 德国 | 90.50 | 88.80 | 86.92 | 82.84 | 84.92 | 72.01 |
| 意大利 | 24.60 | 24.30 | 25.00 | 27.40 | 28.50 | 27.90 |
| 荷兰 | 18.00 | 17.60 | 17.60 | 18.80 | 20.00 | 18.50 |
| 波兰 | 9.50 | 9.00 | 8.70 | 8.26 | 10.21 | 9.70 |
| 西班牙 | 8.80 | 8.80 | 8.80 | 8.80 | 8.80 | 8.84 |
| 瑞典 | 3.80 | 3.80 | 3.70 | 4.00 | 4.00 | 3.80 |
| 英国 | 32.79 | 32.70 | 33.69 | 33.28 | 28.57 | 28.29 |
| 保加利亚 | 2.00 | 2.00 | 2.00 | 2.03 | 1.87 | 2.29 |
| 罗马尼亚 | 1.22 | 1.18 | 1.49 | 2.32 | 2.02 | 1.62 |
| 俄罗斯 | 111.16 | 107.00 | 91.90 | 91.92 | 83.71 | 73.70 |
| 土耳其 | 4.53 | 3.49 | 3.55 | 3.88 | 4.43 | 3.39 |
| 南斯拉夫 | 2.55 | 2.50 | 2.46 | 2.32 | 1.51 | 1.24 |
| 其他欧洲国家 | 0.40 | 0.40 | 0.40 | 0.39 | 0.40 | 0.40 |
| 南非 | 7.36 | 7.70 | 6.83 | 6.28 | 6.55 | 5.24 |
| 澳大利亚 | 0.96 | 0.95 | 0.81 | 0.42 | 2.98 | 3.13 |
| 中国① | 147.8 | 134.83 | 116.76 | 104.88 | 88.88 | 76.11 |
| 印度 | 9.51 | 8.56 | 7.75 | 6.87 | 5.96 | 6.55 |
| 印度尼西亚 | 4.40 | 3.80 | 3.30 | 3.50 | 3.50 | 3.50 |
| 伊朗 | 7.25 | 7.17 | 6.64 | 6.80 | 6.62 | 6.74 |
| 日本 | 161.61 | 157.74 | 152.20 | 146.55 | 159.17 | 157.67 |
| 韩国 | 71.00 | 70.00 | 68.50 | 66.25 | 67.83 | 65.48 |
| 马来西亚 | 1.80 | 1.80 | 1.00 | — | — | — |
| 中国台湾 | 54.50 | 52.88 | 52.31 | 47.97 | 46.48 | 49.52 |
| 泰国 | 13.00 | 12.50 | 12.20 | 11.00 | 10.00 | 10.00 |
| **世界总计** | 1 196.00 | 1 145.00 | 1 090.00 | 1 049.00 | 1 083.00 | 1 034.00 |

① 中国产量为国内公布数据。

资料来源：国际橡胶研究集团(IRSG)历年《橡胶统计公报》。

表 45　世界主要国家(地区)合成橡胶消费量　万吨

| 国家(地区) \ 年份 | 2004 | 2003 | 2002 | 2001 | 2000 | 1999 |
|---|---|---|---|---|---|---|
| 加拿大 | 22.66 | 22.53 | 22.79 | 22.76 | 23.30 | 23.90 |
| 美国 | 190.37 | 192.64 | 189.50 | 183.95 | 218.95 | 221.75 |
| 巴西 | 38.80 | 34.96 | 34.44 | 33.38 | 32.00 | 30.90 |
| 墨西哥 | 14.45 | 14.00 | 13.20 | 14.20 | 16.00 | 16.90 |
| 其他拉美国家 | 21.36 | 20.09 | 18.25 | 18.43 | 21.87 | 19.75 |
| 奥地利 | 5.30 | 5.00 | 4.10 | 3.60 | 4.70 | 4.75 |
| 比利时/卢森堡 | 11.60 | 11.80 | 11.30 | 11.90 | 12.00 | 12.00 |
| 捷克 | 9.20 | 9.50 | 9.90 | 9.70 | 9.60 | 7.90 |
| 芬兰 | 0.40 | 1.90 | 2.75 | 2.05 | 1.90 | 2.60 |
| 法国 | 42.51 | 49.32 | 46.93 | 46.45 | 48.15 | 43.43 |
| 德国 | 62.45 | 61.50 | 61.20 | 61.30 | 63.20 | 56.50 |
| 意大利 | 24.30 | 24.70 | 26.10 | 27.50 | 29.10 | 28.70 |
| 荷兰 | 10.25 | 10.90 | 9.45 | 8.80 | 9.80 | 9.40 |
| 波兰 | 14.90 | 13.40 | 12.10 | 11.25 | 11.70 | 9.53 |
| 葡萄牙 | 5.75 | 4.45 | 4.75 | 3.95 | 4.45 | 5.20 |
| 斯洛伐克 | 3.46 | 3.65 | 3.15 | 2.85 | 2.70 | 2.45 |
| 斯洛文尼亚 | 3.77 | 3.90 | 3.75 | 3.55 | 3.60 | 2.90 |
| 西班牙 | 29.50 | 29.40 | 29.20 | 26.20 | 26.90 | 24.20 |
| 瑞典 | 7.93 | 7.45 | 8.00 | 8.50 | 9.05 | 6.85 |
| 英国 | 20.65 | 20.40 | 21.00 | 16.70 | 18.80 | 18.90 |
| 其他欧盟国家 | 7.86 | 8.15 | 7.95 | 7.70 | 6.39 | 6.60 |
| 俄罗斯 | 53.97 | 61.90 | 55.10 | 57.50 | 53.90 | 43.60 |
| 土耳其 | 14.30 | 12.35 | 11.00 | 8.50 | 10.00 | 8.70 |
| 乌克兰 | 7.35 | 6.50 | 5.10 | 6.50 | 6.00 | 6.00 |
| 其他欧洲国家 | 11.54 | 11.70 | 10.73 | 11.90 | 11.29 | 11.18 |
| 南非 | 6.20 | 6.60 | 5.65 | 5.00 | 6.10 | 5.20 |
| 其他非洲国家 | 3.78 | 4.02 | 4.12 | 4.44 | 4.22 | 4.53 |
| 澳大利亚 | 4.70 | 4.70 | 4.30 | 4.40 | 5.60 | 5.30 |
| 中国① | 248.7 | 220.22 | 175.00 | 157.50 | 145.50 | 114.27 |
| 印度 | 22.30 | 20.31 | 19.17 | 17.17 | 17.13 | 16.43 |
| 印度尼西亚 | 13.20 | 11.10 | 9.60 | 10.10 | 13.00 | 10.30 |
| 日本 | 115.82 | 111.07 | 109.60 | 108.51 | 113.75 | 113.29 |
| 韩国 | 33.50 | 34.50 | 36.50 | 37.30 | 38.20 | 39.40 |
| 马来西亚 | 13.70 | 12.30 | 12.20 | 9.60 | 9.50 | 9.90 |
| 中国台湾 | 29.30 | 29.30 | 28.40 | 23.20 | 26.20 | 26.30 |
| 泰国 | 16.60 | 16.30 | 16.00 | 14.00 | 14.40 | 12.00 |
| 其他亚洲国家 | 18.60 | 17.63 | 18.65 | 19.22 | 19.63 | 17.11 |
| **世界总计** | 1 165.00 | 1 136.00 | 1 074.00 | 1 026.00 | 1 074.00 | 1 021.00 |

① 中国产量为国内公布数据。

资料来源：国际橡胶研究集团(IRSG)历年《橡胶统计公报》。

**表 46　世界主要国家(地区)原油进口量**　万吨

| 国家(地区) \ 年份 | 2004 | 2003 | 2002 | 2001 | 2000 | 1999 |
|---|---|---|---|---|---|---|
| 美　国 | 50 120 | 48 030 | 45 050 | 45 540 | 44 600 | 42 760 |
| 加拿大 | 4 660 | 4 510 | 4 320 | 4 700 | 4 540 | 4 060 |
| 墨西哥 | — | — | — | — | — | — |
| 中南美洲 | 3 780 | 3 770 | 4 220 | 4 460 | 4 460 | 5 430 |
| 欧　洲 | 50 780 | 48 850 | 46 740 | 46 460 | 40 270 | 39 350 |
| 前苏联 | — | — | — | — | 30 | — |
| 中　东 | 920 | 1 050 | 420 | 420 | 420 | 420 |
| 北　非 | 870 | 850 | 830 | 810 | 790 | 770 |
| 西　非 | 270 | 270 | 290 | 260 | 280 | 380 |
| 东南非洲 | 2 540 | 2 500 | 2 470 | 2 650 | 2 230 | 2 360 |
| 大洋洲 | 2 350 | 2 420 | 2 450 | 2 610 | 2 430 | 2 860 |
| 中　国 | 12 270 | 9 110 | 6 940 | 6 030 | 7 030 | 3 660 |
| 日　本 | 20 890 | 21 320 | 20 220 | 21 200 | 21 500 | 21 490 |
| 其他亚太国家(地区) | 36 010 | 34 320 | 32 720 | 33 260 | 32 420 | 29 410 |
| **世界总计** | 185 490 | 177 000 | 166 670 | 168 400 | 166 070 | 157 810 |

资料来源:《BP 能源统计》2005 年。

**表 47　世界主要国家(地区)原油出口量**　万吨

| 国家(地区) \ 年份 | 2004 | 2003 | 2002 | 2001 | 2000 | 1999 |
|---|---|---|---|---|---|---|
| 美　国 | 190 | 110 | 130 | 190 | 320 | 660 |
| 加拿大 | 8 050 | 7 720 | 7 110 | 6 590 | 6 440 | 5 840 |
| 墨西哥 | 9 990 | 9 970 | 9 340 | 9 080 | 8 670 | 8 120 |
| 中南美洲 | 10 670 | 9 610 | 10 340 | 10 520 | 10 430 | 11 020 |
| 欧　洲 | 4 560 | 5 220 | 6 710 | 5 480 | 6 370 | 6 050 |
| 独联体 | 25 430 | — | — | — | — | — |
| 中　东 | 85 380 | 83 180 | 78 730 | 83 870 | 83 590 | 79 410 |
| 北　非 | 11 580 | 9 960 | 9 310 | 9 870 | 10 030 | 9 930 |
| 西　非 | 19 670 | 17 560 | 15 150 | 15 470 | 16 150 | 14 540 |
| 东南非洲 | 1 150 | 1 030 | 840 | 710 | 600 | 220 |
| 大洋洲 | 780 | 1 290 | 1 640 | 1 620 | 1 720 | 1 040 |
| 中　国 | 570 | 780 | 730 | 660 | 1 040 | 790 |
| 日　本 | — | — | — | — | 10 | 20 |
| 其他亚太国家(地区) | 4 870 | 5 080 | 4 830 | 4 840 | 4 820 | 5 360 |
| 其他国家 | 2 600 | 2 500 | 2 940 | 3 550 | 1 580 | 1 220 |
| **世界总计** | 185 490 | 177 000 | 166 670 | 168 400 | 166 070 | 157 810 |

资料来源:《BP 能源统计》2005 年。

**表 48** 世界主要国家塑料进口量 万吨

| 国家 \ 年份 | 2003 | 2002 | 2001 | 2000 | 1999 | 1998 |
|---|---|---|---|---|---|---|
| 美国 | — | 683.5 | 615.1 | — | — | 249.2 |
| 日本 | 124.9 | 116.3 | 116.7 | 118.5 | 112.0 | 88.2 |
| 德国 | 631.0 | 613.0 | 642.0 | 632.0 | 600.0 | 634.0 |
| 法国 | 394.0 | 380.0 | 391.4 | 388.4 | 362.1 | 342.0 |
| 意大利 | 483.0 | 478.0 | 463.0 | 442.0 | 417.5 | 380.5 |
| 英国 | 362.7 | 336.0 | 339.2 | 351.6 | 327.3 | 329.7 |

资料来源：日本《塑料》历年第 6 期。

**表 49** 世界主要国家塑料出口量 万吨

| 国家 \ 年份 | 2003 | 2002 | 2001 | 2000 | 1999 | 1998 |
|---|---|---|---|---|---|---|
| 美国 | — | 1 119.3 | 1 059.6 | — | — | 359.1 |
| 日本 | 471.2 | 466.3 | 402.9 | 431.3 | 423.8 | 384.3 |
| 德国 | 1 50.0 | 985.0 | 960.0 | 939.0 | 847.0 | 741.0 |
| 法国 | 439.5 | 503.3 | 509.5 | 518.3 | 501.2 | 454.7 |
| 意大利 | 134.0 | 150.0 | 152.5 | 155.5 | 150.0 | 147.0 |
| 英国 | 174.5 | 151.0 | 136.8 | 146.4 | 136.7 | 120.8 |

资料来源：日本《塑料》历年第 6 期。

**表 50** 世界主要国家（地区）合成橡胶进口量 万吨

| 国家(地区) \ 年份 | 2004 | 2003 | 2002 | 2001 | 2000 | 1999 |
|---|---|---|---|---|---|---|
| 加拿大 | 32.65 | 32.41 | 32.90 | 33.17 | 33.88 | 30.12 |
| 美国 | 58.03 | 57.65 | 60.67 | 59.47 | 65.66 | 58.16 |
| 阿根廷 | 3.15 | 3.03 | 2.88 | 2.20 | 2.83 | 2.50 |
| 巴西 | 14.85 | 11.64 | 10.08 | 10.59 | 11.38 | 8.59 |
| 智利① | 2.48 | 1.99 | 1.88 | 1.85 | 1.69 | 1.57 |
| 哥伦比亚① | 3.31 | 3.06 | 3.08 | 3.14 | 3.89 | 3.32 |
| 墨西哥 | 10.37 | 9.65 | 9.17 | 9.90 | 10.01 | 9.41 |
| 秘鲁 | 1.08 | 1.02 | 1.07 | 0.95 | 0.86 | 0.76 |
| 委内瑞拉① | 3.77 | 3.29 | 2.35 | 2.92 | 4.45 | 3.19 |
| 其他拉美国家① | 5.60 | 5.60 | 5.60 | 5.77 | 6.25 | 6.44 |
| 奥地利① | 4.84 | 4.52 | 3.61 | 3.09 | 4.20 | 4.25 |
| 比利时/卢森堡 | 40.17 | 38.06 | 37.59 | 37.09 | 42.35 | 38.24 |
| 捷克 | 7.20 | 7.43 | 7.34 | 7.17 | 6.72 | 5.55 |
| 丹麦① | 1.35 | 1.39 | 1.36 | 1.74 | 1.37 | 1.69 |
| 芬兰① | 0.39 | 1.89 | 2.76 | 2.03 | 1.91 | 2.60 |
| 法国 | 37.08 | 35.57 | 33.73 | 32.50 | 37.31 | 34.31 |
| 德国 | 48.96 | 42.59 | 43.77 | 42.42 | 43.54 | 39.38 |
| 希腊① | 1.31 | 1.23 | 1.11 | 1.10 | 0.97 | 1.42 |
| 匈牙利① | 3.93 | 3.99 | 3.85 | 3.47 | 2.84 | 2.53 |
| 爱尔兰① | 0.99 | 1.21 | 1.36 | 1.03 | 0.92 | 0.65 |
| 意大利 | 32.05 | 32.21 | 32.54 | 31.89 | 34.91 | 32.95 |

续表

| 国家(地区) \ 年份 | 2004 | 2003 | 2002 | 2001 | 2000 | 1999 |
|---|---|---|---|---|---|---|
| 荷　兰 | 18.70 | 16.25 | 13.86 | 12.83 | 15.34 | 15.72 |
| 波　兰 | 12.39 | 10.67 | 9.79 | 8.04 | 6.90 | 5.95 |
| 葡萄牙① | 5.74 | 4.45 | 4.76 | 3.95 | 4.44 | 5.20 |
| 斯洛伐克① | 3.46 | 3.63 | 3.17 | 2.83 | 2.71 | 2.45 |
| 斯洛文尼亚① | 3.77 | 3.92 | 3.74 | 3.55 | 3.59 | 2.91 |
| 西班牙 | 28.66 | 28.34 | 28.45 | 25.33 | 26.54 | 23.63 |
| 瑞　典 | 5.35 | 4.64 | 5.53 | 6.20 | 7.11 | 4.31 |
| 英　国 | 19.62 | 18.34 | 18.62 | 15.76 | 21.48 | 19.71 |
| 白俄罗斯① | 3.67 | 3.81 | 3.23 | 3.79 | 3.08 | 3.79 |
| 保加利亚 | 0.60 | 0.55 | 0.43 | 0.34 | 0.38 | 0.51 |
| 罗马尼亚 | 1.88 | 1.79 | 1.51 | 1.49 | 1.45 | 0.94 |
| 俄罗斯 | 3.96 | 3.30 | 2.61 | 3.36 | 2.90 | 2.00 |
| 瑞　士① | 1.91 | 2.04 | 2.14 | 2.19 | 2.29 | 1.94 |
| 土耳其① | 10.28 | 9.31 | 7.78 | 5.06 | 6.63 | 6.64 |
| 乌克兰① | 7.36 | 6.50 | 5.07 | 6.51 | 5.99 | 5.88 |
| 南斯拉夫 | 1.28 | 1.40 | 1.48 | 1.39 | 1.49 | 0.95 |
| 其他欧洲国家① | 1.22 | 1.24 | 1.26 | 1.40 | 1.47 | 1.28 |
| 埃　及① | 0.50 | 0.60 | 0.50 | 0.54 | 0.80 | 1.15 |
| 尼日利亚① | 0.50 | 0.56 | 0.56 | 0.54 | 0.41 | 0.39 |
| 南　非 | 1.88 | 1.90 | 1.70 | 1.43 | 1.58 | 1.79 |
| 其他非洲国家 | 2.78 | 2.86 | 3.06 | 3.36 | 3.01 | 2.99 |
| 澳大利亚① | 4.46 | 4.42 | 4.18 | 4.41 | 2.90 | 2.56 |
| 孟加拉国 | 0.24 | 0.24 | 0.24 | 0.24 | 0.24 | 0.18 |
| 中　国② | 109.5 | 100.58 | 89.21 | 71.46 | 67.03 | 48.52 |
| 中国香港① | 2.31 | 2.34 | 4.15 | 3.92 | 3.48 | 2.34 |
| 印　度① | 13.06 | 12.05 | 12.32 | 10.58 | 9.08 | 7.64 |
| 印度尼西亚① | 13.09 | 10.09 | 11.27 | 10.32 | 13.01 | 8.86 |
| 伊　朗 | 0.40 | 0.60 | 0.60 | 1.30 | 1.34 | 1.30 |
| 以色列① | 1.40 | 1.60 | 1.60 | 1.80 | 1.80 | 1.88 |
| 日　本 | 18.55 | 18.57 | 17.51 | 16.46 | 17.07 | 12.22 |
| 韩　国 | 12.65 | 11.62 | 11.57 | 10.47 | 12.12 | 11.41 |
| 马来西亚① | 11.85 | 10.48 | 11.23 | 9.55 | 9.45 | 9.95 |
| 新西兰① | 1.69 | 1.37 | 1.28 | 1.31 | 1.28 | 1.29 |
| 巴基斯坦① | 1.84 | 1.53 | 1.41 | 1.48 | 1.55 | 1.48 |
| 菲律宾① | 2.27 | 1.80 | 2.02 | 2.12 | 2.64 | 2.86 |
| 斯里兰卡① | 1.40 | 1.41 | 1.19 | 1.39 | 1.70 | 1.00 |
| 中国台湾 | 15.40 | 13.93 | 13.59 | 10.71 | 12.26 | 11.30 |
| 泰　国 | 16.80 | 14.91 | 13.20 | 10.78 | 10.83 | 11.03 |
| 其他亚洲国家① | 2.40 | 2.40 | 2.31 | 2.86 | 3.03 | 2.03 |
| **世界总计** | 710.00 | 649.00 | 623.00 | 585.00 | 617.00 | 560.00 |

① 净进口量。
② 中国产量为国内统计数据。
资料来源：国际橡胶研究集团(IRSG)历年《橡胶统计公告》。

**表 51** 世界主要国家(地区)合成橡胶出口量 万吨

| 国家(地区) \ 年份 | 2004 | 2003 | 2002 | 2001 | 2000 | 1999 |
|---|---|---|---|---|---|---|
| 加拿大 | 25.50 | 25.05 | 25.12 | 24.74 | 29.32 | 25.72 |
| 美 国 | 107.95 | 92.04 | 86.44 | 84.44 | 88.60 | 79.68 |
| 阿根廷 | 3.43 | 3.64 | 3.43 | 2.94 | 3.54 | 3.31 |
| 巴 西 | 14.69 | 17.05 | 13.99 | 11.40 | 12.92 | 13.81 |
| 墨西哥 | 14.43 | 13.63 | 14.16 | 13.00 | 12.76 | 9.55 |
| 比利时/卢森堡① | 39.30 | 37.80 | 40.50 | 38.90 | 42.80 | 41.50 |
| 捷 克 | 6.83 | 6.93 | 6.97 | 7.07 | 6.52 | 5.87 |
| 法 国 | 71.27 | 58.02 | 54.87 | 53.24 | 56.05 | 50.12 |
| 德 国 | 75.07 | 66.76 | 62.31 | 64.07 | 64.70 | 51.05 |
| 意大利 | 32.30 | 31.75 | 31.70 | 31.70 | 34.45 | 32.40 |
| 荷 兰 | 26.36 | 22.95 | 22.00 | 22.80 | 25.50 | 24.82 |
| 波 兰 | 6.98 | 6.23 | 5.98 | 5.07 | 5.86 | 5.20 |
| 西班牙 | 8.00 | 7.70 | 8.00 | 7.90 | 8.40 | 8.20 |
| 瑞 典 | 1.11 | 1.00 | 1.24 | 1.69 | 2.08 | 1.25 |
| 英 国 | 32.01 | 30.65 | 28.91 | 31.78 | 30.60 | 28.97 |
| 保加利亚 | 1.60 | 1.60 | 1.60 | 1.50 | 1.60 | 2.00 |
| 罗马尼亚 | 0.14 | 0.08 | 0.63 | 0.78 | 0.62 | 0.06 |
| 俄罗斯 | 56.79 | 50.20 | 41.59 | 34.73 | 32.70 | 32.10 |
| 土耳其 | 0.51 | 0.42 | 0.34 | 0.48 | 1.06 | 1.33 |
| 南斯拉夫 | 3.00 | 3.85 | 4.13 | 3.27 | 2.17 | 2.36 |
| 其他欧洲国家 | 0.20 | 0.20 | 0.20 | 0.20 | 0.20 | 0.20 |
| 南 非 | 3.04 | 2.99 | 2.89 | 2.65 | 2.07 | 1.90 |
| 澳大利亚 | 0.70 | 0.66 | 0.68 | 0.40 | 0.26 | 0.43 |
| 中 国② | 8.5 | 7.58 | 11.16 | 7.77 | 6.72 | 2.66 |
| 印度尼西亚 | 4.05 | 3.46 | 3.90 | 3.71 | 3.61 | 2.01 |
| 伊 朗 | 2.60 | 2.29 | 2.19 | 2.20 | 2.27 | 1.75 |
| 日 本 | 60.24 | 55.70 | 57.47 | 48.85 | 53.63 | 55.71 |
| 韩 国 | 50.13 | 47.91 | 43.58 | 39.38 | 41.71 | 37.48 |
| 中国台湾 | 41.14 | 40.04 | 37.35 | 33.73 | 33.66 | 33.39 |
| 泰 国 | 12.00 | 10.28 | 8.80 | 7.41 | 8.90 | 5.87 |
| **世界总计** | 710.00 | 649.00 | 622.00 | 588.00 | 615.00 | 563.00 |

① 包括亚美尼亚和阿塞拜疆。

② 中国产量为国内统计数据。

资料来源：国际橡胶研究集团(IRSG)历年《橡胶统计公告》。

**表 52　2003 年世界最大的 50 家石油公司综合排名(按前 6 项指标综合测算)**

| 年度公司排名位次 2003 | 2002 | 公司名称 | 国有比例 | 石油储量/亿吨 | 天然气储量/亿米³ | 石油产量/万吨 | 天然气产量/亿米³ | 炼制能力/万吨·年⁻¹ | 油品销量/万吨 | 总收入/亿美元 | 总资产/亿美元 | 利润/亿美元 |
|---|---|---|---|---|---|---|---|---|---|---|---|---|
| 1 | 1 | 沙特阿拉伯国家石油公司 | 100 | 355.34 | 65 260 | 45 225 | 713 | 11 230 | 12 758 | 931.00 | — | — |
| 2 | 2 | 埃克森美孚公司 | — | 17.61 | 15 500 | 12 580 | 1 045 | 31 630 | 39 514 | 2 226.54 | 1 742.78 | 215.10 |
| 3 | 3 | 伊朗国家石油公司 | 100 | 172.33 | 266 275 | 19 260 | 789 | 7 620 | 8 035 | 284.00 | 535.00 | — |
| 4 | 4 | 委内瑞拉国家石油公司 | 100 | 106.58 | 41 881 | 12 500 | 413 | 15 425 | 12 415 | 450.00 | — | — |
| 5 | 5 | BP 公司 | — | 13.81 | 13 591 | 10 605 | 890 | 17 040 | 33 391 | 2 358.99 | 1 706.62 | 104.82 |
| 6 | 6 | 皇家荷兰/壳牌集团 | — | 9.94 | 12 712 | 11 670 | 914 | 21 570 | 36 972 | 2 052.12 | 1 680.91 | 124.96 |
| 7 | 7 | 雪佛龙德士古公司 | — | 11.78 | 5 714 | 9 040 | 443 | 10 820 | 18 563 | 1 146.66 | 814.70 | 72.30 |
| 8 | 8 | 道达尔公司 | — | 10.03 | 6 302 | 8 305 | 494 | 13 480 | 14 809 | 1 192.50 | 1 003.69 | 80.05 |
| 9 | 8 | 墨西哥国家石油公司 | 100 | 21.97 | 4 203 | 18 615 | 335 | 8 460 | 7 628 | 559.26 | 752.47 | -36.17 |
| 10 | 10 | 中国石油天然气股份公司 | 90 | 15.06 | 11 645 | 10 600 | 249 | 9 950 | 7 687 | 367.83 | 641.67 | 84.02 |
| 11 | 12 | 美国康菲石油公司 | — | 7.08 | 4 545 | 6 205 | 364 | 14 200 | 15 126 | 913.92 | 824.55 | 47.35 |
| 12 | 13 | 科威特国家石油公司 | 100 | 135.62 | 15 707 | 10 850 | 109 | 5 425 | 5 234 | 360.00 | 350.00 | — |
| 12 | 11 | 阿尔及利亚国家石油公司 | 100 | 14.43 | 42 156 | 8 645 | 806 | 2 250 | 3 710 | 280.00 | 280.00 | — |
| 14 | 16 | 阿布扎比国家石油公司 | 100 | 75.63 | 37 737 | 6 000 | 438 | 4 560 | 1 842 | 254.70 | — | — |
| 15 | 15 | 巴西国家石油公司 | 32 | 13.39 | 3 170 | 8 505 | 208 | 10 515 | 11 918 | 364.83 | 536.12 | 65.59 |
| 16 | 13 | 印度尼西亚国家石油公司 | 100 | 6.47 | 25 544 | 5 695 | 265 | 5 285 | 5 741 | 223.57 | 102.55 | — |
| 17 | 17 | 意大利埃尼集团 | 30 | 5.67 | 5 096 | 4 905 | 360 | 3 405 | 4 991 | 605.56 | 845.20 | 63.64 |
| 18 | 17 | 西班牙莱普索—YPF 集团 | — | 2.58 | 5 644 | 2 970 | 312 | 6 170 | 6 217 | 425.77 | 477.39 | 23.02 |

续表

| 年度公司排名位次 | | 公司名称 | 国有比例 | 石油储量/亿吨 | 天然气储量/亿米$^3$ | 石油产量/万吨 | 天然气产量/亿米$^3$ | 炼制能力/万吨·年$^{-1}$ | 油品销量/万吨 | 总收入/亿美元 | 总资产/亿美元 | 利润/亿美元 |
|---|---|---|---|---|---|---|---|---|---|---|---|---|
| 2003 | 2002 | | — | | | | | | | | | |
| 19 | 20 | 俄罗斯鲁克石油公司 | 8 | 21.89 | 6 926 | 8 100 | 38 | 5 755 | 5 433 | 222.99 | 265.74 | 37.01 |
| 20 | 22 | 尼日利亚国家石油公司 | 100 | 28.98 | 29 952 | 10 830 | 70 | 2 225 | 1 520 | 221.84 | — | — |
| 21 | 19 | 马来西亚国家石油公司 | 100 | 9.78 | 28 006 | 3 655 | 431 | 1 785 | 1 892 | 256.64 | 534.82 | 62.27 |
| 22 | 21 | 伊拉克国家石油公司 | 100 | 157.53 | 31 130 | 6 650 | 25 | 2 940 | 2 185 | 90.00 | — | — |
| 23 | 23 | 利比亚国家石油公司 | 100 | 31.07 | 13 127 | 4 480 | 64 | 2 350 | 1 634 | 106.50 | — | — |
| 24 | 31 | 俄罗斯天然气公司 | 73 | 18.58 | 279 717 | 1 105 | 5 397 | 890 | 497 | 269.09 | 944.56 | 52.00 |
| 25 | 24 | 埃及石油总公司 | 100 | 2.47 | 8 791 | 1 875 | 166 | 3 630 | 3 228 | 48.00 | — | — |
| 26 | 25 | 卡塔尔石油总公司 | 100 | 15.00 | 185 422 | 3 300 | 221 | 1 000 | 457 | 94.00 | 165.00 | — |
| 27 | 26 | 俄罗斯尤科斯公司 | — | 16.21 | 1 296 | 8 095 | 34 | 5 035 | 3 635 | 152.49 | 185.14 | 44.33 |
| 28 | 26 | 中国石化股份有限公司 | 55 | 4.46 | 817 | 3 710 | 53 | 13 330 | 7 573 | 535.49 | 483.69 | 26.06 |
| 29 | 29 | 挪威国家石油公司 | 84 | 2.45 | 3 930 | 3 700 | 198 | 1 825 | 2 721 | 353.48 | 330.19 | 23.46 |
| 30 | 28 | 俄罗斯苏尔古特油气公司 | — | 9.28 | 3 341 | 5 425 | 139 | 1 735 | 1 296 | 75.00 | 160.00 | 6.11 |
| 31 | 32 | 俄罗斯石油公司 | 100 | 3.29 | 38 961 | 1 965 | 70 | 1 015 | 1 986 | 35.00 | 67.97 | 3.86 |
| 32 | 30 | 印度石油天然气总公司 | 95 | 5.08 | 4 615 | 2 785 | 257 | 695 | 660 | 93.68 | 131.95 | 20.13 |
| 33 | 34 | 马拉松石油公司 | — | 0.79 | 788 | 925 | 121 | 4 675 | 6 739 | 368.73 | 194.82 | 13.21 |
| 34 | 37 | 阿曼石油开发公司 | 60 | 4.37 | 5 210 | 3 510 | 133 | 425 | 219 | 57.00 | — | — |
| 35 | 35 | 哥伦比亚国家石油公司 | 100 | 2.11 | 1 143 | 1 460 | 61 | 1 575 | 1 410 | 40.07 | 94.26 | 5.53 |
| 36 | 39 | 加拿大石油公司 | — | 1.05 | 720 | 1 600 | 90 | 1 565 | 1 773 | 88.33 | 112.70 | 12.03 |

续表

| 年度公司排名位次 | | 公司名称 | 国有比例 | 石油储量/亿吨 | 天然气储量/亿米$^3$ | 石油产量/万吨 | 天然气产量/亿米$^3$ | 炼制能力/万吨·年$^{-1}$ | 油品销量/万吨 | 总收入/亿美元 | 总资产/亿美元 | 利润/亿美元 |
|---|---|---|---|---|---|---|---|---|---|---|---|---|
| 2003 | 2002 | | | | | | | | | | | |
| 37 | 44 | 加拿大能源公司 | — | 1.31 | 2 380 | 1 130 | 262 | — | — | 102.16 | 241.10 | 23.60 |
| 37 | 38 | 叙利亚国家石油公司 | 100 | 2.58 | 1 588 | 1 585 | 53 | 1 210 | 1 217 | 50.00 | — | — |
| 39 | 36 | 阿塞拜疆国家石油公司 | 100 | 4.25 | 3 821 | 890 | 52 | 2 200 | 164 | — | — | — |
| 40 | 46 | 挪威水力公司 | 44 | 1.36 | 2 071 | 1 975 | 78 | 215 | 223 | 246.65 | 325.77 | 15.55 |
| 41 | 43 | 美国安纳达科石油公司 | — | 0.88 | 660 | 1 295 | 71 | 1 315 | 2 081 | 144.67 | 139.83 | 6.38 |
| 41 | 39 | 美国阿美拉达赫斯公司 | — | 1.68 | 2 186 | 1 150 | 182 | — | — | 51.22 | 205.46 | 12.87 |
| 43 | 47 | 美国戴文能源公司 | — | 1.19 | 2 070 | 1 150 | 244 | — | — | 73.52 | 271.62 | 17.37 |
| 43 | 33 | 秋明 BP 公司 | — | 2.95 | 507 | 3 190 | 23 | 2 580 | 261 | 103.79 | 162.50 | 28.11 |
| 45 | 45 | 俄罗斯西伯利亚石油公司 | — | 6.33 | 265 | 3 155 | 20 | 1 960 | 1 326 | 67.17 | 81.50 | 22.78 |
| 46 | 50 | 英国天然气公司 | — | 0.88 | 2 479 | 590 | 192 | — | — | 64.12 | 127.42 | 12.63 |
| 47 | 55 | 美国阿帕奇公司 | — | 1.16 | 1 380 | 1 075 | 126 | — | — | 41.99 | 124.16 | 11.16 |
| 48 | 48 | 美国加州联合油公司 | — | 0.92 | 1 841 | 800 | 178 | — | — | 67.06 | 117.98 | 6.43 |
| 49 | 49 | 美国伯灵顿资源公司 | — | 0.84 | 2 285 | 555 | 196 | — | — | 43.19 | 129.95 | 12.01 |
| 50 | 50 | 美国西方石油公司 | — | 2.79 | 734 | 2 230 | 63 | — | — | 93.58 | 181.68 | 15.27 |

资料来源:美国《石油情报周刊》2004 年 12 月 13 日。

表 53

## 2004 年世界最大 50 家化工公司排名

亿美元，%

| 排名 | | 公司名称 | 所属国家（地区） | 化工销售额 | | | 化工经营利润① | | | 化工资产 | | 化工资本支出 | | | 化工研发费用 | | |
|---|---|---|---|---|---|---|---|---|---|---|---|---|---|---|---|---|---|
| 2004 | 2003 | | | 金额/亿美元 | 同比变化/% | 占总额比例/% | 金额/亿美元 | 同比变化/% | 占总额比例/% | 金额/亿美元 | 占总额比例/% | 金额/亿美元 | 同比变化/% | 占化工销售额的比例/% | 金额/亿美元 | 同比变化/% | 占化工销售额的比例/% |
| 1 | 1 | 陶氏化学 | 美国 | 401.61 | 23.1 | 100 | 34.59 | 66.1 | 100 | 458.85 | 100 | 13.3 | 21.2 | 3.3 | 10.22 | 4.1 | 2.5 |
| 2 | 2 | 巴斯夫 | 德国 | 381.89 | 12.9 | 81.8 | 43.76 | 130.5 | 72.4 | 268.61 | 63.7 | 24.005 | -15.8 | 6.3 | 14.59 | 6.2 | 3.8 |
| 3 | 3 | 杜邦② | 美国 | 301.3 | -0.4 | 99.9 | na | — | — | 190.74 | 98 | 12.32 | -28.1 | 4.1 | 13.33 | -1.2 | 4.4 |
| 4 | 8 | 壳牌 | 英国/荷兰 | 294.97 | 41.7 | 11.1 | 9.3 | nm | 2.9 | 183.3 | 9.5 | 7.05 | 17.7 | 2.4 | na | — | — |
| 5 | 6 | 埃克森美孚③ | 美国 | 277.81 | 37.6 | 9.5 | 34.28 | 139.4 | 13.5 | 211.54 | 10.8 | 6.9 | -0.3 | 2.5 | na | — | — |
| 6 | 5 | 道达尔 | 法国 | 249.28 | 16.1 | 16.3 | 13.51 | 94.6 | 6.8 | 64.53 | 6.2 | 11.256 | -18.8 | 4.5 | 6.219 | 0.0 | 2.5 |
| 7 | 7 | BP | 英国 | 212.09 | 31.9 | 7.2 | -3.37 | nm | def | 106.6 | 8.4 | 9.29 | 19.9 | 4.4 | na | — | — |
| 8 | 4 | 拜耳④ | 德国 | 180.88 | 10 | 61.3 | 14.09 | nm | 65.3 | 240.46 | 57.7 | 6.729 | -38.3 | 3.7 | 11.381 | -6.1 | 6.3 |
| 9 | 13 | 中国石化 | 中国 | 167.3 | 39.4 | 22.4 | 22.61 | 428.3 | 29.7 | 126.85 | 25 | 13.32 | 20.9 | 19.5 | na | 43.5 | — |
| 10 | 9 | 三菱化学 | 日本 | 162.74 | 14.8 | 80.4 | 11.16 | 60.6 | 81.2 | 128.49 | 70.5 | 4.074 | -3.1 | 2.5 | na | — | — |
| 11 | 12 | 沙特基础工业 | 沙特 | 159.01 | 53.7 | 86.8 | 52.52 | 123.4 | 83.6 | 216.47 | 64.8 | 11.578 | -43.6 | 7.3 | na | — | — |
| 12 | 10 | 德古萨 | 德国 | 139.85 | -1.6 | 100 | 10.59 | 29.3 | 100 | 169.57 | 100 | 8.968 | -0.1 | 6.4 | 4.328 | 4.2 | 3.1 |
| 13 | 16 | 台塑集团⑤ | 中国台湾 | 126.27 | 40.1 | 53.9 | 27.15 | 81.1 | 65.4 | 194.32 | 60.7 | — | — | — | — | — | — |
| 14 | 11 | 阿克苏诺贝尔 | 荷兰 | 118.06 | 0 | 73.6 | 13.33 | 42 | 70.2 | 72.77 | 49 | 4.863 | 7.1 | 4.1 | 3.607 | -2.0 | 3.1 |
| 15 | 24 | 亨茨曼 | 美国 | 114.38 | 63.6 | 100 | 1.59 | 132 | 25.8 | 94.37 | 100 | 2.26 | 18.3 | 2.0 | 0.83 | 26.5 | 0.7 |
| 16 | 15 | 三井化学 | 日本 | 113.5 | 12.7 | 100 | 7.44 | 49.1 | 100 | 111.44 | 100 | 4.358 | 3.0 | 3.8 | 3.227 | 6.1 | 2.8 |
| 17 | 19 | 空气液体 | 法国 | 107.14 | 11.6 | 91.9 | 16.81 | 7.6 | 105.8 | 79.79 | 44.5 | 10.883 | 17.1 | 10.2 | 1.285 | 9.5 | 1.2 |

续表

| 排名 | | 公司名称 | 所属国家（地区） | 化工销售额 | | | 化工经营利润① | | | 化工资产 | | 化工资本支出 | | | 化工研发费用 | | |
|---|---|---|---|---|---|---|---|---|---|---|---|---|---|---|---|---|---|
| 2004 | 2003 | | | 金额/亿美元 | 同比变化/% | 占总额比例/% | 金额/亿美元 | 同比变化/% | 占总额比例/% | 金额/亿美元 | 占总额比例/% | 金额/亿美元 | 同比变化/% | 占化工销售额的比例/% | 金额/亿美元 | 同比变化/% | 占化工销售额的比例/% |
| 18 | 14 | 帝国化学工业 | 英国 | 102.58 | -4.2 | 100 | 8.77 | 21.6 | 100 | 90.4 | 100 | 2.93 | 3.9 | 2.9 | 2.692 | -2.0 | 2.6 |
| 19 | 20 | 住友化学 | 日本 | 98.83 | 14.6 | 82.5 | 6.04 | 87.6 | 62.1 | 100.54 | 65.9 | 9.027 | 30.4 | 9.1 | 4.179 | — | 4.2 |
| 20 | 21 | 东丽工业 | 日本 | 98.69 | 24.5 | 82.2 | 5.99 | 42.6 | 80 | 102.03 | 78.7 | 4.195 | -15.5 | 4.3 | na | — | — |
| 21 | 25 | 荷兰国家矿业 | 荷兰 | 96.42 | 28.1 | 100 | 6.08 | 66.3 | 100 | 111.14 | 100 | 4.154 | -17.9 | 4.3 | 3.557 | 6.7 | 3.7 |
| 22 | 27 | 等星化学 | 美国 | 93.16 | 42.3 | 100 | 4.98 | nm | 100 | 50.74 | 100 | 1.01 | -4.7 | 1.1 | 0.34 | -10.5 | 0.4 |
| 23 | 17 | 大日本油墨化学 | 日本 | 92.73 | 2.9 | 100 | 4.45 | 9.9 | 100 | 92.35 | 100 | 4.228 | 0.0 | 4.6 | 1.472 | 6.3 | 1.6 |
| 24 | 23 | 雪佛龙菲利浦斯 | 美国 | 92.38 | 33.7 | 100 | 7.07 | 830.3 | 100 | 68.72 | 100 | 2.01 | -9.9 | 2.2 | 0.42 | -23.6 | 0.5 |
| 25 | 22 | 信越化学 | 日本 | 89.46 | 16.2 | 100 | 14.03 | 20.7 | 100 | 136.5 | 100 | 9.822 | 4.3 | 11.0 | 2.582 | 6.1 | 2.9 |
| 26 | 18 | 通用电器② | 美国 | 82.9 | 17.1 | 5.4 | 7.1 | 15.3 | 3.4 | 123.18 | 1.6 | 6.38 | -19.9 | 7.7 | na | — | — |
| 27 | — | 朗盛⑥ | 德国 | 75.29 | 4.8 | 100 | 0.92 | nm | 100 | 53.64 | 100 | 3.47 | -10.6 | 4.6 | 1.567 | -25.0 | 2.1 |
| 28 | 26 | PPG 工业 | 美国 | 73.09 | 10.6 | 76.8 | 10.68 | 13.7 | 89.5 | 57.2 | 64 | 2.44 | 12.4 | 3.3 | 3.03 | -1.0 | 4.1 |
| 29 | 36 | 旭化成 | 日本 | 71.42 | 18.6 | 56.1 | 5.89 | 96.3 | 55 | 65.23 | 55.5 | 4.273 | -17.3 | 6.0 | na | — | — |
| 30 | 32 | BOC | 英国 | 70.95 | 5.3 | 84.2 | 9.3 | 19.9 | 88 | 57.09 | 90 | 4.69 | 8.6 | 5.6 | 0.762 | 4.3 | 0.9 |
| 31 | 31 | 空气产品 | 美国 | 70.51 | 16.9 | 95.1 | 9.17 | 40.6 | 98.8 | 93.72 | 93.3 | 7.06 | 15.2 | 10.0 | 1.27 | 5.0 | 1.8 |
| 32 | 42 | Ineos 集团⑦ | 英国 | 70 | 40 | 100 | na | — | — | na | — | — | — | — | — | — | — |
| 33 | 29 | 科莱恩 | 瑞士 | 68.62 | 0.2 | 100 | 5.09 | 3.6 | 100 | 62.79 | 100 | 2.325 | -4.0 | 3.4 | 2.204 | -11.0 | 3.2 |
| 34 | 41 | 埃尼 | 意大利 | 67.38 | 20.7 | 9.3 | 3.37 | nm | 2.2 | 40.7 | 7.6 | 1.231 | -29.8 | 1.8 | na | — | — |
| 35 | 37 | 普拉克塞 | 美国 | 65.94 | 17.5 | 100 | 16.61 | 15 | 100 | 98.78 | 100 | 6.68 | -32.0 | 10.1 | 0.77 | 2.7 | 1.2 |
| 36 | 34 | 伊斯曼化学 | 美国 | 65.8 | 13.4 | 100 | 3.74 | 67.7 | 100 | 58.72 | 100 | 2.48 | 7.8 | 3.8 | 1.54 | -11.0 | 2.3 |

续表

| 排名 | | 公司名称 | 所属国家（地区） | 化工销售额 | | | 化工经营利润① | | | 化工资产 | | 化工资本支出 | | | 化工研发费用 | | |
|---|---|---|---|---|---|---|---|---|---|---|---|---|---|---|---|---|---|
| 2004 | 2003 | | | 金额/亿美元 | 同比变化/% | 占总额比例/% | 金额/亿美元 | 同比变化/% | 占总额比例/% | 金额/亿美元 | 占总额比例/% | 金额/亿美元 | 同比变化/% | 占化工销售额的比例/% | 金额/亿美元 | 同比变化/% | 占化工销售额的比例/% |
| 37 | 28 | 信任工业 | 印度 | 65.72 | 27 | 44.7 | 8.31 | 11.7 | 35.9 | 21.18 | 14.9 | — | — | — | — | — | — |
| 38 | 30 | 罗迪亚 | 法国 | 65.68 | def | 100 | -4.33 | nm | 100 | 68.01 | 100 | 2.475 | -14.6 | 3.8 | 1.94 | -16.6 | 3.0 |
| 39 | 33 | 萨索尔 | 南非 | 65.58 | -6.8 | 50.4 | 1.44 | 36.6 | 10 | 65.68 | 57.8 | 7.517 | 19.3 | 11.5 | 0.613 | 5.1 | 0.9 |
| 40 | 39 | 索尔维 | 比利时 | 65.24 | 8.3 | 66.6 | 6.65 | 52.9 | 67.8 | 40.72 | 32.6 | 4.117 | 7.5 | 6.3 | 1.269 | 21.4 | 1.9 |
| 41 | 35 | 罗姆哈斯 | 美国 | 64.71 | 15.1 | 88.6 | na | — | — | 69.97 | 69.3 | 3.22 | -5.0 | 5.0 | 2.65 | 11.3 | 4.1 |
| 42 | — | Yara⑧ | 挪威 | 64.17 | 12.4 | 100 | 5.32 | 30.6 | 100 | 40.78 | 100 | 1.445 | 5.9 | 2.3 | 0.203 | 7.9 | 0.3 |
| 43 | 45 | LG化学⑨ | 韩国 | 63.09 | 38.4 | 78.9 | 7.04 | 89.2 | 90.6 | 23.24 | 74.1 | — | — | — | — | — | — |
| 44 | 38 | 先正达 | 瑞士 | 60.3 | 11.2 | 83 | 7.13 | 26 | 131.8 | 83.25 | 69.3 | 1.28 | -23.8 | 2.1 | 4.99 | 10.2 | 8.3 |
| 45 | 49 | 莱昂戴尔 | 美国 | 59.68 | 57 | 100 | 1.05 | nm | 100 | 157.36 | 98.5 | 0.83 | -69.0 | 1.4 | 0.41 | 10.8 | 0.7 |
| 46 | 47 | 北欧化工 | 丹麦 | 57.56 | 26 | 100 | 3.46 | 612.8 | 100 | 39.06 | 100 | 2.388 | 61.3 | 4.1 | 0.51 | -4.7 | 0.9 |
| 47 | 43 | 汽巴精化 | 瑞士 | 56.53 | 5.7 | 100 | 4.18 | -9.1 | 100 | 88.54 | 100 | 2.365 | 26.2 | 4.2 | 2.317 | 2.5 | 4.1 |
| 48 | 46 | 帝人 | 日本 | 52.87 | 15 | 62.9 | 2.74 | 95.7 | 57.1 | 53.13 | 67.4 | 3.346 | 3.2 | 6.3 | | — | — |
| 49 | 48 | 诺瓦 | 加拿大 | 52.7 | 33.5 | 100 | 2.64 | def | 100 | 50.47 | 100 | 2.42 | 86.2 | 4.6 | 0.48 | 6.7 | 0.9 |
| 50 | 44 | 塞拉尼斯 | 美国 | 50.69 | 10.1 | 100 | 1.3 | 10.1 | 100 | 74.1 | 100 | 2.1 | -0.5 | 4.1 | 0.9 | 1.1 | 1.8 |

①经营利润为销售额减去管理费用和销售成本的部分。②包括大量非化学品的销售额。③利润是税后值。④不包括朗盛公司。⑤数据为台塑、台化、南亚的数据以及台塑石化25%的数据之和。⑥2005年1月从拜耳集团独立，为形式上的数据（pro forma）。⑦C&EN估计值。⑧2004年3月从挪威海德罗公司拆分出来。⑨2004年公司变更了合并财务报表以包含子公司数据。

def 2003年为亏损；na 数据未知；nm 无意义。

数据换算使用汇率：1美元＝0.804欧元，0.546英镑，1.243瑞士法郎，3.74沙特里亚尔，108.15日元，1145.24韩圆，33.373中国台湾台币，45.26印度卢比，8.28人民币元，6.44南非兰特，6.74挪威克朗，1.302加元。

资料来源：美国《化学工程新闻》2005年7月18日。

# 附　录

## 附录 1

# 科技成果获奖名单

表 1　　获 2004 年度国家科技进步奖项目

| 项目名称 | 主要完成单位 | 主要完成者 |
|---|---|---|
| 一等奖 | | |
| 陆相断陷盆地隐蔽油气藏形成机制与勘探 | 中国石化胜利油田有限公司<br>石油大学 | 李丕龙　张善文　潘元林　宋国奇　肖焕钦<br>李干生　王永诗　庞雄奇　姜在兴　谭明友<br>吕希学　邱桂强　石砥石　赵铭海　翟庆龙 |
| 二等奖 | | |
| 1. 欠平衡压力钻井配套技术研究 | 中国石化集团胜利石油管理局 | 李　阳　赵金洲　杲传良　韩来聚　李宗清<br>易文所　张桂林　康仁华　刘显太　陈永明 |
| 2. 大、中型油气田成藏定量模式研究 | 石油大学(北京)<br>中国石油天然气股份公司新疆油田分公司<br>中国石化胜利油田有限公司<br>石油大学(华东)<br>大庆石油学院 | 金之钧　王宜林　庞雄奇　曾溅辉　张善文<br>查　明　刘洛夫　方朝亮　吕延防　王志章 |
| 3. 多产异构烷烃的催化裂化工艺(MIP)工业应用 | 中国石油化工股份有限公司石油化工科学研究院<br>中国石油化工股份有限公司上海高桥分公司<br>中国石化集团洛阳石油化工工程公司 | 许友好　徐　惠　郝希仁　张久顺　马伯文<br>赵　升　龙　军　袁裕铭　张瑞弛　陆磐谷 |
| 4. 高速双轴拉伸聚丙烯(BOPP)专用料生产技术的基础研究及工业应用 | 中国石化上海石油化工股份有限公司<br>复旦大学<br>中国科学院长春应用化学研究所<br>中国石油化工股份有限公司北京化工研究院 | 杨玉良　何天白　施培明　张红东　薄淑琴<br>杨德才　陆秋欢　卢红斌　郭梅芳　陈海林 |
| 5. 高黏度、易自聚等特殊物系精馏新技术的研究开发与应用 | 北京化工大学<br>中国石化上海石油化工股份有限公司化工研究所<br>云南云维股份有限公司<br>湖南省湘维有限公司 | 李群生　张泽廷　陈标华　雷志刚　仲崇立<br>张卫东　王宝华　严国均　贺正龙　李剑秋 |

表 2　　获 2004 年度国家技术发明奖项目

| 项目名称 | 主要完成单位 | 主要完成者 |
|---|---|---|
| 二等奖 | | |
| 润滑油基础油脱氮精制成套技术及其应用 | 中国石化集团武汉石油化工厂 | 沈喜洲　夏明桂　舒运贵　严一民　杨旦平<br>史济义 |

表 3　　**获 2004 年度石化集团公司科技进步奖项目**

| 项目名称 | 主要完成单位 | 主要完成者 |
|---|---|---|
| **一等奖** | | |
| 1. 宣汉—达县地区石炭系—三叠系油气地质综合研究与勘探目标优选 | 中国石油化工股份有限公司南方勘探开发分公司 | 马永生　郭旭升　郭彤楼　黄　锐　李国雄　杨贵祥　郑天发　高　林　李明辉　袁卫国　敬朋贵　陈　高　付孝悦　冷德勋　金士良 |
| 2. 中国东部陆相盆地高精度层序地层与岩性油藏勘探 | 中国石油化工股份有限公司油田勘探开发事业部 | 蔡希源　宋国奇　焦大庆　邱桂强　谢小安　王德仁　刘金辉　罗家群　卢明国　曹　冰　蔡勋育　范存堂　张金报　张永华　陈凤玲 |
| 3. 正电钻井液体系研究及在保护油气层中的应用 | 中国石油化工股份有限公司石油勘探开发研究院 | 苏长明　于培志　刘汝山　关增臣　李家芬　郭保雨　李　静　王宝田　崔迎春　刘修善　郭才轩　赵小祥　严　波　宋明全　王学英 |
| 4. 山东探区区域石油地质及成藏条件研究 | 中国石化胜利油田有限公司 | 张善文　蔡进功　常国贞　王文林　孙锡文　王建宝　吕希学　林会喜　田美荣　尹长河　张学军　田　方　杨永红　李凤娟　张学才 |
| 5. 胜利油田高含水复杂非均质油藏剩余油富集区精细描述方法研究 | 中国石化胜利油田有限公司 | 李　阳　王端平　刘建民　侯加根　王延忠　杨耀忠　谭保国　杨　勇　王增林　束青林　孙梦茹　田　冀　王洪宝　隋淑玲　贾俊山 |
| 6. 胜利中高渗整装油田韵律层挖潜技术研究与应用 | 中国石化胜利油田有限公司 | 孙焕泉　孙　国　刘志宏　贾俊山　刘建民　孙梦茹　张绍东　张世明　黄迎松　崔文富　王延忠　戴　涛　孟新华　陆先亮　闫　萍 |
| 7. 溶剂脱沥青—脱油沥青气化—脱沥青油加氢进催化组合工艺 | 中国石化镇海炼油化工股份有限公司<br>中国石油化工股份有限公司石油化工科学研究院<br>中国石油化工股份有限公司抚顺石油化工研究院 | 任炽刚　胡江青　龙　军　方向晨　白　濛　余水龙　洪　波　王子军　陈志云　瞿　滨　王继锋　李　锐　蒋文钧　黄朝晖　钱　溢 |
| 8. 渣油加氢处理(RHT)技术的开发与应用 | 中国石油化工股份有限公司石油化工科学研究院<br>中国石油化工股份有限公司齐鲁分公司<br>淄博市临淄齐茂化工有限公司<br>中国石化集团长岭炼油化工有限责任公司 | 石亚华　孙振光　戴立顺　吕清茂　聂　红　胡文景　杨清河　胡正海　穆海涛　牛传峰　张树广　刘学芬　杨德凤　蔡文军　余战兴 |
| 9. FF-16 高活性加氢裂化预处理催化剂的开发和工业应用 | 中国石油化工股份有限公司抚顺石油化工研究院<br>中国石化上海石油化工股份有限公司 | 彭绍忠　陈巨星　魏登凌　王一冠　宋永一　余志雄　王继锋　张惠跃　关明华　张　德　黄新露　赵纯革　孙万付　王凤来　佟明海 |
| 10. FH-DS 柴油深度加氢脱硫催化剂的研制及工业应用 | 中国石油化工股份有限公司抚顺石油化工研究院<br>中国石化茂名炼油化工股份有限公司<br>中国石化上海石油化工股份有限公司 | 周　勇　王　强　刘继华　徐柏福　郭　蓉　张连中　杨庆伟　姚运海　薛惠中　崔国英　黄蔼民　佟德群　蒋红军　丁　莉　张喜文 |
| 11. 灵活多效催化裂化工艺技术开发和工业应用 | 中国石化集团洛阳石化工程公司<br>中国石油化工股份有限公司长岭分公司<br>中国石化集团清江石油化工有限公司 | 汤海涛　李　华　魏家禄　张立新　王龙延　刘胜贵　王永和　王国良　王文柯　牟克云　陈正洪　王先锋　乔立功　张庆宇　闫鸿飞 |
| 12. 20 万吨/年国产化第二代环管聚丙烯成套技术开发 | 中国石化上海石油化工股份有限公司<br>中国石化工程建设公司<br>中国石油化工股份有限公司北京化工研究院 | 刘训峰　王子宗　余学恒　宋文波　苏　洪　施培明　高明智　刘　健　郭晓军　傅铁英　张师军　张宝海　陆秋欢　郭梅芳　吴晓音 |

续表

| 项 目 名 称 | 主要完成单位 | 主 要 完 成 者 |
| --- | --- | --- |
| 13. 乙烯装置长周期运行技术 | 中国石化茂名炼油化工股份有限公司化工事业部 | 房广信 邹余敏 朱晓东 林 国 吴 浩 颜景方 马 林 石景惕 柳迎才 李 强 王业臣 王淇汶 于文云 孙晶磊 尹兆林 |
| 14. 燕化丁基橡胶装置技术攻关 | 中国石化北京燕化石油化工股份有限公司<br>北京化工大学 | 姜 森 冯志豪 吴一弦 杨清雨 武冠英 许红星 丛 煜 华 炜 张 杰 张学琪 赫 伟 王 冰 李立新 祁 俊 吴 震 |
| 15. 抽提蒸馏分离芳烃新工艺的开发及工业应用 | 中国石油化工股份有限公司石油化工科学研究院<br>中国石化北京燕化石油化工股份有限公司<br>中国石化工程建设公司 | 田龙胜 祝石华 唐文成 邓连昌 薛 范 邓建标 王鑫泉 王建伟 党 钢 宋临爱 吴冬燕 张云明 崔晓荣 关 伟 段启伟 |
| 16. 万吨级树脂法双酚A成套技术 | 中国石油化工集团公司·天津大学天津石油化工技术开发中心<br>天津双孚精细化工有限公司<br>北京燕山石化技术开发设计公司 | 张敏华 洪定一 秦金来 刘宗章 周继东 董秀芹 钱胜华 朱洪涛 张宗礼 刘 成 李学雷 王 强 程立明 刘翠云 汪宝和 |
| 17. 中国石化成品油销售业务管理信息系统的开发 | 中国石油化工股份有限公司油品销售事业部<br>中国石油化工股份有限公司信息系统管理部<br>石化盈科信息技术有限责任公司 | 刘雄华 李德芳 白 鹭 夏世祥 申向阳 张志檩 李建国 阚 筇 牟大斌 吴正宏 庄 严 刘志华 谢凌云 张少宁 王军博 |
| | **二 等 奖** | |
| 1. 中国南方海相油气成藏理论研究 | 中国石油化工股份有限公司石油勘探开发研究院 | 田海芹 沃玉进 万智民 姚俊祥 刘光祥 潘文蕾 魏永佩 朱宏权 张生根 郑 磊 蔡立国 杨长清 |
| 2. 泌阳凹陷成烃成藏基础理论研究 | 中国石油化工股份有限公司河南油田分公司 | 林社卿 全书进 邱荣华 罗家群 杨道庆 涂阳发 包书景 李军营 夏东领 王正文 金振奎 吴胜和 |
| 3. 胜利油田地热资源开发应用研究 | 中国石化集团胜利石油管理局 | 赵金洲 赵寿森 陈兴元 隋新华 李济东 王光友 崔建生 王全华 唐进成 李瑜昌 宋 鑫 闫循英 |
| 4. 复杂地质体波动方程成像软件系统开发与应用 | 中国石化胜利油田有限公司<br>同济大学 | 陈建平 王华忠 徐兆涛 孟祥宾 郭 江 杨淑卿 匡 斌 王 棣 陈世军 何 英 陈德训 揭景荣 |
| 5. 塔河油田奥陶系油气藏成藏地球化学研究 | 中国石油化工股份有限公司西北分公司<br>石油大学(北京) | 王铁冠 何发岐 王春江 翟晓先 张卫彪 王君奇 钟宁宁 艾克拜尔·沙迪克 王传刚 侯 勇 |
| 6. 常规开发井套管损坏机理及防治配套技术研究 | 中国石油化工股份有限公司中原油田分公司<br>石油大学(华东) | 宋 明 李宗田 刘一江 闫相祯 杜卫平 吴信荣 范青玉 王木乐 向绪金 张文宗 柴满洲 吴田中 |
| 7. 中原油田深部调驱技术应用研究 | 中国石油化工股份有限公司中原油田分公司 | 刘三威 王 海 刘一江 侯天江 陈宗林 郭文军 周旭煌 王志鹏 高有瑞 梁国庆 陈 挺 陈 昊 |
| 8. 大型平台陆地整体预制与海上就位安装技术研究 | 中国石化集团胜利石油管理局 | 桑运水 臧全斋 侯文斌 刘东玉 贾芳民 郭 刚 门光玉 肖文功 孙洪生 苏福成 崔光明 张维俊 |

续表

| 项目名称 | 主要完成单位 | 主要完成者 |
|---|---|---|
| 9. 钻井远程专家实时诊断与指挥系统 | 中国石化集团胜利石油管理局 | 韩来聚 孙正义 黎若鹏 李 璞 高兴坤 肖 莉 周光远 陈建忠 张 跃 徐 林 吕静霞 刘 勇 |
| 10. 严重漏失地层随钻堵漏技术研究与应用 | 中国石化胜利油田有限公司 | 邱新德 毕义泉 韩允祉 沈国华 李金发 陈新民 高建礼 谢风猛 隋跃华 高清华 庄志伟 吴长勇 |
| 11. 精细油藏描述计算机软件集成 | 中国石化胜利油田有限公司 | 王端平 杨耀忠 龚蔚青 柳世成 于金彪 刘显太 姜瑞忠 孙业恒 隋淑玲 孙 国 宋道万 付爱兵 |
| 12. 孤东油田提高聚合物驱效果配套技术研究 | 中国石化胜利油田有限公司 | 沈 琛 郭雄华 邓 波 郑伟林 黄 春 冯志强 张国荣 汤志强 宗 华 顾永涛 张丽娜 李晓庆 |
| 13. 10万吨/年 $C_5/C_6$ 烷烃异构化技术工业放大试验 | 中国石油化工股份有限公司金陵分公司<br>中国石化工程建设公司<br>华东理工大学 | 胡尧良 韩 松 马卫虞 徐振戈 吴正太 孙柏军 唐 超 李 莉 施 力 黄 敏 黄国弘 王 健 |
| 14. MMC高丙烯选择性催化裂解催化剂的开发及其工业应用 | 中国石油化工股份有限公司石油化工科学研究院<br>中国石油化工股份有限公司安庆分公司<br>中国石油化工股份有限公司荆门分公司<br>齐鲁石油化工公司催化剂厂 | 谢朝钢 罗一斌 季 放 王殿中 李继炳 赵留周 余达荣 欧阳颖 朱亚东 杨义华 吴治国 陈 波 |
| 15. 10W/40 CF-4柴油机油及配套添加剂的开发 | 中国石油化工股份有限公司石油化工科学研究院<br>中国石油化工股份有限公司上海高桥分公司 | 姚文涛 徐 未 杨 燕 俞巧珍 刘顺涛 杨永璧 张 倩 李新华 顾君慧 及凤明 段庆华 沈言瑾 |
| 16. SH 10W/40级汽油机油及配套添加剂的开发 | 中国石油化工股份有限公司石油化工科学研究院 | 王立华 段庆华 李少玉 李新华 武志强 陈年生 徐 未 杨永璧 |
| 17. FC-26高中油型加氢裂化催化剂研制及工业应用 | 中国石油化工股份有限公司抚顺石油化工研究院<br>中国石化镇海炼油化工股份有限公司 | 樊宏飞 罗锦保 方向晨 潘德满 陈连财 关明华 阮彩安 孙晓艳 赵崇庆 谢国群 刘 涛 王继锋 |
| 18. 安全玻璃膜专用聚乙烯醇新产品开发 | 中国石化集团四川维尼纶厂 | 秦庆伟 朱灵玲 廖学军 邓秀江 杨中和 金 兵 何昌勇 |
| 19. 鼓泡塔式PX富氧氧化技术 | 中国石化上海石油化工股份有限公司 | 林 菘 俞明康 林永明 陈筱金 孙松青 费公权 吴以准 金之华 林 耀 濮炳均 顾敏章 马学明 |
| 20. 聚乙烯BCS01催化剂开发及工业应用试验 | 中国石油化工股份有限公司广州分公司<br>中国石油化工股份有限公司北京化工研究院<br>北京市奥达石化新技术开发中心 | 刘同华 王志武 杨平身 谭 忠 曾芳勇 李天益 孙 昊 张 凯 张应振 寇 鹏 郭永清 崔海祥 |
| 21. BCD-1碳三加氢催化精馏组件开发和应用 | 中国石油化工股份有限公司北京化工研究院<br>中国石化北京燕化石油化工股份有限公司<br>中国石化工程建设公司 | 杨元一 张 赪 李东风 杨清雨 王子宗 戴 伟 金宗贤 廖丽华 孙国臣 吴长江 王国清 宋立臣 |
| 22. 低温、高稳定性SHP-01裂解汽油一段加氢催化剂研制及工业应用 | 中国石油化工股份有限公司上海石油化工研究院<br>中原石油化工有限责任公司 | 刘仲能 谢在库 王家纯 王 六 侯闽渤 王学峰 宗弘元 王红薇 江兴华 祝 刚 朱海燕 娄震峰 |

续表

| 项　目　名　称 | 主要完成单位 | 主　要　完　成　者 |
| --- | --- | --- |
| 23. 淤浆加料高活性气相法聚乙烯催化剂工业化应用研究 | 中国石化扬子石油化工股份有限公司<br>上海化工研究院<br>上海立得催化剂有限公司 | 肖明威　徐国斌　尤侯平　叶晓峰　顾越峰<br>蔡祥军　阚　林　张　辉　周立进　彭晓琪<br>殷大兵　张　勇 |
| 24. PX氧化反应过程优化操作技术研究 | 中国石化集团洛阳石油化工总厂<br>华东理工大学 | 郑国栋　钱　锋　况成承　颜学峰　高国正<br>杜文莉　梁朝科　顾祥万　任忠亮　张　锋<br>王家范　肖海峰 |
| 25. HXJ180海洋钻修设备 | 中国石化集团江汉石油管理局 | 姚建华　彭建业　黎　明　徐　军　汪金桃<br>徐忠明　苏一凡　肖益民　陈　兴　李建平<br>张振勇　杨德强 |
| 26. 加氢反应器内构件的研究 | 中国石化工程建设公司<br>中国石油化工股份有限公司荆门分公司<br>中国石化集团洛阳石油化工工程公司 | 孙丽丽　蔡连波　杨勇刚　仇恩仓　刘家明<br>林付德　孙其元　徐　松　刘　立　刘淑英<br>范传宏　张振千 |
| 27. 大型乙烯装置成套冷箱国产化攻关研制 | 杭州杭氧股份有限公司<br>中国石化集团北京燕山石油化工有限公司 | 阎振贵　邵　勇　张淑文　司徒泽湘　马程华<br>王　峰　周有武　赵大为　钟晓龙　朱朔元<br>秦　燕　张国兴 |
| 28. 化学品紧急救援系统 | 中国石化集团安全工程研究院 | 张海峰　牟善军　李运才　叶从胜　张启波<br>于广宇　刘艳萍　李雪华　赵永华　袁纪武<br>米红梅　彭湘潍 |
| 29. 含硫原油加工技术 | 中国石化出版社 | 张德义　姚国欣　廖士纲　黄志华　赵　怡 |
| 30. 国家战略石油储备专题规划研究 | 中国石油化工集团公司经济技术研究院<br>国家发展和改革委员会国民经济综合司<br>中国石油化工股份有限公司发展规划部 | 吴　辉　韩文秀　刘均安　宋红旭　朱　煜<br>张　斌　安丰全　雷典武　郑景花　张开旗<br>郜光明　朱　英 |
| | 三　等　奖 | |
| 1. 准噶尔江苏探区油气地质研究及钻探目标评价 | 中国石油化工股份有限公司江苏油田分公司 | 朱　平　毛凤鸣　侯建国　徐守礼　牟　荣<br>刘玉瑞　吴向阳　丁卫星　许江桥 |
| 2. 苏北盆地老井复查方法研究 | 中国石化集团江苏石油勘探局 | 朱曰荣　陆凤才　肖秋生　钱敏刚　蔡晓明<br>高宏祥　马向东　史敏兰　谢小平 |
| 3. 潜江凹陷潜江组层序地层学研究 | 中国石油化工股份有限公司江汉油田分公司 | 方志雄　郑晓玲　张士万　陈凤玲　陈玉明<br>张广英　范传军　马　骧　陈英兰 |
| 4. 中原油田深层三维地震勘探技术 | 中国石油化工股份有限公司中原油田分公司 | 陈业全　蔡其新　冯建辉　张树海　赵伟卫<br>刘联海　陈发亮　黄桂雄　潘文锋 |
| 5. 低渗复杂断块油藏精细油藏模型的建立与应用 | 中国石油化工股份有限公司中原油田分公司 | 李存贵　黄泽贵　李红南　王熙华　薛国刚<br>徐守余　张　辉　李中华　刘云华 |
| 6. 电缆地层测试技术及资料应用研究 | 中国石化集团中原石油勘探局 | 国庆忠　田素月　孙耀庭　黄奇源　闫安宇<br>谭海芳　唐远庆　姚志中　王士震 |
| 7. 国外重点盆地选区评价及勘探开发战略研究 | 中国石油化工股份有限公司石油勘探开发研究院 | 王　骏　刘立群　叶德燎　杨　飞　张生根<br>史丹妮　谢　波　梁海云　裴振洪 |
| 8. 中石化东部老油区油气勘探潜力研究 | 中国石油化工股份有限公司石油勘探开发研究院 | 刘翠荣　刘　彬　周小进　谈彩萍　周新科<br>程晓玲　胡宗全　王俊玲　吴亚丽 |
| 9. 安棚高含碱油田优快钻井技术研究 | 中国石油化工股份有限公司河南油田分公司<br>中国石化集团河南石油勘探局 | 蒋建宁　袁建强　张　宇　陈博安　李光胜<br>王学良　唐大鹏　肖俊峰　薛建国 |

续表

| 项目名称 | 主要完成单位 | 主要完成者 |
| --- | --- | --- |
| 10. 复杂城区地震勘探采集技术 | 中国石化集团胜利石油管理局 | 宋玉龙 丁 伟 吕公河 刘成斋 徐锦玺 任福新 张光德 刘洪文 何京国 |
| 11. 东营凹陷中央隆起带岩性油气藏精细勘探研究 | 中国石化胜利油田有限公司 | 隋风贵 高永进 王新征 邱桂强 谭明友 贾光华 刘军锷 李虎山 李小梅 |
| 12. 临南洼陷精细地层格架构建与岩性油藏研究 | 中国石化胜利油田有限公司 | 肖焕钦 邱桂强 宋明水 刘惠民 范存堂 付金华 李趁义 韩荣花 陈 霞 |
| 13. 塔河油田储层预测技术研究 | 中国石油化工股份有限公司西北分公司 | 王者顺 翟晓先 郑显华 汪时成 王士敏 樊政军 韩革华 阎相宾 管路平 |
| 14. 侧钻小套管采油工艺技术研究与应用 | 中国石油化工股份有限公司江苏油田分公司 | 洪光明 陈广超 程宇辉 景步宏 张国华 李文森 邱小锋 储明来 李汉周 |
| 15. 江汉油田注氮气提高采收率基础研究及先导试验 | 中国石油化工股份有限公司江汉油田分公司 | 李国信 刘尧文 马人才 彭裕林 刘昌银 何建华 夏志刚 付春华 王海平 |
| 16. 八面河油区高含水期综合治理研究 | 中国石油化工股份有限公司江汉油田分公司 | 徐义卫 黄烈林 贺其川 李 雪 胡心玲 刘 涛 李美娟 唐万举 王涛溪 |
| 17. 文留复杂断块油藏中高含水期改善开发效果技术研究与应用 | 中国石油化工股份有限公司中原油田分公司 | 陈 昊 李 媚 王寿平 熊运斌 朱学谦 王胜利 张兴焰 郭鸣黎 赵卫华 |
| 18. 防砂防垢抗腐蚀潜油电泵及深抽工艺技术 | 中国石油化工股份有限公司中原油田分公司 | 杨立昌 苏建政 朱友珠 高国良 李 哲 王 辉 石懋峘 张 丽 谢卫兵 |
| 19. 提高川西地区综合开发效益的钻井技术研究 | 中国石化集团西南石油局 | 徐 进 蒋祖军 朱澄清 黄 彬 陈 祎 马旭川 李 勇 蒋才军 袁杜安 |
| 20. 旋冲钻井技术深化研究 | 中国石油化工股份有限公司石油勘探开发研究院 | 陶兴华 曾义金 徐国强 马开华 侯绪田 李国华 蔡雨田 鲍洪志 秦洪祥 |
| 21. 砂岩储层岩石力学性质变化规律及应用研究 | 中国石油化工股份有限公司石油勘探开发研究院 | 路保平 张传进 鲍洪志 丁 杰 刘文臣 陶兴华 杨顺辉 孙连环 |
| 22. 改善聚合物驱开发效果技术 | 中国石油化工股份有限公司河南油田分公司 | 黎锡瑜 李联五 孔柏岭 马宏伟 孙尚如 张丽虹 唐金星 谢云龙 王子荣 |
| 23. 宝浪低孔低渗油田改善水驱开发效果技术研究与应用 | 中国石油化工股份有限公司河南油田分公司 | 罗洪友 范喜群 李军营 黄忠桥 刘 斌 张文玉 陶良军 罗立新 彭燕明 |
| 24. 稠油出砂冷采技术研究与应用 | 中国石油化工股份有限公司河南油田分公司 | 樊中海 高孝田 刘新福 王书林 马玉霞 杨志彬 谭贵勇 陶良军 孙 冲 |
| 25. 胜利特稠油多轮次吞吐后期及五敏稠油油藏开采技术 | 中国石化胜利油田有限公司 | 邱新德 曹钧合 韩允祉 朱桂林 李金发 陈新民 宋斗贵 刘琳波 郭省学 |
| 26. 稠油热采井套损机理及防治配套技术研究 | 中国石化胜利油田有限公司 | 刘中云 张 毅 闫相祯 曹钧合 王世虎 陈 玲 韩允祉 吉树鹏 翟 勇 |
| 27. 水冷二冲程汽油机油(TC－W3)的研制 | 中国石油化工股份有限公司茂名分公司 | 华献君 冯心凭 王雪梅 贺产鸿 王伟明 许保权 林跃生 陆钢栋 梁奇瑞 |
| 28. 镇海炼化7万吨/年硫磺回收装置工程技术开发及应用 | 镇海炼化工程公司 | 任炽刚 俞仁明 范晓梅 吴国勤 陈 奎 钱志海 胡江青 蔡劲松 张秀艳 |
| 29. 塔河中质原油加工技术研究 | 中国石油化工股份有限公司沧州分公司<br>中国石油化工股份有限公司石油化工科学研究院 | 齐洪祥 李 锐 宋安太 申海平 武长江 王玉章 施昌智 赵广虎 龙 军 |

续表

| 项目名称 | 主要完成单位 | 主要完成者 |
| --- | --- | --- |
| 30. 齐鲁60万吨/年连续重整装置工程国产化 | 中国石油化工股份有限公司齐鲁分公司<br>中国石化工程建设公司<br>中国石油化工股份有限公司石油化工科学研究院 | 孙振光 龚美珊 翟金江 师 峰 毛 卉<br>罗家弼 胡正海 尹鲁江 曹 坚 |
| 31. 催化裂化重汽油加氢生产重整原料技术 | 中国石油化工股份有限公司北京燕山分公司<br>中国石油化工股份有限公司石油化工科学研究院 | 姜殿虹 李振谦 张 强 戴立顺 焦 阳<br>樊兴岗 陈晓光 王 斌 李宏涛 |
| 32. 降低催化裂化汽油硫含量助剂的开发与工业应用 | 中国石油化工股份有限公司石油化工科学研究院<br>中国石油化工股份有限公司荆门分公司<br>石家庄炼油化工股份有限公司<br>长岭炼油化工有限责任公司催化剂厂<br>齐鲁石油化工公司催化剂厂 | 王 鹏 杨勇刚 刘晓欣 宋 武 刘志坚<br>杨永坛 侯典国 宗保宁 罗 勇 |
| 33. 海军航空专用润滑脂的研制 | 中国石油化工股份有限公司石油化工科学研究院<br>中国人民解放军海军后勤技术装备研究所 | 李茂森 程金山 王金凤 王 平 刘巨通<br>刘显秋 赵月英 雒士军 |
| 34. MIP工艺技术专用催化剂的研制与应用 | 中国石油化工股份有限公司石油化工科学研究院<br>中国石油化工股份有限公司上海高桥分公司<br>齐鲁石油化工公司催化剂厂 | 蒋文斌 徐 惠 韩仁荣 龙 军 王殿中<br>陈蓓艳 袁裕铭 殷喜平 达志坚 |
| 35. 满足国际市场的HGY系列催化裂化催化剂 | 中国石油化工股份有限公司石油化工科学研究院<br>齐鲁石油化工公司催化剂厂 | 朱玉霞 张久顺 王 涛 许明德 高永灿<br>田辉平 龙 军 达志坚 殷喜平 |
| 36. 脲基润滑脂工艺技术及添加剂 | 中国石油化工股份有限公司石油化工科学研究院 | 姚立丹 杨海宁 杨 玮 孙洪伟 王 平<br>李茂森 王金凤 |
| 37. 石化企业污水处理场废气治理工业化试验 | 中国石油化工股份有限公司抚顺石油化工研究院<br>中国石油化工股份有限公司广州分公司 | 刘忠生 徐 钢 陈玉香 单石灵 王 新<br>李志松 周 旗 卓邦才 王海波 |
| 38. FCC汽油加氢脱硫成套技术开发及工业应用 | 中国石油化工股份有限公司抚顺石油化工研究院<br>中国石油化工股份有限公司广州分公司<br>中国石化集团洛阳石油化工工程公司 | 赵乐平 徐 钢 李立权 周 勇 梁永超<br>段为宇 薛 皓 刘纪端 徐志达 |
| 39. 多组分共聚酯纤维的工业化及产品开发 | 中国石化仪征化纤股份有限公司 | 左志俊 张忠安 成 展 王 辽 薛 斌<br>陆明英 宋厚春 张 俊 吴旭华 |
| 40. 年产万吨聚合物多元醇工业试验装置 | 中国石化集团天津石油化工公司 | 胡光祚 金 雄 于吉令 郭杰民 吴占山<br>李茂元 赵树来 李 智 詹如凯 |
| 41. CTP－Ⅱ(L)型钯碳催化剂研制及工业应用 | 中国石化上海石油化工股份有限公司科技开发公司 | 陈大伟 畅延青 张少钢 吴 征 许红兵<br>方拥军 周 峰 穆宇飞 |
| 42. 年产1万吨聚酯三釜流程试验线研究和开发 | 中国石化上海石油化工股份有限公司<br>中国纺织科学研究院 | 俞明康 林永明 林 耀 吴以准 王鸣义<br>汪少朋 孙松青 吴肖东 徐 浩 |

续表

| 项目名称 | 主要完成单位 | 主要完成者 |
|---|---|---|
| 43. 聚丙烯电风扇专用料 EPC30R－H 的生产开发 | 中国石油化工股份有限公司茂名分公司 | 房广信 邹余敏 邓世强 吴 浩 林 国 杨仕进 周 兵 是建兴 郭 慧 |
| 44. 高压聚乙烯塑料花专用料 868－000 | 中国石油化工股份有限公司茂名分公司 | 邓世强 吴 浩 柳迎才 杨金生 吴 飞 李灵敏 龙起龙 李智全 宁艳梅 |
| 45. SEBS 新产品开发 | 中国石化集团巴陵石油化工有限责任公司 | 叶 强 张红星 李望明 周立新 梁红文 邬智勇 康 铮 张君花 徐建波 |
| 46. 异型化轻油蒸汽转化催化剂的研制及应用 | 中国石油化工股份有限公司齐鲁分公司 | 程玉春 尹长学 高建国 郝树仁 石方柱 张继明 赵纯革 李振华 李春禄 |
| 47. LDPE 高透明膜料 QLT 04 产品开发 | 中国石化齐鲁股份有限公司 | 石志俭 杨宝柱 何加强 刁春森 孙海涛 李文义 彭国霖 连业波 朱国庆 |
| 48. YS－7 银催化剂的工业开发和工业应用 | 中国石油化工股份有限公司北京燕山分公司<br>中国石油辽阳石化分公司<br>中国石油化工股份有限公司天津分公司<br>天津化工研究设计院 | 金积铨 张东平 张世忠 李 杨 贾世敏 候 维 陈建设 安俊军 苏长志 |
| 49. PE80 级双峰 HDPE 管材专用料的开发 | 中国石化北京燕化石油化工股份有限公司 | 杨清雨 华 炜 张 赫 赵丽梅 景政红 宋志涛 金国锋 李 智 周 澜 |
| 50. 长直链双烯选择性加氢工艺及催化剂 | 中国石化集团金陵石油化工有限责任公司 | 许 艺 吴沛成 王 玉 刘 冬 凌正国 叶志良 李维辰 高 跃 孙 勇 |
| 51. PTA 装置结晶过程优化操作技术研究开发 | 中国石化扬子石油化工股份有限公司<br>华东理工大学<br>浙江大学 | 钱 锋 王振新 杜文莉 李维新 赵 均 乔一新 颜学峰 殷继勇 黄树军 |
| 52. 裂解汽油加氢预分馏系统阻聚技术的研究及工业应用 | 中国石油化工股份有限公司石油化工科学研究院<br>中国石化齐鲁股份有限公司 | 董忠杰 张绍光 洪庆尧 徐兴年 盖月庭 祝宝勤 李云龙 李玉荣 谢红霞 |
| 53. SHELL 渣油气化装置油气混烧工业试验 | 中国石油化工股份有限公司九江分公司<br>中国石化集团宁波工程有限公司<br>华东理工大学 | 郭祖梁 亢万忠 刘海峰 杜文如 许家洪 王辅臣 郭文元 李海英 钱效南 |
| 54. 气态烃非催化部分氧化新技术 | 中国石化集团宁波工程有限公司<br>华东理工大学 | 亢万忠 李晓黎 郭文元 章晨晖 王发兵 邹 杰 龚 欣 赵斌义 施程亮 |
| 55. 压裂机组系统自动控制技术 | 中国石化集团江汉石油管理局 | 高文金 谢永金 吴汉川 周向东 孟庆珍 许亚彬 乔 春 张保弟 李明华 |
| 56. ZYT5141TXL20 型洗井清蜡车(全自动双燃料热洗车) | 中国石化集团中原石油勘探局 | 戴相富 徐文秀 杜广义 郑满圈 李武幸 梁德权 谭劲松 王兴朴 迟建龙 |
| 57. 轻柴油闪点降低后的危险性研究 | 中国石油化工股份有限公司青岛安全工程研究院<br>公安部天津消防科学研究所<br>中国石油化工股份有限公司石油化工科学研究院 | 牟善军 彭湘潍 姜春明 秘义行 李 晋 蔺玉贵 俞雪兴 卢 卫 李运才 |
| 58. 丙烯腈大型气液分离器放大规律研究及工业应用 | 中国石化集团宁波工程有限公司<br>石油大学(北京)<br>中国石油化工股份有限公司安庆分公司 | 魏伟胜 付有成 江俊群 沈 波 崔金栋 鲍晓军 石 冈 陈宁南 吕涤非 |

续表

| 项 目 名 称 | 主要完成单位 | 主 要 完 成 者 |
| --- | --- | --- |
| 59. 加工进口高硫原油耐腐蚀材料研究及腐蚀监检测技术 | 中国石化集团洛阳石化工程公司<br>中国科学院金属研究所<br>中国石化镇海炼油化工股份有限公司 | 盛长松 董绍平 郑丽群 李选亭 吕碧超 荀 伟 赵 岩 李建留 刘文亮 |
| 60. 2000kW 燃气发电机组的研制 | 中国石化集团胜利石油管理局 | 薛万东 陈宜亮 温泽民 朱恒银 张国昌 季魁玉 董联革 牟善祥 张启军 |
| 61. 600m$^3$ 多流道旋叶式掺混料仓 | 天华化工机械及自动化研究设计院<br>中国石化扬子石油化工股份有限公司 | 张玉明 王文旭 纪飞晨 文化明 孙中心 唐卫泽 刘 波 赵 旭 张 毅 |
| 62. 焊接条筛网在重整装置中的技术开发及应用 | 中国石化工程建设公司<br>中国石化集团洛阳石化工程公司<br>唐山市丰南区世嘉福利筛网厂<br>中国石油化工股份有限公司长岭分公司<br>中国石油化工股份有限公司金陵分公司 | 韩江联 荀家福 郝金荣 王郁林 贺晓军 苏 菲 侯朝霞 肖海军 沈锡柱 |
| 63. 中国石化炼油生产技术管理系统的开发 | 中国石油化工股份有限公司炼油事业部 | 凌逸群 李志国 周建华 李 伟 曹东学 谢光煜 徐 惠 郑世桂 沈燕莉 |
| 64. 炼油厂蒸汽管网监测管理系统 | 中国石化镇海炼油化工股份有限公司<br>中国石油化工科技开发公司<br>北京华思维科技有限公司 | 陈志奎 任炽刚 吴小员 陈尧焕 曹雁青 周纪军 黄维章 顾黎东 徐亦方 |
| 65. MWD 无线随钻测量仪 | 中国石化集团胜利石油管理局 | 杨锦舟 张云连 张海花 肖红兵 韩 鼎 李 军 徐凤玲 刘庆龙 秦 涛 |
| 66. 近红外在线油品质量分析仪与系统技术 | 中国石油化工股份有限公司石油化工科学研究院<br>中国石油兰州石化公司自动化研究院 | 陆婉珍 袁洪福 陈卫民 关新虎 褚小立 曹 巍 姚建垣 张 传 刘 伟 |
| 67. 炼油化工一体化企业 MPIMS 模型开发 | 中国石油化工集团公司经济技术研究院<br>中国石油化工股份有限公司化工事业部 | 毛加祥 李振杰 官调生 王立行 朱 煜 刘均安 陈国忠 张红荣 刘歌颂 |
| 68. 汽柴油贮运过程中质量变化的研究 | 中国石化销售有限公司华北分公司<br>中国石油化工股份有限公司浙江石油分公司<br>中国石油化工股份有限公司江苏石油分公司<br>中国石油化工股份有限公司广东石油分公司<br>中国石油化工股份有限公司湖北石油分公司<br>中国石油化工股份有限公司河南石油分公司<br>中国石油化工股份有限公司云南石油分公司<br>中国石油化工股份有限公司北京石油分公司 | 王维民 李林萍 杨志明 宋利军 吴耀棠 陈家旺 胡勤波 詹月辰 王付木 |
| 69. 石油化工毒物分布与防护措施研究 | 中国石油化工股份有限公司青岛安全工程研究院<br>中国石油化工股份有限公司金陵分公司 | 李新鸾 李丽华 邵 华 高 敏 周学勤 杨 杰 闫永建 聂兴田 李吉贵 |
| 70. 石油天然气行业标准《石油修井主要提升设备》 | 中国石化集团河南石油勘探局 | 侯延德 薛铁环 王 平 王卫星 靳红兵 王立涛 王芬兰 余德方 赵东海 |

续表

| 项 目 名 称 | 主要完成单位 | 主 要 完 成 者 |
| --- | --- | --- |
| 71. 国家标准《石油库设计规范》GB 50074—2002 | 中国石油化工集团公司工程建设管理部<br>中国石化工程建设公司<br>解放军总后勤部建筑设计研究院<br>铁道部第三勘察设计院<br>解放军总装备部工程设计研究总院<br>机械部设计研究院<br>国家电力公司西北电力设计院 | 韩 钧 赵金立 陆万林 吴文革 计鸿谨<br>周家祥 张建民 欧清礼 王道庆 |
| 72. 中国现代科学全书·石油与天然气工程学 | 中国石化出版社 | 张一伟 何生厚 罗平亚 胡湘炯 严大凡<br>邓敦夏 金之钧 高德利 杜志敏 |
| 73. 管式加热炉(第二版) | 中国石化出版社<br>石油大学(北京)<br>中国石化工程建设公司 | 钱家麟 于遵宏 尹朝曦 李文辉 白 桦<br>方 云 肖家治 钱 锋 刘 军 |
| 74. 乙烯装置达标外排污水直接回用乙烯循环水处理技术 | 中国石油化工股份有限公司石油化工科学研究院<br>中国石化集团茂名石油化工公司 | 李本高 房广信 王 征 邹余敏 王 秀<br>吴 浩 于文云 王金华 王 红 |

**表 4　　获 2004 年度石化集团公司技术发明奖项目**

| 项 目 名 称 | 主要完成单位 | 主 要 完 成 者 |
| --- | --- | --- |
| | 一 等 奖 | |
| 新型催化氧化材料钛硅分子筛(HTS)的研制开发 | 中国石油化工股份有限公司石油化工科学研究院<br>湖南建长石化股份有限公司 | 林 民 朱 斌 刘月明 王一萌 舒兴田<br>汪燮卿 汝迎春 沈 刚 左丽华 |
| | 二 等 奖 | |
| 纳米级橡胶颗粒/聚酰胺超韧合金的制备技术 | 中国石油化工股份有限公司北京化工研究院 | 张师军 张 薇 乔金樑 尹 华 邵静波<br>吕明福 张丽英 李 魁 |
| | 三 等 奖 | |
| 1. 套管减磨装置研制与应用 | 中国石化集团胜利石油管理局 | 马清明 吴仲华 许俊良 徐希良 丁世清<br>周富刚 王智锋 |
| 2. 提高丙烯腈回收率的急冷方法研究 | 中国石油化工股份有限公司上海石油化工研究院 | 顾军民 甘永胜 张 辉 韩诚康 张 斌<br>吕国强 李文婷 |
| 3. 新型茂钛催化剂研制及间规聚苯乙烯的合成研究 | 中国石油化工股份有限公司上海石油化工研究院 | 沈志刚 周文乐 涂建军 陈德铨 张惠明 |

附录 2

# 企事业单位名录

## 石化集团公司

| 序号 | 单位名称 | 地址 | 邮政编码 | 电话 | 传真 | 董事长/经理（厂长） |
|---|---|---|---|---|---|---|
| 1 | 中国石油化工集团公司经济技术研究院 | 北京市朝阳区安外小关街 24 号 | 100029 | (010)64449006 | (010)64449005 | 刘均安 |
| 2 | 中国石化集团国际石油勘探开发有限公司 | 北京市海淀区北四环中路 263 号 | 100083 | (010)82310779 | (010)82310841 | 周佰修 |
| 3 | 中国石化集团国际石油工程有限公司 | 北京市西城区安德路甲 67 号 | 100011 | (010)51586500 | (010)51586550 | 刘锦信 |
| 4 | 中国石化财务有限责任公司 | 北京市朝阳区惠新东街甲 6 号 | 100029 | (010)64999045 | (010)84645704 | 张秀林/唐文清 |
| 5 | 中国石化集团销售实业有限公司 | 北京市朝阳区惠新东街甲 6 号 | 100029 | (010)64998828 | (010)84641014 | 李春光 |
| 6 | 中国石化集团物资装备公司 | 北京市朝阳区惠新东街甲 6 号 | 100029 | (010)64999459 | (010)84642206 | 温勇祥 |
| 7 | 中石化百川经济贸易公司 | 北京市朝阳区惠新东街甲 6 号 | 100029 | (010)64998551 | (010)84630551 | 谢银虎 |
| 8 | 中国石化报社 | 北京市东城区安外大街 58 号 | 100011 | (010)84271813 | (010)84273681 | 吕大鹏 |
| 9 | 中国石化出版社 | 北京市东城区安外大街 58 号 | 100011 | (010)84278950 | (010)84289982 | 王子康 |
| 10 | 石油化工管理干部学院 | 北京市朝阳区立水桥北甲 1 号 | 100012 | (010)51201203 | (010)51201206 | 唐登志 |
| 11 | 中国石化集团胜利石油管理局 | 山东省东营市济南路 258 号 | 257001 | (0546)8552074 | (0546)8221719 | 曹耀峰 |
| 12 | 中国石化集团中原石油勘探局 | 河南省濮阳市中原路 277 号 | 457001 | (0393)4822172 | (0393)4828300 | 张殿国 |
| 13 | 中国石化集团河南石油勘探局 | 河南省南阳市宛城区官庄镇 | 473132 | (0377)63830011 | (0377)63830027 | 袁政文 |
| 14 | 中国石化集团江汉石油管理局 | 湖北省潜江市广华寺江汉路 1 号 | 433124 | (0728)6502051 | (0728)6502784 | 常子恒 |
| 15 | 中国石化集团江苏石油勘探局 | 江苏省扬州市文汇西路 1 号 | 225009 | (0514)7762001 | (0514)7760009 | 雍自强 |
| 16 | 中国石化集团滇黔桂石油勘探局 | 云南省昆明市青年路 143 号 | 650021 | (0871)6145534 | (0871)3127188 | 雷文举 |
| 17 | 中国石化集团新星石油有限责任公司 | 北京市海淀区北四环中路 263 号 | 100083 | (010)82335150 | (010)82335152 | 张爱东 |
| 18 | 中国石化集团上海海洋石油局 | 上海市浦东商城路 1225 号 | 200120 | (021)68766472 | (021)50589056 | 李培廉 |
| 19 | 中国石化集团西南石油局 | 四川省成都市一环路北四段 116 号 | 610081 | (028)83332295 | (028)83333773 | 乐绍东 |
| 20 | 中国石化集团中南石油局 | 湖南省长沙市梓园路 11 号 | 410007 | (0731)5601207 | (0731)5601200 | 袁　清 |
| 21 | 中国石化集团西北石油局 | 新疆乌鲁木齐市北京北路 29 号 | 830011 | (0991)3600161 | (0991)6637597 | 焦方正 |
| 22 | 中国石化集团华东石油局 | 江苏省南京市热河南路 37 号 | 210011 | (025)58822349 | (025)58822000 | 刘银春 |
| 23 | 中国石化集团华北石油局 | 河南郑州市中原区伏牛路南段 197 号 | 450006 | (0371)8629519 | (0371)8612902 | 左文岐 |
| 24 | 中国石化集团东北石油局 | 吉林省长春市西安大路 4936 号 | 130062 | (0431)7973631 | (0431)7974693 | 相传林 |
| 25 | 中国石化集团管道储运公司 | 江苏省徐州市翟山新村 | 221008 | (0516)3454204 | (0516)3888434 | 高河东 |

续表

| 序号 | 单位名称 | 地址 | 邮政编码 | 电话 | 传真 | 董事长/经理（厂长） |
|---|---|---|---|---|---|---|
| 26 | 中国石化集团北京燕山石油化工有限公司 | 北京市房山区燕山岗南路1号 | 102500 | (010)69342295 | (010)69342736 | 王永健 |
| 27 | 中国石化集团齐鲁石油化工公司 | 山东省淄博市临淄区 | 255408 | (0533)7588645 | (0533)7180406 | 张瑞生 |
| 28 | 中国石化集团上海高桥石油化工公司 | 上海市浦东大道3000号 | 200129 | (021)58712902 | (021)58712207 | 江正洪 |
| 29 | 中国石化集团金陵石油化工有限责任公司 | 江苏省南京市玄武区龙蟠路151号 | 210037 | (025)85097771 | (025)85410220 | 王永杰/张大福 |
| 30 | 中国石化集团茂名石油化工公司 | 广东省茂名市红旗北路2号 | 525011 | (0668)2244078 | (0668)2269317 | 李安喜 |
| 31 | 中国石化集团天津石油化工公司 | 天津市大港区北围堤路163号 | 300271 | (022)63804611 | (022)25990747 | 李希宏 |
| 32 | 中国石化集团扬子石油化工有限责任公司 | 南京市沿江工业开发区新华路777号 | 210048 | (025)57782200 | (025)57784389 | 戴厚良/吴元春 |
| 33 | 中国石化集团巴陵石油化工有限责任公司 | 湖南省岳阳市云溪区 | 414014 | (0730)8492348 | (0730)8481456 | 张德明 |
| 34 | 中国石化集团长岭炼油化工有限责任公司 | 湖南省岳阳市云溪区 | 414012 | (0730)8451000 | (0730)8451824 | 王胜利 |
| 35 | 仪化集团公司 | 江苏省仪征市胥浦镇 | 211900 | (0514)3231693 | (0514)3233880 | 钱衡格/徐正宁 |
| 36 | 中国石化集团南京化学工业有限公司 | 江苏省南京市六合区葛关路189号 | 210048 | (025)57791292 | (025)57792812 | 袁建宁 |
| 37 | 中国石化集团广州石油化工总厂 | 广东省广州市黄埔区石化路239号 | 510726 | (020)82399045 | (020)82396591 | 冯建平 |
| 38 | 中国石化集团安庆石油化工总厂 | 安徽省安庆市石化四路20号 | 246002 | (0556)5375133 | (0556)5385852 | 余夕志 |
| 39 | 中国石化集团洛阳石油化工总厂 | 河南省洛阳市吉利区 | 471012 | (0379)66992309 | (0379)66991882 | 魏文波 |
| 40 | 中国石化集团荆门石油化工总厂 | 湖北省荆门市白庙路 | 448039 | (0724)2211501 | (0724)2211539 | 江寿林 |
| 41 | 中国石化集团四川维尼纶厂 | 重庆市长寿区朱家镇 | 401254 | (023)68974061 | (023)68974009 | 刘家荣 |
| 42 | 中国石化集团九江石油化工总厂 | 江西省九江市滨江东路228号 | 332004 | (0792)8614911 | (0792)8617005 | 杜文如 |
| 43 | 中国石化集团湖北化肥厂 | 湖北省枝江市迎宾大道15号 | 443200 | (0717)4212089 | (0717)4212660 | 杨华章 |
| 44 | 中国石化集团石家庄炼油厂 | 河北省石家庄市东郊 | 050032 | (0311)5162314 | (0311)5161234 | 毕建国 |
| 45 | 中国石化集团济南炼油厂 | 山东省济南市工业南路26号 | 250101 | (0531)88832203 | (0531)88983622 | 赵培录 |
| 46 | 中国石化集团武汉石油化工厂 | 湖北省武汉市青山区长青路特1号 | 430082 | (027)86515535 | (027)86515043 | 邬昆华 |
| 47 | 中原石油化工有限责任公司 | 河南省濮阳市胜利西路 | 457000 | (0393)4471077 | (0393)4416227 | 鹿令义 |
| 48 | 中国石化集团沧州炼油厂 | 河北省沧州市北郊 | 061000 | (0317)3552247 | (0317)3552688 | 黄焯明 |
| 49 | 中国石化集团长城润滑油有限公司 | 北京市海淀区安宁庄西路6号 | 100085 | (010)62949875 | (010)62917732 | 宋云昌 |
| 50 | 中国石化集团重庆一坪高级润滑油公司 | 重庆市九龙坡区渝州路62号 | 400039 | (023)68799311 | (023)68799333 | 蔚晓宁 |
| 51 | 中国石化集团南京化工厂 | 江苏省南京市和燕路560号 | 210038 | (025)85311213 | (025)85302204 | 张培毅 |
| 52 | 中国石化集团清江石油化工有限公司 | 江苏省淮安市化工路22号 | 223002 | (0517)3633097 | (0517)3633425 | 王永和/陈正洪 |
| 53 | 中国石化集团保定石油化工厂 | 河北省保定市石化路58号 | 2071059 | (0312)3109018 | (0312)3112482 | 夏军伟 |
| 54 | 中国石化集团青岛石油化工有限责任公司 | 山东省青岛市李沧区滨海路8号 | 266043 | (0532)86012212 | (0532)84816954 | 王英彬 |
| 55 | 中国石化集团杭州炼油厂 | 浙江省杭州市拱墅区康桥平炼路48号 | 310015 | (0571)88467112 | (0571)88043460 | 陈　霆 |
| 56 | 湛江东兴石油企业有限公司 | 广东省湛江市湖光路15号 | 524012 | (0759)2280499 | (0759)2358479 | 黄鉴/陈晓文 |

续表

| 序号 | 单位名称 | 地址 | 邮政编码 | 电话 | 传真 | 董事长/经理(厂长) |
|---|---|---|---|---|---|---|
| 57 | 中国石化集团北京石油有限责任公司 | 北京市朝阳区静安里 12 号 | 100028 | (010)64678255 | (010)64678612 | 郑立新 |
| 58 | 中国石化集团天津石油有限责任公司 | 天津市河东区五号路七号院 | 300170 | (022)24134086 | (022)24134078 | 薛良达 |
| 59 | 中国石化集团河北石油有限责任公司 | 河北省石家庄市槐南西路 8 号 | 050021 | (0311)85811789 | (0311)85813737 | 徐建春 |
| 60 | 中国石化集团山西石油总公司 | 山西省太原市万柏林区大王路 8 号 | 030024 | (0351)6197619 | (0351)6197620 | 韩烈火 |
| 61 | 中国石化集团上海石油有限责任公司 | 上海市黄浦区中山东一路 24 号甲 | 200002 | (021)63390244 | (021)63390244 | 张文标 |
| 62 | 中国石化集团江苏石油有限责任公司 | 江苏省南京市中山北路 395 号 | 210003 | (025)58823889 | (025)58803729 | 杨 棣 |
| 63 | 中国石化集团浙江石油总公司 | 浙江省杭州市河坊街 58 号 | 310009 | (0571)87805026 | (0571)87818822 | 张海潮 |
| 64 | 中国石化集团安徽石油总公司 | 安徽省合肥市芜湖路 391 号 | 230061 | (0551)2867474 | (0551)2869024 | 邬国庆 |
| 65 | 中国石化集团福建石油总公司 | 福建省福州市中山路 23 号 | 350003 | (0591)87817181 | (0591)87817326 | 吕建华 |
| 66 | 中国石化集团江西石油总公司 | 江西省南昌市洪都北大道 102 号 | 330046 | (0791)8512992 | (0791)8511107 | 于忠国 |
| 67 | 中国石化集团山东石油总公司 | 山东省济南市历山路 73 号 | 250013 | (0531)85870137 | (0531)86947944 | 冯东青 |
| 68 | 中国石化集团河南石油总公司 | 河南省郑州市卫生路 10 号 | 450053 | (0371)63827097 | (0371)63828037 | 孙久勤 |
| 69 | 中国石化集团湖北石油总公司 | 湖北省武汉市汉口宝丰路 103 号 | 430030 | (027)83601075 | (027)83601075 | 陈火军 |
| 70 | 中国石化集团湖南石油总公司 | 湖南省长沙市湘春路 113 号 | 410005 | (0731)4840130 | (0731)4840659 | 江景星 |
| 71 | 中国石化集团广东石油企业集团公司 | 广东省广州市中山七路 81 号 | 510145 | (020)81298272 | (020)81297207 | 张国强 |
| 72 | 中国石化集团广西石油总公司 | 广西省南宁市桃源路 67 号 | 530021 | (0771)5322886 | (0771)5323338 | 吴健雄 |
| 73 | 中国石化集团海南石油总公司 | 海南省海口市滨海大道 163 号 | 570311 | (0898)68680801 | (0898)68680909 | 张连俊 |
| 74 | 中国石化集团贵州石油总公司 | 贵州省贵阳市解放路 21 号 | 550002 | (0851)5947391 | (0851)5985902 | 李小平 |
| 75 | 中国石化集团云南石油总公司 | 云南省昆明市拓东路 45 号世博大厦 | 650011 | (0871)3115099 | (0871)3115210 | 孟繁昌 |
| 76 | 中国石化集团深圳石油总公司 | 广东省深圳市太白路 3077 号 | 518019 | (0755)25517025 | (0755)25513351 | 麦文伟 |
| 77 | 中国石化工程建设公司 | 北京市朝阳区安慧北里安园 21 号 | 100101 | (010)84879999 | (010)64963395 | 刘家明 |
| 78 | 中国石化集团上海工程有限公司 | 上海市浦东新区张杨路 769 号 | 200120 | (021)58354214 | (021)58358142 | 汪镇安 |
| 79 | 中国石化集团洛阳石油化工工程公司 | 河南省洛阳市中州西路 27 号 | 471003 | (0379)64887193 | (0379)64887739 | 闫少春 |
| 80 | 中国石化集团宁波工程有限公司 | 浙江省宁波市镇海 60 信箱 | 315207 | (0574)86433268 | (0574)86262591 | 宋海兴 |
| 81 | 中国石化集团第二建设公司 | 江苏省南京市尧化门 4601 信箱 | 210046 | (025)85662167 | (025)85561051 | 向文武 |
| 82 | 中国石化集团第四建设公司 | 天津市大港区世纪大道 180 号 | 300270 | (022)63862213 | (022)25990156 | 杨庆华 |
| 83 | 中国石化集团第五建设公司 | 甘肃省兰州市西固区康乐路 27 号 | 730060 | (0931)7961285 | (0931)7356578 | 田建军 |
| 84 | 中国石化集团第十建设公司 | 山东省淄博市临淄区建设路 29 号 | 255438 | (0533)7501143 | (0533)7501126 | 车林宝 |
| 85 | 中国石化集团石油化工科学研究院 | 北京市海淀区学院路 18 号 | 100083 | (010)62310806 | (010)62311290 | 龙 军 |
| 86 | 中国石化集团北京化工研究院 | 北京市朝阳区北三环东路 14 号 | 100013 | (010)64211993 | (010)64228661 | 张 勇 |
| 87 | 中国石化集团抚顺石油化工研究院 | 辽宁省抚顺市望花区丹东路东段 31 号 | 113001 | (0413)6329543 | (0413)6429551 | 方向晨 |
| 88 | 中国石化集团上海石油化工研究院 | 上海市浦东北路 1658 号 | 201208 | (021)68462737 | (021)68462283 | 谢在库 |
| 89 | 中国石化集团安全工程研究院 | 山东省青岛市延安三路 218 号 | 266071 | (0532)83864217 | (0532)83861318 | 张海峰 |

## 石化股份公司

| 序号 | 单位名称 | 地址 | 邮政编码 | 电话 | 传真 | 董事长/经理 |
|---|---|---|---|---|---|---|
| 1 | 中国石化胜利油田有限公司 | 山东省东营市济南路 258 号 | 257001 | (0546)8552074 | (0546)8221719 | 李　阳 |
| 2 | 中国石化销售有限公司 | 北京市朝阳区惠新东街甲 6 号 | 100029 | (010)64998879 | (010)84641014 | 李春光 |
| 3 | 中国石化国际事业有限公司 | 北京市朝阳区安立路安立花园 C 座 | 100011 | (010)64906348 | (010)64216972 | 杨树杉 |
| 4 | 中国石油化工股份有限公司中原油田分公司 | 河南省濮阳市中原路 277 号 | 457001 | (0393)4822172 | (0393)4828300 | 孔凡群 |
| 5 | 中国石油化工股份有限公司河南油田分公司 | 河南省南阳市宛城区官庄镇 | 473132 | (0377)63830011 | (0377)63830027 | 李联五 |
| 6 | 中国石油化工股份有限公司江汉油田分公司 | 湖北省潜江市广华寺江汉路 1 号 | 433124 | (0728)6502051 | (0728)6502784 | 方志雄 |
| 7 | 中国石油化工股份有限公司江苏油田分公司 | 江苏省扬州市文汇西路 1 号 | 225009 | (0514)7762001 | (0514)7760009 | 朱　平 |
| 8 | 中国石油化工股份有限公司南方勘探开发分公司 | 云南省昆明市官渡区关上中路 201 号 | 650200 | (0871)6145549 | (0871)7160800 | 杨方之 |
| 9 | 中国石油化工股份有限公司上海海洋油气分公司 | 上海市浦东商城路 1225 号 | 200120 | (021)68769671 | (021)68769284 | 刘申叔 |
| 10 | 中国石油化工股份有限公司西南分公司 | 四川省成都市一环路北四段 116 号 | 610081 | (028)83332295 | (028)83333773 | 徐向荣 |
| 11 | 中国石油化工股份有限公司中南分公司 | 湖南省长沙市梓园路 11 号 | 410007 | (0731)5601207 | (0731)5601345 | 雷清亮 |
| 12 | 中国石油化工股份有限公司西北分公司 | 新疆乌鲁木齐市北京北路 29 号 | 830011 | (0991)3600161 | (0991)6637597 | 焦方正 |
| 13 | 中国石油化工股份有限公司华东分公司 | 江苏省南京市热河南路 37 号 | 210011 | (025)58822349 | (025)58822000 | 周荔青 |
| 14 | 中国石油化工股份有限公司华北分公司 | 河南郑州市中原区伏牛路南段 197 号 | 450006 | (0371)8629519 | (0371)8612902 | 左文岐 |
| 15 | 中国石油化工股份有限公司东北分公司 | 吉林省长春市西安大路 4936 号 | 130062 | (0431)7973631 | (0431)7974693 | 相传林 |
| 16 | 中国石油化工股份有限公司西部新区勘探指挥部 | 新疆乌鲁木齐市昆明路 2 号 | 830011 | (0991)3663409 | (0991)3662195 | 李丕龙 |
| 17 | 中国石油化工股份有限公司管道储运分公司 | 江苏省徐州市翟山新村 | 221008 | (0516)3454204 | (0516)3888434 | 钱建华 |
| 18 | 中国石油化工股份有限公司北京燕山分公司 | 北京市房山区燕山岗南路 1 号 | 102500 | (010)69342295 | (010)69342736 | 王永健 |
| 19 | 中国石油化工股份有限公司齐鲁分公司 | 山东省淄博市临淄区 | 255408 | (0533)7581341 | (0533)7180406 | 张瑞生 |
| 20 | 中国石油化工股份有限公司上海高桥分公司 | 上海市浦东大道 3000 号 | 200129 | (021)58712902 | (021)58712207 | 张　涌 |
| 21 | 中国石油化工股份有限公司金陵分公司 | 江苏省南京市栖霞山 | 210033 | (025)85097703 | (025)85592004 | 赵日峰 |
| 22 | 中国石油化工股份有限公司茂名分公司 | 广东省茂名市红旗北路 2 号 | 525011 | (0668)2245000 | (0668)2269317 | 王　强 |
| 23 | 中国石油化工股份有限公司天津分公司 | 天津市大港区 | 300271 | (022)63804611 | (022)25990747 | 常振勇 |
| 24 | 中国石油化工股份有限公司巴陵分公司 | 湖南省岳阳市洞庭大道 1 号 | 414007 | (0730)8503418 | (0730)8501303 | 朱泽华 |
| 25 | 中国石油化工股份有限公司长岭分公司 | 湖南省岳阳市云溪区 | 414012 | (0730)8452003 | (0730)8451824 | 黄景汉 |
| 26 | 中国石油化工股份有限公司广州分公司 | 广东省广州市黄埔区石化路 239 号 | 510726 | (020)82399045 | (020)82396591 | 冯建平 |
| 27 | 中国石油化工股份有限公司安庆分公司 | 安徽省安庆市石化四路 20 号 | 246002 | (0556)5381717 | (0556)5380542 | 余夕志 |
| 28 | 中国石油化工股份有限公司洛阳分公司 | 河南省洛阳市吉利区 | 471012 | (0379)66992309 | (0379)66991882 | 王治卿 |
| 29 | 中国石油化工股份有限公司荆门分公司 | 湖北省荆门市白庙路 | 448039 | (0724)2211501 | (0724)2211539 | 江寿林 |

续表

| 序号 | 单位名称 | 地址 | 邮政编码 | 电话 | 传真 | 董事长/经理 |
|---|---|---|---|---|---|---|
| 30 | 中国石油化工股份有限公司九江分公司 | 江西省九江市滨江东路230号 | 332004 | (0792)8614911 | (0792)8617006 | 杜文如 |
| 31 | 中国石油化工股份有限公司湖北化肥分公司 | 湖北省枝江市迎宾大道15号 | 443200 | (0717)4212089 | (0717)4212660 | 金继前 |
| 32 | 中国石油化工股份有限公司济南分公司 | 山东省济南市工业南路26号 | 250101 | (0531)88832203 | (0531)88983622 | 赵培录 |
| 33 | 中国石油化工股份有限公司武汉分公司 | 湖北省武汉市青山区长青路特1号 | 430082 | (027)86515535 | (027)86515043 | 张敬武 |
| 34 | 中国石油化工股份有限公司沧州分公司 | 河北省沧州市北郊 | 061000 | (0317)3552221 | (0317)3552668 | 齐洪祥 |
| 35 | 中国石油化工股份有限公司润滑油分公司 | 北京市海淀区安宁庄西路6号 | 100085 | (010)62949875 | (010)62917732 | 宋云昌 |
| 36 | 中国石油化工股份有限公司北海分公司 | 广西北海市北海大道西 | 536000 | (0779)3915026 | (0779)3905519 | 闫 宏 |
| 37 | 中国石油化工股份有限公司上海腈纶销售分公司 | 上海浦东南路360号 | 200120 | (021)68863601 | (021)68863601 | 车 地 |
| 38 | 中国石油化工股份有限公司西安石化分公司 | 陕西省西安市未央区建章路北段6号 | 710086 | (029)84312985 | (029)84312981 | 孙七一 |
| 39 | 中国石油化工股份有限公司塔河分公司 | 新疆库车县天山路东573号 | 842000 | (0997)7979067 | (0997)7979067 | 雷 鸣 |
| 40 | 中国石油化工股份有限公司北京石油分公司 | 北京市朝阳区静安里12号 | 100028 | (010)64678255 | (010)64678612 | 郑立新 |
| 41 | 中国石油化工股份有限公司天津石油分公司 | 天津市南开区南京路338号 | 300100 | (022)27201588 | (022)27201555 | 薛良达 |
| 42 | 中国石油化工股份有限公司河北石油分公司 | 河北省石家庄市槐南西路8号 | 050021 | (0311)85811789 | (0311)85813737 | 徐建春 |
| 43 | 中国石油化工股份有限公司山西石油分公司 | 山西省太原市万柏林区大王路8号 | 030024 | (0351)6197650 | (0351)6197567 | 韩烈火 |
| 44 | 中国石油化工股份有限公司上海石油分公司 | 上海市黄浦区中山东一路24号甲 | 200002 | (021)63215925 | (021)63210762 | 张文标 |
| 45 | 中国石油化工股份有限公司江苏石油分公司 | 江苏省南京市中山北路395号 | 210003 | (025)58767704 | (025)58803729 | 杨 棣 |
| 46 | 中国石油化工股份有限公司浙江石油分公司 | 浙江省杭州市河坊街58号 | 310009 | (0571)87805026 | (0571)87818822 | 张海潮 |
| 47 | 中国石油化工股份有限公司安徽石油分公司 | 安徽省合肥市芜湖路391号 | 230061 | (0551)2867474 | (0551)2869024 | 邬国庆 |
| 48 | 中国石油化工股份有限公司福建石油分公司 | 福建省福州市中山路18号 | 350003 | (0591)87821534 | (0591)87837153 | 吕建华 |
| 49 | 中国石油化工股份有限公司江西石油分公司 | 江西省南昌市洪都北大道102号 | 330046 | (0791)8512247 | (0791)8511107 | 于忠国 |
| 50 | 中国石油化工股份有限公司山东石油分公司 | 山东省济南市历山路73号 | 250013 | (0531)85870111 | (0531)86947944 | 冯东青 |
| 51 | 中国石油化工股份有限公司河南石油分公司 | 河南省郑州市卫生路10号 | 450053 | (0371)63823394 | (0371)63944182 | 孙久勤 |
| 52 | 中国石油化工股份有限公司湖北石油分公司 | 湖北省武汉市汉口宝丰路103号 | 430030 | (027)83646081 | (027)83642924 | 陈火军 |
| 53 | 中国石油化工股份有限公司湖南石油分公司 | 湖南省长沙市湘春路113号 | 410005 | (0731)4841848 | (0731)4841801 | 江景星 |
| 54 | 中国石油化工股份有限公司广东石油分公司 | 广东省广州市中山七路81号 | 510145 | (020)81298272 | (020)81297207 | 张国强 |
| 55 | 中国石油化工股份有限公司广西石油分公司 | 广西南宁市桃源路67号 | 530021 | (0771)5322886 | (0771)5323338 | 吴健雄 |

续表

| 序号 | 单位名称 | 地址 | 邮政编码 | 电话 | 传真 | 董事长/经理 |
|---|---|---|---|---|---|---|
| 56 | 中国石油化工股份有限公司海南石油分公司 | 海南省海口市滨海大道 163 号 | 570311 | (0898)68680801 | (0898)68680909 | 张连俊 |
| 57 | 中国石油化工股份有限公司贵州石油分公司 | 贵州省贵阳市解放路 21 号 | 550002 | (0851)5986622 | (0851)5985810 | 李小平 |
| 58 | 中国石油化工股份有限公司云南石油分公司 | 云南省昆明市拓东路 45 号世博大厦 | 650011 | (0871)3115099 | (0871)3115210 | 孟繁昌 |
| 59 | 中国石油化工股份有限公司深圳石油分公司 | 广东省深圳市文锦中路 1018 号 | 518003 | (0755)25668554 | (0755)25669235 | 麦文伟 |
| 60 | 中国石油化工股份有限公司石油勘探开发研究院 | 北京市海淀区学院路 31 号 | 100083 | (010)82312980 | (010)82312089 | 金之钧 |
| 61 | 中国石油化工股份有限公司石油化工科学研究院 | 北京市海淀区学院路 18 号 | 100083 | (010)62310806 | (010)62311290 | 龙　军 |
| 62 | 中国石油化工股份有限公司北京化工研究院 | 北京市朝阳区北三环东路 14 号 | 100013 | (010)64211993 | (010)64228661 | 张　勇 |
| 63 | 中国石油化工股份有限公司抚顺石油化工研究院 | 辽宁省抚顺市望花区丹东路东 31 号 | 113001 | (0413)6429543 | (0413)6429551 | 方向晨 |
| 64 | 中国石油化工股份有限公司上海石油化工研究院 | 上海市浦东北路 1658 号 | 201208 | (021)68462737 | (021)68462283 | 谢在库 |
| 65 | 中国石油化工股份有限公司青岛安全工程研究院 | 山东省青岛市延安三路 218 号 | 266071 | (0532)83864217 | (0532)83861318 | 张海峰 |
| 66 | 中国石化上海石油化工股份有限公司 | 上海市金山区金一路 48 号 | 200540 | (8621)57941941 | (8621)57942267 | 陆益平/戎光道 |
| 67 | 中国石化镇海炼油化工股份有限公司 | 浙江省宁波市镇海区 | 315207 | (0574)86444213 | (0574)86270077 | 孙伟君 |
| 68 | 中国石化扬子石油化工股份有限公司 | 南京市沿江工业开发区新华路 777 号 | 210048 | (025)57782200 | (025)57784389 | 戴厚良 |
| 69 | 中国石化仪征化纤股份有限公司 | 江苏省仪征市胥浦镇 | 211900 | (0514)3231693 | (0514)3233880 | 徐正宁/肖维箴 |
| 70 | 中国石化福建炼油化工有限公司 | 福建省泉州市泉港区 | 362800 | (0595)87799001 | (0595)87789130 | 康　飚/陆　东 |
| 71 | 中国国际石油化工联合有限责任公司 | 北京市朝阳区惠新东街甲 6 号 | 100029 | (010)64990305 | (010)64990300 | 蔡希有 |
| 72 | 中国石化北京燕化石油化工股份有限公司 | 北京市房山区燕山岗南路 1 号 | 102500 | (010)69342295 | (010)69342736 | 王永健/许红星 |
| 73 | 中国石化齐鲁股份有限公司 | 山东省淄博市临淄区 | 255408 | (0533)7180777 | (0533)7180406 | 张瑞生 |
| 74 | 中国石化茂名炼油化工股份有限公司 | 广东省茂名市红旗北路 2 号 | 525011 | (0668)2245000 | (0668)2269317 | 王　强 |
| 75 | 中国石化胜利油田大明(集团)股份有限公司 | 山东省东营市济南路 228 号 | 210048 | (0546)8558412 | (0546)8224942 | 曹耀峰 |
| 76 | 中国石化中原油气高新股份有限公司 | 河南省郑州市高新技术产业开发区 | 450001 | (0371)67996080 | (0371)67996081 | 孔凡群 |
| 77 | 中国石化石家庄炼油化工股份有限公司 | 河北省石家庄市东郊 | 050032 | (0311)5162314 | (0311)5161234 | 毕建国 |
| 78 | 中国石化武汉凤凰股份有限公司 | 湖北省武汉市青山区长青路特 1 号 | 430082 | (027)86515535 | (027)86515043 | 邬昆华 |
| 79 | 中国石化武汉石油(集团)股份有限公司 | 湖北省武汉市万松小区 18 楼 | 430022 | (027)83601087 | (027)83601075 | 陈火军 |
| 80 | 中国石化山东泰山石油股份有限公司 | 山东省泰安市东岳大街 104 号 | 271000 | (0538)8265456 | (0538)8265450 | 冯东青 |
| 81 | 扬子石化—巴斯夫有限责任公司 | 江苏省南京市六合区新华路 777 号 | 210048 | (025)57770093 | (025)57770063 | 戴厚良 |
| 82 | 上海赛科石油化工有限责任公司 | 上海市长宁区仙霞路 299 号 | 200051 | (021)52574688 | (021)62097070 | 陆益平 |
| 83 | 石化盈科信息技术有限责任公司 | 北京市海淀区科学院南路 2 号 | 100080 | (010)82861988 | (010)82861996 | 王立行 |

**附录3**

# 石化集团公司法规性文件一览表

| 序号 | 标 题 | 文件字号 |
|---|---|---|
| 1 | 关于印发《中国石油化工集团公司投资项目后评价实施办法(试行)》的通知 | 中国石化咨[2004]15号 |
| 2 | 关于印发《中国石油化工集团公司信访工作程序》的通知 | 中国石化厅[2004]48号 |
| 3 | 关于印发《中国石油化工集团公司知识产权保护和对外技术许可、转让管理规定实施细则(试行)》的通知 | 中国石化科[2004]53号 |
| 4 | 关于印发《中国石油化工集团公司闲置设备及机具内部调剂使用管理办法(试行)》的通知 | 中国石化财[2004]76号 |
| 5 | 关于印发《中国石化集团公司事故隐患治理项目管理规定》的通知 | 中国石化安[2004]166号 |
| 6 | 关于印发《中国石化网站信息安全管理暂行规定》的通知 | 中国石化信[2004]208号 |
| 7 | 关于印发《中国石化集团公司暨股份公司安全督查员督查制度(暂行)》的通知 | 中国石化安[2004]332号 |
| 8 | 关于印发《中国石油化工集团公司账销案存资产管理规定》的通知 | 中国石化财[2004]344号 |
| 9 | 关于印发《中国石油化工集团公司社区服务收费管理暂行办法》的通知 | 中国石化财[2004]358号 |
| 10 | 关于印发《中国石油化工集团公司暨中国石油化工股份有限公司工程建设项目效能监察操作规程(试行)》的通知 | 中国石化监[2004]377号 |
| 11 | 关于印发《中国石油化工集团公司暨中国石油化工股份有限公司物资采购管理效能监察操作规程(试行)》的通知 | 中国石化监[2004]420号 |
| 12 | 关于印发《中国石油化工集团公司物资采购供应监督管理规定》的通知 | 中国石化物[2004]515号 |
| 13 | 关于印发《总经理(总裁)奖励暂行办法》的通知 | 中国石化人[2004]549号 |
| 14 | 关于印发《电力可靠性管理规定》等3个管理规定的通知 | 中国石化炼[2004]592号 |
| 15 | 关于印发《中国石油化工集团公司"三废"综合利用管理办法》的通知 | 中国石化安[2004]616号 |
| 16 | 关于印发《中国石油化工集团公司法律顾问制度实施办法》的通知 | 中国石化法[2004]666号 |
| 17 | 关于印发《中国石油化工集团公司知识产权保护规定(试行)》、《中国石油化工集团公司技术涉密人员划级及补偿费发放管理办法(试行)》和《违反中国石油化工集团公司知识产权保护规定的处罚办法(试行)》的通知 | 中国石化科[2004]756号 |
| 18 | 关于印发《中国石油化工集团公司暨中国石油化工股份有限公司炼油单位完全费用管理效能监察操作规程(试行)》的通知 | 中国石化监[2004]767号 |
| 19 | 关于印发《中国石油化工集团公司暨中国石油化工股份有限公司加油站管理效能监察操作规程(试行)》的通知 | 中国石化监[2004]904号 |
| 20 | 关于印发《中国石油化工集团公司设备管理办法(试行)》的通知 | 中国石化生[2004]931号 |
| 21 | 关于印发《中国石油化工集团公司专有技术管理办法(试行)》的通知 | 中国石化科[2004]941号 |

# 索　　引

# 使 用 说 明

1. 本索引采用主题分析索引法编制。除“大事记”外，年鉴内容均在标引和检索范围内。

2. 本索引基本上按汉语拼音音序排列。具体如下：以数字开头的，排在最前面；以英文字母打头的，列于其次；汉字标目则按首字的音序、音调依次排列，首字相同时，则以第二个字排序，并以此类推。

3. 在索引中，索引标目之后的数字表示主题内容所在年鉴正文的页码；英文字母 a、b 分别表示左、右两个栏别。表格标题在标目后加注“表”。

4. 为反映索引款目间的逻辑关系，对于二级标目，采取在上一级标目下缩两格的编排形式予于体现，之下的索引款目仍按上列排序方法依次排列。

## 0～9



## A～Z

A



B

C

D

F

G

H

J

K



L

M



N

P



Q



R

S

T



W

X

# 中国石化集团扬子石油化工有限责任公司
# 中　国　石　化扬子石油化工股份有限公司

扬子石化公司是1983年9月成立的国家特大型石化企业，位于长江中下游经济发达的南京市北部，主要从事石油炼制及烃类衍生物的生产加工和销售，是我国重要的石化生产基地之一。1998年实施资产重组，创立了以石油化工为主业的扬子石化股份公司和以公用工程、物流为主业的扬子石化有限公司。

经过20年的建设和持续高效健康发展，扬子石化整体生产能力提高一倍以上，现扬子石化股份公司拥有以800万吨/年原油加工、65万吨/年乙烯、85万吨/年芳烃、70万吨/年精对苯二甲酸（PTA）、80万吨/年聚烯烃塑料、30万吨/年乙二醇为主的34套大型石油化工装置；扬子石化有限公司拥有与主要化工生产相配套的装机容量36万千瓦热电、66万吨/日供水、3650立方米/时污水处理等公用工程、物流及生活后勤、检修安装、信息等辅助设施。扬子石化股份公司可生产聚烯烃塑料、聚酯原料、基本有机化工原料、成品油4大类43种产品，年商品总量600多万吨，是目前国内较大的纯苯、对二甲苯、邻二甲苯、PTA、乙二醇、丁二烯和环氧乙烷生产商之一。

**董事长：戴厚良**

地　址：江苏省南京市

电　话：(025)57782200

网　址：www.ypc.com.cn

邮编：210048

传真：(025)57784389

邮箱：yzshgs@yzinfo.ypc.com.cn

# 中国石化股份公司

## 责任炼就事业

1 500吨／时污水处理厂

2 部分获奖产品

3 140万吨／年催化裂化装置

4 部分生产装置夜景

# 济南分公司

5　6　7

中国石化股份公司济南分公司原为中国石化集团济南炼油厂主要生产部分，始建于1971年，1975年正式投产，2000年8月份根据中国石化集团公司重组改制方案，主业进入中国石化股份公司，成为中国石化股份公司济南分公司。企业具备500万吨／年原油综合加工能力，拥有常减压蒸馏、重油催化裂化、延迟焦化、汽油催化重整、柴油加氢精制、丙烷脱沥青、糠醛精制、酮苯脱蜡、气体分馏、MTBE、聚丙烯等32套主要生产装置及相应的配套系统设施，可生产50余种产品。2004年加工原油377.3万吨，实现销售收入101.31亿元，实现利税10388万元。主要产品有汽油、煤油、柴油、化工轻油、溶剂油、石油焦、液化气、聚丙烯、MTBE、硫磺及润滑油基础油等，产品质量多次荣获省部级以上荣誉。1999年1月获ISO9000国家注册质量体系认证证书，2001年又通过ISO9000质量体系2000版认证。

企业曾荣获“全国五一劳动奖状”、“全国安全生产先进单位”、“全国质量效益型企业”、“全国环境保护先进企业”、“全国模范职工之家”、“全国体育先进单位”等称号。坚持诚信经营、竞争开放的理念，致力于管理技术创新，加快发展，产业报国。

| ❺ | ❻ | ❼ |
|---|---|---|
| 10万吨／年聚丙烯装置 | 140万吨／年催化裂化装置 | 济南分公司生活区一角 |


地址：山东省济南市工业南路26号

邮编：250101

电话：(0531) 88831114　88983622

传真：(0531) 88983622　88984709

E-mail：sjnr@sjnr.com.cn

# 中国石化集团安庆石油化工总厂
# 中国石油化工股份有限公司安庆分公司

年产33万吨合成氨和58万吨尿素的化肥装置

腈纶毛条生产车间

年发电量十亿千瓦时的自备热电厂

随着化肥原料“油改煤”项目、沿江原油管道和“安庆—合肥”成品油管道等重点工程的建成，安庆石化将更具市场竞争力。

年加工原油550万吨的炼油生产装置

# 中国石化集团公司
# 中国石化股份公司

1、厂长、经理　卢立勇

2、党委书记　　李　敏

3、重油催化裂化生产装置区

4、丰富多彩的职工文化活动

**求真务实　勇于创新**

沧州炼油厂暨沧州分公司（以下简称沧炼）是中国石化集团公司直属的大型炼油化工企业，位于河北省沧州市北郊。多年来，沧炼大力推进科技进步，强化企业管理，生产能力和产品质量不断得到提高，现原油加工能力350万吨/年，是建厂初期的7倍；已于1999年通过了ISO9002质量体系认证，沧炼生产的汽油、柴油、煤油、液化气、聚丙烯、沥青、石油焦、溶剂油、硫磺等石油化工产品在市场上享有盛誉。企业曾先后获得河北省先进企业、文明单位、河北省优势企业、全国环境

# 沧州炼油厂
# 沧州分公司

**爱岗敬业　志创一流**

保护先进单位等荣誉称号，已通过了国际HSE审核认证。在河北省百强企业评比中始终名列前茅，为国家经济建设和地方财政做出了突出的贡献。


地址：河北省沧州市北郊
邮编：061000
电话：（0317）3552247　3552221　3552688（传真）

# 中国石油化工股份有限公司

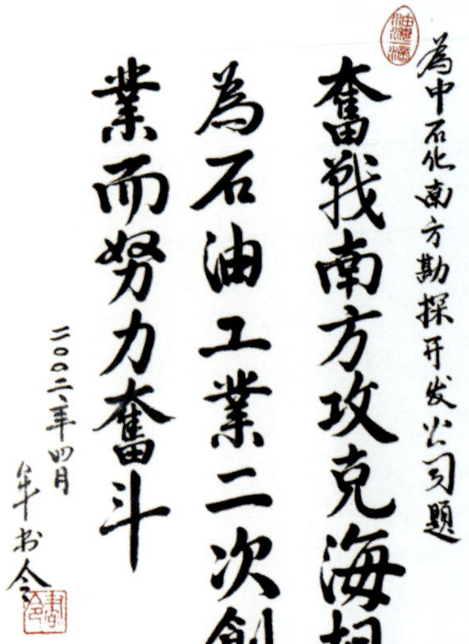

领导集体

左三:杨方之 经 理　　右三:周世良 党委书记
左二:麻建明 副经理　　右二:张 旭 党委副书记 纪委书记 工会主席
左一:马永生 总地质师　右一:朱 铉 总工程师

采油丛式井

天然气集输站

中国石油化工股份有限公司南方勘探开发分公司成立于2002年4月11日，是中国石油化工股份有限公司为了促进南方油气资源的早日突破，实现资源战略目标所作出的重大战略部署，在中国陆上石油工业实施"二次创业"的大环境下诞生的，主要由原中国石油化工股份有限公司滇黔桂油田分公司和南方海相油气勘探项目经理部按照专业化管理的要求重组建立。

南方勘探开发分公司直属中国石油化工股份有限公司，公司总部机关位于云南省昆明市，主要业务有油气勘探、开发、科研、物资供应，下设广西开发分公司、贵州开发分公司、云南开发分公司、勘探开发科学研究院、物资供应处等5个二级单位，共有各类专业技术人员460多人。

南方勘探开发分公司全面负责南方地区的油气勘探开发工作，包括海相新区的勘探突破及自营区块的增储上产任务。海相新区的勘探突破，是公司首要任务。南方海相领域具有十分丰富的油气前景，主要包括川、渝、鄂、皖、苏、浙、赣、湘、黔、桂、滇等11个省市区，面积近200万平方公里，其中有利勘探面积约90万平方公里，天然气资源总量11.6万亿立方米，勘探前景广阔。目前，正按照战略展开、战略突破、战略准备三个层次，对川东北、鄂西－渝东、苏北句容－海安、江汉盆地南部、南盘江秧坝区块、楚雄盆地、十万山盆地、湘鄂西和思茅地区等十个有利勘探区块组织勘探。自营区块已建成广西百色、贵州赤水、云南陆良和保山等小油气田。

南方勘探开发分公司油气勘探开发科学研究已在两大领域形成技术研究系列。一是以南方海相油气勘探为主的油气地质评价、地球物理勘探、储层描述、圈闭评价等技术，为推进南方海相的油气勘探突破打下坚实的基础。二是以第三系中小型复杂盆地为主的油气综合评价、复杂断块油气藏目标识别、低渗油气层分层改造堵水、泡沫驱、注水开发等技术。

# 南方勘探开发分公司

南方勘探开发分公司以项目管理为运作机制，采用全过程的项目管理，引入现代企业管理方法，强化以勘探开发为主的战略发展思路，分层次、有重点地加快南方油气勘探开发工作，努力实践股份公司“积极准备南方”的战略部署。公司成立三年来，经过广大干部职工的努力，川东新区南方海相油气勘探中获得重大突破，已累计提交天然气三级储量3096亿立方米，其中四川宣汉－达县区块，普光气田提交天然气探明储量1143.63亿立方米，是中国海相领域迄今为止发现的最大整装气田；老油气田滚动勘探开发也取得了积极进展，赤水官渡构造继官8、10井取得天然气勘探突破后，官9井于浅层侏罗系也获得高产油气流；云南曲靖盆地、广西百色盆地等外围第三系探区的油气勘探开发工作也取得了新的进展。实现了勘探展开有场面，勘探突破有大发现，勘探准备有进展，老区勘探有成效，南方油气勘探工作进入了一个新的历史阶段。

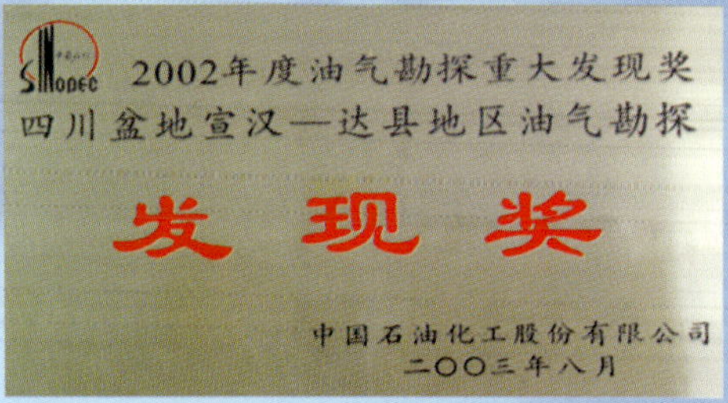

三维地震勘探

松藩—阿坝红参1井

中石化南方分公司勘探区块分布图

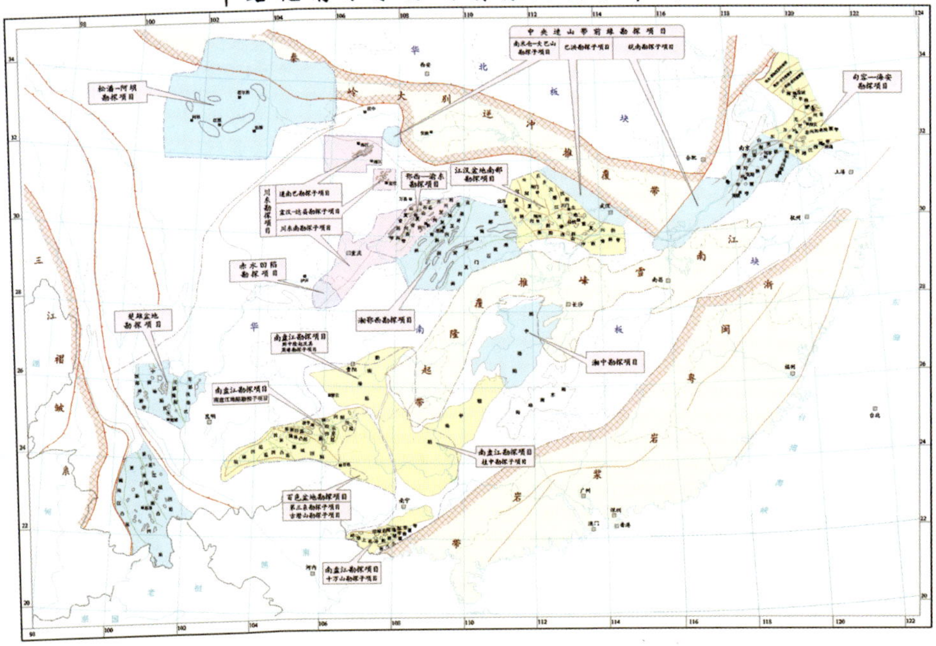

地址：中国云南省昆明市官渡区关上中路201号

邮编：650200

电话：(0871)7163168

传真：(0871)7160800

邮箱：nfgs@nfsinopec.com.cn

# 创新永远
# 活力永恒

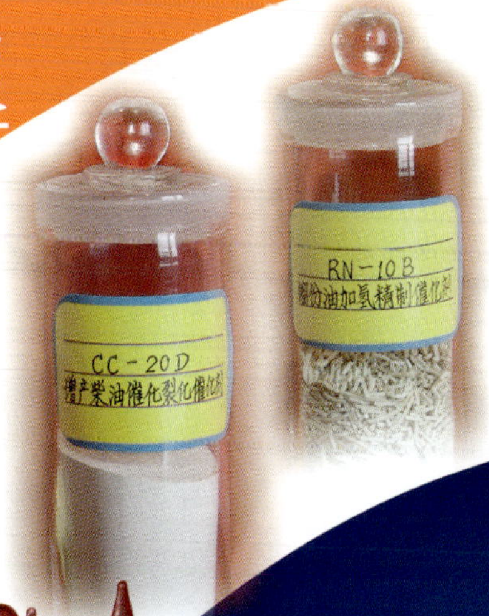

## 主 要 产 品

| 炼油催化剂 | 聚烯烃催化剂 | 基本有机化工原料催化剂 | 其他催化剂 |
|---|---|---|---|
| 催化裂化催化剂 | 聚乙烯催化剂 | 甲苯歧化和烷基转移催化剂 | 非晶态合金加氢精制催化剂 |
| 催化裂化助剂 | 聚丙烯催化剂 | 乙苯脱氢催化剂 | 特种分子筛催化剂 |
| 催化重整催化剂 | | 丙烯腈催化剂 | 5A 小球吸附剂 |
| 加氢催化剂 | | 对苯二甲酸精制钯炭催化剂 | $C_5/C_6$ 异构化催化剂 |
| | | 苯和乙烯液相烷基催化剂 | 脱硫剂 |
| | | 吸附剂 | 脱氯剂 |
| | | | 保护剂 |

# 中国石化集团上海海洋石油局

## 突出海洋石油工程核心业务
## 提升国内外市场综合竞争力

上海海洋石油局
局长　李培廉

中国石化集团上海海洋石油局是目前集团系统内唯一一家以从事浅海-中深海油气勘探、开发和生产经营活动为主的企业，具有海洋物探、海洋钻井、测井、固井、测试等综合油气勘探开发生产和船舶拖带运输、海洋地质调查等能力。

30年来，上海局（原为地矿部上海海洋地质调查局）先后转战渤海、黄海、东海，为我国海洋油气勘探开发作出了卓越的贡献，多次获得重大勘探成果奖和地质找矿功勋单位称号。1974年在东海陆架盆地开展油气勘探以来，已先后发现了平湖、春晓、等8个油气田和4个含油气构造，为当前的东海油气资源开发生产提供了一大批油气储量基础。平湖油气田作为东海第一个开发建设的油气田，已于1999年4月正式向上海供应优质天然气。

近几年来，上海局根据中国石化集团的总体部署，加大和加快了改革力度。按照“做精做强主业”的方针，突出核心业务和提高综合竞争力，优化产业布局结构，集整体优势，求整合效益。2003年，局对钻井工程部分实施重组，成立了钻井分公司。2004年，又对全局海洋石油工程拖带和运输服务资源进行重组整合，组建了船舶分公司。重组后的专业公司进一步提高了企业整体经济效益。

在中国石化集团领导和相关部门的精心指导全力支持下，上海局围绕提高综合竞争力的目标和要求，于去年果断决策，斥资引进两艘万吨级的大马力拖轮和一艘物探船，加上原有的钻井平台、物探船只、多用途工作船，以及沿长江口正在扩建改造的可停泊万吨轮的350米长的深水码头，上海局正在建成能为国内外海洋油气勘探开发提供勘探施工、工程服务和后勤保障支持，具备海洋石油工程较强综合竞争力的企业。

地址:上海浦东商城路1225号　邮编:200120
电话:(021)68763242（总机）　传真:(021)68769284
网址:www.shopc.com.cn　E-mail: sopb@shopc.com.c

# 中国石化
# 上海石油化工研究院

成套技术出口海外

中国石化上海石油化工研究院（简称上海院）是国内较早从事石油化工科技开发的综合性研究机构，是中国石化科技开发的一个重要基地，也是基本有机原料国家工程中心及全国化学标准化技术委员会石油化学分技术委员会的依托单位，设有博士后工作站。上海院拥有一支以工程院院士及各类专家为代表的石化科技队伍及经营队伍。截止2004年底，全院职工830人，其中工程院院士1名，教授级高工及高工131人，博士34人，硕士84人。

上海院长期从事基本有机原料、有机原料二次加工及高分子材料合成等石油化工成套技术及相关催化剂的研究开发和应用业务，致力于石油化工烯烃和芳烃的化工利用。近十年来，上海院为石化企业提供了一系列性能优异的基本有机原料催化剂，并提供了强有力的技术支撑。陆续开发了13万吨/年丙烯腈、100万吨/年甲苯歧化、20万吨/年和16万吨/年苯乙烯、7.5万吨/年MTBE等40余项以催化剂为核心的成套技术工艺软件包，并提供相关的技术服务。2004年，使用上海院工艺软件包的87万吨/年甲苯歧化装置在海外建成投产。

近十年来，上海院取得省部级以上科技进步一等奖1项、二等奖2项，省部级以上技术发明二等奖1项。共申请专利617件，已授权362件。确定了“一个目标两个基地”的发展战略，设立了上海院金山分部。目前，正在建设浦东研发中心以及上海化学工业园区的工程化中心。上海院将围绕基本有机原料催化技术，努力建设为具有国际竞争力的石油化工研发中心。

# 香港航煤供应企业

电话：(852) 2511 3380
传真：(852) 2511 3320
电邮：afscinfo@afsc.com.hk
网址：www.afsc.com.hk
地址：香港大屿山赤腊角观景路3号机场航煤油库

香港航煤供应企业是由6家实大的石油公司及2家庞大的航空公成。

香港航煤供应营运有限公司为期20年的专营权合约，操作香场的航煤供应系统，包括码头油库及地下加油管道等。并遵守国际指引，合乎航空Jet A-1的规格。

码头可同时停泊各载满6000公吨的油而码头的控制系统波传送接往油库的电统。燃料从接收码头，经达12公里的海底及地下管道，输送往储油库。油库储存量高达1.7亿公升，足够12天使用，是球大型机场储油库之一。

其姊妹公司香港航煤供应加油有限公司则提供24小时航机加油服务，其崭新技艺的管道加油队，平均每天为航机添加约为700万公升燃料，或200班次。

每部管道加油车均可以每分分钟地下管道系统提取3,850公升航煤为航机加油。此外，我亦拥有容量高达18,000公升的加油槽车。

除提供世界水平的可靠及安全加油服务外，我们也使用先进的电脑输送及报告系统，以配合航供应商及航空公司之运作。

# USI GROUP
# 台聚集团

台聚集团发轫于1965年成立的台湾聚合化学品股份有限公司，以「知识」、「创新」、「整合」和「发展」作为建构企业版图的支柱，来达到企业永续经营与不断成长的目标。自1997年与联成化学科技公司并购华塑集团后，成就今日台湾大型石化与塑胶制造业企业集团之地位。

台聚集团的经营领域系以石化塑胶产业母体，向外伸展到半导体、电子、投资创投和贸易业，目前共有47家公司。

近年台聚集团除在广东、福建、江苏(南通和昆山)、北京及天津设厂，生产PVC、PE加工制品、发泡级PS塑胶粒和电子材料，就近对中国市场提供更直接完善的服务外，更积极寻求在中国国内筹建上游轻油裂解工厂与相关中下游石化工厂的机会。

**台湾聚合化学品股份有限公司 USI Corporation**

- 低密度聚乙烯(LDPE)塑胶粒
- 高密度聚乙烯(HDPE)塑胶粒
- 线型低密度聚乙烯(LLDPE)塑胶粒
- 乙烯醋酸乙烯酯(EVA)塑胶粒

**华夏海湾塑胶股份有限公司 China General Plastics Corp.**

- 悬浮法聚氯乙烯（PVC）树脂
- 碱氯产品
- 胶布胶皮
- 硬质管
- 异型押出产品
- 防蚀片

**台达化学工业股份有限公司 Taita Chemical Company Ltd.**

- 丙烯腈—丁二烯—苯乙烯（ABS）共聚合树脂
- 聚苯乙烯（GPS/IPS/EPS）
- 曲面印刷（Cubic Printing）
- 玻璃棉（Glass Wool）

**亚洲聚合股份有限公司 Asia Polymer Corp.**

- 低密度聚乙烯(LDPE)塑胶粒
- 乙烯醋酸乙烯酯(EVA)塑胶粒

**台湾氯乙烯工业股份有限公司 Taiwan VCM Corporation**

- 氯乙烯单体（VCM）

**顺昶塑胶股份有限公司 Swanson Plastics Corp.**

- 伸缩膜
- 压花膜
- 贴合膜
- 收缩膜
- 重包装袋

**总公司：台湾台北市内湖区基湖路37、39号**

**电　话：886-2-87516888　　传　真：886-2-26599523**

我们为您解答关于合成橡胶的配方，
制程，技术，设计问题
台橡应用研发中心
——有关橡胶的全方位服务
我们提供您应用材料之建议，设计研发，
及产品供应的全系列服务
Creating new application of SEBS
Application guidance and transfer
Customer Training
Developing high value-added formula
Collecting and providing the market information
Technical service for customers
Application Center
台北总公司：台北市敦化南路二段95号18楼
电话：+886(02)3701 6000，传真：+886(02)3701 6868
高雄厂：高雄县大社乡兴工路2号
电话：+886(07)351 3811−9，传真：+886(07)351 4705
台橡（上海）实业有限公司
中国上海市松江区玉树路395号
电话：+86(21)5773 4333，传真：+86(21)5773 4555
台橡股份有限公司
TSRC CORPORATION
A MEMBER OF CEC GROUP
台橡 是台湾一家合成橡胶生产厂商，成立于公元1973年，整合数十年的产业经验及不断创新，台橡取得ISO−9000及ISO−14000的国际认证，产品包括BR，SBR，TPE，活粒T−BLEND等，优异而稳定的品质一直受到亚洲主要客户的高度推崇与采用。台橡并积极扩大大中华通路作为打下亚太市场的根基，以成为亚太区域的产业领导者为目标，结合橡胶和应用材料两大事业处的优势，积极发展高附加价值的新材料和新技术，与客户携手共创更多采多姿的橡胶新世纪！欢迎浏览台橡网站获得到更多资料.
WWW.TSRC.COM.TW

# 您的品质，我们的效能

## 汽巴精化带来超越化工的价值

**总部位于瑞士巴塞尔的汽巴精化是世界精细化工业的领先者之一，致力为客户的产品提供高附加值效能。**汽巴精化为客户提供创新产品和一站式专家服务，以创新效能为客户的产品增值，务求成为客户的首选。汽巴精化的产品为纺织、塑料、油墨、涂料、纸张、汽车、建筑以及家用和个人护理产品提供色彩、保护、功能和耐用四大效能，以实现“创造卓越效能，提升生活质素”的目标。汽巴精化承诺将环境、健康和安全（EHS）融入每一项经营中。

汽巴精化历史悠久，经营业绩卓越。公司的历史可以追溯到1758年，J.R. 嘉基先生在巴塞尔成立首家化学品公司，主要从事化学制品及染料的贸易。1884年，汽巴化学工厂开业。J.R. 嘉基公司与汽巴在1971年合并成为汽巴嘉基公司。1997年，汽巴精化脱离诺华（由汽巴嘉基与山德士公司合并而成），正式开始独立运作。我们在全球有19,000名员工，在28个国家和地区设有79家生产厂，在12个国家设有24家研究中心。

汽巴精化在中国区域的投资总额已超过3亿美元，在华拥有3家贸易公司，6家分公司和12个生产企业。近年来，汽巴精化在华业务保持了两位数的快速增长。新近成立的汽巴精化中国研发中心坐落在上海漕河泾开发区，该中心占地约6000平方米，是汽巴精化全球研发网络中最年轻的一员，它体现了汽巴精化在中国的长远发展战略，即，在中国建成一批具有可持续发展潜力的企业，并不断扩大在中国的业务范围。

Ciba

汽巴精化是全球领先的化工公司，致力成为各业务市场的翘楚

► 创新使者

▼ 19世纪30年代汽巴上海的办事处

▼ 全新的汽巴精化中国研发中心大楼

▼ 1938年的上海实验室

汽巴精化在中国保持长期可持续发展的信念


**上海**
**汽巴精化北亚区域总部**
**中国研发中心**
电话：+86 21 24032000

**北京**
电话：+86 10 64643700

**广州**
电话：+86 20 84845100

**香港**
电话：+852 24896333

**台湾**
电话：+886 7 7874330

www.cibasc.com

以上图片为 ALUCOBOND® 在全球的项目照片

遥望扬子

园区综合服务中心行政服务大楼

# 南京化学工业园区

南京化学工业园区位于中国经济发达的长江三角洲区域内，距南京市区30公里。园区依托长江深水岸线而建，自然地理条件优越，区位交通优势突出，化工产业基础雄厚，中国石化集团公司（SINOPEC）在南京地区的多家大型骨干企业均分布在园区内及周边紧邻。

南京化学工业园区是我国重要的现代石化产业基地，主要发展石油与天然气化工、基本有机化工原料、精细化工、高分子材料、生命医药、新型化工材料六大领域的系列产品。园区规划面积45平方公里，包括长芦片区和玉带片区两大片区。其中长芦片区26平方公里（包括扬子石化公司、扬子－巴斯夫公司10平方公里），重点发展石油和天然气化工、有机化工原料、精细化工产品等化工项目；玉带片区19平方公里，重点发展石化上游产品与化工物流项目。园区按照“资源整合、深度加工、布局调整、环境优化”的发展战略要求，坚持“产业发展、公用设施、物流输送、环保安全、管理服务”五个一体化的开发方针，积极吸引国内外，尤其是国际跨国企业投资，建设国际一流的化工园区。

南京化学工业园区是江苏沿江开发战略的重要组成部分，也是南京工业发展重点扶持区域。按照国家计委批复的南京化学工业园区总体发展规划，通过优化产业结构，提升产业层次，坚持区域、产业、环境的可持续发展，园区已经呈现出良好的发展前景，将成为我国最具国际竞争力的石化生产基地、物流中心和化工研发基地。

南京化工园热电有限公司一期工程

污水处理厂

区内管廊

25万吨级原油码头

# 宁波港

宁波港由宁波老港区、镇海港区、北仑港区、大榭港区、穿山港区组成，是国家的主枢纽港之一。现有生产泊位191座，其中包括25万吨级原油码头、5万吨级液体化工专用泊位在内的深水泊位39座，是大型的油品、液化品中转基地。2004年，宁波港完成货物吞吐量22585万吨，4年时间翻了一番，同比增长21.8%，吞吐量连续5年保持我国大陆港口第二。其中，原油接卸量为2008.6万吨，同比增长21.6%；液体化工品吞吐量首次突破300万吨，同比增长33.4%。

宁波港液体化工储罐群

大型原油海上过驳作业

中化国际(控股)股份有限公司(简称中化国际)是国内领先的贸易分销商之一，也是中国大型的液体化工物流服务商。公司于2000年在上海证券交易所挂牌上市，自上市以来，公司稳健成长，业绩优秀，治理规范，倍受市场关注。

地址: 上海浦东新区世纪大道88号金茂大厦18楼
邮编: 200121　电话: (021)50498899
网址: www.sinochemintl.com　传真: (021)50490909

# 中化国际(控股)股份有限公司
# SINOCHEM INTERNATIONAL CORPORATION

***2000年－2002年***
上海证券交易所上市公司50强

***2000年－2005年***
《财富》杂志中国上市公司100强

***2002年***
入选上海证券交易所180指数成分

***2004年***
国内上市公司首家聘请美国标准
尔进行公司治理评级，当年公司
现销售收入约130亿元，同比增长1
%，实现净利润7.98亿元，同比
长204%。

***2005年***
公司入选上证50指数和沪深300
数，业务规模继续扩大，上半年实
销售收入84亿元，每股收益0.36元

| 1 2 3 | 1. 中化国际投资的西安金珠项目 | 2. 中化国际自有液体化工运输船舶 | 3. 中化国际岙山石油转运基地——中国目前较大的商用原油、成品油中转储罐和码头基地 |
|---|---|---|---|

# 中国石化西部新区勘探指挥部

钻机交响曲

中国石化西部新区勘探指挥部（简称西指）成立于2001年12月21日，目前机关共设置11个职能处室，即党政办公室、党群工作部、项目管理处、生产管理处、安全环保处、地质处、工程技术处、监理中心、计划财务处、合同处、试采处。作为中石化股份公司的派出机构，其主要职责是：按照总部发展西部的勘探部署原则，集中统一管理西部新区的勘探工作，负责西部勘探部署的决策、投资计划的审定，优化勘探投入方向；组织西部勘探项目管理、生产运行及协调各参战油气田企业的关系；统一协调处理与地方的关系。西指驻地位于乌鲁木齐市昆明路2号。

目前，中国石化西部新区在准噶尔、塔里木和外围盆地共取得探矿权区块69个，面积29.80万平方公里。矿权区块横跨新疆、青海、甘肃、宁夏等4个省区。参与西部新区勘探的有胜利油田、中原油田、河南油田、江汉油田、江苏油田、西北石油局、华北石油局、西南石油局、华东石油局、中南石油局、勘探开发研究院等11个集团公司直属单位，施工队伍150多个，参战人员逾万名。

三年多来，在集团公司暨股份公司的正确领导下，在各参战单位的共同努力下，通过不断推进科技进步，强化科学部署，严格科学管理，有效推动了西部新区勘探进程，相继在准噶尔盆地腹部、塔中地区等多个点上取得了重大突破，实现了良好开局，进一步展开勘探奠定了坚实基础。

2004年7月，为进一步贯彻集团公司党组“加西部”的资源战略方针的新要求，新一届领导班子经反复酝酿，提出了“1334”工作思路，即：围绕一个作目标，实施“三步走”战略，做到“三个依靠”，强“四项措施”。一个工作目标：就是实现集团公司资源略接替。实施“三步走”战略：即第一步，2006年实“大突破”，标志就是拿到亿吨级储量规模的高产大油田。第二步，2010年实现“大发展”，标志就是拿到相规模的高效优质的储量，并且有一定的产能。第三步2020年实现“大接替”，标志就是中石化在西部建成一中等规模的原油生产基地。做到“三个依靠”：就是一依靠科技进步，实施科技兴油，二要依靠各参战单位支撑，三要依靠地方政府的支持。强化“四项措施”：是强化理论创新、强化技术创新、强化科学管理和强人才培养与人才队伍建设。

面对肩负的艰巨历史重任，“西部新区人”将定不移地大力贯彻“1334”勘探思路，以资源潜力为础，以经济效益为中心，以科技创新为动力，加快准尔、塔里木和外围盆地油气勘探步伐，立足寻找大油田为早日实现中石化资源接替战略作出新贡献。

# 中国石油化工股份有限公司

# 广西石油分公司

中国石油化工股份有限公司广西石油分公司（简称广西石油分公司）位于广西壮族自治区首府南宁市，是中国石化设在少数民族自治区的省级石油公司。前身是成立于1952年的广西壮族自治区石油公司，1998年8月，整体上划中国石化集团公司，2000年2月，按照重组改制、主辅分离的原则，分别组建为上市的广西石油分公司和非上市的广西石油总公司，广西石油分公司完全承担了原广西壮族自治区石油公司的优良资产和主营业务。

广西石油分公司是广西规模较大的成品油销售企业，拥有覆盖面广、功能齐全、技术先进的成品油营销储运网络，经营范围涉及汽油、柴油、煤油、润滑油、燃料油及其他石化产品的销售和储运。

广西石油分公司坚持做强做大终端市场，积极发展零售网络，强化全区“一盘棋”的营销管理，提高经营运行质量，2004年各项业绩指标均创历史新高，经营总量突破300万吨，零售量突破200万吨，销售收入突破100亿元，上缴利税超过10亿元。

广西石油分公司注重内涵管理，通过健全和完善各项规章制度，初步形成了权责清晰的内部控制制度；通过建设HSE管理体系，进一步提高安全保障能力；通过研发和应用业务信息管理系统、财务管理系统、固定资产投资管理系统、二次运杂费管理系统和用工分配管理系统等管理软件，企业管理的科技含量和工作效率大为提升，逐步建立了制度化、规范化、精细化的现代企业管理体系。

广西石油分公司注重企业形象建设，2004年通过开展“加油站规范化管理百日竞赛活动”，形成了统一的加油站外观形象，规范化的现场服务和标准化的账册管理，站容站貌和员工面貌焕然一新，为广大客户提供了清洁舒适的加油环境，“中国石化”加油站已经成为遍布八桂大地的一道道亮丽的风景线。

地址：广西南宁市桃源路67号石油大厦
邮编：530021
电话：(0771)5322886
传真：(0771)5323338

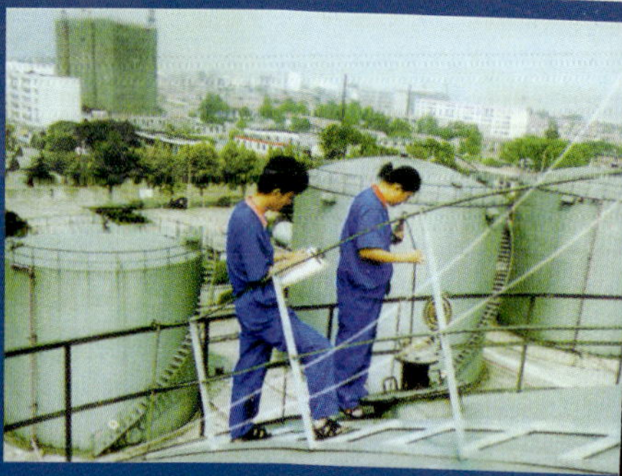

# 中国石油化工股份有限公司山东石油分公司

中国石油化工股份有限公司山东石油分公司（简称山东石油分公司）现有管理部门12个，经营部门4个，下属17个市公司，共有员工21969人。截至2004年底，固定资产原值60亿元，在用油库38座（库容总量93.5万立方米），铁路专用线7370.6米，接卸油码头11座，加油站2224座。

公司主营石油、石油制品、天然气、化纤及其他化工产品销售、储运；石油、天然气管道运输，兼营油品计量、咨询、信息服务等。作为山东省成品油销售的主渠道，山东石油分公司承担着山东省成品油供应保障任务，是山东省内主要的成品油销售企业。经过多年的发展，已形成了布局合理、功能完备、流向通畅、保障有力的成品油营销网络。

山东石油分公司确定自身的发展目标是，建设成为一体化基础上的专业化、标准化、信息化的大型成品油连锁经营企业。公司坚持以市场为导向，以经济效益为中心，深化改革，转换机制，强化管理，开拓经营，对下属企业成品油经营业务实行统一配置、统一调运、统一价格、统一结算、统一资金运作，大力降费增效。积极开展优质服务，大力加强促销工作，不断增强企业实力和市场竞争能力，促进了企业的持续、健康、稳定发展。2004年共销售成品油708万吨，实现销售收入277亿元，实现利润15亿元。

龙禹石油1993年成立
中国石化控股　中国石油参股
立足北京　面向全国　走向世界
北京龙禹石油化工有限公司
BEIJING LONGYU PETROLEUM CHEMICAL CO.,LTD.
更多了解请浏览: www.longyuoil.com.cn
北京　重庆　哈尔滨　大连

加油站一角

# 中国石化销售有限公司西北分公司

中国石化销售有限公司西北分公司，是中国石化集团公司、股份公司为完善营销网络、扩大市场份额，对区外市场进行重组，于2002年9月24日正式成立的。其主要职责是代表中国石化集团在西北地区进行成品油的经营和市场的规划管理。

公司现设有综合、发展、业务调运、财务审计、零售管理五个职能部门，下辖陕西、新疆、甘肃、内蒙、青海、宁夏6个分公司及6个控股、参股子公司，员工2200余人。本着“精诚团结、奋发向上，不屈不挠、永不满足”的企业精神，西北分公司经过两年多的运作，全系统加油站的总数已达至270座，油库14座，基本形成了遍及西北的营销网络。

西北陕西分公司西安油库

工作环境

西北分公司2005年工作会会场

公司走廊

# 扬子石化—巴斯夫有限责任公司

扬子石化—巴斯夫有限责任公司是中国石化和德国巴斯夫以50∶50的股比共同出资设立的的大型石油化工企业，总投资29亿美元，占地220公倾。公司所有装置均采用世界先进的工艺技术和巴斯夫的“联合体”概念。

公司有9套世界规模的工艺装置，它们是以60万吨/年乙烯装置为核心的基础化学联合装置，30万吨/年乙二醇装置，40万吨/年低密度聚乙烯装置，25万吨/年丁辛醇装置，16万吨/年丙烯酸和21.5万吨/年丙烯酸酯装置，3万吨/年丙酸装置，5万吨/年甲酸装置，3.6万吨/年甲胺装置和4万吨/年二甲基甲酰胺装置。

公司投产后每年可向市场提供170万吨高质量石化产品，以满足国内市场的需要。主要产品有低密度聚乙烯、乙二醇、丁辛醇、丙烯酸及酯、甲酸、丙酸、甲胺、二甲基甲酰胺、苯、甲苯、混二甲苯等。

公司于2000年12月成立，2001年9月开工建设，2004年底机械竣工，2005年中期商业运营。

# 中国石化集团上海培训中心

地址：上海市金山区龙胜路909号　　邮编：200540
电话：(021)57941806　57941508　　传真：(021)57941806
网址：www.stcs.com.cn

2004年1月，“石化企业现代教育培训论坛”在中心隆重召开，集团公司高级副总裁曹湘洪亲自到会。

教学培训大楼

幽静、美丽的学习、休闲环境

中国石化集团上海培训中心（以下简称中心）成立于2001年1月，是中国石化集团下属的一个培训单位，承担中国石化集团销售培训中心、中国石化集团化工继续教育上海基地和中国石化集团高级技师上海培训基地的建设任务。主要开展以化纤为主的工程科学技术高级培训、以营销为主的管理科学技术高级培训、以HSE培训为主的安全技术高级培训和外语、计算机等系列的各类中高级培训工作。

四年来，中心先后为中国石化集团公司、中国石化集团销售公司、中国石化上海石化股份公司、中石化管道储运公司等单位开办了“集团公司质量处长培训”、“国际化经营人才英语口语培训”、“销售公司直销经理培训”、“上海石化领导干部领导力提升系列培训”、“出国人员英语口语培训”、“ERP培训”、“上海石化压力容器操作人员培训”等班。

中心的宗旨是以人力资源开发为己任，以改变和创新的先进培训理念为先导，坚持质量第一，服务第一原则。中心竭诚为中国石化集团公司、股份公司以及各兄弟单位培训中高层次的管理和技术人才提供高质量服务。

中心位于美丽的杭州湾畔，毗邻上海石化股份公司和上海化学工业区，环境幽雅，设施齐全，是上海市花园单位，是培训和会议的好场所。

西南分公司经理　徐向荣

西南石油局局长　乐绍东

西南石油局党委书记　罗代富

# 中国石油化工股份有限公司西南分公司
# 中国石化集团西南石油局

中国石油化工股份有限公司西南分公司、中国石油化工集团西南石油局是中石化在西南地区进行油气勘探开发销售、石油工程及技术服务的油田板块企业。西南石油局、西南分公司的前身为发现大庆油田、吉林油田、辽河油田做出过重大贡献，是国家“地质勘查功勋单位”。

西南石油局、西南分公司总部设在四川省成都市，机关共有22个处室，所属23个二级单位主要分布在四川省、贵州省和重庆市；作业区域现分布在四川、重庆、新疆、吉林、陕西、贵州、伊朗、印度尼西亚；现有在册员工近5000人。西南石油局、西南分公司现有资产总额超过55亿元。

西南分公司目前拥有油气勘查区块17个，开采区块5个，探采矿区块合计面积25975平方千米，共拥有三级地质储量69429.30万吨油当量。在四川盆地西部的陆相地层已开发了新场、合兴场、孝泉、马井、洛带、新都、东泰等一批大中型气田，在川东北、川北海相地层发现了一批勘探开发前景良好、可望成为油气生产接续基地的油气田和大型含油气构造。现有油气井近900口、各类输气配气站184座，已铺建各类天然气管道3000余千米；目前天然气日产能力570万立方米，原油日产能力20余吨，形成了独立的产供销网络。2004年生产天然气19亿立方米，原油10800吨。2005年计划生产天然气21亿立方米，原油8000吨。

2004年西南石油局、西南分公司生产经营收入22.8亿元，利润1.88亿元。

西南石油局、西南分公司拥有科研院所2个和1个经国家批准的博士后工作站，共有专业技术人员2100余人。通过几代员工数十年对川西非常规致密碎屑岩领域和川东北、川北海相碳酸岩领域油气勘探开发的积累，西南石油局、西南分公司以独具特色的勘探开发理论、配套发展的工程工艺技术、和谐发展追求卓越的企业文化构建了队伍的核心竞争力。

1

2

3

4

5

6

7

1. 在川东北高陡大山区进行地震施工
2. 川西平原开发井正在进行大型酸化压裂施工
3. 川西又一口新区探井试油点火
4. 新建的天然气井组开始投产集输
5. 川东北毛（坝）达（州）输气管线建成
6. 规范建设并投入运营的输气站场
7. 博士后科研工作站揭牌

中国石化出版社
CHINA PETROCHEMICAL PRESS
系列品牌精品图书
王中华 何焕杰 杨小华 编著
Youtian Huaxuepin Shiyong Shouce
油田化学品实用手册
油气井防砂理论及其应用
钻井工程技术手册
钻井井下复杂问题预防与处理
复杂条件下钻井技术难点及对策
刘汝山 曾义金 主编
石油与天然气工程学
油气储运工程
油气田开发工程
油气开采工程
油气井工程
胡湘炯 高德利 编著
油气勘探工程
兰州石油机械研究所 主编
现代塔器技术
（第二版）
PUMP HANDBOOK (Third Edition)
泵手册
【美】R.Keith Mobley 著
工厂工程师手册
——工程项目的选址、设计、安装、试车、操作和维护
中国石化集团公司洛阳石油化工工程公司 译
管式加热炉
（第二版）
炼油设备工程师手册
含硫原油加工技术
张德义 主编
烃加工
地 址：北京市东城区安定门外大街58号
邮 编：100011
电 话：(010) 84271850
读者服务部电话：(010) 84289974
http://www.sinopec-press.com
E-mail:press@sinopec.com.cn